Neues Handbuch religionspädagogischer Grundbegriffe

Neues Handbuch religionspädagogischer Grundbegriffe

Herausgegeben von
Gottfried Bitter, Rudolf Englert,
Gabriele Miller und Karl Ernst Nipkow

Redaktion: Dominik Blum

Kösel

Druck und Bindung: Kösel, Kempten
Umschlaggestaltung: Kaselow Design, München
ISBN 3-466-36598-8 (Gebundene Ausgabe)
ISBN 3-466-36597-X (Kartonierte Ausgabe)

Inhalt

Einleitung

Das erste »Handbuch religionspädagogischer Grundbegriffe« (1986) hat sich über fast zwei Jahrzehnte als ein Longseller erwiesen: aus den Impulsen des Zweiten Vatikanischen Konzils (1962–1965) und der Würzburger Synode (1971–1975) entwickelt, in der Planungsphase noch mitgeprägt von Adolf Exeler († 1983), herausgefordert von Veränderungsschüben im Selbstverständnis von Familie und Schule, von Einzelchrist und Gemeinde, von Sozial- und Kulturwissenschaften und endlich vom Wandel der öffentlichen und privaten Umgangsformen mit Religion. Die damals ausdrücklich angezielte zeitgenössische Kontextualität hat ihren Preis: Viele Kontexte haben sich in knapp zwanzig Jahren verändert, darum ist es Zeit für eine *Neukonzeption*. – Hier nun einige Leitvorstellungen:

Ein Handbuch gesicherter Ergebnisse und tastender Versuche

Das »Neue Handbuch religionspädagogischer Grundbegriffe« erscheint in einer weitgefächerten kulturellen Umbauphase, in ihr treffen bewährte Wege und neue epochale Herausforderungen aufeinander. Einerseits kann das Handbuch gesicherte Erkenntnisse zusammentragen: In großer Breite werden theologisches und pädagogisches Denken miteinander verbunden; die Konsolidierung der Disziplin als Wissenschaft setzt sich fort. Andererseits stoßen Theorie und Praxis auf neue epochale Herausforderungen; zu ihnen zählt die religionspädagogische Arbeit unter den Bedingungen radikaler Diaspora und vor allem eines gesteigerten Pluralismus.

Als *Handbuch* versteht sich der Neuentwurf, weil er das Vielstimmige und Vielgestaltige religionspädagogischer Praxis und Theorie in ein offenes Rahmenkonzept stellt; und als Handbuch *religionspädagogischer Grundbegriffe*, weil er auf Plausibilität und Praktikabilität ausgelegt ist und darum die in der Religionspädagogik wichtigen Gegenstände vorführt: unter »Begriffen« im weiteren Sinn werden hier auch charakteristische Themen und Sachverhalte, Konzepte und Perspektiven gezählt. So will das Neue Handbuch religionspädagogischer Grundbegriffe, das ist sein ausdrückliches Ziel, Studierenden wie Praktikern als ein umfassendes, aktuelles, in gleicher Weise hermeneutisches wie pragmatisch orientiertes Nachschlagewerk (wortwörtlich!) »zur Hand gehen«.

Ein Handbuch, das sich dem Bestimmen und Durchleuchten von religionspädagogischen Grundbegriffen widmet, setzt voraus, dass sich die *Religionspädagogik in ihrem Selbstverständnis* als eigenständiges Wissenschaftsfeld mit einem eigenen Methodenregister ausweisen kann. – Christliches Leben und Glauben hat seit seinen Anfängen mit Lernen und Lehren, mit Unterricht und Erziehung, mit kulturell-religiöser Überlieferung und Bildung zu tun, denn das Bemühen, den Geist des Evangeliums in alle Generationen zu tragen, ist eine notwendige Lebensäußerung der Gemeinden und Kirchen. Nur so pflanzt sich christliches Leben und Glauben in der Zeit fort. Seit Reformation und katholischer Reform ist den Kirchen die Bedeutung christlicher Erziehung und Bildung neu bewusst geworden. Aber erst im 18. Jh. – abgesehen vom theologisch motivierten Bildungsdenken des Johann Amos Comenius im 17. Jh. – wird dieses Leben- und Glauben-Lernen in theoretische Überlegungen einbezogen; gewiss nicht zufällig präsentiert sich in jenen Jahrzehnten die Pädagogik erstmals ausdrücklich als selbstständige philosophische Disziplin.

Als Praxistheorie der religiösen Erziehung und Bildung formt sich nun Schritt für Schritt jenes Ensemble von spezifischen Fragestellungen heraus, das seit dem Anfang des 20. Jh. ausdrücklich (von evangelischen und katholischen Autoren) *»Religionspädagogik«* genannt wird; der bis dahin gängige Begriff »Katechetik« tritt mehr und mehr in den Hintergrund.

Religionspädagogik befasst sich mit der wissenschaftlichen Reflexion und Orientierung religiöser Lernprozesse. Die Wortverbindung »Religion« und »Pädagogik« hat insofern eine programmatische Qualität, als sie die immer gebotene Verbindung von Religion und Bildung, von christlicher Theologie und erziehungswissenschaftlicher Reflexion verspricht; wissenschaftspraktisch ist die Religionspädagogik in den Rahmen der theologischen Disziplinen, näherhin als Teildisziplin in die Praktische Theologie eingeordnet, die im engen interdisziplinären Austausch mit den benachbarten Sozialwissenschaften (Soziologie, Psychologie, Philosophie, Erziehungs- und Kommunikationswissenschaft) steht.

Ein Handbuch ökumenisch geprägter Religionspädagogik

Seit vielen Jahren ist eine selbstverständliche Ökumene zwischen der evangelischen und katholischen Religionspädagogik und auch in der Praktischen Theologie insgesamt herangewachsen. Dementsprechend ist das Neue Handbuch religionspädagogischer Grundbegriffe durchgehend ökumenisch angelegt: im Selbstverständnis der Religionspädagogik und in der Bearbeitung der Grundbegriffe wie in der Zusammensetzung der Autoren- und der Herausgeberschaft. Das gemeinsame Profil stärken, die je besonderen konfessionellen Akzente nachzeichnen, für andere Konfessionen und Religionsgemeinschaften offen sein, dies zusammen bestimmt den Gesamtduktus der Neuedition.

- Ein Handbuch auf christlich-theologischer Grundlage meint eine *Theologie*, die – unbeschadet ihrer eigenen wissenschaftlichen Eigenständigkeit – *im lebendigen Gespräch mit der Kirche* fragt und prüft, entwirft und plant; eine ihrer Grundaufgaben ist die Verantwortung für die Erziehungs- und Bildungsprozesse in den Kirchen. Evangelische und katholische Religionspädagogik haben hier teil an der *Bildungsverantwortung der Kirchen*. Diese Formel ist geeignet, die verschiedenen Formen des pädagogischen Handelns der Kirchen im innerkirchlichen Bereich (z.B. als Katechese oder Gemeindepädagogik, als begleitende Schulpastoral, als kirchliche Jugendarbeit und Erwachsenenbildung) wie im öffentlichen Bildungssystem (z.B. schulischer Religionsunterricht, Schulen in kirchlicher Trägerschaft, theologische Fakultäten) sozialwissenschaftlich und theologisch zu bündeln, denn trotz aller Unterschiede der Lernräume und Lernsituationen muss ihr innerer Zusammenhang im Blick bleiben.
- Die Alternative zu einem solchen Ansatz wäre ein Handbuch auf religionswissenschaftlicher Basis. Ihm entspräche in der Schule eine Religionskunde im Zeichen einer religionswissenschaftlichen Didaktik. *Religionswissenschaftliche Kenntnisse* sind zwar schon heute und in Zukunft verstärkt zu berücksichtigen; sie werden aber für sich genommen dem Ernst des Pluralismus nicht gerecht. In einem *Glaubens*dialog (»Glau-

be begegnet Glauben«) und analog im »interkonfessionellen« und »interreligiösen« Lernen (Lernen »zwischen« verschiedenen konfessionellen und religiösen Traditionen und Überzeugungen!) begegnen sich Menschen letztlich im Zeichen der Wahrheitsfrage. Ebenso wünschen junge Leute, dass es wahrhaftig und mit offen gelegten Positionen zugeht. Die vergleichende Religionswissenschaft und ihre Unterdisziplinen (Religionsphänomenologie, Religionsgeschichte etc.) sprechen über die Religionen und klammern die Wahrheitsfrage aus.

▪ Das Neue Handbuch religionspädagogischer Grundbegriffe vertritt ein Verständnis von *Bildung*, das mit einem Ausklammern der Wahrheitsfrage schwer verträglich ist. Dieses Verständnis stützt sich auf ein *theologisches* und ein *pädagogisches* Argument. Der Sache, für die eine Religionsgemeinschaft einsteht, ist es angemessen, dass sie von dieser Religionsgemeinschaft authentisch selbst interpretiert und im Unterricht dargestellt wird. Den Kindern und Jugendlichen gegenüber ist es pädagogisch angemessen, dass die Heranwachsenden die evangelische und die katholische, die jüdische und die muslimische Glaubens- und Lebenssicht jeweils in eigenständigen Fächern aus erster Hand kennen lernen. Lehrende und Lernende können dann ein Gespräch führen, das das Zeugnis (Bekenntnis) einschließt, während ein staatliches religionskundliches Pflichtfach »bekenntnisfrei« zu sein hat.

Gleichzeitig kann ein kooperatives Unterrichten die Schülerinnen und Schüler zu bildenden Begegnungen konkret zusammenführen; es muss nicht bei der Anbahnung des Verständnisses für die anderen – aufgrund des ökumenischen Geistes des eigenen Religionsunterrichts – stehen bleiben. Identität und Verständigung, Beheimatung und Begegnung fördernde Prozesse religiöser Bildung sollten und können sich so miteinander verschränken. Entwicklungsoffene Weite und spirituelle Vertiefung sind wie für die Schule so auch für Gemeindebildungsangebote und kirchliche Erwachsenenbildung die der Zukunft gemäße leitende Perspektive.

▪ Das Handbuch verbindet die fundierende theologische Verantwortung mit der ebenso konstitutiven *pädagogischen Anwaltschaft* für die Kinder und Jugendlichen; es will pädagogisch für sie einstehen, sonst ist der Begriff Religionspädagogik ein falsches Etikett. Es nimmt die seit den 1980er-Jahren stärker in den Blick gekommene Perspektive einer subjektorientierten Arbeit auf. Es ist ihm ein Anliegen, aus der Sicht konkreter Kinder, Jugendlicher und Erwachsener heraus zu verstehen, welche Bereicherung diese durch die jüdisch-christliche Tradition erfahren, in welcher Art Anverwandlung sie auf diese Tradition reagieren, aber auch welche Schwierigkeiten sie mit ihr haben bzw. warum diese Tradition sie vielleicht ganz gleichgültig lässt. Damit versteht es religiöses Lernen nicht mehr als einen normativen Prägevorgang, sondern, im Sinne des dynamischen Prinzips der Korrelation, als ein dialogisches und ergebnisoffenes Gespräch zwischen dem Glauben der Juden und Christen einerseits und den Erfahrungen und Lebensperspektiven der Menschen heute andererseits.

Ein Handbuch der Reflexion und Orientierung über religiöse Lernprozesse

In seiner weitgefächerten Anlage will das Handbuch der Praxis religiöser, christlicher Erziehungs- und Bildungsverantwortung in allen Bereichen religionspädagogischen Handelns und den unterschiedlichen Räumen religiösen Lernens dienen: in Familie und Kindertagesstätte, in der Gemeindepädagogik und Gemeindekatechese, im schulischen Religionsunterricht und in der kirchlichen Jugendarbeit, in der religiösen Erwachsenenbildung und in der Aus- und Fortbildung. Diese weitwinklige Perspektive kann nicht spezielle Handbücher ersetzen, wie sie zu einzelnen Tätigkeitsfeldern vorliegen (z.B. zur Didaktik und Methodik des schulischen Religionsunterrichts oder zur Konfirmandenarbeit); aber in seiner Eigengestalt halten wir das Handbuch für unersetzlich, weil es die Vielfalt religionspädagogischer Handlungsfelder im Überblick und im Verweisungszusammenhang integrierend vor Augen stellt und für eine Religion klärende, vermittelnde und begleitende Praxistheorie aufschließt.

Die *fünfteilige Gliederung* des Neuen Handbuchs religionspädagogischer Grundbegriffe und die Reihenfolge der Hauptteile bedeuten nicht, dass eine Benutzerin, ein Benutzer sich von vorne nach hinten durcharbeiten muss, dies widerspricht dem Charakter des Handbuchs. Gleichwohl ist der Aufbau nicht zufällig: eine religionspädagogische Logik bestimmt die Abfolge der Hauptteile und ihrer Untergliederungen:

(1) Teil I entfaltet *Grundlagen der Religionspädagogik*, die für alle Arbeitsfelder übergreifend grundsätzliche Orientierungen, Zuordnungen und Einordnungen ermöglichen. Sie wollen zeigen, worauf das eigene Tun fußt, welche Ziele in den Blick kommen, welche Spannungen auszugleichen sind und wo persönliche Entscheidungen getroffen werden müssen.

(2) »Aufmerksam wahrnehmen!« – Das Handbuch will im Teil II über *Ausgangspunkte religionspädagogischen Handelns* dazu verhelfen, auf die Menschen heute zu schauen und die Sachverhalte wahrzunehmen, ehe man vielleicht zu flink gängigen Mustern und Routinen folgt. Es gilt, die sich heute immer stärker pluralisierenden Voraussetzungen zu erkennen und ihre religionspädagogischen Herausforderungen zu bedenken:

- die unmittelbar religiösen und die mittelbar religiös bedeutsamen Phänomene in der Kultur in Geschichte und Gegenwart (II.1),
- die Erfahrungen des christlichen Glaubens und ihre Ausdrucksformen, gebündelt in theologischen Topoi bzw. Themen (II.2),
- die Rolle von Religion inmitten herausfordernder neuer gesellschaftlicher Kontexte (II.3),
- Religion im Lebenslauf, das Wechselverhältnis von Lebens- und Glaubensgeschichte in den Stadien des Lebens (II.4).

Mit dieser breiten Einführung stellt das Handbuch das Panorama religionspädagogischen Denkens und Handelns vor.

(3) Um die Fülle zu ordnen, konzentriert sich Teil III auf *Dimensionen und Schwerpunkte religiösen Lernens*. Diese Dimensionen und Schwerpunkte ergeben sich unter verschiedenen Gesichtswinkeln:

- Sie zeigen sich geschichtlich als der Weg der geglaubten Offenbarungsgeschichte Gottes und der erzählten Erfahrungsgeschichte des Glaubens Israels und der Christen mit ihrem Niederschlag in der biblischen Überlieferung sowie in der Kirchen- und Christentumsgeschichte.
- Sie werden sichtbar im Blick auf die politische, soziale, ethische, ästhetische und sprachliche Dimension menschlicher Existenz. Ferner erwachsen religionspädagogische Aufgaben in besonderen religiösen Situationen und Vollzügen (z.B. Liturgie, Spiritualität, Gebet) sowie aus neuen theologischen Aufbrüchen (z.B. Befreiungstheologie, Feministische Theologie) und

- insbesondere im weltanschaulich-religiösen Pluralismus, in christlich-ökumenischen, in interreligiösen (Islam, fernöstliche Religionen) und in weltanschaulichen Kontexten (Humanismus, Liberalismus, Spätmoderne, Atheismus, Indifferentismus).

(4) Teil IV zu *Räumen religiösen Lernens* enthält als einziger an einigen Stellen Parallelbearbeitungen je nach den vorhandenen katholischen und evangelischen Institutionen im Feld von Gemeindekatechese (kath.) bzw. Gemeindepädagogik (ev.), denn hier werden die einzelnen Lernorte mit ihren räumlichen, atmosphärischen Vorgegebenheiten vorgestellt.

(5) Der Teil V endlich – überschrieben mit *Wege religiösen Lernens* – schreitet den weiten Kreis grundsätzlicher didaktischer Fragen und konkreter methodischer Formen ab. Hier tut sich der Reichtum der praktischen Möglichkeiten auf, in schulischer Hinsicht mit zahlreichen Überschneidungen zur allgemeinen Schul- und Unterrichtsarbeit und in Gemeindepraxis.

Ab Kapitel zwei bietet das Handbuch *Mind-Maps* an, die die Themenfelder grafisch strukturieren helfen und durch die von ihnen kenntlich gemachten Bezüge zwischen den einzelnen Artikeln zum Weiterlesen und zum Weiterdenken animieren wollen. Der Komplexität von Religion in Kultur und Gesellschaft stellt dieses Handbuch nicht eine vorgespiegelte Eindeutigkeit im konkreten religionsunterrichtlichen und katechetischen Alltag entgegen, wohl aber Klarheit in argumentativ entwickelten sozialwissenschaftlichen und theologischen Überlegungen. Die Vielfalt der Voraussetzungen wird nicht durch ein Rezeptdenken beantwortet, sondern durch die zu stärkende Selbstständigkeit derjenigen, die in der Praxis eine unvertretbare Verantwortung wahrzunehmen haben.

Ein Handbuch, das fragen und prüfen, antworten und einladen will

Das Neue Handbuch religionspädagogischer Grundbegriffe ist ausdrücklich auf die religionspädagogisch Handelnden ausgelegt; dementsprechend werden der Benutzerin und dem Leser Ansichten vorgestellt, die ihre jeweiligen Perspektiven nicht verstecken, sondern gerade mit ihrem persönlichen Profil zum aufmerksamen Mitdenken und Mitplanen einladen. Denn das Handbuch will die unsere Jahre markierenden Vieldeutigkeiten nicht in schlichte Lösungen pressen, vielmehr zu einer elementaren sozialwissenschaftlichen und theologischen Erörterung hinführen, die zum Unterrichten und Erziehen, Fördern und Begleiten religiöser Mündigkeit lockt. Das Handbuch will diesem Ziel in doppelter Weise dienen: Indem die Artikel die Fachkompetenz zur Phänomen-, Problem- und Sachanalyse bei den Lehrenden zu fördern versuchen – durch Beiträge, die nicht überreden, sondern klären und abwägen –, kann dieser das eigene Urteil freisetzende Stil in der religionspädagogischen Praxis analog auch den Lernpartnern (Kindern, Jugendlichen, Erwachsenen) zugute kommen. Die Weite des Phänomenansatzes und das eben angedeutete Verständnis christlich inspirierender Bildungsverantwortung fügen sich organisch zusammen (und wehren einen platten religionspädagogischen Naturalismus genauso ab wie kerygmatistische Neigungen).

Die Herausgeber waren ehrgeizig genug, für jeden Beitrag jeweils kompetente Autorinnen und Autoren zu gewinnen (das ist uns wohl gelungen). Da aber weder ein wissenschaftstheoretisches Konzept noch gar eine religionspädagogische Denkrichtung vorgegeben wurde, ist eine unüberhörbare Vielstimmigkeit zusammengekommen – einzig in Form gebracht durch die äußeren Gliederungselemente. Auch etwas ungewöhnliche, vielleicht sogar schrille Stimmen werden nicht geglättet, denn wir Herausgeber rechnen mit der Lust der Leserinnen und Leser, zwar auch altbewährte, aber vor allem junge, frische Stimmen hören zu wollen (ein Handbuch ist ja kein wohltemperiertes Lehrbuch).

Nun ist es an der Zeit, den Autorinnen und Autoren aufrichtig Dank zu sagen, denn wir sind nicht nur ihrer erwarteten Fachkompetenz begegnet, sondern auch ihrem großzügigen Entgegenkommen: bei (notwendigen) Kürzungsvorschlägen, beim Drängen auf termingerechte Abgabe der Manuskripte wie zugleich auch beim Aushalten der langwierigen Entstehungsprozesse. Einen ganz ausdrücklichen Dank schulden die Herausgeber *Dominik Blum*, der als Redakteur alle logistischen Fragen erkannt, geklärt und gelöst hat, und zwar im Umgang mit etwa hundertzwanzig Autorinnen und Autoren; er begleitete die langen Wege von der Idee bis zum fertigen Manuskript; dass dabei auch seine ganz eigenen Stücke mit eingingen, versteht sich von selbst. Bei diesen schriftleiterischen Arbeiten standen ihm hilfreich zur Seite *Sabine Bohrmann*, *Kerstin Usadel* und *Florian Müller*, angeführt von *Stefan Altmeyer*, Wissenschaftlicher Mitarbeiter am Religionspädagogischen Seminar Bonn; wir danken ihnen für die aktive Präsenz über zwei Jahre hin und mehr. Gleich bei den ersten Planungsgesprächen stand uns hilfreich *Winfried Nonhoff* als Lektor im Kösel-Verlag zur Seite; für die aktive Mitarbeit bei der Endredaktion haben wir *Margarete Stenger* kräftig zu danken.

Endlich wünschen wir uns für das Neue Handbuch neugierige Benutzerinnen und Benutzer, die sich rasch für eine geplante Unterrichtseinheit oder ein anstehendes Prüfungsgespräch kundig machen wollen. Außerdem wünschen wir uns aufmerksame Leserinnen und Leser, die über die dringliche Kurzinformation hinaus Lust und Zeit zum Weiterlesen, zum suchenden und zum entdeckenden Lesen mitbringen, vielleicht sogar der angegebenen Literatur in pragmatischem und hermeneutischem Interesse nachgehen, denn wir verstehen dieses neue Handbuch als religionspädagogischen Treffpunkt und als Ausgangspunkt beim Entdecken von Religion als Erinnerung und Versprechen.

Gottfried Bitter, Rudolf Englert, Gabriele Miller, Karl Ernst Nipkow

I. Grundlagen der Religionspädagogik

Die Religionspädagogik hat es mit der Reflexion und Gestaltung religiöser Erziehung und Bildung zu tun. Das ist eine facettenreiche Aufgabe. Doch worum es im Einzelnen dabei auch immer geht – es gibt *grundlegende Fragen*, die durchgängig zu bedenken sind: Wie sind die Voraussetzungen zu beurteilen, unter denen die religionspädagogische Arbeit heute zu geschehen hat (Gegenwartsbewusstsein!, vgl. I.1), wie die Spannungen, die dabei zu bewältigen sind (etwa zwischen Subjekt und Strukturen: vgl. I.3, zwischen Kirche und Gesellschaft: vgl. I.4), wie die möglichen Zielperspektiven, an denen sich diese Arbeit orientieren kann (vgl. I.8)?

Für den sach- und situationsgerechten Umgang mit diesen Fragen kann die Religionspädagogik freilich auch auf *grundlegende Ressourcen* zurückgreifen: auf die Geschichte, die sie im Rücken hat (Wissenschaftsgeschichte, vgl. I.5), auf die fachliche Begrifflichkeit und das methodische Instrumentarium, mittels derer sich die einschlägigen Problemlagen »abbilden« und analysieren lassen (vgl. I.2/I.6), auf die Modelle, mit denen man jenseits des nationalen Tellerrandes gute Erfahrungen gemacht hat (vgl. I.7).

I.1
Religion, Glaube und Aufwachsen heute

→ I.3 Religiöse Bildung zwischen Subjekten und Strukturen
→ II.2.1 Religion – Religionskritik
→ II.3.1 Gesellschaft und Religion
→ II.4.1 Lebensgeschichte(n) – Glaubensgeschichte(n)
→ II.4.2 Religiöse Sozialisation
→ III.4.1 Pluralität und Pluralismus
→ III.4.2 Individualisierte Religiosität

1 Vom Lamento zur Herausforderung

Es besteht kein Zweifel: Aufwachsen heute ist nicht zwingend ein Aufwachsen mit Religion, schon gar nicht mit Glaube. Wenn wir einen kirchlich geprägten Begriff von Religion und Glaube zu Grunde legen, müssen wir eingestehen: Es geht ohne! Die Bedeutung, die dem Christentum als Religion und den Kirchen als institutionellen Religionsträgern im Gemeinwesen insgesamt zugemessen wird, ist schwächer geworden. Religionspädagogische Konzepte, die ihre Wünsche für die Gegenwart und Zukunft aus der Vergangenheit ableiten, sind nicht mehr tragfähig. So, wie ehemals Heranwachsende religiös erzogen werden konnten, ist es heute nicht mehr möglich. So, wie vormals ein persönliches religiöses Bekenntnis und eine öffentliche Religionsausübung kulturell und sozial abgestützt wurden, ist es heute nicht mehr denkbar.

Das Lamento hilft jedoch nicht weiter, denn es erschließt kaum neue Handlungsmöglichkeiten für Gegenwart und Zukunft (vgl. Ziebertz 2001a). Für die jüngere Generation gibt es keinen normativen Fixpunkt, von dem aus bewertet werden könnte, was sich verbessert oder verschlechtert hat. Die Beantwortung der Frage, wie christliche Religiosität heute und in Zukunft gelebt werden kann, ist religionspädagogisch nicht hinreichend aus der Vergangenheit ableitbar. Es gilt, in unserer Zeit neue Wege zu finden, die religiöse Dimension des menschlichen Lebens kommunikativ zu verflüssigen und christliche Sprachangebote zu erschließen. Die zweitausendjährige Geschichte des Christentums gibt selbst das Beispiel, wie immer wieder neu versucht worden ist, die Möglichkeiten christlicher Existenz für den Einzelnen und das Zusammenleben auszuloten.

Die Voraussetzungen, in dieser Zeit mit Religion und Glaube aufzuwachsen, sind weder eindeutig günstig noch schwierig oder gar ausweglos. Sie betreffen die Beziehung zwischen gesamtgesellschaftlichen (globalen) Entwicklungen (2), den Institutionen (3) und den Einzelnen (4). Vor diesem Hintergrund können einige allgemeine Aufgaben für die religionspädagogische Begleitung des »Aufwachsens mit Religion und Glaube heute« genannt werden (5).

2 Bedeutungsverlust ideologischer Großsysteme

Am Beginn des dritten Jahrtausends ist die Krise ideologischer Systeme unübersehbar. Das augenfälligste Beispiel ist der Zusammenbruch des Kommunismus. Aber auch andere Weltbilder wurden erschüttert. Vertreter der Postmoderne (J.F. Lyotard) weisen auf die Versprechen der Aufklärung, des Idealismus und des Historismus hin, ein uniformierendes Prinzip zur Geltung bringen zu wollen: die umfassende Emanzipation der Menschheit, der ziel- und vernunftgesteuerte Aufbau der Weltgesellschaft und die Sinnfindung durch die Interpretation des Geschichtlichen. Solche Gedankensysteme repräsentierten Leitideen, die Wissen und Handeln gesteuert und Einheit zustande gebracht haben. In der postmodernen Gesellschaft müsse jedoch jeder Versuch scheitern, innerhalb der Vielfalt uniformierende Prinzipien zur Geltung zu bringen (vgl. Türk 1990). Auch wenn diese Zeitdiagnose nicht ohne weiteres verworfen werden kann, zeigt sich die Wirksamkeit von Ideologien auf andere Weise. Sie haben sich multipliziert, ihre Formen und Inhalte erscheinen differenzierter und ihre Reichweite ist zeitlich begrenzter. Niklas Luhmann spricht von selektiver Spezialisierung bzw. funktionaler Differenzierung. »Leitende Ideen« sind nicht verloren gegangen, aber sie haben ihren monolithischen Charakter eingebüßt und ihre Wirkung ist oftmals subtiler. Zudem gibt es neue Ideologien, die erst im Kontext zunehmender Technisierung und Kommerzialisierung entstehen konnten und verstärkt über die (neuen) Medien transportiert werden. Sie lösen alte ab oder vermischen sich mit ihnen.

Das Christentum ist, wie andere Groß-Religionen auch, von diesen Veränderungen betroffen. Der Selbstanspruch der christlichen Religion zielt auf die Bereitstellung von Parametern für ein einheitliches Weltbild, gesellschaftlich wird ihr diese Funktion aber nicht mehr zugewiesen. Sie hat vor allem in den vom Christentum geprägten westlichen Ländern an normierender Kraft für das öffentliche und private Leben eingebüßt. Religion ist selbst zu einem gesellschaftlichen Teilbereich geworden, der mit anderen Weltbild-Produzenten um Anerkennung konkurriert. Um erfolgreich sein zu können, wird sich das Christentum auf die ausdifferenzierte Moderne einlassen und seine veränderte Rolle annehmen müssen.

3 Wandel der Institutionen und Organisationen

Der Bedeutungsverlust ideologischer Großsysteme hat weitreichende Folgen für Institutionen und Organisationen als Träger und Verbreiter von Weltanschauungen. Es ist unübersehbar, dass Parteien, Gewerkschaften, Verbände und Kirchen Mitglieder und Einfluss verlieren. Im Vordergrund steht weniger ihr substanzieller, sondern mehr ihr funktionaler Beitrag zum Wohl des Einzelnen und zur Gestaltung des Gemeinwesens. Institutionen und Organisationen werden funktionsspezifisch aufgesucht, verbunden mit einer gesteigerten Erwartung an Leistung und Professionalität.

Die Kirchen spüren diese Entwicklung (vgl. Nüchtern 1997). Die Leistungserwartung an die Kirchen ist etwa im Bereich des Religionsunterrichts, der Begleitung an den existenziellen Wendemarken des Lebens (Übergangsriten) oder der Diakonie und Caritas ungebrochen. Andere kirchliche Vollzüge verzeichnen niedrigere Akzeptanz. Obwohl Formen der Selbsttranszendierung oder das Handeln mit Symbolen gesellschaftlich durchaus Konjunktur haben, profitieren die Kirchen nur unwesentlich davon. Sie werden daher ihre Angebote professionalisieren und sich an Leistungskriterien und qualitativen Standards messen lassen müssen. Das »Service-Prinzip« ist allerdings nicht gleichbedeutend mit einer Unterwerfung unter Marktmechanismen. Es schließt Kritik und Protest durchaus ein, wenn diese helfen die Welt in der Perspektive des Evangeliums neu zu sehen. Als Plattform insgesamt braucht es jedoch eine modernitätsbejahende Grundeinstellung.

Den Kirchen stehen zur Gestaltung ihres Verhältnisses zur kulturell-gesellschaftlichen Umwelt idealtypisch fünf unterschiedliche Handlungsmöglichkeiten offen: Absonderung, Anpassung, Ausdehnung, Sektionierung oder kritischer Dialog. Will Kirche plurale Gesellschaft mitgestalten, kommen nur die beiden letzten Typen infrage. *Sektionierung* bedeutet, dass die Kirche ihre Rolle als Teilsystem neben anderen Teilsystemen anerkennt. Wenn diese Rolle wahrgenommen wird, zeugt dies bereits von einer nüchternen Sicht auf die Möglichkeiten und Grenzen kirchlichen Lebens in der Gegenwart. Freilich: Die Kirche kann Koalitionen bilden und über Systemgrenzen hinweg agieren. In diesem Sinn geht das Modell des *kritischen Dialogs* über die Sektionierung hinaus. Zwar wird der Kirche gesellschaftlich ein Sektor zugewiesen, aber sie verhält sich nicht sektoral, d.h. sie schaut über die Grenzen hinaus – auch um den Preis, den jeder wirkliche Dialog impliziert, dass sich alle beteiligten Partner ändern können.

4 Freiheit und Wahlzwang des Individuums

Zwischen den Voraussetzungen der modernen Gesellschaft und dem einzelnen Menschen gibt es zahlreiche Wechselwirkungen. Menschliche Identität ist immer ein Resultat aus Individuation und Vergesellschaftung. Die funktionale Differenzierung der modernen Gesellschaft hat ihr Spiegelbild in einer strukturellen Individualisierung. Die Gesellschaft braucht individualisierte Menschen mit einer hohen Ausprägung von Autonomie und Selbstverantwortlichkeit, die die Heterogenität des modernen Zusammenlebens selbstständig zu integrieren verstehen und daraus Orientierung schöpfen. Gleichzeitig forciert sie Individualisierung. Praktisch bedeutet dies: Menschen verkehren nicht nur in einheitlichen Gesellschaftssegmenten, sondern wechseln zwischen verschiedenen Rollen. Um handlungsfähig zu sein, müssen sie die darin geltenden unterschiedlichen Regeln und Codes kennen und beherrschen. In diesem Sinne ist der Individualisierungsbegriff eine analytische und keine moralische Kategorie. Er hilft zu verstehen, warum auch auf dem Gebiet der Religion eine eindeutige Verschiebung der Machtbalance von der Institution zum Individuum verzeichnet werden kann. Aus der Vielheit vorfindbarer Sinnangebote muss der Einzelne ein eigenes Weltbild gestalten. Freiheit und Wahlzwang sind miteinander verwoben. Zwangsläufig kommt es dabei zu synkretistischen Prozessen. Synkretismen können als Versuch gedeutet werden, durch die Heterogenität hindurch ein persönlich befriedigendes einheitliches Weltbild herzustellen. Um handlungsfähig zu sein, müssen die unterschiedlichen Rollen und damit verbunden die unterschiedlichen »Ichs« irgendwie zusammengebracht werden. Dies kann immer weniger durch die Subsumtion unter eine Großideologie und deren kulturell-milieuhafte Lebensform passieren, sondern muss durch das Individuum selbst geleistet werden. Dazu greifen Menschen auf kulturell vorfindbare Orientierungen zurück. So gilt für den Bereich Religion, dass kulturell abrufbare Religionsmuster im deutschsprachigen Raum immer noch zu einem wesentlichen Teil von der christlichen Religion geprägt sind, auch wenn die christlichen Kirchen nicht mehr über ein Monopol auf Religion verfügen.

5 Aufwachsen mit Religion und Glaube heute

Die skizzierten strukturellen Kennzeichen bilden den kontextuellen Rahmen für religiöse Bildung und Erziehung. Wie kann darin »Aufwachsen« religionspädagogisch begleitet werden und welche spezifischen religiösen Lernprozesse sind dazu notwendig?

5.1 Religiöses Lernen im Zeitbezug

»Aufwachsen heute« ist ein Aufwachsen in dieser sich rasch verändernden Gesellschaft. Vertrautes und Bekanntes (Tradition) spendet oftmals nur noch eine fragile Sicherheit, denn die Zukunft ist ungewiss. Begriffe wie »Globalisierung« und »Postmoderne« sind Versuche, die gegenwärtigen Entwicklungen in einem größeren Zusammenhang zu deuten. Erziehung und Bildung finden unter diesen Voraussetzungen statt und wollen junge Menschen bei der Entwicklung ihrer Lebensfähigkeit unterstützen. Es geht um den Erwerb von Kompetenzen für die Gegenwart und Zukunft, in Kenntnis der Vergangenheit. Religiöse Bildung partizipiert an diesem allgemeinen Auftrag und spezifiziert ihn durch die Herausarbeitung der religiösen Dimension des menschlichen Lebens. Allerdings ist das, was Heranwachsende im zukünftigen Leben nötig haben werden, immer weniger vorhersagbar. Für die religiöse Bildung heißt das, die Ungewissheit, Fraglichkeit und Widersprüchlichkeit der Welt nicht vorschnell mit einer »Antwort-Didaktik« zu harmonisieren oder zuzudecken, sondern die Fraglichkeit selbst als Motor für religiöse Kommunikation zu nutzen (vgl. Oevermann 1995). Die christliche Religion ist in ihren biblischen Texten und in ihrer historischen Entfaltung selbst ein Beispiel für die Kultivierung des Fragens nach dem Woher und Wohin. Mit der Frage, »wie« wir die Welt sehen können, wird bereits ein religiöses Programm entfaltet (vgl. Luther 1992).

5.2 Lerninhalte und -methoden: Religion und Glaube entlang des Lebenslaufs

Konträr zu allen Säkularisierungsprophezeiungen zeigt sich »Religion« in modernen Gesellschaften auf vielgestaltige Weise. Für religiöse Lernprozesse in Schule, Gemeinde und Erwachsenenbildung stellt sich die Herausforderung, die gesellschaftliche und individuell vorfindbare pluriforme Religionspraxis mit der christlichen Überlieferung zu korrelieren. Empirische Studien zeigen, dass moderne Menschen durchaus an eine höhere Macht oder allgemeine Kraft glauben, die den Kosmos ordnet (vgl. Ziebertz 2001b). Christlich gewendet bekommt diese Macht einen Namen. Sie erscheint als der jüdisch-christliche Gott, der in der Welt der Menschen Gerechtigkeit und Liebe etabliert und entscheidend zur Konstituierung der modernen Vorstellung vom Humanum beigetragen hat. Sich auf diesen Gott einzulassen ist freilich das Ergebnis einer Entscheidung. Diese Entscheidung wird nur in wenigen Fällen einmal getroffen, sie ereignet sich vielmehr ein Leben lang.

Religionspädagogische Methoden zur Initiierung und Begleitung religiösen Lernens müssen komplementär zum Lerninhalt sein. Kann sich der Glaube entlang des Lebenslaufs verändern und in vielgestaltiger Weise vorkommen, ist es eine zentrale religionspädagogische Aufgabe, die jeweilige Gestalt des Glaubens überhaupt aufzudecken. Religiöse Bildung setzt beim Subjekt an und rekonstruiert die individuelle Form des Glaubens in der Prägung durch religiöse, in der westlichen Kultur häufig christliche Muster.

Die christliche Religion kommt dann als Deutungsalternative ins Spiel. Religiöse Bildung leistet demnach zweierlei: Zum einen den in der jeweiligen Lebenspraxis verankerten Glauben und seine Bestandteile bewusst zu machen, zum anderen Religion als weiterführendes Sinnangebot anzuschließen. Glaube in seinem individuellen »Fall« kann ebenso als kritische Rückfrage an Religion fungieren wie auch Religion als Korrektiv individuellen Glaubens. Beide Dimensionen stehen, konform zur Mitteilungsgeschichte der christlichen Botschaft insgesamt, kommunikativ-dialogisch zueinander.

5.3 Lernbereiche: Wissen, Haltung, Gemeinschaft und transformatives Handeln

Lerninhalte und -methoden realisieren sich in vier Bereichen religiösen Lernens: Wissen, Haltung, Gemeinschaft und transformatives Handeln (vgl. Seymour 1997). *Wissen* will Informationen in der Form von Kenntnissen über religiöse Traditionen vermitteln. Ohne Wissen ist eine kontextuelle Einordnung von Erfahrungen kaum möglich. *Haltung* zielt auf Wertorientierung und Spiritualität. *Gemeinschaft* zeigt, dass menschliches Leben auf Sozialität angewiesen ist. Religiöse Gemeinschaften tradieren ein »kollektives Gedächtnis«, an dem Menschen in Kenntnis der Vergangenheit die Gestaltung der Gegenwart und Zukunft prüfen können. *Transformatives Handeln* schließlich zielt auf die Konsequenzen für die Alltagsbewältigung.

Diese vier Dimensionen sind im besten Fall verzahnt. Sie entsprechen anthropologisch dem Wissen-Wollen, dem Vertrauen-Können auf einen Geist, der dem Leben Richtung gibt, dem Angenommen-Sein in Gemeinschaft, die sich selbst übersteigt, und dem Handeln auf eine neue Zukunft hin.

5.4 Kontext: Religionsfähigkeit und Öffentlichkeitstauglichkeit des kirchlichen Christentums

Religiöse Bildung ist nicht unwesentlich davon abhängig, wie die Religionsfähigkeit (vgl. Drehsen 1994) und Öffentlichkeitstauglichkeit des Christentums (vgl. Ziebertz 1999, 110–227), das im deutschsprachigen Bereich die beiden großen christlichen Kirchen repräsentieren, insgesamt eingeschätzt wird. Was die *Religionsfähigkeit* betrifft, sind angesichts der »Wiederentdeckung des Religiösen« neue Formen des gesellschaftlichen Dialogs notwendig. Das Christentum muss die Fähigkeit (wieder-)gewinnen, funktionale Religiosität und substanzielle Religion in ihrer Wechselseitigkeit zu erschließen. Religionsfähigkeit setzt voraus, moderne religiöse Suchbewegungen überhaupt wahrzunehmen und sie zu verstehen. Die Offerte, diese Suchbewegungen mithilfe der anthropologisch gesättigten christlichen Tradition zu strukturieren und zu verinhaltlichen, muss nicht von dieser Religiosität wegführen, sondern kann sie vertiefen. Was die *Öffentlichkeitstauglichkeit* betrifft, stehen Teile der christlichen Tradition in der Gefahr, sich selbst zu marginalisieren. Die Erfahrung der Bedeutungsveränderung der christlichen Religion vom überwölbenden Horizont zum Segment in der Gesellschaft kann zum enttäuschten Rückzug auf die »kleine Herde« führen; allerdings wird der Prozess der Marginalisierung auf diese Weise eher beschleunigt. Stattdessen ist gerade die Kompetenz zum Dialog gefragt, und zwar mit allen Bereichen der Gesellschaft, in denen Fragen des Lebens heute und in Zukunft virulent sind. Nicht der Ausstieg, sondern der Einstieg der Kirchen in die Gesellschaft könnte religiöses Lernen positiv flankieren. Auf diese Weise könnte vermieden werden, dass in religiösen Lernprozessen individuelle und gesellschaftliche Bezugnahmen vorherrschen und institutionelle (kirchliche) zum Problem werden.

Literatur

Drehsen, Volker, Wie religionsfähig ist die Volkskirche? Gütersloh 1994.
Luther, Henning, Religion und Alltag. Stuttgart 1992.
Nüchtern, Michael, Kirche in Konkurrenz. Stuttgart 1997.
Oevermann, Ulrich, Ein Modell der Struktur von Religiosität. Zugleich ein Strukturmodell von Lebenspraxis und von sozialer Zeit. In: Wohlrab-Sahr, Monika (Hg.), Biographie und Religion. Frankfurt/M. 1995, 70–182.
Seymour, Jack L., Mapping Christian Education. Nashville 1997.
Türk, Hans Joachim, Postmoderne. Mainz/Stuttgart 1990.
Ziebertz, Hans-Georg, Religion, Christentum und Moderne. Stuttgart u.a. 1999.
Ziebertz, Hans-Georg, Warum die religiöse Dimension der Wirklichkeit erschließen? In: Hilger, Georg/Leimgruber, Stephan/Ziebertz, Hans-Georg, Religionsdidaktik. München 2001a, 107–122.
Ziebertz, Hans-Georg, God in Modern Individualized Religiousness. In: Ziebertz, Hans-Georg/ Schweitzer, Friedrich/Häring, Hermann/Browning, Don (Hg.), The Human Image of God. Leiden u.a. 2001b, 329–346.

STEFAN HEIL / HANS-GEORG ZIEBERTZ

I.2 Pädagogische Grundbegriffe – religionspädagogische Grundmuster

→ I.3 Religiöse Bildung zwischen Subjekten und Strukturen
→ I.8 Ziele religionspädagogischen Handelns
→ II.4.4 Entwicklung und Identität
→ V.1.2 Religionsdidaktische Konzeptionen

Seit alters partizipieren die Begriffe und Handlungsmuster im Raum christlicher Erziehung an den allgemeinen pädagogischen Grundbegriffen wie Erziehung, Lernen, Lehren (Unterricht), Bildung, neuerdings auch Sozialisation und Entwicklung. Dies rührt daher, dass religiöse und allgemeine Erziehung *formal* gleiche *Funktionen* haben, die historisch tief verwurzelt sind. Davon sind die gewählten *Inhalte* (Traditionen, Programme) und die mit diesen verknüpften normativen *Zielsetzungen* zu unterscheiden.

1 Grundbegriffe, -funktionen und -formen der Erziehung

Funktional betrachtet, ist in der Menschheitsgeschichte *Erziehung* für den Fortbestand der Menschen (überlebens-)notwendig. Sie hat ihren Ort im Verhältnis der Generationen zueinander (F. Schleiermacher). Wo sie absichtlich geschieht, ist Erziehung gegenüber den im Leben und Lebenslauf ständig gemachten Erfahrungen und dem hierbei stattfindenden erziehungswirksamen *»informellen Lernen«*, wodurch Erfahrungen auswählend verarbeitet werden, eine weitere, systematische Steuerung dieser Auswahl. Auf diese Weise sollen überdauernde Einstellungen (Haltungen, Gesinnungen, vgl. früher: »Charakter-Erziehung«) angebahnt und stabilisiert werden. Kinder sind erziehungsbedürftig und -fähig, weil ihnen eine Lernfähigkeit angeboren ist. Ohne »Bildsamkeit«, einem zentralen pädagogischen Begriff (D. Benner), ist Pädagogik nicht zu denken.

Man unterscheidet *»intentionale«* Erziehung und *»funktionale«* Erziehung. Erstere ist absichtlich auf eine gewünschte Wirkung von (religiösen) Erziehungsmaßnahmen im Sinne der »Verbesserung« gerichtet (J. A. Comenius: »emendatio«). Ihre Hauptform ist das *Lehren* als (religiöser) *Unterricht* mit der klassischen Funktion der Vermittlung von Wissen. Hierbei wird erhofft (und oft irrtümlich angenommen), ein Resultat sei eindeutig auf den Unterricht zurückzuführen. Kinder und Jugendliche lernen aber immer schon vieles durch »Erfahrung und Umgang« (J.F. Herbart) und besonders heute durch neue Informationsmedien.

Funktionale (latente) Erziehung ergibt sich beiläufig, implizit, als Nebeneffekt von anderem Tun und Erleben. Seit Jahrtausenden ist die Familie ein Raum funktionaler, auch gerade religiöser *Sozialisation* im Sinne von Vergesellschaftung bzw. gesellschaftlicher Eingliederung. Sie vollzieht sich durch Beobachtung und Nachahmung und gewinnt ihre Kraft als *»Prägung«* im sinnlich wahrgenommenen Handlungsraum durch dessen Anschaulichkeit, die Wiederkehr des Beobachteten, die relative Gleichförmigkeit (Homogenität) der wirksamen Werte und das Ineinandergreifen von Elementen zu einem bildenden Ganzen. Funktionale Erziehung geschieht hierbei vorwiegend durch *Teilnahme* an bestehenden Lebensvollzügen.

Man kann funktionale Erziehungswirkungen auch intendieren, indem (klassisch seit Rousseau) *»Lernumwelten«*, auch religiöse, bewusst *inszeniert* werden, um über eine solche *indirekte* Erziehung den Vorzug der direkten, absichtlichen Beeinflussung mit den Vorzügen einer latent erziehenden Umgebung zu verbinden (Treml 2000, 74.80). Diese dritte Erziehungsform spielt überall dort mit, wo eine »(religions)-pädagogische Kultur« angestrebt wird, z.B. eine (konfessionell-christlich) prägende Schulkultur, oder ein Raum gezielt mit bestimmten (religiös) anregenden Lernmaterialien ausgestattet wird.

In Staat und Kirche sollten pädagogische Institutionen die hinter den erziehenden Strukturen verdeckten Intentionen darlegen, damit sie in ihrem Für und Wider erörtert werden können. Die obigen Beschreibungen lassen nämlich zunächst offen, was inhaltlich (z.B. kulturell, politisch, ethisch, religiös) direkt oder indirekt angestrebt werden soll. Die Bildsamkeit der Heranwachsenden kann in den frühen, plastischen Lebensphasen unterschiedlich ausgenutzt werden.

An dieser Stelle hat geschichtlich der Begriff der *Bildung* neben seinem deskriptiven Gehalt eine normative Bedeutung entwickelt. Die beginnende arbeitsteilige moderne Gesellschaft schuf Menschen, die nur als »Bruchstück« und »Abdruck« ihres »Geschäfts« und ihrer »Wissenschaft« ausgebildet waren (Schiller, Über die Ästhetische Erziehung, 1795, 6. Brief). Staat und Kirchen unterdrückten eine freiere und vollständige Entfaltung. So entstand in der Epoche der Klassik im Widerstand gegen die »Entfremdung« des Menschen (W. von Humboldt, Theorie der Bildung, 1793, 237) das Konzept einer selbstbestimmten Bildung. Bilden kann transitiv *»jemanden bilden«* im Sinne von *»formen«* meinen, aber auch reflexiv *»sich bilden«* mit einer in das Subjekt verlegten wertenden Auswahl des für einen selbst als wertvoll Erscheinenden. Diese Perspektive wird jetzt historisch wichtig.

Kinder und Jugendliche zeigen schließlich eine *Entwicklung*, die bei beiden Fassungen des Bildungsbegriffs nicht unberücksichtigt bleiben kann. In der genannten Epoche lag es für einige Pädagogen nahe, die Tendenzen der vermeintlich »natürlichen Entwicklung« selbst zur Norm zu erheben; Bildung wurde zur ganzheitlichen »Entfaltung« von »Anlagen« und »Kräften« (Fröbel; z.T. auch die Reformpädagogik Anfang des 20. Jh.).

Bildung kann somit erstens einseitig durch ein *organologisches* Verständnis angeleitet werden (Vorbild: Natur). Ebenso alt ist ein *handwerklich-technologisches* Verständnis, das Bildung als Kultivierung begreift (Vorbild: Handwerk). Hier werden entwicklungspsychologische Kenntnisse dann instrumentalisiert, wenn die Bildsamkeit der Kinder einseitig überindividuellen staatlichen oder kirchlichen Zwecken unterworfen wird. Demgegenüber korrespondiert dem individuell emanzipativen Verständnis von Bildung der Blick auf Entwicklung aus der Warte selbstselektiven Lernens und eines *selbstreflexiven* Verständnisses von Bildung (Vorbild: Selbstbeobachtung).

F. Schleiermacher hat dieses Verständnis in seinen »Reden über die Religion« (1799) aus einem (heute selbst hirnphysiologisch-neuronal bestätigten) geistigen Sachverhalt erklärt. Denn: »Was durch Kunst und fremde Tätigkeit in einem Menschen gewirkt werden kann, ist nur dieses, dass Ihr ihm Eure Vorstellungen mitteilt und ihn zu einem Magazin Eurer Ideen macht (...), nie könnt Ihr bewirken, dass er die, welche Ihr wollt, aus sich hervorbringe (...). Kurz, auf den Mechanismus des Geistes könnt Ihr wirken, aber in die Organisation desselben (...) könnt Ihr nach Eurer Willkür nicht eindringen.« Wo dies mit subtilen, unbewusst wirkenden Mitteln versucht wird, besonders durch non-verbale Kommunikation und die Gewalt der Bildersprache, geht Erziehung in *Indoktrination* über.

2 Religionspädagogische Grundmuster

Die religionspädagogischen Grundmuster klangen schon an; denn sie haben sich stets der geläufigen Formen und Funktionen von Erziehung und Bildung mit unterschiedlichem Nachdruck und wechselnden Inhalten bedient. Hierbei spielen in der Neuzeit zwei Herausforderungen eine Rolle: zum einen die Verselbstständigung der Einzelnen und damit die *Steigerung interindividueller Differenz, d.h. Verschiedenheit* (Mündigkeit, Selbstbestimmung/Autonomie, religiöse Individualisierung) und zum anderen die *Steigerung gesellschaftlicher Differenz* (funktional-differenzierte Gesellschaft, weltanschaulich-religiöse Pluralisierung). Die neuere Christentumsgeschichte kann entsprechend als Geschichte *kirchlicher Reaktionsbildungen* gelesen werden, um die Funktionen religiöser Erziehung zu reorganisieren. Zu den Reaktionen – ein hier wertneutral gebrauchter Begriff – zählen auch eigenständige Innovationen.

Grob gesprochen sind vier Reaktionsmuster möglich: (1) Neuordnung durch *Anpassung* an die Moderne, (2) durch *Gegenwirkungen* gegen sie, (3) durch kompromissförmigen *Ausgleich* und (4) durch relativ unabhängige *Eigeninitiativen*. Bei großen »Volkskirchen« treten die Differenzsteigerungen (Pluralismus) auch in ihnen selbst auf. Daher sind die Reaktionsbildungen meist zugleich binnenkirchlich ausgerichtet. Welcher Weg beschritten worden ist und wird, hängt auf evangelischer wie katholischer Seite vom eigenen Selbstverständnis ab, religionspädagogisch besonders vom Kirchen- und Bildungsverständnis (vgl. Nipkow 1998, Kap. 8).

Die idealtypischen religionspädagogischen Grundmuster an den einander gegenüberliegenden Polen sind nach dem Grad bemessbar, mit dem der Differenz (Pluralität) entweder mit *eigener Einheit* (kirchlich-institutionelle Geschlossenheit, lehrmäßige Eindeutigkeit, konfessionelle Homogenität von Schule und Religionsunterricht) oder mit *eigener Differenzierung* als einem bewussten Ja zur Pluralität geantwortet wird (unterschiedliche christliche Denominationen, innertheologischer Deutungspluralismus, heterogene Schülerschaft in Schule und Religionsunterricht). Die obigen Erziehungsformen können nach beiden (!) Richtungen in ihrer Funktionalität in Dienst genommen werden:

(1) Bei der ersten Option wird aus empirisch einleuchtenden Gründen der »funktionalen Erziehung« mehr zugetraut als der »intentionalen Erziehung« und, wo erstere in den Familien schwächer wird, besonders der »indirekten Erziehung« in Gestalt einer bewusst geschaffenen vollständigen religiösen Umgebung.

Evangelischerseits richtet sich im 19. Jh. eine konfessionelle Gegenbewegung gegen die aufklärerischen Prinzipien. In Varianten wird neue Gemeinschaft wichtig. So kommt gegenüber der schulorganisatorisch herrschenden Staatsschule der liberale Gedanke einer im Elternrecht gründenden *»Schulgemeindeschule«* auf, in der die Schule von einem Verband von Familien »umgeben und getragen« ist und alle »in den wichtigsten Erziehungsgrundsätzen übereinstimmen, also vor allen Dingen gewissenseinig sein müssen« (F.W. Dörpfeld 1892, zit. n. Nipkow/Schweitzer 1994, Bd. 2.1, 144). Das Motiv der Geschlossenheit erhält später angesichts des beklagten Endes der christlichen Staatsschule einen autoritären Zug: (Religiöse) »Erziehung ist nur möglich auf der Grundlage einer bestimmten, geschlossenen Lebensgesinnung« (O. Dibelius 1919, zit. n. Nipkow/Schweitzer 1994, Bd. 2.2, 59). Für sie wird im Schulkampf der Weimarer Zeit eine *evangelische Bekenntnisschule* neuen, »weltanschaulichen« Typs erkämpft.

Auf katholischer Seite soll die *»katholische Schule«* als Staatsschule oder Privatschule so einheitlich durchformt werden, »dass der ganze Unterricht und Aufbau der Schule: Lehrer, Schulordnung und Schulbücher in allen Fächern unter Leitung und mütterlicher Aufsicht der Kirche von christlichem Geiste beherrscht sind ...« (Pius XI., Enzyklika »Über die christliche Erziehung der Schule«, 1929).

Die Inanspruchnahme funktionaler und indirekter Erziehung (verstärkt durch intentionale Erziehung mit dem Schwerpunkt auf »Lehren«) folgt bei diesem eingliedernd-prägenden *sozialisatorischen Grundmuster* dem Interesse an *übereinstimmenden Wirkungen*. Der Begriff der Bildung wird hauptsächlich in seinem transitiven Sinn gebraucht, indem auf die bildende Kraft ›von etwas auf jemanden‹ abgehoben wird. Das Sich-Bilden des Subjekts wird in normativer Absicht an »die bildende Kraft kirchlicher Religion« zurückgebunden (Die Deutschen Bischöfe 1996, 27.37ff).

(2) Am anderen Pol wird Bildung als Lernen am Differenten verstanden, in (bereits) innerkirchlich, ökumenisch und interreligiös pluralen Kontexten. In Europa ist dieses Grundmuster am stärksten und einseitigsten in England und Wales im dortigen multi-religiösen Religionsunterricht ausgebildet worden: Kinder aus den verschiedenen Religionen werden gemeinsam unterrichtet. In der Bundesrepublik kommt diesem

Typus der Hamburger »Religionsunterricht für alle« nah (zur kritischen Würdigung s. Nipkow 1998, Kap. 11).

Bildungstheoretisch gesehen wird Bildung vornehmlich als selbst-selektiver, selbstreflexiver und teils auch kritischer Lernprozess verstanden. Der Pädagoge Herwig Blankertz nennt als Grundkriterium: »Die Inhalte dürfen mit ihren Ansprüchen den Educandus nicht determinieren, sondern als bildende Lehre müssen sie so verwendet werden, dass sie zugleich kritische Vernunft entbinden, die sich, potenziell jedenfalls, auch gegen die Inhalte selbst muss richten können« (1969, 41).

Viele Religionspädagogen folgen diesem Ansatz, ohne die Polarität von Person und Sache im Bildungsprozess aufzulösen. Tradition und »bildende Lehre« bleiben wichtig. Die Inhalte sollen »einwirken«, allerdings nicht in die Seele »eingreifen« (M. Buber). Darum ist Distanzierung einzuräumen; das Grundmuster tendiert zur offenen und selbstständigen Auseinandersetzung mit den Inhalten. Deutlich hat sich hierbei der Akzent vom Lehren und Erziehen zum Lernen und Moderieren verschoben. Die christliche Erziehung der Vergangenheit hatte wesentlich zur sog. »Schwarzen Pädagogik« (Katharina Rutschky) beigetragen. Das soll sich nicht noch einmal wiederholen. Man kann insgesamt von einem Paradigmenwechsel im Erziehungsstil sprechen, dem weithin auch die religiöse Erziehungspraxis folgt. Im sozialgeschichtlichen Vergleich ist eine Erziehung zum Gehorsam in dem Ausmaß zurückgegangen, wie eine Erziehung zur Selbstbestimmung für Eltern und Erzieher selbstverständlich geworden ist. Die frühere »Belehrungsgesellschaft« (W. Lepenies) wird infrage gestellt. Die Kirchen müssen sich ernsthaft Gedanken machen, ob sie ohne Schaden hinter diese Entwicklung zurückgehen wollen und können.

Ökumenisches und interreligiöses Lernen sind zurzeit der Prüfstein für die beiden Grundmuster. Die meisten Religionspädagogen befürworten einen Perspektivenwechsel im Sinne einer »wechselseitigen Eigen- und Fremdinterpretation der eigenen und der anderen Religion«. Er soll über die üblichen Erwartungen an »Verstehen, Toleranz, Respekt« hinaus »Selbst-Reflexion und Selbst-Kritik« einschließen (Ziebertz/Leimgruber 2000, 258). Sofern »die eigene Religion durch die Geschichte hindurch auch eine kontextuelle Konstruktion ist«, kann dies »in bestimmten Momenten sogar partielle Selbst-Zerstörung verlangen« – ein »riskanter Prozess«. Dieser impliziert die »Möglichkeit (von einem monoreligiösen Standpunkt aus könnte gesagt werden: die Gefahr!) ..., von einer religiösen Kongregation zur nächsten, von einer Religion zur nächsten oder einfach vom Glauben zum Nichtglauben« (ebd. 259) zu wechseln.

Wegen ihrer unterschiedlich möglichen Füllung kann die indirekte Erziehung mit ihren wohl überlegten funktionalen Wirkungen auch bei dem zweiten Grundmuster in Anspruch genommen werden. Gerade ökumenisches und interreligiöses Lernen kann in einem sozialisatorischen Raum als systematische Begegnung mit Anderen organisiert werden. Wenn dies bildungstheoretisch durchdacht geschieht, ist es möglich, dass die Heranwachsenden das Eigene und das Andere in Unterscheidung und Beziehungsfindung klarer erkennen, sich persönlich bewusster vergewissern und entscheiden (Identität), um zugleich andere besser zu verstehen (Verständigung). Ein Unterricht im Zeichen von »Wahrhaftigkeit« und »Aufrichtigkeit« (Mohamed Talbi), der die theologischen Profile nicht abschleift und die Wahrheitsfrage nicht religionskundlich abschwächt, wird bei religiösen Gegensätzen freilich auch Befremdliches zur Sprache bringen. Daher ist besonders in der Grundschule die Entwicklung der Kinder zu berücksichtigen und im Verhältnis von Begegnung und Beheimatung, das Maß zumutbarer religiöser Pluralität abzuwägen (Schweitzer/Faust-Siehl 2000).

Auch theologisch ist Lernen am Differenten angesagt, streng genommen noch radikaler. Gott und Mensch sind im Sinne des ersten Gebots kritisch zu unterscheiden. Zugleich ist Gott in Christus durch und durch Mensch geworden, Unterscheidung und Einheit in einem. Er wirkt ineins damit als Heiliger Geist, der weht, wo er will. In diesem trinitarisch-theologischen Sinne ist das zweite, *kommunikative Grundmuster* zweifach, pädagogisch und religionspädagogisch, offen für *»freigegebene Wirkungen«;* denn wie schon über das eigene Innere nicht pädagogisch verfügt werden kann, so erst recht nicht religionspädagogisch über Gottes Wirksamkeit.

In der katholischen und evangelischen Religionspädagogik wird gegenwärtig versucht die beiden Grundmuster zu verbinden, religiöse Bindungen verlässlich zu stärken und die religiöse Bildung verständigungsoffen in Freiheit zu gestalten. In Kenntnis ihrer elementaren Strukturen und empirischer Befunde kann dies veranwortungsvoller geschehen.

Literatur

Benner, Dietrich, Allgemeine Pädagogik. Eine systematisch-problemgeschichtliche Einführung in die Grundstruktur pädagogischen Denkens und Handelns. Weinheim-München 1987.

Blankertz, Herwig, Theorien und Modelle der Didaktik. München 1969.

Die Deutschen Bischöfe, Die bildende Kraft des Religionsunterrichts. Zur Konfessionalität des katholischen Religionsunterrichts. Bonn 1996.

Nipkow, Karl Ernst, Bildung in einer pluralen Welt. Bd. 2: Religionspädagogik im Pluralismus. Gütersloh 1998.

Nipkow, Karl Ernst/Schweitzer, Friedrich, Religionspädagogik. Texte, Bd. 2.1 u. 2.2. Gütersloh 1994.

Schweitzer, Friedrich/Faust-Siehl, Gabriele (Hg.), Religion in der Grundschule. Frankfurt/M. ^{4}2000.

Treml, Alfred K., Allgemeine Pädagogik. Stuttgart u.a. 2000.

Ziebertz, Hans-Georg/Leimgruber, Stephan, Interreligiöses Lernen. In: MThZ 51 (2000) 253–264.

KARL ERNST NIPKOW

I.3 Religiöse Bildung zwischen Subjekten und Strukturen

→ I.1 Religion, Glauben und Aufwachsen heute
→ I.8 Ziele religionspädagogischen Handelns
→ II.2.13 Gemeinschaft – Glaubensgemeinschaft/Kirche
→ III.4.2 Individualisierte Religiosität
→ IV.4.1 Gesellschaftliche und ›religiöse‹ Milieus/Lernumwelten

1 Problemanzeige

Eine Spannung zwischen Subjekten und Strukturen ist für alle Erziehungs- und Bildungsprozesse kennzeichnend: Ob beispielsweise das Ideal der mündig gewordenen Person, die ihre und anderer Geschicke verantwortlich in die Hand zu nehmen und zu gestalten in der Lage ist, erreicht werden kann, ist nicht zuletzt von dem gegebenen soziohistorischen Kontext mit seinen konkreten Strukturen abhängig, die erheblichen Einfluss darauf haben, ob und inwieweit sie die Annäherung an das Ideal fördern oder behindern.

Diese Spannung scheint seit einiger Zeit gerade im Bereich der religiösen Erziehung und Bildung besonders stark aufgeladen zu sein: Großer Popularität erfreut sich einerseits die Meinung, Religion sei die Privatsache schlechthin, auf die darum »von außen« keinerlei Einfluss genommen werden könne und dürfe; die Erziehung habe allenfalls dafür Sorge zu tragen, dass jede und jeder nach ihrer Façon selig werden könne. Ob das wirklich so möglich ist oder ob auf diese Weise nicht umso sublimer eine strukturelle Einbindung der Heranwachsenden in die herrschende Ideologie (z.B. »Konsumreligion«) erfolgt, wird nicht zu Unrecht kritisch zurückgefragt.

Es liegt nahe, dass sich die Spannung zwischen Subjekten und Strukturen in der Religionspädagogik widerspiegelt. So könnten etwa ihre unterschiedlichen Konzeptionen dahingehend klassifiziert werden, ob sie die Spannung eher zu dem einen oder zu dem anderen Pol hin auflösen. Soll dies nicht dem Zufall oder irgendwelchen Vorlieben überlassen bleiben, muss es ausdrücklich problematisiert und reflektiert werden. Genau dies ist eine genuine Aufgabe religionspädagogischer Theoriebildung.

Methodisch legt sich für ein solches Unternehmen folgende Vorgehensweise nahe: Worin jeweils aktuell die Spannung zwischen Subjekten und Strukturen mit Blick auf religiöse Erziehung und Bildung festzumachen ist, ist allererst zu analysieren (2). Um entscheiden zu können, in welche Richtung auf diese Prozesse gestalterischer Einfluss genommen werden soll, sind sodann entsprechende Kriterien zu entwickeln (3). Mit diesen beiden Schritten ist ein Ausgangspunkt für die Ausarbeitung von Leitorientierungen für Handlungsmodelle und -konzepte gewonnen (4). Diesem Dreischritt (Sehen – Urteilen – Handeln) folgend soll im weiteren – aufgrund der Kürze notgedrungen stichwort- und thesenartig – erörtert werden, wie sich aktuell, also im Kontext der (post-)modernen Gesellschaft die skizzierte Spannung speziell für die religiöse Erziehung und Bildung darstellt und wie mit ihr umzugehen ist. Dabei wird sie jeweils aus den drei unterschiedlichen Blickwinkeln von Individuum (4.1), Gesellschaft (4.2) und Religion (4.3) angegangen.

2 Das Verhältnis von Individuum, Gesellschaft und Religion in der Gegenwart

2.1 Mit dem Stichwort »Privatsache« lässt sich nicht nur das Verhältnis des (modernen) Individuums zur Religion charakterisieren; es kennzeichnet gewissermaßen sein Verhältnis zur Gesellschaft insgesamt. In den Sozialwissenschaften wird in diesem Zusammenhang von »Individualisierung« gesprochen. Das meint, dass bedingt durch den Prozess der sich immer mehr beschleunigenden Modernisierung mit seinen erhöhten Anforderungen an die Flexibilität und Mobilität der Einzelnen das Individuum in der Gestaltung seines privaten Lebens weitgehend auf sich allein gestellt ist. Damit sind Chancen und Lasten verbunden: Chancen sind zweifelsohne mit dem Freiheitsgewinn gegeben, den die Individuen verbuchen können, seitdem ihr Lebensweg nicht länger wie in traditionalen Gesellschaften strukturell weitgehend determiniert ist, sondern eine Fülle von Wahlmöglichkeiten offen steht, sodass ein je eigener Weg gefunden und gestaltet, gegebenenfalls auch wieder verändert werden kann. Das hat aber auch Lasten zur Folge: Die Biografie ist dem Einzelnen unweigerlich als selbst zu verantwortendes Projekt aufgegeben – unter ständig sich verändernden Arrangements. Zu wählen ist also zugleich auch strukturell erzwungen. Es liegt nahe, dass soziale Beziehungen davon nachhaltig betroffen sind; je stärker es an einer sie stützenden Umgebung mangelt, desto fragiler werden sie. Wer den Anforderungen an Flexibilität und Mobilität aus welchen Gründen auch immer nicht entsprechen kann, wird nicht selten in die Exklusion verbannt.

2.2 In den letzten Jahren hat die heutige Gesellschaft die verschiedensten Etikettierungen erfahren, z.B. »Risikogesellschaft« (U. Beck), »Erlebnisgesellschaft« (G. Schulze) und »Multioptionsgesellschaft« (P. Groß). Gemeinsam ist den einzelnen Konzeptionen ihr Ausgangspunkt (der dann jeweils unterschiedlich akzentuiert wird), nämlich dass wir im Kontext »radikalisierter Modernität« (K. Gabriel) leben, die durch das Vorantreiben einer bestimmten Art der Rationalisierung, vorab auf dem ökonomischen Sektor, eine ständige Beschleunigung erfährt. Am augenfälligsten zeigt sich das in der Entwicklung der Kommunikationstechnologie, die eine bislang ungeahnte Verdichtung von Raum und Zeit (Globalisierung) ermöglicht. In kultureller Hinsicht geht das mit einer Erosion der als entbehrlich geltenden Traditionen einher; eine Vielfalt von Weltanschauungen und Lebensstilen existiert nebeneinander und konkurriert untereinander (Pluralisierung).

2.3 Damit ist bereits der Bereich der Religion angesprochen. Dass er von dem gesellschaftlichen Wandel besonders nachhaltig erfasst worden ist, liegt allein aufgrund der mit der Rationalisierung einhergehenden Enttraditionalisierung auf der Hand. Gleichwohl ist nicht das eingetreten, was vor Jahren noch als absolut sicher prognostiziert worden ist: das Ende jeglicher Religion. Zwar haben die kirchlichen Großinstitutionen einen enormen Bedeutungsverlust erlitten. Aber neben sie, die bis vor nicht weit zurückliegender Zeit noch quasi monopolartig für das Feld des Religiösen zuständig waren, ist eine Fülle von Religionen und Weltanschauungen getreten und es kommen immer wieder neue hinzu. Diese Pluralität macht vor den Kirchen selbst nicht Halt; sie sind ihrerseits durch eine »Gleichzeitigkeit des Ungleichzeitigen« (K. Rahner) sowohl bezüglich des Verständnisses des christlichen Glaubens als auch der ihm gemäßen Praktiken gekennzeichnet.

3 Kriterien für eine religiöse Erziehung und Bildung in den gegebenen Verhältnissen

So unverzichtbar der empirisch-analytische Blick für die Pädagogik und somit auch für die Religionspädagogik ist, so muss, um Leitorientierungen für das Handeln zu gewinnen, unabdingbar eine normative Komponente damit zu verbinden versucht werden. Damit stellt sich die Frage, was als Maßstab zur Beurteilung genommen werden kann. Für die klassische Bildungstheorie war dafür die Frage nach der Subjektwerdung des und der Menschen ausschlaggebend, also die Frage danach, ob und inwiefern die gegebenen Verhältnisse dem angestrebten Ziel förderlich oder hinderlich sind und gegebenenfalls verändert werden müssen, dass nämlich die Menschen zu bewussten und verantwortlichen Gestaltern ihrer eigenen Geschichte werden. Angesichts der skizzierten Entwicklungen ist diese Frage nach den Bedingungen der Möglichkeit einer Genese von Subjekten in Freiheit aktueller denn je. Von theologisch-religionspädagogischer Seite her gewinnt sie insofern noch eine Verschärfung, als sie sich in ihrer Einschätzung in besonderer Weise von der Perspektive der »Armen und Bedrängten aller Art« (Vaticanum II, Gaudium et spes 1) leiten zu lassen hat.

3.1 Dass Individualisierung individuellen Freiheitszuwachs bedeutet, ist unbestritten. Allerdings zeigt sich, dass und wie diese Freiheit ihrerseits – nicht zuletzt durch verschiedenste Verlockungen »von außen« – in hohem Maße gefährdet ist und neue Abhängigkeiten an ihre Stelle treten können. Für die Religionspädagogik ist dies allerdings kein Grund, dem freiheitlichen Lebensgefühl der heutigen Menschen eine Absage zu erteilen; ihre gegenwärtige Krise hängt nicht zuletzt damit zusammen, dass bestimmte Praktiken religiöser Erziehung von den Betroffenen nicht als freiheitsfördernd erfahren worden sind. Sie hat darum allen Grund, sich auf ihr eigenes Verständnis von der »Freiheit eines Christenmenschen« (M. Luther) zurückzubesinnen, das diese nicht mit grenzenloser und letztlich destruktiv sich auswirkender Steigerung der Macht über alles Mögliche verwechselt, sondern in ihrer konstitutiven Verwiesenheit auf die Freiheit des anderen bestimmt, um dieses Verständnis dann kritisch-konstruktiv mit dem heutigen freiheitlichen Lebensgefühl zu vermitteln.

3.2 Zweifelsohne hat die durch die Rationalisierung vorangetriebene Modernisierung in den verschiedensten gesellschaftlichen Bereichen bis hin zur Privatsphäre eine Reihe von Errungenschaften mit sich gebracht, die zu Recht die davon Begünstigten nicht missen möchten: Diese gilt es zu wahren. Allerdings ist aufgrund eines überzogenen Fortschrittsoptimismus, der darauf zielt, dass die Menschen endlich über die traditionell Gott zugeschriebenen Attribute der Allmacht, Allwissenheit und Allgegenwart verfügen, die apokalyptische Vorstellung von der endgültigen Katastrophe alles andere als ein Hirngespinst. Für einen Großteil der Menschheit und der Natur ist sie vielmehr längst grausame Realität.

3.3 Angesichts manch voreiliger Affirmation eines – faktischen oder vermeintlichen – Revivals des Religiösen ist an die notwendige Aufgabe der »Unterscheidung der Geister« (1 Kor 12,10) zu erinnern. Religion kann bekanntlich dafür herhalten, kompensatorisch als »Kontingenzbewältigungspraxis« (H. Lübbe) im Sinne der herrschenden Interessen eingesetzt zu werden. An die Stelle Gottes treten nur allzu gern alle möglichen Götzen – auch und gerade heute in einer zu Unrecht als gottlos apostrophierten Gesellschaft. Gerade darum gilt es, die religionskritische Stoßrichtung des christlichen Glaubens zu erinnern und seine transformatorische Kraft, die von der Verheißung eines »Lebens in Fülle« (Joh 10,10) für alle geleitet ist, praktisch werden zu lassen.

4 Grundaufgaben religiöser Erziehung und Bildung

Die bisherigen Erörterungen haben deutlich zu machen versucht, wie weit der analytische und hermeneutische Bogen der Religionspädagogik gespannt sein muss, wenn sie theoretisch und praktisch dazu beitragen will, dass Menschen durch Erziehung und Bildung die Fähigkeit erwerben, sich selbst, andere und die Wirklichkeit insgesamt zu verstehen und sich zu all diesem in ein verantwortliches praktisches Verhältnis zu setzen. Wie die Theologie insgesamt ist sie gehalten, die die Menschen individuell und strukturell bedrängenden Probleme – angesichts vielfältiger Krisen »ein humanes Überleben zu sichern und den Sinn ihrer Existenz zu bestimmen« (Peukert 1984, 77) – möglichst umfassend in den Blick zu nehmen. Die Religionspädagogik ist dazu nochmals in besonderer Weise herausgefordert; hat sie es doch ausdrücklich mit einer Dimension der Wirklichkeit zu tun, die tief in die menschliche Existenz hineinreicht und gerade so diese auf pathologische Weise abhängig machen und deformieren kann – wie es keineswegs bloß in Einzelfällen vorgekommen ist und vorkommt. Um gegen solche destruktiven Auswirkungen gefeit zu sein, muss die Religionspädagogik bei der Bestimmung religiöser Erziehung und Bildung (im christlichen Verständnis) den Anforderungen jenes Praxisbegriffs entsprechen, der sich von der Aufklärung ausgehend entwickelt hat: »Praxis heißt ..., unter erfahrenen und erlittenen Widersprüchen und damit unter Entfremdung auf eine nicht entfremdete Lebensform hin verändernd zu handeln, eine Lebensform, in der Identitäten gemeinsam gefunden werden, sodass mit den Verhältnissen sich Subjekte verändern können und umgekehrt« (Peukert 1984, 73). Was das in religiöser Erziehung und Bildung angesichts der skizzierten Gegebenheiten heißen kann, sei in Form von drei religionspädagogischen Grundaufgaben zu konzipieren und zu erläutern versucht (angeregt durch Nipkow 1975, 101–228).

4.1 Mit Blick auf die je individuelle Dimension legt es sich nahe, den Beitrag religiöser Erziehung und Bildung als »lebensbegleitend-transformatorisch« zu bestimmen und zu konzipieren. Der Aspekt der Lebensbegleitung bezieht sich auf den Stellenwert, den die Biografie für den Einzelnen im Kontext des Individualisierungsprozesses gewonnen hat. Sie gibt so gut wie die einzige Möglichkeit her, sich selbst als einzigartig und unverwechselbar, nicht austauschbar erfahren zu können. Immer neu bricht in ihrem Verlauf die Frage nach dem Sinn des Ganzen auf. Angesichts der Erfahrungen des Scheiterns stellt sie sich besonders dringlich. Hier dem einzelnen Menschen begleitend an der Seite zu stehen, ihm zu helfen sein eigenes Leben in einem größeren Kontext zu sehen, indem er von den Höhen und Tiefen anderer Lebensgeschichten erfährt und möglicherweise davon, wie darin je individuelle, aber auch darüber hinaus bedeutsame Gotteserfahrungen gemacht worden sind, Mut zu geben, den nächsten Schritt zu tun, auch wenn die Folgen noch nicht absehbar sind, ist eine wichtige Aufgabe religiöser Erziehung und Bildung. Transformatorisch ist sie insofern, weil es sich bei solcher religiöser Erziehung und Bildung nicht um einen Lernprozess im Sinne der zunehmenden Akkumulation von Wissen und Verbesserung von Können handelt, sondern er durch existenzielle Erfahrungen ausgelöst wird, die im Rahmen der bisher erworbenen Orientierungen und Verhaltensweisen nicht bearbeitet werden können, diese vielmehr sprengen und ein neues Niveau des Umgangs mit der Wirklichkeit und des eigenen Selbstverständnisses dringlich werden lassen (biblisch gesprochen: Umkehr).

4.2 Mit Blick auf die gesellschaftliche Ebene im spezifischen Sinne sei die Aufgabe religiöser Erziehung und Bildung als »kritisch-solidarisch« umschrieben. Damit soll zum Ausdruck gebracht werden, dass es zum einen um die bereits angeführte »Unterscheidung der Geister« bzw. – zentraler noch – um einen »Streit um das Gottesverständnis« angesichts der unzähligen Abgötter geht, die gerade heute um die Macht der Seelen der Menschen gegeneinander wetteifern. Zum anderen beharrt der christliche Glaube gegenüber einer Dominanz der »instrumentellen Vernunft« auf einer Rationalität, die sich der Bedingungen der eigenen verletzlichen und endlichen Existenz bewusst ist und in den anderen nicht Konkurrenten, sondern Geschwister erblickt, die in einer entsprechenden Praxis der gegenseitigen Anerkennung und gemeinsamen Verständigung ihren Ausdruck findet. Aus der »memoria passionis« (Erinnerung des Leidens) erwächst ihr eine besondere Leidempfindlichkeit, die Partei ergreifen lässt für Opfer in Vergangenheit und Gegenwart.

4.3 Für den Bereich von Religion und Kirche soll der Beitrag religiöser Erziehung und Bildung als »ökumenisch-konziliar« bestimmt werden. Indem sie zwar auf die vorfindlichen Kirchen rückbezogen bleiben, aber zugleich über ihre Grenzen hinausgehen – in der Begegnung mit der weltweiten Christenheit, im Dialog mit anderen Religionen, in der solidarischen Suche mit den Zeitgenossen nach Orientierung und Sinn, in der Auseinandersetzung mit allen möglichen antreffbaren Weltanschauungen –, tragen sie dazu bei, dass die Kirchen und Gemeinden »Lerngemeinschaften« werden, die auch selbst immer neu das Evangelium als Quelle ihrer Erneuerung zu entdecken haben.

Literatur

Englert, Rudolf, Religiöse Erwachsenenbildung (PThh 7). Stuttgart 1992.
Gabriel, Karl, Christentum zwischen Tradition und Postmoderne (Quaestiones disputatae 141). Freiburg u.a. 1992.
Groome, Thomas H., Educating for Life. Allen/Texas 1998.
Haslinger, Herbert (Hg.), Handbuch Praktische Theologie. Bd. 1: Grundlegung. Mainz 1999.
Mette, Norbert, Religionspädagogik (Leitfaden Theologie 24). Düsseldorf 1994.
Nipkow, Karl Ernst, Grundfragen der Religionspädagogik. Bd. 2: Das pädagogische Handeln der Kirche. Gütersloh 1975.
Nipkow, Karl Ernst, Bildung in einer pluralen Welt. 2 Bde. Gütersloh 1998.
Peukert, Helmut, Was ist eine praktische Wissenschaft? In: Fuchs, Ottmar (Hg.), Theologie und Handeln. Düsseldorf 1984, 64–79.
Ziebertz, Hans-Georg, Religion, Christentum und Moderne. Stuttgart 1999.

NORBERT METTE

I.4
Die Bildungsverantwortung der Kirche in Staat und Gesellschaft

→ I.2 Pädagogische Grundbegriffe – religionspädagogische Grundmuster
→ I.3 Religiöse Bildung zwischen Subjekten und Strukturen
→ II.3.1 Gesellschaft und Religion
→ II.3.9 Kirche als Lebensraum und Institution
→ IV.3.2 Schulen in kirchlicher Trägerschaft
→ IV.3.4 Religionsunterricht in staatlichen Schulen

1 Kirche als Bildungsinstitution

Dass die Kirchen über die religiöse Bildung ihrer Mitglieder hinaus auch eine gesamtgesellschaftlich relevante Bildungswirkung entfalten, ist ein Tatbestand, der von der allgemeinen Pädagogik oft übersehen und auch vom Bewusstsein der Zeitgenossen kaum wahrgenommen wird. Bildung wird mit Schulbildung assoziiert. Es gibt jedoch im Gefüge gesellschaftlicher Organisationen eine Gruppe von Institutionen, die man *Bildungsinstitutionen* nennen kann und zu denen außer Schulen aller Art – von der Vorschule bis zur Hochschule – alle kulturellen Einrichtungen – Orchester und Museen, Vereine, die der Pflege irgendwelcher Traditionen dienen, Theater, Kinos, Verlagswesen und öffentliche Medien etc. – und nicht zuletzt auch die organisierten Religionsgemeinschaften und weltanschaulichen Verbände gehören. Bildungsinstitutionen sind alle Institutionen, die sich auf das Erleben und Bewusstsein der Menschen beziehen, indem sie es mit den Mitteln der Sprache, der Kunst, des Spiels und des Ritus zur Darstellung bringen und dadurch zugleich zu beeinflussen versuchen. Bildungsinstitutionen heben sich durch diesen Gegenstandsbezug und diese ihnen eigentümlichen Wirkmedien von den Institutionen der politischen Herrschaft und der Rechtspflege einerseits und von den Institutionen der Wirtschaft und des Finanzwesens wie auch von denen des Gesundheitswesens andererseits ab. Auf dem weiten Felde ganz unterschiedlicher Bildungsinstitutionen, zu denen die Kirche in ein teils kooperatives, teils konkurrierendes Verhältnis tritt, muss die Kirche ihr eigenes Profil schärfen und sich als Bildungsinstitution bewähren.

Die Bezeichnung der Kirche als Bildungsinstitution erschöpft gewiss nicht ihr theologisches Selbstverständnis als Glaubensgemeinschaft; sie ist jedoch erforderlich, um ihren Ort und ihre Funktion in externer institutionentheoretischer Differenzierung zu bestimmen. Es ist aber darauf hinzuweisen, dass die Kirche ihre Bildungsleistung in Staat und Gesellschaft nicht allein durch ihre speziellen pädagogischen Anstrengungen – durch Unterricht, Jugendarbeit und Erwachsenenbildung –, sondern durch ihre *gesamte* Wirksamkeit, also auch durch Predigt, Liturgie und Seelsorge sowie durch ihre publizistische Tätigkeit erbringt. Und da die Diakonie sich nicht in materieller, sozialer und medizinischer Hilfe erschöpft, sondern mit Seelsorge verbunden ist und das christliche Menschenverständnis durch die Tat öffentlich bezeugt, nimmt auch sie an der bildenden Funktion der Kirche teil.

2 Die Bildungsverantwortung der Kirche

Es war vor allem Karl Ernst Nipkow, der immer wieder deutlich gemacht hat, dass die Kirche sich nicht nur für einen bestimmten Bildungssektor, den der spezifisch religiösen Bildung und Erziehung, verantwortlich fühlen dürfe, sondern so etwas wie eine Bildungsgesamtverantwortung oder besser: Verantwortung für das gesamte gesellschaftlich geregelte Bildungswesen sowie überhaupt für die gesamte Menschenbildung unter gegenwärtigen Bedingungen wahrzunehmen habe (Nipkow 1990). Da diese Gesamtverantwortung nicht allein auf der Kirche lastet, sondern auch anderen gesellschaftlichen Kräften zukommt, kann freilich nur von einer Mitverantwortung der Kirche die Rede sein, aber eben keiner sektoral eingeschränkten, vielmehr einer auf alle Bildungsvorgänge und Bildungseinrichtungen bezogenen Mitverantwortung. Solche Gesamtverantwortung der Kirche kann auf doppelte Weise begründet werden:

Aus *gesellschaftstheoretischer Perspektive* kann man geltend machen, dass eine demokratische Gesellschaft, zumal wenn sie sich als »Zivilgesellschaft« (auch »Bürgergesellschaft«) versteht, angewiesen ist auf die Beteiligung nicht nur einzelner Bürgerinnen und Bürger, sondern auch aller gesellschaftlichen Kräfte, Bewegungen und Organisationen – also auch der Kirchen – an öffentlichen Diskursen über alle die Gesellschaft als ganze betreffenden Fragen, zu denen auch das Thema »Bildung und Erziehung« gehört. Sie benötigt nicht nur funktionsfähige Entscheidungssysteme, sondern auch eine diese Systeme übergreifende Kommunikation, an der sich zumindest die jeweiligen »Funktionseliten« beteiligen müssen. Und es ist eine Frage an die öffentlichen Medien, die Printmedien wie die elektronischen, ob sie solche Kommunikation ermöglichen und sachgemäß moderieren. Es könnte sich auch zeigen, dass die Kirche, sofern sie eigene Medien unterhält, nicht die schlechteste Moderatorin und Kommentatorin solcher Kommunikationsprozesse ist, sondern einen wesentlichen Beitrag zur öffentlichen Argumentationskultur erbringen kann (vgl. Preul 1997, 299–308).

Kann aus gesellschaftstheoretischer Perspektive die *Berechtigung* der Kirche, eine Mitverantwortung für die gesamte Bildung wahrzunehmen, plausibel gemacht werden, so ist aus *theologischer Perspektive* der Nachweis ihrer diesbezüglichen *Kompetenz* zu erbringen. Was hat die Sache der Theologie mit »Bildung« zu tun? Natürlich gibt die Theologie als solche nicht darüber Auskunft, welche »Bildungsinhalte« dem heutigen Menschen im Einzelnen hinsichtlich seiner Allgemeinbildung oder gar seiner berufsbezogenen Spezialbildung (vom Beruf des Theologen abgesehen) vermittelt werden müssen. Wohl aber kann sie mitreden, wenn es um das geht, was überhaupt »Bildung« heißen soll. Wenn man Bildung nicht elitär im bildungsbürgerlichen Sinne als höhere Bildung versteht, sondern den Bildungsbegriff fundamentalanthropologisch bestimmt, dann kann man ihn, wie ich in Übereinstimmung mit zeitgenössischen Überlegungen zur Allgemeinbildung vorschlagen möchte, als *gesteigerte und über sich selbst aufgeklärte Handlungsfähigkeit* definieren, eine Handlungsfähigkeit, die als solche immer auch eine entsprechende Wahrnehmungs- und Erlebnisfähigkeit einschließt: Alle Spontaneität erfolgt im Wechsel mit Rezeptivität. Bildung im Sinne gesteigerter und über sich selbst aufgeklärter Handlungsfähigkeit kann nun nur dann gelingen, wenn Handeln und Erleben des Menschen durch ein Wirklichkeitsverständnis interpretiert und strukturiert werden, welches symbolisch repräsentierte Vorstellungen über den Ursprung und die Bestimmung des Menschen als handlungsfähiger Person in Einheit mit dem Ursprung und der Bestimmung des Welt- und Geschichtsprozesses bereithält, Vorstellungen, die das Handeln – das individuelle wie das gemeinschaftliche – auf das ihm Vorgegebene beziehen und Aussagen darüber erlauben, warum und unter welchen Bedingungen wir *überhaupt* handeln können, ferner wie wir *richtig*, d.h. bestimmungsgemäß, handeln können und schließlich darüber, welche *Erwartungen* wir an unser Handeln, den Gebrauch unserer endlichen Freiheit, knüpfen dürfen und welche gerade nicht. Da die Rechtfertigungslehre als Zentrum und Kriterium aller theologischen Lehrbildung genau über diese Frage Auskunft gibt und in ihrer Verbindung mit Schöpfungs- und Gotteslehre, Christologie, Ekklesiologie und Eschatologie entsprechende das Wirklichkeitsverständnis als Ganzes strukturierende Symbole an die Hand gibt, hat die Kirche etwas zu sagen, das als Fundierung und Formgebung aller Bildung und aller organisierten Bildungsarbeit in Betracht kommt.

Ihre nicht sektoral beschränkte Bildungsverantwortung nehmen die christlichen Kirchen auf verschiedenen Wegen wahr. Sie beteiligen sich via Theologie, aber auch durch kirchliche Voten an der *Debatte über ein zeitgemäßes Bildungsverständnis*, indem sie nach dessen anthropologischen Grundlagen fragen und die Tragfähigkeit und kritische Potenz ihrer eigenen, dem Evangelium gemäßen Antwort verdeutlichen. Sie äußern sich via Religionspädagogik, aber auch durch öffentliche Stellungnahmen, durch Denkschriften, Synodenworte oder Hirtenbriefe kritisch und konstruktiv zu *Fragen der organisatorischen und curricularen Gestaltung des gesamten öffentlichen Bildungswesens*. Durch Pflege der *Erwachsenenbildung* in den Gemeinden und in überparochialen Einrichtungen, durch *Akademiearbeit* und *Jugendarbeit* beteiligen sie sich an der Praxis von Bildung und Erziehung. Auch der reguläre »in Übereinstimmung mit den Grundsätzen der Religionsgemeinschaften« (Art. 7,3 GG) erteilte *Religionsunterricht* ist von seinem Inhalt her und als Element des Schullebens eine Weise der Wahrnehmung christlich-kirchlicher Bildungsverantwortung in Staat und Gesellschaft. Der Bedeutung der Religionslehrerschaft sollte durch ein vermehrtes *kirchliches Fortbildungsangebot* entsprochen werden. Darüber hinaus unterhalten die Kirchen *Schulen in eigener Trägerschaft*, in denen sie in exemplarischer Weise unter Beweis stellen können, was eine aus dem Geist des Evangeliums gestaltete Schule pädagogisch zu leisten vermag. Solche Schulen sollten nicht Konfessionsschulen im alten Sinne sein, sie sollten offen sein für alle, die sich auf ihr pädagogisches Konzept einzulassen bereit sind. Und schließlich darf auch nicht übersehen werden, dass der öffentliche *Gottesdienst*, obwohl keine aus pädagogischen Interessen entspringende Veranstaltung – das würde seinem Charakter als Fest und Gotteslob widersprechen –, doch dadurch, dass er, insbesondere in der *Predigt*, das ganze Leben in Familie, Staat und Gesellschaft, auch das Ethos der einzelnen gesellschaftlichen Institutionen vom Evangelium her durchleuchtet und interpretiert, eine über das kirchliche Leben hinausreichende Bildungswirkung entfaltet.

3 Die Bildungsleistungen der Kirche

Die Kirche – das gilt für die evangelische wie für die katholische Kirche, aber auch für alle anderen konfessionellen Kirchentümer – erbringt mindestens vier zu unterscheidende, aber miteinander zusammenhängende Bildungsleistungen.

3.1 Grundlegend ist die *Orientierungsleistung*, die die Kirche durch die Kommunikation ihres Sinnangebotes erbringt. Das in der Rechtfertigungsbotschaft zentrierte christliche Wirklichkeitsverständnis ist aber nicht nur tragfähiger Lebenssinn für die je individuelle Existenz, sondern auch für das gemeinschaftliche Leben in allen seinen Bereichen. Es ist überhaupt eine der Funktionen von Religion, intersubjektive Verlässlichkeit herzustellen. So weit die im christlichen Wirklichkeitsverständnis enthaltenen Leitvorstellungen von der Würde des Menschen und von gelingendem gemeinsamem Leben von einer Mehrzahl von Personen als für sie gültig anerkannt werden, schaffen sie eine verlässliche Basisstruktur von gegenseitigen Erwartungen, die den Umkreis dessen, was man sich selbst und einander zumuten darf, abstecken und damit eine ethisch-weltanschauliche Substanz benennbar machen, deren die Gesellschaft als Bezugspunkt bedarf, wenn sie überhaupt zu flexibler Selbststeuerung und -erneuerung fähig sein soll. Somit leistet die Kirche nicht nur einen unverzichtbaren Beitrag zur Personbildung, sondern auch zur politischen Bildung.

3.2 Die grundlegende sinnstiftende Funktion der Kirche lässt sich in ihrem spezifischen Profil nur verdeutlichen, wenn sie auch mit Abgrenzungen verbunden ist. Die Kirche erbringt daher zugleich eine *ideologie- und gesellschaftskritische Leistung*. Auf der Grundlage ihrer Lehre muss sie ihre kritische Stimme immer dann erheben, wenn die Würde des Menschen aktuell angetastet (Art. 1,1 GG) oder durch gefährliche Tendenzen bedroht wird. Dabei wird sie ihre christliche Interpretation und theologische Begründung der Grund- und Menschenrechte öffentlich zu Gehör bringen. Schon ihre Existenz und allgemeine Anerkennung als einer für Religion und Weltanschauung zuständigen Bildungsinstitution nötigt die anderen gesellschaftlichen Institutionen, insbesondere die staatlichen, zur Selbstzurücknahme auf ihre jeweils spezifische Funktion. Auch einer schleichenden Auflösung der Feiertagskultur im Dienste ökonomischer Interessen und der damit verbundenen Verschiebung der Wertigkeiten des Lebens muss die Kirche sich widersetzen.

3.3 Als Kirche des Wortes erbringt die Kirche eine *sprachbildende und sprachkritische Leistung*, die allen zugute kommt. Vor allem durch Gottesdienst und Predigt, aber auch durch Unterricht und Seelsorge hält die Kirche die biblische Sprache präsent, verdeutlicht ihren präzisen Sinn und ihre gegenwärtige Aussagekraft und besteht auf ihrem authentischen Gebrauch, indem sie sie vor Moralisierung, Trivialisierung und pseudoreligiöser oder abergläubischer Pervertierung schützt. Dieser Beitrag zur allgemeinen Sprachkultur verbindet sich mit dem schon genannten Beitrag der Kirche zur öffentlichen Argumentationskultur.

3.4 Die Bildungsleistung der Kirche besteht schließlich in ihrem *Beitrag zur Kunst und zur Wissenschaft*. Die Kirche des Wortes bedient sich auch der Sprache der Kunst aller Gattungen und Stilrichtungen: der Poesie, der Musik, der Architektur und der bildenden Kunst. Die an den Gottesdienst gebundene kirchliche Kunst hat die außersakrale Kunstwelt immer wieder stilbildend beeinflusst. Die Kirche sucht ebenso den Dialog mit der ihre eigenen Wege gehenden und ihre eigenen Aussagen machenden zeitgenössischen Kunst, deren Meisterschaft gerade in der Darstellung des Leidens, der Zerrissenheit, Widersprüchlichkeit und Abgründigkeit des menschlichen Lebens sich mit jenem Realismus berührt, der dem christlichen Wirklichkeitsverständnis eingestiftet ist. – Der Beitrag der Kirche zur Wissenschaft ist indirekter Art. Ohne Kirche gäbe es keine Theologie als etablierte Wissenschaft. Die Theologie als methodisch-kritische Reflexion des Glaubens, seiner Geschichte und seiner Gegenwartsbedeutung dient zwar primär der Kirche und ihrem Handeln; sie ist darüber hinaus aber auch ein Kulturfaktor, der in den Kosmos der Wissenschaften, besonders der Geistes- und Kulturwissenschaften, hineinwirkt.

Literatur

Nipkow, Karl Ernst, Bildung als Lebensbegleitung und Erneuerung. Kirchliche Bildungsverantwortung in Gemeinde, Schule und Gesellschaft. Gütersloh 1990.
Nipkow, Karl Ernst, Bildung in einer pluralen Welt. 2 Bde. Gütersloh 1998.
Herms, Eilert, Kirche für die Welt. Lage und Aufgabe der evangelischen Kirchen im vereinigten Deutschland. Tübingen 1995.
Preul, Reiner, Kirchentheorie. Wesen, Gestalt und Funktionen der Evangelischen Kirche. Berlin/New York 1997.
Scheilke, Christoph Th./Schweitzer, Friedrich (Hg.), Religion, Ethik, Schule. Bildungspolitische Perspektiven in der pluralen Gesellschaft. Münster 1999.

REINER PREUL

I.5 Geschichte der Religionspädagogik

→ I.6 Religionspädagogik – Begriff und wissenschaftstheoretische Grundlagen
→ I.8 Ziele religionspädagogischen Handelns
→ IV.3.4 Religionsunterricht in staatlichen Schulen
→ V.1.2 Religionsdidaktische Konzeptionen

1 Überblick

Weil sich die Religionspädagogik nicht nur neuzeitlicher Säkularisation, sondern auch der langen Geschichte christlicher Katechese verdankt, ist sie gehalten ihre Herkunft problem- und wissenschaftsgeschichtlich aufzuarbeiten. Geschieht das nicht, ist die Gefahr groß, dass sie sich im Kreis bewegt. Beispiele dafür sind die Geschichtsvergessenheit der »Liberalen«, die ihre Wurzeln in der kirchlichen Katechetik verleugneten, und dann die »Evangelische Pädagogik« der 20er-Jahre des 20. Jh. mit ihrer folgenreichen Verdrängung der Aufklärung. Mag sich die moderne Religionspädagogik mit Recht als notwendige Antwort auf die Säkularisierung verstanden haben, so ist sie doch auch ein Ergebnis einer Geschichte der Kirche, die von Anfang an über Inhalt und Form ihrer Lehre für Taufwillige nachgedacht hat (2 Tim 4,2; Tit 1,9; 2 Joh 9f; Hebr 6,2), in den Katechetenschulen des 3. Jh. in Alexandrien und Caesarea und im 5. Jh. im Westen (Augustin) differenzierte Entwürfe katechetischer Theorie und Praxis vorgelegt und diese in allen Jahrhunderten danach immer wieder neu bedacht hat. Wichtig für die Katechetik beider Konfessionen sind die Schulschriften und Katechismen der Reformation und Gegenreformation, aber auch die sog. »wissenschaftliche Katechetik« des 18. und 19. Jh. in Deutschland. In allen Jahrhunderten war es eine gültige Lehre, die im Mittelpunkt des Interesses der Katecheten stand, aber es wurde auch darüber nachgedacht, was diese Lehre für ihre Adressaten bedeutete und wie ihr Verständnis zu fördern sei. So tritt im 18. Jh. neben Auswendiglernen und Katechismusverhör das auf Verstehen zielende Gespräch (Chr.M. Seidel, 1708; J.J. Rambach, 1722), das den Schüler dazu befähigen sollte, selbsttätig Begriffe zu bilden, mag dabei auch noch kein kritischer Umgang mit der Tradition im Blick gewesen sein. Weitere wichtige Vorbedingungen für die moderne Religionspädagogik sieht K.E. Nipkow (1992, 1570f) in den »Individualisierungsschüben«, wie sie sich in der Mystik, der Reformation und in der Aufklärung mit ihrer Betonung des vernünftigen Subjekts ereignet haben. Dazu kommen die Entdeckung der menschlichen Entwicklung und neuer Strukturen von Erziehung und Unterricht sowie die zunehmende Wertschätzung religiöser Mündigkeit und Freiheit. Als die kirchengebundene Katechetik zu Beginn des 20. Jh. diese Mündigkeit nicht ernst zu nehmen vermochte, wurde sie, was den schulischen Religionsunterricht anbetrifft, zunehmend durch die Religionspädagogik verdrängt, welche christlichen Unterricht nicht mehr als normativ-deduktive Vermittlung gültiger Lehre verstand, sondern als Dienst an der »Religion« des geschichtlich gewordenen Christentums. Vorbereitet war dieses Verständnis durch Schleiermachers Unterscheidung von kirchlichem und schulischem Unterricht und durch Ausführungen maßgebender Pädagogen zum Problem religiöser Erziehung (J.J. Rousseau, J.H. Pestalozzi; J.F. Herbart u.a.). An die Stelle der Kirchenlehre treten jetzt die religionswissenschaftlich zu erforschende Bibel und der mündige Adressat ins Zentrum des Interesses. Als Bezugswissenschaften der Religionspädagogik gelten von nun an nicht mehr die Dogmatik, sondern die kritische Bibelwissenschaft, die Religionsphilosophie und -psychologie und die Pädagogik. Kurzum, die Religionspädagogik zu Beginn des 20. Jh. erweist sich als Antwort auf den sich in der Aufklärung zeitigenden Modernisierungsprozess, der mit einer normativ-deduktiven Vermittlung des »Glaubens« nicht in Einklang zu bringen war. Damit war freilich nicht die vor aller Katechetik liegende theologische Entscheidung vergessen, »den Zugang zur Kirche von außen durch einen von der Kirche zu veranstaltenden Unterricht offen zu halten« (Bizer 1988, 703).

2 Die Religionspädagogik im 20. Jahrhundert – Der evangelische Weg

Wie sich die Katechetik im Rahmen von Gesellschaften mit einer integrativen Kirche und Theologie herausgebildet hat, so entsteht die Religionspädagogik im Kontext gesellschaftlicher Entwicklungen, welche die angestammte Religion nicht mehr in die Lage versetzten, das Ganze der Gesellschaft zu integrieren. Dabei präsentiert die Religionspädagogik kein einheitliches Bild, sondern durchaus verschiedene Versionen. Zu Beginn des Jahrhunderts begegnet eine Religionspädagogik, die den Bedeutungsverlust des Christlichen mithilfe einer kritischen Theologie, der Pädagogik und der Psychologie zu beheben versucht (2.1). In den 1920er-Jahren ist es die »Dialektische Theologie« im Verein mit einer Lutherrenaissance, die durch eine scharfe Abgrenzung von der Anpassung der »kulturprotestantischen« Religionspädagogik an den Zeitgeist eine radikale Erneuerung aller Bereiche christlicher Erziehung anstrebt. Nicht eine Religion, auf die das Kind Anspruch hat, sei »Sache« christlichen Unterrichts, sondern die in die Entscheidung stellende Verkündigung des Wortes Gottes (2.2). Am Ende der 1950er-Jahre zwingen Fragen, die bereits von den Liberalen bearbeitet worden waren, z.B. die nach der »Wahrheit« biblischer Erzählungen und nach einer möglichen Bedeutung der christlichen Religion für ein Leben in der Gegenwart, zu einer weiteren Wende (2.3).

2.1 Wichtige Vertreter der ersten Epoche sind R. Kabisch (1868–1914) und Fr. Niebergall (1866–1932). Aus einer Katechetik als Anwendungsdisziplin der Dogmatik machen sie eine eigenständige Wissenschaft religiösen Lehrens und Lernens, die Religionspädagogik. Mithilfe der Religionspsychologie (W. Wundt, W. James) erfassen und beschreiben sie die Religion des Kindes und versuchen ihr mithilfe der aktuellen Reformpädagogik gerecht zu werden. An die Stelle der Kirche und ihrer Lehre treten die subjektive Religosität und das Problem ihrer Lehrbarkeit. Für Kabisch sind es »packend erzählte« biblische Geschichten, die er für Niederschläge individueller Frömmigkeit hält, und die Lehrerpersönlichkeit mit einer reifen erwachsenen Religiosität, welche die Formung religiös-sittlicher Personalität durch die »unvergleichlich segensreiche Kraft« der christlichen Religion garantieren. Bei allem Einklang zwischen Niebergall und Kabisch unterscheiden sie sich in der Einschätzung der Bedeutung der Psychologie, die Niebergall an der reformatorischen Rechtfertigungsbotschaft messen möchte, während Kabisch sie immer schon als maßgebend betrachtet. Ein »Grenzgänger« der Zeit ist O. Eberhard (1875–1966). Auch er versteht die Religionspädagogik vom religiösen Erleben des Kindes aus, hält aber auch die »objektiven Inhalte und Ordnungen« der Kirche für ein nicht hinterfragbares Zentrum des Religionsunterrichts. Damit bildet er eine Art Scharnier zwischen den Liberalen und der Evangelischen Pädagogik der zweiten Epoche.

2.2 Hauptvertreter der »Evangelischen Pädagogik« sind G. Bohne (1895–1975), O. Hammelsbeck (1899–1975), M. Rang (1900–1988) und H. Kittel (1902–1984). Sie setzen gegen die »Religion« der Liberalen Gottes Wort als Krisis aller Kultur und aller Bildung (G. Bohne). Das Programm heißt »Kirche in der Schule«. Zwischen Religionsunterricht und kirchlichem Unterricht soll es keinen Unterschied mehr geben. Trotz einiger Seitenblicke auf die Schüler etwa bei G. Bohne lässt sich die Frage nicht vermeiden, wo Kind und Jugendlicher in ihrer Entwicklung, wo die sie umgebende Lebenswelt bleiben, wo der klärende Dialog mit dem Wahrheits- und Wirklichkeitsbewusstsein der Schülerinnen und Schüler. Die »Machtergreifung« der Nationalsozialisten ließ das Programm der gemeinten und angestrebten »Evangelischen Unterweisung« vorerst Programm bleiben. Erst nach 1945 wurde es für einige Jahre in Westdeutschland federführend, in der DDR nur in der von den Kirchen angebotenen »Christenlehre« (D. Reiher 1992) der Gemeinden. Zurzeit des Dritten Reiches zeitigte die Religionspädagogik kein einheitliches Bild. Viele Religionspädagogen lehnten zwar einen für sie widerchristlichen Deutschglauben ab, verraten aber auch hier und da offene Sympathie für den völkischen Aufbruch. Dabei diente ihnen die reformatorische Unterscheidung von »Gesetz und Evangelium« dazu, das Evangelium und den Erziehungsanspruch der Nationalsozialisten miteinander in Beziehung zu setzen, aber auch zu unterscheiden.

2.3 Ende der 1950er-Jahre erwies sich die einseitige Bindung des Religionsunterrichts an Bibel und Bekenntnis als »fiktiv«. Die Religionspädagogik reagierte mit einem Programm, das die autoritative Verkündigung durch eine kritische Erschließung der Bibel mit dem Ziel, Texte verstehen zu lernen, ersetzte oder doch ergänzte. Bestimmend für diesen »auslegenden« Religionsunterricht war neben der wissenschaftlichen Exegese (R. Bultmann) ein neues Fragen nach den Adressaten. Ein gleichurspüngliches Ernstnehmen von Text und Adressat wollte nicht gleich Glauben wecken, aber doch die religiöse Frage nach sich selbst, die im Gespräch mit dem verstandenen Text die Gegenwart als Ort ursprünglicher Erfahrung von Freiheit und Verantwortung zu entdecken ermöglichte. Mit diesem Programm ordnete sich die Religionspädagogik wieder in die Bildungsarbeit der Schule ein, der es in der Tradition geisteswissenschaftlicher Pädagogik ebenfalls um die Erschließung maßgebender Tradition zu tun war. Es waren aber nur wenige Jahre, die der »hermeneutische« Religionsunterricht in der Sicht von M. Stallmann, H. Stock, G. Otto und K. Wegenast in der evangelischen und von G. Stachel, H. Halbfas und W. Langer in der katholischen Religionspädagogik die Diskussion bestimmte. Gründe dafür waren das Ende der Mittelpunktstellung der Tradition in der pädagogischen Diskussion und ihre Ersetzung durch eine Schultheorie, welche Gegenwart und Zukunft mit ihren Problemen, die zur Lösung anstanden, als Hauptaufgabe schulischen Lehrens und Lernens erklärte. Die Antwort war die Entwicklung eines sog. »problemorientierten Unterrichts« (K.E. Nipkow, H.B. Kaufmann u.a.), der Probleme des Einzelnen, der Gesellschaft und der Kirchen im Gespräch mit der Bibel und mit Entwürfen theologischer Ethik zu bearbeiten suchte. Das »Problem der Probleme« war aber, dass die Tradition in der Regel nicht auf die Fragen antwortete, die eine moderne Gesellschaft bei sich hatte. Die Folge war deshalb entweder der Verlust der Bibel oder die Instrumentalisierung ausgewählter Texte für die Lösung von Problemen. Hilfe in diesem Dilemma versprachen grundlegende Reflexionen zum Verhältnis von Theologie und problemorientiertem Unterricht (P. Biehl). Ein weiterer Akzent der 1960er-Jahre war die »empirische Wende« (K. Wegenast), die nach den Gesprächen der Religionspädagogik mit der Allgemeinen Didaktik (W. Klafki, S.B. Robinsohn, H. Blankertz u.a.) eine Diskussion und Kooperation mit Soziologen und Psychologen initiierte und Realitätskontrollen von Wunschvorstellungen notwendig erscheinen ließ. Jetzt kam es zu mannigfachen Versuchen, theologische Inhalte und Erfahrungen der Gegenwart miteinander ins Gespräch zu bringen und nach Elementaria theologischer Arbeit zu fragen (H. Stock, K.E. Nipkow u.a.). Erfahrung wurde zum Schlüsselbegriff.

Neue, den theologischen und gesellschaftlichen Fragen und den pädagogischen Gegebenheiten gerecht zu werden sich bemühende religionspädagogische Entwürfe sind der »problemorientierte Bibelunterricht« (I. Baldermann) und die Symboldidaktik (H. Halbfas, P. Biehl), welche es sich zur Aufgabe macht, die Symbole der Bibel im Gespräch mit vorherrschenden Symbolen der Gesellschaft zu erschließen. Dazu kommt die Wiederentdeckung der Religion (S. Vierzig, E. Feifel u.a.) als Tiefendimension in allen Phänomenen menschlichen Denkens und Handelns. In allen Entwürfen ist das leitende Interesse die Kommunikabilität und Transparenz der christlichen Religion. Einen weiteren Schwerpunkt besitzt die Religionspädagogik jetzt in der Intensivierung der Frage nach der Entwicklung der Religion des Kindes mit den Instrumentarien der kognitiv-strukturellen Psychologie (F. Oser, J.W. Fowler), der Psychoanalyse (M. Klessmann u.a.) und der Sozialpsychologie (R. Preul, D. Stoodt u.a.). Wichtig und weiterführend in den 1980er-Jahren ist sodann der Entwurf einer religionspädagogischen Gesamttheorie, die über den Religionsunterricht hinaus die Gesamtheit religiöser Erziehung und Bildung in Kirche und Gesellschaft umfasst (K.E. Nipkow). Ihr geht es um eine von Theologie und Pädagogik im Rahmen eines kritisch-konstruktiven Dialogs gemeinsam verantwortete Theorie. Neue Probleme, die noch nicht ausdiskutiert sind, betreffen das Verhältnis von Religion und Bildung, Kultur und Religion, die ökumenische Kooperation, das interreligiöse Lernen, das mehr ist als eine distanzierte Information über »Andere« (J. Lähnemann), das Gespräch zwischen Religionspädagogik und Phänomenologie (H.-G. Heimbrock), den Sprachwissenschaften und Praktischer Philosophie (K.E. Nipkow), um nur die wichtigsten zu nennen. Wichtig ist auch die interessante Diskussion um eine Religionspädagogik als »Wahrnehmungslehre« (H.-G. Heimbrock, P. Biehl, A. Grözinger).

3 Der katholische Weg

Im Gefolge der Aufklärung des 17. und 18. Jh. wurden die seit dem Tridentinum (1545–63) kontroverstheologisch und apologetisch ausgerichteten Katechismen hier und da durch biblische Geschichten und Heiligenviten, die der Veranschaulichung der Lehre dienen sollten, ergänzt. Einen interessanten Akzent bringt die »Religiös-sittliche Katechetik« von V.A. Winters (Landshut 1811) ins Spiel. Die bloße Mitteilung der Wahrheit wird verabschiedet und durch die sog. »sokratische Methode« ersetzt (ebenso in der evangelischen Katechetik), welche die dem Menschen eigentümliche Religion durch den Lehrenden ins Bewusstsein bringen möchte. Der Lehrer hat hier so etwas wie eine Geburtshelferfunktion. Das war aber nur ein Zwischenspiel. Die Romantik restaurierte die katholische Belehrung, höchstens ergänzt durch eine biblische Dokumentierung der Heilsgeschichte. Neues bringt J.B. Hirscher (1788–1865) mit seiner biblisch fundierten Katechetik, die unter Berücksichtigung der Empfänglichkeit der Adressaten und pädagogisch fundierter Unterrichtsformen auf eine lebendige Praxis tätigen Glaubens zielte. Aber auch das blieb Episode. Mit dem Erscheinen des neuscholastischen Katechismus von J. Deharbe (Regensburg 1847) triumphierte abermals die systematische Darstellung und normativ-deduktive Vermittlung der Lehre der Kirche, welcher ein Glaube als gehorsames Fürwahrhalten entsprach. Die sog. Reformkatechetik vom Beginn des 20. Jh. (Münchener und Wiener Methodenbewegung) brachte zwar keinen Bruch mit der Neuscholastik, förderte jedoch mit Erfolg eine Ernstnahme der natürlich-psychologischen Entwicklung des Kindes und führte mit Nachdruck die damals von der Reformpädagogik entwickelten Methoden der Arbeitsschule, der Wertpädagogik und der Erlebnispädagogik in den katholischen Religionsunterricht und auch in die Pfarrkatechese ein. Das alles erinnert an Entwicklungen der evangelischen Religionspädagogik, mag auch die katholische Reformkatechtik im Gegensatz zu den Liberalen die Normativität der katholischen Lehre in ihren Grundätzen weiterhin anerkannt haben. Von nun an war nicht mehr logische Geschlossenheit und Vollständigkeit Ziel der Katechese, sondern die Schulung von Verstand, Gemüt und Willen, die durch einen »erziehenden Unterricht« bewirkt werden sollte. Nur ein solcher Unterricht könne ein gläubig-frommes und bekenntniskonformes Leben vorbereiten. Es ist deutlich: Zwar begreift sich die »neue« Katechetik nach wie vor im Einklang mit der definierten Lehre der Kirche, aber nicht mehr als bloßer Appendix der Dogmatik, sondern als wissenschaftliche Lehre religiöser Erziehung und Bildung, die J. Göttler (1874–1935) als »Religions- und Moralpädagogik« bezeichnet und als Spezial- und Zentralkapitel der katholischen »Kultur- und Wertpädagogik« versteht. Hauptvertreter sind neben Göttler M. Gatterer, J. Engert, L. Bopp, M. Pfliegler und G. Götzel.

Die neuen Methoden gewannen in Kirche und Theologie dadurch Zustimmung, dass sie als Weise »natürlichen Erziehungshandelns« im Lichte des traditionellen Verhältnisses von Natur und Gnade mit dem gnadenhaften Heilshandeln in Beziehung gesetzt wurden: Gratia naturam praesupponit; non tollit eam, sed perficit. Dennoch kam es auch in der katholischen Religionspädagogik vor allem nach dem 2.Weltkrieg zu einer Gegenbewegung, vergleichbar der Theorie der »Evangelischen Unterweisung«. Ihr Promotor war J.A. Jungmann (1889–1975) mit seinem Ruf nach einer »materialkerygmatischen Erneuerung«, der zu einer wieder dezidiert binnentheologisch konzipierten Katechetik führte. Auch hier wird »Verkündigung« zu einem Schlüsselbegriff. Jesus Christus und die Heilsgeschichte gelten von nun an wieder als Grundprinzipien der Katechese in Kirche und Schule. Das Ziel der angestrebten »Glaubensunterweisung« ist die Antwort des Glaubens auf die Verkündigung. Die profane Pädagogik verschwindet aus dem Gesichtskreis der Verantwortlichen.

Der rasche soziokulturelle Wandel in den 1950er-Jahren ließ grundlegende Veränderungen notwendig erscheinen. Pädagogik, Sozial- und Handlungswissenschaften gewinnen mehr und mehr Aufmerksamkeit, und die »anthropologisch gewendete Theologie« K. Rahners tut, vereint mit der der evangelischen Exegese verwandten katholischen Bibelwissenschaft, ein Übriges, dazu zu motivieren, neue Entwürfe christlichen Unterrichts zu kreieren. Diese betrafen zuerst die Bibeldidaktik (G. Stachel, W. Langer, H. Halbfas), die jetzt parallel zur evangelischen Religionspädagogik die kritische Bibelwissenschaft für den Unterricht fruchtbar machte sowie Tradition und Situation aufeinander zu beziehen suchte. Mit dem Begriffspaar »Glaube und Erfahrung« beschrieb dann die sog. »Korrelationsdidaktik« (G. Baudler) das Mit-, Zu- und Ineinander von Welterfahrung und Glaubenserfahrung, Glaubensüberlieferung und menschlicher Erfahrung. Treibende Kraft dieser Wechselbeziehung ist dabei die Sinnfrage. Mit der Erfahrungsorientierung soll die wirklichkeitserschließende Bedeutung des Glaubens zurückgewonnen werden. Erich Feifel unterscheidet für die neuere katholische Religionspädagogik zwischen empirisch-induktiven Ansätzen, die Erfahrungsorientierung, Lebensbegleitung und Glauben-Lernen miteinander in Beziehung setzen, vermittelnden Ansätzen, zu denen er die Theorien des problemorientierten und narrativen Religionsunterrichts, die Symboldidaktik und die »Sprachschule des Glaubens« (H. Halbfas) zählt, und Entwürfen der Beziehung, z.B. die Theorien interkonfessioneller und interreligiöser Erziehung. Es ist deutlich: Die Entwicklung der katholischen und der evangelischen Religionspädagogik verläuft weitgehend parallel. Das gilt besonders seit den 1970er-Jahren (ein Beleg dafür ist das 1973–1975 ökumenisch von E. Feifel u.a. herausgegebene »Handbuch der Religionspädagogik«). Über die Entwicklungen orientieren zuverlässig und eingehend U. Hemel, E. Feifel (in: Ziebertz/Simon 1995, 86–110) und N. Mette.

Beide Schwesterdisziplinen stehen seit einigen Jahren Fragen gegenüber, die sich aus den Gegebenheiten eines nicht mehr mit Schlagworten wie Säkularisierung oder Entkirchlichung beschreibbaren gesellschaftlichen Kontextes ergeben. Wie sich die Religionspädagogik zu diesen Fragen verhalten soll, wird sie zunehmend beschäftigen müssen. Ist das Fach LER aus Brandenburg die Lösung, oder ein Angebot von Religionsunterricht für Muslime, Buddhisten, Christen und daneben ein religionskundlicher Unterricht für keiner Konfession angehörende Schüler und Schülerinnnen, oder ein Rückzug in die Gemeinden? Hier besteht Klärungsbedarf.

Literatur

Zur evangelischen Religionspädagogik:

Biehl, Peter, Festsymbole: Ostern. Kreative Wahrnehmung als Ort der Symboldidaktik. Neukirchen-Vluyn 1999.

Bizer, Christoph, Katechetik. In: TRE 17 (1988) 686–710.

Grethlein, Christian, Religionspädagogik. Berlin 1998.

Lämmermann, Godwin, Religionspädagogik im 20. Jahrhundert. Gütersloh 1994.

Nipkow, Karl Ernst/Schweitzer, Friedrich (Hg.), Religionspädagogik, 3 Bde. München/Gütersloh 1991–1994 (Lit.).

Nipkow, Karl Ernst, Bildung als Lebensbegleitung und Erneuerung. Kirchliche Bildungsverantwortung in Gemeinde, Schule und Gesellschaft. Gütersloh 1990.

Nipkow, Karl Ernst, Religionspädagogik. In: EKL 3 (1992) 1570f.

Nipkow, Karl Ernst, Bildung in einer pluralen Welt. Bd. 2: Religionspädagogik im Pluralismus. Gütersloh 1998.

Reiher, Dieter, Kirchlicher Unterricht in der DDR 1949–1990. Göttingen 1992.
Wegenast, Klaus, Religionspädagogik. In: TRE 28 (1997) 699–730.

Zur katholischen Religionspädagogik:
Deutsche Bischofskonferenz (Hg.), Texte zu Katechese und Religionsunterricht. Bonn [4]1998.
Hemel, Ulrich, Theorie der Religionspädagogik. München 1984.
Mette, Norbert, Religionspädagogik. Düsseldorf 1994.
Schilling, Hans, Grundlagen der Religionspädagogik. Düsseldorf 1970.
Wegenast, Klaus, Religionspädagogik II. Der Katholische Weg. Darmstadt 1983.
Ziebertz, Hans-Georg/Simon, Werner (Hg.), Bilanz der Religionspädagogik. Düsseldorf 1995.

KLAUS WEGENAST

I.6 Religionspädagogik – Begriff und wissenschaftstheoretische Grundlagen

→ I.2 Pädagogische Grundbegriffe – religionspädagogische Grundmuster
→ I.5 Geschichte der Religionspädagogik
→ I.7 Religionspädagogik im internationalen Vergleich

1 Begriff und Verständnis

Es ist bezeichnend für den Begriff Religionspädagogik, dass seine Definition bzw. unterschiedlichen Definitionen jeweils im Horizont eines bestimmten Verständnisses stehen und von diesem her erschlossen werden müssen. So sind auch im Folgenden zunächst verschiedene Horizonte aufzunehmen, in die sich die Religionspädagogik jeweils einzeichnen lässt.

Am geläufigsten ist heute ein Verständnis, das einerseits von der Begriffsgeschichte ausgeht (nach G. Bockwoldt ist der Begriff Religionspädagogik gegen Ende des 19. Jh. erstmals zu finden) und andererseits auf die diversen reformpädagogischen, kultur- und liberal-theologischen Strömungen zu Beginn des 20. Jh. hinweist (evangelisch: R. Kabisch, F. Niebergall, aber auch der theologisch konservative O. Eberhard u.a.; katholisch: »Münchener Methode«, J. Göttler u.a.). Religionspädagogik steht in dieser Sicht für das Bemühen um eine pädagogisch und psychologisch fundierte Form von religiöser Erziehung und insbesondere des schulischen Religionsunterrichts, wobei die Inhalte z.T. durchaus traditionell (»positiv«, »neuscholastisch«) bleiben sollen. Gegen diese in der Literatur verbreitete Auffassung spricht, dass die zu Beginn des 20. Jh. programmatisch in Anspruch genommenen Merkmale bereits für die Religionspädagogik der Aufklärungszeit kennzeichnend sind (F. Schleiermacher, J.M. Sailer u.a.). Religionspädagogik kann deshalb überhaupt als »Projekt der Aufklärung« (F. Schweitzer) verstanden werden, das zu Beginn des 20. Jh. gegen die kirchliche Katechetik neu aktualisiert und mit einem neuen Begriff verknüpft wird. Soll in dieser Sicht die Religionspädagogik die traditionelle Katechetik ablösen, so ist doch nach wie vor besonders im katholischen, manchmal auch im evangelischen Bereich der Begriff Katechetik weiterhin in Gebrauch, häufig mit Bezug auf die Gemeinde, während die Religionspädagogik auf die Schule beschränkt wird. Allerdings stellt sich hier die Frage, ob es in der Gemeinde pädagogische Angebote geben kann, die sich den für die Religionspädagogik entscheidenden Herausforderungen durch Moderne und moderne Pädagogik bzw. der Arbeit mit heutigen Kindern und Jugendlichen entziehen können.

Wenn Religionspädagogik auf die Schule beschränkt wird, steht sie der Katechetik oder Gemeindepädagogik gegenüber. In diesem Falle wird sie tendenziell mit Religionsdidaktik als Theorie des auf Religion bezogenen schulischen Lehrens und Lernens gleichgesetzt, was begriffliche Unschärfen nach sich zieht, weil auch in der Gemeinde gelehrt und gelernt wird. Darüber hinaus verstärkt die Trennung zwischen schulischer und außerschulischer Religionspädagogik praktische und theoretische Schwierigkeiten in der Kooperation und erschwert eine die verschiedenen Handlungsbereiche übergreifende Theoriebildung. Auch wenn ein allgemeiner terminologischer Konsens derzeit nicht erreichbar ist, erweist sich ein umfassendes Verständnis von Religionspädagogik als auf Religion bezogene Theorie von Erziehung, Bildung, Sozialisation, Lernen und Entwicklung in Kirche, Schule und Gesellschaft doch als unverzichtbar für die wissenschaftstheoretische Konstitution eines zusammenhängenden Bereichs religionspädagogischer Theorie und Praxis. Die so verstandene Religionspädagogik ist ihrerseits eingelagert in eine sie noch einmal umgreifende und überschreitende kirchliche Bildungsverantwortung (K.E. Nipkow) bzw. ein christliches Erziehungsdenken, das auch solche Aufgaben einschließt, die nicht direkt, sondern nur indirekt etwa über Ethik und Anthropologie mit Religion und Glaube verbunden sind (kirchliche Schulen beispielsweise umfassen auch Bereiche wie sprachlichen oder naturwissenschaftlichen Unterricht usw.).

Angesichts der Bemühungen um Ökumene und des Lebens in einer multikulturellen und -religiösen Gesellschaft wächst derzeit auch das Interesse an konfessions- und religionsspezifischen Auffassungen von Religionspädagogik, um auf diese Weise mögliche Gemeinsamkeiten auszuloten und bleibende Unterschiede zu erkennen. Konfessionsvergleichende (H. Schilling, F. Schweitzer, W. Simon) und religionsvergleichende (W. Tulasiewicz) Untersuchungen sind aber noch selten. Ähnliches gilt auch für international-vergleichende Darstellungen (G. Moran, R.R. Osmer, F. Schweitzer), die im Übrigen noch einmal die schwankende Terminologie belegen (so englisch/amerikanisch: religious nurture, religious education, Christian education, catechetics).

2 Wissenschaftstheoretische Fragen

Ob die Religionspädagogik zur Theologie oder eher zur Pädagogik gehört, ist spätestens seit der Aufklärung (J.-J. Rousseau, F.A.W. Diesterweg) umstritten. Von der Theologie – und nicht zuletzt von der Kirche – wurde und wird sie mit dem Hinweis darauf als ihr zugehörig beansprucht, dass es bei der religiösen Erziehung um Offenbarung und Glaube gehe. Demgegenüber insistiert die moderne Pädagogik auf der Autonomie des »pädagogischen Verhältnisses« (H. Nohl) gegenüber allen »Erziehungsmächten«, einschließlich der Wissenschaft und der Kirche. Die wechselseitig immer wieder erhobenen Forderungen von Dominanz und Unterordnung lassen sich letztlich nicht aufheben, aber doch in einem wissenschaftstheoretisch-reflektierten Verfahren produktiv aufnehmen. Wirksam geworden ist hier vor allem das »konvergenz- und divergenztheoretische Modell« (K.E. Nipkow), das zwischen Pädagogik und Theologie vermitteln soll. Gegen die Ansprüche einer ausschließlichen Zugehörigkeit entweder zur Theologie oder zur Pädagogik lassen sich komplexere Zuordnungsmöglichkeiten denken, die sowohl der Theologie als auch der Pädagogik gerecht werden: Religionspädagogik ist dann zugleich als praktisch-theologische und als pädagogische Disziplin zu denken.

Vor allem im 20. Jh. und besonders seit den 1960er-Jahren ist Religionspädagogik jedenfalls ohne interdisziplinäre Bezüge nicht mehr vorstellbar. Besonders Religionspsychologie und -soziologie sind zu unverzichtbaren Bezugswissenschaften geworden, daneben auch die disziplinübergreifende Forschung zu Sozialisation, Biografie, Jugend usw. Aufgrund neuerer gesellschaftlicher und politischer Entwicklungen werden darüber hinaus die Bezüge zur Rechtswissenschaft sowie zur christlichen Ethik (etwa hinsichtlich des Verhältnisses von Staat und Kirche) immer wichtiger. Ebenso unverzichtbar bleiben aber auch die theologisch-interdisziplinären inhaltlichen Bezüge auf die exegetischen, historischen, systematischen sowie missions- und religionswissenschaftlichen Disziplinen innerhalb der Theologie. Angesichts der religiösen und kulturellen Pluralisierung verstärkt sich innerhalb und außerhalb der Religionspädagogik das Interesse an religionswissenschaftlichen und religionsphilosophischen Erkenntnissen. Insbesondere durch die mit der deutschen Vereinigung (1990) verbundene Stärkung des Faches Ethik, das auch einen Unterricht über Religion einschließt, bzw. durch das umstrittene Brandenburger Schulfach LER sehen sich Religionswissenschaft und -philosophie sowie zum Teil die Erziehungswissenschaft genötigt, eigene didaktische Positionen im Blick auf Religion zu entwickeln. In Zukunft wird es auch hinsichtlich einer solchen Religionsdidaktik außerhalb der christlichen Tradition darauf ankommen, das eigene christliche Profil nicht preiszugeben und dabei doch die gemeinsamen pädagogischen Aufgaben in Gesellschaft und Schule nicht aus den Augen zu verlieren.

3 Methodologische Ausgestaltung

Gleichsam unterhalb der Frage, wie die Religionspädagogik als Disziplin begründet werden soll, liegt die nach ihren Arbeitsweisen bzw. nach den wissenschaftlichen Methoden, die zum Einsatz kommen sollen. Bei ihrer methodologischen Selbstklärung hat sich Religionspädagogik häufig auf die im Laufe des 20. Jh. aufgebrochenen religionspädagogisch-theologischen Gegensätze bezogen (kerygmatisch, hermeneutisch oder empirisch usw.). Auch die Anlehnung an die eine Zeit lang in der Erziehungswissenschaft viel diskutierte Trias Hermeneutik – Empirie – (Ideologie-)Kritik (W. Klafki) ist in der Religionspädagogik stark beachtet worden. Besonders katholischerseits findet sich das Plädoyer für eine Religionspädagogik als Handlungstheorie i.S. »kreativer Intersubjektivität« (Erziehung als kommunikative Praxis im Dienste der Subjektwerdung: H. Peukert, N. Mette), der neuerdings im Namen von Religionspädagogik als Wahrnehmungswissenschaft (im Anschluss an die Phänomenologie auf möglichst unverstellte Wahrnehmung lebensweltlicher Zusammenhänge gerichtet: H.-G. Heimbrock, W.-E. Failing) energisch widersprochen wird (z.T. allerdings in unbegründeter Weise, denn Religionspädagogik als Handlungstheorie und als Wahrnehmungswissenschaft sind aufeinander angewiesen, s.u.).

Durch solche Diskussionen ist vor allem deutlich geworden, dass auch die methodologische Gestalt von Religionspädagogik letztlich von theologischen und pädagogischen Grundoptionen bzw. -orientierungen abhängig ist. Im Sinne einer weithin geteilten Grundorientierung kann heute von einer Unhintergehbarkeit hermeneutischer bzw. korrelativer Verbindungen von Tradition und Situation ausgegangen werden (wobei der allgemeine korrelationstheologische Ansatz nicht mit der weit engeren »Korrelationsdidaktik« der 1970er-Jahre verwechselt werden darf). Unter der Voraussetzung dieser Orientierung kann das in der Gegenwart stark ausdifferenzierte Angebot unterschiedlicher Methoden durch eine dreifache Zuordnung strukturiert werden:

(1) Jede auf die gegenwärtige Situation bezogene Religionspädagogik steht vor der Aufgabe der Wahrnehmung dieser Situation. Dazu kann – und muss – sie sich aller Methoden bedienen, die einen ernst zu nehmenden Erkenntnisgewinn versprechen: Methoden der qualitativen ebenso wie der quantitativen Sozialforschung (Umfragen, Einzelinterviews, Beobachtung usw.), phänomenologische Methoden, Ethnographie usw. Prinzipiell sind mehrperspektivische Vorgehensweisen, die sich auf mehrere methodologische bzw. theoretische Ansätze stützen, der Festlegung auf nur eine Methode vorzuziehen. Methodischer Monismus führt leicht zu einer Blickverengung.

(2) Die Verbindung von Tradition und Situation kann ebenfalls nicht gelingen ohne eine sorgfältige Erschließung der christlichen Tradition, was unter heutigen Voraussetzungen ohne die Auseinandersetzung mit anderen religiösen und kulturellen Traditionen nicht mehr möglich ist. Die Aufgabe der Traditionserschließung erstreckt sich dabei – das ist allgemein anerkannt – auf die biblische und christliche bzw. kirchliche Überlieferung, daneben aber auch, im Sinne eines genetischen Verstehens und einer Auseinandersetzung mit den Klassikern, auf die Geschichte der Religionspädagogik selbst. Insofern gehören historische und historisch-hermeneutische Verfahren unverzichtbar zur Religionspädagogik, daneben aber auch etwa mentalitäts- und sozialgeschichtliche Zugänge.

(3) Im Unterschied zu rein empirischen oder historischen Wissenschaften gehört zur Religionspädagogik konstitutiv das Interesse an Praxis bzw. an der praktischen Ausgestaltung der Vermittlung von Tradition und Situation. Durch dieses Theorie-Praxis-Verhältnis ist sie analytisch und normativ auf religionspädagogisches Handeln und auf die religionspädagogische Gestaltung entsprechender Institutionen bezogen, sodass sie auch niemals bloß (Ideologie-)Kritik oder Wahrnehmungswissenschaft usw. sein kann.

Literatur

Biehl, Peter u.a. (Hg.), Religionspädagogik seit 1945. Bilanz und Perspektiven (JRP 12). Neukirchen-Vluyn 1996.

Grethlein, Christian, Religionspädagogik. Berlin/New York 1998.

Hemel, Ulrich, Theorie der Religionspädagogik. Begriff – Gegenstand – Abgrenzungen. München 1984.

Mette, Norbert, Religionspädagogik. Düsseldorf 1994.

Nipkow, Karl Ernst, Bildung in einer pluralen Welt. Bd. 2: Religionspädagogik im Pluralismus. Gütersloh 1998.

Schweitzer, Friedrich, Die Religion des Kindes. Zur Problemgeschichte einer religionspädagogischen Grundfrage. Gütersloh 1992.

Schweitzer, Friedrich, Die Suche nach eigenem Glauben. Einführung in die Religionspädagogik des Jugendalters. Gütersloh 1996.

Wegenast, Klaus (Hg.), Religionspädagogik. Bd. 1: Der evangelische Weg; Bd. 2: Der katholische Weg (WdF 209, 603). Darmstadt 1981, 1983.

Ziebertz, Hans-Georg/Simon, Werner (Hg.), Bilanz der Religionspädagogik. Düsseldorf 1995.

FRIEDRICH SCHWEITZER

I.7 Religionspädagogik im internationalen Vergleich

→ I.6 Religionspädagogik – Begriff und wissenschaftstheoretische Grundlagen
→ II.3.1 Gesellschaft und Religion
→ II.3.3 Interkulturalität

1 Verständnishorizonte internationaler Religionspädagogik

Spricht man von »Vergleichender Religionspädagogik« (= Comparative Religious Education Theory), ist diejenige Disziplin gemeint, die unter akademisch-wissenschaftlichen Gesichtspunkten Theorie und Praxis religiöser Erziehung und Bildung in verschiedenen Ländern, Kulturkreisen und religiösen Kontexten erforscht (vgl. Hemel 1984, 60–77).

Spricht man im weiteren Sinn von »Religionspädagogik im internationalen Vergleich«, öffnet sich das Feld zur Praxis der Religions- und Kulturbegegnung, zum ökumenischen und interreligiösen Dialog, aber auch zum gegenseitigen Lernen in der Nähe und Fremdheit vergleichbaren pädagogischen Tuns unter Praktikern der gleichen Glaubensrichtung (vgl. Lähnemann 1998).

Thematisch stehen in der internationalen Religionspädagogik aller Religionen und Länder vor allem Fragen der religiösen Erziehung und Sozialisation in der durch die Globalisierung veränderten Welt und speziell Fragen des schulischen oder außerschulischen Religionsunterrichts im Vordergrund. Der kulturelle Handlungskontext in Gesellschaft und Staat, besonders auch der religiös homogene oder multireligiöse Hintergrund eines Landes, spielen eine herausragende Rolle für konkrete Formen und Spielarten religionspädagogischen Handelns. Eine kontextuelle Religionspädagogik ist daher eine folgerichtige Ergänzung zu jeder kontextuellen Theologie.

2 Strukturmuster und Ergebnisse vergleichender Religionspädagogik

Zunächst ist unsere eigene Perspektive dem deutschen Sprachraum und Europa zugewandt. Es lohnt sich aber, internationale Religionspädagogik unter vergleichender Perspektive etwas weiter zu betrachten. Dabei kann man folgende Entdeckungen machen: Nirgendwo auf der Welt gibt es eine Gesellschaft ohne religiöse Erziehung. Fast überall trägt religiöse Erziehung unmittelbar zur persönlichen Identität der betreffenden Menschen bei. »Polnisch und katholisch« und »schwedisch und lutherisch« gehören so eng zusammen, dass nicht-katholische Polen oder nicht-lutherische Schweden ein ganz eigenes, differenziertes Gefühl eigener Identität erleben und kommunizieren.

In welcher Weise religiöse Sozialisation praktiziert wird, hängt von mehreren Kernfragen ab, die leicht in bestimmende analytische Muster gebracht werden können: Ist die Gesellschaft eines Landes religiös eher homogen (z.B. Italien) oder nicht (z.B. USA)? Verhält sich der Staat gegenüber Religion und Religionen neutral (z.B. Frankreich, Deutschland), eher feindselig (z.B. Nordkorea, China) oder selektiv fördernd bis vereinnahmend (z.B. Iran, Israel)? Gibt es religiöse Minderheiten, die geduldet oder diskriminiert werden und ihre eigene religiöse Erziehungspraxis leben? Ist die gesellschaftliche und institutionelle Differenzierung weit fortgeschritten oder nicht, insbesondere im Bereich öffentlicher Schulen mit oder ohne Religionsunterricht und in der öffentlichen Stellung von Religionsgemeinschaften? Gibt es theologisch-religiöse Ausbildungsstätten wie z.B. theologische Fakultäten, religionspädagogische Institute oder vergleichbare Einrichtungen, und sind diese rein auf praktisches Methodenwissen oder auch auf wissenschaftliche Reflexion von Praxis ausgelegt?

Zwei Variablen im internationalen Überblick sind besonders bemerkenswert: Welche Stellung hat Religion in den Familien? Und wie ist der schulische Religionsunterricht ausgestaltet, wenn es ihn in einem Land gibt? Beiden Fragen soll im folgenden geographischen Überblick Beachtung geschenkt werden.

Dabei ist allerdings einschränkend einzuräumen, dass ein international konsensfähiger Forschungsstand zur internationalen Religionspädagogik nicht existiert: Dazu ist der Bestand gesicherten religionspädagogischen Wissens und interkulturell vergleichbarer Erkenntnisse zu gering.

3 Geographisch-kulturelle Räume religionspädagogischen Handelns

Beginnen wir mit dem amerikanischen Kontinent, so spielt religiöse Erziehung in den meisten Familien in den USA eine sehr große Rolle. Schulischer Religionsunterricht an öffentlichen Schulen findet aber nicht statt, sondern wird als »Sonntagsschule« in das Gemeindeleben integriert. In lateinamerikanischen Ländern besitzt das religiöse Familienleben im Sinne der Vermittlung von Zugehörigkeit ebenfalls einen hohen Stellenwert, institutionelle religiöse Erziehung findet aber in der Regel als Katechese innerhalb der Pfarrgemeinden oder in christlichen Basisgruppen statt. In Afrika gilt es genau zu unterscheiden: Gelebte muslimische Praxis mit dem großen Anliegen einer islamisch-religiösen Interpretation moderner Zivilisation (mit allen Spielarten von vehementer Ablehnung bis moderater Zustimmung) bildet eine Seite, kulturprägende und transformierende Tätigkeit christlicher Kirchen in Schulen und Missionsstationen (bis hin zu einem schulischen Religionsunterricht in Südafrika), aber auch lebensfähige Traditionen ursprünglich afrikanischer Religionen stellen eine andere Seite religionspädagogischer Realität in Afrika dar. Angelsächsische und frankophone Einflüsse sind je nach historischem Hintergrund unverkennbar, wobei die Bewertung der jeweiligen religionspädagogischen Praxis außerordentlich stark kontrovers und konfessionell-religiös standortgebunden ist.

In Asien ist religionspädagogische Praxis gemäß den zahlreichen, unterschiedlichen religiösen Traditionen und politischen Systemen kaum auf einen Nenner zu bringen. Christen bringen ihren Beitrag häufig über christliche Schulen und entsprechende religiöse Erziehungspraxis, ferner in Form von diakonischer Arbeit, z.B. im Kampf gegen die Armut, zur Geltung. Buddhisten und Hindus verfügen über einen reichen Schatz an Schriften, rituellen Traditionen und alltagsprägenden Ereignissen wie religiösen Festen, die religionspädagogisch stilbildend wirken. Auch die Lebenskraft des buddhistischen und hinduistischen Mönchtums ist in seinen Auswirkungen auf die Ausbildung religiöser Identität in jeweils landestypischer Entfaltung nicht zu vernachlässigen, ob man nun von Indien, Thailand, Japan, Korea oder Tibet spricht. Darüber hinaus ist nicht zu vergessen, dass Asien mit Indonesien das größte muslimische Land der Erde und mit den Philippinen eines der großen katholischen Länder der Welt umfasst.

Europa wiederum ist der Kontinent mit der stärksten Verankerung eines schulischen Religionsunterrichts, ganz gleich ob man vom orthodoxen Griechenland, vom protestantischen Dänemark, vom katholischen Italien oder vom anglikanisch-multireligiösen Großbritannien spricht. Die große Ausnahme stellt Frankreich mit der strikten Trennung von Staat und Kirche dar: Dort gibt es (mit Ausnahme von Elsass-Lothringen) keinen schulischen Religionsunterricht. Über die immer schwächer werdenden religiösen Familientraditionen hinaus findet in Frankreich christliche Erziehung in Form von Katechese in den Pfarrgemeinden statt. Die religiöse Initiation in Form von Erstkommunion oder Firmung/Konfirmation, aber auch (im Judentum) Bar Mizwa stellt in Millionen von europäischen Familien nach wie vor einen Meilenstein des Familienlebens dar, auch wenn den religiös-kirchlichen Institutionen teilweise ein erhebliches Maß an Skepsis entgegengebracht wird.

4 Ausblick und religionspädagogische Zukunftsaufgaben

Betrachtet man die Entwicklungen der letzten zehn bis zwanzig Jahre weltweit und in Europa, ist insgesamt eher von einer Renaissance als von einer Abschwächung von religiöser Erziehungspraxis und Religionsunterricht zu sprechen. In zahlreichen ehemals kommunistischen Ländern ist Religionsunterricht neu eingeführt oder bekräftigt worden. Die orthodoxen Kirchen haben trotz verschiedener Krisenelemente neuen Zulauf. Die Zuwanderung islamischer Bevölkerungsgruppen in Mitteleuropa führt zu neuen gesellschaftlichen und religiösen Fragen (z.B. nach der Ausgestaltung eines islamischen Religionsunterrichts). Der schulische Religionsunterricht (ob evangelisch, katholisch oder orthodox) trifft in praktisch allen europäischen Ländern auf eine hohe gesellschaftliche Akzeptanz. Religionspädagogisch relevante christliche Familientraditionen wie Martinsumzüge, Nikolausfeiern und Weihnachten halten sich auch in säkularisierter Umgebung hartnäckig, selbst wenn sie sich institutionellen Normierungen entziehen.

Aufgabe einer vergleichenden Religionspädagogik wird es sein, die Vielzahl religiöser Erziehungsstile und kultureller Praktiken begleitend zu reflektieren und das Bewusstsein für den Wert (und die Relativität) solcher Formenvielfalt, aber auch für übergreifende religiöse Erziehungsziele wie die Förderung religiöser Urteils- und Entscheidungsfähigkeit im Sinn religiöser Kompetenz (Hemel 1988), die Entfaltung personaler Identität, die Fähigkeit zur religiösen und kulturellen Begegnung ohne Identitätsbedrohung und die Bereitschaft zu aktiver Toleranz zu schärfen. Da die öffentliche Bedeutung von Religion, Religionsgemeinschaften und Kirchen in einigen Ländern stärker infrage gestellt wird oder größeren Wandlungen unterliegt, während gleichzeitig bei den einzelnen Menschen und in ihren Familien religiöse Interessen und bewusste religionspädagogische Praxis beobachtet werden kann, stellt der Spagat zwischen individueller Religiosität und öffentlichem Leben in Kirche, Staat und Gesellschaft ohne Zweifel eine große Herausforderung für die Zukunft dar – inner- und außerhalb Europas.

Literatur

Hemel, Ulrich, Theorie der Religionspädagogik. München 1984.
Hemel, Ulrich, Ziele religiöser Erziehung. Frankfurt/M. 1988.
Hemel, Ulrich, Zur europäischen Situation ethisch-religiöser Erziehung – Religionsunterrichtliche Perspektiven. In: Brune, Johannes (Hg.), Freiheit und Sinnsuche. Berlin 1993, 171–184.
Lähnemann, Johannes (Hg.), Interreligiöse Erziehung 2000. Hamburg 1998.
Gabriel, Moran, Religious Education Development. Minneapolis 1983.
Oser, Fritz/Gmünder Paul, Der Mensch – Stufen seiner religiösen Entwicklung. Zürich 1984.
Pajer, Flavio (Hg.), L'insegnamento scolastico della religione nella nuova Europa. Turin 1991.

Zur aktuellen Information:
Panorama. International Journal of Comparative Religious Education and Values, hg. von Manfred Kwiran (Braunschweig), vol. 12, 2000.
Theologie im Kontext. Informationen über theologische Beiträge aus Afrika, Asien, Ozeanien und Lateinamerika, hg. vom Missionswissenschaftlichen Institut Aachen, 21. Jg., 2000.

ULRICH HEMEL

I.8 Ziele religionspädagogischen Handelns

→ I.2 Pädagogische Grundbegriffe – religionspädagogische Grundmuster
→ I.3 Religiöse Bildung zwischen Subjekten und Strukturen
→ I.5 Geschichte der Religionspädagogik
→ V.1.1 Lehr- und Lernbarkeit des Glaubens
→ V.1.2 Religionsdidaktische Konzeptionen
→ V.1.7 Richtlinien und Lehrpläne

Ziele sind intentionale Steuerungsinstrumente praktischen Handelns. Während die Ziele instrumentellen Verfügungshandelns einseitig aus der Sicht der Handlungsträger entworfen werden können, sind die Ziele kommunikativen Handelns so zu bestimmen, dass sie auch die Interessen der Interaktionspartner mit berücksichtigen. In besonderer Weise gilt dies für die Ziele eines Handelns, bei dem es, wie im Falle der Pädagogik bzw. speziell auch der Religionspädagogik, letztlich um die Ermöglichung der personalen, sittlichen und religiösen Selbstverantwortung des Anderen geht. Die Ziele religionspädagogischen Handelns dürfen deshalb nicht einfach in Kenntnis fachlicher Sachzusammenhänge durchgesetzt, sondern müssen im Blick auf die betroffenen Personen und den jeweiligen Kontext begründet bzw. mit den beteiligten Subjekten selbst ausgehandelt werden.

1 Formale Analyse

Ziele pädagogischen und speziell auch religionspädagogischen Handelns können als Erziehungs-, Unterrichts-, Bildungs- oder als Lernziele (selten: Lehrziele) firmieren. Sie können sich auf die Veränderung von Kenntnissen, Fähigkeiten oder Einstellungen beziehen; nach der von ihnen primär betroffenen Verhaltensdimension lassen sie sich in kognitive, affektive und psychomotorische (soziale, handlungsorientierte) Ziele, nach Inhaltsbereichen in Ziele religiösen, ethischen, ästhetischen Lernens usw. einteilen. Nach ihrem abnehmenden Abstraktionsniveau kann man Richt-, Grob- und Feinz. differenzieren, nach dem Geltungsbereich etwa Ziele schulischen Religionsunterrichts, gemeindlicher Katechese, kirchlicher Jugendarbeit usw.

Religionspädagogisch weiterführend erscheint vor allem der Versuch, im Anschluss an ein Dimensionierungsmodell von Religiosität einzelne Komponenten religiöser Kompetenz zu unterscheiden, insbesondere: religiöse Sensibilität, religiöses Wissen, religiöse Kommunikationsfähigkeit, religiös motivierte Handlungsbereitschaft und religiöse Positionierungsfähigkeit. Das Gesamtziel religionspädagogischen Handelns könnte man dann im Aufbau einer religiösen Kompetenz sehen, die sich »nicht aufgrund der Entwicklung einer einzigen, isolierten Dimension von Religiosität, sondern aus dem komplexen, ausbalancierten Interaktionsgefüge aller Dimensionen« (Hemel 1988, 675) ergibt.

2 Historische Vergewisserung

Grob lassen sich in der Religionspädagogik des 20. Jh. vier verschiedene Antwortversuche auf die Zielfrage feststellen:

(1) *Inhaltliche Bildungsideale:* Die entscheidenden Ziele christlicher Erziehung waren über viele Jahrhunderte hinweg in Gestalt von Leitbildern gegeben, die man möglichst direkt aus biblisch-theologischen Aussagen abzuleiten suchte. Die wichtigsten Leitbilder waren die »Gottebenbildlichkeit« und die »Nachfolge Christi«, höchst anspruchsvolle, aber auch etwas leerformelhafte und ideologischem Missbrauch offen stehende Ideale.

(2) *Problemorientierte Qualifikationen:* Unter dem Einfluss gesellschaftlicher Umbrüche und der in diesem Zusammenhang erforderlich gewordenen »Revision des Curriculum« (S.B. Robinsohn) entwickelte die Religionspädagogik Anfang der 1970er-Jahre pragmatischere Zielvorstellungen. Es galt jetzt zu zeigen, dass religiöse Lernprozesse Qualifikationen vermitteln, die zur Bewältigung individueller und gesellschaftlicher Probleme beitragen können. Die einzelnen Qualifikationen versuchte man durch globale Leitformeln wie z.B. ›Emanzipation‹, ›Identität‹ oder ›gelingendes Leben‹ zusammenzuhalten.

(3) *Formalreligiöse Fähigkeiten:* Im Zusammenhang mit dem Schwund kultureller Verbindlichkeiten und der immer schwierigeren Prognostizierbarkeit zukunftswichtiger Qualifikationen erschienen materiale Bildungskonzepte immer problematischer. Ziele sollten deshalb so formal gefasst werden, dass sie an unterschiedlichen und sich wandelnden Inhalten entwickelt werden konnten (vgl. schon die »Zielfelderpläne«). Als religionspädagogisch hilfreich erwiesen sich dabei religiöse Entwicklungstheorien, die von einer sich in Stufen vollziehenden Entfaltung religiöser Kompetenz ausgehen (insbesondere J.W. Fowler und F. Oser).

(4) *Bereitgestellte Lernmöglichkeiten:* Anstöße postmoderner Philosophie und konstruktivistischer Didaktik haben in der jüngsten Vergangenheit dazu geführt, dass religiöse Lernprozesse weniger von den Vermittlungsintentionen der Lehrenden als von den Aneignungsbedürfnissen der Lernenden her bedacht werden (vgl. Goßmann, Mette 1993). Damit scheint die Religionspädagogik von der Formulierung allgemeiner Zielperspektiven weitgehend Abstand zu nehmen und sich mehr und mehr mit der Bereitstellung von Lernmöglichkeiten zu bescheiden: von Räumen, in denen Begegnung stattfindet, von Traditionen, die man sich selbstbestimmt aneignen kann, von Medien, die zur Auseinandersetzung einladen. Über die Resultate der Begegnung, Aneignung, Einladung usw. kann und soll nicht mehr verfügt werden.

Die vier Antwortversuche haben ihre spezifischen Schwächen, aber auch ihre Stärken: Bildungsideale können als eine Art Kurzformel fungieren und den gemeinsamen intentionalen Bezugspunkt des religionspädagogischen Bemühens in den verschiedenen Bereichen vergegenwärtigen. Problemorientierte Qualifikationen lassen sich immer wieder neu aktualisieren und mit den jeweiligen Schlüsselproblemen gesellschaftlichen und individuellen Lebens verbinden. Formalreligiöse Fähigkeiten bieten die Möglichkeit, eine Folge aufeinander aufbauender Teilziele zu entwerfen und religiöse Bildung als stufenweise Annäherung an eine Endgestalt ›reifer Religiosität‹, ›erwachsenen Glaubens‹, ›religiöser Autonomie‹ usw. zu begreifen. Bereitgestellte Lernmöglichkeiten eröffnen den Freiraum, den Verlauf und das Resultat eines Lernprozesses ganz von der situativ wirksam werdenden Inspirationskraft von Bedeutungsträgern (Texten, Bildern, Erfahrungen usw.) und von der Dynamik einer Kommunikationssituation abhängig zu machen.

3 Grundlegende Probleme

3.1 Kontextualität und Pluralität

Die Plausibilität von Erziehungszielen partizipiert an kulturellen Selbstverständlichkeiten. Wo solche nicht mehr fraglos gegeben sind, werden Erziehungsziele strittig und müssen ausdrücklich begründet werden. Bei allem möglichen Bemühen um Rationalität und Transparenz verweisen solche Begründungsversuche allerdings letztlich doch wieder zurück auf weltanschauliche Überzeugungen, die sich eben nicht mehr zwingend begründen lassen. So geht eine Religionspädagogik in christlich-kirchlicher Verantwortung davon aus, dass der Aufbau religiöser Kompetenzen am besten nicht in der Beschäftigung mit religionskundlichem ›Material‹ und auch nicht durch die Pflege einer von konkreten Religionen abgelösten allgemeinen Religiosität geschieht, sondern im authentischen Bekannt-Werden und kritischen Sich- Auseinandersetzen mit der für den eigenen kulturellen Kontext prägenden Religion. Auch ohne religiöse Superioritätsansprüche zu erheben kann in Mitteleuropa daher für eine Religionspädagogik votiert werden, die hauptsächlich Begegnung mit dem christlichen Glauben ist. Dass dies den Bezug auch auf andere religiöse Traditionen nicht ausschließt, sondern in der heute gegebenen Situation zunehmender Multikulturalität im Gegenteil notwendig mit einschließt, ist für die Religionspädagogik mittlerweile selbstverständlich.

3.2 Bestimmtheit und Offenheit

Wenn die Selbstbestimmungsfähigkeit der Adressaten religionspädagogischen Handelns wirklich respektiert werden soll, stellt sich die Frage, inwieweit religionspädagogisches Handeln einfach als die Umsetzung der Intentionen derer gedacht werden darf, die diese Lernprozesse maßgeblich initiieren, gestalten und verantworten. Müssen Ziele dann nicht vielmehr prozessoffen formuliert bzw. unter Einbezug aller Beteiligter erst ausgehandelt werden? Sollte um der Situationsgerechtigkeit religiöser Lernprozesse willen vielleicht von vorformulierten Intentionen sogar ganz Abstand genommen werden? Die berechtigte Skepsis gegenüber einer resultatsorientierten Didaktik sollte allerdings nicht dazu führen, dass man sich von der Zielproblematik einfach ganz dispensiert. Religionspädagogische Gestaltungsverantwortung lässt sich nicht auf die vermeintlich neutrale Funktion einer Moderation religiöser Lernprozesse zurücknehmen. Eine Religionspädagogik, die nicht mehr beanspruchte, unterschiedliche Grade religiöser Reife begründet unterscheiden und von daher auch bestimmte Zielperspektiven formulieren zu können, verfiele zwangsläufig einem improvisatorischen Intuitionismus. Die Frage ist, ob Zielsetzungen möglich sind, die substanziell genug sind, um religionspädagogisches Handeln in konkreten Praxissituationen steuern zu können, und gleichzeitig offen genug, um die religiösen Entwicklungsmöglichkeiten der Subjekte nicht unangemessen zu beschneiden.

3.3 Intention und Funktion

Eine zielorientierte Religionspädagogik muss um ihre eigenen Wirkungsgrenzen wissen – in mehrfacher Hinsicht:

(1) Intentionales Handeln hat stets eine Reihe nicht beabsichtigter (»funktionaler«) Nebenwirkungen. Zahlreiche autobiografische Zeugnisse dokumentieren die vielfach deformierenden Wirkungen einer religiösen Erziehung, deren Intentionen auf eine formatio christiana abgestellt waren. Auch wenn diese destruktive Macht religiöser Erziehung heute wohl weitgehend der Vergangenheit angehört, bleibt das Grundproblem.

(2) Die Wirksamkeit zielorientierter Religionspädagogik darf in Anbetracht damit nicht ohne weiteres kompatibler, teilweise geradezu gegenläufiger gesellschaftlicher und lebensweltlicher Einflüsse nicht überschätzt werden. In der Regel hat der »heimliche Lehrplan« der Lebensverhältnisse, in denen Kinder und Jugendliche aufwachsen und sich bewähren müssen, größere Durchschlagskraft als die Lernziele der »offiziellen« (Religions-)Pädagogik.

(3) (Religions-)pädagogisches Bemühen kommt erst durch die bildende Kraft menschlicher Lebenserfahrungen zu ihrem Abschluss, auch wenn sich diese natürlich nicht mehr durch erzieherische Ziele steuern lassen. Spätestens wo Erziehung in Selbstbildung übergeht, erweisen sich nicht-planbare Erfahrungen und absichtslose Begegnungen oft als wirkungsstärker als intentionale Lernprozesse in speziellen Bildungseinrichtungen.

3.4 Programmatik und Praxis

Für den Bereich etwa des Religionsunterrichts als des am stärksten professionalisierten Arbeitsfeldes der Religionspädagogik sind Ziele zunächst in kirchlichen Stellungnahmen und religionspädagogischen Konzepten formuliert; in einem ersten Konkretisierungsschritt werden die Ergebnisse dieser programmatischen Diskussion dann in schulart- und jahrgangsspezifische Lehrpläne einzubringen versucht. Und schließlich sollen die Lehrerinnen und Lehrer diesen Lehrplänen dann in der unterrichtlichen Praxis tatsächlich auch Rechnung tragen. Allerdings lassen sich die auf der programmatischen Ebene etwa von kirchlicher Seite formulierten Ziele (vgl. auf katholischer Seite den Würzburger Synodenbeschluss von 1974 und die Bischöfliche Erklärung »Die bildende Kraft des Religionsunterrichts« von 1996; auf evangelischer Seite die Denkschrift »Identität und Verständigung« von 1994) nicht einfach bruchlos in die unterrichtliche Praxis implementieren. Häufig erfordern die situativen Gegebenheiten vor Ort eine Modifikation oder gar eine Umakzentuierung vorgegebener Ziele. Auf diese Weise kann es zu deutlichen Differenzen zwischen den »offiziellen« und den das unterrichtliche Handeln faktisch bestimmenden Ziele kommen. Damit diese Diskrepanz nicht zu groß wird, müssen die Ziele auch programmatischer Erklärungen nicht nur sachgerecht, sondern auch situationsgerecht abgefasst sein.

4 Wesentliche Komponenten

Die Differenzierung religionspädagogischer Arbeitsfelder mit je spezifischen Voraussetzungen (Religionsunterricht, Katechese bzw. Gemeindepädagogik, Erwachsenenbildung, Jugendarbeit, Hochschule und Öffentlichkeit) macht es schwierig, von übergreifenden Zielsetzungen zu sprechen. Allerdings gibt es so etwas wie eine »geistige Situation der Zeit« (K. Jaspers), welche christlich-kirchliches Bildungsbemühen in spezifischer Weise herausfordert. Von daher seien hier vier Ziele besonders herausgehoben.

4.1 Fähigkeit zum Umgang mit religiösen Traditionen

Als das Grundbedürfnis des Menschen, sich in einen ihn überwölbenden Sinnzusammenhang einzuordnen, ist Religiosität bildungsfähig, in ihrer neuzeitlichen Gestalt sogar bildungsbedürftig. Wesentlich für eine gebildete Gestalt von Religiosität ist zunächst die Gelegenheit, sich mit der für die eigene Kultur prägenden religiösen Tradition vertraut zu machen, dann aber auch die Freiheit, sich mit ihrer Gegenwartstauglichkeit kritisch auseinander zu setzen und sich gegebenenfalls von ihr abzusetzen. Zum Vertrautwerden gehören: eine elementare Sensibilität für die Fragen der Religion, vor allem für die Frage nach Gott; ein Grundverständnis der z.B. für die christliche Tradition signifikanten Geschichten und Symbole; eine gewisse Kenntnis der aus ihr im Laufe der Zeit hervorgegangenen Praxisformen. Zur Auseinandersetzung gehören: der Versuch, die Deutungsmuster insbesondere christlichen Glaubens auf existenzielle Problemlagen zu beziehen; die Fähigkeit, von seiner Vernunft auch in Fragen der Religion sachgemäßen Gebrauch zu machen; eine Grundkenntnis der Religionskritik.

4.2 Fähigkeit zum Umgang mit ethischen Konfliktsituationen

Die ethische Fragestellung ist den Religionen nicht äußerlich, sondern steht in ihrer Mitte. Dies gilt ganz besonders für die jüdisch-christliche Tradition, die mit dem Dekalog und der Bergpredigt zwei für unser ethisches Bewusstsein bis heute prägende Proklamationen enthält und die vor allem auch auf die Frage nach dem Warum moralischen Verhaltens eine Antwort gibt. Dass die Gott gebührende Ehre gerade auch in der dem Anderen geschuldeten Achtung zum Ausdruck kommt, ist eine sich durch diese

Tradition hindurchziehende Grundüberzeugung. Von daher sind die Erziehung zu prosozialem Verhalten, die Sensibilisierung für die Würde, das Leiden und die Rechte des Anderen sowie ethische Urteilsbildung Grundanliegen religionspädagogischen Engagements – gerade in einer Situation erodierender Verbindlichkeiten und zunehmender ethnisch-kultureller Konflikte.

4.3 Fähigkeit zum Umgang mit existenziellen Krisensituationen

Religiöse Traditionen dürfen nicht auf ihre lehrhaft-systematischen und ihre moralisch-ethischen Komponenten verkürzt werden. Die Aufmerksamkeit ist vielmehr auch auf die in diesen Überlieferungen enthaltenen Reichtümer an weisheitlichen und spirituellen Perspektiven zu lenken. Es scheint, als brauche unsere Zeit kaum etwas dringender als eine wirklich mit der »Tiefe des Seins« (vgl. P. Tillich) in Verbindung bringende Lebenskunst – eine Lebenskunst, die den Menschen nicht einfach vordergründig auf ›mentale Stärke‹ trimmt, sondern die ihn in die Lage versetzt, sich im Vertrauen auf einen letzten Halt auch den schweren und dunklen Seiten des Lebens zu stellen: den eigenen Grenzen, dem Scheitern in der Liebe und der Arbeit, der Krankheit, dem Tod des anderen, der Endlichkeit des eigenen Lebens.

4.4 Fähigkeit zum Umgang mit religiöser Pluralität

Produktiver Umgang mit religiöser Pluralität heißt z.B: sich für die religiösen Hintergründe des Verhaltens von Menschen aus anderen kulturellen Kontexten interessieren, »in den *Anders*-Gläubigen die Anders-*Gläubigen* entdecken« (St. Leimgruber) und fremde religiöse Traditionen als Impuls für die eigene religiöse Bildung begreifen. Es schließt ein, dass man lernt, sowohl in der Auseinandersetzung mit den Wahrheitsansprüchen verschiedener Religionen und Quasi-Religionen seinen eigenen religiösen Weg aufzuspüren als auch im Geiste des Dialogs und der »Konvivenz« (Th. Sundermeier) mit Menschen anderer Religiosität zusammenzuleben. Sowohl in fundamentalistischer Selbstverschlossenheit als auch in einer religiöse Wahrheitsansprüche trivialisierenden All-Einheits-Attitüde wird das Ziel religiöser Pluralitätsfähigkeit verfehlt.

Literatur

Bitter, Gottfried, Ziel. III. Religionspädagogisch. In: ^{3}LThK 10 (2001) 1451f.

Englert, Rudolf, Glaubensgeschichte und Bildungsprozeß. München 1985.

Goßmann, Klaus/Mette, Norbert, Lebensweltliche Erfahrung und religiöse Deutung. Ein religionspädagogisch-hermeneutischer Zugang. In: Religion in der Lebensgeschichte. Hg. v. Comenius Institut. Gütersloh 1993, 163–175.

Grom, Bernhard, Religionspädagogische Psychologie des Kleinkind-, Schul- und Jugendalters. Düsseldorf 2000 (5., vollst. überarb. Aufl.).

Hemel, Ulrich, Ziele religiöser Erziehung. Beiträge zu einer integrativen Theorie. Frankfurt/M. 1988.

Mette, Norbert, Religionspädagogik. Düsseldorf 1994.

Nipkow, Karl Ernst, Bildung als Lebensbegleitung und Erneuerung. Kirchliche Bildungsverantwortung in Gemeinde, Schule und Gesellschaft. Gütersloh 1990.

Ziebertz, Hans-Georg/Simon, Werner (Hg.), Bilanz der Religionspädagogik. Düsseldorf 1995, 276–487.

RUDOLF ENGLERT

II. Ausgangspunkte religionspädagogischen Handelns

Als Theorie religiöser Erziehungs- und Bildungspraxis bedarf die Religionspädagogik eines ausgeprägten Bewusstseins der verschiedenen Kontexte, in denen sich diese Praxis bewähren muss. Selbst wo sich Religionspädagoginnen und -pädagogen auf bestimmte Kontexte kritisch beziehen, müssen sie sich auf diese einstellen und sie als ihrem Bemühen vorgegebene Ausgangspunkte ernst nehmen. Dazu gehören:

- die vielfältigen Zeugnisse religiöser, in unserem Kulturraum hauptsächlich christlicher Überlieferung (*Religion als kulturelle Gestaltungsmacht*, vgl. II.1),
- die für unsere Gegenwartsgesellschaft bestimmenden Problemlagen (z.B. Arbeitslosigkeit, kulturelle Pluralität, Neue Medien, unterschiedliche religiöse Suchbewegungen usw.: die *Gesellschaft als christliche Gestaltungsaufgabe*, vgl. II.3)
- sowie die menschliche Lebensgeschichte und ihre Phasenstruktur (die *Biografie als Ernstfall der Korrelation* zwischen Lebens-Erfahrung und Glaubens-Überlieferung, vgl. II.4).
- Als ein Ausgangspunkt lässt sich schließlich in besonderer Weise auch begreifen, was die theologische Tradition im Umgang mit anthropologischen Grundfragen an Perspektiven entwickelt hat und weiter entwickelt (die immer wieder neu zu erweisende *Gegenwartsrelevanz der großen theologischen Topoi*, vgl. II.2).

II.1 Religiöse Phänomene

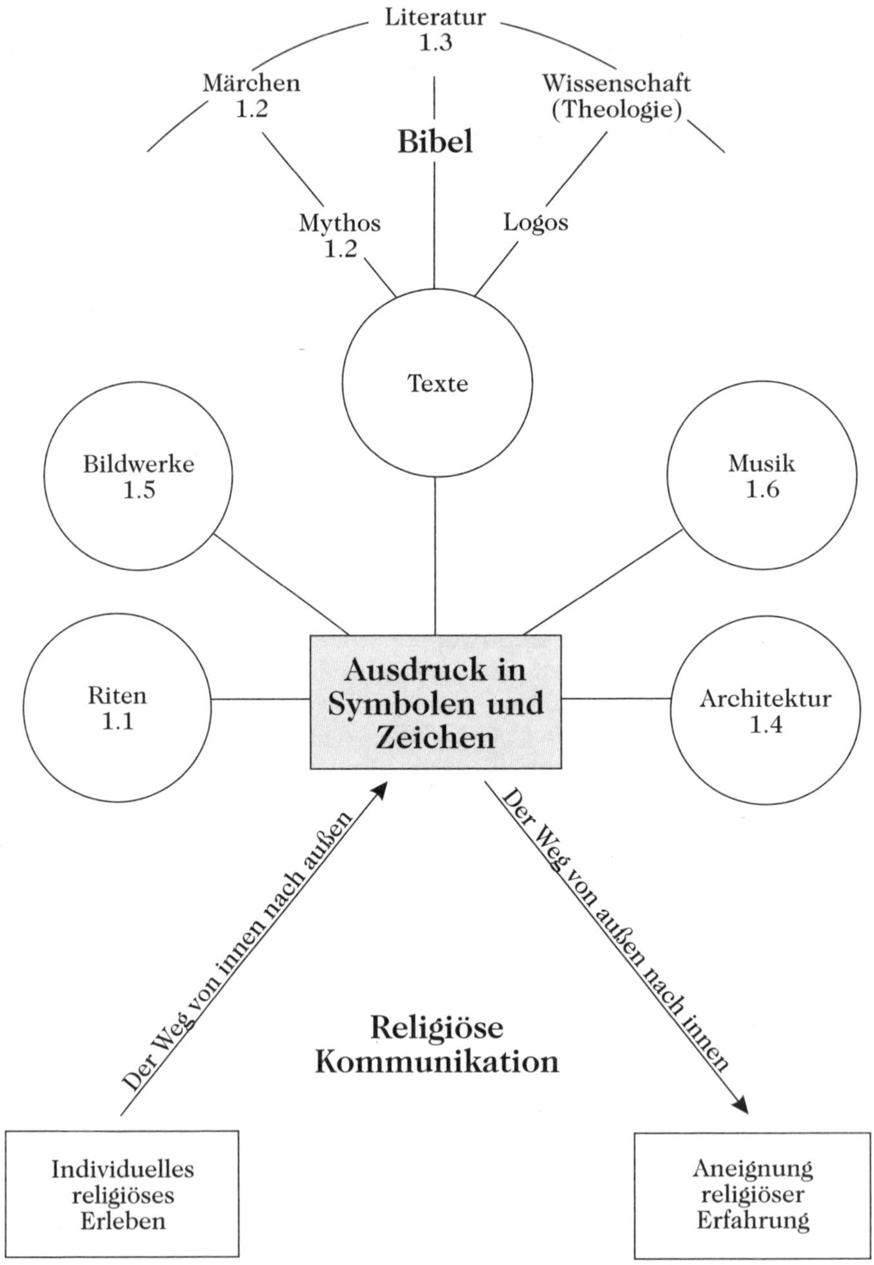

II.1.1
Zeichen – Riten – Symbolhandlungen

→ III.2.2 Ästhetische Bildung
→ III.3.1 Spirituelle Bildung – Gebet – Meditation
→ III.3.2 Liturgische Bildung
→ V.1.5 Symboldidaktik

1 Begriffe

1.1 Zeichen

Zeichen verschiedenster Art (Sprachzeichen, Gesten, Embleme, Bilder) dienen Menschen zum Ausdruck ihrer selbst und zur Verständigung untereinander, entsprechend auch zum Ausdruck und zur Kommunikation religiöser Erfahrung. Wählt man den allgemeinen, weiten (semiotischen) Zeichenbegriff (Meyer-Blanck 1995; 2001), dann bildet das Symbol keinen Gegensatz zum Zeichen (so auch Biehl 1999, 15), sondern es handelt sich bei Symbolen um eine kulturell spezifische Tradition, mit bestimmten Zeichen umzugehen. Religiöse Kommunikation lässt sich dann als ein besonderer Umgang mit besonderen Zeichen auffassen (z.B. Deutung der Zeichen Brot und Wein von Tod und Auferstehung Christi her oder Deutung des Weges als persönliche Selbstfindung in der Nachfolge Christi). Religiöse Zeichen/Symbole entfalten ihr Potenzial nur im aktuellen Gebrauch und unterliegen von daher dem geschichtlichen Wandel.

1.2 Riten

Riten (synonym mit »Ritualen«) sind bestimmte Handlungsgewohnheiten von Einzelnen und Gemeinschaften. Historisch bis in die Gegenwart hinein ist der Begriff »ritus/rite« vor allem religiös konnotiert gewesen. Schon vom Wortsinn her weist der Ritus auf die Religion (Sanskrit *rta* = Zählung, Brauch, Ordnung; lat. *ritus* = religiöser Vollzug). Auch das Adverb »rite« meint ursprünglich »rituell sachgemäß« und erst dann metaphorisch »angemessen«, »richtig«. In allen Religionen begleiten Riten lebensgeschichtliche (Initiationsriten, Kasualien) und jahreszeitliche Übergänge (Feste), mithin Darstellungen individuellen und gemeinschaftlichen Sinnes. Durch Psychoanalyse, Entwicklungspsychologie und Sozialwissenschaften ist das Ritual auch zum Gegenstand der Allgemeinen Pädagogik geworden und hat in letzter Zeit auch zunehmend wieder Eingang in die Schulpraxis gefunden, nachdem es um 1970 vor allem Gegenstand der Kritik gewesen war (»leere Rituale«). Humanwissenschaftlich wie religionspädagogisch kann gesagt werden: Rituale reduzieren die Zufälle. Darum haben sie ein doppeltes Gesicht: Sie können Leben in sich bergen und abschnüren.

1.3 Symbolhandlungen

Der Begriff der Symbolhandlung ist von demjenigen des Ritus/Rituals nicht klar zu unterscheiden. Alle Riten gehen mit geprägten Zeichen (Symbolen) um und sind von daher Symbolhandlungen. Symbolhandlungen machen sich die Tatsache der Wiederholbarkeit zunutze, um Bedeutungen darzustellen (z.B. Bekreuzigung mit Weihwasser als

Tauferinnerung beim Betreten der Kirche) und sind damit Rituale. Den Unterschied könnte man darin sehen, dass »Ritus« mehr den Aspekt der Wiederholung, »Symbolhandlung« mehr den Aspekt der symbolischen Zeichen beschreibt.

2 Zeichen – Riten – Symbolhandlungen und Religion

Ganz allgemein lässt sich Religion in zweifacher Weise beschreiben: erstens als Sinnvergewisserung des Individuums, als unmittelbares Erleben von Freiheit, Gebundenheit und Beziehung zur Transzendenz (Gott) und zweitens als Ausdruck dieser Gewissheit in Gedanken, Worten und anderen Zeichen (Bibel, Katechismen, Riten). Beide Formen von Religion begegnen real nur verbunden, können aber analytisch unterschieden werden und treten bisweilen auch in Gegensatz. Religiöse Lernprozesse vollziehen sich auf beiden Wegen: vom gegebenen religiösen Zeichen (Text, Ritus) zur individuellen Aneignung als eigene religiöse Erfahrung (Lernweg von außen nach innen) und vom individuellen religiösen Erleben hin zum darstellenden Ausdruck in Sprache, Kunst, Ritus u.a. (Lernweg von innen nach außen). Religionspädagogisch darf keiner der beiden Wege gegen den anderen ausgespielt werden. Wir lernen den Glauben über uns mitgeteilte, von anderen vorgegebene Zeichen; aber wir lernen den eigenen Glauben nur dann, wenn solche Zeichen zu unserer individuellen Erfahrung werden. Dazu gehört, dass wir es lernen, dem eigenen religiösen Erleben nachzugehen und diesem Ausdruck zu geben. Dies ist schon für Kinder im Kindergarten wichtig.

Andererseits gilt auch: Religion lernen wir über den Mitvollzug von Ritualen. Das Ritual ist eine wesentliche Form der Religion (neben Wort/Schrift, Bild und religiösem Bewusstsein). Weil jedes Ritual die aktuelle Befindlichkeit überschreitet, darum ist es auch geeignet, das Überschreitende, das Religiöse überhaupt zum Ausdruck zu bringen. Es gibt zwar Rituale ohne Religion, aber es gibt keine geschichtlich gewordene und sozial verankerte Religion ohne Ritual.

3 Zeichen – Riten – Symbolhandlungen in der Alltagspraxis

Auch abgesehen von religiöser Kommunikation bestimmen Rituale (von der individuellen Rhythmisierung des Tageslaufs bis zur Gestaltung von Unterrichtsstunden und Konferenzen sowie individuelle und familiäre Fernsehgewohnheiten) und Zeichen (Körpersprache und Kleidung bei Jugendlichen) unseren Alltag. Unterrichtende haben die Aufgabe, den schnellen Wechsel alltäglicher Zeichensprachen wahrzunehmen und Jugendliche zur eigenen Urteilsbildung im Umgang mit Zeichen und Ritualen zu befähigen, ohne die Formen jugendlicher Gruppenstile aus der Erwachsenenperspektive vorschnell zu kritisieren.

In letzter Zeit hat auch die Schulpädagogik die Notwendigkeit von Ritualen für das Schulleben neu entdeckt. Rituelle Bildung bedeutet in diesem Zusammenhang, dass Jugendliche an der Einführung, Reflexion und Veränderung von schulischen Ritualen Anteil bekommen. Jugendliche sind skeptisch gegenüber Ritualen, die von Erwachsenen gehandhabt werden: Man weiß, dass diese zur Disziplinierung benutzt werden können und benutzt wurden. Das heißt nicht, dass Jugendliche gegen Rituale wären – im Gegenteil: Cliquen haben ihre eigenen Rituale –, aber das sind eben ihre eigenen (Begrüßungen, Feiern, Fußballplatz- und Diskobesuche). Schule und Unterricht können auch dazu helfen, dass Jugendliche ihre eigenen Kommunikationsformen genauer in den Blick nehmen.

4 Zeichen – Riten – Symbolhandlungen in der Religionspädagogik

Die evangelische Religionspädagogik der letzten Jahrzehnte hat vor allem den Lernweg von innen nach außen (gegenüber der einseitigen pädagogischen Orientierung an der Tradition) betont, während die Symboldidaktik gerade beide Lernwege miteinander zu kombinieren sucht. Die evangelische Theologie ist zudem tendenziell stets ritualkritisch gewesen. Dies hängt mit dem reformatorischen Schriftprinzip zusammen (»was Christum treibet«). Der evangelische Glaube ist aber nicht ritualfeindlich, sondern ritualkritisch im wörtlichen Sinne: Er unterscheidet Rituale vom Evangelium her in solche, die dem glaubenden und lernenden Menschen helfen, und in solche Rituale, die ihn eher hemmen. Dies wird man für die gegenwärtige katholische Religionspädagogik ähnlich sagen können.

4.1 Familie

Empirisch belegt sind die religiösen Alltagsrituale in der Familie wie vor allem das Tischgebet in den letzten Jahrzehnten stark zurückgegangen. Die Aufgabe von Gemeindepädagogik und Familienbildungsstätten muss es in Zukunft sein, den Familien zu religiösen Riten und Symbolhandlungen zu helfen, die ihren jeweiligen Lebensformen und Lebensrhythmen entsprechen. Die Selbstverständlichkeit des Kreuzzeichens beim Anschneiden eines Brotes oder des Segenszeichens für die Kinder vor dem Schulweg sind dabei wertvolle Überlieferungen, die manche katholische Familien noch heute praktizieren. Dies könnten evangelische Familien neu lernen.

4.2 Gemeinde

Der Lernort Gemeinde hat gegenüber der Familie die Möglichkeit größerer Selbstverständlichkeit im Umgang mit religiösen Ritualen und Zeichen. Es ist die Chance u.a. in Kindergarten-, Firm- und Konfirmanden- und Erwachsenengruppen, Rituale als veränderbar, aber gerade so als verbindend und verbindlich erlebbar zu machen.

4.3 Schule

Die angemessene Haltung gegenüber religiösen Riten und Symbolhaltungen und damit gegenüber den christlichen Liturgien ist in der Schule vor allem eine Probe-Haltung. Dies gilt für die Gestaltung von Schulgottesdiensten, aber auch für die Thematisierung von christlichen Zeichen und Liturgieelementen im Religionsunterricht. Gottesdienstliche Texte (wie die Psalmen) und Lieder, aber auch gestische Elemente wie das Kreuzzeichen und verschiedene Gebetshaltungen können experimentierend, nicht nur diskursiv erschlossen werden, um das Ineinander von religiöser Erfahrung und religiösen Zeichen zu verdeutlichen. Besonders mit der Kirchenraumpädagogik hat man in letzter Zeit verschiedene gute Erfahrungen gemacht, weil Jugendliche zwar in der Regel kritisch gegenüber der Institution Kirche und gegenüber dem Gottesdienst sind, aber den

Kirchenraum als Ort religiösen Nachdenkens positiv einschätzen. Im Hinblick auf das Schulleben muss künftig aber auch an solche Rituale gedacht werden, die Christen, Muslimen und Konfessionslosen die gemeinsame Teilnahme ermöglichen.

4.4 Gesellschaft

In der vormodernen Gesellschaft inszenierte das Religionssystem mit seinen Begehungen gleichzeitig die notwendigen Formen gesellschaftlicher Intensität. Im Zuge der gesellschaftlichen Ausdifferenzierung haben christliche Feste und Rituale einen rein religiösen Charakter bekommen und markieren keinen Erlebnishöhepunkt mehr für die Gesellschaft als ganze. Mit öffentlichen Ritualen tut man sich zudem gerade in Deutschland nach der Geschichte des 20. Jahrhunderts schwer (wenn man vielleicht einmal vom Karneval als verbindender Symbolhandlung absieht). Der pädagogische Beitrag der Religionspädagogik könnte es in diesem Zusammenhang sein, durch rituelle Bildung die Notwendigkeit wie die Doppelgesichtigkeit ritueller Kommunikation durchschaubar zu machen. Die christliche Religion hätte in diesem Zusammenhang auch abgesehen von ihren inhaltlichen Wahrheitsansprüchen eine exemplarische Funktion: Sie könnte zu mehr öffentlicher Feierkompetenz beitragen, um die Durchbrechung der alltäglichen Routine nicht völlig ins Private zu verlagern.

Literatur

Biehl, Peter, Symbole geben zu lernen. Einführung in die Symboldidaktik anhand der Symbole Hand, Haus und Weg. Neukirchen-Vluyn 1989.
Biehl, Peter, Symbole geben zu lernen II. Zum Beispiel: Brot, Wasser und Kreuz. Beiträge zur Symbol- und Sakramentendidaktik. Neukirchen-Vluyn 1993.
Biehl, Peter, Festsymbole. Zum Beispiel: Ostern. Kreative Wahrnehmung als Ort der Symboldidaktik. Neukirchen-Vluyn 1999.
Halbfas, Hubertus, Das dritte Auge. Religionsdidaktische Anstöße. Düsseldorf ^{5}1992 [^{1}1982].
Meyer-Blanck, Michael, Vom Symbol zum Zeichen. Symboldidaktik und Semiotik. Hannover 1995.
Meyer-Blanck, Michael, Semiotik und Praktische Theologie. In: IJPT 5 (2001) 115–154.
Wermke, Michael (Hg.), Rituale und Inszenierungen in Schule und Unterricht. Münster 1997.
Themenheft: Rituale. Schule und Unterricht Gestalt geben. Pädagogik 46 (1994) 1–66.

MICHAEL MEYER-BLANCK

II.1.2 Mythen und Märchen

→ II.1.3 Literatur und Dichtung
→ II.3.2 Sehnsucht und Sehnsüchte
→ III.2.1 Sprache / religiöse Sprache
→ V.2.4 Umgang mit Texten

1 Mythen – Erzählungen von Gott und der Welt

In einer Welt, die er nicht versteht und die ihm nur fremd und feindlich gegenübersteht, kann der Mensch nicht leben, deshalb versucht er sie fasslich zu machen, mit ihr vertraut zu werden und ihr Geheimnis zu ergründen. Seit Urzeiten hat der Mensch versucht Geschichten zu erzählen, die ihm etwas von den Anfängen berichten, vom Ursprung der Welt und des Lebens, von der Entstehung des Menschen und seiner Geschichte: die Mythen. Sie geben Auskunft, warum die Welt so ist, wie wir sie vorfinden, über den Kampf zwischen Dunkel und Licht, zwischen Chaos und Ordnung. Erst wer die Anfänge kennt, weiß auch um die Gegenwart und kann sich auf das Künftige einstellen. Die theogonischen Mythen berichten vom Kampf der göttlichen Urmächte, von der Heraufkunft und vom Untergang mancher Götter; die kosmogonischen Mythen möchten die Ursprungsgeschichte der Schöpfung durch Erzählung verstehbar machen. Im Ritual des Kultes wird das Geschehen des mythischen Anfangs vergegenwärtigt, sodass der feiernde Mensch Anteil am Ursprungsgeschehen bekommt. Die feierliche Rezitation des Mythos ruft das Vergangene ins Heute.

Die sprachliche und bildhafte Ausformung der Mythen muss in einen Zusammenhang gestellt werden zu den Lebens- und Kulturformen der Menschen. So haben sich Jäger und Sammler ihre Götter anders vorgestellt als Ackerbauern und Städtebewohner. Immer aber haben die elementaren Fragen, die Ängste, Sehnsüchte und Hoffnungen dazu geführt, Geschichten zu erzählen, die Antworten enthalten, die eine Lebensperspektive eröffnen und ein Verstehensmodell der Ganzheit des Daseins vermitteln. Romano Guardini stellt die positive Bedeutung der Mythen so heraus: »Götter sind nicht Beliebiges. Sie werden nicht erfunden oder erdacht, sondern angetroffen (...). Die Gestalten und Mythen der Götter enthalten tiefe Erfahrungen der Welt und des Religiösen (...). Der Mensch kann nicht nach Belieben Götter erfinden. Sie bedeuten die Sinnbereiche des Daseins, sofern dieses nicht nur vertraut und verfügbar, sondern auch geheimnisgesättigt und enthoben ist« (Guardini 1955, 341f).

In vielen Fällen haben die Mythen auch bei der Initiation eine Rolle gespielt: Die jungen Menschen wurden in der Zeit der Pubertät zusammengeführt, um sie auf das Leben als Erwachsene vorzubereiten. Die Mythen dienten dabei als Medium zur Deutung des Daseins. Der Mensch steht transzendenten Mächten gegenüber und muss sich vor ihnen verantworten, deshalb bringt die Einführung in die religiöse Welt auch eine ethische Verpflichtung mit sich.

Die mythische Weltdeutung geht einer rational-kausalen Interpretation des Daseins im Sinne naturwissenschaftlicher Forschung voraus. Deshalb hat man den Mythos häufig als Ausdruck unkritischen Denkens verstanden, der durch philosophische Nüchternheit und exakte Wissenschaft abgelöst würde. Man glaubte, der ›Mythos‹ müsse durch den ›Logos‹ ersetzt werden. Mit einer solchen Betrachtung wird man aber der Eigenart des Mythos nicht gerecht – und überfordert auch die Wissenschaft. Gerade durch seine symbolische Sprache und deren poetische Kraft hat der Mythos seine eigene Plausibilität. Hans Blumenberg hält »die Antithese von Mythos und Vernunft« für eine »späte und schlechte Erfindung« (Blumenberg 1996, 56). Und für Franz Vonessen sind die mythischen Deutungsmuster unverzichtbar: »Deuten muss der Mensch nicht den Mythos, sondern sich selbst; und dabei kann gerade der Mythos ihm helfen. Also nicht der Mythos braucht Hilfe, sondern der Mensch; und der Mythos kann sie ihm geben« (Vonessen 1972, 6). Weil auch unsere Sprache weitgehend auf dem Untergrund der Bilder und Symbole ruht, wäre es verhängnisvoll, eine mythenfreie Welt zu fordern. Die Mythen der verschiedenen Völker und Kulturen sind zwar verschieden, aber es gibt Urmotive, die sich überall finden, sodass man von einem kollektiven Gedächtnis der Menschen sprechen kann. Auch die Traumanalyse macht deutlich, dass die unbewussten Bereiche unserer Seele von mythennahen Bildern geprägt sind.

Hans-Georg Gadamer hat darauf aufmerksam gemacht, dass in Platos Dialogen der Mythos an die Seite des Logos tritt, oft sogar als seine Krönung. »Platos Mythen sind Erzählungen, die zwar nicht volle Wahrheit in Anspruch nehmen, aber eine Art Umspielung der Wahrheit darstellen und den wahrheitssuchenden Gedanken ins Jenseitige erweitern« (Gadamer 1981, 11). In gewisser Weise gilt diese Einschätzung auch für mythische Elemente in der Bibel. Einerseits finden wir nämlich dort mythenkritische Positionen, dann aber bedienen sich biblische Texte auch wieder mythischer Bilder, um einen Sachverhalt zu veranschaulichen. Vor allem Zukunftserwartungen und Hoffnungsbilder sind ohne mythennahe Metaphern und Symbole gar nicht denkbar. In vielen Mythen wird ja eine paradiesische Perspektive entwickelt und die Erlösungssehnsucht gipfelt in der Erwartung eines Heilbringers. Man kann durchaus sagen, dass die biblische Botschaft auch auf die Sehnsüchte und Ahnungen der Mythen antwortet und sie zur ›Erfüllung‹ bringt. Wenn allerdings Sallust den Mythos charakterisiert: »Was niemals war und immer ist«, dann wird man den geschichtlichen Charakter der biblischen Begebenheiten herausstellen: Es geschah »in jener Zeit«.

2 Märchen – die Menschenwelt verstehbar machen

Mythenkritik gab es schon in der Antike, die alten Geschichten wurden nicht mehr ›geglaubt‹, man machte sich über sie lustig und suchte sein Heil in der ›Aufklärung‹. Aber es lässt sich manchmal auch eine entgegengesetzte Tendenz beobachten: Eine Sehnsucht nach dem Mythos setzt ein, weil die nüchtern erklärte Welt als unbefriedigend empfunden wird. In gewisser Weise kann man erkennen, dass sich die mythischen Geschichten verwandeln und zu Märchen werden. Nun stehen nicht mehr Götter und Urmächte im Mittelpunkt, sondern Helden und Heldinnen. Haben die Mythen das kosmische Gesamt zu deuten versucht, so wird jetzt versucht die Menschenwelt verstehbar zu machen. Märchen finden sich – analog zu den Mythen – in der ganzen Welt und bei allen Völkern. Bei aller Verschiedenheit und dem Variantenreichtum lässt sich eine zugrunde liegende ›Urgeschichte‹ erkennen: Der Märchenheld (oder die Heldin) ist genötigt, wegen einer konkreten Not (Hunger, Bedrohung) die Heimat zu verlassen und in die Fremde zu ziehen. Auf seiner Reise begegnet er feindlichen und hilfreichen Mächten, er muss sich bewähren und erhält Hilfestellung durch geheimnisvolle ›jenseitige‹ Wesen, die mit Zaubermitteln dazu beitragen, scheinbar unlösbare Aufgaben zu bewältigen. Bei seiner Rückkehr kann er die Not beenden, sodass ein Zustand des Friedens und Wohlergehens möglich wird. Das Märchen endet meist mit einem Fest, oft ist es eine Hochzeit, weil der Held seine Braut gefunden (oder aus den Klauen eines Dämons gerettet) hat, er darf den Thron besteigen und erbt das Königreich.

Das Märchen mit seiner Bildersprache, seinem Kolorit und Erzählduktus kann aus ganz verschiedener Perspektive betrachtet werden, deshalb haben sich auch die verschiedensten Wissenschaften mit ihm beschäftigt. Philologen achten auf Spracheigenheiten und Wandlungen des Ausdrucks. Volkskundler interessieren sich für Sitten und Bräuche, das Verständnis der Berufe und Stände. Soziologen beobachten den Niederschlag der gesellschaftlichen Struktur im Hinblick auf Herrschaftssysteme und Lebensordnungen. Juristen untersuchen die Rechtsvorstellungen, Strafbestimmungen und die Rolle der Richter. Psychologen und Pädagogen werden Interesse anmelden, wie sich die Wachstumsprozesse des Kindes niederschlagen, das Verhältnis zwischen Eltern und Kindern usw. Religionsgeschichtler schließlich achten darauf, ob sich in den Märchen Beispiele des Totemismus und Animismus erhalten haben, welche Vorstellungen von Dämonen, von Kulthandlungen und Opferdarstellungen zu finden sind.

3 Religionspädagogische Perspektiven

Für den Religionspädagogen sind Märchen zunächst einmal ein reicher »Garten symbolischer Geschichten«, worin man den Umgang mit der Bildersprache lernen kann. Von Gott, Kirche, Glauben ist darin zwar selten die Rede, die religiöse Dimension der Märchen lässt sich nur indirekt erschließen: Sie setzen eine letzte Sinnhaftigkeit des Daseins voraus, fordern zu einem fundamentalen Vertrauen auf und üben gleichsam die Hoffnung ein. Die Märchen zeichnen keine heile Welt, sondern eine spannungsreiche Wirklichkeit mit vielen Gefahren. Es müssen lange Wanderungen unternommen und manche Kämpfe durchfochten werden. Vom Helden wird Mut und Entschlossenheit erwartet, aber auch die Bereitschaft, Schmerzen zu ertragen. Die Welt wird als erlösungsbedürftig angesehen, aber auch als erlösungsfähig. Zu den Kriterien für rechtes Verhalten gehört Mitleid mit den Bedürftigen und Schwachen, Ehrfurcht vor dem Leben (auch der Tiere und Pflanzen) und das Wissen um das Eingebundensein in eine Gesamtwirklichkeit. Und weil die Märchen aus der mündlichen Erzähltradition kommen (und immer wieder abgewandelt wurden), reizen sie auch wieder zum lebendigen Erzählen und können als Musterbeispiel narrativer Weitergabe der Weisheit des Volkes verstanden werden.

Literatur

Betz, Otto, Märchen als Weggeleit. Würzburg 1998.
Blumenberg, Hans, Arbeit am Mythos. Frankfurt/M. 1996.
Veröffentlichungen der *Europäischen Märchengesellschaft*, z. B. Gott im Märchen. Kassel 1982. – Die Welt im Märchen. Kassel 1984. – Die Zeit im Märchen. Kassel 1989. – Tod und Wandel im Märchen. Regensburg 1991. – Märchen und Schöpfung. Regensburg 1993. – Märchen in Erziehung und Unterricht I und II. Rheine 1997.
Gadamer, Hans-Georg, Mythos und Logos. In: Fries, Heinrich/Gadamer, Hans-Georg, Mythos und Wissenschaft (Christlicher Glaube in moderner Gesellschaft 2). Freiburg u.a. 1981, 8–12.
Guardini, Romano, Hölderlin. München 1955.
Vonessen, Franz, Mythos und Wahrheit. Frankfurt/M. 1972.

OTTO BETZ

II.1.3 Literatur und Dichtung

→ III.1.1 Arbeit mit der Bibel/Bibeldidaktik
→ III.2.1 Sprache / religiöse Sprache
→ V.1.3 Korrelation von Glaube und Leben
→ V.2.3 Erzählen
→ V.2.4 Umgang mit Texten
→ V.3.4 Kinder- und Jugendbücher

Theologie und Literatur sind zwei Größen, die in ihrem Ursprung gar nicht zu trennen, vielmehr doppelt miteinander verzahnt sind. Einerseits berufen sich die großen religiösen Traditionen auf heilige Schriften, die selbst einen hohen weltliterarischen Rang einnehmen. Andererseits wachsen die neuzeitlichen Nationalliteraturen zunächst ganz im Binnenbereich von Religion heran. Am Anfang literarischen Schaffens in den neu entstehenden Nationalsprachen Europas stehen Evangelienharmonien, liturgische und katechetische Schriften wie Hymnen oder Beichtspiegel, aber auch Segens- oder Zaubersprüche.

1 Theologie und Literatur als gegenseitige Herausforderung

Der Bruch zwischen Theologie und Literatur, anders gesagt: die zunehmende Eigenständigkeit und Loslösung der Kultur aus dem Bereich des Christentums vollzieht sich langsam seit dem 17. Jh. Mehr und mehr kommt es zu einem autonomen Kunst- und Literaturverständnis, das sich mit der Säkularisation zu Beginn des 19. Jh. endgültig durchsetzt. Autonomie bedeutet freilich keineswegs Beziehungslosigkeit. Im Gegenteil, erst nachdem die Einheit von religiösem Binnenraum und literarischem Schaffen zerbrochen ist, werden eigenständige, produktive und herausfordernde Auseinandersetzungen mit der christlichen Tradition im Bereich von Literatur möglich. Ging es zuvor vor allem um Ausmalung, Bebilderung und Bestätigung der religiösen Tradition, so wuchs ein Spannungsverhältnis heran, das für beide Seiten fruchtbar ist: für die christliche Theologie, weil sie sich selbst immer wieder überprüfen und weiterentwickeln kann durch die Spiegelungen und Provokationen der Literatur; für die Literatur, weil sie ihre Verwurzelungen im Christentum immer wieder künstlerisch fruchtbar machen kann. Der Dialog von Theologie und Literatur, der sich seit den 1980er-Jahren im deutschen Sprachraum fest etabliert hat (vgl. Langenhorst 2001a), versucht diese wechselseitige Spannung immer wieder neu auszuloten und als gegenseitige Herausforderung zu bestimmen.

2 Chancen in der Beachtung von Literatur

Literarischen Texte kommt stets ein ästhetischer Eigenwert zu. Trotzdem darf man sie in zweiter Linie – ohne vorschnelle Verzweckung oder Funktionalisierung – daraufhin befragen, welche hermeneutischen und didaktischen Möglichkeiten sie für Theologie und Religionspädagogik erschließen. Fünf derartige – idealtypisch formulierte – theologische und religionsdidaktische Gewinndimensionen lassen sich benennen. Diese Begriffe lassen sich nicht scharf voneinander abgrenzen, sind vielmehr strukturelle Orientierungsversuche, deren Sinn sich in der praktischen Anwendung erweisen muss.

2.1 Textspiegelung

Dem ersten Aspekt, der Textspiegelung, kommt vor allem bei der Rezeption biblischer Texte besonderes Gewicht zu. Literarische Verarbeitungen biblischer Stoffe, Motive, Sprachformen oder Themen verweisen stets auf die Bibel selbst zurück. Verfremdung richtet die Aufmerksamkeit zugleich auf den jeweiligen literarischen Text selbst wie auf das nun mit verschärftem Blick betrachtete Original. So gewinnt man neben dem autonomen, in sich wertvollen literarischen Text einen veränderten, geschärften Blick auf den ursprünglichen Text der Bibel oder der christlichen Tradition.

2.2 Sprachsensibilisierung

Die zweite durch die Literatur gegebene Chance liegt in der Sprachsensibilisierung. Gelungene literarische Werke sind sehr genau kalkulierte Produkte feinfühliger Gegenwartserspürung. In der Beschäftigung mit ihnen werden Fragen aufgeworfen, die ihrerseits auf den Sprachgebrauch in der Religionspädagogik rückverweisen: Wo sagt die verstummende Pause mehr als der ausführliche Bericht? Wann bedarf es der symbolisch verschlüsselten Andeutung mehr als der einlinigen Definition? Wie öffnen sich Tiefendimensionen, welche von der Oberfläche der Sprache nur wie von einer Haut überspannt sind?

In den benannten Fragen – fast nie grundsätzlich und allgemein gültig zu beantworten, vielmehr als gemeinsame Richtungsweiser zu verstehen – spüren Schriftstellerinnen und Schriftsteller oft sehr genau, was Sprache kann und darf. Sicherlich sind literarischer Stil und Ausdruck – manchmal hermetisch, elitär, nur Spezialisten zugänglich – von Religionspädagogen und Katechetinnen dabei nicht einfach zu übernehmen. Das Nachspüren der sprachlichen Besonderheiten zeitgenössischer Literatur als beständige Erneuerung der Sprache kann jedoch zur unverzichtbaren Reflexion über den eigenen sorgsamen Sprachgebrauch anregen.

2.3 Erfahrungserweiterung

Die dritte Chance der religionspädagogischen Beachtung von »Literatur und Dichtung« liegt in der Erfahrungserweiterung. Schriftsteller erfahren sich selbst, ihre Zeit und ihre Gesellschaft und lassen diese Erfahrungen in ihren Sprachwerken gerinnen. Lesende haben dabei zwar niemals einen direkten Zugriff auf Erfahrungen, Erlebnisse und Gedanken anderer, handelt es sich doch stets um gestaltete, gefilterte, gedeutete Erfahrung. Über den doppelten Filter der schriftstellerischen Gestaltung einerseits und meiner stets individuellen Deutung andererseits ist aber zumindest ein indirekter Zugang zu Erfahrungen anderer möglich. Literarische Texte spiegeln aber nicht nur die Erfahrung der Autoren, sie ermöglichen darüber hinaus für die Lesenden selbst neue Erfahrungen im Umgang mit diesen Texten. Gegen jeglichen Versuch der wissenschaftlichen Objektivität fungieren literarische Texte geradezu als Anwälte der Subjektivität, indem sie vor allem die Innenseite von Problemfeldern ausleuchten und erschließen. Diese bewusste Subjektivität bündelt menschliche Erfahrungen und bietet so die Möglichkeit des Anknüpfens und der Identifikation.

2.4 Wirklichkeitserschließung

Eine weitere Chance in der Begegnung mit Literatur kann man Wirklichkeitserschließung nennen. Während die Erfahrungserweiterung eher zurückschaut, auf die hinter den Texten liegende Erfahrung der Schriftsteller, blickt diese Perspektive eher nach vorn, auf die mit dem Text für die Leser möglichen Erfahrungen und Auseinandersetzungen. Literarische Texte setzen in den Lesenden Gedanken und Gefühle frei, die im theologischen Diskurs und in das religionspädagogische Gespräch aufgenommen werden können. Theologie wie Literatur bemühen sich darum, in Sprache und mit Sprache Wirklichkeit zu beschreiben und herzustellen. Literarische Texte erschließen als konkurrierende Wirklichkeitsdeutungen eigene Realitätsebenen. Hier werden oft genug Bereiche menschlichen Daseins angesprochen, die innerkirchlich kaum Gehör finden. Hier kommen Stimmen zu Wort, deren Klang für Gemeindemitglieder oder Schülerinnen ungewohnt, provokativ, im positiven Sinne herausfordernd sein kann, ja: in denen sich möglicherweise gerade Lernende eher wiederfinden können als in den traditionellen Wirklichkeitsentwürfen von Theologie, Katechese und Liturgie.

2.5 Möglichkeitsandeutung

Literatur lebt schließlich nicht nur von erfahrener und erschriebener Wirklichkeit, sondern vor allem vom Möglichkeitssinn, von einer Sehnsucht nach dem Anderen und Unendlichen, von der Vision dessen, was sein *könnte*. Gerade diese Sehnsucht zeichnet die besondere Faszination literarischer Texte aus. Religionsdidaktisch ist entscheidend: Es darf nicht zu einer Verwischung der Sprachebenen kommen. Sicherlich weisen religiöse und literarische Sprache große Gemeinsamkeiten auf, denn beide verdichten Wirklichkeit und weisen über sich selbst hinaus, sie spiegeln und »transzendieren« somit Wirklichkeit. Dennoch gibt es vom Selbstanspruch her einen zentralen Unterschied. Religiöse Sprache modifiziert den transzendierenden Charakter dichterischer Sprache dadurch, dass sie auf eine andere Wirklichkeit hin – auf »Gott« – orientiert ist. Im spezifisch monotheistischen Sinn ist Gott überhaupt jene Größe, die dem Menschen die Fähigkeit zu diesem Transzendieren erst ermöglicht. Im Tiefenverständnis ist der Transzendenzbezug religiöser Sprache also keineswegs ausschließlich ein menschliches Sich-selbst-Überschreiten, sondern ein von Gott geschenkter Prozess des menschlichen Sich-Öffnens auf ihn hin.

3 Literatur und Theologie als Beispielfall von Korrelation

Fünf Chancen wurden benannt, die sich für Theologen und Religionspädagoginnen in der Auseinandersetzung mit zeitgenössischer Literatur eröffnen können. Zusammen betrachtet ermöglichen sie im Bereich der Hermeneutik etwas, um das Religionsdidaktiker seit langem – oft genug vergeblich – ringen: »Korrelation«, also jene »kritische, produktive Wechselbeziehung zwischen dem Geschehen, dem sich der überlieferte Glauben verdankt, und dem Geschehen, in dem Menschen heute ihre Erfahrungen machen« (Grundlagenplan 1984). Den einen Pol dieser idealtypischen wechselseitigen

Durchdringung bilden in unserem Fall jene Erfahrungen, die in biblischen Büchern und wegweisenden Texten der Kirchengeschichte als Grunddokumente der Gottesbeziehung bezeugt und gestaltet sind. Den anderen Pol bilden die aus heutiger Erfahrung geronnenen literarischen Texte. Im Durchdenken und Mitfühlen des immer wieder neu auszulotenden Spannungsbogens zwischen diesen beiden Polen, im Nachspüren von »strukturellen Analogien« und »produktiven Kollisionen« (Kuschel 1991, 384f) können sich Menschen unserer Zeit in den Deutungsprozess einschalten. Weil dieser Prozess nicht nur hermeneutische Fragen betrifft, sondern zudem didaktische und sogar methodische Dimensionen eröffnet (vgl. Langenhorst 2001b), bieten sich dem Spannungsfeld von Religionspädagogik und Literatur fruchtbare Perspektiven für die Zukunft.

Literatur

Kuschel, Karl-Josef, »Vielleicht hält Gott sich einige Dichter ...«. Literarisch-theologische Porträts. Mainz 1991.

Kuschel, Karl-Josef, Im Spiegel der Dichter. Mensch, Gott und Jesus in der Literatur des 20. Jahrhunderts. Düsseldorf 1997.

Langenhorst, Georg, Theologie und Literatur 2001. Eine Standortbestimmung. In: Stimmen der Zeit 219 (2001a) 121–132.

Langenhorst, Georg, Gedichte zur Bibel. Texte – Interpretationen – Methoden. Ein Werkbuch für Schule und Gemeinde. München 2001b.

GEORG LANGENHORST

II.1.4 Architektur und Kirchenraum

→ III.2.2 Ästhetische Bildung
→ III.3.1 Spirituelle Bildung – Gebet – Meditation
→ III.3.2 Liturgische Bildung
→ V.1.5 Symboldidaktik
→ V.2.11 Handlungsorientiertes Lernen und Projektarbeit

1 Architektur als begehbarer und begreifbarer Inhalt

Anders als Bild und Plastik, die die Betrachter als Gegenüber wahrnehmen, werden die Besucher eines Raums von diesem umfangen. Der Raum kommt über sie und fordert sie leibhaft-sinnlich heraus. Indem sie sich in ihm bewegen, verändert jeder Schritt die Wahrnehmung. Raum-Aneignung wird dabei zugleich Erfahrung von Sinn, der als Architektur zur Form geronnen ist.

Das Christentum – obwohl wortgebunden – hat sich im Laufe seiner Geschichte auch in architektonischer Hinsicht als eminent gestaltungsproduktiv erwiesen, wobei die Erschließung dieser Formen zugleich dieses selbst in seiner jeweiligen Zeitverwobenheit erschließen hilft. So ist diese Architektur nicht funktionales Gehäuse für beliebige Zwecke und Inhalte, sondern zur Form gewordene Kommunikation von biblisch-christlicher Tradition und unterschiedlicher Zeitsituation als Bedeutungsträger. Kirchenbauten laden so nicht nur zu Veranstaltungen ein, sondern zu sich selbst, weil in ihrer Sprache unterschiedliche Erfahrungen und Inhalte begehbar, im Doppelsinn be-greifbar und so angriffig werden. Diese unter heutigen Voraussetzungen zu erkunden – was nicht mit lexikonhafter formaler Stil- und Baukunde im Schnelldurchgang zu erledigen ist – lässt lernen, was Kirche in gesellschaftlich-kulturellen Zusammenhängen jeweils ist, welchen Inhalten sie sich verdankt und was hierbei zum kritischen Aneignen und Weiterführen dieser Tradition antreibt.

Solange Kirchenarchitektur mit ihrer gottesdienstlichen Nutzung zugleich als Symbol und Ort inhaltlicher Erinnerung und öffentlicher Darstellung von der Gesamtgesellschaft gebraucht und dadurch verstanden wird, bedarf es kaum einer speziellen, pädagogisch reflektierten Erschließung dieser Formtradition. Erst im Schwinden alltagskultureller Zusammenhänge erhält diese Überlieferung zunehmend Fremdsprachen-Charakter, wird interpretationsbedürftig und damit vorrangig für Kirche und Schule ein eigenständiges Bildungsthema.

Eine seit Ende des 20. Jh. entstehende Pädagogik des Kirchenraums geht hierbei didaktisch weitgehend von der Befremdlichkeit dieser Form-Inhalt-Tradition in der Gegenwartskultur aus. Hierbei versteht sich Kirchen(raum)pädagogik als Widerstand gegen bloßen neo-ästhetischen Voyeurismus und die Bild-Vernutzungen des Medienkonsums. Sie will am auratischen und – anders als im Museum, das zumeist »heimatvertriebene« Objekte beherbergt – authentischen Ort dieser Überlieferung allsinnliche Zugänge für diese Inhalte und ihre Spiritualität ermöglichen. Didaktisch anzustreben ist, die Lebenssituation des Individuums und die Formtradition dieser Architektur in einen wechselseitigen, durchaus spannungsvollen Erschließungszusammenhang zu versetzen.

2 Erschließungsintentionen und -typen für Kirchenarchitektur

Ähnlich wie die Bibel ist besonders der an Kunst-Zeugnissen reiche, in Epochen gewachsene Kirchenbau ein ›Kanon mit unterschiedlichen Texten‹, die keineswegs im summarischen Durchgang absolviert werden müssen, sondern in reflektierter ›Perikopen-Auswahl‹ Zeit benötigen, um das Ihre aus sich zu entlassen. Sowohl für Schulunterricht und -projekte wie für gemeindepädagogische, erwachsenenbildnerische und touristische Vorhaben bieten sich hierbei vorrangig folgende *Intentionen* an:

(1) Kirchenbau als geronnene *Gottesdienst-Geschichte*, die zur Spurensuche gottesdienstlicher Nutzung und Muster einlädt und die Erkundung mit Ansätzen liturgisch-spiritueller Erfahrung verbindet, um den Raum ansatzweise zu gebrauchen, wie er primär gemeint ist.

(2) Kirchenbau als kulturgeschichtliche *Heimatkunde*, die zum Verstehen des eigenen heimatlichen ›Wurzelgrundes‹ beiträgt, Einblicke in Bau-Entstehung und Veränderungen der regionalen Lebensverhältnisse ermöglicht und dabei ortsspezifische Geschichte(n) freisetzt.

(3) Kirchenbau als *Spiegelung sozialer Zustände*, welche die sozialgeschichtliche Dimension (Machtverstrickung, Armut, Krieg usw.) von Kirche in der jeweiligen Zeit – oder als kritisches Ferment in ihr – aufspüren lässt.

(4) Kirchenbau als Erschließung *christlicher Lehre* durch theologische Interpretation des Raums und seiner Ausstattungsstücke (Altar, Kanzel, Taufstein usw.) in ihrer jeweiligen Zuordnung.

(5) Kirchenbau als komplexes *Zeichensystem von Bedeutungen*, die auf im Raum auffindbare Sinnzusammenhänge und Glaubensgeschichten verweisen, in sie verstricken wollen und zu Entschlüsselung (»Architektur-Exegese«) und Vergleich mit heutigen Sinnmustern und Formensprachen veranlassen.

(6) Kirchenbau als christliche *Kontinuitäts-Vergewisserung* durch permanenten (baulichen) Wandel, was Kritik an jeweiliger Weltsicht, an Gottesbild und Gemeindeverständnis einschließt. Ständiger (Stil-)Wandel macht Kirche jeweils neu zeitgenössisch und lässt fragen, wie wir Heutigen dem treu bleiben und uns in das gebaute »Langzeitgedächtnis der Christenheit« einbringen können.

(7) Kirchenbau als frei gestaltete *Antizipation von Gegenwart und Verheißung* in zumeist vergangenheitsgeprägten Räumen. Als motivierendes ›Spielfeld‹ für neue Formensprache durch Begehung, Sprache, Klang, Bild, Installation, Performance und experimentelle Liturgie gibt (keineswegs nur moderner) Kirchenbau neuen Expressionen des Christlichen Raum und heutigem »Kyrie eleison« und »Halleluja« angemessene Form.

3 Aufschließende Verfahren und Erkundungselemente

Bisherige leibhaft-sinnliche Erschließungs-Ansätze orientieren sich besonders am mittelalterlichen Kirchenbau, nicht nur, weil dieser in vielen Regionen dominant ist und meist im Zentrum des (touristischen) Interesses steht, sondern weil er – ursprünglich als Begeh-Ort ohne Gestühl konzipiert – Bewegungschancen enthält, die erst spätere Generationen in einen zweigeteilten Raum veränderten: in »Bühne« und bankzentrierten Hörraum. Obwohl durch die Form- und Funktionsvielfalt in der Kirchenbaugeschichte jede Kirche ihr eigenes Thema besitzt und damit eine spezifische Nutzung, Dramaturgie, Didaktik und Methodik nahe legt, haben sich in der Praxis *Verfahren* ergeben, die generelle Bedeutung besitzen:

3.1 Der Außenraum

- Wahrnehmung von Größe, Material, Ornamentik, Baunähten usw. durch Umrundung des Baus; Entdeckung von Lage und Funktion im Ort; Bausinn von Ostung, Turm, umgebendem Friedhof u.a.; Vermutungen zu Auffälligkeiten und Sinnzusammenhängen erkunden.
- Ergebnis-Sicherung durch Zeichnung von Grundriss-, Turm-, Portalformen, Schriftfragmenten; eventuell Abreibung von Bauspuren, Ornamenten u.a.
- Beim Eintreten die Schwellensituation von Portal und Vorraum erfahrbar machen; Zu-Gänge und schrittweises Ankommen als liturgienahe Elemente kennen lernen und nachvollziehen.

3.2 Der Innenraum

- Das Hereinkommen mit geschlossenen Augen (zu zweit, sich gegenseitig führend) wirkt verfremdend und lässt flüchtiges Sehen hinter das meist vernachlässigte verlangsamende Hören, Riechen, Erspüren und Ertasten des Raums zurücktreten.

- Im Raum entzündete Kerzen markieren Ankommen oder eigenen (Lieblings-)Ort; sie bezeichnen beim freien Umhergehen Sehens- und Erklärenswertes und hinterlassen eine Duft-Spur.
- Unterschiedliche Gangarten (schreiten, schleichen, stolzieren u.a.) erproben die dem Raum angemessene Bewegung. Dabei werden auch die vorgegebenen Richtungs- und Wegstrukturen mit ihren Anhaltspunkten entdeckt.
- Mit tonerzeugenden Gegenständen, singend oder sprechend (Lesepult/Kanzel) werden die akustischen Eigenarten an verschiedenen Orten im Raum erkundet, wobei sich u.a. seine architektonisch-liturgische Konzeption erspüren lässt.
- Ausgeteilte (Alltags-)Gegenstände, die im Raum, in Bildwerken u.a. ihre Entsprechung besitzen (z.B. Schlüssel, Stein, Muschel, Feder) motivieren zur Suche und Wahrnehmung von Details. Thematisch-inhaltliche Vertiefungen legen sich dadurch nahe.
- Mittels Grundriss-Zeichnung (mit Inventar) lässt sich die Raum-Orientierung und -funktion bewusst machen. Spielerischer gelingt dies mit einer von allen Teilnehmern gehaltenen, den Raum nachlegenden Schnur. Anschließend werden die Ausstattungsstücke in dem so markierten »Spielfeld« körperlich nachgestellt. Der Grundriss kann durch wandnahes Gehen oder Blick von oben (Empore) entstehen. Oder: Puzzle-Teile lassen sich zu Grundrissformen zusammensetzen; farbige Puzzle-Elemente können die Raumgliederung (Altarraum, Schiffe usw.) unterscheidend zeigen, sie werden in den Grundriss eingebracht und machen so die (meist auch theologisch wichtige) Zuordnung der Raumteile und die inhaltliche Beziehung der Inventarstücke zueinander bewusst; Formen wie Dreieck, Quadrat u.a. sind besonders zur Grundriss-Nachgestaltung geometrisch eindeutiger (moderner) Räume geeignet.
- Erfahrungsintensiver als das bloße Benennen von Maß- und Meterangaben ist das Ermessen der Raumgröße durch Abschreiten oder »Menschenketten«, der Höhe mittels eines Helium-Ballons und des Pfeilerumfangs durch »Um-Armung«. Akustisches (Glöckchen, Singen, Sprechen von verschiedenen Stellen) vermag das Raum-Volumen bewusst zu machen und veranlasst zu konzentrierender Verlangsamung der Wahrnehmung.
- Technik und Konstruktionsweisen haben sich in der Geschichte der Kirchenarchitektur mehrfach geändert (gotischer und moderner Skelettbau, romanische Mauermassen, Gewölbe u.a.); sie können durch Sachbilder, intensiver aber durch Spezialbausteine und mit dem eigenen Körper verdeutlicht werden.

3.3 Die Rahmung gemeinsamer Kirchenerkundung

- Vor Beginn der Unternehmung sind das Gruppeninteresse, das Vorwissen bzw. die Verknüpfung mit schulischen, gemeindlichen, kunstwissenschaftlichen oder touristischen Absichten zu klären.
- Raumbezogene Begrüßung und Ausklang/Entlassung (etwa durch Lied, Spruch oder gemeinsame Lesung) sind liturgieähnliche eröffnende oder bündelnde Momente. Als Abschluss kann sich ein Gehen im »Pilgerschritt« (2 bzw. 3 Schritte vorwärts, 1 Schritt zurück) vorbei an markanten (behandelten) Orten des Raums zum Ausgang eignen.
- In einem in Kirchennähe befindlichen werkstattartigen Arbeitsraum, der vielseitige Anschauungs-, inhaltliche Erweiterungs- und Gestaltungsmöglichkeiten bietet, lässt sich zuvor Gesehenes vertiefen, ergänzen und mit unterschiedlichen Materialien durch die Gruppe nachgestalten oder weiterentwickeln (Ausstellung).
- Die Turmbesteigung vorbei an Glocken und Uhrwerk (Funktionsklärung) mit Aussicht hilft zum Verstehen des Kirchenbaus in Ortsstruktur und -geschichte, stellt eine

abschließende Beziehung zum Anfang (Außenraum) her und verhilft oft zu einer nachhaltigen starken Erfahrung des Gesamtvorhabens.

Literatur

Biehl, Peter/Bizer, Christoph/Degen, Roland (Hg.), Kunst und Religion (JRP 13). Neukirchen-Vluyn 1996.
Degen, Roland/Hansen, Inge (Hg.), Lernort Kirchenraum. Erfahrungen – Einsichten – Anregungen. Münster 1998.
Failing, Wolf-Eckart/Heimbrock, Hans-Günter, Gelebte Religion wahrnehmen. Lebenswelt – Alltagskultur – Religionspraxis. Stuttgart u.a. 1998.
Fichtl, Friedemann, Der Teufel sitzt im Chorgestühl. Ein Begleitbuch zum Entdecken und Verstehen alter Kirchen und ihrer Bilderwelt. Eschbach ^{2}1990.
Goecke-Seischab, Margarete Luise/Harz, Frieder, Komm, wir entdecken eine Kirche. Räume erspüren, Bilder verstehen, Symbole erleben. Tipps für Kindergarten, Grundschule, Familie. München ^{2}2002.
Goecke-Seischab, Margarete Luise/Ohlemacher, Jörg, Kirchen erkunden, Kirchen erschließen. Ein Handbuch mit über 300 Sachzeichnungen und Übersichtstafeln sowie einer Einführung in die Kirchenpädagogik. Lahr/Kevelaer 1998.
Julius, Christiane-B. u.a., Der Religion Raum geben. Eine kirchenpädagogische Praxishilfe. Loccum 1999.
Klie, Thomas (Hg.), Der Religion Raum geben. Kirchenpädagogik und religiöses Lernen. Münster 1998.
Schiefer Ferrari, Markus, Literaturbericht Kirchenpädagogik. In: KatBl 126 (2001) 150–153.

ROLAND DEGEN / INGE HANSEN

II.1.5
Bildwerke

→ II.2.2 Gott – Gottesbilder
→ III.2.2 Ästhetische Bildung
→ V.1.5 Symboldidaktik
→ V.2.5 Umgang mit Bildern

Schon der etymologische Zusammenhang von »Bild« und »Bildung« spricht für die religionspädagogische Würdigung von Bildern. Unsere Kultur ist durchsetzt mit religiösen, speziell biblischen Bildprägungen, und oft sind diese wirksamer rezipiert worden als ihre offeneren Bezugstexte (Paradiesfrucht = Apfel; Engel = geflügelt; Jesus = wohlgestaltet; Gott = alter Mann mit Bart usw.). Die kritische Reflexion ihrer Allgegenwart und die Anleitung zu einem kundigen Bildgebrauch gehören deshalb zu den Aufgaben einer religiösen Alphabetisierung.

Bilder können einen ›vertexteten‹ Religionsunterricht aus seiner kognitiven Engführung befreien und zur meditativen ›Innerung‹ religiöser Gehalte überleiten; denn was Texte sukzessiv entfalten, kann in Bildern konzentriert werden und bietet sich so zur existenziellen Aneignung an. Ihr anthropologischer Rang ergibt sich schon aus der Dominanz des Seh-Sinnes. Augen-Wissen ist konturierter und dringt in tiefere Seelenschichten.

Ursprünglich ist mit »Bildwerk« nur die dreidimensionale künstlerische Hervorbringung gemeint (Statue, Skulptur) – also das, wogegen sich das biblische Bilderverbot direkt und in erster Linie richtet. Heute umfasst der Ausdruck auch alle Kunst, die in einen Rahmen passt und reproduzierbar ist (Gemälde, Grafik), und dient zu deren Abhebung von nicht materiell-gegenständlichen Bildern (Metaphern, Gedanken, Vorstellungen), die ja auch »Bild« heißen können.

1 Theologische Vorgaben

Weil der Gott der biblischen Offenbarung – vor allem seit dem Exil – als einzig, frei und unnahbar verkündet wird, gibt es ein strenges Gottesbildverbot an zentralen Stellen des AT (z.B. Ex 20,4; Dtn 5,8); weil derselbe Gott zugleich als zugewandt, aufgeschlossen und immanent nahe gebracht wird, sind anthropomorphe Umschreibungen seiner Person legitim. Insofern dieser Gott ungreifbar und unumschreibbar (griech. aperígraptos, lat. incommensurabilis) ist, würde jedes Bild seine Transzendenz verraten, da es in kollektiver Verbindlichkeit Gott eingrenzt, analogisiert und konkretisiert. Das Bilderverbot schützt also Gottes Konkurrenz- und Analogielosigkeit und hat darum bis heute einen kritisch-regulativen Sinn (»negative Theologie«). Insofern dieser Gott in Jesus von Nazaret eine leibhaftige geschichtliche Person geworden ist, lassen sich jedoch auch menschliche Bilder Gottes rechtfertigen: Christusbilder. Der Christ schaut (nach der klassischen Bildertheologie: Johannes v. Damaskus, De sacris imaginibus orationes I,22,4–5) das Bild »des durch das Fleisch Sichtbar-Gewordenen wie eine Glutkohle der Erinnerung« und kann daher bekennen: »Ich habe die menschliche Gestalt Gottes gesehen, und gerettet wurde mein Leben« (vgl. Gen 32,31). Überall, wo Gott in der Heiligen Schrift aktiv tätig wird und sich zeigt, kann deshalb das Bild Christi, des inkarnierten Logos Gottes an seine Stelle treten. Den (nichtinkarnierten) Gott selbst abzubilden ist dagegen verpönt – obwohl reichlich anthropomorphe Metaphern für ihn verwendet werden. Ob der Gebrauch von Metaphern (»Vater«) schon die Lizenz für materiell-gegenständliche Bilder Gottes selbst impliziere, ist die entscheidende Frage. Erst und nur in der westlichen Kunst ab dem 12. Jh. wird von dieser ›Lizenz‹ zunehmend ein – religionspädagogisch bedenklicher – Gebrauch gemacht.

2 Anthropologische Rahmenthemen

In jedem noch so kerygmatischen Bildwerk sind anthropologische ›Rahmenthemen‹ verarbeitet. Es handelt sich um Formen und Motive von »außerordentlich großer menschlicher Bedeutung«, in denen »sowohl christlich religiöse als auch weltliche Inhalte miteinander verschmolzen werden können« (J. Bialostocki 1981, 144ff). Das ist eine didaktisch weitreichende Erkenntnis, denn im Grunde lassen sich alle eindeutig christlichen Motive auf solche vieldeutigen Rahmenthemen zurückführen. So präsentieren die Katakomben Christus als Hirten (Retter), Philosophen (Lehrer) oder als Sänger (Orpheus), unter dem Petersdom sogar als Helios. So beruht das Madonnenbild auf dem Archetyp »Mutter und Kind«, und so stand einst für das herrscherliche Christusbild das Kaiserbild Pate. Sogar die angeblich authentischen Christusporträts (Mandylion, Veronikabild, Turiner Grabtuch) lassen sich als Idealporträt eines reifen, würdevollen Mannes deuten.

Kurzum: Eine besondere Chance von Bildern in der Glaubensvermittlung liegt darin, dass sie anthropologische Erfahrungen ansprechen, die dann von der theologischen Deutung spezifiziert werden. Konkreter noch: Aus der nonverbalen Körpersprache (Gesten, Gebärden, Physiognomien) der handelnden Personen eines Bildes lassen sich durch Einfühlung und probeweisen Nachvollzug Identifizierungen anbahnen.

3 Künstlerische Realisierungen

Die visuelle oder haptische Materialität des Bildwerks einerseits und die Menschwerdung Gottes andererseits bilden die Voraussetzungen für eine christliche Bildkunst. Ihr Rang hängt jedoch in jedem Einzelfall davon ab, was handwerkliche Fertigkeit und künstlerisches Formgefühl daraus machen. »Wie ist es überhaupt möglich, mit bloßem Stoff (Pigmenten und Pinsel), appliziert auf einen materiellen Träger (Holz, Putz, Leinwand, Blech etc.), die höchsten Geheimnisse der Religion, des Geistes oder eines ästhetischen Entzückens zu repräsentieren? (...) Woher nehmen die Bilder ihre Macht?« (Boehm 1994, 327).

3.1 Bilder mit kultischen Funktionen

Vor dem »Zeitalter der Kunst« (Belting) lässt sich die Frage nach der Macht von Bildern so beantworten: Es liegt nicht an der Aufmerksamkeit für die künstlerische Qualität als solcher, sondern diese steht ganz im Dienst der Aktualisierung von Glaubensinhalten (vgl. Apg 6,4: Dienst am Wort). Bilder sollen – durch ihre eindringlich bezwingende Machart – die Frömmigkeit bestätigen und stimulieren. Bildwerke dieser Art werden daher vom Betrachter als Abbilder eines Urbildes gesehen: Sie werden mit dem Dargestellten identifiziert und wie Reliquien verehrt. Im religiösen Ernstfall kann es dazu kommen, dass Bilder, z.B. Kruzifixe, die sich in sie Versenkende buchstäblich ansprechen (Franz v. Assisi, Thomas v. Aquin, Teresa v. Avila u.a.). Die Bildverehrung gilt der dargestellten Heilsperson oder dem zugrunde liegenden Heilsereignis mithilfe des Kunstwerks, sie gilt aber ausdrücklich nicht dem Kunstwerk als solchem (2. Konzil von Nizäa, vgl. DH 601). Daher gelten Künstler im Mittelalter sozial als Handwerker und bleiben anonym.

Das Ziel des religionspädagogischen Umgangs mit solchen Bildwerken kann nicht darin bestehen, die ursprünglichen religiösen Funktionen einfach wieder zu beleben. Zu ihrer unterrichtlichen Erschließung gehört jedoch, dass der frömmigkeitsgeschichtliche Sitz im Leben (inklusive der magischen Missbrauchsmöglichkeiten) herausgestellt und gewürdigt wird. Außerdem sind meditative Gottesdienstelemente denkbar, in denen die Glaubensansprüche von Bildern direkter zum Zuge kommen können.

3.2 Bilder als Medium sui generis

Zu den Errungenschaften der neuzeitlichen Kunst gehört die empfindsame Wahrnehmung der Eigenart und des Eigensinns der künstlerischen Ausdrucksmittel. Damit emanzipiert sich die Bildkunst von ihrem bisherigen Funktionsrahmen; sie will vielmehr kraft ästhetischer Mittel ihre eigene (»autonome«) Verbindlichkeit schaffen (vgl. Burrichter 2000, 132–142). Nicht allein das Thema verleiht einem Bild ›Macht‹, sondern der subjektiv-apriorische Entwurf eines ganz aus sich selbst schöpfenden Künstlers macht durch die gekonnte und zugleich originelle Handhabung dieser ästhetischen Mittel aus dem tradierten Thema etwas Neues. Der Künstler wird vom Illustrator zum gottanalogen Schöpfer und bezieht daraus sein individuelles gesellschaftliches Ansehen.

Dementsprechend ändert sich seit der frühen Neuzeit die Wahrnehmung auch des religiösen Bildwerkes. Die Kernfrage lautet: Was hat der Künstler mithilfe seiner Form- und Farberfindung aus dem überlieferten Thema gemacht? Welche neuen Sinnschichten oder Akzentsetzungen werden dadurch dem tradierten Stoff entlockt? Jedes Bildwerk erweist sich als ästhetisches Arrangement, in dem sich die historisch-zeitgenössische Sichtweise, das Stilempfinden, die Spiritualität, der konfessionelle Standort seines Autors, dessen Auftraggebers und theologischen Beraters und nicht zuletzt der Adressaten, ihrer Region und Epoche spiegeln.

Dieses Verständnis der Eigenart und Würde des Bildes als eines Mediums »sui generis« wurde zwar an der neuzeitlichen, besonders der modernen Kunst gewonnen, aber es wirkt zurück auf unsere Wahrnehmung auch der (in Unterricht und Katechese oft benutzten) vormodernen Kunsterzeugnisse. Denn immer schon (sogar in den schlichten Bildstenogrammen der Katakomben) stellen diese mehr als wiedererkennbare Inhalte vor Augen. Auf ihren ästhetischen ›Mehrwert‹ aufmerksam zu werden und sich dadurch dem spezifischen religiösen Gehalt eines Bildwerks zu nähern ist deshalb die unabschließbare religionspädagogische Aufgabe. Der jeweilige Kunstunterricht erweist sich dabei als Verbündeter des Religionsunterrichts, wenngleich dieser weiter geht als jener, indem er letztlich adäquate Reaktionen auf die Botschaft des Bildes und seine spirituell-existenziellen Einladungen und Zumutungen anzielt.

Literatur

Belting, Hans, Bild und Kult. Eine Geschichte des Bildes vor dem Zeitalter der Kunst. München 1990.
Bialostocki, Jan, Stil und Ikonographie. Studien zur Kunstwissenschaft. Köln 1981.
Boehm, Gottfried (Hg.), Was ist ein Bild? München 1994.
Burrichter, Rita (Bearb.), Bilder im Religionsunterricht. Literaturhinweise und Texte zu aktuellen Themen (Im Blickpunkt 17). Münster 2000.
Lange, Günter, Bild und Wort. Die katechetischen Funktionen des Bildes in der griechischen Theologie des sechsten bis neunten Jahrhunderts. Paderborn ^{2}1999.
Lange, Günter, Bilder zum Glauben. Christliche Kunst sehen und verstehen. München 2002.
Baldermann, Ingo u.a. (Hg.), Die Macht der Bilder (JBTh 13). Neukirchen-Vluyn 1999.
Rauchenberger, Johannes, Biblische Bildlichkeit. Paderborn 1999.
Stock, Alex (Hg.), Wozu Bilder im Christentum? Beiträge zur theologischen Kunsttheorie. St. Ottilien 1990.
Stock, Alex, Keine Kunst. Aspekte der Bildtheologie. Paderborn 1996.
Stock, Alex, Poetische Dogmatik. Bd. 1–4. Paderborn 1995–2001.

GÜNTER LANGE

II.1.6 Musik

→ III.2.2 Ästhetische Bildung
→ V.1.3 Korrelation von Glaube und Leben
→ V.2.6 Umgang mit Lied und Musik
→ V.2.8 Kreatives Gestalten
→ V.2.13 Stilleübungen

1 Musik – ein künstlerisches und ein religiöses Phänomen

Wer sich ein wenig umschaut, wird es bald entdecken: Seit geraumer Zeit geht Religion als Kultur des Umgangs mit dem Unendlichen im Endlichen, mit dem Verborgenen im Offenen – vor allem in hochdifferenzierten Gesellschaften – durch einen tief greifenden und lang andauernden Transformationsprozess. Aus der tradierten religiösen Praxis gestern – vermittelt durch Milieu und Familie, Gemeinde und Schule – wird heute eine selbst gesuchte und komponierte religiöse Praxis. In diesem offenen und zugleich ernsthaften Suchprozess nach religionshaltigen Zeugnissen gewinnen auch Zeugnisse der Kunst im Allgemeinen und der Musik im Besonderen eine neuartige Qualität: Denn in ihnen werden nicht nur informierende Stimmen für das Erkennen der Lebensformen gestern und heute erwartet (aus historischem, systematischem Interesse), sondern zugleich inspirierende Stimmen für die eigene individuelle Gestaltung religiös geprägter Lebensformen heute (aus aktuellem, religiösem Interesse). Dieser Wandel des Suchinteresses gibt den künstlerischen, musikalischen Zeugnissen einen neuen Rang. Den biblischen Schriften vergleichbar fungieren künstlerische, musikalische Zeugnisse sowohl als *Dokumente* des antwortenden (jüdisch-christlichen) Glaubens auf die Stimme des offenbarenden Gottes Israels und Jesu Christi als auch als *Impulse* für eine eigene religiöse Orientierung. Diese Doppelfunktion der künstlerischen/musikalischen Zeugnisse als Dokumente und als Impulse nimmt religionspädagogisches Handeln heute entschieden auf (gleichwohl in kritischer Distanz zu aktuellen Versuchen, das Heilige im Ästhetischen zu suchen).

2 Musik und Alltag

Es zeigt sich durch die Kulturgeschichte und ihre Epochen hin, und es ist heute zu erfahren: Menschliches Leben ist musikalisiertes Leben; im Freudenruf und im Klageschrei, im Arbeitslied und im Wiegenlied, im Nebelhorn und in der Sirene des Einsatzwagens, in der Nationalhymne und in der Totenglocke ist es zu hören. *Musik als gestaltetes Klangereignis* in Zeit und Raum ist eine Konstante in den Geschichten der menschlichen Kultur. Kulturwissenschaftliche Querschnitte zeigen: Analoge Grundformen und Grundfunktionen sind in allen Vokal- und Instrumentalmusiken zu erkennen – entwickelt aus Melodie, Rhythmus und Harmonie.

Aber warum Musik? Wie entsteht Musik? Hier sind viele Antworten zu hören: Musik wächst aus der Sprache als eine sprachgeleitete Hochform des Ausdrucks, aus dem Nachahmen der Naturstimmen, aus dem Erkunden der natürlichen Tonräume, das die

Welt zum Erklingen bringen will, aus dem Rhythmisieren von Arbeiten und Tanzen, aus religiösen, kultischen Feiern und Riten. Die vielen Quellen vom Ursprung der Musik werden in der (europäischen) mittelalterlichen Musiktheorie zusammengeleitet in den vier Strömen der *musica humana* und *musica instrumentalis* (Vokal- und Instrumentalmusik), der *musica mundana* (kosmische Musik der Sphären) und *musica caelestis* (Engelsmusik der himmlischen Liturgie). Diese vier Ströme trennen und verbinden sich in vielfältigen Begegnungen in Alltag und Wissenschaft, in Kunst und Religion: als mathematisch organisierte Zahlenharmonie der acht Kirchentöne in den Cluny-Kapitellen (ehemalige Klosterkirche) oder als Konzert der Chorpfeilerengel im Ostchor des Kölner Doms, als Background-Beschallung der Werbeindustrie oder als neopythagoreische Zahlenmetaphysik, als kosmische Liturgie in K.H. Stockhausens Zyklus »Licht« (seit 1977).

Musik ist heute in einer medialisierten Gesellschaft allgegenwärtig: als sog. Ernste Musik und als Unterhaltungsmusik durchflutet sie den öffentlichen Alltag, als Musikkonserve ist sie im privaten Alltag für jeden zu jeder Zeit in allen Spielweisen als Dekoration verfügbar. Musik aus allen Epochen und Räumen wird heute zusammengetragen, in authentischen oder vermischten Formen (Cross-over-Effekte). Musik scheint sich – über alle babylonische Vielstimmigkeit hinweg – zu einer globalisierten (synkretistischen) Symphonie zusammenzuschließen, zu einer Musik in Multikulturalität, zu einer »Musik der Welt«. Auffallend selten ist allerdings ausdrücklich zeitgenössische Musik zu hören: Als Stimme unserer Zeit wird sie kaum vernommen. Verschließt Taubheit, Unzugänglichkeit, Unkenntnis, Angst, Überdruss die Ohren?

3 Musik und Religion

Die weit verbreitete Einsicht: »Musik ist eine Sprache, aber eine ohne Begriffe« (Th.W. Adorno), deutet das Schillern der Ausdrucks- und Erkenntnismöglichkeiten der Musik an. Musik ist ›selbst verständlich‹, die Sprache, die jeder versteht, und zugleich ist ihre Sprache verschlüsselt, verrätselt, geheimnisvoll und trotzdem/deswegen bewegt sie ihre Zuhörer. So ranken sich nicht von ungefähr Mythen und Legenden – in den verschiedenen Kulturen – um die Herkunft dieser geheimnisvollen Sprache ›Musik‹. – Im altgriechischen Kulturraum ist Musizieren zunächst Göttersache. *Apollon* führt als Gott der Harmonie und des Lichts, als Gott des Lebens und der Kunst mit seinem Kithara-/Lyra-Spiel die Musik der Musen für die Götter ein; Apollon ist überdies die Quelle der Inspiration für Priester (in Delphi und Delos) und Dichter und Musiker. Musik und Religion entspringen einer gemeinsamen göttlichen Quelle, so erzählt der Mythos: Musik und Religion lehren Götter die Menschen; Musik und Religion knüpfen die Fäden zwischen Göttern und Menschen. Darum ist musische Kunst nach Platon der wichtigste Part der Erziehung: Melodie und Rhythmus dringen in die Seele ein und formen hier das Wollen und Handeln (Ethos). Orpheus ist Apollons begabtester Schüler; seine Musik lässt die Harmonie der Welt so ausdrücklich werden, dass Bäume und Tiere (vgl. das ähnliche Motiv bei Franz v. Assisi), Menschen und Götter ihr lauschen, selbst Tod und Unterwelt kann er durch seine Musik überwinden.

Die israelitisch-jüdischen Überlieferungen erzählen von *David*, dem jungen Hirten aus Betlehem, der mit seinem Harfenspiel den depressiven König Saul aufheitert und erfrischt (1 Sam 16,23). Diese »melotherapeutische Kraft« des musizierenden David gilt es zusammenzusehen mit der Davidskraft, die Goliat überwindet (1 Sam 17) und damit sein Volk aus Schande und Tod befreit, und mit Davids ekstatischer Freude, die ihn singen und tanzen und spielen lässt mit dem ganzen Volk »auf Zithern, Harfen und Pauken, mit Rasseln und Zimbeln« vor der heimgeführten Bundeslade (2 Sam 6,5). Die Grundfunktionen von Musik in den israelitisch-jüdischen Traditionen sind hier zu erkennen: Musik erfreut und heilt (als Gesang, Spiel und Tanz); Musik ruft singend und spielend zu Gott (vgl. Mirjamlied, Ex 15,21, wohl eines der ältesten Stücke der Hebräischen Bibel, oder den Ps 150, das Finale aus dem Psalmenbuch, dem gemeinsamen Spiel- und Singbuch, das große *Halleluh-Jah* = »Preist Jahwe«). Darum sind zu großen Festen Chöre und Orchester zu hören (2 Chr 5,12ff). Aber auch der Einzelne singt sein Danklied zum Klang der Leier (vgl. Ps 43,4; 92,4). Ausdrücklich steht dieser Menschenmusik, so erzählen die Heiligen Schriften, die Engelsmusik gegenüber, wie sie aus dem Raum Gottes zu vernehmen ist (vgl. Ex 19,13.16.19).

Die frühen Christengemeinden deuten *Jesus*, ihren *Christus*, nicht nur als den neuen Apollon, als »Licht der Welt« (Joh 8,12), sondern sehen in der Orpheus-Sage und der David-Geschichte das Jesus-Christus-Wirken vorausgesagt (vgl. Christus-Orpheus-Fresko in der Calixtus-Katakombe, Rom, 3. Jh.): Jesus Christus stimmt den beglückenden Gesang des Evangeliums an, er besiegt den Tod und führt alle Menschen – durch die Kraft seiner Zither, das Kreuz – zu neuen österlichen Lebenschancen. Neutestamentliche Textstücke deuten an, wie christliche Gemeinden mit Liedern, Hymnen und Psalmen (orientiert am Synagogengottesdienst: Phil 2,6–11; Eph 2,14–17; Kol 1,15–20; 1 Petr 2,21–24; außerdem Lk 1,46–55.65–76; 2,29–32; dazu bes. Eph 5,19 und Kol 3,16) ihre österliche Christusfreude ausdrücken (mit deutlicher Distanz zu begleitender Instrumentalmusik). Himmlische Musik, so hoffen Christen, ist bei der Umgestaltung der alten Welt in die neue Schöpfung zu hören (1 Thess 4,16; 1 Kor 15,22; Hebr 12,19). Christliche Liturgien musikalisieren – quer durch die Jahrhunderte und Räume – heute das geglaubte Wirken Gottes gestern und morgen und verbinden so ihr Singen und Spielen mit dem klagenden Gott (im Weinberglied, Jes 5,1–7) und mit dem anbetenden Lobgesang der Engel (vgl. Lk 2,14 und Trishagion: »Heilig, heilig, heilig ist der Herr der Heere« nach Jes 6,3).

4 Musik als Klangbild, als Klangrede hören und verstehen lernen

Musik – das zeigen die kleinen Rundblicke – ist in den biblischen und alteuropäischen Kulturräumen als religionshaltige Theorie und Praxis gedacht und geübt worden; sie hat bis zur Stunde einen schier grenzenlosen Reichtum an musikalischen Zeugnissen hervorgebracht. Ein religionspädagogisch geleitetes Aufnehmen-, Verstehen- und Bewerten-Lernen dieser musikalischen Zeugnisse in Bezug auf ihre religiös geprägte Herkunft und Botschaft wird sich darum an fünf Zielpunkten orientieren:

(1) Musik als aktuelle (und historisch belegbare) kulturelle Konstante aufnehmen, durchleuchten und befragen (also die alltägliche Klangtapete – Umweltmusik! – ebenso wie das Rockkonzert, das Kirchenlied oder das Spiritual) und zwar in drei Richtungen: bezogen auf den Hörer (musikalisches Subjekt), auf die gehörte Musik (musikalisches Objekt) und auf die Kommunikation zwischen Hörer und Musik (einschließlich einer Erörterung der musikalischen Sozialisation heute mit ihren rezeptions- und konsumkritischen Anteilen).

(2) Musik-Hören (das lern- und lehrbar ist) als Musik-Verstehen kann sich auf verschiedenen Intensitätsstufen ereignen:

- Als *freies Hören* ohne gesteuerte Neugierde.
- Als *Hinhören auf Auffälligkeiten* in Melodieführung, Tempo/Rhythmus, harmonischem Ablauf, Instrumentierung, Stimmungslage; evtl. musikalische Klischees aufnehmen.
- *Wirkungen* der Musik auf verschiedene Hörer (was tut diese Musik mit mir, mit dir?) nachprüfen, austauschen, vergleichen, begründen, evtl. über repetitive Elemente.
- Kann das hier Gehörte mit anderen (musikalischen) Erlebnissen verknüpft werden – aus dem musikalischen Gedächtnis? *Persönlichen Stellenwert* dieser Musik ergründen.
- Ist eine *Grundstimmung* (Freude, Trauer, Ruhe, Protest, Aufbruch, Wir-Gefühl, Erhabenheit) oder gar eine gewisse Botschaft in dieser Musik als Klangbild, als Tongemälde zu vernehmen, zu erkennen? Mit welchen musikalischen Mitteln wird diese Stimmung/Botschaft erzeugt? Welche Musik ist ein Medium meiner/unserer Identität?

(3) Musikalische, vor allem *kirchenmusikalische Grundformen* an ausgewählten Beispielen (Lied, Psalm, Motette, Arie, Messe, Oratorium, Requiem, Passion – evtl. in Verbindung mit Musikunterricht) in ihren Intentionen und Funktionen kennen lernen.

(4) Musik als geistige, als *geistliche Klangrede* an ausgewählten Beispielen (z.B. ein gregorianisches Kyrie, ein Kyrie aus der Palästrina-Zeit, aus der Haydn-Mozart-Zeit mit einer zeitgenössischen Kyrie-Vertonung vergleichen) vernehmen und verstehen lernen (in kritischer Auseinandersetzung mit konsumistischem, ästhetisiertem, kulinarischem, regressivem Musik-Hören); die These prüfen: Musik ist sprachfähig; Musik ist verkündigungsfähig.

(5) Zeitgenössische Musik mit Stimmen aus zeitgenössischer Kunst und Literatur und Theologie »zusammenhören«, befragen und bewerten, also erste Schritte zu einer musikalischen Hermeneutik. Denn zeitgenössische Musik – etwa B.A. Zimmermanns Ekklesiastische Aktion (1974) oder A. Pärts Berliner Messe (1990), ein Rocksong oder die »musique pauvre« ist gleich-zeitig mit den Künsten und den Wissenschaften auf der Suche nach menschlicheren Räumen des Lebens. Musik ist *Spiegel der Zeit* und zugleich Brücke in ein Jenseits der Zeit, in das Orpheus und David führen können, denn gerade in ihrem Schwebezustand zwischen Rationalität und Affektivität setzt Musik ihre religiös propädeutischen und mystagogischen Kräfte frei.

Literatur

Adorno, Theodor W., Einleitung in die Musiksoziologie. Frankfurt/M. 1962.

Benjamin, Walter, Das Kunstwerk im Zeitalter seiner technischen Reproduzierbarkeit. Frankfurt/M. 1963.

Kögler, Ilse, Die Sehnsucht nach mehr. Rockmusik, Jugend und Religion. Informationen und Deutungen. Graz 1994.

Scholtz, Georg, Musik. In: HWP 6 (1984) 242–257.

Schwarze, Bernd, Die Religion der Rock- und Popmusik. Analysen und Interpretationen (PThh 28). Stuttgart 1997.

Seidel, Hans u.a., Musik und Religion. In: TRE 23 (1994) 441–495 (Lit.!).

Tammen, Björn R., Musik und Bild im Chorraum mittelalterlicher Kirchen 1100–1500. Berlin 2000.

Zender, Hans, Happy New Ears. Das Abenteuer, Musik zu hören. Freiburg 1991.

GOTTFRIED BITTER

II.2 Anthropologische Grundfragen und christliche Glaubenstraditionen

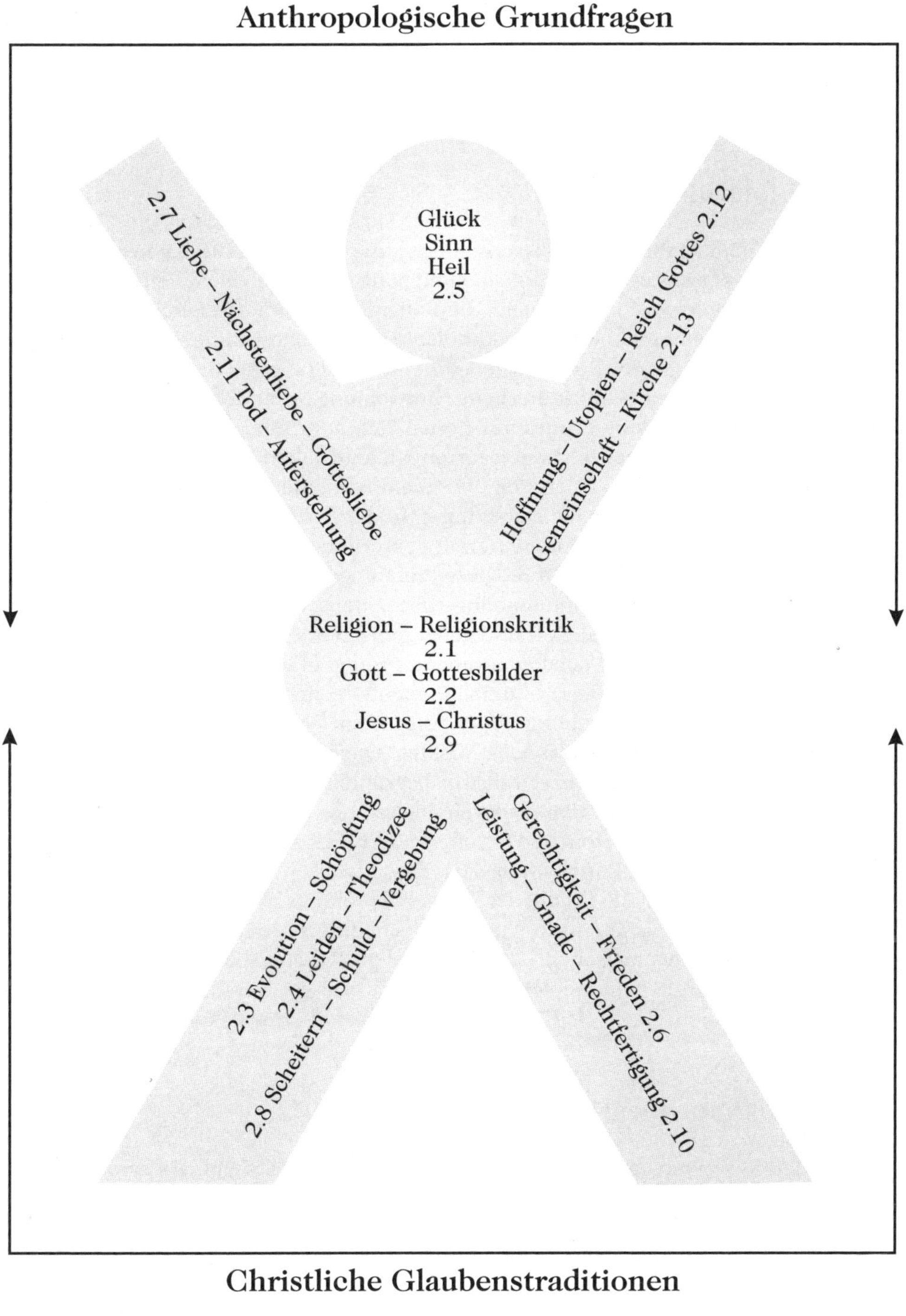

II.2.1 Religion – Religionskritik

→ I.1 Religion, Glauben und Aufwachsen heute
→ I.3 Religiöse Bildung zwischen Subjekten und Strukturen
→ II.2.2 Gott – Gottesbilder
→ II.3.1 Gesellschaft und Religion
→ III.4.3 Indifferentismus/Agnostizismus/Atheismus

1 Erste Begriffsklärungen

Religion ist Thema zahlreicher Wissenschaften, die generell als Religionswissenschaften zusammengefasst werden können: die Religionssoziologie, die Religionspsychologie bis hin zur Religionspsychopathologie, die Religionsphänomenologie, die Religionsgeschichte, die vergleichende Religionsethnologie, die Religionskunde, die Religionsphilosophie, die Theologie der Religion/Religionen. Typische religionsgeschichtliche Fragen sind z.B.: Gibt es eine kontinuierliche Entwicklung unter den Religionen der Welt, etwa so, dass ursprüngliche Primitivreligionen sich kontinuierlich und sozusagen immanent-notwendig zu Hochreligionen fortentwickelt haben? Die *Religionskunde* betreibt einen systematischen Überblick über die unterschiedlichen Religionen der Welt und müht sich um deren genaue Darstellung. In der *Religionsphänomenologie* hingegen wird nach vergleichbaren Elementen in den unterschiedlichen Religionen gefragt. Die *Religionsethnologie* ist der auf religiöse Phänomene bezogene Teil der allgemeinen Volkskunde; hier werden Zusammenhänge untersucht, etwa von Religion und Kultur, Religion und Traditionen, Religion und geographischen Gegebenheiten usw. Die *Religionspsychologie* fragt nach der Bedeutung der Religion in der Entwicklung des Menschen und für den Aufbau einer gesunden Persönlichkeit/Identität. Es gibt verschiedene Versuche, die religionspsychologischen Ansätze zu systematisieren: *tiefenpsychologische, kognitive* und *behavioristische* Ansätze. Quer zu ihnen verläuft die Trennlinie zwischen religionskritischen und religionsbegründenden Sichtweisen. Eher christlich-theologisch orientierte Religionspsychologien sprechen gerne von einer reifen religiösen Persönlichkeit (B. Grom) oder von einem religiösen und damit neurosefreien, reifen Ich (H.J. Fraas) als Entwicklungsziel. Eine klassische tiefenpsychologische Religionskritik findet sich bei S. Freud, der Religion einerseits als kollektive Zwangsneurose und andererseits als infantile Vaterfixierung interpretiert. Große Unterschiede kennzeichnen den theologischen Umgang mit dem Religionsbegriff: während z.B. die Dialektische Theologie eine theologische Radikalkritik vornimmt, finden sich Ansätze zu einer integrativen Theologie der Religionen in der liberalen Tradition.

2 Zum Religionsbegriff

Eine eindeutige etymologische Ableitung des Religionsbegriffs gibt es nicht. Bereits die mittelalterliche scholastische Theologie kennt unterschiedliche Ableitungen des Urwortes *religio*. Eine der ältesten stammt von *Cicero*: religio kommt von *relegere* = »(wieder) zusammennehmen«. Religio bezieht sich hier auf die den Göttern entgegenzubringende Verehrung. Zur Zeit Ciceros galt religio als eine der Tugenden, die dem Manne anstehen. Sie tritt neben die Achtung (pietas), Dankbarkeit (gratia), Ehrerbietung (observatio) und Wahrhaftigkeit (veritas) als Ausdruck der grundlegenden Tugend der Gerechtigkeit. Der tugendhafte, gerechte Mensch ist religiös. Der römische Grammatiker *Gellius* führt Religion auf das Verbum *religere* = »rücksichtlich beachten« zurück. Am bedeutungsvollsten wurde die Ableitung von *Servius*, die von *Lactantius* und vor allem von *Augustinus* übernommen wird: Religio wird von *religare* abgeleitet und bedeutet: »zurückbinden, an etwas befestigen«. Religio bringt die Verbindung des Menschen mit Gott zum Ausdruck; religio bedeutet dann »Verbindlichmachung, Verpflichtung«. Bei *Augustinus* findet sich eine weitere Deutung: religio, abgeleitet von *reeligere*, meint den Akt der Umkehr des Menschen zu Gott, die Wiederentdeckung Gottes. Der Versuch einer etymologischen Ableitung fällt deshalb so uneindeutig aus, weil dabei bereits religionstheoretische Vorannahmen eingehen und die Verwendung sich jeweils in bestimmten kulturellen und theologischen Zusammenhängen vollzieht.

Die *Alte Kirche* übernahm zunächst das antike Religionsbild. Der Begriff religio meinte die kultische Seite des Christentums, nicht seine lehrmäßige (Didache). Damit hatte die Kirche einen Begriff in der Hand, mit der sie ihr Verhältnis zu nichtchristlichen Erfahrungswelten positiv klären konnte. Auch in den nichtchristlichen Religionen erkennt man Formen der Gottesverehrung; insofern sind die anderen Verehrungsformen auch Religionen. So unterscheidet Augustinus zwischen der *religio vestra* (eure Religion) und der *religio nostra* (unsere Religion); die erstere stellt eine niedrigere Stufe der Gottesverehrung dar, die durch die christliche Verehrung überwunden werden soll. In diesem Zusammenhang wird dann auch die Unterscheidung von wahrer und falscher Religion eingeführt. Diese Unterscheidung durchzieht dann die gesamte Kirchen- und Theologiegeschichte der Folgezeit. In dem Maße, wie an diese Unterscheidung dann die inhaltliche, dogmatische Auseinandersetzung angebunden wird, versteht sich die christliche Religion zunehmend exklusiv gegenüber anderen Religionsformen.

Die altkirchliche Verwendung des Religionsbegriffs hat primär apologetisch-missionierenden Charakter. Im heutigen Sinn ist Religion ein spezifisch neuzeitlicher Begriff; seine Konjunktur verdankt er der konfessionellen Spaltung der Christenheit. Denn die konfessionelle Differenzierung macht es notwendig, nach einem verbindenden Allgemeinbegriff zu fragen. In diesem Sinn wird er zum Prinzip des Augsburger Reichstages von 1555: *»cuius regio, eius religio«*. Religion ist hier begrifflich bestimmt als ein Abstraktum. Es wundert nicht, dass dieser Weg der Abstraktion zur Frage nach einer ›natürlichen Religion‹ und darüber hinaus zur Kritik an der Religion überhaupt führt.

3 Wurzeln der Religionskritik

Die Wurzeln der Religionskritik liegen in der Religionsphilosophie der *Aufklärung*. Mit seiner Schrift »Die Religion innerhalb der Grenzen der bloßen Vernunft« (1793) hat *I. Kant* (1724–1804) das Grundthema jeder Religionsphilosophie angesprochen, nämlich das Verhältnis von Vernunft und Glaube (hier verstanden als Religion). Philosophisch lässt sich das Verhältnis von Glaube und Vernunft positiv im Sinne einer Religionsbegründung wie auch negativ im Sinne einer Religionskritik bestimmen. Bekannte positive religionsphilosophische Begründungsversuche finden sich schon bei *G.E. Lessing* (1729–81), der für eine Vernunftreligion plädiert, vor allem aber bei *J.G. Herder* (1744–1803) oder *G.W.F. Hegel* (1770–1831), die beide für eine vernünftige Religionsauffassung eintreten; für sie ist Religion nicht das Gegenteil von Wissen und Denken, sondern das Denken bewahrheitet erst die Religion und das Wissen erschließt uns erst den echten Zugang zur Welt der Religion. Während diese positiven Religionsphilosophen zu einer Versöhnung von Vernunft und Glaube/Religion kommen, sehen die negativen Religionsphilosophen einen grundsätzlichen, letztlich unüberwindbaren Widerspruch zwischen beiden. In der klassisch gewordenen Religionskritik laufen zwei unterschiedliche europäische Traditionen zusammen, der *englische Deismus* und der *französische Materialismus*. Auf dem Höhepunkt der philosophischen Religionskritik vollzieht sich einerseits durch *L. Feuerbach* (1804–1872) eine anthropologische Zuspitzung und andererseits durch *K. Marx* (1818–1882) eine sozio-ökonomische Konkretion. In der ersten, anthropologischen Perspektive wird gefragt, welche Funktion die Religion für das Selbstbewusstsein oder das Seelenleben der Menschen hat. Die zweite, sozio-ökonomisch dann beantwortete Frage sucht nach der Funktion der Religion in der Gesellschaft, also nach den sozialen und politischen Wirkungen, die die Religion hat. Religion ist nach Feuerbach die Entfremdung des Menschen von sich selbst: Der Mensch projiziert das Bewusstsein von sich selbst auf ein anderes Wesen, nämlich auf Gott. Die »Religion im Allgemeinen (...) ist identisch mit dem Selbstbewusstsein, mit dem Bewusstsein des Menschen von seinem Wesen.« Die Religion »ist nichts anderes als das vergegenständlichte Wesen des Menschen«. Die Schlussfolgerung Feuerbachs lautet deshalb: Das Geheimnis der Theologie ist die Anthropologie *(Projektionsthese)*.

Von L. Feuerbach übernimmt K. Marx die These vom projektiven Charakter der Religion: »Der Mensch macht die Religion, die Religion macht nicht den Menschen. Und zwar ist die Religion das Selbstbewusstsein und das Selbstgefühl des Menschen, der sich selbst entweder noch nicht erworben oder schon wieder verloren hat« (Kritik der hegelschen Rechtsphilosophie). Während Feuerbach die Selbstentfremdung des Menschen als ein existenzielles, psychisches Problem ansieht, versucht Marx diese Selbstentfremdung auf ihre geschichtlich-gesellschaftlichen Wurzeln zurückzuführen: Religion ist die Selbstentfremdung des Bewusstseins in einer Gesellschaft, in der der Mensch durch die Bedingungen der materiellen Produktion seiner selbst entfremdet ist. Dabei ist Religion durchaus als janusköpfig anzusehen: einerseits ist sie Affirmation des gesellschaftlichen Elends und andererseits ist sie zugleich deren Protest dagegen. Aber diesem Protest wird sein revolutionäres Potenzial dadurch geraubt, dass die Lösung ins Jenseits verschoben wird. Damit hat Marx jene ambivalente Funktion der Religion angedeutet, die in der Religionssoziologie weiterhin als Kompensationsthese reflektiert wird. Religion ist hier nicht nur negativ gesehen als Selbstentfremdung des Menschen, sondern zugleich auch positiv als Möglichkeit, sich von übergroßem Leid zu entlasten.

4 Religion und ihre sozialen Funktionen

In der neueren Religionssoziologie werden die personalen und sozialen Wirkungen der Religion unter dem Stichwort *Kontingenzbewältigung* behandelt: Die eigene Unzulänglichkeit, die Angst vor nicht beherrschbaren Gefahren, die Endlichkeit des eigenen Lebens und die Unausweichlichkeit des eigenen Todes werden im Rahmen der Religion erträglicher gemacht. Die kompensatorische Funktion der Religion beruht darauf, dass in ihr eine Umkehrung der als leidvoll erfahrenen eigenen Situation vorgestellt wird. In der Religion denkt der sterbliche Mensch den Gedanken der Unsterblichkeit, der ohnmächtige Mensch den Gedanken der göttlichen Allmächtigkeit, der unterdrückte

Mensch den Gedanken der Befreiung, der hungernde Mensch die Vorstellung vom Paradies der Fülle. Religion spricht immer negativ-anthropomorph, d.h. die religiöse Rede von Gott geht immer von menschlichen Eigenschaften aus, die umgekehrt oder übersteigert werden. Ein Reden von Gott kann hinter die Grundaussage der *Projektionsthese* nicht zurückgehen; daraus ergibt sich die theologische Einsicht in die Unmöglichkeit nicht-anthropomorpher Gottesvorstellungen.

Mit K. Marx ist der Beginn einer expliziten Religionssoziologie anzusetzen, die nach dem gesellschaftlichen Entstehungs- und Verwertungszusammenhang von Religion fragt. Die folgende, im engeren Sinne als »religionssoziologisch« zu charakterisierende Diskussion führt zu klassisch gewordenen Thesen über den Zusammenhang von Religion und Gesellschaft. Die Marx'sche Projektionsthese bleibt als Hintergrundinterpretation für die soziale Entstehung von Religion von Bedeutung. In den Vordergrund der genuin religionssoziologischen Betrachtung rückt nicht so sehr der gesellschaftliche Entstehungszusammenhang als vielmehr der soziale Verwertungszusammenhang, nämlich die soziale »Funktion« der Religion. Diesen Funktionszusammenhang benennt bereits Marx in der zweiten von ihm formulierten These, der *Kompensationsthese*. Sie kann als die erste religionssoziologische Grundannahme gelten. Bei Marx besagt sie, dass die Illusion einer himmlischen, besseren Welt zur Kompensation der unerträglichen sozialen Lage im Diesseits dient. Der soziologische Kern der These liegt in der »Aussage, dass die Menschheit dahin tendiert, ihre sozialen Verhältnisse, insbesondere aber ihre sozialen Schwierigkeiten, religiös zu interpretieren«. Eine Spezifizierung der Kompensationsthese ist die religionssoziologische These von der Kontingenzbewältigung, die als solche allerdings erst in neuerer Zeit entfaltet wird (s.u.).

Eine dritte, klassisch gewordene religionssoziologische These ist die sog. *Integrationsthese*; sie besagt, »dass die Religion vor allem als verhaltensstabilisierende, sozial integrierende Kraft in der Gesellschaft wirksam wird, ja deren eigentliches Fundament darstellt« (F. Fürstenberg). Der Begriff des Fundaments deutet bereits an, dass auch in dieser These das Verhältnis von Gesellschaft und Religion nach dem Schema »Überbau und Basis« betrachtet wird, nun allerdings in einer programmatischen Umkehrung. Der eigentliche Vertreter der explizit religionssoziologischen Integrationsthese ist *E. Durkheim* (1858–1917). Für ihn wie für viele seiner Nachfolger ist Religion fast identisch mit dem Begriff der *Sozialisation*, weil über die Religion Kinder und Jugendliche in die Gesellschaft hineinsozialisiert werden, indem sie die grundlegenden Werte und Normen übernehmen. Auf die integrative Kraft der Religion verweisen unter den neueren religionssoziologischen Entwürfen vor allem *Th. Luckmann* (*1927) und *P.L. Berger* (*1929), und zwar unter einer »wissenssoziologischen« Fragestellung. Beide gehen davon aus, dass bei der sozial determinierten Produktion von Ideen und von Wissen die Religion eine wesentliche Rolle spielt. Deshalb interpretiert Luckmann Religion durchgängig unter dem Stichwort der *Sozialisation*. Durch die Religion werden dem Menschen jene verbindlichen Ideen und Normen vermittelt, die den Zusammenhang eines Gesellschaftssystems überhaupt erst gewährleisten. Die *Internalisation* wird durch *Externalisation* ergänzt, denn im Wandel der Gesellschaft muss sich auch das jeweilige Sinn- und Deutungssystem ändern. Menschen übernehmen nicht vorgegebene Deutungsschemata, sondern sie entwerfen unter Berücksichtigung ihrer jeweiligen Lebenslage neue Deutungsmuster. Diese werden dann der nachwachsenden Generation wiederum als verpflichtend erscheinen und werden auf dem Wege der Internalisation angeeignet. Nur durch die *Dialektik* von Externalisation und Internalisation ist dynamische Entwicklung denkbar; der ›Motor‹ dieser dialektischen Vermittlung ist die Religion.

5 Religion zwischen Religionssoziologie und Christentumssoziologie

Diese funktionalistischen Religionstheorien verwenden einen überhistorischen Allgemeinbegriff von Religion. Eine hermeneutisch orientierte religionssoziologische Position hingegen fasst Religion als konstitutiv in geschichtlich-gesellschaftliche Kontexte verwoben. Diese religionssoziologische Richtung betreibt dann nicht allgemeine Religionssoziologie, sondern konkrete Christentumssoziologie. Dabei formuliert sie die sog. *Säkularisierungsthese*, die zu einer weiteren klassischen Basisthese der Religionssoziologie geworden ist; sie besagt, dass das Christentum zwar seine ursprünglich dominante Bedeutung verloren hat, aber dadurch nicht schon per se sozial funktions- und bedeutungslos geworden ist. Wesentliche Werte des Christentums sind vielmehr gesellschaftlich akzeptiert zum alltagsethischen Allgemeingut geworden; damit hat das Christentum seine beabsichtigte Breitenwirkung realisiert.

Ebenso wie die klassische Integrationsthese kehrt auch die Kompensationsthese in der modernen Religionssoziologie wieder, und zwar bei *N. Luhmann* (1927–1998), der Religion als soziales System versteht. Er geht davon aus, dass die Lebensbedingungen der Menschen in unserer Gesellschaft immer komplexer werden. Diese ausufernde Komplexität muss der Mensch notwendigerweise reduzieren. Soziale Systeme sind spezifische Strategien zur *Reduktion von Komplexität*. Für Luhmann liegt die spezifische Funktion der Religion in der Bereitstellung letzter und grundlegender Reduktionen, denn sie versucht, menschliches Verhalten überhaupt auf grundlegende Prinzipien (z.B. Zehn Gebote) zurückzuführen. Aber wie jede andere involviert auch diese Reduktion von Komplexität zugleich deren Steigerung, weil – im Fall der Religion – z.B. nun zusätzlich ein Wissen um die letztgültigen Reduktionen (z.B. Zehn Gebote) präsent sein muss. Die wesentliche Aufgabe der Religion sieht Luhmann darin, Kontingenzerfahrungen zu bewältigen. Zweck der Religion ist es, vermeintliche Zufälligkeiten dem Individuum als notwendig und damit akzeptabel erscheinen zu lassen: Die plötzliche unheilbare Krankheit oder der Tod sind solche Kontingenzerfahrungen, deren scheinbare Sinnlosigkeit durch die religiöse Interpretation doch noch Sinnhaftigkeit erhält. Diese »Überführung von sinnlos Erscheinendem in sinnhaft Erscheinendes, von Unbestimmtem in Bestimmbares wird religiös etwa darin ausgedrückt und realisiert, dass die betreffende Situation als von Gott so und nicht anders gewollt gedeutet wird« (Dahm u.a. 1975, 276). Grundlegende Aufgabe der Religion ist also die Sinndeutung.

Literatur

Cancik, Hubert u.a. (Hg.), Handbuch religionswissenschaftlicher Grundbegriffe, 5 Bde. Stuttgart u.a. 1988ff.
Dahm, Karl Wilhelm u.a., Das Jenseits der Gesellschaft. München 1975.
Dierse, Ulrich u.a., Religion. In: HWP 8 (1992) 632–713.
Kehrer, Günter, Einführung in die Religionssoziologie. Darmstadt 1988.
Klosinski, Gunther (Hg.), Religion als Chance oder Risiko. Bern u.a. 1994.
Wagner, Falk, Was ist Religion? Gütersloh 1986.

GODWIN LÄMMERMANN

II.2.2 Gott – Gottesbilder

→ II.1.5 Bildwerke
→ III.2.2 Ästhetische Bildung
→ III.3.3 Theologische Bildung/Katechismusunterricht
→ V.1.5 Symboldidaktik

1 Von Gottes-Lehre zu Gottes-Bildern

In dem Maß, in dem sich Religion im Abendland unter der Führung der Theologie zur »*Lehre*« verdichtete, wurde bis weit ins 20. Jh. hinein von Gott vorzugsweise in lehrhafter Darstellung gehandelt, was sich bis in praktische religiöse Lern- und Bildungsprozesse hinein auswirkte. Solche dogmatische Gotteslehre, die weitgehend abstrakt etwa göttliche Eigenschaften wie Unwandelbarkeit, Allmacht etc. reflektierte und vorwiegend den menschlichen Intellekt ansprach, hat mittlerweile an Kraft und Einfluss verloren. Stattdessen wird zunehmend deutlich, dass wir zu Gott nicht anders Zugang haben als über menschliche *Erfahrungen* (Ritter 1989) mit ihm. In dem Maß wiederum gewinnen Gottesbilder an Bedeutung gewissermaßen als Konfigurationen vorausliegender menschlicher Erfahrungen mit Gott. Damit bekommen Gottes-Bilder, in denen elementare und unseren Sinnen zugängliche Glaubens- und Gotteserfahrungen aufgehoben sind, auch theologischen Rang. Da die institutionelle Absicherung von Religiosität und religiösem Lernen rückläufig ist, werden zum Erlernen dessen, was Gott und Glaube meinen, Geschichten, Erfahrungen, Symbole und eindrückliche (Gottes-)Bilder entsprechend bedeutsam.

2 Biblisches Bilderverbot

Theologisch wie religionspädagogisch gibt es bis heute erhebliche Skepsis gegenüber Bildern im Allgemeinen und Gottesbildern im Besonderen. Dies ist zum Teil das Resultat einer problematischen theologischen Wirkungsgeschichte des sog. alttestamentlichen Bilderverbots, in deren Verlauf es zu einer Dominanz von Wort und Hören kam: »Höre Israel!« (Dtn 6,4), »der Glaube kommt vom Hören« (Röm 10,17). Gottesbildern haftete der Geruch des Unbiblischen, Heidnischen und Untheologischen an. Die Hebräische Bibel scheint auf den ersten Blick Bilder tatsächlich zu verbieten: »Du sollst dir kein Bildnis noch irgendein Abbild machen, weder von dem, was oben im Himmel, noch von dem, was unten auf der Erde ...« (Ex 20,4f). Bei genauerem Hinsehen lassen sich aber gegen ein so verstandenes Bilderverbot drei Einwände anführen: Einmal redet die Bibel wie kein anderes Buch in Bildern, auch in Bildern von Gott. Sodann zeigen geschichtlich-archäologische Funde, dass es in Israel seit frühester Zeit und bis ins Exil stets eine Fülle bildlicher Darstellungen gegeben hat. Schließlich haben sich Menschen durch die Religionsgeschichte hindurch bis zum heutigen Tag immer wieder Bilder von Gott gemacht. Dies zusammen lässt den Schluss und die Frage zu, ob wir uns überhaupt anders als in Bildern eine Vorstellung von Gott machen können. Was aber ist dann der Sinn des Bilderverbots, wenn es nicht um ein vordergründiges Verbot von Bildern geht?

Offensichtlich der, einer Idolatrie (Vergötzung) infolge der Vergegenständlichung bzw. Verdinglichung Gottes zu wehren. Zum einen sollen damit die Nicht-Festlegbarkeit und Unverfügbarkeit Gottes gewahrt, seine Fixierung auf ein innerweltliches Objekt verhindert, zum anderen die Anbetung entsprechender Bildwerke ausgeschlossen werden. Verboten wird also nicht eine Verbildlichung, Imagination und Versinnlichung Gottes, wohl aber dessen Festlegung auf *ein* Bild. Nur so bleibt Gott von Menschen unabhängig und erscheint vom Ersten Gebot, Ex 3,14 und 20,4f her als der allen Abbildungen und Objektivierungen gegenüber Freie.

3 Bilder von Gott

3.1 Die sinnliche Kraft der Bilder

In einer von Medien bestimmten Welt haben Bilder eine gesteigerte Bedeutung. Kirche, Christentum, Religion und religiöse Bildung können sich der Flut, Allgegenwart, Sogwirkung und sinnlichen Kraft von Bildern schwer entziehen. Allerdings sind, wie wir heute wieder entdecken, (Gottes-)Bilder für religiöse Bildung gerade wegen ihrer ästhetisch-sinnlichen Dimension von großer Bedeutung (vgl. Heimbrock 2000, 30). In einer Welt voller Bilder wird der theologische Rückzug auf Text(e) und Wort allein als ungenügend empfunden. Gottesbilder als »Sinnbilder« machen *Glauben leibhaft und sinnlich-lebendig* (Y. Spiegel). Sie »können mit visuellen Mitteln selbstständig Theologie betreiben« (Wichelhaus/Stock 1981, 9) und erscheinen als unverzichtbare Medien und Markierungen auf dem Weg zu einem eigenen Gottesverständnis und -verhältnis. Das nimmt die Einsicht auf: Gott kann nur gebrochen, indirekt, medial ausgedrückt werden, in Klang und Musik, in Bildern und Gestaltungen, im Wort und in der Rede, aber auch im Schweigen.

3.2 Vom Abbild zum Bild

(1) Moderne, aber auch schon alte Kunst sowie neuere Kunst- und Bildtheorie (vgl. etwa Heimbrock 2000) lehren uns: Bild ist nicht nur Abbild oder Illustration. Ein solcher Bildbegriff verdeckt gerade die Potenzen des Bildes, nämlich etwas zu zeigen, zum Vorschein zu bringen, zu sehen zu geben, was (noch) nicht gesehen worden ist. »Kunst gibt nicht das Sichtbare wieder, sondern macht sichtbar« (P. Klee). Bilder streiten geradezu gegen abbildhafte Darstellung, Verfestigung und eingefahrene Sehgewohnheiten. Dieser Wechsel im Bildverständnis weg vom naiven Abbild- und Repräsentationsgedanken hin zum kreativen Seh-Akt und zur Wahrnehmung ist mittlerweile in der neueren theologischen und religionspädagogischen Auseinandersetzung mit Ästhetik und Bild aufgegriffen worden. Entsprechend wollen auch Gottesbilder Gott neu zu sehen geben, unseren Blick und Horizont weiten und uns religiös bilden. So gesehen bringen Gottesbilder dem biblischen Bilderverbot entsprechend Gott »in Sicht«.

(2) Die Bibel enthält eine Vielzahl von Gottesbildern mit einer enormen Spannweite. Nicht erschöpfend und enzyklopädisch, aber doch exemplarisch wird Gott hier ins Bild gesetzt als Vater, Schild (Ps 28,7), aber auch als Amme/Wärter (Num 11,12), Mutter, Quelle, als Glucke (Mt 23,37), als Licht, als eine Burg, als die Sonne (Ps 84,12), als Vater und Mutter, als Hirte, Richter, König, Freund, Arzt (Ex 15,26), Begleiter, Befreier

und vieles mehr: Gottesbilder also mit einer erstaunlichen Vielfalt, ja auch Inkonsequenz und Inkonsistenz, gewissermaßen Bilder und Gegenbilder, ja gleichsam Such-Bilder, die uns gerade wegen ihrer Unausgewogenheit Neues sehen lassen können. Ihr Hauptvorzug besteht darin, dass sie nicht mit abstrakter theologischer Begrifflichkeit etwas zusammen zwingen, was sich (theo-)logisch nicht zusammenfügen bzw. harmonisieren lässt. So korrigieren biblische Gottesbilder dogmatisch-abstrakte, von der Lebenswirklichkeit abgezogene Gottesvorstellungen, wie sie auch Gott gerade nicht auf die Summe unserer Erfahrungen und Erwartungen festlegen. In ihrer Weitergabe verbindet sich mit diesen Gottesbildern die Hoffnung, sie könnten auch Späteren bei deren Spurensuche Gottes hilfreich sein.

Dogmatisch kann man von Gott auf dreierlei Weise reden. Einmal *via negativa*: Von Gott wird geredet, indem alle Aussagen über den Menschen verneint werden (z. B. Gott ist un-endlich, un-sterblich); sodann *via eminentiae*: Von Gott wird geredet, indem alle Aussagen über den Menschen radikal überboten werden (z. B. Gott ist allwissend); schließlich wird von Gott im ›*Modus des Entwurfs*‹, also in menschensprachlicher ›Brechung‹, d. h. näherungsweise, analog, symbolisch und verweisend, aber nicht abbildhaft geredet. Gerade letztere Darstellungsweise hat tiefen Anhalt an der Bibel und der theologischen Tradition. Gottesbilder als Seh-Bilder zeigen etwas, was sprachlich nicht adäquat wiedergegeben werden kann. *Nicht ›nur‹ ein Bild, sondern gerade ein Bild!* Bilder haben zu tun mit Wahrnehmungen und Resonanzen, mit Emotionen und Affekten, mit Gestalt und Anschaulichkeit, mit Sinnen und Sinnlichkeit, Atmosphäre und Einbildungskraft und erinnern an die ästhetische Dimension von Gott, Religion und religiöser Bildung.

(3) Gottesbilder sind nicht an zeitlosen und ewigen Wesensaussagen Gottes interessiert, denn die Weisen, in denen Gott erfahren wird, wandeln sich. Dementsprechend verändern sich die Gottesbilder, aber nicht so, dass im AT der Gott der Rache, im NT dagegen der Gott der Liebe begegnete, vielmehr finden sich die Motiv-Bilder des nahen und fernen Gottes in beiden Testamenten. Zu messen sind (biblische) Gottesbilder letztlich am Ersten Gebot. Es gibt nicht die eine richtige Weise, ein biblisches Gottesbild aufzufassen. Ferner erschöpft sich die Bedeutung eines biblischen Textes, eines biblischen Gottesbildes nicht im biblischen Entstehungskontext, vielmehr laden Gottesbilder zum Gespräch und zum Austausch über die Zeiten hinweg ein. Sie zeigen nicht auf sich selber, sondern weisen über sich hinaus und sind zu dem unterwegs, worauf sie deuten. So sind Gottesbilder zeitlich-geschichtliche *Wege* (Werbick 1992). Dabei ist die Unähnlichkeit zwischen einem Gottesbild und Gott stets größer als seine Ähnlichkeit. Was bestimmte (traditionale) Gottesbilder bei einzelnen Menschen auslösen und bewirken, kann nicht definitiv gesagt werden. Vielmehr kommt es zu sehr unterschiedlichen und auch ambivalenten Wirkungen und Reaktionen. So mag das Bild vom Auge Gottes oder das Gottesbild von Psalm 139 den einen Sicherheit und Zuversicht schenken, bei anderen löst es große Angst aus. Gleiches gilt vom Gottesbild Vater.

4 Gottesbilder und religiöse Bildung

4.1 Bilder und Bildung

Schon von klein auf machen sich Menschen Bilder und erschließen ihre Welt bildlich. Vor aller kognitiven und verbalen Perzeption steht die *bildlich-ikonografische*, die nach und nach durch erstere komplettiert wird, wobei die bildlich-ikonografische nicht einfach verschwindet (vgl. Schäfer 1995). So versuchen Menschen bildlich auch das zu veranschaulichen, was sie über Gott erfahren und wahrnehmen, weswegen für die Entwicklung und Konturierung von Gottesbildern Seh- und Imaginationsprozesse eine wichtige Rolle spielen (vgl. Heimbrock 2000).

4.2 Gottesbilder bei Kindern und Jugendlichen

Gottesbilder sind mannigfach anthropogen und soziokulturell, also entwicklungspsychologisch, sozialisationstheoretisch und lebensgeschichtlich bedingt. Da sind der Einfluss der Eltern(-imagines) auf das Gottesbild (vgl. Schweitzer 1994, 91ff), deren (religiöse) Erziehung, die jeweilige familiale (religiöse) Sozialisation sowie Einflüsse aus der Lebens- und Erfahrungswelt, Mediensozialisation eingeschlossen. Galten Eltern zunächst als die »ersten Götter« des Kindes (so v.a. M. Leist), weswegen man menschliche Gottesbilder aus der Identifikation mit den Eltern erklärte, so werden heute die diesbezüglichen Interdependenzen komplexer gesehen (vgl. Schweitzer 1994, 93ff): Gottesbilder erwachsen aus einer Identifikation mit den real erfahrenen oder erhofften Eltern, wobei sich männliche und weibliche, mütterliche und väterliche Züge (gegen Freud) mischen; die Eltern(-imagines) wiederum sind von den jeweiligen Rollenzuweisungen in Kultur und Gesellschaft abhängig, wie die Gottesbilder von den jeweiligen religiösen Traditionen mitbestimmt werden. Gleichwohl sind Gottesbilder nicht einfach rezeptive Spiegelbilder der religiösen Sozialisation, vielmehr »erschaffen« – so eine stärker psychoanalytisch-psychodynamische Forschungsrichtung (A.-M. Rizzuto, in Aufnahme von D. Winnicott) – Kinder und Jugendliche innerlich aktiv ihren Gott bzw. ihr Gottesbild, indem sie auf seine »Konstruktion« im Denken, Sprechen und Handeln einwirken (»Konstruktivismus«). Schließlich sind Erkenntnisse der kognitiven Entwicklungstheorie (F. Oser, P. Gmünder) zumindest indirekt für das Gottesbild wichtig, um Gottesbilder zu verstehen und zu kategorisieren.

Eine Reihe von empirischen Studien v.a. zu gezeichneten Gottesbildern bei Kindern und Jugendlichen (Bucher 1994; Hanisch 1996; vgl. zum Überblick Fischer/Schöll 2000) wollen zeigen, dass jüngere, aber auch noch ältere Kinder Gott vorwiegend *anthropomorph* repräsentieren, vorzugsweise als Mann, Mädchen mitunter als mädchenhafte und mütterliche Gestalten (vgl. Klein 2000, 97ff.122). Während ihn Jungen eher aktiv handelnd, mächtig und fern beschreiben, ist er für Mädchen weit stärker mit dem Ästhetischen verbunden, eher passiv und den Menschen nahe (vgl. Schweitzer 1994, 92). Bei älteren Kindern und Jugendlichen finden sich zunehmend *symbolische* und *abstrakte* Gottesrepräsentationen. Gefragt wird allerdings, ob die Aufforderung an Kinder, »Gott zu malen«, angemessen sei, ja ob Gottesbilder überhaupt eine Möglichkeit seien, religiöse Vorstellungen von Kindern zu entdecken (vgl. Fischer/Schöll 2000). Während das Gottesbild bei Kindern vorwiegend personal orientiert ist, gütig und lieb, dem Menschen zugewandt und freundlich ausfällt, kommt es bei älteren Kindern und Jugendlichen zu erheblichen Veränderungen (vgl. Ziebertz 1994). Nun erscheint Gott eher unpersönlich als Macht und Geheimnis, als der große Unbekannte. Mehr als sein Aussehen interessieren seine Funktionen und Effekte sowie sein Nutzen.

4.3 Gottesbilder im religiösen Lernprozess

Religionspädagogisch sind wir konstitutiv auf die Auseinandersetzung mit heutigen Gottesbildern von Kindern, Jugendlichen und Erwachsenen angewiesen, wie wir sie in der Alltagsreligion und in der religiösen Fantasie von Menschen finden (vgl. Ritter 2000). Menschen sollen ihren eigenen Gottesbildern auf die Spur kommen, die eine eigene Dignität im Lernprozess haben (vgl. Ziebertz 1994, 607). Um über unser oft reduziertes und begrifflich-abstrakt enggeführtes theologisches Reden von Gott hinaus zu kommen, ist es religionspädagogisch nicht nur wichtig, eine Mehrzahl von Gottesbildern anzubieten, vielmehr sollen diese auch situationsadäquat sein. In der Kindheit beginnend und dann verstärkt in der Jugendzeit muss es darum gehen, vorsichtig über den gegebenen bzw. möglichen Rahmen des einzelnen Gottesbildes hinauszuschreiten, ihn zu öffnen und zu weiten auf ein zunehmend komplexes und reflektiertes ›Gotteskonzept‹ hin. Ab dem späteren Kindes- und v.a. dem Jugendalter kommt es religionspädagogisch darauf an, kindliche Vorstellungen von einem Deus-ex-machina-Gott, der sozusagen jederzeit interventionsfähig ist, behutsam zu transformieren hin auf Gottesbilder, in denen auch die dunklen und rätselhaften Seiten Gottes ihren Platz haben. Das in der Kinderzeit erworbene Gottesbild hat dabei erfahrungsgemäß eine lange Haltbarkeit, die dann in der Adoleszenz oft mit dem kindlichen Weltbild und sonst Gewusstem in Kollision gerät. Der Bruch mit dem mitgebrachten Gottesbild ist dann eine mögliche Konsequenz; eine andere wäre, das eigene Gottesbild weiterzuführen, d.h. mit kritisch-konstruktiven Gottesbildern bekannt zu machen.

Literatur

Bucher, Anton, Alter Gott zu neuen Kindern, neuer Gott von alten Kindern. Was sich 343 Kinder unter Gott vorstellen. In: Merz, Vreni (Hg.), Alter Gott für neue Kinder. Fribourg 1994, 79–100.

Fischer, Dietlind/Schöll, Albrecht (Hg.), Religiöse Vorstellungen bilden. Erkundungen zur Religion von Kindern über Bilder. Münster 2000.

Hanisch, Helmut, Die zeichnerische Entwicklung des Gottesbildes bei Kindern und Jugendlichen. Stuttgart 1996.

Heimbrock, Hans-Günter, Vom Abbild zum Bild. Auf der Suche nach neuen Zugängen zur Religiosität von Kindern. In: Fischer/Schöll a.a.O. 2000, 19–37.

Klein, Stefanie, Gottesbilder von Mädchen als Zugang zu ihrer religiösen Vorstellungswelt. Methodische Überlegungen zum Erheben und Verstehen von Kinderbildern. In: Fischer/Schöll 2000, 97–128.

Ritter, Werner H., Glaube und Erfahrung im religionspädagogischen Kontext. Die Bedeutung von Erfahrung für den christlichen Glauben im religionspädagogischen Verwendungszusammenhang. Göttingen 1989.

Ritter, Werner H. (Hg.), Religion und Phantasie. Von der Imaginationskraft des Glaubens. Göttingen 2000.

Schäfer, Gerd E., Bildungsprozesse im Kindesalter. Selbstbildung, Erfahrung und Lernen in der frühen Kindheit. Weinheim u.a. 1995.

Schweitzer, Friedrich, Elternbilder – Gottesbilder. Wandel der Elternrollen und Entwicklung des Gottesbildes im Kindesalter. In: KatBl 119 (1994) 91–95.

Werbick, Jürgen, Bilder sind Wege. Eine Gotteslehre. München 1992.

Wichelhaus, Manfred/Stock, Alex, Bildtheologie und Bilddidaktik. Studien zur religiösen Bilderwelt. Düsseldorf 1981.

Ziebertz, Hans-Georg, Gottesbilder in der Adoleszenz. In: KatBl 119 (1994) 606–615.

WERNER H. RITTER

II.2.3
Evolution – Schöpfung

→ II.2.2 Gott – Gottesbilder
→ II.2.4 Leiden – Theodizee
→ II.3.7 Naturwissenschaft/Technik

Zwei Beobachtungen zeigen, dass Schöpfung ein vernachlässigter Grundbegriff Praktischer Theologie ist: 1. Die didaktische Engführung der Schöpfungsthematik auf die Bewahrung der Schöpfung sowie ganzheitliches, naturerkundendes Lernen wird den theologischen Implikationen des Schöpfungsbegriffs nicht gerecht. 2. An (historischen) Berührungspunkten zwischen Naturwissenschaft und Theologie ist eine drastische ›Einbruchstelle‹ (K.E. Nipkow) des Gottesglaubens zu verzeichnen (vgl. Rothgangel 1999, 66ff). Wo (Reste von) Gottesglauben und Naturwissenschaft aufeinander prallen, treten sie in ein Konkurrenzverhältnis, bei dem meist die Naturwissenschaft als Siegerin vom Feld geht. Das Themenfeld Schöpfung hat hier paradigmatische Qualität, denn Schöpfung ist ein genuin theologischer Begriff, kein (theologisches) Synonym etwa für Weltentstehung oder Urknall.

1 Theologische Konturierung

Christliche Schöpfungstheologie gilt es trinitarisch zu deuten. *Gott der Schöpfer* gibt seiner Schöpfung Raum, um eigene Wirklichkeit werden zu können. In diesem Selbstverzicht steht er der Welt gegenüber: Er ist der transzendente Gott. Zugleich kehrt Gott in diesen freigegebenen Raum der Schöpfung wieder ein (unübertroffen in der Hingabe des Sohnes): So ist er auch Gott in Welt, der immanente Gott. Um »diese Weltimmanenz Gottes zu begreifen, ist es ratsam, den Kausalbegriff und mit ihm das kausale Denken selbst aus der Schöpfungslehre zu entfernen« (Moltmann 1985, 28). Nicht die bloße Abkehr vom Kausalprinzip, sondern die Fokussierung auf die Aussage der Schöpfungstheologie ist gefordert: Schöpfung ist etwas anderes als Verursachung – es geht nicht um Kausalketten, sondern um wechselseitiges Beziehungsgeschehen. Die von Juden und Christen geglaubte Einwohnung Gottes in seine Schöpfung geschieht durch den *Geist Gottes,* dessen Wirkung in der Kraft des Lebens und des Neu-Werdens der Schöpfung erfahren werden kann. Die Erfahrung des Geistes ist zugleich die Erfahrung der neuen, der vollendeten Schöpfung (creatio nova): »Auferstehungsglaube ist also die christliche Gestalt des Schöpfungsglaubens« (Moltmann 1985, 79). Im Ereignis der *Menschwerdung Gottes* verbinden sich Protologie und Eschatologie. Jesus Christus prägt die Schöpfung neu durch das Wiedereröffnen von Hoffnung und die Grundlegung der wachsenden Gottesnähe, der Vollendung der Schöpfung.

Ein Schlüsselwort dieses Konzepts ist »Relatio«. Schöpfung ist *Manifestation von Beziehung*. Gott gibt Raum und schafft sich in der Schöpfung ein Gegenüber, ein Subjekt, dem er sich zuordnet. Schöpfung ist die Gemeinschaft aller Geschöpfe untereinander und mit Gott; insofern immer auch vermittelt durch Kommunikation. Sie ist zudem weniger von ihrem Anfang als von ihrem Ende her zu verstehen: Sie umschließt den gesamten Spannungsbogen von Protologie und Eschatologie. In der *creatio origi-*

nalis liegt der Ursprung der Möglichkeit von Geschichte. Die *creatio continua* ist die Geschichte der Kommunikationsgemeinschaft der Geschöpfe und des Schöpfers, die zu einer Befreiungsgeschichte werden muss, wenn sich Menschen der Kommunikation verschließen: Erlösung. Die *creatio nova* ist schließlich die vollendete Schöpfung, die vollständige Kommunikationsgemeinschaft mit dem seiner Schöpfung einwohnenden Gott, auf die hin christliches Glauben und Hoffen ausgelegt ist.

Es wird deutlich, dass jedes Sprechen von Schöpfung bereits eine Glaubenserfahrung und -deutung impliziert. Durch die Betrachtung der Welt *als* Schöpfung ordnen wir unsere Welt unter dem Aspekt des Glaubens (um). Ausgangspunkt ist dabei immer die geglaubte (auch überlieferte) Erfahrung der jüdisch-christlichen Heilsgeschichte. Schöpfung ist somit als theologische Kategorie der Glaubens-Erfahrung und der Glaubens-Deutung zu qualifizieren.

2 Zur Verhältnisbestimmung von Theologie und Naturwissenschaft

Das Thema »Schöpfung – Evolution« als historisches Berührungsfeld von Naturwissenschaft und Theologie fordert eine Positionierung beider Wissenschaftsbereiche. Was haben sie sich zu sagen? Wie verhalten sich Gegenstandsbereiche, Begriffe, Methoden und die gewonnenen Erkenntnisse zueinander? Die Gefahr unzulässiger Grenzüberschreitungen ist groß. Dabei ist festzuhalten: Die Gegenstandsbereiche sind unterschiedlich konstituiert. Geht es in der Theologie um die ganze Wirklichkeit im Hinblick auf Sinntotalität, so stehen in den Naturwissenschaften alle Zustände und Prozesse im Blickfeld, die der Sinneswahrnehmung (unmittelbar oder medial vermittelt) offen stehen. Ebenso sind die Methodenkriterien zu unterscheiden: In der Theologie sind Einzelfall und Kontingenz zentral, in den Naturwissenschaften Vielzahl und Gesetzmäßigkeit. Diese Betrachtungen lassen sich fortsetzen und führen zu einem Bild der Nicht- Vergleichbarkeit theologischer und naturwissenschaftlicher Beobachtungs- und Deutungsmaßstäbe (Inkommensurabilität). Dennoch stehen beide Wissenschaftsbereiche in einer Wechselbeziehung: Sie müssen stets in den menschlichen Lebenswelten vermittelt werden. Fragen der naturwissenschaftlichen Welterkenntnis und der religiösen Weltdeutung bis hin zur persönlichen Lebensführung sind in ihrem gesellschaftlichen wie biografischen Kontext zusammenzudenken. Gerade die lebensweltlichen Bedingungen religiösen Lernens machen diesen wissenschaftstheoretisch symmetrischen Dialog zu einem faktisch asymmetrischen. Theologisches Sprechen sieht sich zunehmend einem (berechtigten) naturwissenschaftlichen Plausibilitätsanspruch ausgesetzt.

Dieses Modell für das Gespräch zwischen Naturwissenschaft und Theologie ist ein Inkommensurabilitätsmodell, das der lebensweltlichen Vermittlung im Dialog bedarf (vgl. Seckler 1998). Dann betreffen die Begriffe ›Schöpfung‹ und ›Evolution‹ zwei ganz unterschiedliche Aussagebereiche und sind nicht direkt ineinander übersetzbar. Ihre lebensweltlichen Berührungspunkte fordern jedoch zu weiterer Klärung heraus.

3 Das naturwissenschaftliche Prinzip der Evolution

Die Geschichte der Evolutionstheorie kennt eine Reihe von Protagonisten (wie J.B. Lamarck, Th.R. Malthus, A.R. Wallace), wird jedoch zumeist mit Ch. Darwin (1809–1882) verbunden. Hierbei geht es um Evolution in einem engeren Sinn als Erklärungsmodell für die Entstehung und Entwicklung der Arten von Lebewesen. In einem weiteren Sinn bezeichnet sie das Prinzip der Entwicklung von einfacheren zu komplexeren Strukturen in der Zeit. Dieses ist nur phänomenologisch erschließbar und lässt sich an der Entwicklung von Materie und ihren Strukturen ebenso beobachten, wie an Lebewesen und Organismen. Auf höherem Abstraktionsniveau lässt es sich als Komplexitätssteigerung von Informationsmustern deuten. Die beiden maßgeblichen Grundmechanismen sind Mutation und Selektion. *Mutation* bezeichnet zufällige Veränderungen der Organisationsmuster (also etwa des Erbgutes). Sie sind in der Regel nicht stabil, sodass im Mittel erst eine große Anzahl von Mutationen z.B. zu lebensfähigen Organismen führen kann. *Selektion* bedeutet das Überdauern der am besten den Rahmenbedingungen angepassten Organisationsmuster (etwa das »Überleben des Stärksten«).

Der Verlauf der Evolution ist durch eine Richtung vom Einfachen zum Komplexen ausgezeichnet, mit der auch steigende Kommunikationsmöglichkeiten gegeben sind, ohne dass dabei ein Ziel abzusehen wäre. Durch Mutationen entsteht unvorhersehbar Neues. Der Mensch ist nicht das Endprodukt der biologischen Evolution, seine Möglichkeiten der Einflussnahme sind (bislang) überschaubar.

Ohne dass die naturwissenschaftliche Theorie das theologische Schöpfungskonzept inhaltlich bestimmen könnte, stellt sie doch Ansprüche an dessen Plausibilität. Im Entwicklungsgedanken begegnen sich beide Auffassungen – die statischen Aspekte alter Weltbilder sind in Naturwissenschaft und Theologie gleichermaßen überholt. Die Gerichtetheit dieser Entwicklung ist auch der Evolutionstheorie nicht fremd, jedoch tut sie sich mit dem Zielgedanken schwer. Diese Frage ist ebenso wie die nach der Entstehung des Neuen (»Zufall!«) allerdings eine Frage der zeitlichen Perspektive. Hier ist eine wesentliche Differenz zwischen naturwissenschaftlichem und theologischem Konzept auszumachen. Die Unterschiedenheit der beiden äquivoken Begriffe von Zeit wird deutlich, wenn man die theologische Differenz zwischen der werdenden (Futur) und der kommenden (Advent) Zukunft beachtet. Diese umgedrehte Zeitperspektive berücksichtigt erst den gesamten Zeitbogen von Proto- und Eschatologie und ermöglicht so überhaupt die Hoffnung auf das Entgegenkommen Gottes in seiner Schöpfung in der Zeit. Hier stößt die Kompatibilität der beiden Theoriegebäude an ihre Grenzen, allerdings ohne wirklich gegenseitig die Plausibilität infrage stellen zu können. Das Problem des Menschen als »höchstem« Lebewesen wird durch ein Verständnis des Sabbats als Krone der Schöpfung relativiert, da es hier auf die Schöpfungs*gemeinschaft*, auf Relation und Kommunikation ankommt.

4 Religionspädagogische Konsequenzen

Sofern der Schöpfungsgedanke naturwissenschaftliche Fragestellungen berührt, lässt er sich also vor dem aus der Evolutionstheorie erwachsenden Plausibilitätsanspruch verantworten. Damit ist die religionspädagogische Dimension des Problems aber noch nicht erhellt. Die theologische Rede von der Welt als Schöpfung setzt wenigstens die Anerkenntnis (der Möglichkeit) eines Schöpfers voraus. Das bedeutet umgekehrt, dass es gegenüber Menschen mit größerer Distanz zu eigenen Gotteserfahrungen immer problematischer wird, verständlich von Schöpfung zu sprechen. Die Bedeutung dieses Dilemmas hinsichtlich jeden religiösen und religionsunterrichtlichen Lernprozesses ist kaum zu überschätzen. Daher sind religionspädagogische Konsequenzen zu ziehen. Zunächst bedarf es einer propädeutischen Sensibilisierung der Wahrnehmung zu einer erstaunenden Begegnung mit der Welt im Sinne einer relationalen Wahrnehmung, um eigene Schöpfungserfahrungen überhaupt erst wieder zu ermöglichen. Durch das Nachspüren von Schöpfungserfahrungen (Gotteserfahrungen) anderer, etwa in Kunst und Literatur, kann ein Konkretionsbeispiel (mit Wiedererkennungswert?) und Angebot zu einer Öffnung für mögliche eigene Erfahrungen gegeben werden. Hier ist verstärkt Augenmerk auf die großen Chancen interreligiösen Lernens zu legen. Die Idee »Welt als Schöpfung« gewinnt so in Auseinandersetzung mit biblischen und in Korrelation zu eigenen Erfahrungen an Gestalt. Darauf aufbauend ist Schöpfung als einmalige Tat, fortgesetztes und zielgerichtetes Handeln Gottes zu thematisieren – in einem genuin theologischen Verständnis, unter Umständen in Abhebung von naturwissenschaftlichen Aussageintentionen.

Eine solche Theologie der Schöpfung muss sich vor den radikalen Anfragen der Theodizee verantworten, im Sinne des *Versuchs* der das Leid überwindenden, *geglaubten* Hoffnung. Die Nachhaltigkeit des hier angesprochenen Lernprozesses ist abhängig von der Ermöglichung und Neu-Versprachlichung von Schöpfungserfahrungen in neu gestalteten religionspädagogischen und katechetischen Lernräumen wie auch in ästhetischen und liturgischen Ausdrucksformen. Erst dann macht die Frage nach der Umsetzung in schöpfungsgemäßes und -bewahrendes Handeln Sinn.

Literatur

Dulig, Gerhard, Schöpfung – unter religionspädagogischem Aspekt. In: Biewald, Roland (Hg.), Einblicke Religion. Göttingen 1996, 181–202.

Fetz, Reto L./Reich, K. Helmut/Valentin, Peter, Weltbildentwicklung und Schöpfungsverständnis. Eine strukturgenetische Untersuchung bei Kindern und Jugendlichen. Stuttgart 2001.

Moltmann, Jürgen, Gott in der Schöpfung. Ökologische Schöpfungslehre. Gütersloh 1985.

Reich, K. Helmut, Religiöse und naturwissenschaftliche Weltbilder: Entwicklung einer komplementären Betrachtungsweise in der Adoleszenz. In: Unterrichtswissenschaft 3/1987, 332–343.

Rothgangel, Martin, Naturwissenschaft und Theologie. Wissenschaftstheoretische Gesichtspunkte im Horizont religionspädagogischer Überlegungen. Göttingen 1999.

Seckler, Max, Was heißt eigentlich Schöpfung? Zugleich ein Beitrag zum Dialog zwischen Theologie und Naturwissenschaft. In: Dorschner, Johann (Hg.), Der Kosmos als Schöpfung. Zum Stand des Gesprächs zwischen Naturwissenschaft und Theologie. Regensburg 1998, 174–214.

GUIDO HUNZE

II.2.4 Leiden – Theodizee

→ II.2.2 Gott – Gottesbilder
→ II.2.3 Evolution – Schöpfung
→ II.2.8 Scheitern – Schuld – Vergebung
→ III.1.2 Lernprozess Juden-Christen

1 Dimensionen des Leidens

Zu leiden bleibt keinem Menschen erspart. Noch vor die eigene Erinnerung reichen die Schmerzen der Geburt. Krankheiten, Altern und meist auch das Sterben sind mit Leiden verbunden. Und in der Natur scheint das Gesetz des Fressens und Gefressenwerdens zu regieren. Die ganze Schöpfung scheint zu seufzen. Das durch die Natur bedingte Leiden, von der mittelalterlichen Theologie als *malum physicum* bezeichnet, mag evolutionsgeschichtlich verständlich sein; doch um welchen Preis! Betroffen als Täter oder Opfer sind Menschen zudem von dem Leid, das sie einander zufügen. Dieses *malum morale* kann sich akkumulieren und in Strukturen verfestigen, die dann als anonyme Quellen des Übels wahrgenommen werden. Moderne Techniken erlauben Ausgriffe von globaler Reichweite und Eingriffe ins Innerste des Lebens. Mit den hoch gespannten Hoffnungen, die sich damit verbinden, sind zugleich auch Übel von neuer Qualität zu befürchten. Wo all dies durchdrungen wird, wird vom *malum metaphysicum* gesprochen: den mit der Endlichkeit der Kreaturen gegebenen Beschränkungen, Schwächen und Gefährdungen. So zeigt sich das Leiden vielgesichtig: im schreienden Schmerz, als pure Pein, niederdrückender Kummer, als Besorgnis, die ein ganzes Leben verschatten kann, als Armut in ihrer Komplexität, in der Mattigkeit der Enttäuschten, der Beschämung der an Leib und Seele Missbrauchten, den vielen Ängsten und der Traurigkeit derer, die verloren haben. Empörend erscheint das Leiden ganz Unschuldiger, etwa das von Kindern, wie es Dostojewski und Camus vorgestellt haben; gehen selbst gerecht lebende Menschen im Leid unter, ist das unerträglich. Das Leiden nötigt zu Reaktionen. Sei es, dass es abgewehrt, verleugnet oder verdrängt wird; sei es, dass nach langem Ringen das unabwendbare Leid angenommen und das vermeidbare tatkräftig bekämpft wird. Menschen verkapseln sich im eigenen Leid oder lassen sich herausfordern zu Anteilnahme und Beistand. Leiden kann auch zur Kommunikation und Solidarität führen. Entschuldigungsmechanismen werden in Gang gesetzt oder weitreichende Analysen vorgenommen. Um mit dem Leiden umzugehen, werden Gesellschafts- und Lebensformen (beispielsweise die der Askese), Weltbilder und Utopien entworfen. In unserem Kontext begegnen Heranwachsende oft einem »anonymen unthematischen Neofatalismus« (H.R. Schlette) und zugleich auch Utopien eines (bio)technisch bewerkstelligten leidfreien Lebens. Daneben stehen Strategien der Anästhesierung: wo die ästhetisierten Lebenswelten, wie die Medien sie zeigen, leidfrei sind oder aber – durchaus vereinbar damit – im Rahmen einer Eventkultur Leiden hyperdrastisch seiner Reize wegen inszeniert wird.

2 Voraussetzungen der Theodizeefrage

Wer dem Gott der Bibel folgen will, kommt an der Theodizeefrage nicht vorbei. Von Leibniz als Kunstwort 1710 eingeführt, meint Theodizee die »Rechtfertigung Gottes« angesichts der Leiden der Welt vor dem Forum der Vernunft. Die Problematik ist gleichwohl älter, ohne dass sie voreilig als Grundfrage der Menschheit zu deklarieren wäre. Denn sie ist voraussetzungsvoll: Sie stellt sich nicht, wo dualistisch gedacht wird, wo das Böse und das Gute etwa auf Geist und Materie oder einen Schöpfer- und einen Erlösergott aufgespalten werden; wo pantheistisch die Gottheit kein Gegenüber zur leidenden Kreatur mehr darstellt oder in naturhaft-zyklischen Weltbildern das Böse im Kreislauf von Werden und Vergehen aufgeht. Auch hinduistische Reinkarnation »streckt« die Zusammenhänge von Schuld und erfahrenem Übel über so viele Leben, dass sich die Problematik für das Subjekt entschärft. Die Frage der Theodizee stellt sich, wo ein ansprechbarer Gott seiner Schöpfung quer durch die Geschichte hindurch gegenüber steht. Das aber entspricht biblischen Verhältnissen.

3 Biblische Aspekte

Die nichtpriesterschriftliche Traditionsschicht der Genesis stellt diese Frage nicht, wenn sie die Übel auf die erste Sünde Adams und Evas zurückführt. Leiden kann erzieherische Funktion oder den Charakter der Prüfung besitzen (so etwa bei Abraham). Kohelet nimmt das Leiden nüchtern im Auf und Ab guter und böser Tage hin. Als Ausdruck und Folge einer gestörten Bundesbeziehung wird es vor allem in prophetischer und deuteronomistischer Theologie aufgefasst. In allen Schichten des Ersten Testaments erscheint Gott als der, der am Heil der Schöpfung, der Menschheit und seines Volkes interessiert ist. »In der nationalen Katastrophe und Glaubenskrise des babylonischen Exils entsteht – vorbereitet durch das Lebenszeugnis eines Jeremia – die Vision, dass ein Unschuldiger stellvertretend das von anderen verschuldete Leid trägt, als Knecht Gottes, d.h. im Sinne seines Gottes, der sich in ihm auf das Leid einlässt und so sein ganzes Volk rettet (Jes 53)« (Raske 1986, 404). Zugleich wird Gott auch in seinen unbegreiflichen dunklen Seiten erkannt und ausgehalten (Ijob; Jes 45,7). Resistent gegen jede Beschwichtigung (vgl. Ps 77,3 » ... meine Seele lässt sich nicht trösten«) und getragen von radikalem Vertrauen wird in den Psalmen das Leid unerschrocken vor Gott gestellt und dieser sogar – parallel zur Ijob-Dichtung – angeklagt. »Mein Gott, mein Gott, warum hast du mich verlassen?« (Ps 22,2) sind die letzten Worte Jesu nach Mk. Dabei lässt Gott in Jesu Zuwendung zu den Leidenden sein Reich anbrechen. Und weil Gott Jesus nicht im Grab ließ, kann auch den Leidenden eine Zukunft verheißen werden, von der es heißt: Gott wird definitiv »alle Tränen abwischen von ihren Augen und der Tod wird nicht mehr sein« (Offb 21,4). Gerade um diese rettende Nähe Gottes deutlich zu machen, fragt Paulus nach der Rechtfertigung nicht Gottes, sondern des Menschen (vgl. Röm 3; 5,1–11).

4 Antwortversuche

Die Theodizeefrage bleibt gleichwohl virulent. Unter Aufnahme spätantiken Denkens haben die patristische und scholastische Theologie wie auch neuzeitliche Konzeptionen das Übel als integrales Moment eines wohl geordneten Ganzen, sei es des Kosmos oder einer Universalgeschichte, verstanden oder prozessual als Moment der Evolution selbst. Mittelalterliche Theologie hält mit der griechischen Ontologie an der Güte des Seins fest: Das Übel erscheint dann nur als Mangel an Sein und Gutsein, was angesichts der erfahrenen Intensität und »Substanzialität« des Bösen wenig tröstet. Um dämonische Züge vom Gottesbild fern zu halten, lokalisiert Augustin den Ursprung allen Übels im Missbrauch des freien Willens der Menschen, womit das Problem aber nur verschoben wird: Denn woher stammen die Impulse, die Freiheit destruktiv zu verwirklichen? Kierkegaard sucht den Widerstreit von Güte und Allmacht Gottes dadurch zu schlichten, dass er die Allmacht biblisch zu Recht als eine begreift, die nichts als Güte realisieren will, ja Gottes Güte ist. Und doch: Woher dann das Übel?

Der notgedrungene Verzicht auf eine Rechtfertigung Gottes kann aber nicht bedeuten, sich der Mühe von Verstehensversuchen zu entziehen. Und das gilt auch und gerade nach einem 20. Jh. mit seinem Unmaß an Vernichtung. Unter dem Zeitzeichen Auschwitz ringt jüdische Holocausttheologie um ein Verstehen, um doch feststellen zu müssen, dass keine biblische Gestalt und kein bisheriges Ereignis jüdischer Geschichte erlaubt, die Shoa zu begreifen. Da die Vorstellung, Gott habe die Vernichtung indifferent apathisch zugelassen, unerträglich erscheint, sind christliche wie jüdische Theologen bereit, auf das Attribut der Allmacht Gottes zu verzichten (vgl. H. Jonas, D. Sölle, J. Moltmann u.a.). Doch woher soll dann noch Rettung erhofft werden? Lässt sich Auschwitz vom Kreuz Jesu her begreifen? Vielleicht, und doch ist Vorsicht geboten; zu schnell gerät auch ein redliches Bemühen auf die Trift des Spekulierens und Überbeantwortens. Ist nicht vielmehr jedes Bekenntnis zur Hoffnung auf den rettenden Gott der Auferweckung unter den Vorbehalt gestellt, dass es ihn gibt und er in Beziehung zu den Menschen treten kann und will (vgl. F.-W. Marquardt)? Stehend auf den Zeugnissen der Beter und Beterinnen in Auschwitz und anderswo und belastet mit den Flüchen derer, deren Glauben zerbrochen ist, wird schmerzlich bewusst, dass ein hoffendes Setzen auf Gott ein prekäres Unterfangen darstellt. Heranwachsenden wird im Vertrautwerden mit dem Gott der Bibel die Theodizeefrage und mit ihr »die erste und wahrscheinlich größte Schwierigkeit in der Gottesbeziehung überhaupt« (K.E. Nipkow) zugemutet. Konkurrierende »Angebote«, das Ärgernis des Leidens zu bewältigen, mögen plausibler erscheinen. Und doch, um Gottes und der Menschen willen bzw. ihrer selbst willen sind Heranwachsende dazu zu befähigen, im Spannungsfeld dieser Frage leben zu lernen. Um Gottes willen, weil trotz aller Dunkelheiten die Erfahrung seiner Menschenfreundlichkeit nicht als Fata morgana abgetan werden kann. Und auch wo vor ihm geklagt und er sogar angeklagt wird, wird – und sei es trotzig – Vertrauen bestätigt, wie es Jakob vormachte: »Ich lasse dich nicht, du segnest mich denn!« (Gen 32,27). Wo am Gott Israels und Jesu auch jenseits seiner Nützlichkeit festgehalten wird, werden andere Lösungen womöglich auch als Vertröstungen, »Opiate«, erkennbar. Um der Menschen willen wird in dieser Perspektive das Hoffen auf Leidbewältigung nicht auf privatistisches Maß reduziert; wo es vor Gott unerschrocken artikuliert wird, versinkt es nicht in stummer, letztlich affirmativer Resignation oder entsprechendem Zynismus. In der Klage vor Gott wird eine Kraft gewonnen zur Kritik, zum Protest gegen das Leid und zu Veränderungsversuchen. Differenzierte Wahrnehmung bleibt möglich: Es müssen weder simplifizierend Sündenböcke gefunden, noch muss die eigene Person maßlos selbstbezichtigt oder erfahrenes Leid ins Schicksalhafte überhöht werden.

Dazu zu befähigen, bedeutet nicht weniger, als in eine Lebensform des Glaubens einzuführen: Um regressive antirationale Fixierungen zu vermeiden, sind Verstehensfragmente (H. Kessler) achtsam zu bearbeiten. Eigenen Leiderfahrungen und Fragen von Heranwachsenden ist vorbehaltlos wahrhaftig und empathisch zu begegnen, um sie zu ermuntern, in gleicher Weise mit sich und anderen umzugehen. Das schließt die Stärkung von Ambivalenztoleranz ein, setzt eine kritische Prüfung krank machender Traditionen in Theologie, Katechese und Frömmigkeit voraus und zielt auf die Ermöglichung des Austauschs über Leiderfahrungen. Letzteres ist verstehbar als Vorübung wie Ertrag des Klagens vor Gott. Vorbilder und Beispiele authentischer Leidakzeptanz, solidarischer Anteilnahme am Leiden und engagierter Leidüberwindung aus der Glaubens- wie Religions- und Menschheitsgeschichte sind zu erschließen. Die Theodizeefrage so auszuhalten dürfte ein solidarisches Menschsein und ein aufrechtes Stehen und Gehen vor Gott befördern.

Literatur

Buchholz, René, Theodizee. In: LRel (1987) 642f.

Dietrich, Walter/Link, Christian, Die dunklen Seiten Gottes. Bd. 2: Allmacht und Ohnmacht. Neukirchen-Vluyn 2000.

Kessler, Hans, Gott und das Leid seiner Schöpfung. Nachdenkliches zur Theodizeefrage. Würzburg 2000.

Metz, Johann Baptist (Hg.), »Landschaft aus Schreien«. Zur Dramatik der Theodizeefrage. Mainz 1995.

Münz, Christoph, Der Welt ein Gedächtnis geben. Geschichtstheologisches Denken im Judentum nach Auschwitz. Gütersloh 1995.

Oelmüller, Willi (Hg.), Theodizee – Gott vor Gericht? München 1990.

Raske, Michael, leiden. In: HRPG 1 (1986) 403–405.

PAUL PETZEL

II.2.5
Glück – Sinn – Heil

→ II.1.2 Mythen und Märchen
→ II.2.2 Gott – Gottesbilder
→ II.2.9 Jesus von Nazaret – Jesus Christus
→ II.2.10 Leistung – Gnade – Rechtfertigung
→ II.2.12 Hoffnung – Utopien – Reich Gottes
→ II.3.2 Sehnsucht und Sehnsüchte

1 Fragen und Antwortversuche

Fragen nach Glück und Sinn und Heil sind alltägliche Fragen, Jedermannsfragen (anthropologische Konstante); und zugleich sind die Antworten auf diese lebensentscheidenden Fragen höchst zerbrechlich. Denn die steten Erfahrungen der Weltoffenheit und zugleich der Weltgebrochenheit, von Grenze und Tod, Bosheit und Schuld, treiben diese Fragen jeweils neu an und fordern die bisher gültigen Antworten heraus.

▪ Schon die übliche Rede vom Glück deckt die Strapaze mit dem *Glück* auf, denn der glückliche Zufall (fortuna/luck) kann weder geplant noch der glückliche Zustand (beatitudo, felicitas/happiness) erarbeitet und gesichert werden. Diese Erfahrung, dass jedes menschliche Streben auf Glücksgewinn angelegt ist und doch ist das Gewinnen dem menschlichen Streben entzogen, ist eine Erfahrung der Vergeblichkeit, eine Hiob-Erfahrung des zerbrochenen Lebens, eine Sisyphos-Erfahrung des Absurden. Diese Schärfe der Fragen nach Glück wird noch weiter zugespitzt durch die Buntheit der Wünsche an die Inhalte des glücklichen Zufalls und die Erwartungen an den glücklichen Zustand. So deckt z.B. die scheinbare Abwärtskarriere vom »Hans im Glück« im Grimm'schen Märchen die Unabschließbarkeit der Fragen nach dem Glück auf: Das Lassen erweist sich als das beglückendere Glück als das Haben.

▪ Die griechisch-römische Philosophie erkennt zunächst im Glücksstreben den *Sinn* des menschlichen Lebens, sein Ziel (télos): das Leben im Glück (eudaimonía). Doch bald zeigen sich die Grenzen dieser Glück-Sinn-Idee: Leben nur im privaten Glück kann nicht Sinn des Lebens sein. Auch Leben in einer idealen Gemeinschaft oder in vollem Einklang mit der Natur oder mit der Vernunft kann als Sinn des Lebens nicht genügen. Die Einsicht wächst: Menschen allein genügen sich nicht. Das heißt hier: Das menschliche Glück kann nicht der Sinn des menschlichen Lebens sein. Sinn-Ansprüche gehen über Glücks-Erwartungen hinaus: Menschen suchen ihren Lebenssinn im Über-Menschlichen, im Über-Weltlichen, im Un-Endlichen. Mythen und Legenden erzählen von Glücksjägern und Sinn-Suchern als Wanderern: von Gilgamesch und Buddha, Herkules und Odysseus, Abraham und Mose. Ihre Glücks- und Sinn-Geschichten sind Weggeschichten: der ›unter-wegs‹ gefundene Sinn des Lebens ist ihr Glück.

▪ Boëthius, der philosophische Brückenbauer zwischen Antike und Mittelalter, gibt der Suche nach Glück ein rationales Fundament: Er erkennt im summum bonum = im höchsten Gut das Ziel allen Denkens und das Ziel allen Strebens (als Ergebnis seiner »Theologik«). Denn jeder Gedanke und jeder Plan auf der Jagd nach Glück ist auf das Gute gerichtet und zwar nicht auf das (für mich/für uns angezielte) Einzelgut, sondern auf das Glück, das dieses Teil-Gut auf dem Weg zum höchsten Gut verspricht. Folglich findet sich das höchste Glück im höchsten Gut; und das Erstreben dieses höchsten Glücks im höchsten Gut ist der Sinn menschlichen Lebens. Wenn nun – angeleitet von Boëthius – dieses höchste Gut Gott genannt wird, dann wird der christlichen Theologie eine ideale Vorlage zugespielt: Gott – so heißt es später bei Thomas von Aquin und Nikolaus von Kues – hat als Schöpfer den Menschen die Glückssehnsucht (desiderium naturale) ins Herz gelegt als Sehnsucht nach dem höchsten Gut in der Entdeckung der schöpferischen Lebensfülle Gottes. So kommen Streben nach Glück und Sinn zur Erfüllung im Geheimnis Gottes.

▪ Jede Religion entwirft ein Weltbild, malt Bilder von Gott und Welt und Mensch. Religion unterscheidet sich von einer Philosophie oder von einer Weltanschauung in ihrem ausdrücklichen Bemühen, Gott (oder das Göttliche) und Welt, Mensch und Gott zusammenzudenken, zusammenzusehen, zusammen erfahrbar werden zu lassen. Folglich fügt Religion auch die Fragen und Antworten nach Glück und Sinn zusammen mit den Fragen und Antworten nach Gott und seinem Verhältnis zu den Menschen. Wenn nun in den Erfahrungen von Verlust und Verrat, von Grenze und Tod durch (eine) göttliche Kraft Wendung und Befreiung, Erlösung und Vollendung erhofft wird, dann ist von *Heil* zu sprechen, von göttlichem Heil als geschenktem Glück und Sinn mitten im menschlichen Unheil. Heil benennt also das Ganz-Werden (vgl. das lateinische Wortpaar sanus/salus), das Beglückt-Sein durch Gottes Kraft; Heil meint jenen Zustand, in dem der Sinn des Lebens als gewonnene Identität im Glück der Gemeinschaft mit Gott und allen Menschen und Dingen gefunden ist (visio resp. communio beatifica). Heil ist somit die Summe aller menschlichen Hoffnungen auf Gott und zugleich deren endgültige Erfüllung. Heil und Religion bilden so eine untrennbare Einheit: Eine Religion, die kein Heil (mehr) verspricht und anbietet, erstarrt genauso wie ein Heil, das von keiner Religion (mehr) angeboten wird (wie eine kleine Umschau in die Hochreligionen wie in quasireligiöse Systeme belegen kann).

▪ Schon die frühe europäische Neuzeit löst die theologische Einheit von Denken und Glauben, von Glück-Suchen und Gott-Finden auf; Glück und Heil werden jeweils auf getrennten Wegen gesucht. Glück und Sinn werden nun im harmonischen Eins-Werden des Subjekts mit sich selbst, mit seiner nahen und fernen Welt als individuelles oder soziales, als ästhetisches oder politisches Projekt erstrebt. Überdies breitet sich Skepsis aus, ob und wie Glück für den Einzelnen und für alle gedacht, benannt und gewonnen werden kann. So wandern die Fragen nach Glück und Sinn seit dem 19. Jh. aus der Philosophie und Theologie in die Psychologie und Soziologie und wandeln sich hier zu (privaten oder sozialpolitischen) Fragen nach Wohlbefinden und Zukunftssicherung. Umgekehrt geraten die nun isolierten Fragen und Antworten nach Heil in individualistische und weltflüchtige Verengungen (vgl. hier das verhängnisvolle Mahnwort: »Rette deine Seele!«). Darum ist wohl der (soteriologiedidaktische) Leitsatz stimmig: Nur eine Verbindung der Fragen und Antworten nach Glück *und* Heil weitet die Glückssuche auf ein transzendentes Ziel hin aus und verknüpft die Heilssehnsucht mit menschlichen Grundbedürfnissen.

2 Dem Gott Israels, dem Gott Jesu Christi glauben

Die Geschichten, die Israeliten/Juden und Christen von ihren Begegnungen und Erfahrungen mit dem Geheimnis Gottes erzählen, sind als Glaubens- und Unglaubensgeschichten Geschichten von Glück und Unglück, von Unheil und Heil. Denn Glauben-Können an Gottes Gegenwart ist Glück, und Gottes-Gegenwart-Gewinnen ist Leben-Gewinnen. Dieses kühne Hoffnungsgewebe bildet sich in einer verwegenen Deutungsgeschichte, in der sich Israel/Juda und die Christen von Gott angesprochen und berufen, befreit und begleitet entdecken.

- Die Urerfahrung des Heils ist für Israel/Juda die Befreiungserfahrung der Mose-Gruppe aus Knechtschaft und Tod in Ägypten: der Exodus, die Errettung am Schilfmeer. In einer ausweglosen Situation wird JHWH als Retter erlebt; Mose ruft den Seinen zu: »Bleibt stehen, und schaut zu, wie der Herr euch heute rettet!« (Ex 14,13; vgl. Mirjamlied: Ex 15,21).
- Diese Rettungserfahrung, die als Gottes Befreiungstat für Israel/Juda gedeutet wird, gewinnt eine ganz persönliche und zugleich eine lebenspraktische Gestalt in der Rede vom *Bund (berit)*: JHWH erwählt sich sein Bundesvolk und gibt ihm sein Bundesversprechen: »Ich werde ihr Gott sein, und sie werden mein Volk sein« (Jer 31,33 u.ö.). Der Dekalog, das Zehnwort, ist die Kurzform der gegenseitigen Vertragsvereinbarung, die Weisung (*tora*) auf dem Heilsweg, den JHWH mit seinem Volk geht, der in der Tempelliturgie gefeiert und im Alltag erbetet wird (vgl. Ps 15,47: wie ein Fels wird Gottes Heil erlebt).
- Mitten in den Erfahrungen höchster persönlicher und allgemeiner Bedrohung wachsen Hoffnungen auf einen *neuen Exodus* (Jes 40,1–11; 41,17–20; 43,1–21), auf einen *neuen Bund* (Hos 2,20–24; Jer 32,37–41; Ez 36,16–38), auf einen neuen König und Priester und Propheten des Heils (vgl. Mich 5,1–5; Sach 12,10–14 und die Gottesknechtlieder, Jes 42,1–9; 49,1–6; 50,4–10; 52,13–53.12), der in Gottes Namen Befreiung und Erlösung schafft.
- Aus der ständigen Erinnerung und Deutung gemeinsamer Erfahrungen als Erwählungs-, als Offenbarungserfahrungen gewinnt Israel/Juda – auch in nachbiblischer und nachtalmudischer Zeit bis heute – die Kraft, aus einer geglaubten Heilsvergangenheit eine erhoffte Heilsgegenwart und Heilszukunft entwerfen und erwarten zu können; Gott ist hier nicht das Glücksziel oder die Sinnachse des menschlichen Lebens, sondern vielmehr erfahrener Lebensgrund und erhofftes Lebensziel. Diese herausfordernde und zugleich beglückende Beziehung der Menschen zu Gott nennen Juden und Christen *Glauben*, der Sinn stiftet und Heil schenkt.
- Als in einer religiösen und politischen Krisenzeit *Jesus von Nazaret* als Wanderprediger in poetischen Bildern (Gleichnissen, Parabeln) das Herannahen der *Gottesherrschaft* ausruft (Mk 1,15) und gerade den Armen und Ausgestoßenen Gottes Vorliebe in wunderartigen Handlungen zeigt (Mk 3,1–6) und er damit dem israelitisch-jüdischen Heilsglauben neuen Auftrieb gibt, richten sich auf ihn messianische Befreiungshoffnungen (vgl. das Vaterunser und die Seligpreisungen als Kurzformeln der Heilsansage Jesu).
- Doch als die politisch und religiös Mächtigen in Jerusalem den Wanderprediger Jesus von der römischen Besatzungsmacht als Gotteslästerer hinrichten und ans Kreuz (dem Inbegriff des Gottesfluchs: Dtn 21,23; Hebr 12,2; 13,13) schlagen lassen, da scheint Jesus als Gottes Stimme und als Gottes Hand widerlegt. Das *Kreuz Jesu* und der Tod Jesu zerstören alle Heilshoffnungen (vgl. Mk 14,27).
- Begegnungen der Freundinnen und Freunde Jesu mit dem Hingerichteten und Auferweckten bringen die Oster-Wende; ihr Echo ist noch zu hören in ersten formelhaften Deutungen: »Gott hat Jesus Christus von den Toten auferweckt« (Gal 1,1 u.ö.) und »Gott hat seinen Sohn für uns dahingegeben« (Röm 8,32) und außerdem »Jesus Christus, der sich für unsere Sünden hingegeben hat« (Gal 1,4; 2,20). Hier wird das *Pa-*

scha-Mysterium als *Heilsgeheimnis* erkannt: denn Gott geht mit seinem Zeugen Jesus für uns in den Tod, Gott ruft Jesus mit uns in österliches Leben und damit nimmt Jesus dem Tod den Stachel der Gottesfinsternis (1 Kor 15,56), »der Sünde Sold« (Röm 6,23) und damit seine Endgültigkeit.

■ Aus diesen Ostererfahrungen formen die ersten Christengemeinden und vor allem Paulus, »der Apostel der Heiden« (Röm 11,13), »das *Evangelium Gottes*« (1 Thess 2,2), »das *Evangelium Christi*« (Gal 1,6); in seiner Mitte steht das Wunder der Menschenliebe Gottes: »Gott hat seine Liebe zu uns darin erwiesen, dass Christus für uns gestorben ist, als wir noch Sünder waren« (Röm 5,8; ähnlich Joh 3,16; 1 Joh 4,10). Diesem beglückenden und heilenden Gotteswunder glauben wollen, glauben können, ist ein Stück Leben aus dem Impuls des österlich-pfingstlichen Geistes Jesu Christi heute (vgl. Röm 8,1–17). Anders gesagt: Christen glauben – entwickelt in einer theologischen Deutungs- und einer alltäglichen Praxisgeschichte – Gott seinen universalen und kosmischen Heilswillen, den er in einer langen Heilsgeschichte zeigt und den er durch die Kraft des Heiligen Geistes in der Christusgeschichte vollendet. Diese kühne und zugleich bewährte Zuversicht prägt das Hoffen der Christen auf Glück und Sinn und Heil.

3 Die christlichen Hoffnungen auf Glück und Sinn und Heil

Religiöser Glaube steht heute unter dem Generalverdacht der Illusion: als ein verführerisches Gespinst aus Träumen und Projektionen, aus mythischen Resten und handfestem Machtinteresse der Nutznießer religiöser Systeme. Auch (oder sogar vor allem) stehen die jüdisch-christlichen Heilsvorstellungen unter diesem Verdacht. Zugleich schauen vielfältige Sehnsüchte – mitten aus einer einsamen und zugleich selbstüberschätzenden Weltwahrnehmung – aus nach neuen/alten Glücks- und Sinn- und Heilswegen in einer transzendenten Sicherung (auch wenn die Zugänge zur Transzendenz verstellt zu sein scheinen). Bei einem Vorstellen des Lebens und Glaubens mit dem Befreiergott Jesu Christi können heute sieben Akzente von besonderer Bedeutung sein:

(1) Eine sensible Aufmerksamkeit für die bunten Glücks- und Sinnwünsche heute, eingeschlossen ihre offene oder verborgene Transzendenznähe, jeweils erwachsen aus ganz eigenen Sinn- und Heillosigkeitserfahrungen (Sinnsuche als anthropologische Grundgestalt).

(2) Ein Reden vom Befreiergott wird eine Rede von einem *personalen* (erfahrenen, gedeuteten) Gegenüber sein, einem nahen-fernen Du, dessen Dynamik in Jesus, dem Christus, verkörpert ist und dessen aktive Treue im schöpferischen Pfingstgeist allzeit jeden und jedes begleitet (Heil als Berufung zur gelebten Gemeinschaft mit dem dreieinen Gott). Entscheidend ist die Bereitschaft, alleine oder zusammen mit Gott Glück – Sinn – Heil suchen und finden zu wollen.

(3) Glück – Sinn – Heil als Leben aus dem Glauben an den Gott Israels und Jesu Christi ist immer ein geschehenes, ein geschehendes und ein noch zu geschehendes, geschenkartiges Ereignis – als das verborgene und offene *Heranwachsen des Reiches Gottes*, jetzt und hier (Reich Gottes als Heilsmacht, für die z.B. das Magnificat Lk 1,46–55, ausdrücklich dankt – mitten in einer unheilen Welt).

(4) In der Mitte christlicher Rede von Glück – Sinn – Heil steht *das Kreuz* (a) als Inbegriff menschlichen Leids und menschlicher Schuld, (b) das Kreuz, an dem Jesus stirbt, und (c) das Kreuz, das (in der paradoxen Paulus- und Johannes-Deutung) als Todesholz zum Lebensbaum, als Schandpfahl zum Thronsitz der mitleidenden und befrei-

enden Menschenliebe Gottes wird (Kreuz als Skandal und als Hoffnungszeichen, Kreuz als Epiphanie des dreieinen Gottes, der sein Volk gerecht macht, Kreuz als höchst glückskritische Anfrage an die verschiedenen Glücksofferten gestern und heute).

(5) Glück – Sinn – Heil, das Juden und Christen von Gott erhoffen und erfahren, ist Glück – Sinn – Heil *für den Einzelnen und für alle*: Lebenschance zur »befreiten Freiheit« (Gal 5,1). Die Rede von Gott als Befreier wirkt sich folglich, wenn sie in ihrer Veränderungswirkung zugelassen wird, individuell und universal, wirtschaftlich und politisch aus. Hier sind auch interreligiöse Gespräche fällig, bezogen auf die jeweiligen Heilswege der Religionen.

(6) Erfahrungen im Umgang mit dem beglückenden Gott Jesu Christi sind immer Erfahrungen *im persönlichen Glaubensvollzug und in der kirchlichen Glaubensgemeinschaft*; von diesen Erfahrungen durch die Christentumsgeschichte hindurch gilt es zu berichten. Denn in diesen Erfahrungen, so glauben Christen, kommt die heilsstiftende Gegenwart des österlich-pfingstlichen Geistes Jesu Christi zur alltäglichen Wirkung. – Höhepunkte solcher Glücks- und Heilserfahrungen sind *Feiern der Sakramente* der Kirche als neuer in Zeichen vermittelte Realisationen des Heils, das Christen Gott zutrauen, und des Glücks, das Menschen mit dem Gott Jesu Christi erfahren (ekklesial-sakramentale Dimension des Heils, vgl. Vaticanum II, Lumen gentium 1).

(7) Wenn das Wunder der Menschenliebe Gottes *die* Entdeckung des Glaubens der Juden und Christen ist, dann liegt es in der Dynamik dieser Liebe, dass sie die Welt der Menschen insgesamt als Schöpfung ergreift und dass diese treue und zugleich verändernde Liebe durch alles Böse und Arge hindurch *neue Schöpfung, neuen Himmel, neue Erde* hervorbringt (vgl. Röm 8,19–22; 2 Petr 3,5–17; kosmologische Dimension des Heils). Von solchen Hoffnungen und von solchen Erfahrungen können Christen – bescheiden und verwegen – heute erzählen.

Literatur

Bitter, Gottfried, Glück, Heil. In: LexRP 1 (2001) 726–733.
Grom, Bernhard u.a., Glück. Auf der Suche nach dem ›guten Leben‹. Frankfurt/M. 1987.
Engelhardt, Paulus, desiderium naturale. In: HWP 2 (1972) 118–130.
Greshake, Gisbert, Gottes Heil – Glück des Menschen. Theologische Perspektiven. Freiburg 1983.
Heimbrock, Hans-Günter, Wer fragt denn schon nach Erlösung? In: JRP 15 (1999) 147–157.
Hemmerle, Klaus, Der Begriff des Heils. In: Ausgewählte Schriften I. Freiburg 1996, 322–348.
Lange, Günter/Burrichter, Rita, Das Kreuz in der Kunst. Konfrontationen in didaktischer Absicht. In: Glaube und Lernen 11 (1996) 172–192.
Möller, Joseph, Freiheit und Erlösung. Eine Reflexion zur Freiheitsgeschichte der Neuzeit. In: ThQ 162 (1982) 275–288.
Pröpper, Thomas, Erlösungsglaube und Freiheitsgeschichte. Eine Skizze zur Soteriologie. München ^{2}1988.
Sattler, Dorothee, Beziehungsdenken in der Erlösungslehre. Bedeutung und Grenzen. Freiburg 1997.
Sattler, Dorothee, Gemeinschaftstreue ist offenbar(e) Erlösung vom Bösen. Akzente in der gegenwärtigen christlichen Soteriologie. In: rhs 43 (2000) 73–78.
Werbick, Jürgen, Den Glauben verantworten. Eine Fundamentaltheologie. Freiburg 2000, 427–653.

GOTTFRIED BITTER

II.2.6 Gerechtigkeit – Frieden – Bewahrung der Schöpfung

→ II.2.13 Gemeinschaft – Glaubensgemeinschaft/Kirche
→ III.2.3 Ethisches und soziales Lernen
→ III.2.4 Befreiungstheologisch orientiertes Lernen und politische Bildung
→ III.3.4 Ökumenisches Lernen/Lernen im Horizont der Einen Welt

1 Auf der Suche nach einer zukunftsfähigen Ethik

Seit einigen Jahren steht die Trias Gerechtigkeit, Frieden und Bewahrung der Schöpfung im Mittelpunkt ökumenischen Sozialdenkens und -handelns. Die Einsicht, dass Armut und Hunger, Krieg und Gewalt und die Zerstörung der natürlichen Umwelt als die alles Leben auf dieser Erde zerstörenden Kräfte in Wechselbeziehung zueinander stehen, hat die in der ökumenischen Bewegung zusammengeschlossenen oder mit ihr verbundenen Kirchen zu neuem theologischen Nachdenken und entsprechendem Handeln herausgefordert. Ein wichtiges Ergebnis war dabei der von der 6. Vollversammlung des Ökumenischen Rates der Kirchen (ÖRK) 1983 in Vancouver/Kanada angestoßene sog. »Konziliare Prozess« für Gerechtigkeit, Frieden und Bewahrung der Schöpfung. Sein Ziel war es, alle Kirchen und sozialen Bewegungen innerhalb der Kirchen zu einem verbindlichen Beratungsprozess einzuladen, an dessen Ende ein Aufruf zur Umkehr (ein Wort, »das die Menschheit nicht überhören könne«, Bonhoeffer 1965, 216) und eine grundsätzliche Verpflichtung der Beteiligten zu mehr Gerechtigkeit, Frieden und Bewahrung der Schöpfung stehen sollte. Dabei knüpfte man an Erfahrungen von Kirchen und kirchlichen Gruppen in ihrer Auseinandersetzung mit Rassismus und Apartheit an und folgte dem Beispiel derer, die zur Ablehnung von Geist, Logik und Praxis der Abschreckung als Verteidigungsstrategie gegen die atomare Bedrohung aufgerufen hatten. Dass mit diesem Konziliaren Prozess auch ein umfassender Lernprozess, verbunden mit unmittelbaren Konsequenzen für alle kirchliche Bildungsarbeit, initiiert war, ist in der gemeindepädagogischen und religionspädagogischen Diskussion und Praxis nur sehr zögernd erkannt und aufgenommen worden.

2 Zur Geschichte und zum Verlauf des Konziliaren Prozesses

Die Wurzeln dieses neuen sozialethischen Aufbruchs in der ökumenischen Bewegung und in den Kirchen reichen weit zurück. Ein wichtiger Impuls kam aus der Friedensbewegung in Europa und Nordamerika. Vor allem angesichts der immer weniger kontrollierbar gewordenen atomaren Hochrüstung der 1970er- und der 1980er-Jahre wuchs unter Christen und Kirchen die Einsicht, die Dietrich Bonhoeffer schon 1934 so beschrieben hatte: »Es gibt keinen Weg zum Frieden auf dem Weg der Sicherheit. Denn Frieden muss gewagt werden, ist das eine große Wagnis, und lässt sich nie und nimmer sichern« (Bonhoeffer 1965, 216). Auch unter Berufung auf ihn brachten 1983 die Delegierten des Bundes der evangelischen Kirchen in der damaligen DDR bei der Vollversammlung des ÖRK in Vancouver den Vorschlag eines Friedenskonzils ein, der 1985 durch Carl Friedrich von Weizsäcker auf dem Kirchentag in Düsseldorf noch verstärkt wurde: Angesichts des Ernstes der Stunde sollten die Kirchen der Welt ein Konzil einberufen, um alles vorsichtige kirchenpolitische Manövrieren und Taktieren endlich aufzugeben und sich des gemeinsamen Friedensauftrags der Christen zu verpflichten.

Die Vorstellung von einem christlichen Konzil, wie sie auch durch die 1958 gegründete Christliche Friedenskonferenz, durch das Zweite Vatikanische Konzil (1962–65) und durch die Bruderschaft von Taizé nahe gelegt wurde, musste aufgegeben werden. Ein Konzil im eigentlichen Sinne setzt die volle Gemeinschaft der geeinten Kirchen voraus. So konnte 1983 die Vollversammlung des ÖRK, bei der mehr als 300 Kirchen offiziell vertreten waren, nur zu einem »Konziliaren Prozess« aufrufen. Gleichzeitig aber forderte sie, wie vorher schon der Reformierte Weltbund, dazu auf, die Friedensfrage nicht von der Frage der Gerechtigkeit zu trennen und beide mit der Aufgabe der Schöpfungsbewahrung zu verschränken. Dass es in diesem Konziliaren Prozess nicht um die Bearbeitung von nebeneinander stehenden Einzelproblemen, sondern um ineinander greifende Dimensionen einer Krise von globalen Ausmaßen geht, bei der die Lebensfähigkeit der Welt auf dem Spiel steht, ist eine Einsicht, die sich in der Folgezeit auf vielen ökumenischen Tagungen, Konsultationen und regionalen Foren im Rahmen dieses Konziliaren Prozesses immer deutlicher herauskristallisierte. Themen wie die Ursachen und Auswirkungen der internationalen Schuldenkrise, die zunehmende Verarmung von Menschen, nicht nur in der Zwei-Drittel-Welt, die Belastungen des Zusammenlebens auf dieser Erde durch das Bevölkerungswachstum, aber auch die Analyse von Migrationsbewegungen auf unserem Globus sind dafür besonders eindrückliche Beispiele.

In den beiden Teilen Deutschlands war es die Arbeitsgemeinschaft Christlicher Kirchen (ACK), die Delegierte aus allen Kirchen (einschließlich der römisch-katholischen) und ihnen nahe stehender Gruppen zu »Ökumenischen Versammlungen für Gerechtigkeit, Frieden und Bewahrung der Schöpfung« einlud. Ihre Erklärungen (z.B. die von Dresden und von Stuttgart, 1988/1989) gingen in die Arbeit der »Ersten Europäischen Ökumenischen Versammlung« ein, die 1989 in Basel gemeinsam von der Konferenz Europäischer Kirchen (KEK) und der katholischen Europäischen Bischofskonferenz unter dem Thema »Frieden und Gerechtigkeit« veranstaltet wurde. Am Ende dieser ersten sehr intensiven Phase eines weltweiten Prozesses stand 1990 die vom ÖRK einberufene »Weltversammlung für Gerechtigkeit, Frieden und Bewahrung der Schöpfung« in Seoul/Südkorea, bei der die römisch-katholische Kirche allerdings nur mit Beratern vertreten war.

Es ist in dieser ersten Phase des Konziliaren Prozesses sicher nicht gelungen, das entscheidende Wort der Kirchen und der kirchlichen Gruppen zu der dreifachen ökumenischen Vision von Gerechtigkeit, Frieden und Bewahrung der Schöpfung zu sagen, wie es von vielen erwartet worden war. Dazu waren die Kontexte zu unterschiedlich, in denen die Herausforderungen und Bedrohungen wahrgenommen wurden. Auch blieben zu viele Fragen ungeklärt, z.B. die nach einer von allen getragenen theologischen Begründung der Grundüberzeugungen, nach der Verbindlichkeit der Beschlüsse, nach Konzil und Konziliarität, nach der Erfüllung der eingegangenen Verpflichtungen, nach dem Verhältnis von Kirchen und Gruppen. Vor allem aber fehlte es an der Bereitschaft und an den notwendigen (auch pädagogischen) Anstrengungen zur Umsetzung der Empfehlungen und Verpflichtungen, mit denen man sich gegen die lebensbedrohenden Mächte und Gewalten zur Wehr setzen wollte, wie das die Synode der Evangelischen Kirche in Deutschland 1989 gefordert hatte, als sie feststellte: »Nötig ist, dass die Kirchen und Gemeinden in unserem Lande die Empfehlungen von Stuttgart, Basel und Seoul in ökumenischer Gemeinschaft in praktische Schritte umsetzen, die mit Gottes Hilfe zu mehr Frieden, zu mehr Gerechtigkeit und mehr Ehrfurcht vor der Schöpfung Gottes führen können.«

3 Gegenwärtige Perspektiven

Die Suche nach einer zukunftsfähigen Ethik ist auch nach Seoul und nach dem Ende der atomaren Ost-West-Konfrontation von der ökumenischen Bewegung, den Kirchen und den ihr nahe stehenden Gruppen als eine vordringliche Aufgabe verstanden worden. Dabei zeigte sich allerdings, dass der ursprüngliche Ansatz, zu Bekenntnis und Widerstand gegen die lebensbedrohenden Mächte aufzurufen, angesichts des dramatischen Wandels der globalen Situation und angesichts neuer regionaler Konflikte korrigiert werden musste. Bezeichnend dafür ist, dass die 2. Europäische Ökumenische Versammlung 1997 in Graz, wieder von der Konferenz Europäischer Kirchen und der Katholischen Europäischen Bischofskonferenz einberufen, vor dem Hintergrunde zahlreicher ethnischer Konflikte auf dem europäischen Kontinent unter dem Thema »Versöhnung – Gabe Gottes und Quelle neuen Lebens« stattfand.

Das bedeutet nicht, dass die Trias Gerechtigkeit, Frieden und Bewahrung der Schöpfung als Grundlage eines neuen Wertesystems aus dem Blick geraten ist. Aber die vertiefte Rückbesinnung auf ihre biblischen Wurzeln – Gottes Gerechtigkeit, sein Schalom (Frieden) und seine Schöpfung sind auf ein erfülltes Leben (Joh 10,10) in Beziehungen, in Gemeinschaft der Menschen untereinander und mit der Natur gerichtet – und die gegenwärtigen Herausforderungen einer ökologischen Bedrohung und einer Globalisierung der menschlichen Gesellschaft, die von einem erschreckenden Zerstörungsprozess begleitet sind, hat die ökumenische Diskussion dahin gedrängt, verstärkt nach einer »Theologie des Lebens« zu fragen. Sie besinnt sich dabei auf ein Ökumene-Verständnis, das seine Begrenzung auf die bewohnte menschliche Welt überwindet und von einem »Haushalt des Lebens« ausgeht, in dem Menschen als Glieder dieses Haushalts die Regeln des Zusammenlebens in Gerechtigkeit und Frieden und in Ehrfurcht vor der Schöpfung finden müssen: »Die neue Herausforderung liegt somit darin, über eine kritische Analyse derjenigen Werte, die die moderne Kultur beherrschen, hinauszugehen und Lebensformen zu entwickeln, die In-Beziehung-Sein höher bewerten als Erfolgsstreben und Wettbewerb. Sie gründet sich auf die Einsicht, dass Freiheit, Macht, Liebe, Sicherheit und Wohlergehen nur gedeihen können, wenn man sie teilt« (Raiser 1999, 47). Ihre thematische Zuspitzung erfährt eine solche lebenszentrierte Vision z.B. in der weltweiten Kampagne »Erlassjahr 2000. Entwicklung braucht Entschuldung« oder in der »Dekade zur Überwindung von Gewalt«, wie sie vom ÖRK im Januar 2001 eröffnet worden ist. An solchen Themen und Kampagnen mitzuarbeiten und sie am jeweiligen Ort in praktische, nachvollziehbare Schritte umzusetzen ist allerdings nur möglich, wo Menschen wieder die Grundformen von Konziliarität einüben (Fähigkeit zu Wechselwirkung, Solidarität, Dialog, gewaltfreier Konfliktlösung und Teilen), wo sie lernen, sich den Einsichten zu öffnen, die auch andere Kulturen und religiöse Traditionen auf der Suche nach einer lebenszentrierten Ethik gemacht haben (interreligiöser Dialog, Weltethos), und wo sie auf die Zusammenarbeit mit zivilgesellschaftlichen Bewegungen setzen. Dies ist dann auch der Weg, um neu zu lernen, die Grundwünsche an das Leben wieder mit der Sprache des Glaubens zu verbinden.

Literatur

Bonhoeffer, Dietrich, Wie wird Frieden? In: Bethge, Eberhard (Hg.), Gesammelte Schriften. München 1965, 216–219.
Duchrow, Ulrich/Liedtke, Gerhard, Schalom. Die Schöpfung befreien, den Menschen Gerechtigkeit, den Völkern Frieden. Eine biblische Arbeitshilfe zum Konziliaren Prozess. Stuttgart 1987.
Mette, Norbert, Konziliarer Prozess. In: LexRP 1 (2001) 1093–98.
Orth, Gottfried, Differenz und Dialog. Dimensionen einer ökumenisch orientierten Religionspädagogik. Weinheim 1996.
Raiser, Konrad, Ernstfall des Glaubens. Kirche sein im 21. Jahrhundert. Göttingen 1999.
Schmitthenner, Ulrich, Der Konziliare Prozess. Gemeinsam für Gerechtigkeit, Frieden und Bewahrung der Schöpfung. Ein Kompendium. Idstein 1998.

ULRICH BECKER

II.2.7 Liebe – Nächstenliebe – Gottesliebe

→ II.2.2 Gott – Gottesbilder
→ II.2.5 Glück – Sinn – Heil
→ II.2.9 Jesus von Nazaret – Jesus Christus
→ II.3.2 Sehnsucht und Sehnsüchte

1 Annäherung

»Ohne Liebe könnte die Menschheit nicht einen Tag existieren« (Fromm 2001, 29). Denn Liebe ist nicht zuerst ein Gefühl oder eine Stimmung, nicht zuerst die Bindung an eine bestimmte Person – sie ist vielmehr »eine Haltung, eine Charakter-Orientierung, welche die Bezogenheit eines Menschen zur Welt als ganzer (...) bestimmt« (Fromm 2001, 58). Das bedeutet aktives Interesse, persönliche Zuwendung und kraftvolle Einfühlung zu allem, was ist. Es gehört zu den Aporien und Gefahren unserer (kapitalistischen und konsumistischen) Zivilisation, Liebe bloß privatisiert zu verstehen und unmittelbar auf das Gebiet des Gefühls (und der Sexualität) zu reduzieren; dabei wird tendenziell vergessen, wie universal und auch »politisch« Liebe ist – als Liebe zu den Dingen, zur Natur, als Hingabe an ein Projekt und eine Aufgabe, als gelebte Solidarität mit allen Menschen, als Leidenschaft für das Gute.

Das Sonnensystem der Liebe ist entsprechend unendlich vielfarbig und facettenreich. Immer freilich ist dabei eine Doppelbewegung im Spiel: Vereinigung im einen Pol, Hingabe und Loslassen im anderen, Mit-Sein und Sein-Für, die Lust sich (im Anderen) zu finden und zu verlieren; weder symbiotische Verschmelzung, die die Beziehungsunterschiede verschlingen würde, noch dualistische Trennung, in der die Einheit verloren ginge. Liebe will Einheit in Beziehung und ist ständige Überschreitung bis an die Grenze des Todes (Ekstase,Transzendenz). Faktisch aber ist Liebe ambivalent: höchster Ausdruck von Freiheit, aber mit der Möglichkeit zu Missbrauch und Ausbeutung. Die Wachstumsrhythmen der Liebesfähigkeit sind erkennbar an dieser zunehmenden Differenzierung: innigstes Eins-Sein und äußerstes Unterschiedenbleiben, In-Eins und Gegen-Über, mit der ganzen Lust an Gemeinsamkeit und der ganzen Lust am Anderssein, auch mit deren Schmerz. Biografisch grundlegend sind jene ersten Ablösungen hin zur eigenen Liebesfähigkeit, die im Abschied von der Mutterbrust, »wo Milch und Honig fließen«, geleistet werden müssen: Die Stofftierchen der kleinen Kinder, die affektiv hoch besetzten Spielsachen, das geliebte Kissen – diese »Übergangsobjekte« und »Beziehungsdinge« sind es, die es dem wachsenden Menschen lebenslang ermöglichen, Einheit und Unterschied, Innesein und Gegenüber zu gestalten und den Zwischenraum der Liebe auszuarbeiten. Psychodynamisch gesehen ist hier auch der Ort für die Gottesbilder, den Gottesglauben.

Unendlich sind in Philosophie und Poesie die Bilder für Liebe – etwa die Blume: »Der Sexus ist die Wurzel, die Erotik der Stiel, die Liebe die Blüte« (Paz 1997, 46). Diese Grunddimensionen gehören untrennbar zu Liebe – soll diese nicht materialistisch oder spiritualistisch missverstanden werden. Aber deren konkrete Ausgestaltungen sind unterschiedlich – mit den Extremen asketischer Abspaltung oder libertinistischer Nichtgestaltung. Auch das Bild von der Kerze kann zur Klärung helfen: Entscheidend ist die Ausstrahlung, ihre Aura, das Licht und der Glanz, aber diese ist ohne das Wachs und den Docht nicht zu haben, sie bedürfen einander. Lebenslang ist die Auf-Gabe, Liebe ganzheitlich zu gestalten.

2 Anthropologische und theologische Dimension

Wohl jeder Mensch sucht jene Liebe, die dauert und bleibt, die es ernst meint und sich bewährt – und dies inmitten von Vergänglichkeit und Gebrechlichkeit des welthaften Daseins, angesichts knapper Beziehungsressourcen, mit dem Wissen um den möglichen Verrat und das Versickern der (endlichen) Liebe. Alle Religionen nehmen diese Sehnsucht auf und geben ihr unterschiedlich Gestalt, zumal in der Verhältnisbestimmung von Gott, Mensch und Welt. Die Hoffnung auf unbedingte, absolute Liebe ist stets im Spiel. Nirgends steht so wie im biblischen Gottesglauben Liebe im Mittelpunkt der Selbst- und Weltdeutung. Die Welt ist demnach weder ein Betriebsunfall noch ein Chaosunternehmen, der Mensch kein Zufallsprodukt und kein Blindgänger der Evolution – in der Mitte von allem steht vielmehr ein schöpferischer und absolut verlässlicher Beziehungswille. Gott, der »Liebhaber des Lebens« (vgl. Weish 11,24), geht für immer einen Bund ein mit seinem Volk – und durch dieses mit allen Menschen und der ganzen Welt (vgl. Hos 11). Deshalb das uneingeschränkte Ja zur Schöpfung, deshalb das Lob der Sexualität und Erotik, deshalb das Hohelied der Liebe: »Stark wie der Tod ist die Liebe« (Hld 8,6). Weil derart von ihm gewollt und geliebt, kann und soll der menschliche Gottespartner nun seinerseits Gott lieben und den Nächsten wie sich selbst – und das mit allen Kräften und Sinnen (vgl. Mk 12,28–34). »Wenn sich ein Fremder in eurem Land aufhält, sollt ihr ihn nicht unterdrücken. Er soll bei euch wie ein Einheimischer sein, und du sollst ihn lieben wie dich selbst; denn ihr seid selbst Fremde in Ägypten gewesen« (Lev 19,33f). Diese wechselseitig freigebende Liebesgeschichte zwischen Gott und den Menschen ist bleibend begründet in dem einseitig zuvorkommenden Liebeswillen Gottes: »Nicht ihr habt mich erwählt, sondern ich habe euch erwählt« (Joh

15,16) – so fasst ein neutestamentlicher Text den biblischen Gottesglauben zusammen. »Was geht es euch an, wenn ich euch liebe« (Chr. Wolf) – diese einseitig zuvorkommende Selbstbindung Gottes an sein Volk ist der Kern der biblischen Kulturrevolution: Im Ursprung ist Beziehung, die Lust am Unterschied, also Liebe. Die Bibel im Ganzen ist Dokument einer solch tausendjährigen Lerngeschichte und Beziehungsarbeit, in der die göttliche Wirklichkeit als richtende und rettende Liebe glaubhaft wird und dank derer die Menschen sich als Gottes erwählte Partnerinnen und Partner verstehen dürfen. So können sie einander gerecht werden, »ein neuer und ewiger Bund«. »Gott ist Liebe« (1 Joh 4,7.16) – dieser Spitzensatz des späten Neuen Testamentes fasst die biblische Gotteserfahrung programmatisch zusammen.

Christinnen und Christen sind Menschen, die eine Vor-Liebe für Jesus haben. Verdanken sie doch dem Propheten aus Nazaret die Anteilhabe am Gottesbund mit Israel. In der Lebensgestalt des Gekreuzigten und Auferweckten feiern sie die Schöpfertreue, die todüberwindende Liebe Gottes; glaubend, hoffend und liebend dürfen sie ihrerseits Anteil haben am Gottesverhältnis Jesu, an der Gemeinschaft mit dem dreieinzigen Gott (vgl. Röm 8,31–39): »Ich will dich lieben, meine Stärke, ich will dich lieben, meine Zier« (Angelus Silesius). Jesus ist ihnen der Christus, der über alles geliebte Sohn Gottes; denn in ihm hat Gott definitiv und unüberbietbar wenigstens einen Menschen schon gefunden, der – weil von Gott geliebt – nun seinerseits ihn und den Nächsten mit allen Kräften liebt (vgl. 2 Kor 1,19ff). In Jesus Christus sind Gott und Mensch für immer einig geworden, »unvermischt und ungetrennt«: »Geheimnis des Glaubens« – Geheimnis der Wirklichkeit. Die Wucht dieser Liebe zeigt sich in Jesu Zuwendung zu den (fernen) Nächsten, in seinem Verzicht auf Gewalt, gar um den Preis des Martyriums. Der Geist solcher Liebe ist Inspiration und Movens der gesamten christlichen Glaubensgeschichte (vgl. 1 Kor 13), der Mystik und Politik der Nachfolge Jesu. Er verändert das Angesicht der Erde und schafft eine Zivilisation der Liebe und der Gerechtigkeit – »für euch und für alle«: »Gott will uns als Mit-Liebende« (Duns Scotus). Gütezeichen und Kriterium dieser Beziehungsrevolution ist der Andere in seinem Anderssein: Liebend steht nicht das isolierte Subjekt im Zentrum (und die anderen wären dessen Satelliten), sondern der Andere in seinem Anderssein. »Wer ist dem, der unter die Räuber fiel, der Nächste geworden?« (Lk 10,36). Diese Frage Jesu markiert die samaritanische Wende des biblischen Gottesglaubens (vgl. Mt 25,31–46).

3 Mystische und politische Dimension

Die Urszene der Menschwerdung wird – biblisch – zum Bild für die Geburtsstunde des Glaubens: Indem Vater und Mutter lächelnd ihr Angesicht leuchten lassen über dem Neugeborenen, kommt es auf den Weg zu sich selbst und zu anderen; indem der Mensch sich von anderen – wohlwollend und bejahend – ansehen lässt, gewinnt er Ansehen und wird ansehnlich, seinerseits nun mit aufrechtem Gang und freiem Blick auf die Welt, auf den Nächsten, auf Gott. Entsprechend beten die Glaubenden: »Der Herr lasse sein Angesicht über dir leuchten und sei dir gnädig. Der Herr wende sein Angesicht dir zu und schenke dir Heil« (Num 6,22–27). Christlich leben und handeln ist demnach nichts anderes als Existenz in dieser Liebe Gottes – absolut erwünscht und bejaht, vorgängig zu allen Leistungen und Fehlleistungen, allen Erfolgen und Niederlagen, gerechtfertigt ohne Werke – und gerade dadurch befreit zur selbstbewusst-selbstlosen Liebe. Das freilich gilt es glaubend zu bewähren. Derart in der zuvorkommenden

Liebe Gottes geborgen, gewinnen Glaubende ihrerseits die Freiheit, die Teufelskreise des »Wie du mir so ich dir« zu durchbrechen und einseitig zuvorkommend zu lieben. »Wenn Sie keine Liebe finden, bringen Sie Liebe und Sie werden Liebe finden!« (Johannes vom Kreuz). Solche Liebe geht aufs Ganze. Sie sucht und findet Gottes richtende und rettende Liebe in allen Dingen, in allen Verhältnissen. Wer derart sich geliebt weiß, gewinnt ein neues Verhältnis zu sich selbst, zu seinen Möglichkeiten und Grenzen, zu seinen Stärken und Schwächen: »Wer sich selbst nichts gönnt, wem kann der Gutes tun? Er wird seinem eigenen Glück nicht begegnen« (Sir 14,5). Zusammen mit solcher Selbstliebe – Gegensatz zu Selbstsucht und Egoismus – verändert sich das Verhältnis zum Anderen, zum Nächsten und zum Fernsten, zur Welt im Ganzen: »Wenn ihr nur die liebt, die euch lieben, was tut ihr da Besonderes?« (Mt 5,46). Ein derart in Gottes Liebe gegründeter Mensch braucht z.B. die zwischenmenschliche Liebe nicht zu überfordern; er muss nicht »abgöttisch« lieben oder die Lust des Erotischen und Sexuellen zur »Liebesreligion« (Ulrich Beck) oder Liebessucht vergöttlichen; ebenso wenig wird er die Schönheit endlicher Liebe denunzieren oder abwerten. Er weiß viel auch von den Abgründen und Sünden irdischer Liebe. Nichts in der Welt ist ihm Gott, aber auch nichts gott-los. Die Liebe zu Gott allein ermöglicht jene Freiheit des Christenmenschen, die ein leidenschaftliches Ja zur irdischen Liebe einschließt ohne diese zu divinisieren oder zu dämonisieren. Die Liebesmystik gerade von Christen weiß viel von diesem Gottgeheimnis der Welt und diesem Weltgeheimnis Gottes: »Begreifen wir, dass es nur eine einzige Liebe gibt. Wer Gott umarmt, findet in seinen Armen die Welt; wer in seinem Herzen das Gewicht Gottes aufnimmt, empfängt auch das Gewicht der Welt« (Madeleine Delbrêl). Besonderes Gütezeichen solch christlicher Liebe ist ihre vergebende und versöhnende Kraft, ihre empathische und sympathetische Anteilnahme angesichts von Scheitern und Schuld – die tatkräftige Veränderungsarbeit also an allen Verhältnissen, auf dass jene allumfassende »Zivilisation der Liebe« gelinge, für die Jesus einsteht und den Durchbruch geschafft hat (vgl. Hebr 6,20): »Die Zeit ist das Warten Gottes, der um unsere Liebe bettelt« (Simone Weil).

Literatur

Beck, Ulrich, Das ganz normale Chaos der Liebe. Frankfurt 1990.
Fromm, Erich, Die Kunst des Liebens. Düsseldorf 2001.
Höhfeld, Kurt/Schlösser, Anne-Marie, Psychoanalyse der Liebe. Gießen 1997.
Johannes vom Kreuz, Der Geistliche Gesang (Gesammelte Werke 3). Freiburg 1997.
Kernberg, Otto F., Liebes-Beziehungen. Normalität und Pathologie. Stuttgart 1998.
Matt, Peter von, Liebesverrat. Die Treulosen in der Literatur. München 1989.
Meuffels, Ottmar, Theologie der Liebe in postmoderner Zeit. Würzburg 2001.
Nocke, Franz-Josef, Liebe, Tod und Auferstehung. Über die Mitte des Glaubens. München 1978.
Paz, Octavio, Die doppelte Flamme. Liebe und Erotik. Frankfurt 1997.
Schellenbaum, Peter, Die Wunde der Ungeliebten. Blockierung und Verlebendigung der Liebe. München 1988.
Stock, Konrad, Gottes wahre Liebe. Theologische Phänomenologie der Liebe. Tübingen 2000.
Teilhard de Chardin, Pierre, Das Göttliche Milieu. Düsseldorf 2001.

GOTTHARD FUCHS

II.2.8 Scheitern – Schuld – Vergebung

→ II.2.2 Gott – Gottesbilder
→ II.2.6 Gerechtigkeit – Frieden – Bewahrung der Schöpfung
→ II.2.10 Leistung – Gnade – Rechtfertigung
→ II.3.6 Armut – Marginalisierung – Entfremdung
→ III.2.3 Ethisches und soziales Lernen
→ III.2.4 Befreiungstheologisch orientiertes Lernen und politische Bildung

1 Heutige religionspädagogische Herausforderungen

Das Verständnis von Scheitern, Schuld und Vergebung hat sich im Laufe der Globalisierung grundlegend gewandelt. Hat man früher diese Begriffe allein für persönliche, gegebenenfalls kollektive Phänomene gehalten, so tritt heute zusätzlich ihr struktureller, institutioneller und politischer Charakter in den Vordergrund. Das trifft besonders für den Schuldbegriff zu: Neben personaler und kollektiver Schuld ist strukturelle, institutionelle und politische Schuld immer häufiger anzutreffen.

Bei *personaler Schuld* lassen sich Schuldner und Gläubiger, der eingetretene Schaden, die übertretene Norm, der missachtete Wert und eine oft niedere Gesinnung eindeutig feststellen. Rechtlich unterscheidet man zwischen persönlichem *Versagen* (wenn jemand einem Anspruch nicht entspricht, z.B. in Schule oder Hobbybereich), *Vergehen* (wenn jemand absichtlich eine gesellschaftliche Erwartung unterläuft, z.B. Fahrerflucht oder unterlassene Hilfe) und *Verschulden* (wenn jemand mit niederer Gesinnung Böses tut). Bei *kollektiver Schuld* verhält es sich ähnlich, nur dass hier Schuldner und Gläubiger Gruppen, Gesellschaften oder Völker sind.

Gänzlich anders sieht es bei *struktureller Schuld* aus (z.B. den Folgen der Tabakwerbung, der Rüstung, der Tiermehlverfütterung, der Klimaveränderung usw.): Hier sind Schädiger und Geschädigte, übertretene Normen und Werte, der Schaden und die niedere Gesinnung völlig unklar. Eine Bestrafung ist nicht möglich. In der Regel lässt sich nicht feststellen, wer versagt, etwas unterlassen, sich vergangen oder verschuldet hat. Man sieht zwar die Schäden menschlichen Verschuldens an der Schöpfung, kann die Schuldner aber nicht benennen. Außerdem liegt der größte Schöpfungsschaden noch unsichtbar in der Zukunft. Deshalb ist eine religionspädagogische Auseinandersetzung mit eigener und fremder Schuld schwierig geworden. Die Folge ist eine zunehmende Unfähigkeit zu Schuldbewusstsein, -wahrnehmung und -verarbeitung. Mangelndes Unrechtsbewusstsein und gleichzeitiges Schuldverhalten klaffen auseinander. Bezüglich einer Erziehung zur *Vergebung* wird der Sachverhalt noch schwieriger. Vergebung ist nur zwischen Mensch und Mensch, nicht aber zwischen Mensch und Struktur möglich. Ein von der Tabakindustrie und ihrer Werbung Geschädigter z.B. kann nicht der Tabakindustrie vergeben. Er kann auch keine Sühne oder Wiedergutmachung von den Werbeagenturen einklagen. Vergebung ist nur angesichts personaler, nicht aber struktureller Schuld möglich. Und da Jugendliche und Erwachsene oft mehr strukturelle als personale Schuld erleben, verlernen sie Vergebung. Das wirkt sich auch auf ihr Gottesverhältnis aus: Da sie sich selten schuldig fühlen und selten Vergebung erfahren oder ausüben, spüren sie auch nicht Gottes Vergebung. Wie soll religiöse Erziehung mit dieser Grundsituation gegenwärtigen Schulderlebens angesichts von Globalisierung umgehen? Kann die biblisch-christliche Tradition helfen?

2 Biblisch-christliche Aspekte

Die alttestamentlichen Urgeschichten beschreiben menschliche Urschuld in analoger Weise zu struktureller Schuld: In der sog. Sündenfallerzählung (Gen 3) wird der Versuch des Menschen, wie Gott zwischen Gut und Böse unterscheiden zu wollen, um nicht mehr auf Gottes Urteil angewiesen zu sein, als Urschuld bezeichnet. Sein Streben nach moralischer Vollkommenheit wird als Schuldstruktur bzw. Strukturschuld angesehen. Diese Erzählung zeigt, dass der ›Zwang zur Vollkommenheit‹ heute eine (ontologische) Urschuld ist. – Der Kain- und Abel-Mythos (Gen 4) sieht die Urschuld des Menschen in dessen Machtgier, Neid, Eifersucht und Geltungsdrang mit tödlichen Wirkungen als Folge mangelnden Gottvertrauens in Gen 3. Diese Erzählung öffnet die Augen dafür, dass Macht und Geltung, die ein Grundfundament unserer Risikoleistungsgesellschaft darstellen, zu einer Urschuld mit negativen Folgen werden können. – Der Turmbaumythos (Gen 11) beschreibt das sinkende Gottvertrauen, das Selbstabsicherungsbedürfnis (der Turm ist auch ein militärischer und nicht nur Symbol der Maßlosigkeit) und das Sein-Wollen-wie-Gott als Urschuld. Wieder fällt von dieser Erzählung her Licht auf schuldhafte Absicherungsstrukturen.

Nach christlicher Auslegung umschreiben diese drei Urgeschichten die ›Sünde‹ (Singular, deshalb ontologisch) des Menschen, aus der alle Verschuldungen hervorgehen. Analog könnte man die genannten Zwangsstrukturen heute als ›Grundentfremdung‹ des Menschen bezeichnen, aus der alle Verschuldungen hervorgehen. Zwischen Ursünde bzw. Urschuld und struktureller Schuld bestehen Analogien.

Vergebung wird im AT dagegen ausschließlich personal oder kollektiv beschrieben: Die Heilspropheten verkünden, dass Jahwe Schuld nicht anrechnen, sondern vergeben, reinigen und bedecken wird (Jes 33,24; 38,17; 44,22; Jer 36,3; Hos 14,3). Allerdings muss solcher Vergebung Gottes ein persönliches (Jes 6,5ff) oder kollektives (Jer 3,25; 1 Sam 7,6) Schuldbekenntnis vorangehen. Außerdem wird erwartet, dass der Gläubige Gottes Vergebung weitergibt. Diese Beispiele können noch heute Vorbilder für Vergeben-Lernen sein.

Im NT beklagt Paulus die Urschuld des Menschen als inneren Widerspruch zwischen Wollen und Tun: »Das Gute, das ich will, das tue ich nicht; sondern das Böse, das ich nicht will, das tue ich«, und schreiend fragt er: »Wer wird mich erlösen (...) von diesem Gesetz der Sünde?« (Röm 7,19.24f). Jugendliche finden, so zeigt die Erfahrung, von Paulus' Geständnis her Zugang zu ihren eigenen Schuld-Widersprüchen.

Vergebung beschreibt Jesus in jüdischer Tradition mit zwei Kriterien: (1) Voraussetzung für Vergebung sei eine innere Umkehr des Schuldners (Gleichnis vom verlorenen Sohn Lk 15); und (2) Vergebung solle nur dem zuteil werden, der sie weitergibt (Gleichnis vom Schalksknecht Mt 18). Die fünfte Vaterunser-Bitte (Mt 6,12) fasst beide Kriterien mit neuer Aussage zusammen: Der Beter deutet Gottes Vergebung im Voraus als Weitervergeben. Am Kreuz betet Jesus allerdings um eine Vergebung ohne Vorbedingungen: »Vater, vergib ihnen, denn sie wissen nicht, was sie tun« (Lk 23,34). – Der Bergprediger fordert zu einer aktiven Vergebung auf, wenn er nach seinen Seligpreisungen Menschen ermächtigt, sich zu versöhnen, sich zu entfeinden, sich nicht zu zersorgen, nicht vorzuverurteilen und Unrecht zu leiden (Mt 5–7). Der Geschädigte soll mit Gottes Frieden im Herzen sich mit seinem Schuldner allmählich versöhnen. Beide sollen Feindbilder, Vorurteile und Ungerechtigkeiten, nicht aber sich selbst eliminieren. Auch für solche aktive Vergebung sind Jugendliche, wie die Erfahrung zeigt, offen.

Die zitierten biblischen Aspekte könnten tatsächlich für (persönliche und strukturelle) Schuld und (persönliche) Vergebung sensibilisieren und zur Schuldverarbeitung und Vergebungspraxis anleiten.

3 Katholische und evangelische Tradition

Das *mittelalterliche Bußwesen* unterschied zwischen Schuld als Gesinnung (Schuldbewusstsein) und Sünde als Tat (Schuldereignis) und unterteilte letztere nochmals in (sieben) Todsünden und lässliche Sünden. Schuldbewusstsein (contritio cordis) und -bekenntnis (confessio oris) waren Voraussetzungen für die Vergebung (absolutio) durch einen Priester bei der Beichte, der seinerseits eine Wiedergutmachung (satisfactio operum) anbot. Dieses Beicht- und Bußwesen wurde 1993 im »Katechismus der katholischen Kirche« (385–421, 976–989) repristiniert. Seitdem wird es intensiv diskutiert.

Die *Reformation* hatte alle diese Unterscheidungen aufgegeben und Sündenschuld als »mangelndes Gottvertrauen, verkehrte Gerichtetheit des Herzens und Selbstmächtigkeit« bezeichnet. M. Luther entdeckte in jeder Verfehlung solche Urschuld und kam zu der Überzeugung, dass Menschen immer schuldig seien und ihr ganzes Leben als Buße gestalten sollten (1. der 95 Thesen). Vergeben könne allein Gott durch seine Rechtfertigung, nicht aber die Kirche. Heute wird dieser Rechtfertigungsgedanke, nicht mehr aber die protestantische Schuld- und Karfreitagskultur religionspädagogisch rezipiert. – Beide Konfessionen bemühen sich, Schuldverarbeitung durch neue Formen von Beichte zu aktualisieren. Die Aufnahme struktureller Schuld stellt sich dabei als besonders schwierig dar.

4 Philosophisch-psychologische Schuldkonzepte

Religionspädagogisch sind diejenigen Konzepte hilfreich, die Schuld als Existenzial, d.h. als zum Sein des Menschen gehörig, verstehen. Denn nur wenn Schuld nicht allein moralisch, sondern auch existenziell verstanden wird, lassen sich strukturelle Schuld, Urschuld und Schuldvergessenheit aufnehmen. S. Kierkegaard verstand Schuld wie Angst und Freiheit als Grundbedingungen des Daseins. Der Mensch habe Angst vor der Schuld, seine Freiheit zu verlieren (»Der Begriff Angst« und »Krankheit zum Tode«). M. Heidegger prädizierte Schuld als »Grundsein unserer Nichtigkeit«, weil wir geworfen seien und ständig Möglichkeiten ausließen (»Sein und Zeit« § 58).

In der Psychologie hilft besonders C.G. Jungs Schuldkonzept religionspädagogisch weiter: Der Schatten eines Menschen sei auch kollektiv und strukturell der Ort seines Schuldempfindens, unbewusst und unintegriert. Er sei Sammelbecken aller verdrängten Strebungen. Nur durch seine Annahme, d.h. durch Schuldverarbeitung, könne ein Mensch zu sich selbst kommen.

Sowohl existenzphilosophische als auch tiefenpsychologische Schuldkonzepte kommen dem christlichen Verständnis von Urschuld, Vergebung und Rechtfertigung (obwohl Rechtfertigung für Christen Gottes Tat, für C.G. Jung aber eine Tat des Selbst ist) als auch dem Phänomen struktureller Schuld nahe. Deshalb sollte eine christliche Erziehung zur Schuldverarbeitung und Vergebungsbereitschaft auf sie zurückgreifen.

5 Konkrete Schritte

Solche Erziehung angesichts von Globalisierung könnte sich stufenweise vollziehen: Auf (1) eine Analyse struktureller Schuld sollte (2) ein Einblick in persönliche Schuld erfolgen. (3) Eine Kenntnisnahme der Urgeschichten und von Röm 7 könnte das vertiefen. (4) Ebenso könnte eine Erarbeitung Kierkegaards, Heideggers und Jungs die Augen für gegenwärtige Schuldstrukturen öffnen. (5) Schritte eigener Schuldverarbeitung sollten folgen. Möglichkeiten einer aktiven Vergebung im Sinne Jesu könnten den Abschluss bilden. (6) Ein konfessioneller Konsens und nicht ein Dissens sollte herausgestellt werden. – Solche Schritte könnten verhelfen, die Kluft zwischen mangelndem Unrechtsbewusstsein und wachsendem Schuldverhalten heute zu verringern.

Literatur

Finsterbusch, Karin (Hg.), Das kann ich dir nie verzeihen! Theologisches und Psychologisches zu Schuld und Vergebung. Göttingen [2]1999.
Müller-Fahrenholz, Geiko, Vergebung macht frei. Frankfurt/M. 1996.
Riss, Richard (Hg.), Abschied von der Schuld? Zur Anthropologie und Theologie von Schuldbekenntnis, Opfer, Versöhnung. Stuttgart 1996.
Weingardt, Beate M., ... wie auch wir vergeben unseren Schuldigern. Der Prozess des Vergebens in Theorie und Empirie. Stuttgart 2000.

REINHOLD MOKROSCH

II.2.9 Jesus von Nazaret – Jesus Christus

→ II.2.2 Gott – Gottesbilder
→ II.2.11 Tod – Auferstehung
→ II.2.12 Hoffnung – Utopien – Reich Gottes

1 Der Name

Im Kern der christlichen Glaubensbekenntnisse steht der Name Jesus. Es ist der Name eines historischen Menschen aus Nazaret in Galiläa, eines Juden, und zwar die lateinische Form seines Namens; in seiner eigenen Sprache heißt er: Jeschua. Die Wortbedeutung ist nicht sicher; jedenfalls klingen in dem Namen die Worte Befreiung und Hilfe an, aber auch ein Hilferuf: »Jahwe ist Hilfe!«

Dieser Name wird je nach dem Anlass des Bekenntnisses knapp oder auch in hymnischer Ausführlichkeit verbunden mit Würdeprädikaten, die diesem Menschen eine einzigartige Bedeutung zuschreiben. Das Apostolische Glaubensbekenntnis nennt die bis heute am meisten gebrauchten: »Christus«, »Gottes Sohn«, »unser Herr«. Es entfaltet diese Namen in einer Reihe knapp erzählender Partizipial- und Relativsätze: geboren, gelitten, gestorben, hinabgestiegen, auferstanden. Es blickt dabei auf eine breiter erzählende Überlieferung zurück, die als bekannt vorausgesetzt, nun aber mit Akzenten versehen wird, die Missverständnisse abwehren sollen.

2 Gottes Sohn

Die hebräische Bibel verwendet den Begriff »Gottes Sohn« zwar als hohes Würdeprädikat, aber nicht exklusiv. Gottes Sohn ist der von ihm erwählte Anwalt und Vollstrecker seines Willens auf der Erde. So werden die Könige auf Davids Thron als Söhne Gottes inthronisiert (2 Sam 7,14; Ps 2,7), in prophetischer Rede spricht Gott Israel als seinen Sohn an (Jer 31,9), aber auch die Israeliten werden »Söhne des Höchsten« genannt (Ps 82,6). Deshalb grenzt das Apostolicum diesen Begriff ein; es spricht von Jesus als Gottes »einziggeborenem«, d.h. einzigartigem Sohn. Doch alle Versuche, die Einzigartigkeit Jesu theologisch zu definieren, sind gescheitert, weil sie immer nur einen Teilaspekt seiner Person oder seines Lebens hervorheben und damit das Ganze seiner Menschlichkeit auflösen. Dagegen wendet sich das Bekenntnis von Chalkedon (451) mit der Formulierung: Jesus Christus ist ganz und gar »wahrhaftig Gott und wahrhaftig Mensch«. Dies ist die Grundlage, an der alles Reden von Jesus zu messen ist.

3 Die Formel von Chalkedon

Die Formel von Chalkedon hat didaktisch grundlegende Bedeutung. Denn die dogmatischen Abgrenzungen aus der Anfangszeit christlicher Theologie sind Wegweiser, die vor Irrwegen des Verstehens warnen sollen; sie wollen keine exklusiven Aussagen über das Wesen Gottes und seines Sohnes machen.

3.1 Als Seinsaussage wäre die Wendung »wahrhaftig Gott und wahrhaftig Mensch« nur die ratlose Formulierung einer nicht auflösbaren Aporie; als didaktische Formel aber zeigt sie einleuchtend den Weg, auf dem im biblischen Sinne Gottes Offenbarung zu verstehen ist: Gott redet zu uns konsequent auf menschliche Weise und durch Menschen; und nur indem wir Jesus in gleicher Konsequenz wahrhaftig als Mensch begreifen, nehmen wir wahr, dass und wie in ihm wahrhaftig Gott redet.

3.2 Die Formel von Chalkedon ist eine scharf formulierte Absage an alle Versuche, Jesus in die Nähe von Halbgöttern und Übermenschen zu rücken, wie sie die Fantasie der Menschen seit jeher beschäftigen, in der Moderne ebenso wie in der Antike. Auch die virtuelle Welt der heutigen Kinder und Jugendlichen ist reich an solchen Figuren, die – mit übermenschlichen Kräften ausgestattet – als Retter/Befreier fungieren oder aber abgrundtief böse sind. Aus der jüngsten deutschen Geschichte aber wissen wir: Wo der Übermensch zum Leitbild wird, nimmt die Menschlichkeit Schaden. Jesus von Nazaret dagegen war wahrhaftig Mensch; gerade in seiner Menschlichkeit wird Gott offenbar.

3.3 Das Fragen nach der Menschlichkeit Jesu ist nicht identisch mit der Frage nach dem »historischen Jesus«. Die historisch-kritische Frage orientiert sich an dem mit Sicherheit Feststellbaren. Die Wahrnehmung ist dadurch von vornherein gefiltert, das Ergebnis ist eine fatale Reduktion der Wirklichkeit. Wesentliche Züge der Menschlichkeit Jesu entziehen sich dieser Art historischen Fragens: seine Ausstrahlung, seine Hoffnung, seine Leidenschaft. Der Glaube hängt gewiss nicht am »historischen Jesus«, aber unbedingt am menschlichen Jesus.

4 Der »Christus«

Auch der Titel des Christus (des »Gesalbten«, hebr.: *maschiach*) bleibt auf diesem Boden.

4.1 Der im Namen Gottes Gesalbte ist in der hebräischen Bibel zunächst der König Israels (1 Sam 10,1; 16,12). Nach dem Ende des davidischen Königtums wird der Titel des Gesalbten (des »Messias«) zum Hoffnungstitel wie der des »Sohnes Davids«: Er ist der von Gott Gesandte, der endlich das Schweigen Gottes bricht und den Armen Gerechtigkeit schafft (Ps 72; Ez 34,23). Auch der erwartete Christus-Messias ist wahrhaftig Mensch.

4.2 »Unser Herr« ist er im akuten Gegensatz zu den Herren, die sich anmaßen, über uns zu herrschen (Jes 26,13). Das Bekenntnis redet hier (wie schon die Septuaginta, die den hebräischen Gottesnamen – der ursprünglich ganz andere Konnotationen hat, vgl. Ex 3,14 – konsequent mit dem Wort »kyrios« übersetzt) antithetisch zu den massiven Herrschaftsansprüchen weltlicher Herren (Mk 10,42ff): Der Menschensohn in seiner Menschlichkeit macht sich im Widerspruch zu den Herrschenden zum Diener aller. Autoritäre Strukturen unter denen, die ihn als ihren Herrn bekennen, werden damit ausgeschlossen (Mt 23,8f).

5 Die Mutter Jesu

» ... empfangen durch den Heiligen Geist, geboren von der Jungfrau Maria« kann nur gewaltsam (aus dem Kontext heidnischer Mythologie) als ein biologisches Wunder missdeutet werden. Im biblischen Kontext reden diese Sätze eindeutig: Dieser Mensch ist seiner Herkunft nach ganz und gar ein Geschenk Gottes, nicht definiert durch männlichen Zeugungswillen und den damit verbundenen Herrschaftsanspruch; schon bei seiner Geburt ist Jesus diesem Zusammenhang nicht unterworfen. Dass sich diese Spitze ursprünglich durchaus gegen das selbstverständlich androzentrische Denken der spätantiken Gesellschaft richtet, ist nicht zu übersehen und wird in der anspruchsvollen Selbstbezeichnung der Maria: »Ich bin des Herrn Knechtin« (Lk 1,38) und in dem folgenden Lobgesang ihrer Befreiung (Lk 1,46ff) ausdrücklich ausgesprochen.

Die hervorgehobene Rolle der Maria im apostolischen Bekenntnis wird noch unterstrichen durch den als Kontrast erwähnten Mann: gelitten unter Pontius Pilatus. Steht Maria für die Befreiung der Erniedrigten, so steht Pilatus hier für die Macht der Unterdrücker, stellvertretend für den nicht genannten Kaiser in Rom.

6 Die Hoffnung Jesu

Das Leiden, das nach dem Apostolicum maßgeblich von Pilatus veranlasst wird, hat seinen Grund in der von Jesus ausgehenden Hoffnung, die von den synoptischen Evangelien in dem Satz zusammengefasst wird: »Ganz nahe ist das Reich Gottes!« Der Satz kündigt die Erfüllung einer alten Hoffnung an: die endliche Ablösung der ungerechten Fremdherrschaft durch Gottes Herrschaft. Im Vaterunser wird die Hoffnung auf das kommende Gottesreich mit den Worten genauer umschrieben (nur bei Mt 6,10): »Dein Wille geschehe wie im Himmel so auf Erden!«

6.1 Der Name Jesus steht für diese befreiende Botschaft. Jesus selbst spricht davon nicht abstrakt, sondern in anschaulichen Sätzen einer leidenschaftlichen Hoffnung: Die Hungernden werden satt, die Weinenden wieder lachen (Lk 6,21); die Trauernden werden getröstet, ja, den Sanftmütigen gehört die Erde (Mt 5,4f). Der große Traum Jesu steht am Anfang der Bergpredigt (bzw. der Feldrede). Er lebt und spricht aus dem Geiste der Psalmen (vgl. Ps 37,11).

6.2 Das ist eine belebende und befreiende Botschaft in einer Zeit, in der alle Hoffnung auf Gerechtigkeit mit Gewalt erstickt wird. Heute begreifen schon Kinder in diesen Sätzen die Dynamik eines Traumes, der die Welt verändern und der Resignation der Erwachsenen die Stirn bieten will. Sie finden neu Zugang zur Botschaft und zur Person Jesu, wenn wir ihnen nur diese Sätze vorlegen und sie erst einmal selbst den Traum weiter träumen lassen. Jesus als Anwalt dieser Hoffnung wird gerade dadurch für sie überzeugend und glaubwürdig.

7 Wunder als Geschichten der Befreiung

Die Wiederkehr der Hoffnung wirkt Wunder: Kranke und Verzweifelte, die ihrer selbst nicht mehr mächtig sind (»von Dämonen besessen«), kommen zu Jesus oder werden gebracht und werden geheilt. Ihre Situation wird auch für Kinder unmittelbar zugänglich, wenn sie die Geschichten mit Worten der Klagepsalmen ausleuchten, die sie zuvor kennen gelernt und sich selbst angeeignet haben: Ich rufe und du antwortest nicht (Ps 22,3); Ich bin geworden wie ein zerbrochenes Gefäß (Ps 31,13); Ich versinke in tiefem Schlamm, wo kein Grund ist (Ps 69,2). – Diese Worte sind für Kinder (und Jugendliche) eine Brücke der Identifikation: In ihnen verbinden sich ihre eigenen Erfahrungen mit denen der biblischen Gestalten und finden Sprache als Klage und Anklage, und das heißt im Dialog mit Gott. So können die Psalmenworte die Wundergeschichten öffnen, und zwar sowohl in der Horizontalen (für die Identifikation mit eigenen Erfahrungen) als auch in der Vertikalen (für die Gottesfrage). Jesus stellt die Kranken wieder auf ihre eigenen Füße: »Ich sage dir: Steh auf, nimm deine Matte und geh nach Hause!« (Mk 2,11). Sie werden gesund durch seine Worte, manche schon durch die Berührung (Mk 5,28). Diese Wunder sind nicht das Werk übermenschlicher Kräfte, sondern sie zeigen die ausstrahlende Wirkung seiner Menschlichkeit (»Er nahm ihre Krankheiten auf sich« Mt 8,17) und seiner Hoffnung (Mt 5,4). Im Kontext der Psalmen werden sie für Kinder als Geschichten der Befreiung neu beredt.

8 Die Güte Gottes als Argument

Argumente gegen die Hoffnungslosigkeit sucht und findet Jesus in der Erfahrung der umfassenden Güte Gottes.

8.1 Gott selbst sorgt täglich für das Leben: Die Vögel unter dem Himmel ernährt er, und die Blumen auf dem Feld sind schöner gekleidet als der prächtigste König. Deshalb müsst ihr nicht sorgen (Mt 6,25f): Das Geschenk des Lebens ist viel größer als alles, was ihr durch eure Sorgen bewirken könnt. Das ist die Grundeinsicht schon der Lobpsalmen (Ps 103; Ps 139), und in dem Maße, wie diese den Kindern gegenwärtig sind, werden ihnen auch die Argumente Jesu zugänglich, nicht als Aufforderung zu blindem Glauben, sondern als eine Sensibilisierung für die immer noch tröstliche Güte und Schönheit der Schöpfung.

8.2 Auf der Basis dieser Erfahrung wird Liebe möglich, selbst zum Feind: Gott lässt noch immer seine Sonne aufgehen über Bösen und Guten und lässt es regnen auf Gerechte und Ungerechte (Mt 5,45); seine Barmherzigkeit hat noch kein Ende. Die Strategien zur Deeskalation der anwachsenden Gewalt, die Jesus zeigt (Mt 5,39–41), verlangen nicht Selbstverleugnung, sondern erwachsen aus dem Bewusstsein überlegener Übereinstimmung mit der alle Feindschaft überwindenden Güte des Schöpfers.

9 Die Gleichnisse

Diese Hoffnung lässt sich finden, so wie einer unerwartet beim Pflügen auf dem Acker einen vergrabenen Schatz findet (Mt 13,44; die Forderung, alles zu verkaufen, ist als ein späterer Zusatz zu erkennen) oder ein reicher Kaufmann plötzlich die *eine* kostbare Perle, nach der er sein Leben lang gesucht hat (Mt 13,45f).

Die Gleichnisse zeigen insgesamt eine eindrückliche Didaktik entdeckenden Lernens. Da wird die Treue des Hirten gezeigt: Als Wanderarbeiter (generell der Unehrlichkeit verdächtig), geht er dem einen verlorenen Schaf ganz selbstverständlich nach, »bis er es findet« (Lk 15,4). Jesus holt die im Haus verborgene Arbeit der Frau ans Licht, die das wenige Geld zusammenhalten muss und nun verzweifelt die eine verlorene Drachme sucht, »bis sie das Geldstück findet« (Lk 15,8), oder jener Frau, die, für das tägliche Brot verantwortlich, die schwere Arbeit tut, den Teig durchzukneten, bis ihr die eigene Kraft des Sauerteiges entgegenkommt und ohne ihr Zutun das Entscheidende geschieht: Am Ende ist der ganze Teig durchsäuert (Lk 13,21).

10 Nachfolge

Aus dieser ansteckenden Hoffnung wächst eine Basisbewegung. Nicht zwölf, sondern weit mehr Lernende folgen ihm, mit offenen Ohren (wie Jes 50,4f), darunter auch Frauen, sogar von gesellschaftlich hoher Stellung (Lk 8,1ff); es sind so viele, dass er mehr als siebzig als Botschafter seiner Hoffnung aussenden kann, um mit den Müden zu reden, und sie kehren begeistert zurück, weil auch unter ihren Worten und Händen sich spürbar Trost und Befreiung ausbreiten (Lk 10,1ff).

Natürlich trifft eine solche Basisbewegung auch auf Verweigerung und Gegnerschaft, besonders bei denen, die ihr mehr als andere zu breiterer Akzeptanz und Wirksamkeit hätten verhelfen können: bei den engagierten Frommen, bei den Männern des Widerstandes und bei den Reichen. Die Frommen verstricken ihn in Gespräche über ihre Probleme, die Kämpfer bleiben auf dem Weg der Gewalt und helfen schließlich mit ihn auszuschalten; und die Reichen begreifen nichts von den Zeichen der Zeit.

So unterschiedlich wie diese Gruppen ist auch Jesu Reaktion: Um die Pharisäer, die ihr Tun mit ihrem Glauben in Einklang zu bringen versuchen, wirbt er geduldig bis zuletzt, wie der Vater im Gleichnis um den älteren Sohn (Lk 15,31f); über die Terroristen und den von ihnen ausgehenden Sog der Gewalt sagt er in einem Ausbruch von Verzweiflung: »Jetzt reißen die Gewalttäter das Reich Gottes an sich!« (Mt 11,12), und gegenüber den Reichen bleibt ihm nur noch Sarkasmus: »Eher geht ein Kamel durch ein Nadelöhr, als dass ein Reicher etwas begreift vom Reich Gottes!« (Mk 10,25).

11 Die Passion

»Gelitten unter Pontius Pilatus, gekreuzigt, gestorben und begraben«, heißt es zusammenfassend im Apostolischen Glaubensbekenntnis.

11.1 Es waren nicht »die Juden«, die den Tod Jesu wollten, sondern einflussreiche Gruppen mit ganz entgegengesetzten Interessen spielten sich in die Hände, um ihn zu beseitigen: Der Jünger Judas (der Beiname Iskariot zeigt seine Verbindung zum terroristischen Untergrund) ermöglichte die nächtliche Verhaftung, der Clan des Hohenpriesters, auf enge Kooperation mit den Römern angewiesen, betrieb die Auslieferung an Pilatus, und die demonstrierende Menge, die schließlich nicht Jesus, sondern den Mörder Barabbas freipresste, bekundete damit offen ihre Sympathie für diesen Terroristen.

11.2 Pilatus aber ließ die Hinrichtung umgehend und in einer Form vollziehen, die seine Absicht zeigte: Mit dem Mann aus Nazaret sollte seine überzeugend gewaltlose und für die Herrschenden dadurch umso gefährlichere Hoffnung von Grund auf und vor aller Augen restlos zerstört werden.

Dieser Tod aber bewirkte das Gegenteil: Entlarvt vor aller Augen wurde der Zynismus der Mächtigen; die Hoffnung Jesu aber wurde dadurch besiegelt. So hatte er es in der Nacht des Verrats über dem Brot und dem Kelch ausgesprochen: Das Brot, für euch gebrochen, das bin ich, euer tägliches Brot. Und der Wein, für euch verschenkt, das ist mein Blut, mein Leben in euch. Daran erinnert, sooft ihr davon esst und trinkt. So verwandelt er die Sprache des Todes in Worte des Lebens.

Er ist für uns gestorben, weil er für uns gelebt hat. In seinem Sterben hat er alle Tiefen des Leidens durchmessen. Er ist als ein offensichtlich Unschuldiger »niedergefahren zur Hölle« und hat dadurch die Pforten der Hölle gesprengt.

12 »Dort werdet ihr ihn sehen«

»Am dritten Tage auferstanden von den Toten«: Davor liegt jedoch eine Zeit tiefer Finsternis und untröstlicher Trauer. Drei Frauen sind allein noch übrig geblieben am Ort des schrecklichen Geschehens. Sie haben mit angesehen, wie die Endgültigkeit des Todes besiegelt wurde, durch den Stein, der das Grab verschließt: Jesus, wahrhaftig Mensch, ist tatsächlich gestorben und begraben.

Mit ihm noch Berührung zu suchen ist unmöglich und aufs Strengste verboten. Was die Frauen am dritten Tage danach am Grab noch wollen (Mk 16,1f), mit heilenden Salben, entzieht sich allen Erklärungen. Jedenfalls ist es kein übliches Trauerritual. Sie finden ungeahnt Ungeheuerliches. Die Sonne geht auf und sie sehen: Der Stein ist abgewälzt, die Macht des Todes offensichtlich gebrochen. Aus dem offenen Grab aber, von einer leuchtend jugendlichen Gestalt »zur Rechten«, vernehmen sie: »Ihr sucht Jesus von Nazaret, den Gekreuzigten. Er ist auferstanden. Er ist nicht hier. (...) Er geht euch voraus, nach Galiläa: Dort werdet ihr ihn sehen!« (Mk 16,6f).

Die Verheißung gilt allen, die diesen Schluss des Evangeliums lesen: Sie werden nicht verpflichtet, aufgrund von Berichten einiger Visionäre, die später unter Halluzinationsverdacht stehen werden, an die Auferstehung zu glauben, sondern der Auferstandene selbst wird auf sie warten, in ihrem eigenen galiläischen Alltag: Dort werdet ihr ihn sehen!

Das Apostolische Bekenntnis versieht diese Botschaft mit neuen Konsequenzen: Er ist nicht hier, sondern zur Rechten Gottes. Wenn es Gottes Linke ist, mit der er die Irrwege der Menschheit auffängt und die Welt vor dem Absturz bewahrt, dann schreibt er mit der Rechten erkennbar seinen Willen in den Gang der Geschichte hinein: In dem, was auf uns zukommt, sollen wir fortan das Gesicht Jesu wieder erkennen.

So bleibt die didaktische Grundregel beim unterrichtlichen Umgang mit Jesus Christus, dem Grund unseres Glaubens, das Bekenntnis von Chalkedon: In ihm »wahrhaftig Gott« begreifen werden wir nur, sofern wir ihn »wahrhaftig Mensch« sein lassen. Dies ist die Basis alles unterrichtlichen Umganges mit Jesus, auch mit seiner Hoffnung, seiner Messianität und mit seiner Auferstehung.

Literatur

Baldermann, Ingo, Der Himmel ist offen. München/Neukirchen 1991.
Bruners, Wilhelm, Wie Jesus glauben lernte. Freiburg 1988.
Flusser, David, Die letzten Tage Jesu in Jerusalem. Stuttgart 1982.
Stuhlmacher, Peter, Jesus von Nazaret – Christus des Glaubens. Stuttgart 1988.
Theißen, Gerd, Der Schatten des Galiläers. München 1986.

INGO BALDERMANN

II.2.10 Leistung – Gnade – Rechtfertigung

→ II.2.2 Gott – Gottesbilder
→ II.2.8 Scheitern – Schuld – Vergebung
→ II 2.9 Jesus von Nazaret – Jesus Christus

1 Rechtfertigung in der lutherischen Reformation

Christen nennen – mit Berufung auf den Apostel Paulus – das durch Jesus Christus und im Heiligen Geist gewirkte Heilshandeln Gottes an den Menschen Rechtfertigung. Vor Gottes Gerechtigkeit sind alle Menschen in Schuld, in Sünde; durch das Leben und Wirken, Sterben und Auferwecktwerden Jesu Christi werden Menschen aus Gottes Gnade durch den Glauben an Gott und sein Heil gerechtfertigt: Ihre Sünden werden vergeben und sie werden vom Heiligen Geist zu neuen Menschen umgestaltet.

Rechtfertigung ist im reformatorischen Ursprung des lutherischen Christentums der zentrale theologische Begriff. Er dient dazu, einen grundlegenden religiösen Vorgang zu erfassen. Rechtfertigung ist ein Geschehen; grundlegend, weil es die christliche Religion – evangelisch – so strukturiert, dass es Menschen, die von Gottes Heil abgesondert sind, Zugang dazu eröffnet. Die anthropologische Voraussetzung für Rechtfertigung ist, dass der Mensch nicht selbstverständlich in der Religion ›drin‹ steht und sich vom Gottesverhältnis umgriffen weiß, sondern sich als ›draußen‹ erfährt und den Zugang nicht von sich aus erschwingen (oder: erzwingen?) kann. Im Vorgang der Rechtfertigung kommt Jesus Christus – kultisch – als Gottes »Sohn«, im ›Medium‹ von gesprochenem Wort und gefeierten Sakramenten, auf Menschen zu, bezieht sie – »allein aus Gnade« – in seine Machtsphäre ein, stiftet Gemeinschaft mit ihnen und eignet ihnen wirkendes göttliches Heil zu. Geschehende Rechtfertigung dynamisiert den Zugang der Gott-losen zu Gottes Heil und gibt ihm Dauer; evangelische Christen leben aus ihrer Religion ›herausgekippt‹ und bedürfen des ständig offen stehenden Zugangs zu ihr: eine implizit pädagogische Programmatik.

Rechtfertigung bezeichnet sowohl den Vorgang als auch die vermittelte Gabe: Jesus Christus selbst. Er macht sich in seinen Heilsgaben für die Empfangenden zum »Heiland«. Im Sprachgebrauch des 16. Jh. führt Rechtfertigung die Konnotation von Hinrichtung mit sich: ›Kopf ab!‹ Der Hingerichtete hat mit seinem Leben für alles bezahlt, was er schuldig ist; er ist damit »gerechtfertigt«. Im religiösen Vorgang der Rechtfertigung macht sich der am Kreuz »für alle« hingerichtete Christus den Menschen, die in Schuld, Unheil und Tod verstrickt sind, zum unschuldig Schuldigen, gleichzeitig nimmt er sie in sein Leiden hinein, lässt sie seinen Tod mitvollziehen und »rechtfertigt« sie damit. Die Gabe der Rechtfertigung ist der Tod von Jesus Christus.

Zugleich ist Jesus Christus der Auferstandene, der von jenseits des Todes auf die Menschen zukommt. Sie nehmen im Geschehen der Rechtfertigung ihre Verfallenheit an Sünde, Unheil und Tod wahr und erfahren im Zuspruch der Gnade Gemeinschaft mit dem auferstandenen Christus und somit Leben. Die Gnade Gottes macht sich im Akt des Zuspruchs gewiss und versichert des gnädigen Gottes. Dieses »Glauben« ist der Ort, von dem aus die Gnade Gottes das christliche Leben durchdringt.

Reformatorisch ist Rechtfertigung in der Predigt und in der Feier der Sakramente institutionalisiert und öffentlich nachvollziehbar (z.B. durch Unterricht). Die institutionellen Spielregeln: Predigt und Sakramente legen »Heilige Schrift« so aus, dass klanglich-sinnlich Räume entstehen, in denen unter menschlichem Handeln in Sprache und Gestus der gekreuzigte und auferstandene Christus mit dem Zuspruch der Vergebung Rechtfertigung vollzieht und das Gebot der Liebe einschärft. Die Predigt ist »Gnadenmittel«. Sie lässt Jesus Christus kraft der biblischen Wortlaute in seinem Auftrag seine Vergebung und damit Gemeinschaft und ewiges Leben so zusagen, dass »Evangelium« wahrgenommen werden kann, an dem das Glauben, Vertrauen individuell entsteht: der (wiederholte) Beginn der Geborgenheit in Gott.

Dieses »Glauben« ist strikt als entgegennehmendes Empfangen verstanden; es »allein« macht vor Gott »gerecht (...) ohne des Gesetzes Werke« (Röm 3,28). Die evangelische Predigt wird dadurch zum »Instrument« geschehender Rechtfertigung, dass sie die Vergebung von Christus ohne Verknüpfung mit Elementen von Forderungen Gottes, abgelöst von Vorleistungen und Auflagen, mithin von »Gesetz«, als schenkende Zusage ausspricht und auf diese Weise zugreifendes Vertrauen ermöglicht. In unaufhebbarer Spannung dazu behält daneben die Forderung Gottes ihr Gewicht. Rechtfertigung wird theologisch durch die »Unterscheidung von Gesetz und Evangelium« in der Predigt ermöglicht.

In der Gegenwart ist die Rechtfertigungslehre weithin kein brennendes Thema der Kirchenmitglieder mehr. Dies hat möglicherweise seinen Grund »in einer Schwäche des Gottesbewusstseins. Wenn Gott ernst genommen wird, ist die Sünde eine ernste Sache. Und so war es für Luther« (Joseph Ratzinger). Wenn die Forderung Gottes nichts mehr bedeutet und es kein Sündenbewusstsein gibt, bedeutet auch Gnade nichts. Vom lutherischen Weltbund und der Römisch-Katholischen Kirche ist am 31.10.1999 eine »Gemeinsame Erklärung zur Rechtfertigungslehre« verabschiedet worden. Ob wirklich von einem breiten ökumenischen Konsens gesprochen werden kann, ist jedoch theologisch umstritten.

2 Rechtfertigung in der Moderne

Versäumt die Predigt ihre rechtfertigende Funktion, sei es zugunsten dogmatischer Entfaltungen, wie es sich mit Gott verhalte, sei es unter dem Anspruch, Welt und menschliche Existenz zu deuten, wird Rechtfertigung zu einem Postulat verflüchtigt: etwa zu der empfohlenen Annahme, auf Gottes Gnade sei trotz gegenläufiger Welterfahrung Verlass; etwa zu dem Theorem, Gott stehe für eine Instanz, die den Menschen gleichsam von Amts wegen stets und von vornherein als ›gerechtfertigt‹ ansehe. Der Brennpunkt der Rechtfertigung gleitet von dem Punkt ab, der den Übergang von realistisch wahrgenommenem Nichtglauben zu befreitem Glauben markiert, und verlagert sich entweder in ein gläubiges Bewusstsein von Erwählung (Pietismus) oder in den optimistischen Gestus, der Mensch und seine Welt sei von einem umgreifenden Guten beseelt (Aufklärung).

Nach Auflösung der philosophischen Metaphysik dient sich ein vom himmlischen Geber abgelöster, eingestifteter, durch Sozialisation erworbener oder in Selbstreflexion erschlossener Rechtfertigungsglaube als Ansatzpunkt an, von dem aus – in Kontinuität mit der Reformation (?) – christliche Theologie und Religion rekonstruiert werden. An die Stelle des zusprechenden kultischen Aktes kommt jetzt die »Unverfügbarkeit«, sei es der göttlichen Gnade, sei es der Persönlichkeit zu stehen. Das sich reflektierende Bewusstsein des selbstherrlichen Subjekts erkennt Rechtfertigung als Bedingung der Möglichkeit seiner selbst.

3 Rechtfertigung und Leistung

Rechtfertigung wird durch die Verbindung mit ›Leistung‹ zum religionspädagogischen Thema. Das Begriffspaar signalisiert ein religionsdidaktisches Programm: Der theologische Begriff wird unterrichtlich versuchsweise mit einem Phänomen aus der Lebenswelt der Lernenden in Beziehung gesetzt, dieses reibt sich am theologischen Konstrukt, verändert es und rückt damit selbst möglicherweise in eine Perspektive zur Transzendenz. Der mit dem theologischen Begriff abgedeckte religiöse Sachverhalt wird, wie auch der lebensweltliche, zugunsten der Spannung zwischen beiden legitimerweise verkürzt. In gelingendem Unterricht kann die Spannung zu unvermuteten Synthesen führen. Pädagogisches Kriterium ist die sorgfältige Wahrnehmung der Phänomene, theologisches Kriterium das Aushalten der Spannung von Lebenswelt der Lernenden und der christlichen Religion in ihrer Fremdheit und in ihrem heiligen Ernst.

Gesellschaftlich gefragte Leistung kann in Rechnung gestellt werden und wird am Markt mit Geld belohnt. Geld ist Verfügungsmacht über Waren und Dienstleistungen. Das Geld, das zum Ausgeben da ist, gilt als Ertrag von Leistung; wer Geld haben will, muss Leistung erbringen. Die durchgängige Merkantilisierung macht Leistung zum Problem. Schülerinnen und Schüler wissen, dass sie sich über Leistung und Geld in die gesellschaftliche Wirklichkeit vermitteln werden. Die Schule bereitet darauf vor. Sie weist ihre Arbeit – evaluiert – ihrerseits als Leistung aus und bekommt dafür Personal- und Sachmittel zugewiesen. Das Leistungspostulat prägt die Arbeit der Schule durch die Ausrichtung an objektiv normierenden Lehr- und Lernzielen auch im Innern. Die Schülerleistung wird indessen nicht mit Geld, sondern – je nach Schulform – mit der Verheißung von Abschlüssen und Statuszuweisungen honoriert, die spätere Leistungsfähigkeit in Aussicht stellen. Schülerinnen und Schüler lassen sich von diesen Verheißungen leiten, leisten das Geforderte (mehr oder weniger), unterscheiden jedoch strikt zwischen leistungsbezogener Schularbeit und ›freier‹ Zeit zum ›Selbersein‹.

Die Rationalisierung der Schule unter der Kategorie Leistung vollzieht sich unter Widersprüchen. Gegen den Begriff von »Ausbildung« auf Leistung hin sperrt sich eine »Bildung«, die sich auf Sachverhalte um ihrer selbst willen einlässt. Unterricht ist mit Leistung nur bedingt zu erfassen. Er ist in sich erfüllte Lebenszeit. Der pädagogische Bezug schützt die Entfaltung des heranwachsenden Menschen nach seinen individuellen Anlagen. Lernen braucht freie Spielräume. Die alleinige Perspektive auf Leistung macht geistige Konzentration zu Stress. Schließlich: Wer kann heute wissen, was die Lernziele von gestern für die Erfordernisse von morgen wert sind?

»Gerecht (...) ohne des Gesetzes Werke«, »allein aus Gnade«: Die Schulwirklichkeit nimmt aus der Rechtfertigungslehre her die Negation von Prinzipien ihres Unterrichts wahr. Hier hat seinerzeit die »Evangelische Unterweisung« eine ideologiekritische Aufgabe des Religionsunterrichts gesehen. In der Tat steht das Leistungsprinzip nicht nur in der Schule unter Ideologieverdacht. Diese Kritik kann sich auch gegen den Religionsunterricht selbst kehren: Darf seine Form dem wesentlichen Inhalt so zuwider laufen, dass z.B. Zensuren erteilt werden?

Herausgelöst aus dem religiösen Geschehen wird die Formel der Rechtfertigungslehre zu einem weltanschaulich-anthropologischen Grundsatz: Der Mensch ist gerecht

– ohne Leistung zu erbringen. In theologischer Terminologie: Aus Rechtfertigung als »Gnade« wird ein allgemeines »Gesetz«, das vom Geschehen abstrahiert und es verdeckt. Der Satz wird schwärmerisch, wenn er in den Menschen hineinverlegt, was als Gottes Gabe auf ihn zukommt. Noch in dieser Gestalt verweist die Formel unterrichtlich auf die christliche Religion als einen eigenen Wirklichkeitsbereich (vgl. Mt 20,1–15), der sich mit seinen Plausibilitäten auch in die Schule einmischt. Als Lehre für den Unterricht hat Rechtfertigung dann ihre didaktisch legitime »Gesetzes«-Gestalt, wenn sie anleitet, den Vorgang Rechtfertigung – in Anlehnung an kultische Formen des Gottesdienstes – von der Lebenswelt der Schüler her so nachzubauen, dass Christus als ihr handelndes Subjekt dabei sichtbar wird.

Literatur

Bizer, Ernst, Fides ex auditu. Eine Untersuchung über die Entdeckung der Gerechtigkeit Gottes durch Martin Luther. Neukirchen ³1966.
Jüngel, Ernst, Das Evangelium von der Rechtfertigung des Gottlosen als Zentrum des christlichen Glaubens. Tübingen ³1999.
Küng, Hans, Rechtfertigung. Die Lehre Karl Barths und eine katholische Besinnung. München ⁶1986.
Luther, Martin, Von der Freiheit eines Christenmenschen (1520). In: Luthers Werke in Auswahl, hg. v. Otto Clemen, 3. Bd. Berlin ⁵1959, 1–27.
Melanchthon, Philipp, Die Augsburgische Konfession (1530), Art. IV–VIII. In: BSLK, 6–62.
Pesch, Otto Hermann, Theologie der Rechtfertigung bei Martin Luther und Thomas von Aquin. Mainz ²1985.

CHRISTOPH BIZER

II.2.11
Tod – Auferstehung

→ II.2.9 Jesus von Nazaret – Jesus Christus
→ II.2.7 Liebe – Nächstenliebe – Gottesliebe
→ II.2.12 Hoffnung – Utopien – Reich Gottes

1 Heutige Problematik

Im gegenwärtigen Bewusstsein sind zwei gegensätzliche Tendenzen erkennbar: Einerseits werden Sterben und Tod verdrängt und in der Wahrnehmung der Lebenden nur von weitem erlebt. Andererseits suchen neue Bewegungen (Hospizbewegung, Sterbe- und Trauerseminare) nach einem neuen Umgang mit Sterbenden und Trauernden und nach einer neuen »Ars moriendi« (Kunst des Sterbens). Und es wächst ein, zumindest neugieriges, Interesse an Berichten von Sterbeprozessen und Reanimationen (»Nahtoderfahrungen«) sowie an der Lehre von der Reinkarnation und an verschiedenen Versuchen einer Kontaktaufnahme mit den Verstorbenen.

Die kirchliche Rede von Tod und Auferstehung ist von ihrer Geschichte her mehrfach belastet: durch die Konzentration der Verkündigung auf die »Letzten Dinge«, oft mit drohendem Ton (»Memento mori!«), durch die Instrumentalisierung des Jenseitsglaubens zugunsten einer Intensivierung religiöser Praxis, besonders im katholischen Raum (»Rette deine Seele!«), und, damit verbunden, durch die Abwertung des gegenwärtigen Lebens und der leibhaftig-konkreten Welt (»Jammertal«). Als Gegenbewegung dazu gerieten mit der um die Mitte des 20. Jh. stärker werdenden christlichen Welt- und Lebensbejahung eschatologische Themen in Predigt und Katechese in den Hintergrund. Im evangelischen Raum wirkten sich besonders die Verknüpfung des biblischen Auferstehungsglaubens mit der philosophischen Idee der Unsterblichkeit (»unsterbliche Seele«) und die Individualisierung der Hoffnung (»dass ich in den Himmel komm«) negativ aus. Die seit dem 19. Jh. stärker werdende Kritik des Unsterblichkeitsglaubens führte im 20. Jh. auch in kirchlichen Kreisen zu »Unsicherheit«, »Unentschlossenheit« und zur »Erosion« des Glaubens an die Auferstehung der Toten (vgl. Wintzer 1979, 538). Deshalb ist der Theologie heute aufgegeben, den Zusammenhang zwischen menschlichen Erfahrungen und der christlichen Rede vom Tod herzustellen und dabei zu verdeutlichen, wie die Hoffnung auf Auferstehung das gegenwärtige Leben orientieren und intensivieren kann.

2 Biblische Aspekte

In den biblischen Schriften finden sich sehr unterschiedliche Erfahrungen des Todes. Der Tod kann das Normale, selbstverständlich zum Leben Gehörende sein und als solcher akzeptiert werden. So stirbt Abraham in hohem Alter, »alt und lebenssatt« (Gen 25,8). Der Tod kann aber auch als Feind gesehen werden, als Feind der Menschen und Feind Gottes. Darauf verweisen die alt- und neutestamentlichen Erzählungen von Totenerweckungen (1 Kön 17,17–24; 2 Kön 4,18–37; Mk 5,21–43 par.; Lk 7,11–17; Joh 11,1–46; Apg 9,36–42; 20,7–12). Andererseits wiederum ist im NT von einem Sterben die Rede, das nicht im Gegensatz zum Leben steht, sondern geradezu als dessen eigentlicher Vollzug erscheint. Christliche Existenz ist »Sterben mit Christus« (Röm 6,8). Sie ist vergleichbar mit dem Weizenkorn, das in die Erde fällt und stirbt und gerade so reiche Frucht bringt (vgl. Joh 12,24). Wer das Leben festhalten will, verliert es, wer loslassen kann, gewinnt es (vgl. Mk 8,35; Mt 10,39; 16,25; Lk 9,24; 17,33; Joh 12,25).

Das letztgenannte Motiv ist eng verbunden mit der Hoffnung auf Auferstehung. Wichtig für das Verständnis des biblischen Auferstehungsglaubens ist aber das Wissen um seine Vorgeschichte: Fast das ganze AT hindurch kommt Israel ohne ausdrücklichen Glauben an eine Auferstehung der Toten aus. Was man von Gott erbittet und erhofft, ist langes, erfülltes Leben im Lande Israels, in der Gemeinschaft des Volkes. Gleichwohl geht die Hoffnung weit über den Tod hinaus. Sie richtet sich auf Existenz und Leben der Nachkommenschaft, auf Lebensmöglichkeit und Zukunft des Volkes, auf dauerhaften Besitz des Landes und Frieden für Israel (vgl. z.B. Gen 48f). So transzendiert die Hoffnung durchaus das Leben der Einzelnen; aber sie bleibt im Raum der Geschichte. Sie ist geerdete, soziale Hoffnung. Die spätere, unter dem Druck unerhörter Leiden und scheinbarer Aussichtslosigkeit für die Zukunft Israels in der Apokalyptik entstandene Hoffnung auf individuelle Auferstehung ist nicht als Ersatz dieser alten, sozialen Hoffnung zu verstehen, sondern als deren Erweiterung. Sie ist in einigen Spätschriften des AT schon erkennbar (Dan 12,2f; 2 Makk 7,9.14.23.29; 12,43ff) und zur

Zeit Jesu in Israel eine bekannte, allerdings umstrittene Lehre. Die Sadduzäer lehnen sie ab; die Pharisäer bejahen sie (vgl. Apg 23,6–9). Jesus steht in dieser Frage auf der Seite der Pharisäer (vgl. Mk 12,18–27). Zentraler Inhalt seiner Verkündigung ist aber nicht die künftige Auferstehung der Toten, sondern die jetzt, in dieser Zeit angebrochene Gottesherrschaft, eine durch Gottes Nähe ermöglichte neue Weise zu leben, die schon heute, in diesem Leben, erfahren und verwirklicht werden kann, die freilich die Grenzen des irdischen Daseins sprengt. Die Kraft dieses neuen Lebens haben die Jünger in der Auferweckung des gekreuzigten Jesus erfahren. Mit dieser Erfahrung wurde zugleich die christliche Auferstehungshoffnung in bestimmter Weise inhaltlich gefüllt: Auferweckung meint nicht das Versetztwerden in eine jenseitige Welt, sondern bleibenden und intensiven Bezug zu dieser Welt (vgl. die Ostererzählungen: An vielen Orten erfahren die Jüngerinnen und Jünger die lebendige Nähe des Auferstandenen). Auferstehung bedeutet auch nicht Vergessen des Bisherigen, sondern Inkraftsetzung, Heilung und Vollendung des bisher gelebten Lebens (vgl. Joh 20,20: Die Jünger »sehen« die Spuren seiner Lebensgeschichte im Leib des Auferstandenen bleibend eingezeichnet).

3 Systematik

3.1 Sterben und Lieben

Von hierher lassen sich einige Grundzüge theologischer Aussagen über Tod und Auferstehung entwickeln. Ein Zugang zum Verständnis könnte von der Erfahrung der Liebe her gewonnen werden. Liebe, ein Grundvollzug des Lebens, ist das den Menschen zutiefst Beglückende und Erfüllende. Aber es gibt auch Gründe, vor der Liebe zurückzuschrecken. In der Liebe wachsen wir über uns hinaus, aber darum werden wir auch herausgeholt aus dem Vertrauten. Wir gewinnen, aber nur, indem wir uns aus der Hand geben. Deshalb braucht die Liebe den Mut zum Wagnis des Sich-selbst-Loslassens. Insofern könnten Lieben und Sterben miteinander verwandt sein. Im Lieben geschieht schon der Anfang des Sterbens. Aber auch umgekehrt: Trotz aller unbestreitbar schmerzlichen und oft grausamen Erfahrungen im Sterbeprozess könnte es einen Grundakt des Sterbens geben, welcher von der im Leben eingeübten Liebe geprägt ist: Sich-Loslassen im Vertrauen darauf, aufgefangen zu werden. Dann hat die »Kunst des Sterbens« viel mit der »Kunst des Liebens« zu tun.

3.2 Auferstehung als Vollendung der Lebensgeschichte

Diese Perspektive setzt allerdings schon den Glauben an die Auferstehung voraus. Genauer: nicht den Glauben an irgendein Leben nach dem Tod, sondern den Glauben daran, dass gerade das weggeschenkte Leben gewonnen wird; nochmals anders gesagt: dass die Liebe gerade da, wo sie radikal loslässt, ihr Ziel erreicht. Deshalb ist es wichtig, christliches Auferstehungsverständnis zu präzisieren. Es meint nicht den Neubeginn eines zweiten Lebens, sondern die Vollendung dieses einmaligen Lebens, nicht die Erlösung aus der Verwobenheit in zwischenmenschliche Beziehungen und Geschichte, sondern das Ans-Ziel-Kommen dieser Geschichte; auch nicht das Aufhören des Ichs, seine Auflösung ins Nichts oder eine alle Individualität auslöschende Verschmelzung mit der Gottheit, sondern höchstes Zu-sich-Kommen des Geschöpfs im Gegenüber zum Schöpfer, größte Nähe zu ihm und allen anderen Geschöpfen bei gleichzeitig größter Eigenständigkeit und Freiheit.

3.3 »Auferweckung« und »Auferstehung«

Damit ist aber nicht eine Selbsterlösung gemeint, die auch ohne Gott denkbar wäre. Es ist ja Gott, der so am Menschen handelt. Deshalb sprechen wir mit der Bibel von »Auferweckung«: Gott weckte Jesus von Nazaret auf, Gott wird uns auferwecken. Weil aber Gott nicht nur von außen auf den Menschen einwirkt, sondern wirkt »durch den Geist, der in euch wohnt« (Röm 8,11), den toten Menschen von innen her lebendig macht, deshalb sprechen wir, ebenfalls mit der Bibel, von »Auferstehung«: Gott gibt dem Menschen die Kraft aufzustehen.

3.4 Bildersprache

»Auferweckung« und »Auferstehung« sind sprachliche Bilder, genommen aus der Welt unserer Erfahrungen: Ein Schlafender wird geweckt; jemand, der liegt, steht auf. Anders als in Bildern kann man Hoffnung kaum artikulieren. Die Hoffnungsbilder sprechen mit dem Vorstellungsmaterial der Gegenwart von der erhofften Zukunft, und so verbinden sie Zukunft und Gegenwart miteinander. So wird in der Bibel die erhoffte Zukunft z.B. mit dem Bild eines festlichen Hochzeitsmahles oder eines Völkerfriedensfestes geschildert, und damit gewinnen Hochzeit, Friedensschluss, Mahlhalten usw. schon heute eine besondere Bedeutung, werden Vorzeichen, Anfang einer guten Zukunft. Bilder eröffnen Perspektiven, weisen einen Weg, wecken Lust voranzugehen, ermutigen durchzuhalten.

3.5 Auferstehungserfahrungen mitten im Leben

Hoffnung auf Auferstehung sagt also: Die Liebe, und zwar die heute, in diesem Leben gelebte Liebe, wird stärker sein als der Tod. Wir werden im liebenden Loslassen nicht untergehen, sondern letzten Endes bei denen ankommen, die wir geliebt haben, und gerade so unser Leben gewinnen. Wenn diese Hoffnung Recht hat, dann sind die gemischten Erfahrungen, die wir mit der Liebe machen, ungleich zu gewichten. Dann wiegen die Erfahrungen von Sinn, Freude, Erfüllung mehr als die Erfahrungen von Verlust, Schmerz, Frustration. Sie wiegen mehr, weil sie der Vorgeschmack dessen sind, was am Ende bleiben und voll aufblühen wird. Und die Erfahrung, dass trotz aller Angst vor dem Wagnis der Liebe dennoch solidarisches Engagement, Versöhnung, Treue gelebt wurde, kann als anfangshafte Auferstehungserfahrung verstanden werden: als Erfahrung dessen, dass die Liebe stärker ist als der Tod. So wird die Hoffnung auf Auferstehung zu einer ermutigenden und befreienden Kraft zu engagiertem Leben.

Literatur

Kehl, Medard, Und was kommt nach dem Ende? Freiburg 1999.
Nocke, Franz-Josef, Liebe, Tod und Auferstehung. Über die Mitte des Glaubens. München [3]1993.
Nocke, Franz-Josef, Eschatologie. Düsseldorf [6]1999.
Sauter, Gerhard, Einführung in die Eschatologie. Darmstadt 1995.
Thiede, Werner, Auferstehung der Toten – Hoffnung ohne Attraktivität? Grundstrukturen christlicher Heilserwartung und ihre verkannte religionspädagogische Relevanz. Göttingen 1991.
Wintzer, Friedrich, Auferstehung III. Praktisch-theologisch. In: TRE 4 (1979) 529–547.

FRANZ-JOSEF NOCKE

II.2.12 Hoffnung – Utopien – Reich Gottes

→ II.2.2 Gott – Gottesbilder
→ II.2.9 Jesus von Nazareth – Jesus Christus
→ II.3.2 Sehnsucht und Sehnsüchte
→ III.2.4 Befreiungstheologisch orientiertes Lernen und Politische Bildung

1 Pädagogik und Theologie in eschatologischer Sicht

Der christliche Glaube ist nicht nur eine Religion der Liebe, sondern auch der Hoffnung. Diese Hoffnung entwickelt Realutopie durch Erfahrung und Erwartung. Sie richtet sich auf das Reich Gottes, die »Gottesherrschaft als Handlungsprinzip« (H. Merklein). Die Pädagogik orientiert sich teleologisch an Zukunft, die Theologie entsprechend eschatologisch an dem Reich Gottes. Das Verhältnis von Teleologie und Eschatologie ist jeweils zu klären. Advent-Erwartung und Einsatz für die Zukunft als Wegbereitung Gottes gehören zusammen. Es ist auch vorwärts zu fragen, was werden kann. E. Bloch hat die Zukunftsorientierung als Konstitutivum bewusst gemacht, die sich in Wunschbildern, Sehnsucht, Traum und utopischen Entwürfen verwirklicht, aber auch totalitär missbraucht werden kann. Gegenüber Glaube und Liebe musste die Hoffnung leider oft zurücktreten. Aber beide werden gerade durch ihre Hoffnung gegenwartskritisch und handlungsintensiv in Richtung eines »neuen Himmels und einer neuen Erde, in der Gerechtigkeit wohnt« (2 Petr 3,13; vgl. Jes 65,17). Ein klassisches Beispiel solcher universalen religionspädagogischen Eschatologie ist Leben und Werk des J.A. Comenius (1592–1670).

2 Biblische Perspektiven

Israel lernte, aus der Erwählung und Befreiung ganz auf Gott als »Zuversicht aller Enden der Erde und der fernen Gestade« (Ps 65,6) zu hoffen. Prophetisch ist gegen falsche Hoffnung aufzutreten (Jer 17,5–8). Die Hoffnung in der Wüste auf das gelobte Land, im Exil auf die Rückkehr nach Israel und in der Krise der Fremdherrschaft auf den Messias und das neue Jerusalem (u.a. Jes 65,17–25) stellte Hoffnungsbilder vor Augen, die Friedenspädagogik begründen: »Sie werden den Krieg nicht mehr lernen« (Jes 2,4 = Mi 4,3). War lange Zeit der Tod die Grenze für die Hoffnung, so kommt später auch die Hoffnung auf ein Leben nach dem Tode auf (Jes 26,19).

Jesus verkündigt (Mt 22,23–33) den Gott Abrahams, Isaaks und Jakobs als den »Gott der Lebenden« für eine neue, den Engeln gleiche, postmortale Existenz der Menschen. Jesu Verkündigung von dem Kommen der Gottesherrschaft ist in seinen Gleichnissen, Seligpreisungen, Heilungen und in seiner Tischgemeinschaft performativ Verheißung und Erfüllung zugleich. Durch die Glaubenserfahrung der Auferstehung Jesu wird die Hoffnung auf die Auferstehung aller lebendig. Paulus entwickelt in 1 Kor 15 (wie auch schon in 1 Thess 4,13–18) eine Theologie der Hoffnung, die darin ihr Ziel hat, dass Christus am Ende Gott das Reich ganz übergibt und der Tod als »letzter Feind« vernichtet sein wird.

Verkündigung ist so immer auch Ankündigung dessen, was wir von Gott zu erwarten haben. Christus ist »die Hoffnung der Herrlichkeit« (Kol 1,27). Diese Hoffnung des Glaubens auf die Liebe steht kontrafaktisch gegen alle sichtbare Hoffnung (Röm 4,18). Sie ist der Helm, der das Haupt schützt (1 Thess 5,8) und gibt Sicherheit wie ein Anker (Hebr 6,18f). Die Vision des neuen Jerusalems (Offb 21,1–22,5), gegen Babylon bzw. Rom, ist auch künstlerisch in Malerei, Musik und Kirchenbau immer wieder wirksam geworden. Die Vorhersage eines dem Weltende vorangehenden tausendjährigen Reichs (Offb 20) führte zum Chiliasmus. Ethik, aber auch Ästhetik weisen in die Eschatologie, weil Glaube, Liebe, Hoffnung nach 1 Kor 13,13 bleiben als Essenz und Signatur alter und neuer Schöpfung. Im Vaterunser wird die kreative Spannung des ›noch nicht‹ und ›jetzt schon‹ spirituell festgehalten. Ebenso gilt die Bitte »dein Reich komme« wie Lob und Dank: »denn dein ist das Reich ...«.

3 Systematische Konsequenzen

A. Loisys vielzitierter Satz »Jesus verkündigte das Reich Gottes, und es kam die Kirche« erinnert daran, Reich Gottes (regnum) als Ziel für Gottes Handeln und Kirche als Herrschaftsbereich Christi (regnum Christi) mit den irdischen Reichen zusammenzudenken. Wirksam war Augustins geschichtstheologischer Entwurf, der übrigens seine Nachwirkungen bis in die Struktur des Karnevals hatte: Vor dem Beginn der Fastenzeit mit dem Aufbruch nach Jerusalem (Lk 18,31–43 am Sonntag Estomihi) wurde die andere eigensüchtige Welt Babylons in den Umzügen vor Augen geführt, um auf die Kirche als Lebenswelt der Nächstenliebe (Epistel: 1 Kor 13) mahnend hinzuweisen.

M. Luthers Lehre von den zwei Reichen und den beiden Regimenten Gottes entwickelte ein Konzept, das auch dem Erhaltungssinn der Welt durch Obrigkeit Rechnung tragen sollte. Die Grundfragen politischer Ethik werden hier akut, vor allem, wenn aus der Zwei-Reiche-Lehre fälschlich eine Zwei-Bereiche-Lehre wird. Demgegenüber ist an der Königsherrschaft Christi als Grund und Ziel (vgl. Barmer Theologische Erklärung 1934) festzuhalten.

Die Hoffnung wurde durch Augustin und die Scholastik zu einer theologischen Tugend. Damit ergaben sich reiche katechetische Möglichkeiten, die aber oft das Christsein moralistisch verstellten. Der unheilvolle Versuch des »Königreichs Zion« durch die Wiedertäufer in Münster (1535) vereitelte viele Hoffnungen.

Mit Thomas Morus begann 1516 die Gattung utopischer Literatur. Sein Roman »Über den besten Stand des Staates und über die neue Insel Utopia« proklamierte den Leitbegriff einer Gesellschaft im Nirgendwo der Fantasie. Entsprechende weitere Werke folgten wie T. Campanellas »Der Sonnenstaat« (1613), F. Bacons »Nova Atlantis« (1627/38), J.V. Andreaes »Christinapolis« (1619) und Harringtons »The Common Wealth of Oceana« (1656), einflussreich für die spätere Verfassung der USA. Der Optimismus der Renaissance und der Aufklärung wirkte sich mit der Idee des Fortschritts auf die Entwicklung von Utopien günstig aus. Jedoch ergaben sich auch Kritik und entsprechende »schwarze« Utopien, die das Schreckensszenario der Zukunft kulturkritisch darstellten wie z.B. A. Huxleys »Brave New World« und G. Orwells »1984«. Politik mit Mythen wie vom Tausendjährigen Reich im NS-Regime und den totalitären Folgen des Marxismus-Leninismus zeigte die fatale Kehrseite utopistischer Entwürfe. Die Unterscheidung von intentionalem, totalitärem und klassisch neuzeitlichem Utopie-Begriff versucht, den Antagonismen Rechnung zu tragen. Neben der dabei wirksamen

Konzeption der Menschenrechte bleibt auch der Rückgriff auf die biblischen Traditionen des Gartens Eden und des Neuen Jerusalem ergiebig.

Im Anschluss an E. Bloch wurde auch theologisch, besonders durch J. Moltmann, die eschatologische Ausrichtung erneuert. Vorher hatte schon P. Schütz die Entwicklung so kritisiert: »Der Glaube, der die Hoffnung fahren ließ« (Schütz 1963, 161). Mit Moltmann gilt es, Begriffe auch als Vorgriffe auf die Zukunft zu verstehen. Theologien der Evolution wie der Revolution werden aktuell.

Die katholische »Gemeinsame Synode der Bistümer in Deutschland« erarbeitete einen bis heute beachtlichen Beschluss »Unsere Hoffnung«. Eintreten für den »Weg in die Armut«, für »ein neues Verhältnis zur Glaubensgeschichte des jüdischen Volkes« und »Selbstkritik als ›offensive‹ Gewissenserforschung« wurden so akut. Das Votum der Evangelischen Kirche der Union erwies das Lehrdefizit in Fragen zum Reich Gottes und entwickelte »Katechetische Leitsätze«. Inzwischen ist, ähnlich wie beim Thema Konziliarer Prozess, solches Interesse etwas erlahmt, obwohl das »No future?-Problem« aktueller denn je ist.

4 Aktuelle Herausforderungen

Die Frage nach der Zukunft ist durch das Anwachsen der Weltbevölkerung mit Hungerkatastrophen, die militärischen Vernichtungs-Potenziale im Rüstungswettlauf, den wissenschaftlichen Fortschritt bis in die Gentechnik, die Klimakatastrophe und die antiökologische Ausbeutung der Welt sowie die ungerechte Einkommensverteilung samt Arbeitslosigkeit noch dringlicher geworden. Ebenso haben aber auch Gleichgültigkeit, Ohnmachtsgefühle, Gewalt und Aggression zugenommen. Reich Gottes und Utopien sind zurückgetreten. Aber der kaum auszulöschende Affekt der Hoffnung findet doch noch Resonanz in privaten Wunschträumen, Bejahung von Kindern, Inseln der Initiativen und spirituellem Mut zur Zuversicht. Die Hoffnung auf ein Leben vor dem Tod bestimmt zu Recht viele Bemühungen. Doch kann dies die Rückfrage nach dem Leben im oder nach dem Tod nicht aufheben, wie Gedenkkultur, Suche nach den Engeln, Sterbehilfe, Hospizbewegung zeigen.

5 Religionspädagogische Einsichten und Impulse

Biblische Einübung ermöglicht symboldidaktisch, dass uns die Glaubensbilder bilden, um Ostern und jeden Sonntag als Elementarisierung der Hoffnungsfreude zu begehen. Sehnsucht soll Gehör und Sprache finden (vgl. M.L. King). Sachbilderbücher wie von D. Steinwede helfen in Haus und Unterricht. Die Adventsfrömmigkeit ist Hoffnungsquelle. Utopie als selbst- und gesellschaftskritischer Lernprozess zeigt, dass auch der Weg ein Ziel ist. Realistische Hoffnung ist selbst schon ein Gut. Die Ökumene ist eine Teststrecke der Glaubwürdigkeit gemeinsamer Hoffnung in versöhnter Verschiedenheit. Hoffnungscredos wie auf dem Ökumenischen Stadtkirchentag in Bonn 2000 machen Mut. Das Symbol des Reiches Gottes verlangt die ökumenische Abendmahlsgemeinschaft. Immer gilt: Prüfet die Utopien, behaltet die Hoffnung und vertraut auf den Gott der Hoffnung, dessen Reich das bringt, was es sagt. »In der Hoffnung ist die Liebe der Erde nah« (Schütz 1963, 635).

Literatur

Baldermann, Ingo, » ... dann werden wir sein wie die Träumenden«. Wie Kinder heute das Reich Gottes begreifen. In: EvErz 39 (1987) 79–87.
Bloch, Ernst, Das Prinzip Hoffnung (1954–59). Gesamtausgabe Bd. 5., Frankfurt 1959.
Die Bedeutung der Reich-Gottes-Erwartung für das Zeugnis der christlichen Gemeinde. Votum des Theologischen Ausschusses der Evangelischen Kirche der Union. Neukirchen 1986.
Fischer, Johannes/Gäbler, Ulrich, Angst und Hoffnung. Stuttgart 1997.
Gemeinsame Synode der Bistümer in der Bundesrepublik Deutschland, Beschluss »Unsere Hoffnung« (1975). In: Offizielle Gesamtausgabe I. Freiburg 1976, 84–111.
Herlyn, Okko, Hoffnung. In: Clasen, Winrich/Meyer-Blanck, Michael/Ruddat, Günter (Hg.), Evangelischer Taschenkatechismus. Rheinbach 2001, 296–298.
Merklein, Helmut, Die Gottesherrschaft als Handlungsprinzip, Würzburg ²1981.
Moltmann, Jürgen, Theologie der Hoffnung, München ³1965.
Neuenzeit, Paul, hoffen. In: HRPG 1 (1986) 414–418.
Nipkow, Karl Ernst, Comenius, Johann Amos. In: ⁴RGG 2 (1999) 426–428.
Schütz, Paul, Freiheit – Hoffnung – Prophetie. Von der Gegenwärtigkeit des Zukünftigen. Gesammelte Werke Bd. 3. Hamburg 1963.
Steinwede, Dietrich, Himmel – Reich Gottes. Ein Sachbilderbuch zur Bibel. Lahr/Düsseldorf ²1986.

HENNING SCHRÖER (†)

II.2.13
Gemeinschaft – Glaubensgemeinschaft/Kirche

→ II.2.12 Hoffnung – Utopien – Reich Gottes
→ II.3.9 Kirche als Lebensraum und Institution
→ IV.4.2 Basisgemeindliche Gruppen/Religiöse Bewegungen/Initiativen/Netzwerke

1 Sozialwissenschaftliche Begrifflichkeit

In der *Anthropologie* gilt Gemeinschaft als Begriff, der mehr umfasst als Familie/Verwandtschaft, aber nicht ausgeweitet wird bis zu Gesellschaft/Staat. Gemeinschaft entsteht aufgrund gemeinsamer Interessen zwischen Menschen, die in einem bestimmten Kontext aufeinander bezogen leben, und sie entwickeln Strukturen für die Zukunftsfähigkeit des Miteinanders. Die *Sozialpsychologie* weist darauf hin, dass jede Gruppe/Gemeinschaft ihre Identität ausbildet, indem sie sich von anderen unterscheidet und die Grenzen zwischen Eigenem und Anderem definiert. Weil solche Beziehungen nicht als etwas Mechanisches erlebt werden, versteht der Einzelne die Gemeinschaften, an denen er partizipiert, in denen er seine individuellen und sozialen Kompetenzen entwickelt, nur in zweiter Linie als strukturierte Institutionen. Die Mehrdeutigkeit symbolischer Sprache eröffnet den Mitgliedern eine gemeinsame Verstehensbasis zur Abgrenzung von anderen Gemeinschaften sowie zur Förderung der Stärken des Einzelnen und der gemeinschaftsinternen Vielfalt. Weil Gemeinschaft Nähe/Gemeinsamkeit und ein verträgliches Maß an Distanz/Verschiedenheit impliziert, gibt es unterschiedliche Formen der Identifikation, die bis hin zur unkritischen Totalidentifikation reichen können.

2 Theologische Perspektiven

Menschen machen immer wieder die Erfahrung, dass sie nur lebendig leben können, wenn sie sich gegenseitig das Leben ermöglichen. Mit diesen Erfahrungen korreliert die theologisch-ekklesiologische Grunderfahrung, dass wir nur zur Vollendung unseres Lebens gelangen können, weil Gott mit seinem Leben für unser Leben Partei ergreift, damit wir uns in lebendigen Beziehungen selbst verwirklichen (vgl. Hilberath 1999, 54). Von Glaubensgemeinschaft als Koinonia/Communio zu sprechen, bedeutet: »Kirche ist eine Gemeinschaft von Menschen, die durch die Gemeinschaft mit Gott, der sich selbst für uns einsetzt, als Individuen konstituiert werden, die sich wechselseitig zum Leben verhelfen« (Hilberath 1999, 55). Der Begriff »Koinonia« steht im NT für »Gemeinschaft aufgrund von Teilhabe« am Leib und Blut Christi (1 Kor 1,16) sowie am Evangelium (Phil 1,5). »Koinonia ist die Gemeinschaft der Christen am Ort, die von Gott in Jesus Christus und seinem Geist (...) in der Eucharistie jeweils neu konstituiert wird« (Hilberath 1999, 54). Dieses theologische Verständnis von Gemeinschaft ist durch drei Strukturelemente bestimmt: (1) *Teilgabe* – Gott gibt uns Menschen Gemeinschaft, (2) *Teilhabe* – wir haben Gemeinschaft, weil Gott sie uns schenkt, (3) *Teilnahme* – wir sind gerufen, an der Gabe der Gemeinschaft zu partizipieren, indem wir sie annehmen und bezeugen. Theologisch hat Gemeinschaft also eine vertikale und eine horizontale Dimension und gründet im Indikativ der Gnade Gottes. Dies ermöglicht Christen, mit Gott und untereinander in lebendigen Beziehungen zu leben und sich zu öffnen für andere: Schwache, Arme, Fremde und Ausgegrenzte.

Durch die trinitätstheologische Entfaltung des Begriffs »Koinonia/Communio« in der frühen Kirche wird das kritische Potenzial der Communio als Modell für Unterschiedenheit in Gemeinschaft expliziert und die Communio des dreieinigen Gottes als Modell für zwischenmenschliche, kirchliche und gesellschaftliche Gemeinschaft verstanden. Die prophetische Kraft der Communio äußert sich in der Fähigkeit von Christen, im Sinne der Parteinahme Gottes für das Gelingen des Lebens in Gerechtigkeit, Freiheit und Versöhnung einzustehen – gemeinsam mit den Menschen, denen ebenfalls an einem menschenwürdigen Leben für alle liegt. Dies impliziert aber auch, »entsprechend der Parteinahme Gottes gegen Ungerechtigkeit (...) bestehendes Unrecht zu kritisieren, unterdrückerische Herrschaftsmechanismen zu denunzieren und (...) prophetische ›Zeichen des Widerspruchs‹ zu setzen, indem man sich im Namen Gottes für eine neue, gerechtere (...) Ordnung einsetzt« (Scheidler 1993, 96f). Die im Communio-Gedanken enthaltene Vermittlung von Gemeinsamkeiten und Unterschiedenheit zwischen Menschen kann Alternativen eröffnen zu den Schattenseiten der Individualisierung und der Ausdünnung der Kommunikation durch die zunehmende Orientierung an dem, was für die Wirtschaft nützlich ist. Nicht zuletzt enthält Koinonia/Communio in der modernen, pluralistischen Gesellschaft ein Inspirationspotenzial für die Entfaltung der religiösen Dimension von Bildung, Lehren und Lernen (vgl. Scheidler 1993, 131ff).

Wie andere Begriffe ist auch »Communio« ambivalent und wird mit unterschiedlichen Intentionen verwendet – bis hin zur Pervertierung der kritischen Stoßrichtung. So kann »von Communio geredet werden, um von den unbeliebten Strukturdebatten abzulenken« (Hilberath 1999, 52f). Gemeinschaft wird dann spirituell überhöht und die Veränderung überkommener kirchlicher Strukturen als unwesentlich abgewertet: »Es darf auch nicht sein, dass die äußere Struktur der Kirche als eine Geschwisterlichkeit im abstrakten Sinn bezeichnet wird« (Hilberath 1999, 58). Als Reaktion auf die zunehmende Individualisierung wird häufig nur eine Seite des Communio-Gedankens hervorgehoben und »mit dem Schlagwort ›Individualismus‹ das legitime Anliegen nach Selbstbestimmung abgekanzelt« (Hilberath 1999, 52f). Nicht zuletzt kann »Communio« dahingehend missverstanden werden, dass man nur die ›Kerngemeinde‹ als eigentliche Gemeinde betrachtet. Man übersieht dabei, dass Offenheit ein Kennzeichen der Glaubensgemeinschaft sein muss, mit der Einzelne und Gruppen sich in unterschiedlicher Intensität identifizieren (vgl. Hilberath 1999, 58f). Kirche verdient nur dann die Bezeichnung »Communio«, wenn sie in allen Bereichen als kommunikative Glaubensgemeinschaft handelt. Wenn diese kritische Stoßrichtung des Communio-Gedankens entfaltet wird, kann vielen theologie-, kirchen- und bildungspolitischen Einseitigkeiten gewehrt werden.

Es gilt also auf verschiedenen Ebenen und in unterschiedlichen Zusammenhängen zu fragen, »*wer* denn in der Kirche *wo wie was* und *wozu* tut. Die Kirche kann als Kommunikationsgemeinschaft gelten, in der verschiedene Subjekte in ihrem kommunikativen Handeln in ihren jeweiligen Kontexten mittels geeigneter Medien bestimmte Inhalte im Blick auf ihre Ziele tun, nämlich u.a. tradieren und rezipieren, festhalten und vergegenwärtigen (...) und kreativ weiterführen. (...) Die Kommunikationsgemeinschaft Kirche dient (...) der Kommunikation der Geschichte Gottes mit den Menschen, der Kommunikation des Evangeliums Jesu Christi« (Arens 2000, 246). Dies impliziert, dass die Kommunikation des Evangeliums durchaus konfliktträchtig ist, »weil sie die Widersprüche jener Menschen und Strukturen« provoziert, »die ihre Herrschaft und Macht nicht teilen wollen und der Umkehr entgegenstehen« (Fuchs 1999, 372). Auch die Kirche ist keine ›heile‹ Kommunikationsgemeinschaft, sondern wird auf allen Ebenen als eine Gemeinschaft von Sündern erfahren, die der Umkehr bedarf. Entsprechend nüchterne Selbstkritik kann die Glaubensgemeinschaft davor bewahren, ihr Selbstbild triumphalistisch aufzuwerten.

3 Praktisch-theologische Konkretionen

Praktisch-theologisch lassen sich vier Reichweiten der Kommunikationsgemeinschaft Kirche unterscheiden:

(1) Die Gemeinschaft der Glaubenden in den Grundvollzügen Diakonia, Martyria und Liturgia auf allen Ebenen (a. auf der Ebene zwischenmenschlichen Miteinanders, wo zwei oder drei im Namen Jesu interagieren – in Initiativgruppen, Haus-, Basis- oder Personalgemeinden; b. auf der Ebene der Ortsgemeinde speziell in der Feier der Eucharistie und des Abendmahls; c. auf der Ebene der vom Bischof geleiteten Gemeinschaft der Gruppen und Gemeinden einer Ortskirche; d. auf der Ebene der Weltkirche.)

(2) Die Gemeinschaft der lebenden mit den verstorbenen Glaubenden – insbesondere in der Erinnerung an »Opfer« und »Täter«, die unsere Anfälligkeiten für Ungerechtigkeit entlarvt und Umkehr motivieren kann.

(3) Die Beziehung der innerkirchlichen Gemeinschaft mit der Reich-Gottes-Gegebenheit ›außerhalb‹ der Kirche als offene, nach außen gerichtete Kooperation mit allen Kräften guten Willens, die das Reich Gottes in der Geschichte ausbauen, insofern sie

für Gerechtigkeit, Barmherzigkeit, Schöpfungsbewahrung und erlösende Transzendenzbeziehungen einstehen.

(4) Die Beziehung zur Tiefendimension der personalen und sozialen Identitäten, um die zuvor genannten Reichweiten der Communio inkarnationstheologisch zu ›unterkellern‹ und mit der Kommunikation des Evangeliums die Wurzeln von Persönlichkeitsstrukturen und Kulturen zu stärken, evangeliumsgemäße Entwicklungen anzustoßen bzw. erdrückende, lebensbedrohliche Entwicklungen zu kritisieren (vgl. Fuchs 1999, 367ff).

Religionspädagogisch ist Gemeinschaft nicht nur ein Thema von Lernprozessen, sondern gerade beim Glaubenlernen muss auf den verschiedenen Ebenen didaktischen Handelns im religionspädagogischen Praxis-Theorie-Praxis-Zirkel berücksichtigt werden, welche Erfahrungen gelingender oder misslingender Gemeinschaft Lehrende und Lernende auf der Beziehungsebene miteinander und mit anderen machen. Es gilt zu klären, welche didaktischen Entscheidungen bezüglich der Ziele, Inhalte, Methoden, Medien, Kommunikations- und Sozialformen dazu beitragen, Gemeinschaftserfahrungen im Glauben zu erschließen. Insbesondere gilt es im Blick auf die Organisationsformen je nach Lernanlass zu reflektieren, welche homogenen/heterogenen Lerngruppen (hinsichtlich Altersstufe, Geschlecht, Konfession, Religion, kultureller Prägung u.a.) in welchen Phasen und mit welchen Zielen (konfessionsspezifischen, ökumenischen, interreligiösen oder interkulturellen Lernens u.a.) die Persönlichkeit und eine Gemeinschaftsfähigkeit optimal fördern. Nicht zuletzt sind die Möglichkeiten und Grenzen einer kommunikativen, gemeinschaftsbezogenen Didaktik angesichts der institutionellen Bedingungen des jeweiligen Lernorts wahrzunehmen und gegebenenfalls so zu verändern, dass die entwicklungsbedingten Zugänge und die Gemeinschaftserfahrungen der Lernenden nicht verschüttet, sondern ausgebaut werden.

Literatur

Arens, Edmund, Konturen einer kommunikativen Kirche. In: Liggenstorfer, Roger u.a. (Hg.), (K)ein Koch-Buch. Anweisungen und Rezepte für eine Kirche der Hoffnung. Fribourg 2000, 246–251.

Cohen, Anthony P., The Symbolic Construction of Community. London 1985.

Fuchs, Ottmar, Kirche. In: Haslinger, Herbert u.a. (Hg.), Handbuch Praktische Theologie 1 (1999) 363–375.

Hilberath, Bernd Jochen, Zwischen Vision und Wirklichkeit. Fragen nach dem Weg der Kirche. Würzburg 1999.

Scheidler, Monika, Christliche Communio und kommunikatives Handeln. Eine Leitperspektive für die Schule. Altenberge 1993.

MONIKA SCHEIDLER

II.3 Gesellschaftliche Lebenswelten

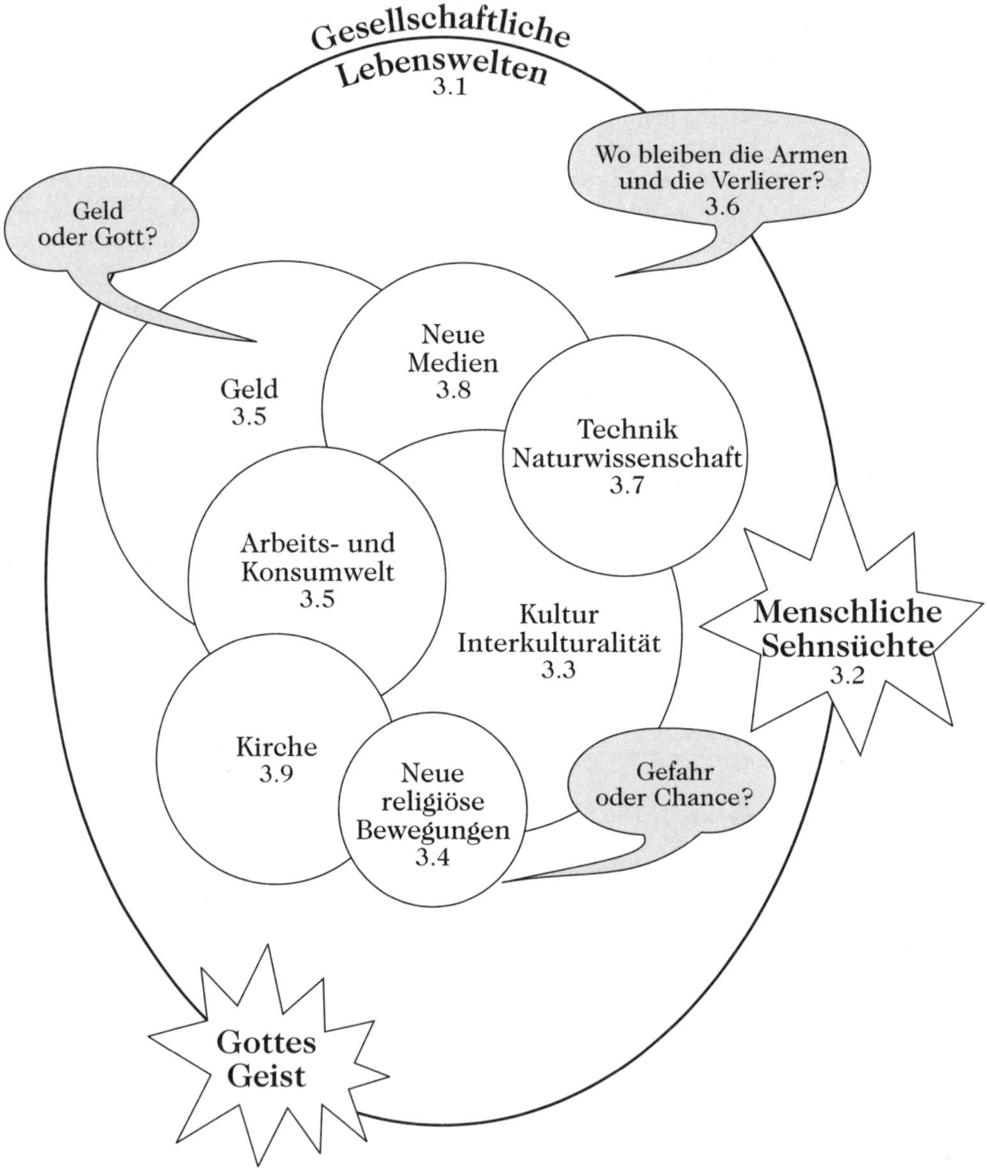

II.3.1 Gesellschaft und Religion

→ I.1 Religion, Glauben und Aufwachsen heute
→ I.3 Religiöse Bildung zwischen Subjekten und Strukturen
→ II.2.1 Religion – Religionskritik
→ III.4.1 Pluralität und Pluralismus
→ III.4.3 Atheismus – Agnostizismus – Indifferentismus
→ IV.4.1 Gesellschaftliche und ›religiöse‹ Milieus/Lernumwelten

1 Moderne Gesellschaft und Religion in Spannung

Im Unterschied zu vormodernen, traditionalen Gesellschaften gilt für die moderne Gesellschaft, dass Gesellschaft und Religion in einem Spannungsverhältnis zueinander stehen. An die Stelle der Orientierung an und der Legitimation über Traditionen tritt in der modernen Gesellschaften die Festlegung auf Strukturen, deren prinzipielle Veränderbarkeit und deren permanenter Wandel immer schon mitgedacht sind. Dem »Wie es war im Anfang ...« des religiösen Bewusstseins steht das moderne Bewusstsein einer unaufhaltsamen Bewegung auf eine offene Zukunft hin gegenüber, die nur durch ständiges Veränderungshandeln gemeistert werden kann. Auf der strukturellen Ebene korrespondiert dem eine Gesellschaft, die für alle relevanten Funktionen relativ selbstständige Handlungsstrukturen und Orientierungsmuster ausdifferenziert hat und keine Integration in einer überwölbenden Einheit mehr kennt. Der Ort der Religion in der modernen Gesellschaft ist nicht mehr in einem übergreifenden Baldachin oder in der hierarchischen Spitze der Gesellschaft zu suchen, sondern sie findet sich als Teilsystem unter anderen Teilsystemen wieder. Auf der kulturellen Ebene treffen in der modernen Gesellschaft eine Mehrzahl von Deutungssystemen aufeinander, die mit übergreifenden Ansprüchen auf Orientierung und Legitimation auftreten und sich wechselseitig der selbstverständlichen Geltung berauben. Im Hinblick auf die Ebene der individuellen Lebensführung bedeutet dies, dass die Integration der Einzelnen in die Gesellschaft an die Teilhabe und den kompetenten Umgang mit einer Pluralität von systemspezifischen Leitorientierungen gebunden ist. Für eine horizontale, die unterschiedlichen Lebenssphären übergreifende und eine vertikale, die Lebensgeschichte umfassende Sinnintegration der eigenen Lebensführung sind die Individuen zwar auf symbolische Deutungen einer (geordneten) Welt und eines (guten) Lebens angewiesen, wie sie in religiösen Traditionen und säkularen Symbolsystemen angeboten werden. Authentische Lösungen des Sinnproblems individueller Lebensführung haben aber eine individuelle, die Lebensführung zu einer Sinneinheit integrierende Deutungsleistung und ihre stützende Anerkennung in Interaktionsbezügen zur Voraussetzung. Spannungen zwischen individueller Religiosität und Religion als Symbolsystem sind deshalb für die moderne Gesellschaft unvermeidbar. Was heute unter dem Begriff der Postmoderne artikuliert wird, verweist auf eine Radikalisierung des Pluralismus auf struktureller, kultureller und individueller Ebene und keineswegs auf einen tatsächlichen Bruch mit der modernen Vorstellung einer durch permanenten Wandel zu bewältigenden offenen Zukunft.

2 Definitionsstrategien von Religion

Was unter Religion zu verstehen ist und wie sie angemessen definiert werden kann, darüber besteht gegenwärtig in den Sozialwissenschaften kein Konsens. Die Vielzahl der Religionsdefinitionen lassen sich nach den Strategien unterscheiden, die zur Gewinnung eines angemessenen Begriffsverständnisses eingeschlagen werden. *Substanzielle* Definitionen gehen zur Bestimmung von Religion von spezifischen Inhalten und Merkmalen aus, die Religion als einen abgrenzbaren Gegenstandsbereich konstituieren. Die größte Verbreitung haben Definitionsversuche gefunden, die Religion an der Erfahrung des Heiligen im Gegensatz zum Profanen bzw. am Gefühl schlechthinniger Abhängigkeit festmachen. Enger verfahren auf dieser Linie Religionsdefinitionen, die Religion an die Beziehung zu einem Göttlichen oder an den Glauben an die Existenz einer transzendenten Macht binden und entsprechend Handlungen als religiös qualifizieren, die der Bezugnahme auf die jenseitige Macht dienen. Die Schwäche der substanziellen Definitionsstrategie ist darin zu suchen, dass eine Vielzahl von inhaltlichen Merkmalen zur Abgrenzung herangezogen werden, deren interkulturelle und historische Konstanz ungeklärt bleibt.

Die in den Sozialwissenschaften weit verbreitete *funktionale* Definitionsstrategie versucht die Schwächen der substanziellen zu überwinden, indem sie Religion nicht über spezifische Merkmale, sondern über ihre Funktionen definiert. Als Religion gilt dann das, was eine bestimmte Funktion bzw. spezifische Funktionen erfüllt. Von Franz-Xaver Kaufmann stammt der Versuch, mit Blick auf die Religionsgeschichte einen erschöpfenden Katalog von Religionsfunktionen zu entwickeln. Als Religion kann entsprechend gelten, was (1) dem individuellen Leben die Angst nimmt, Sinn vermittelt und Identität begründet (Funktion der Identitätsstiftung); was (2) richtiges Handeln in außeralltäglichen Situationen ermöglicht (moralische Funktion); was (3) den Umgang mit Unrecht, Leid und Unverfügbarkeiten des Lebens eröffnet (Funktion der Kontingenzbewältigung); was (4) die Einheit der Welt begründet (kosmisierende Funktion); was (5) den gesellschaftlichen Zusammenhalt sichert (sozialintegrative Funktion) und was (6) eine Distanzierung von gegebenen Sozialverhältnissen und ihre Kritik ermöglicht (prophetische Funktion). Offen bleibt, ob es sich bei Religion um einen Sinnkomplex handelt, bei dem alle Funktionen zugleich erfüllt sein müssen oder ob für eine Religionsdefinition schon der Bezug zu ein oder zwei Funktionen genügt. Thomas Luckmann wählt eine Strategie, die Religion – gewissermaßen eine Stufe tiefer und insofern »unsichtbar« – schon bei allen Sinnstrukturen beginnen lässt, die den Menschen durch das Transzendieren seines natürlichen Organismus zu einem sozial und moralisch handelnden Wesen machen. »Religion findet sich« – so Luckmann – »überall da, wo aus dem Verhalten der Gattungsmitglieder moralisch beurteilbare Handlungen werden« (Luckmann 1991, 165). Niklas Luhmann dagegen ist darum bemüht, die Religionsdefinition von allen anthropologischen Bezügen zu lösen und an eine spezifische Form der gesellschaftlichen Kommunikation zu binden, nämlich an die kommunikative Einheit der Differenz von Immanenz und Transzendenz (vgl. Luhmann 2000, 126). Ulrich Oevermann wiederum sieht Religion in der menschlichen Lebenspraxis begründet, die in einer durch Sprache eröffneten, sinnstrukturierten Welt einem prinzipiellen Entscheidungszwang angesichts hypothetischer Alternativen und einer Begründungsverpflichtung unterliegt, die immer nur vorläufig mittels eines sozial gestützten »Begründungsmythos« einlösbar erscheint (Oevermann 1996, 31ff).

Angesichts der Vielfalt und Theorieabhängigkeit gegenwärtiger Religionsdefinitionen ist in der empirischen Religionsforschung die Tendenz zu beobachten, die Offenheit des Religionsbegriffs durch eine Kombination von substanziellen und funktionalen

Religionsbegriffen zu schließen und auf diesem Weg zu einem operationalen Begriff zu kommen. So kombiniert Detlef Pollack die funktionale Bestimmung von Religion als Einheit von Transzendenz und Immanenz mit der Beziehung zu einer transzendenten Macht (vgl. Pollack 1995).

3 De-Institutionalisierung kirchlich verfasster Religion

Obwohl im wissenschaftlichen Diskurs Konsens darüber besteht, dass Religion in der modernen Gesellschaft ihre kirchlich-institutionelle Verfassung prinzipiell überschreitet, gelten die Kirchen im gesellschaftlichen Bewusstsein nach wie vor als der primäre Ort der Religion. Die Religionsforschung konstatiert für den Westen Europas einen lang anhaltenden, schrittweise forcierten Rückgang der kirchlich institutionalisierten Religion. Er kommt sowohl im Verblassen des für die kirchlichen Glaubensüberzeugungen konstitutiven Glaubens an einen persönlichen Gott wie im Abrücken vom kirchlich formulierten Glauben an ein Leben nach dem Tod zum Ausdruck. Ebenso schwächt sich empirisch nachweisbar die Bindung an die Institution Kirche ab. Denselben Trend zeigt die Dimension kirchlich-ritueller Praxis an: Der regelmäßige Gottesdienstbesuch ist rückläufig, eine regelmäßige Gebetspraxis wird seltener und kirchliche Verhaltensnormen finden signifikant weniger Gehorsam. Der kontinuierliche Rückgang kirchlich verfasster Religion wurde durch Phasen beschleunigter Ablösung von kirchlichen Vorgaben zwischen Mitte der 1960er- und 1970er-Jahre und in den 1990er-Jahren überlagert. Der deutliche Rückgang des regelmäßigen Gottesdienstbesuchs und der Zusammenbruch der konfessionsspezifischen Praxis der Ohrenbeichte im Katholizismus kontrastiert dabei mit der relativen Stabilität der Inanspruchnahme des kirchlich-rituellen Angebots an den Lebenswenden von Geburt, Heirat und Tod. Mit Blick auf die religiös-kirchliche Landschaft Europas ist zu konstatieren, dass sich die Gesellschaft Deutschlands in einer besonderen Lage befindet. Sie reicht in zwei europäische Kulturregionen mit deutlich unterschiedlich geprägten religiösen Landschaften hinein. Zum einen gehört der Westen Deutschlands zu den hoch industrialisierten, gemischt-konfessionellen Staaten Mitteleuropas mit einer im europäischen Vergleich mittleren kirchlichen Bindungskraft. Der Osten Deutschlands passt auch über ein Jahrzehnt nach der Wende nicht in dieses Muster, sondern gehört zu einer nord-osteuropäischen Region, die eindeutig die geringste kirchliche Integration ihrer Bürger aufweist. Besonders drastisch fällt der Rückgang der kirchlich verfassten Religion unter den Jugendlichen aus. So konstatiert die 13. Shell-Jugendstudie Jugend 2000 mit Rückblick auf die letzten fünfzehn bzw. zehn Jahre: »Nur noch ein knappes Drittel der westdeutschen Jugendlichen betet und glaubt an ein Weiterleben nach dem Tod, nur noch ein Sechstel geht zum Gottesdienst. Das 1991 sowieso schon niedrige Niveau bei den Jugendlichen in den neuen Bundesländern ist weiter abgerutscht; Gottesdienstbesuch und Beten sind Praktiken von kleinen Minderheiten geworden« (Fuchs-Heinritz 2000, 162). Insgesamt ist festzustellen, dass die kirchlich verfasste Religion einen Verlust an Selbstverständlichkeit und Normalität zu verzeichnen hat. Trotz ihrer weiter dominierenden Stellung besitzt sie kein Monopol mehr auf Religion. Die sozial gestützte Motivation zur Übernahme kirchlicher Glaubensvorstellungen und Normvorschriften ist gesunken und das Netz sozialer Kontrolle hat an Wirksamkeit verloren. Die kirchliche Religion – so lässt sich zusammenfassen – hat ihren Charakter als »zwingende« Primärinstitution verloren und ist zu einer (ab-)wählbaren Sekundärinstitution geworden.

4 Stufen religiöser Indifferenz

Entkirchlichung lässt sich im Anschluss an Franz-Xaver Kaufmann als erste Stufe einer mehrstufigen religiösen Indifferenz im Sinne einer »Gleichgültigkeit« gegenüber Religion begreifen (vgl. Kaufmann 1989, 157ff). Entsprechend dieser Konzeption ist mit Phänomenen der *Entchristlichung* eine zweite Stufe religiöser Indifferenz angesprochen. Hier geht es über kirchlich-konfessionelle Bezüge hinaus um den Bedeutungsverlust christlicher Sinngehalte. Im Hintergrund steht die Vorstellung, dass christliche Sinngehalte über ihre kirchliche Verfassung hinaus einen Bedeutungsverlust in ihrer kulturellen Verankerung in der Gesellschaft erfahren. Seit der Aufklärung impliziert die Glaubensgeschichte der Moderne Phänomene der Entchristlichung, die ihre wirkkräftigste Ausformung in Wissenschaftsglauben und Kommunismus als Konkurrenzmächte zum Christentum mit eigenem Wahrheitsanspruch und missionarischem Impuls erfahren haben (vgl. Tenbruck 1977). Während die säkular-religiösen Glaubensmächte der Moderne ähnlich wie das Christentum selbst an Konturen verloren haben, gehören heute bedingt durch Migrationsbewegungen die außerchristlichen Weltreligionen zu einem sichtbaren Bestandteil des Alltagslebens. So stellt der Islam in Deutschland mit Abstand die drittgrößte Religionsgemeinschaft dar. Die Shell-Jugendstudie Jugend 2000 hebt hervor, dass »durch die Anwesenheit muslimischer Jugendlicher (...) im jugendlichen Alltag gerade in dem Moment eine neue ›Konfessionsgrenze‹ wirksam geworden (ist), als die alten konfessionellen Konturen weithin abgeschliffen waren« (Fuchs-Heinritz 2000, 180). Rückwirkungen im Sinne einer abgrenzenden Rückbesinnung auf eine betont christliche Lebensführung unter den christlichen Jugendlichen sind aber bisher nicht zu beobachten.

Von einer dritten Stufe der Indifferenz spricht Kaufmann dort, wo von einem *Religionsverlust* im Sinne einer Gleichgültigkeit gegenüber »kollektiven Bedeutungshierarchien« insgesamt gesprochen werden kann (vgl. Kaufmann 1989, 158f). Die Einschätzung von Phänomenen des Religionsverlustes in Deutschland variiert deutlich nach dem jeweils präferierten Religionsverständnis. Wer etwa an einer substanziellen Definition von Religion im Sinne einer ausmachbaren Gottesvorstellung festhält, wird zumindest bei denjenigen, die explizit eine Gottesexistenz leugnen, von Religionsverlust sprechen. Folgt man dagegen dem Religionsverständnis Thomas Luckmanns wird es schwer, überhaupt von Religionsverlust sprechen zu können. Er würde sich heute dort ankündigen, wo die Sozialisationsprozesse ein Transzendieren des menschlichen Organismus so weit erschweren, dass das kulturelle Selbstverständnis des Menschen als eines moralischen Wesens auf dem Spiel steht. Kaufmann sieht eine vierte und letzte Stufe der Indifferenz dort erreicht, wo sich eine *»Indifferenz gegenüber jeglicher Verbindlichkeit«* beobachten lässt (Kaufmann 1989, 160).

5 Modernisierung ohne Religionsverlust?

Gehören die für Deutschland und (West-)Europa charakteristischen Phänomene der religiösen Indifferenz zu einem die moderne Gesellschaftsentwicklung notwendig begleitenden Säkularisierungsprozess oder geht der Trend eher auf eine europäische Sonderentwicklung in Sachen Religion zurück? An dieser Frage scheiden sich gegenwärtig die Geister in der Religionssoziologie. Detlef Pollack oder Ulrich Oevermann sehen in der Tradition Max Webers die moderne Gesellschaftsentwicklung zwangsläufig mit dem unaufhaltsamen Trend verbunden, religiöse durch säkulare Antworten auf das der Religion zu Grunde liegende Bezugsproblem zu ersetzen. Für Thomas Luckmann ist zwar nicht die Säkularisierung, wohl aber die Privatisierung der Religion in der Moderne unvermeidlich. Demgegenüber rechnen die angloamerikanischen Soziologen David Martin und José Casanova die Phänomene der Religionsentwicklung in Europa einem spezifisch europäischen Modernisierungspfad zu. Casanova sucht in einer vergleichenden Studie zu belegen, dass für Modernisierungsprozesse zwar die gesellschaftliche Differenzierung und der damit verbundene religiös-politische Machtverlust konstitutiv sind, nicht aber notwendigerweise die Zurückdrängung der Religion in die Privatsphäre und ihr Verblassen auf der Ebene der Individuen (vgl. Casanova 1994, 211ff). Für Casanova kann man aus neueren Entwicklungen lernen, dass dort, wo die Religion sich dem emanzipatorischen Impuls der strukturellen Differenzierung nicht widersetzt, sondern selbst im gesellschaftlich-öffentlichen Raum als freiheitsstützende Kraft agiert, der Modernisierungsprozess keineswegs notwendig mit der Privatisierung der Religion und religiöser Indifferenz verbunden ist.

Literatur

Casanova, José, Public Religions in the Modern World. Chicago/London 1994.
Fuchs-Heinritz, Werner, Religion. In: Deutsche Shell (Hg.), Jugend 2000. Bd. 1. Opladen 2000, 157–180.
Gabriel, Karl, Christentum zwischen Tradition und Postmoderne. Freiburg u.a. ^{7}2000.
Kaufmann, Franz-Xaver, Religion und Modernität. Sozialwissenschaftliche Perspektiven. Tübingen 1989.
Luhmann, Niklas, Die Religion der Gesellschaft. Hrsg. v. Andre Kieserling. Frankfurt/M. 2000.
Luckmann, Thomas, Die unsichtbare Religion. Mit einem Vorwort von Hubert Knoblauch. Frankfurt/M. 1991.
Oevermann, Ulrich, Strukturmodell von Religiosität. In: Gabriel, Karl (Hg.), Religiöse Individualisierung oder Säkularisierung. Biographie und Gruppe als Bezugspunkte moderner Religiosität. Gütersloh 1996, 29–40.
Pollack, Detlef, Was ist Religion: Probleme der Definition. In: Zeitschrift für Religionswissenschaft 3 (1995) 163–190.
Tenbruck, Friedrich H., Wahrheit und Mission. In: Baier, Horst (Hg.), Freiheit und Sachzwang. Opladen 1977, 49–86.

KARL GABRIEL

II.3.2 Sehnsucht und Sehnsüchte

→ II.2.1 Religion – Religionskritik
→ II.2.5 Glück – Sinn – Heil
→ II.2.12 Hoffnung – Utopien – Reich Gottes
→ III.4.2 Individualisierte Religiosität

1 Sehnsucht hat viele Stimmen und Namen

»Sehnsucht« meint ein uns Menschen eigentümliches, inhaltlich unbestimmtes, unendliches Verlangen. Die Sehnsucht konkretisiert sich zwar in den verschiedenen Sehnsüchten. Es sind die Sehnsüchte nach Liebe, nach Glück, nach Sinn, nach einem Gelingen des Lebens, in denen unser unendliches Verlangen sich ausspricht. In all diesen Sehnsüchten verdichtet sich aber jeweils nur das eine Verlangen nach dem erfüllten, ganzen Leben, nach dem Heil. Die Sehnsucht ist in den verschiedenen Sehnsüchten spürbar da. In all den verschiedenen Ausprägungen ist sie dennoch nur eine. Die Sehnsucht ist dieses unendliche, unstillbare Verlangen nach mehr.

Es geht um eine anthropologische Kategorie, die des Menschen Weltoffenheit beschreibt, das Nicht-Festgestellt-Sein seines Wesens und seiner Bestimmung. Mit der uns Menschen eigentümlichen Sehnsucht ist freilich zugleich die unserem Selbst- und Weltverhältnis eingezeichnete Dimension des Religiösen benannt. Unsere Sehnsucht geht ins Unendliche, aufs Unbedingte, das vollkommene Glück, den absoluten Sinn. In der Symbolwelt der christlich-religiösen Überlieferungen hat sich die Sehnsucht nach dem Vollkommenen in der Vorstellung vom Paradies, vom geöffneten Himmel, vom ewigen Frieden, von Gottes neuer Schöpfung ausgesagt. Es sind dies Symbole, die zur Darstellung der Sehnsucht und der Sehnsüchte auch heute noch tragen. Von diesem Wissen machen die Werbeindustrie und die säkulare Popkultur regen Gebrauch.

Auf eindringliche Weise wird die Sehnsucht nach erfülltem Leben durch die Songs der Popmusik angesprochen, etwa wenn eine Rockband, die »Toten Hosen«, textet: »Warum werde ich nicht satt?« Ein Song, dazu ein Videoclip, in dem sich das Ungenügen an der Erlebnisgesellschaft artikuliert, die Sehnsucht nach einer anderen, spirituellen Dimension. Wir haben die »Erlebnisgesellschaft« (Gerhard Schulze), weil wir im materiellen Wohlstand leben. Nachdem sich in mehr als fünfzig Jahren Wohlstandssteigerung in der westlichen Welt die elementaren Fragen der Daseinssicherung und des materiellen Überlebens nicht mehr stellen, müssen ständig neue Anreize geschaffen werden, damit man das eigene Leben spürt, das Gefühl hat, dass es sich zu leben lohnt. Doch das geht ins Unendliche fort. Und vor allem, es bleibt immer ein schaler Beigeschmack zurück, etwas verpasst zu haben. Die Dinge des Konsums, auch die Partys, die Drogen, der Sex können die Frage nicht beantworten, ob das Leben wirklich einen Sinn hat. Sie verlangen immer nach mehr. Da ist eine unstillbare Sehnsucht: »Warum werde ich nicht satt?«

Diese Frage nimmt die biblische Einsicht auf, dass der Mensch vom Brot allein nicht lebt. In ihr spricht sich die Sehnsucht aus nach einer das Endliche, Materielle überschreitenden Wirklichkeit. Es wird das Verlangen angesprochen, dass es mehr als alles geben muss, ein Ganzes erfüllten Sinns. Es geht um die Erfahrung, dass sich dieses Verlangen nach Mehr in dieser Welt und mit den Dingen dieser Welt, auch in der Beziehung zu anderen Menschen, letztlich nicht stillen lässt. Dieses Verlangen geht ins Unendliche, auf das Unbedingte. Man kann in der Sprache der christlichen Tradition dann auch sagen, auf Gott und sein ewiges Reich. Die »Erlebnisgesellschaft« stillt dieses Verlangen nicht. Sie produziert im Grunde auf ganz neue Weise die Religion der Sehnsucht nach dem Absoluten, dem Vollkommenen, dem Ganzen eines erfüllten Lebens.

2 Zur religiösen Dimension der Sehnsucht

Theologie und Religionspädagogik müssen sich heute verstärkt darum bemühen, die unsichtbare, die subjektive Religion der Jugendlichen ins Bewusstsein zu heben. Und diese subjektive Religion ist heute primär eine solche des Suchens und Fragens. Es ist die Religion der Sehnsucht, Sehnsuchtsreligion. Die Sehnsuchtsreligion korrespondiert einer konstitutiven Dimension menschlichen Lebens. Für sie sind jedoch Jugendliche in der heutigen »Erlebnisgesellschaft« besonders offen. Der Religionsunterricht hat die Chance, Jugendliche auf ihre Sehnsuchtsreligion anzusprechen, dann jedenfalls, wenn er den Weg zu ihr nicht vorschnell verstellt mit den dogmatischen Lehren, Vorstellungen und Normen der kirchlichen Überlieferungen und theologischen Bücher. Darin liegt die subjektive Religion der Sehnsucht nicht. Sie ist nicht Lehre, nicht Theologie, keine Summe von Glaubenssätzen und Vorschriften. Sie ist eine gewisse existenzielle Offenheit für Transzendenz, für das Unbedingte, dafür, dass die Wirklichkeit im Vorhandenen nicht aufgeht, ihr ein Geheimnis innewohnt.

Den eigenen Zugang zur Religion, zur Idee des Unbedingten, zur immanent immer unbefriedigten Sehnsucht nach Sinn, nach dem vollkommenen Glück, gilt es zu eröffnen. Die eigene Einsicht muss sich bilden können in das, wozu ich mich in letzter Hinsicht bestimmt finde, was meinem Leben einen unauslöschlichen Sinn und die Erfüllung bringen kann, die Gewissheit, auf keinen Fall vergeblich zu leben. Die Jugendlichen sind als religiöse Subjekte ernst zu nehmen und in ihren Suchbewegungen zu begleiten. Es ist die von ihnen selbst zu machende Entdeckung anzuregen, dass die Wirklichkeit im Vorhandenen nicht aufgeht.

Die Sehnsuchtsreligion wird heute in der Werbung und der Popkultur angesprochen. Ebenso finden sich dort aber auch die Strategien der Beruhigung im Alltäglichen, die zumeist ebenfalls religiös verbrämte Bestätigung des Vorhandenen. Die eindrückliche Symbolisierung von Identitätsmustern, Gesinnungsbildung und Gefühlspflege geschieht vor allem in den Daily-Soaps des Fernsehens, in den Filmen des großen Hollywood-Kinos. Die Storys, die das Fernsehen erzählt, dann auch populäre Literatur wie z.B. die Harry-Potter-Romane geben Anleitung, wie die Frage nach der eigenen Identität zu beantworten ist, welche Macht dabei gerade auch die Einbildungskraft hat, der Aufbau fiktionaler Welten, die Fantasie. Wer Fantasie aufbringt, also über die Ordnungen des Vorhandenen sich hinwegdenkt, so die Botschaft, dem wachsen auch außerordentliche Kräfte zu.

Über Gott wird in der »Erlebnisgesellschaft« nicht gestritten. Jedenfalls nicht so, wie es die eigenen Väter und Mütter, die Generation der 68-er noch getan haben. Ein religionsfreundlicher Gottesverzicht ist heute eher die Regel. Damals meinte man noch religionskritisch sein zu müssen, jedenfalls sofern man Gott für die Legitimation der bestehenden Verhältnisse missbraucht sah. Die »Generation Golf« (Florian Illies) hat eingesehen, dass man mit ideologischen Kämpfen, seien sie für oder gegen Gott, die Welt nicht verändert, jedenfalls nicht zum Besseren. Die gesellschaftlichen Verhältnisse sind kompliziert. Die großen Systeme, die Politik, die Wirtschaft arbeiten nach ihrer eigenen Logik. Was bei dem allem jedoch nicht berücksichtigt wird, ist die eigene Subjektivität und ihre Sehnsucht nach substanzieller Sinnerfahrung: Wissen, wozu man gebraucht wird, Anerkennung erfahren, geliebt werden, den Kontakt finden zum Unbedingten, einem größeren Ganzen, einem absoluten Wert, für den zu leben sich lohnt.

3 Die Religion der Sehnsucht und die Religion des Evangeliums

Dass es eine Erfüllung dieser Sehnsucht geben könnte, wird in der postmodernen »Erlebnisgesellschaft« verstärkt auch wieder mit der Kirche, ihren Gebäuden, Symbolen und Ritualen in Verbindung gebracht. Die Sehnsuchtsreligion findet zu einem ästhetischen Verhältnis zur Kirche, das dann allerdings auch moralische Konsequenzen für die Lebensführung hat. Man spürt, dass es in der Kirche um Dinge geht, die man nicht machen oder kaufen kann, die aber das Leben erst eigentlich wertvoll machen. Der Segen des Papstes, das Foto der Mutter, das sind geschätzte Zeichen der Transzendenz, die zugleich persönlich angehen, die man nicht missen möchte, weil sie bei aller demonstrativen Oberflächlichkeit dem Leben zumindest einen Hauch von Tiefe geben. Vielleicht ist es aber doch auch viel ernster gemeint, eben so, dass die Religion der Sehnsucht diese Suche nach tiefer Verbundenheit ist, nach Kontaktaufnahme mit dem Absoluten, mit einem Gott, der Halt und Orientierung gibt, auch wenn sonst vieles bricht.

Die existenziellen Erfahrungen, welche die Sehnsuchtsreligion wecken, in religiöse Sinnfragen hineinführen, sind geblieben. Es sind die Fragen, die nicht nur, aber doch mit besonderer Intensität an den Erfahrungen der Grenze aufbrechen: an den Grenzen unserer analytischen Fähigkeit (wo wir nicht mehr weiterwissen), unserer ethischen Sicherheit (wo wir nicht mehr wissen, was gut und richtig ist), unserer Leidensfähigkeit (warum musste mir das passieren, wie konnte Gott das zulassen). Es sind die Erfahrungen unserer Endlichkeit, des Fragmentarischen, welche die Sehnsucht nach dem Unendlichen, dem Ganzen, der Fülle wecken. Wofür lebe ich? Was gibt mir Halt und eine Perspektive? Ist da ein weiterer Horizont, einer, der die endlichen Dinge und die menschlichen Möglichkeiten übergreift? Oder sind die irdisch-weltlichen Dinge zuletzt doch die höchsten Werte: die Gesundheit, die Familie, der Beruf, das Geld, der Konsum, die Kunst – alles endliche Dinge, das Leben sinnlos, wenn sie zerbrechen?

Es gibt nach wie vor Sinnfragen, deren Lösung – wenn überhaupt – nicht möglich ist, ohne den Himmel zu öffnen. Die Wunde des Sinns schmerzt, auch wenn viele sich an diesen Schmerz gewöhnt haben oder ihn verdrängen. Die Kirchen können ihn ebenfalls nicht so leicht heilen, weil das alte geschlossene Sinnsystem des Christentums die Antwort auf alle diese Fragen nicht mehr bereithält. Es bleibt dennoch die Aufgabe der Kirchen und der Theologie, die vorhandene Welt zu transzendieren, sie an ihre Zufälligkeit zu erinnern, die Ehrfurcht vor dem Ungeheuren, Transrationalen, Nicht-Machbaren, vor dem Geheimnis zu bewahren. Kirche und Theologie müssen, z.B. im Religionsunterricht, heute so der gelebten Religion der Sehnsucht begegnen, dass sie erstens die Sinnfrage plausibel halten, den Sinn der Frage nach dem Sinn wach halten. Sie müssen sich zweitens mit ihrer Arbeit an der Sinnfrage auf vernünftige, existenziell nachvollziehbare Weise in einem Spiel von Sinndeutungen bewegen, die als menschliche Versuche erkennbar bleiben, Unsagbares sagbar zu machen, die transpragmatische Sinndimension unseres bewussten Lebens zur Sprache zu bringen, eine Kultur des Verhaltens zum Unverfügbaren zu pflegen, die Erwartung des Vollkommenen zu bewahren.

Literatur

Berger, Peter L., Sehnsucht nach Sinn. Glauben in einer Zeit der Leichtgläubigkeit. Gütersloh 1999.
Buber, Martin, Cheruth. Eine Rede über Jugend und Religion (1919). In: Buber, Martin, Der Jude und sein Judentum. Gesammelte Aufsätze und Reden. Gerlingen [2]1993, 119–140.
Herok, Stefan/Molzberger-Stich, Agnes, Stimmen der Sehnsucht. Auslesebuch des 20. Jahrhunderts. München 2000.
Illies, Florian, Generation Golf. Eine Inspektion, Berlin [2]2000.
Schmid, Georg, Sehnsucht nach Spiritualität. Stuttgart [2]2000.
Widl, Maria, Sehnsuchtsreligion. Neue religiöse Kulturformen als Herausforderung für die Praxis der Kirchen. Fankfurt/M. 1994.

WILHELM GRÄB

II.3.3 Interkulturalität

→ II.3.1 Gesellschaft und Religion
→ III.3.4 Ökumenisches Lernen/Lernen im Horizont der Einen Welt
→ III.4.4 Interreligiöses Lernen I: Islam
→ III.4.5 Interreligiöses Lernen II: Hinduismus und Buddhismus
→ IV.3.11 Alternative Organisationsformen (LER/Multi-Faith Approach)

1 Begriff

Moderne Gesellschaften sind funktional differenzierte und kulturell pluralisierte Gebilde. Diese plurale gesellschaftliche Situation als multikulturell zu beschreiben ist in vielen Ländern Europas gesellschaftspolitisch akzeptiert (z.B. England und Niederlande), in anderen Kontexten wird *Multikulturalität* als ideenpolitisches Schlagwort kontrovers eingeschätzt. Vom Selbstverständnis einer Gesellschaft hängt es ab, wie konstruktiv, auch in Konflikten, mit bestehender Vielfalt umgegangen werden kann.

Interkulturalität markiert die in pluralen Gesellschaften vorhandenen Interdependenzen und notwendigen Interaktionen von Menschen mit unterschiedlichen kulturellen Bezügen. Das Präfix »inter« betont Aspekte des Austausches und der sozialen Verständigung »zwischen« Menschen. *Kultur* wird hierbei als ein von Menschen geschaffenes komplexes Sinngewebe und Symbolsystem verstanden. Nur dieses offene, dynamische Verständnis von Kultur ist angemessen. Ein geschlossener, essenzialistisch bestimmter Kulturbegriff wäre ein Widerspruch zur Programmatik von Interkulturalität. Der Begriff Interkulturalität fragt nach dem Verhältnis von Eigenem und Fremdem, von Begegnung und Abgrenzung, von Angst vor dem Unbekannten und Fremden und Vertrauen zu ihm. Kulturelle Identitäten werden durch die Individualisierung sozialer Erfahrungen zusätzlich zunehmend individuell bestimmt.

»Transkulturell« will die Mischungen und Durchdringungen heutiger kultureller Verhältnisse und kulturübergreifende Universalien beschreiben und verweist darauf, zukunftsfähige Regelungen für das menschliche Zusammenleben zu finden, gerade auch in zunehmend globalisierten Verhältnissen.

2 Diskussion

2.1 Interkulturalität kulturphilosophisch

Die kulturphilosophische Diskussion um Interkulturalität fragt nach Kultur als Konzept. Dabei sind Kulturalismus und Universalismus die beiden Pole der Debatte (vgl. Schiffauer 1997). Die *universalistische* Position kritisiert Konzepte von Interkulturalität, da sie suggerieren, Schwierigkeiten von Migranten wären primär kulturell zu lokalisieren. Problematisiert wird eine zu weitgehende Zuschreibung oder Festlegung auf Kultur als Identitätsmerkmal von Individuen und die Verharmlosung einer gesellschaftlichen Situation, in der keineswegs von »interkulturell« im Sinne einer Gleichwertigkeit verschiedener Kulturen die Rede sein kann. Die *kulturalistische* Gegenposition geht vom menschlichen Grundbedürfnis nach Anerkennung aus, auch mit dem Recht auf Differenz, das individuell wie kollektiv vertreten werden dürfe. Aber selbst wenn Individuen ihre ethnische Zugehörigkeit als eine kulturelle Ressource verstehen und sich in ihrem sozialen Handeln darauf beziehen, ist es nicht angemessen, sie als ›Gefangene ihrer Kultur‹ zu betrachten. Die Debatte um Kultur sollte im Übrigen immer auch die mit ihr verbundenen vielfältigen Machtmechanismen analysieren, z.B. im Verhältnis von Mehrheits- und Minderheitenkulturen.

Kulturelle bzw. ethnische Fremdheit ist ein spezifischer Fall eines umfassenden Phänomens mit evolutionsgeschichtlichen Wurzeln. Für den Umgang mit ihr ist auf die plurale Verfasstheit moderner Gesellschaften zu verweisen. Dort gehört es zur Normalität, dass Individuen zueinander in Beziehung treten, die sich – was die Organisation ihres Lebens und Alltags betrifft – fremd sind. Fremdheit markiert Distanz und Differenz innerhalb sozialer Beziehungen. »Einheimische« wie auch Migranten sind aufgefordert, sich eigenständig mit kulturellen Traditionen, Erwartungen von Bezugsgruppen, Normen und Werten usw. auseinander zu setzen.

2.2 Interkulturalität politisch

Im politischen Diskurs ist von Interkulturalität die Rede, wenn es um Migration geht. Der Begriff kritisiert ein veraltetes Konzept von Nationalstaat, das von einer homogenen Bevölkerungsstruktur ausgeht, sieht aber auch Verheißungen einer offenen multikulturellen Zukunft kritisch, in der die menschlichen Beziehungen auf Verständigung und Verstehen beruhen. Die politische und gesellschaftliche Anerkennung der faktischen Einwanderungssituation und multikulturellen Vielfalt würde einen anderen Umgang mit dem Fremden fördern und national wie europäisch eine Basis für eine weitere Institutionalisierung und Theoriebildung des ›Interkulturellen‹ schaffen. Ein sozial und ökologisch verantwortlich gestaltetes Europa ist ohne die Vielfalt seiner Kulturen nicht denkbar.

2.3 Interkulturalität sozialwissenschaftlich

In den Sozialwissenschaften wird Fremdheit als relationaler Begriff bestimmt. Was wir als fremd erleben, hängt entscheidend von unserer eigenen Sicht ab. Ortfried Schäffter kategorisiert in der sozialen Lebenswelt gelernte Deutungsmuster des Fremden und unterscheidet vier elementare Ordnungsschemata von Innen-/Außenbeziehungen:

(1) Fremdheit als *Gegenbild* des Eigenen: Eigenes und Fremdes sind gegenseitig unvereinbar. Das Eigene ist vollkommen, es bedarf des Fremden nicht.

(2) Fremdheit als *Resonanzboden* des Eigenen: Es gibt keinen prinzipiellen Bruch zwischen Eigenem und Fremdem, sondern es besteht ein Verhältnis »spannungsreicher Verbundenheit«.

(3) Fremdheit als *Bereicherung* des Eigenen: Das Fremde wird durch Aneignung aufgelöst, ergänzt und vervollständigt das Eigene und dient so dynamischer Selbstveränderung.

(4) Fremdheit als *Komplementarität*: Fremdes lässt sich nicht einfach vereinnahmen. Eigenes und Fremdes bleiben in ihrer gegenseitigen Differenz bestehen, relativieren und bestimmen sich wechselseitig. Innen und Außen werden nicht als separate Bereiche behandelt. Eine Praxis des Unterscheidens ist bestimmt von einem »permanenten ›Oszillieren‹ zwischen Positionen der Eigenheit und der Fremdheit, die sich im wechselseitigen Kontakt gegenseitig hervorrufen« (Schäffter 1991, 25).

Eigenes und Fremdes sind demnach nicht hierarchisch zu sehen. Die Begegnungsmodi bündeln unterschiedliche Erfahrungsweisen, die gleichzeitig und nebeneinander bestehen können. Ihre Bewertung kann in pädagogisch reflektierte Handlungsweisen einfließen, die Begegnung und Konfliktregelung gleichermaßen zwischen Eigenem und Fremdem ermöglichen wollen.

2.4 Interkulturalität pädagogisch

Interkulturelle Pädagogik richtet sich an alle in multikulturellen Gesellschaften lebenden Menschen. Interkulturelle Bildung und Erziehung beruht auf einem Verständnis gegenseitigen Lernens in Begegnung und Konfliktbearbeitung und zielt auf ein kooperatives und friedliches Zusammenleben. Die kontroverse Debatte um Kulturalismus versus Universalismus prägt auch die Entwicklungsgeschichte Interkultureller Pädagogik. Weder eine Überbewertung von Kultur noch ihre Vernachlässigung scheinen angebracht. Georg Auernheimer plädiert für eine Anwaltsfunktion Interkultureller Pädagogik, und zwar »weniger für eine Gruppe als vielmehr für die Idee der Multi- oder besser: Interkulturalität« unter der notwendigen »Aufmerksamkeit für versteckte Rassismen und für strukturelle Benachteiligungen im Bildungssystem« (1997, 346).

In interkulturellen Didaktiken (vgl. Holzbrecher 1997, Reich u.a. 2000) wird die Rolle von Religion weitgehend vernachlässigt (kritisch: Böhm u.a. 1999, Doedens/Schreiner 1996), während sich umgekehrt Bezüge zu Interkulturalität vermehrt auch in theologischen Diskussionen finden. Für die Beziehungen zwischen ›dem Christentum und den Fremden‹ fordert Johann Baptist Metz eine »Ethik der Konvivialität« und eine von ihr gestützte »Kultur der Empfindlichkeit«, damit »das Miteinander unterschiedlicher Kulturwelten« gelingen kann (1993, 219). Er sieht in der »Leidempfindlichkeit der biblischen Gottesbotschaft« einen originär christlichen Beitrag im Zeitalter des Pluralismus der Religionen und Kulturen (vgl. Metz, 2000). »Fremdes Leid wahrzunehmen und zur Sprache zu bringen, ist die unbedingte Voraussetzung aller künftigen

Friedenspolitik, aller neuen Formen sozialer Solidarität angesichts des eskalierenden Risses zwischen Arm und Reich und aller verheißungsvollen Verständigung der Kultur- und Religionswelten« (Metz 2000, 13f). Theologie heute kann die Vielfalt der Kulturen nicht ignorieren.

2.5 Interkulturalität religionspädagogisch

Aus dem Bereich der Religionspädagogik wird auf den engen Zusammenhang von Kultur und Religion hingewiesen (z.B. im Islam, im Hinduismus, aber auch im Christentum), der in pädagogischen und politischen Diskursen zu Interkulturalität oft vernachlässigt wird. Kultur kann nicht ohne Religion als eine ihrer Tiefendimensionen verstanden werden, ebenso wenig ist Religion kontext- bzw. kulturlos zu haben. Weltreligionen sind zu Nachbarschaftsreligionen geworden, ökumenisches Lernen wird zu interreligiösem Lernen erweitert. Fragen nach dem Anderen, dem Fremden sollten die Frage nach seiner Religion einschließen, »die vielleicht überhaupt das Fremdeste am Fremden ist« (Friedrich Schweitzer). Der Aufgabe interreligiösen Lernens kommt dabei eine zukunftsweisende Bedeutung zu. Johannes Lähnemann fordert eine »Evangelische Religionspädagogik in interreligiöser Perspektive« (1998), ebenso Karl Ernst Nipkow, der umfassender von einem neuen pluralismustheoretischen Ansatz ausgeht, der den interreligiösen einschließt und »das Ganze der Religionspädagogik« verändert (1998, 402). Eigenheiten und Besonderheiten der Religionen sind ebenso Ausgangspunkt und Gegenstand des Lernens wie Gemeinsamkeiten im Blick auf ethische Positionen (vgl. H. Küngs »Weltethos« und L. Boffs »planetarische Ethik«). Angestrebt wird eine Praxis gemeinsamer Weltverantwortung als Widerstand gegen die Ursachen ungerechten Leidens in der Welt.

Literatur

Auernheimer, Georg, Interkulturelle Pädagogik. In: Bernhard, Armin/Rothermel, Lutz (Hg.), Handbuch Kritische Pädagogik. Eine Einführung in die Erziehungs- und Bildungswissenschaft. Weinheim 1997, 344–356.

Böhm, Dietmar/Böhm, Regine/Deiss-Niethammer, Birgit, Handbuch Interkulturelles Lernen. Theorie und Praxis für die Arbeit in Kindertageseinrichtungen. Freiburg u.a. 1999.

Doedens, Folkert/Schreiner, Peter (Hg.), Interkulturelles und Interreligiöses Lernen. Beiträge zu einer notwendigen Diskussion. Münster 1996.

Holzbrecher, Alfred, Wahrnehmung des Anderen. Zur Didaktik interkulturellen Lernens. Opladen 1997.

Lähnemann, Johannes, Evangelische Religionspädagogik in interreligiöser Perspektive. Göttingen 1998.

Metz, Johann Baptist, Das Christentum und die Fremden. Perspektiven einer multikulturellen Religion. In: Balke, Friedrich u.a. (Hg.), Schwierige Fremdheit. Frankfurt/M. 1993, 217–228.

Metz, Johann Baptist u.a. (Hg.), Compassion. Freiburg 2000, bes. 9–18.

Nipkow, Karl Ernst, Bildung in einer pluralen Welt, Bd. 2: Religionspädagogik im Pluralismus. Gütersloh 1998.

Reich, Hans H./Holzbrecher, Alfred/Roth, Hans Joachim (Hg.), Fachdidaktik interkulturell. Ein Handbuch. Opladen 2000.

Schäffter, Ortfried, Modi des Fremderlebens. Deutungsmuster im Umgang mit Fremdheit. In: Schäffter, Ortfried (Hg.), Das Fremde. Opladen 1991.

Schiffauer, Werner, Fremde in der Stadt. Frankfurt/M. 1997.

PETER SCHREINER

II.3.4
Neue religiöse Bewegungen

→ II.2.1 Religion – Religionskritik
→ II.3.1 Gesellschaft und Religion
→ II.4.6 Jugendliche und Religion
→ IV.4.2 Basisgemeindliche Gruppen/Religiöse Bewegungen/Initiativen/Netzwerke

1 Die religiöse Landschaft wird immer bunter

Seit dreißig Jahren verliert die volkskirchliche Tradition in allen europäischen Ländern (außer Polen) Terrain. Mit der Differenzierung der Gesellschaft und der Entmonopolisierung aller Lebensbereiche entstanden weltweit viele religiöse Neugründungen, so genannte Neue religiöse Bewegungen, die Antwort auf vielfältige individuelle und kollektive Bedürfnisse anbieten.

Die in Deutschland am meisten wachsende weltanschauliche Gruppe ist die der religiös nicht Gebundenen (ein Drittel der Bevölkerung). Sie stellen weder die für Religion grundlegende Frage nach dem Sinn ihres Daseins und der Weltgeschichte noch die Transzendenzfrage nach einem weltüberlegenen göttlichen Wesen: »Ich glaube nichts und mir fehlt nichts.« Das schließt freilich ein Verlangen nach immateriellen Werten wie Glück, Gesundheit und Frieden keineswegs aus. Zahllose Anbieter im Buchhandel und im Internet sowie die kommerzielle Werbung bedienen diese breite Nachfrage, die früher von der Religion bedient wurde. Auch viele Christen greifen ohne schlechtes Gewissen nach der bunten Angebotspalette des boomenden Psycho- und Gesundheitsmarktes: Pendeln, Bachblüten, Meditationstechniken, Astrologie, spiritistische Sitzungen. Die kirchliche Erwachsenenbildung nimmt vielfach ohne kritische Überprüfung die Präsentation solcher Praktiken, die außerordentliche Erlebnisse und Heilungserfolge versprechen, in ihr Kursangebot auf. Der aggressivste Anbieter auf dem Psychomarkt ist Scientology (in Deutschland ca. 5000 Mitglieder), der Einzelnen und Arbeitgebern verspricht, »eine Erfolgspersönlichkeit zu entwickeln«. Scientology versucht ihren Geschäftsbetrieb als Religion zu deklarieren und sich damit für fachliche Kritik ebenso unzugänglich zu machen wie für die Steuerfahndung. Die Enquete-Kommission des Deutschen Bundestages empfiehlt den Anbietern auf dem Psychomarkt die üblichen Verfahren zur Qualitätssicherung anzuwenden und fordert vom Staat ein Gesetz zur gewerblichen Lebensbewältigungshilfe, das vor »Heilsschwindel« durch Scharlatane schützt.

2 Von den Jugendsekten zum esoterischen Markt

In den 1970er-Jahren erregten die »Jugendsekten«, die nicht nur Jugendliche ansprachen, großes Aufsehen. Ihnen wurde eine autoritäre Binnenstruktur, feindliche Abgrenzung nach außen und ein ins Private hinein fordernder Zugriff auf die Mitglieder angelastet: so etwa die Vereinigungskirche des Koreaners Mun, der sich zusammen mit seiner Ehefrau als den neuen Messias der Menschheitsfamilie verkündete, Massenhochzeiten veranstaltete und eine aggressive Öffentlichkeitsarbeit betrieb. Für Deutschland rechnet man nur noch mit 700 Anhängern, dazu etwa 50 Kindern. Bedeutender ist heute die deutsche Neugründung »Universelles Leben« um die selbst ernannte Würzburger Prophetin Gabriele Wittek mit 780 Mitgliedern in Deutschland (1994). »Fiat Lux« um das Medium Erika Bertschinger-Eicke machte durch spektakuläre Prozesse um den Tod einiger Anhänger von sich reden, weil schwer kranke Menschen medizinische Hilfe zugunsten okkulter Heilmethoden vernachlässigt haben sollen. Die Verfallszeit solcher Neugründungen sowie die Verweildauer von Anhängern ist oft sehr kurz. So ist von der Bhagwan-Bewegung nach dem Tod ihres Gründers 1990 kaum mehr die Rede, sie scheint in der esoterischen Strömung untergegangen zu sein. Die Jugendsekten haben ihre damalige Dynamik verloren, zum Teil auch ihre Absolutheitsansprüche zurückgenommen. Der Kampfbegriff »Sekte« sollte deshalb zugunsten der Rede von Neuen religiösen Bewegungen fallen gelassen werden; denn dieser Sammelbegriff umfasst sowohl religiöse Zeitströmungen als auch mehr oder weniger feste Gemeinschaften.

Die New-Age-Bewegung, die in den 1980er-Jahren von den USA nach Europa kam, war im Gegensatz zu den Jugendreligionen nicht eine kleine, verbindliche und militante Gemeinschaft, sondern eine breite, lockere Strömung. Sie verkündete ein neues Zeitalter (Wendezeit) und wollte die Transformation des globalen Bewusstseins befördern, vor allem durch Lektüre und Meditation. Ihre großen Utopien sind längst verbraucht. Seit den Neunzigerjahren ist sie in die frei flottierende Esoterik-Szene übergegangen.

Gemeinsame Charakteristika für die unterschiedlichsten Neuen religiösen Bewegungen der 1980er- und 1990er-Jahre sind: Vertrauen auf religiöse Intuition und Misstrauen gegen kritisches Denken; Fortschrittsgläubigkeit, die durch die Nutzung geistig-kosmischer Energien (auch spiritistischer Kräfte) ganzheitliches Heil und unzerstörbares Leben (Wiedergeburt) verheißt; geschlossenes Weltbild, das die Differenz zwischen Immanenz und Transzendenz nivelliert. Erstaunlich ist die Leichtgläubigkeit, mit der sich viele Menschen sogar auf Gefährliches ohne Bedenken einlassen. Anleihen einzelner Elemente bei asiatischen Religionen (Yoga, Zen-Meditation) werden im Gegensatz zum echten Buddhismus und Hinduismus nicht als entsagungsvolle Askese, sondern als Steigerung der Vitalität umgedeutet. Ähnlich wird das Christentum in Anspruch genommen und zugleich verfälscht durch den Anspruch, auf Erden schon und aus eigenen Kräften das Himmelreich zu erreichen. Dagegen muss die Kirche die Erinnerung daran wach halten, dass des Menschen größte Vollkommenheit seine Unvollkommenheit ist: nämlich Gottes zu bedürfen.

Die Gegenbewegung zur entgrenzenden, unverbindlichen esoterischen Strömung ist die Flucht in Fundamentalismen, die sich meist in geschlossenen Gruppen verfassen. Diese bieten durch den religiösen Pluralismus verunsicherten Menschen eindeutige Glaubens- und ethische Orientierung an und sind von missionarischem Geist beseelt (z. B. evangelikale Gruppen mit unkritischer Bibelauslegung, Zeugen Jehovas, auch das Opus Dei).

3 Gefährdung durch Neue religiöse Bewegungen?

Der anfängliche Kulturschock über die Jugendsekten ist inzwischen einer nüchternen Einschätzung gewichen. Damals wurde von Skandalen verallgemeinernd auf die Gefährlichkeit von »Sekten« und »destruktiven Kulten« geschlossen. Man unterstellte ihnen, die psychische Gesundheit und die soziale Integration zu schädigen. Doch nach Einschätzung der Enquete-Kommission des Deutschen Bundestags gehören den Neuen religiösen Bewegungen nur 1,2 Prozent der Bevölkerung an, das entspricht 800.000 Mitgliedern und längerfristigen Teilnehmern. Ihre differenzierte Analyse von Fallgeschichten brachte folgende Ergebnisse (vgl. Enquete-Kommission 1998, 297–354): Das ausschlaggebende Moment für Einstieg und Verbleib in oder Ausstieg aus einer Neuen religiösen Bewegung ist die »Passung«. Meist veranlasst durch eine Lebenskrise, deren Wurzeln häufig in der Kindheit liegen, und aufgrund einer Empfehlung aus dem Bekanntenkreis (nicht durch öffentliche Werbung) kommt jemand in eine Gruppe, die zu ihm »passt«, weil sie seine existenzielle Problematik (z.B. Drogenabhängigkeit, gestörte Vaterbeziehung) zu lösen verspricht. Bei den meisten bessert sich dort bald das Wohlbefinden. Die einen bleiben, weil ihnen der Leidensdruck genommen wird, sei es durch Bearbeitung ihrer Lebensproblematik oder durch eine Leid mindernde Verdrängung, die freilich eine Reifung der Persönlichkeit verhindert. Andere steigen früher oder später wieder aus, ohne in der Regel von der Neuen religiösen Bewegung gewaltsam festgehalten zu werden, weil sie in ihrem inzwischen gewonnenen Autonomiestreben die Gruppe als einengend empfinden. Zur Bewältigung des Ausstiegs benötigen etliche psychotherapeutische oder ärztliche Hilfe. Die klare Zuordnung von psychisch-sozialen Schäden zu bestimmten gefährlichen Neuen Religiösen Bewegungen wurde nicht nachgewiesen, ebenso wenig eine typische »Sekten-Persönlichkeit«, für die sich die Mitgliedschaft in einer Neuen religiösen Bewegung voraussagen lässt. Offenbar ist die biografische Passung folgenreicher als das Profil selbst einer autoritären Bewegung.

4 Herausforderung an die Kirchen

Was viele in den Neuen religiösen Bewegungen finden und vergeblich in der Kirche suchen, müsste auch in ihr Raum haben. Nicht als modische Anpassung oder ehrgeizige Überbietung, sondern gemessen an der kirchlichen Passung: sofern es der christliche Glaube gebietet. Das sind, streng genommen, einige Glaubenssätze, wenige ethische Gebote und einfache Riten. Der Glaube entlastet von komplizierten Spekulationen über kosmische Kräfte und von komplizierten Regeln in astrologischen Kalendern. Drei Empfehlungen:

(1) Religionsunterricht und Bildungsarbeit müssen die christliche Botschaft elementarisieren, exemplarisch Angebote des Weltanschauungsmarktes angstfrei ausprobieren und dabei zwischen neugierigem Experimentieren und wirklichen Gefahren unterscheiden. Insbesondere in der Pubertät dürfen Erziehende nicht vorschnell spirituelle Neugier unterbinden. Statt fremde religiöse Praktiken in die Schule zu importieren, sollte sich der Lernort Schule besser öffnen für authentische Lernorte christlichen Glaubens (z.B. einen Karmel besuchen).

(2) Von zunehmender Bedeutung sind in unserer individualistischen Kultur »kommunikative Glaubensmilieus«, zu denen auch die neuen kirchlichen Bewegungen zu rechnen sind, etwa die aus der Pfingstbewegung hervorgegangene Charismatische Erneuerung in der katholischen bzw. evangelischen Kirche, die in Italien entstandene Fokolar-Bewegung oder die ökumenische Taizé-Bewegung. Durch den Austausch von Glaubenserfahrungen, den Aufbau verbindlicher Beziehungen und die Hinwendung zu Kirchenfernen oder sozialen Randgruppen bieten sie eine Alternative zu der Oberflächlichkeit von Erlebniswelten, der eingefahrenen Ritualisierung von Liturgie und der Routine kirchlicher Institutionen und Organisationen, falls sie typische Einseitigkeiten selbstkritisch bedenken.

(3) Die schwierigste Herausforderung, die die spirituelle Esoterik in unserer Erlebnisgesellschaft darstellt, liegt in einem verbreiten »Erfahrungshunger«, der eher wohltuende Gefühle und anregende Vorstellungen als reflektierte Überzeugungen und verbindliche Werte sucht. Eine angemessene Antwort geben die Kirchen dadurch, dass sie eine christliche Meditationsbewegung fördern, die zu einem Beten mit Leib und Seele anleitet und es mit zeitgemäßen Formen des Sozialengagements verbindet.

Literatur

Deutscher Bundestag, Enquete-Kommission »Sogenannte Sekten und Psychogruppen« (Hg.), Neue religiöse und ideologische Gemeinschaften und Psychogruppen, Hamm 1998.
Gasper, Hans u. a. (Hg.), Lexikon der Sekten, Sondergruppen und Weltanschauungen. Freiburg u.a. ^{5}1994.
Hempelmann, Reinhard u.a. (Hg.), Panorama der neuen Religiosität. Sinnsuche und Heilsversprechen zu Beginn des 21. Jahrhunderts, Gütersloh 2001.
Reller, Horst u. a. (Hg.), Handbuch Religiöse Gemeinschaften und Weltanschauungen (hg. im Auftrag der VELKD). Gütersloh ^{5}2000.

HANSPETER HEINZ

II.3.5
Arbeitswelt – Geld – Konsum

→ II.2.1 Religion – Religionskritik
→ II.3.6 Armut – Marginalisierung – Entfremdung
→ III.2.4 Befreiungstheologisch orientiertes Lernen und politische Bildung

1 Geldverdienen als Ziel der Arbeit

In der Arbeitswelt werden Produkte für den Konsum hergestellt. Zwischen beiden steht das Geld – wie es die Reihenfolge der Stichwörter dieses Artikels angibt. Mit der Arbeit wird das Geld verdient, das für den Konsum ausgegeben wird. Die gebräuchliche Ersetzung des Begriffs »Beruf« durch »Job« bringt die Ausrichtung der Arbeit auf das Geldverdienen zum Ausdruck. Der Wert der Arbeit liegt nicht (mehr) darin, dass Dinge hergestellt werden, die man braucht. Eine Arbeit kann auch als sinnvoll gelten, wenn mit ihr etwas produziert wird, das eigentlich niemand braucht, sofern es nur gekauft wird. Dinge sollen verbraucht und durch neue ersetzt werden. Die Industrieproduktion wendet spezielle Technologien an, um die Haltbarkeit von Produkten zu begrenzen. Eine gängige Redewendung nennt den Menschen »Otto-Normal-Verbraucher«: verbrauchen soll er, nicht gebrauchen. Bei der heute in den Industrieländern weithin gegebenen Sättigung der Grundbedürfnisse kann weiterer Gewinn nur durch Produkte erzielt werden, derer man zum Leben nicht bedarf. Die Werbung sorgt dafür, dass solche Produkte als erstrebenswert angesehen werden, in der Regel zum Zweck der Selbstdarstellung. Insoweit also mit der Arbeit primär Geld verdient werden soll, ist sie auf Konsum angewiesen und an der Ausweitung des Konsums interessiert. So erleben wir heute, wie immer weitere Lebensbereiche dem Konsum erschlossen werden. Für den Durst gibt's Coca-Cola, für das Gespräch Handys, für Spiel Spielsachen, für Erholung Urlaubsreisen, für das Gefühl von Selbstwert und Freiheit Autos usw. Nach neueren Untersuchungen besteht das Freizeitverhalten der meisten Jugendlichen aus kosten- und ressourcenintensivem Konsumieren; bei Erwachsenen wird das nicht anders sein.

2 Die Funktionen des Geldes und der Zwang zum Wirtschaftswachstum

Woher kommt der Zwang zum Wirtschaftswachstum, der die Industriegesellschaften von ihren Anfängen begleitet? Warum kann sich das Verhältnis von Angebot und Nachfrage nicht auf einem Niveau stabilisieren, auf dem alle das für ein gutes Leben Notwendige durch ihre Leistung verdienen? Warum werden günstige Prognosen zum Wirtschaftswachstum als Freudenbotschaften aufgenommen, obwohl sie doch heute nur die Vermehrung unnützer Produktion, der Umweltbelastung und des Abfalls signalisieren? Der Grund für dieses Phänomen liegt in den widersprüchlichen Funktionen des Geldes. Der Ökonomie gilt das Geld zum einen als Tauschmittel (und im Zusammenhang damit als Rechenmittel) und zum anderen als Wertaufbewahrungsmittel. Zwischen Verkauf und Kauf kann das Geld aufbewahrt werden, und zwar einfacher als jedes andere (naturale) Tauschmittel: Es verdirbt nicht und verursacht keine Lagerkosten. Geldaufbewahrung ist attraktiv, denn Geldvermögen verleiht Liquidität, d.h. die Fähigkeit, jederzeit alles Mögliche dafür zu erwerben. Geld bietet sich damit auch als Mittel der Zukunftssicherung oder Vorsorge an. Das Problem aber ist: Geld kann nicht gleichzeitig als Tauschmittel dienen und aufbewahrt werden. Je mehr Geld gehortet wird, umso weniger kommt in den Geldkreislauf. Würde alles Geld gehortet, käme keine wirtschaftliche Transaktion mehr zustande. Da aber Sparen so attraktiv ist, muss den Sparern ein Anreiz geboten werden, ihr Geld wieder in den Kreislauf einzuspeisen. Dieser Anreiz ist der Zins: eine Prämie für freiwilligen Liquiditätsverzicht (vgl. Keynes 1974, 186–204). Angeregt durch den Zinsgewinn, verwandelt sich das Kapital in Schulden. Die Zinsen vermehren das Kapital, und es können neue, höhere Kredite gewährt werden, also mehr Schulden gemacht werden. Hier entsteht eine Spirale, die nach oben prinzipiell unbegrenzt weitergeht, sofern sie nicht durch einen Krieg oder eine Wirtschaftskrise unterbrochen wird. Heute sind sowohl das Geldkapital wie die Schulden weltweit in schwindelnde Höhen gestiegen (vgl. Creutz 1997, 167ff; 205ff). Aber die Zinsen müssen erwirtschaftet werden! Geld vermehrt sich nicht von selbst, die Zinsen müssen von den Schuldnern aufgebracht werden, die mit dem geliehenen Kapital neue Investitionen tätigen. Die Zinslast muss in die Gewinnerwartung der Investition eingerechnet werden. Dasselbe gilt auch, wenn die Investition aus Eigenkapital bestritten wird. Würde sich dieses nicht mindestens um den Zinssatz vermehren, wäre das Geld auf der Bank besser angelegt. Bedenkt man nun, dass die Zinsgewinne auf Kapital exponentiell steigen – zuerst wird nur das Kapital verzinst, dann auch die Zinserträge mit dem Zinseszins – dann versteht man die Ursache des wirtschaftlichen Wachstumszwangs. Die Spirale von Kapital und Schulden dreht sich immer schneller, immer mehr Geld muss aufgebracht werden, um die Zinsen bezahlen zu können, und immer mehr Kapital wird als Kredit ausgegeben. Dieser ökonomische Zwang hat unsere Welt fest im Griff, führt zu fragwürdigen Großprojekten, zu Waffenproduktion und Kriegen, zur Ökonomisierung aller Lebensbereiche und -funktionen, zur Verbilligung oder Ersetzung menschlicher Arbeit, zu rücksichtsloser Ausbeutung der natürlichen Ressourcen mit allen ökologischen Folgen, zur Vermehrung des Abfalls. Ein Ausweg aus dieser Entwicklung, die unvermeidlich entweder zur ökonomischen oder zur ökologischen Katastrophe führen muss, wäre die Einführung eines anderen Mittels zur Umlaufsicherung des Geldes, z.B. die von dem alternativen Wirtschaftswissenschaftler S. Gesell vorgeschlagene Gebühr auf nicht ausgegebenes Geld (vgl. zum Ganzen Creutz 1997; Kennedy 1994).

3 Geldbestimmte Wahrnehmung der Wirklichkeit

Auf unsichtbare, schwer fassliche Weise übt das Geld (in Verbindung mit dem Zins!) Macht aus. Es bestimmt das Handeln in Politik und Gesellschaft, es bestimmt auch das Bewusstsein der Individuen. So wie Menschen in den frühen Kulturen, die unter der Macht der Natur standen, ihre Wahrnehmung in naturgemäßen Formen und Symbolen ausdrückten, so ist auch beim Geld damit zu rechnen, dass es unsere Wahrnehmung prägt (vgl. Hörisch 1998). Leicht überspringt der Code des Geldes den ökonomischen Bereich und greift auf die ganze Welt über, denn Geld lässt sich auf alles beziehen und gibt die Einheit von allem an. Das Geld ist knapp und muss knapp sein, sonst hätte es keinen Wert: Also neigt das geldbestimmte Bewusstsein dazu, das Leben als einen Kampf um knappe Güter aufzufassen. Je knapper das Gut, desto höher sein Wert – obwohl doch die wirklich wichtigen Dinge (das Licht der Sonne, der Reichtum der Natur, Liebe ...) gar nicht knapp sind. Das Geld ist abstrakt, denn es ordnet ganz unterschiedlichen Dingen den gleichen Wert zu, macht Unvergleichliches vergleichbar: Also befördert es eine abstrakte Art, die Welt wahrzunehmen, lässt in abstrakten Begriffen denken und reden – obwohl der Wert eines Dinges, einer Person doch gerade in der Einzigartigkeit liegt. Durch das Geld ist alles austauschbar, kann (und soll!) Altes, Verbrauchtes jederzeit durch Neues ersetzt werden: Also wird Ersetzbarkeit zur Daseinsform der Dinge und immer mehr auch der Menschen (am Arbeitsplatz, in der Beziehung ...). Das Geld ist Wertmaßstab: Also »sind wir, was wir haben«, wollen uns gar noch »gut verkaufen«. Das Geld verwandelt alle Güter in Waren: Also glaubt man, alles kaufen können, mit Geld über alles verfügen zu können, bis hin zur Prostitution und Korruption (Simmel 1987, 387–437). Und schließlich: Geld ist allmächtig, allgegenwärtig, unermesslich, (zunehmend) unsichtbar, höchste Einfachheit: Es ist wie Gott. Und es verspricht ja auch ganz wie Gott Sicherheit, Sorgenfreiheit, ewige Erneuerung, Glück und Macht. Dass sich da die Geldgeschäfte längst mit sakralen Formen umgeben haben (nicht mehr die Kirchen, die Banken prägen das Bild der Stadt), dass das Geld eine religiöse Bedeutung bekommen und sich oft an die Stelle der alten Religionen gesetzt hat (Weihnachten wird als Fest des Geldes gefeiert, und alle machen mit), überrascht nicht (vgl. Ruster 2000).

4 Der christliche Glaube und das Geld

Die neuzeitliche Ausdifferenzierung der Gesellschaft hält die Bereiche Religion und Ökonomie streng getrennt. Religion gilt als Privatsache. Aber in der Bibel ist viel vom Geld die Rede. Das mosaische Gesetz enthält die Ordnung für eine gerechte Gesellschaft mit zahlreichen Bestimmungen zur Ökonomie, die Kritik der Propheten richtet sich gegen ökonomische Ungerechtigkeit, Jesu Gleichnisse beziehen sich oft auf wirtschaftliche Verhältnisse, die im Reich Gottes verwandelt sein werden, und noch von dem zweiten Tier der Apokalypse wird gesagt, »dass niemand kaufen oder verkaufen kann, wenn er nicht das Zeichen hat, nämlich den Namen des Tieres oder die Zahl seines Namens« (Offb 13,17) – ein Hinweis auf die dämonische Macht des Geldes. Christliche Geldkritik kann einsetzen mit Jesu Wort »Sorget euch nicht um morgen« (Mt 6,34) und der der Vater-unser-Bitte um das tägliche Brot: Zukunftssorge und damit Geldhortung ist Sache der Christen nicht, sie sorgen sich um die Gerechtigkeit des Reiches Gottes in der Gegenwart, um die gerechte Verteilung der Fülle, die Gott für alle gegeben hat. Die mosaische Tora gibt die Regeln für eine gerechte Wirtschaftsordnung, die auch heute noch anzuwenden wären: Zinsverbot (Dtn 23,20f), Verpflichtung zum Leihen (Dtn 15,7f), Schuldenerlass (Dtn 15,1–6), Sozialbindung des Grundeigentums (Lev 25,8–34), Besteuerung der Produkte statt der Arbeit (Dtn 14,22–29). Das Geld ist keine Schicksalsmacht, der wir uns zu beugen haben. Die Bibel weist einen besseren Weg.

Der Religionsunterricht wird die Unterscheidung von biblischem und geldbestimmtem Wirklichkeitsverständnis jederzeit und bei allen Themen artikulieren können. Fragen der Geldtheorie – der biblischen und der kapitalistischen – gehören wohl erst in die Sekundarstufe II, doch von der Primarstufe an kann das kritische Potenzial des Glaubens an den Gegensätzen Fülle vs. Knappheit, Gegenwartsorientierung vs. Zukunftsvorsorge, Einzigartigkeit vs. Abstraktheit usw. verdeutlicht werden.

Literatur

Creutz, Helmut, Das Geld-Syndrom. Wege zu einer krisenfreien Marktwirtschaft. Berlin ^{4}1997.
Hörisch, Jochen, Kopf oder Zahl. Die Poesie des Geldes. Frankfurt/M. 1998.
Kennedy, Margrit, Geld ohne Zinsen und Inflation. München 1994.
Keynes, John M., Allgemeine Theorie der Beschäftigung, des Zinses und des Geldes. Berlin ^{5}1974.
Ruster, Thomas, Der verwechselbare Gott. Theologie nach der Entflechtung von Christentum und Religion. Freiburg ^{2}2000.
Simmel, Georg, Philosophie des Geldes. Berlin ^{8}1987.

THOMAS RUSTER

II.3.6
Armut – Marginalisierung – Entfremdung

→ II.2.12 Hoffnung – Utopien – Reich Gottes
→ II.3.5 Arbeitswelt – Geld – Konsum
→ III.2.3 Ethisches und soziales Lernen
→ III.2.4 Befreiungstheologisch orientiertes Lernen und politische Bildung

1 Die Begriffe und ihre inneren Zusammenhänge

Armut, Marginalisierung und Entfremdung hängen auf vielfältige und komplexe Weise zusammen. Je nach konkreter Situation verursachen sie sich gegenseitig bzw. folgen einander. Wenn in einer Gesellschaft nicht sozial eingeübt wurde, mit den Anderen, die anders sind, konstruktiv umzugehen, werden diese Anderen marginalisiert, was zugleich oft zur Folge hat, dass sie nicht mehr an den Lebensmöglichkeiten der anderen teilhaben können und deshalb in Armut geraten. Umgekehrt ist Armut oft die Ursache von Marginalisierung, insofern arme Menschen aufgrund ihres sozialen Status an den Rand der gesellschaftlichen Möglichkeiten geraten und so marginalisiert werden. Von daher versteht man nur zu gut, dass sich die Option für die Anderen und die Option für die Armen gegenseitig benötigen und erschließen. Der Entfremdungsbegriff hat mit beiden Wirklichkeiten zu tun: Wo zur Majorität anders denkende und andersglaubende Menschen in einer Gesellschaft nicht in dieser ihrer Fremdheit angenommen und geschützt werden, haben sie nur die Möglichkeit zum Überleben, wenn sie sich ihrer bisherigen Identität gegenüber entfremden. Identitätsverlust ist darum die wohl intensivste Form der Armut. Aber auch jene, die die Armen und Marginalisierten nicht in das Handeln der Gerechtigkeit und Barmherzigkeit aufnehmen, entfremden sich in einer besonderen Weise, nämlich ihrer eigenen Fähigkeit, menschlich zu sein und mitfühlend zu reagieren. Wer anderen nicht ihre Menschenwürde gönnt und für sie einsteht, distanziert sich von seinen eigenen mitmenschlichen Ressourcen und kann diese nur als etwas Fremdes abspalten. Die wirklichen Fremden haben diese Strategie auszubaden.

2 Die Armen zwischen Dürftigkeit und Elend

Zusätzlich zu der dreifachen Überschrift dieses Artikels scheint noch ein anderes Wort vor allem aus aktuellen Gründen elementar zu sein, nämlich der Begriff des Elends, den man als eine Steigerung verstehen kann, die die Armut in ihrem letzten Extrem meint. Dabei greife ich auf Gedanken zurück, die angesichts unserer Situation neue Dringlichkeit gewinnen. Charles Péguy (1873–1914) unterscheidet in seinem Aufsatz »Das Elend« zu Beginn des 20. Jh. nicht primär zwischen arm und reich, sondern findet den viel wichtigeren Gegensatz zwischen Dürftigkeit und Elend. Beide Wirklichkeiten werden allzu oft mit den Begriff der Armut wiedergegeben, obwohl sie in der Armut nochmals einen qualitativen Gegensatz aufreißen. Und es scheint heute der Fall zu sein, dass Millionen Menschen weltweit nicht (nur) in die Dürftigkeit der Armut gedrängt, sondern in das hoffnungslose Elend abgedrängt werden. Mehr als eine Milliarde Menschen hat täglich nicht mehr als einen Dollar zur Verfügung. Wer in der Dürftigkeit lebt, hat, wenn auch auf relativ niedrigem Niveau, das Nötigste zum Leben. Im Elend ist dagegen der Lebensunterhalt nicht mehr gesichert. Zwischen Dürftigkeit bis Reichtum auf der einen und dem Elend bis zu seiner letzten Steigerung in der Verzweiflung auf der anderen Seite besteht keine quantitative, sondern eine qualitative Grenze. Genau diese Grenze gewinnt im Horizont unserer Gegenwart neue Brisanz und Dimension. Im Elend verbindet sich die soziale Not mit Marginalisierung und Entfremdung.

Denn die Grenze zwischen Dürftigkeit und Elend ist zugleich identisch mit der Grenze zwischen (noch irgendwie) Dazu-Gehören und endgültiger Ausgrenzung. Péguy vergleicht das Elend mit der Hölle, in der es keine Hoffnung mehr gibt, als die allgemeine Durchdringung des Lebens mit Vernichtung, die Durchsetzung des ganzen Lebens mit dem Geschmack des Todes. Sozial, wirtschaftlich und psychologisch beeinflusst und umformt dieses Elend die betroffenen Menschen in ihrem ganzen Seelen- und Geistesleben. Péguy kommt auf diesem Hintergrund zu einer Einschätzung, die zunächst zum Widerspruch reizt, dann aber sehr überzeugend ist, umso mehr, wenn man einmal Straßenkinder und Obdachlose in Sao Paulo gesehen und erlebt hat. Es ist nicht primär dafür zu kämpfen, dass es eine Gleichheit gibt zwischen Dürftigkeit und Reichtum, zwischen jenen also, die auf unterschiedlichem Niveau doch ihres Lebensunterhalts sicher sein können, sondern es kommt darauf an, das Elend zu bekämpfen, möglichst viele Menschen dem Elend zu entreißen und über diese Grenze vom Elend zur Dürftigkeit hinüber zu retten. Dies kostet übrigens weit weniger als die Gleichheit der anderen herzustellen. Ein bescheidener Geldzuwachs hebt lokal wie global aus dem Elend zur Dürftigkeit hinauf, während es viel mehr kostet, auch nur einzelne Auserwählte aus dem unteren, aber sicheren Lebensstand, zu höherem Vermögensgrade aufsteigen zu lassen. Solidarität mit den Elenden ist die allererste Pflicht. Die Forderung der Gleichheit zwischen den verschiedenen Stufen, die nicht im Elend sind, ist demgegenüber sekundär.

3 Die Marginalisierung wächst

Der Begriff der Marginalisierung kann übrigens allzu leicht die Vorstellung suggerieren, dass es sich bei den durch Elend Marginalisierten (bzw. durch Marginalisierung Verelendeten) um eine marginale Zahl handele. Dies trifft absolut nicht zu. Vielmehr deuten die Anzeichen darauf hin, dass die Anzahl der Marginalisierten einen immer größeren Teil der Weltbevölkerung ausmacht, so sehr, dass aufgrund dieser faktischen Zahlen möglicherweise ein qualitativer Sprung in der Situation bevorsteht. Carl Amery hat diese qualitative Veränderung in seinem Buch: »Hitler als Vorläufer, Auschwitz – der Beginn des 21. Jahrhunderts« deutlich genug an die Wand gemalt. Es geht nicht um das Wie des Vergleichs, sondern um die Dimensionen eines Vorgangs, in dem die Grundideologie von Auschwitz in eine globalisierte Größenordnung hinein weitergetrieben wird. Denn hinter allem steht die Hitler-Formel: »Es reicht nicht für alle.« Aus dieser Perspektive befürchtet Amery, dass Auschwitz eine primitive Vorwegnahme einer möglichen Option unseres Jahrhunderts sein könnte: in sozialdarwinistischen Ideologien, die weltweit für Konsum, Produktion und elektronische Kommunikation nicht benötigtes Leben aussortieren, so konsequent, dass die Aussortierten nicht einmal den Wert einer versklavten Arbeitskraft haben.

4 Anfrage und Anruf an Christen und Kirchen

Aus christlicher Perspektive ist diese Analyse und Wesensschau von Armut, Marginalisierung und Entfremdung zugleich ein christologisches Datum und örtlich wie weltweit virulent. Denn lokal wie global gilt die Endgerichtsrede des Menschensohnes (Mt 25,31–46), wonach sich sein künftiges Gerichtshandeln daran fest macht, ob die Menschen ihm in den Elenden hilfreich und aufhelfend begegnet sind oder nicht. Dies ist keine metaphorische, sondern eine real-präsentische Aussage unserer Geschichte: In den von Elend betroffenen Menschen begegnet uns, den auf der anderen Seite dieser Grenze in relativ gesicherten Verhältnissen Lebenden, jener kosmische und auferstandene Christus (vgl. Kol 1,16–20), durch den die Welt erschaffen wurde und der sie auch in ihrem Fallen in das Böse und in das Leid hinein nicht verlässt. In diesen Menschen wirkt die Inkarnation Christi in einer ganz bestimmten Weise weiter und lässt christliche und kirchliche Existenz nicht in Ruhe. Am Beispiel Jesu selbst ist abzulesen, wie mit ausgegrenzten und von Not betroffenen Menschen umzugehen ist. Gerade wenn Christinnen und Christen sich im Horizont der Rechtfertigungstheologie von Gott unbedingt geliebt erfahren dürfen, dürfen sie zugleich in sich jene Kraft entdecken, die sie befähigt, ihre Kräfte nicht nur für die Auferbauung der eigenen Gemeinden und Institutionen einzusetzen, sondern in den Dienst aller von Armut und Not betroffenen Menschen zu stellen. In jedem Fall begegnet uns Christus in leidenden und von Not betroffenen Menschen, gleich-gültig, was sie denken und glauben und auch gleich-gültig, ob sie an ihrem eigenen Schicksal (mit)schuldig sind oder ob dies andere verschuldet haben. Und die Elenden gehören bedingungslos in die Mitte kirchlicher und christlicher Wirklichkeit.

Doch geht es nicht nur darum, Menschen aus dem Elend zu reißen, sondern auch darum, Menschen nicht ins Elend kommen zu lassen, indem man sie bereits diesseits der Elendsgrenze vor Marginalisierung und Ungerechtigkeit schützt. Hier ergänzt sich die Option für die Armen mit der Option für die Anderen. Denn oft sind es die Anderen, die man nicht kennt, die Fremden, die einem unheimlich sind, denen man allzu gern weniger Barmherzigkeit und Gerechtigkeit gönnt als den eigenen Reihen. Deshalb ist es so wichtig, vor allem für multikulturelle Gesellschaften nach innen wie nach außen, die Anderen in ihrer Andersheit zu schätzen und zu schützen, damit sie nicht zu jenen Anderen werden, die Ungerechtigkeit und Not erleiden müssen. Wer verhindern will, dass es Arme und Unterdrückte, dass es Menschen im Elend gibt, muss verhindern, dass die jeweils Anderen marginalisiert und stigmatisiert werden.

Die Option für die Anderen und für die Fremden, damit die Fremden nicht ihrer eigenen Identität sich entfremden müssen, um überleben zu dürfen (wenn überhaupt), hat aus individualtherapeutischer und sozialpsychologischer Perspektive zutiefst etwas mit der Selbstentfremdung derer zu tun, die ihrerseits die Fremden marginalisieren und um ihr Lebensrecht bringen wollen. Arno Gruen hat diesen Tatbestand genauer beschrieben (vgl. Gruen 2000): als tiefe Unfähigkeit zur Zärtlichkeit, zur Liebe und zur Leidsensibilität. Wenn diese Analyse auch nur annähernd zutreffen sollte, weiß man, was dies für die Sozialformen der Kirche bedeutet, wollen sie in sich selbst nicht Fremdenhass und die Unfähigkeit, das Elend der anderen zu sehen, heranwachsen lassen. Es geht um die Sorge und um das Engagement für die Gestaltung von sozialen Beziehungen in Familie, Institutionen, Vereinen und Kirchengemeinden, in denen die Menschen den leid- und schwächeoffenen Teil ihrer selbst nicht durch Idealisierung und Kollektivismus abspalten müssen, sondern wo sie genau dieses Beste ihrer selbst behalten und realisieren dürfen, weil sie nicht Angst haben müssen, bei dann auch sperriger Individualität mit Sanktionen des Liebes- und Gemeinschaftsentzugs bestraft zu werden.

Literatur

Amery, Carl, Hitler als Vorläufer. Auschwitz – der Beginn des 21. Jahrhunderts. Darmstadt/Neuwied 1998.
Fuchs, Ottmar, Im Brennpunkt: Stigma. Gezeichnete brauchen Beistand. Frankfurt/M. 1993.
Fuchs, Ottmar, Neue Wege einer eschatologischen Pastoral. In: ThQ 179 (1999) 260–288.
Für eine Zukunft in Solidarität und Gerechtigkeit. Wort des Rates der Evangelischen Kirche in Deutschland und der Deutschen Bischofskonferenz zur wirtschaftlichen und sozialen Lage in Deutschland. Hannover/Bonn 1997.
Gruen, Arno, Der Fremde in uns. München 2000.
Mette, Norbert/Weckel, Ludger/Wintels, Andreas (Hg.), Brücken und Gräben. Sozialpastorale Impulse und Initiativen im Spannungsfeld von Gemeinde und Politik. Münster 1999.
Péguy, Charles, Das Elend. In: Franz Pfemfert (Hg.), Aktionsbücher der Aeternisten (Nr. 6–10. 1918–1921). Reprint Nendeln/Liechtenstein 1973, 6–35.

OTTMAR FUCHS

II.3.7 Naturwissenschaft / Technik

→ II.2.3 Evolution – Schöpfung
→ II.3.8 Neue Medien – Virtualität – Wirklichkeitsverständnis
→ V.3.5 Audiovisuelle Medien
→ V.3.6 Computer und Internet im Religionsunterricht

1 Naturwissenschaft und Technik im Blick der neueren Religionspädagogik

(1) Die naturwissenschaftlich-technische Prägung gegenwärtiger Lebenswelt wird von der deutschsprachigen Religionspädagogik prinzipiell als religiös relevant angesehen. Das zeigen Handreichungen für den Religionsunterricht, Beiträge in religionspädagogischen Fachzeitschriften (vgl. Angel 1988, 150–195; Rothgangel 1999, 16–20) sowie Verweise auf Naturwissenschaft bzw. Technik in (katholischen und evangelischen) Lehrplänen und Religionsbüchern (vgl. Dieterich 1990, Bd. 2). Da anscheinend in den letzten dreißig Jahren zum Thema Technik keine (vgl. Angel 2001), zum Thema Naturwissenschaft lediglich vier deutschsprachige religionspädagogische Monographien erschienen sind (Emeis 1972, Angel 1988, Dieterich 1990, Rothgangel 1999; der Technikaspekt bei Angel und Dieterich explizit), darf noch immer unterstellt werden: »Die Relevanz von Naturwissenschaft und Technik für religiöse Vermittlungsprozesse wird innerhalb der Religionspädagogik nicht bestritten, aber eher intuitiv wahrgenommen« (Angel 1988, 129).

(2) Gefragte Publikationen von Naturwissenschaftlern, die theologisch bedeutsame Fragen aufgreifen (z.B. St. Hawking, F. Crick, P. Davies, F.J. Tipler, J. Polkinghorne) zeigen, dass der Schnittbereich von Naturwissenschaft und Theologie auf öffentliches Interesse stößt. Umso erstaunlicher ist, wie wenig in der Religionspädagogik bislang eine »differenzierte Berücksichtigung des Subjekts und seiner alltagsweltlichen Theorien zum Themenbereich Naturwissenschaft und Theologie« anzutreffen ist (Rothgangel 1999, 20; Forschungsübersicht ebd., 52–99). Gleiches gilt für das Verhältnis Technik und Theologie bzw. Glaube und Umgang mit Technik.

(3) Defizitär ist die entwicklungspsychologische Perspektive der Religionspädagogik auf den Schnittbereich Naturwissenschaft/Technik und Theologie. Dass Denken, Lernen und problemlösendes Verhalten Jugendlicher durch Technik und Naturwissenschaft positiv beeinflusst werden können, wird kaum gewürdigt. Die Religionspädagogik ignoriert Naturwissenschaft und Technik für nichtschulische Lernorte (Kindergarten, Familie, Erwachsenenbildung). Fast völlig tabuisiert wird – ungeachet des Trends zur Schulprofilbildung – das Verhältnis von Religionsunterricht und naturwissenschaftlichen Fächern im schulischen Kontext (potenzielle Konkurrenz, fächerübergreifende Kooperation).

(4) Die Kombination Naturwissenschaft/Technik verweist auf die Verflechtung von naturwissenschaftlicher Grundlagenforschung, technischer Anwendung(sforschung) und ökonomischer bzw. militärischer Nutzung. Für die Bandbreite religionspädagogischen Fragens greift dieser Konnex zu kurz. Erforderlich ist der Blick auf die je eigenständigen Aspekte von Naturwissenschaft und von Technik sowie auf die Vielfalt ihrer Interdependenz.

2 Die Bedeutung der Naturwissenschaft für Theologie und Religionspädagogik

(1) Durch die wachsende Bedeutung der Naturwissenschaften gerät die Theologie wissenschaftlich in die Defensive. Eine zunehmend naturwissenschaftlich-technisch geprägte Mentalität des Denkens erschwert Rezeption und Würdigung theologischen Denkens. Noch immer wird die Akzeptanz der Theologie durch die historische Hypothek des Verhältnisses von Kirche und Naturwissenschaft erschwert. Die etwa ab Mitte des 20. Jh. durch das Verdienst namhafter Wissenschaftler wie H. Dolch, G. Howe, J. Meurer, P. Jordan, W. Heisenberg, P. Teilhard de Chardin vorangetriebene Entschärfung erreicht erst zögernd das Bewusstsein einer breiteren Öffentlichkeit.

(2) Heute sind die Naturwissenschaften (einschließlich ihrer wissenschaftstheoretischen Implikationen) für die Religionspädagogik bedeutsam, weil bei vielen Adressaten von religiösen Vermittlungsprozessen naturwissenschaftlich geprägte Vorstellungen zu den kognitiven, aber auch zu den emotionalen Bestandteilen ihrer jeweiligen Weltmodelle gehören. Neben der Verbreitung naturwissenschaftlichen Allgemein- und Spezialwissens ist auch die gesellschaftliche Einstellung gegenüber den Naturwissenschaften und deren Wissenschaftsverständnis von Bedeutung. Die Religionspädagogik steht hier in einer ambivalenten Situation. Die von Soziologen diagnostizierte Wiederkehr des Religiösen (New Age, Esoterik, fernöstliche Meditation, systemische Aufstellung u.a.m.) eröffnet Handlungsspielräume auf der Ebene religiöser Sensibilität; allerdings kann die ho-

listische Weltsicht mancher Naturwissenschaftler (z.B. D. Bohm, F. Capra, R. Sheldrake) nicht unkritisch übernommen werden.

(3) Andererseits können naturwissenschaftliche Entdeckungen die rationale Basis und die Sprache christlichen Glaubens hinterfragen: Neurowissenschaftliche und molekularbiologische Modelle über den Menschen und sein Bewusstsein (inklusive Evolution der Hominiden) tangieren auch die theologische Anthropologie (z.B. Seele, freier Wille, Gewissen, Beginn und Ende menschlichen Lebens). Aktuelle Grundlagenfragen der Physik (z.B. Chaosforschung, Irreversibilität der Zeit, Suche nach Vereinheitlichung von Quantenmechanik und Relativität in einer vollständigen Theorie) werden zum Kontext schöpfungstheologischer und eschatologischer Reflexion, da sie beispielsweise Vorstellungen über den Kosmos oder über Anfang und Ende unseres Sonnensystems beeinflussen. Die gegenwärtig von theologischer Seite als relevant eingeschätzten Themen basieren v.a. auf Grundlagenproblemen der Naturwissenschaft (vgl. Kropač 1999, 346–371).

3 Die Bedeutung von Technik und Technikphilosophie für die Religionspädagogik

Das Interesse der Religionspädagogik an Technik und Technikphilosophie speist sich weniger aus Erkenntnis- als aus Handlungsoptionen und deren ethischer Grundlage. Gerieten die traditionellen Ansätze der Technikphilosophie schon (ab den 1970er-Jahren) mit dem Ökologiebewusstsein und Fortschrittsskeptizismus in die Krise, ist aktuell eine erneute Verschärfung der Problemlage zu verzeichnen: Die z.T. rasante technische Entwicklung forciert global die Technisierung von Lebenswelten. Diese ermöglicht (weltregional in massiv unterschiedlicher Weise!) Wohlstand, doch beschleunigt sie die Vernichtung von Biosphäre-Ressourcen. Die Verbreitung technikinhärenter Katastrophenpotenziale (vgl. Perrow 1988) bringt ökologische, ökonomische und soziale Kategorien in Konkurrenz. Für die Religionspädagogik sind Fragen nach einem vertretbaren technischen und ökonomischen Aufwand, den ethischen Implikationen von technikgestützter Forschung (z.B. Tierversuche, gentechnische Manipulation und Keimbahn-Eingriffe) und der Steuerung von Technikinvestitionen bedeutsam.

4 Schwerpunkte religionspädagogischen Interesses

(1) Für das Verhältnis von Theologie und Naturwissenschaft sind nach I.G. Barbour grundsätzlich vier Konzeptionen erkennbar, die er als Konflikt-, Unabhängigkeits-, Dialog- und Integrationsmodell bezeichnet (vgl. Barbour 1998, 77–105). Nicht jedes Theologieverständnis kann gleich sinnvoll mit der Naturwissenschaft ins Gespräch treten; auch können naturwissenschaftliche Sehweisen theologische Vorstellungen beeinflussen.

(2) Aufmerksamkeit verdient die Frage, welches Verständnis von Naturwissenschaft und Technik Entstehung und Stabilität religiös fundierter Weltmodelle beeinflusst (vgl. Rothgangel 1999, 52–99). Die wenigen empirischen Befunde ermöglichen derzeit kaum verlässliche Aussagen über die Rolle der Naturwissenschaften (z.B. naturwissenschaftlicher Erkenntnisfortschritt, naturwissenschaftlich beeinflusstes Allgemeinwissen, szien-

tistische Grundhaltung) bei der Weltbildgenese. Diese dürfte biografisch durch verschiedene (z.B. kognitions-, emotions- und entwicklungspsychologische, aber auch sozialisations- und bildungsspezifische) Aspekte beeinflusst sein. Nach K.H. Reich ist aus kognitionspsychologischer Perspektive für eine Integration religiös-theologischer und naturwissenschaftlicher Vorstellungen (etwa hinsichtlich der Wunder- oder Schöpfungsthematik bzw. der Gottesfrage) ein Denken in Komplementarität erforderlich (vgl. Rothgangel 1999, 40–51). Rothgangel fordert zu Recht ausgeprägteres Grundwissen von Religionslehrern über wissenschaftstheoretische Sachverhalte.

(3) Doch kann dies allein – ungeachtet der Bedeutung kognitiver Aspekte – nicht ausreichen, da Weltmodelle immer auch sozial vermittelt sind. Naturwissenschaft und Technik sind deswegen auch emotional (Faszination, Interesse, Scheu, Angst) für Einstellungen bedeutsam. Die konfliktuöse Beziehungsgeschichte zwischen Kirche bzw. Theologie und Naturwissenschaft beeinträchtigt Emotionen und Einstellungen von Jugendlichen eventuell stärker als die fraglichen Sachverhalte. Die Protagonisten der naturwissenschaftlich-theologischen Konfliktgeschichte (z.B. G. Galilei, P. Teilhard de Chardin, E. Haeckel, Th. Huxley) verdienen besondere Aufmerksamkeit. Ihre Biografien ermöglichen auch die Thematisierung der Genderfrage (da Naturwissenschaft und Technik noch immer weitgehend »Männerdomäne« sind) und im Sinne eines Modell-Lernens die Auseinandersetzung mit Konflikterfahrungen, Motivation, (Miss-)Erfolg oder Eigenverantwortung.

(4) Die Religionspädagogik muss sich dezidiert zwischen Euphorie und Aversion bezüglich Naturwissenschaft bzw. Technik positionieren. Eine konstruktive Auseinandersetzung mit flacher Wissenschaftsgläubigkeit von Jugendlichen ist erforderlich. Die Monopolisierung technizistischer Denkschemata ist ebenso zu hinterfragen wie das Missverständnis, dass naturwissenschaftliche Kompetenz von Naturwissenschaftlern eo ipso auf ihre »theologische« Kompetenz bzw. ihr glaubensbiografisches Reflexionsniveau positiv durchschlägt.

(5) Die informationstechnische Veränderung des Wissenszugangs stellt bislang unbekannte Anforderungen an die menschliche Kapazität für Komplexitätsverarbeitung und -bewertung und macht das Verhältnis von Ethik und naturwissenschaftlichem Wissen brisant. Die Frontlinien ethischer Fragestellungen durchziehen Forschungsmethoden wie (großindustrielle, massenweise) Umsetzung naturwissenschaftlichen Wissens. Die Religionspädagogik ist gefordert, sich an den gesellschaftlichen Suchbewegungen zur Entwicklung von Modellen zu beteiligen, die einer partizipativen, demokratieverträglichen und ökonomisch ausbalancierten Informationsproduktion und -proliferation zuträglich sind. Historisch knüpft damit die Religionspädagogik als theologische Disziplin an der konfliktbereiten Position von Kirche, Theologie und christlichem Glauben angesichts der Entwicklungen der Technik an: Einerseits waren die Entmythologisierungspotenziale des christlichen Glaubens Voraussetzung für eine technische Gestaltung der Erde (vgl. Gen 1, 26–30), was der Kirche den Vorwurf einer Protagonistin ökologischer Destruktion einbrachte; die Reserviertheit der Kirche gegenüber technischem Fortschritt (besonders den destruktiven Nebenfolgen) erbrachte den Vorwurf von Technikfeindlichkeit.

Literatur

Angel, Hans-Ferdinand, Naturwissenschaft und Technik im Religionsunterricht. Frankfurt/M. 1988.
Angel, Hans-Ferdinand, Technik. In: Mette, Norbert/Rickers, Folkert (Hg.), LexRP 2 (2001) 2090–2095.
Barbour, Ian G., Religion and Science. San Francisco 1998.
Dieterich, Veit-Jakobus, Naturwissenschaftlich-technische Welt und Natur im Religionsunterricht. 2 Bde. Frankfurt/M. 1990.
Emeis, Dieter, Wegzeichen des Glaubens. Über die Aufgabe der Katechese angesichts einer von Science und Technik geprägten Mentalität. Freiburg 1972.
Kropac, Ulrich, Naturwissenschaft und Theologie im Dialog. Münster 1999.
Perrow, Charles, Normale Katastrophen. Die unvermeidbaren Risiken der Großtechnik. Frankfurt/M. u.a. 1988.
Ropohl, Günter, Technische Aufklärung. Frankfurt/M. [2]1999.
Rothgangel, Martin, Naturwissenschaft und Theologie. Wissenschaftstheoretische Gesichtspunkte im Horizont religionspädagogischer Überlegungen. Göttingen 1999.
Schwarz, Hans, Schöpfungsglaube im Horizont moderner Naturwissenschaft. Neukirchen-Vluyn 1996.

HANS-FERDINAND ANGEL

II.3.8
Neue Medien – Virtualität – Wirklichkeitsverständnis

→ II.3.7 Naturwissenschaft/Technik
→ III.2.2 Ästhetische Bildung
→ V.2.5 Umgang mit Bildern
→ V.3.5 Audiovisuelle Medien
→ V.3.6 Computer und Internet im Religionsunterricht

Unter »Neuen Medien« werden alle elektronisch und auf digitaler Basis funktionierenden audiovisuellen Medien verstanden, die die Eigenschaft besitzen, seitens des Rezipienten wie des Kommunikators jederzeit aktualisierbar, hochselektiv und hinsichtlich Inhalt wie Form auf maximale Rezeption angelegt zu sein. Seit Mitte der 90er-Jahre des 20. Jh. hat eine Telemediatisierung der Lebenswelt eingesetzt, deren Grenzen aufgrund der rasant wachsenden technischen Möglichkeiten noch nicht abzusehen sind. Nicht dass dadurch eine völlig neue mediale Dimension entstünde; eher wird man praktisch-technisch viele Züge aus der alten »Gutenberg-Galaxis« (N. Bolz) – also dem Zeitalter des Buch- und Zeitungsdrucks – sowie aus den alten elektronischen Medien wiederfinden, nur technisch elaborierter, funktional komplexer, beschleunigter. Gleichzeitig treten mitten in diesen vertrauten Strukturen aber auch Züge auf, die es so vorher nicht gab: Zum Beispiel, dass nicht mehr – wie im Radio und Fernsehen – einige wenige an sehr viele Empfänger Informationen senden, sondern dass viele an viele (und prinzipiell alle an alle) Botschaften richten und dabei durchaus anonym bleiben können. Oder dass beim Gebrauch der Neuen Medien die herkömmlichen Grenzen zwischen Erwachsenen- und Kinderwelt verschwinden: Um mitzubekommen, was die »Großen« beschäftigt, muss man nicht mehr langwierig lesen lernen, sondern nur noch den richtigen Schalter bedienen können, was im Übrigen auch damit zusammenhängt, dass in der Kommunikation Erwachsener Schrift weitgehend durch Bilder und Icons ersetzt wird. Oder aber dass digitale Inszenierungen möglich sind, die jegliches physikalische Gesetz außer Kraft zu setzen scheinen. Genau durch solche Züge verändert die Telemediatisierung die Selbst- und Weltbeschreibung der Nutzer – und zugleich auch der Nicht-Nutzer – tiefgreifend.

1 Virtualität und Wirklichkeit

Im Kontext der Neuen Medien spielt der Begriff der Virtualität eine zentrale Rolle. Terminologisch handelt es sich dabei um einen Neologismus aus dem 12. Jh., der in theologischen Kontexten (der Natur der Seele und der eucharistischen Präsenz) aufgekommen ist und jetzt für ganz neue Funktionen in Gebrauch genommen wird. Der Ausdruck »Virtualität« kann auch als exemplarischer Beleg dafür gelten, wie stark die Cyber-Kultur von theologischen Begriffen durchsetzt ist, weil sie sich in nicht unerheblichen Teilen selbst als eine Art neue Religiosität begreift – die Bezugnahmen auf einschlägige Autoren wie etwa Teilhard de Chardin sind signifikant (vgl. Müller 1998, 156–160; 1999, 387–401). Umgekehrt findet Theologie in den Strukturen der Telemediatik ihr ureigenes Anliegen wieder: Die Anwesenheit von Abwesendem zu realisieren (Verkündigung und Theologie sind ja von ihrem Wesen her das Medienprojekt schlechthin).

Das mittellateinische *virtualiter* übersetzt man am besten mit: »nach Anlage oder Vermögen der Möglichkeit nach vorhanden«; also: mögliche Wirklichkeit. Aber: Ist eine mögliche Wirklichkeit wirklich? Oder ist sie nur möglich? Und gibt es sie überhaupt? Außer Zweifel steht, dass man sich mittels PC und entsprechender Zusatzausstattung buchstäblich in anderen Welten bewegen kann, ohne – und das ist gleich eine weitere Pointe – den eigenen Schreibtischstuhl verlassen zu müssen. Kleine Bewegungen der Hände auf der Tastatur bzw. am Joy-Stick, ergänzt durch kurze Augenbewegungen in Korrelation mit dem Terminal oder – technisch avancierter – innerhalb des Datenhelms, genügen. Cyber-Freaks empfinden die medial besuchten Welten notorisch binnen kurzem realer als die Welt, aus der sie dorthin gestartet sind, d.h. der Virtualitätsindex verschiebt sich von der einen zur anderen. Die Frage dahinter ist nicht neu. Sie wurde vielmehr bereits in der Konstitutionsphase der okzidentalen Philosophie gestellt, näherhin und mit aller Vehemenz vom Vorsokratiker Parmenides. Es ist die Frage nach Sein und Schein. Was ist, ist – und ist Eines, vollkommen und unvergänglich. Was diese Bedingungen nicht erfüllt, aber Anspruch auf Sein erhebt, ist Schein – und der ist nach Parmenides' Überzeugung schlichtweg nichts. Damit war eine der Grundfragen der Philosophie aufgeworfen, die seit dem 17. Jh. unter dem Titel »Ontologie« verhandelt wird. Die »gefrorene Ontologie« des Parmenides verfiel schon bei Aristoteles der Kritik. Im IX. Buch seiner »Metaphysik« erläutert er, dass und warum etwas, das ist, nicht notwendig, und etwas, das nicht ist, nicht unmöglich sein muss. Seiendes kann auch nicht-notwendig, Nichtseiendes möglich sein. Die heutige Virtualitätsthematik treibt das Problem um eine Drehung weiter: Sie behauptet ontologisch gesehen Nichtseiendes als existent und gibt das Prädikat »sein« für ontologisch Existentes auf.

Die Rede von virtueller Realität ist darum zutiefst aporetisch: Von virtueller Realität reden kann nämlich nur, wer mehr als eine Realität annimmt, also – und da bahnt sich die Aporie bereits sprachlich an –, wer von einer realen Realität ausgeht, der eine virtuelle an die Seite tritt. Nur – und damit bricht die Aporie auf: Ist dieser Unterschied gemacht, lässt sich nicht mehr klären, welche der (mindestens zwei) Realitäten nun die reale und welche die virtuelle ist. An die Stelle der gefrorenen Ontologie des Parmenides und der modalen Ontologie des Aristoteles etabliert sich eine fluide Ontologie – eine *ontologia negativa*, die sich darauf beschränkt zu sagen, was Wirklichkeit nicht ist, ohne ein Wort darüber zu sagen, was es denn bedeutet, von etwas zu sagen, dass es ist. Im Horizont der Neuen Medien gilt die Annahme einer eigentlichen Wirklichkeit so falsch wie die Gegenthese, dass es überhaupt nur noch Schein gebe und Realität als solche ausgelöscht sei – eine Position, die theoretisch von einem der prominentesten Repräsentanten der so genannten Postmoderne formuliert wird: von Jean Baudrillard. Das heißt: Eine virtuelle Realität gibt es überhaupt nicht, weil es die eigentliche Wirklichkeit nicht gibt, gegen die Erstere sich abgrenzen müsste. Die Frage nach dem ontologischen Status des Cyberspace zwingt dazu, bereits die Frage nach seinem Sein oder Nicht-Sein anders als bisher zu fassen. Charakteristisch für die heute geforderte neue Perspektive ist eine gewisse Unentschiedenheit, ja mehr noch: eine entschiedene Verteidigung der Unentscheidbarkeit so klassischer wie diffiziler Probleme wie »Sein«, »Wahrheit« oder »Wirklichkeit« (vgl. Münker 1997, 118). Obwohl das im ersten Augenblick abstrakt klingt, hat es mit sehr konkreten Dingen zu tun, z.B. damit, dass sich der Begriff der Arbeit fundamental ändert: Arbeitsplatzinhaber werden als knowledge-worker definiert, die als so etwas wie eine feuernde Hirnzelle im Nervensystem ihrer Firma fungieren, die ihrerseits vom Input anderer Zellen befeuert wird.

2 Virtualität und personale Identität

Dies ist nur *ein* Beispiel für die im Gang befindliche Umstrukturierung menschlicher Welt- und Selbstbeschreibung. Erst recht gilt das von einem anderen Phänomen: Wer sich ins Netz einklinkt (»einloggt«), kann sich ja auch selbst hinsichtlich seiner Individualität virtualisieren. In den chats (Diskussionsräumen) oder E-Mails kann ich mir beliebige leibliche oder geistige Züge zuschreiben, die ich gerne hätte, aber nicht habe, bzw. kann ich mich ohne die Züge präsentieren, die ich habe, aber nicht haben möchte. Ich kann mit meiner Identität in jeglicher Hinsicht spielen: der beruflichen, religiösen, politischen, auch der sexuellen z.B., sofern sich ein Mann als Frau ausgeben kann oder umgekehrt usw. Und natürlich kann ich auch gleichzeitig mit einer Mehrheit von Identitäten operieren. Virtualität ist längst zum kulturellen Massenphänomen geworden und hat (nicht zuletzt durch Kinofilme) die Frage aufgeworfen, ob denn das, was wir für Realität halten, nicht insgesamt eine Computersimulation ist und wir selbst virtuelle Figuren in einem Spiel, das andere Wesen (»Götter«) auf ihren Rechnern inszenieren. Fernsehen und selbst Print-Medien haben den Realitätsvorbehalt gegen visuelle Kommunikation bereits zur Standardeinstellung alltäglichen Umgangs mit der durchschnittlichen Lebenswelt gemacht. Was von den tagtäglich rezipierten Bildern dokumentiert überhaupt »Wirkliches«? Natürlich gab es informationelle Manipulationen, seit es die Fotografie gibt. Aber die Telemediatisierung hat der visuellen Kommunikation auch noch die Unschuld ihrer Alltäglichkeit so grundlegend geraubt, dass sie ihr niemand mehr zurückgeben kann. Ist das Wissen um diese Manipulierbarkeit Teil des kollektiven Bewusstseins geworden, muss jegliches Vertrauen in Medien schwinden – und an erster Stelle dort, wo medial vermittelte Botschaften ausdrücklich Wahrheitsansprüche erheben, wie das notwendig auch im Fall der christlichen Verkündigung geschieht, die sich von Anfang nicht als Ausdruck von Religion, sondern als Proklamation von Erkenntnis und sogar als wahre Philosophie verstand.

3 Telemediatik und Inkarnation

Für christlich-religiöse Lernprozesse gewinnt unter diesen Voraussetzungen an erster Stelle der Gedanke der Inkarnation – gegen die mediale »Wort«-Werdung alles Fleischlichen – ganz neue Relevanz. Denn nur durch ihn kann der christlich konstitutive Bezug nicht nur zum Konkreten, sondern auch zum Ungestalten und Zerbrochenen aufrechterhalten werden. Christliches Kerygma versteht sich – bedingt durch die zu Jesu Gleichnishaftigkeit für Gott gehörende »deformitas Christi« – immer auch als »sermo humilis«, als Wahrnehmung von Zerstörung und Leiden. Schon länger befindet sich ein alle Bereiche übergreifender Prozess der Ästhetisierung der Lebenswelt in Gang, dem daran gelegen ist, Widersprüche und nicht aufgehende Gleichungen durch Blendwerk zu kaschieren. Dieser Verhübschungstrieb findet in den Neuen Medien und ihren Möglichkeiten einen idealen Mutterboden, in einer inkarnatorisch orientierten Religionspädagogik und Homiletik ihren entschiedenen Widerpart.

Literatur

Münker, Stefan/Roesler, Alexander (Hg.), Mythos Internet. Frankfurt/M. 1997.
Müller, Klaus, Computer machen Leute. Philosophie, Neue Medien und Cyber-Religion. In: Renovatio 54 (1998) 149–162.
Müller, Klaus, Das 21. Jahrhundert hat längst begonnen. In: Ebertz, Michael N./Zwick, Reinhold (Hg.), Jüngste Tage. Die Gegenwart der Apokalyptik. Freiburg u.a. 1999, 379–401.
Müller, Klaus, Philosophisches über die Veränderung von Kommunikation durch Telemediatisierung. In: JCS 41 (2000) 160–178.
Roth, Peter/Schreiber, Stefan/Siemons, Stefan (Hg.), Die Anwesenheit des Abwesenden. Theologische Annäherungen an Begriff und Phänomene von Virtualität. Augsburg 2000.
Sandbothe, Mike/Marotzki, Winfried (Hg.), Subjektivität und Öffentlichkeit. Kulturwissenschaftliche Grundlagenprobleme virtueller Welten. Köln 2000.

KLAUS MÜLLER

II.3.9 Kirche als Lebensraum und Institution

→ I.3 Religiöse Bildung zwischen Subjekten und Strukturen
→ I.4 Die Bildungsverantwortung der Kirche in Staat und Gesellschaft
→ II.2.13 Gemeinschaft – Glaubensgemeinschaft/Kirche
→ III.3.4 Ökumenisches Lernen/Lernen im Horizont der Einen Welt

1 Die katholische Position

1.1 Begriffsbestimmung und ökumenische Annäherung

Kirche ist die Gemeinschaft (Communio) derer, die sich zum Glauben an den dreieinigen Gott bekennen, die Bibel des Alten und des Neuen Testaments als Grundlage und Norm ihres Gottesglaubens anerkennen und – geleitet vom Heiligen Geist – ihren verbindlichen Weg der Nachfolge in der Spur Christi, des Gekreuzigten (vgl. 1 Petr 2,21) suchen. Wo die Kirche sich in dieser Spur hält und Nachfolgegemeinschaft bleibt, wo sie – so weit es an ihr liegt – zur Geltung bringt, was ihr mit der Gotteserfahrung der Bibel und durch die Reich-Gottes-Praxis Jesu mit auf den Weg gegeben wurde, da ist sie »gleichsam das Sakrament, das heißt Zeichen und Werkzeug für die innigste Vereinigung mit Gott wie für die Einheit der ganzen Menschheit« und als solche »das im Mysterium schon gegenwärtige Reich Christi«, welches »durch die Kraft Gottes sichtbar in der Welt« wächst (Vaticanum II, Lumen Gentium 1 und 3).

Die katholische Tradition hat die Sichtbarkeit und speziell die institutionelle Gestalt der Kirche stärker in den Vordergrund gerückt als etwa die auf die Reformation zurückgehenden Traditionen. So konnte der Eindruck entstehen, die kirchliche Ämterstruktur, wie sie mit der Lehre von der bischöflichen Successio apostolica auf die Einsetzung durch Jesus Christus selbst zurückgeführt wurde, sei das Eigentliche der Kirche, die im Glaubensbekenntnis als die eine, heilige, katholische und apostolische angesprochen wird. Diese institutionalistische Verengung, wie sie noch jüngst in der Erklärung der Kongregation für die Glaubenslehre »Dominus Jesus« (2000) begegnet, führt dazu, dass den Kirchen der Reformation das Kirchesein im eigentlichen Sinne abgesprochen wird; sie wäre auszugleichen durch die ekklesiologische Würdigung der Grundvollzüge, die Kirche als Lebensraum des Glaubens und der Glaubenden konstituieren.

1.2 Die Grundvollzüge der Kirche: Martyria – Liturgie – Diakonie

(1) Kirche ist elementar Zeugnisgemeinschaft. *Martyria* (Zeugnis) bedeutet nicht oder nicht vorrangig die Weitergabe einer Heilswahrheit, zu deren Sachwalter man von dem eingesetzt ist, in dessen Namen sie den »Nichtwissenden« auszurichten wäre. Bezeugt wird vielmehr die verheißungsvolle Herausforderung durch das biblisch bezeugte Heilshandeln Gottes in der Geschichte seines erwählten Volkes und in der Sendung Jesu, des Christus. Zum Lebensraum des Glaubens wird die Kirche,

- wo sie dieses Heilshandeln auf die gegenwärtige Welt- und Selbsterfahrung hin inspirierend und motivierend in Erinnerung bringt (Verkündigung und Lehre);
- wo sie die verheißungsvolle Herausforderung, die in Gottes Heilshandeln geschieht, prophetisch hier und jetzt geltend macht;

- wo Menschen sich von dieser Herausforderung ergreifen lassen und sich Gottes gutem Geist öffnen, der sie zusammenführt, um sich gegenseitig in der Hoffnung des Glaubens zu bestärken und den Konsequenzen nicht aus dem Weg zu gehen, in denen ihre Glaubensentscheidung konkret werden will.

Das kirchliche Lehramt – das hierarchische wie das theologisch-wissenschaftliche – soll der Authentizität des Zeugnisses dienen, indem es das zu Bezeugende zuverlässig in Erinnerung ruft und so die Identität des Christlichen in den Entscheidungszwängen und Orientierungsproblemen der Gegenwart schützt. Wo ein identitätsbedrohender Glaubens-Dissens nicht anders überwunden werden kann, da stehen dem hierarchischen Lehramt nach katholischer Überzeugung bestimmte letztinstanzliche Eingriffsmöglichkeiten zum Schutz der Glaubensüberlieferung vor Verfälschung und Verkürzung zu.

(2) Vergegenwärtigende Erinnerung des Geglaubten geschieht entscheidend durch *Liturgie*, also in der gottesdienstlichen Feier der Gründungsereignisse Israels und der Kirche: jener Ereignisse und Ereigniszusammenhänge, in denen Gottes erwählendes Sich-Versprechen ursprünglich als die letztlich alles bestimmende Wirklichkeit erfahren und auch noch angesichts einer abgründig bedrohlichen, Gottes Erwählung zutiefst infrage stellenden Weltwirklichkeit bezeugt werden konnte. Die liturgische Feier vergegenwärtigt Gottes Versprechen als das zum Heil der Menschen sich erfüllende; und sie antizipiert seine endzeitliche Einlösung in der Gottesherrschaft, in der Gottes guter Wille sich endgültig als die alles bestimmende Wirklichkeit erweisen wird. Nach katholischem Verständnis stellt die liturgische Feier die Identität des Christlichen symbolisch-rituell dar. So kommt den geweihten Amtsträgern der Vorsitz bei der zentralen liturgischen Handlung – bei der Eucharistiefeier – zu. Lebensraum des Glaubens aber wird die Liturgie da, wo auch die anderen Teilnehmer an der liturgischen Feier des Glaubens in ihren Glaubenserfahrungen gewürdigt werden und sie diese in die Gestaltung der Liturgie einbringen können. Wo Liturgie die Veranstaltung des Klerus für das »Volk« bleibt, da verliert Kirche ihre geistliche Lebendigkeit.

(3) *Diakonie* stellt Gottes Herrschaft in der hier und jetzt geschehenden hilfreichen Zuwendung zu den Notleidenden dar. Sie vergegenwärtigt jene Geistes-Kraft, die glaubende Menschen aus der Zuwendung Gottes leben lässt und dazu drängt, den Mächten und Dynamiken der Entwürdigung im Großen und im Kleinen zu widerstehen. Das Mysterium der in der Menschheitsgeschichte wie ein Sauerteig wirkenden Gottesherrschaft soll konkret greifbar werden im Einsatz der Kirche – all ihrer Mitglieder – für menschenwürdiges Leben in Frieden und Freiheit, für den Schutz der Lebensmöglichkeiten auch der kommenden Generationen. Diakonie geschieht in jedem konkret hilfreichen, Not lindernden und die Ursachen der Not bekämpfenden Zeugnis für Gottes Menschenfreundlichkeit. Sie wird aber auch von Institutionen getragen, die im menschlichen Nahbereich und im gesellschaftlichen wie im globalen Feld die Effizienz und Professionalität der geleisteten Hilfe gewährleisten können. Sinnwidrig wäre eine Diakonie, in der die diakonischen Institutionen nicht die Orientierung am Anderen und seiner Not ermöglichen, sondern als Dienstleistungskonzerne vor allem Selbsterhaltungs- und Einflusssteigerungsinteressen verpflichtet sind.

1.3 Kirche aus der Kraft des Geistes

Die Lebendigkeit der Kirchen hängt entscheidend davon ab, ob sie als Gemeinschaften des Zeugnisses, der liturgisch-sakramentalen Feier und des für die Würde des Menschen engagierten diakonischen Einsatzes – als *Communio sanctorum* – die Mitwirkung der Gemeindemitglieder herausfordern und zulassen kann; entscheidend davon also, ob sie das Wirken des Gottesgeistes zulassen, der den Kirchen die Charismen zum Aufbau der Gemeinden und zur Stärkung ihres Zeugnisses schenkt. Die Partizipation der »Laien« an allen Grundvollzügen der Kirche bringt nicht nur ihr Christenrecht und ihre Berufung zur Geltung; sie ermöglicht überhaupt erst jenes Zeugnis, das die erlösende Reich-Gottes-Praxis Jesu in der lebensschaffenden Kraft des Gottesgeistes durch die Kirche in der Welt und für sie vergegenwärtigt. Im vertrauensvollen, aber auch notwendige Konflikte nicht scheuenden Zusammenwirken von Amtsträgern und Gemeindemitgliedern ist immer wieder neu zu klären, wie der Vielfalt des Zeugnisses Raum gegeben werden kann und wo die Glaubens- und Zeugnisvielfalt um der Verbindlichkeit des Zeugnisses willen begrenzt werden muss. Zentrale Institutionen mit Entscheidungsbefugnissen neigen dazu, Einheitlichkeit durchzusetzen. Damit behinderten und behindern sie nicht selten die Inkulturation des Christentums in außereuropäischen Weltregionen. Partizipation verlangt nach einer polyzentrischen Weltkirche (J.B. Metz), in der die zentralen Institutionen den je neu zu findenden Ausgleich zwischen lebendiger Vielfalt und verbindend-verbindlicher Eindeutigkeit des Zeugnisses als ihre ureigene Aufgabe ansehen. Wo einseitig amtszentrierte, zentralistische Strukturen Partizipation erschweren oder unmöglich machen, da schädigen sie Kirche als Lebensraum des Glaubens statt ihm zu dienen.

(Jürgen Werbick)

2 Die evangelische Position

2.1 Die Kirche des Wortes als Institution

Die evangelische Kirche versteht sich als »Kirche des Wortes«. Das gilt in zweifacher Hinsicht. Erstens: Die Kirche verdankt ihre Existenz der Anrede durch das göttliche Wort und der Annahme dieses Wortes, des Evangeliums, im Glauben. Die Kirche ist also Geschöpf des Wortes Gottes (*creatura verbi divini*). Zweitens: Die Kirche versteht sich in all ihrem Handeln als Dienst am Worte Gottes. Insofern tritt sie als ein bestimmtes soziales System – elementar als »Versammlung der Gläubigen« (*congregatio sanctorum,* Confessio Augustana 7) je an ihrem Ort – in Erscheinung, und indem dieses soziale System eine die Einzelversammlungen übergreifende organisatorische Gestalt annimmt, wird sie zur Institution.

Als Institution ist die evangelische Kirche permanent reformbedürftig (*ecclesia semper reformanda*). Dabei macht sie Gebrauch von der Freiheit, die durch das reformatorische Kirchenverständnis eröffnet ist. Dieses benennt als äußere Kennzeichen der wahren Kirche Jesu Christi nur die reine Predigt des Evangeliums und die schriftgemäße Handhabung der Sakramente (Confessio Augustana 7). Darin besteht ihre Einheit bzw. Identität, aber auch ihre Heiligkeit, Apostolizität und Katholizität oder Ökumenizität. Obwohl die Bezeugung des Evangeliums allen Christen obliegt, sehen die Reformatoren vor, dass das Recht zur *öffentlichen*, gottesdienstlichen Wortverkündigung und Sakramentsverwaltung durch ein geregeltes Verfahren (*rite vocatus*, Confessio Augustana 14) auf einzelne, besonders qualifizierte Personen übertragen wird. Abgesehen vom öffentlichen Predigtamt (vgl. Confessio Augustana 5) sowie von der Unverzichtbarkeit der gottesdienstlichen Versammlung und der Sakramente Taufe und

Abendmahl ist somit die gesamte Gestalt und Struktur der Kirche zur Disposition gestellt; sie ist so zu regeln, dass sie sich in Bezug auf die Grundfunktion der Kirche, Dienst am Worte zu sein, als zweckdienlich erweist.

Von grundlegender Bedeutung ist Luthers Lehre vom *Allgemeinen Priestertum*. Sie spricht allen Glaubenden christliche Urteilsfähigkeit zu und gibt deshalb den so genannten Laien nicht nur Anteil an der Bezeugung des Evangeliums in der Welt, sondern auch an kirchenleitenden Funktionen. Dem entspricht die *synodale Verfassung* der evangelischen Kirchen. Die landeskirchlichen Synoden sind in der Regel zu zwei Dritteln mit Laien besetzt, und Laien müssen auch in den Kirchenleitungen angemessen vertreten sein. Das Synodalwesen hat sich nur auf dem Grunde des protestantischen Kirchenverständnisses voll entwickeln können. Das *ordinierte Amt*, das den Ausgangspunkt aller kirchlichen Organisation und aller anderen Ämter – haupt- und ehrenamtlicher – in der verfassten Kirche bildet, ist als ein zur Professionalität gesteigerter Spezialfall des Allgemeinen Priestertums zu verstehen: Es sorgt für die theologische Mündigkeit aller Kirchenmitglieder und »dient dem Schutz des Allgemeinen Priestertums« (Härle 1996, 68).

»Kirche des Wortes« bedeutet nicht, dass der Dienst am Wort allein durch das Medium des Wortes erfolgt. Die Kirche bedient sich auch der nonverbalen Sprache der Kunst aller Gattungen und Stilrichtungen, wie es vor allem am Gottesdienst als der zentralen und medienreichsten kirchlichen Sozialform studiert werden kann.

2.2 Kirche als Institution in der Gesellschaft

Als Institution in der Gesellschaft tritt die Kirche in ein Verhältnis zu allen anderen gesellschaftlichen Institutionen. Sie richtet sich zwar mit ihrer Botschaft an je einzelne Menschen, aber indem sie das tut, dient sie zugleich der gesamtgesellschaftlichen Wohlordnung, die darin besteht, dass die unterschiedlichen Institutionen in geregelter und je spezifischer Weise zum gemeinsamen Wohl zusammenwirken. Kirchentheorie kann nicht ohne Gesellschaftstheorie betrieben werden, in welcher ein nach gesellschaftlich notwendigen Funktionen gegliedertes Spektrum von Institutionen und Organisationen entwickelt und der Kirche eine spezifische und unverzichtbare Funktion innerhalb des gesamtgesellschaftlichen Institutionengefüges zugewiesen wird.

Als unverzichtbar für jede Gesellschaft, für ihr Funktionieren wie für ihre geregelte Fortentwicklung, muss ein solches Institutionenspektrum nun jedenfalls Institutionen der Rechtspflege und der staatlich-politischen Herrschaft, der physischen Erhaltung der Individuen und der Erzeugung und Kommunikation von Wissen ausweisen (vgl. Herms 1990). Die Kirche ist dem zuletzt genannten Bereich zugewiesen, und zwar sofern es in ihm nicht nur um den Gewinn empirischer Erkenntnisse natur-, gesellschafts- und humanwissenschaftlicher Art geht, sondern auch um den Gewinn von Einsichten, die sich auf das Verständnis der erfahrbaren Wirklichkeit im Ganzen und auf die Bestimmung und Würde des Menschen beziehen und damit auch den Umkreis und die Wertigkeit möglicher Ziele individuellen und gemeinsamen Handelns markieren. Solche Einsichten werden natürlich vor dem Hintergrund unterschiedlicher religiös-weltanschaulicher Traditionen in pluraler Form vertreten; in einer multikulturellen und weltoffenen Gesellschaft ist das in verstärktem Maße der Fall. Obwohl sich solche Einsichten nur individuell erschließen, bedürfen sie der professionellen und institutionellen Pflege, wenn sie gesamtgesellschaftlich, z.B. in den öffentlichen Medien, überhaupt Beachtung finden und Wirksamkeit erlangen sollen. Die christlichen Kirchen sind der exemplarische, aber nicht singuläre Fall einer solchen auf einer bestimmten Tradition beruhenden institutionellen und professionellen öffentlichen Kommunikation individuell erschlossenen und zugleich gesamtgesellschaftlich relevanten Lebenssinnes. Die Gesellschaft bedarf solcher Institutionen, wenn die Kommunikation über ihre entscheidungsorientierenden geistigen Grundlagen nicht verkümmern und die Gestaltung der Gesellschaft nicht ökonomisch-zweckrationalen Mechanismen ausgeliefert werden soll.

2.3 Kirche als Erfahrungsraum

Das christliche Leben beschränkt sich nicht auf kirchliches Leben, und der Ort religiöser Erfahrung ist das Leben in allen seinen Bereichen und Bezügen. Daher ist der besondere Erfahrungsraum, den Kirche, Gottesdienst, Gemeinde darstellen, nicht allein für sich, sondern in seiner Beziehung auf die außerkirchlichen Erfahrungsräume zu betrachten und zu würdigen. Einerseits werden in der Kirche die Erfahrungen des Alltags erneut in den Blick genommen, aus der Sicht des Evangeliums interpretiert und dadurch als Erfahrungen des christlichen Lebens identifiziert. Andererseits ermöglicht die Teilnahme am Gottesdienst und am Gemeindeleben Erfahrungen, die in einem gewissen Kontrast zur Alltagserfahrung stehen.

(1) Der *Gottesdienst* ist ein Medium der Selbstbeschreibung und Selbstinterpretation des christlichen Lebens. Das gilt natürlich in besonderem Maße von der Predigt. Aber auch die Lieder und die Gebete, besonders das Allgemeine Fürbittengebet, in dem das Leben in seiner Differenziertheit, seiner Abhängigkeit von Gott und seiner vom Glauben geleiteten Aktivität vor Gott gebracht wird, wie auch die alle menschlichen Unterschiede relativierende Liturgie im Ganzen und besonders das Abendmahl, das die im Glauben gegebene Gemeinschaft mit Gott und untereinander erfahren lässt, erbringen eine solche Leistung.

Als gemeinsame Feier ermöglicht der Gottesdienst aber auch Erfahrungen, wie sie das tägliche Leben in der Regel nicht zu bieten hat. Im Gottesdienst ist jeder willkommen, und zwar rein in der Rolle des Teilnehmers. Man muss sich nicht qualifiziert haben, und man muss keine besonderen Voraussetzungen der Bildung, des sozialen und beruflichen Status, des Alters, der Zugehörigkeit zu bestimmten Interessengruppen etc. mitbringen. Man ist für die Zeit des Gottesdienstes entlastet vom Leistungsdruck und vom Entscheiden- und Handelnmüssen. Dieser realen Entlastung entspricht es, dass auch die Fantasie des Menschen mit Betreten des Kirchenraumes von den Alltagsproblemen Abstand nimmt und sich auf Prinzipielles, in der Alltagssituation in den Hintergrund Gedrängtes, richtet: auf Grundelemente und Grundmöglichkeiten der conditio humana und auf das, was allen Wandel, alle Mühe, alle Erfolge und allen Jammer übersteigt, relativiert, ihnen als Möglichkeitsbedingung vorausgeht und sie allesamt überdauert. Es ist eine Aufgabe der Predigt, diese durch die Teilnahme am Gottesdienst evozierten Erlebnisse so zu interpretieren, dass deren Korrespondenz mit dem biblischen Wort erkennbar wird, sodass sie zu paradigmatischen Erfahrungen werden können.

(2) Um den Gottesdienst herum gestaltet sich eine *gemeindliche Gesprächs- und Begegnungskultur*, die wiederum besondere Erfahrungschancen enthält. Jene im Gottesdienst suspendierten sozialen, psychischen, ethnischen, generations- und bildungsmäßigen Unterschiede können nun zu bewusst wahrgenommenen Elementen persönli-

cher Begegnung werden. Es gibt keine andere Institution in der Gesellschaft, die eine so spannungsreiche und so viele Differenzen überbrückende Gesprächs- und Begegnungskultur entwickeln und als »intermediäre Institution« (Berger/Luckmann 1995) sich gestalten könnte wie eine lebendige Kirchengemeinde. Vereinsähnliche Kreise und Gruppen geben darüber hinaus auch Gelegenheit zu vielfältigem sozialem, seelsorgerlichem und diakonischem Engagement. Die auf interpersonale Begegnung setzenden parochialen Sozialformen werden auf der anderen Seite durch Möglichkeiten solitärer Besinnung und Einkehr ergänzt. Ein besonderer Pflege bedürfendes weiteres Erfahrungsfeld wird durch die an der Schnittstelle von Kirche und Welt, Gemeinde und Lebensgeschichte angesiedelten Kasualien eröffnet. Und schließlich sind auch jene vielfältigen und neuen Erfahrungen hervorzuheben, die im Kontext gelebter Ökumene auf allen Ebenen interkonfessioneller Begegnung und Kontaktpflege möglich geworden sind.

(Reiner Preul)

Literatur

Berger, Peter L./Luckmann, Thomas, Modernität, Pluralismus und Sinnkrise. Die Orientierung des modernen Menschen. Gütersloh 1995.

Dinkel, Christoph, Was nützt der Gottesdienst? Eine funktionale Theorie des evangelischen Gottesdienstes. Gütersloh 2000.

Erbacher, Jürgen, Freiheitsraum Kirche. Eine Provokation. Freiburg u.a. 1999.

Härle, Wilfried, Allgemeines Priestertum und Kirchenleitung nach evangelischem Verständnis. In: Marburger Jahrbuch Theologie VIII (1996) 61–81.

Herms, Eilert, Erfahrbare Kirche. Beiträge zur Ekklesiologie. Tübingen 1990.

Kaufmann, Franz-Xaver/Metz, Johann Baptist, Zukunftsfähigkeit. Suchbewegungen im Christentum. Freiburg 1987.

Kehl, Medard, Die Kirche. Eine katholische Ekklesiologie. Würzburg ^{4}2001.

Preul, Reiner, Kirchentheorie. Wesen, Gestalt und Funktionen der Evangelischen Kirche. Berlin/New York 1997.

Werbick, Jürgen, Kirche. Ein ekklesiologischer Entwurf für Studium und Praxis. Freiburg u.a. 1994.

Wiedenhofer, Siegfried, Das katholische Kirchenverständnis. Graz u.a. 1992.

JÜRGEN WERBICK / REINER PREUL

II.4 Lebensgeschichte

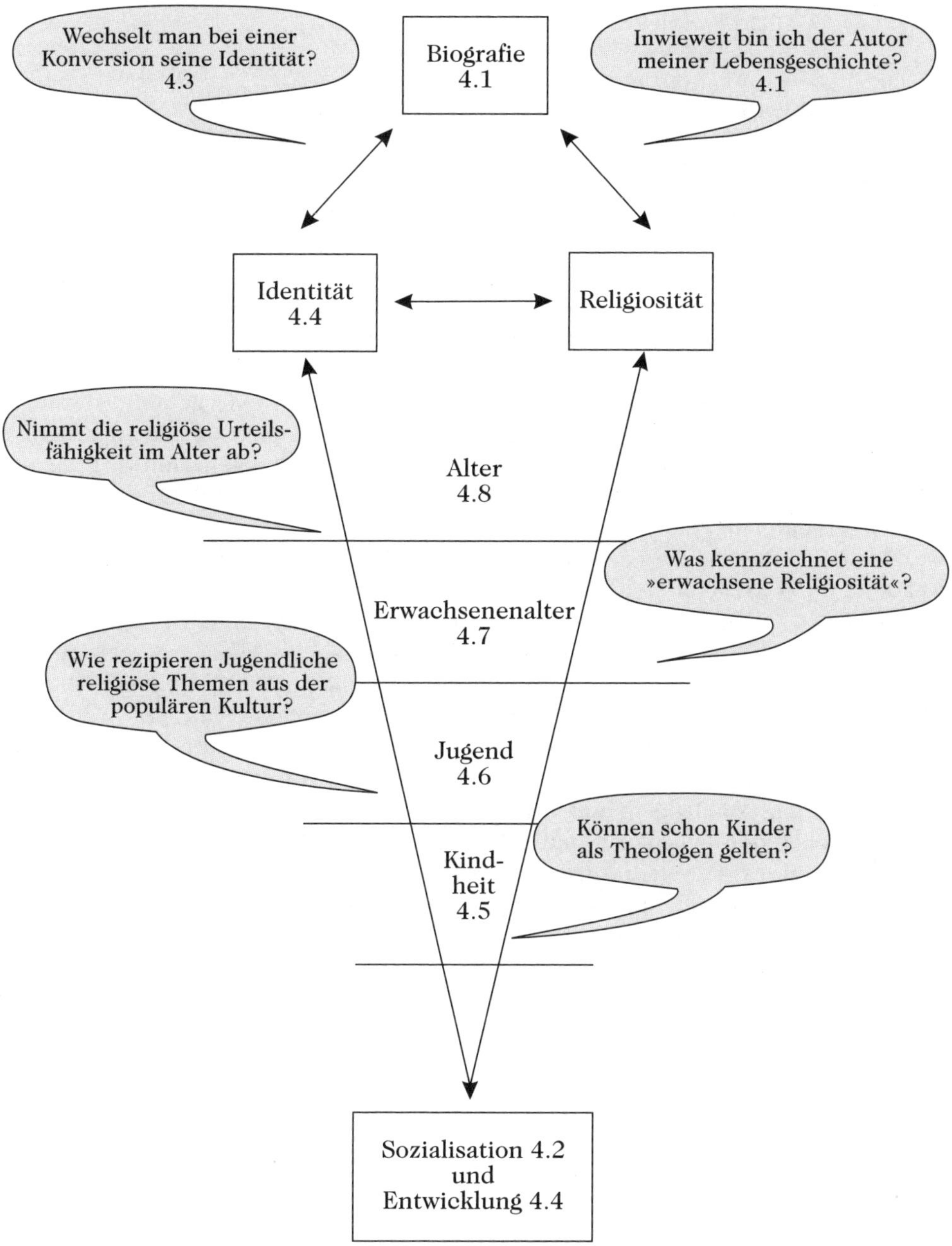

II.4.1 Lebensgeschichte(n) – Glaubensgeschichte(n)

→ II.4.2 Religiöse Sozialisation
→ II.4.4 Entwicklung und Identität
→ III.2.1 Sprache/religiöse Sprache
→ III.4.2 Individualisierte Religiosität
→ V.1.3 Korrelation von Glaube und Leben
→ V.2.3 Erzählen

1 Das biografische Interesse

Jeder Glaube hat seine Geschichte. Wer von seinem Glauben erzählt, erzählt auch von sich. Er erzählt von seinem Leben. Wilhelm Dilthey betrachtete Lebensgeschichten als Ausdruck lebensgeschichtlicher Selbstreflexion, in der das Gedächtnis aus der Fülle des Erlebten das herausfiltert, was für den Erzähler in der Gegenwart von Bedeutung ist. Lebensgeschichten sagen insofern mehr über die Gegenwart als die Vergangenheit des Erzählers aus. Sie zeigen, wie sich ein Mensch zu seinem Leben verhält. Sie sind Modelle des Verstehens von Leben, sagt Dilthey, näherhin vergangenem, zu Geschichte geronnenem Leben. Sie sind daher auch ein Modell für das Verstehen von Geschichte.

Der biblische Glaube bezieht sich von Anfang an auf Geschichte und Lebensgeschichten. Das Erzählen und Erzähltbekommen von Lebensgeschichten gehört zu seinen ursprünglichen Praxen. Der christliche Glaube bezieht sich elementar auf die Lebensgeschichte Jesu und gründet im Bekenntnis der nachösterlichen Gemeinde zu dieser Geschichte. Christliche Glaubensgeschichten stehen in ihrer Nachfolge. Hier setzt das theologische Interesse an Glaubens- und Lebensgeschichten an.

Dieses Interesse ist freilich nicht nur binnentheologisch. Es resultiert auch aus dem kirchen- und religionssoziologischen Sachverhalt der Entkirchlichung und Enttraditionalisierung von Religion und ihrer Biografisierung. Rhythmisierten früher die Feste der Kirchen den Lebenslauf und definierten die Kirchen den Glauben, der die Lebensspanne eines Menschen von der Wiege bis zur Bahre begleitete, so sind es heute die Lebensgeschichten, individuellen Lebensschicksale, Kindheits- und Familiengeschichten und ihre Verstrickungen in gesellschaftlich organisierte Kontexte, Generationenschicksale, zeit- und kirchengeschichtliche Umstände, die darüber entscheiden, ob und wie Religion im Leben eines Menschen überhaupt vorkommt. Die neuere empirische Theologie untersucht im Detail, wie diese Kontexte in den einzelnen konkreten Lebensläufen wirken und welche Glaubensvorstellungen darin von Menschen im Lauf ihres Lebens entwickelt werden. Sie untersucht also, wie religiöse Menschen wurden, was sie sind. Das ist das empirische Interesse der Theologie (vorab der Pastoraltheologie und Religionspädagogik) an Glaubensgeschichten.

2 Aufgaben der Interpretation

Theologische Biografieforschung steht noch ganz am Anfang. Schon die Frage, was als Glaubensgeschichte zu gelten hat, ist unklar: Das Textkorpus ist bis heute umstritten. Eine theologisch ansetzende Geschichte der christlichen (Auto-)Biografie ist nicht geschrieben. Der Gattungsbegriff »Glaubensgeschichte« wie auch der Begriff »Lebensgeschichte« sind unscharf. Was uns heute als Lebensgeschichte eines gläubigen Menschen erscheint, z.B. die »Confessiones« des Augustinus, war für Augustinus vielleicht gerade nicht das Entscheidende und sollte es auch gar nicht sein, denn es ging Augustinus nicht um sein Leben, sondern um sein Bekenntnis, seine Bekehrung und seinen Lobpreis, schließlich auch um Mission. Die Leser sollten sich von seinem Weg anstecken lassen. Man muss also damit rechnen, dass Lebenstexte in manchen Zeitepochen überhaupt nicht als Lebensgeschichten gelesen wurden und erst wir heute sie dazu machen. Man wird also historische Kontexte und Biografierwartungen bedenken müssen, die auf die Textproduktion und die Textrezeption einwirken. Die Leser und Hörer von Lebensgeschichten bestimmen deren Rezeption und Rezeptionsgeschichte. Unser heutiges Verständnis von Lebensgeschichte und Glaubensgeschichte ist selbst geschichtlich und ein Ergebnis des neuzeitlichen Interesses an Biografie und individualisierter Religion.

Die Interpretation von glaubensbiografischen Texten stellt vor eine Fülle von Fragen: Wer ist der Adressat dieser Texte? Welche Öffentlichkeit sucht er? Welche Richter über dieses Leben treten auf? Erinnert sich der Autor auch richtig? Welche Gewähr bietet er für seine Erinnerungen und dafür, dass seine Erinnerung ihn nicht täuscht? Wie will er das Vergangene überhaupt gegenwärtig werden lassen? Wie authentisch ist sein Erlebnis? Ist es durch die Erinnerungsarbeit verzerrt? Nach welchen Gesichtspunkten, mit welchen Rücksichten und Absichten werden Lebenspassagen erinnert oder weggelassen, gekürzt, hervorgehoben, kommentiert? Welche Leser- oder Hörererwartungen werden bedient? Welches Biografiemuster, z.B. Glaubensgeschichte als Bekenntnis, Bekehrung, Apologie oder Krankheitsgeschichte, legt er seiner Erzählung zugrunde? Ist das dem Erzähler bewusst? Erzählt ein Mann oder eine Frau? Gibt es überhaupt religiös unterschiedliche Biografieerfahrungen von Männern und Frauen? Gibt es eine weibliche Religiosität der Lebensspanne analog einer weiblichen Moral, wie immer wieder gesagt wird, und wie kommt sie in diesen Geschichten vor? Sind schließlich diese Geschichten Fakt oder Fiktion? Bilden sie Wirklichkeit ab, wie sie ist, oder haben wir in diesen Geschichten nur Konstrukte und Rekonstruktionen, in denen das Wirklichkeitssubstrat hinter dem Erzählmuster verschwindet? So wurde etwa der reichhaltigen evangelikalen Bekehrungsliteratur des 18. und 19. Jh. vorgeworfen, sie presse Lebensläufe in das Korsett eines paulinischen Bekehrungsschemas, in dem es nur ein schlechtes und verworfenes Leben vor und ein von Gott im Augenblick der Bekehrung geheiltes Leben danach gebe – ein Muster abrupten Wechsels, hinter dem der reale Lebenslauf gleichsam verdunste. Der radikale Konstruktivismus sieht Lebensgeschichten ohnehin als Konstrukt, das die Welt nicht abbilde, sondern konstruiere und diese konstruierte Welt dann für die wirkliche hält. Lebensgeschichten seien also nicht Fakt, sondern Fiktion. Gegen diese radikale Position kommt aus der neueren Literaturwissenschaft die überraschende Einsicht, dass Lebensgeschichten gerade durch ihr nicht vorab konstruiertes Wirklichkeitssubstrat konstituiert werden und dies sozusagen Teil des Lektürevertrags zwischen Autor und Leser ist. Das Versprechen dieses »Pakts« (Lejeune) lautet: Autor, Erzähler und

»Held« der Geschichte sind eins. Die Täuschung über diesen Sachverhalt würde den Lektürezusammenhang schlichtweg zerstören.

Daran kann die neuere empirische Theologie anknüpfen. Die von ihr unternommenen interpretativen Zugänge: erzählanalytisch, sozialgeschichtlich, ethnographisch, hermeneutisch, entwicklungspsychologisch, haben eine unterschiedliche Reichweite und fördern einmal mehr die Einsicht zu Tage, dass ein Text immer auf die Fragen antwortet, die man ihm stellt. In der religionspädagogischen Forschung haben die entwicklungstheoretischen Arbeiten zum religiösen Urteil (Fritz Oser) und zur Entwicklung des Lebensglaubens (James W. Fowler) heuristisch brauchbare Modelle geliefert. Glaubensgeschichten erzählen natürlich keine schematisch übersichtlichen Entwicklungsstufen, sondern eher Übergänge, Brüche, Abbrüche, Latenzzeiten, Trennungen und Neuanfänge, kurz: sie erzählen, wie ein Mensch sich seine Weise, im Glauben zu stehen, nach und nach erarbeitet. Aber sie spiegeln religiöses Bewusstsein, das von den genannten entwicklungstheoretischen Modellen erfasst und beschrieben wird, und erklären, wie im Licht dieses Bewusstseins sich die eigene Glaubensgeschichte darstellt. Erzählt wird jeweils das, was aus heutiger Sicht Bedeutung hat.

3 Theologische Reflexion biografischer Erzählhaltung

Karl Barth hat diese Tendenz zur Introspektion, die allem glaubensbiografischen Erzählen anhaftet, scharf kritisiert. Vor allem der Anspruch, der Mensch könne sich selbst durchschauen, scheint ihm vermessen. Wer der Mensch sei, das wisse nur Gott. Das Leben eines Menschen, auch seine Vergangenheit, liege in Gottes Händen und vor Gottes Augen, nicht in des Menschen Händen. Der Mensch müsse vor Gott nicht noch einmal eine Vergangenheit ausbreiten, die Gott, der Schöpfer des Menschen, besser kenne als der sich autobiografisch selbst rechtfertigende Mensch. Rechtfertigung komme dem Menschen nicht vom Menschen, sondern von Gott.

Henning Luther (1992) hat die radikale Absage der Dialektischen Theologie an Biografie »ein theologisches Selbstmissverständnis« genannt, wenn man davon ausgeht, dass Theologie und Glaube nicht ein abstraktes, zeitenthobenes System richtiger Glaubenswahrheiten darstellen, sondern das Leben eines jeden Menschen ansprechende Wahrheit sein wollen, die sich nicht anders als in real zu bestehenden Lebensgeschichten inkarniert und konkretisiert. Glaubensgeschichten sind als Lebensgeschichten deshalb niemals glatt. Sie kennen auch Brüche, die im Vertrauen auf den fiktiven »anderen«, dem sie erzählt werden, sein dürfen und nicht gerechtfertigt werden müssen. Dieser andere hat in christlichen Lebensgeschichten einen Namen: Gott. Vor ihm braucht sich der Mensch nicht zu rechtfertigen. Das unterscheidet christliche Lebensbeschreibung von profaner, welche die Öffentlichkeit als Richter bestellt und vor der sich der Mensch, der sich bekennt, reinwaschen will. Genau dieser Rechtfertigungszwang entfällt in der christlichen Autobiografie. Sie ist daher, klassisch erstmals von Augustinus in den »Confessiones« vorgeführt, Bekenntnis, Beichte und Lobpreis zugleich. Christliche Autobiografie geht also von einem unbedingten Bejahtsein aus, übrigens gegen alle menschliche Erfahrung, die uns lehrt, dass Anerkennung durch andere immer von Bedingungen abhängt. Nicht so bei Gott, dem letzten Endes der Gläubige seine Geschichte erzählt.

Modell und Grund dieses vertrauensvollen Erzählens ist nach Hermann Pius Siller (1984) die Lebensgeschichte Jesu. Das Evangelium sei im Kern die Geschichte der Anerkennung eines Leidenden durch den, dem dieser Leidende bedingungslos vertraut hat, auf den hin er sein Leben entworfen hat und auf den hin die Gemeinde das Leben dieses Leidenden erzählt. Indem die nachösterliche Gemeinde das Leben Jesu so erzählt und im Bekenntnis zu Jesus mit dem eigenen Leben verknüpft, konfrontiert sie den Gläubigen mit einem Lebenslauf, der dem Biografieentwurf wahrscheinlich der meisten Menschen widerspricht. Bürgerliche Lebensgeschichten entfalten das Leben als eine Erfolgsgeschichte, in der sich ein Mensch durch alle schuldhaften Verstrickungen hindurch letzten Endes doch zu einer reifen, von Schuld entlasteten Persönlichkeit bildet. Demgegenüber können christliche Lebensgeschichten Lebensläufe zulassen, die auch Schuld (und Vergebung) kennen, und sie müssen deshalb Lebensgeschichten unter die von Jesus »Reich Gottes«, von Paulus »Gottes Gerechtigkeit«, von Johannes »ewiges Leben« oder »Liebe« genannte eschatologische Wirklichkeit stellen, um sie zu vollenden. Diese das Ganze des Lebens und aller Lebensläufe umfassende Wirklichkeit ist der Horizont christlicher Lebensgeschichten. Er ist außerchristlich nicht ohne weiteres verständlich. Aber er gilt natürlich dem Christen für alle Wirklichkeitsbereiche: den individuellen, den politischen, ökonomischen, kulturellen usw. Die Biografie ist damit der Ort, sagt Siller, an dem die Segmentierung der Lebenswelten durchbrochen wird und das Leben als Ganzes ins Spiel kommt. Deshalb ist es im Religionsunterricht wichtig, dass dieser Unterricht biografisch wird – mit aller gebotenen Vorsicht. Denn wer biografisch wird, macht sich verletzbar und wird merken, dass nicht nur er selbst sein Leben erzählt, sondern dass es ihm auch von anderen erzählt wird. Deren Anerkennung des eigenen Lebens ist an Bedingungen geknüpft. Und sie ist immer bedingt. Unbedingte Anerkennung findet die Lebensgeschichte eines Menschen letzten Endes nur bei Gott, der den Menschen mehr erkannt hat, als dieser sich selbst (1 Kor 13,12; Gal 4,9). Wenn das stimmt, dann erklären Lebensgeschichten als Glaubensgeschichten vorab nicht, wie einer wurde, was er ist, sondern wie er das, was er ist, glaubend erhofft und anzunehmen bereit ist.

Literatur

Comenius Institut (Hg.), Religion in der Lebensgeschichte. Interpretative Zugänge am Beispiel der Margret E. Gütersloh 1993.

Klein, Stefanie, Theologie und empirische Biographieforschung. Methodische Zugänge zur Lebens- und Glaubensgeschichte und ihre Bedeutung für eine erfahrungsbezogene Theologie. Stuttgart u.a. 1994.

Kuld, Lothar, Glaube in Lebensgeschichten. Ein Beitrag zur theologischen Autobiographieforschung. Stuttgart 1997.

Luther, Henning, Religion und Alltag. Bausteine zu einer praktischen Theologie des Subjekts. Stuttgart 1992.

Schweitzer, Friedrich, Lebensgeschichte und Religion. Religiöse Entwicklung und Erziehung im Kindes- und Jugendalter. Gütersloh ^{4}1999.

Siller, Hermann Pius, Biographische Elemente im kirchlichen Handeln. In: Fuchs, Ottmar (Hg.), Theologie und Handeln. Düsseldorf 1984, 187–208.

LOTHAR KULD

II.4.2
Religiöse Sozialisation

→ I.1 Religion, Glaube und Aufwachsen heute
→ I.3 Religiöse Bildung zwischen Subjekten und Strukturen
→ II.4.1 Lebensgeschichte(n) – Glaubensgeschichte(n)
→ II.4.4 Entwicklung und Identität
→ V.1.6 Geschlechtsspezifische religiöse Sozialisation

1 Sozialisation und Religion

Sozialisation beschäftigt sich mit der Frage, wie der Mensch im Laufe seines Lebens zu dem wird, der er ist. Lange nahm man an, dies geschehe im Sinne eines Reifungsprozesses. Demzufolge ist die gesamte Persönlichkeit im Menschen bereits von Anfang an angelegt und kommt – mithilfe von Erziehung – allmählich zur Reife. Demgegenüber steht der Sozialisationsbegriff für die Ansicht, dass der Mensch zu wesentlichen Teilen geprägt ist durch die ihn umgebende Umwelt. Anstatt von Reifung spricht man dann eher von Entwicklung im Sinne einer aktiven Auseinandersetzung zwischen Subjekt und Umwelt. Das schließt die Bedeutung der Anlagen eines Menschen nicht aus, relativiert sie aber als ein Element dieses interaktiven, auf die gesellschaftliche Umwelt bezogenen Entwicklungsprozesses.

Ein eigenständiger Begriff ist Sozialisation erst seit der Wende vom 19. zum 20. Jh. Emile Durkheim hat ihn wesentlich geprägt, wenn er Sozialisation als Prozess der Verinnerlichung von Werten, die die Gesellschaft zusammenhalten, bezeichnet. Georg Simmel sprach etwa zur gleichen Zeit von der *Vergesellschaftung* des Individuums und meinte damit den Vorgang, durch den ein Mensch fähig wird, sich in einer Gesellschaftsform zu bewegen. Später hatten auch George Herbert Mead, Talcott Parsons und Sigmund Freud großen Einfluss auf die Sozialisationstheorie.

In Deutschland hat sich der Begriff erst seit dem Ende der Sechzigerjahre des 20. Jh. eingebürgert. Hatte man dabei zunächst noch zwischen Sozialisation als funktionaler und Erziehung als intentionaler Beeinflussung unterschieden, so wird der Begriff Sozialisation heute umfassend verstanden als »Prozess der Entstehung und Entwicklung der Persönlichkeit in wechselseitiger Abhängigkeit von der gesellschaftlich vermittelten sozialen und materiellen Umwelt« (Geulen/Hurrelmann 1982, 51). Der Sozialisationsprozess sieht den Menschen in soziale Netzwerke verflochten (Norbert Elias), als die sich gesellschaftliche Strukturen darstellen lassen, und reflektiert darauf, wie sich die einzelne Person durch dieses Verflochtensein immer wieder neu verändert. Insofern dauert der Sozialisationsprozess an, solange ein Mensch lebt.

Auch die Entstehung und Entfaltung von Religiosität geschieht im Kontext von Sozialisationsprozessen. Was und ob ein Mensch glaubt, hat demnach also auch zu tun mit Prozessen sozialen Lernens. Wurde dies in den 1960er-Jahren noch weithin im Kontext der Kirchlichkeit untersucht, so unterschied man später deutlich zwischen Religiosität auf der einen und Kirchlichkeit auf der anderen Seite. Der Einfluss gesellschaftlicher Faktoren auf die Entstehung von Religiosität ist seitdem vor allem im Rahmen biografischer Forschung untersucht worden. Dabei hat sich gezeigt, dass die traditionelle Prägekraft der konfessionellen Milieus zurückgeht und sich stattdessen auch im Bereich der Religiosität Individualisierung als Vergesellschaftungsmodus durchsetzt (vgl. Gabriel 1996).

2 Klassische Felder religiöser Sozialisation

2.1 Familie

Wie für die Sozialisation insgesamt ist die Familie auch für die religiöse Sozialisation von eminenter Bedeutung. Neuere Untersuchungen zum Verhalten von Säuglingen betonen, dass Kinder schon im frühesten Alter sehr differenziert ihr soziales Umfeld wahrnehmen und sich adäquat zu verhalten versuchen. Die gelebten Rollenmuster von Eltern, Großeltern und Geschwistern sind wichtige Orientierungspunkte im Aufbau eigener Verhaltensmuster. Am Ende des 20. Jh. zeigt sich dabei, dass es weniger die klar als religiös erkennbaren Handlungen sind, die Kinder in den Familien lernen. Tischgebete, Morgen- und Abendgebete oder Hausandachten gehören nicht mehr zum selbstverständlichen Bild eines christlichen Familienlebens. Insbesondere konfessionelle Unterschiede treten weitgehend zurück. Trotzdem kann man nicht sagen, dass religiöse Sozialisation in den Familien einfach ausfalle. Vielmehr zeigt sich, dass Familien heute eine eher diffuse Form von Religiosität leben, welche dann auch die darin aufwachsenden Kinder prägt (vgl. Schwab 1995). Insofern geht es hier nach wie vor um eine religiöse, aber nicht mehr gleichzeitig auch um eine kirchliche Sozialisation, wenn Religiosität in Familien vermittelt wird.

Nach wie vor sind es eher die Mütter und Großmütter, die solche Religiosität vermitteln. Daneben findet sich aber auch das Phänomen religiöser Indifferenz bei Männern und Frauen.

Eine Folge dieser diffusen religiösen Sozialisation ist, dass Berichte von religiös-autoritärer Manipulation in der Familie deutlich zurückgegangen sind. Das hängt auch damit zusammen, dass der Erziehungsstil in Familien insgesamt weniger autoritär ist als noch in den 1960er- oder 1970er-Jahren. Für den Aufbau einer eigenständigen religiösen Identität wird damit nicht mehr der Autoritätskonflikt mit den Eltern, sondern vielmehr die erlebte Diffusion zum Problem.

2.2 Kindergarten

Die Sozialisation im Kindergarten ist durch zwei Aspekte besonders geprägt. Zum einen bauen Kinder hier institutionell häufig erstmals eine intensive Beziehung zu Erwachsenen außerhalb des Familien- und Verwandtschaftskreises auf. Die Erzieherinnen der Kindertagesstätten vermitteln neue Rollenmuster und Werthaltungen, die die Kinder in Bezug zu den Erfahrungen aus der eigenen Familie setzen. Kinder lernen, dass andere erwachsene Bezugspersonen unter Umständen anders als die eigenen Eltern reagieren und müssen diese Differenzerfahrung bearbeiten. Zum anderen müssen die Kinder mit fremden Kindern in einer größeren Gruppe zurecht kommen. Da die meisten von ihnen mit keinem oder nur einem Geschwisterkind aufwachsen, ist dies für sie eine schwierige Aufgabe. Neue Beziehungsnetze entstehen und die Kinder entwickeln in einer Gruppe einen eigenen sozialen Status, der erstmals ganz anders geartet sein kann als die Rolle in der Familie. Diese elementaren Aufgaben sozialen Lernens sind häufig mit großer Unsicherheit besetzt und es bedarf viel pädagogischen Geschicks, den Kindern hier hilfreich zur Seite zu stehen.

Ob dabei auch religiöse Sozialisation eine gewichtige Rolle spielt, hängt nicht zuletzt vom pädagogischen Ansatz der Kindertagesstätte ab. Obwohl über 60% aller Kindertagesstätten in West-Deutschland einen kirchlichen Träger haben, ist damit nicht immer auch verbunden, dass Religiosität im Kindergartenalltag explizit vorkommt. Viele Erzieherinnen sind hier, nicht zuletzt aufgrund der religiösen Pluralität unserer Gesellschaft, eher verunsichert. Die Zusammensetzung der Gruppen ist zudem in der Regel sehr heterogen. Auch hier kann von einem geschlossenen kirchlichen Milieu keine Rede mehr sein. Der *dimensionale Ansatz* einer religiösen Erziehung im Kindergarten (vgl. Scheilke/Schweitzer 1999) versucht diesen neuen Gegebenheiten gerecht zu werden und empfiehlt, die Gestaltung des Miteinanderlebens in einem Kindergarten auch im Hinblick auf die religiöse Dimension zu betrachten. Religiöse Feste wie Advent, Weihnachten und Ostern bleiben wichtige religiöse Anknüpfungspunkte, die ein Kind mit hineinnehmen in das gemeinsame religiöse Leben. Aber auch strukturelle Bedingungen wie die Gestaltung des Raumes oder die zeitliche Struktur eines Vormittags können neben der vielfältigen thematischen Arbeit Bezüge zur Religiosität aufweisen. Es wird in Zukunft in der Elementarpädagogik verstärkt darauf ankommen, Religion als einen Ausdruck von Lebensfragen zu begreifen, der dann in vielfältiger Weise gestaltet werden kann.

2.3 Schule

Wir haben in der Religionspädagogik inzwischen gelernt, dass der Religionsunterricht als ordentliches Lehrfach wissenschaftlich fundiert zu sein hat. Dieser Bezug wird auch in Zukunft für die Didaktik von großer Bedeutung bleiben. Allerdings bietet ein wissenschaftsorientierter Fachunterricht nur beschränkte Möglichkeiten einer religiösen Sozialisation. Hier müssen weitere religiöse Angebote an einer Schule hinzukommen, wie etwa Feste, Schulgottesdienste oder gemeinsame Besinnungstage, damit auch die sozialen und emotionalen Aspekte der Religion stärker zum Tragen kommen. In früheren Zeiten hatten die von Schülerinnen und Schülern selbstständig organisierten Schülerbibel- und Gebetskreise oft einen großen religiösen Einfluss auf ihre Mitglieder. Unbeschadet einer notwendigen kritischen Reflexion religiöser Inhalte, wie dies der Religionsunterricht zu leisten hat, gilt eben auch, dass Religion nicht nur bedacht, sondern auch mit anderen zusammen gelebt sein will. Es wäre zu überlegen, ob sich heute neue Formen einer gemeinsamen *praxis pietatis* an Schulen finden lassen. Schulen in kirchlicher Trägerschaft, die gegenwärtig zahlenmäßig zunehmen, entwickeln hier häufig ein stärkeres Profil als staatliche Schulen. Auch Werthaltungen bauen sich nicht allein durch kognitive Einsicht, sondern vielmehr durch das »moralische Klima« (Kohlberg 1997) einer Schule auf.

Von besonderer Bedeutung für die religiöse Sozialisation sind weiter die (Religions-)Lehrkräfte, die auch selbst als gelebtes Beispiel von Religion wahrgenommen werden. Es geht dabei vor allem darum, sich im Kontext des Glaubens als authentisch zu erweisen. Gelehrte und gelebte Religion müssen in einem reflexiven Zusammenhang gesehen werden können.

2.4 Kirchengemeinde und Vereine

Nach wie vor stellt das gemeinsame Erleben in einer Gruppe einen wichtigen Beitrag auch für religiöse Sozialisation dar. Die Erlebnispädagogik hat zu Recht darauf hingewiesen, dass soziales Lernen wesentlich auf der Möglichkeit basiert, gemeinsame Erfahrungen machen und verarbeiten zu können. Kinder und Jugendliche haben heute aber in der Regel keine traditionelle Bindung mehr zu Freizeit-Institutionen. Vereine werden besucht, wenn und solange das Programm bzw. die Mitarbeiter ansprechend sind. Nur noch selten ist der Verein eine bleibende soziale Heimat. Die Beteiligung hängt davon ab, ob es Spaß macht, wobei »Spaß« als zeitgemäße Chiffre für selbstbestimmtes Leben steht. Die komplexen Zeitstrukturen unseres Alltags kommen hinzu. Auch Kinder und Jugendliche leben heute in einer Terminkultur, ihre Freizeit ist zunehmend verplant. All dies führt zu einem eher punktuellen statt kontinuierlichem Teilnahmeverhalten.

Von besonderer Bedeutung ist die Rolle der Mitarbeiterinnen und Mitarbeiter, die diese Lernprozesse anregen und begleiten sollen. Die hierfür nötige soziale und religiöse Kompetenz gehört mit zum wichtigsten, was Kirchen Kindern und Jugendlichen zu bieten haben. Mitarbeiterinnen und Mitarbeiter sollten im Hinblick auf soziale Prozesse genügend Reflexions- und Interventionsvermögen besitzen, und sie sollten in der Lage sein, ihre eigene – theologisch reflektierte – Religiosität in den gemeinsamen religiösen Suchprozess der Jugendlichen hilfreich einzubringen.

Wenig hilfreich, aber durchaus prägend für die religiöse Sozialisation sind dagegen viele Erfahrungen, die Jugendliche im Hinblick auf den Gottesdienstbesuch mit Kirchengemeinden machen. In der Zeit von Firmung und Konfirmation werden sie oft gezwungen, solche Gottesdienste zu besuchen, die kaum oder gar nicht auf ihre Bedürfnisse abgestimmt sind. Das ist dann häufig der Ort, an dem Jugendliche lernen, dass Kirche eben doch langweilig, autoritär und unverständlich ist. Wer hier Jugendlichen hilfreiche Lernbedingungen anbieten will, muss sich insbesondere um jugendgemäße Formen gottesdienstlichen Feierns bemühen (vgl. Schwab 1999).

3 Neuere Aspekte religiöser Sozialisation

3.1 Geschlechtsspezifische Sozialisation

Zunehmend wird deutlich, dass gesellschaftliches Rollenverhalten auch geschlechtsspezifische Aspekte aufweist (vgl. Chodorow 1985). Dies hat sicherlich auch Auswirkungen auf die religiöse Sozialisation von Jungen und Mädchen. So hat sich gezeigt, dass Religiosität zum einen überkommene Vorstellungen von Weiblichkeit im ideologischen Sinne verstärken kann, zum anderen aber auch Kontrasterfahrungen hierzu bietet und so zu einer wichtigen und konstruktiven Hilfe bei der Verarbeitung von Widerspruchserfahrungen im Lebenslauf werden kann. Ob dies im Leben tatsächlich gelingt, hängt entscheidend von den religiösen Erfahrungen in der Kindheit ab (vgl. Sommer 1998). Geschlechtsspezifische Aspekte sind dabei nicht als unabänderlich, sondern als Ergebnis einer kulturspezifischen Sozialisation (gender) zu begreifen.

3.2 Einfluss der Medien

Sowohl die Print- als auch die elektronischen Medien sind ein wichtiger Faktor religiöser Sozialisation. Die täglich wiederkehrenden Soaps im TV bieten feste und klar durchschaubare Rollenmuster an, die nicht selten ein Identifikationsangebot für Kinder und Jugendliche darstellen, insbesondere, wenn diese ansonsten wenig Gelegenheit zu sozialem Austausch haben. Aber auch Videoclips, die sehr aufwändig hergestellt werden, vermitteln solche Einstellungen.

Trotz der elektronischen Revolution lesen Kinder und Jugendliche gern Bücher und Zeitschriften. Religiöse Themen spielen dabei oft eine wichtige Rolle. Der Bestseller der letzten Jahre, Joanne Rowlings »Harry Potter«, ist ohne religiöse Chiffren nicht verstehbar. Auch Jugendzeitschriften sind voll von religiösen Anspielungen und Themen. Das gleiche gilt für Fantasy-Filme, die vielfach den religiösen Erlösungsmythos neu durchbuchstabieren. Über die Identifikation mit den Helden findet auch religiöses Lernen statt. Da dies alles im Kontext diffuser und wenig durchschaubarer Anspielungen geschieht, ist gerade dieser Bereich für religiöse Erziehung besonders bedeutsam.

3.3 Religiöse Pluralität

Die Vernetzung der westlichen Industriestaaten führt dazu, dass sich Aufwachsen zunehmend auch im Kontext religiöser Pluralität vollzieht. Es sind heute nicht mehr nur konfessionelle Unterschiede, sondern zunehmend finden sich an einem Ort Angehörige verschiedenster Religionsgemeinschaften. Religiöse Sozialisation wird dadurch mehr denn je von unterschiedlichen Einflüssen geprägt. Man kann dies als einen Verlust von Eindeutigkeit beklagen, man kann dies aber auch als eine neue Chance für den religiösen Dialog begreifen. Auf jeden Fall wird sich zukünftig religiöse Sozialisation mit religiöser Pluralität auseinander zu setzen haben. Das kann zum einen bedeuten, dass Abgrenzungswünsche – z.B. in aufblühenden ethnischen Konflikten – wieder stärker werden, das kann zum anderen aber auch zu einem neuen theologischen Verständnis führen, welches Wahrheit nicht im Gegeneinander, sondern im pluralen Miteinander zu finden sucht. Freilich wird auch dabei als erschwerend zu beachten sein, dass sich Globalisierung bisher weithin unter der Dominanz der kapitalstarken Industriestaaten vollzieht.

Literatur

Chodorow, Nancy, Das Erbe der Mütter. Psychoanalyse und Soziologie der Geschlechter. München 1985.
Drehsen, Volker, Wie religionsfähig ist die Volkskirche? Gütersloh 1994.
Elias, Norbert, Was ist Soziologie? Weinheim/München 2000.
Gabriel, Karl (Hg.), Religiöse Individualisierung oder Säkularisierung. Biografie und Gruppe als Bezugspunkte moderner Religiosität. Gütersloh 1996.
Geulen, Dieter/Hurrelmann, Klaus, Zur Programmatik einer umfassenden Sozialisationstheorie. In: Geulen, Dieter/Hurrelmann, Klaus, Handbuch der Sozialisationsforschung. Weinheim/Basel ²1982, 51–67.
Kohlberg, Lawrence, Die Psychologie der Moralentwicklung. Frankfurt/M. ²1997.
Scheilke, Christoph Th./Schweitzer, Friedrich (Hg.), Kinder brauchen Hoffnung. Religion im Alltag des Kindergartens. Gütersloh 1999.
Schwab, Ulrich, Familienreligiosität. Religiöse Traditionen im Prozess der Generationen. Stuttgart u.a. 1995.
Schwab, Ulrich, Jungsein und Kirche. In: Pastoraltheologie 88 (1999) 334–349.
Sommer, Regina, Lebensgeschichte und gelebte Religion von Frauen. Stuttgart u.a. 1998.

ULRICH SCHWAB

II.4.3
Konversion / Bekehrung

→ II.4.1 Lebensgeschichte(n) – Glaubensgeschichte(n)
→ II.4.2 Religiöse Sozialisation
→ II.4.4 Entwicklung und Identität
→ II.4.7 Gestalten erwachsener Religiosität

Der Begriff der Konversion (lat. *conversio*: »Umkehr«, »Umwandlung«) entstammt dem christlichen Kulturraum; der/die »Konverse« bezeichnete ursprünglich nichtgeweihte Mönche oder Frauen in religiösen Gemeinschaften, später auch zum Christentum übergetretene jüdische, zum Katholizismus zurückgekehrte oder auch von einer christlichen Konfession zur anderen übergewechselte Personen. Heutzutage hat der Begriff eine Reihe von in der Regel miteinander vermengten Bedeutungen, die man wie folgt unterscheiden kann: Konversion bezeichnet (a) den Wechsel von einer religiösen sozialen Organisation zu einer anderen, d.h. eine Veränderung der formalen Mitgliedschaft; (b) eine über den formalen Beitrittsakt hinausgehende Änderung der religiösen und weltanschaulichen Vorstellung einer Person; (c) die Umorientierung der Muster religiöser Handlungen und Rituale; (d) eine besondere religiöse Erfahrung des Wechsels, und schließlich (e) die kommunikative Darstellung der persönlichen (oder kollektiven) religiösen Veränderung.

1 Formen der Konversion

Konversionen können individuell oder kollektiv vollzogen werden, und zwar, dem »high church«-Modell folgend, von oben nach unten (durch militärische Eroberung oder politische Kontrolle) oder (dem »low church«-Modell folgend) von unten nach oben. In diesem Fall folgen Gruppenkonversionen häufig dem Muster des Vertrautwerdens (durch Erziehung, äußeren Druck, Krisensituationen oder Propaganda), der Inkorporation des Sinnsystems und seiner Anpassung an die Bedürfnisse, kulturellen Mentalitäts- und Handlungsmuster der Gruppe, sodass die Konversion gleichsam zur Geburt einer eigenen Religion führt. Zuweilen sind sogar Professionalisierungstendenzen beobachtbar, wie etwa bei den berufsmäßigen Bekehrern innerhalb der charismatischen Bewegungen oder den »Deprogrammierern« bei den Gegnern Neuer religiöser Bewegungen. (Bei der Berufung zum religiösen Spezialisten kann von einer Konversion zweiten Grades gesprochen werden bzw. von einer »Binnenbekehrung«.)

Im abendländisch christlichen Raum wird Konversion mit einem grundlegenden persönlichen Wandel verbunden. Besonders in radikaleren christlichen Bewegungen nimmt die Konversion eine enorm hohe biografische Relevanz an (vgl. Jödicke 1993). Diese Vorstellung findet sich schon in den Worten angelegt, die dafür in der Bibel verwendet werden: im Hebräischen *shub* und den griechischen Vokabeln *epistréphein*, *stréphein* und *metánoia*, die alle einen dramatischen Wandel, eine Wendung von einer Auffassung zu einer anderen oder eine Rückkehr zu einer früheren Auffassung bezeichnen – wobei umstritten ist, ob es sich um einen plötzlichen oder allmählichen Wandel handelt.

Innerhalb der christlichen Tradition können daneben Alternation, pendelförmige Konversion und Transformation unterschieden werden. Eine *Alternation* ist eine Konversion, die sich quasi zwangsläufig aus schon entwickelten Lebensformen ergibt. Wenn etwa ein Methodist eine Presbyterianerin heiratet und der presbyterianischen Kirche beitritt, ist er ein Konvertit, dessen Konversion eher den Konventionen folgt als sie bricht. Die *pendelförmige* Konversion hat die Ablehnung der individuellen Vergangenheit zugunsten des neuen religiösen Sinnsystems zur Folge, wenn etwa ein protestantisch aufgezogener junger Mensch in die Scientology-Kirche eintritt. Von einer *Transformation* reden wir dann, wenn der vergangene Glaube nicht abgelehnt, sondern im Lichte der neuen Erfahrung umgedeutet wird (wie etwa bei der Konversionserfahrung Martin Luthers, dessen Verständnis der Heiligen Schrift ihn dazu zwang, seine Vergangenheit neu zu interpretieren.)

Aufgrund der christlichen Prägung gilt der Begriff der Konversion besonders außerhalb des christlichen Bereiches als problematisch und wird zuweilen durch andere Begriffe ersetzt. So wird die Bekehrung der arabischen und afrikanischen Welt zum Islam zuweilen als *Adhäsion* bezeichnet, dem Erwerb einer zusätzlichen, aber nicht alternativen religiösen Orientierung. In jüngerer Zeit setzt sich der Begriff Konversion auch für die Bezeichnung von Phänomenen in anderen kulturellen und religiösen Bereichen durch (vgl. Lamb/Bryant 1999).

2 Erklärungen der Konversion

Die wissenschaftliche Erklärung der Konversion findet mit William James (1914) einen ersten Höhepunkt, der die Bekehrung als einen psychologischen Prozess versteht, in dessen Verlauf unbewusste Kräfte das Individuum zu einem neuen Lebensstil und einer neuen Lebensführung führen, wobei der Wechsel mit mystischen, unaussprechlichen Bewusstseinszuständen verbunden sei. Tatsächlich können Konversionserlebnisse mit zum Teil heftigen psychosomatischen Symptomen verbunden sein: mit Kopfschmerzen, Schweißausbruch und Asthma. Diese Erfahrungen werden mit verschiedenen neurophysiologischen Prozessen erklärt, die entweder (epilepsieähnliche) Hirnstörungen oder die kognitive Ausweitungen von Hirnfunktionen verantwortlich machen (Brown/ Caetano 1992).

In der späteren Psychologie wird die Konversion als eine Orientierungskrise verstanden, durch die Personen gezwungen werden, die Frage nach dem Sinn und Zweck des Lebens ausdrücklich zu stellen. Zur Konversion bedarf es eines »Advokaten«, der meist aus dem Freundes- oder Verwandtenkreis bezogen wird und Antworten auf diese Fragen weiß. Die Veränderung des Mentalitäts- und Verhaltensmusters erinnert an die »rites de passage«, also einer Grundstruktur von Ritualen, durch die Veränderungen der sozialen Identität behandelt werden. Diese Grundstruktur besteht aus einem Dreischritt: Trennung – Randexistenz – Ausnahmestatus – Wiedereingliederung. Die Konversion stellt sich als ein Übergangsritus dar, dessen Höhepunkt enthusiastisch oder ekstatisch als eine Spannungslösung vollzogen wird. Damit wird ein Identitätswechsel vollzogen: Aus der konvertierten Person wird ein Mitglied der anderen religiösen Vereinigung.

Nach einem elaborierteren Modell von Lofland und Stark (1965) handelt es sich bei der Konversion um einen *sozialpsychologischen Prozess*, der dem folgenden Muster folgt: eine Person erfährt (1) dauerhafte, spürbare Spannungen, die (2) in einem religiösen Rahmen als Problem gedeutet werden und (3) die Person dazu bringen, sich als religiös Suchende anzusehen; (4) an einem Wendepunkt in ihrem Leben tritt die Person in Kontakt mit der religiösen Gruppe und ihrer Lehre, wobei (5) mit einem oder mehreren weiteren Konvertiten emotionale Beziehungen aufgebaut werden und (6) Beziehungen außerhalb der religiösen Gruppierungen abgebrochen werden, sodass die Person (7) intensivere Beziehungen innerhalb der Gruppe eingehen wird. Dieser so genannten Spannungs-(»Strain«-)Theorie zufolge treten Personen einer Religion aufgrund einer Deprivation bei. Dabei wird zwischen absoluter und relativer Deprivation unterschieden. Eine *absolute Deprivation* liegt vor, wenn einer Person etwas fehlt, das sie aus objektiven Gründen benötigt, also etwa Gesundheit bei jemandem, der todkrank ist. *Relative Deprivation* bezieht sich auf etwas, das Personen anderer sozialer Gruppen besitzen. Diese Erklärung trifft vor allen Dingen für den Beitritt in radikale religiöse Bewegungen zu: Deren Mitglieder zeichnen sich durch eine höhere Deprivation aus als Mitglieder von Kirchen, etwa mit Bezug auf ihre Bildungschancen.

Die *Theorie des sozialen Einflusses* (»social influence«) betont dagegen zwei unterschiedliche Aspekte. Als Kontrolltheorie geht sie davon aus, dass Menschen so lange auf konventionelle Weise handeln, wie sie starke Beziehungen zur konventionellen sozialen Ordnung haben, also enge Beziehungen zu anderen Mitgliedern, Interesse an Karrieren innerhalb der gesellschaftlichen Institutionen und einen Glauben an die Rechtmäßigkeit der sozialen Ordnung. Schwächen sich diese Bande etwa durch Scheidung, Verwitwung, Arbeitslosigkeit oder neue Berufe, geraten Individuen in die Versuchung, Experimente zu wagen und sich anderen religiösen Vereinigungen anzuschließen.

Die *Subkulturtheorie* betont die Rolle einer Gruppe gleich gesinnter Personen, durch die eine besondere Lebensweise aufgebaut werden kann. Durch soziale Interaktionen werden Informationen ausgetauscht, Gefühle aufrechterhalten und Beziehungen gefestigt, sodass die Gruppe Einflüssen von außen widerstehen kann.

Allerdings wurden gegen alle diese Theorien in den letzten Jahren empirisch begründete Einwände vorgebracht. Deswegen verschiebt sich in jüngerer Zeit der Fokus immer stärker von der Konversionserfahrung auf einen weiteren Aspekt der Konversion, nämlich ihre kommunikative Form. Weil das, was erfahren wird, von dem geleitet ist, wie es geschildert wird, nimmt die kommunikative Darstellung der Konversion, also die *Konversionserzählung*, eine besondere Bedeutung an (Knoblauch/Krech/Wohlrab-Sahr 1999). So betonen Snow und Machalek (1984), dass es sich bei der Konversion um eine Transformation dessen handelt, was sie als »universe of discourse« bezeichnen, also einem Set von als selbstverständlich betrachteten Annahmen, an denen sich Menschen orientieren. Dieses Set ist eingebettet in Sprache, rhetorische Muster und argumentative Strategien, die Konversionserfahrungen nicht nur leiten, sondern kulturell prägen. Dies gilt vor allem für die umfassende Form der Konversionserzählung. Sie stellt eine besondere Form der biografischen Erzählung dar, die in eine vorkonversionelle Biografie, ein biografisches Ereignis und eine nachkonversionelle Biografie zerfällt (vgl. Ulmer 1988). Diesem Verständnis von Konversion steht auch der christlich-theologische Begriff der Bekehrung nahe: als ethisch-religiöse Neuorientierung angestoßen von einer entschiedenen Umkehr und Hinkehr zum Geheimnis Gottes – gedeutet als Gottes Gnade und Freiheitstat des Menschen zugleich (vgl. Rzepkowski 1994; März 2001).

Literatur

Brown, Warren S./Caetano, Carla, Conversion, cognition, and neuropsychology. In: Malony, H. Newton/Southard, Samuel (Hg.), Handbook of Religious Conversion. Birmingham/Alabama 1992, 147–158.
James, William, Die religiöse Erfahrung in ihrer Mannigfaltigkeit. Leipzig 1914.
Jödicke, Ansgar, Die moderne Religiosität von Bekehrten. Eine Studie zum Evangelikalismus in der Schweiz. In: Bergmann, Jörg/Hahn, Alois/Luckmann, Thomas (Hg.), Religion und Kultur. Sonderheft 33 der Kölner Zeitschrift für Soziologie und Sozialpsychologie. Opladen 1993, 218–230.
Knoblauch, Hubert/Krech, Volkhard/Wohlrab-Sahr, Monika (Hg.), Religiöse Konversion. Konstanz 1999.
Lamb, Christopher/Bryant, M. Darrol (Hg.), Religious Conversion. Contemporary Practices and Controversies. London/New York 1999.
Lofland, John/Stark, Rodney, Becoming a World-Saver. A Theory of Conversion to a Deviant Perspective. In: American Sociological Review 30 (1965) 862–875.
März, Claus-Peter u.a., Umkehr. In: ^{3}LThK 10 (2001) 364–368.
Rzepkowski, Horst u.a., Bekehrung. In: ^{2}LThK 2 (1994) 166–171.
Snow, David A./Machalek, Robert, The Sociology of Conversion. In: Annual Review of Sociology 10 (1984) 167–190.
Ulmer, Bernd, Konversionserzählungen als rekonstruktive Gattung. Erzählerische Mittel und Strategien bei der Rekonstruktion eines Bekehrungserlebnisses. In: Zeitschrift für Soziologie 17 (1988) 19–33.

HUBERT KNOBLAUCH

II.4.4 Entwicklung und Identität

→ I.2 Pädagogische Grundbegriffe – religionspädagogische Grundmuster
→ II.2.10 Leistung – Gnade – Rechtfertigung
→ II.4.1 Lebensgeschichte(n) – Glaubensgeschichte(n)
→ II.4.2 Religiöse Sozialisation
→ V.1.6 Geschlechtsspezifische religiöse Sozialisation

1 Begriffserklärung

Die beiden Begriffe Entwicklung und Identität müssen zunächst jeweils für sich im Blick auf ihre unterschiedliche Herkunft betrachtet, können dann aber auch in einen Zusammenhang gebracht werden. Geschichtlich gesehen verweist der *Entwicklungsbegriff* auf ein organologisches Denken (»Wachstum«, »Entfaltung« usw.). In der Psychologie steht Entwicklung vor allem dem Lernen gegenüber und bezeichnet hier langfristige Veränderungen im Unterschied zu situativ und kurzfristig erreichbaren Lerneffekten. In der älteren Entwicklungspsychologie wurde Entwicklung gern mit Reifung gleichgesetzt und auf innere (endogene) Ursachen zurückgeführt. Heute hingegen gilt Entwicklung als Produkt einer Wechselbeziehung (Interaktion) zwischen Organismus oder Person und Umwelt, sodass die Unterschiede zwischen Entwicklung, Lernen und Sozialisation fließend werden. In dieser Sicht lässt auch das Lebensalter keine verlässlichen Vorhersagen hinsichtlich der Entwicklung zu. Es gibt zwar nach wie vor statistische Wahrscheinlichkeiten dafür, wann eine bestimmte Entwicklung zu erwarten ist, aber eben keinen notwendigen Zusammenhang zwischen Lebensalter und Entwicklung.

Der *Identitätsbegriff* ist einerseits in der Philosophiegeschichte verankert, wobei auch an verwandte Begriffe wie Person, Selbst, Ich, Subjekt usw. zu denken ist, andererseits sind für die Religionspädagogik vor allem die psychologisch-sozialisationstheoretischen Identitätstheorien des 20. Jh. bedeutsam geworden. Eine allgemein akzeptierte Definition steht jedoch nicht zur Verfügung. Vielfach gedacht wird an das »Gefühl, man selbst zu sein« (E.H. Erikson) oder ganz allgemein an individuelle Handlungsfähigkeit zwischen Selbstbestimmung und Anpassung an die Gesellschaft. In diesem Sinne kann dann auch zwischen persönlicher und sozialer Identität unterschieden werden, wobei beide Aspekte auch mit einer kollektiven Identität verbunden werden können.

In einen Zusammenhang treten Entwicklung und Identität in dem Maße, als die Identitätsbildung als ein lebenslanger Entwicklungsprozess aufgefasst wird. Identität stellt in dieser Sicht vielfach auch das Ziel von Entwicklung dar oder jedenfalls eine Norm, an der gelingende Entwicklung im Sinne persönlicher Autonomie und sozialer Verantwortung gemessen werden kann.

Wie im Folgenden noch genauer auszuführen ist, kann sowohl von religiöser Entwicklung als auch von religiöser Identität gesprochen werden. Unzureichend bleibt dabei ein Verständnis, das Religion nur als einen Teilbereich von Entwicklung und Identität ansehen will. Religion ist eine allgemeine Dimension der menschlichen Entwicklung und ein konstitutiver Bestimmungsgrund von Identität.

2 Religiöse Entwicklung

Für die Religionspädagogik sind hier vor allem zwei Grundmodelle wichtig geworden, die zugleich für unterschiedliche sozial- und humanwissenschaftliche Zugangsweisen stehen.

2.1. Religiöse Entwicklung im Lebenszyklus

Die Vorstellung von einem Lebenszyklus oder Lebenskreis (etwa mit verschiedenen »Jahreszeiten« des Lebens) lässt sich seit dem Altertum beobachten (als berühmtes Beispiel aus der frühen Neuzeit vgl. J.A. Comenius). Durch die Arbeiten E.H. Eriksons, eines deutsch-amerikanischen Psychoanalytikers in der Nachfolge Freuds, ist der Lebenszyklus religionspsychologisch bedeutsam geworden. Von der frühen Kindheit bis ins hohe Alter unterteilt Erikson den Lebenszyklus in acht Lebensalter, die jeweils durch eine bestimmte »Krise« (i.S. von Entscheidungszeit) bestimmt werden – beispielsweise durch die Spannung zwischen Grundvertrauen und -misstrauen im ersten Lebensalter. Ziel der Entwicklung ist nicht die Aufhebung des negativen Pols, sondern ein dynamisches Übergewicht des positiven Pols über den negativen. Wird dies nicht erreicht, geht die Entwicklung mit dem Lebensalter gleichwohl weiter, aber die sich entwickelnde Person ist geschwächt und belastet.

Im Blick auf die Religionspsychologie bedeutet die Vorstellung des Lebenszyklus eine Entgrenzung der religiösen Entwicklung, die nun nicht mehr – wie noch bei Freud – auf die Prozesse der sog. ödipalen Gewissens- oder Über-Ich-Bildung (viertes oder fünftes Lebensjahr) beschränkt wird. Jedes Lebensalter trägt zur religiösen Entwicklung bei, und die religiöse Entwicklung spielt zu jeder Zeit eine Rolle. Dennoch besitzen in dieser Sicht vier Lebensalter im Blick auf die religiöse Entwicklung ein besonderes Gewicht: die frühe Kindheit mit dem Grundvertrauen, das Kindergartenalter mit der Gewissensbildung, das Jugendalter mit der Identitätsbildung sowie das hohe Alter mit der Frage nach dem Lebensganzen.

In religionspsychologischer Hinsicht ist dieser Ansatz durch die Psychologie der »Objektbeziehungen« (H. Kohut, O.F. Kernberg u.a.) weitergeführt und verfeinert worden, insbesondere hinsichtlich der frühkindlichen Erfahrungen von Einheit und Verschmelzung (»ozeanisches Gefühl«, primärer Narzissmus) sowie im Blick auf einen der Trennung von Subjekt und Objekt vorausliegenden »Zwischenbereich« mit sog. »Übergangsobjekten« (D.W. Winnicott), die als Ursprung aller menschlichen Kultur- und Fantasietätigkeit, einschließlich der Religion, gewürdigt werden. Neben allgemeinen religionspsychologischen Darstellungen (z.B. von P.W. Pruyser) sind besonders die auf die Herausbildung des Gottesbildes gerichteten Arbeiten von A.-M. Rizzuto bedeutsam geworden, u.a. mit dem Hinweis auf die Notwendigkeit von lebenslang sich vollziehenden, die Übergänge im Leben begleitenden Transformationen im Gottesbild.

2.2 Stufentheorien der religiösen Entwicklung

Die religiöse Entwicklung kann, vor allem im Anschluss an die Psychologie J. Piagets, nicht nur im Blick auf die Lebensalter betrachtet werden, sondern auch als ein in sich zusammenhängender Prozess, in dessen Verlauf religiöse Vorstellungen, Sinnkonstruktionen, Verstehensweisen usw. immer weiter ausdifferenziert werden. Der missverständliche Begriff der Stufe verweist dabei religionspädagogisch gesehen nicht an erster Stelle auf die – gleichwohl immer mitgemeinte – Zielgerichtetheit dieser Entwicklung, sondern hält die qualitativen Unterschiede zwischen verschiedenen Entwicklungsniveaus fest: Kinder, Jugendliche und Erwachsene denken jeweils »anders«, nicht einfach weniger oder mehr. So werden jeweils in sich geschlossene entwicklungsbedingte Weltzugänge identifiziert, die aufeinander folgen und aufeinander aufbauen. Religiöse Entwicklung hängt eng mit der Entwicklung von Weltbildern zusammen, aber auch mit der Entwicklung von Moral (L. Kohlberg) und Symbolverständnis (von der freien Fantasie über das wortwörtliche zum entmythologisierenden und schließlich nach-kritischen Symbolverständnis).

Die bis heute wichtigsten Stufentheorien der religiösen Entwicklung wurden parallel in den USA und in der Schweiz von J.W. Fowler und F. Oser entwickelt. Diese Theorien beschreiben fünf bzw. sechs Stufen der religiösen Entwicklung, die allerdings nicht von allen Menschen durchlaufen werden. Häufig bleibt die religiöse Entwicklung auf den frühen Stufen eines kindlichen Glaubens stecken oder auf dem Niveau eines konventionellen Glaubens, manchmal auch des kritisch-entmythologisierenden Glaubens. Die Perspektive einer »zweiten Naivität« (P. Ricœur) – als reflektierte Rückkehr zu Glaube, Symbol und Religion – wird selten erreicht, stellt gleichwohl ein unerlässliches religionspädagogisches Bildungsziel dar.

Die allgemeinen religionspsychologischen Stufentheorien sind in religionspädagogisch bedeutsamer Hinsicht weiter entfaltet worden, beispielsweise für die Entwicklung des Gleichnisverständnisses (A. Bucher u.a.) sowie von Gottes- und Weltbildern (R. Fetz, H.K. Reich u.a.). Beim didaktischen Elementarisierungsansatz sind auch direkte religionspädagogische Bezüge hergestellt worden (K.E. Nipkow, F. Schweitzer u.a.).

3 Identitätsbildung und Religion

Hier ist zwischen zwei, allerdings miteinander verbundenen Fragestellungen zu unterscheiden: Zum einen kann nach dem Beitrag von Religion zur Identitätsbildung gefragt werden, zum anderen nach dem Zustandekommen einer bestimmten religiösen Identität. – Die Frage nach der Herausbildung einer religiösen Identität stellt sich heute besonders angesichts der Herausforderungen durch eine multikulturelle und -religiöse Gesellschaft. Befürchtet wird, dass eine religiöse Beheimatung durch eine allein am Prinzip der interreligiösen Begegnung ausgerichtete religiöse Erziehung verhindert wird. Die Entwicklung von konfessionellem oder religiösem Zugehörigkeitsgefühl und -bewusstsein ist noch zu wenig untersucht worden. Die verfügbaren Untersuchungsergebnisse lassen jedoch den Schluss zu, dass Beheimatung und Begegnung unter heutigen Voraussetzungen Hand in Hand gehen müssen, d.h. nicht mehr in eine zeitliche Abfolge (erst eine eigene Identität – dann Begegnung mit anderen) gebracht werden können. Von frühauf wachsen Kinder mit anderen Kindern auf, die eine andere oder eben auch keine Religionszugehörigkeit besitzen. Religionspädagogisch sollten deshalb komplementär beide Aspekte gewürdigt und unterstützt werden.

Der Beitrag von Religion zur Identitätsbildung ist umstritten. Zum Teil wird von einer konstitutiven Bedeutung von Religion für die Identitätsbildung ausgegangen, weil Identität stets auf sinnstiftende Deutungen von Welt und Geschichte angewiesen sei (E.H. Erikson), auch hinsichtlich einer humanen und also nicht nur ökonomisch und technologisch bestimmten Zukunftsperspektive. Zum Teil gilt Religion aber als eine bloß partikulare, d.h. zu Trennungen und Feindschaften führende Bindung, die zugunsten einer Identität auf der Grundlage universeller Moral überwunden werden soll (J. Habermas). Neue Gesichtspunkte für diese Diskussion erbringen die Frage nach Erinnerung und Gedächtnis in ihrer Bedeutung für die kollektive Identität (J.B. Metz, J. Assmann) sowie die nunmehr zu Recht stärker gewürdigte Rolle von Fantasie, Kreativität, (mythologischen) Selbstentwürfen usw. (K. Mollenhauer, G.E. Schäfer u.a.). Wie auch theologisch gezeigt werden kann (s.u.), verliert die Vorstellung einer alle religiösen Bindungen hinter sich lassenden »posttraditionalen« Identität deutlich an Plausibilität.

4 Aktuelle sozialwissenschaftliche und pädagogische Fragen

Der breiten Beachtung von Entwicklungs- und Identitätsbildungstheorien entspricht eine ähnlich breite kritische Diskussion, die teils grundsätzliche Einwände enthält, teils auf aktuelle Herausforderungen verweist, die zu Modifikationen theoretischer Annahmen zwingen. Dieser Abschnitt beschränkt sich auf sozialwissenschaftliche und pädagogische Fragen, theologische Aspekte werden im nächsten Abschnitt aufgenommen.

Schon seit langem wird kritisch gefragt, ob die beschriebenen Theorien von Entwicklung und Identität genügend auf geschlechtsspezifische Unterschiede eingestellt sind und ob sie insbesondere der weiblichen Entwicklung gerecht werden (C. Gilligan u.a.). Besonders gegen Eriksons Identitätstheorie wird darauf hingewiesen, dass seine

Erwartungen hinsichtlich des Verhältnisses zwischen Individuum und Gesellschaft bei weitem zu harmonisch und optimistisch sind und dass er offenbar nicht genügend mit bleibenden Spannungen, Widersprüchen usw. gerechnet hat. Darüber hinaus kommt jetzt auch die der menschlichen Freiheit zuwiderlaufende Wirkung von Normalitätsannahmen in dem Maße in den Blick, als die Leidenserfahrungen von Menschen – Frauen, Menschen mit Behinderung, Fremde, Kinder usw. –, die diesen Erwartungen nicht entsprechen, offen zur Sprache gebracht werden. Theorien der Entwicklung und Identität müssen als (gesellschafts-)kritische Theorien verfasst sein.

Gegen diesen Einwand kann wiederum darauf hingewiesen werden, dass zumindest die sozialphilosophischen Identitätstheorien (J. Habermas) von Anfang an so gedacht waren. Aus heutiger Sicht sind aber auch diese Theorien, deren Anspruch auf universale Solidarität gleichwohl nicht preisgegeben werden darf (H. Peukert, N. Mette), zu wenig auf die Kontextualität von Entwicklung und Identität ausgerichtet. Ein abstrakter Universalismus kann heute auch dann nicht mehr überzeugen, wenn er im Namen der Freiheit vertreten werden soll. Mit dem Hinweis auf die Notwendigkeit einer stärkeren Berücksichtigung der Kontextualität ist auch gesagt, dass die strukturalistischen Stufentheorien zumindest der Ergänzung durch entsprechende Sozialisationstheorien bedürfen. Für sich allein reichen sie in der Religionspädagogik nicht zu.

Angesichts der für die späte Moderne bzw. Postmoderne bezeichnenden Situation von Pluralisierung und Individualisierung gilt weitergehend, dass auch der Lebenszyklus selbst ins Rutschen gekommen ist. Die Kindheit wird immer kürzer, das Jugendalter dehnt sich immer weiter aus (Postadoleszenz), das einstmals als stabil angesehene Erwachsenenalter ist längst abgelöst worden durch eine Vielfalt von Krisen und Übergängen, und auch das hohe Alter stellt längst keine Einheit mehr dar – man denke nur an heute gängige Unterscheidungen zwischen den »jungen«, »mittleren« und »älteren« Alten. Zugespitzt lässt sich sagen: Der moderne ist durch einen postmodernen Lebenszyklus abgelöst worden, und dieser ist eigentlich kein Kreis oder Zyklus mehr!

Nicht zu übersehen ist auch, dass die neuere psychologische Forschung besonders zur frühen Kindheit unsere Vorstellung vom frühkindlichen Erleben verändert hat. Eine schlechthinnige Abhängigkeit des Kleinkindes stellen zumindest diejenigen infrage, die lieber vom »kompetenten Säugling« sprechen (M. Dornes, im Anschluss an D. Stern). Auch wenn die Infragestellung des kindlichen Einheitserlebens bzw. entsprechender Verschmelzungserfahrungen vielleicht etwas vorschnell ist, müssen die veränderten Wahrnehmungen des Kindes doch auch in der Religionspädagogik beachtet werden.

Nicht zuletzt haben Konstruktivismus und Konstruktionismus (H. Keupp, K.J. Gergen) sich gegen jede Vorstellung einer einheitlichen, in sich geschlossenen Identität gewendet. Das »Patchwork der Identitäten« und ein »plurales Selbst« seien der gegenwärtigen Situation angemessener als solche überholten Vorstellungen, wobei – nach dem Abklingen dieser kritischen Diskussion – selbst von dieser Seite wieder auf die Notwendigkeit eines Minimums an Kohärenz und Kontinuität der Identität hingewiesen wird.

5 Theologische und religionspädagogische Perspektiven

Die im letzten Abschnitt genannten Rückfragen und Herausforderungen beziehen sich zwar zunächst auf sozialwissenschaftliche Aspekte, sind aber fast durchweg auch religionspädagogisch relevant und brauchen hier nicht wiederholt werden. Im Blick auf Theologie und Religionspädagogik ist eine insgesamt erstaunlich weitreichende positive Rezeption der beschriebenen Theorien festzustellen. Wie die entsprechenden Arbeiten von Autoren wie J.B. Metz, W. Pannenberg, J. Werbick u.a. erkennen lassen, bieten diese Theorien die Möglichkeit zu einer erfahrungsbezogen-korrelativen Form von Theologie bzw. einer entsprechenden theologischen Anthropologie. Ähnliches gilt für die religionspädagogische Aufnahme dieser Theorien zugunsten einer erfahrungsbezogenen, auf die Entwicklung abgestimmten religiösen Erziehung und Bildung (H.-J. Fraas, R. Englert u.a.). Daran ändert sich prinzipiell nichts durch die veränderte Situation der Postmoderne, die allerdings zu einer Fortschreibung der entsprechenden Theorien und Befunde im Einzelnen zwingt.

Zum Teil wurden allerdings auch grundsätzliche Einwände gegen eine zu optimistische Anthropologie in diesen Theorien formuliert (»Die Identität des Sünders«, G. Schneider-Flume), wobei diese Einwände nicht immer die Perspektivendifferenz zwischen theologischen und sozialwissenschaftlichen Interpretationen berücksichtigen. Von bleibendem Gewicht ist hingegen der immer wieder diskutierte Hinweis auf das besonders in den Stufentheorien, ähnlich aber auch in vielen Identitätstheorien enthaltene Fortschrittsdenken, das auf eine (Selbst-)Perfektionierung des Menschen hinauslaufen kann. Demgegenüber ist theologisch auf die Fragmentarität der menschlichen Existenz (H. Luther), deren Gebrochenheit und fehlende Vollendung hinzuweisen, nicht zuletzt im Rückgriff auf die Lehre von der Rechtfertigung allein durch Glauben.

Ein eigenes, oben bereits angesprochenes Problem stellt bei alldem die noch immer wirksame Säkularisierungstheorie dar, die zunehmend eine Entwicklung oder Identität ohne Religion erwarten lässt. Gegenüber solchen Annahmen, die in den Sozialwissenschaften weit verbreitet sind, besteht ein bleibender Diskussions- und Klärungsbedarf.

Schließlich ist hervorzuheben, dass auch die Theorien von Entwicklung und Identität Konstrukte sind und also nicht verdinglicht werden dürfen. In der pädagogischen Praxis können sie das eigene pädagogische Sehen und Denken, das für jede Gruppe und für jeden einzelnen Menschen immer wieder neu erforderlich ist, keineswegs ersparen. Wohlverstanden können sie unseren Blick schärfen – falsch verstanden versperren sie uns die Sicht! Deshalb sollte in der Religionspädagogik die ausschließliche Konzentration auf nur eine der beschriebenen Theorien vermieden werden, auch wenn es in der Literatur viele Beispiele dafür gibt. Erforderlich ist ein mehrperspektivisches Vorgehen, bei dem sich die Religionspädagogik die unterschiedlichen Theorien zunutze macht und die Differenzen zwischen ihnen für den eigenen Erkenntnisgewinn zu nutzen weiß.

Literatur

Erikson, Erik H., Identität und Lebenszyklus. Drei Aufsätze. Frankfurt/M. 1974.

Fowler, James W., Stufen des Glaubens. Die Psychologie der menschlichen Entwicklung und die Suche nach Sinn. Gütersloh 1991.

Keupp, Heiner/Höfer, Renate (Hg.), Identitätsarbeit heute. Klassische und aktuelle Perspektiven der Identitätsforschung. Frankfurt/M. 1997.

Kohlberg, Lawrence, Die Psychologie der Moralentwicklung. Frankfurt/M. 1995.

Nipkow, Karl Ernst, Erwachsenwerden ohne Gott? Gotteserfahrung im Lebenslauf. München 1987.

Oser, Fritz/Gmünder, Paul, Der Mensch – Stufen seiner religiösen Entwicklung. Ein strukturgenetischer Ansatz. Zürich/Köln 1984.

Schweitzer, Friedrich, Lebensgeschichte und Religion. Religiöse Entwicklung und Erziehung im Kindes- und Jugendalter. Gütersloh ^{4}1999.

FRIEDRICH SCHWEITZER

II.4.5 Religion in der Kindheit

→ I.1 Religion, Glauben und Aufwachsen heute
→ II.4.2 Religiöse Sozialisation
→ II.4.4 Entwicklung und Identität
→ IV.1.1 Religiöse Erziehung in der Familie
→ IV.1.2 Kindergarten und Kindertagesstätte
→ IV.2.2 Familienkatechese
→ IV.2.6 Kindergottesdienst

Das Thema präsentiert sich zumindest auf den ersten Blick als erfreulich und problemlos: Kinderaugen, in denen sich die Christbaumkerzen spiegeln – Kinderfragen wie: »Hat der liebe Gott auch eine Frau, wenn er doch einen Sohn hat?« – Grundschüler, die gebannt an den Lippen der Religionslehrerin hängen, die erzählt, wie Josef in die Grube geworfen und verkauft wird, und die traurig sind, weil die Pausenglocke klingelt, bevor Jakob seinen Sohn in die Arme schließt. Und doch stecken in der Überschrift zwei definitorische Schwierigkeiten, eine leichtere: »Was ist Kindheit?«, und eine gewichtigere: »Was ist Religion?«

1 Kindheit im Wandel

Kindheit ist zwar eine biologisch bedingte anthropologische Grundkonstante, weil jeder und jede Kind war und Sohn oder Tochter von x und y bleibt. Andererseits arrangier(t)en verschiedene Kulturen und Epochen diese Lebensphase unterschiedlich, bald kurz (der Schriftsteller Ulrich Bräker war im 18. Jh. als Siebenjähriger wochenlang für die Ziegenherden verantwortlich), bald wurde sie primär in abgegrenzte Zonen, speziell Kinderzimmer und Kindergärten verlagert, bald überwiegend in öffentlichen Räumen zugelassen. Vor allem in den letzten Jahrzehnten wandelte sich Kindheit tiefgreifend (Rolff/Zimmermann 1997), was unweigerlich auch auf die Religion abfärbt. Die Kinderzahl sank drastisch, im Regelfall auf zwei. Dies reduziert die Anzahl der in der Familie erlebten Kasualien (Erstkommunion, Firmung etc.). Kindheit ist weniger spielerisches Außer-der-Zeit-Sein, wie es der romantische Mythos nahe legt; vielmehr sind die Zeitstrukturen Erwachsener in die Lebenswelt der Kinder eingedrungen; diese erhalten ihre erste Uhr nicht mehr zur Firmung oder Konfirmation, sondern benötigen sie bereits in der Grundschule, wenn nicht schon im Kindergarten. Auch hat sich die Erziehung liberalisiert und die meisten Eltern zielen weniger die traditionellen und mit der Kirche assoziierten Gehorsamswerte an, sondern vielmehr die Selbstständigkeit ihrer Kinder, auch in religiösen Fragen. Dies leistet der Individualisierung Vorschub, die eine Signatur moderner Kindheit und Religiosität ist. Schon acht- bis neunjährige Schülerinnen und Schüler bejahen zu zwei Dritteln, jeder solle das glauben, was er für richtig hält (Bucher 2000, 127). Moderne Kindheit ist zudem Medienkindheit geworden, sodass viele Kinder religiöse Inhalte – wenn überhaupt – über den Bildschirm rezipieren, den Moseszyklus beispielsweise qua Disney-Produktion »Prinz von Ägypten«.

Wie massiv der Wandel der Kindheit auch ist – zumindest im Vergleich zu unseren eigenen Kindheitserinnerungen, an denen wir heutige Kinder unvermeidlich bemessen –, Jungen und Mädchen sind auch im 21. Jh. geborene Integrationskünstler. Sie fühlen sich mehrheitlich glücklicher als massenmediale Katastrophenszenarien wie »Stresskindheit« oder »Ende der Spielzeit« weismachen wollen. Auch in urbanisierten Zonen finden sie ihre Nischen, um mit ihresgleichen zu spielen und ihren Bewegungsdrang auszuleben, beispielsweise beim Skaten unter Autobahnbrücken. Kritische Lebensereignisse wie die Trennung der Eltern bewältigen sie oft leichter als das Stereotyp des traumatisierten Scheidungskindes unterstellt, etwa so, dass sie auch in einer Einelternfamilie eine »ganze»« Familie sehen. Anlass zur Sorge gibt, dass zusehends mehr Jungen und Mädchen in Armuts- und Sozialhilfekindheiten aufwachsen; dazu kommen Missbrauchskindheiten, die es zwar auch früher gab, die aber in der öffentlichen Diskussion tabuisiert waren.

Der populäre Diskurs vom Wandel der Kindheit sollte nicht übersehen lassen, dass diese Lebensphase auch bleibende, anthropologisch konstante Facetten beinhaltet: Auch die Kinder des 21. Jh. erfahren zu den Erwachsenen aufschauen zu müssen; auch sie machen gehäuft Erfahrungen der Erstmaligkeit (das erste Mal das Meer sehen, das erste Mal in der Schulbank sitzen); auch sie spielen, wenn nicht mit Tannenzapfen oder aus Lindenholz geschnitzten Kühen, dann mit Baby-Born-Puppen, Fischer-Price-Pferden oder dem Computer. Und nicht zuletzt entwickeln auch die Kinder des 21. Jh. unweigerlich Religiosität, weil auch sie auf die bleibenden Fragen nach dem Woher und dem Wohin stoßen.

2 Religion im Wandel

Schwieriger zu definieren ist Religion. Die Zeiten, in denen diese ausschließlich als Kirche identifiziert wurde, sind – trotz beharrlicher Restaurationsversuche – vorbei. Vielmehr wurde die Koalition Familie – Kirche weithin aufgekündigt, insbesondere im Zuge der Emanzipationsbewegung nach 1968 und der verfehlten Reaktion der katholischen Kirche (Enzyklika »Humanae Vitae«), von der sich Ehepaare nicht mehr bis ins Schlafzimmer hinein reglementieren lassen. Zwar nehmen die meisten Familien die Kasualien in Anspruch, speziell die Taufe (mehr als 90%), aber die Kontakte zur Kirche sind zumeist spärlich und beschränken sich auf gelegentliche Besuche, etwa der Weihnachts- oder Kindergottesdienste.

Doch dies bedeutet nicht, Kindheit, auch wenn kaum mehr kirchlich normiert, sei religionslos. Versteht man christliche Religiosität als Einheit von Gottes-, Nächsten- und auch Selbstliebe sowie als die von Jesus radikal eingeforderte Option für das Kind – in dem er je neu gegenwärtig wird (Mk 9,37) –, dann ist das Leben vieler Familien zumindest implizit religiös. Heilig ist demnach nicht nur die Familie in Nazaret, »heilig« sind auch unzählige Familien, sofern sie Kindern jene bedingungslose Liebe zuteil werden lassen und jenes Urvertrauen schenken, das sie befähigt, als starke Menschen durchs Leben zu gehen. Von daher ist verständlich, dass trotz der Katastrophensemantik, die über die Familie verbreitet wird, eine erstaunliche Mehrheit von Jugendlichen und Erwachsenen als eines ihrer wichtigsten »Heiligtümer« die Familie würdigt.

Charakteristisch für die Religiosität in der Postmoderne ist ferner, dass sie individualisiert und infolgedessen auch pluralisiert ist. Letzteres auch deswegen, weil die meisten Kinder nicht mehr in geschlossenen katholischen oder evangelischen Milieus

-> Kindh. ist nicht religionslos!
Nächstenliebe -> befähigt als starke Menschen durchs Leben zu gehen

aufwachsen, sondern schon im Kindergarten mit ihresgleichen aus anderen Kulturen zusammentreffen, ohne dass ihnen deren »andere« Religion zum Problem wird.

Religion kann eng gefasst werden, nämlich speziell als Kirchlichkeit, aber auch breit und im extremsten Fall als identisch mit der Sozialität als Ganzer. Für die Erörterung der Thematik Religion in der Kindheit empfiehlt sich ein Mittelweg. Als religiös lassen sich jene Kognitionen, Emotionen und Handlungen bezeichnen, die sich auf jene Wirklichkeit beziehen, die die Subjekte als transzendental und göttlich erfahren.

3 Kinder als Theologen?

Ob auch Kinder einen Zugang zu dieser Wirklichkeit haben, ist strittig (Schweitzer 1992). Kinder würden, wenn ihnen der Katechismus aufgezwungen werde, zu Götzendienern, warnte bereits Jean-Jacques Rousseau. Kinder könnten, so Kierkegaard, ebenso wenig Christen sein wie sie auch nicht fähig seien, Nachwuchs zu zeugen. Anders sah dies die Romantik, die das Kindsein generell als religiös qualifizierte und die besondere Gottesnähe geradezu verklärte. Anders sieht dies auch die jüngere Religionspädagogik: Sie attestiert Kindern, die als Subjekte ernst zu nehmen sind, nicht nur religiöse, sondern auch theologische und philosophische Kompetenzen und hat die traditionsreiche Auffassung verabschiedet, diese seien leere Gefäße, die von Glaubensexperten mit den »richtigen« Inhalten zu füllen seien. Vielmehr gewann in den letzten Jahren das Programm einer Kindertheologie an Renommee: Theologie nicht im Sinne von Dogmatik- oder Bibelhäppchen, die wohl dosiert zu verabreichen wären, sondern im Sinne einer von Kindern selber gestalteten Theologie. Freilich entsteht eine solche nicht im luftleeren Raum; sie speist sich – wie Sprache auch – aus der Tradition. Aber sie ist durchaus eigenständig, eigen-sinnig und kann befremden (»Gott hat das Fleisch für die ersten Menschen in der Metzgerei geholt«, Mädchen, 6 Jahre), erheitern (»Wie seine Rippe schlief, schuf Adam die Eva«, Junge, 8 Jahre), aber auch Erwachsene nachdenklich stimmen (»Wie kommt der große Gott in meinen kleinen Kopf?«, Mädchen, 7 Jahre).

4 Einblicke in die religiöse Vorstellungswelt von Kindern

Zu den reizendsten religionspädagogischen Forschungsprojekten gehören Streifzüge in die religiöse Vorstellungswelt von Kindern (Orth/Hanisch 1998). Nicht nur sind die meisten Jungen und Mädchen unbefangen genug, diese authentisch offen zu legen; auch sind diese Konzepte oft ausgesprochen originell, konkret und anschaulich. Zahlreiche Studien widmeten sich den Gottesbildern der Kinder: Sie imaginieren sich – so weit aus ihren Zeichnungen zu erschließen ist – Gott als anthropomorphe Gestalt, zumeist oben im Himmel, damit er hinunter schauen könne (Merz 1994). Schon bei den Gottesbildern jüngerer Kinder zeigen sich geschlechtstypische Differenzen: Eine Minderheit der Mädchen zeichnet weibliche Gottesgestalten, die Jungen überhaupt nicht; auch kleiden letztere Gott häufiger in Hosen. Die Anzahl anthropomorpher Konzepte geht mit steigendem Alter zwar deutlich zurück, aber noch am Ende der Kindheit, sofern dieses ins zwölfte, dreizehnte Lebensjahr datiert wird, überwiegen diese die explizit symbolischen bei weitem.

Nachdem Piaget bereits 1926 den Artifizialismus beschrieben hatte, die Tendenz des kindlichen Denkens, die Herkunft der Dinge auf eine konkrete Fabrikation zurückzuführen, wurden die Schöpfungsvorstellungen und kosmologischen Weltbilder bei Kindern wiederholt untersucht. Dabei zeigte sich, dass jüngere Kinder mit der Vorstellung »Gott machte auch die erste Uhr, damit die Menschen sehen, wie das geht«, keine Mühe haben und der biblische Schöpfungsbericht ihnen entgegenkommt. Assimilieren Kinder naturwissenschaftliche Wissensbestände, etwa Urknall und Evolution, löst dies kaum kognitive Dissonanzen aus. Vielmehr hybridisieren sie diese Elemente: »Gott machte die Affen, die Menschen stammen von den Affen ab.« Erst in der ausklingenden Kindheit, mehr noch in der Adoleszenz treten gehäufter kognitive Dissonanzen auf, die oft zum Verlust der biblischen Vorstellungen führen, zumal dann, wenn es nicht gelingt, sie in ihrer symbolisch-metaphorischen Struktur neu zu konzeptualisieren.

Die religiöse Vorstellungswelt jüngerer Kinder blieb auch im Übergang ins dritte Jahrtausend magisch geprägt. Nach wie vor faszinieren Symbolgestalten wie das Christkind, der Nikolaus und Knecht Ruprecht, der Schutzengel etc. Letzterer ist zwar aus der Religionspädagogik weitgehend verschwunden, denn: »Es müssen nicht Engel mit Flügeln sein«. In profaner Form kehrte er jedoch wieder in die Kinderwelt zurück, etwa als Batman, der auch fliegen kann, die Guten beschützt und die Bösen bestraft. Solche magischen Gestalten kommen dem kindlichen Bedürfnis nach Schutz entgegen und werden von ihnen nicht als Fiktionen, sondern aufgrund ihrer starken Imaginationskraft als Wirklichkeiten sui generis erlebt. Solange Kinder diese brauchen, sind sie ihnen zu gewähren (vgl. Bettelheim 1987, 388).

Die ›magischen‹ Züge kindlicher Religiosität erinnern an zwei bedeutsame Theorien der religiösen Entwicklung (dazu Schweitzer 1999). J.W. Fowler beschrieb den intuitiv-projektiven Glauben jüngerer Kinder, die ihre Gefühle und Empfindungen auf Symbolgestalten projizieren. F. Oser und P. Gmünder hingegen haben festgestellt, dass jüngere Kinder in Gott ein allmächtiges Wesen sehen, das konkret ins Weltgeschehen eingreife, keineswegs nur um zu sanktionieren, sondern den Menschen auch zu helfen: »Wenn es Gott nicht mehr gäbe: Dann ginge die Sonne nicht mehr auf, das Gras würde nicht mehr wachsen, die Menschen hätten nichts mehr zu essen« (Mädchen, 6 Jahre). Im Schulkindalter erwerben sie die Kompetenz, im Sinne von »do ut des« auf Gott einzuwirken, seine Reaktionen durch Verhaltensweisen wie Beten oder gute Taten zu beeinflussen, was ein Mehr an Autonomie und Selbstwirksamkeit mit sich bringt.

Wenn Kinder als »Theologen« gewürdigt werden, sind ihnen auch eigenständige exegetische Kompetenzen zuzusprechen. In der Tat gewinnen sie biblischen Perikopen Bedeutungen ab, die theologisch Gebildete ebenso befremden wie überraschen können. Grundschülerinnen und -schüler beharrten darauf, Jesus habe das Gleichnis von den anvertrauten Talenten (Mt 25,14–30) erzählt, damit Erwachsene nicht so fest schimpfen wie der Herr; daraus spricht ihr Angewiesensein auf freundliche Bezugspersonen. Wiederholt bestätigte die Religionspsychologie, dass die Kernthese der Rezeptionsästhetik – Leser rekonstruieren Texte je neu – auch auf biblische Texte im Speziellen und religiöse Inhalte im Allgemeinen zutrifft, und damit auch das Diktum des Thomas von Aquin: »Quidquid recipitur per modum recipientis recipitur« (Was auch immer aufgenommen wird, wird in der Weise des Aufnehmenden aufgenommen).

Kindl. Religiosität => hat magische Züge

5 Zum religionspädagogischen Umgang mit der Religion des Kindes

Sollen die religiösen Vorstellungen von Kindern – zumal wenn sie denen der Erwachsenen nicht entsprechen – alsbald überwunden werden? Ist es ratsam, mit Kindergartenkindern, wenn sie biblische Texte wortwörtlich verstehen, Metaphernübungen durchzuführen? Oder soll Religionspädagogik nicht im Gegenteil dafür eintreten, dass die Kinder ihre Sichtweisen, auch wenn sie anthropomorph und magisch geprägt sind, bewahren können, solange sie ihnen selber plausibel erscheinen und ihnen Antworten auf ihre Fragen ermöglichen? Ob Religionspädagogik primär die so genannte »Erste Naivität« zu schützen oder alsbald die »Zweite Naivität« anzupeilen hat, war 1990 Gegenstand einer in den Katechetischen Blättern ausgetragenen Kontroverse (Hefte 9 und 11, 1989; Heft 3, 1990), die schließlich die Option für das Eigenrecht der Theologien von Kindern stark gemacht hat. Diese sind nicht sogleich zu korrigieren (schlimmstenfalls mit abstraktem theologischem Vokabular), aber auch nicht »besserwisserisch« als typisch kindlich zu belächeln, sondern primär zu verstehen. Doch die Kontroverse hat zugleich gezeigt, dass dies gezielte Anregungen für die religiöse Bildung von Kindern nicht ausschließt.

Angesichts der geringer werdenden sozialisatorischen Leistungen der Familien im Hinblick auf explizite Religiosität wird Religionsunterricht zusehends bedeutsamer. Vielen Kindern ermöglicht er die Erstbegegnung mit Bibel, Gebet, Jesus etc. Religionslehrkräfte können auch bei jenen Schülerinnen und Schülern mit einer hohen religiösen Ansprechbarkeit rechnen, in deren Familien Religion nicht vorkommt, desgleichen mit einer hohen Akzeptanz ihrer Arbeit. Wie eine jüngere Studie zeigte, rechnen drei von vier Grundschülern Religionslehre zu ihren Lieblingsfächern, und dies umso mehr, je aktiver sie sich in ihr verhalten können: zeichnen, feiern, spannende Geschichten hören, singen etc. (vgl. Bucher 2000, 34–54). Religionslehrerinnen und -lehrer intendieren mehrheitlich, Kinder zu eigenständigem religiösen Nachdenken anzuregen, bei deren persönlichen »Theologien« und biografischen Erfahrungen anzuknüpfen und ihnen zugleich neue mögliche Sichtweisen anzubieten.

Literatur

Bettelheim, Bruno, Ein Leben für Kinder. Erziehung in unserer Zeit. Frankfurt/M. 1987.

Bucher, Anton, Religionsunterricht zwischen Lernfach und Lebenshilfe. Eine empirische Untersuchung zum katholischen Religionsunterricht. Stuttgart 2000.

Fay, Martha, Brauchen Kinder Religion? Wie Eltern die Fragen nach dem Sinn des Lebens beantworten. Hamburg 1994.

Merz, Vreni, Alter Gott für neue Kinder? Das traditionelle Gottesbild und die nachwachsende Generation. Fribourg 1994.

Orth, Gottfried/Hanisch, Helmut, Glauben entdecken – Religion lernen. Was Kinder glauben, Teil 2. Stuttgart 1998.

Rolff, Hans-Günter/Zimmermann, Peter, Kindheit im Wandel. Eine Einführung in die Sozialisation im Kindesalter. Weinheim [5]1997.

Schweitzer, Friedrich, Die Religion des Kindes. Zur Problemgeschichte einer religionspädagogischen Grundfrage. Gütersloh 1992.

Schweitzer, Friedrich, Lebensgeschichte und Religion. Religiöse Entwicklung und Erziehung im Kindes- und Jugendalter. Gütersloh [4]1999.

ANTON A. BUCHER

II.4.6 Jugendliche und Religion

→ I.1 Religion, Glauben und Aufwachsen heute
→ II.4.2 Religiöse Sozialisation
→ II.4.4 Entwicklung und Identität
→ III.4.2 Individualisierte Religiosität
→ IV.2.8 Konfirmandenarbeit
→ IV.4.3 Kirchliche Jugendarbeit
→ V.1.6 Geschlechtsspezifische religiöse Sozialisation

Die Identitätssuche Jugendlicher in modernen Gesellschaften ist komplex und vollzieht sich in vielfältigen Realisierungsformen des Jugendalters. Gegenüber den Vorgaben gesellschaftlicher Institutionen und Traditionen wird weithin der Subjektstatus in Anspruch genommen. Für das, was in ihrem Leben Sinn ausmacht, wollen Jugendliche selbst Verantwortung übernehmen. Von diesen allgemeinen Merkmalen des Jugendalters sind auch die religiösen Einstellungen betroffen.

1 Individualisierung der Religion

Die Kirchenmitgliedschaft erreicht bei den Jugendlichen in den westlichen Bundesländern nach wie vor hohe Zahlen, die jedoch kaum etwas über die Bedeutung der Religionszugehörigkeit für die Identitätsbildung aussagen. Vor allem in den östlichen Bundesländern gibt es eine große Gruppe Jugendlicher ohne Religionszugehörigkeit, die zum Teil der Selbstdefinition »Ich bin nicht religiös« zustimmen (vgl. Fischer u.a. 2000, 173). Es könnte sein, dass sich die Distanz zur Religion bei vielen als entwicklungsbedingt erweist, weil sie Religiosität und Erwachsensein noch nicht zusammendenken können, als Teil eines psychosozialen Moratoriums. Aber wir dürfen junge Menschen nicht für religiös erklären, wenn sie es nicht sein wollen. Gleichwohl haben Jugendliche ein Interesse an religiösen Fragen und stellen eine »höhere« Wirklichkeit in Rechnung (vgl. Fischer u.a. 2000, 158.177). Bezeichnend für das Jugendalter ist die Suche nach dem *eigenen Glauben* (vgl. Schweitzer 1996, 7). Wir erkennen eine Individualisierung der Religiosität unter Jugendlichen, deren primärer Bezugspunkt die eigene Erfahrung ist. Im Laufe der adoleszenten Entwicklung muss die Welt der Kindheit neu strukturiert werden, und deshalb ist gerade bei den jüngeren Jugendlichen der Unabhängigkeitsanspruch hoch. Zwar kann der in christlichen Elternhäusern praktizierte Erziehungsstil heute in den meisten Fällen als kooperativ bezeichnet werden. Aber im Zuge der Veränderung der Beziehung zu den Eltern wird die Religiosität der Kindheit erschüttert. In der Regel erfolgt der Übergang zu einem *synthetisch-konventionellen Glauben*, d.h. es wird das System der Bilder und Werte der jeweiligen Bezugsgruppe übernommen, der man sich zugehörig fühlt. Doch eine autonome Jugendkultur schützt nicht vor neuen Kontrollen und Abhängigkeiten.

Mit der Entdeckung des Selbst erhebt die eigene Subjektivität genauso Anspruch auf Wahrheit und Wirklichkeit wie die kulturellen Vorgegebenheiten, die von einem subjektiven Standpunkt aus kritisch befragt werden. Eine Subjektivierung von Glaubensinhalten, gekennzeichnet durch ein auswählendes Verhalten und persönliche Modifikationen allgemeiner Lehren, ist für viele Jugendliche charakteristisch. Glaubensüberzeugungen sind danach etwas Subjektives, über das die Einzelnen selbst entscheiden sollen.

Der Glaube an eine höhere Gerechtigkeit, die später über ihr Leben Bilanz ziehen und es richten wird, und an eine höhere Bestimmung, die in allem wirkt, ist besonders bei *muslimischen* Jugendlichen verbreitet (vgl. Fischer u.a. 2000, 176). Der Shell-Studie zufolge sind durch die gestiegene Bedeutung des Islam neue religiöse Unterschiede im jugendlichen Alltag wirksam geworden. Die jungen Muslime wachsen häufig noch in einem religiösen Milieu auf, das verschiedenste Lebensdimensionen betrifft. Von der überwiegenden Mehrheit wird der erste Ramadan begangen. Aber viele muslimische Jugendliche nehmen auch am christlichen Weihnachtsfest teil und erbringen damit eine Integrationsleistung. Umgekehrt lassen sich evangelische und katholische Jugendliche sowie jene ohne Religionszugehörigkeit kaum von dem in ihrem Alltag ständig erfahrbaren Islam beeindrucken. Wenig spricht dafür, dass hier religiöse Lernprozesse stattfinden und viel für die Haltung einer desinteressierten Toleranz (vgl. Fischer u.a. 2000, 180). Dagegen zeigen die muslimischen Jugendlichen durchaus Anpassungsbereitschaft, obwohl sie sich ihrer Zukunft in Deutschland keineswegs sicher sind. Selbst bei den muslimischen Mädchen, die am strengsten zu einer häuslichen Lebensweise angehalten werden, scheint die religiöse Verankerung sich nicht signifikant auf die Wertorientierung auszuwirken. Zwar wollen sie später die eigenen Kinder religiös erziehen, aber ganz anders als sie es durch ihre Eltern erfahren haben (vgl. Fischer u.a. 2000, 120.159ff).

2 Die Gottesfrage

Der Wandel des Selbstverständnisses in der Adoleszenz kann existenzielle Krisen mit sich bringen, die fundamentale Fragen berühren. Von daher wird die bleibende Bedeutung der Gottesfrage bei Jugendlichen verständlich. Phasen des jugendlichen Atheismus können anzeigen, dass zunächst die Gottesvorstellungen der Kindheit aufgegeben werden. Nach wie vor wenden sich viele Jugendliche in *Grenzsituationen* an Gott, wenn die alltägliche Lebenswelt brüchig wird (vgl. Schweitzer 1996, 40). Gesucht wird die innige Nähe zu einem Du, das schützt und wesentliche Schritte der Selbstwerdung begleitet. Mit der Gottesbeziehung ist auch die Identität als Frau oder Mann fundamental berührt, und die Frage nach *männlichen und weiblichen Gottesbildern* wird von Jugendlichen selbst aufgeworfen. Das androzentrische Gottesbild der christlichen Tradition verweist in seiner Symbolkraft eher auf den männlichen Identitätskonflikt der Lösung und Autonomiegewinnung. Im Gottesverständnis von Mädchen aber ist die Geborgenheit in der Beziehung zu Gott zentral. Eine gelungene Beziehung, in der Heranwachsende Anerkennung durch andere erfahren, kann positiv an die Gottesfrage heranführen und die Erfahrung ermöglichen, dass Gott in der Liebe gefunden werden kann.

Im Laufe der Adoleszenz erreicht die Entwicklung auch eine Stufe des religiösen Urteils, in dessen Zentrum die Selbstbestimmung des Menschen steht, der nicht mit dem unmittelbaren Eingreifen des Göttlichen rechnet. Manche meinen, Gott als Projektion oder Fiktion zu durchschauen, die menschlichen Wünschen entstammt. Sie müssen dann die Frage nach Gott noch nicht aufgeben, doch bei vielen Jugendlichen tritt ein stark *individualisierter Gottesglaube* zutage. Manche setzen Gott mit philosophisch aufzufassenden Ideen gleich oder mit dem Leben allgemein. Sprachliche Formulierungen wie »Irgendwie-Gott« oder »Irgendwie-Glaube«, die in diffuser Schwebe bleiben, werden häufig benutzt. Trotzdem bleibt die private religiöse Praxis des Betens bestehen. Doch Jugendliche, die nicht beten, sind deshalb nicht ohne religiöse Überzeugung (vgl. Fischer u.a. 2000, 165). Im Zuge der Entwicklung wird auch neuer Sinn aufgebaut, der zumindest im weiteren Verständnis als religiös bezeichnet werden kann. Eine Einbruchstelle für Zweifel am Gottesglauben stellt die Frage nach dem Ursprung der Welt dar, die für viele Jugendliche zentral ist. Die bedeutsamste Einbruchstelle jedoch markiert die Theodizee-Problematik, die durch Beziehungsverlust und Leid aufgeworfen werden kann. Die Vorstellung von einem Gott, der selbst leidet, ist vielen Jugendlichen offenbar fremd.

Das Interesse an Gott ist weithin abgekoppelt von der Frage nach Jesus als Christus im Sinne der Übernahme einer theologischen oder kirchlichen Lehre, auch wenn kirchennahe Jugendliche häufig noch eine enge Verbindung zwischen Jesus und Gott betonen. Kirchenferne sehen *Jesus* meist als Lehrer und als einen Menschen, der durch besondere Gaben beeindruckte. Von manchen Jugendlichen wird das Kreuz als Schmuck zur Stilisierung und Selbstinszenierung gemäß ihren lebensweltlichen Bedürfnissen verwendet. Andere erkennen darin nur das isolierte Todeskreuz. Gleichwohl sind in der populären Kultur beeindruckende *Passions- und Auferstehungsgeschichten* zu finden. Die Frage nach der Auferstehung der Toten und dem Leben nach dem Tod interessiert Jugendliche durchaus. Eine Reihe von ihnen glaubt daran. Jugendliche wollen die Sinnfrage der menschlichen Existenz positiv beantworten und halten sich dabei auch offen für Antworten aus der christlichen Tradition. Religiös bedeutsame Lebensfragen brechen bei ihnen nicht zuletzt dort auf, wo es um ein mögliches Ende des Lebens auf einer bewohnbaren Erde geht. Die Theologie wird von der jungen Generation herausgefordert, die Christologie nicht nur anthropozentrisch, sondern auch kosmozentrisch zu entfalten und dabei ethische Kriterien zugrunde zu legen.

3 Das Verhältnis zur Kirche

Das geringe Verständnis für kirchliche Lehrauffassungen und die geringe Beteiligung an kirchlichen Aktivitäten weisen auf ein eher spannungsvolles Verhältnis der Jugendlichen zur Kirche hin. Kirchen als Gebäude faszinieren sie durch ihre Ehrfurcht erweckende Ausstrahlung. Aber der Gottesdienstbesuch ist, vor allem unter den evangelischen Jugendlichen in größeren Städten, die Angelegenheit einer kleinen Minderheit geworden. Die Teilnahme an Gemeindeveranstaltungen liegt in der Bundesrepublik auf einem niedrigen Niveau (vgl. Fischer u.a. 2000, 162f). Trotz der tendenziell positiven Bewertung etwa der Konfirmandenarbeit geht das kirchliche Engagement in späteren Lebensjahren nicht ungebrochen weiter. Die Zugehörigkeit zu kirchlich-konfessionellen Jugendgruppen nimmt mit steigendem Alter deutlich ab. Trotzdem sind die privaten Glaubensüberzeugungen keineswegs vollständig von kirchlich vermittelten Praktiken und Einstellungen gelöst. Selbst Jugendliche, die der Kirche distanziert gegenüberstehen, gewinnen ihrer *rituellen Dimension* Bedeutung ab. Mehrheitlich nehmen sie an den kirchlichen Hochfesten, Ostern und besonders Weihnachten, teil. Auch die lebensbegleitenden Amtshandlungen der Kirchen besitzen für Jugendliche weiterhin Bedeutung (vgl. Fischer u.a. 2000, 158.168), und man sollte diese Formen der Frömmigkeit nicht vorschnell allein auf die Erwartungen von Eltern und Verwandten zurückführen.

Jugendliche bestimmen ihre Beziehung zur Kirche nach Maßgabe persönlicher Bedürfnisse, die sich in ihren Lebenszusammenhängen einstellen. Skeptisch sind sie allerdings, ob die Kirchen gesellschaftlich etwas zu bewirken vermögen.

Der im Jahr 2000 erschienenen Shell-Studie zufolge sahen sich 51% der 20- bis 24-Jährigen aus kirchlich-konfessionellen Gruppen noch als Jugendliche; der subjektive Übergang in den Erwachsenenstatus war also verzögert (vgl. Fischer u.a. 2000, 170). Hier liegt eine *fehlende Passung* vor. Die religionspädagogischen Angebote haben mit dem Wandel des Jugendalters nicht Schritt gehalten. Die Kirchen sind also aufgefordert, den Glauben so zu beschreiben, dass er Jugendlichen als attraktive Möglichkeit auf ihrem Weg zum Erwachsenwerden erscheint. Sie müssen die Entwicklung auch auf der Stufe eines *individuierend-reflektierenden Glaubens* stützen, auf der die Autorität im eigenen Ich verortet wird. Jetzt entwickelt sich die Fähigkeit zur kritischen Reflexion über Weltanschauungen mit einem ausgeprägten Vertrauen in das kritische Denken überhaupt. Ein Fortschritt im Erkennen wird aber nur durch eine fortbestehende Beziehung zum Erkenntnisgegenstand, also dem Glauben, möglich.

Dank ihrer erweiterten Reflexionsfähigkeit sind Jugendliche in der Lage, einen Plan für ihr künftiges Leben zu entwerfen. Ihre Auseinandersetzung mit der Kirche findet im Rahmen der bohrenden Fragen des *Alltags* statt, in dem sie manchmal mit Sorge nach ihrem eigenen Weg suchen. Die Kirchennahen sehen hier ihren Glauben als Grund, aus dem sie Kraft schöpfen können, und als Gegenentwurf zur bloßen Orientierung an materieller Sicherheit. Sie können in diesem Idealismus leicht ausgenutzt werden. Auch andere Jugendliche halten ihre Lebensziele und Werte hoch und richten ihr Handeln danach aus, sofern sie sich dadurch nicht biografisch behindern (vgl. Fischer u.a. 2000, 156). In dieses Bemühen um *Selbstbestimmung* ist die Kirche einbezogen. Ein Gleichgewicht von Familie und Beruf zu erreichen, ist ein Wunsch der meisten Jugendlichen. In dieser Hinsicht könnten engagierte Frauen in der Kirche gerade die Mädchen unterstützen, wenn sie ihnen ihre Wahrnehmungen und ihre eigene Stimme nicht vorenthalten. Auch bei den jungen Erwachsenen, die hinsichtlich ihrer religiösen Entscheidungen ein hohes Maß an Autonomie in Anspruch nehmen, findet sich ein Interesse an kirchlich-christlich getragenen Angeboten für eine individuell lebbare, religiöse Deutungs- und Verhaltenspraxis. Aber Sinnstiftung lässt sich nicht unterweisend vermitteln, sondern nur anregen. Von daher kann der Zustrom junger Menschen zu den Kirchen- und Katholikentagen mit ihrem offenen Werkstattcharakter nicht überraschen.

4 Neue Religiosität

Die differenzierten Tendenzen informeller religiöser Gruppierungen sind schwer einzuschätzen. Es finden sich *dualistisch-abgrenzende Bewegungen* mit Tendenzen der Pluralismusverweigerung, die auch bei jungen Menschen mit fundamentalistischer Orientierung erkennbar sind. Manche Jugendliche zeigen Affinitäten zum *magischen Denken und Handeln*, was zumindest ambivalent beurteilt werden muss. Häufig kommt es hier zu einem wörtlich-dinghaften Missverstehen religiöser Symbole. Breite Sympathien finden sich für *monistisch-entgrenzende Tendenzen* von Religiosität, bei denen das persönliche Glück zur entscheidenden Instanz für die religiöse Suche geworden ist. Diese Neigungen ergeben sich wohl aus gesteigerten Ansprüchen nach Selbst-Bezug im Rahmen eines verlängerten Jugendmoratoriums. Aber emotionale Evidenz ersetzt auch im religiösen Bereich nicht das kritische Nachfragen. Die neue Religiosität entfaltet sich nicht als Alternative zur kirchlichen, sondern eher als Ergänzung und Erweiterung der Glaubensmöglichkeiten. Sie kann Ausdruck des Leidens Jugendlicher unter Entfremdung und persönlicher Bedeutungslosigkeit sein angesichts zweckrationaler Strukturen, die ihnen im Alltag begegnen.

Das Interesse an Spiritualität und Transzendierung von Ich und Alltagswelt ist bei Jugendlichen keineswegs rückläufig. Wir beobachten keine unaufhaltsame Säkularisierung, sondern einen Umbruch im gesamten Leben, von dem auch die religiösen Einstellungen betroffen sind. Erkennbar ist eine unbestimmte Christlichkeit und »frei schwebende« Religiosität. Religion ist in unsere Alltagswelt zerstreut, bis dahin, dass religiöse Symbole in der Werbung dem Verkauf von Produkten dienen. Ein kritisches *Symbolverständnis* entwickelt sich aber erst in der mittleren und späten Jugendzeit. Vielfach trägt das Musikerlebnis junger Menschen religiöse Züge. In der populären Kultur, die einen bedeutenden Teil der Jugendkultur ausmacht, findet sich ein breites Spektrum religiöser Themen. Hier könnte eine kritische Kraft der Jugendkultur gegenüber einer verstärkt säkularen Ausrichtung der Gesellschaft deutlich werden. Aber die religiöse Dimension der Rock- und Popmusik ist alles andere als eindeutig, und wir wissen noch zu wenig über die subjektive Rezeption religiöser Themen aus der populären Kultur, als dass hier schon von einer religiösen Sozialisation eigener Art gesprochen werden könnte. Manche Jugendliche entdecken das Heilige in den profanen Dingen des Alltags. Wie ist das Verhältnis zwischen den jüdisch-christlichen Symbolen und der Religion in der populären Kultur zu bestimmen? Manche Idole der Popmusik sehen sich längst als Priester einer neuen Religion. Jugendliche können also auch Objekte gesellschaftlicher und zweifelhafter religiöser Einflüsse werden. Im Jugendalter stehen in religiöser Hinsicht gravierende Wandlungsprozesse an, die Zeit brauchen. Hier gehören der eigene Glaube und das Recht auf eigene Sinnsuche unbestreitbar zusammen. Diese bedarf der Begleitung durch vertrauenswürdige Bezugspersonen, die einen gewissen Vorschuss an Sympathie und Teilnahmebereitschaft an der Faszination durch religiöse Phänomene mitbringen.

Literatur

Baumann, Ulrike, Kirche, Gesellschaft und eigene Stimme. Ein Beitrag zur Religionspädagogik des Jugendalters. Weinheim 1999.

Fischer, Arthur u.a., Jugend 2000. Die 13. Shell Jugendstudie. Hg. v. Jugendwerk der Deutschen Shell. Band 1. Opladen 2000.

Schweitzer, Friedrich, Die Suche nach dem eigenen Glauben. Einführung in die Religionspädagogik des Jugendalters. Gütersloh 1996.

ULRIKE BAUMANN

II.4.7 Gestalten erwachsener Religiosität

→ I.1 Religion, Glauben und Aufwachsen heute
→ II.4.1 Lebensgeschichte(n) – Glaubensgeschichte(n)
→ II.4.2 Religiöse Sozialisation
→ II.4.4 Entwicklung und Identität
→ III.2.5 Feministisch orientiertes Lernen
→ IV.4.1 Gesellschaftliche und ›religiöse‹ Milieus/Lernumwelten
→ IV.4.4 Erwachsenenbildung

1 Aktualität und Problematik der Fragestellung

Die aktuelle Frage nach »Gestalten erwachsener Religiosität« ist keineswegs zufällig; sie ist zum einen hervorgerufen durch die in den postmodernen Gesellschaften fortschreitenden sozio-kulturellen Wandlungsprozesse von Religion und Glaube in Richtung radikaler Pluralisierung und Individualisierung. Zum anderen ist sie durch die aus der Dynamisierung der gesamten Lebenswelt entspringende Erkenntnis bedingt, dass in biografischer Hinsicht personale – und damit auch religiöse – Entwicklung bis zum Lebensende nicht aufhört. Die Veränderungsprozesse erzeugen nicht nur erhebliche Spannungen zwischen geschichtlich überkommener Religion und pluralistisch-gesellschaftlichem Bewusstsein, sodass die großen Religionsgemeinschaften (Kirchen) zu erheblichen Anpassungsleistungen gezwungen sind; sie verursachen vor allem auch Orientierungsprobleme in den Einzelbiografien, die permanent nach kritischer individueller Vermittlung der eigenbiografischen Erfahrungen mit den tradierten religiösen Überzeugungen verlangen und häufiger zur Distanzierung vom christlichen Glauben führen. Aus diesen Zusammenhängen erwächst gegenwärtig in Theologie und Religionswissenschaft, in Pastoral und Religionspädagogik und nicht zuletzt in der Erwachsenenbildung ein vitales Interesse an Wahrnehmung und Orientierung des religiösen Wandels gerade auch in existenzieller Hinsicht.

So dringlich diesbezügliche Forschungsbemühungen sein mögen, so schwierig gestalten sich in der Realität sowohl die empirische Messung und Deskription des Phänomens Religiosität als auch dessen theologische Interpretation und Beurteilung in ihrem Verhältnis zu Glaube und Religion. Die gravierenden Schwierigkeiten, hier zu fundierten Erkenntnissen zu gelangen, lassen allenfalls eine vorläufige Kriterienbildung zu. Nicht zuletzt erfordert der Gestaltbegriff nähere Erläuterung: Geht es um eine Anzahl von Gestalten oder um den Vorgang ihrer Formung und Bildung, also auch um das Gestalten von Religiosität?

Offenbar setzt das Syntagma »Gestalten erwachsener Religiosität« nicht nur eine Quantifizierbarkeit, sondern in mehrfacher Hinsicht auch eine Qualifizierbarkeit religiöser Einstellung und Praxis voraus: Zum einen legt die Rede von Gestalten erwachsener Religiosität nahe, dass es hierbei nicht um eine beliebig summierbare Komplexität von Einzelfaktoren oder Variablen des Religiösen, sondern um ein Ensemble verschiedener Elemente geht, deren Verschiedenartigkeit und Zuordnung eine Pluralität von Formen religiösen Verhaltens erzeugt. Ihre je eigene Formqualität wird als individuelle Gestalt oder als kollektiver Gestalttyp von Religiosität wahrgenommen. Zum anderen, und darauf kommt es hier an, wird nicht nur deskriptiv nach Religiosität im Erwachsenenalter gefragt, sondern normativ nach erwachsener Religiosität, nach Formen religiösen Verhaltens also, die bestimmten personalen und sozialen Ansprüchen genügen und entsprechend gestaltet werden wollen.

2 Religion und Religiosität in einer radikal-pluralistischen Welt

Religion scheint heute kaum mehr umfassend und universell definierbar zu sein. In dem Maße, in dem die großen Religionsgemeinschaften angesichts der umfassenden Pluralisierung von Kultur und Gesellschaft die Definitionsmacht über die Vorstellung von Religion verloren haben, gewinnt die persönlich gelebte Religiosität als individuell geprägte Bezugnahme von Menschen auf (mehr oder weniger) bestimmte »transzendente«, »ultimate« oder »absolute« Wirklichkeiten im Interesse von Sinnfindung oder Kontingenzbewältigung wachsende Bedeutung, sodass das Phänomen des Religiösen einen hohen, wenn auch veränderten Stellenwert behält. Religion wird dabei nicht inhaltslos, aber ihre Inhalte werden – auch von weiterhin konfessionsgebundenen Menschen – individuell zusammengesetzt. Religion wird nicht konsequenzlos, aber Frauen und Männer bestimmen vermehrt selbst, welche Konsequenzen der »Glaube« im Sinn ihrer Religiosität für das persönliche Leben und das je eigene Weltverhalten gewinnt. Die unumgänglich individuelle Gestalt der Religiosität ist deshalb zwar nie völlig unabhängig von der vorgegebenen Religion, von der sie sich u.U. weit entfernt hat, zu verstehen, doch steht sie immer in engem Zusammenhang mit den pluralen Herausforderungen und Lebensaufgaben, vor die sich Menschen heute gestellt sehen. Und sie hängt nicht zuletzt mit Erfahrungen zusammen, welche die Einzelnen jeweils in bestimmten Situationen persönlich mit der religiösen (Sinn-)Frage gemacht haben.

3 Versuche differenzierter Wahrnehmung religiösen Verhaltens

In den vergangenen Jahrzehnten sind im Rahmen religionspädagogischer Fragestellungen psychologische Theorien über bestimmbare Stufen der religiösen Entwicklung entstanden, die sich im Wesentlichen an die strukturgenetischen Entwürfe zur kognitiven bzw. moralischen Entwicklung und zur Identitätsentwicklung anlehnen. J.W. Fowler versteht »Lebensglaube« unabhängig von Glaubenswissen und religiöser Traditionsverortung als eine existenzielle Haltung, die den Menschen veranlasst, auf das Bundesangebot Gottes im Laufe des Lebens biografisch angemessen zu reagieren. Fowler entwirft ein Entwicklungsmodell, gemäß dem der Glaube sich in sechs Stufen von einem intuitiv-projektiven Glauben (Stufe 1) hin zum universalisierenden Glauben (Stufe 6) entwickelt. Der Übergang von Glaubensstufe zu Glaubensstufe wird von Fowler zunächst mit bestimmten Altersphasen und den damit zusammenhängenden typischen Erfahrungen begründet. Später treten auch psychosoziale Krisen als entwicklungsmotivierende Kräfte hinzu.

Demgegenüber machen F. Oser und P. Gmünder kognitive Unvereinbarkeiten zwischen der jeweils erreichten Stufe des »religiösen Urteils« und einer stets komplexeren Umwelt als Auslöser für den Überschritt im religiösen Urteil verantwortlich. Auf den jeweils höheren Stufen gelingt gläubigen Menschen die individuelle Integration von religiöser Überzeugung und Erfahrung zunehmend besser, um so die Allmacht Gottes und die Autonomie des Menschen miteinander zu verbinden, hierzu eine eigenständige Position zu gewinnen und dennoch die Lebens- und Glaubensüberzeugung anderer Menschen anzuerkennen.

Empirische Bewährung haben die referierten Stufenmodelle der religiösen Entwicklung vor allem im Kindes- und Jugendalter erfahren. Im Erwachsenenalter jedoch löst sich der Zusammenhang zwischen Alter und Stufenzugehörigkeit auf. Alternativ lässt sich die religiöse Entwicklung im Kontext der »Entwicklung über die Lebensspanne« betrachten (vgl. Baltes 1990). Dieser Ansatz sieht quantitative und qualitative Veränderungen als zu jeder Lebenszeit möglich an, sei es in der Form allmählicher Wandlungen oder plötzlicher Wendungen. Als Impulsgeber für Veränderungen kommen eng mit dem individuellen Lebenslauf verknüpfte Einflüsse, historische Geschehnisse und »Widerfahrnisse«, die an keine Zeit gebunden sind, infrage. Entwicklung ist in dieser Perspektive die Antwort auf ein andauerndes »Synchronisierungsproblem« (vgl. Wittrahm 2001), das die persönliche Religiosität einschließt.

Im Zusammenhang mit der kritischen Sichtung und Beurteilung vorfindlicher Ansätze religiöser Erwachsenenbildung hat Rudolf Englert (1992) ein Schema unterschiedlicher religionspädagogischer Standpunkte entwickelt, das unter »vormoderner«, »moderner« und »transmoderner« Perspektive sowohl auf gesellschafts- und christentumsgeschichtlicher als auch auf individualgeschichtlicher Ebene die Identifizierung verschiedener »Gestaltsinne« und mit ihnen korrelierender Stile oder Typen christlich-religiöser Praxis erlaubt: Der Gestaltsinn der vormodernen Perspektive ist nach Englert »Kirchlichkeit«, der Gestaltsinn der modernen Perspektive »Subjekthaftigkeit« und der Gestaltsinn der transmodernen Perspektive ist »gesellschaftliche Praxisrelevanz des Glaubens« bzw. »Solidarität«. Für die religiöse Praxis typisch ist im ersten Fall prinzipieller Gehorsam gegenüber kirchlichen Dogmen und Normen, im zweiten Fall Suche nach Identität und Lebenshilfe und im dritten Fall Initiierung kommunikativer Nachfolgepraxis.

In einem eigenen, kürzlich durchgeführten Forschungsprojekt zum Berufswahlverhalten von Theologiestudierenden konnte eine auf dieser Grundlage entwickelte, zwischen »traditionaler«, »liberaler« und »communialer« Ausrichtung unterscheidende Religiositätstypologie zumindest teilweise empirisch bestätigt werden. Allerdings hat sich auch gezeigt, dass sich die einzelnen Typen nicht exklusiv zueinander verhalten. Idealtypisch betrachtet schließt Solidarität eine bestimmte Qualität von Subjekthaftigkeit und Kirchlichkeit des Glaubens mit ein, jedoch nicht unbedingt umgekehrt.

4 Gestalten von Religiosität im Erwachsenenalter

Die Religiosität kann in die Existenz eines Menschen in sehr unterschiedlicher Weise eingebunden sein – eher am Rande oder zentral. Sie kann zu regelmäßiger Reflexion herausfordern oder unbefragt, aber selbstverständlich mitlaufen. Religiosität findet sich auf der Einstellungsebene ebenso wie im Bereich des Handelns, sie manifestiert sich im emotionalen Bereich ebenso wie im kognitiven. Diese Erkenntnis hat vor allem in der Religionssoziologie zu Versuchen geführt, Religiosität *mehrdimensional* abzubilden, etwa durch das 5-Dimensionen-Modell von Charles Glock, der Religiosität in eine rituelle, eine ideologische, eine intellektuelle, eine experientielle (religiöse Erfahrung) und eine lebenspraktische Dimension differenzierte.

Unter Gestalt der Religiosität verstehen wir über eine solche dimensionale Aufgliederung hinaus ein subjektiv stimmiges Ensemble von religiösen Einstellungs-, Denk-, Erlebens- und Handlungsweisen, die das Verhältnis eines Menschen zu Gott (zur Transzendenz) sowie zu (s)einer Glaubensgemeinschaft und die daraus folgenden Handlungskonsequenzen prägen. Diese Gestalt besitzt ästhetische Qualität, d.h. sie lässt sich hinsichtlich ihrer Geschlossenheit, Klarheit, Transparenz und Konsequenz wahrnehmen und *intersubjektiv* gültig beurteilen; sie markiert gleichzeitig die hohe Individualität der Religiosität, weil je nach Lebenslagen und -erfahrungen unterschiedliche Gestalten denkbar und empirisch vorfindbar sind. In unseren Forschungen zur Religiosität im Erwachsenenalter gehen wir von einer Gestalt der Religiosität in fünf Dimensionen aus, die wir als (1) Gottesbild, (2) subjektives Religionsverständnis, (3) religiöse Praxis, (4) Bindung an die Religionsgemeinschaft und (5) religiöses Wissen bezeichnen.

Diese Gestalt verändert sich im Laufe der Biografie. Entsprechend dem o.g. Lebensspannen-Ansatz halten wir die dynamische Wechselwirkung von Überzeugung und Erfahrung für die treibende Kraft in der lebenslangen Entwicklung der Religiosität. Die je aktuelle Gestalt bestimmt sowohl die Wahrnehmung als auch das Handeln in herausfordernden Lebenssituationen; umgekehrt wirken die Erfahrungen mit der Tragkraft der gelebten Religiosität in diesen Bewährungssituationen auf die Gestalt modifizierend zurück. Mit diesem Ansatz lässt sich die vorfindliche Vielfalt von Gestalten der Religiosität verstehen und in Gestalt-Typen ordnen. Ein solches Konzept der Beschreibung der Religiosität im Erwachsenenalter verhilft freilich nicht zu inhaltlichen Kriterien, wie eine erwachsene Religiosität aussehen soll. Es macht aber darauf aufmerksam, dass jedes Konzept erwachsener Religiosität biografische Stimmigkeit (Synchronizität) und Bewährung in herausfordernden Lebenssituationen (Funktionalität) integrieren muss.

5 Was ist »erwachsene Religiosität«?

In kritischer Rezeption verschiedener Positionsbestimmungen zur Frage biografischer Stimmigkeit religiöser Praxis hat Rudolf Englert (2000) »Transformation«, »Bewährung« und »Berufung« als »Grundkategorien erwachsener Religiosität« herausgestellt und interpretiert: Erwachsene Religiosität muss sich in Korrespondenz zu biografischen Krisenerfahrungen als entwicklungsfähig erwiesen haben bzw. erweisen (Transformation), sie muss Maßstäbe und Visionen gelingenden Lebens enthalten (Bewährung), sodass religiöse Bildung über neue Zielgestalten erwachsener Religiosität nachdenken muss, die der je eigenen individuellen Erfahrung (im Sinn von Gottesbegegnung in bestimmten Lebenslagen) und ihrer Herausforderung entsprechen (Berufung).

Die genannten Grundkategorien sind zunächst als *anthropologische* Standards für Gestalten und Stile erwachsener Religiosität zu verstehen, die im Sinn einer heute erforderlichen biografischen Dauerreflexion intersubjektive Gültigkeit beanspruchen dürfen. Die dritte Kategorie der je eigenen Berufung zeigt jedoch, dass die Begründung und Explikation der anthropologischen Kriterien erwachsener Religiosität auf christentumsgeschichtlich überlieferte und kirchlich gelebte Deutungsmuster zurückgreifen kann. Wenn es zutrifft, dass jede Form von Religiosität im Prozess ihrer biografischen Transformation bestimmter vorgegebener Interpretamente ihrer Bewährung bedarf und einen entsprechenden sozialen Erfahrungsraum bzw. eine ihr eigene Verstehenswelt erfordert, so steht einer Übertragung der genannten Desiderate erwachsener Religiosität auf personal und ekklesial gelebten christlichen Glauben nichts im Wege. Im

Sinn der Innovation institutionalisierter Religion käme es dann freilich darauf an, die faktische Gestalt der Glaubensgemeinschaft so zu entwickeln, dass die notwendigen Spielräume für einen entsprechenden neuen Stil von Religiosität möglich werden und gewährleistet sind.

Von daher wird deutlich, dass es auch einen (Selbst-)Anspruch der christlichen Glaubensgemeinschaft auf einen im *theologischen* Sinn erwachsenen Glauben ihrer Mitglieder und Funktionsträger und dessen Gestaltung gibt und geben muss. Der Glaube an das Evangelium Jesu Christi vom nahe gekommenen Reich Gottes als Grundkriterium hat in den Schriften des Neuen Testaments eine ebenso vielgestaltige wie hinsichtlich ihrer normativen Mitte eindeutige Ausdrucksform gefunden, welche die christlich-kirchliche Religiosität von innen her beansprucht und je neu inspiriert. Exemplarisch wären hier die Seligpreisungen, das paulinische Kerygma von der christlichen Freiheit und das Hohelied der Liebe zu nennen: Im Licht des Evangeliums und im Blick auf die Zeichen der Zeit lassen sich so umgekehrt auch Fehlformen und Missgestalten christlich-kirchlicher Glaubensvollzüge identifizieren (dazu gehören u.U. schwärmerischer Enthusiasmus und tendenzieller Fundamentalismus ebenso wie einseitiger Intellektualismus bzw. Doktrinalismus und autoritärer Hierarchismus). Eine evangeliumsgemäß erwachsene religiöse Praxis aus dem notwendigen Zueinander von Glaube und Liebe erschließt sich personal, ekklesial und theologal erst in der Geduld der Hoffnung (vgl. Fürst 2000) – auf dem Weg vom »Sehen rätselhaft, wie in einem Spiegel« zum »Schauen von Angesicht zu Angesicht«.

Literatur

Baltes, Paul B., Entwicklungspsychologie der Lebensspanne. In: Psychologische Rundschau 41 (1990) 1–24.

Englert, Rudolf, Grundkategorien erwachsener Religiosität. »Transformation« – »Bewährung« – »Berufung«. In: Initiativkreis Religiöse Erwachsenenbildung (Hg.), Was ist erwachsene Religiosität? Mönchengladbach 2000, 57–62.

Englert, Rudolf, Religiöse Erwachsenenbildung. Situation – Probleme – Handlungsorientierung. Stuttgart u.a. 1992.

Fürst, Walter, Nachfolge, Nachahmung, Verähnlichung. Formen figuraler Mimesis und die entscheidende Stilfrage der Glaubensüberlieferung. Pastoral-theologische Perspektiven. In: Englert, Rudolf/Frost, Ursula/Lutz, Bernd (Hg.), Christlicher Glaube als Lebensstil (= Festschrift Gottfried Bitter). Stuttgart 1996, 45–73.

Fürst, Walter, Im Hoffen verstört. Zur Lage der Pastoral im Blick auf Verkündigung, Gottesdienst, Seelsorge. In: Seeber, David (Hg.), Im Aufbruch gelähmt? Die deutschen Katholiken an der Jahrhundertwende. Frankfurt/M. 2000, 39–59.

Huber, Stefan, Dimensionen der Religiosität. Skalen, Messmodelle und Ergebnisse einer empirisch orientierten Religionspsychologie. Fribourg 1996.

Wittrahm, Andreas, Seelsorge, Pastoralpsychologie und Postmoderne. Eine pastoralpsychologische Grundlegung lebensfördernder Begegnungen angesichts radikaler postmoderner Pluralität. Stuttgart u.a. 2001.

WALTER FÜRST / ANDREAS WITTRAHM

II.4.8 Religiosität im Alter

→ II.4.1 Lebensgeschichte(n) – Glaubensgeschichte(n)
→ II.4.2 Religiöse Sozialisation
→ II.4.4 Entwicklung und Identität
→ II.4.7 Gestalten erwachsener Religiosität
→ IV.4.4 Erwachsenenbildung

1 Religiosität im Alter als Gestalt erwachsener Religiosität

Da Menschen, wenn sie christlich leben und glauben, nicht nur gläubig altern, sondern auch alternd glauben (vgl. Schilling 1997, 184ff), stellt sich überhaupt die Frage nach Religiosität im Alter. Vor jedem Versuch, eine spezifische Altersreligiosität auszumachen, ist aber hervorzuheben, dass Religiosität im Alter Erwachsenenreligiosität ist. Aus vier Gründen ist Religiosität im Alter eigens in den Blick zu nehmen: (1) Zum Ersten ist die korrelative Beziehung zwischen der Frage nach der Glaubensrelevanz des Alters und der der Altersrelevanz des Glaubens zu klären. (2) Zum Zweiten ist die Eigenständigkeit und Bedeutsamkeit der biografischen Phasen des dritten und vierten Lebensalters mit seinen Ressourcen, aber auch Schattenseiten hervorzuheben, die sich mit den Erfahrungen und Herausforderungen anderer Lebensalter nicht decken. (3) Zum Dritten hat die entwicklungs- und religionspsychologische Forschung auf die Dynamik der Entwicklung der Religiosität im höheren Erwachsenenalter aufmerksam gemacht. (4) Schließlich gilt es, die Bedeutung der Kohortenerfahrung jener Generationen Alternder und Altgewordener, die im frühen oder mittleren Erwachsenenalter das Zweite Vatikanische Konzil bewusst erlebt haben, für ihr Kirchenverständnis und die Gestalt ihrer Religiosität zu beachten.

2 Hoffnung auf Vollendung und Religiosität im Alter

»Alter ist unausweichlich Realisierungsbedingung des Glaubens, eine existenzielle Kontingenzerfahrung« (Schilling 1997, 455). Es gehört zu den anthropologischen Grunddaten des Menschen, auf Zukunft hin ausgerichtet zu sein; Altgewordene aber haben in der Zukunft gerade auch den Tod zu erwarten. Die religiöse Herausforderung des Alters bedeutet, sich der Realität des nahenden Todes zu stellen und – ihn vor Augen – das eigene Leben zu leben, es anzunehmen und im Letzten zu bejahen. Christliche Theologie geht dabei der Frage nach, ob und in welcher Weise die christliche Hoffnung auf Rettung aus dem Tod und Vollendung des Einzelnen und der Welt einen Beitrag leisten kann, diese unerlässliche Entwicklungsarbeit im Alter auf sich zu nehmen. Religiosität im Alter zeichnet sich durch eine bestimmte Weise gläubiger Annahme der Anforderungen und Möglichkeiten dieser Lebensphase aus, weil der alte Mensch angesichts der Realität des Todes seine Zukunft von Gott erwartet (vgl. Blasberg-Kuhnke 1990, 82ff).

Es ist das Verdienst E.H. Eriksons gewesen, auf die psychosoziale Ich-Entwicklung auch noch im höheren und hohen Erwachsenenalter aufmerksam gemacht und die spezifische krisenhafte Entwicklungsaufgabe, die sich angesichts der kürzer werdenden Lebenszeit stellt, als polare Spannung zwischen »Integrität« und »Verzweiflung« beschrieben zu haben (vgl. Erikson 1988, 78ff). Erikson begreift »Integrität« als die Annahme und Bejahung seines einmaligen und einzigartigen Lebens in seinem So-Geworden-Sein durch den Altgewordenen, während »Verzweiflung« und »Lebensekel« aus dem Gefühl herrühren, quasi das eigene Leben verpasst und nun keine Chance mehr zu haben, Wesentliches zu verändern oder gar ein neues Leben zu beginnen.

Sein Ansatz ist nicht ohne Kritik geblieben. So steht die Rede von Ich-Integrität und reifer Religiosität in der Gefahr, letztlich um den Preis einer Lebenslüge erkauft werden zu müssen. J. Werbick hat kritisch gefragt, wie die Annahme des eigenen Lebens möglich sei, ohne »das Fragmentarische und Widersprüchliche des menschlichen Lebens« (Werbick 1983, 463), theologisch: die Schuld, einfach zu übergehen. Werden nicht die Abgründe menschlicher Existenz im Angesicht des Todes verharmlost, um gelingender Integrität willen?

Nun sind solche Fragen nicht allein an die Adresse Eriksons zu richten, sondern ebenso an die (Praktische) Theologie, die ihrerseits gefordert ist neu zu formulieren, was sie unter »letzter Zustimmung zum Leben« verstehen will. Es ist eschatologische Hoffnung auf Vollendung, die den Glaubenden »das Einverständnis mit dem, was ist, um der Möglichkeiten willen, die auf Verwirklichung warten, verweigern« lässt und ihn sensibel macht »für all das, (...) was das faktisch gelebte Leben dem Einzelnen vorenthält« (Werbick 1983, 465).

Die religiöse Krise des Alters, das eigene Leben in seiner Ganzheit vor Augen zu haben, thematisiert K. Rahner (vgl. Rahner 1983, 315ff), indem er die Redewendung, alte Menschen hätten ihr Leben »hinter sich gebracht«, aufgreift und umformuliert zu: »Wir haben unser Leben im Alter ›vor uns gebracht‹«. Statt um »Vergangenheitsbewältigung« gehe es um »Neugestaltung der Vergangenheit« als stets offene biografische Möglichkeit: Alter trägt als Lebensphase Gnade, Aufgabe und Gefahr radikalen Scheiterns in sich, sie ist Erleiden und Tat.

3 Religiöse Entwicklung im Alter

Im Kontext der Diskussion um epigenetische Stufentheorien ist die religiöse Entwicklung im Alter neu thematisiert worden. Ausgehend von der These, Glaubensentwicklung ereigne sich ungezwungen als Teil des Älterwerdens, hat J.W. Fowler (1982) eine optimale Parallelität zwischen Ich-Entwicklung und Glaubensentwicklung konstruiert, in der er Eriksons Generativität des Erwachsenenalters in der Fürsorge für Menschen und Dinge parallel sieht mit dem konjunktiven Glauben, der das Selbst relativieren kann zugunsten einer »Sinngebung auf die Ergänzung mit dem Sein zu, in welcher die radikalere Sorge für andere möglich ist« (Fowler 1982, 446). Der konjunktive Glaube, der im mittleren Erwachsenenalter ausgebildet werden soll, kann auch darüber hinaus im hohen Erwachsenenalter bleiben; optimal aber erscheint ihm für das hohe Erwachsenenalter, parallel zu Eriksons Herausforderung der Integrität, der universalisierende Glaube (vgl. Blasberg-Kuhnke 1985, 53ff).

R. Shulik hat als Schüler Fowlers nach dem Zusammenhang zwischen dem Erleben des eigenen Alterns und der Stufe der Glaubensentwicklung gefragt. Es besteht eine Korrelation zwischen dem Erreichen einer komplexeren Stufe des Glaubens und einer sensibleren Wahrnehmung der psychischen und physischen Veränderungen im Alternsprozess sowie ein positiver Zusammenhang mit größerer Reife, Lebenszufriedenheit und emotionaler Ausgeglichenheit. Ein entwicklungsförderliches Klima in einer Glaubensgemeinschaft zu ermöglichen ist für pastorales und agogisches Handeln mit alten Menschen entscheidend, ereignet sich Glaubensentwicklung doch nur in einem Klima der Sehnsucht nach Fragen und Verändern religiöser Ideale und Werte (vgl. Blasberg-Kuhnke 1985, 60).

Für Furore haben auch Erkenntnisse F. Osers zur Entwicklung des religiösen Urteils im höheren Erwachsenenalter gesorgt, zeigte sich doch empirisch ein rapider Altersabbau bei über 65-Jährigen. Gründe dafür können in den Sozialisationsbedingungen heute alter Menschen zu suchen sein, die unter kirchlichen und gesellschaftlichen Bedingungen aufgewachsen sind, die der Entwicklung eines autonomen religiösen Urteils hindernd entgegengestanden haben. Auch die Bedingungen des Altseins in modernen Industriegesellschaften, die alte Menschen in einen Funktions- und Sinnverlust geraten lassen, der sich auch auf die religiöse Autonomie auswirkt, könnten den Altersabbau verursacht haben. Denkbar wäre im Gegenzug aber auch, dass alte Menschen sich durch die Fähigkeit auszeichnen, verschiedene religiöse Urteilsmuster zu integrieren und zu einer neuen Ganzheit zu führen sowie auf religiöse Urteile aus biografisch früheren Lebensabschnitten zurückzugreifen.

Als zentrale Leistung der Stufentheorien ist festzuhalten, dass sie auf der Möglichkeit einer reifen Religiosität insistieren und verdeutlichen, dass Religiosität im Alter eine unersetzliche Bedeutung für lebenslange Identitätsbildung besitzt. Zugleich zeigt sich neuer Forschungsbedarf, können sie die wachsende Differenzierung innerhalb der Kohorte der Erwachsenen im höheren Alter doch zum einen nicht zufrieden stellend abbilden, zum anderen die Gründe für Phänomene des religiösen Gestaltwandels im Erwachsenenalter (wie auch das mögliche Beharren) nicht erklären (vgl. Wittrahm 2001). In einem laufenden Forschungsprojekt an der Universität Bonn wird daher gegenwärtig untersucht, wie sich Glaube als Lebensgestalt über die Lebenszeit hin entwickelt, sodass von einer eigenen Gestalt der Altersreligiosität zu sprechen ist.

4 Religiosität und Kirchlichkeit im Alter

Wer gegenwärtig alt ist, hat – hier für den katholischen Bereich gesprochen – das Zweite Vatikanische Konzil in der für Kohortenerfahrung entscheidenden Lebensphase des jungen bzw. mittleren Erwachsenenalters erlebt. Wegen der bei aller Unterschiedlichkeit des Urteils über die Entwicklung der nachkonziliaren Kirche intensiven Kirchenerfahrung dieser Generation ist für die Mehrheit der altgewordenen Katholikinnen und Katholiken Kirche nach wie vor ein Thema ihrer Religiosität. Wenngleich die Kirchlichkeit der gegenwärtigen Altengeneration in beiden Großkirchen überproportional höher ist als die jüngerer, so lässt sich doch keine positive Korrelation zwischen Altern und Kirchlichkeit aufweisen, vielmehr eine relative Konstanz der Kirchlichkeit im Lebenslauf. So ist mit dem Nachwachsen kirchlich distanzierter Generationen zu rechnen, für deren Altersreligiosität angemessene Formen pastoraler und religionspädagogischer Begleitung erst noch zu entwickeln sind.

Literatur

Blasberg-Kuhnke, Martina, Gerontologie und Praktische Theologie. Studien zu einer Neuorientierung der Altenpastoral. Düsseldorf 1985.
Blasberg-Kuhnke, Martina, Vor uns der Tod – vor uns die Zukunft Gottes. Christliche Hoffnung auf Vollendung und Religiosität im Alter. In: Ritt, Hubert (Hg.), Gottes Volk. Stuttgart 1990, 82–91.
Erikson, Erik H., Der vollständige Lebenszyklus. Frankfurt/M. 1988.
Rahner, Karl, Zum theologischen und anthropologischen Grundverständnis des Alters. In: Ders., Schriften zur Theologie. Bd. XV. Zürich u.a. 1983, 315–325.
Fowler, James W., Theologie und Psychologie in der Erforschung der Glaubensentwicklung. In: Conc(D) 18 (1982) 444–447.
Oser, Fritz/Gmünder, Paul, Das religiöse Urteil: Genese und Entwicklung. Fribourg 1983.
Schilling, Hans, Der Menschen Schönheit Ende? Voraussetzungen, Bedingungen und Maßstäbe kirchlicher Altenarbeit. München 1997.
Werbick, Jürgen, Glaube im Kontext. Prolegomena und Skizzen zu einer elementaren Theologie. Zürich u.a. 1983.
Wittrahm, Andreas, Seelsorge, Pastoralpsychologie und Postmoderne. Stuttgart u.a. 2001.

MARTINA BLASBERG-KUHNKE

III. Dimensionen und Schwerpunkte religiösen Lernens

Hier geht es um das Kernstück dessen, was man eine »differentielle Religionspädagogik« nennen könnte: um die verschiedenen inhaltlichen Komponenten religiöser Erziehungs- und Bildungsarbeit. Dazu gehören zunächst einmal die Einübung in den verständigen Umgang mit der jüdisch-christlichen *Glaubens-Überlieferung* (vgl. III.1) und die Auseinandersetzung mit unterschiedlichen Formen christlich-religiöser *Glaubens-Praxis* (vgl. III.3). In einer Situation religiöser Pluralität gehört dazu aber wesentlich auch die Befähigung zur *Kommunikation mit religiös Andersdenkenden* (vgl. III.4). Und weil sich die Bedeutung christlichen Glaubens nicht auf eine bestimmte Region des Lebens beschränken lässt, ist schließlich auch zu fragen, welche Anstöße dieser Glaube für die *Ausbildung nicht-religiöser Lebenskompetenzen* gibt (vgl. III.2). Die Überzeugung, dass der Glaube den Menschen in die Freiheit ruft, spielt dabei eine besondere Rolle (vgl. insbesondere III.2.4/2.5).

III.1 Überlieferung und Geschichte

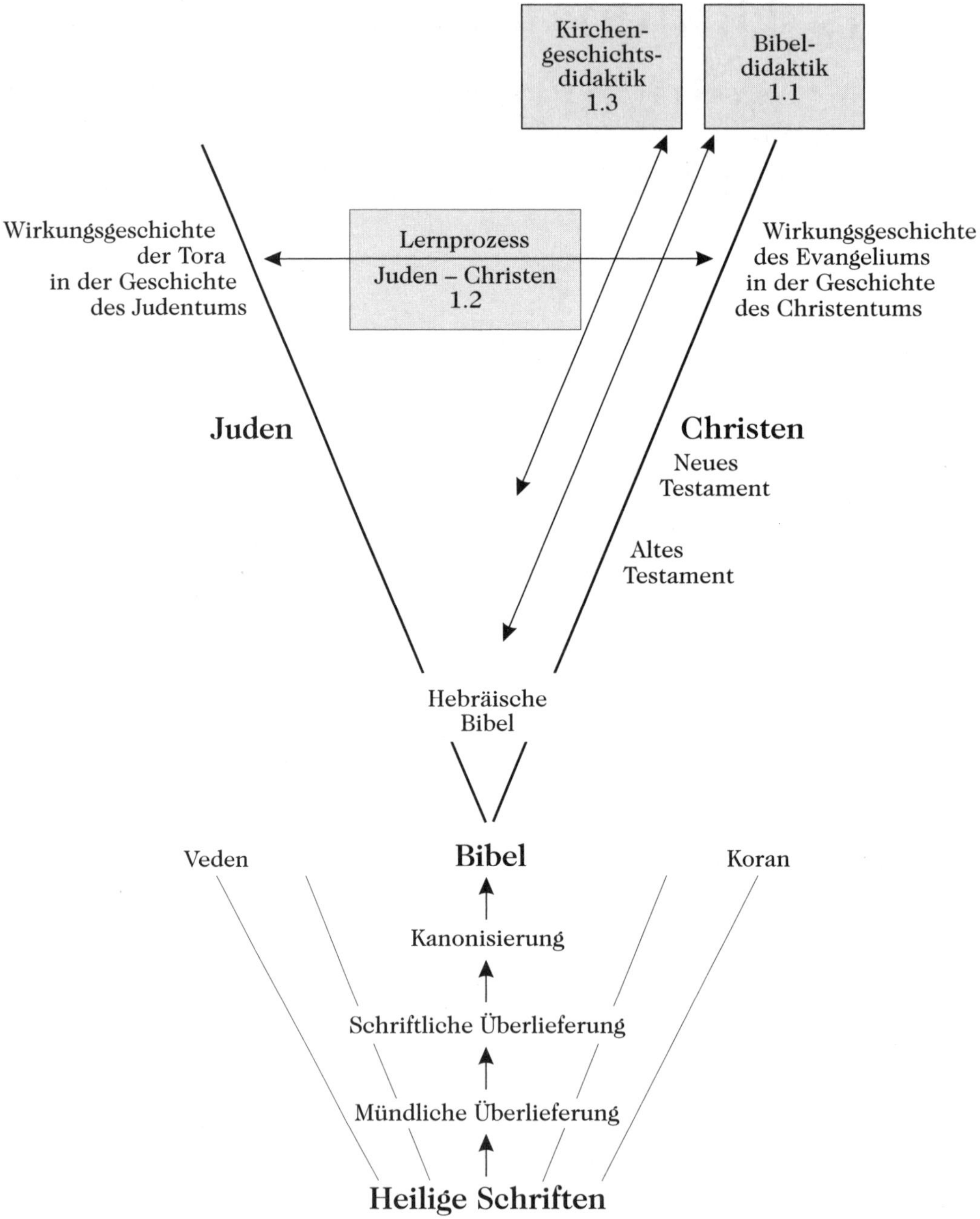

III.1.1 Arbeit mit der Bibel / Bibeldidaktik

→ II.1.3 Literatur und Dichtung
→ III.1.2 Lernprozess Juden – Christen
→ III.2.1 Sprache/religiöse Sprache
→ V.2.4 Umgang mit Texten
→ V.2.8 Kreatives Gestalten
→ V.2.12 Freiarbeit
→ V.3.1 Kinderbibeln
→ V.3.2 Schulbibeln

1 Zur Ausgangslage

Die Arbeit mit der Bibel im Religionsunterricht steckt seit langem in einer Krise. Langeweile der Schüler und Ratlosigkeit der Lehrer breiten sich aus. Vor allem drei Gründe sind wohl für diese Entwicklung namhaft zu machen:

(1) Viele Schüler, aber auch Erwachsene nehmen die Bibel nur noch als eine Sammlung überkommener Schriften wahr, die als Traditionsgut gepflegt wird, die aber keine Beziehung mehr zum neuzeitlichen Erfahrungszusammenhang hat (*Erfahrungsverlust*).

(2) Für die meisten Zeitgenossen hat die biblische Überlieferung die Fähigkeit verloren, Orientierung für heute gelingendes Leben anzubieten (*Relevanzverlust*).

(3) Es ist kaum noch ersichtlich, dass die Bibel heute als Motiv und Inspiration zu humaner Lebensgestaltung wirksam ist (*Effektivitätsverlust*).

Angesichts dieser Erosionserscheinungen wundert es nicht, wenn viele den Ausweg in möglichst unverbrauchten, attraktiven Vermittlungsmethoden suchen. Aber es ist leicht zu sehen, dass hektischer Aktionismus die Schwierigkeiten allenfalls kurzfristig überdecken kann und sich bald leer im Kreis drehen wird. Die Frage nach Neuansätzen der Bibeldidaktik muss vielmehr bei der Klärung darüber ansetzen, ob die Bibel heute noch »Tora« ist, Lebensorientierung bereithält, Wachstum anregt, produktives Leben hervorruft (Ps 1,3!). Tatsächlich gibt es nicht nur Langeweile und Überdruss im Umgang mit der Bibel, sondern auch neues Interesse, und zwar da, wo Leser die Lebensbedeutung der Überlieferung wieder wahrnehmen.

2 Ansätze erfahrungsnaher Bibelauslegung

Welche Wege von der Bibel zum Leben, vom Leben zur Bibel zeigen sich? Es geht um erfahrungsbezogene Zugänge zur Bibel. Die Suche nach Erfahrung stellt sich im Blick auf den heutigen Bibelleser und im Blick auf die biblische Überlieferung.

2.1 Bibelleser und Bibeltexte ins Gespräch bringen

Wenn nach Leben und Erfahrung im Umgang mit der Bibel gefragt wird, legt es sich nahe, zunächst einmal bei der eigenen Person anzufangen, sich selbst ganz bewusst als Person mit ganz eigenen Erfahrungen wahrzunehmen. Gelegentlich wird versucht, die

Selbst-Wahrnehmung mit den Fragen der Gestalttherapie zu unterstützen: »Was tue ich? – Was fühle ich? – Was möchte ich? – Was vermeide ich? – Was erwarte ich?«

Ein wichtiger Grundsatz der erfahrungsbezogenen Auslegung biblischer Tradition ist, Texte nicht als Objekte zu betrachten, die man »bearbeiten« kann, sondern als Partner in einem Dialog. Es wird vorgeschlagen, sich einen Text ganz real als eine Person vorzustellen, die mir gegenüber sitzt, die ich ansprechen kann, z.B.: »Du machst mir Angst, weil ...«, »Du tröstest mich, weil ...«, »Ich hätte dich gebraucht, als ...«, »Ich hätte dich überhaupt nicht brauchen können, als ...« Einen solchen Dialog kann man als *lebensgeschichtliche Ortung* eines Textes auffassen. Er ist durchaus keine unverbindliche Spielerei, sondern lädt dazu ein, sich wirklich auf einen biblischen Text einzulassen.

Die Frage nach dem Lebenszusammenhang, aus dem heraus sich ein heutiger Bibelleser einem Bibeltext annähert, hat noch eine andere Facette: Bibellesern und -leserinnen, die die Überlieferung gut kennen, stellt sich oft übergroße Vertrautheit mit den Texten in den Weg. Im Grunde weiß man ja immer schon, was ein Bibeltext »uns sagen will«, bevor er überhaupt gehört ist: »Barmherziger Samariter« (Lk 10,25–37): Aufruf zur Nächstenliebe – »Psalm 23«: Gottvertrauen in der Not ... Die Texte des Alten und Neuen Testaments sind uns zu nahe gekommen; »overfamiliar« nennt man im Englischen ein Verhältnis, in dem übergroße Vertrautheit eine wirkliche Begegnung nicht mehr aufkommen lässt. So wird es schwer, Bibeltexte als Evangelium zu hören, als Nachricht, Neuigkeit, die neue Erfahrungen stimuliert. Es kommt also auf den *fremden Blick* an; erst wenn dem Rezipienten ein Text als Fremder gegenübertritt, ist er bereit, ihn sein Wort sagen zu lassen, die in ihm verschlossenen Erfahrungen wahrzunehmen. Das wird nur möglich sein, wenn absichtlich Distanz zwischen Leser und Text gelegt wird, wenn er einen Weg zurücklegen muss, um sich einem Text zu nähern. Dafür eignen sich hervorragend Verfremdungen. Ihr Interesse ist, durch geeignete Maßnahmen verfestigte Sichtweisen biblischer Texte aufzubrechen und neue Perspektiven anzubieten.

2.2 Nach den Erfahrungen in biblischen Texten fragen

Wenn die Spuren des Lebens, die Zeichen der Erfahrung in biblischen Texten gesucht werden, ist vor allem wichtig, dass Erfahrung nicht erst ins Spiel kommt, wenn die (historisch-kritische) Exegese abgeschlossen ist – etwa im Sinne der Überlegung, »was uns der Text heute zu sagen habe«. Erfahrung muss schon im Blick auf die Entstehung eines Textes bedacht werden, d.h. die Auslegung muss versuchen, die Erfahrungen herauszuholen, die in die biblischen Texte bei ihrer Entstehung und Weitergabe eingegangen sind – und sie dann als heute orientierende, erneuernde und heilvolle Erfahrungen darlegen.

Wie ergiebig und belebend sich dies im Verstehensprozess auswirken kann, soll exemplarisch an zwei Verstehenswegen verdeutlicht werden, die besonders gut geeignet sind, um »Erfahrung« zu erschließen. Diese Verstehenswege bieten auch für den biblischen Unterricht viele Anregungen.

(1) *Die ursprungsgeschichtliche Auslegung:* Hier wird nach der Erfahrung gefragt, die die Produktion biblischer Texte wohl angestoßen hat. Die biblische Überlieferung ist immer positioniert, in einen Lebenszusammenhang einbezogen. Biblische Texte nehmen Stellung zu aktuellen Fragen, Zweifeln, Konflikten der Zeit, in der sie entstanden sind. Das kann man oft den Texten direkt entnehmen, etwa den prophetischen Schriften, den Briefen des Neuen Testaments oder auch den Reden Jesu. Besonders interes-

sant ist das bei den Gleichnissen: Jemand stellt eine Frage oder stellt eine Provokation vor Jesus hin, und oft antwortet er nicht direkt, sondern mit einer Geschichte, einem Gleichnis. Viele Gleichnisse sind solche »Antworttexte«. Dieser »Antwortcharakter« wird von maßgeblichen Exegeten bei vielen, vielleicht sogar den meisten biblischen Texten angenommen, auch wenn die Sprechanlässe kaum noch erkennbar sind. Dann müssen diese Anlässe rekonstruiert werden – auch mithilfe geschichtlicher Fantasie. Werden solche Ursprungssituationen in die heutige Bibellektüre mit eingelesen, wird schnell deutlich, dass diese Situationen nicht vergangene Geschichte sind, sondern auch die gegenwärtige Lebenswelt genau ansprechen.

(2) *Die tiefenpsychologisch ausgerichtete Auslegung*: Dieses vor allem an Grundzügen der tiefenpsychologischen Analyse von C.G. Jung ausgerichtete Konzept ist ganz eindeutig auf Erfahrung hin angelegt, und zwar unter doppeltem Aspekt:
- Es geht davon aus, dass in Texten heilvolle Erfahrungen mit einem guten Leben verschlossen sind. Diese Urerfahrungen verbergen sich in Mythen und Märchen, in Sprach-Bildern und Poesie.
- Dieser Schatz ist für ein heute gelingendes Leben unentbehrlich; jeder hat die Möglichkeit des Zugangs über das kollektive Unbewusste, so wie ein Tiefbrunnen unzugängliche Quellen erschließt.

Die tiefenpsychologische Exegese geht davon aus, dass solche Erfahrungsschätze auch in biblischen Texten aufgehoben sind. Es kommt darauf an, diese Erfahrungen in den Texten zu erkennen und durch geeignete Methoden zu erschließen. Diese Methoden basieren auf der Annahme, dass Texte nicht nur äußere Ereignisse und direkte Äußerungen wiedergeben, die auf der »Objektstufe« des Textes zu erfassen sind, sondern auch Vorgänge innerhalb der Seele; sie sind auf der Subjektstufe zu beschreiben: So sind beispielsweise Kain und Abel aus den Urgeschichten auf der »Subjektstufe« nicht zwei Personen, die miteinander handeln, lieben, streiten, sich verraten, sondern unterschiedliche Persönlichkeitsanteile innerhalb der Seele, die miteinander in Beziehung sind; das Interesse richtet sich also auf den »Kain in mir« und den »Abel in mir«. Diese – intrapsychische Interpretation genannte – Sicht stimuliert eine intensive Reflexion eigener Erfahrungen im Horizont der Tradition.

Die Faszination, die von solchen neuen Auslegungsmethoden ausgeht, wird vermutlich nicht nur dadurch ausgelöst, dass traditionelle Sichtweisen aufgebrochen werden; hier werden die Leser ganz unmittelbar in ihrer Erfahrung angesprochen.

3 Bibeldidaktik

Eine an den Erfahrungen, Bedürfnissen und Problemen der Lernenden ausgerichtete Bibeldidaktik versucht das »didaktisch Notwendige« (I. Baldermann) zu ermitteln. Leitfragen für den biblischen Unterricht sind dann:
- Wie kann der Lebensbezug der biblischen Überlieferung aufgezeigt und erschlossen werden?
- Wie kann den Lernenden an der Bibel etwas für sie Wichtiges aufgehen?
- Wie kann die biblische Überlieferung die Lernenden ganzheitlich ansprechen und ihre imaginativen Kräfte stärken?
- Wie kann der biblische Unterricht zum Austausch und zur Zusammenarbeit anregen?

- Wie kann der biblische Unterricht eigene Aktivitäten und selbstständiges Handeln der Lernenden fördern?

Die im Abschnitt 2 entwickelten Ansätze erfahrungsnaher Interpretation müssen sich nun im Blick auf das »didaktisch Notwendige« bewähren. Die folgenden sechs bibeldidaktischen Prinzipien greifen einige der angesprochenen Aspekte nochmals auf.

3.1 Den Anfängergeist beachten

Dieser dem Zen entnommene Begriff regt an, einmal das Vorwissen über einen Text und die eingeführten Verstehenswege beiseite zu legen; in die gleiche Richtung zielt die Forderung des »einfachen Lesens«.

Im Blick auf die Texte intendiert dieser Vorschlag die Zurückdrängung historisierender und rationalisierender Sichtweisen. Er schließt sich nicht der modisch gewordenen Ablehnung der historisch-kritischen Exegese an, aber plädiert dafür, Texte nicht besserwisserisch zu »bearbeiten«, sondern sich ihnen in der Haltung dessen zu nähern, der einem Gesprächspartner aufmerksam zuhört.

Dieser Grundsatz öffnet die Chance, sich sehr erfahrungsbezogen und kommunikativ mit biblischen Texten zu beschäftigen. Als Methoden bieten sich Verfahren der kreativen Bibelarbeit an. Auch die bereits genannten Vorschläge zur Selbstwahrnehmung (2.1) wären noch einmal aufzugreifen. Im Unterricht verändert dieser Vorschlag die festgelegten Rollen: Der Lehrer ist nicht mehr der Experte, der alle Antworten schon weiß, eher der Vor-Frager der Klasse; jede Frage an den Text ist gleich wichtig und wird ernst genommen.

3.2 Die Bibel als Nachricht aufnehmen

Flüchtige, oberflächliche Wahrnehmung verhindert, dass die Bibel als Nachricht, die mir etwas Neues, Lebens-Wichtiges mitteilt, erfasst wird. Darum ist es wichtig, dass die Schüler (und Lehrer) wieder lernen, etwas mit Bedacht aufzunehmen. Es bieten sich vor allem zwei Methodenbereiche an: Einmal Maßnahmen zur *Verlangsamung* des Wahrnehmungsprozesses. Dieser Vorschlag greift die von Martin Wagenschein formulierte und für die Religionspädagogik vor allem von Georg Hilger vertretene Forderung auf, die Langsamkeit als Grundlage religiöser Lernprozesse wieder zu entdecken. – Eine zweite Möglichkeit zur Intensivierung des Rezeptionsvorgangs ist die bereits angesprochene *Verfremdung*. Auch viele Gestaltungsaufgaben können zur langsamen, konzentrierten Wahrnehmung beitragen.

3.3 Bibeltexte als Textur lesen

Zu den Merkmalen herkömmlicher Exegese gehört, dass sie einen Text auf eine zentrale Aussage festlegt – auch, wenn sich die »Skopus-Methode« schon seit längerem aus Wissenschaft und Unterrichtspraxis verabschiedet hat. Es ist nicht zu übersehen, dass das Beharren auf einer fixierbaren Mitte eines Textes den Ausleger letztlich zum Herrn des Textes macht, der bestimmt, was der Text zu sagen hat. Damit aber wird seine Vieldeutigkeit und Vielschichtigkeit verengt, seine Lebendigkeit, die immer noch neue Offenbarungen bereithält, ruhig gestellt. Erfahrungsbezogene Lektüre nimmt den Text als Textur wahr, als ein Geflecht von Erfahrungen, Deutungen, Lebensentwürfen. Dieser Grundsatz kann methodisch durch Verfahren der strukturalen Textanalyse eingelöst werden, z.B. durch die genaue Beobachtung der Beziehungen der Akteure in einem Geschehen.

3.4 Bibeltexte als »Antworttexte« verstehen

Auch dazu wurden im Zusammenhang der ursprungsgeschichtlichen Bibelauslegung (2.2) schon entsprechende Hinweise gegeben. Didaktisch kommen Ansätze wie die »originale Begegnung« (H. Roth) bzw. das Prinzip des »genetischen Lernens« (M. Wagenschein) in den Blick. Drei Lernchancen des biblischen Unterrichts verbinden sich mit diesen Vorschlägen:

- Der Text wird als Ausdruck von Erfahrung kenntlich.
- Die Schüler können herausfinden, dass Grundprobleme in Vergangenheit und Gegenwart durchaus analog sein können.
- Sie können Texte im Sinne des entdeckenden Lernens bearbeiten.

3.5 Bibeltexte als Modelle und Inspiration gelingenden Lebens

Im Blick auf den Relevanz- und Wirkungsverlust, dem die Bibel bei Jugendlichen ausgesetzt ist, kommt es darauf an, in Texten Erfahrungen von Menschen zu erschließen, die ihr Leben im Glauben deuten und deren Leben gelingt, weil sie vom Glauben inspiriert sind. Hier muss man sich allerdings entschieden vor einer Beanspruchung biblischer Menschen als Vorbilder in Acht nehmen (dies ist ja eine problematische religionspädagogische Tradition). Vielmehr kommt es darauf an, »Verlockungsmodelle« (D. Sölle) zu zeigen, die zur Identifikation anregen.

Auch ist ein wichtiger hermeneutischer Grundsatz zu beachten: Die Bibel hält auf Lebensfragen heutiger Menschen nicht einfach Glaubensantworten bereit; oftmals stellt sie »Gegenwelten« vor Augen, Modelle gelungenen Lebens, die unsere eigenen Erfahrungen kritisch beleuchten und Neuanfänge anstoßen. Die hiermit angezielte »Umkehr zum Leben« wird freilich nur dann in Gang kommen, wenn der heutige Bibelleser die Überlieferung konkret »kontextorientiert« aufnimmt, d.h. sie im Kontext seiner praktischen Lebenserfahrungen zur Geltung kommen lässt. Unterrichtlich lässt sich dies Konzept wohl am besten auf zwei Wegen einlösen:

- durch tiefenpsychologisch ausgerichtete Texterschließung (Hinweise s. 2.2);
- durch das Nachzeichnen von Lebensmodellen durch identifizierendes Erzählen und Spielen: Das Interesse ist, biblische Geschichten so aufzuschließen, dass sichtbar wird, auf welcher Basis die handelnden Personen ihr Leben entwerfen. Dabei empfiehlt es sich, die Erzählungen aus der Sicht einer beteiligten Person nachzuerzählen. (Beispiele: Gen 13 aus dem Blickwinkel Lots; die Heilung der verkrümmten Frau in Lk 13,10–17 als Geschichte eines krumm machenden Lebens und als Geschichte einer Aufrichtung).

3.6 Die Bibel im ganzheitlich-kommunikativen Erleben verstehen

Biblische Texte müssen ganzheitlich-kommunikativ aufgenommen werden. Diese These entfaltet sich in zwei Richtungen:

(1) Einmal: Die biblische Sprache ist ernst zu nehmen. Oft geht in der Vermittlung der biblischen Überlieferung in Unterricht, Predigt usw. ihre unverwechselbare Sprachge-

stalt verloren. Die biblische Sprache ist aber nicht nur ein Informations- und Bedeutungsträger, dessen Sprachgestalt beliebig ausgetauscht werden kann. Weil die Bibel An-rede ist, weil sie den Glauben bekennend, lobend, klagend ins Wort setzt, muss diese »Sprachbewegung« so weit wie möglich auch im Unterricht zum Zug kommen. Es sollte beispielsweise selbstverständlich sein, dass Psalmen gemeinsam gesprochen oder gesungen oder feiernd und nacherlebend gestaltet werden – dass Geschichten erzählt und nicht nur »besprochen« werden – dass die Lerngruppe eine Prophetenrede als Ansprache gestaltet.

(2) Und auch die heutige Rezeption ist so oft wie möglich ganzheitlich anzulegen. Alle Formen der kreativen Gestaltung sind auszuschöpfen. Einige Hinweise:
- Spielen: Gefragt sind nicht nur einfache Umsetzungen biblischer Geschichten in Handlung, sondern Formen wie: Innere Monologe, Dialoge mit Personen einer Erzählung usw.
- Malen, Tonen: Besonders bewährt haben sich nicht-gegenständliche Gestaltungen, z.B. Ausdrücken von Gefühlen mit Farben und Formen.
- Verklanglichen: Etwa die Gestaltung der inneren Dramatik einer Geschichte mit Klängen; dabei sollten auch die körpereigenen Instrumente nicht vernachlässigt werden.
- Körpersprachliches Erleben: Tanz, Pantomime, Statuentheater.

Literatur

Baldermann, Ingo, Der Himmel ist offen. Jesus aus Nazareth: Eine Hoffnung für heute. München/Neukirchen 1991.
Berg, Horst Klaus, Handbuch des biblischen Unterrichts. Stuttgart/München. Bd. 1: Ein Wort wie Feuer. Wege lebendiger Bibelauslegung, [3]1999 – Bd. 2: Grundriss der Bibeldidaktik, [2]2000 – Bd. 3: Altes Testament unterrichten. Neunundzwanzig Unterrichtsentwürfe, 1999.
Berg, Sigrid, Kreative Bibelarbeit in Gruppen. 16 Vorschläge. München/Stuttgart [4]1998.
Lämmermann, Godwin u.a. (Hg.), Bibeldidaktik in der Postmoderne. Stuttgart u.a. 1999.

HORST KLAUS BERG

III.1.2
Lernprozess Juden – Christen

→ II.2.2 Gott – Gottesbilder
→ II.2.9 Jesus von Nazaret – Jesus Christus
→ III.4.4 Interreligiöses Lernen I: Islam
→ III.4.5 Interreligiöses Lernen II: Hinduismus und Buddhismus

Das »Aufwachen« nach dem Ende der Nazi-Herrschaft führte bei den christlichen Kirchen zu einem Bewusstwerdungs- und Umdenkprozess gegenüber den Juden und dem Judentum sowie zu neuen Verhältnisbestimmungen zwischen Juden und Christen – bis heute. Der Dialog geschieht zuerst aus christlicher Sicht: Während Christen vielfältig mit den Juden verbunden sind, benötigen Juden für ihr Selbstverständnis die Christen nicht.

1 Kirchliche Dokumente zum jüdisch-christlichen Dialog

1965 verabschiedete die Versammlung des Zweiten Vatikanischen Konzils den Konzilstext »Nostra aetate« (zahlreiche weitere Erklärungen folgten, vgl. Oesterreicher 1986; Henrix/Rendtorff 1988; Henrix/Kraus 2001) Der Konzilstext betont in Art. 4 die jüdische Glaubensbasis und die bleibende Verbindung zwischen Christen und Juden, er ist – trotz mancher kritischer Aspekte – bahnbrechend für den Lernprozess. Exemplarisch für die Neudefinition des Verhältnisses steht die Rede von Papst Johannes Paul II. beim Besuch in der Synagoge von Rom am 13. April 1986: »Die jüdische Religion ist für uns nicht etwas ›Äußerliches‹, sondern gehört in gewisser Weise zum ›Inneren‹ unserer Religion. Zu ihr haben wir somit Beziehungen wie zu keiner anderen Religion. Ihr seid unsere bevorzugten Brüder und, so könnte man gewissermaßen sagen, unsere älteren Brüder.«

Nach einer ersten Euphorie für das Umdenken ging und geht es darum, in mühevoller Kleinarbeit christliches Denken und Reden gegenüber den Juden zu verändern. Die vom Konzil geforderte und geförderte »gegenseitige Kenntnis und Achtung« (Nostra aetate 4) in der Begegnung zwischen Christen und Juden wurde konkretisiert in verschiedenen gesamtkirchlichen und ortskirchlichen Richtlinien. Für die Religionspädagogik sind v.a. die von der Vatikanischen Kommission für die religiösen Beziehungen zum Judentum herausgegebenen »Hinweise für eine richtige Darstellung von Juden und Judentum in der Predigt und in der Katechese der katholischen Kirche« (24. Juni 1985) von Bedeutung. Mit dem Ziel, Juden und das Judentum »zu schätzen und zu lieben« (I.8), wird vor allem das gemeinsame Erbe betont. Folgende Themen werden angesprochen: Kennenlernen des Judentums, Verhältnis zwischen AT und NT, jüdische Wurzeln des Christentums, »die Juden« im NT, Liturgie und v.a. die Verfolgungsgeschichte durch Christen; die Aussage: »Jesus war Jude und ist es immer geblieben« (III.12) taucht hier auf.

»Ungenauigkeit und Mittelmäßigkeit auf diesem Gebiet« schaden dem jüdisch-christlichen Gespräch ebenso wie der »eigenen Identität« der Christen außerordentlich, sagt Johannes Paul II. am 6. März 1982 vor den Delegierten der Bischofskonferenzen und anderen Experten in Rom. Als jüngstes Dokument sei der Text der Vatikanischen Kommission für religiöse Beziehungen mit den Juden erwähnt, der am 16. März 1998 unter dem Titel »Wir erinnern uns: Nachdenken über die Shoah« veröffentlicht wurde. Er ist das kirchliche Bekenntnis der (Mit-)Schuld von Christen an der Vernichtung der Juden in Auschwitz und anderswo.

2 Entwicklungen im Lernprozess

Nach ersten bahnbrechenden Arbeiten sind interdisziplinäre Forschungsgruppen entstanden, von katholischer Seite sei die Projektgruppe um Günter Biemer (Universität Freiburg i. Br., zusammen mit Peter Fiedler, Albert Biesinger u.a.) genannt, die in den »Freiburger Richtlinien« neben Analysearbeiten inhaltliche Kriterien für den Dialog vorlegen, gefasst und konkretisiert in den fünf Grundbegriffen (basic concepts) Gott, Bund, Volk, Land, Hoffnung/Zukunft sowie in didaktischen Konzeptionen auf Unterrichts- und Lehrplanebene. Weitere Arbeiten in der Reihe »Lernprozess Christen Juden« folgten (vgl. Biemer, Ehrlich 1980ff). In der Forschungsgruppe um Paul Neuenzeit (Universität Würzburg) wurde in Form eines Kooperationsseminars gemeinsam gelebt und gelehrt; daraus abgeleitet wurden Modellstrukturen für solche Lernprojekte formuliert (vgl. Neuenzeit 1990). In der Forschungsgruppe um Josef Wohlmuth, Gottfried Bitter u.a. (Universität Bonn) lebt der Dialog in Arbeitsgesprächen, Forschungstagungen und Publikationen (vgl. Konkel u.a. 2002). Neuere Arbeiten kreisen um anamnetische Religionspädagogik (vgl. u.a. Boschki/Konrad 1997; Langer 1997; Greve 1999).

Sowohl für den Schulbereich als auch für die Erwachsenenbildung sind zahlreiche Bücher, Zeitschriften, Broschüren und Arbeitshilfen erschienen, die das Thema bewusst machen, Wissen vermitteln und die Auseinandersetzung fördern – für den Lernprozess an allen Lernorten. Während bis in die 1980er-Jahre v.a. Arbeitsunterlagen für den Lernprozess mit Oberstufenschülern und mit Erwachsenen entstanden sind, liegen aus jüngerer Zeit auch Arbeitsmaterialien für Kinder sowie religiöse Kinderbücher zum Thema vor (vgl. Kohler-Spiegel 1999).

3 Lernprozess Juden – Christen in Religionsunterricht und Gemeinde

Nur ein Teil des Lernens über das Judentum und das christliche Verhältnis geschieht im Religionsunterricht. Neben familiären, sozialen und medialen Einflüssen werden v.a. im Deutsch- und Geschichtsunterricht Bilder vom Judentum geprägt, über Literatur oder wenn von der Zeit der Naziherrschaft und der Shoah oder vom Staat Israel die Rede ist (vgl. Lange 1994). Kritisch ist, wenn Judentum »nur« im Blick auf Verfolgung erscheint, wenn seine Prägekraft im Blick auf Kultur, Geistesgeschichte und Religion sowie heutige Selbstdefinitionen ohne Festlegung auf das Opfersein kaum thematisiert werden.

In Religionsunterricht und Erwachsenenbildung sind gegenwärtig zwei Ansatzpunkte sichtbar, beide sind wichtig: Zum einen wird das Judentum als gegenwärtige eigenständige Religion mit all ihren Strömungen (leider noch oft parallel zu den Weltreligionen) behandelt, zum anderen wird es als Wurzel und Schwesterreligion des Christentums einbezogen. Jesus als Jude zu bekennen, beinhaltet eine Absage an jede Form des Antijudaismus. Als Jude gehört Jesus zur Gemeinschaft des Bundes; Jesus hat diesen Bund erweitert. Entgegensetzungen wie: Alter Bund – Neuer Bund, strafender Gott in der Hebräischen Bibel und liebender Gott im Neuen Testament, frauenfeindliches Judentum – frauenfreundlicher Jesus usw. sind konstruiert und inhaltlich falsch, Schuldzuweisungen sind untragbar. Im christlichen Umgang mit biblischen Texten, mit religiösen Festen und Traditionen sind immer wieder – vor allem erzählend – der Bezug zur Hebräischen Bibel, zum Judentum und zu jüdischem Leben herzustellen und der Dialog einzuüben. Dies schlägt sich auch in Lehrplänen, Schulbüchern und Arbeitsmaterialien für die theologische Erwachsenenbildung nieder. Bedeutsam aber ist letztlich nicht nur, was in schriftlichen Unterlagen vorkommt, sondern was im Unterricht an mündlichen Formulierungen und an Atmosphäre im Lernprozess Juden – Christen vermittelt wird. Deshalb liegt religionspädagogisch das Augenmerk auf den Lehrpersonen sowie auf allen katechetisch und pastoral Tätigen, auf den Erwachsenen in der Gemeinde, Erziehungspersonen, Eltern und Großeltern, um das Christentum als jüdisch-christliche Religion und jüdische Religion als eigenständige zu thematisieren.

Antijudaismen sind u.a. Ausdruck von Unkenntnis, von unbefragter Tradierung theologischer Meinungen und Klischees sowie von Vorurteilen. In Kinderbibeln oder im freien Erzählen biblischer Geschichten, bei Hinführungen und Erläuterungen zu biblischen Texten, bei Predigten und in der Liturgie ist sachliche und sprachliche Richtigkeit von Bedeutung. Denn gerade im freien Formulieren wird die dahinterliegende Theologie mit Unsicherheiten, Klischees und undifferenzierten Positionen sichtbar (vgl. Erzählhilfen zur Passion Jesu, »die Juden« und »die Pharisäer« u.v.m.).

4 Zukünftige Aufgaben

Eine anamnetische Religionspädagogik versteht sich vergegenwärtigend erinnernd. Im Erinnern der Überlieferung werden auch die Verheißungen gegenwärtig. Dieses Erinnern geschieht v.a. erzählend, klagend, feiernd. »Lernen nach Auschwitz« meint Erinnerung von Gewalt und Widerstand, von Tod und Hoffnung für Gegenwart und Zukunft, dass Christen ihre Verbindung mit dem Judentum nicht vergessen, dass sie im Dialog lernen und sich von jüdischem Glauben und Denken anstoßen lassen, dass sie die Shoah nicht verdrängen und sich vom Leid anderer berühren lassen (Compassion).

Die theologische Rede vom Christlichen im Angesicht der Juden ist die zentrale Arbeit, die es weiterhin zu leisten gilt, in Schulen und mit Erwachsenen, in Aus- und Fortbildungen sowie in der Liturgie. Besondere Bedeutung erhält dabei, Ungenauigkeiten und Verharmlosungen in der Sprache zu vermeiden. Die bewusste Beschäftigung mit dem Judentum als eigene Religion und mit der Verbindung des Christentums zum Judentum werden weiterhin wichtig bleiben – altersadäquat bei Kindern, Jugendlichen und Erwachsenen, mit Büchern und filmischem Material, mit Identifikations- und Begegnungsmöglichkeiten. Inhaltliche, emotionale und verhaltensrelevante Aspekte des Lernens sowie Möglichkeiten, Vorurteile abzubauen, müssen auch zukünftig bedacht und weiterentwickelt werden.

Begegnungsprogramme können das Verstehen fördern, sie können aber auch Fremdheit und Missverstehen auslösen. Sie brauchen also eine solide Vorbereitung und Begleitung, einen klaren Rahmen und Zeit, sie sind dann eher begegnungs-ermöglichend, wenn die Personen aus einem ähnlichen gesellschaftlich-sozialen Milieu kommen und einen vergleichbaren Bildungshintergrund haben. Die zahlenmäßige Ungleichheit zwischen Christen und Juden erschwert teilweise die Begegnung. Bereits vorhandene Vorurteile können nicht nur kognitiv abgebaut werden; Begegnung, Identifikation und Möglichkeiten, gemeinsam zu handeln sind notwendig, um solche emotional gefärbten, sozialen Einstellungen umzulernen und zu verändern. Indirekte teilnehmende Lernwege sind vorzuziehen, Lernen gegen etwas (»Anti-Antijudaismus«) ist nicht zielführend.

Literatur

Biemer, Günter/Ehrlich, Ernst L. (Hg.), Reihe Lernprozeß Christen Juden. Düsseldorf/Freiburg i.Br. 1980ff.
Boschki, Reinhold, Konrad/Franz-Michael, Ist Vergangenheit noch ein Argument? Aspekte einer Erziehung nach Auschwitz. Tübingen 1997.
Greve, Astrid, Erinnern lernen. Didaktische Entdeckungen in der jüdischen Kultur des Erinnerns (Wege des Lernens 11). Neukirchen-Vluyn 1999.
Henrix, Hans H./Rendtorff, Rolf (Hg.), Die Kirchen und das Judentum. Dokumente von 1945–1985. Paderborn 1988.
Henrix, Hans H./Kraus, Wolfgang (Hg.), Die Kirchen und das Judentum. Dokumente von 1986–2000. Gütersloh 2001.
Kohler-Spiegel, Helga, Christinnen und Christen verändern ihren Blick. Die Sicht des Judentums in Religionsunterricht und Verkündigung. In: ThPQ 147 (1999) 31–39.
Konkel, Michael/Pontzen, Alexandra/Theißen, Henning, Die Konstruktion des Jüdischen in Vergangenheit und Gegenwart. Paderborn 2002.
Lange, Thomas (Hg.), Judentum und jüdische Geschichte im Schulunterricht nach 1945. Bestandsaufnahmen, Erfahrungen und Analysen aus Deutschland, Österreich, Frankreich und Israel. Wien 1994.
Langer, Michael, Auschwitz lehren? Prolegomena zu einer anamnetischen Religionspädagogik. In: Görg, Manfred/Langer, Michael (Hg.), Als Gott weinte. Theologie nach Auschwitz. Regensburg 1997, 203–217.
Leimgruber, Stephan, Religionspädagogik im Kontext jüdisch-christlicher Lernprozesse. In: Ziebertz, Hans-Georg/Simon, Werner (Hg.), Bilanz der Religionspädagogik. Düsseldorf 1995, 193–203.
Neuenzeit, Paul, Juden und Christen auf neuen Wegen zum Gespräch. Ziele, Themen, Lernprozesse. Würzburg 1990.
Noor, Ashraf/Wolmuth, Josef, Jüdische Sprachfigurationen im 20. Jahrhundert. Paderborn 2002.
Oesterreicher, Johannes, Kommentierende Einleitung zur Erklärung über das Verhältnis der Kirche zu den nichtchristlichen Religionen. In: Brechter, Heinrich u.a. (Hg.), Das Zweite Vatikanische Konzil. Dokumente und Kommentare, Teil 2 (^{2}LThK 13). Freiburg/Br. ^{2}1986, 406–478.
Sekretariat der Deutschen Bischofskonferenz (Hg.), Hinweise für die richtige Darstellung von Juden und Judentum in der Predigt und in der Katechese der katholischen Kirche (Arbeitshilfen 44). Bonn o.J.

HELGA KOHLER-SPIEGEL

III.1.3 Lernen aus der Geschichte des Christentums / Kirchengeschichtsdidaktik

→ II.4.1 Lebensgeschichte(n) – Glaubensgeschichte(n)
→ V.1.2 Religionsdidaktische Konzeptionen
→ V.2.4 Umgang mit Texten

In religiösen Lernprozessen befragen wir aus unserer Gegenwart heraus die Tradition. Um die gegenstandsorientierten Fragen in einen Dialog mit der Vergangenheit zu bringen, der die Eigenart der Vergangenheit für gegenwärtige Deutungs-, Orientierungs- und Handlungsbedürfnisse nicht zu-, sondern aufdeckt, braucht es Regularien. Reflexiv verantwortete Methoden regulieren den fragenden Zugriff auf die Vergangenheit, indem sie sie auf nachprüfbare Weise aus Quellen und Überresten rekonstruieren. Daraus lassen sich zwei Folgerungen ableiten:

- Welche Fragen an die Geschichte der Religion/des Christentums in Lernprozessen gefunden, gestellt und bearbeitet werden, hängt davon ab, wie religiöses Lernen in Schule, Hochschule, Gemeinde und Erwachsenenbildung verstanden wird.
- Wenn geregelte Verfahren für den Weg von der Frage zur Antwort aus der Vergangenheit unabdingbar sind, bilden die hermeneutischen und analytischen Methoden der Historik – Heuristik, Kritik und Interpretation – wichtige Elemente des Lernprozesses. Religiöses Lernen aus der Geschichte kommt ohne methodischen Kompetenzerwerb nicht aus.

1 Vergegenwärtigung von Vergangenheit in religiösen Lernprozessen

Religiöse Orientierungsbedürfnisse beziehen sich auf Fragen nach dem Ganzen des Welt- und Menschseins. Die Fragen nach Sinn, Transzendenz, Kontingenz, Rechtfertigung, Gerechtigkeit u.Ä. werden im Dialog mit den religiösen Traditionen bearbeitet, um die eigene Lebenspraxis kompetenter ausrichten zu können. Ein komplexes Gefüge aus anthropologischen, soziokulturellen und theologischen Einschätzungen entscheidet darüber, wie Lernprozesse zu gestalten sind, damit sie diesen Bedürfnissen verantwortlich gerecht werden.

(1) Wird die Gegenwart unter dem Aspekt einer Orientierungskrise wahrgenommen, entsprechen religiöse Lernprozesse dem Orientierungsbedürfnis dadurch, dass sie der Verunsicherung durch den *Aufbau von Sicherheiten* begegnen. Religion wird in ihrer konfessionskirchlichen Gestalt als festes Orientierungssystem angeeignet, das sich durch den Wandel der Zeit bewährt hat. Die Stabilität kirchlicher Lehre und Praxis kontrastiert die Labilität der eigenen Situation. Damit verspricht die Kontinuität kirchlichen Lebens über viele Generationen den Lernenden eine Sicherheit für die Dauer des eigenen Lebens, die bei der Bewältigung der Orientierungsschwierigkeiten hilft. Es ist eine Eindeutigkeit von Standpunkten und Werthaltungen beabsichtigt, die sich kirchengeschichtlich herleiten lässt und eine Kritik anderer Traditionen ermöglicht.

(2) Orientierungsbedürfnisse werden in aktuellen oder potenziellen Konflikten in dichter Weise deutlich. Ist dies der Ausgangspunkt, sind zu ihrer (kirchen-)geschichtlichen Bearbeitung personale und strukturelle Modelle notwendig, die die Erfahrung anderer für die *Ausbildung problemorientierter Handlungskompetenz* nutzen. Sie diachron zu bearbeiten hat den Vorteil, auch die Folgen von historisch erhobenen Modellen konkret veranschaulichen zu können. Um Erfahrungen, die Menschen in bestimmten Kontexten der Vergangenheit gemacht haben, in handlungsleitende Modelle zu übersetzen, bedarf es Abstraktionsleistungen, die durch die Kategorie »Grunderfahrung« praktikabel werden: Vergangene und gegenwärtige Konflikte sowie ihre Lösungsansätze werden auf zeitübergreifende, gemeinsame Grunderfahrungen zurückgeführt, die eine Analogie zwischen beiden Erfahrungshorizonten herstellen. Ernsthaftes Bemühen um Komplexität schützt vor allzu flinken Analogien. Dabei können keine direkten Handlungsanweisungen intendiert sein, sondern erweiterte und erfahrungsgesättigte Perspektiven für den praktischen Umgang mit religiösen Grundfragen.

(3) Meine religiösen Orientierungsbedürfnisse sind – unabhängig von der kirchlichen Zugehörigkeit – kulturell und damit herkünftig bestimmt, weil Religion/Christentum in kulturelle Vollzüge eingesickert ist und sie durchtränkt. Demnach gilt es, Orientierungsbedürfnisse und deren Vorgaben aus Kultur und Kirche als bedingt anzuerkennen. Mehr noch: Wird gelernt, die *Kontingenz von Prägungen* zu durchschauen und in den Entscheidungen der Vergangenheit das Geleistete sowie das noch Unerledigte wahrzunehmen, wird Geschichte unter dem Blickwinkel der Veränderbarkeit bearbeitet und nicht nur Herkunft geklärt. Dann eröffnen sich Gestaltungschancen auf Zukunft hin: Wenn das, was ist, geworden ist, kann es auch wieder anders werden. Zeitlicher Wandel verunsichert nicht, wenn es lernend gelingt, Wandel als innere Dynamik von Stabilität zu begreifen. Diese Haltung bildet ein wichtiges Element für religiöses Lernen, weil Religionen in der Spannung stehen, Vorhandenes zu legitimieren und zu transzendieren. Wandel wird qualitativ, wenn er in eine Richtung des Zeitverlaufs integriert wird, was Begriffe wie Entwicklung, Fortschritt, Evolution o.Ä. leisten. Funktionale Entsprechungen aus dem Christentum (z.B. Reich Gottes, Heilsgeschichte) werden durch diese Vergegenwärtigungsform historisiert und in ihrer Kraft für die Praxis auf allen Zeitebenen kritisch bearbeitet.

(4) Wird vorausgesetzt, dass Orientierungsbedürfnisse gegenwärtig durch versteckte oder offene Vorgaben der liberal-kapitalistischen Gesellschaft nur einseitig gestillt werden, braucht es *Alternativen*, die das Selbstsein gegenüber dominanten Orientierungsmustern stärken. Lenkt diese Einschätzung das religiöse Lernen, sucht sie in der Geschichte des Christentums nach Handlungsoptionen, die durch gegenwärtige Kategorien in Gesellschaft und Kirche unterdrückt werden oder zu wenig zur Geltung kommen. Die aktuellen Orientierungsvorgaben, ihre eingelagerten Kontinuitätsvorstellungen und ihre Herkunft bilden also eine ungenügende Basis für die Ausbildung von Eigensinn, sodass abweichende religiös-kulturelle Traditionen den Bezug für die fällige Neuorientierung bereitstellen.

Die dargestellte Typologie beschränkt sich darauf, vergleichbare Prozesse durch die Reduktion auf unterscheidbare Kriterien zu beschreiben. In der Praxis ist die Zahl der hier skizzierten Formen größer, weil sie isoliert, kombiniert und vermischt vorkommen. Mit der Typologie lassen sich religiöse Lernprozesse aus der Geschichte des Christentums vergleichen, didaktisch ausrichten und man kann überprüfen, welche Vergegenwärtigungsform schon vorhanden ist.

2 Methoden der Historik für religiöse Lernprozesse

Religiöses Lernen am zeitlich Anderen erkennt dessen Alterität an. Erst dadurch kann Kompetenz im Hinblick auf die Bearbeitung eigener Orientierungsbedürfnisse wachsen. Der anzubahnende Dialog benötigt Regularien, die die Dignität des eigenen Standpunkts und die Andersartigkeit des Anderen zugleich schützen und aufeinander beziehen. Die Grundsätze der wissenschaftlichen Historik sind insofern maßgebend, als sie Elemente moderner Rationalität sind und deshalb Wahrheitsansprüche historischer Arbeit für das moderne Bewusstsein begründen können:

(1) Die *Heuristik* reguliert die Fragestellung: Was will ich für meine Gegenwart aus der Vergangenheit wissen? Welche Gründe gibt es dafür? Neugierde transformiert sich auf diese Weise in eine Problemanzeige, die den nächsten Schritt nach sich zieht: Welche Quellen und Überreste sind für ihre Bearbeitung geeignet? Reichen schriftliche Quellen aus oder müssen z.B. Zeitzeugen befragt werden?

(2) Die *relevanten Quellen* und Überreste werden kritisch bearbeitet. Dies ist der Versuch, den Informationsgehalt der Quellen zu erheben, um dahinter zu kommen, was faktisch der Fall war. Wer hat was wann wo mit welcher Absicht gedacht, getan, geschrieben (*hermeneutische Ebene*)? Komplexer ist der Aufweis von Bedingungen vergangenen Handelns, die in Quellen indirekt eingegangen sind (*analytische Ebene*). Zeigen Dokumente z.B., wie Menschen in der frühen Neuzeit individuell Krankheit und Tod religiös gedeutet und damit gelebt haben, so kann mit ihnen auch nach zeittypischen Formen des Denkens, Fühlens und Glaubens gefragt werden. Die Verschränkung von hermeneutischen und analytischen Verfahren macht Handlungen aus der Sicht der Betroffenen verstehbar und bezieht die Umstände ein, denen sie unterliegen. Damit erhöht sich der Tatsächlichkeitsgehalt des Vergangenen.

(3) Die *Interpretation* schließlich stellt die aus der Quellenkritik gewonnenen Fakten zu Geschichten zusammen. Sie rekonstruiert also zeitliche Zusammenhänge, die die Quellen selber nicht aussagen können. Leitend für diese Verknüpfung ist die heuristische Problemanzeige, die die Perspektiven für die Zusammenstellung angibt und den Fakten der Vergangenheit ihre Bedeutung verleiht. Dabei geht es nicht darum, Einzelheiten der Vergangenheit unter Allgemeines zu subsumieren, vielmehr soll im Kontext der Frage die Eigenart des bearbeiteten zeitlichen Ablaufs deutlich werden.

Lernen aus der Geschichte des Christentums mit den Mitteln der Historik erhält eine spezifisch religionsdidaktische Ausrichtung, wenn die Heuristik betont wird. Denn sie ist der Ort, an dem nicht nur die sach-, sondern auch die wertorientierte Originalität christlicher Fragehaltungen z.B. nach der Solidarität mit Verlierern, nach Heil und Unheil, nach dem Verhältnis von Gott und Welt eingebracht wird, ohne die methodischen Standards der Historik zu unterlaufen. Wie differenziert die Standards eingesetzt werden, hängt selbstverständlich von den Möglichkeiten der konkreten Lernprozesse ab. Erhält die Frage als Movens religiös-historischen Lernens den ausschlaggebenden Stellenwert, können die ihr folgenden Arbeitsschritte auch kritisch auf allzu stringent eingebrachte Vergegenwärtigungsmuster einwirken.

Literatur

Gruber, Bernhard, Kirchengeschichte als Beitrag zur Lebensgeschichte. Konzept und Modelle für einen aktualisierenden Kirchengeschichtsunterricht. Donauwörth 1995.
Hasberg, Wolfgang, Kirchengeschichte in der Sekundarstufe I. Analytische, kontextuelle und konstruktiv-pragmatische Aspekte zu den Bedingungen und Möglichkeiten der Kooperation von Geschichts- und Religionsunterricht im Bereich der Kirchengeschichte. Trier 1994.
Jendorff, Bernhard, Kirchengeschichtsdidaktische Überlegungen für den Religionsunterricht in der Grundschule. In: RpB 44 (2000) 97–108.
König, Klaus, Kirchengeschichtsdidaktische Grundregeln. In: Groß, Engelbert/König, Klaus (Hg.), Religionsdidaktik in Grundregeln. Leitfaden für den Religionsunterricht. Regensburg 1996, 182–202.
Rüsen, Jörn, Historisches Lernen. Grundlagen und Paradigmen. Köln u.a. 1994.

KLAUS KÖNIG

III.2 Wahrnehmung und Handeln

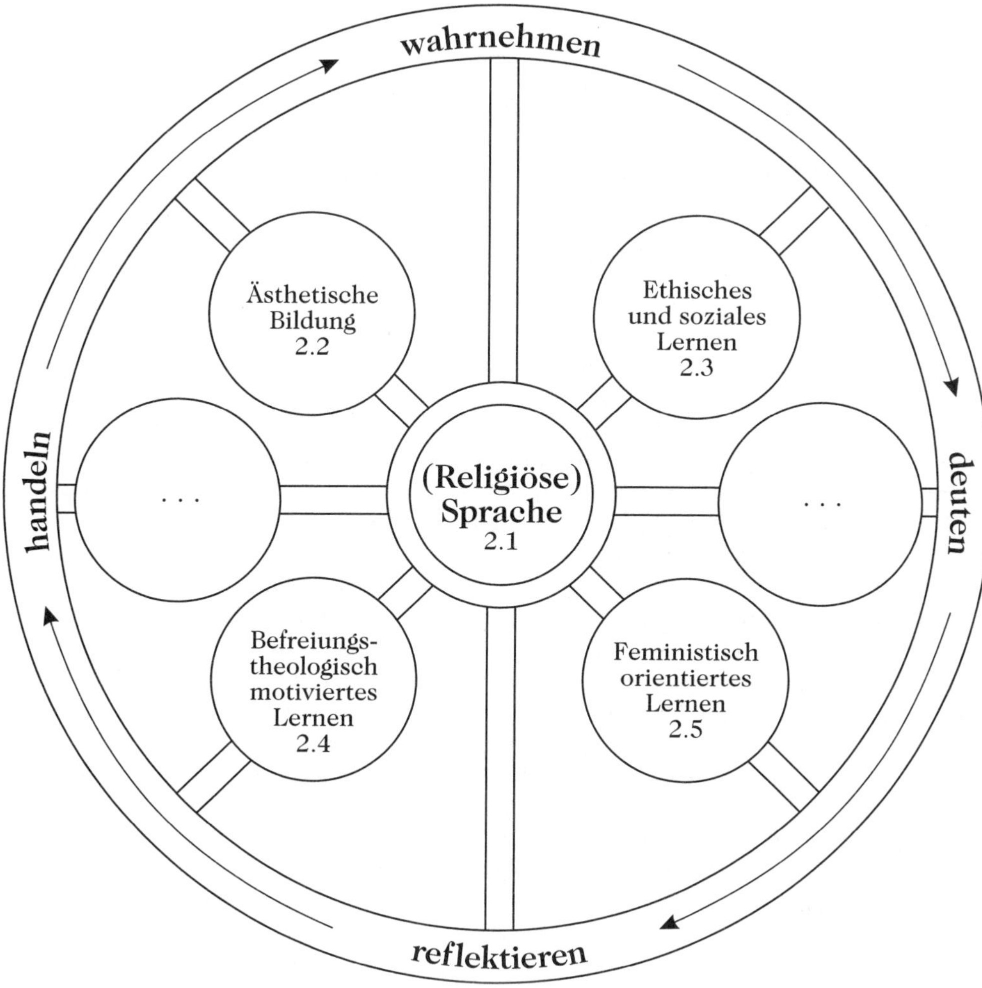

III.2.1
Sprache / religiöse Sprache

→ II.1.2 Mythen und Märchen
→ II.1.3 Literatur und Dichtung
→ III.1.1 Arbeit mit der Bibel/Bibeldidaktik
→ V.2.1 Gesprächsformen
→ V.2.3 Erzählen
→ V.2.4 Umgang mit Texten

1 Wie verhalten sich Sprache und Wirklichkeit?

Wer über die Sprache nachdenkt, muss sich ihrer bedienen. Das Feld der Sprache kann er selbst dann nicht verlassen, wenn er die Grenzen dieses Feldes markieren will. – Erst in der Mitte der Neuzeit wird dieses Problem wahrgenommen. Bis dahin dominiert das Organon-Modell des Aristoteles: Die Sprache ist jenes Werkzeug, das Verknüpfungen herstellt zwischen dem Bewusstsein und der Wirklichkeit, die sprachunabhängig vorhanden ist. Seit dem 18. Jh. wächst aber die Einsicht, dass die Sprache sich keineswegs wie ein neutrales Werkzeug verhält; vielmehr hat die Sprache einen aktiven Anteil an allen Erkenntnis- und Verständigungsprozessen. Daraus ergibt sich ein grundlegendes Problem: Ist es die Wirklichkeit, die die Struktur der Sprache bestimmt? Oder determiniert umgekehrt die Sprache die Wahrnehmung der Wirklichkeit? (Freilich entgeht auch diese Alternative nicht dem genannten Dilemma: Schon der Begriff »Wirklichkeit« ist sprachlich verfasst und nur in den Aussageformen einer Sprache können sprachphilosophische Probleme bedacht und anderen mitgeteilt werden.) Ein erster Lösungsweg öffnet sich, wenn man die genannten Fragen nicht als Alternativen betrachtet, die einander ausschließen, sondern lediglich als heuristische Modelle und demnach fragt: Welcher Erkenntnisgewinn ergibt sich, wenn man annimmt, dass Sprache die Wahrnehmung der Wirklichkeit formt? Und umgekehrt: Welcher Erkenntnisgewinn erwächst aus der Annahme, dass die Wirklichkeit die Struktur der Sprache prägt?

Die Verflechtung von Sprache und Wirklichkeit gewinnt an Kontur, wenn man die biologische, die genetische und die soziale Dimension berücksichtigt. Sprache können Menschen nur entwickeln nach den Bedingungen, die das Gehirn bereitstellt. Dabei gibt es offensichtlich eine eingeschränkte Wechselbeziehung: Die Strukturen der Sprache sind abhängig von den Verknüpfungsmöglichkeiten des Gehirns und umgekehrt werden bestimmte Verknüpfungen im Gehirn erst gebahnt und fixiert durch den Spracherwerb. Sodann entfaltet sich eine Sprache in einer dialektischen Beziehung zur außersprachlichen Wirklichkeit: Sprachliche Aussagen sind Antworten auf Wahrnehmungen und Erfahrungen und sie bewähren sich in der Verständigung mit anderen und im gemeinsamen Handeln. Gleichzeitig bildet die Sprache jedoch die Anschauungsform für »Wirklichkeit«; sie weckt Sensibilität und stiftet Verknüpfungen. Dabei bleibt sie in Bewegung: Wenn die Verständigungsgemeinschaft neue Erfahrungen macht und ausdrückt, wenn neue Probleme geklärt und bearbeitet werden, wird die Sprache fortwährend erprobt und erweitert. Als geschichtliche Größe erlebt sie Alterungs- und Erneuerungsprozesse.

2 Was leistet die Sprache?

2.1 Die einschränkenden Wirkungen der Sprache

Die aktive Rolle der Sprache hat Kritik geweckt: Eine aufklärerische Tradition wirft der Sprache vor, dass sie hinter dem Denkanspruch des Menschen zurückbleibe. Durch Metaphorik, durch Vieldeutigkeit und logisch unangemessene Verknüpfungen führe die Sprache in die Irre und stifte Scheinprobleme. Sprachkritik sei deshalb im Namen der Vernunft unerlässlich. Diese Kritik findet durchaus Anhaltspunkte in der Struktur der Sprache: Betrachtet man die Welt als amorphe Vielfalt von Erscheinungen und Ereignissen, so reduziert Sprache die Wirklichkeit. Sie strukturiert das Denken; sie wählt aus der Fülle der Erscheinungen aus und stiftet ordnende Beziehungen (Selektion und Produktion). Deshalb können wir nur ausdrücken, was die Matrix der jeweiligen Sprache zu sagen erlaubt.

Das hat einschneidende Folgen, nicht zuletzt für theologisches Sprechen. Beispielsweise sind in den indo-europäischen Sprachen Substantive, Verben und Adjektive die sinntragenden Wortarten. In dieser Trias dominieren wiederum die Substantive (mit immer noch steigender Tendenz). Dadurch wird eine statisch-objektivierende begriffliche Sehweise begünstigt. (Es heißt »der Fluss« und nicht etwa »breites-nass-fließt«.) Analog wird im Abendland ontologisch-definierend von Gott gesprochen, seltener geschichtlich-dynamisch. (Wir sprechen etwa vom »Hl. Geist«, und in unserer sprachbedingten Vorstellung entsteht der Eindruck, es handele sich dabei um eine Wesenheit, die unabhängig von »Gott« gedacht werden könne! In einer verbal-akzentuierenden Sprache würde man statt »Hl. Geist« vielleicht sagen »Göttliches-atmet-und-wirkt-in-uns«. Viele Vorstellungsprobleme der Trinitätslehre würden dann nicht einmal entstehen!)

Somit wird das Sprechen über religiöse Vorstellungen ermöglicht und begrenzt durch die Matrix unserer Sprache. (Freilich entgeht auch diese Behauptung nicht dem Zirkel der Sprachrelativität: Sie ist nur möglich und sinnvoll, wenn die Wirklichkeit als sprachunabhängiges Gegenüber des Menschen – als objektivierbar – vorgestellt wird. In einer indianischen Sprache, die nicht objektivierend spricht, könnte das Problem wahrscheinlich weder wahrgenommen noch ausgedrückt werden.)

2.2 Die bereichernde Wirkung der Sprache

Im Kontrast zur Sprachkritik behauptet eine romantische Denktradition, die Sprache bereichere den Menschen, indem sie ihn zu einer geschichtlich geprägten Weltsicht führe (Novalis, W. v. Humboldt). Einige existenzial-hermeneutische Philosophen sehen in der (poetischen) Sprache sogar das Gefäß, in das die Selbstauslegungen des Menschen gesammelt werden. Dort öffnen sich Wege zum Wesen des Menschen (Martin Heidegger: Die Sprache spricht. Die Sprache ist das Haus des Seins). Diese Einschätzung erscheint heute als idealistische Überzeichnung. Begründet bleibt aber die Vermutung, dass Bewusstseinshöhe und Sprachkompetenz sich wechselseitig bedingen. Die großen Werke der Literatur und der Philosophie wirken daher erzieherisch; durch sie lernt man differenziertes Wahrnehmen, Denken und Sprechen.

Was Sprache leistet, zeigt sich vor allem dort, wo sie neue Formen der Wirklichkeit hervorbringt: Kinder der Fantasie und der Vernunft. Hierher gehören Metaphern und Erzählwelten, Mythologien und Nationalliteraturen, aber auch wissenschaftliche Modelle, Deutungssysteme und Weltanschauungen. Als Erben einer reichhaltigen Kulturgeschichte sind wir in diesem Kosmos des Erzählens und Denkens tief verwurzelt. Das Haus der Sprache ist unsere zweite Heimat – und zugleich die Begrenzung unseres Verstehens.

3 Was kennzeichnet eine »religiöse Sprache«?

Es ist fraglich, ob es eine eigenständige religiöse Sprache gibt. Analytisch betrachtet weisen religiöse Texte nämlich die gleichen Merkmale auf wie dichterische oder rhetorische Texte. Wie berechtigt es dennoch ist, von einer besonderen religiösen Sprache zu sprechen, zeigt sich, wenn man sie in der Nachbarschaft der »Sprachen der Religion« betrachtet: Riten und Symbole, Erzähltraditionen und vor allem Lebensformen bilden den Wurzelgrund dessen, was sich als religiöse Sprache bestimmen lässt. Sie umfasst dann jene Texte, die eine herausgehobene, vielleicht sogar eine nicht ersetzbare Funktion und Bedeutung in (christlichen) Religionsgemeinschaften haben. Damit kann man auf der Ebene der Textgattungen (z.B. Gleichnisse, Legenden, Mythen, Doxologie, Gebete, Segen) klären, welche sprachlichen Merkmale diese Texte auszeichnen und welche Wirkung sie (für die Glaubensgemeinschaft) haben. – In ähnliche Richtung führt die Untersuchung der Stilmittel religiöser Sprache (z.B. Metapher, Oxymoron, Paradoxon, Via negationis, absoluter Komparativ). Die Leitfrage lautet dabei: Wie gelingt es, mit diesen sprachlichen Mitteln Wirklichkeit zu erweitern und Wahrnehmung zu verändern? – Ein dritter Weg zur religiösen Sprache führt über die Inhaltsanalyse religiöser Begriffe (z.B. Gott, Erlöser, Heil) und Aussagen (z.B. Gott ist Schöpfer.) Als hilfreich erweist sich dabei der methodisch-hermeneutische Ansatz der Sprachanalyse. Sie zieht – darin dem späten Wittgenstein folgend – die Konsequenzen aus der Erkenntniskritik der Neuzeit: Da der denkerisch-spekulative Zugriff zum Wesen der Erscheinungen verschlossen ist, bleibt nur der Weg über die Sprache (»rot« beispielsweise ist demnach keine objektive Qualität eines Gegenstandes, sondern jener Bereich der Farbskala, der durch Übereinkunft der Sprachgemeinschaft als »rot« bezeichnet wird). Analog bietet die Sprachanalyse Methoden, religiöse Aussagen zu überprüfen: Wer etwa bestimmen will, was »Gott« bedeutet, muss Sätze untersuchen, in denen dieses Wort vorkommt. Dann zeigt sich, in welchen Kontexten und mit welcher Intention das Wort »Gott« verwendet wird. Ferner lässt sich prüfen, ob in diesen Sätzen das Wort »Gott« durch ein anderes (adäquat) ersetzt werden kann; so lassen sich Rückschlüsse auf Bedeutung und Eigenart des Wortes ziehen. (Die Frage, ob der Glaube an Gott sinnvoll ist oder nicht, liegt außerhalb der Reichweite dieser sprachanalytischen Methoden.)

Der von der Sprachanalyse eingeschlagene Weg wird auch von jenen Linguisten beschritten, die die pragmatische Dimension der Sprache näher zu bestimmen suchen. Dies geschieht u.a. in der von J.L. Austin und J.R. Searle entwickelten »Sprechakttheorie«. Sprachliche Äußerungen haben demnach eine lokutionäre Kraft, d.h. einen Inhalt, und eine illokutionäre Kraft, d.h. sie sind Handlungen durch Sprechen, eben Sprechakte: Lob, Warnung, Beleidigung, Widerspruch, Bekräftigung, Aufforderung, Täuschung etc. Besonders deutlich ist diese illokutionäre Kraft bei »performativen« (d. h. vollziehenden) Sprechakten, die durch das Sprechhandeln erst den Inhalt des Gesprochenen bewirken: versprechen, geloben, sich entschuldigen, verzeihen, ernennen, beauftragen, befördern, Einverständnis erklären etc. Rituelle Sprechakte sind oft performativ: »Ich taufe dich ...«, »Ego te absolvo ...«, »Dies ist mein Leib ...«. Glaubensbekenntnisse und Gebetstexte sind in pragmatischer Hinsicht oft Mischformen, deren illokutionäre Kraft auch situationsabhängig ist: In Zeiten der Christenverfolgung hat das Glaubensbekenntnis eine andere Funktion als bei einem Papstgottesdienst heute. Gebete und Bekenntnisse können trösten, Hoffnung zusprechen, Vertrauen ausdrücken, Zweifel vermindern, Gemeinschaft stiften, gegen andere abgrenzen, zu ethischem Handeln ermutigen usw. Die Sprechakttheorie gestattet also, die Inhaltsanalyse religiöser Texte dadurch zu überschreiten, dass man nach der Handlungsrelevanz und der situativen Bedeutung fragt, die aus der Verwendung der Texte erwachsen. Damit tritt die soziale Dimension religiöser Sprache in den Blick und auch ihre Wirkungsgeschichte in der Glaubensgemeinschaft. Indirekt heißt das auch, dass Verstehen und Verständigung sich entscheidend verschieben, wenn religiöse Überlieferungen in einem nicht-religiösen Kontext (z.B. in der Schule) vorgestellt und ausgelegt werden.

Literatur

Grözinger, Albrecht, Die Sprache des Menschen. München 1991.
High, Dallas M., Sprachanalyse und religiöses Sprechen. Düsseldorf 1972.
Halbfas, Hubertus, Religionsunterricht in der Grundschule. Lehrerhandbuch 1–4. Düsseldorf 1983–86.
Halbfas, Hubertus, Religionsunterricht in Sekundarschulen. Lehrerhandbuch 5–10. Düsseldorf 1992–97.

FRANZ W. NIEHL

III.2.2
Ästhetische Bildung

→ II.1.5 Bildwerke
→ II.1.6 Musik
→ II.2.1 Religion – Religionskritik
→ II.3.8 Neue Medien – Virtualität – Wirklichkeitsverständnis
→ V.1.2 Religionsdidaktische Konzeptionen
→ V.1.5 Symboldidaktik
→ V.2.5 Umgang mit Bildern

1 Eine begriffliche Annäherung

»Ästhetische Bildung« – als eine Dimension religiösen Lernens – ist eine zerbrechliche Wortverbindung, denn beide Teilbegriffe, »Bildung« und »Ästhetik«, tragen viele Begriffsstreitigkeiten mit sich herum. In grober Schematisierung sind im Begriffsfeld »Ästhetische Bildung« drei Parzellen unterscheidbar, die allerdings untereinander verbunden sind und jeweils in eigener Weise religionspädagogisches Lernen bestimmen: (1) Wenn Ästhetik (abgeleitet aus dem Griechischen: aísthesis = sinnliche Wahrnehmung, im Gegensatz zu gnósis = geistige Erkenntnis) mit Immanuel Kant als Lehre vom sinnlich Wahrnehmbaren verstanden wird, dann benennt ästhetische Bildung das Erkennen-Lernen des sinnlich Wahrnehmbaren und daraus abgeleitet die Empfehlung einer ausdrücklichen *Sinnenbildung* durch Sinnenschulung, die sich auf alle Bereiche des sinnlich Wahrnehmbaren bezieht. Ästhetische Bildung versteht sich so als erkenntniskritische Bildung.

(2) Wenn dagegen Ästhetik begrifflich enger gefasst wird – im Gefolge von Alexander Gottlieb Baumgarten – als »Wissenschaft vom Schönen« oder gar als »Philosophie der Kunst«, dann wird ästhetische Bildung als pädagogische Aufgabe darin erkannt: das Schöne, vor allem das Kunstschöne – als harmonisch Zusammengefügtes (Komposition!) mitten in einer zerstückelten Wirklichkeit – aufzusuchen, wahrzunehmen und verstehen zu lernen. Fordert die erste Parzelle eine Sinnenbildung als Fundament einer Wahrnehmungslehre ein, so ist die zweite Begriffsparzelle ausgerichtet auf eine *Kunstbildung*, auf eine Bildung durch Kunst und für Kunst – hier verstanden als Gestalt gewordene »Formalisierung der Wirklichkeit« (Max Imdahl) –, deren Evidenz in sinnlicher Begegnung wahrgenommen, in anschaulicher Erfahrung erkannt werden kann.

(3) Die dritte semantische Parzelle erweitert den Begriff des Ästhetischen – über Baumgarten und auch über Kant hinausgehend – und bestimmt ihn als »Modus des Verhaltens zur Welt« (Gunter Otto/Maria Otto). Nämlich unter der Voraussetzung, dass das Erkennen (im Anschluss an Max Weber) verschiedene Erkenntnisweisen hervorbringt – die kognitiv-instrumentellen, die moralisch-praktischen und die ästhetischen Erkenntnisweisen (Rationalitätstypen) –, die untereinander verbunden und auf gegenseitigen Austausch angewiesen sind, tritt nun die ästhetische Erkenntnisweise als eine »vernünftige«, d. h. vor allem über rationale Argumente vermittelbare Erkenntnisweise zu ihren längst anerkannten Geschwisterweisen hinzu; sie ist ausgelegt auf sinnlich orientiertes und subjektbezogenes Wahrnehmen und Deuten von Wirklichkeit. Aus dieser neuen Einsicht wird nun eine integrale ästhetische Bildung als *integrale Bildung* gefordert: eben als ein sinnlich orientiertes und subjektbezogenes Aufsuchen und Entdecken, Wahrnehmen und Anerkennen des Anderen in seiner Andersheit. Dieser über die (eigene) sinnliche Wahrnehmung gefundene Weg zu Erkenntnis und Einsicht gewinnt heute einen neuartigen Rang im religiösen Lernen beim Umgang mit den (jüdisch-christlichen) Lebens- und Glaubenstraditionen; »ästhetische Bildung« – im engeren und weiteren Sinn – rückt heute auf zu einer Grunddimension religiösen Lernens – angesichts wachsender individualistischer, gnostischer Religiosität und eines oft wenig bedachten Empirismus.

2 Eine geschichtliche Vergewisserung

Um die Herkunft und die Buntheit der Förderer und der Gegner unserer »Ästhetischen Erziehung« heute ein wenig randschärfer zu erkennen, kann ein kleiner Rückblick in vorausblickender Absicht in die geschichtlichen Entwicklungslinien hilfreich sein: Die Jahrzehnte um die Mitte des 18. Jh. verstehen sich in Westeuropa als ein Zeitalter der Vernunft und der Freiheit, der Aufklärung und des Fortschritts. In dem Maß, in dem bislang prägende Vorstellungen von »Gott und der Welt«, vom Einzelnen und vom Ganzen, vom Erkennen und vom Handeln, abgelegt und neu entwickelt werden, tritt Bildung als Programmwort nach vorne. Nicht von ungefähr wird 1779 an der Universität Halle Pädagogik als neue Wissenschaft von der Praxistheorie der Erziehung und Bildung anerkannt. Bildung soll fortan die Wege des Einzelnen und aller zur Freiheit von allen äußeren und inneren Abhängigkeiten und Unmündigkeiten erkunden und benennen, begleiten und sichern: ausgerichtet auf individuelle und allgemeine Glückseligkeit. Bildung tritt so in den Dienst des Fortschritts – dank ihrer Dienstleistung im Bereich der Vernunft. Vernunft aber – bislang verstanden als spezifisch menschliche Befähigung, sich im Gesamt der Wirklichkeit auf das Gute und das Wahre hin durchzufragen und Sinn und Ziel der Welt und des Lebens zu erkennen – schrumpft nun zusehends zur Zweckrationalität, die einzelne verlässliche Daten gewinnt und sie in die Logik meines Glücksweges und unserer Fortschrittsbahn einträgt.

An diesen offenkundigen Mängeln des Bildungsbegriffs setzen nun bildungstheoretische Überlegungen des Deutschen Humanismus zum Ende des 18. Jh. ein (Johann Gottfried v. Herder, Wilhelm v. Humboldt, Friedrich Schlegel), die dem Bildungsdenken angesichts der sozialen Bedrohtheit des Subjekts und der Grenzen des gesellschaftlichen Fortschritts gleichsam zwei neue Flügel geben: die Bildung der Individualität und die Veränderung der sozialen und politischen Verhältnisse. Bildung wird so zur Selbstbildung mit gesellschaftsverändernden Erwartungen. Friedrich Schiller nimmt die erkenntnistheoretische Einsicht Immanuel Kants auf, dass nach dem Ende der Metaphysik im Natur- und Kunstschönen das Übersinnliche, das Unendliche aufscheint, und fordert darum die gemeinsame Bildung der geistigen und der sinnlichen Kräfte – im organischen Ganzen politischer Bildung. Denn allein im Erfahren des Schönen, bevorzugt erlebt im Spiel, kann sich (nach dem Verlust des Unendlichen in den religiösen, christlichen Traditionen) Versöhnung ereignen angesichts der erfahrenen Grenzen des Denkens und Handelns. Ästhetische Bildung ist also – überspitzt formuliert – eine nach-religiöse Bildung (erwachsend aus einer ästhetisierten Natürlichen Theologie). Dieses humanistische Verständnis von ästhetischer Bildung bestimmt – in verschiedenen Variationen – bis heute die aktuellen theoretischen und praktischen Zielvorstellungen. Eine christlich inspirierte Religionspädagogik, die ästhetische Bildung als eine Dimension religiösen Lernens fordert, ist gut beraten, diese geschichtlichen Entwicklungslinien mitzubedenken und zu überschreiten.

3 Eine christlich-theologische Reflexion

Vor 250 Jahren wird Kunst zum Gegenstand philosophischer Erkenntnis, und heute wird Kunst zum Gegenstand theologischer Erkenntnis. Diese Entwicklungslinie trägt einer jüdisch-christlichen Theologie Fragen auf: Wie verhalten sich Kunst und Religion zueinander – gestern und heute? Was erwartet Theologie von Kunst? Was hat Kunst heute, was Theologie nicht (mehr) hat? Was haben Antworten auf diese Fragen mit ästhetischer Bildung als Dimension religiösen Lernens zu tun?

(1) Die Verhältnisgeschichte von Kunst und Religion ist durchaus eine Konfliktgeschichte und eine Kompensationsgeschichte: bedingt durch die Übersinnlichkeit der religiösen Botschaft und die Sinnlichkeit als Medium der Kunst, grundgelegt in der Verborgenheit des Göttlichen und im israelitisch-jüdischen Bilderverbot, angeschärft durch das christliche Glaubensgeheimnis der Menschwerdung Gottes und weiterwirkend im Verständnis des Sakramentalen und Ekklesialen und zusehends verstärkt durch die wachsende Autonomie der Kunst seit der frühen Neuzeit. Seit Humanismus und Renaissance steht Kunst nicht mehr im Dienst der Religion (in den europäischen Ländern). Kunst (hier jetzt exemplarisch bezogen auf Musik) und Religion treten viel-

mehr in Distanz und in Konkurrenz zueinander (vgl. Händels »Messias« 1741 und Haydns »Schöpfung« 1798), die Kunst wird Schritt für Schritt zur Erbin der Religion (Schuberts »Winterreise« 1827, bis zu Wagners »Parzifal« 1879 und Schostakowitschs Sinfonie XIV 1969). Eine große Synthese zerfällt. Die Zertrennung plagt beide Partner: Religion flüchtet in historistischen Kunst-Ersatz; Kunst entwickelt ›Kunst-Religion‹. Zaghafte Schritte der Wiederannäherung sind getan (vgl. Strawinskys »Psalmensinfonie« 1931 oder Messiaens »Quartett auf das Ende der Zeit« 1940, Schönbergs »Moses und Aron« 1930ff oder Pendereckis »Lukaspassion« 1966 und Rihms »Deus passus« 2000).

(2) Theologie ist heute bereit, in die Schule der Kunst zu gehen (vgl. Vaticanum II, Gaudium et spes 1 u. 62); sie erwartet von der Kunst eigene Wahrnehmungsfähigkeiten und Umgangsformen mit einer zerstückelten Welt und mit einem gottleeren Himmel, mit einem bedrohten Leben für mich und für alle, mit einem verborgenen Gott und mit aktuellen Gottesverspürungen. Offen ist die Frage: Wie verhalten sich die in religionslosen, »gottlosen« Räumen als unabweisbar (wieder-)entdeckten Sinnfragen (als Gottesfragen) in den Zeugnissen gegenwärtiger Kunst zu den jüdisch-christlichen Antworten auf eben diese Fragen? Genauer: Wie stehen die subjektzentrierten neuen Transzendenzerfahrungen via Kunst zum überlieferten Offenbarungsglauben? Wie inspirierend, wie innovierend, wie korrigierend ist das Verhältnis von religionsverdächtiger Kunst-Erfahrung heute und traditionsgeprägtem Offenbarungs-Glauben zu bestimmen?

(3) Wenn religiöses Lernen das Sehen-, Lesen- und Verstehen-Lernen religiöser Zeugnisse entwickeln und einüben soll – in identitätsgewinnender Absicht –, dann gehört das ästhetische *und* religiöse Dechiffrieren und Alphabetisieren von Kunstwerken zu den zentralen Aufgaben religiösen Lernens – aus der zu bestätigenden Erwartung, hier auf authentische, religionshaltige Botschaften in Zeichen und Klängen und Worten stoßen zu können. Denn Wahrnehmungen der Überraschung, des Geheimnisses, der Herrlichkeit, des säuselnden, des stürmischen Pfingstgeistes sind hier tatsächlich zu machen.

4 Ästhetische Bildung als Dimension religiösen Lernens: Ziele und Aufgaben

Nach und nach breitet sich die (kantische) Einsicht aus, dass die als Wirklichkeit ausgegebene Welt des Großen und des Kleinen eine aus sinnlicher Wahrnehmung und geistiger Deutung konstruierte Vorstellung von Wirklichkeit ist – eingespannt in geschichtlich-soziale Kontexte. Wirklichkeit ist »nicht ›realistisch‹, sondern ›ästhetisch‹ konstruiert« (Wolfgang Welsch). Folglich ist ästhetische Bildung, die dieses Spiel von Wahrnehmung und Deutung durchleuchtet, nicht länger ein Randstück (etwa in der Gestalt von musischer Bildung), sondern als erkenntniskritische Bildung ein Herzstück bildungspraktischer Bemühungen. Gerade religiöse Bildung – hier verstanden als Bildung »aus Transzendenzbezug« – wird ästhetische Bildung als eine Dimension ihres Lernens aufnehmen in konsequenter Weiterentwicklung einer empirisch gewendeten Religionspädagogik. Dementsprechend werden hier – angeregt von den unterschiedlichen Akzentuierungen im Ästhetik-Verständnis im Allgemeinen und im Verständnis ästhetischer Bildung im Besonderen – drei Ziele und Aufgaben im gängigen Dreischrittschema Wahrnehmen – Befragen – Gestalten einer phänomenologisch orientierten Religionspädagogik benannt:

(1) Ein neues Wertschätzen *sinnlicher Wahrnehmung* wird zum Impuls einer integralen Sinnenschulung auf dem Weg zu einer vernehmenden Vernunft. Die alltäglichen Ertaubungen und Erblindungen (mit ihren personalen und sozialen Folgen) können überwunden werden aus einem Habitus der *Aufmerksamkeit*. Wahrnehmende Augen und Ohren tun die ersten Schritte zum Entdecken und Erkennen: des Sichtbaren und des Unsichtbaren. – Mitten in den vielgestaltigen Formen einer schleichenden Anästhesie kann Sinnenschulung (als »Mediendidaktik«) überdies meditative, spirituelle (im weiten Wortsinn) Kräfte freisetzen und Sinn wecken für Symbole.

Wenn Vernunft als Wahrnehmen des Ganzen inmitten einer zerstückelten Welt umschrieben werden kann – im Gegensatz zu den gängigen Eindimensionalitäten –, dann eröffnet eine solche Vernunft vernehmender Sinne Blicke zumindest auf *Teile des Ganzen*: organologische, ökologische, alternative Perspektiven tun sich auf – im Blick auf dieses Waldstück und jene Bevölkerungsgruppe, auf die Frage nach dem Sinn des Lebens und auf die Denkmöglichkeit von Transzendenz: religiös geprägte Perspektiven tun sich auf (als Alternative zu naturwissenschaftlich geprägten Sichtweisen).

(2) Der neue breite Rekurs auf Erfahrung – gewachsen aus leiblich-sinnlicher Wahrnehmung und geistiger Deutung – in der religionspädagogischen/glaubensdidaktischen Praxis und Theorie heute rückt das *Subjekt*, den konkreten Einzelnen in den Mittelpunkt, der diese sinnenfällige Einsicht gemacht hat (gewonnen aus Alltags-Aufmerksamkeit oder z.B. aus einem speziellen liturgischen Tanzerlebnis). Und diese Einsicht – gewonnen aus meiner Erfahrung – hat ihre eigene Evidenz; sie ist zunächst unzugänglich für Argumente von außen. Darum sind *neue Formen des Umgangs mit den legitimen Einzelerfahrungen*, mit den vielen authentischen Antworten in einer Lerngruppe zu entwickeln, ehe sie sich als gebündelte Anfragen ins Gespräch mit den auskristallisierten Erfahrungen (christlicher) Generationen vor uns und neben uns bringen können. Verschärfend in diesen noch offenen Umgangsformen mit subjektspezifischen Erfahrungen tritt die wachsende Konkurrenz zwischen primären Erfahrungen und sekundären Erfahrungen durch Medien hinzu.

Das Fördern der leiblich-sinnlichen Wahrnehmung jedes Einzelnen und der Lerngruppe (»Was ist hier zu hören, zu sehen, zu spüren? Was tut dieses Hören, Sehen, Spüren mit uns? Wie ordnen, deuten, werten wir es?«) leitet an zu selbstreflexivem Umgang mit Wahrnehmungen auf dem Weg zu Erfahrungen – im Sinne von bearbeiteter, gedeuteter Wahrnehmung; die hermeneutischen und konstruierenden Anteile in Wahrnehmungsprozessen treten nach vorne, jeweils eingebunden in individuelle und soziokulturelle Kontexte. Ästhetische Bildung profiliert sich – im Kreis der Religionskomponisten – *als erkenntnis- und traditions- und damit auch als religionskritische Reflexivität*: zwischen Kunst und Religion, zwischen Selbstbild-, Weltbild- und Gottesbild-Entwürfen (vgl. Selbstbildnisse von Dürer, Rembrandt, Gauguin, Jawlensky, Falken).

(3) »Ästhetische Bildung« sucht das ausdrückliche *Gespräch mit der Kunst der Gegenwart*: Sie setzt sich der Provokation ihrer Gegenbilder aus; sie beobachtet und entschlüsselt vor allem deren ganz eigene Wahrnehmungs- und Deutungsformen im Sinne einer ästhetischen Alphabetisierung (evtl. in Zusammenarbeit mit dem Kunstunterricht). Überdies erkennt ästhetische Bildung – als Dimension religiösen Lernens – in der Kunst einen autonomen Partner im Gespräch über Sinn und Gestalt von Religion heute. Zugleich prüft ästhetische Bildung, wo Kunst heute einerseits als funktionales Äquivalent von Religion auftritt, gleichsam als spätmoderne, erlebnishaltige ›sanfte Religion‹ im Zeitalter des Nach-Religiösen, und wie der Kunst heute andererseits »fremdprophetischer Rang« (Edward Schillebeeckx) zuwächst (vgl. Giacometti,

Rothko, Bacon, Beuys, Tapies). Ästhetische Bildung steht hier allerdings oft in der Gefahr, zwar viele Zeichen-Welten aufzuklären, sich jedoch dem Anspruch der entdeckten Sinn-Welten zu entziehen.

Literatur

Bähr, Dorothea, Zwischenräume. Ästhetische Praxis in der Religionspädagogik. Münster 2001.
Balthasar, Hans Urs von, Herrlichkeit. Eine theologische Ästhetik I. Einsiedeln 1961.
Biehl, Peter, Wahrnehmung und ästhetische Erfahrung. Zur Bedeutung ästhetischen Denkens für eine Religionspädagogik als Wahrnehmungslehre. In: Grözinger, Albrecht/Lott, Jürgen (Hg.), Gelebte Religion. Im Brennpunkt praktisch-theologischen Denkens und Handelns (Festschrift Gert Otto). Rheinbach 1997, 380–411.
Gadamer, Hans-Georg, Wahrheit und Methode. Grundzüge einer philosophischen Hermeneutik. Tübingen 1960, bes. 77–96.
Grözinger, Albrecht, Praktische Theologie als Kunst der Wahrnehmung. Gütersloh 1994.
Hentig, Hartmut von, Ergötzen, Belehren, Befreien. Schriften zur ästhetischen Erziehung. München/Wien 1985.
Hilger, Georg/Leimgruber, Stephan/Ziebertz, Hans-Georg, Religionsdidaktik. Ein Leitfaden für Studium, Ausbildung und Beruf. München 2001, bes. 305–315.
Lange, Günter, Bilder zum Glauben. Christliche Kunst sehen und verstehen. München 2002.
Mollenhauer, Klaus, Grundfragen ästhetischer Bildung. Weinheim/München 1995.
Otto, Gunter/Otto, Maria, Auslegen. Ästhetische Erziehung als Praxis des Auslegens in Bildern und des Auslegens von Bildern. Seelze 1987.
Welsch, Wolfgang, Ästhetisches Denken. Stuttgart 1990.
Wohlmuth, Josef, Schönheit/Herrlichkeit. In: NHThG 5 (1991) 17–25.

GOTTFRIED BITTER

III.2.3
Ethisches und soziales Lernen

→ II.2.12 Hoffnung – Utopien – Reich Gottes
→ II.3.5 Arbeitswelt – Geld – Konsum
→ II.3.6 Armut – Marginalisierung – Entfremdung
→ III.2.4 Befreiungstheologisch orientiertes Lernen und politische Bildung
→ III.2.5 Feministisch orientiertes Lernen
→ IV.3.12 Philosophie-/Ethikunterricht und Religionsunterricht
→ V.2.2 Sozialformen und Differenzierung

Ethisch und sozial erzogen wurde schon immer, solange Menschen miteinander leben. Aber die heutige Erziehung ist in besonderem Maße herausgefordert durch das Phänomen des Pluralismus. Dieser stellt eine Folge des fortschreitenden Modernisierungsprozesses dar und ist tiefgreifender als die Säkularisierung. Pluralismus bedeutet, dass unterschiedliche ethnische, rassische und religiöse Bevölkerungsgruppen miteinander leben (müssen). Für die religiöse Verfasstheit und die ethischen Standards ergeben sich von daher weitgehende Konsequenzen. Das entscheidende Merkmal des Pluralismus ist der Verlust der Selbstverständlichkeit. Von daher ergibt sich ein deutlicher Wandel der Verbindlichkeit, der sich vor allem im Bereich von Religion und Moral zeigt. Institutionen, die früher in Sachen Glaube und Ethik eine Monopolstellung innehatten, müssen realisieren, dass sie jetzt im Wettbewerb mit anderen weltanschaulichen »Anbietern« stehen. Dies hat auch Konsequenzen für das Bewusstsein der Menschen. Es ist z.B. nicht mehr selbstverständlich, dass jemand, der in einer bestimmten Gegend bzw. einer bestimmten Stadt lebt, an den christlichen Gott glaubt und nach den ethischen Maximen der Bibel handelt. Auf einmal steht zur Auswahl, ob man als Christ, als Buddhist, als Hindu mit der Gottesfrage umgeht und nach welchen Normen man sich ethisch richtet.

1 Zwischen Charaktererziehung und Moralentwicklung

Die normativ-traditionelle christliche Erziehung in Sachen Ethik vollzog sich in starkem Maße als Weitergabe von festgelegten Normen. Man lernte z.B. die Zehn Gebote als Richtschnur für eigenes Handeln auswendig. Dem korrespondierten traditionelle Milieus (Familie, Nachbarschaft, Kirche, Verbände), die vorgefertigte Geländer für die eigene Lebensführung anboten. Das war einerseits entlastend, hatte aber andererseits in der starken sozialen Kontrolle durch die Milieus seinen Preis. Nicht zufällig war Gehorsam einer der Schlüsselbegriffe dieser Art von Moralerziehung. Dazu gehörte ein Verständnis von moralischem Vorbild, das kaum Raum für eigene selbstständige Verarbeitung ließ, sondern auf die unveränderte Nachfolge der jüngeren Generation abzielte. Nach der anthropologischen Wende in Theologie und Religionspädagogik sprach man dann von Charaktererziehung und Weitergabe von Werten. Heute meldet sich dieses Konzept wieder in bestimmten Formen einer einseitigen Tugendethik zu Wort. Dabei geht man von Erziehungsvorstellungen aus, die ein erfülltes, glückliches Leben durch die Anbahnung von Tugenden und Charaktereigenschaften gewährleistet sehen.

Die Frage des Gewissens und der Gewissenserziehung war seit jeher ein zentraler Ansatzpunkt für die Erörterung der Fragen ethischer Erziehung im Christentum. Gewissen wurde als Mitte der personalen Existenz und als zum Wesen des Menschen gehörig verstanden. Ziel und Absicht einer theologisch bestimmten Gewissenserziehung kann etwa durch folgende Fragen charakterisiert werden: Wie wird im Gewissen die Stimme Gottes vernehmbar? Wie kommt der Mensch dazu, sein Menschsein dadurch zu verwirklichen, dass er im Gewissen Gottes Wort vernimmt und sich von ihm bestimmt sein lässt? Gerichtshof, entscheidende Instanz, Ruf des Gewissens sind weitere Termini theologischer Gewissensauslegung. Seit dem Mittelalter wurde eine Unterscheidung zwischen dem Urgewissen als Anlage der allgemeinen Moralfähigkeit und den einzelnen Gewissensakten (»gebildetes Gewissen«) getroffen. Dabei ist katholischerseits die dem Gewissen zugeschriebene, im Konfliktfall erstaunliche Unabhängigkeit der Gewissensentscheidung hervorzuheben. Evangelischerseits ist zentraler Topos die Rede vom Gewissen, das durch das Evangelium befreit wird, wodurch der Mensch zu einem verantwortlichen Handeln in der Welt instandgesetzt wird. Allerdings ist seit längerem die Diskussion um das Gewissen (Ausnahme: Reinhold Mokrosch) stark in den Hintergrund getreten. Das hat auch Konsequenzen für die Erörterung der Frage von Schuld und Vergebung.

Der Ansatz bei der Charaktererziehung wie auch der Gewissenserziehung lässt weiter danach fragen, wie sich ethische Erziehung und ethisch-reflexiver Diskurs zueinander verhalten. Denn: Konzepte der ethischen Erziehung, die lediglich als Einübung in gelebte Sittlichkeit konzipiert sind, greifen zu kurz. Ethische Erziehung muss unabdingbar die Schüler in die Rechenschaftsabgabe darüber miteinbeziehen, woher moralische Positionen kommen, wie sie begründet und in welcher Weise sie gewichtet werden.

Seit Immanuel Kants »Kritik der praktischen Vernunft« gibt es eine Pflicht zur Begründung der Moralität. Was als »gut« unter uns gelten soll, ist von jeder einzelnen Person in Freiheit zu prüfen und gemäß der persönlichen Einsicht selbstverantwortlich zu übernehmen. Erst dann können wir von einer moralischen Entscheidung sprechen. Erst dann tragen wir dem neuzeitlichen Personenverständnis angemessen Rechnung. Ein rein formales Befolgen von Ansprüchen, die von einer äußeren Autorität her auferlegt werden, liegt außerhalb neuzeitlicher Moralität.

Dies ist sicher ein Grund, weshalb der kognitiv-entwicklungspsychologische Ansatz der Moralerziehung, wie er von Lawrence Kohlberg erarbeitet wurde, so viel Aufmerksamkeit auf sich gezogen hat. Nach Kohlberg durchläuft der Mensch im Verlauf seiner Entwicklung Stufen mit typischen moralischen Denkstrukturen (1. Orientierung an Bestrafung und Gehorsam, 2. instrumentell-relativistische Orientierung, 3. Orientierung an zwischenmenschlicher Übereinstimmung, 4. Orientierung an Recht und Ordnung, 5. legalistische Orientierung, 6. Orientierung an allgemein gültigen ethischen Prinzipien). Diese Stufenfolge bildet eine invariante Sequenz, d.h. keine Stufe kann übersprungen oder ausgelassen werden. Die Entwicklung der moralischen Urteilsfähigkeit kann durch Unterricht (z.B. Dilemmageschichten) beschleunigt werden. Perspektivenwechsel kann systematisch geübt, Urteilen und Handeln können miteinander verknüpft werden (z.B. im Modell der Gerechten Gemeinschaft, der *just community*).

Es geht also darum, beim Heranwachsen »Entwicklungshilfe« zu leisten. In dieser Weise ist ethische Erziehung als Förderung von Entwicklung zu begreifen, indem angesichts des jeweiligen Entwicklungsstandes der Kinder und Jugendlichen die Entwicklungsmöglichkeiten gefördert werden.

2 Ethische Kompetenz als Ziel der Moralerziehung

In der herkömmlichen Moralerziehung standen normative Vorgaben durch andere im Vordergrund. Im Zusammenhang der fortschreitenden Rationalisierung und funktionalen Differenzierung wird menschliches Handeln zunehmend stärker von kognitiven als von normativen Gründen bestimmt. Dem entspricht die These, wonach bei der moralischen Sozialisation dem kognitiven Moment besondere Bedeutung zukommt. Gertrud Nunner-Winkler (1993, 107–109) skizziert vier heutige Modelle moralischer Sozialisation: (1) Das *Konditionierungsmodell*: Moralische Sozialisation geschieht dadurch, dass erwünschtes Verhalten belohnt und unerwartetes Verhalten bestraft wird (Skinner). (2) Das *Über-Ich-Modell*: Nicht Bestrafung von außen, sondern Angst vor innerer Bestrafung durch ein »Über-Ich« ist das zentrale Motiv der Normbefolgung (Freud). (3) Das *Modell der Triebüberformung*: Ansatzpunkt ist die Formbarkeit des Individuums, das ein bestimmtes Verhalten an den Tag legt, um sich Zuwendung zu sichern. (4) Das *Modell freiwilliger Selbstbindung aus Einsicht*: Dies Modell trägt der Tatsache Rechnung, »dass Individuen nach den Geltungsgründen für Normen fragen und dass die Einsicht in die Richtigkeit bestimmter Handlungen selbst zum Motiv werden kann«

(Nunner-Winkler 1993, 109). Dieser Gesichtspunkt dürfte angesichts der wachsenden Bedeutung kognitiven moralischen Lernens weiterführend sein.

In der Diskussion um die Bestimmung ethischer Kompetenz sind wesentliche Leitbegriffe: moralische Mündigkeit, demokratisches Ethos, Erziehung zur Mündigkeit. Wie lassen diese sich konkret voranbringen? Es seien einige wesentliche Aspekte benannt: Es geht darum, (1) die Wahrnehmungsfähigkeit zu fördern, indem die Aufmerksamkeit auf bestimmte Fragen gelenkt und die ethische Dimension von Problemen herausgearbeitet wird; (2) das ethische Reflektieren und Argumentieren zu verbessern; (3) die Einsicht zu fördern, dass nicht alles relativ ist und dass es durchaus Verbindlichkeit gibt; (4) Normen und Werte verstehbar zu machen und zu zeigen, in welcher Weise sie vernünftig begründbar und wie Handlungsmöglichkeiten auf ihre Begründung und deren Tragfähigkeit hin überprüfbar sind; (5) Möglichkeiten fairen Streitens und rücksichtsvollen Umgangs miteinander zu befördern; (6) dabei schließlich Handlung und Reflexion, Erfahren und Verarbeiten der Erfahrung im Verstehen miteinander zu korrelieren. (7) Zentrales Ziel ist die Entwicklung der ethischen Urteilsbildung und das Erarbeiten eines selbstverantworteten Ethos durch die Schülerinnen und Schüler (vgl. Adam/Schweitzer 1996, 36f).

In inhaltlicher Hinsicht stehen wir vor der Aufgabe, zwischen einer Position der Indoktrination »ewiger Werte« und einem unbegrenzten Relativismus den Weg elementarer ethischer Verbindlichkeiten zu finden. Hier sind Toleranz- und Dialogfähigkeit zu verbinden mit der Standortbezogenheit einer Moralität, die aus dem christlichen Glauben kommt. Dabei werden folgende aus der christlichen Tradition stammenden Aussagen relevant: Menschenwürde und Gottebenbildlichkeit, Gleichheit, Freiheit (inkl. Religionsfreiheit), Toleranz und Dialog. Die Ethik der Liebe und das Gebot der Nächstenliebe sind auch heute noch richtungweisend zur Bewältigung der anstehenden Probleme. Dabei bleibt die Erfahrung von Schuld, das Scheitern und Versagen des Menschen in den meisten gängigen Wertevermittlungskonzepten außer Acht. Hier kann die christliche Tradition auf einen wichtigen und grundlegenden Aspekt des Menschseins aufmerksam machen.

3 Compassion – Das Soziale lernen

Soziales Lernen war seit je ein Bestandteil ethischen Lernens. Angesichts tief greifender gesellschaftlicher Veränderungen (Individualisierung, Globalisierung) gewinnt der soziale Bereich für das Zusammenleben der Menschen zunehmend an Bedeutung. Fragen der Solidarität, des menschlichen Miteinanders und der Sorge und Hilfe in Alltag und besonderen Lebenssituationen stellen vor die Frage, wie und wo das Soziale gelernt werden kann. Im Zusammenhang mit der Wiederentdeckung des erziehenden Unterrichts und Überlegungen zum sozialen Lernen ist in den letzten Jahren ein »Sozialpraktikum« bzw. »Diakonisches Praktikum« vorgeschlagen und an bestimmten Schulen eingerichtet worden.

Auf evangelischer Seite ist ferner das Projekt Soziales Lernen (»Das Soziale lernen«), auf katholischer Seite das Compassion-Projekt zu benennen. Johann Baptist Metz hat »Compassion« übertragen mit »Empfindlichkeit für das Leid des Anderen« und dies als ein wesentliches Vermächtnis des Christentums an die Menschheit bezeichnet. In der Tat ist mit diesem Begriff sehr viel besser als mit Barmherzigheit (charity) oder Mitleid charakterisiert, was mit »Compassion« gemeint ist.

Die schulischen Sozialpraktika ermöglichen folgende Erfahrungen: (1) Es gehört zum Humanum, mit Menschen umzugehen, die mehr Hilfe brauchen, als sie jemals an Leistung werden erbringen können. (2) In der Frage nach dem Lebensrecht der Menschen in anhaltenden schwierigen Lebenslagen wird die Frage nach Grund und Ziel des Lebens erkennbar, bricht die Frage nach dem Maßstab für menschliches Leben auf. (3) Es kann dabei deutlich werden, dass fast 2000 Jahre lang das Tun der Barmherzigkeit der praktische Beitrag des Christentums zur jeweiligen Gesellschaft war. (4) Ein solches Praktikum kann vermitteln: Leben umfasst vieles andere als nur Leistung. (5) Durch die Begegnung mit Menschen, die am Rande der Gesellschaft leben müssen, und durch das Übernehmen von Verantwortung werden soziale Sensibilität geweckt, die Bereitschaft zu sozialer Verantwortung bestärkt und Haltungen wie Solidarität und Empathie konkret geübt. Auf diese Weise wird der Entwicklung zu einem sozialen Analphabetentum entgegengewirkt.

Mit solchem sozialen Lernen gerät etwas in den Blick, das als Bildungsaufgabe für das ganze Schulwesen von Bedeutung ist. Solidarität und Empathie sind für das Zusammenleben von Menschen unverzichtbare Haltungen.

4 Ethisches Lernen im religionspädagogischen Gesamtkontext

Religionspädagogisches Handeln zielt im Maße des pädagogisch Möglichen insgesamt auf die Menschwerdung des Menschen, anders formuliert: auf Subjektwerdung in Solidarität. Es erstreckt sich dabei (1) auf das Personsein des Einzelnen (*personale Kompetenz*: Gewinnung eigener Identität), (2) auf die Beziehung zu anderen Personen und Gruppen sowie den nicht nur technisch oder ökonomisch, sondern stets auch ethisch zu verantwortenden Umgang mit Natur, Kultur und Gesellschaft (*ethische Kompetenz*) und (3) auf die Anleitung zu elementartheologischer Reflexion (*theologische Kompetenz*).

Im Blick auf die zweite Aufgabe hat die Religionspädagogik die Aufgabe, Kinder, Jugendliche und Erwachsene zu unterstützen, dass sie für sich Kompetenzen des Verhaltens (inkl. der Motivation) und Urteilens aufbauen können. Das umschließt u.a. auch die Bildung und Erziehung zu sozialer Gerechtigkeit, zur Verantwortung für den Frieden und zu einem sachgerechten Verhältnis zur Natur als Schöpfung Gottes.

Auf der Ebene der materialen Ethik sind es folgende Bereiche, auf die sich ethische Bildung und Erziehung beziehen: (1) Partnerschafts-, Sexual-, Ehe- und Familienethik, (2) Ethik der zwischenmenschlichen Beziehungen, (3) Arbeits- und Berufsethik, (4) Wirtschaftsethik, (5) öffentlich-politische Ethik, (6) Umwelt- und Überlebensethik und (7) Wissenschaftsethik (insbesondere Bio- und Medizinethik). Dabei kommt im Zeitalter der Globalisierung den ethischen Fragen im Blick auf eine Reihe von Bereichen eine so bisher nicht vorhandene Brisanz zu. Es sei nur an die Ökonomie und die ökologische Zukunft des Lebens auf unserem Planeten erinnert. Die möglichen und faktisch praktizierten Eingriffe in die Grundtatbestände menschlichen Lebens (Gentechnik) stellen vor völlig neue Fragestellungen. Dies alles bündelt sich teilweise in der Frage nach der menschlichen Gesundheit.

Bei aller positiven Wahrnehmung ethischer Erziehung sind auch Grenzen menschlicher Handlungsmöglichkeiten und bewusster Lebensführung und damit Grenzen des Ethischen mitzubedenken – andernfalls besteht die Gefahr, unter der Last der ethischen Verantwortung zusammenzubrechen. Ethische Erziehung ist ein notwendiger Bestandteil religionspädagogischen Handelns, deren christliches Spezifikum sich darin zeigt, dass neben der Verantwortung für das Selbstsein, für das Zusammensein mit Anderen und für die Welt die Dimension der Verantwortung vor Gott hinzutritt. Die Identität christlichen Lebens und Glaubens wird in einem letzten Sinne durch ihren Bezug auf Gott konstituiert. Der christliche Glaube schließt notwendigerweise eine Ethik ein, bleibt dieser aber sachlich vorgeordnet in dem Sinne, wie Martin Luther es ausgedrückt hat, dass nämlich Christus als Gabe unseren Glauben nähre und Christus als Vorbild unsere Werke übe, die uns nicht zu Christen machen, sondern von uns ausgehen, die wir schon vorher zu Christen gemacht seien (vgl. WA 10/I,1,12f).

Literatur

Adam, Gottfried/Schweitzer, Friedrich (Hg.), Ethisch erziehen in der Schule. Göttingen 1996 (Lit.!).
Auer, Alfons, Autonome Moral und christlicher Glaube. Düsseldorf ^{2}1984.
Metz, Johann Baptist/Kuld, Lothar/Weißbrod, Adolf (Hg.), Compassion – Weltprogramm des Christentums. Soziale Verantwortung lernen. Freiburg u.a. 2000.
Mokrosch, Reinhold, Adoleszenz und Gewissen. Weinheim 1996.
Nipkow, Karl-Ernst, Bildung in einer pluralen Welt. 2 Bde. Gütersloh 1998.
Nunner-Winkler, Gertrud, Zur moralischen Sozialisation. In: Huber, Herbert (Hg.), Sittliche Bildung. Asendorf 1993, 105–127.
Keppler, Wolfgang/Leitmann, Gerda/Ripplinger, Jürgen, Das Soziale lernen. Ergebnisse eine landesweiten Modellprojekts. Stuttgart 1999.

GOTTFRIED ADAM

III.2.4
Befreiungstheologisch orientiertes Lernen und politische Bildung

→ II.2.6 Gerechtigkeit – Frieden – Bewahrung der Schöpfung
→ II.2.12 Hoffnung – Utopien – Reich Gottes
→ II.3.1 Gesellschaft und Religion
→ II.3.6 Armut – Marginalisierung – Entfremdung
→ III.2.5 Feministisch orientiertes Lernen
→ IV.4.2 Basisgemeindliche Gruppen/Religiöse Bewegungen/Initiativen/Netzwerke
→ IV.4.4 Erwachsenenbildung

Beim religiösen Lernen geht es um Zugänge und Grundlagen jener Dimension des Menschseins, die es einem Menschen ermöglichen, auf Sinn und Zukunft des Lebens vertrauen zu können. Die jüdisch-christliche Glaubenstradition gibt mit ihren Erinnerungs- und Verheißungsgeschichten – heute mehr denn je im Wettstreit mit anderen Religionen und Weltanschauungen – Antworten auf diese existenziellen Fragen und betont in spezifischer Weise, dass dieser Glaube sich nicht als Privatangelegenheit, sondern nur in sozialen Bezügen realisieren lässt und dass es sich dabei um einen heilsgeschichtlich verbürgten Prozess der Befreiung aus Ängsten, Abhängigkeiten und Nöten handelt. Diese Dimension eines befreiungstheologisch orientierten Lernens hat zwar auch heute zahlreiche Anknüpfungspunkte in den lebensweltlichen Erfahrungen (in biografischen Ereignissen beim Einzelnen wie in den Auswirkungen gesellschaftlicher Strukturen), fließt aber nicht automatisch in den Erziehungs- und Sozialisationsprozess ein, sondern bedarf der Impulse, Begleitung und der inhaltlichen Angebote einer Bildung, die insofern in besonderem Maße politische Bildung ist, als sie sich mit den konkreten Bedingungen der gegenwärtigen gesellschaftlichen Lebenswelt auseinander setzen muss.

1 Was ist politische Bildung?

Politische Bildung meint das schulische oder außerschulische Einwirken auf den (Mit-) Menschen, um politisches Bewusstsein und Verhalten zu vermitteln. Je nach dem zugrunde gelegten Politikverständnis werden die Inhalte der politischen Bildung mehr normativ-ontologisch, empirisch-analytisch oder dialektisch-kritisch ausgerichtet sein. Entsprechend führen solche bewussten oder unbewussten Vorentscheidungen zu einer eher konservativen und am Status quo orientierten Praxis der politische Bildung oder zu einem liberaldemokratischen Konzept bzw. zur Orientierung an einem sozialstaatlichen und an sozialer Egalität interessierten Gesellschaftsmodell. In der Praxis treten diese Bildungskonzepte allerdings meist als Mischformen auf. Politischer Bildung geht es heute überwiegend um jene Dimensionen des Lernens, durch welche die Gedanken gleichberechtigter individueller Selbstbestimmung und solidarischer gesellschaftlicher Mitbestimmung in einen unauflösbaren Zusammenhang gebracht werden. Das mit solchen partizipatorischen Ansprüchen intendierte demokratische Gesellschaftsmodell beinhaltet insofern einen starken kritischen Impetus, als alle gesellschaftlichen Verhältnisse, die das Mündigwerden von Individuen behindern, notwendigerweise infrage zu stellen sind. Voraussetzung für Mündigkeit (verstanden als pädagogisches und politisches Ziel) ist es, dass möglichst viele Menschen sich von ihren »Vormündern« emanzipieren bzw. befreien. Dabei wird von einem Welt- und Menschenbild ausgegangen, das Chancen für Befreiung aus Bevormundung und Unterdrückung nicht nur individuell, sondern auch in gesellschaftlicher Hinsicht für möglich hält und geschichtliche Beispiele dafür benennt: so z.B. die Befreiung des »dritten Standes« in der Französischen Revolution oder die Frauenemanzipation (vgl. Mickel/Zitzlaff 1999).

2 Befreiungstheologische Impulse

Obwohl der Begriff der Befreiung das Heilsgeschehen in der Bibel an zentralen Stellen charakterisiert (z.B. Exodus, Paulusbriefe), wurde Freiheit im Christentum lange Zeit zwar für kirchliche Institutionen reklamiert, beim einzelnen Christen und dem Kirchenvolk aber nicht Mündigkeit gefördert, sondern Gehorsam gefordert; die neuzeitlichen Bürger- und Freiheitsrechte galten als Gefährdung von Glaube und Moral. Schon ansatzweise mit der Reformation, umfassend dann aber erst seit der Gründung des Ökumenischen Rats der Kirchen und seit dem Zweiten Vatikanischen Konzil wurde das christliche Hoffnungsbild von einem neuen Menschen im Reich Gottes in den Vordergrund gestellt, das tief hineingewoben ist »in jene Zukunftsbilder, die die politischen und sozialen Freiheits- und Befreiungsgeschichten der Neuzeit bewegt haben und bewegen« (Synodenbeschluss: Unsere Hoffnung, 6). Diese Impulse wurden vor allem von jenen Christinnen und Christen aufgegriffen und zu Befreiungstheologien weiterentwickelt, die in den abhängigen Ländern Afrikas, Asiens und Lateinamerikas Massenarmut direkt erfahren (haben) oder sich daran stoßen, dass Frauen in Gesellschaft und Kirche noch immer nicht voll gleichberechtigt sind. Anstöße für befreiungstheologisch orientiertes Lernen gingen dabei vor allem von der lateinamerikanischen »Theologie der Befreiung« aus, welche die Armen und Ausgeschlossenen nicht zu Objekten pastoraler Hilfe machte, sondern jede Form von Unterstützung leistete, um sie in einem gemeinsamen politischen und religiösen Lernprozess zu handlungsfähigen Subjekten in der jeweiligen Situation werden zu lassen. Dabei wurden in einem kommunikativen Bewusstseinsprozess Hilfen gegeben, um die eigene Situation in ihrer Widersprüchlichkeit zu buchstabieren, dabei sich selbst und den eigenen Glauben artikulieren zu lernen und gemeinsame Handlungsmöglichkeiten zu erschließen (vgl. Boff u.a. 1988). Befreiung wird damit zum Schlüsselbegriff einer theologischen Perspektive auf das Reich Gottes als Modell gelingender Intersubjektivität und Solidarität, in welchem der andere Mensch nicht mehr als die Grenze meines Freiseins, sondern als dessen Ermöglichung gesehen wird (vgl. Knauth/Schroeder 1998). Impulse bekam die Theologie der Befreiung auch aus der »Pädagogik der Unterdrückten« Paulo Freires, welche in der Ausbeutung der Menschen in den abhängigen Ländern des Südens die Kehrseite des grenzenlosen Freiheitsanspruchs der Industrienationen und der Reichen sah. Darin zeigt sich nämlich, dass Freiheitsstreben auch zur Quelle dämonischer Unterdrückung, zu rücksichtsloser Selbstbehauptung werden kann, wenn Einzelne oder Gruppeninteressen sich als Selbstzweck gegen alle anderen absolut setzen. Nach biblischer Glaubenserfahrung kann man sich so nicht selbst verwirklichen. Stattdessen vertraut man auf die unbedingte Anerkennung durch Gott, der nicht die nach der herrschenden Meinung Erfolgreichen, die Sieger, sondern sogar noch die Verlorenen und die Sünder rechtfertigt, denen keiner mehr einen Eigenwert zubilligt. Dieser Glaube an die Rechtfertigung befreit von der Last, unmittelbar durch sich selbst sein zu müssen und vor den komplexen Problemen und der immensen Not in der Welt ohnmächtig zu resignieren.

3 Zum Verhältnis von religiöser und politischer Bildung

Die Pastoralkonstitution »Gaudium et spes« des Zweiten Vatikanischen Konzils und die im Anschluss daran auf der Würzburger Synode gefassten Beschlüsse zur Erwachsenenbildung, zur Jugendarbeit und zum Religionsunterricht haben den inneren Zusammenhang von religiöser und politischer Bildung mit der Aufgabenstellung unterstrichen, auf der Grundlage des Glaubens und ohne Besserwisserei an menschenwürdigen Lösungen gesellschaftlicher Probleme mitzuarbeiten. In der praktischen Umsetzung dieses Auftrags wird deutlich, dass es sich bei dem in Europa und den USA vorherrschenden Typus des Christentums zum größten Teil um eine »bürgerliche Religion« handelt, welche in erheblichem Maße die ökonomischen, ökologischen und sozialen Verhältnisse legitimieren hilft, die heute weltweit herrschen und sich für große Teile der Menschheit als katastrophal erweisen. »Eine die Anstöße der Befreiungstheologien aufnehmende Form religiöser Bildung müsste einen ganzheitlichen und vor allem einen praxisverändernden Charakter besitzen. Sie dürfte keinesfalls bloße Begriffsbildung, theologisches Exerzitium, gehobene Konversation über ›Gott und die Welt‹ sein. Sie hätte sich letztlich als integrales Element eines auch politische, soziale und kirchliche Veränderungen intendierenden Handelns – aus der Kraft des Geistes Gottes – zu begreifen« (Englert 1992, 157). Ansätze eines solchen befreiungstheologisch orientierten Lernens wurden in den letzten Jahren unter dem Stichwort »Ökumenisches Lernen« und vor allem im »Konziliaren Prozess für Gerechtigkeit, Frieden und Bewahrung der Schöpfung« entwickelt und in einer gemeinsamen Praxis mit vielfältigen sozialen Bewegungen und Nichtregierungsorganisationen anfanghaft realisiert, wobei die unterschiedlichen religiösen und weltanschaulichen Motivationen nicht nur meist kein Hindernis, sondern eine Chance für die eigene Glaubensvertiefung und den heute dringend notwendigen interkulturellen und interreligiösen Dialog darstellten. Damit sich dieses ökumenische Lernen entwickeln kann, bedarf es gemeinsamer, von Anerkennung voreinander und Verantwortung füreinander geprägter Sozialbeziehungen. Diese Art von Lehren und Lernen zielt auf die Stärkung der Subjekte, will den Prozess der Selbstbehauptung durch Machtsteigerung durchbrechen und gemeinsames Leben auf Zukunft hin möglich machen, indem man unterstützend und begleitend zur freien Anerkennung des Anderen befähigt und sich für die Entfaltung der Freiheit des Anderen einsetzt (vgl. Senft 1997). »Solche Bildung konkretisiert sich in dem Mut zum Querdenken, in der schöpferischen Infragestellung der vorherrschenden Plausibilitäten, in der Kritik bestehender Erblindungs- und Verblendungszusammenhänge, in der Weigerung, vergangene Leiden und Opfer zu vergessen sowie gegenwärtige Unterdrückungen und Ungerechtigkeiten zu verdrängen, in der gefährlichen Erinnerung kreativer Antitraditionen, in Initiativen für Suchbewegungen nach einer Praxis universaler Solidarität« (Mette 1990, 53).

Literatur

Boff, Leonardo u.a. (Hg.), Werkbuch Theologie der Befreiung: Anliegen – Streitpunkte – Personen; Materialien und Texte. Düsseldorf 1988.

Englert, Rudolf, Religiöse Erwachsenenbildung. Situation – Probleme – Handlungsorientierung. Stuttgart 1992.

Knauth, Thorsten/Schroeder, Joachim (Hg.), Über Befreiung. Befreiungspädagogik, Befreiungsphilosophie und Befreiungstheologie im Dialog. Münster 1998.

Mette, Norbert, Identität in universaler Solidarität. Zur Grundlegung einer religionspädagogischen Handlungstheorie. In: JRP 6 (1989). Neukirchen-Vluyn 1990, 27–55.

Mickel, Wolfgang/Zitzlaff, Dietrich (Hg.), Handbuch zur politischen Bildung. Bonn ^{2}1999.

Senft, Josef, Anerkennung des Andern: Paradigma sozialethischer und religionspädagogischer Bildung. In: Orientierung 61 (1997) 28–30.

JOSEF SENFT

III.2.5
Feministisch orientiertes Lernen

→ II.3.6 Armut – Marginalisierung – Entfremdung
→ III.2.4 Befreiungstheologisch orientiertes Lernen und politische Bildung
→ V.1.6 Geschlechtsspezifische religiöse Sozialisation

Unter dem Eindruck der Patriarchatsanalysen von Simone de Beauvoir und gesellschaftlicher Emanzipationsbewegungen entstand Ende der Sechzigerjahre des 20. Jh. die neue Frauenbewegung. Frauen lernten ihr persönliches und kollektives Rollenverhalten und ihre untergeordnete Position im Geschlechterverhältnis als Produkte patriarchaler Machtkonstrukte zu verstehen. In autonomen Frauengruppen und später auch in universitären Kontexten begannen sie ihren Objektstatus zu kritisieren und Befreiungsvisionen zu kreieren. Dabei differenzierten sich die unterschiedlichen Positionen zur Frauenbefreiung aus. Feministisch orientiertes Lernen kann demnach heute nur mehr in seinen vielfältigen, zum Teil auch divergierenden Aspekten beschrieben werden.

1 Zum Patriarchats- und Feminismus-Verständnis

Feminismus als interessengeleiteter, politischer Begriff hat die Aufhebung patriarchaler Herrschaft über Frauen zum Ziel und strebt die Veränderungen fest gefügter, ungerechter Machtstrukturen hinsichtlich einer Verbesserung ihrer Lebensqualität an.

Historisch betrachtet prägten zwei Verständnisformen des Feminismusbegriffes die Diskussion. Das erste Verständnis beschreibt die patriarchale Gesellschaft als ein System, das Frauen auf drei Ebenen unterdrückt, nämlich durch die Kontrolle der weiblichen Sexualität, durch die Verfügung über die weibliche Arbeitskraft und schließlich durch die Ausbeutung des »weiblichen Arbeitsvermögens« in der so genannten Beziehungsarbeit (vgl. Gerhard 1988, 301). Männliche Werte und Normen werden als allgemein gültige angesehen, das Denken und Handeln von Frauen wird unsichtbar gehalten, diffamiert oder trivialisiert.

In den 1980er-Jahren hat sich diese Patriarchatskritik unter dem Einfluss interkultureller Auseinandersetzungen und der Kritik am neoliberalen Kapitalismus erweitert. Patriarchale Herrschaft wird nun strukturell verknüpft gesehen mit der Ausbeutung der so genannten Dritten Welt und dem Raubbau an der Natur (vgl. Mies 1990, 23).

Diesem erweiterten Patriarchatsverständnis zufolge beschränkt sich feministische Erkenntnisarbeit nicht auf frauenspezifische Belange, sondern bringt zu allen Erscheinungsformen von Gewalt und Zerstörung feministische Positionen ein.

Christina Thürmer-Rohrs These von der Mittäterschaft macht deutlich, dass es kein generalisierendes Sprechen von männlichen Tätern und weiblichen Opfern mehr geben kann. Sie verweist auf die interessengeleitete Mitbeteiligung von Frauen an der herrschenden Geschlechterordnung (vgl. Thürmer-Rohr 1990, 87ff).

Weiter wurde in der feministischen Theoriebildung die Unterscheidung zwischen *sex* (biologisches Geschlecht) und *gender* (sozial konstruierte Vorstellungen von Geschlecht) in Bezug auf die Geschlechterhierarchie eingeführt. Die daraus entstandene

Genderforschung stellt die Frage, wie es zu den in der Gesellschaft vorfindbaren Vorstellungen von Mann- und Frau-Sein kommt und wie diese im alltäglichen Umgang miteinander (doing gender) sichtbar werden (vgl. Lehner-Hartmann 1998, 366).

2 Ansätze feministisch orientierten Lernens zwischen Gleichheit und Differenz

Feministisch orientiertes Lernen fragt, wie Frauen ihr Subjektsein gesellschaftlich sichtbar machen können. Vertreterinnen des *Konzepts der Gleichheit und Gleichberechtigung* erstreben eine Verbesserung der Lebenssituation von Frauen durch Gleichstellung mit Männern. Sie engagieren sich für gleiche Teilhabe an materiellen Ressourcen, Bildung und Machtpositionen und achten darauf, dass Mädchen und Frauen so genannte männliche Interessen und Stärken entwickeln, die es ihnen leichter machen, sich gesellschaftlich durchzusetzen.

Dagegen setzt der *differenzorientierte Ansatz* bei den vorhandenen Stärken der Mädchen und Frauen an, die bisher übersehen oder trivialisiert wurden und verweist auf die Defizite männlicher Lebensmuster. Feministisches Lernen sucht hier die Subjektwerdung von Frauen in selbstbestimmter, positiver Neubewertung von Weiblichkeit, indem es androzentrische Rahmen verlässt und weibliche Lebenszusammenhänge zum Ausgangspunkt seines Denkens und Handelns macht.

Das Konzept der *egalitären Differenz* geht davon aus, dass die Gleichheit der Geschlechter nicht ohne Akzeptanz der Differenz realisierbar ist. Dieser Ansatz versucht der Verschiedenheit der Geschlechter gerecht zu werden und Gleichberechtigung im Sinne gleicher Rechte und Pflichten zu betonen.

3 Aspekte feministisch orientierten Lernens im religionspädagogischen Kontext

3.1 Ortssuche

Als Antwort auf die Erfahrung, dass Frauen diese Welt zwar mit herstellen und erhalten, aber nicht wirklich in ihr zu Hause sind, wird feministisch orientiertes Lernen zu einer bewussten Ortssuche von Mädchen und Frauen. Die Vision einer egalitären jüdisch-christlichen Gemeinschaft (z.B. Gal 3,28) motiviert Frauen angesichts der herrschenden Geschlechterhierarchien in den Kirchen zu dieser Suche. Dies geschieht zum einen im Entdecken und Wiederbeleben von Frauengestalten und -traditionen in der jüdisch-christlichen Geschichte (biblische Frauen wie Mirjam, die Rede von Ruah im Ersten Testament, Mystikerinnen etc.). Auch die wertschätzende Auseinandersetzung mit Müttern, Großmüttern und anderen Glaubenslehrerinnen ist eine Form dieser identitätsstiftenden Ortssuche (vgl. Russel 1990). Zum anderen gehen Frauen und Mädchen auf die Suche nach neuen Orten, d.h. sie entwickeln neue Formen spirituellen Ausdrucks und suchen neue Wege des Zusammenlebens innerhalb und außerhalb kirchlicher Strukturen (Europäische Frauensynoden; Women Churches/USA).

3.2 Ent-Trivialisierung

Eine andere Form der Ortssuche – im Sinne einer Neudefinition von Orten, an denen sich Frauen vorfinden – ist die der Ent-Trivialisierung (vgl. Praetorius 1995). Mit der gezielten Sichtbarmachung der Leistungen, Gedanken und Ideen von Frauen und der Suche nach einer neuen Sprache zur Benennung von Frauenarbeit soll der anhaltenden Trivialisierung und Banalisierung von Frauenhandeln entgegengewirkt werden.

3.3 Affidamento und solidarische Parteilichkeit

Mit dem Konzept des *affidamento*, bei dem Frauen und Mädchen sich bewusst einander anvertrauen, um voneinander zu lernen, fanden Mailänder Philosophinnen Resonanz in Praxis und Theorie feministischen Lernens: »Indem wir einer anderen Frau im gesellschaftlichen Rahmen Autorität und Wert zuschreiben, verleihen wir uns selbst, unserer eigenen Erfahrung, unserem eigenen Begehren Autorität und Wert« (Libreria delle donne di Milano 1988, 131). Eine von affidamento geleitete Religionspädagogik setzt bei den Stärken der weiblichen Sozialisation an, wertet weibliche Kompetenzen auf und bekämpft jede Form von Unterdrückung, indem sich die Religionspädagoginnen auf die Seite der Mädchen und Frauen stellen (vgl. Kohler-Spiegel 1999, 49). Erforderlich ist eine Grundhaltung der Liebe zu den Frauen und Mädchen und ein neuer wertschätzender Blick füreinander.

3.4 Differenz als hermeneutische Kategorie religionspädagogischen Handelns

Im Gegensatz zu feministischem Lernen, das sich auf eine Kritik des Androzentrismus beschränkt, plädiert Annebelle Pithan für ein feministisch-religionspädagogisches Lernen, das sich an Kontextualität, Vielfalt und Differenz – auch unter den Frauen – orientiert. Ein solches Lernen geht von den konkreten, divergierenden Lebenssituationen von Mädchen und Frauen aus und zielt darauf ab, dass Mädchen und Frauen zu Subjekten der Differenz werden können (vgl. Pithan 1999, 13f).

3.5 Weltorientiertes Befreiungslernen

Konzepte eines weltorientierten Befreiungslernens gehen – inspiriert durch feministische Befreiungstheologien – davon aus, dass patriarchale Herrschaft vielfältige Marginalisierungen (von Rassen, Ethnien, Homosexuellen und Lesben, Kindern, Armen ...) mit sich bringt, die es zu überwinden gilt. Ein solches Lernen deckt die Spuren weiblicher Mittäterschaft in einer patriarchal-kapitalistischen Gesellschaft auf. Es befreit aus einer ohnmächtig-passiven Haltung und gibt Einsicht in die eigene Mitverantwortung. Angestrebt wird ein weltpolitisches Lernen, das sowohl an der eigenen Befreiung wie auch an der Befreiung der Anderen interessiert ist (vgl. Hagleitner 1996).

3.6 Gender als Konzept religionspädagogischen Handelns

Feministisch orientiertes Lernen, das sich auf die Genderforschung bezieht, will sensibel machen für die oft unreflektierte Verwendung der Begriffe »weiblich« und »männlich« und fordert Religionspädagoginnen und Religionspädagogen heraus, »ihre Konzepte nicht nur auf Sexismen (...), sondern auch auf Genderismen zu überprüfen, also auf die Festschreibung von Frauen und Männern auf bestimmte Rollenstereotype mit dem Effekt, dass die Geschlechterhierarchie festgeschrieben wird« (Lehner-Hartmann 1998, 368f). Eine solche Religionspädagogik befragt Konzepte religionspädagogischen Handelns nach ihren für Mädchen und Jungen, Frauen und Männer unterschiedlichen Wirkungen, mit dem Ziel einer neuen und gerechten Gemeinschaft von Frauen und Männern (vgl. Wuckelt 1998, 373).

Literatur

Gerhard, Ute, Feminismus. In: Lissner, Anneliese u.a. (Hg.), Frauenlexikon. Traditionen, Fakten, Perspektiven. Freiburg u.a. 1988.

Hagleitner, Silvia, Mit Lust an der Welt – in Sorge um sie. Feministisch-politische Bildungsarbeit nach Paulo Freire und Ruth C. Cohn. Mainz 1996.

Kohler-Spiegel, Helga, Mädchen im Mittelpunkt. Feministische Mädchenarbeit und Religionspädagogik. In: RpB 43 (1999) 41–53.

Lehner-Hartmann, Andrea, Natur oder Kultur im Geschlechterverhältnis? Gender – eine neue Analysekategorie – auch für die Religionspädagogik. In: KatBl 123 (1998) 364–369.

Libreria delle donne di Milano, Wie weibliche Freiheit entsteht. Eine neue politische Praxis. Berlin 1988.

Mies, Maria, Patriarchat und Kapital. Frauen in der internationalen Arbeitsteilung. Zürich 1990.

Pithan, Annebelle, Differenz als hermeneutische Kategorie im Vermittlungs- und Aneignungsprozeß. In: Pithan, Annebelle u.a. (Hg.), Geschlecht – Religion – Bildung. Münster 1999, 9–20.

Praetorius, Ina, Nicht trivial noch sentimental. Ein Versuch über Ent-Trivialisierung als Methode in der Frauenforschung. In: Praetorius, Ina, Skizzen zur Feministischen Ethik. Mainz 1995, 58–65.

Russel, Letty M. (Hg.), In den Gärten unserer Mütter. Religiöse Erfahrungen von Frauen heute. Freiburg u.a. 1990.

Thürmer-Rohr, Christina, Mittäterschaft der Frau – Analyse zwischen Mitgefühl und Kälte. In: Studienschwerpunkt »Frauenforschung« am Institut für Sozialpädagogik der TU Berlin (Hg.), Mittäterschaft und Entdeckungslust. Berlin 1990, 87–103.

Wuckelt, Agnes, Gender als Konzept religionspädagogischen Handelns. Impulse für Theorie und Praxis. In: KatBl 123 (1998) 370–373.

SILVIA HABRINGER-HAGLEITNER

III.3 Gottesdienst und Glaubensreflexion

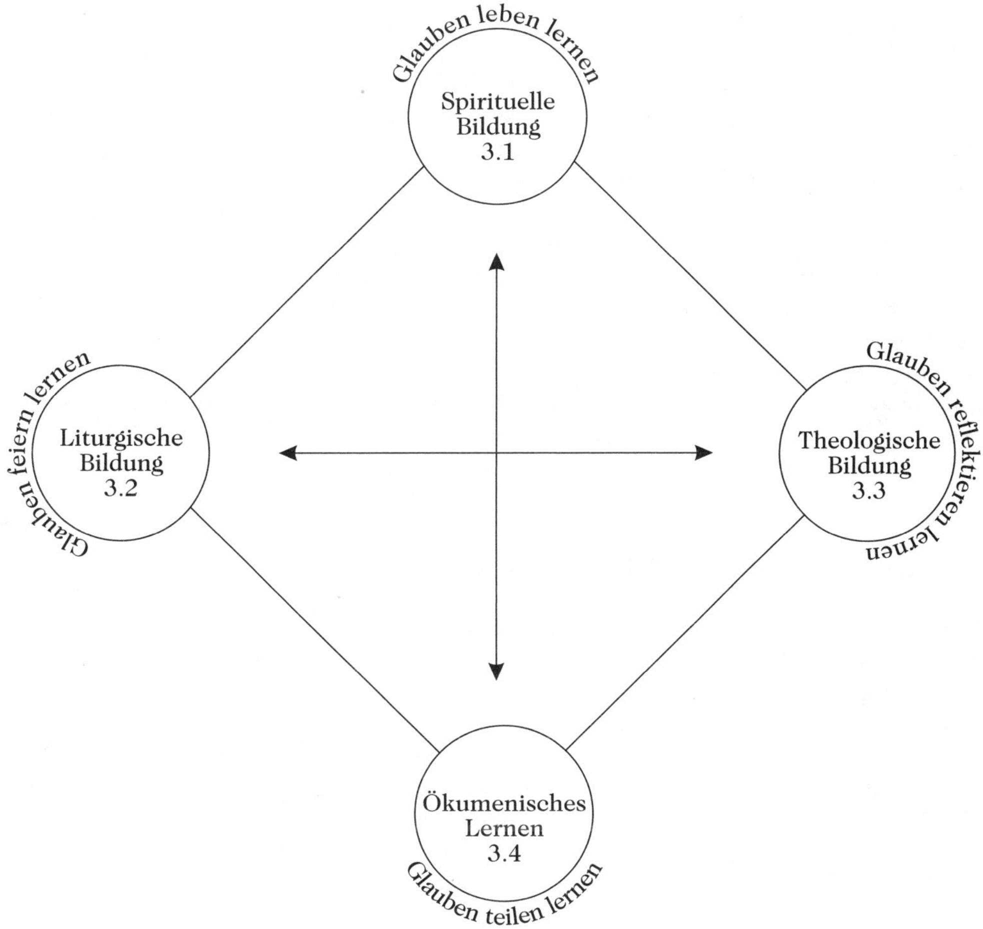

III.3.1 Spirituelle Bildung – Gebet – Meditation

→ II.1.1 Zeichen – Riten – Symbolhandlungen
→ II.3.2 Sehnsucht und Sehnsüchte
→ III.3.2 Liturgische Bildung
→ V.2.13 Stilleübungen

1 Zum Begriff »Spiritualität«

Spiritualität, von lat. *spiritus* (Geist) abgeleitet, und zwar ursprünglich als *spiritualité* (aus der katholischen Ordenstheologie in Frankreich seit dem 16. Jahrhundert), ist ein Terminus, der traditionell konkrete geistliche Gestaltungsformen katholischer Existenz bezeichnet (z.B. franziskanische, marianische Spiritualität) und über klar methodisierte praktische Übungen wie z.B. die Exercitia spiritualia des Ignatius von Loyola pädagogische Relevanz bis heute hat. »Spiritualität« hat darüber hinaus in den letzten Jahrzehnten als Programmbegriff, mit deutlich sozialethischer und politisch-theologischer Ausrichtung, auch in der Ökumene Eingang gefunden.

Inzwischen ist Spiritualität ein auch außerhalb der christlichen Kirchen (etwa in der Jugend-Szene und in Life-Style-Publikationen) viel verwendeter Begriff, wobei aber der Bezug zum christlichen Gott, sei es als schöpferischer Urgrund oder Befreier, und die ethisch-politische Ausrichtung einer vagen Sehnsucht nach Übernatürlichem gewichen sind. Hinter dieser Ausdehnung des Begriffsumfangs steht – in Aufnahme der Impulse vor allem fernöstlicher Religionen – die Sehnsucht vieler Menschen nach einem erfüllten Leben, jenseits von materiellen Gütern und deren Konsum.

2 Grundaufgaben spiritueller Bildung

In dieser Situation kommt spiritueller Bildung eine doppelte Funktion zu: Zum einen gilt es Kriterien zu erarbeiten, die eine Scheidung der Geister, also ein kritisches Verhältnis gegenüber den zahllosen »spirituellen« Angeboten erlaubt; zum anderen ist es Aufgabe, Möglichkeiten aufzuzeigen, wie Menschen in der heutigen Gesellschaft als Christen leben können. Dabei stellt sich u.a. die auch fundamentaltheologische Probleme aufwerfende Frage, wie Impulse aus nichtchristlichen Traditionen, etwa dem Zen-Buddhismus, aufzunehmen (Hugo M. Enomiya-Lassalle) und gegebenenfalls christlich zu transformieren sind bzw. welche christlichen Traditionen heute besonders angemessen sind und deshalb auch gefördert werden sollen. Theologisch stehen dabei die durch die Geschöpflichkeit gegebene Notwendigkeit konkreter Gestaltungsformen und die rechtfertigungstheologische Einsicht in die Vergeblichkeit menschlichen Tuns hinsichtlich des Heils in Spannung zueinander. Pädagogisch begegnet eine strukturell ähnliche Spannung zwischen den Polen der notwendigen Methodisierung und der unabdingbaren Beachtung der Freiheit des Einzelnen als Subjekt.

In der Religionspädagogik ist zwischen einem weiteren und einem engeren Verständnis von Spiritualität zu unterscheiden. Vor allem im englischen (und niederländischen, teilweise auch skandinavischen) Bereich bezeichnet *spirituality* eine im Zusammenhang mit entwicklungspsychologischen Überlegungen verwendete, anthropologische Kategorie, die im Sinn der Förderung von »spiritual, moral, cultural, mental and physical development« der Schülerinnen und Schüler ein wichtiger Bestandteil des allgemein von der Schule zu verfolgenden pädagogischen Ziels ist, weshalb z.B. auch der »collective worship« konstitutiv zum englischen Schulleben gehört. Demgegenüber wird Spiritualität in der deutschsprachigen Religionspädagogik stärker als eine Form christlicher Lebensgestaltung verstanden, die ihren Ort primär in Gemeinde und Familie und erst dann im konfessionell erteilten schulischen Religionsunterricht hat. Systematisch stellt sich bei der religionspädagogischen Verwendung des Begriffs Spiritualität die Frage nach dem Bezug christlichen Glaubens auf allgemein menschliche Kommunikations- und Handlungsweisen.

3 Gebet und Meditation als Formen spiritueller Bildung

Dies kann anhand des religionspädagogischen Umgangs mit Gebet und Meditation veranschaulicht werden, wobei hiermit nur zwei mögliche Formen spiritueller Bildung in den Blick kommen, mit der Gefahr einer Reproduktion der heute allgemein üblichen Individualisierung des Spiritualitätsverständnisses. Während Meditation, von lat. *meditari* (nachdenken), eine in der Regel methodisch geordnete Form des Nachsinnens bezeichnet, ist für das Verständnis von Gebet der Bezug zu Gott, in der Regel in einer entsprechenden Anrede ausgesprochen, konstitutiv. Die Frage nach dem Verhältnis von Meditation und Gebet hat für religionspädagogische Bildungsangebote unmittelbare Konsequenzen. Im Mittelalter galt etwa für Meditation, im weiten Sinn verstanden, die Reihenfolge lectio – meditatio – oratio – contemplatio, wobei die Unterscheidung von »meditatio« als geistiger Durchdringung des gelesenen Schriftwortes und »contemplatio« als tiefergehender Erfahrung Gottes auf die Notwendigkeit sowohl von methodisch geordnetem Vorgehen als auch von Gottes gnädigem Handeln in der Meditation aufmerksam macht. Dieses Anliegen behält unter kreuzestheologischem Akzent Luther in der für jede theologische Arbeit konstitutiven Reihenfolge oratio – meditatio – tentatio bei, wobei allerdings das Gebet an erster Stelle die Prägung durch die rechtfertigungstheologische Einsicht in das grundlegende Angewiesensein des Menschen auf Gott hervortreten lässt.

Religionspädagogisch ist hier zwischen theologischer und pädagogischer Perspektive zu unterscheiden und zugleich zu vermitteln. Theologisch ist die Unverfügbarkeit des Glaubens an Gott festzuhalten, was auf pädagogischem Feld entlastend sein kann. Pädagogisch gesehen vollziehen sich Glauben und dessen Entwicklung unter allgemein menschlichen Kommunikationsbedingungen, welche günstig gestaltet werden können. So ergibt eine erfahrungswissenschaftliche Analyse von Meditation und Gebet etwa folgende kommunikative Voraussetzungen: Fähigkeit zum Schweigen und Stillsein, zum genauen Wahrnehmen, zum Sich-Öffnen für die »Unbedingtheitserfahrung« als Ausdruck der allgemein menschlichen Tendenz, »sich irgendwohin zu öffnen« und zur kommunikativen Gestaltung hiervon. Diese Voraussetzungen können in intentional initiierten Prozessen gefördert, aber nicht erzwungen werden. Die zwei erstgenannten Voraussetzungen, Stillsein- und Wahrnehmen-Können einschließlich des Ausdrücken-Könnens von Wahrgenommenem, sind für Bildung im Allgemeinen wichtig, aber auch speziell für schulischen Unterricht. Von daher leistet spirituelle Bildung einen wichtigen Beitrag zu allgemein bildungsmäßig und schulpädagogisch wichtigen Zielen und profitiert ihrerseits von sachgemäßer pädagogischer Arbeit. Sie geht allerdings darüber hinaus, indem sie zur Gestaltung der Unbedingtheitserfahrung anregen will.

Doch ist die allgemeine Rede von »Unbedingtheit« nicht nur theologisch, sondern auch pädagogisch gesehen unbefriedigend, da unanschaulich und lebensfern. Mit jeder inhaltlichen Füllung verlässt man aber – die Debatte über den Begriff der *spirituality* in England zeigt dies deutlich – den Bereich, der allgemein konsensfähig ist. Allerdings darf – und hier liegt das Recht des allgemein religiösen »Religious Education«-Unterrichts in England – dieser Bereich auch aus allgemein pädagogisch begründeten Institutionen nicht gänzlich ausgeschlossen werden, insofern die in zunehmend multireligiös geprägten Gesellschaften unabdingbare Toleranz gewisse Kenntnisse der unterschiedlichen Konkretionen erfordert. Doch können hier nur die von den Schülerinnen und Schülern selbst eingebrachten Gestaltungsformen zur Darstellung kommen, da dem neuzeitlichen pluralistischen Staat die Möglichkeit zur Vermittlung und Beurteilung konkreter religiöser Ausdrucksformen fehlt. Demgegenüber bietet die Institution des konfessionellen Religionsunterrichts in Deutschland die Möglichkeit, der jeweiligen Konfession entsprechende Formen spirituellen Lebens, z.B. des Betens, auch zu praktizieren. Während noch vor wenigen Jahren hierzu die Bereitschaft der Religionslehrerinnen und -lehrer gering war, ergeben neuere Umfragen deren größere Aufgeschlossenheit gegenüber spiritueller Bildung. Allerdings begrenzt schon der 45-Minuten-Takt der Religionsstunden entsprechende Bemühungen. Deshalb haben für spirituelle Bildung allgemein schulpädagogische Reformvorhaben wie die »Öffnung von Schule« große Bedeutung, etwa in Gestalt einer »Nachbarschaft von Schule und Gemeinde«. Mancherorts fast vergessene Formen des Schullebens wie Schulandacht und -gottesdienst gewinnen, jetzt als Angebote mit freiwilliger Teilnahme, neue Bedeutung. Denn die attraktivste Gebets- und Meditationsschule ist das – pädagogisch nichtintentionale – Hineingenommenwerden in diese Vollzüge selbst, etwa in einem ansprechend gestalteten Gottesdienst.

Das Gebet, aber auch die tiefergehende Meditation, ist untrennbar mit der Frage nach dem Gottesbild verbunden. Neuere kognitionspsychologische Untersuchungen zur Entwicklung des Gottesbildes geben deshalb wertvolle Hinweise für spirituelle Bildung in Familie, Gemeinde und Schule. Inhaltlich zeigen in diesem Zusammenhang gemachte Interviews die Priorität des Bittgebets, und zwar aufgrund einer aktuellen Notsituation. Didaktisch resultiert daraus das Problem der Gebetserhörung als vordringlich. Die jeweils bereits in der Bibel begegnenden Anliegen von Ermunterung zum freien bedingungslosen Gebet (Mt 7,7–11) und der gleichzeitigen Einordnung des Gebets in den Willen Gottes (Mk 14,36; 1 Joh 5,14) stellen die beiden zu beachtenden Gesichtspunkte dar.

Konkret hat schon seit der Gründung der ersten Klosterschulen die Beschäftigung mit den Psalmen herausragende Bedeutung für die spirituelle Bildung, nicht zuletzt als Sprachschulung. Daneben eröffnet das Vaterunser als christliches Grundgebet vielfache, generationenübergreifende Lernmöglichkeiten unterschiedlicher Intensität an den verschiedenen Lernorten, ohne dass sein Bildungsgehalt ausgeschöpft werden könnte.

Literatur

Baldermann, Ingo, Wer hört mein Weinen? (Wege des Lernens). Neukirchen-Vluyn [6]1999.
Enomiya-Lassalle, Hugo M., Zen und christliche Spiritualität. Hg. v. Roland Ropers u. Bogdan Snela, München 1987.
Grethlein, Christian, Christliche Lebensformen – Spiritualität. In: Glaube und Lernen 6 (1991) 111–120.
Nicol, Martin, Meditation II. Historisch/Praktisch-theologisch. In: TRE 22 (1992) 337–353.
Stachel, Günter, Gebet – Meditation – Schweigen. Schritte spiritueller Praxis. Freiburg [2]1993.
Sudbrack, Josef, Gottes Geist ist konkret. Spiritualität im christlichen Kontext. Würzburg 1999.
Treml, Hubert, Spiritualität und Rockmusik. Spurensuche nach einer Spiritualität der Subjekte. Ostfildern 1997.

CHRISTIAN GRETHLEIN

III.3.2 Liturgische Bildung

→ II.1.1 Zeichen – Riten – Symbolhandlungen
→ II.1.4 Architektur und Kirchenraum
→ III.2.2 Ästhetische Bildung
→ III.3.1 Spirituelle Bildung – Gebet – Meditation
→ IV.2.1 Katechese in der Gemeinde
→ V.1.5 Symboldidaktik

1 Das Grundanliegen liturgischer Bildung

Wer in religionspädagogischem Interesse nach liturgischer Bildung fragt, will die in Familie, Schule und Gemeinde gefeierte Liturgie ausdrücklich als Lernort von Religion und Glauben entdecken und verstehen lernen – angestoßen von der Überzeugung: »Wo Gott kein Fest mehr wird, hat er aufgehört, Alltag zu sein« (Kurt Marti). Wo Menschen sich nämlich in der Liturgie ihrer Gemeinden und Kirchen tatsächlich beheimatet fühlen, zeigt sich, dass liturgische Formen einen religiösen Lernprozess ermöglichen können, der sowohl die Skylla subjektivistisch-ästhetisierender Beliebigkeit (im Sinne einer Selbstinszenierung des Subjekts) als auch die Charybdis objektivistisch-restaurativer Dogmatisierung (als Festschreibung von Heils-›Tatsachen‹) vermeidet. Von daher muss die wachsende Distanz, die viele Christinnen und Christen gegenüber den Gottesdiensten ihrer Gemeinden und Kirchen einnehmen, und der Plausibilitätsverlust liturgisch gestalteter Religionsausübung, der darin zum Ausdruck kommt, Religionspädagogik und Liturgik heute dringlich zu einem gemeinsamen Nachdenken über liturgische Bildung herausfordern – ohne dass dabei die Liturgie pädagogisch-didaktisch verzweckt werden dürfte (vgl. Bizer 1988, 101–107 und Degen 1995, 626f).

Das Anliegen der katholischen (R. Guardini, P. Parsch, O. Casel, J.A. Jungmann u.a.) wie der reformatorischen (R. Otto, G. Mensching u.a., Berneuchener Bewegung,

Alpirsbacher Kreis) liturgischen Bewegung des 20. Jh., christliches Leben und Glauben in und aus der gefeierten Liturgie zu vertiefen und für den Alltag neu zu orientieren, impliziert die klassische Kernfrage liturgischer Bildung, »worin der alles tragende liturgische Akt besteht« (Romano Guardini) und was somit liturgische von anderen religiösen Lernprozessen unterscheidet. Wenn kirchenamtlich geordnete wie frei gestaltete Liturgie das erinnernde und vergegenwärtigende Feiern der geglaubten und erhofften Zuwendung Gottes zu den Menschen ist (vgl. Bitter 2001, 45), kommt Gottesdienst als kommunikativ-dialogisches Geschehen in den Blick: »dass unser lieber Herr selbst mit uns rede durch sein heiliges Wort, und wir wiederum mit ihm reden durch Gebet und Lobgesang« (Martin Luther 1544, vgl. WA 49, 588). Die als heilsam geglaubte göttliche Initiative in Wort und Sakrament (absteigende, katabatische Dimension: Gottes Dienst an den Menschen) und ihre in der Feier gemeinsam vorgetragene doxologische Bejahung in Gebet und Gesang (aufsteigende, anabatische Dimension, Menschen »dienen« Gott im Gottesdienst) machen den Lernprozess liturgischer Bildung in ihrem Zueinander zum personalen »Begegnungsereignis« (diabatische Dimension, vgl. Gerhards 1995, 260) und profilieren dessen spezifischen Beitrag zu einer Theorie religiöser Bildung.

2 Elemente einer religiösen Bildungstheorie am »Lernort« Liturgie

Das religionsdidaktische Profil liturgischer Bildung partizipiert an unterschiedlichen religiösen Lern- und Bildungsprozessen, v.a. an ästhetischer und spiritueller Bildung und Symboldidaktik (zu deren semiotischer Fortschreibung im Blick auf die Liturgie vgl. die Ansätze von R. Volp und M. Meyer-Blanck). Liturgie kann als ›symbolische Kommunikation‹ auch unter handlungs- und verhaltenswissenschaftlicher Rücksicht bedacht werden (M. Josuttis): als Feier gelingender Lebensgemeinschaft. Zu einer Theorie religiöser Bildung – hier verstanden als Reflexion auf die religiösen Implikationen menschlicher Subjektwerdung – kann liturgische Bildung zumindest die folgenden vier *spezifischen* Elemente beisteuern:

(1) Liturgische Bildung ist *performative* religiöse Bildung, sie will »die Religion beim eigenen Wort nehmen, um den Zugang zu ihr zu finden« (Bizer 1989, 84). Denn: »Das authentische Wort der Religion selber zu formen, in den Mund zu nehmen – und in Handlung zu übersetzen –, das ist religionspädagogisch das Verhalten, in dem das lernende Subjekt an Religion herankommt, sich in Religion einbringt und doch, seiner selbst mächtig, lernend bleiben kann« (Bizer 1989, 95). Im Gottesdienst wird nicht über Religion und Glauben geredet. Wer Liturgie feiert, ist eingeladen und herausgefordert, sich zu Religion und Glauben zu verhalten, der häufig »unsichtbaren Religion« eine sichtbare, gelebte Ausdrucksgestalt zu geben (vgl. Gerhards 1995, 260f).

(2) Liturgische Bildung ist *konzentrierte* religiöse Bildung, weil Liturgie den Anspruch hat, »stets das Ganze des christlichen Glaubens [zu thematisieren]: die Erlösung als Übergang vom Tod zum Leben durch die Hineinnahme in das Pascha-Mysterium Jesu Christi« (Gerhards 1995, 261) – allerdings nicht abstrakt-lehrhaft konstruiert, sondern als das geglaubte Widerfahrnis seiner Transzendenz, als die Wahrnehmung seiner heilsamen Nähe, also sinnlich erfahrbar und personal. Diese Einladung zur Begegnung kann nur zweckfrei und absichtslos und nicht-intentional geschehen, ist aber gerade als »schwache« Didaktik höchst virulent.

(3) Liturgische Bildung *antizipiert* so – wenn auch fragil – religiöse, christliche *Identität*. Wo jeder Bildungsprozess für sein Gelingen angewiesen ist auf »den Glauben an eine dieses Streben sinnvoll kontextualisierende Vision ›wahren‹ Lebens« (R. Englert), da setzt Liturgie diese Vision ins Wort und ins Zeichen (und auch in Klang und Raumerfahrung) und bietet einen vom Menschen her unverfügbaren »Deutehorizont in präsentativer Symbolik« (A. Gerhards), der nicht selten zugleich eine Kritik gegenwärtiger Plausibilitäten ist (vgl. Grethlein 1998, 92; Degen 1995, 628f). »In einer verworrenen, im tiefsten heillosen und zugleich faszinierenden Welt wird den Menschen gesagt, worauf sie sich in Zeit und Ewigkeit verlassen können: dass sie ›vor Gott gerecht werden aus Gnaden um Christi willen durch den Glauben‹ (Confessio Augustana IV). Dieser Zuspruch (...) macht uns innerlich stabil zum nüchternen, menschenfreundlichen Dienst im Alltag unserer Welt.« (Evangelisches Gottesdienstbuch, Vorwort). Eine sakramentale »Vorerfahrung des Heils« (K. Koch) ist allerdings ein »Fragment aus Zukunft« (H. Luther) und existiert verletzlich zwischen »Schon« und »Noch nicht«, wirkt aber gerade als solches in die alltäglich-existenzielle »Liturgie der Welt« (K. Rahner).

(4) Liturgische Bildung ist also weit mehr als bloß reproduktive Einführung in bestehende Liturgie – sie ist gerade im Umgang mit liturgischen Traditionen *innovative* (oder: *generative*) religiöse Bildung, weil lebendig gefeierter Gottesdienst die Feiernden wie die Feier selbst verändert. Weil die Gläubigen in einer ecclesia semper reformanda ihre zeitgenössische Gottesdienstgestalt nur in einer liturgia semper reformanda stets neu gestalten können, entspricht »der Potenzialität, in der geerbte liturgische Formen sich als tragend erweisen, (...) didaktisch ein Probierverhalten, das nicht nur eine Teilnahme am liturgischen Vollzug, sondern zugleich Modifikationen der Form selbst ausprobieren muss« (Bizer 1989, 92). Andererseits erfordert dieser Bildungsprozess aber die Bereitschaft, im kontinuierlichen und einübenden Umgang auch mit fremden und widerspenstigen, aber dennoch verbindlichen liturgischen Formen »deren eigene Wertigkeit [zu] entdecken, um als Gast in sie einzutreten« (König 1996, 124).

3 Die beiden Grundaufgaben liturgischer Bildung

So lassen sich die Bildungs- und die Gestaltungsaufgabe, die in der Praxis als die zwei gleichberechtigten Brennpunkte liturgischer Bildung einander durchdringen und aufeinander verweisen, hier in analytischer Absicht unterscheiden.

3.1 Die Bildungsaufgabe: Liturgiefähigkeit des Menschen

»Liturgiefähigkeit« (R. Guardini) ist eine religiöse Kompetenz. Im Interesse daran, dass Menschen Liturgie »tätig teilnehmend« (vgl. Vaticanum II, Sacrosanctum concilium 14) feiern können – die sonntägliche Eucharistie- bzw. Abendmahlfeier ebenso wie einen frei gestalteten Schulgottesdienst oder eine Frühschicht innerhalb der Sakramentenkatechese – fragt liturgische Bildung zunächst nach »ihren Lebenssituationen und danach, wie Identität und Sinnsuche in Aktion, Ritus und Symbol nach Ausdruck und Gestaltung drängen« (Degen 1995, 627). Dazu gehört es dann im schulischen Kontext auch, »säkulare Liturgien sichten, analysieren und deuten [zu] lernen« (König 1996, 112–118). Weil aber der bevorzugte Ort liturgischer Bildung der Gottesdienst selbst ist, gilt es dann, gemeinschaftliche »Prozesse zum Mitmachen zu erschließen, in denen

[auch] Religion eine wahrnehmbare Gestalt erhält« (Bizer 1989, 89), um so »die Bedeutung liturgisch gestalteter Religionsausübung erkennen« (König 1996, 118–122) und im konkreten Vollzug, aber auch in reflektierender Auseinandersetzung mit diakonalen und katechetischen Lernprozessen wertschätzen zu lernen. Eine »liturgische Propädeutik« (vgl. Sauer 1996, 86–179) kann helfen, Grundfiguren liturgischen Handelns wieder zu entdecken und einzuüben. In diesen Zusammenhang gehört auch die kirchenpädagogische Erschließung liturgischer Räume.

3.2 Die Gestaltungsaufgabe: »Menschenfähigkeit der Liturgie«

Die »Menschenfähigkeit der Liturgie« (A. Gerhards) steht und fällt mit konkreten Gottesdiensten, »die sich im Vollzug selbst erschließen und das sind, wovon sie predigen« (Degen 1995, 626). Das gilt für die Liturgie des Sonntags, für Feiern im Kirchenjahr ebenso wie für die gottesdienstliche Begleitung der Lebenswendepunkte, aber auch für eine transparente und darin ›transzendenzverdächtige‹ religiöse Sprache in Predigt und Gebet. Gottesdienst »als kommunikatives Geschehen gestalten lernen« (König 1996, 122–128) bedeutet dann, nach dem Prinzip der festen (verlässlichen, wiedererkennbaren) Grundstruktur in variabler Ausformung (Evangelisches Gottesdienstbuch) die Vielgestaltigkeit unterschiedlichster Gottesdienstformen in Familie, Gemeinde und Schule als Konsequenz der Übereinstimmung im Fundamentalen erfahrbar werden zu lassen (vgl. Degen 1995, 635): dass sich nämlich feierndes Tätigwerden und Gestalten im Gottesdienst als *Antwortgeschehen* (im Klagen, Danken und Loben) vom »Machen« und »Handeln« in anderen Lebensbereichen unterscheidet, ja diese Alltags-»Techniken« produktiv unterbricht. Liturgische Bildung hilft so, liturgische Zwischenräume zwischen Alltag und Fest zu gestalten, die das erhoffte »andere Leben« der Menschen unter Gottes geglaubtem Zuspruch feiern.

Literatur

Bitter, Gottfried, Zum »garstigen Graben« zwischen Liturgie und Katechese. In: ThPQ 149 (2001) 43–55.

Bitter, Gottfried/Gerhards, Albert (Hg.), Glauben lernen – Glauben feiern. Katechetisch-liturgische Versuche und Klärungen (Praktische Theologie heute 30). Stuttgart u.a. 1998.

Bizer, Christoph, Liturgik und Didaktik. In: JRP 5 (1988), Neukirchen-Vluyn 1989, 83–111.

Degen, Roland, Gottesdienst und Religionspädagogik. In: Schmidt-Lauber, Hans-Christoph/Bieritz, Karl-Heinrich (Hg.), Handbuch der Liturgik. Leipzig/Göttingen 1995, 626–636.

Gerhards, Albert, Die Rolle des Gottesdienstes für die Weitergabe des Glaubens. In: Pannenberg, Wolfhart/Schneider, Theodor (Hg.), Verbindliches Zeugnis II (Dialog der Kirchen IX). Freiburg/Göttingen 1995, 259–283.

Grethlein, Christian, Religionspädagogik und Liturgik. In: Ritter, Werner/Rothgangel, Martin (Hg.), Religionspädagogik und Theologie. Stuttgart u.a. 1998, 107–117.

König, Klaus, Liturgiedidaktische Grundregeln. In: Groß, Engelbert/König, Klaus (Hg.), Religionsdidaktik in Grundregeln. Regensburg 1996, 112–130.

Sauer, Ralph, Die Kunst, Gott zu feiern. Liturgie wiederentdecken und einüben. München 1996.

DOMINIK BLUM

III.3.3 Theologische Bildung / Katechismusunterricht

→ IV.2.4 Erwachsenenkatechese/Katechumenat
→ IV.2.9 Gemeindebildungsarbeit
→ IV.4.4 Erwachsenenbildung
→ IV.4.5 Theologiestudium/Hochschulgemeinde
→ V.1.1 Lehr- und Lernbarkeit des Glaubens
→ V.1.2 Religionsdidaktische Konzeptionen

1 Der Begriff »Katechismus«

Was ein Katechismus ist, an wen er sich richtet und was er soll, das ist nicht so eindeutig klar, wie das Wort in seinem alltagssprachlichen Sinne vorgibt. Ist er Lernbuch? Ein Buch für Erwachsene oder für Kinder? Für jene, die mit der Weitergabe des Glaubens beauftragt sind, oder ein Buch für »Glaubensschüler«? Enthält ein solches Buch Merksätze zum Auswendiglernen oder bringt ein Katechismus einen fortlaufenden Text, argumentativ erklärend? Die Liste von Fragen lässt sich mühelos erweitern – die Antworten werden sich im Rahmen des Sowohl-als-auch bewegen. Daraus ergibt sich: Ganz genau zu definieren, was ein Katechismus ist, bleibt schwierig. Sicher will er christlichen Glauben in seiner Ganzheit darstellen, christlichen Elementarunterricht anstoßen und zu einer christlichen Sicht und Weise des Lebens führen.

Das Wort »Katechismus« kommt als griechisches Fremdwort aus dem lateinischen Sprachbereich; es meint ursprünglich (als Verb und als Substantiv gebraucht) den Vorgang der mündlichen Unterweisung (so auch bei Augustinus in »De catechizandis rudibus«); es bleibt auch in Gebrauch, als die Kinder- die Erwachsenentaufe verdrängt. So wird aus einem Begriff für den Unterricht der Katechumenen eine Bezeichnung für die religiöse Unterweisung überhaupt und seit dem 16. Jh. auch und später ausschließlich für das Buch, das der religiösen Unterweisung (später auch dem Unterricht in der Schule) als Leitfaden dient. Der Katechismus wird zur kurzen Zusammenfassung dessen, was Christwerden ausmacht, zum Lernbuch für den Schüler. Letzteres ist eine unheilvolle Verkürzung des Begriffs; denn etwa Luther (mit dessen Name der Beginn der Geschichte des Katechismus als Buch maßgeblich verbunden ist) sieht den Vorgang des Fragens und Antwortens nicht isoliert, sondern als Abschluss der Predigt, damit nicht nur gehört, sondern auch gelernt wird.

2 Die Entwicklung von der Reformation bis zur Aufklärung

Die Frage-Antwort-Form hat ihren Sitz im Leben bei der Befragung der Katechumenen vor dem Empfang der Taufe. Wichtigste Lehrstücke vor der Taufe waren Glaubensbekenntnis (Symbolum) und Vaterunser (letzteres bei Cyprian), später dazu v.a. das Hauptgebot (Augustinus); der Dekalog ist erst viel später (als Thema der Fastenpredigt) nachweisbar; seit dem 13. Jh. traten dazu das Ave Maria und die Sakramente, schließlich – aus Gründen der Beichtpraxis – mittelalterliche Tugend- und Sündenkataloge; um deren Gewicht wieder einzudämmen, hat Luther in der »Kurzen Form der 10 Gebote« nachgewiesen, dass die Vielzahl der kirchlichen Gebote und Verbote im Dekalog enthalten sind; so erhielt der Dekalog sein späteres Gewicht in der Katechismusgeschichte.

Mit der Buchdruckerkunst wurden die Grundformeln auf sog. Katechismustafeln übersichtlich zusammengestellt. Als Buchtyp entstanden Katechismen in der Reformationszeit (erste klassische Ausprägung: Luthers »Kleiner Katechismus« von 1529; ein Jahr später folgt sein »Großer Katechismus« – ein für den Katecheten bestimmtes katechetisches Handbuch). Den Katechismen Luthers erging es in der Folgezeit ähnlich wie dem etwas späteren canisianischen Katechismus auf katholischer Seite; sie wurden vielfach überarbeitet, durch von Rationalismus und Pietismus bestimmte Werke zu ersetzen versucht, immer wieder revidiert; schließlich wurde in den 1950er-Jahren durch Rückgriff auf die Erstausgabe von 1529 von der VELKD eine gemeinsame Textfassung angenommen. Auch der gebräuchliche Heidelberger Katechismus ist das Ergebnis einer langen, bewegten Geschichte (zu der u.a. die Katechismen Calvins gehören); er ist neben Luthers Kleinem Katechismus der bedeutendste und verbreitetste der im Gefolge der Reformation entstandenen Katechismen (mehr aus »politischen« als aus theologischen Gründen von den Lutheranern bekämpft).

In der Reformationszeit gewannen katholischerseits erst die Katechismen von P. Canisius eine eigene Stimme, alle drei zunächst in lateinischer Sprache erschienen (Summa doctrinae Christianae 1554/1557; Catechismus minimus 1556/1558; Parvus Catechismus catholicorum 1558/1567). Als katholisches »Katechismushandbuch« erschien 1566 der Catechismus Romanus, der für die Pfarrer erarbeitete Katechismus des Konzils von Trient. In Italien und in einigen Missionsländern setzten sich die von R. Bellarmin erarbeiteten Katechismen durch (1597/1598; in 56 Sprachen erschienen). Die bemerkenswerten französischen Katechismen von J.-B. Bossuet (mit thematischen Einleitungen 1687), von F.A. Pouget (Anpassung an Altersstufen, 1702) und von C. Fleury (mit vorausgeschickten biblischen Texten, 1683) blieben ohne merklichen Einfluss auf die deutsche Katechese. In den nachreformatorischen Auseinandersetzungen wurde in Deutschland »der Canisius« Vorbild für zahlreiche, meist kontroverstheologisch gefärbte Katechismen.

3 Von der Aufklärung bis zum Einheitskatechismus von 1925

Der Übergang zur allgemeinen Schulpflicht machte aus dem Katechismus ein Schulbuch. Friedrich II., Maria Theresia und Napoleon bemühten sich im Zusammenhang mit der Organisation des Religionsunterrichts um verbindliche Katechismen. Die Pädagogik der Aufklärung wandte sich gegen mechanisches Auswendiglernen und forderte Rücksicht auf die lernpsychologischen Voraussetzungen der Schüler bei gleichzeitiger Betonung des Ethischen, einer gewissen Dogmenscheu und einer Ausklammerung des »Übernatürlichen«. Bedeutsam wurde der Einfluss der für die schlesischen Volksschulen geschaffenen Katechismen von 1765/1766, als Lesebücher gedachte Unterrichtswerke mit zusammenhängenden Lehrstücken (von B. Strauch entwickelt, von J.I. Felbiger überarbeitet). Der Felbiger-Katechismus von 1777 ist ein definitionsfreudiges Kompendium, auf möglichst hohe Vollständigkeit bedacht. In der ersten Hälfte des 19. Jh. schien zwischenzeitlich eine andere Richtung die Oberhand zu gewinnen: Der napoleonische Einheitskatechismus (1806) war eine gute Bearbeitung des Katechismus von Bossuet; die Katechismen von B. Galura und B. Overberg betonten stärker gemüthafte Elemente, wollten eine mehr biblische Ausrichtung. Die Katechismen J.B. Hirschers mit seinem Interesse an christlicher Lebensschule wollten »organische und nicht mechanische« Bücher sein. Außerdem fiel der Reif der Neuscholastik über seine und andere katechetischen Versuche.

Der Wunsch nach theologischer Vollständigkeit verhalf schließlich im Verein mit schulorganisatorischen Rücksichten einem Katechismustyp zum Durchbruch, dessen Form und Gestalt Schule gemacht haben: die zum theologischen Kompendium vervollständigte Bearbeitung des Katechismus von Canisius durch J. Deharbe (1847), in allen deutschen Diözesen (mit Ausnahme von Rottenburg) eingeführt, in vielen anderen Ländern übernommen. Oberstes Richtmaß war theologische Korrektheit und Vollständigkeit (750 Fragen). Eine der (vor und) nach der Wende vom 19. zum 20. Jh. vorgenommenen Überarbeitungen war der sog. »Deutsche Einheitskatechismus« (Th. Mönnichs) von 1925 (mit ›nur‹ noch 285 Fragen). Der Katechismus Pius' X. (1905) sowie ein sog. »Weltkatechismus« von P. Gasparri (1930, deutsch 1932) blieben ohne Breitenwirkung.

4 Der »Grüne Katechismus«

Mit der hauptsächlich von J.A. Jungmann und F.X. Arnold beeinflussten kerygmatischen Erneuerung begannen Überlegungen zu einer katechetischen Reform; nicht auf lehrhaften Memoriertexten, sondern auf einer knappen Darstellung der christlichen Heilsbotschaft sollte das Gewicht liegen. Damit war die grundsätzliche Frage nach der Funktion eines Katechismus bzw. des Katechismusunterrichts neu gestellt. Ist es die Funktion eines Katechismus, Wissen und Kenntnisse zu fördern, oder geht es bei einem solchen Buch letztlich um Glauben und Bekennen? Ein in dürrem Frage- und Antwortstil angelegtes Buch ist zu letzterem keineswegs geeignet. Mit dem französischen Einheitskatechismus von 1940 und dem »Katholischen Katechismus für die Bistümer Deutschlands« (KKBD) von 1955 (Hauptverfasser K. Tilmann und F. Schreibmayr), dem sog. »Grünen Katechismus«, setzte sich der Lehrstückkatechismus durch. Letzterer brachte zwar nach wie vor mit seinen Fragen und Antworten Glaubenswissen in eine lernbare Form; zugleich aber versuchte er in seinen Lehrstücktexten und in seiner Gesamtgestalt einen Überblick über den Zusammenhang der Glaubenswahrheiten herzustellen. Der Einfluss des »Grünen Katechismus« war groß: Er wurde in mehr als 60 Sprachen übersetzt; manche seiner theologischen Ansätze gelangten erst durch das Vaticanum II ins gesamtkirchliche Bewusstsein. In vielen Diözesen traf der KKBD noch auf eine Situation, in der Katechismus- (vom Pfarrer erteilt) und Bibelunterricht (vom Lehrer erteilt) getrennt erfolgten. Die neuen Schulbibeln (die Ecker-Bibel von 1957 und die Reich-Gottes-Bibel von 1960) und v.a. ein verändertes religionspädagogisches Verständnis brachten dann langsam die Integration von biblischer und lehrhafter Unterweisung.

5 Der Durchbruch mit dem »Holländischen Katechismus«

Der 1966 erschienene sog. »Holländische Katechismus« bedeutete einen Einschnitt im Bewusstsein, was ein Katechismus sei. Nicht für Kinder, sondern für Erwachsene konzipiert, nicht »von oben« verordnet, sondern »von unten« gewachsen, zielt er nicht auf Glaubenssätze, die es anzunehmen gilt, sondern er bringt theologische Argumentationen; so zeigt er auch dem theologischen Laien auf, »wie die Fäden laufen«. Er spricht nicht die feststellende, in sich geschlossene theologische Sprache der sog. Laiendogmatiken, sondern er begründet, problematisiert und lässt Fragen auch als Fragen stehen; er gibt nicht vor alle Antworten zu wissen. Diese Vorzüge sicherten ihm eine weit über die Grenzen Hollands hinausreichende Aufmerksamkeit; der Holländische Katechismus weckte in weiten Kreisen Interesse an Glaubensfragen und befruchtete die theologische Erwachsenenbildung (vgl. die in dieser Zeit konzipierten theologischen Fernkurse für Erwachsene).

Nicht ohne Einfluss war der Holländische Katechismus auch auf die Revision des KKBD (sein Aufbau musste beibehalten werden), das Arbeitsbuch »glauben – leben – handeln« von 1969 (induktiver Ansatz vieler Lehrstücke, offenere Argumentation). Seine an die Stelle der Fragen und Antworten getretenen kurzen Merksätze sollten Sätze sein, »mit denen man leben kann«. Das zur Unzeit erschienene Buch hatte allerdings in einem von allen Seiten angefochtenen Religionsunterricht keine Chance mehr, auch nur zur Kenntnis genommen zu werden.

Die darauf folgenden zehn katechismuslosen Jahre warfen erneut die Frage nach der Notwendigkeit eines solchen Buches auf. Die daraufhin erschienenen Katechismen »Botschaft des Glaubens« (1978) und »Grundriss des Glaubens« (1980) wollten (bei aller grundsätzlichen Verschiedenheit – ersteres mehr den Wünschen jener entsprechend, die schon immer einen Katechismus vermissten; letzteres der Versuch, für eine neue Form von Katechismus Interessenten zu gewinnen) Schulbücher ergänzen und – über den Stoff von Schuljahren hinweg – den Zusammenhang des christlichen Glaubens herstellen. Schülergerechte Bücher sind indessen beide nicht. Immerhin versucht der »Grundriss« durch Wort- und Sacherklärungen den mit kirchlichem Sprachgebrauch wenig vertrauten Schüler in die Sprache des Glaubens behutsam einzuführen, ein Indiz für die Schwierigkeiten des Religionsunterrichts in der Schule.

Angesichts solcher Probleme ist es nicht verwunderlich, dass die Forderung nach einem Erwachsenenkatechismus nicht verstummte. 1975 erschien der »Evangelische Erwachsenenkatechismus«, von Arbeitshilfen für die Gemeindearbeit flankiert (er liegt seit 2000 in der sechsten, erneut vollständig überarbeiteten Auflage vor). Das »Neue Glaubensbuch« (hg. von J. Feiner und L. Vischer) machte 1973 den bemerkenswerten Versuch, den gemeinsamen christlichen Glauben der beiden großen Konfessionen zusammenhängend darzustellen. 1985 wurde der seit mehreren Jahren diskutierte, von der Deutschen Bischofskonferenz in Auftrag gegebene Katholische Erwachsenenkatechismus veröffentlicht, ein Kompendium, das Glaubensrechenschaft und Glaubenszeugnis zugleich sein will. Es ist wohl eher eine Hilfe für theologisch Vorgebildete als eine Einführung in den christlichen Glauben für interessierte Zeitgenossen, die in ihren von Alltag, Familie und Beruf bestimmten Problemen Orientierung suchen. Darum haben in den letzten Jahrzehnten Theologen immer wieder Glaubensbücher vorzulegen versucht, die in geeigneter Weise Katechismusfunktionen erfüllen können (E. Biser, D. Emeis, R. Guardini, K. Hemmerle, M. Kehl, H. Küng, O.H. Pesch, K. Rahner, J. Ratzinger, W. Schaeffer, Th. Schneider, H. Schütte, D. Sölle).

6 Neue Ansätze

Damit ist die Frage neu gestellt: Was ist ein Katechismus? Wenn man am Wort festhält, so wird man darunter heute kein Lernbuch verstehen, mit Fragen und Antworten, sondern vielmehr ein Buch, das theologische Bildung vermittelt. Das heißt: Es geht darum, den (jungen) Menschen zur Realisierung ihrer eigenständigen Persönlichkeit zu helfen und das in allen Dimensionen ihres Lebens; diese Identitätsfindung kann gelingen, wenn der Einzelne in Gemeinschaft mit anderen den Zuspruch und Anspruch jenes verhüllten Geheimnisses, das uns trägt, vernimmt und darauf antwortet. Dieses Anliegen verfolgen – begonnen mit dem Holländischen Katechismus – die neueren »Katechismen«.

Eine seltsame Außenseiterrolle spielt in diesem Umfeld der sog. »Weltkatechismus« (Katechismus der Katholischen Kirche) von 1993. Er ist eine Mischung aus den Katechismus-Prinzipien der vergangenen Jahrzehnte: darlegend, festschreibend, zum Lernen, zum Nachschlagen, Wiedergabe des Glaubens der Kirche, mit vielen Zitaten und sehr umfangreich (816 Seiten). Es ist zu hoffen, dass der »Weltkatechismus« die vielen ausgezeichneten nationalen Katechismen (Belgien, Frankreich, Spanien, Italien, Brasilien, USA) nicht verdrängt.

7 Heutiges Verständnis von theologischer Bildung

Unter den modernen bzw. spätmodernen Gesellschaftsbedingungen haben sich die Voraussetzungen für die theologische Bildungsarbeit im Allgemeinen und den Religionsunterricht im Besonderen erheblich geändert. Daher stellt sich die Frage der Verwendung von Katechismen heute neu und anders. Kinder, Jugendliche und Erwachsene werden nicht mehr durch geschlossene konfessionelle Milieus geprägt und gehalten. Sie sind durch die pluralisierten Lebensformen und über die modernen Kommunikationsmittel in extensiver Weise einem vielfältigen Angebot von Informationen, Meinungen, Sinndeutungen, Weltanschauungen, religiösen oder pseudoreligiösen Symbolen und Ritualen ausgesetzt. Die Biografien werden mehr und mehr individualisiert und realisieren sich zugleich in einer Vielzahl von Gruppenzugehörigkeiten mit unterschiedlichen Funktionen und Zielen. Auch die Zugehörigkeit zur Kirche wird als ein Segment unter anderen sozial-gesellschaftlichen Segmenten erlebt. Eine isolierte kirchliche Glaubensinformation wird nicht als sinnstiftend für das alltägliche Leben erfahren, weil sie zu marginal erscheint und außerdem meist in einer kirchlichen »Gruppensprache« geschieht, die für die persönliche Gestaltung des Lebens nicht aussagekräftig ist. Andererseits scheinen viele Menschen angesichts der kulturellen und religiösen Pluralisierungen verwirrt und unsicher, sie suchen nach gültigen Werten und religiöser Orientierung und nehmen nicht selten zu pseudoreligiösen Surrogaten und Formen des Aberglaubens Zuflucht.

Bei Planung und Durchführung von theologischen Bildungsveranstaltungen, von theologischer Erwachsenenbildung bis Katechese, sind die vielschichtigen gesellschaftlichen und entwicklungspsychologischen Gegebenheiten zu berücksichtigen. Theologische Bildung lässt sich nicht mehr einfach über Vermittlung von Katechismuswissen erreichen. Angesichts der Unübersichtlichkeit theologischer Positionen hätte allenfalls ein Glaubensbuch Sinn, dem es nicht um Vollständigkeit, Integrität und Systematik der Lehre mit Hunderten von Stichworten ginge, sondern das die konstitutiven, unabdingbaren Inhalte des Evangeliums Christi auf die Erfahrungen heutiger Menschen hin übersetzte. Es müsste zweifelnde, suchende, aber auch sich als ungläubig betrachtende Menschen ansprechen. Ein solches Buch müsste einerseits die zentralen theologischen Glaubensinhalte auf den Erfahrungsgrund und die Handlungsimpulse in der Entstehungszeit und in der geschichtlichen Überlieferung hin aufschlüsseln. Andererseits bedürfte es der existenziellen Tiefendeutungen heutiger Alltagserfahrungen und Lebensweltanalysen. Die so auf korrelative Weise zu formulierenden Glaubensangebote wären schließlich zu befragen auf die unterschiedlichen entwicklungspsychologischen Transformationen, die sie unter lebensgeschichtlichen Voraussetzungen durchlaufen.

Literatur

Bellinger, Gerhard J., Katechismus II. In: TRE 17 (1988) 729–736.
Dreißen, Josef, Diagnose des Holländischen Katechismus. Freiburg 1968.
Englert, Rudolf, Glaubensgeschichte und Bildungsprozeß. München 1985.
Fischer, Hubert/Gleißner, Alfred (Hg.), Was ist neu am neuen Katechismus? Freiburg 1969.
Fraas, Hans-Jürgen/Grünberg, Wolfgang, Katechismus I. In: TRE 17 (1988) 710–728.
Hofinger, Johannes, Geschichte des Katechismus in Österreich von Canisius bis zur Gegenwart. Innsbruck 1937.
Kasper, Walter (Hg.), Einführung in den Katholischen Erwachsenenkatechismus. Düsseldorf 1985.
Nipkow, Karl Ernst, Bildung in einer pluralen Welt. 2 Bde. Gütersloh 1998.
Preul, Reinhard, Religion – Bildung – Sozialisation. Studien zu einer religionspädagogischen Bildungstheorie. Gütersloh 1980.
Teipel, Alfred, Die Katechismusfrage. Zur Vermittlung von Theologie und Didaktik aus religionspädagogischer Sicht. Freiburg u.a. 1983.
Verweyen, Hansjürgen, Der Weltkatechismus. Therapie oder Symptom einer kranken Kirche? Düsseldorf 1993.
Weber, Franz, Geschichte des Katechismus in der Diözese Rottenburg von der Aufklärungszeit bis zur Gegenwart. Freiburg 1939.

WOLFGANG LENTZEN-DEIS / GABRIELE MILLER

III.3.4
Ökumenisches Lernen / Lernen im Horizont der Einen Welt

→ II.2.6 Gerechtigkeit – Frieden – Bewahrung der Schöpfung
→ II.2.13 Gemeinschaft – Glaubensgemeinschaft/Kirche
→ II.3.3 Interkulturalität
→ II.3.9 Kirche als Lebensraum und Institution
→ IV.3.10 Konfessionell-kooperativer Religionsunterricht

1 Begriffliche Annäherungen

Lernen ist eine anthropologische Elementarkategorie. Der Mensch ist auf Lernen angewiesen, um zunächst zu einem Status zu gelangen, der durch die jeweils von einer Gesellschaft definierten Kriterien des Erwachsen-Seins bestimmt ist, auch wenn das Lernen im Erwachsenenalter keineswegs aufhört. In der Formel »ökumenisches Lernen« wird eben diese anthropologische Elementarkategorie durch das »Ökumenische« näher qualifiziert. »Ökumene« kann dabei als der »eine bewohnte Erdkreis« säkular verstanden oder auf bestimmte Herausforderungen des Christentums und der christlichen Existenz bezogen werden. Nachfolgend soll die letztere Variante entfaltet werden. Ferner können ein eher materiales und ein eher formales Verständnis unterschieden werden. In materialer Hinsicht geht es darum, dass »Ökumenisches«, d.h. bestimmte Inhalte, gelernt wird. In formaler Hinsicht stellt sich die Frage, inwiefern der Lernprozess selbst »ökumenisch« wird. Das materiale Verständnis muss dabei als die Grundlage des formalen angesehen werden. Zugespitzt formuliert: Es gibt kein ökumenisches Lernen, ohne dass auch Ökumenisches gelernt wird.

2 »Ökumenisch«

Will man die Inhalte des »Ökumenischen« näher bestimmen, so liegt es nahe, bei den vielfältigen Erfahrungshorizonten der Ökumenischen Bewegung einzusetzen. In deren Geschichte spiegeln sich verschiedene Motive aus dem Selbstverständnis von Christentum und Kirche, die Anlass und Ausgangspunkt für ein Umlernen bzw. ein neues Verständnis des Lernens überhaupt darstellen. Diese Motive enthalten ein breites Spektrum an Ausdrucksformen des Ökumenischen die in der Geschichte der Ökumenischen Bewegung zur Unterscheidung der Perspektiven »Mission«, »Praktisches Christentum« und »Glaube und Kirchenverfassung« geführt hatten. Als eine mögliche Typologie können in Anlehnung an die genannten Ausgangsmotive der Ökumenischen Bewegung heute die Lernbereiche (1) *»Sprache und Kultur«*, (2) *»Die leibliche Existenz des Menschen«* und die (3) *»Selbstverständigung der Christenheit«* unterschieden werden. Die beiden ersten Bereiche thematisieren dabei schwerpunktmäßig das Verhältnis der Christen zur »Welt«, der dritte hingegen den Binnenbereich der institutionellen Verfasstheit des Kirchlichen.

3 Ökumenisches »Lernen«

(1) Inhaltlich bezieht sich der Bereich *»Sprache und Kultur«* darauf, dass das Christentum sich zum einen selbst nur in Formen der Religion (als den menschlichen Ausdrucksversuchen christlicher Glaubensgrundlagen) äußern kann, gleichzeitig aber etwa durch das 1. Gebot oder die Dialektik von Kreuz und Auferstehung grundsätzlich religionskritisch ausgerichtet ist. Dies wirft die Frage auf, in welcher Form und mit welchem Anspruch Christen den nicht-christlichen Bevölkerungsgruppen gegenüberstehen und »ihren« Glauben unter dem Vorzeichen der Spannung zwischen Religion und Religionskritik nahe bringen können bzw. sollen. Diese Dialektik zieht zwei Probleme nach sich: Das erste betrifft die Berechtigung von nicht-europäischen Inkulturationsmodellen der christlichen »Religion« (z.B. in Asien) und – damit verknüpft – die Hinterfragung der Erkenntnisbeschränkungen aufgrund der eigenen christlichen Lernbiografie. Das Fremde provoziert das bislang Selbstverständliche des Christlichen. Dies gilt umso mehr, insofern als zweites Problem auch in den »säkularen« Kontexten der westlichen Industriestaaten das vermeintlich Säkulare der Sprache und Kultur eine latente oder offene Instrumentalisierung religiöser Bedürfnisse des Menschen zeigt (z.B. in der Werbung). Wie verhält sich der freie und unverfügbare Gott der biblischen Überlieferung zu den vielfältigen Göttern der medial vermittelten Konsumwelt?

(2) Beim Bereich der *»leiblichen Existenz des Menschen«* kommen weniger die kulturellen Differenzen in ihrer sprachlichen Gestalt als vielmehr die ökonomischen und politischen Grundlagen in den Blick. Eine vorgelagerte Frage auf diesem Lernweg ist dabei, ob und inwieweit sich christlicher Glaube als solcher überhaupt in dieser ökonomisch-sozialen Hinsicht der »Welt« zuzuwenden hat. Dies ist umstritten und berührt den innersten Kern der Verständigung über das Christsein. Ein zweiter Schritt bezieht sich dann auf die lernende Auseinandersetzung mit den vielfältigen Gefährdungen der leiblichen Existenz des Menschen, seien diese nun ökonomischer, politischer oder ökologischer Natur. Die Diskussion um Gerechtigkeit, Frieden und Bewahrung der Schöpfung dokumentierte als konziliarer Prozess exemplarisch die Anfrage an das christliche Selbstverständnis hinsichtlich des Umgangs mit ökonomischen, politischen und ökologischen Realitäten.

(3) Als dritte Dimension ökumenischen Lernens ist die Auseinandersetzung über *»Einheit und Vielfalt der Christenheit«* in einem generellen Sinne zu thematisieren. Dabei wird deutlich, dass diese Einheit und Vielfalt nicht streng getrennt werden kann von der Frage nach der Weltzuwendung, weil oft gerade darin markante Differenzen in der Bestimmung des verbindend Gemeinsamen zum Ausdruck kommen. Daneben gibt es jedoch praktisch-theologische und dogmatische Konfliktfelder, die einer binnen-institutionellen Klärung bedürfen. Hierzu gehören Fragen nach der Rechtfertigung des Menschen, nach Liturgie und Gottesdienst, nach einer verbindenden Gestalt von Taufe und Abendmahl oder der Zugänglichkeit kirchlicher Ämter für Frauen. Die Frage ist, inwieweit Menschen in ihrer lernenden Auseinandersetzung mit der kirchlichen Realität die sichtbar werdenden Grenzen akzeptieren, fördern oder aufzuheben suchen.

4 Lernräume

Alle drei genannten Dimensionen ökumenischen Lernens provozieren Positionierungen und Prägungen. Es geht beim ökumenischen Lernen um die Vorzeichen der lernenden Weltaneignung jener Menschen, die die eigene Geschichte in die Geschichte der Überlieferung von Schöpfung und Exodus, von Kreuz und Auferstehung einordnen wollen. Nicht (nur) die Kenntnis bestimmter Inhalte, sondern die Überprüfung jener Gewohnheiten, die die Gestaltung der jeweiligen Gegenwart prägen, kommt dabei in den Blick. In allgemeinen pädagogischen Diskussionen wird dies unter den Stichworten »Lernfähigkeit« oder »Lernen des Lernens« diskutiert. Dabei wird davon ausgegangen, dass der Mensch in seiner Wirklichkeitsbewältigung bei allem Eingebettet-Sein in Gewohnheiten auf ein permanentes und lebenslanges Lernen angewiesen ist. Menschliche Existenz ist auf Bewältigungsstrategien der Vielfalt und Zufälligkeit von Informationen und Handlungsherausforderungen angewiesen – ökumenisches Lernen bietet einen Anregungsfundus, solche Strategien zu entwickeln. Ökumenisches Lernen erstrebt eine nähere Qualifizierung dieser Notwendigkeit von Komplexitätsreduktion und Kontingenzbewältigung im Rahmen der oben skizzierten Motivlage.

Ökumenisches Lernen ist von der Ausrichtung auf eine generelle Qualifizierung menschlicher Lernfähigkeit her nicht auf einen bestimmten Lernraum einzugrenzen. Die Bewährung ökumenischen Lernens findet letztlich im Alltag statt, weil dort die persönliche Disposition der Weltaneignung zum Tragen kommt. Gleichwohl besteht in religionspädagogischer Hinsicht die Herausforderung gerade in dem Nachdenken darüber, wie in umgrenzten Lernräumen eine solche Qualifizierung des lebenslangen Lernens stattfinden kann. Dieses Nachdenken kann bei dem oben genannten Grundgedanken ansetzen, dass der Ausbildung solch formaler Kompetenzen die Auseinandersetzung mit materialen Gegebenheiten zugrunde liegt: Ökumenisches Lernen ist darauf angewiesen, dass Ökumenisches gelernt wird.

Zu Orten außerhalb des speziellen Lernraums Schule zählen der Gottesdienst mit seinen liturgischen und homiletischen Seiten, die kirchliche Jugendarbeit und Angebote der Erwachsenenbildung ebenso wie die von christlichen Gruppen getragenen Initiativen zu Themen des konziliaren Prozesses. Gemeinsam ist diesen unter dem Gesichtspunkt des Lernraums, dass dort in systematischer Form durch Teilhabe an den zugrunde gelegten Informationen eine Prägung des eigenen Selbstverständnisses stattfindet: des Selbstverständnisses eines Menschen, der sich selbst in aller Vorläufigkeit auf einem Lernweg sieht und der so die Prämissen der eigenen Weltaneignung hinterfragt und bestimmt.

Schule ist ein besonderes Bewährungsfeld ökumenischen Lernens, insofern diese – bis auf solche in privater Trägerschaft – eine staatliche Einrichtung ist. Insofern lassen sich mehrere Ebenen der Beziehung von ökumenischem Lernen und Schule unterscheiden. Im Hinblick auf die Schule als Institution stellt sich die Frage, inwiefern sich hier kulturelle Ausprägungen von Religion spiegeln. Diese Frage ist Ansatz für eine kritische Auseinandersetzung mit der schulischen Alltagsreligiosität z.B. in der symbolischen Repräsentation bestimmter Konsumregeln. Daneben bietet Schule als System einen Anreiz, über fächerübergreifend organisierte Prozesse etwa sozialen oder caritativen bzw. diakonischen Lernens nachzudenken. Hier könnte gerade den kirchlichen Schulen eine Vorreiterrolle zukommen. Unter der Perspektive, »Ökumenisches« zu lernen, kommt dem konfessionsgebundenen Religionsunterricht eine besondere Aufgabe hinsichtlich der Auswahl und didaktischen Umsetzung entsprechender Themen zu.

Schließlich ist die Weiterentwicklung des Schulfachs Religionsunterricht selbst Gegenstand von Überlegungen ökumenischen Lernens: Inwiefern ist das Verbindende der christlichen Tradition gerade im Hinblick auf die Begleitung kindlicher und jugendlicher Lernwege sehr viel stärker und glaubwürdiger als das Trennende?

Festzuhalten bleibt, dass ökumenisches Lernen erstens im Rahmen von Schule nicht auf die Begründung und Lehrplanentwicklung eines Schulfachs begrenzt werden darf, sondern das Lernen im Rahmen der gesamten Institution in den Blick genommen werden muss. Zweitens ist das Nachdenken über ökumenisches Lernen jedoch auch nicht auf Schule oder überhaupt irgendeinen Ort zu begrenzen, auch wenn eine Didaktik ökumenischen Lehrens auf solch umgrenzte Lernräume angewiesen ist. Vielmehr geht es in anthropologischer Hinsicht um die Ausbildung einer bestimmten Lernhaltung, die die lebenslange Notwendigkeit der Weltaneignung, Weltverarbeitung und Weltgestaltung angesichts einer scheinbar unüberschaubaren Vielfalt und Zufälligkeit von Informationen zu qualifizieren vermag.

Literatur

Böhm, Uwe, Ökumenische Didaktik. Ökumenisches Lernen und konfessionelle Kooperation im Religionsunterricht deutschsprachiger Staaten. Göttingen 2001.
Bröking-Bortfeldt, Martin, Mündig Ökumene lernen. Ökumenisches Lernen als religionspädagogisches Paradigma. Oldenburg 1994.
Kirchenamt der Evangelischen Kirche in Deutschland (Hg.), Ökumenisches Lernen. Grundlagen und Impulse. Eine Arbeitshilfe der Kammer der EKD für Bildung und Erziehung. Gütersloh 1985.
Koerrenz, Ralf, Ökumenisches Lernen. Gütersloh 1994.
Piepel, Klaus, Lerngemeinschaft Weltkirche. Lernprozesse in Partnerschaften zwischen Christen der Ersten und Dritten Welt. Aachen 1993.
Scheidler, Monika, Didaktik ökumenischen Lernens – am Beispiel des Religionsunterrichts in der Sekundarstufe (Tübinger Perspektiven zur Pastoraltheologie und Religionspädagogik 1). Münster 1999.
Schlüter, Richard, Ökumenisches Lernen in den Kirchen. Schritte in die gemeinsame Zukunft. Essen 1992.

RALF KOERRENZ

III.4 Pluralismus und Individualisierung

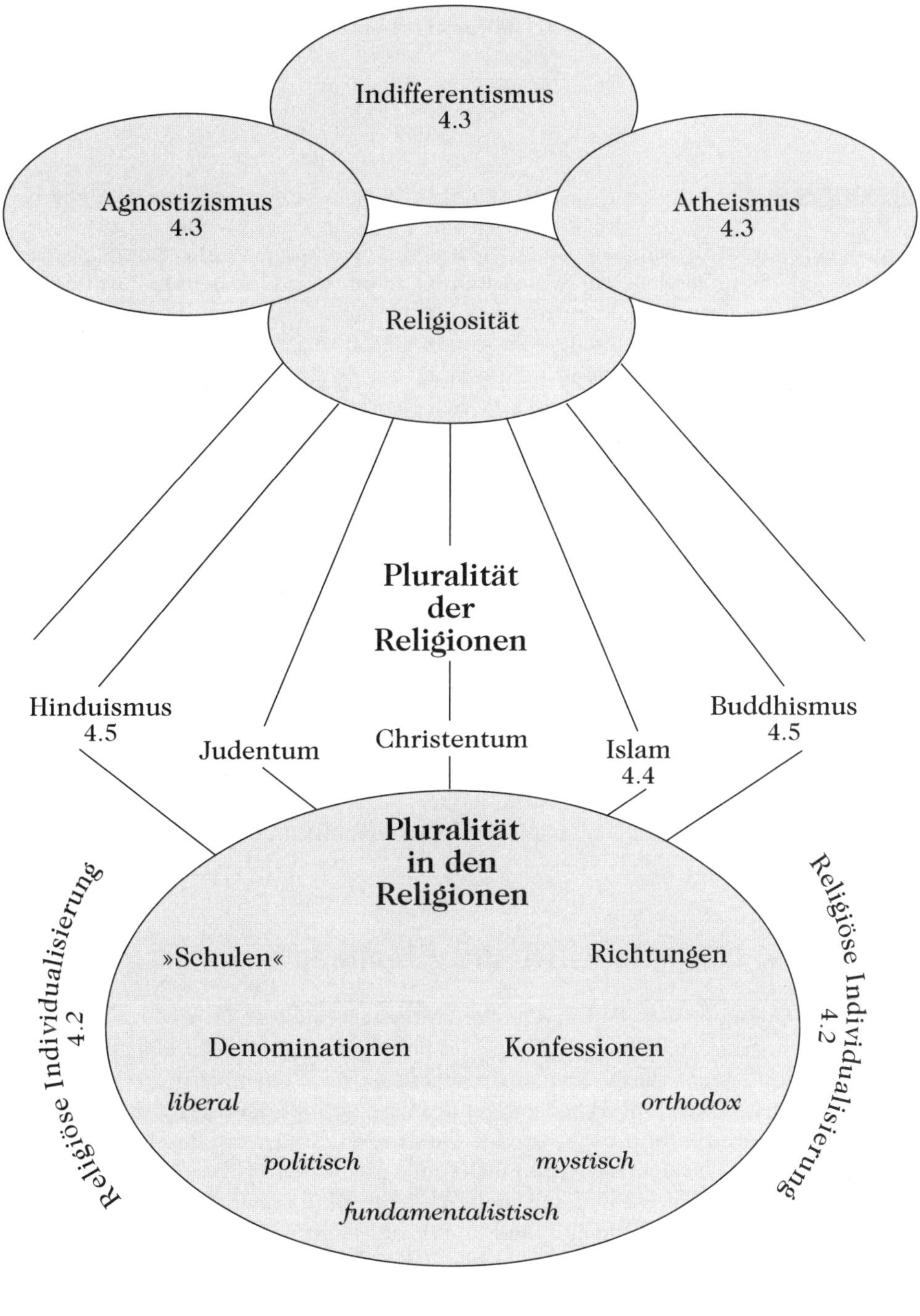

III.4.1
Pluralität und Pluralismus

→ I.1 Religion, Glaube und Aufwachsen heute
→ I.3 Religiöse Bildung zwischen Subjekten und Strukturen
→ II.3.1 Gesellschaft und Religion
→ III.4.2 Individualisierte Religiosität

1 Problem

Der Ausgangspunkt für religionspädagogisches Handeln ist heute die plurale Welt, in der unterschiedliche Modelle der Weltgestaltung nebeneinander stehen. Für die meisten Menschen ist diese Vielfalt selbstverständlich; ältere Menschen können noch von Erfahrungen mit einer (sektional) homogenen Gesellschaft berichten, Schülerinnen und Schüler dagegen kennen keine andere Situation als die der »legitimen Vielfalt«. So sehr die Pluralität auf der einen Seite eine Selbstverständlichkeit ist, so ist sie auf der anderen ein Problem, zum Beispiel in Fragen der Erziehung. Ohne Normativität ist keine Erziehung möglich. Wer aber definiert angesichts der Pluralität »gültige« Werte und Normen? Und wie kann religiöse Bildung konzipiert werden, wenn gegenwärtig beinahe jedes Glaubensbekenntnis mit dem Anspruch vertreten werden kann, »gültig« zu sein? An welchen pädagogischen oder religiösen Leitbildern dürfen sich Lehrende orientieren, ohne die Pluralität, die ja auch Freiheit beinhaltet, zu sehr einzuschränken? Das religionspädagogische Nachdenken über Pluralität steht darüber hinaus in einem kirchlich-theologischen Kontext, der den Verlust eines handlungsleitenden »Baldachins« (Berger 1981) zur Kenntnis nehmen muss.

Nach einer Begriffsklärung (2) werden einige Kennzeichen von Pluralität skizziert. Wir wenden uns dazu dem pluralen gesellschaftlichen Kontext und seinen Rückwirkungen auf die religiöse Bildung zu (3) und gehen auf die Pluralität von Religion selbst ein (4). Nach der Bestandsaufnahme begründen wir die Notwendigkeit einer Pluralismustheorie (5) und fragen schließlich nach den Kennzeichen einer pluralitätsfähigen Religionspädagogik (6).

2 Religionspädagogische Begriffverwendung

Um das Phänomen der Vielheit im aktuellen Sprachgebrauch zu fassen, werden häufig synonym die Begriffe Pluralität, Pluriformität, Pluralisierung oder Pluralismus verwendet. Etymologisch gehen diese Substantive auf lat. *plures* = »mehrere« zurück. Der Begriff Pluralität (Adjektiv: plural) bezeichnet die Vielheit im Gegensatz zur Singularität (Einheit), Pluriformität (pluriform) ist eine Variante von Pluralität, die sich auf Vielgestaltigkeit bezieht, Pluralisierung (pluralisierend) meint den Prozess auf Vielheit hin, Pluralismus (pluralistisch) schließlich ist die Theorie empirischer und auch normativer Pluralität. Die heuristisch-kritische Funktion dieser Begriffe liegt darin, Allgemeinbegriffe (z.B. »Kirche«) zu hinterfragen und zu differenzieren, um die Komplexität und Dignität der Wirklichkeit aufzuzeigen. Ein religionspädagogisches Beispiel dafür sind die pluralen und pluriformen Religionsstile Jugendlicher, die innerhalb der Pluralisierung einer religionspädagogischen Pluralismustheorie bedürfen, mit denen ihr Gestaltwechsel gedeutet werden kann (vgl. Tzscheetzsch/Ziebertz 1996).

3 Religion in der Pluralität

Religiöse Lehr-Lernprozesse vollziehen sich heute in einem pluralen gesellschaftlichen Kontext (vgl. Ziebertz 1990), der als *Makro-*, *Meso-* und *Mikro-Bereich* mit einer Vielzahl von Interferenzen unterschieden werden kann:

Gesellschaftlich-kulturell (*Makroebene*) ist Pluralität mittlerweile eine Normalität. Vorhandene Werte, Glaubensüberzeugungen und Lebensstile lassen sich nicht mehr auf eine Weltanschauung zurückführen. Exklusivitätsansprüche bleiben nicht unwidersprochen und der eigene Anspruch muss explizit begründet werden. Die christliche Religion befindet sich daher in einem Wettstreit mit anderen Religionen und Weltanschauungen um die angemessene Deutung von empirischer Wirklichkeit, aber auch um Einfluss auf gesellschaftliche und kulturelle Prozesse. Für die individuelle Religionsausübung und die institutionelle Verankerung religiöser Bildung an der Schule sind die Veränderungen von großer Bedeutung, weil durch sie Lebensformen und Rahmenbedingungen für den Unterricht beeinflusst werden.

Mit der institutionellen Ebene (*Mesoebene*) wird die Frage berührt, wie die christlichen Kirchen als Institution von der Pluralität betroffen sind. Religionspädagogisch steht der Religionsunterricht im Mittelpunkt, der sich zunehmend über eine rein juristische Grundlage hinaus legitimieren muss. Zwar sind derzeit die Stimmen verhalten, die für seine Abschaffung eintreten, aber die veränderten konfessionellen Voraussetzungen führen zu Überlegungen, ob nicht ein »Religionsunterricht für alle« das adäquatere Modell für einen pluralitätstauglichen Religionsunterricht sei. Wo der konfessionelle Unterricht nicht zur Diskussion steht, wird zumindest eine Ausweitung des Konfessionsprinzips erwogen, um jüdischen und muslimischen Religionsgemeinschaften einen Religionsunterricht im Status eines ordentlichen Schulfachs zu ermöglichen.

Die Pluralität betrifft schließlich den einzelnen Menschen (*Mikroebene*). Eine quasi ›monastische‹ Lebensgestaltung, die sich in einem weitgehend abgegrenzten religiösen Milieu ereignet, ist heute die Ausnahme. Menschen sind von pluralen Sinnsystemen umgeben, in der eine plurale Identität mit verschiedenen, teils differierenden Teil-Identitäten fast der Normalfall ist. Abwertende Begriffe wie »Patchwork-Identität« werden der Schwierigkeit nicht gerecht, dass sich Menschen, die sich in unterschiedlichen Bereichen der Gesellschaft bewegen, in denen jeweils spezifische Codes gesprochen werden, eine je individuelle Integration erarbeiten müssen, die zwangsläufig synkretistischen Charakter haben muss. Um handlungsfähig zu sein, müssen Menschen unterschiedliche gruppenspezifische Sprachspiele, Einstellungen und Verhaltensformen koordinieren. Das religiöse Sprachspiel ist nicht mehr ohne weiteres ein Metasystem (»Baldachin«), das alle anderen überwölbt. Die Frage ist, ob und wie religiöses Lernen eine integrierende oder wenigstens stimulierende Funktion übernehmen kann.

4 Pluralität in der Religion

Pluralität ist nicht nur eine Voraussetzung religiöser Lernprozesse, sondern auch ein Inhalt religiösen Lernens. Um die Pluralisierungstendenzen der Moderne überschauen zu können, bietet sich wiederum eine bereichsspezifische Differenzierung an:

Auf der *Makroebene* findet Pluralisierung sowohl innerhalb einer Kultur als auch über Kulturgrenzen hinweg statt. Die Rede vom Christentum ist in der Regel auf die christlichen Kirchen bezogen. Daneben existieren in den westlichen Gesellschaften eine Vielzahl christlich-motivierter Kulturmuster, die unabhängig von der Autorität der Kirchen Bestand haben: Gesetzesgrundlagen und -prinzipien, kulturell akzeptierte Werte und Normen, Symbole, Metaerzählungen etc. Auch die Inkulturation der christlichen Religion zeigt, wie das universale Evangelium einen eigenen kulturellen Ausdruck bekommt (vgl. Schreiter 1992; Schreijäck/Heil 1999).

Die *Mesoebene* scheint auf den ersten Blick am ehesten pluralitätsresistent zu sein, sind doch die betroffenen Institutionen in der öffentlichen Wahrnehmung am wenigsten beweglich. Doch besonders hier zeigt der Begriff Pluralität seine heuristisch-kritische Funktion. Hinter dem Allgemeinbegriff »Kirche« verbergen sich eine Vielzahl pluraler Institutionen wie z.B. Jugendverbände, Sozialverbände, Bildungseinrichtungen etc. mit jeweils eigenen Praxen christlichen Lebens.

Auf der *Mikroebene* schließlich wird Pluralität in der Religion u.A. mithilfe des Begriffs »Synkretismus« beschrieben (Schweitzer 1996; Ziebertz 1999). Dies bedeutet, dass Religiosität jeweils individuell unterschiedlich konstruiert wird. Dabei können sowohl Elemente der christlichen Religion als auch Elemente anderer Religionen oder Weltanschauungen »bricoliert« werden. Solche Religiositätsformen können durchaus noch in Kontinuität zur christlichen Tradition stehen, sie transformieren die Tradition jedoch in neuer Weise. Daraus entsteht eine plurale und pluriforme Religion als eigene Konstruktion der Subjekte.

Zusammenfassend ist Pluralität in der Religion kein exklusives Phänomen der Moderne, sie wird jedoch durch den pluralen Kontext verstärkt. Das Phänomen der Pluralität ist innerhalb der christlichen Religion historisch gesehen keineswegs neu. Die Bibel erzählt von Konflikten im Gottesvolk, in denen sich damalige plurale Denkmuster spiegeln. Die Kirchengeschichte ist selbst eine Pluralisierungsgeschichte bis hin zur Differenzierung der katholischen und protestantischen Traditionen mit über 300 christlichen Denominationen heute. Die Dogmengeschichte enthält viele Beispiele für die Pluralisierung religiöser Inhalte und Formen, durch die überhaupt erst das heutige Christentum verstehbar ist. Pluralität ist weiterhin innerhalb einer Denomination zu finden. Katholiken in Skandinavien und Spanien, in Brasilien und den USA – sie alle haben dasselbe Bekenntnis und unterscheiden sich doch nicht selten erheblich. Religiöses Lernen ist weder sach- noch personenadäquat, wenn es diese Pluralität nicht selbst zum Thema macht. Religiöses Lernen kann dies als eine hermeneutische Herausforderung begreifen, die Beantwortung der Frage, was es heute heißt, »Christin und Christ zu werden«, prozesshaft aufzugreifen und jede Antwort als Etappe auf dem Weg zu einer neuen, vielleicht besseren Antwort zu verstehen.

5 Transformative Pluralität als Pluralismustheorie

Pluralität ist ein empirisch vorfindbares und für die Moderne charakteristisches Phänomen. Pluralität umgibt Religion, und Pluralität ist in den Religionen zu finden. Die vorfindbare und ungeordnete Vielheit von Formen und Inhalten sowie die Frage nach ihrer Geltung und Konkurrenz wecken die Frage nach einer Theorie der Pluralität (vgl. Nipkow 1998, 29). *Materiale* Theorien der Pluralität verdeutlichen, welche Pluralitätselemente vorhanden sind und wie sie zueinander stehen. *Formale* Theorien beschreiben den Weg zu Verständigung und Ausgleich. Die Unterscheidung ist idealtypisch, denn faktisch sind formale Theorien nicht inhaltsleer und materiale Theorien nicht formlos. Die Religionspädagogik hat es mit beiden zu tun.

Religiöses Lernen bezieht sich auf *materiale Aspekte*, insofern es auf den Maßstab des Evangeliums und dessen Deutetradition verwiesen ist. In beiden Bereichen geht es um Inhalte, die als »leitende Ideen« des Christentums gelten können. Was dies im Einzelfall genau meint, muss immer wieder neu zur Sprache gebracht werden. Dieser Aufgabe stellt sich die Religionspädagogik. Die Inhalte implizieren *formale Aspekte*. Es wäre nicht sinnvoll, das biblische Liebesgebot unter Zwang anzuwenden. Formale Gebote wie die Goldene Regel sind wiederum nicht inhaltsleer. Sie implizieren eine Anerkennung des Subjekt-Seins aller Menschen, die sich theologisch auf die Gottebenbildlichkeit des Menschen berufen kann.

Religiöses Lernen bezieht sich auf *formale Aspekte*, insofern es die Art und Weise des Umgangs mit der Pluralität in den Blick bekommt. Der formale Bezug auf die Pluralität ist nicht an einer Definition (im Sinne eines Produkts) interessiert, sondern stellt den Prozess des Vergewisserns in den Mittelpunkt. Es geht um die Frage, ob die vorfindbare Pluralität letztgültig (normativ) ist, oder ob es im Sinne einer Wertehierarchie einen weiteren Orientierungswert gibt, nach dem die Pluralität zwar als notwendig, nicht aber als hinreichend erfasst wird. Was in der Pluralität gelten soll, ist in der Pluralität nicht selbst schon gegeben, sondern muss durch konsensorientierte Kommunikation ausgehandelt werden (vgl. Habermas 1981).

6 Konturen einer pluralitätsfähigen Religionspädagogik

Religiöses Lernen braucht eine kritische Anwendung materialer wie formaler Pluralismustheorien. Um der Normativität des Christentums gerecht zu werden, muss im religiösen Lernen auf Prinzipien und Maßstäbe des Evangeliums und der Deutetradition abgehoben werden. Mit ihnen können dann Handlungspraxen bestätigt oder kritisiert werden. Dies bildet aber kein in sich geschlossenes System, daher kann auf formale Theorien nicht verzichtet werden, die die hermeneutische Offenheit bei der Erschließung des Glaubens zur Geltung bringen und die Lernenden als Subjekte der Deutung einbinden.

Nimmt man die Theorie transformativer Pluralität ernst, so stellt sich die Frage nach der grundsätzlichen Haltung der Religionspädagogik zur Pluralität (vgl. Schweitzer u.a. 2002). Sie wird dialogisch konzipiert sein müssen. Diese Ausrichtung hat sowohl formale als auch materiale Konsequenzen. Formal macht der Dialog die Notwendigkeit zur Weiterentwicklung des eigenen Instrumentars deutlich, material müssen diejenigen Inhalte in den Blick genommen werden, die dialogfähig machen. Es gilt also nicht die Abfolge Eigenes – Anderes – Dialog, vielmehr hat religiöses Lernen bereits im Kern eine dialogische

Grundstruktur (Ziebertz 1999, 82). Religiöse Inhalte und Methoden haben demnach die Aufgabe, zum Dialog bzw. zur religiösen Kommunikation zu befähigen.

Eine am Modell des Dialogs orientierte, pluralitätsfähige Religionspädagogik impliziert eine prinzipiell positive Haltung zur Pluralität. Sie sieht in der Pluralität den Lerninhalt, durch dessen Bearbeitung eine Transformation der Pluralität möglich werden soll. Als erfahrungswissenschaftliche Theorie religiöser Lehr-Lernprozesse im Lebenslauf stellt sich für die Religionspädagogik eine dreifache Aufgabe: Sie muss (1) die Herausforderungen von »Religion in der Pluralität« und »Pluralität in der Religion« methodengeleitet *wahrnehmen*, (2) mittels religionspädagogischer Begrifflichkeiten *unterscheiden* und (3) Handlungsmodelle *entwerfen:*

Wahrnehmen bedeutet empirisch vorfindbare Phänomene in den Blick zu bekommen. Was »Religion in der Pluralität« betrifft, hat man lange Zeit versucht, Heranwachsende vor dem grellen Licht des »Anderen« zu bewahren, vielleicht um sie zu schützen, vielleicht aber auch, um sie gradliniger in der eigenen religiösen Welt zu sozialisieren. *Unterscheiden* als nächster Schritt fordert dazu heraus, die eigene Position stärker zu begründen und ihren Wert kenntlich zu machen, aber auch zu lernen andere religiöse Stile zuzulassen. Dies gilt auch für die »Pluralität in der Religion«. Dabei geht es für das Individuum um ein Ernstnehmen biografischer Erfahrungen, aber auch um eine Weiterentwicklung der Identität. Unterscheiden heißt dann, die erkannte Pluralität in ihrer Eigenstruktur zu rekonstruieren, aber auch alternative Deutungen zu einer möglichen Veränderung aufzuzeigen – als Voraussetzung einer transformativen Pluralität. Religionspädagogische *Handlungsmodelle* schließlich sind nicht linear auf Praxis deduzierbar, sondern *entwerfen* Orientierungslinien, die in der Praxis autonom konkretisiert werden müssen.

Zusammenfassend besteht die religionspädagogische Theorie religiösen Lernens in der Pluralität und die Pluralität religiösen Lernens darin, Pluralität methodengeleitet wahrzunehmen, sie religionspädagogisch zu unterscheiden und Handlungsmöglichkeiten modellhaft aufzuzeigen. Für religionspädagogisch Lehrende bedeutet dies, eine professionelle Kompetenz zu entwickeln, Pluralität überhaupt zu erkennen, christliche Theorien zu ihrer Deutung heranzuziehen und alternative Deutungsmöglichkeiten zu entwickeln.

Literatur

Berger, Peter L., Auf den Spuren der Engel. Frankfurt 1981.
Habermas, Jürgen, Theorie des kommunikativen Handelns. Frankfurt 1981.
Nipkow, Karl Ernst, Bildung in einer pluralen Welt. 2 Bde. Gütersloh 1998.
Schreijäck, Thomas/Heil, Stefan, Interkulturelle Kommunikations- und Handlungskompetenz als Herausforderung für eine religionspädagogische Bildungstheorie. In: Schreijäck, Thomas (Hg.), Menschwerden im Kulturwandel. Luzern 1999, 515–528.
Schreiter, Robert J., Abschied vom Gott der Europäer. Salzburg 1992.
Schweitzer, Friedrich, Die Suche nach dem eigenen Glauben. Einführung in die Religionspädagogik des Jugendalters. Gütersloh 1996.
Schweitzer, Friedrich u.a., Entwurf einer pluralitätsfähigen Religionspädagogik. Gütersloh/Freiburg 2002.
Tzscheetzsch, Werner/Ziebertz, Hans-Georg (Hg.), Religionsstile jugendlicher und moderne Lebenswelt. München 1996.
Ziebertz, Hans-Georg, Moralerziehung im Wertpluralismus. Weinheim/Kampen 1990.
Ziebertz, Hans-Georg, Religion, Christentum und Moderne. Stuttgart u.a. 1999.

STEFAN HEIL / HANS-GEORG ZIEBERTZ

III.4.2
Individualisierte Religiosität

→ I.1 Religion, Glaube und Aufwachsen heute
→ I.3 Religiöse Bildung zwischen Subjekten und Strukturen
→ II.3.1 Gesellschaft und Religion
→ II.4.1 Lebensgeschichte(n) – Glaubensgeschichte(n)
→ II.4.4 Entwicklung und Identität

Die Rede von privatisierter oder individualisierter Religiosität ist ein religionssoziologischer und -pädagogischer Allgemeinplatz. Religiöses Bekennen und Handeln, das in früheren Epochen durch *gemeinschaftliche* Gewohnheit und Tradition bestimmt war, fällt demnach heutzutage zunehmend in die Entscheidungsmacht der *Einzelnen*. Wenn diese These auch oft wiederholt wird, ist doch nicht gesagt, dass sie unsere Zeitsituation tatsächlich trifft (*heuristischer Wert*) und dazu verhilft, hier und heute religionspädagogisch angemessen zu handeln (*praktischer Wert*). Beides lässt sich nur prüfen, wenn klar wird, was mit Individualisierung und Religiosität genauer gemeint ist.

1 Individualisierung als Kennzeichen der fortgeschrittenen Moderne

»Individualisierung ist (...) keine Erfindung der zweiten Hälfte des 20. Jahrhunderts« (Beck 1986, 206). Dass die prägende Macht von Gewohnheit und Tradition schwindet und der Einzelperson mehr und mehr Entscheidungen zugetraut und abverlangt werden, bahnte sich im Laufe der abendländischen Geschichte stufenweise an. Markante Stationen dieser Aufwertung des Individuums gegenüber dem Kollektiv waren etwa Renaissance und Reformation sowie die bürgerliche Aufklärung. Aus der Sicht soziologischer Klassiker wie Emile Durkheim, Georg Simmel oder Niklas Luhmann erweist sich Individualisierung zugleich als *Spiegelbild sozialer Differenzierung* (vgl. Schroer 2000). Je mehr sich die Gesellschaft in spezialisierte Teilsysteme aufteilt, die nebeneinander auf unterschiedliche Weise je eigene Funktionen wahrnehmen (z.B. Wirtschaft, Recht, Erziehung oder Religion), umso weniger kann sich der einzelne Mensch an einer umfassend verbindlichen Sozialinstanz ausrichten: Die Einzelperson selbst wird zur Instanz, welche die widersprüchlichen Teilsysteme, zwischen denen sie hin- und herpendelt, miteinander zu vermitteln hat.

Während die Aufwertung des Individuums jahrhundertelang allenfalls den Alltag besonderer Gruppen prägte, bestimmt sie etwa ab der Mitte des 20. Jh. den *Normalfall* sozialer Existenz (im industrialisierten Westen). Im Zuge wachsenden Wohlstandes, gesteigerter räumlicher wie sozialer Mobilität und zunehmender Bildung lockert sich die Bindungskraft dauerhafter Sozialgebilde wie Klasse, Milieu, Nachbarschaft oder Familie. Damit schwindet zugleich die Möglichkeit, auf fraglos vorgegebene Normsysteme zurückzugreifen. Wie nie zuvor sind die Einzelnen nun in ihrer Lebensgestaltung auf sich selbst gestellt: Das Individuum muss »lernen, sich selbst als Handlungszentrum, als Planungsbüro in Bezug auf seinen eigenen Lebenslauf, seine Fähigkeiten, Orientierungen, Partnerschaften usw. zu begreifen« (Beck 1986, 217).

Die Freisetzung der Individuen ist in sich zwiespältig. Sie eröffnet Entscheidungs- und Handlungsspielräume, die im Sinne einer selbstbestimmten Lebensgestaltung genutzt werden können. Sie birgt aber auch unübersehbare Risiken. Chancen und Risiken der Individualisierung betreffen primär den Einzelnen in seiner *Sozialität* und *Orientierungs*bedürftigkeit wie -mächtigkeit. Das Defizit an vorgegebenen und verlässlichen Bindungen konfrontiert mit der Herausforderung und Chance, *soziale* Netze selbstbestimmt herzustellen und aufrechtzuerhalten, wie mit dem Risiko, in Vereinzelung zu geraten. Der »Verlust von traditionalen Sicherheiten im Hinblick auf Handlungswissen, Glauben und leitende Normen« (Beck 1986, 206) erlaubt und zwingt, sich *orientierende* Maßstäbe eigenständig anzueignen und auf die je aktuelle Lebenssituation hin zu entwerfen. Diese Aufgabe kann aber auch verunsichern und überfordern.

2 Begriffsbestimmung von »Religiosität«

(1) Klassischerweise benennt Religiosität eine *anthropologische*, das menschliche Wesen betreffende Vorannahme. Angesichts der Tatsache, dass nahezu in allen Zeiten und Kulturen religiöse Vollzüge auffindbar sind, die sich einer höchsten, letzten oder heiligen Wirklichkeit zuwenden, wird dem Menschen die »Grundfähigkeit« bescheinigt, »sich selbst, die Mitmenschen und die Welt (...) im Zusammenhang mit einem Übermenschlich-Göttlichen zu sehen und zu erleben« (Grom 1985, 153). Das anthropologische Verständnis von Religiosität schreibt dem Menschen das Vermögen zu, sich (innerlich wie äußerlich) einer letzten Wirklichkeit zuzuwenden – ganz unabhängig davon, ob religiöse Haltungen und Handlungen in einer konkreten geschichtlichen Situation eher gemeinschaftlich oder individuell geprägt sind.

(2) Während die anthropologische Lesart die allgemein menschliche Basis von Religion anspricht, fasst Religiosität in einer zweiten, eher *pragmatischen* Bedeutung die konkrete Art und Weise, wie geschichtlich gewachsene und sozial vermittelte Religionen im Leben der Einzelpersonen zum Tragen kommen. In diesem Sinne bezeichnet Religiosität die *individuelle Aneignung und Verwirklichung* von Religion. Keine Religion – mag sie sich noch so autoritativ gebärden und noch so konventionell geprägt sein – kommt ohne die aktive Beteiligung konkreter Einzelner aus. Denkend, betend und handelnd geben sie der Religion ein fassbares Gesicht, das eigene Konturen aufweist, die von der amtlichen Lehre abweichen. Votivtafeln in Wallfahrtsorten geben von solch individueller Religiosität ebenso Zeugnis wie schriftliche Fürbitten in Autobahnkirchen.

Wenn Religiosität ohnehin die individuelle Seite von Religion bezeichnet, könnte man den Ausdruck individualisierte Religiosität für eine überflüssige Doppelung halten. Von individualisierter Religiosität zu sprechen ergibt allerdings Sinn, wenn damit gemeint ist, dass der *aktive Anteil des Einzelnen* am Religiösen, den es ja immer schon gab, in unserer Zeit *radikal an Bedeutung gewinnt*. Individualisierte Religiosität bezeichnet somit eine Umgewichtung: Nicht mehr die Gemeinschaft, sondern die Einzelperson wird zum Angelpunkt des Religiösen.

3 Der Zwang, sich religiös zu entscheiden

In der Moderne werden die Einzelnen zunehmend aus traditionellen Bindungen herausgelöst und auf sich selbst zurückgeworfen. Das Religiöse bildet da keine Ausnahme. Wie sich religiöses Bekennen und Handeln schrittweise individualisiert, veranschaulicht ein fiktives Beispiel, das im 19. Jh. einsetzt: »Da ist ein Dorf, in dem alle Einwohner katholisch sind. Diese Menschen wissen natürlich, dass es auf der Welt auch Nichtkatholiken gibt, und Vertreter einer solchen nichtkatholischen Welt sind auch manchmal im Dorf aufgetaucht (...) oder wurden (vielleicht bei einem Besuch in der Stadt) anderswo getroffen. Aber alle für den Einzelnen *signifikanten* Beziehungen fanden innerhalb einer durch den Katholizismus definierten Welt statt (...). In so einer Situation ist man so selbstverständlich katholisch wie man ein Mann oder eine Frau ist, braune oder blonde Haare hat oder an Heuschnupfen leidet« (Berger 2000, 811). *Vormoderne* Religiosität ist *traditional* geprägt, die Identifikation mit einem überlieferten Bekenntnis wird »fortwährend mit unerbittlicher Sicherheit durch jedermann im Milieu des Einzelnen bestätigt« (Berger 1992, 42). Die Erosion weltanschaulich geprägter Sozialstrukturen – in unserem Beispiel »durch das Eindringen von Institutionen der weiteren Gesellschaft in das Dorf (die staatlich geförderte Schule spielte da eine wichtige Rolle) oder durch die Auswanderung von Dorfbewohnern in das schon damals stark pluralisierte Milieu der Stadt« (Berger 2000, 811) – bringt diese fraglose Stabilität ins Wanken.

Moderne Religiosität verliert den Charakter einer schicksalhaft ererbten Selbstverständlichkeit. Stattdessen unterliegt die Einzelperson mehr und mehr dem *Zwang, sich religiös zu entscheiden*. Zwar besteht auch weiterhin die Möglichkeit, sich mit einer ererbten religiösen Überlieferung zu identifizieren. Solche Identifikation muss nun jedoch »*gewählt* werden, bedarf deshalb irgendeiner Form der Begründung (d.h. sie wird reflektiert)« (Berger 2000, 811). Die Verlagerung religiösen Bekennens und Handelns in die individuelle Entscheidungsmacht *verschärft sich*, je offensichtlicher die Einzelnen mit einer unübersehbaren *Pluralität* widerstreitender Weltanschauungen konfrontiert sind, die den eigenen Standpunkt beständig relativieren und infrage stellen. Begegnete der katholische Dorfbewohner, der im 19. Jh. in die Stadt zog, allenfalls Protestanten, Juden und Atheisten, so erlebt der heutige Nachkomme dieses Dorfbewohners »einen viel komplizierteren Pluralismus: Im Nebenhaus wohnt eine muslimische Familie, eine Verwandte ist Buddhistin geworden, Bekannte üben tägliche Meditation, der Lehrer der Kinder ist dezidierter Atheist, und im Fernsehen und im Internet gibt es kaum irgendeine religiöse Tradition der Menschheitsgeschichte, die dort nicht vertreten ist« (Berger 2000, 812).

4 Religiöse Individualisierung oder Säkularisierung

Wie bewältigen die Einzelnen die Aufgabe, im Dickicht religiöser Alternativen zu einem eigenen Standpunkt zu gelangen? Idealtypisch lassen sich in unseren Breiten fünf Varianten benennen. Ihr faktischer Stellenwert ist in der Religionssoziologie und -pädagogik allerdings heftig umstritten:

(1) Eher selten begegnet die Strategie, ein *geschlossenes* System religiöser Wahrheiten und Praktiken in ungebrochener Kontinuität (Orthodoxie) oder erneuter Hinwendung (Neo-Orthodoxie) *vollständig* zu übernehmen.

(2) Die geschichtliche und gegenwärtige Pluralität des Christentums ist in der spätmodernen Informationsgesellschaft für alle sichtbar. Wurde eine praktikable Auswahl aus dem unübersehbaren Gesamtfundus der christlichen Überlieferung früher hauptsächlich sozial (z.B. lokalkirchlich) geregelt (vgl. Kaufmann 1984, 78), ist sie nun maßgeblich den einzelnen Gläubigen überantwortet. Menschen, die sich *in Kirche und Christentum verorten*, tendieren heutzutage zum *»Auswahlchristentum«* (P.M. Zulehner). Mit Blick auf die eigene Lebensdeutung und -praxis präferieren sie bestimmte Inhalte und Vollzüge des christlichen Glaubens, andere werden hintangestellt oder ausdrücklich verneint.

(3) Formen privatisierter Religiosität, die sich deutlich vom institutionalisierten Christentum abgrenzen, zugleich aber klar identifizierbare *Spuren der christlichen Überlieferung* in sich bergen, sind äußerst schwer erfassbar. Religionspädagogisch werden sie jedenfalls rege thematisiert. Trotz weitgehender »Abkoppelung« (K.E. Nipkow) von christlich-kirchlichen Riten und Lehrinhalten integrieren die Betroffenen einzelne Fragmente des christlichen Erbes ins Gesamt ihrer Lebensorientierung. In mehr oder minder umgedeuteter Fassung werden diese Fragmente (z.B. das Kreuz, vgl. Prokopf 2000) zum Bestandteil einer *religiösen »Bricolage«* (ursprünglich ein Begriff von C. Lévi-Strauss), also eines selbst »zusammengebastelten« Deutungssystems, das konkrete religiöse Symboltraditionen erkennbar aufnimmt.

(4) Während sowohl das Auswahlchristentum als auch die religiöse Bricolage für punktuelle Einflüsse nicht-christlicher Religionen durchaus offen sind, bleibt die regelrechte *Konversion zu einer Fremdreligion* ein äußerst rares Phänomen.

(5) Der Zwang, sich religiös zu entscheiden, birgt nicht nur die Möglichkeit der individualisierten Hinwendung, sondern auch die des *Abschieds von der Religion*. Als größte Herausforderung für Religionspädagogik und Theologie erscheinen jene Formen individueller Wirklichkeitsdeutung, die sich – entgegen aller Schmähungen der Säkularisierungsthese – *gänzlich* von erkennbar religiös geprägten Vokabeln, Vorstellungen und Vollzügen *loslösen*. Gegen die Vermutung, dass sich Religiosität als individuelle Verwirklichung *entzifferbarer Religion* dauerhaft ohne soziale Stützung aufrechterhalten lässt, stehen bedenkenswerte sozialwissenschaftliche Befunde (vgl. Pollack 1996 und 1997). Sie deuten an, dass soziale Kirchlichkeit und individuelle Religiosität sich in hohem Maße gegenseitig bedingen und mit dem unstreitigen »Rückgang der institutionalisierten Religionsformen auch die Bedeutung der individuell konstituierten Religiosität sinkt« (Pollack 1997, 405). Die Faktizität *säkularisierter* Lebensdeutungen, welche die Bezeichnung ›Religiosität‹ hinfällig werden lassen, spiegelt sich besonders deutlich in Befunden zur ostdeutschen Mentalität (vgl. Tiefensee 2000). Aber auch für den Westen Deutschlands lassen neueste Jugendstudien einen klaren Säkularisierungstrend erkennen (vgl. Fuchs-Heinritz 2000).

5 Im religionspädagogischen Dialog mit heutigem »Lebensglauben«

Individualisierte Religiosität zeigt sich in einer widersprüchlichen Vielfalt konkreter Spielarten, bis hin zur Selbstauflösung des erkennbar Religiösen. Den Subjekten religiöser Lehr- und Lernprozesse ein *vorgeprägtes Muster von Religiosität* zu unterstellen, würde dieser Unterschiedlichkeit kaum gerecht. Stimmiger erscheint es, auf vorschnelle religiöse Zuschreibungen verzichtend den »Lebensglauben« der Betroffenen ins Zentrum religionspädagogischer Aufmerksamkeit zu rücken: »Lebensglaube meint (...) das mehr oder weniger konsistent ausgearbeitete Geflecht jener Sinnbezüge, Werte und Deutungsmuster, an denen Menschen ihr Leben faktisch orientieren« (Englert 1998, 12).

Religionspädagogik sucht diesen Lebensglauben in ein Gespräch zu verwickeln. Dialogpartner ist der jüdisch-christliche Glaube, wie er sich in Geschichte und Gegenwart manifestiert. Diese Glaubenstradition soll in ihrer lebensfördernden Widerständigkeit ins Spiel gebracht werden, um die *religiöse Mündigkeit* derer zu (be)stärken, die zunehmend genötigt sind, religiöse Entscheidungen selbst zu treffen und zu verantworten.

Spätmodernen Menschen gilt die eigene Autonomie als unhintergehbarer Wert. Statt normativ vorgeben zu wollen, was geglaubt werden muss, stellt sich deshalb die Herausforderung, Möglichkeiten aufzuzeigen, woran sich das Leben hier und heute sinnvoll ausrichten lässt. Welche dieser Möglichkeiten sich die Einzelnen zu Eigen machen, bleibt ihrer Entscheidung überlassen. Wenn religiöse Bildung »zu verantwortlichem Denken und Verhalten im Hinblick auf Religion und Glaube« (Synodenbeschluss Religionsunterricht) befähigt, begleitet sie Menschen auf dieser Suche nach ihrer *eigenen* Wahrheit.

Literatur

Beck, Ulrich, Risikogesellschaft. Auf dem Weg in eine andere Moderne. Frankfurt/M. 1986.

Berger, Peter L., Der Zwang zur Häresie. Religion in der pluralistischen Gesellschaft. Freiburg u.a. 1992.

Berger, Peter L., Sinnsuche in einer Zeit der Globalisierung. In: Stimmen der Zeit 218 (2000) 805–814.

Englert, Rudolf, Der Religionsunterricht nach der Emigration des Glauben-Lernens. Tradition, Konfession und Institution in einem lebensweltorientierten Religionsunterricht. In: KatBl 123 (1998) 4–12.

Fuchs-Heinritz, Werner, Religion. In: Deutsche Shell (Hg.), Jugend 2000. 13. Shell Jugendstudie. Bd. 1. Opladen 2000, 157–180.

Grom, Bernhard, Religiosität. In: Bleistein, Roman/Casel, Gertrud (Hg.), Lexikon der kirchlichen Jugendarbeit. München/Düsseldorf 1985, 153f.

Kaufmann, Franz-Xaver, Gesellschaft – Kirche. In: NHThG 2 (1984) 65–80.

Pollack, Detlef, Individualisierung statt Säkularisierung? Zur Diskussion eines neueren Paradigmas in der Religionssoziologie, in: Gabriel, Karl (Hg.), Religiöse Individualisierung oder Säkularisierung. Biographie und Gruppe als Bezugspunkte moderner Religiosität. Gütersloh 1996, 57–85.

Pollack, Detlef, Im Land der Konfessionslosen: Zur Lage der evangelischen Kirchen in Ostdeutschland. In: Hirschberg 50 (1997) 395–406.

Prokopf, Andreas, Neue Schläuche, alt gefüllt. Wie machen Jugendliche Gebrauch von Religion? In: Porzelt, Burkard/Güth, Ralph (Hg.), Empirische Religionspädagogik. Grundlagen – Zugänge – Aktuelle Projekte. Münster u.a. 2000, 167–178.

Schroer, Markus, Negative, positive und ambivalente Individualisierung – erwartbare und überraschende Allianzen. In: Kron, Thomas (Hg.), Individualisierung und soziologische Theorie. Opladen 2000, 13–42.

Tiefensee, Eberhard, Religiös unmusikalisch? Folgerungen aus einer weithin krisenfesten Areligiosität. In: KatBl 125 (2000) 88–95.

BURKARD PORZELT

III.4.3 Atheismus – Agnostizismus – Indifferentismus

→ II.2.1 Religion – Religionskritik
→ II.2.2 Gott – Gottesbilder
→ II.3.1 Gesellschaft und Religion
→ II.3.3 Interkulturalität

1 Begriffsklärungen

Atheismus als Gegensatz zum (Mono- oder Poly-)Theismus (griech. *theós* = Gott) ist die Leugnung einer möglichen Beziehung zu einem absoluten Wesen, das mit personalen Eigenschaften (z.B. Freiheit) ausgestattet ist (Gott, Götter). Er kann sich mehr oder minder deutlich und kämpferisch artikulieren. Als absoluter Atheismus (= Areligiosität) richtet er sich auf jegliche oder als relativer Atheismus auf besondere Gottesvorstellungen. Im engeren Sinn ist Atheismus die sich verbal äußernde Leugnung Gottes als Ergebnis einer Auseinandersetzung mit der Gottesfrage (theoretischer Atheismus). Während es sich hier um eine Stellungnahme handelt, ist der *Agnostizismus* (griech. *gnósis* = Einsicht) durch deren begründete Vermeidung charakterisiert. Er leugnet zunächst nur den begrifflichen Zugang zu Gott, weil hinsichtlich seiner Existenz oder zumindest seiner charakteristischen Eigenschaften keine verantwortbaren Aussagen gemacht werden könnten (so beispielsweise I. Kant und R. Carnap). Er findet Unterstützung von religiöser Seite, falls sie jeglichen verstandesmäßigen Zugang zu Gott ablehnt (Fideismus). Der in den Erfahrungswissenschaften praktizierte Agnostizismus dagegen ist eigentlich nur einer methodischen Einschränkung geschuldet und solcherart für Christen akzeptabel, solange er nicht zum theoretischen Atheismus wird. Der *Indifferentismus* (lat. *indifferentia* = Gleichgültigkeit) bleibt ohne jede Stellungnahme zur Gottesfrage: Sie ist nicht von Bedeutung. Da hier die Konfrontation mit dem Theismus ausfällt, kann der Indifferentismus eigentlich nicht Atheismus genannt werden; andererseits stellt er als fraglose Gottesleugnung eine Art praktischen absoluten Atheismus und damit dessen radikalste Form dar. Als Trägheit in religiösen Belangen oder als praktizierter Materialismus kommt der Indifferentismus verdeckt auch im kirchlichen Rahmen vor (ekklesialer Atheismus).

2 Vorkommen

Atheismus dürfte es seit Beginn von Religion geben, was allerdings schwer nachzuweisen ist. Der theoretische Atheismus tritt verstärkt (zumeist antiklerikal orientiert) erst im 18. Jh. auf. Als kulturprägendes Massenphänomen zeigt er sich sogar erst Ende des 19. Jh., heute oft als Generationen lang praktizierter Indifferentismus (»*Volks-Atheismus*«). Dabei handelt es sich um eine Erscheinung, die bisher auf Nord- und Westeuropa als »kirchliches Katastrophengebiet« (P.L. Berger) konzentriert ist. Die ehemalige DDR (ca. 70%, mit zunehmender Tendenz) und Böhmen sind dabei besonders signifikant.

3 Definitionsprobleme

Klassifikationen des Atheismus sind zwar zum Verständnis notwendig, in seiner Vielgestaltigkeit ist er aber nicht leicht zu erfassen. Textanalysen sind unzureichend. Umfragen müssen mit Missverständnissen rechnen, da die Unkenntnis des spezifisch religiösen Vokabulars und die damit einhergehende Sprachlosigkeit (auch im christlichen Bereich) zunimmt; schon die Gesprächssituation kann die Ergebnisse entscheidend prägen. Zuordnungen entsprechen oft nicht der Selbsteinschätzung der Beurteilten bzw. werden von ihnen missverstanden. Auch sind die Übergänge vom Agnostizismus zum Atheismus und zum Indifferentismus (in dieser Richtung verläuft oft die »vergröbernde« Entwicklung) sowie zwischen atheistischen und theistischen Positionen fließend (vgl. den Buddhismus als »Religion ohne Gott«). Von daher ist es strittig, ob als »eigentlich schon atheistisch« klassifiziert werden kann, wenn nur ein nichtpersonales Absolutes – etwa eine letzte Wahrheit, ein kosmisches Gesetz oder die Weltgeschichte als Weltgericht – anerkannt wird oder wenn Welt- oder Ich-Phänomene wie z.B. kosmische oder psychische »Energien« zuweilen inflationär als »göttlich« bezeichnet werden (vgl. Fatalismus, Esoterik, Astrologie oder Grenzfälle wie den Pantheismus im 19. Jh.). Problematisch sind umgekehrt auch vereinnahmende Zuordnungen von Atheisten als »letztlich doch religiös« oder als »anonyme Christen«.

4 Ursachen

Am schwersten dürften wegen seiner Unbestimmtheit die Ursachen des Indifferentismus zu ermitteln sein: Sie liegen vielleicht in permanenter Ablenkung von der Gottesfrage durch das gesellschaftliche Umfeld, aber auch in geistiger oder existenzieller Trägheit. Eine Konstellation, die zwingend zum Atheismus führt, ist nicht erkennbar, wie jeweils Gegenbeispiele zeigen. Er kann als *Radikalisierung der Säkularisationstendenz*, welche das jüdisch-christliche Gott-Welt-Verhältnis kennzeichnet, verstanden werden (so F. Gogarten) oder als Modernisierungsfolge vor allem im wissenschaftlich-technischen Bereich (vgl. dagegen aber die USA oder gläubige Naturwissenschaftler). Auch als wesentliches Moment einer *Befreiung* aus repressiver religiöser Sozialisation (T. Moser: »Gottesvergiftung«) oder politischer Unterdrückung scheint er aufzutreten (vgl. dagegen aber die lateinamerikanische Befreiungstheologie). Ob er reines Ergebnis kommunistischer *Propaganda* ist, erscheint angesichts der postkommunistischen Situation z.B. in Polen und Litauen fraglich. Als »Fels des Atheismus« (G. Büchner) gilt auch die *Theodizee-Frage*, also die Rechtfertigung Gottes angesichts des Übels in der Welt, doch kann hier ebenso ein vertieftes Verständnis der Transzendenz Gottes und des Kreuzes Christi ansetzen (Theologie nach Auschwitz). Entsprechend problematisch sind monokausale Erklärungen, die umgekehrt Atheisten für das Phänomen des Theismus geben (z.B. die Projektionstheorien bei L. Feuerbach und S. Freud oder die Selbstentfremdungsthese bei K. Marx): Zumeist handelt es sich hierbei um einen Kurz-Schluss, denn die Art, wie sich individuell oder kollektiv eine Gottesvorstellung bildet, entscheidet noch nicht über deren Geltung.

5 Religionspädagogische Konsequenzen

5.1 Allgemeine Konsequenzen

Der (Massen-)Atheismus stellt die pastorale bzw. religionspädagogische Herausforderung der Gegenwart schlechthin dar, sodass keine christliche Initiative ganz von ihm absehen kann. Aus religiöser Sicht handelt es sich beim Atheismus um eine defizitäre Einstellung zum Menschen und seiner Bestimmung, eine »Sünde gegen die Tugend der Gottesverehrung« (Katechismus der Katholischen Kirche, Nr. 2125). Trotzdem muss vor seiner unkritischen Abwertung gewarnt werden. Das Zweite Vatikanische Konzil hat die vorherige rein negative Haltung zum Atheismus entscheidend korrigiert: Es stellt die Mitschuld der Christen an ihm heraus, verlangt eine gründlichere Prüfung seiner Gründe und ruft die Christen zur Zusammenarbeit mit den Nichtglaubenden auf, was gegenseitige Diskriminierungen verbietet (vgl. Vaticanum II, Gaudium et spes 19–21). So gesehen ist insbesondere der Begriff *»Gottlosigkeit«* wegen seiner Mehrdeutigkeit problematisch zu nennen. Er kann nämlich moralisch (als Auflehnung gegen Gott oder volkstümlich als Sittenlosigkeit), bewusstseinsmäßig (dann identisch mit dem Indifferentismus) oder auch erlösungstheologisch (als Verdammungsurteil) interpretiert werden. Da Atheisten wie Christen letztlich ihrem Gewissen zu folgen haben und dementsprechend von Gott gerichtet werden, ist von vornherein weder Atheisten noch Kulturen, die vom Atheismus dominiert werden, Unmoral oder ein allgemeiner Werteverfall zu unterstellen. Atheisten fallen auch nicht einfach aus dem Erlösungswillen Gottes heraus, solange sie ihrem Gewissen treu bleiben und nach der Wahrheit suchen (vgl. Vaticanum II, Gaudium et spes 16).

Wie Paulus in Athen (Apg 17,16–32) wird die christliche Verkündigung nach Anknüpfungspunkten suchen und kann dabei auf ein möglicherweise nur verschüttetes spirituelles oder diffuses religiöses Interesse setzen. Da der Massen-Atheismus aber kirchengeschichtlich gesehen relativ neu ist, sind keine ausgereiften Konzepte der *(Re- oder Neu-)Evangelisierung* zu erwarten – zumal deren allgemeine Durchschlagskraft wesentlich begrenzt ist. Das lässt sich soziologisch (Volks-Atheismus als schwer zur Entscheidung zu bringender Indifferentismus), psychologisch (Atheisten als »religiös unmusikalisch« – so M. Weber) oder theologisch (Glaube als Gnadengeschenk) einsichtig machen. Ob das Phänomen des Massen-Atheismus jemals wieder verschwinden wird, ist fraglich.

Angesichts seiner vorrangig christlichen Vorgeschichte ist der Atheismus zunächst eine Anfrage an die Christen selbst: Ist ihr Gott vielleicht den »Tod der tausend Modifikationen« (A. Flew) gestorben, indem sein Bild in falscher Anpassung an vermutete Bedürfnisse »verniedlicht« und damit irrelevant wurde oder weil sein Name vorrangig institutionellem Eigeninteresse (z.B. der Mitgliederbindung) diente? Die Begegnung mit dem Atheismus könnte so eine (Wieder-)Begegnung mit dem Gott Jesu Christi anregen, der das Menschliche in seiner Endlichkeit nicht abwertet – wie der Atheismus oft unterstellt –, sondern erlösend annimmt. Umgekehrt sind Atheisten eingeladen, auch ihre jeweiligen hintergründigen Gottes- und Menschenbilder zu thematisieren und zu klären. Der *Dialog mit dem Atheismus* entspricht in dieser profilierten Offenheit dem interkonfessionellen oder interreligiösen Austausch, wobei das jeweilige Lebenszeugnis einen entscheidenden Anteil hat.

5.2 Konsequenzen im Einzelnen

Wahrscheinlich ist ein theoretischer Atheismus immer ein relativer. So ist die erste Aufgabe, das geleugnete Gottesbild zu ermitteln und mit der genuin christlichen Gottesvorstellung zu konfrontieren. Dem Agnostizismus gegenüber ist die unüberwindliche Begrenztheit menschlicher Gotteserkenntnis, wie sie u.a. das biblische Bilderverbot ausdrückt, anzuerkennen, doch ist wenigstens ein Vorbegriff von Gott für das Gespräch notwendig. Außerdem muss der Agnostizismus zumindest die Möglichkeit einer Offenbarung Gottes einräumen. Der Indifferentismus kann ein Indiz für die Verborgenheit Gottes und die Erfahrung seiner Abwesenheit sein. Da aber wohl alle Menschen Erlebnisse der Endlichkeit haben und eine Sehnsucht nach einem erfüllenden und erlösenden Absoluten kennen, muss die Frage nach Gott als dem tiefsten Grund menschlichen Daseins erst einmal geweckt werden, um eine Stellungnahme zu ermöglichen: Im Sinne von Offb 3,15f ist ein entschiedener Atheismus akzeptabler als die den Indifferentismus kennzeichnende Unbestimmtheit. Daher ist eine (Bild-)Sprache zu suchen und anzubieten, in der auch »Areligiöse« ihre Kontingenz- und Transzendenzerfahrungen artikulieren können.

Literatur

Dexinger, Ferdinand/Schmidt, Martin/Rohrmoser, Günter/Hubbeling, Hubertus/Müller-Lauter, Wolfgang, Atheismus. In: TRE 4 (1993) 349–436.
Zulehner, Paul M./Denz, Hermann, Wie Europa lebt und glaubt. Düsseldorf 1993.
Weissmahr, Béla, Philosophische Gotteslehre. Stuttgart u.a. ^{2}1994.
Wucherer-Huldenfeld, Augustinus Karl, Ursprüngliche Erfahrung und personales Sein. Wien u.a. 1997, 1–138.
Tiefensee, Eberhard, »Religiös unmusikalisch«? In: Wanke, Joachim (Hg.), Wiedervereinigte Seelsorge. Leipzig 2000, 24–53.

EBERHARD TIEFENSEE

III.4.4
Interreligiöses Lernen I: Islam

→ II.3.3 Interkulturalität
→ III.1.2 Lernprozess Juden – Christen
→ III.4.5 Interreligiöses Lernen II: Hinduismus und Buddhismus

1 Die Ausgangslage

Das Zusammenleben im religiös zunehmend gemischten Europa und global verlangt nach interreligiösem Lernen: »Kein Weltfriede ohne Religionsfriede« (H. Küng). Das Verhältnis von Christentum und Islam ist dabei von besonderen Chancen und Belastungen geprägt: das gemeinsame »abrahamitische« Erbe und viele kulturelle Befruchtungen (z.B. durch das islamische Spanien im Mittelalter) einerseits, tief verwurzelte Traumata andererseits (muslimische Eroberungszüge, »Türken vor Wien« – Kreuzzüge, Kolonialismus). In der Gegenwart ist der Islam eine kontinuierlich wachsende, neben dem Christentum die größte Weltreligion – mit vielfältigen inneren Spannungen zwischen Tradition und Moderne. Im deutschen Sprachraum ist er zur größten religiösen Gruppierung neben den christlichen Konfessionen geworden: mit etwa 3 Millionen Anhängern und ca. 700.000 Kindern und Jugendlichen in den Schulen. Anders als noch in den 1960er/70er-Jahren befinden diese sich nicht mehr im Gastarbeiterstatus, sondern sind auf Dauer Teil der mitteleuropäischen Gesellschaft.

2 Grundsätze

Interreligiöses Lernen zielt nicht auf einen Standpunkt »oberhalb« der Religionen, sondern auf eine Kommunikation, die eine differenzierte Vergegenwärtigung der je eigenen religiösen Traditionen zum Ausgangspunkt hat. Es bedeutet aber auch: Abkehr vom Eurozentrismus, Wahrnehmung der weltweiten Abhängigkeiten, Verflochtenheiten, Befruchtungsmöglichkeiten. Es ist nicht nur als Teilinhalt des konfessionellen Religionsunterrichts und des Ethikunterrichts zu konstituieren (auch wenn diese Fächer hier eine »Leitaufgabe« haben), sondern als übergreifende Aufgabenstellung für verschiedene Lernbereiche und das Schulleben insgesamt. Erforderlich ist, die Religionen von ihren Hauptinhalten und zentralen Erfahrungen her zu erschließen, damit sie nicht von ihnen fremden Sichtweisen her schabloniert werden. Dabei sollten die Anhänger der jeweils anderen Religionen explizite oder implizite Gesprächspartner sein: Können sie sich in der Darstellung ihres Glaubens wiederfinden? Interreligiöses Lernen strebt ferner über die gedankliche Beschäftigung hinaus zu existenzieller Begegnung. Es sollte Schülerinnen und Schülern zu Orientierung und Entscheidung verhelfen, durch die Vergegenwärtigung verschiedener Glaubenssysteme (ggf. auch durch Kritik gegenüber problematischen Heilslehren) und durch ein besseres Verstehen der eigenen Tradition und Kultur im Lichte dieser Begegnung.

3 Probleme

Interreligiöses Lernen steht zunächst vor dem Problem, wie angesichts verbreiteter religiöser Desozialisation besonders in den hoch industrialisierten Ländern das Vertrautmachen mit der eigenen Tradition in ein verantwortbares Verhältnis zur Begegnung mit anderen Religionen zu bringen ist. Zu fragen ist auch: Wieweit können Inhalte anderer Religionen vermittelt werden, wenn persönliche Begegnungen mit ihren Anhängern nicht möglich sind? Hinzu kommt die Aufgabe der Elementarisierung, die bei den komplexen Systemen der Religionen, die Menschen über Jahrtausende und in ganzen Kontinenten geprägt haben, nicht leicht zu bewältigen ist. Wie kann hier verantwortet ausgewählt werden? Ist bei nur gelegentlicher Beschäftigung mit Weltreligionen so etwas wie »aufbauendes Lernen« möglich? Wahrgenommen werden müssen auch die konkurrierenden Wahrheitsansprüche der Religionen und ihr unterschiedliches »Sendungsbewusstsein« (vgl. Lähnemann 1998a, 141).

4 Aufgaben

Nachdem bis in die 1980er-Jahre Weltreligionen in der deutschsprachigen Religionspädagogik (anders als in der englischen) ein Randthema waren, bearbeitet von wenigen Experten (H. Schultze, W. Trutwin, U. Tworuschka, J. Lähnemann), hat sich in den 1990er-Jahren ein deutlicher Wandel vollzogen. Die Thematik Weltreligionen und besonders der Islam haben Aufnahme in nahezu alle Lehrpläne für den evangelischen und katholischen Religionsunterricht der Primar- und Sekundarstufen in Deutschland gefunden. Ferner wurden entsprechende Schulbuchkapitel verfasst. Wichtig sind folgende *Erweiterungen des unterrichtlichen Spektrums:*

- die Entgrenzung des ganz überwiegend kognitiven Zugangs hin zu einer auch emotionalen und praktischen Begegnung;
- die altersmäßige Entgrenzung von den höheren Klassen bis hinein in die Grundschule, ja die Elementarerziehung;
- die Entgrenzung von der Betrachtung religiöser Lehren und Erscheinungsformen hin zu einer kontextuellen Beschäftigung, Auseinandersetzung und Begegnung mit den Weltreligionen – ihrer Geschichte, ihrer Kultur, ihrer verschiedenen Erscheinungsformen;
- die Bemühung um authentische Information und die Einbeziehung von Andersgläubigen als direkte Gesprächspartner.

Als *Leitziel* kann genannt werden, dass Schülerinnen und Schüler für eine Situation der Begegnung ausgerüstet werden, die nicht von Vorurteilsbarrieren belastet ist, in der vielmehr ein Hören aufeinander und ein Lernen voneinander möglich wird, das zur Entgrenzung und Bereicherung der Horizonte auf beiden Seiten führt. Dabei soll nicht nur ein besseres Verständnis der religiösen und kulturellen Wurzeln des anderen, sondern auch gerade des eigenen Glaubens gewonnen werden (vgl. Lähnemann 1986, 163).

Hinweise für die verschiedenen *Schulstufen* sollen dies konkretisieren:

- In der *ersten und zweiten Klasse* kann man besonders das Schulleben und die Feste mit Blick auf die Kinder aus verschiedenen Religionen und Kulturen gestalten. Sie zum Mit-Teilen, Mit-Gestalten zu bringen, ist ein besonders wirksamer Weg der Begegnung. Je mehr dabei die Familien der Kinder und die Gemeinden beteiligt sind, desto lebensvoller sind Schulanfang, Schulfeste, religiöse und »weltliche« Feiern einzubeziehen (vgl. Lähnemann 1998a, 322f).
- In der *dritten und vierten Klasse* kann schon eine erste bewusste Begegnung mit dem Glauben anderer stattfinden – am besten personbezogen, erlebnisbezogen, projektmäßig. Hier erweist sich das Prinzip der »Personalisierung« (W. Haußmann) als hilfreich: Am Beispiel einer Person oder eines Kindes gleichen Alters werden exemplarische Erfahrungen verdeutlicht. Der 1999 vom Zentralrat der Muslime (Köln) vorgelegte Lehrplanentwurf für einen islamischen Religionsunterricht in der Grundschule kann ergänzend einen Einblick geben, wie deutschsprachige Muslime sich selbst die Vermittlung ihrer Religion in einem ordnungsgemäßen Religionsunterricht vorstellen.
- In der *5. und 6. Klasse*, der »Orientierungsstufe«, fragen Schülerinnen und Schüler häufig nach Konkretem, aber auch nach Fremdem. Dabei können größere Zusammenhänge in den Blick genommen werden: das Leben Mohammeds sowie die Entstehung, die wichtigsten Lehren und die Pflichten des Islam, eventuell schon erste Einblicke in seine kulturellen Leistungen. Es lässt sich vermitteln, dass es Korrespondenzen zwi-

schen den Religionen gibt, besonders in der Ethik. Es gibt gemeinsame Themen wie z.B. die Schöpfung sowie Themen, bei denen es gilt, miteinander übereinander zu lernen (vgl. Lähnemann 1986, 214ff; 1998a, 351ff).

- In der *Altersstufe des 7. bis 10. Schuljahrs* ist vor allem auch die geschichtliche Dimension zu berücksichtigen, und die Religionen sind in ihrem gesellschaftlichen Kontext darzustellen. Es ist sinnvoll, Lebensbeispiele aus den Religionen zu geben und neben die traditionell stark beachtete Geschichte der Kriege und Konflikte die Geschichte der kulturellen Befruchtungen zu stellen. Die Begegnungsdimension kann besonders in pluralen Stadtbezirken auch im Konfirmandenunterricht und in der kirchlichen Jugendarbeit wahrgenommen werden: durch Besuche in Moscheen (und Gegenbesuche in Kirchen) und die gegenseitige Befragung von jungen Christen und Muslimen (vgl. Lähnemann 1998a, 359).
- In der *Oberstufe* geht es darum, die Religionen einschließlich ihrer (auch gegebenenfalls kritisch) zu erörternden Glaubenslehren in einer pluralen, säkularen Welt darzustellen – z.B. in den Inhaltsbereichen »Sinnsuche«, »Weltethos« (vgl. Lähnemann/Haußmann 2000) und bei den Themen des Konziliaren Prozesses. Aber man sollte auch die eindrucksvollen heiligen Texte lesen (vgl. Lähnemann 1998a, 367ff).
- Schließlich ist interreligiöses Lernen eine Aufgabe *»lebenslangen Lernens« vom Elementarbereich bis zur Seniorenbildung*. Lernangebote sind neben den Ausbildungsangeboten an Hochschulen und Akademien vor allem durch Christlich-Islamische Gesellschaften und durch die Gruppen der Weltkonferenz der Religionen für den Frieden (WCRP) gegeben, in denen Begegnung, Verständigung und Kooperation ermöglicht wird (vgl. Lähnemann 1998a, 395ff).

5 Perspektiven

Interreligiöses Lernen wird hinsichtlich seiner Bedingungen weiter erforscht, hinsichtlich seiner theologisch-pädagogischen Dimensionen vertiefend reflektiert, hinsichtlich der curricularen Möglichkeiten kooperativ entwickelt und in der Praxis erprobt werden müssen. Die besonders von Johannes A. van der Ven und Hans-Georg Ziebertz (1994) initiierten empirischen Untersuchungen über Jugendliche in multikulturellen und multireligiösen Kontexten bedürfen der Erweiterung, die theologisch-pädagogische Reflexion des Verhältnisses von »Identität und Verständigung« (so die EKD-Denkschrift zum Religionsunterricht 1994) ist gründlicher zu entfalten (vgl. hierzu Lähnemann 1986, 247ff; 1998a, 233ff; Leimgruber 1995 und Nipkow 1998). Die Lehrplanentwicklung braucht eine neue Qualität der Verständigung zwischen den Fächern; die Schulbuchforschung ist international zu betreiben; die Lehrerbildung bedarf innovatorischer Impulse. Ansatzpunkte zu neuer, kooperativer Praxis, wie sie etwa in Hamburg (Pädagogisch Theologisches Institut), Duisburg (Arbeitsstelle Interreligiöses Lernen), Münster (Comenius Institut) und Nürnberg (Nürnberger Foren zur Religions- und Kulturbegegnung) verfolgt werden, zielen auf eine verbreiterte Rezeption in Schulen und Bildungseinrichtungen. Im Bereich interreligiöses Lernen gibt es noch viel zu entdecken und für eine humane Zukunft zu leisten.

Literatur

Lähnemann, Johannes, Weltreligionen im Unterricht. Eine theologische Didaktik. Bd. 2: Islam. Göttingen 1986 (²1996).
Lähnemann, Johannes, Evanglische Religionspädagogik in interreligiöser Perspektive. Göttingen 1998a.
Lähnemann, Johannes (Hg.), Interreligiöse Erziehung 2000. Die Zukunft der Religions- und Kulturbegegnung (Päd. Beiträge zur Kulturbegegnung 16). Hamburg 1998b.
Lähnemann, Johannes/Haußmann, Werner (Hg.), Unterrichtsprojekte Weltethos I u. II (Päd. Beiträge zur Kulturbegegnung 17/18). Hamburg 2000.
Leimgruber, Stephan, Interreligiöses Lernen. München 1995.
Nipkow, Karl Ernst, Bildung in einer pluralen Welt. Bd. 2: Religionspädagogik im Pluralismus. Gütersloh 1998.
Tworuschka, Udo, Methodische Zugänge zu den Weltreligionen. Frankfurt a.M./München 1982.
Van der Ven, Johannes A./Ziebertz, Hans-Georg (Hg.), Religiöser Pluralismus und interreligiöses Lernen. Weinheim 1994.

JOHANNES LÄHNEMANN

III.4.5 Interreligiöses Lernen II: Hinduismus und Buddhismus

→ II.3.3 Interkulturalität
→ III.1.2 Lernprozess Juden – Christen
→ III.4.4 Interreligiöses Lernen I: Islam

1 Situation

Heute stehen etwa 1,8 Mrd. Christen etwa 900 Mio. Hindus (Indien, Nepal) und etwa 400 Mio. Buddhisten (Süd-, Südost- und Ostasien) gegenüber. Zunehmend erhalten östliche Religionen oder Versatzstücke daraus Bedeutung in Deutschland. Waren es ab den 1970er-Jahren vor allem die so genannten »Jugendsekten« wie Gesellschaft für Krsna-Bewusstsein, Transzendentale Meditation (Maharishi Mahesh Yogi), Kinder Gottes (Mo), Rajneeshismus (Bhagwan) und andere, die lautstark ihre Vorstellungen propagierten, doch insgesamt wenig Erfolg hatten, so ist die Situation inzwischen anders. Hinduistische Religionen spielen weiterhin keine wesentliche Rolle, wohl aber Einzelstücke aus indischer (etwa Yoga) und chinesischer (etwa Yin und Yang) Tradition, deren Faszination des Exotischen auf das Bemühen vieler trifft, patchworkartig religiöse und esoterische Elemente verschiedener Traditionen zum eigenen Lebensentwurf zusammenzustellen. Vor allem der Buddhismus findet im Westen starken Zuspruch. Inzwischen bekennen sich über 100.000 Deutsche zum Buddhismus. Aber sehr viel mehr Menschen fühlen sich zu einzelnen buddhistischen Lehren hingezogen – verstehen diese jedoch oft nicht richtig (etwa positiv gedeutete Seelenwanderung statt belastender

Wiedergeburt). Unter den buddhistischen Richtungen war in Deutschland bis 1960 vor allem der Theravada vertreten, seit den 1970er-Jahren gewannen Vajrayana (tibetisch) mit inzwischen ca. 50% und Zen (chinesisch-japanisch) mit ca. 30% an Bedeutung. Der Dalai Lama erscheint dabei als symphatische religiöse Führungspersönlichkeit nicht allein für den Vajrayana, sondern für den gesamten Buddhismus.

2 Hinduismus

Der von Europäern geprägte Begriff Hinduismus bezeichnet nicht eine Religion, sondern das Kollektiv von Religionen, das jenseits des Flusses Indus (persisch Hindu) zu finden ist und sich in großer Vielfalt zeigt. Die hinduistischen Religionen kennen keinen Religionsstifter, ihre Anfänge verlieren sich im Dunkel. Es gibt eine Grundordnung der Welt, ein Gesetz, das allem zugrunde liegt, das *Dharma*. Diese Lebensordnung besagt auch, dass Leben und Tod einander abwechseln wie ein Rad, das sich dreht. Daraus ergibt sich die Lehre von der Wiedergeburt, von *Samsara*: Immer wieder werden die Lebewesen in eine neue, leidvolle Existenz wiedergeboren – entsprechend ihrem Tun. Gute oder böse Taten bewirken Heil oder Unheil – das ist *Karma*. Ausbrechen aus dem Leidenskreislauf der je neuen Wiedergeburten kann ein Mensch nur, wenn er eins wird mit dem Göttlichen, dem Grund von allem, wenn seine individuelle »Seele«, sein *Atman*, eins wird mit dem göttlichen Grundprinzip, dem *Brahman*. Es geht dabei um einen mystischen Weg, um eine unmittelbar-intuitive Einheitserfahrung. Das Göttliche erfährt der Mensch nicht über sich, als (personales) Gegenüber, sondern in sich, als inneres Prinzip allen Lebens. Diese Grundvorstellung hat sich in der über dreitausendjährigen Geschichte des Hinduismus erheblich ausgestaltet und verändert. Das Göttliche wird zu unterschiedlichen Göttern, die verehrt und angerufen werden; sie zeigen sich als funktionale Differenzierungen des Göttlichen und Allganzen. Dennoch darf auch der heutige Hinduismus mit vielen Götter nicht als polytheistische Religion verstanden werden, eher als henotheistische: Es gibt zwar viele Götter, aber ein Gläubiger bekennt sich in der Regel zu einem, für ihn höchsten Gott. Zudem steht hinter allen Göttern das göttliche Prinzip, auf das sich Menschen in der Verehrung einzelner Götter letztlich ausrichten. Wichtig sind heute vor allem drei Göttergruppen: *Vishnu* mit seiner Frau *Lakshmi* (Shri) und seinen *Avataras*, »Erscheinungsweisen« in der Welt, vor allem *Rama* und *Krishna*; *Shiva* mit seiner Frau *Parvati* und den Söhnen *Ganesha* und *Karttikeya* (Subrahmanya); weibliche Gottheiten wie *Durga* und *Kali* (Shaktismus). Drei Wege zur Erlösung von Samsara und zur Einheit mit dem Göttlichen sind möglich: der Weg der (Gottes-)Liebe (*bhakti-marga*) mit Verehrung, Opfern, Spenden von Gaben, Gebet, Ritualen; der Weg des Handelns (*karma-marga*) mit Verantwortung für andere, Mitleid, sozialem Handeln; der Weg des Wissens (*jnana-marga*) mit Askese, Meditation, Yoga, Bewusstseinswandel. Das Ziel dieser Wege ist eins: Einheit mit dem Göttlichen und dadurch Erlösung.

3 Buddhismus

Der Buddhismus geht auf eine geschichtliche Gestalt zurück, auf Siddharta Gautama (Sanskrit, Pali: Siddattha Gotama), der etwa 500 v. Chr. in Nordindien lebte (neuere Forschungen nennen 448–368). Siddharta war Sohn eines Regenten (Raja), der über den Stamm der Shakyas herrschte. Im Alter von 29 Jahren verließ Siddharta Frau und Sohn, wurde ein Wanderasket und lernte bei zwei Meistern Meditation und die Tradition der Upanishaden. Doch seine Frage: »Wie lässt sich Leid überwinden?« fand keine Antwort. Nach mehrjährigem Suchen und strenger Askese kam Siddharta dann in Uruvilva (heute Bodh Gaya) zur Erleuchtung und wird seitdem »der Erwachte« (Erleuchtete) genannt, der Buddha. Buddha ist kein Name, sondern wie Christus ein Ehrentitel. Siddharta erkannte »vier edle Wahrheiten«: (1) Alles ist Leiden. (2) Das Leiden entsteht durch den Lebensdurst der Menschen. (3) Das Leid wird überwunden, wenn die Gier beendet wird. (4) Dazu verhilft ein achtfacher Pfad.

Siddharta greift auf hinduistische Grundvorstellungen wie Dharma, Samsara, Karma zurück, verändert diese jedoch. So gibt es für ihn keine Seele, die von einer Wiedergeburt zur anderen wandert. Es gibt vielmehr ein konditionales Entstehen; das *Karma*, das ein Lebewesen sammelt, ist der Anstoß, dass ein neues Lebewesen zu einer leidvollen Existenz geboren wird. Wer aber kein Karma mehr ansammelt, der verhindert eine erneute, durch sein Karma angestoßene Wiedergeburt, er verlischt wie die Flamme einer Kerze und geht im Nirvana auf. Das *Nirvana* steht somit für das Zurruhekommen, für ein Ende allen Leids. Der Weg zum Erlöschen bedarf meist mehrerer oder vieler Wiedergeburten. Für den also, der in diesem Leben nicht zur Erleuchtung gelangt, ist es deshalb wichtig, so viel gutes Karma zu sammeln, dass eine bessere Wiedergeburt (nicht er selbst!) in einem weiteren Leben größere Chancen hat, das Nirvana zu erreichen.

Der Buddha sammelte nach seiner Erleuchtung Schüler, aus denen er einen Mönchsorden mit festen Regeln bildete (später auch einen Frauenorden). Schnell breitete sich seine Botschaft in Nordindien aus. Die ursprüngliche Lehre des Buddha wurde von der Richtung des *Theravada* (Lehre der Älteren) oder *Hinayana* (Kleiner Wagen) erhalten (Sri Lanka, Burma, Thailand, Laos und Kambodscha). Andere buddhistische Richtungen in einer Vielzahl von Schulen entwickelten die buddhistische Lehre weiter, sodass sich heute ein verwirrendes Bild buddhistischer Glaubensrichtungen ergibt. Hier sind zu nennen: *Mahayana* (Großer Wagen) und *Vajrayana* (Diamantfahrzeug). Drei Richtungen des Mahayana (China, Vietnam, Korea, Japan) lassen sich nennen: (1) Meditation (sanskrit *dhyana*, chin. *chan*, jap. *zen*); (2) Glauben als Vertrauen auf einen der nunmehr vielen verehrten Buddhas (besonders *Amitabha*, jap. *Amida*) und *Bodhisattvas* (besonders *Avalokiteshvara*); (3) sozialpolitischer Einsatz (in Japan Nichiren, Mönche in Vietnam und Burma, Weltfriedenskonferenzen). Das Vajrayana findet sich besonders in Tibet und wird herausragend durch den Dalai Lama repräsentiert. Hier ist der Mahayana-Buddhismus gemischt mit Tantrismus und der vorbuddhistischen Bön-Religion. Grundthema aller buddhistischer Schulen ist die Befreiung des Menschen vom Leid. Der Buddha wird – zumindest im Theravada – nicht als Gott verstanden, sondern als Lehrer und Wegweiser verehrt, der den Weg zur Befreiung und zum Verlöschen im Nirvana gewiesen hat.

4 Perspektiven interreligiösen Lernens

Christen, Hindus und Buddhisten wissen von der Leidhaftigkeit und Erlösungsbedürftigkeit der Menschen, sie suchen unterschiedliche Heilswege. Was heißt das für interreligiöses Lernen? Ein erster Schritt muss bereits im Grundschulalter das Wahrnehmen verschiedener religiöser Traditionen sein, neben Christentum und Islam auch Hinduismus und Buddhismus. Darüber hinaus geben Hinduismus und Buddhismus in einem zweiten Schritt Impulse für Christen im Kontext gesellschaftlichen Umbruchs:

(1) *Verhältnis zur Welt*: Wie ist das Verhältnis zur Welt, zu Konsum und materiellen Gütern? Reicht die Reduzierung auf Konsum, auf Materielles und Lebensstandard aus, um die Fragen nach Sinn zu beantworten? Kann der östliche Weg der »Weltabkehr«, des Verhinderns von Bindungen ein notwendiges Korrektiv sein?

(2) *Verhältnis zur Natur*: Versteht sich der Mensch (eher westlich) als Krone der Schöpfung und damit über Welt und Natur gesetzt, als Herrscher und Ausbeuter oder (eher östlich) als in Welt und Teil des Kosmos, als Stück eines vernetzten Lebens (Atman in Brahman)? Prägt eine anthropozentrische oder eine kosmozentrische Ausrichtung den Umgang mit Tieren und Pflanzen (Industrialisierung der Tierzucht unter dem Aspekt der Nützlichkeit oder »heilige Kuh« als Symbol der grundsätzlichen Achtung jeden Lebewesens)?

(3) *Gottesbild*: Ist die jüdisch-christlich-islamische Vorstellung eines transzendenten Gottes, der dem Menschen als Person, Schöpfer, Richter und Vollender gegenübersteht, die einzig mögliche? Oder hat nicht auch die östliche, in den westlichen Religionen nur in Spuren (Mystik, Sufi) vorhandene Vorstellung von der Immanenz Gottes in Welt und Menschen, von Gott als Allganzem, von der ursprünglichen und vom Menschen wiederzufindenden Einheit von Gott und Mensch ebenfalls ihre Berechtigung?

(4) *Gott* begegnet dem *Menschen*: Christen bekennen Jesus, den Christus, nicht nur als Religionsstifter und Lehrer, sondern als Gott-mit-uns, in dem Gott sich offenbart. Hinduismus (und mahayanischer Buddhismus) kennen viele Weisen, wie Götter bzw. Buddhas und Bodhisattvas dem Menschen begegnen. Jesus, Mohammed, Siddharta können nebeneinander gestellt, Ähnliches und Unterscheidendes erarbeitet werden – zu ihrer Bedeutung innerhalb der jeweiligen Religion wird man allerdings die Bekenntnisse der Glaubenden respektieren müssen.

(5) *Gebet/Meditation*: Entsprechend verschiedener Gottesbilder ergeben sich Gebet (zu einem als Person vorgestellten Gott) und Meditation (im Blick auf das göttliche Prinzip in allem oder auf dem Weg zur Leidensbefreiung). Beides muss sich nicht widersprechen (westliches Denken: entweder – oder), sondern kann sich gegenseitig befruchten (östliches Denken: sowohl – als auch), zumal ja Spuren der jeweils anderen Auffassung auch in der eigenen Tradition vorhanden sind.

(6) *Moral und Ethik*: Hier gibt es viele Übereinstimmungen, eine Art Grundethos; interreligiöses Lernen kann dieses aufgreifen, soll aber auch den jeweils anderen religiösen Hintergrund ethischer Postulate erarbeiten.

(7) *Ziel des Lebens*: Westliche (ein Leben und dann Vollendung bei Gott) und östliche Vorstellungen (viele Leben als leidvolle Erfahrung und das Bemühen, aus diesem Kreislauf auszuscheiden) stehen gegeneinander. Doch sollen nicht die Unterschiede vorrangig sein, vielmehr das Bemühen um einen guten Weg in diesem Leben. Unterschiedliche Religionen in West und Ost gehen verschiedene Wege, doch letztlich auf ein Ziel zu. Interreligiöses Lernen kann helfen, Toleranz gegenüber solch unterschiedlichen Wegen und ihren Bekennern zu entwickeln und zu einer verantworteten eigenen Stellung zu ermuntern.

Literatur

Zu den Weltreligionen:
Frisch, Hermann-Josef, Felix reist zum Dach der Welt. Begegnung mit Hinduismus und Buddhismus. Düsseldorf 1998.
Frisch, Hermann-Josef, Himmelsleitern. Religionen der Welt in Bildern. Düsseldorf 1999.
Küng, Hans, Spurensuche. Die Weltreligionen auf dem Weg. München 1999.
Trutwin, Werner, Wege zum Licht. Die Weltreligionen. Düsseldorf 1996.

Zum Hinduismus:
Keilhauer, Anneliese/Keilhauer, Peter, Die Bildersprache des Hinduismus. Köln 1983.
Schreiner, Peter, Im Mondschein öffnet sich der Lotus. Düsseldorf 1996.

Zum Buddhismus:
Klimkeit, Hans-Joachim, Der Buddha. Leben und Lehre. Stuttgart 1990.
Notz, Klaus-Josef (Hg.), Das Lexikon des Buddhismus. Grundbegriffe, Traditionen, Praxis. 2 Bde. Freiburg 1998.
Schumann, Hans Wolfgang, Handbuch Buddhismus. Die zentralen Themen: Ursprung und Gegenwart. München 2000.

Zur Person des Buddha:
Frisch, Hermann-Josef, Der Buddha. Die Geschichte des Erwachten. Düsseldorf 2001.
Schmidt-Leukel, Perry (Hg.), Wer ist Buddha? Eine Gestalt und ihre Bedeutung für die Menschheit. München 1998.
Schumann, Hans Wolfgang, Der historische Buddha. München 1982.

HERMANN-JOSEF FRISCH

IV. Räume religiösen Lernens

Die Aufgaben religiöser Erziehungs- und Bildungsarbeit lassen sich nach unterschiedlichen Kategorien klassifizieren. Neben einer dimensionalen (vgl. III) hat sich auch eine sektoriale Einteilung bewährt. Insofern es keineswegs gleichgültig ist, wo bzw. in welchem institutionellen Kontext sich religionspädagogische Aktivitäten vollziehen, ist von verschiedenen »Räumen« religiösen Lernens zu sprechen.

Dabei geht es zunächst einmal darum, sich der an den einzelnen Lernorten gegebenen Voraussetzungen religionspädagogischen Handelns bewusst zu werden: So finden sich in einer Kirchengemeinde andere Rollen- und Interaktionsmuster als in der Schule und die Schule verfügt über andersartige Ressourcen als die Familie - die freilich auch einen ganz anderen »Zweck« hat als die Schule oder die Kirchengemeinde. Auf diese in den verschiednen Räumen gegebenen Bedingungen muss sich religiöses Erziehungs- und Bildungsbemühen einstellen. Wobei neben der klassischen Trias *Gemeinde* (vgl. IV.2), *Familie* (vgl. IV.1) und *Schule* (vgl. IV.3) heute auch die *Gesellschaft* als ein Lernort von Religion und Glaube ausdrücklich und differenziert mit anzusprechen ist (vgl. IV.4).

IV.1 Lernort Familie und Elementarbereich

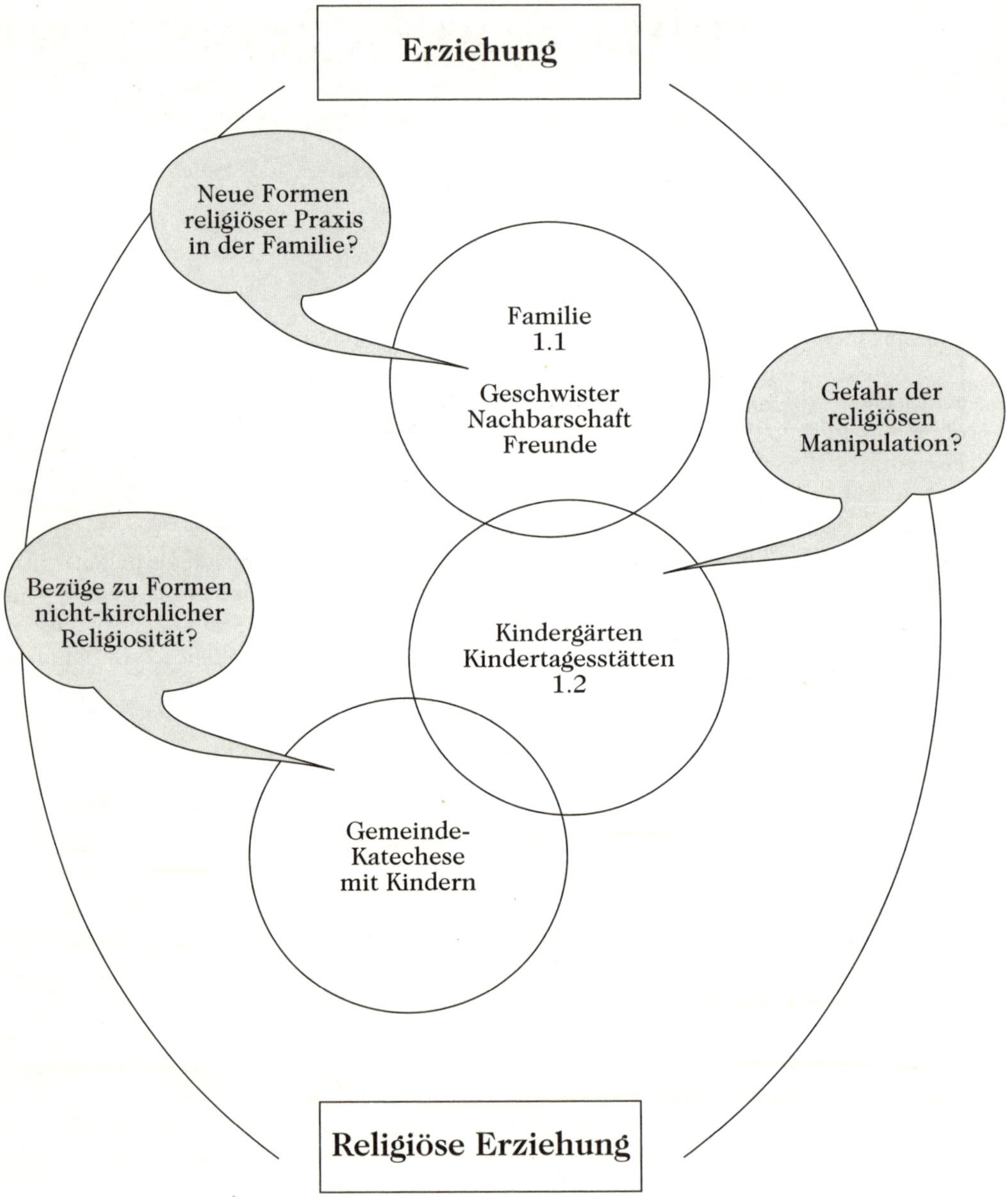

IV.1.1 Religiöse Erziehung in der Familie

→ II.4.2 Religiöse Sozialisation
→ II.4.4 Entwicklung und Identität
→ II.4.5 Religion in der Kindheit
→ IV.1.2 Kindergarten und Kindertagesstätte
→ IV.2.2 Familienkatechese
→ V.1.6 Geschlechtsspezifische religiöse Sozialisation
→ V.3.1 Kinderbibeln
→ V.3.4 Kinder- und Jugendbücher

Die Frage nach der religiösen Erziehung in der Familie ist von vielschichtigen Perspektiven und Interessen durchzogen. In der Theologie wurde sie bislang häufig aus der Perspektive der Gemeindepastoral im Sinne einer Familienkatechese betrachtet. Dies wird jedoch der zunehmenden Abkoppelung der individuell gelebten Religiosität von der Gemeinde nicht mehr gerecht. Die religiöse Erziehung und Praxis in den Familien jenseits ihrer Beziehung zur Gemeinde sind noch wenig erforscht. Um sie angemessen in den Blick zu bekommen, soll zunächst die veränderte Situation der Familien heute betrachtet werden.

1 Veränderungen des Familienlebens in der heutigen Gesellschaft

Obwohl die Konstellation der verheirateten Eltern mit eigenen Kindern noch immer als die Norm der Familie angesehen wird, sind daneben faktisch schon längst viele andere Familienformen zur Normalität geworden, die zunehmend sozial anerkannt und rechtlich abgesichert sind: Es gibt unverheiratete, getrennt lebende, wiederverheiratete und auch gleichgeschlechtliche Paare mit Kindern, allein erziehende Mütter und Väter sowie Familien mit adoptierten Kindern, Pflegekindern und Stiefkindern, wodurch sich eine Vielzahl an Mutter- und Vater- sowie Großeltern- und Geschwisterbeziehungen ergibt. Hinzu kommt, dass viele Familien phasenweise getrennt leben und nur die Wochenenden oder Urlaubszeiten zusammen verbringen oder dass sich die Kinder zeitweise bei verschiedenen Familienmitgliedern (Vater, Mutter, Großeltern) aufhalten.

Zu den Gründen für die Veränderungen der Familienformen gehören die wachsenden Mobilitätsanforderungen an die Erwerbstätigen, die Zunahme der Scheidungshäufigkeit und die *hohen Erwartungen an das Zusammenleben*. Wurde die Familie früher oft von wirtschaftlichen Notwendigkeiten und sozialen Normen zusammengehalten, so ist ihre Basis heute eine von den Mitgliedern getragene, gestaltete und verantwortete Gemeinschaft. Es besteht die Erwartung einer paritätischen, reziproken, gewaltfreien und sich gegenseitig fördernden Beziehung zwischen den Familienmitgliedern. Wo dieser Anspruch nicht einlösbar ist, wird der Aufrechterhaltung bedrückender Verhältnisse häufig die Trennung vorgezogen. Das Eltern-Kind-System der Familie besteht dabei in veränderter Form weiter.

Veränderungen im Familienleben bringen auch die gestiegene Lebenserwartung und die dadurch *bedingte längere Ehedauer* mit sich. Zusammen mit der gesunkenen Kinderzahl und der Entflechtung der Wohnverhältnisse bedeutet dies, dass die Zeit, in der Eltern mit den Kindern in einem Haushalt zusammenleben, nur einen begrenzten Lebensabschnitt in der Biografie von Eltern ausmacht und sie lange Zeit ihrer Ehe ohne die Kinder im eigenen Haushalt leben. Dies verändert vor allem die Lebensentwürfe der Frauen und führt zu einer Doppelorientierung an Familie und Beruf.

Ein grundlegender Wandel ist in den Erziehungszielen und -stilen zu beobachten. Der Umgang zwischen Eltern und Kindern ist partnerschaftlich geworden. Er ist nicht mehr durch Normvorgabe und Gehorsam strukturiert, sondern durch Erklären und Verhandeln. Wurden früher Kinder zu Folgsamkeit erzogen, so stehen heute die Selbstständigkeit und die eigenen Entscheidungen der Kinder im Vordergrund.

Die *kirchliche und religiöse Situation der Familien* hat sich durch die fortschreitende Auflösung der konfessionellen Milieus verändert, in die die Kinder früher selbstverständlich hineinwachsen konnten. Heute wird die religiöse Praxis in den Familien nicht mehr durch das konfessionelle Milieu strukturiert, sondern ist in den Gestaltungsbereich der einzelnen Mitglieder gestellt und muss immer neu ausgehandelt werden. Die individuelle religiöse Praxis und Einstellung jedes einzelnen Familienmitglieds fallen dadurch stärker ins Gewicht als früher.

Durch die Verminderung äußerer kirchlicher und sozialer Normen und Zwänge und die wachsende Notwendigkeit, den Glauben selbst zu entscheiden und zu gestalten, wurde auch der Kontakt zwischen Familien und Gemeinden sporadischer. Allerdings hat die Distanz der Familien zu den Gemeinden (Schwab 1995) wie auch der Kirchen zu den Familien (Tyrell 1982) tiefe Wurzeln in der Christentumsgeschichte.

Hinzu kommt, dass vermehrt Ehen mit konfessions- und religionsverschiedenen, mit konfessionslosen oder aus der Kirche ausgetretenen Partnerinnen und Partnern geschlossen werden. Die Glaubensauffassung des anderen wird meistens respektiert. Die in der eigenen Familie erfahrene und praktizierte Toleranz gegenüber der anderen Glaubensauffassung und ein ökumenisches Bewusstsein machen sensibel gegenüber der Schwerfälligkeit der ökumenischen Praxis der Kirchenleitungen.

2 Religiöse Erziehung und Praxis in der Familie

Die gesellschaftliche und kirchliche Situation hat auch die religiöse Erziehung in der Familie verändert. Die Strukturierungskraft kirchlicher Normen für den Familienalltag schwindet. Die Familien selbst können und wollen heute die konfessionellen Milieus nicht im Kleinen noch einmal aufleben lassen. Die religiöse Praxis in der Familie muss immer wieder neu und in jeder Familie anders ausgehandelt werden. Sie ist bedingt durch die unterschiedlichen Einstellungen und Überzeugungen der Familienmitglieder und unterliegt durch das Heranwachsen der Kinder und die biografischen Veränderungen der Eltern steten Veränderungen.

Das Ziel der religiösen Erziehung ist es heute meist nicht mehr, zur Kirchlichkeit, sondern zu einem eigenständigen und selbst entschiedenen Glauben zu erziehen. Das Anliegen, die religiöse Entfaltung ihrer Kinder zu fördern und zu unterstützen, haben jedoch nicht nur kirchlich orientierte, sondern auch viele kirchlich distanzierte Eltern, die keinen Kontakt zur Gemeinde haben, aus der Kirche ausgetreten sind oder ihre Kinder nicht taufen lassen. Viele Eltern sind bemüht, Religiosität als einen Halt in Krisenzeiten des Lebens und als Quelle einer gelungenen Lebensbewältigung weiterzugeben. Manche dieser Eltern haben durchaus positive Erwartungen an die Gemeinden und die Kirchen. Auch wenn sie selbst sich nicht in der Lage fühlen oder gewillt sind, ihre Kinder religiös zu erziehen, eröffnen sie doch zuweilen gern ihren Kindern den Zugang zur Gemeinde. Oft haben auch die Kinder selbst, auch wo die Eltern sie nicht religiös erziehen, durchaus eine lebendige Beziehung zu Gott. Manchmal suchen sich Kinder und Jugendliche eigenständig religiöse Kontaktfelder. So ist ein Bruch eher in der Tradierung der Kirchenbindung als in der Tradierung von Religiosität festzustellen.

Wenn sich Familien um eine religiöse Erziehung bemühen, dann geschieht das heute auf unterschiedlichen Ebenen (vgl. Klein 1999): (1) durch eine gemeinsame rituelle Praxis wie Gebete, Kirchgänge, Gestaltung von Festtagen, wobei Familien auch familieninterne religiöse Riten und Praktiken entwickeln, die manchmal über Generationen weitergegeben werden; (2) durch das (Vor-)Leben christlicher Werte, Einstellungen und Handlungsmuster; (3) durch direktes Thematisieren: durch gemeinsames Anschauen, Vorlesen oder das Verschenken von Büchern, durch das Erzählen von Geschichten, durch Gespräche und Diskussionen.

An der Aushandlung und der Praxis der Religiosität in der Familie sind alle Mitglieder, auch die Kinder, auf eine je eigene Weise beteiligt. Dabei kommen, wie erste Untersuchungen zeigen, alters- und geschlechtsspezifische Rollen zum Tragen:

- Im Zusammenspiel der Eltern scheint es oftmals Delegationen bzw. Rollenaufteilungen sowohl von Religiositätsanteilen als auch von Erziehungsaufgaben zu geben. Es sind vor allem die *Frauen* (Mütter, Großmütter) in den Familien, die sich für die religiöse Sozialisation der Kinder und die Gestaltung einer gemeinsamen Religiosität in der Familie verantwortlich fühlen. Sie inszenieren die Familienfeste an den Feiertagen, sind für die Raumgestaltung, Zubereitung spezifischer Mahlzeiten (Plätzchen, Ostereier, Festmahl- und Fastenessen) und die Geschenke zuständig, sie organisieren Familientreffen und Verwandtenbesuche. Ihr christlich-caritatives Engagement leben sie oft im Nahbereich der Familie, etwa durch die Betreuung pflegebedürftiger Angehöriger, Krankenbesuche etc. Ihre eigene Religiosität leben sie häufig familien- und kindbezogen, sodass sie für die Kinder erfahrbar wird. Häufig sind es die Frauen, die die Verbindung der Familie zur Gemeinde zumindest zeitweise aufrechterhalten, mit den Kindern Gottesdienste besuchen und sich in Gemeindegruppen engagieren. Die *Männer* (Väter, Großväter) leben ihre Religiosität tendenziell individueller und weniger familien- und gemeindebezogen. Ihr caritatives Engagement verwirklichen sie eher im Rahmen von Institutionen als von Primärbeziehungen. Eine zentrale Bedeutung für die religiöse Sozialisation der Kinder scheinen bis heute die *Großmütter* zu haben, die ein eigenes Verhältnis zu den Enkeln haben.
- Das Erleben der geschlechtsspezifisch ausgeprägten religiösen Praxis der Erwachsenen hat Auswirkungen auf die je unterschiedlichen religiösen Aneignungsprozesse, die Entwicklung religiöser Handlungsmuster und des religiösen Selbstverständnisses von Mädchen und Jungen. In den ersten Lebensjahren erleben diese den individuellen lebendigen Vollzug von Religiosität vor allem bei Frauen. Mädchen können sich der frühkindlich erlebten Religiosität relativ bruchlos anschließen. Jungen werden möglicherweise mit der Distanzierung von weiblichen Rollen auch die frühkindlich erlebten Formen der Religiosität nicht in ihr Selbstverständnis und ihre Handlungsmuster übernehmen.
- Die Kinder ihrerseits strukturieren ebenfalls die Familienreligiosität mit und wirken auf die Religiosität der Eltern. Viele Feste wie das Nikolausfest, Adventssingen oder die

Weihnachtsgestaltung werden für die Kinder und in ihrem (vermuteten) Verständnis inszeniert und von ihnen teilweise auch in einer bestimmten Weise eingefordert. Das Heranwachsen der Kinder, ihre religiösen Fragen und Begeisterungen oder ihr Abwehrverhalten sowie ihr Verlassen des Elternhauses verändern die gemeinsame Religiosität auch der Eltern. Oftmals kommt es zu neuen Auseinandersetzungen von Eltern mit dem Glauben durch die Gespräche mit den heranwachsenden Kindern oder durch deren religiöses Engagement bzw. ihre wachsende Distanz zur Religiosität der Eltern.

- Der Kontakt der Familien zu den Gemeinden beruht heute immer weniger auf kirchlichen und sozialen Normen als vielmehr auf den jeweiligen Entscheidungen der einzelnen Familienmitglieder. Die Kontakte verlaufen nicht für die ganze Familie synchron, sondern können durch die verschiedenen Lebenslagen bedingt bei den Familienmitgliedern differieren. Sie werden jedoch von den anderen Familienmitgliedern sehr genau wahrgenommen und häufig solidarisch begleitet. Wo einzelne Familienangehörige (sei es das Kind in der Jugendgruppe, die Großmutter im Seniorentreff) positive Erfahrungen mit der Gemeinde machen, wird dies von der ganzen Familie positiv registriert – wie auch umgekehrt. Gemeindenahe Phasen einzelner Mitglieder können sich auf die religiöse Auseinandersetzung der anderen auswirken. So kann die Vorbereitung auf die Erstkommunion eines Kindes die Mutter zur Mitarbeit in der Vorbereitungsgruppe veranlassen und zu einer neuen Auseinandersetzung mit dem eigenen Glauben führen. Eine mangelnde Akzeptanz eines Familienmitglieds in der Gemeinde kann jedoch auch zur Distanzierung der ganzen Familie von der Gemeinde führen.

3 Perspektiven zur Unterstützung der religiösen Sozialisation in den Familien

Religiöse Erziehung wird heute von vielen Eltern unabhängig von ihrer Kirchenbindung für wertvoll gehalten und als eine Grundlage angesehen, das Leben auch in schwierigen Situationen zu bewältigen. Freilich sind viele Eltern ratlos, wie sie eine gute religiöse Erziehung unter den veränderten gesellschaftlichen Bedingungen praktizieren können. Die Erfahrungen aus der eigenen Kindheit mit einer oft strengen religiösen Erziehung helfen nicht weiter. Einige auch heute bewährte Möglichkeiten sollen im Folgenden genannt werden:

- *Einschlafrituale:* Einen besonderen Stellenwert haben bis heute, auch in Familien ohne Kirchenbindung, religiöse Einschlafrituale mit den kleineren Kindern. Im Zusammenhang mit dem Zubettbringen der Kinder kann der Tag noch einmal bedacht und auf Gott hin ausgedeutet werden, es kann gemeinsam über Fragen nachgedacht werden, es können Geschichten vorgelesen und standardisierte oder freie Gebete gesprochen werden. Manche Eltern geben dem Kind einen Gute-Nacht-Kuss und ein Kreuz auf die Stirn.
- *Religiöse Familienriten:* Inwieweit Riten wie Tischgebete, gemeinsame Gottesdienstbesuche u.a. ausgestaltet werden können, hängt nicht nur von den Einstellungen und Perspektiven der Eltern, sondern auch von der Akzeptanz der Kinder sowie vom Umfeld der Familie ab. Oft lassen sie sich nur über kurze Zeiträume aufrecht erhalten. Es können aber auch gemeinsame familieninterne Riten entwickelt werden, wozu häufig auch Vorschläge oder Neigungen von den Kindern aufgegriffen oder alte, in der Familientradition vorhandene Riten wiederbelebt werden können.

- *Bücher:* Wenn sich Eltern schwer tun, religiöse Geschichten zu erzählen, können sie sich mit den Kindern religiöse Bücher anschauen, sie vorlesen oder zur Verfügung stellen.
- *Gespräche:* Kinder haben häufig religiöse Fragen oder Vorstellungen, auf die Eltern nicht angemessen zu reagieren wissen. Doch die vielen Fragen der Kinder müssen sie nicht alle beantworten, wichtiger ist es, überhaupt mit Kindern über ihre Fragen zu sprechen und dabei ehrlich zu sein. Dabei können die Eltern selbst als Fragende und Suchende erkennbar werden. Die religiöse Sprachlosigkeit kann überwunden werden, wenn die christliche Religion nicht als ein System von Glaubenswahrheiten angesehen wird, das als solches gekannt und weitergegeben werden muss, sondern als eine gemeinsame Suchbewegung auf Gott hin, in der die Erfahrungen und Einsichten der Glaubenstradition hilfreiche Perspektiven im eigenen Leben eröffnen können. Eltern müssen nicht alles wissen, sondern können gemeinsam mit den Kindern nachdenken und rätseln.
- *Kontakte zu kirchlichen Angeboten:* Auch wenn sie selbst keinen Kontakt zur Gemeinde praktizieren oder wünschen, können Eltern ihren Kindern Wege in die Gemeinde, etwa zu kirchlichen Jugendgruppen, zu Kindergottesdiensten, zur Nikolausfeier u.a. öffnen.

Von Seiten der Kirchen und Gemeinden ist es wichtig, dass sie die Formen gemeindeunabhängiger Religiosität in den Familien anerkennen und ermutigen und auch die Entscheidungen von Familien oder einzelner Mitglieder zur Kirchendistanz respektieren. Sie sollten den Familien das Vertrauen entgegenbringen, dass sie aus eigenen Kräften religiös erziehen können. Der Maßstab für die christliche Erziehung kann nicht der Kontakt der Familie zur Gemeinde sein. Für die einzelnen Familienmitglieder sollten die Gemeinden ohne Erwartungen oder gar latente Vorwürfe an den Rest der Familie offen sein.

Die Akzeptanz der verschiedenen Familienformen in den Gemeinden darf nicht hinter der gesellschaftlichen Akzeptanz zurückbleiben, sondern im Gegenteil: Geschiedene, wiederverheiratete, unverheiratete, getrennt lebende und gleichgeschlechtliche Paare, allein erziehende Mütter und Väter, konfessionsverschiedene Familien und Familien oder Familienmitglieder ohne eine Konfessions- oder Religionszugehörigkeit müssen Orte in den Gemeinden finden können, an denen sie sich verstanden und in ihren religiösen Fragen und Problemen angenommen wissen.

Aufgrund der hohen Mobilität der Gesellschaft gewinnt die kategoriale Pastoral einen immer höheren Stellenwert. Die Kinder- und Jugendarbeit der Gemeinden und Verbände, Ehe- und Familienberatungsstellen, Telefonseelsorge, religiöse Bildungsangebote der Bildungshäuser, spirituelle Angebote der Ordenshäuser, Altenarbeit und Krankenhausseelsorge bieten den Familienmitgliedern entsprechend ihrer Lebenssituation Kontaktmöglichkeiten zur Kirche und den Kirchen Möglichkeiten einer diakonischen Pastoral für und mit Familien.

Literatur

Kaufmann, Franz-Xaver, Zukunft der Familie im vereinten Deutschland. Gesellschaftliche und politische Bedingungen. München 1995.

Klein, Stephanie, Religiöse Tradierungsprozesse in Familien und Religiosität von Männern und Frauen. In: RpB 43 (1999) 25–40.

Nave-Herz, Rosemarie, Familie heute. Wandel der Familienstrukturen und Folgen für die Erziehung. Darmstadt 1997.

Schwab, Ulrich, Familienreligiosität. Religiöse Traditionen im Prozeß der Generationen. Stuttgart u.a. 1995.
Tyrell, Hartmann, Familie und Religion im Prozeß der gesellschaftlichen Differenzierung. In: Eid, Volker/Vaskovics, Laszlo, Wandel der Familie, Zukunft der Familie. Mainz 1982, 19–74.

STEPHANIE KLEIN

IV.1.2 Kindergarten und Kindertagesstätte

→ II.4.2 Religiöse Sozialisation
→ II.4.4 Entwicklung und Identität
→ II.4.5 Religion in der Kindheit
→ IV.1.1 Religiöse Erziehung in der Familie
→ IV.2.6 Kindergottesdienst
→ V.3.4 Kinder- und Jugendbücher

Unter der Bezeichnung Kindertagesstätten werden Kindergärten für 3- bis 6-Jährige, Krippen für unter 3-Jährige und Horte für Schulkinder zusammengefasst. Ihre Aufgaben sind zum einen Betreuung der Kinder, ursprünglich als caritativ-diakonische Antwort auf die materielle Not von Familien, zum anderen Erziehung und Bildung, deren zunehmendes Gewicht die Kindertagesstätte zur familienergänzenden Einrichtung werden lässt. In kirchlichen Kindergärten bedeutet dies auch, Beheimatung im christlichen Glauben zu fördern.

1 Der Situationsansatz

In den 1970er-Jahren wurde im sog. Situationsansatz sachbezogenes Lernen vom sozialen Lernen her strukturiert. Aus der Analyse vorgefundener Lebenssituationen der Kinder und der Beschreibung von zu fördernden Fähigkeiten erwuchs die Zielsetzung der beabsichtigten Lernprozesse. Aus diesem Ansatz ergaben sich schon damals Konsequenzen für das religiöse Lernen in kirchlichen Kindergärten:

- In sozialpädagogischen Beiträgen wird die religiöse Dimension seither durchweg ignoriert. Dem entgegen gilt es, das »Recht des Kindes auf Religion« (F. Schweitzer) einzufordern: Religiosität gehört zum Menschsein dazu und darf nicht mit kirchlicher Sozialisation verwechselt werden.
- Die Intention des Situationsansatzes aufnehmend und zugleich weiterführend verweist Religionspädagogik auf sog. Grunderfahrungen, die den sozialen Fähigkeiten vorausgehen, auf Erfahrungen vorbehaltlosen Vertrauens, eines umfassenden Angenommenseins, von Wertschätzung der Person als Ganzer. Um solche Erfahrungen geht es wesentlich im christlichen Glauben. Die religionspädagogische Aufgabe besteht darin,

Kindern unbedingtes Bejaht- und Angenommensein vieldimensional zu vermitteln. Das Besondere eines christlichen Kindergartens sollte sich in der vom Evangelium bestimmten Sicht des Kindes zeigen. Sie ist von der Wertschätzung bestimmt, die Jesus den Kindern entgegenbrachte (Mk 9,37; 10,13–16). Jedes Kind ist in seiner Einzigartigkeit und Einmaligkeit Gottes Geschöpf.

▪ Religiöse Erziehung im Kindergarten ist seit jeher vom Erzählen biblischer Geschichten und aus dem Leben bedeutender Christen mitbestimmt. In den überlieferten Geschichten des Glaubens werden Grunderfahrungen der Hauptpersonen der Geschichte erschlossen, in denen sich die Kinder mit ihren eigenen Bedürfnissen und Sehnsüchten wiederfinden können. Es geht um Vertrauen, das herausgefordert und dann wieder neu gewonnen wird. Sehnsucht nach Anerkennung wird befriedigt, indem in der Geschichte Großes gelingt und die Hauptperson entsprechende Resonanz erfährt. Auch zum Mitfühlen und Mitdenken mit anderen, zum Übernehmen von Mitverantwortung für andere laden die Protagonisten der Geschichten ein. Dass Kinder die Geschichten zu ihren eigenen machen, zeigen sie in ihrem Spielen, Malen, Nacherzählen. In diesem Sinne eröffnen Geschichten auch Zugänge zu christlichen Festinhalten.

Kinder sollen die Subjekte ihrer eigenen Entwicklung sein und nicht zu Objekten des erzieherischen Wirkens gemacht werden. Sie sind einerseits angewiesen auf Erfahrungen grundlegenden Vertrauens und der Anerkennung durch ihre Bezugspersonen. Andererseits bringen sie selbst viele Fähigkeiten in das Zusammenleben mit ein, die oft unterschätzt werden: Einfühlungsvermögen in die Bedürfnisse anderer; Neugier gegenüber Menschen, Natur, Dingen; Fantasie, in der sie Erwachsene mit ungewohnten Sichtweisen ihrer Welt überraschen können; besonderen Sinn für die Geheimnisse unserer Welt und unseres Lebens. Diese Bedürfnisse und Fähigkeiten der Kinder haben religiösen Charakter, sofern sie über das Vordergründige hinaus weiter drängen zu dem, was uns letztlich hält und den Sinn unseres Lebens verbürgt. Religiöse Erziehung bedeutet damit, sensibel zu sein für solches religiöse Empfinden und Denken, Suchen und Fragen der Kinder und ihnen entsprechende Anregungen zu geben.

2 Ein vieldimensionaler Ansatz für die Zukunft

Waren vom Situationsansatz her die personalen Beziehungen im Blick, in denen der Zusammenhang von sozialen Bezügen und religiösen Erfahrungen zugänglich wird, so zeigt ein weiterreichender vieldimensionaler Ansatz das differenzierte Spektrum auf, in dem Kinder Entfaltungsraum für ihre Religiosität finden:

▪ Räume können entsprechende Impulse geben. Erfahrungen im Kirchenraum kommt besondere Bedeutung zu, wie kirchenpädagogische Anregungen zeigen.

▪ Durch Rituale strukturierte Zeit stiftet Verlässlichkeit und Vertrauen. In ihr gestaltet sich der Wechsel von der Erkundung der Außenwelt zur Reise in die Innenwelt, etwa bei Stilleübungen.

▪ Entdeckungen in der natürlichen Umwelt führen zum Staunen über Gottes Schöpfung, auch zum Erschrecken über Zerstörungen durch Menschenhand und zum Hoffen auf Gottes Zusage, unsere Welt zu erhalten.

▪ Erlebnisse eigenen kreativen Schaffens und Begegnungen mit Kunstwerken lassen ahnen, dass es in ihnen auch um religiöse Deutungen unserer Welt geht.

▪ Kinder stellen tiefgründige Fragen nach Ursprung und Ziel der Welt und des eigenen Lebens, auch nach Sterben und Tod. Sie entwickeln eigenständige Vorstellungen vom

Glauben und von Gott. Mit ihren Fragen suchen sie Gesprächspartner, die sie auf dem schwierigen Weg begleiten, das Unsichtbare in je neuen anschaulichen Vorstellungen zu denken. In ihren eigenständigen konkreten Vorstellungen von Gott drücken sie aus, was ihnen am Glauben wichtig ist. Kinder brauchen die Erfahrung, dass Erwachsene keine Scheu vor solchen Gesprächen haben.

3 Beteiligte an religiöser Erziehung im kirchlichen Kindergarten

In einem kirchlichen Kindergarten wird religiöse Erziehung auch von der konfessionellen Ausrichtung der jeweiligen Kirchen- oder Pfarrgemeinde bestimmt sein. Aber in jeder Einrichtung leben Menschen mit unterschiedlicher religiöser Herkunft zusammen. Das gilt zunächst für die Erzieherinnen und Erzieher. Weil Anregungen zum religiösen Lernen nur wirksam werden, wenn eigene Überzeugung spürbar wird, brauchen sie Gelegenheit, ihre religiöse Position zu klären, Brüche in der eigenen religiösen Sozialisation zu reflektieren, Widerstände gegen bestimmte Überlieferungen und Zweifel an bestimmten Vorstellungen vom christlichen Glauben zu bedenken, Entwicklungsmöglichkeiten für den eigenen Glauben und für das religionspädagogische Handeln auszuloten. Dessen Spektrum reicht von der Sensibilität für die religiöse Dimension z.B. in Märchen bis zum expliziten Reden von Gott. Ziel ist nicht eine einheitliche religiöse Überzeugung aller Erziehenden, sondern Gesprächsbereitschaft angesichts unterschiedlicher Positionen.

Eltern lehnen religiöse Erziehung oft mit dem Hinweis ab, ihre Kinder sollten sich zu gegebener Zeit frei entscheiden und vorher nicht religiös »manipuliert« werden. Aber die religiöse Dimension gehört zur Erziehung und Bildung dazu, und Religiosität drückt sich auch in konkreten religiösen Überlieferungen aus. Gleichzeitig ist darauf zu achten, dass beim religiösen Lernen von Anfang an die Freiheit der eigenen Entscheidung im Blick ist. Es gilt Zweifel und Widerstände ernst zu nehmen und Mitwirkung zu ermöglichen, die auch Distanz zulässt.

Die Präsenz unterschiedlicher Religionen ist in einer pluralistischen Gesellschaft als Chance zu sehen, das Blickfeld zu erweitern. Eltern bestimmen über die religiöse Erziehung in der Einrichtung mit, indem mit ihnen geklärt wird, wie bei unterschiedlichen religiösen Positionen in Elternhaus und Kindertagesstätte ihr Kind bei der religiösen Erziehung beteiligt sein soll. Eltern und Kinder sollen den Respekt vor anderen religiösen Überzeugungen spüren, der andere nicht zu religiösen Außenseitern stempelt, sondern hilft, mit dem Nebeneinander unterschiedlicher Einstellungen zurechtzukommen. Eltern und Kinder anderer Religionen sollen erleben, dass sie in einem christlichen Kindergarten willkommen sind als religiöse Gäste, deren Andersartigkeit nicht kaschiert wird: Beheimatung in der christlichen Tradition verbindet sich mit bewusstem Wahrnehmen anderer religiöser Verwurzelung. Möglichkeiten sind zu nutzen, Nichtchristen bei christlichen Vollzügen als Gäste willkommen zu heißen und umgekehrt als Christen zu Gast bei nichtchristlicher religiöser Praxis zu sein.

Gemeinwesenorientierung heißt für religiöses Lernen vor allem Öffnung der Tagesstätte zu anderen Aktivitäten der Kirchen- bzw. Pfarrgemeinde hin. Kinder spüren Anerkennung, wenn von ihnen Geschaffenes in anderen Räumen der Gemeinde ausgestellt, wenn über ihre Aktivitäten im Gemeindebrief berichtet wird und wenn sie bei Gottesdiensten und Festen mitwirken – sofern sie wirklich ihre Einfälle und Ideen ins Spiel bringen können. Für die Erziehenden ist Mitarbeit in der Kirchengemeinde befriedigend, wenn es ein wechselseitiges Geben und Nehmen ist. Entspricht der Bereicherung des Gemeindelebens durch den Kindergarten auch das Interesse von Verantwortlichen der Gemeinde am Leben des Kindergartens? Bei Begegnungen z.B. mit Senioren können Erfahrungen generationsübergreifenden Lernens gemacht werden. Erzieherinnen und Erzieher erleben in der Zusammenarbeit mit anderen Haupt- und Ehrenamtlichen auch deren Fragen und Zweifel. Sie helfen einander beim Klären der Situation der Familien vor Ort, planen gemeinsame Aktivitäten, nützen gegenseitig die vorhandenen Kompetenzen. Indem transparent wird, wie im Kindergarten religiöses Lernen geschieht, wird dessen Akzeptanz nicht länger an der Präsenz von Kindern und Eltern der Kindertagesstätte in den Gottesdiensten und anderen Veranstaltungen der Gemeinde gemessen oder an der ehrenamtlichen Mitwirkung der Erzieherinnen in anderen Bereichen der Gemeinde.

Mit den Angeboten zum religiösen Lernen werden Kindern Erfahrungen zugänglich, die ihnen sonst oft verweigert werden. Sie erfahren Wertschätzung, die nicht an zu erbringenden Leistungen für spätere Schulabschlüsse Maß nimmt. Sie bekommen Raum, sich mit ihren Fähigkeiten zu erproben und zu bewähren. Sie finden Ansprechpartner für Fragen nach Leben und Tod, die sonst oft als peinlich empfunden werden, und sie gewinnen Zugänge zum Erleben der Schöpfung, das ihnen sonst oft verstellt wird. Religiöse Erziehung schließt auch ein, auf entsprechende Defizite im gesellschaftlichen Umfeld aufmerksam zu machen.

Literatur

Scheilke, Christoph Th./Schweitzer, Friedrich (Hg.), Kinder brauchen Hoffnung. Religion im Alltag des Kindergartens. Gütersloh 1999.

Schweitzer, Friedrich, Das Recht des Kindes auf Religion. Ermutigungen für Eltern und Erzieher. Gütersloh 2000.

Verband katholischer Tageseinrichtungen für Kinder (Hg.), Lebensräume erschließen. Überlegungen zur religiösen Erziehung im Elementarbereich. Eine Handreichung zur grundlegenden Orientierung. Freiburg 1996.

FRIEDER HARZ

IV.2 Lernort Gemeinde

IV.2.1
Katechese in der Gemeinde

→ II.2.13 Gemeinschaft – Glaubensgemeinschaft/Kirche
→ IV.2.3 Sakramentenkatechese
→ IV.2.4 Erwachsenenkatechese/Katechumenat
→ IV.2.5 Gemeindepädagogik
→ IV.2.7 Christenlehre
→ V.1.1 Lehr- und Lernbarkeit des Glaubens
→ V.1.3 Korrelation von Glaube und Leben

1 Definition und Ziel

Für die Katechese in der Gemeinde hat sich im katholischen Raum Westdeutschlands seit Anfang der 1970er-Jahre der Begriff »Gemeindekatechese« etabliert. Sie wird verstanden als *Katechese der Gemeinde* (nicht nur: in der Gemeinde oder für die Gemeinde) und meint speziell *jene Lernprozesse im christlichen Glauben, die bewusst initiiert, partnerschaftlich strukturiert, biografieorientiert und zeitlich begrenzt sind und die in gemeindlicher Trägerschaft unter Einbezug ehrenamtlicher Katechetinnen und Katecheten organisiert werden.* Überwiegend erfolgt sie in Gruppen.

Richtungsweisendes Ziel der Gemeindekatechese ist nach wie vor, »dem Menschen zu helfen, dass sein Leben gelingt, indem er auf den Zuspruch und Anspruch Gottes eingeht. Dabei darf das ›Gelingen‹ nicht vordergründig missverstanden werden. Wie sehr zu ihm auch das Bestehen von Leid und Scheitern gehört, zeigt sich darin, dass wir Christen den Weg des Gekreuzigten als den Weg des Lebens bekennen. Aus einer solchen Perspektive wird deutlich, dass das ›Gelingen des Lebens‹ und die ›Verherrlichung Gottes‹ nur zwei Aspekte einer und derselben Sache sind« (Synode, Wirken A3).

Theologisch orientiert sich die Gemeindekatechese an der Reich-Gottes-Botschaft Jesu und vertraut dem Wirken des Hl. Geistes (in und durch die Getauften). Sie ist Teil der Evangelisierung und erschöpft sich nicht in Sakramentenkatechese, für die sie allerdings als Eucharistie- und Firmvorbereitung seit den 1980er-Jahren die »Normalform« bildet.

Die fast zeitgleich im evangelischen Raum entwickelte Gemeindepädagogik wird für die Gemeindekatechese kaum wahrgenommen. Gründe dafür dürften in der starken Ausrichtung auf die sakramentenkatechetische Praxis liegen. Demgegenüber wünscht das Allgemeine Direktorium für die Katechese (ADK) ausdrücklich eine ökumenische und interreligiöse Dimension der Katechese sowie die Einbeziehung der katholischen Soziallehre (vgl. ADK 86, 17ff u.ö.).

2 Entwicklung der Gemeindekatechese

Die Mitte der 1960er-Jahre einsetzende Auflösung volkskirchlicher Strukturen sowie die starke gesellschaftliche und kirchliche Aufbruchstimmung (Zweites Vatikanisches Konzil, Studentenrevolte, Theologie der Befreiung, Basisgemeindenbewegung, Boom der Gruppendynamik etc.) waren Ausgangspunkte für die Entwicklung der Gemeindekatechese. Durch ihre Verortung in der Gemeinde will sie helfen, die zunehmende religiöse Verunsicherung und die schwindende kirchlich-gemeindliche Praxis zu kompensieren. Die von Anfang an mit angezielte Erwachsenenkatechese (teilweise als die vorrangige Form der Katechese bezeichnet – Synode A2; CT 43; ADK 59), wird jedoch bis auf Ansätze in der Tauf- und Ehekatechese oder in der Katechetenbegleitung kaum realisiert. Da Gemeindekatechese außerdem wesentlich als Ergänzung zum schulischen Religionsunterricht verstanden wird (Synode A5; auch ADK 73), ist sie nicht nur ein primär westdeutsches Phänomen (für Ostdeutschland: Christenlehre), sondern auch gegenüber dem Religionsunterricht kaum eigenständig profiliert (vgl. Baudler 1973): Ihre Spezifika sind zwar das gemeindliche oder häusliche Lernumfeld und die verantwortliche Mitarbeit von Ehrenamtlichen, doch didaktisch orientieren sich gemeindekatechetische Projekte vielfach am Religionsunterricht (oft bis in die Terminologie: z.B. Firm*unterricht*; Katecheten*schulung*).

3 Anknüpfungsmöglichkeiten an eine gewandelte Religiosität

Die rasche Akzeptanz der Gemeindekatechese zeigt, dass sie kirchlich wie auch gesellschaftlich »an der Zeit« war. Inzwischen stellen jedoch weitere tief greifende Veränderungen die Gemeindekatechese vor neue Herausforderungen (vgl. Deutscher Katecheten-Verein 1992): Pluralität, Mobilität, Flexibilisierung, Individualisierung (nicht zu verwechseln mit Privatisierung und Beziehungslosigkeit), Enttraditionalisierung etc. haben zu einer Auflösung der klassischen Milieustrukturen geführt. Während Dauerbindungen aus Angst, etwas zu verpassen oder enttäuscht zu werden, vermieden werden, schaffen Interessen und deren erlebnisorientierte Gestaltung Kontakte, jedoch meist nur für relativ kurze Zeit. Zunehmend prägen Ambivalenzen das Lebensgefühl: Man genießt die Freiheiten und sehnt sich zugleich nach Verlässlichkeit, Beheimatung, Dauer etc. So suchen nicht wenige zwar weiterhin emotionalen Halt im Glauben, jedoch in Form inhaltlich unverbindlicher, »religionsfreundlicher Gottlosigkeit« (J.B. Metz).

Christliches Leben und Glauben kann sich dem nicht anpassen. Dennoch bieten sich Anknüpfungsmöglichkeiten: Diese liegen zunächst einmal in der schwindenden Vertrautheit, denn das Fremde (nicht unbedingt der Fremde) besitzt hohe Attraktivität und man begegnet ihm unbefangener. Außerdem hat das Christentum mit seinem Menschenbild viele der geschätzten Freiheiten hervorgebracht und kann sie sichern. Auch kann der Glaube an die unterschiedlichen (Transzendenz-)Bedürfnisse anknüpfen und sie vertiefen. Solche Anknüpfung wird unter den genannten Bedingungen jedoch nicht (primär) über die Inhalte gefunden, sondern muss über Personen erfahrungsbezogen und erlebnisorientiert gesucht und bzgl. der Inhalte vielfach voraussetzungslos gestaltet werden.

4 Konsequenzen für die Gemeindekatechese

4.1 Ehrenamtliche als verantwortliche Mit*er*arbeitende

Auf diese Personbezogenheit hat die Gemeindekatechese schon frühzeitig reagiert, indem ehrenamtliche Katechetinnen und Katecheten einbezogen wurden. Inzwischen haben sie mancherorts die Gesamtverantwortung übernommen, während sie in anderen

Gemeinden weiterhin nur Ausführende der Vorgaben der Hauptamtlichen sind. Hinter dieser Ungleichzeitigkeit stehen nicht selten Rollenunsicherheiten: Die Hauptamtlichen fühlen sich in ihrer (theologischen) Kompetenz und in ihrem Kontakt zu den Teilnehmenden beeinträchtigt. Außerdem fällt es ihnen zunehmend schwer, Katecheten zu gewinnen und diese fühlen sich – wie die Ehrenamtlichen auch – oft allein gelassen und durch vielfältige Anforderungen und Dauerengagement überfordert. Dies darf jedoch nicht dazu führen, dass Hauptamtliche die Funktionen ehrenamtlicher Katecheten übernehmen, denn in einer pluralen Gesellschaft steigt die Überzeugungskraft der Gemeindekatechese, wenn unterschiedliche Persönlichkeiten zusammenarbeiten und ihre Kreativität entfalten können. Außerdem haben in einer materiell geprägten Gesellschaft Ehrenamtliche einen Glaubwürdigkeitsvorsprung vor bezahlten Kräften.

Aufgabe der Hauptamtlichen ist es, sich entsprechend ihrer besonderen (nicht alleinigen) Verantwortung für die Katechese (vgl. Synode A4) auf die Entdeckung von Charismen, die Befähigung und Begleitung der Katecheten sowie auf jene spezifischen Aufgaben, die ihrer Ausbildung und ihrem kirchlichen Dienst entsprechen, zu konzentrieren und darüber den Kontakt zu den Teilnehmenden zu suchen. Dies schließt ein, die Ehrenamtlichen als verantwortliche Mit*er*arbeitende einzubeziehen, klare und zeitlich befristete Vereinbarungen zu treffen (und sich auch selbst daran zu halten) und den Ehrenamtlichen Anerkennung (im Umgang, in der Offenheit für ihre Probleme, mit einem Tag der Ehrenamtlichen, durch Beauftragung und Verabschiedung vor und durch die Gemeinde etc.) entgegenzubringen. Ihre Mitarbeit zuzulassen ist allein jedenfalls kein ausreichender Ausdruck der Wertschätzung. Davon aber und vom persönlichen (immateriellen) Gewinn hängt heute die Mitarbeit wesentlich ab. Keinesfalls dürfen die Qualifikationsanforderungen an Ehrenamtliche so hoch angesetzt werden, dass selbst Hauptamtliche ihnen nicht gewachsen sind. Wohl aber haben Ehrenamtliche einen Anspruch auf qualifizierte, auch ihren Glauben fördernde Begleitung.

4.2 Biografie- versus Inhaltsorientierung

Um die Lebensrelevanz christlichen Glaubens erlebbar zu machen, werden in der Gemeindekatechese verstärkt die Lebens- und Glaubensgeschichten der Teilnehmenden einbezogen und die katechetischen Prozesse ganzheitlich gestaltet. Dabei ist Erfahrungsorientierung für die Katechese wesentlich und nicht nur Methode (ADK 29.116; vgl. dagegen: Ratzinger 1983). Ebenso sind die Teilnehmenden nie nur Empfangende, sondern Partnerinnen und Partner im gemeindekatechetischen Geschehen (vgl. Synode A2).

Wegen der wachsenden Individualisierung kann dies jedoch immer weniger in jahrgangsweisen Kursen geleistet werden, die sich zudem in ihrem Verlauf an einem vorher festgelegten Ablauf (Mappe, Curriculum) für alle Teilnehmenden orientieren. Vielmehr sind Flexibilität und eine differenzierte Zielgruppen- und Teilnehmeranalyse gefordert, die mit Mitgliedern der jeweiligen Zielgruppe entwickelt wird und die auch Planung und Durchführung der Katechesen bestimmt (also auch deren Ziele und Inhalte). Da alle christlichen Glaubensinhalte auf Jesus Christus verweisen und die trinitarisch verortete Christusbeziehung grundlegendes Ziel der Katechese ist (vgl. ADK 80–83), ist nicht nur eine Elementarisierung der Inhalte orientiert an der Hierarchie der Wahrheiten in altersgemäßer Vermittlung katechetisch verantwortbar (vgl. ADK 111–117), sondern auch eine an der Lebenssituation und den Lebenserfahrungen der jeweils Teilnehmenden orientierte Auswahl.

Selbst die Gemeindekatechese wird unter den gegebenen Bedingungen im Rahmen der Evangelisierung nur noch selten vorrangig Wissen zu einer bereits gelebten Glaubenspraxis bereitzustellen haben. Vielmehr wird auch sie (in Konkurrenz mit einer wachsenden Zahl religiöser Anbieter) zunächst das Interesse und die Sinnhaftigkeit christlichen Glaubens erschließen helfen müssen. Deshalb wird es zumeist zielführender sein, einen persongerechten Ausschnitt des Glaubens bedeutsam werden zu lassen, als möglichst viel oder gar alles wenigstens rudimentär anzusprechen. So wird auch deutlicher, dass christlicher Glaube weit mehr beinhaltet, als in einem einzelnen Kurs vermittelt werden kann.

Daraus folgt, nicht mehr (fast) alle katechetische Energie auf die Sakramentenvorbereitung zu konzentrieren, sondern alternative Segensfeiern für Lebensübergänge einladend zu gestalten und gemeindekatechetisch zu begleiten. Gleiches gilt für weitere Anknüpfungsmöglichkeiten (wie z.B. Kindererziehung und Singledasein, Beruf und Freizeitgestaltung, Exerzitienwunsch und soziale Aktionen).

4.3 Notwendige Differenzierungen

Damit werden Differenzierungen im katechetischen Angebot unumgänglich und zwar hinsichtlich der Glaubens- und Kirchenverbundenheit (Aktive, Gläubige, Entfremdete, Menschen, die nie Kontakt zum christlichen Glauben hatten), der Interessen und Lebenssituationen, der Lebensalter sowie der zeitlichen Ressourcen und der regionalen Gegebenheiten. Nur wenn die vielfältigen Ungleichzeitigkeiten der Menschen, Regionen und Gemeinden programmatisch umgesetzt werden, wird eine lebensbegleitende Katechese möglich, die trotz unterschiedlichster Voraussetzungen Menschen jeden Alters den ihnen möglichen nächsten Schritt im Glauben eröffnet und für alle Beteiligten (Teilnehmende, Katecheten und Hauptamtliche) zeitliche, inhaltliche, personelle und strukturelle Überforderungen vermeidet. Mehr als bisher sind deshalb auf allen Ebenen katechetischen Handelns katechumenale Strukturen nötig (vgl. EN; ADK 90f), wobei die Mehrstufigkeit wiederum nicht ein an einer vorgegebenen Systematik oder wachsender Kirchlichkeit orientierter Aufbau sein kann. Katechese wird immer weniger eine lebenslange Katechese sein. Auch werden die Menschen immer seltener von sich aus auf die Kirche zukommen. War in früheren Zeiten die bloße Präsenz ausreichend für einen dauerhaften Kontakt, so wird dies in Zukunft nicht einmal mehr (wie zurzeit noch) zu einem sporadischen Kontakt führen. Nur wenn Gemeinden und einzelne Christen selbst dauerhaft den Kontakt suchen, wird er zukünftig wenigstens sporadisch angenommen werden.

4.4 Punktuelle Kontakte wertschätzen

Die zunehmende Bindungsangst der Menschen und ihre Skepsis gegenüber Daueridentifikationen erfordert von der Katechese eine Art Paradigmenwechsel, wenn sie sich nicht nur auf den immer kleiner werdenden Kreis der Gemeindeaktiven beschränken will: Sie wird *Abschied* nehmen müssen *von einer sozialisierenden,* Dauerkommunikation vorausetzenden oder zumindest erwartenden Katechese, die sich primär an Kinder und Jugendliche richtet und über sie die Erwachsenen zu erreichen sucht, *zugunsten einer evangelisierenden Katechese,* die jedem mit seinem jeweiligen Interesse den Zugang solange ermöglicht, wie er oder sie dies wünscht. Wenn auch die Kirche als Institution und zur Glaubensweitergabe auf Menschen angewiesen ist, die sich (zumindest relativ) dauerhaft binden, so wird sie sich doch denen nicht verweigern dürfen, die den kurzzeitigen und unverbindlichen Kontakt suchen. Auch für die Katechese bieten sich deshalb die neuen weniger unmittelbaren Kommunikationsmedien (insbesondere das Internet) zur Informationsvermittlung und Kontaktnahme an. Da der Glaube jedoch ein personales Geschehen bleibt, sind kurzzeitige personale Begegnungsmöglichkeiten und lebendige Glaubensgemeinschaften (Gemeinden) als Orte verbindlich gelebten Glaubens für die Gemeindekatechese ebenso notwendig.

Punktuelle Kontakte wertzuschätzen und vermehrt auf Projektarbeit statt auf immer längere Kursprogramme zu setzen, bedeutet nicht, Abstriche an der Qualität zu machen, denn diese entscheidet sich heute weniger (als in einer traditional stabilisierten Gesellschaft) an der Dauer, sondern an der Intensität des Kontaktes, die wiederum person- und interessengebunden ist. Ebenso wenig kann fehlende Dauerkommunikation (mit der Kirche) mit mangelnder Verbindlichkeit der Inhalte gleichgesetzt werden.

4.5 Schwerpunktsetzungen

Alle genannten und wünschenswerten katechetischen Initiativen von jeder Gemeinde zu erwarten, wäre eine Überforderung. Wenn man dagegen auch in der Gemeindekatechese angesichts geringer werdender personeller und materieller Ressourcen bereit ist, von vertrauten und lieb gewordenen Programmen und Kursen Abschied zu nehmen und *ressourcen-* (und *nicht defizit-)orientierte, lebensraumbezogene Projekte* zu entwickeln, die *sowohl Teil eines katechetischen als auch eines pastoralen Gesamtkonzeptes* sind, wird die Gemeindekatechese wesentlich zum Profil und zur Glaubwürdigkeit der betreffenden Gemeinde beitragen können (vgl. ADK 72; CT 45). Darüber hinaus sind Schwerpunktsetzungen zwischen den einzelnen Gemeinden (z.B. in einem Seelsorgebereich oder einer Stadt) abzustimmen, die über die schon jetzt im Bereich der Gemeindekatechese vielfach praktizierte Zusammenarbeit (z.B. bei der Katechetenbildung und -begleitung) weit hinausgeht. Durch eine solche Gesamtsicht käme auch die ergänzende Wirkung der verschiedenen Felder kirchlich-gemeindlichen Handelns (Gemeindekatechese, Religionsunterricht, Liturgie, Jugendarbeit, Erwachsenenbildung, Diakonie etc.) deutlicher in den Blick und könnte auch hier zu wechselseitiger Entlastung beitragen.

So wird in neuer Weise unterstrichen, dass keine Gemeinde alles leisten muss, sondern als Teil der Gesamtkirche und auch nur als Ganze Trägerin der Katechese ist (vgl. Synode, Wirken A4). Die wenigen Gemeinden, in denen konsequent gemeindekatechetisch gearbeitet wird, zeigen jedenfalls, dass die Gemeindekatechese ganz erheblich zur Profilbildung der Gemeinde und zur Neuentdeckung des Lebens aus dem Evangelium beiträgt.

Literatur

Baudler, Georg (Hg.), Schulischer Religionsunterricht und kirchliche Katechese. Düsseldorf 1973.

Bitter, Gottfried/Gerhards, Albert (Hg.), Glauben lernen – Glauben feiern. Stuttgart u.a. 1998.

Deutscher Katecheten-Verein, Gemeindekatechese an ihren Grenzen? In: KatBl 117 (1992) 368–374 (»Dialogpapier Gemeindekatechese«).

Emeis, Dieter/Schmitt, Karl Heinz, Handbuch der Gemeindekatechese. Freiburg 1986.

Hofrichter, Claudia, Leben – Bewußtwerden – Deuten – Feiern. Rezeption und Neuformulierung eines katechetischen Modells am Beispiel »Taufgespräche in Elterngruppen«. Ostfildern 1997.

Moser, Martin/Rimmele, Helena, Leben ist Begegnung. Praktisches Werkbuch für die Gemeindekatechese. Freiburg 1999.

Ratzinger, Joseph, Die Krise der Katechese und ihre Überwindung. Rede in Frankreich. Einsiedeln 1983.
Tebartz-van Elst, Franz-Peter (Hg.), Katechese im Umbruch (Festschrift Dieter Emeis). Stuttgart 1998.

Kirchliche Texte:
Sekretariat der Deutschen Bischofskonferenz (Hg.), Texte zu Katechese und Religionsunterricht. Bonn 1998. Darin:
– CT: Apostolisches Schreiben Papst Johannes Paul II über die Katechese in unserer Zeit (1979).
– EN: Apostolisches Schreiben Papst Paul VI über die Evangelisierung in der Welt von heute (1975).
– Synode der Bistümer in der Bundesrepublik Deutschland: Das katechetische Wirken der Kirche (1974).
Kongregation für den Klerus, Allgemeines Direktorium für die Katechese (ADK). Hg. v. Sekretariat der Deutschen Bischofskonferenz. Bonn 1997
Den Glauben anbieten in der heutigen Gesellschaft. Brief [der französischen Bischöfe] an die Katholiken Frankreichs. Hg. v. Sekretariat der Deutschen Bischofskonferenz. Bonn 2000.

BERND LUTZ

IV.2.2 Familienkatechese

→ II.4.5 Religion in der Kindheit
→ IV.1.1 Religiöse Erziehung in der Familie
→ IV.2.1 Katechese in der Gemeinde
→ IV.2.3 Sakramentenkatechese

1 Begriffsbestimmung und Zielperspektiven

Familienkatechese bezieht sich auf die Erschließung der Gottesbeziehung als Lehr- und Lernprozess im Sinne von *Mitteilung des Wortes* und *Vollziehung des Wortes* (Johann Baptist Hirscher) im konkreten familiären Interaktionsfeld als Unterstützung, Begleitung und Förderung von Eltern, selbst mit ihrem Kind/ihren Kindern Glaubenskommunikation in der eigenen Familie in Vernetzung mit den verschiedenen Kommunikationsebenen der Gemeinde zu realisieren. Nach Begriff, Inhalt und Adressaten bezieht sich Familienkatechese auf Communio und Glaubenskommunikation in der Familie in Vernetzung mit der Gemeinde. Familienkatechese ist eine Dimension der Gemeindekatechese, allerdings ist Familie ein authentischer, eigenständiger und auch eigenwilliger Ort der Glaubenskommunikation.

Familien sind differenzierte und pluralisierte Konstellationen von Vater und/oder Mutter und Kind(ern), von Alleinerziehenden und Kindern, Großeltern und Kindern, Pflege- oder Adoptiveltern und Kindern, Heimerzieher und Kindern u.a.; auch »Patchwork-Familien« fallen unter diese Begriffsbestimmung.

Ein innovatives Konzept von Familienkatechese, das sich nicht als »Hauskirche« versteht, intendiert die »Subjektwerdung« der Familien als authentischer (aber nicht alleiniger) Ort der Glaubenskommunikation, indem sie die konkreten Knotenpunkte des Familienlebens als Orte des (religiösen) Lebens, der Bewusstwerdung und Deutung sowie solidarischen Handelns entdeckt und realisiert. Immer impliziert Familienkatechese die Dimension einer »diakonischen« Katechese, da sie sich auch in den konkreten Brüchen und Alltagssorgen von Familien vollzieht.

Familienkatechese ist familienbiografisch von der Schwangerschaft bis zur Ablösung der jugendlichen Kinder vom Elternhaus zu konzipieren. Darüber hinaus ist die kommunikative Vernetzung der Generationen zu bedenken, da die Glaubenskommunikation zwischen Eltern und erwachsenen Kindern sowie den Enkelkindern ihre eigene Bedeutung und Chance hat. Eltern und Kinder sind nicht nur Bluts-, sondern in der Taufe auch Glaubensverwandte, Glieder des Volkes Gottes. Die Familienkritik Jesu als Gegenargument zur Familienkatechese anzuführen, ist religionspädagogisch deplatziert, weil es sich um einen völlig anderen Kontext handelt. Jesus selbst wurde in seiner Familie nach der Tora erzogen und begleitet.

Familienkatechese ist entwicklungspsychologisch bedeutsam, weil Kinder in ganz besonderer Weise auf Kommunikationsqualitäten mit ihren Eltern angewiesen sind. Deswegen ist es wichtig, Eltern zu unterstützen, ihre Kinder religiös zu begleiten. Familienkatechese geht nicht von einem Modell »heile Familie« aus, sondern richtet sich an alle Eltern. Die Einladung an alle Eltern ist darin begründet, dass bei der Säuglingstaufe die Taufeltern versprechen, ihr Kind im Glauben zu erziehen.

Handlungsfelder der Familienkatechese sind etwa Taufkatechese, Kindergärten, Eltern-Kind-Zentren, katechetische Wege mit Kindern im Grundschulalter, familienfreundliche Gottesdienste in der Gemeinde, Eltern-Kinder-Wochenenden und -Projekte, u.a. Liegt das Firmalter höher als zwölf Jahre, sollte Firmung nicht mit Familienkatechese verknüpft, sondern vielmehr auf religiöse Erfahrungen in jugendlichen Peer-Groups hin konzipiert werden, um die Glaubensentwicklung im Ablösungsprozess vom Elternhaus zu unterstützen.

Das aus Lateinamerika stammende basiskirchliche Konzept »Catequesis Familiar«, entstanden seit 1970 in Chile, Peru, Bolivien, Ecuador, impliziert die theologische Option einer »Kirche des Volkes«; es ist für den deutschsprachigen Raum im Katechesemodell »Kommunionweg als Familienkatechese« rezipiert.

2 Die Konzeption und die Beteiligten

Dieser katechetische Weg baut auf einem Netz von Beziehungen und auf einem Zusammenspiel verschiedener Kommunikationsebenen auf:

(1) *Familien*, d.h. die Eltern und das Kommunionkind im regelmäßig (meist wöchentlich) stattfindenden religiösen Familiengespräch zu Hause: Die Eltern erschließen ihrem Kind anhand katechetischer Materialien grundlegende Zugänge zu den Deutekategorien des Kommunionwegs. Dieses Familiengespräch ist der innere Kern von Familienkatechese.

(2) *Elterngruppen:* Die Eltern setzen sich in regelmäßig stattfindenden Elterntreffen ebenfalls mit den Themen des Kommunionwegs auseinander. Neben die Auseinandersetzung mit dem eigenen Glauben tritt die Überlegung, wie das Familiengespräch mit dem Kommunionkind zu Hause gestaltet werden kann.

(3) *Kindergruppen:* Die Kinder treffen sich regelmäßig (wöchentlich/vierzehntägig) und vertiefen inhaltlich, was sie bereits im Familiengespräch zu Hause erfahren haben in gruppenpädagogisch angemessener Weise. Die Kindergruppe bleibt für die Kinder, bei denen kein Familiengespräch stattfinden kann, der Erstzugang zum Thema und gewährleistet somit, dass alle Kinder die Erstkommunion vorbereitet empfangen können.

(4) *(Jugendliche) Begleiter der Kindergruppen:* Elternkatecheten oder Jugendliche begleiten die Kinder auf dem Kommunionweg und gestalten die Kindertreffen.

(5) *Begleiter der Elterngruppen:* Engagierte Laien aus der Gemeinde mit kommunikativer und empathischer Kompetenz begleiten die Eltern eines Kommunionjahrganges und moderieren die erfahrungsbezogen angelegten Elterntreffen.

(6) Dem *katechetischen Leitungsteam*, bestehend aus Haupt- und Ehrenamtlichen, kommt die organisatorische, pädagogische, theologische und spirituelle Begleitung der genannten Begleiter zu. Im Theorie-Praxis-Zirkel wird der Weg der Gemeinde profiliert und optimiert.

3 Grundanliegen und Handlungsoptionen

Das Grundanliegen von Familienkatechese besteht darin, auf verschiedenen Ebenen Glaubenskommunikation anzustiften sowie Kommunikation allgemein zu fördern.

Familienkatechese, die ihr Anregungspotenzial aus dem südamerikanischen Katechesemodell »Catequesis Familiar« bezieht, optiert für intensive Elternkatechese, die Eltern als religiöse Ersterzieher der Kinder ernst nimmt und ihnen geeignete Formen der religiösen (Neu-)Orientierung und Weiterentwicklung durch kompetent gestaltete Gruppentreffen und Familienprojekttage ermöglicht. Werden Eltern im Prozess einer befreiungstheologisch orientierten Familienkatechese als Subjekte ihrer Glaubensbiografie ernst genommen, wird es ihnen graduell verschieden möglich, ihre religiösen Sprach- und Kommunikationsfähigkeiten zu erweitern bzw. zurückzuerlangen. Als Glieder der Gemeinde erfahren sie untereinander Bestärkung und Hilfe, ihre eigenen Kinder in die Gottesbeziehung hineinzubegleiten. Familienkatechese ist damit für viele Eltern ein intensiver Prozess, Glauben (neu) für sich als lebensrelevant zu entdecken bzw. zu vertiefen und (neue) Gemeindeerfahrungen zu machen.

Das Familiengespräch zwischen den Eltern und ihrem Kommunionkind zu Hause, das den Treffen der Kinder in der Gruppe der Gleichaltrigen vorausgeht, ist für Familienkatechese zentral und unverzichtbar. Im gemeinsamen Gespräch über die Themen des Kommunionwegs auf der Basis geeigneter katechetischer Bausteine verdichtet sich für Eltern und Kinder die alltagsorientierte Glaubenskommunikation. Das Familiengespräch zu Hause schließt ebenso wie die Prozesse bei den Eltern- oder Kindergruppen die Dimensionen des Feierns, Handelns und Betens ein, da sich Familienkatechese in Analogie zum Dreischritt »sehen – urteilen – handeln« als erfahrungsbezogener und handlungsorientierender Ansatz versteht.

Einen speziellen Akzent setzt Familienkatechese, indem sie (gefirmte) Jugendliche als Begleiter – selbstständig oder in Kooperation mit Elternkatechten – für die Kommunionkindergruppen zu gewinnen versucht. Die Jugendlichen werden dadurch als mündige Subjekte im katechetischen Tradierungsprozess des Glaubens in der Gemeinde ernst genommen. Die Handlungsfelder Kommunionkatechese und Jugendarbeit vernetzen sich synergetisch miteinander und in der Gemeindeentwicklung wird die Bruchstelle für die Kindergruppen nach dem Erstkommunionfeiertag aufgrund des Begleiterausfalls vermieden, da der katechetische Prozess organisch in kirchliche Jugendarbeit transformiert werden kann.

Familienkatechese fördert und bedingt konsequenterweise eine verstehbare und kindgerechte Liturgie (Familienliturgie). Da Familienkatechese wesentlich Katechese von, mit und für Laien ist, muss auch die Liturgie in ihrer Vielfalt ebenfalls eine von Laien, d.h. vom Volk Gottes (laós tou theou) getragene Liturgie sein. Familienkatechese leistet einen Beitrag zur Verlebendigung der Gemeindeliturgie, insofern viele Menschen und Gruppen diese Liturgie mitgestalten und dadurch die Menschen und Gemeinden immer mehr zu Trägern ihres Gottesdienstes werden.

Literatur

Biesinger, Albert, Kinder nicht um Gott betrügen. Anstiftungen für Mütter und Väter. Freiburg u.a. [11]2001.

Biesinger, Albert/Bendel, Herbert (Hg.), Gottesbeziehung in der Familie. Familienkatechetische Orientierungen von der Kindertaufe bis ins Jugendalter. Ostfildern 2000.

Biesinger, Albert/Bendel, Herbert/Biesinger, David, Gott mit neuen Augen sehen. Wege zur Erstkommunion, 4 Bde.: Familienbuch. Für das Leitungsteam – Einführung. Für die Elterntreffen – Leitfaden. Für die Kindertreffen – Leitfaden. München 1999.

Carrara, Augusta, Der Weg der Catequesis Familiar in Peru, hg. v. Adveniat u.a. Essen 1999.

Gemeinsame Synode der Bistümer in der Bundesrepublik Deutschland, Ergänzungsband: Arbeitspapiere der Sachkommissionen. Freiburg u.a. 1977, 37–97.

Hofrichter, Claudia, Leben – Bewußtwerden – Deuten – Feiern, Rezeption und Neuformulierung eines katechetischen Modells am Beispiel »Taufgespräche in Elterngruppen«. Ostfildern 1997.

Mette, Norbert, Voraussetzungen christlicher Elementarerziehung, Vorbereitende Studien zur Religionspädagogik des Kleinkindalters. Düsseldorf 1983.

Schwab, Ulrich, Familienreligiosität. Religiöse Traditionen im Prozeß der Generationen. Stuttgart u.a. 1995.

Schweitzer, Friedrich, Das Recht des Kindes auf Religion, Ermutigungen für Eltern und Erzieher. Gütersloh 2000.

HERBERT BENDEL / ALBERT BIESINGER

IV.2.3 Sakramentenkatechese

→ II.2.2 Gott – Gottesbilder
→ II.2.13 Gemeinschaft – Glaubensgemeinschaft/Kirche
→ IV.2.1 Katechese in der Gemeinde
→ IV.2.2 Familienkatechese
→ IV.2.4 Erwachsenenkatechese/Katechumenat
→ IV.2.8 Konfirmandenarbeit

1 Anlässe der Begegnung mit Gott und seiner Kirche

Die meisten Christinnen und Christen begegnen der Kirche heute in besonderen Lebenssituationen. Sie möchten kirchlich heiraten, sie erwarten die Taufe für ihr Kind, später soll es dann zur Erstkommunion gehen und als Jugendlicher vielleicht auch gefirmt werden. Die Erwartungen aus Anlass solch sakramentaler Begegnungen sind sehr verschieden. Für manche sind Taufe, Eucharistie und Firmung sakramentale Feiern auf ihrem Weg in die Glaubensgemeinschaft der Kirche. In der sakramentalen Eheschließung lassen sie sich öffentlich auf die Zusage Gottes ein, zu unwiderruflicher Liebe fähig zu sein. In den Feiern der anderen Sakramente vergewissern sie sich der Gegenwart Gottes in je spezifischen Lebenssituationen. Viele aber kommen auch mit »vordergründigen« Erwartungen. Oft noch bewusst oder unbewusst geprägt von einer christlichen Tradition bitten sie um die Taufe ihres Kindes, weil ihnen diese Tradition noch etwas bedeutet, sie sich des Schutzes und Segens Gottes für ihr Kind vergewissern wollen oder auch durch diese Feier ihre Dankbarkeit für die glückliche Geburt zum Ausdruck bringen möchten. Ebenso selbstverständlich erwarten Eltern später dann auch eine »feierliche Erstkommunion« und die Firmung für ihr Kind. Viele wünschen aus eben solchen Motiven der Tradition, der Vergewisserung des Segens Gottes und der Feierlichkeit eine kirchliche Trauung.

2 Wie in Gottes Namen den Menschen gerecht werden?

Die Katechese aus Anlass der Sakramente steht somit vor der Frage, wie sie mit solchen Begegnungssituationen umgeht. Um Gott und den Menschen gerecht zu werden, bedarf es einer theologischen und anthropologischen Vergewisserung. Nur so kann vermieden werden, den Eltern, Kindern und Jugendlichen von vornherein unzureichende Motive zu unterstellen. Schließlich kommen und bitten sie um Taufe oder Erstkommunion für ihr Kind oder melden sich zur Firmung bzw. kirchlichen Trauung an, weil sie für sich persönlich etwas Gutes und Schönes erwarten. Niemand kommt in der Absicht, pastorale und katechetische Mitarbeiter zu ärgern oder zu provozieren. Die meisten kommen aus guten Gründen, auch wenn Katechetinnen und Katecheten in diesen Motiven verschiedene Defizienzen entdecken bzw. vermuten.

3 Theologische Vergewisserung

Vielfach werden die Sakramente noch einseitig als übernatürliche, meist individualistisch verstandene Gnadenmittel betrachtet, ohne Bezug zum Leben des Einzelnen oder der Gemeinschaft der Christen in der Kirche. Ein seit dem Zweiten Vatikanischen Konzil vertieftes Verständnis der Kirche (vgl. Lumen gentium 1) hat auch zu einem lebensbezogeneren Verständnis der Einzelsakramente geführt.

Die Gemeinsame Synode der Bistümer in der Bundesrepublik Deutschland hat dies in ihrem Beschluss »Schwerpunkte heutiger Sakramentenpastoral« aufgegriffen und in prägnanter Weise die in Christus und seiner Kirche gründende Lebensbedeutung der Sakramente dargelegt: »Alle Sakramente sind in Jesus Christus begründet. In seiner Menschheit, in seinem Leben, Sterben und in seiner Auferstehung ist ›die Güte und Menschenliebe Gottes, unseres Retters‹, unter uns erschienen (Tit 3,4). Christus ist das Zeichen, in dem wir die Sorge Gottes für uns Menschen erkennen und erfahren, er ist das Ursakrament« (Synodenbeschluss »Sakramentenpastoral« 240f). In Jesus Christus hat sich der Gott des Bundes für uns Menschen eindeutig und endgültig erkennbar und erfahrbar gemacht. In ihm wird sinnenfällig, dass unser Gott ein beziehungswilliger Gott ist, der nicht nur etwas von sich mitteilt, sondern selbst in Beziehung zum Menschen als einem Partner tritt, um ihm dadurch ein wirklich menschliches Leben zu ermöglichen. Dieser Gott hat ein unbedingtes Interesse am Menschen. Sein Name ist Programm: »Ich bin Jahwe (...) das ist mein Name für immer!« (Ex 3,14). Dieser Name ist kein Haupt- oder Namenswort, sondern ein Tätigkeitswort: JHWH – Ich bin, der ich dabei sein werde. Und dieser Gott sagt von sich, dass er für immer seinem Namen treu bleiben wird, auch wenn der Mensch ihm untreu wird. Der Mensch ist frei, sich auf diesen Namen Gottes einzulassen.

Das entscheidende Kennzeichen dieses Gottes ist, dass er seinen Namen, sein Interesse menschlich erfahrbar werden lässt in Jesus Christus. Gott wird Mensch! In Jesus Christus wird der Name Gottes leibhaftig erfahrbar. Er ist die Verleiblichung des Namens Gottes. Er lebt und handelt im Namen Gottes, seines Vaters. Und so können wir das Neue Testament lesen als eine Interessensgeschichte Gottes am Menschen. Folgende Grundinteressen und Namensbekundungen Gottes lassen sich in der Geschichte und im Geschick Jesu Christi wahrnehmen: anerkennende, heilende, vergebende und solidarische Beziehungen. In Anerkennung, Heilung, Vergebung und Solidarität erkennen und erfahren die Menschen seiner Zeit, wer Gott ist und was wahrhaft menschliches, von Gott gewolltes Leben ist.

Solch sinnenfällige – ursakramentale – Christuserfahrungen aber machen wir Menschen heute nicht in dieser Unmittelbarkeit. Dennoch ist es der Wille Gottes, dass diese seine Güte und Menschenliebe, seine Sorge um uns Menschen erkennbar und erfahrbar bleiben über die Zeit Jesu Christi hinaus. So sagt die Synode weiter: »Durch den Heiligen Geist, den Christus uns sendet, bleibt er mit seinem Heilswerk durch die Zeiten unter uns gegenwärtig. Die Kirche als die vom Heiligen Geist geeinte Gemeinschaft der Gläubigen ist für die Welt das bleibende Zeichen der Nähe und Liebe Gottes. So ist sie ›in Christus gleichsam das Sakrament, d.h. Zeichen und Werkzeug für die innerste Vereinigung mit Gott wie für die Einheit der ganzen Menschheit‹ (Lumen gentium 1)« (Synodenbeschluss »Sakramentenpastoral« 241). Die Kirche und damit auch ihre jeweilige Verwirklichung in den einzelnen Gemeinden ist der bleibende Erfahrungsraum des beziehungswilligen Gottes. Wenn heute jemand nach dem Wesen des Gottes fragt, dem wir glauben, auf den wir bauen, an dem wir unser Leben orientieren, so kommen wir nicht umhin, auf die Kirche und ihre Gemeinden zu verweisen. Deren Auftrag ist es, sinnenfällig – sakramental – die Menschenliebe und Sorge Gottes zu uns Menschen erfahrbar werden zu lassen. Das heißt, der sakramentale Charakter der Kirche wird in dem Maße deutlich, wie sie christusähnliche, also anerkennende, heilende, vergebende und solidarische Beziehungen schafft: »In den einzelnen Sakramenten entfaltet sich das sakramentale Wesen der Kirche in die konkreten Situationen des menschlichen Lebens. (...) Der Empfang eines Sakramentes ist deshalb nicht ein Vorgang, in dem man nur ›etwas‹ bekommt, eine Sache von noch so hoher Qualität, sondern das Sakrament zeigt eine persönliche Beziehung an und schafft sie. Der unsichtbare Gott wendet sich im sichtbaren Zeichen des Sakramentes dem Menschen zu (...). Der glaubende Mensch nimmt dieses Geschenk in Freiheit und Dankbarkeit entgegen« (Synodenbeschluss »Sakramentenpastoral« 241).

Die Sakramente sind so etwas wie die ausgestreckten Arme dieser Kirche – keine Greif- und Fangarme, sondern einladende Arme, die Anerkennung schenken, neu in Gemeinschaft hineinführen, vergeben und heilen. In speziellen Lebenssituationen im Leben des Einzelnen und der Gemeinschaft zeigt die Kirche in den Sakramenten sinnenfällig und konkret die Güte und Menschenfreundlichkeit Gottes. Es sind dies Lebensvorgänge von besonderer Bedeutung, wie Geburt, Eintritt in die bewusste und entschiedene Auseinandersetzung mit Umwelt und Gesellschaft, Eheschließung, Schuld, schwere Krankheit und Tod.

Die sinnenfällige Erfahrbarkeit der einzelnen Sakramente ist deshalb aufs Engste verbunden mit der Zeichenkraft der Kirche und der Gemeinde selber. So wird z.B. zu bedenken sein, ob die gegenwärtigen Vorbehalte gegenüber dem Bußsakrament nicht auch mit der fehlenden Erfahrbarkeit der Vergebungsbereitschaft der Kirche und der Gemeinde in ihrem alltäglichen Zusammenleben zusammenhängen oder ob die Zeichenkraft des Sakraments der Krankensalbung zur vollen Geltung kommen kann, wenn Kranke in der Gemeinde sonst kaum eine sichtbare Sorge und lebendige Annahme erfahren.

4 Anthropologische Vergewisserungen

Am Beispiel des Sakraments der Ehe soll dies verdeutlicht werden: Viele wollen sich auch kirchlich trauen lassen. Beweggründe sind oft »nur« Feierlichkeit, Tradition, Schutz und Segen Gottes und der Kirche. Zu fragen ist, ob die sakramentale Eheschließung solchen Erwartungen entsprechen kann oder darf bzw. wie eine entsprechende Ehekatechese damit umgehen soll. Junge Leute, die eine Lebensgemeinschaft eingehen wollen, sehen sich heute einer Vielfalt möglicher Lebensgestaltungsformen gegenüber. Sie reichen von einer auf Dauer hin angelegten Ehe in Treue und Partnerschaft bis hin zu einer unverbindlichen Sympathiegemeinschaft. Sie spüren die Schwierigkeit, ihre Partnerschaft nur nach eigenen Vorstellungen zu gestalten, für sich und ihre Partnerschaft einen »eigenen Sinn« auszudenken. So besinnen sich nicht wenige aufgrund noch vorhandener christlicher Prägung auf die christliche Sinngebung der Ehe oder besser gesagt: zunächst auf die Ehe, die sie in Elternhaus und Verwandtschaft erlebt haben. So ist der Beweggrund »aus Tradition« oder »um der Eltern, des Partners oder der Verwandten willen« nicht von vornherein abzuwerten oder zu missbilligen.

Sicher kann ein solch diffuses und kaum bewusst reflektiertes Motiv noch kein hinreichender Grund, keine tragende Grundlage für eine christliche Ehe sein. Es ist jedoch ein guter Beweggrund, der in der ehevorbereitenden Katechese aufgegriffen und geklärt werden kann. Hier ist die Chance der Katechese – um im Bild der ausgestreckten Arme zu bleiben –, den Ehewilligen jene einladende Hand entgegenzustrecken und sie hineinzuholen in die lebendige Tradition christlich gelebter Ehe. Dies wird am ehesten gelingen durch Eheleute selbst, die aus christlicher Überzeugung ihre Ehe zu leben versuchen und zu erzählen wissen, wie lebensförderlich eine solche von dauerhafter Liebe und Treue getragene Partnerschaft ist.

Auch das Motiv »Feierlichkeit« zeugt von einer Ahnung der Bedeutsamkeit von Festen und Feiern für die Sinngestaltung menschlichen Lebens. Sakramente sind, wie die Liturgie sagt, »Feiern des Glaubens«. Die Bedeutung der Feiern im sakramentalen Handeln kann deshalb nicht hoch genug eingeschätzt werden. Ihnen kommt eine stabilisierende Kraft christlicher Lebensgestaltung zu. Diese Wirkung hat die Feier durch zwei Aspekte, die jedes Fest kennzeichnen und gleichzeitig die Bedingung für das Gelingen einer Feier ausmachen, nämlich (1) mit anderen eine Lebenssituation in gleicher Sinngebung begehen und (2) Vergangenheit und Zukunft gegenwärtig werden lassen.

So gelingt die Feier der Hochzeit nur in dem Maße, wie die Beteiligten die gleiche Überzeugung von dieser neuen Lebensgemeinschaft teilen, das Gleiche wünschen und hoffen. Feiern beruhen auf gemeinschaftlicher Deutung und Gestaltung von Lebenssituationen. Da, wo keine Übereinkunft gegeben ist, werden kein Fest und keine Feier gelingen.

Die zweite stabilisierende Eigenart der Feier liegt in der Gegenwärtigkeit des Erlebens. Eheleute und Gäste rufen Erinnerungen an die Vergangenheit, an die bisherige Lebensgeschichte wach, nach dem Motto »Weißt du noch ...«, und bringen gleichzeitig ihre Hoffnungen und Wünsche für die Zukunft zum Ausdruck. Sie unterhalten sich und geben somit dieser beginnenden Ehegeschichte Halt.

Der Zusammenhang jener drei Grunddimensionen des Lebens: (1) der individuellen und gemeinschaftlichen Lebenssituationen, (2) ihrer bewussten Deutung und Gestaltung im Glauben sowie (3) der Begehung in der Feier prägt das Leben des Einzelnen, aber auch die Gemeinschaft der Glaubenden in Kirche und Gemeinde. Denn auch das gemeinschaftliche Leben der Christen ist getragen von den Grunddimensionen der Diakonia, der Martyria und Liturgia, d.h. des Miteinander-Lebens, des Bewusstwerdens, Deutens und Gestaltens im Glauben sowie der Feier in der Liturgie. Die Gemeinde selbst lebt, verkündet und feiert, was sie dem Einzelnen in besonderen Lebenssituationen vermittelt, und erfährt ihrerseits daraus immer wieder neu Bestärkung und Identität. Offen ist allerdings ob, wann und wie ein solcher Prozess weitergeführt werden und in eine Katechese der systematischen Glaubensunterweisung einmünden kann.

Eine lebensförderliche Bedeutung hat die ehevorbereitende wie jede andere Sakramentenkatechese auch dann, wenn sie die Ahnungen solcher in der Tradition begründeten Erwartungen oder das Verlangen einer feierlichen Begehung einer Lebenssituation aufgreift und in den sakramentalen Zeichen unter den Segen Gottes stellt.

5 Katechetische Grundeinstellungen

Aufgrund dieser theologischen und anthropologischen Vergewisserung kann es gelingen, in der Sakramentenkatechese im Interesse Gottes den Menschen gerecht zu werden, so unterschiedlich die konkreten Formen, Wege und Ziele der Katechese dann auch sein werden. Entscheidend sind folgende katechetischen Grundeinstellungen:

(1) Zum Glauben an Gott kann man nicht erziehen, den Glauben kann man nicht lehren. Glaube ist Berufung: »Wir danken dir, dass du uns berufen hast, vor dir zu stehen und dir zu dienen« (2. Hochgebet der hl. Messe).

(2) Chance aller Katechese ist es, die Güte und Menschenfreundlichkeit Gottes als göttliches Interesse am Leben eines jeden Menschen ahnen, spüren und erfahren zu lassen. Dies kann auch für den Ruf Gottes, zum Zeugnis für ihn in und mit seiner Kirche, aufmerksam machen und einen Weg in die Glaubensgemeinschaft eröffnen bzw. fortführen.

(3) Entscheidend sind die katechetischen Begegnungen selbst, so kurz oder lang sie auch sein mögen. In ihnen muss etwas vom Interesse Gottes erfahrbar werden, d.h. von seinem anerkennenden, heilenden, vergebenden und solidarischen Interesse – ohne Vorbedingung und Gegenleistung!

(4) Wir dürfen davon ausgehen, dass Gott schon bei den Menschen ist, bevor wir als Katecheten kommen. Der Mensch ist Ebenbild Gottes schon als Mensch – nicht erst als Christ. Mit jedem Menschen hat Gott seine Geschichte von Anfang an. Jeder Mensch ist eine »kleine Bibel«. In jedem menschlichen Leben können wir etwas von der Liebesgeschichte Gottes erspüren. Katechetinnen und Katecheten sind auch Spurensucher der Liebesgeschichten Gottes in den Lebensgeschichten der Menschen.

(5) In der katechetischen Begegnung sind die Einstellungen und Haltungen, die dem Interesse Gottes entsprechen, wichtiger als alle Planungen, Medien und Methoden. Die Methode, der Weg, an dem der Katechet sich immer orientieren muss, ist der Name Gottes selber: Ich bin da!

(6) Erfolgreich ist eine Katechese auch dann, wenn sie erinnerungswürdige Begegnungen ermöglicht, Erinnerungen der Anerkennung, der Anteilnahme, der Wertschätzung, der Vergebung, der Heilung und der Solidarität im Namen Gottes. Erinnerungswürdige Begegnungen helfen leben.

(7) Die unterschiedlichen Lebens- und Glaubensgeschichten der Menschen erfordern eine Vielfalt möglicher Begegnungen und Katechesen. Wer noch keine »Ahnung« vom Interesse Gottes an seinem Leben hat, braucht andere Formen der Katechese als solche, die auf ihrem Glaubensweg mehr vom Gott ihres Lebens wissen und erfahren wollen. Wer mit göttlichem Interesse Menschen in den unterschiedlichsten Lebenssituationen begegnen will, wird mit einer Vielfalt »unordentlicher« Wege der Katechese rechnen müssen.

(8) Aufgrund der prägenden Kraft einer langen kirchlichen Tradition – unter anderen gesellschaftlichen Verhältnissen – werden wir noch längere Zeit mit der Unzulänglichkeit leben, dass die Feiern der Sakramente mehr begehen, als von den Menschen erfahren werden kann. Es gilt, behutsam angemessenere sakramentale Feiern zu entwickeln, um den jeweiligen Lebens- und Glaubenserfahrungen gerecht zu werden. Die »Hochform« der Sakramente wird dabei zunehmend von denen gefeiert werden, die darin auch Gesten und Zeichen der Initiation, der Beauftragung und des Lebens mit der Kirche sehen.

(9) Jede katechetische Begegnung kann (muss aber nicht) der Beginn eines Glaubensweges in und mit der Kirche sein. Die Wahrnehmung und Begleitung eines solchen Weges wird sinnvollerweise in den Etappen eines Katechumenates erfolgen.

Literatur

Biemer, Günther, Katechese. In: NHThG 3 (1991) 82–94.
Die Deutschen Bischöfe, Pastoralkommission (Hg.), Sakramentenpastoral im Wandel. Bonn 1993.
Emeis, Dieter, Sakramentenkatechese. Freiburg u.a. 1991.
Gemeinsame Synode der Bistümer der Bundesrepublik Deutschland. Beschlüsse der Vollversammlung. Freiburg u.a. 1976, 238–274 (Beschluss Sakramentenpastoral).
Schmitt, Karl Heinz, Erfolgreiche Katechese. München 2000.
Sekretariat der Deutschen Bischofskonferenz (Hg.), Texte zu Katechese und Religionsunterricht. Bonn 1998 (darin: »Evangelii nuntiandi«, 7–77).

KARL HEINZ SCHMITT

IV.2.4 Erwachsenenkatechese / Katechumenat

→ II.4.1 Lebensgeschichte(n) – Glaubensgeschichte(n)
→ II.4.3 Konversion/Bekehrung
→ II.4.7 Gestalten erwachsener Religiosität
→ III.3.3 Theologische Bildung/Katechismusunterricht
→ IV.2.1 Katechese in der Gemeinde
→ IV.2.9 Gemeindebildungsarbeit

1 Neue Aufmerksamkeiten

In dem Maß, wie volkskirchliche Prägungen und Zugehörigkeiten ihre Selbstverständlichkeit im gesellschaftlichen Leben verlieren, steigt auch die Zahl der Ungetauften. Die soziologisch bedingten Umbrüche einstiger konfessioneller Milieus durch die Säkularisierung, Individualisierung und Pluralisierung der modernen Lebenswelten schaffen damit für die gegenwärtige und künftige Weitergabe des christlich-kirchlichen Glaubens neue Herausforderungen. In diesem Zusammenhang werden die neuen Aufmerksamkeiten für eine Orientierungsbedürftigkeit der Menschen gerade an den Bruchstellen in ihrer Lebensgeschichte zu neuen Anknüpfungen für eine missionarische Glaubensverkündigung. Über die Motive und den Weg Erwachsener, sich auf die Taufe vorzubereiten, wächst heute konkret die Vorstellung und Erfahrung von dem, was die Gewinnung einer missionarischen Grundoption für die Seelsorge bedeutet. Inspirationen für diese gegenwärtig anstehenden pastoralen Erkundungen ergeben sich durch die Erfahrungen der frühen Kirche mit der Weitergabe des Glaubens unter gesellschaftlich konträreren bzw. nicht förderlichen Bedingungen. Heute wie damals bezeichnet der Begriff Katechumenat den Weg von Taufbewerbern (*christiani*) zu den Sakramenten der Eingliederung in die Kirche (Taufe, Firmung, Eucharistie) über einen längeren Zeitraum mit unterschiedlichen Phasen und Stufen inmitten der Gemeinde der Gläubigen (*fideles*). Die dadurch freigesetzte Dynamik eines erlebbaren Taufglaubens macht den

Katechumenat zu einem Paradigma für katechetische Prozesse insgesamt. Die Vergegenwärtigung der liturgischen Praxis dieses Weges in katechetischer Versprachlichung begründet einen mystagogischen Ansatz, den sich die derzeitige Wiederbelebung des Erwachsenenkatechumenats zu Eigen gemacht hat und weiterentwickelt.

2 Dynamische Grundstruktur

In diesem Sinn entwickelt sich vom 2. Jh. an der Katechumenat als ein Glaubensweg in doppelter Hinsicht: Zuerst bezeichnet er einen Weg der Hinführung zum Glauben und einer Einführung in das Glaubensbekenntnis der Kirche, die mehr ist als Unterricht. Dadurch, dass dieser Weg inmitten der Gemeinde seinen originären Ort hat, bezieht er die bereits Getauften mit ein. Wo diese zu Wegbegleitern werden, bewirkt diese Gefährtenschaft eine Vertiefung und Bestärkung der eigenen Glaubensidentität. Diese wechselseitige Inspiration schafft so eine kommunikative Form der Glaubensverortung, die sich in der frühen Kirche als ein Weg mit mehreren Phasen und darauf bezogenen Stufenriten institutionalisieren kann.

Mit dem Verlust dieser katechumenalen Praxis in nachkonstantinischer Zeit geht zunächst das katechetische Bewusstsein vom konstitutiven ekklesialen Bezug der Sakramente verloren. Erst die Wiederbelebung des kirchlichen Katechumenats durch das Zweite Vatikanische Konzil (vgl. Sacrosanctum Concilium 64.66–69 und Ad gentes 3–14) begründet die originär liturgiekatechetische Praxis der Kirche neu und ermutigt zu Adaptionen des frühkirchlichen Paradigmas an die genannten spezifischen Herausforderungen der Gegenwart. Der 1972 für die gesamte katholische Kirche in Kraft gesetzte Ordo Initiationis Christianae Adultorum (OICA) löst in seiner unmittelbaren pastoralen Rezeption in Frankreich und besonders in den USA eine missionarische Dynamik aus, die schließlich für die Bemühungen um den Aufbau einer katechumenalen Pastoral in Deutschland vom Beginn der 1990er-Jahre an zu einer wichtigen Initialzündung wird.

3 Innovative Wiederbelebung

Nicht Restauration, sondern die Öffnung für die Bedingungen, unter denen Menschen heute den Weg zum Glauben der Kirche gehen, kennzeichnet die pastorale Ausrichtung des wiederbelebten gesamtkirchlichen Ritus für den Katechumenat. Das Allgemeine Direktorium für die Katechese von 1997 verstärkt diese Intention, indem es das Paradigmatische dieses Glaubensweges für die Sakramentenkatechese der Kirche insgesamt herausstellt (vgl. Art. 90f). Dieses Bewusstsein wächst in den Diözesen und Gemeinden in dem Maß, wie der hohe Stellenwert, der der Liturgie in diesem Prozess zukommt, katechetisch aufgegriffen wird. Diese besondere mystagogische Qualität vermittelt über den Weg eines einzelnen Taufbewerbers die Erfahrung einer Kirche im Werden. Darauf zu vertrauen und auf dieses originär theologische Profil in der Glaubenshinführung und -weitergabe zu setzen, verlangt in der kirchlichen Katechese eine neue Aufmerksamkeit für die einzelnen Symbolhandlungen, wie sie in den katechumenalen Stufenfeiern enthalten sind:

3.1 Im ersten Stufenritus der *Feier der Aufnahme in den Katechumenat* »begeht« die Liturgie die Schwelle von einer ersten mehr unverbindlichen Orientierungsphase (Präkatechumenat) zur verbindlicheren Zeit der katechetischen Vorbereitung im Katechumenat. An dieser Zäsur geht es um die Grunderfahrung eines herzlichen und ernst gemeinten Willkommens mit der eigenen Lebensgeschichte und Person im Raum der Kirche und Gemeinde. In den Symbolhandlungen des Zeugnisses von Taufbewerbern, der Bezeichnung ihrer Sinne mit dem Kreuzzeichen, der Überreichung der Bibel und ggf. des Kreuzes soll Gottes Entgegenkommen inmitten seiner Kirche konkret erfahrbar werden. Weitere Riten und Feiern während der folgenden Phase der entfernteren Vorbereitung (Katechumenat) sind: Gebete/Segnungen (vgl. FEE 119ff) und Salbungen mit dem Katechumenenöl.

3.2 Die zweite Stufenfeier der *Zulassung zur Taufe* hat eine exponierte Mittlerfunktion zwischen den Taufbewerbern und der Gemeinde der Getauften. Diese Liturgie veranschaulicht in der Zulassung der Taufbewerber durch den Bischof die Ortskirche als eine lebendige Vernetzung von Gemeinden. Dadurch wird einmal den Taufbewerbern die Erfahrung vermittelt nicht allein zu sein. Gleichzeitig erleben sie die Kirche als eine Größe, die über manchen gemeindlichen Provinzialismus hinaus eine befreiende Perspektive von Glauben vermittelt. Im *Ritus der Sendung durch die Gemeinde* und im *Ritus der Zulassung durch den Bischof* bekommt die zweite liturgische Stufenfeier im Katechumenat eine kommunikative Weite, die der Vielfalt von Lebensbezügen und -bewegungen ausdrücklich entgegenkommt.

Die Feiern der *Übergabe von Glaubensbekenntnis* und *Vaterunser* während der folgenden unmittelbaren Vorbereitungsphase zeigen, dass die Taufbewerber in den christlich-kirchlichen Glauben hineingefunden und sich der Gebetsgemeinschaft der Kirche angeschlossen haben. Für den 3., 4. und 5. Fastensonntag sieht der Ritus die *Feier der Skrutinien* (Prüfungen) vor. Auch die *Riten der unmittelbaren Taufvorbereitung* am Karsamstag richten sich auf die innere Bereitung der Bewerber für den Empfang der Sakramente der Eingliederung und haben die entlastende Bedeutung, das im Glauben Gewachsene zu bekräftigen. Dazu gehören die Wiedergabe des Glaubensbekenntnisses in der Weise, dass die erwachsenen Täuflinge das Apostolicum vor der Gemeinschaft sprechen, der Effata-Ritus, der auf die Öffnung aller Sinne für den Empfang der Gegenwart Gottes in den Sakramenten zielt und ggf. die Wahl eines christlichen Namens bzw. eine weitere Salbung mit dem Katechumenenöl.

3.3 Die *Spendung der Sakramente des Christwerdens* (Taufe, Firmung, Eucharistie) in der Feier der Osternacht ist nicht nur liturgietheologisch, sondern auch in symboldidaktischer Hinsicht der bevorzugte Ort für die sakramentale Eingliederung Erwachsener in die Kirche. Die Ausstrahlung, die davon auf die mitfeiernden Getauften ausgeht, kann bei ihnen das Interesse und die Bereitschaft bedingen, die Einzelriten dieser Feier so zu erfassen, dass der eigene Taufglaube dadurch bewusst gemacht und vertieft wird. Die Weise, wie die Taufe von Erwachsenen inmitten der Gemeinde gefeiert wird, hat damit Auswirkungen darauf, wie sehr die pastoralliturgische Chance der Tauferinnerung in dieser Feier wahrgenommen wird.

4 Exemplarische Impulse

Die bisherigen Erfahrungen mit der Wiederbelebung des Erwachsenenkatechumenats in den deutschsprachigen Ländern lehren, dass eine neue Form katechumenaler Katechese wächst, wo die konstitutiven Momente von persönlicher Wegbegleitung (durch Paten), gruppenbezogener Austausch (in der Katechumenatsgruppe) und eine konsequente liturgiemystagogische Ausgestaltung der Stufenfeiern und ergänzenden Teilriten inmitten der Gemeinde der bereits Getauften angezielt wird.

Im Bistum Münster, das seit Mitte der 1990er-Jahre ausgehend von den genannten US-amerikanischen Impulsen über die nachhaltige Wirkung der bischöflichen Zulassungsfeier den Katechumenat in den Gemeinden implantiert hat, ist die Wiedergewinnung einer mystagogischen Katechese über den Katechumenat zu einer konkret erlebbaren und damit plausiblen Anregungskraft für die weitere Sakramentenpastoral in den Gemeinden geworden. Das Bemühen um den Aufbau des Erwachsenenkatechumenates in Deutschland hat über diesen exemplarischen Anknüpfungspunkt zu weiteren vernetzenden Initiativen geführt. Mittlerweile hat die Hälfte der bundesdeutschen Bistümer die Praxis einer diözesanen Zulassungsfeier (2. Stufenritus) als Kulminationspunkt für eine nachhaltige Förderung der gemeindlichen Ebene katechumenaler Katechese und Feier ausgeprägt.

Literatur

Ball, Matthias/Tebartz-van Elst, Franz-Peter/Waibel, Artur/Werner, Ernst, Erwachsene auf dem Weg zur Taufe. Werkbuch Erwachsenenkatechumenat. München 1997.
Tebartz-van Elst, Franz-Peter, Der Erwachsenenkatechumenat in den Vereinigten Staaten von Amerika. Eine Anregung für die Sakramentenpastoral in Deutschland (MthA 28). Altenberge 1993.
Tebartz-van Elst, Franz-Peter, Handbuch der Erwachsenentaufe. Liturgie und Verkündigung im Katechumenat. Münster 2001.
Tebartz-van Elst, Franz-Peter (Hg.), Öffne uns den Brunnen zur Taufe. Die Feier der Eingliederung in die Kirche. Stuttgart 1995.
Werner, Ernst (Hg.), Erwachsene fragen nach der Taufe. Eine katechetisch-liturgische Handreichung zur Gestaltung des Katechumenats, erarbeitet im Auftrag des Deutschen Liturgischen Instituts und der Zentralstelle Pastoral der Deutschen Bischofskonferenz. München 2000.
Zimmermann, Dietrich, Katechumenat. In: HRPG 1 (1986) 183-189.

Texte:
Liturgische Institute Salzburg, Trier, Zürich (Hg.), Die Feier der Eingliederung Erwachsener in die Kirche nach dem neuen Rituale Romanum. Studienausgabe. Freiburg ^{2}1986. (FEE)
Verlautbarungen des Apostolischen Stuhls, Kongregation für den Klerus, Allgemeines Direktorium für die Katechese, hg. vom Sekretariat der Deutschen Bischofskonferenz. Bonn 1997.

FRANZ-PETER TEBARTZ-VAN ELST

IV.2.5
Gemeindepädagogik

→ II.2.13 Gemeinschaft – Glaubensgemeinschaft/Kirche
→ II.3.9 Kirche als Lebensraum und Institution
→ III.3.2 Liturgische Bildung
→ IV.2.1 Katechese in der Gemeinde
→ IV.2.9 Gemeindebildungsarbeit
→ IV.2.10 Kirchliche Mitarbeiterinnen und Mitarbeiter
→ V.1.3 Korrelation von Glaube und Leben

Der Begriff »Gemeindepädagogik« wurde in die evangelischen Religionspädagogik vor gut 25 Jahren in West- und Ostdeutschland gleichzeitig in die öffentliche Diskussion eingeführt und überraschend schnell rezipiert. Das katholische Äquivalent war »Gemeindekatechese«.

1 Die Wurzeln des Begriffs und die damit verbundenen Erwartungen

Enno Rosenboom forderte 1973 vor der Schulreferentenkonferenz der EKD angesichts des von ihm beobachteten pädagogischen Dilettantismus in den Gemeinden mit einem programmatischen Referat die konsequente Entwicklung einer »Gemeindepädagogik«. Unabhängig von ihm entwickelte Eva Heßler etwa zur gleichen Zeit in einem Vortrag in Naumburg »Gemeindepädagogik« als pädagogische Dimension der Theologie. Die Wurzeln des Begriffs gehen aber weiter zurück. Erstmals ist der Begriff vermutlich in den Arbeitskreisen verwendet worden, die Ende der 1960er-Jahre in Ost und West über verbesserte und veränderte Qualifikationen kirchlicher Mitarbeiterinnen und Mitarbeiter nachdachten (vgl. Foitzik 1992, 45ff). Zuerst war dort allerdings von »Gemeindepädagogen« geredet worden, dann von »Gemeindepädagogik«. Damit stellte sich die Frage, ob Gemeindepädagogik eine grundlegende Dimension Praktischer Theologie oder die Praxistheorie eines neu zu profilierenden kirchlichen Berufes ist. Die Antworten sind so unterschiedlich wie die Erklärungen, was unter Gemeinde und unter Pädagogik jeweils zu verstehen sei. Ein Begriff, der sich aus vieldeutigen Teilbegriffen zusammensetzt, ist interpretationsbedürftig. Dieses Schicksal teilt die Gemeindepädagogik mit der Religionspädagogik.

Die von vielen beklagte Offenheit des Begriffs ermöglichte eine überraschend schnelle *Rezeption* auf verschiedenen kirchlichen Ebenen. »Gemeindepädagogik« war notwendig: Der Begriff lag Ende der 1960er-Jahre gleichsam in der Luft. Der rasche soziale Wandel und ständig neue gesellschaftliche Herausforderungen nötigten zum Um- und Neulernen. Der 1968 von Georg Picht festgestellte »Bildungsnotstand« nötigte den Staat zu einschneidenden Bildungsreformen. Die Kirchen mussten auf den Strukturplan des Deutschen Bildungsrates reagieren, der u.a. die Elementarerziehung neu ordnete und Erwachsenenbildung als staatlich zu fördernde Bildungsaufgabe deklarierte. Die Kirchen waren aber aufgrund bedrohter eigener Stabilität und mangelhafter Flexibilität selbst in einer schwierigen Situation. Neue theoretische Erkenntnisse der Lern-

und Religionspsychologie lagen vor, wurden aber nur partiell aufgegriffen. Die Religionspädagogik konzentrierte sich auf den schwierig gewordenen Religionsunterricht; Pfarrerinnen und Pfarrer waren pädagogisch nicht hinreichend qualifiziert; die Seminare für gemeindebezogene Berufe waren fast alle wegen Nachwuchsmangel geschlossen worden. Allenthalben wurde der Ruf nach theologisch und pädagogisch qualifizierten Mitarbeiterinnen und Mitarbeitern laut.

Zum entscheidenden Impuls für die rasche Rezeption des Begriffs Gemeindepädagogik wurden die im Rahmen der staatlichen Bildungsreform neu gegründeten Fachhochschulen. Die Kirchen wollten weiterhin an der sozialpädagogischen Ausbildung beteiligt sein und waren genötigt, Mitverantwortung auf dem tertiären Bildungsbereich zu übernehmen und *Kirchliche Fachhochschulen* zu gründen. An ihnen wurden auch theologisch-pädagogische Fachbereiche eingerichtet. Damit bot sich die einmalige Gelegenheit, eine weitere kirchliche Berufsgruppe auf Hochschulebene qualifiziert auszubilden. Dies war umso willkommener, als die Zahl der Theologiestudierenden einen Tiefstand erreicht hatte. In der DDR gab es keine Fachhochschulen. Deshalb wurde 1979 in Potsdam eine gemeindepädagogische Ausbildungsstätte gegründet, an der frei von hochschulrechtlichen Vorgaben gemeindepädagogische Grundsätze konsequent umgesetzt werden konnten.

Als in den westlichen Landeskirchen die Zahl der Theologiestudierenden wieder stieg und zugleich die finanziellen Ressourcen knapper wurden, wurden die Ausbildungsmöglichkeiten für Gemeindepädagoginnen und -pädagogen rigoros eingeschränkt. So blieb die neue Berufsgruppe verhältnismäßig klein, sah sich aber mit sehr unterschiedlichen und schier unerfüllbaren *Erwartungen* konfrontiert. Viele erhofften angesichts hoher Austrittszahlen, schlecht besuchter Gottesdienste und schrumpfender Gemeindegruppen die Förderung und Stärkung der überschaubaren »Kerngemeinden«. Andere erhofften von der Gemeindepädagogik eine Unterstützung ihrer Gemeindeaufbauprogramme, wieder andere wollten mithilfe der Gemeindepädagogik überkommene Gemeindestrukturen aufbrechen. Viele erwarteten Hilfen für die schwierig gewordene Weitergabe des Glaubens und die Überwindung des Traditionsabbruches. Manche wollten gemeindepädagogisch auf globale Herausforderungen und auf die Einsicht reagieren, dass es in Erziehung und Bildung nicht nur um isolierte religiöse Lernprozesse, sondern um die Qualität des Lebens insgesamt, oft sogar ums Überleben geht. Den vielfältigen Erwartungen entsprachen unterschiedliche gemeindepädagogische Konzepte, die in den folgenden Jahren weiterentwickelt wurden. Sie lassen sich auf deutlich abgrenzbare Grundformen zurückführen.

2 Zusammenhang von Leben, Glauben und Lernen

Wenn junge Menschen nicht mehr selbstverständlich in die Gemeinden hineinwachsen und für ältere die Distanz zur Kirche zur bewussten Demonstration von Selbstständigkeit und Freiheit wird, besteht eine wesentliche gemeindepädagogische Aufgabe darin, Menschen zu einer bewussten Entscheidung für den Glauben und zur bejahten Mitgliedschaft in Kirche und Gemeinde zu helfen. Es wurde versucht, Glauben lernen und Leben lernen stärker miteinander zu verknüpfen (vgl. EKD 1982). Der Akzent lag auf dem Lernen des Glaubens. Gemeindepädagogik wurde als *Anleitung zum Christsein in der Gemeinde* verstanden, zielte auf eine sinnvolle Beteiligung derer, die bereits zur Gemeinde gehörten, und war auf vertraute formelle Lernprozesse und pädagogisch relevante Handlungsfelder wie Kinder- und Familienarbeit und Konfirmandenunterricht konzentriert. Unter Berufung auf das Priestertum aller Getauften erfuhren die an den Lernprozessen Beteiligten neue Wertschätzung, doch ihre persönlichen Probleme und Erwartungen wurden nicht hinreichend ernst genommen; auch der Kontext des ökumenischen Lernens blieb ausgeklammert.

Gemeindepädagogik hatte nach diesem Verständnis vor allem eine integrative Funktion und sollte helfen die ›Versäulung‹ des Gemeindelebens zu überwinden. Dabei konnte der Eindruck entstehen, es ginge darum, den Status quo zu verbessern, aber nicht grundsätzlich zu verändern. Wo aber Gemeindepädagogik nur als neues Dach über unverändert weiterbestehende Arbeitsbereiche verstanden wurde, wehrten sich Jugendarbeit und Erwachsenenbildung aus verständlichen Gründen dagegen, gemeindepädagogisch vereinnahmt zu werden.

3 Gemeindepädagogik als Dimension kirchlichen Handelns

Neben sektoral begrenzten und oft nur für die neue Berufsgruppe der Gemeindepädagoginnen und -pädagogen und ihre Einsatzfelder entworfenen Konzeptionen wurde Gemeindepädagogik von Anfang an auch als unverzichtbare *Dimension kirchlichen Handelns* interpretiert und damit auch auf *informelle Lernprozesse* bezogen. Wie Menschen Kirche und Gemeinde erleben, ihre Gottesdienste und Veranstaltungen, ihre Repräsentanten im regionalen Nahbereich und in den öffentlichen Medien, ist für ihr Christsein oft entscheidender als das, was ihnen in Gottesdiensten und Unterricht vermittelt wird.

So wie pädagogische Handlungsfelder auch aus der kerygmatischen, gottesdienstlichen, diakonischen, seelsorgerlichen und kybernetischen Dimension betrachtet werden können, müssen sich nicht-pädagogische Handlungsfelder auch gemeindepädagogisch daraufhin befragen lassen, was in ihnen und durch sie beabsichtigt wird. Gottesdienst und Kirchbau, Feste und Rituale, Kasualien, Seelsorge und Beratung, Diakonie, Marketing und Management, Leitung und Verwaltung haben auch eine gemeindepädagogische Dimension. Eine solche Sichtweise führt keineswegs zur Pädagogisierung des Gemeindelebens. Sie lässt Raum für die übrigen Dimensionen, nötigt aber zur didaktischen Frage nach dem Ziel allen kirchlichen Handelns. Sie schärft den Blick, mahnt konzeptionelles Arbeiten an, ermöglicht Evaluation und leistet damit einen unverzichtbaren Beitrag zur *Veränderung und Erneuerung von Gemeinde*. Der didaktische Horizont, auf den sich kirchliche Arbeit ausrichtet, wird unterschiedlich beschrieben. Zwei Perspektiven stehen im Vordergrund: (1) die auf Ernst Lange zurückgehende Formel »Kommunikation des Evangeliums« und (2) das von Christof Bäumler entfaltete Bild von der »Gemeinde der Befreiten« (vgl. Bäumler 1984). Bäumler beruft sich theologisch auf die Rechtfertigungslehre. Ekklesiologisch folgert er, dass Gemeindeglieder Subjekte der Gemeindepraxis sind. Didaktisch leitet er davon ein emanzipatorisches Kriterium ab, dem gemeindepädagogische Lernprozesse grundsätzlich verpflichtet sind.

4 Gemeindepädagogik und Praktische Theologie

Konzeptionelle gemeindepädagogische Arbeit wurde über Jahre nur von den theologisch-pädagogischen Fachbereichen an den Fachhochschulen und dem Comenius Institut in Münster geleistet. Die Zurückhaltung der Praktischen Theologie hat Gottfried Adam schon 1976 in seiner Antrittsvorlesung in Marburg beklagt. Nur wenige haben sich in den folgenden Jahren an dem gemeindepädagogischen Diskurs beteiligt. Von ihnen lehrten die meisten als Religionspädagogen an erziehungswissenschaftlichen Fachbereichen. Neben Adam, der mit Rainer Lachmann 1987 ein »Gemeindepädagogisches Kompendium« herausgab, sind vor allem Christian Grethlein, Klaus Wegenast und Godwin Lämmermann zu nennen. Sie haben 1994 zwei Studienbücher zur Gemeindepädagogik veröffentlicht. Trotz unterschiedlicher Akzentsetzungen - gottesdienstlich zentriert bei Grethlein, der kritischen Bildung verpflichtet bei Wegenast und Lämmermann - folgen die Publikationen dem gleichen Aufbau: Sie beginnen mit *Grundfragen* und wenden sich dann den *gemeindepädagogischen Handlungsfeldern* zu. Sie bleiben damit letztlich dem sektoralen Verständnis von Gemeindepädagogik verbunden, auch wenn Grethlein Handlungsfelder wie Taufe, Kindergottesdienst und Gottesdienst in »kritischer gemeindepädagogischer Sicht« würdigt. Wenn Gemeindepädagogik an theologischen Fakultäten überhaupt aufgegriffen wird, bleibt sie in der Regel eine Teildisziplin neben anderen in einer sonst unveränderten Praktischen Theologie.

5 Lebensweltorientierung – die zweite Phase der Gemeindepädagogik

In den frühen 1990er-Jahren hat die gemeindepädagogische Theorie- und Konzeptionsbildung durch die konsequente Aufnahme des Lebensweltansatzes eine neue Qualität gewonnen. Dies ist vor allem ein Verdienst des 1991 gegründeten wissenschaftlichen Arbeitskreises Gemeindepädagogik e.V. Trotz vieler positiver Ansätze stand Gemeindepädagogik bisher in der Gefahr, als Durchsetzungsstrategie überlieferter Glaubensaussagen und vorgefertigter Kirchenbilder – sei es konservativer oder progressiver Prägung – missverstanden zu werden. Es schien klar zu sein, was weitergegeben werden sollte und wie Gemeinde auszusehen hatte. Jetzt steht der *Alltag* als Ort christlicher Existenz und das einzelne *Subjekt* mit je eigenen Lebensdeutungen und Gestaltungsversuchen im Zentrum des Interesses. Unter dem Leitwort »Mitten in der Lebenswelt« (vgl. Degen u.a. 1992) wird nicht zuerst danach gefragt, was Kirche und Gemeinde brauchen, sondern nach den vielfältigen Faktoren, die das Alltagsleben der Menschen bestimmen und gefährden und nach der Art und Weise, wie Menschen ihre Situation subjektiv interpretieren. Es wird zu erkunden versucht, welche Einsichten, Erfahrungen und Haltungen die Menschen leiten. Zusammen mit ihnen wird gefragt, was es bedeuten könnte, wenn zentrale Aspekte ihres Lebens in einem offenen Kommunikationsprozess aus der Perspektive des Evangeliums betrachtet werden (vgl. Foitzik 1994). Nicht zeitlos gültige Wahrheiten sind zu vermitteln, vielmehr wird in wechselseitiger Verständigung danach gefragt, wie Evangelium in Worten, Ritualen und Handlungen im alltäglichen Leben der einzelnen Beteiligten Gestalt gewinnen kann. Diese Bereitschaft für *offene Lernprozesse* ist doppelt bedingt: Pädagogisch liegt es nahe, die jeweiligen Gegenüber als Subjekte ernst zu nehmen, sie in Gespräche einzubeziehen und sie zum Handeln anzuregen, ohne ihnen etwas vorschreiben zu wollen. Theologisch ist bedeutsam, dass das Evangelium nur dort relevant wird, wo es »inkarniert«, wo es Gestalt gewinnt, indem es in konkrete Situationen ein- und in ihnen aufgeht. Nach wie vor geht es um den »Zusammenhang von Glauben, Leben und Lernen«, im Vordergrund steht jetzt aber das tägliche Leben mit seinen privaten, öffentlichen und ökumenisch-globalen Verflechtungen.

Solche gemeindepädagogischen Lernprozesse haben Konsequenzen für das Verständnis von Gemeinde, für das Selbstverständnis der Beteiligten und die Anforderungen an professionelle Mitarbeit:

- Die Konzentration auf die individuelle Lebenswelt blendet nicht aus, dass der Glaube eine soziale Stütze braucht und die einzelnen Subjekte auf Gemeinschaft angewiesen sind. Notwendige strukturelle Reformen geraten nicht aus dem Blick. »Gemeinde« ist aber nicht mehr das Ziel gemeindepädagogischer Lernprozesse, sondern didaktischer Ort, der für die Subjektwerdung der Einzelnen zur notwendigen sozialen Größe werden kann. Welche Erscheinungsform von Gemeinde jeweils gesucht wird und wie die Betroffenen ihren Bezug zu dieser Gemeinde bestimmen, bleibt ihrer Selbstinszenierung und der gemeinsamen Reflexion der jeweiligen Entscheidungen überlassen.
- Menschen, die in solchen Lernprozessen Spuren Gottes in ihrem Leben und in der Welt entdecken und dazu motiviert werden, der Botschaft von Gottes Liebe in ihrem Umfeld Gestalt zu verleihen, werden sich engagieren. Als ernst genommene Subjekte sind sie bereit sich in Kirche und Gemeinde verantwortlich und eigenständig einzubringen. Das hat Konsequenzen für das Bild der künftigen Kirche und eine Neuorientierung im Blick auf die Aufgaben der hauptberuflichen Mitarbeiterinnen und Mitarbeiter zur Folge.
- Gemeindepädagogische Fragestellungen betreffen Gemeindeglieder und Ehren- und Hauptamtliche in Kirche und Gemeinde. Erst in zweiter Linie ist Gemeindepädagogik auch eine Berufstheorie für Gemeindepädagoginnen und -pädagogen. Diese Berufsgruppe bleibt aber nötig, damit Gemeindepädagogik als Dimension immer wieder neu ins Bewusstsein gerückt wird. Die Zusammenarbeit mit anderen Mitarbeiterinnen und Mitarbeitern wird gefördert, wenn in deren Aus-, Fort- und Weiterbildung Gemeindepädagogik nicht länger nur ein materiales zusätzliches Angebot bleibt, sondern auch hier die gemeindepädagogische Dimension zum kritischen Prinzip wird.

Literatur

Adam, Gottfried/Lachmann, Rainer (Hg.), Gemeindepädagogisches Kompendium. Göttingen 1987.

Bäumler, Christof, Kommunikative Gemeindepraxis. Eine Untersuchung ihrer Bedingungen und Möglichkeiten. München 1984.

Degen, Roland/Failing, Wolf-Eckart/Foitzik, Karl (Hg.), Mitten in der Lebenswelt. Lehrstücke und Lernprozesse zur zweiten Phase der Gemeindepädagogik. Münster 1992.

Foitzik, Karl, Gemeindepädagogik. Problemgeschichte eines umstrittenen Begriffs. Gütersloh 1992.

Foitzik, Karl, Lebensweltorientierte Gemeindepädagogik. In: Foitzik, Karl/Degen, Roland/Failing, Wolf-Eckart (Hg.), Lebenswelten Erwachsener. Münster 1994.

Grethlein, Christian, Gemeindepädagogik. Berlin/New York 1994.

Kirchenkanzlei der EKD (Hg.), Zusammenhang von Leben, Glauben und Lernen. Empfehlungen zur Gemeindepädagogik. Vorgelegt von der Kammer der EKD für Bildung und Erziehung. Gütersloh 1982.

Nipkow, Karl Ernst, Grundfragen der Religionspädagogik. Gemeinsam leben und glauben lernen. Gütersloh ^{3}1992.

Wegenast, Klaus/Lämmermann, Godwin, Gemeindepädagogik. Kirchliche Bildungsarbeit als Herausforderung. Stuttgart u.a. 1994.

KARL FOITZIK

IV.2.6 Kindergottesdienst

→ II.4.5 Religion in der Kindheit
→ III.3.2 Liturgische Bildung
→ IV.2.5 Gemeindepädagogik

1 Geschichte

1850 wurde in der Neustädter Kirche zu Erlangen zum ersten Mal in Deutschland ein besonderer Gottesdienst für und mit Kindern mit der ausdrücklichen Bezeichnung »Kindergottesdienst« gefeiert. Die Anfänge allerdings liegen weiter zurück in der Sonntagsschularbeit in England und den USA.

»School on Sunday« hieß zu Beginn das englische Konzept, das Sonntagsschule, Kinderkirche und Kindergottesdienst in Deutschland mitbestimmt hat. 1780 begann in England Robert Raikes, Verleger und Redakteur aus Gloucester, am arbeitsfreien Sonntag den in der Industrie arbeitenden Kindern eine sinnvolle Alternative zu bieten und religiöse Bildung zu vermitteln. So wollte er den Analphabetismus der Kinder der Unterschicht bekämpfen, in der Hoffnung ihnen auf diese Weise zu sozialem und beruflichem Aufstieg zu verhelfen. Bibel und Katechismus waren dabei sein Lehrmaterial. Die Berichte vom Erfolg der Sonntagsschule führten auch zu ihrer Einführung in Deutschland. In Hamburg wurde ein Sonntagsschulverein gegründet, dessen Leitung 1832 Johann Hinrich Wichern übernahm. Diese Ansätze haben zwar insgesamt gesehen in Deutschland keine weite Verbreitung gefunden, halten aber bis heute die diakonische Ausrichtung des Kindergottesdienstes im Blick auf die Beachtung der Sorgen, Nöte und Probleme der Kinder wach.

Für eine rasche Ausbreitung der Sonntagsschulbewegung in Deutschland sorgte dann das gemeindemissionarisch orientierte Konzept der Sonntagsschulen in den USA. Begründet durch den Wegfall des Religionsunterrichtes in den Schulen nach der Unabhängigkeit gründete sich dort 1824 die American Sunday School Union mit dem Ziel, den Kindern in den Gemeinden biblisch-religiös orientierte Unterweisung zu erteilen. Bekannt wurde diese Bewegung in Deutschland durch die Entsendung von Albert Woodruff, der hier etwa ab 1863 für diese Form der Gemeindemission warb. Sein Begleiter Wilhelm Bröckelmann übertrug die aus der besonderen amerikanischen Situation gewachsenen Konzepte Woodruffs erfolgreich auf deutsche Kirchenverhältnisse. Bis heute sind die verantwortliche Mitarbeit der Laien, die Aufteilung in Altersgruppen, die biblische Unterweisung der Kinder und die Wahrnehmung des Kindergottesdienstes als wichtiger Bestandteil des Gemeindeaufbaus prägend für seine Praxis.

Ende des 19. Jh. wird der Name Sonntagsschule in Kindergottesdienst umgewandelt, ein Zeichen dafür, dass er nun Sache der Gemeinde ist, meist von Pastoren geleitet, unterstützt von Laien in der Gruppenkatechese. Die Vorbereitungsstunde ist konstitutiv, zu ihrer Unterstützung werden Vorbereitungsmaterialien herausgegeben. Auch gegen viele Einsprüche, Kinder nicht als Miniaturausgabe der Erwachsenen zu verstehen, ist bis weit in die 1960er-Jahre ein Konzept maßgebend, das die Aufgabe des Kindergottesdienstes in seiner Hinführung auf den Gemeindegottesdienst beschreibt. Erst Anfang der 1970er-Jahre kam es aufgrund der religionspädagogischen Neuorientierung zu einer Wende in den Konzeptionen des Kindergottesdienstes unter der Frage: Wie können Aufgaben, Inhalte und Ziele des Kindergottesdienstes so in Themen und Texte umgesetzt werden, dass der Kindergottesdienst Erfahrungen der Kinder aufnehmen oder einleiten, korrigieren oder verstärken kann und sie zu strukturieren vermag. Grundlage der Auswahl war der Anspruch, Kinder als Adressaten der Verkündigung in den Blick zu bekommen und ihrer Kreativität Raum zu geben. Kindergottesdienst ist nun als »Hauptgottesdienst der Kinder« kindgemäßes gottesdienstliches Feiern. Er orientiert sich an der biblischen Überlieferung und bezieht die Fragen, Freuden und Sorgen der Kinder mit ein. In der Liturgie und Verkündigung sollen alle Sinne angesprochen werden. Insgesamt ist hier ein Aufeinanderzugehen der eher am Kind orientierten und auf der anderen Seite der traditionell liturgisch geprägten Ansätze zu beobachten.

Eine andere Tradition der »Gottesdienste mit Kindern« hatte sich nach 1945 im Bereich des ehemaligen Bundes der Kirchen in der DDR entwickelt. Sie werden fast überall sonntags parallel zum Gemeindegottesdienst durchgeführt, den die Kinder während der Predigt zu einer Katechese verlassen. Der gemeinsame Gottesdienstbeginn von Kindern und Erwachsenen wird aus der Tradition als Stärkung und Ermutigung in schwieriger Zeit erlebt und fortgeführt.

2 Formen

In der Regel findet der Kindergottesdienst wöchentlich am Sonntag statt, zumeist eigenständig oder auch mit einer gemeinsamen Eingangsliturgie im Gemeindegottesdienst. Wo dieses Angebot nicht mehr wahrgenommen wird, steigt der Anteil der vierzehntägig und monatlich angebotenen Kindergottesdienste, und es werden andere Veranstaltungsformen, auch während der Woche, gewählt, die zum Teil von 2–3 Stunden Dauer sind. Die Kinder, die den Kindergottesdienst besuchen, sind im Alter von 3–13 Jahren, in der Mehrzahl im Alter unter 8 Jahren. Im Durchschnitt liegt der Besuch des Kindergottesdienstes bei 15 Kindern, die in 2- bis 4-wöchentlichem Rhythmus kommen. In seiner Grundordnung folgt er den liturgischen Schritten: Ankommen und Eröffnen – Hören und Antworten – Feiern – Senden und Segnen.

3 Organisation

1949 gründete sich der Gesamtverband für Kindergottesdienst in der EKD als Rechtsnachfolger des Reichsverbandes für Kindergottesdienst, der 1933 aufgelöst worden war. Er ist eine Arbeitsgemeinschaft aller, die sich innerhalb der EKD der Kindergottesdienstarbeit in ihren verschiedenen Ausprägungen widmen. Dabei vertritt und unterstützt der Gesamtverband die Tätigkeit von etwa 60.000 Ehrenamtlichen in der EKD.

In den 1970er-Jahren wurden in den meisten Landeskirchen Pfarrstellen für die Kindergottesdienstarbeit eingerichtet. Ihre Aufgabe besteht vor allem in der Förderung des Kindergottesdienstes und dem Angebot zur Fortbildung der ehrenamtlichen Mitarbeiterinnen und Mitarbeiter, aber auch in der Beteiligung an der theologischen Aus- und Fortbildung. Darüber hinaus gibt es in fast allen Dekanaten, Kirchenbezirken bzw. Kirchenkreisen Beauftragte, die die Kommunikation unter den Mitarbeiterinnen und Mitarbeitern im Kindergottesdienst fördern.

Schon Anfang 1990 konnten die guten Kontakte zum »Facharbeitskreis Kindergottesdienst« des Bundes der Evangelischen Kirchen in der DDR, insbesondere durch die jährlichen Ost-West-Begegnungstagungen in Berlin, zur Zusammenarbeit auf der Ebene der Erstellung des Planes für den Kindergottesdienst genutzt werden. Seit 1992 gehören alle 24 Landeskirchen der EKD dem Gesamtverband an, nachdem auch die Gliedkirchen des Bundes der Evangelischen Kirchen in der DDR beigetreten waren. In diesem Zusammenhang wurde die Satzung den neuen Erfordernissen angepasst.

Die inhaltliche Ausrichtung geschieht über den vom Gesamtverband herausgegebenen »Plan für den Kindergottesdienst«. Er enthält für jeweils drei Jahre Themen- und Textvorschläge und verbindet auf diese Weise die gottesdienstliche Arbeit im Gebiet der EKD. Dem Plan folgt eine differenzierte Auswahl von Vorbereitungsliteratur für die Mitarbeiterinnen und Mitarbeiter. Darüber hinaus findet alle vier Jahre eine »Gesamttagung für Mitarbeiterinnen und Mitarbeiter im Kindergottesdienst« statt, auf der es zu Fortbildung, Austausch und zu neuen Impulsen kommt.

Der Vorstand des Gesamtverbandes ist bemüht, die Kommunikation zu den ökumenischen Geschwisterorganisationen zu fördern, etwa im Erstellen von Bausteinen für den Kindergottesdienst im Rahmen der Weltgebetstagsarbeit. Europaweit bestehen Beziehungen zu anderen Kindergottesdienst- und Sonntagsschulverbänden, die in der Mitarbeit und regen Teilnahme an der European Conference on Christian Education (ECCE) begründet sind.

4 Perspektiven

Das vielfältige Handlungsfeld »Kindergottesdienst« lässt sich als Bildungsauftrag der Gemeinde unter Aufnahme der verschiedenen Impulse aus seiner bewegten Geschichte wie folgt beschreiben:

- Im Kindergottesdienst nimmt die Gemeinde ihren *diakonischen Auftrag* wahr und zeigt: Die Lebenswelt der Kinder ist von Bedeutung. Sie sind darum eingeladen mit ihren Ängsten und Zweifeln, ihrem Glauben und ihrer Hoffnung auf eine lebenswerte Zukunft. Dort sind sie angenommen und ernst genommen; und das in der Mitte der Gemeinde, nicht nur in den ihnen zugewiesenen Räumen.
- Im Kindergottesdienst nimmt die Gemeinde ebenso ihre *liturgische Gestaltungsaufgabe* wahr: Sie feiert den Gottesdienst in einer Weise, dass Gott wirklich ankommen kann und die Kinder vorkommen mit ihrer verschiedenen Weise des Lebens, Glaubens und Lernens. In der Teilhabe der Kinder am Abendmahl und der Feier von generationenübergreifenden Gottesdiensten gewinnt der Gottesdienst in seinen vielfältigen Ausprägungen neue Bedeutung für das Leben der Gemeinde.
- In einer Zeit, in der viele Kinder im Kindergarten, in der Christenlehre, in der Grundschule oder im Kindergottesdienst ihre erste Begegnung mit Inhalten und Formen des christlichen Glaubens machen, nimmt die Gemeinde im Kindergottesdienst einen wichtigen *missionarischen Auftrag* an Kindern und Eltern wahr. Dort erfahren die Kinder auch, was es heißt, in der Gemeinde Jesu Christi zu leben. Im Erzählen der biblischen Geschichten und im kreativen Aneignen durch die Kinder geschieht eine kindgemäße Einübung in die Kommunikation des Glaubens.
- Nicht zuletzt werden über ein neues Wahrnehmen der Kinder im Kindergottesdienst auch *gemeindepädagogische Zusammenhänge und Aspekte des Gemeindeaufbaus* deutlich. Die Erkenntnis, dass sich eine Gemeinde und ihre Lebensvollzüge um des

Evangeliums willen in einem ständigen Veränderungsprozess befinden, wirkt sich auf die Gestaltung der Lebensräume aus. Dabei wird es darum gehen, den Kindern als Partnern des Glaubens ihren Platz einzuräumen, so wie auch die Erwachsenen ihre eigenen Räume beanspruchen. Eine solche Gemeinde wird sich mit neuer Kraft als einladende Gemeinde öffnen und so Menschen in ihr einen Lebensraum eröffnen.

Literatur

Berg, Carsten, Gottesdienst mit Kindern. Von der Sonntagsschule zum Kindergottesdienst. Gütersloh 1987.
Fries, Martin u.a., Mit Kindern Glauben erfahren. Kindergottesdienst – wohin? Hg. im Auftrag des Comenius Instituts, Gütersloh 1987.
Gesamtverband für Kindergottesdienst in der EKD (Hg.), Plan für den Kindergottesdienst 2001–2003. Stuttgart 2000. (Bezug über www.plan.schuerrle.de).
Grethlein, Christian, Kindergottesdienst. In: Grethlein, Christian, Gemeindepädagogik. Berlin/New York 1994, 109–136.
Nipkow, Karl Ernst, Mit Kindern auf dem Weg zu einer Kirche von morgen – Kindergottesdienst. In: Nipkow, Karl Ernst, Bildung als Lebensbegleitung und Erneuerung. Gütersloh 1990, 333–358.
Walter, Ulrich, Kinder erleben Kirche. Werkbuch Kindergottesdienst. Gütersloh 1999 (Lit.!).

ULRICH WALTER

IV.2.7 Christenlehre

→ II.4.6 Jugendliche und Religion
→ IV.2.5 Gemeindepädagogik
→ IV.2.6 Kindergottesdienst
→ IV.2.8 Konfirmandenarbeit

1 Grundmerkmale

Für Christen oder für solche, die es werden wollen, ist die historisch gewachsene Einrichtung der Christenlehre das Angebot der evangelischen Gemeinden, den Zugang zur Kirche als Geschehen ihres Glaubensgrundes zu erschließen und zu festigen. Dieser Lernvorgang ist bestimmt durch den Umgang mit den Inhalten und Gestaltungen des Glaubens gemeinsam mit anderen Glaubenden in der Gemeinde, sodass Evangelium (»Lehre«) und Erfahrung (»Leben«) zusammengehören. Christenlehre ist zuerst »Kommunikation des Evangeliums« im gemeindepädagogischen Sinn, dann auch eine grundlegende und geplante Unterweisung.

In den ostdeutschen Kirchen ist die Christenlehre das freie Regelangebot für Kinder und Jugendliche im Schulalter am Lernort Gemeinde vor dem Hintergrund einer säkularen Gesellschaft. Sie findet Gestalt vor allem in unterweisenden und gottesdienstlichen Formen, wobei freizeitliche und seelsorgerliche Aspekte einbezogen sind, und zielt auf einen in der jeweiligen Lebenswelt wirksamen Glauben. Die Gruppen der Christenlehre werden so zur *Kindergemeinde* innerhalb der Ortsgemeinde.

2 Entwicklungen

Der neutestamentliche Topos der katechetischen Aufgabe ist der Sendungsauftrag Mt 28,19f, der als Lernbewegung aufgefasst werden kann. Der Zusammenhang von Taufen und Lernen wurde geschichtlich unterschiedlich zugeordnet: In der Missionssituation stand die grundlegende erstmalige Unterweisung vor der (Erwachsenen-)Taufe, in der Volkskirche nach der (Säuglings-)Taufe.

Der altkirchliche *Taufkatechumenat* stellte die erste geordnete Grundform katechetischen Lehrens und Lernens der Kirche dar. Mit dem Ziel des selbstverantworteten christlichen Bekenntnisses (Mündigkeit) wurden die Taufbewerber durch Unterweisung, Liturgie und Seelsorge in das kirchliche Leben eingeführt.

Im Mittelalter führten die Mängel einer Christentumsgesellschaft und kulturelle Herausforderungen zu Formen sonntäglicher Katechisation. In der Reformationszeit entstand aus den kursächsischen Visitationen die Forderung, im sonntäglichen Nachmittagsgottesdienst die katechetischen Hauptstücke auszulegen. In der Auseinandersetzung mit der Reformation bildeten sich auch im katholischen Bereich neue katechetische Initiativen (z.B. Christenlehrbruderschaften 1560). Das Tridentinum machte die Christenlehre als Katechisation an Sonn- und Feiertagen zur Pflicht. Mit der Einführung des schulischen Religionsunterrichts in der Neuzeit verlor diese Form der Christenlehre allgemein an Bedeutung.

Unter dem Eindruck eines defizitären Volkskirchentums gewann die kirchliche Katechetik im 19. Jh. sowohl auf katholischer (J.B. Hirscher 1831) als auch auf evangelischer Seite (Chr. Palmer 1844) neue Bedeutung. Die Differenz zwischen Kirchengliedschaft und »Bekenntnisgemeinde« machte den Katechumenat mit den Mitteln der kirchlichen Lehre und Erziehung notwendig.

Unter den Erfahrungen der NS-Zeit knüpfte die Bekennende Kirche an die Traditionen der kirchlichen Unterweisung an, indem sie die Christenlehre als Leitvorstellung aufnahm. Der christliche Unterricht sollte aus der NS-Schule an seinen originären Lernort, in die Gemeinde zurückkehren. Dort sollte der neu erkannte Anspruch Jesu Christi und damit von Bibel und Kirche zur katechetischen Erneuerung führen: »Evangelische Christenlehre ist lehrhafte Verkündigung von Jesus Christus«, sie soll »allmählich von einem schulmäßigen Lernen in die freie Bibelarbeit, aus einem Geführtwerden in das selbstständige Stehen in der Gemeinde« (Albertz/Forck 1938, 7ff) führen.

Vor dem Hintergrund der Erfahrungen aus der Bekennenden Kirche wurden dann bei dem katechetischen Neuanfang in den östlichen Kirchen Einrichtung und Name der Christenlehre übernommen. Ab 1946 wurde diese flächendeckend in kirchlicher Verantwortung mit kirchlichen Lehrkräften aufgebaut. Denn in der DDR galt die weltliche, atheistisch geprägte Einheitsschule, in der für einen Religionsunterricht kein Platz war. Unabhängig von Staat und Schule, jedoch gesellschaftsoffen und schulbegleitend, entwickelte sich die Christenlehre zum ostdeutschen Modell eines »Glaubensunterrichts in der Säkularität« (K.E. Nipkow) am Lernort Gemeinde. Ihre geschichtliche Entwicklung in Theorie und Praxis ist in der Fachzeitschrift »Die Christenlehre« seit 1948 dokumentiert. Die unterrichtlich geprägten Formen für 6- bis 12-Jährige wurden von Anfang an ergänzt durch Gottesdienste für Kinder und Familien, durch Kinderbibelwochen, Rüstzeiten, Ferientreffs und Familiennachmittage in den Gemeinden. Mit dem zunehmenden Verständnis für *»den Partner Kind«* wandelte sich die Christenlehre und wurde zum Sammelbegriff für das gemeindliche Leben der Kindergruppen mit unterweisenden Elementen. Mit den Vorschulgruppen, der Konfirmandenarbeit und der Jungen Gemeinde ergab sich so ein Gesamtzusammenhang des »konfirmierenden Handelns« der Gemeinde. Kinder, Jugendliche und Erwachsene waren gleicherweise herausgefordert, in einer sozialistischen Gesellschaft als Christen verantwortlich vor Gott zu leben, insofern verstand sich die Kirche insgesamt als »Lerngemeinschaft«. Friedenspädagogische Initiativen und schulkritische Analysen erwiesen sich schließlich als gesellschaftsverändernde Impulse in der Wendezeit. Nach der Einführung des Religionsunterrichts (1991) in einer erneuerten ostdeutschen Schule hängt die Zukunft der Christenlehre vom Willen der Kirchen ab, diese originäre kirchlich-pädagogische Verantwortung weiterhin zu gestalten.

Die katholische Kirche in Ostdeutschland hielt in der Zeit der DDR an der Bezeichnung »Religionsunterricht« für die Gemeindekatechese fest, »entschulte« aber seine Methoden in den kirchlichen Räumen und stellte den Bezug zum Gemeindeleben, zur Liturgie und zum Kirchenjahr her (F.G. Friemel). Kleinkindkatechesen, Gemeindekatechesen, Religiöse Kinder- und Jugendwochen wurden in ökumenischer Offenheit praktiziert. Es gab eine intensive katechetische Zusammenarbeit, die nach der Wende mit der Einführung des differenzierten schulischen Religionsunterrichtes weitgehend ihr Ende fand.

3 Pädagogik

In der Diskussion um die Pädagogik der Christenlehre ging es zunächst um deren Unterrichtscharakter und Weltbezug. Die Aufforderung »Los vom schulischen Denken!« (J. Kupfer) problematisierte pflichtmäßige Teilnahme, Jahrgangsgliederung, planmäßiges Pensum, Leistungsbewertung. Dagegen wurde die unterrichtliche Arbeit in methodischer Verantwortung bejaht. Mit dem Begriff *»Verkündigung«* sollte der Vorbehalt gegenüber schulischen Strukturen festgehalten werden, d.h. das, was aus dem Evangelium nicht in »Bildung« integrierbar ist und mit den Tätigkeiten rufen – hören, umkehren – sich existenziell verändern, bekennen – loben gekennzeichnet wird. Deshalb wurde von Anfang an der (erzählerischen) Darbietung (W. Baltin) große Sorgfalt gewidmet. Schon bald wurde der stofforientierte Lehrgangscharakter der Christenlehre aufgegeben und in reformpädagogischer Weise die prägende Kraft der christlichen Lebensgemeinschaft betont. Die Gefahren der didaktischen Unterbietung oder der liturgisch-kerygmatischen Überhöhung (O. Güldenberg) galt es allerdings zu beachten.

Die Kritiker des Katechumenatsbegriffs und schließlich die gesellschaftliche Marginalisierung der Christenlehre veranlassten die Frage nach dem Weltverhältnis. Die Reflexion darüber, was nicht nur zur kirchlichen, sondern zur zeitgenössisch-menschlichen Existenz überhaupt helfen kann (J. Henkys), führte zu dem didaktischen Ansatz der dialogischen Verschränkung von Kirchlichkeit und Weltoffenheit im »Rahmenplan« von 1977. Im ständigen Kontakt mit der westdeutschen religionspädagogischen Diskussion hat die Christenlehre ihren eigenen Weg gefunden.

Der übergreifende *pädagogische Auftrag* versteht sich gemeindepädagogisch und heißt: Lebensbegleitung in der Gemeinde mit dem Evangelium in einer Minderheitensituation; die *didaktische Aufgabe* heißt: grundlegende, motivierende Erstbegegnung als erfahrungsbezogenes, kommunikatives Lernen. Das Einverständnis in die Bedeutung des christlichen Glaubens muss jeweils hergestellt, es kann nicht vorausgesetzt werden. Die Katecheten sind in der Gemeinde beheimatete Begleiter, die sich auf das gemeinsame Leben mit den Kindern einlassen und immer wieder lernen, wie Kommunikation gelingen kann.

4 Perspektiven

Während der DDR-Zeit war für Kinder und Familien die stärkende und schützende Gemeinschaft der Christenlehre-Gruppe attraktiv und existenziell wichtig; christliche Bildung im Sinne der eigenen Auseinandersetzung mit religiösen Traditionen, Erscheinungen und Gemeinschaften wurde von vielen geschätzt, stand aber nicht im Vordergrund. Worin wird die Attraktivität der gemeindlichen Angebote neben dem schulischen Religionsunterricht in Zukunft bestehen? Sicher werden die außerschulische offene Kindergemeinschaft und die intergenerationelle Teilhabe am Leben der Gemeinde anziehend bleiben. Die ganzheitlichen, musischen, liturgischen und seelsorgerlichen Akzente der Christenlehre sowie die kommunikative Kompetenz der Katecheten unterstützen dabei ihren einladenden Charakter. Die Christenlehre kann sich so zu einem gemeindlichen Kinderleben im Freizeitbereich entwickeln, das der Schule in Nachbarschaft gegenüber steht. An welchem Lernort auch immer: Glauben leben erfordert Verstehen und Glauben verstehen impliziert den austauschenden und lernenden Umgang miteinander.

Das Lernen am Lernort Gemeinde hat in der entkirchlichten DDR-Gesellschaft Kinder und Familien zum Leben mit der Kirche motiviert. Es ist mit seinem dialogischen Ansatz geeignet, sich auch in der Konkurrenz- und Streitsituation einer pluralistischen Gesellschaft zu bewähren. Der *gesellschaftliche Beitrag* besteht darin, Kindern Orientierung zu geben, ihre tolerante Gesprächsfähigkeit zu fördern und sie zu einem verantwortungsvollen Leben zu ermutigen.

Die oft beschriebenen Gefahren des Rückzuges auf ein die biblische Botschaft domestizierendes gegenwärtiges Kirchentum einerseits und der profillosen Ausweitung in ein »undogmatisches« Kulturchristentum andererseits müssen im Blick bleiben. Die Differenz zwischen erwünschtem »Zusammenleben der Generationen in der Gemeinde – gemeinsam mit Kindern in der Gemeinde lernen« und der faktischen Gemeindepraxis verweist letztlich auf den Grund, dem sich Gemeinde verdankt.

Literatur

Albertz, Martin/Forck, Heinrich, Evangelische Christenlehre. Gütersloh o.J. (1938).
Bizer, Christoph, Katechetik. In: TRE 17 (1993) 686–710.
Comenius Institut (Hg.), Christenlehre und Religionsunterricht. Interpretationen zu ihrer Entwicklung 1945–1990. Weinheim 1998.
Siebel, Peter, Kinder wahrnehmen – Leitlinien für gemeindliche Arbeit mit Kindern. In: Christenlehre/Religionsunterricht – Praxis 52 (1999) 3, 23–29.
Nastainczyk, Wolfgang, Christenlehre. In: ^{3}LThK 2 (1994) 1104.
Reiher, Dieter (Hg.), Der kirchliche Unterricht in der DDR 1949–1990. Göttingen 1992.

DIETER REIHER

IV.2.8
Konfirmandenarbeit

→ II.4.6 Jugendliche und Religion
→ IV.2.1 Katechese in der Gemeinde
→ IV.2.3 Sakramentenkatechese
→ IV.2.5 Gemeindepädagogik
→ V.1.1 Lehr- und Lernbarkeit des Glaubens

Konfirmandenarbeit umfasst in protestantischen Kirchen weltweit Konfirmation und Formen christlicher Bildung wie Konfirmandenunterricht, Freizeiten, Konfirmandenelternarbeit. Historisch geht sie auf die Firmung zurück: Konfirmation als ihr Gegenstück wurde von den Reformatoren unterschiedlich bewertet – so z.B. bei Martin Bucer als »sakramentale Handlung«. Sie ist kein Sakrament. Zum zweiten erhält in der Reformation mit Katechismus und Unterricht eine kirchliche Bildungsgestalt des Christentums Raum, die sich seitdem konzeptionell, strukturell und praktisch permanent gewandelt hat. Schließlich: Konfirmandenunterricht und Konfirmation blicken sozial- und kulturgeschichtlich auf eine Tradition als Passageritus zurück.

1 Ziele und Inhalte

In Leitlinien und Rahmenordnungen haben protestantische Kirchen Ziele und Grundprinzipien der Konfirmandenarbeit formuliert. Standen früher im Rahmen von »Lebensordnungen« normierende, vereinheitlichende und ordnende Funktionen im Vordergrund, so geht es heute verstärkt um die Ermöglichung und Gestaltung von Konfirmandenarbeit an den überwiegend gemeindlichen Lernorten. Ziele der Konfirmandenarbeit, oft mit Mt 18,18ff begründet, sind mehrdimensional und haben – unterschiedlich akzentuiert – folgende Bezugspunkte:

- *Biblisch-kirchliche Tradition:* Vermittlung von Tradition an die Jugendlichen, Aneignung der Tradition durch die Jugendlichen und als Bearbeitung eigener Erfahrungen anhand der Tradition.
- *Christlicher Glaube:* Weitergabe des Glaubens und Entwicklung eines eigenen Glaubens.
- *Gemeinde:* Integration von Jugendlichen in die Gemeinde; Aufbau einer neuen, anderen Gemeinde.
- *Weltverantwortung:* Erschließung der ethischen Bedeutung von Glaube, Tradition und Kirche im geschöpflichen, zwischenmenschlichen und globalen Zusammenhang; Werteerziehung.
- *Jugendliche:* Begleitung der Jugendlichen und Hilfe zur Lebensbewältigung; Erweis des Glaubens als Lebenshilfe.

Inhaltlich sind fünf Themenbereiche erkennbar: (1) Bibel, Jesus Christus, Gott; (2) Taufe, Abendmahl, Gebote, Glaubensbekenntnis, Vaterunser; (3) Kirche/Gemeinde, Gottesdienst, Kirchengebäude, Diakonie, Ökumene; (4) Lebenslagen, Lebenswelt der Jugendlichen; (5) gesellschaftliche Fragen.

2 Grundprinzipien

Die Verknüpfung von Glaube und Leben steht den wenigen empirischen Studien zufolge für Pfarrerinnen und Pfarrer im Vordergrund, so schon Anfang der 1970er-Jahre: »Die Jugendlichen sollten im Konfirmandenunterricht erfahren und erkennen, was es heißt, als Christ in unserer Zeit zu leben« (Flemmig/Lukatis 1978, 18). Und etwa 20 Jahre später: Die Konfirmandinnen und Konfirmanden sollten am Ende der Konfirmandenzeit verstanden haben: »Der christliche Glaube hat etwas mit unseren Fragen und Problemen zu tun« (Böhme-Lischewski/Lübking 1995, 263, vgl. 62).

Daraus, dass das Leben und das Glauben der Jugendlichen insbesondere in den Konzeptionen der Konfirmandenarbeit an Bedeutung gewonnen haben, folgt nicht eine Unterordnung unter die Bedürfnisse und Interessen von Jugendlichen, sondern ein gemeinsames Gestalten auf der Grundlage gemeinsamer und unterschiedlicher Interessen, Motive und Voraussetzungen. Konkret äußert sich dies zunehmend darin,

- dass zu Beginn der Konfirmandenzeit Ziele, Erwartungen und geplante Aktivitäten transparent gemacht werden,
- dass mit den Jugendlichen (und den Erziehungsberechtigten) Kontrakte über Regeln ausgehandelt und geschlossen werden,
- dass Jugendliche eigene Lernvoraussetzungen und Präferenzen einbringen und eigene Lernwege wählen können,
- dass vielfältige Organisationsformen und Methoden Sinnerschließung, selbstständige Traditionsaneignung, gemeinsame Gestaltung von und erlebnisintensives Teilnehmen an (auch zu entwickelnden) liturgischen Vollzügen ermöglichen.

Impulse aus Bibeltheater, Integrationspädagogik, Erlebnispädagogik, Kirchenraum-, Kunst- und Medienpädagogik oder geschlechtergerechter Religionspädagogik und Jugendarbeit sowie Subjekt-, Lebenswelt-, Handlungs-, Produkt- und Erlebnisorientierung sind unverkennbar. Grundsätzlich gilt: Den Lebensbezug des Glaubens zu realisieren und die religiöse Selbstständigkeit der ›Laien‹ zu fördern (vgl. Friedrich Schleiermacher) kann in der Praxis der Konfirmandenarbeit nur mit den Konfirmandinnen und Konfirmanden gelingen.

An Pfarrerinnen und Pfarrer, Gemeinde- und Religionspädagoginnen und -pädagogen, an mitarbeitende erwachsene und jugendliche Gemeindeglieder richten sich Anforderungen, denen sich die *Kirche* – soll Konfirmandenarbeit gelingen – insgesamt stellen muss: Struktur und Praxis von Gemeinde und Kirche, deren biblische und historische Grundlagen, Selbst-, Glaubens- und Gemeindeverständnis, die Aufgabe, die eigene christlich-religiöse Praxis einzubringen sowie entsprechende Lernumwelten unter Berücksichtigung anderer religiöser Lernprozesse (in Familie, Kindergarten, Kindergottesdienst, Arbeit mit Kindern und Jugendlichen, Religionsunterricht und Schule, Jugendarbeit, Lebenswelt) zu arrangieren, ist angesichts der für evangelische Kirchen typischen Pluralität keine einfache Aufgabe. Zur Konfirmandenarbeit gehören dementsprechend Beauftragung, Begleitung, Beratung und Fortbildung der Mitarbeitenden durch Gemeinden und Kirche.

3 Formen der Konfirmandenarbeit

Konfirmandenarbeit wendet sich fast ausschließlich an kirchenzugehörige Jugendliche, erreicht aber auch Kinder (im vorgezogenen Konfirmandenunterricht), junge Erwachsene (als gängige Praxis in den protestantischen Kirchen der Niederlande), ältere Jugendliche und ältere Erwachsene (im Zusammenhang von Migration) sowie ungetaufte Jugendliche (in staatskirchlicher Situation wie in Finnland oder in nach-volkskirchlicher Situation wie in den ostdeutschen Landeskirchen vor und nach 1989) und Erwachsene (z.B. in der Waldenserkirche in Italien).

In den Landeskirchen der Evangelischen Kirche in Deutschland findet die Konfirmation in der Regel im 14. Lebensjahr statt. Überwiegend umfasst die Konfirmandenarbeit die vorangehenden ein bis zwei Jahre. In einer Reihe von Kirchengemeinden wird ein Teil der Konfirmandenzeit in das 3. oder 4. bzw. in das 6. Schuljahr vorverlegt. Konfirmandenarbeit in Kurswochen kann sich über mehrere Jahre erstrecken. Der Zeitumfang beträgt überwiegend 70 bis 90 Stunden in Wochenstundenunterricht, vierzehntägigen Doppelstunden, Blockveranstaltungen an Freitagnachmittag und -abend oder samstags, Wochenendseminaren/Rüstzeiten, mehrwöchigen Ferienseminaren sowie Freizeiten. Neben Unterricht gibt es Praktika, Aktionen, Erkundungen, Projekte, (Wahl-)Kurse, Meditationen, Fantasiereisen, Gestaltungen, Präsentationen u.v.a. Mehr oder weniger mit der Konfirmandenarbeit vernetzt sind Gestaltungsfelder wie Kindergarten, Kindergottesdienst, Arbeit mit Kindern und Jugendlichen, Religionsunterricht, Konfirmandenelternarbeit.

4 Konfirmation

Eine einheitliche und konsistente Bedeutung der Konfirmation kann weder bei den unmittelbar Beteiligten vorausgesetzt werden, noch ist sie im Vergleich über Zeiten, Gemeinden, Landeskirchen hinweg oder in den protestantischen Kirchen weltweit erkennbar. Es gibt jedoch wiederkehrende Bezüge:

Sich seiner eigenen *Taufe* als Säugling zu »erinnern« hat vor allem familienbiografische Bedeutung. Der Beschäftigung mit dem Getauft-Sein wird vielfach in der vorangegangenen Konfirmandenzeit Raum gegeben. Dass die Geistlichen oder die Jugendlichen in der Konfirmation ihre Taufe »bestätigen« oder »bekräftigen«, ist theologisch eher fragwürdig. Die Teilnahme von Ungetauften an der Konfirmandenarbeit ist nicht selten. Die Frage nach der Konfirmation Ungetaufter macht deutlich, dass Konfirmation als eigenverantwortlicher, bewusster Zugang zur Kirche verstanden wird. Entsprechend wird die eigene evangelische/protestantische Identität oft am Konfirmiertsein festgemacht.

Konfirmation wird vielerorts als Zulassung zum *Abendmahl* verstanden. Dies verändert sich, wenn sich das Abendmahl mit Kindern etabliert hat. Mit der Konfirmation erfolgt dann die Teilnahme am Abendmahl in eigener Verantwortung, nachdem in der Konfirmandenzeit die Bedeutungen des Abendmahls erschlossen worden sind.

Der *Segen* (»Einsegnung«) ist für die Beteiligten ein wichtiges Element. Er kann zum Zeichen der lebensgeschichtlichen Begleitung für Jugendliche sowie für Eltern und Verwandte werden: »Im Segen als der ›dichtesten Stelle der jüdisch-christlichen Glaubensäußerung‹ bietet sich eine dramatisierte Möglichkeit an, das verheißene Mitgehen Gottes als exponierte Wiederholung der Taufzusage zuzusprechen« (Starck/Scholz 1998, 306).

Das *Bekenntnis* wirft vielfach Kontroversen und Gestaltungsfragen auf. Wie verhält sich das, was und wie Jugendliche in diesem Alter und am Ende der Konfirmandenzeit bekennen können und wollen, zu dem, was die Kirche im Glaubensbekenntnis als ihr Selbstverständnis überdauernd formuliert hat? Wird Konfirmation als »Darstellung der Religionsmündigkeit in einer Momentaufnahme« (Hans-Ulrich Kessler) verstanden, so geraten Ansprüche und Möglichkeiten von Bekenntnis und Bekennen in ein realistischeres und konstruktives Verhältnis.

Konfirmation ist *Abschluss der Konfirmandenzeit*. Ging der Konfirmation früher die »Prüfung« voraus, so heute vielerorts der »Vorstellungsgottesdienst«, an dessen Stelle vielfach Gestaltung von Gottesdiensten oder Präsentation von Ergebnissen getreten sind, mithin Darstellungen christlich-religiöser Kompetenzen. Unter volkskirchlichen Bedingungen ist die Konfirmandenzeit für viele evangelische Kirchenmitglieder ein Phase der intensivsten Begegnung mit Gemeinde und Kirche.

Konfirmation ist kein klassischer *Passageritus* mehr. Allerdings sind »Bewältigung von Jugend« (Richard Münchmeier) und »Ausstaffierung« des eigenen Lebenslaufes legitime Motive, die Konfirmandenarbeit und Konfirmation mitkonstituieren und mitgestalten. Übergänge und Veränderungen im Glauben, in den Beziehungen zu sich, zu Eltern, zur (Um-)Welt, zu Zukunft und Vergangenheit werden in der Konfirmation und Konfirmandenarbeit thematisch. Das Bewusstsein, dass es anders sein kann, anders (geworden) ist sowie dass es anderes gibt, kann sich vom Glauben als »Mut zum Sein« (Paul Tillich) in einer Kultur der Konfirmation tragen lassen.

Literatur

Böhme-Lischewski, Thomas/Lübking, Hans-Martin (Hg.), Engagement und Ratlosigkeit. Konfirmandenunterricht heute. Bielefeld 1995.

Comenius Institut (Hg.), Handbuch für die Arbeit mit Konfirmandinnen und Konfirmanden. Gütersloh 1998.

Degen, Roland/Elsenbast, Volker, Konfirmieren – Aspekte und Perspektiven in Ostdeutschland. Münster 1996.

Elsenbast, Volker/Hennig, Peter/Starck, Rainer (Hg.), Wahrnehmen – Verstehen – Gestalten. Konfirmandenarbeit für die Zukunft. Münster u.a. 1998.

Flemmig, Weert/Lukatis, Ingrid, Zwischenbilanz: Konfirmandenunterricht. Loccum 1978.

Kirchenamt der Evangelischen Kirche in Deutschland (Hg.), Glauben entdecken. Konfirmandenarbeit und Konfirmation im Wandel. Gütersloh 1998.

Lutherischer Weltbund, Studie über Konfirmandenarbeit. Berichte aus der ganzen Welt. Dokumentation Nr. 38. Genf 1995.

Starck, Rainer/Scholz, Ingrid, Der Konfirmationsgottesdienst. In: Comenius Institut (Hg.), Handbuch für die Arbeit mit Konfirmandinnen und Konfirmanden. Gütersloh 1998, 304–316.

VOLKER ELSENBAST

IV.2.9 Gemeindebildungsarbeit

→ II.2.13 Gemeinschaft – Glaubensgemeinschaft/Kirche
→ II.4.7 Gestalten erwachsener Religiosität
→ III.3.2 Liturgische Bildung
→ IV.2.4 Erwachsenenkatechese/Katechumenat
→ IV.2.5 Gemeindepädagogik
→ IV.4.4 Erwachsenenbildung

1 Begriff

Der Begriff »Gemeindebildungsarbeit« wurde von Enno Rosenboom in die Diskussion eingebracht, konnte sich gegen den Begriff »Gemeindepädagogik« jedoch nicht durchsetzen (vgl. Foitzik 1992, 101ff). Gemeindebildungsarbeit, die hier schwerpunktmäßig auf den evangelischen Bereich bezogen wird, ist nach zwei Seiten hin abzugrenzen: (1) Auf der einen Seite ist sie zu unterscheiden von *Gemeindepädagogik*: erstens durch die ausdrückliche normative Orientierung am Bildungsgedanken und zweitens dadurch, dass sie sich anders als Gemeindepädagogik vor allem auf die Arbeit mit Erwachsenen konzentriert. In einem weiten Sinn lässt sich deshalb die gesamte pädagogische Arbeit mit Erwachsenen im Kontext der Gemeinde, sofern sie sich dem Gedanken der Bildung verpflichtet fühlt, als Gemeindebildungsarbeit verstehen. (2) Auf der anderen Seite ist Gemeindebildungsarbeit zu unterscheiden von *Erwachsenenbildung* in kirchlicher Trägerschaft als kirchlichem Beitrag im öffentlichen Bildungssystem, und zwar dadurch, dass Erwachsenenbildung nicht an dritten Orten geschieht, sondern im Kontext der Gemeinde. In einem *engeren* Sinn lässt sich Gemeindebildungsarbeit demnach auf eine gemeindliche Arbeit mit Erwachsenen beziehen, die im Wesentlichen nach den Kriterien kirchlicher Erwachsenenbildung verläuft, wie sie auch für Erwachsenenbildung an dritten Orten gelten. In diesem Artikel werden beide Aspekte des Begriffs miteinander verbunden: Zum einen ist grundsätzlich zu fragen, inwiefern pädagogische Arbeit in der Gemeinde unter dem Begriff »Bildung« verstanden werden kann. Zum anderen soll nach den Besonderheiten einer Erwachsenenbildung gefragt werden, wenn sie im Kontext der Gemeinde stattfindet.

2 Gemeinde als Bildungsort?

Wenn im deutschsprachigen Raum von der kirchlichen Verantwortung für Erwachsenenbildung gesprochen wird, bleibt die Gemeinde als Bildungsort oft unerwähnt. Karl Ernst Nipkow sieht als Grund dafür die verbreitete Auffassung, dass sich christlicher *Glaube* und der Begriff der *Bildung* als einer »Kategorie des Subjekts im Sinne der freien und selbstverantwortlichen Person« angeblich gegenseitig ausschließen (Nipkow 1992, 561). Es kommt zu einer Aufteilung des Bildungsbegriffs: Man glaubt, dass die mit dem Bildungsgedanken aufgerufene konsequente Orientierung an der Subjekthaftigkeit der Teilnehmer nur an dritten Orten zu leisten ist, weil nur hier – aus der Sicht der Teilnehmer und der Verantwortlichen – die Unabhängigkeit von kirchlichen Interessen und

Vorgaben bestehe. Berechtigt ist sicherlich die Vermutung, dass dritte Orte grundsätzlich eher als »neutrale Orte« wahrgenommen werden als Gemeinden. Problematisch ist jedoch die Annahme, wirkliche Bildung könne nur außerhalb von Gemeinden stattfinden. Denn wenn aus christlicher Perspektive persönliche Selbstbestimmung und -verantwortung als der anthropologisch-normative Kern der Bildungsidee grundsätzlich anerkannt wird, dann hat dieser nicht nur außerhalb der Gemeinde, sondern auch für die Lernprozesse in der Gemeinde entscheidende Bedeutung: Auch die pädagogische Arbeit in der Gemeinde hat sich an der Lebenswirklichkeit der Lernenden zu orientieren und hat dafür zu sorgen, dass die Freiheit des Einzelnen gewahrt und er nicht zum Objekt der Durchsetzung organisationsspezifischer Interessen wird. So wenig sich der Bildungsgedanke aufteilen lässt, lässt sich die individuelle Glaubenserfahrung aufteilen: Die Verpflichtung gegenüber der eigenen religiösen Wahrheitsgewissheit prägt nicht nur die Arbeit in der Gemeinde, sondern ebenso die Erwachsenenbildung an dritten Orten, auch wenn für die Arbeit im öffentlichen System bestimmte Rahmenbedingungen eingehalten werden müssen. Kirchliche Erwachsenenbildung ist sowohl in der Gemeinde wie an dritten Orten theologisch *und* pädagogisch zu verantworten.

3 Der besondere Charakter des Bildungsortes »Gemeinde«

Die Mitwirkung der Kirchen in der öffentlichen Erwachsenenbildung hängt historisch mit der Entstehung der modernen Erwachsenenbildung im 19. Jh. zusammen. Die Erwachsenenbildung innerhalb der Kirche ist jedoch schon mit den Anfängen der Kirche verbunden (Katechumenat). Ein Blick in die Ökumene zeigt außerdem, dass in manchen europäischen Kirchen der Bildungsort Gemeinde eher die Regel als die Ausnahme darstellt (zur Bildungsarbeit der katholischen Kirche in Frankreich vgl. Zodrow 1998). Dennoch kann es im deutschsprachigen Raum nicht darum gehen, die kirchliche Erwachsenenbildung im öffentlichen Bereich durch Gemeindebildungsarbeit zu ersetzen. Es geht vielmehr um eine *Ergänzung*. Beide Ansätze sind nicht identisch, sondern haben ihre spezifischen Besonderheiten:

(1) Ein besonderes Merkmal der Gemeindebildungsarbeit besteht darin, dass die Teilnehmer oft in einem relativ nahen *Verhältnis zur Kirche und zum Glauben* stehen. Es kann also tendenziell von einer hermeneutischen Grundsituation ausgegangen werden, die von einem gewissen Einverständnis in Grundfragen geprägt ist. Daraus darf jedoch weder geschlossen werden, Gemeindebildungsarbeit habe sich nur an aktive Gemeindeglieder zu richten, noch ergibt sich daraus didaktisch, Lernen könne im Kontext der Gemeinde auf das Einstimmen und Mitvollziehen im Sinne einer Schulung beschränkt werden. Zum einen sind die beiden »Grundsituationen« von grundlegendem Einverständnis und kritischer Distanz (zu ihnen Nipkow 1992, 383ff) nicht starr und gehen in beide Richtungen ineinander über. Zum anderen wird christlicher Glaube in einer pluralen Welt nur dann bestehen können, wenn er nicht ängstlich vor allen Anfragen bewahrt wird, sondern auch in der Gemeinde Raum für kritischen Diskurs ist, auch wenn die Gefahr besteht, dass diese Auseinandersetzung möglicherweise zu pluralen Antworten führt.

(2) Ein weiteres wichtiges Kennzeichen der Gemeindebildungsarbeit besteht darin, dass es hier ausdrücklich um *Bildungsprozesse im Kontext des Glaubens* geht. Sie bemüht sich um Bildungsprozesse, die einerseits (missionarisch) die Erfahrung des Glaubens ermöglichen, andererseits helfen, der Erfahrung des Glaubens im Leben Ge-

stalt zu verleihen. Erst mit der Einbeziehung der Glaubenserfahrung gewinnt christliche Erwachsenenbildung ihr volles und unverwechselbares Profil. Die ausdrückliche Integration der Gottesbeziehung in den Bildungsprozess ist aber nicht so zu verstehen, als hätte Gemeindebildungsarbeit nur diesen Aspekt zu thematisieren und müsste die Arbeit in Hinblick auf die welthafte Verantwortung allein der Erwachsenenbildung im öffentlichen Bildungssystem überlassen. Nur auf Kosten einer Herauslösung aus der konkreten Lebenswirklichkeit der Menschen kann die gesellschaftsdiakonische Aufgabe an dritte Orte delegieren.

(3) Drittens sind Gemeinden in die *konkrete Lebenswelt eines Ortes* eingebunden. Während sich die Angebote von Akademien in der Regel auf allgemein-gesellschaftliche Themen beziehen, kann die Erwachsenenbildung in einer Gemeinde auf die konkreten Problemstellungen vor Ort eingehen und sie im Sinne einer *Gemeinwesenarbeit* zum Thema der erwachsenbildnerischen Arbeit machen. Auf diesem Weg erleben Menschen die Verbindung von Glaube/Kirche und Lebenswelt nicht nur anhand von theoretischen, sondern anhand von praktischen Fragen. Die örtliche Präsenz der Gemeinde erlaubt es außerdem, die Bildungsaufgabe unter dem Aspekt der Begleitung wahrzunehmen. Während die Arbeit an Akademien eher punktuellen Charakter hat, besteht für Gemeindebildungsarbeit die Möglichkeit einer *längerfristigen Begleitung von Bildungsprozessen*.

(4) Eine große Chance für Gemeindebildungsarbeit besteht schließlich in der sozialen Vielfalt der Gemeinde, in der die Möglichkeit zu einem *milieu- und generationsübergreifenden Lernen* von Menschen unterschiedlichster Herkunft liegt. Dass diese Chance viel zu selten genutzt wird, liegt jedoch nicht nur an dem exklusiven Zielgruppenbezug vieler Veranstaltungen, sondern auch an der relativen Homogenität in Hinblick auf das in unseren Gemeinden repräsentierte Milieu.

4 Gestaltung christlichen Lebens

Der Kern des christlichen Bildungsverständnisses liegt in der *Gottesbeziehung*. Dennoch beschränkt sich Gemeindebildungsarbeit nicht auf das Lernen im expliziten Bezug zum Glauben, sondern will zu einer selbstverantwortlichen Gestaltung eines *christlichen Lebens* befähigen. Das heißt, dass auch Probleme des alltäglichen Lebens zum Thema erwachsenbildnerischer Angebote werden: »große« sozial-politische Fragestellungen wie Frieden, Gerechtigkeit, Bewahrung der Schöpfung genauso wie »kleinere« Fragen wie Erziehung, Ehe, Vater-Sohn- und Mutter-Tochter-Beziehungen. Vor allem im Zusammenhang mit *Kasualien* ergeben sich Möglichkeiten der Gemeindebildungsarbeit: Seminare zu Erziehungsfragen im Kontext der Taufe, zur Gestaltung der Ehe vor einer Hochzeit oder eine Einbeziehung von Eltern in die Konfirmandenarbeit (vgl. das »Hoyaer-Modell«).

Wenn im Kern der Bildung die Gottesbeziehung liegt, ergibt sich als wichtiges Feld der Bereich der *liturgischen Bildung*. Hier können die vielfältigen sozialen und individuellen Möglichkeiten einer Kommunikation mit Gott thematisiert und Erfahrungen in der Begegnung mit Gott ermöglicht werden.

Im engen Zusammenhang mit dem Glauben steht schließlich die gedankliche Arbeit an *theologischen Grundfragen* mit dem Ziel, die christliche Überlieferung kennen und verstehen zu lernen und den Glauben in der heutigen Lebenswelt zu reflektieren. Angesichts eines drastischen Rückgangs christlichen Grundwissens auch bei Erwachsenen und der verbreiteten Erfahrung einer Diastase von Tradition und Lebenswirklichkeit ist die Bedeutung dieser Aufgabe kaum zu überschätzen.

In den letzten Jahren sind verschiedene *Glaubenskurse* entwickelt worden, die nicht nur auf die kognitive Bearbeitung christlicher Überlieferung zielen, sondern sich in einer Verbindung von alltäglichen, liturgischen und biblisch-theologischen Themen um eine grundlegende Einführung in die Gestalt (Lebensform) des christlichen Glaubens bemühen (vgl. z.B. Gottesdienst leben; Wort und Antwort; Alpha). Die zeitlich begrenzten Kurse verweisen auf die wichtigste Veranstaltungsform der Gemeindebildungsarbeit. In temporär begrenzten Projekten wird Gemeinde als Bildungsort erfahrbar, ohne dass die Angst vor einer Vereinnahmung entsteht. Der Respekt vor der persönlichen Entscheidung im Hinblick auf die Nähe oder Distanz zur Gemeinde ist ein entscheidendes Kriterium nicht nur der kirchlichen Erwachsenenbildung im öffentlichen Bildungssystem, sondern auch der Gemeindebildungsarbeit.

Literatur

Foitzik, Karl, Gemeindepädagogik. Problemgeschichte eines umstrittenen Begriffs. Gütersloh 1992.

Nipkow, Karl Ernst, Bildung als Lebensbegleitung und Erneuerung. Kirchliche Bildungsverantwortung in Gemeinde, Schule und Gesellschaft. Gütersloh [2]1992.

Zodrow, Lioba, Der Weg entsteht beim Gehen. Wege der religiösen Bildungsarbeit in der französischen Katholischen Kirche. In: Bitter, Gottfried/Gerhards, Albert (Hg.), Glauben lernen – Glauben feiern. Katechetisch-liturgische Versuche und Klärungen. Stuttgart u.a. 1998, 171–181.

JENS MARTIN SAUTTER

IV.2.10 Kirchliche Mitarbeiterinnen und Mitarbeiter

→ II.2.13 Gemeinschaft – Glaubensgemeinschaft/Kirche
→ II.3.9 Kirche als Lebensraum und Institution
→ II.4.7 Gestalten erwachsener Religiosität
→ IV.4.5 Theologiestudium/Hochschulgemeinde
→ IV.4.6 Religionspädagogische Fortbildung/Fernstudien

1 Leitbilder

Kirchliche Mitarbeiter und Mitarbeiterinnen begegnen heute einer Vielfalt christlicher Leitbilder. Diese sind Ausdruck für die Lebendigkeit des christlichen Glaubens, dem es von seinen Anfängen an darum geht, die Erfahrungen und Fragen von Menschen in unterschiedlichsten kulturellen und gesellschaftlichen Kontexten aufzugreifen und für neue Perspektiven zu öffnen. Kirchliche Leitbilder orientieren sich an *Jesus von Nazaret*. In den Begegnungs- und Berufungsgeschichten der Evangelien wird erzählt, wie er die Einzelnen mit ihren Lebensgeschichten wahr- und ernst nimmt, ihnen zuhört und ihnen zutraut eigene Lebenserwartungen auszusprechen. Jesus sieht in ihnen Ebenbilder Gottes, mit Würde begabte Teilhaber und Teilhaberinnen an den Verheißungen Gottes. Als solche beruft er sie – oft ohne erkennbare Voraussetzungen – in seine *Nachfolge*. Seine Erwartungen an sie: die Bereitschaft, Bisheriges zurückzulassen und in seinem Auftrag zu handeln. Als solche laden sie Menschen ein, begleiten sie oder sorgen für die »Mengen«, die Jesus nachfolgten. Ihre Mitarbeit verbindet sich mit besonderen Befähigungen, z.B. zu heilen, böse Geister auszutreiben und nicht zuletzt, in Vollmacht das Evangelium zu verkündigen: »Wer euch hört, der hört mich.«

An diesem Leitbild orientiert sich bis heute die Arbeit von Caritas, Diakonie und Kirche, und zwar in einer zweifachen Weise: (1) Hilfe Suchende und Helfer können auf eine unverstellte Menschlichkeit, ein aufrichtendes und hand-greifliches Verhalten vertrauen – und (2) erfahren, dass dies nicht zu trennen ist von der Botschaft des Gottes, der Menschen nahe sein will.

2 Aufgaben und Voraussetzungen

Der Arbeitgeber Kirche beschäftigt eine Vielzahl von Mitarbeitern mit unterschiedlichsten Anstellungsverhältnissen. Neben den Hauptamtlichen mit voller Stundenzahl arbeiten Teilzeitbeschäftigte, freie Mitarbeiter und nicht zuletzt die große Zahl der Ehrenamtlichen in unterschiedlichen (über)gemeindlichen Aufgabenfeldern. Kirche als Institution und Organisation ist auf kompetente Mitarbeiter in der Verwaltung, im Sekretariatsbereich, in Krankenhäusern, in Beratungsstellen, im Bildungsbereich, insbesondere in der Kinder- und Jugendarbeit angewiesen. Professionelle Arbeit ist an kirchliche und nichtkirchliche Ausbildungsgänge gebunden. Sie ist zugleich auf vielfältige Alltagsprofessionen angewiesen.

Dabei ist die Frage nach den *persönlichen Voraussetzungen* entscheidend. Diese sind immer seltener Ausdruck einer christlichen Sozialisation oder kirchlichen Bindung. Auch kirchlichen Mitarbeitern geht es zunächst um einen Arbeitsplatz, Anstellungsträgern um eine fachlich qualifizierte Arbeitskraft. Oft bleiben deshalb bei Bewerbungsgesprächen die genuin kirchlichen Erwartungen unausgesprochen; ein kirchliches Engagement wird selten vorausgesetzt. Diese realistische Sicht der Voraussetzungen einer kirchlich distanzierten Generation von Mitarbeitern erweist sich aber in der Praxis, insbesondere in der religionspädagogischen Arbeit mit Heranwachsenden, als problemanfällig. Hierbei geht es nicht allein um die Voraussetzungen der Mitarbeiter, sondern zugleich um die Qualifikationen und die Offenheit von Pfarrern für eine *berufsübergreifende Zusammenarbeit* mit anderen Mitarbeitern. Dazu gehört, die unterschiedlichen Erwartungen in kirchlichen Anweisungen für (über-)gemeindliche Mitarbeiter (Gemeindepädagoginnen, Gemeinde-/Pastoralreferenten, Organisten und Küsterinnen) zu kennen und die Fülle neuer staatlicher Anforderungen zu realisieren, denen sich kirchliche Mitarbeiter heute in der Jugendarbeit, in Beratungsstellen und im Kindergartenbereich gegenübersehen. Tief greifenden Veränderungen der klassischen Funktionen und des beruflichen Selbstverständnisses der kirchlichen Mitarbeiter stehen gleichzeitig erhöhte *Erwartungen der Anstellungsträger* an die Mitarbeiter gegenüber, sich mit »kirchlich-theologischen Denkmustern auseinander zu setzen und diese nach außen zu vertreten« (Mogge-Grothjan 1990, 39). Klärungen zwischen theologischen und »anderen« Mitarbeitern, zwischen »Professionellen« und »Laien« über gemeinsam vertretene Leitbilder sind notwendiger denn je. Bleiben sie aus, schließen solche Anforderungen an eine »Doppelqualifikation« Überforderungen ein, die der Person und der Arbeit von kirchlichen Mitarbeitern nicht gerecht werden.

3 Ehrenamtlichkeit

Der Mitarbeit Ehrenamtlicher kommt heute eine besondere Aufmerksamkeit zu. Leitlinien unterstreichen (vgl. z.B. Zeddies 1998), dass die Neubewertung ehrenamtlicher Mitarbeiter nicht allein als Folge der Sparzwänge zu beurteilen ist, sondern dass es der Kirche um die Frage geht, welche Bilder eine »Minderheitskirche« leiten sollten, damit sie trotz des tief greifenden gesellschaftlichen Wandels in einer säkularen Welt eine Kirche mit Zukunft bleiben kann. Wie und mit wem kann sie die immer drängenderen diakonischen Aufgaben leisten (vgl. Kirchenamt der EKD 1998)? Nicht nur katholischerseits ist damit die offene Frage nach dem Verhältnis von (priesterlichem) Amt und den Diensten, nach weiblichen und männlichen Mitarbeitenden – und damit nach grundlegenden Strukturreformen gestellt.

Die *Motivationen* für eine ehrenamtliche Mitarbeit verändern sich. Waren es über Generationen vor allem die *Frauen*, die die Rolle der Helfenden und allzeit Dienstbereiten übernahmen, um z.B. nach der Familienphase auch im außerhäuslichen Bereich Anerkennung zu finden, lassen sich heute vielfältigere, zunächst »unklarere« Motive beobachten. So suchen neben den ehemals Berufstätigen zunehmend junge Mütter im Raum Kirche den Austausch mit Frauen in vergleichbaren Lebenssituationen. Nicht selten bestärken sich die derzeit nicht beruflich Tätigen in ihren Kompetenzen, entdecken brachliegende Fähigkeiten und erkennen einander als Alltagsexperten »auf der Grenze von System und Lebenswelt«. Daraus erwachsen Entscheidungen für eine »Mitarbeit auf Zeit« in der Gemeinde, z.B. in der Eltern- oder Gremienarbeit. Was erwarten sie? Eine selbstverständlich zugestandene Achtung, Anerkennung und Mitverantwortung in dem, was sie tun. Dabei entsteht nicht selten der Wunsch, das für sie »fremde« kirchliche Leben mit seinen Traditionen kennen zu lernen. Ihre Erfahrungen sind überall dort ambivalent, wo sie Bewertungen begegnen, die ihre »Defizite« unterstreichen. Dies betrifft oft die unklaren Zuordnungen zu kirchlichen Mitarbeitern im Verkündigungsdienst. Sind und bleiben ehrenamtliche Mitarbeiter »Laien«, auch wenn gerade sie das Bild einer menschenfreundlichen Kirche mitgestalten?

4 Kirchengeschichtliche Bewertungen

Die Fragen der Wertigkeit von Amt und Dienst fanden im Verlauf der Kirchengeschichte unterschiedliche Antworten:

(1) Das gemeinsame Leben der ersten Christen in den *Hausgemeinden* mit ihren Gottesdiensten und Mahlfeiern erforderte vielfältige, selbstverständliche Mitarbeit. Sie orientierte sich am Leitbild einer geschwisterlichen Gemeinschaft im Geist Jesu. Das Wachsen der Gemeinden führte zu ersten Differenzierungen. So wird z.B. einem die Verantwortung für die Versorgung der Armen übertragen (Apg 6). Aber diese Dienste entwickeln sich, ohne dass es zu Trennungen oder einer zunehmenden Hierarchisierung kommt. Erst die Einführung von *Gemeindeordnungen* bedeutet eine schrittweise Favorisierung eines »ständischen und autoritativen Kirchengefüges« (Spendel 1990,

132). Nun verändern sich die Bewertungen einzelner Dienste. Erstmalig wird im 1. Clemensbrief (Anfang 2. Jh. n. Chr.) der Begriff »Laie« für den Nichtkleriker gebraucht. Die Folgen für die Bewertung von Mitarbeitern werden aber erst nach der staatlichen Anerkennung des christlichen Glaubens durch Konstantin (im 4. Jh.) erkennbar, weil nun bisherige Strukturmerkmale wie *Geschwisterlichkeit* und die *Gleichwertigkeit unterschiedlicher* Dienste (z.B. Diakonie und Verkündigung) durch *hierarchische Strukturen* verdrängt werden.

(2) Trotz mancher Versuche der Folgezeit, diese Entwicklung aufzubrechen, kommt es zu weiteren Verfestigungen. Im Investiturstreit des 11. Jh. setzt der Papst seinen Anspruch auf die Vorherrschaft der Kirche gegenüber der Welt durch. Die Folge: eine Zwei-Klassen-Gesellschaft der *Amtsträger und der Laien*, denen nur eine Mitarbeit als Christen in der Welt zugestanden wird. Bis heute weist die offizielle katholische Kirche »dem« Amt eine besondere (wesensmäßig begründete) Priorität zu. Das schließt nicht aus, dass sich unter Berufung auf das Zweite Vatikanische Konzil zunehmend Stimmen melden, die das Wesen aller kirchlichen Ämter als »Dienst« am Evangelium verstehen und die Sonderstellung des (Priester-)Amtes nicht als »göttlich«, sondern als »kirchlich« begründet sehen.

(3) Auch Luthers Bemühen um eine Kirche, deren Trägerin nicht die Hierarchie, sondern die Gemeinde ist, scheitert. Schon bald wird seine Vorstellung von einem in der Taufe begründeten *»Priestertum aller Getauften«,* das allen Gläubigen die gleiche geistliche Würde verleiht, von anderen Prioritäten (reine Lehre, evangeliumsgemäße Austeilung der Sakramente, Amtsverständnis) verdrängt. Trotzdem ist das Priestertum aller Getauften ein Leitbild für die evangelische Kirche und ihre Mitarbeiter geblieben, ohne dass es gelang, die in ihr wirkenden hierarchischen Strukturen zu überwinden. Die Vision einer »Dienstgemeinschaft« enthält aber bis heute für alle kirchlichen Mitarbeiter die Chance, im Zusammenspiel verschiedener Gaben Leitbilder für die gegenwärtigen Herausforderungen der Kirche zu realisieren.

5 Gemeindepraktische Perspektiven

Erste Schritte zielen auf veränderte Selbst- und Fremdwahrnehmungen im Umgang mit anderen. Andere sind nicht länger Objekte, Adressaten vorgegebener Wahrheiten, sondern Subjekte, in deren Lebenswelten neue Zugänge zum Glauben und auch für die Entscheidung möglich werden, in der Kirche mitzuarbeiten. An der Basis werden bereits viele neue Formen der Zusammenarbeit entwickelt und erprobt. Um sie zu festigen, brauchen Gemeindeglieder, Amtsinhaber und kirchliche Mitarbeiter Räume, Zeit und eine gemeindliche Atmosphäre, in der die Einzelnen sich offen austauschen können, z.B.

- über die je eigenen Bilder von Gemeinde und Kirche,
- über ihre unterschiedlichen Berufs-, Lebens- und Glaubensgeschichten,
- über ihre Erfahrungen und Enttäuschungen in der Zusammenarbeit,
- über ihre persönlichen Selbst- und Rollenverständnisse und darüber,
- wie wechselseitige Informationen, berufsübergreifende Fortbildungen in Gemeinden und Regionen angestoßen werden können und auch der Gottesdienst zu einem Ort der »Dienstgemeinschaft« werden kann.

Literatur

Aschenbrenner, Dieter/Buttler, Gottfried, Die Kirche braucht andere Mitarbeiter. Vom Universaldilettanten zum Spezialisten. Stuttgart 1970.
Buttler, Gottfried, Kirchliche Mitarbeiter. In: TRE 19 (1990) 191–213.
Foitzik, Karl, Mitarbeit in Kirche und Gemeinde. Stuttgart u.a. 1998.
Mogge-Grotjahn, Hildegard, Laien und Evangelische Vereine, Werke, Verbände. In: Grohs, Gerhard u.a. (Hg.), Kirche in der Welt – Kirche der Laien? Frankfurt/M. 1990, 35–47.
Spendel, Stefanie, Laien – Stiefkinder oder Priester, Propheten und Könige. In: Grohs, Gerhard u.a. (Hg.), Kirche in der Welt – Kirche der Laien? Frankfurt/M. 1990, 131–150.
Zeddies, Helmut (Hg.), Kirche mit Hoffnung. Leitlinien künftiger kirchlicher Arbeit in Ostdeutschland. Berlin 1998.

ELSBE GOSSMANN

IV.3 Lernort Schule

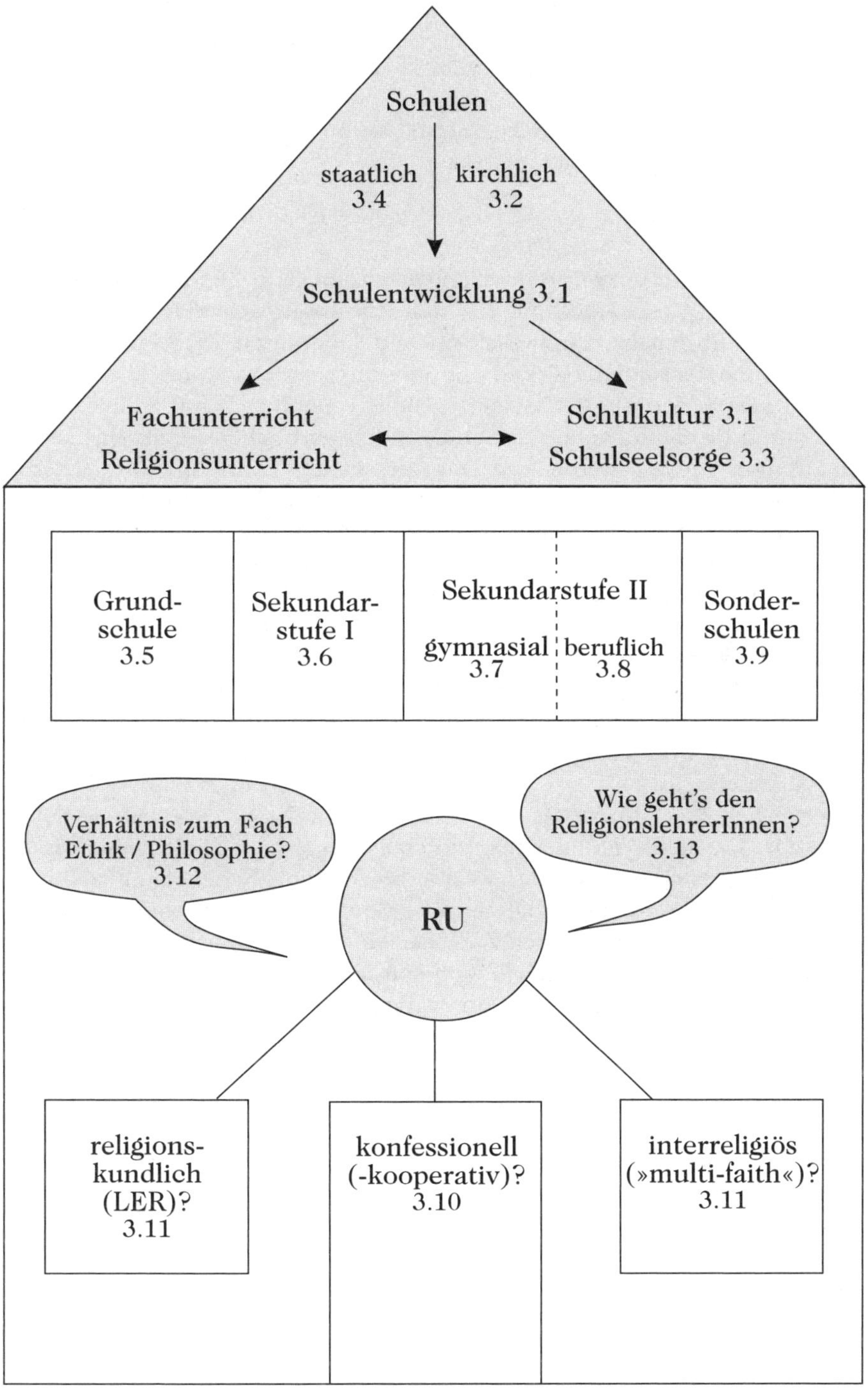

IV.3.1 Schule – Schulentwicklung – Schulkultur

→ I.2 Pädagogische Grundbegriffe – religionspädagogische Grundmuster
→ I.4 Die Bildungsverantwortung der Kirche in Staat und Gesellschaft
→ IV.3.2 Schulen in kirchlicher Trägerschaft
→ IV.3.3 Schulseelsorge
→ IV.3.4 Religionsunterricht in staatlichen Schulen
→ V.1.7 Richtlinien und Lehrpläne

Schule ist die am weitesten verbreitete, universell geregelte öffentliche Bildungsinstitution der modernen Gesellschaft. Sie hat sich von ihren partikularen Anfängen in der Antike über das kirchliche Schulwesen des Mittelalters und der beginnenden Neuzeit zu einer funktional ausdifferenzierten Einrichtung entwickelt, ohne die man sich moderne (und postmoderne) Gesellschaften nicht vorstellen kann. Schule ist gekennzeichnet durch Fachunterricht, der Schülerinnen und Schülern, die in Klassen bzw. Kursen zusammengefasst werden, durch professionelle Lehrkräfte auf der Grundlage eines Curriculums erteilt wird, dessen (Rahmen-)Vorgaben öffentlicher, zumeist staatlicher Kontrolle unterliegen. Schule ist ein zentrales Mittel der »Institutionalisierung von Reflexivität durch Bildung (...) [als] Bedingung der Möglichkeit, die Krisen und Konflikte der Weltgesellschaft zu erkennen und besser zu kontrollieren« (Arbeitsgruppe Bildungsbericht 1994, 57). Der anthropologische und der universale Horizont schulischer Bildung werden von J.A. Comenius besonders betont, wenn er »Schulen als Werkstätten der Menschlichkeit« bezeichnet und in seinem Hauptwerk nicht nur eine Jugendschule, sondern entsprechend den Lebensaltern insgesamt sieben Schulen von der vorgeburtlichen Entwicklung bis hin zur Schule des Greisenalters entwirft (Pampaedia – Allerziehung 1677).

Ursprünglich bezeichnete das griechische Wort *scholé* die zweckfreie Betätigung. Im Laufe der Geschichte und der Institutionalisierung von Schule (Leschinsky 1998, Lit.!) wurde daraus eine höchst verzweckte Einrichtung. Schule kann sich allerdings vor allem dadurch Freiräume erhalten, dass sie verschiedenen, teils komplementär, teils widersprüchlich gehandhabten Zwecksetzungen dienen soll (Fördern und Auslesen; zur individuellen Tüchtigkeit wie zur gesellschaftlichen Brauchbarkeit bilden; Traditionen und Kulturen bewahren wie Innovationen vorbereiten). Auch reagiert Schule als »loosely coupled system«, das sich eindimensionaler Rationalität entzieht, nur langsam auf gesellschaftliche Veränderungen mit ihren Anforderungen an schulische Bildung (»schools change slower than churches«). Dennoch muss immer wieder vor einer zu starken Funktionalisierung von Schule in nur einer Richtung, etwa im Blick auf wirtschaftliche Interessen bzw. das Berufssystem gewarnt werden; so die beiden großen christlichen Kirchen auf ihrem Bildungskongress »tempi« (2000).

1 Gesellschaftliche Funktion

In modernen, durch Individualisierung und Pluralisierung gekennzeichneten Gesellschaften, einschließlich der damit verbundenen größeren Bedeutung des Subjekts, sind Schule wie Schulsysteme ständig im Wandel begriffen, auch wenn Grundfunktionen (Bildung und Erziehung, Integration und Selektion) wie Grundstrukturen (Fachlichkeit und Sequenzialität der Lernangebote/Kurse; Differenz Lehrkräfte – Lernende; staatliche oder private Trägerschaft, aber als öffentliche Schule; Teil einer funktional differenzierten Schulverwaltung mit hierarchischen Relikten) relativ stabil bleiben. Schule reproduziert bei Verfolgung ihrer ureigenen Zielsetzungen Bildung und Begabungsförderung (innere Funktionen), beiläufig aber auch die vorhandenen sozial-strukturellen Differenzen der Gesellschaft (äußere Funktion); dem Theorem der »funktionalen Duplizität« (P. Bourdieu, J.C. Passeron) zufolge liegt darin die ideologische Leistung von Schule. Trotz enormer Anstrengungen in vielen Ländern, teilweise durch explizite Bildungsprogramme zur Verbesserung der Chancengleichheit ab der frühen Kindheit, ist es bislang allenfalls gelungen, die *Chancenungleichheit* zu verschieben, nicht aber sie zu verringern. Heute sind es nicht mehr die »katholischen Arbeitermädchen vom Lande« der Chancengleichheitsdebatte der 1960er- und 1970er-Jahre, sondern allochthone Jungen aus großstädtischen Gettos, die unter der strukturellen Chancenungleichheit leiden. Trotz der zeitlichen Ausdehnung der allgemeinen Schulpflicht auf zehn Jahre, trotz integrativer Schultypen wie Grundschule und Gesamtschule (bei uns allerdings als Teil, nicht – wie ursprünglich gedacht – als Ersatz eines differenzierten Sekundarschulsystems) sind Kinder aus ärmeren Verhältnissen nach wie vor benachteiligt und haben es schwerer, die Schule erfolgreich zu durchlaufen oder höhere Abschlüsse zu erreichen. Für Mädchen ergeben sich größere Schwierigkeiten dann beim Übergang in das Berufssystem.

Die heutigen *Schuldebatten* kreisen indes um andere Themen, wie die kontinuierlichen Analysen von H.-G. Rolff u.a. (Jahrbuch der Schulentwicklung 1–10, 1980–1998) zeigen. Nachdem empirisch begründet der Schule Bildungs- und Erziehungswirkungen wieder zugerechnet werden (z.B. Coleman 1986), groß angelegte Schulsystemvergleichsuntersuchungen (in England wie in Deutschland) allerdings keine klaren und stabilen System-Unterschiede nachweisen konnten, steht die Einzelschule im Mittelpunkt des Interesses (Rutter u.a. 1980). Gleichzeitig wird der Diskurs über demokratische Werterziehung (v. Hentig 1993) fortgesetzt. Neuerdings wird infolge weltweiter Vergleichsuntersuchungen, etwa in den Fächern Mathematik und Physik (TIMS III), die Verbesserung des Fachunterrichts debattiert; in pluralen und multikulturellen Gesellschaften wird jedoch im Blick auf Verständigungsfähigkeit und das Zusammenleben auch den geistes- und kulturwissenschaftlichen Fächern allmählich größere Bedeutung zuerkannt werden müssen (vgl. Nipkow 1998).

Trotz mancher Ansätze bleibt eine umfassende, empirisch begründete Schultheorie derzeit Desiderat. Diese ist aber angesichts der Herausforderungen durch die Entwicklung hin zu Zivilgesellschaften (Schweitzer 1999) und im Blick auf die gestiegene und qualitativ veränderte Bedeutung freier, nicht-staatlicher Schulen (Scheilke 2000) längst überfällig.

2 Schulreform

Über *Schulreform* wird in der Bundesrepublik Deutschland öffentlich heftig und zugleich skeptisch diskutiert. Die Bundespräsidenten R. Herzog und J. Rau haben Reformen angemahnt. In Bund und Ländern wurden Kommissionen eingesetzt. Private Stiftungen haben der Schule neue Impulse gegen den »Reformstau« zu geben versucht.

Eine Delphi-Studie des Bundesministeriums für Bildung und Wissenschaft von 1998 erbrachte, dass die überwiegende Mehrheit der befragten Experten eine allgemeine Bildungs- und Schulreform für dringlich, aber für wenig wahrscheinlich hält. Doch die »neuen Kinder«, die in Familie, peer group und durch Medienkonsum anders aufwachsen und sozialisiert werden, Globalisierung und die »neuen Medien« (Nutzung von Computern und Internet zu Hause wie im Unterricht) fordern zu einer tief greifenden Reform in allen Dimensionen von Schule, der inhaltlichen, der sozialen, der organisatorischen, der klimatischen und derjenigen der Außenbeziehungen heraus. Schulreform muss allerdings je nach Schulstufe und Einzugsgebiet differenziert ansetzen, denn zwischen Grundschulen, die sich insgesamt schon weit entwickelt haben, und Sekundarstufen, zwischen ländlichen Schulen und Schulen in »sozialen Brennpunkten« der Städte liegen bisweilen Welten.

3 Schulentwicklung

Schulentwicklung kennt verschiedene Ansätze (umfassend Carle 2000, Lit.!). Gegenwärtig wird vor allem die Schulqualität der Einzelschule betrachtet. Dabei wird deutlich: Schulen als Institutionen haben und brauchen ein »Ethos«, eine »Grundstruktur bestimmter Wertorientierungen, Einstellungen und Verhaltensmuster, die für eine Schule insgesamt charakteristisch wird« (Rutter u.a. 1980, 211). Nicht die Verhaltensweisen der einzelnen Lehrer für sich genommen, nicht die Größe der Schule, nicht das Angebot, nicht ihr Einzugsgebiet oder was man sonst noch an Einzelfaktoren nennen könnte, machen jeweils die Güte einer Schule aus, sondern das Zusammenspiel der verschiedenen Faktoren.

Qualitativ »gute« Schulen zeigen vor allem ein vielseitiges und reichhaltiges Schulleben mit differenzierten Arrangements von Lern- und Erfahrungsmöglichkeiten, wie mehrdimensionale Studien zu einzelnen Schulen belegen. Dabei kommt es u.a. auf (1) einen lerngerechten und schülerorientierten Zeitrhythmus, (2) die äußere Gestaltung der Schule, ihrer Räume, aber auch ihrer sozialen Verfassung, (3) eine teamartige Personalorganisation, (4) die Öffnung der Schule zur Schulumwelt und (5) eine aktive Schulleitung sowie die Unterstützung durch die Schulbehörden an. Amerikanische Untersuchungen über effektive und produktive Schulen betonen schon seit langem (6) die wirksam genutzte Unterrichtszeit sowie (7) die Anerkennung fachunterrichtlicher Leistungserfolge (Purkey/Smith 1983).

Zusammenhänge von Schulqualität und demokratischer Erziehung im Allgemeinen und von Schulklima, Lernqualität und Gewaltbereitschaft im Besonderen zeigen, dass Schulentwicklung auch für die gesamte Gesellschaft von Bedeutung ist. Dabei ist nicht nur an die innere Struktur und die Mitgestaltungsmöglichkeiten aller Beteiligten, sondern ebenso an die Verfasstheit des Schulwesens insgesamt zu denken.

Ergebnisse aus Schulqualitätsforschung und Erfahrungen aus Schulentwicklungsprozessen haben sich in der Denkschrift »Zukunft der Bildung – Schule der Zukunft«

des Landes Nordrhein-Westfalen niedergeschlagen, die für eine erweiterte Selbstständigkeit der einzelnen Schulen, die Neuakzentuierung der Aufgaben (Erziehung, lebenslanges Lernen), für einen erweiterten Lernbegriff und insgesamt für die Schule als *»Haus des Lernens«* plädiert, also einen Ort,

- »an dem alle willkommen sind, die Lehrenden wie die Lernenden in ihrer Individualität angenommen werden, die persönliche Eigenart in der Gestaltung von Schule ihren Platz findet,
- an dem Zeit gegeben wird zum Wachsen, gegenseitige Rücksichtnahme und Respekt voreinander gepflegt werden,
- dessen Räume einladen zum Verweilen, dessen Angebote und Herausforderungen zum Lernen, zur selbstständigen Auseinandersetzung locken,
- an dem Umwege und Fehler erlaubt sind und Bewertungen als Feedback hilfreiche Orientierung geben,
- wo intensiv gearbeitet wird und die Freude am eigenen Lernen wachsen kann und
- an dem Lernen ansteckend wirkt« (Bildungskommission NRW 1995, 86).

Kritisch muss allerdings auf ein funktionalistisches Bildungsverständnis und das Fehlen einer religiösen »Lerndimension« in dieser Denkschrift hingewiesen werden.

4 Schulprogramm

Schulentwicklung ist ein permanenter Prozess, bei dem als Zwischenziel von jeder Schule ein *Schulprogramm* entwickelt wird, das über das Schulprofil sowie die besonderen und regelmäßigen Leistungen der Schule Auskunft gibt. Es stellt die Grundlage für die regelmäßige Evaluation dar. Dieses Programm ist in eine *»regionale Schulentwicklung«* einzubetten, die ein Zusammenwirken von Schule, staatlicher Schulaufsicht und kommunalen wie freien Schulträgern ermöglichen soll. Pädagogische Qualitätsentwicklung beginnt mit einer sorgfältigen *Diagnose des Ist-Standes*, gegebenenfalls in Kombination von interner und externer Evaluation. Die Diagnose muss den Unterricht einbeziehen und Schülerinnen und Schüler beteiligen. Denn Schülerfeedback ist eine produktive Ressource für Schulentwicklung und daher unverzichtbar. Auf *Prozessfaktoren* der Schulentwicklung wie »Konzentration auf wichtige Ziele«, »Entwicklung in kleinen Schritten«, »Transparenz und Öffnung nach außen« ist zu achten.

5 Schulkultur

Schulentwicklung leistet als *Organisationskultur* einen erheblichen Beitrag zur *Schulkultur*. Ebenso ist eine Erziehungs- bzw. *Sozialkultur* wichtig, in der Lehrkräfte fürsorglich handeln (»ethos of care«) und positive Beziehungen zu den Lernenden pflegen, d.h. Verhaltensweisen wie Fairness, persönliches Interesse, Respekt, Vertrauen, Vergebungsbereitschaft (»forgiveness«) zeigen und einfordern. Dazu gehört auch, die Selbstachtung und ein Zugehörigkeitsgefühl der Lernenden sowie gemeinsam mit ihnen ein positives Klassen- und Schulklima zu entwickeln. Schließlich gehört zur Schulkultur auch eine bestimmte *Lernkultur*; Projekte wie das praktische Lernen, die Beachtung kultureller Differenz, ein inhaltlich anspruchsvoller und methodisch qualifizierter Unterricht sowie die Bearbeitung von Genderfragen im Rahmen einer Pädagogik der Vielfalt leisten dazu ihren Beitrag.

Die Kultur einer Schule zeigt sich vor allem darin, welcher Geist in ihr spürbar wird. Scharer (2000) skizziert eine »Spiritualität als Schulkultur«, die Muße (»scholé«) und Begegnung, Innewerden und Stille ermöglicht und den Gaben der Lernenden mehr Gewicht beimisst. Die Spiritualität einer Schule insgesamt zu entwickeln ist keineswegs nur eine Aufgabe kirchlicher Schulen. Nachhaltige Bildung erfordert eine Schulkultur der Nachhaltigkeit, die Offenheit zum Loslassen, das Weglassen (von »Stoff«) und nicht zuletzt das Zulassen (von Differenz) fördert.

Literatur

Arbeitsgruppe Bildungsbericht am Max-Planck-Institut für Bildungsforschung, Das Bildungswesen in der Bundesrepublik Deutschland. Strukturen und Entwicklungen im Überblick. Reinbek 1994.
Bildungskommission NRW, Zukunft der Bildung – Schule der Zukunft. Neuwied u.a. 1995.
Carle, Ursula, Was bewegt die Schule. Internationale Bilanz, praktische Erfahrungen, neue systemische Möglichkeiten für Schulreform, Lehrerbildung, Schulentwicklung und Qualitätssteigerung (Grundlagen der Schulpädagogik 34). Baltmannsweiler 2000.
Coleman, James S., Die asymmetrische Gesellschaft. Weinheim u.a. 1986.
Hentig, Hartmut v., Die Schule neu denken. München [2]1993.
Leschinsky, Achim, Bildungswesen/Schulwesen II. Soziologisch und historisch. In: [4]RGG 1 (1998) 1589–1595 (Lit.!).
Nipkow, Karl Ernst, Bildung in einer pluralen Welt. 2 Bde. Gütersloh 1998.
Purkey, Stewart C./Smith, Marshall S., Effective Schools: A Review. In: The Elementary School Journal 4 (1983) 427–453; deutsch in: Aurin, Kurt (Hg.), Gute Schulen – worauf beruht ihre Wirksamkeit? Bad Heilbrunn 1986, 13–45.
Rolff, Hans-Günter u.a. (Hg.), Jahrbuch der Schulentwicklung. Bd. 1–10; ab Bd. 5: Weinheim/München 1988ff.
Rutter, Michael u.a., Fünfzehntausend Stunden. Schulen und ihre Wirkung auf die Kinder. Weinheim/Basel 1980.
Scharer, Matthias, Spiritualität als Schulkultur. In: ThPQ 148 (2000) 169–175.
Scheilke Christoph Th., Schule in evangelischer Trägerschaft. In: Schule und Kirche 1/2000, 6–9.
Schweitzer, Friedrich, Zivilgesellschaft – Schule – Religionsunterricht. In: Scheilke, Christoph Th./Schweitzer, Friedrich (Hg.), Religion – Ethik – Schule. Münster 1999, 295–307.

CHRISTOPH TH. SCHEILKE

IV.3.2
Schulen in kirchlicher Trägerschaft

→ I.2 Pädagogische Grundbegriffe – religionspädagogische Grundmuster
→ I.4 Die Bildungsverantwortung der Kirche in Staat und Gesellschaft
→ IV.3.1 Schule – Schulentwicklung – Schulkultur

1 Evangelische Schulen

1.1 Historische Aspekte

Die Keimzellen evangelischen Schulwesens liegen in den Reaktionen der Reformatoren auf die Zustände in den damaligen »Eselsställen und Teufelsschulen« (M. Luther). So gründet beispielsweise Melanchthon 1521 eine schola privata und fördert Luther 1523 das genossenschaftliche, von einer einzelnen Kirchengemeinde getragene Leisniger Schulverwaltungsmodell. In zahlreichen Schriften an die weltliche und geistliche Obrigkeit setzen sie sich für die Gründung und Erhaltung christlicher Schulen ein. Die reformatorische Schulreform weist für die weitere Entwicklung des evangelischen Schulwesens drei wichtige Spannungsverhältnisse auf: (1) zum einen zwischen den Erziehungszielen »Frömmigkeit« und »Bildung« – eine entscheidene Rolle spielt dabei das Verständnis von »Weltlichkeit« –, (2) zum anderen zwischen »Gesetz« und »Evangelium« im Sinne des Einflusses einer engen beziehungsweise weltoffenen Orientierung an dem biblischen Welt- und Menschenbild auf eine »freie« Schule sowie (3) drittens hinsichtlich der Stellung des Religionsunterrichts gegenüber den anderen Fächern und im Rahmen des gesamten Schule-Haltens und Schule-Gestaltens. In den pietistischen Bildungskonzepten von A.H. Francke und N.L. Zinzendorf bewirkt die enge Verknüpfung von Hochschulausbildung, Jugenderziehung und Armenfürsorge eine beruflich-realistische Wendung des Schulwesens. Es wird eine eigene Lehreraus- und -weiterbildung etabliert und das erzieherische Verhältnis sowie eine altersgemäße und geschlechtsspezifische Berücksichtigung der allgemeinen und religiösen Entwicklung betont. Die Erfahrungen in der Herrnhuter Brüdergemeinde prägen die Idee der Gemeinschaftserziehung, die für spätere konzeptionelle Entwürfe einer Schulgemeinschaft bis hin zu denen einer Schulgemeinde bestimmend wird. Im 19. Jh. und bis zum Beginn der Weimarer Republik werden evangelische Schulen gegenüber einer vermeintlich religiös indifferenten öffentlichen Schule eingerichtet mit einer betont kirchlich-konfessionellen Ausrichtung. Daneben engagieren sie sich aber auch für die höhere Mädchenbildung und aus einem diakonisch motivierten Sozialbewusstsein heraus für behinderte, verwaiste und verhaltensauffällige Kinder und Jugendliche. Durch ihre Schulgründungen erhoffen sich beispielsweise J.H. Wichern und J.K.W. Löhe eine soziale und christliche Erneuerung der Gesellschaft und der Kirche. In der Zeit der Weimarer Republik versuchen evangelische Schulen, vor dem Hintergrund der reformpädagogischen Bewegung in einer Zeit der politischen und schulpolitischen Umbruchsituation Zeichen gegen ein staatliches Schulmonopol zu setzen. Dem massiven Vorgehen der Nationalsozialisten gegen den Privatschulsektor können sie allerdings keinen nennenswerten Widerstand entgegensetzen. Nach dem Zweiten Weltkrieg kommt es weitgehend vor dem Hintergrund der im Kirchenkampf in der Bekennenden Kirche gewonnenen und bewährten Erfahrungen zu einer Vielzahl von Weiterführungen und Neugründungen evangelischer

Schulen in freier Trägerschaft. Als Novum in der Geschichte des evangelischen Schulwesens treten jetzt auch einzelne Landeskirchen als Schulträger auf neben (wie bisher) diakonischen Verbänden und Anstalten, Stifterkreisen, Schulvereinen und einzelnen Kirchengemeinden. In der Zeit des so genannten Bildungsnotstandes beteiligen sich evangelische Schulen durch die Entwicklung, Erprobung und Verwirklichung eigener pädagogischer Schul- und Lernformen beispielhaft an der allgemeinen Bildungsreform. Insbesondere die EKD-Bildungssynoden von 1971 in Frankfurt/M. und 1978 in Bethel unter Vorsitz von Karl Heinz Potthast und Karl Ernst Nipkow entwickeln in dieser Phase tragfähige Begründungszusammenhänge evangelischer Schulen. Seit den späten 1980er-Jahren ist ein deutlicher innerer und äußerer Neuaufbruch des evangelischen Schulwesens zu verzeichnen. Daran haben zum einen großen Anteil die auf der Ebene der Arbeitsgemeinschaft evangelischer Schulbünde wie auch regionaler Zusammenschlüsse durchgeführten Unterrichtsprojekte zur Wahrnehmung der religiös-ethischen Dimension in allen Unterrichtsfächern und zum Lernen in fächerübergreifenden Zusammenhängen (vgl. Unterrichtserneuerung 1990) sowie die Erprobung von Modellen einer schulinternen Lehrerfortbildung und Schulentwicklung. Zum anderen erleben die evangelischen Schulen seit der Wende in der ehemaligen DDR einen neuen Aufschwung. Neben einigen evangelikalen Schulen entstehen nach anfänglichem Zögern der meisten dortigen Landeskirchen auch moderne Schulgründungen in kirchlicher Trägerschaft, die als Beispielschulen mithelfen sollen, inmitten einer weitgehend atheistischen Umwelt christliche Sinnorientierung aufzubauen und zum rechten Gebrauch der Freiheit sowie zu verantwortungsvoller Selbstständigkeit zu erziehen (vgl. Bohne 1998). Zusammenfassend ist festzuhalten, (1) dass es *die* evangelische Schule nicht gibt – und es auch in Zukunft gemäß protestantischer Tradition nicht geben kann; (2) dass jede evangelische Schule in einer spezifischen geschichtlichen Situation mit einem individuellen Begründungszusammenhang entsteht: Mit den Schulen reagieren deren Träger auf jeweils konkrete Notfälle beziehungsweise die Träger intendieren gegenüber dem staatlichen Schulwesen unterschiedlich akzentuierte konkrete Modellfälle; (3) dass es kein einheitliches bildungstheoretisches oder bildungspolitisches Konzept gibt, das hinter dieser Vielfalt an Schularten, Organisationsformen und Trägern steht. Gleichwohl scheint der Wunsch nach einer Erneuerung beziehungsweise Änderung des bestehenden, säkularisierten staatlichen Bildungswesens ein verbindendes Grundanliegen zu sein.

1.2 Gegenwärtige Perspektiven

Aus spezifisch christlicher beziehungsweise evangelischer Erziehungs- und Bildungsverantwortung heraus vermögen evangelische Schulen sprach-, deutungs- und handlungsfähig zu machen. Sie bieten wertvolle Chancen der Erneuerung des reformatorischen Bündnisses von evangelischer Gemeinde, neuzeitlicher Wissenschaft sowie humanistischer Pädagogik und erweitern das Beziehungsfeld nicht nur zwischen Kirche und Schule, sondern auch zwischen Theologie und Pädagogik. Sie reagieren als exemplarische Lebens- und Lernorte des Protestes gegen lebenszerstörende Kräfte schnell und unbefangen auf neue gesellschaftliche Herausforderungen und bieten eine bildungspolitisch notwendige Bereicherung und Ergänzung des staatlichen Schulwesens. In Vergangenheit und Gegenwart haben sie oftmals gezeigt, dass sie eine Vorreiterrolle für Innovationen im Bereich sowohl allgemeiner als auch religiöser Bildung übernehmen. Zukunftsweisend können sie allerdings nur aus der Verbindung von theologisch und pädagogisch verantworteten Argumentationslinien ihre Legitimation erfahren. Besonders stichhaltig erscheint die These, dass sie exemplarische kirchliche Praxisräume zum Sammeln unmittelbarer Erfahrung im Erziehungs- und Bildungsbereich sowie zur Erprobung von theoretischen Überlegungen, unter anderem zum Verhältnis von Glaube und Bildung sowie von Unterricht und Erziehung im »christlichen Aufmerksamkeitshorizont« (K.E. Nipkow) sein können. Als spezifisch evangelisches Moment spielt dabei die Suchbewegung »im Spielraum der Freiheit« im Sinne eines ständigen »Auf-dem-Weg-zum-Evangelium-Seins« aller an diesen Schulen lehrenden und lernenden Menschen eine herausragende Rolle (vgl. Schreiner 1996).

1.3 Empirische Angaben

Gegenwärtig bieten bundesweit über 250 allgemein bildende Schulen – von denen etwa 60 Internate und Schülerheime mit insgesamt 9500 Plätzen unterhalten –, etwa 230 Förder- und Sonderschulen sowie 510 berufsbildende Schulen in evangelischer Trägerschaft etwa 65.000 Schülerinnen und Schülern Lebens-, Lern- und Erfahrungsraum für die Kommunikation des Evangeliums im Rahmen einer guten Schule. Die meisten evangelischen Schulen sind Mitglied in der Arbeitsgemeinschaft Evangelischer Schulbünde e.V., einem Fachverband im Diakonischen Werk der EKD; der Arbeitsgemeinschaft Evangelischer Bekenntnisschulen (AEBS) gehören über 50 Schulen an mit überwiegend evangelikalem Charakter. Seit 1994 unterstützen die Evangelische Schulstiftung in der EKD und die Barabara-Schadeberg-Stiftung Schulneugründungen, Lehrerfortbildung und wissenschaftliche Begleitforschung. Evangelische Schulen befinden sich auch international deutlich in einer Aufbruchphase (vgl. Scheilke/Schreiner 1999, 302–372). Sie werden besonders wegen ihres Bildungsangebotes, ihres sozialen Klimas und ihrer geistlichen Kultur von Eltern als Schule für ihre Kinder gewählt (vgl. Scheilke/Schreiner 1999, 60–79).

(*Martin Schreiner*)

2 Katholische Schulen

2.1 Die katholische Kirche hat durch die Jahrhunderte hindurch schulisches Wirken als Konsequenz ihres »Heilsauftrages« an der Welt verstanden (vgl. Dikow 1992). Schule wurde zum »Lernort des Glaubens«, der in den verschiedenen historischen Epochen seine pädagogische Gestalt fand, z.B. im Mittelalter als Dom-, Kloster- oder Pfarrschule, in der Neuzeit in den Gründungen der Schulorden oder als »Bekenntnisschule«, einer Sonderform der Katholischen Schule in Deutschland. Nach der Weimarer Reichsverfassung (1919) sollte die *Bekenntnisschule* »Antragsschule«, die »Gemeinschaftsschule« aber Regelschule sein, um das ständische bzw. konfessionell abgestimmte Profil des Schulwesens aufzubrechen. Bis in die Mitte des 20. Jh. sicherte aber in Westdeutschland ein konfessionell ausgerichtetes Volksschulwesen den Unterricht für die Mehrzahl katholischer Kinder.

2.2 Die Bildungsreform der 1960er-Jahre führte aus pädagogischen, bildungspolitischen und theologischen Motiven dazu, dass die Bischöfe das mit kirchlicher Lehrautorität vertretene Konzept der Bekenntnisschule aufgaben und sich verstärkt der Schule in freier Trägerschaft zuwandten. Nur in Nordrhein-Westfalen und Niedersachsen blieb die Bekenntnisschule als staatliche Regelschule erhalten; in Nordrhein-Westfalen gibt es (Stand 2001) 49 katholische Hauptschulen und 1150 katholische Grundschulen, die in jüngster Zeit ihrer Arbeit im »Lichte des Glaubens« ein eigenes pädagogisches Profil gaben (vgl. Wittenbruch/Werres 1992).

2.3 Auch nach Auflösung des konfessionellen Schulsystems besteht die katholische Kirche weiterhin auf ihrem Recht, eigene Schulen zu gründen (vgl. Art. 7,3 GG), und bleibt im Bereich der »Freien Schulen«, die als Gegenpol zur »Staatsschule« weltanschauliche und pädagogische Selbstverantwortung demonstrieren, in fast allen Schulformen exemplarisch vertreten. Derzeit gibt es in Deutschland 1140 *katholische Schulen in freier Trägerschaft* (u.a. ca. 520 allgemein bildende, 170 berufsbildende und 130 Sonderschulen) mit insgesamt 351.000 Schülern (Stand 2001). Sie machen nur 2,8% der Gesamtschülerzahl aus, was die (zahlenmäßig) marginale Stellung der katholischen Schulen in Deutschland belegt (weltweit besuchen ca. 40 Mio. Schüler 165.000 katholische Schulen).

2.4 Pädagogischer Stellenwert und Ansehen der katholischen Schulen liegen allerdings in Deutschland höher, als die Statistik vermuten lässt: Sie gelten im bildungspolitischen Diskurs als Schulen mit eigenem Profil, die zum einen durch eine große Identifikationsbereitschaft der Eltern, Lehrer und Schüler mit ihrer Schule und zum anderen durch ein Wertesystem geprägt wird, für dessen schulische Verwirklichung ein hoher Einsatz geleistet wird. Sie können deshalb bei der Schulentwicklung eine Schrittmacherfunktion übernehmen, weil sie über große Erfahrungen mit der Schulprofilierung und über die zentrale Ressource jeder Schulreform, nämlich über kulturell-ideologische Quellen verfügen, die in Deutschland Mangelware sind. Diese Quellen werden als »Ethos, Moral, Engagement, Überzeugung« bezeichnet, als eine »innere Entschlossenheit, etwas zu tun, die Welt nach einem positiven Modell zu gestalten« (H. Fend, zit. nach Wittenbruch/Kurth 1999, 18). Schließlich wird die katholische Schule nicht als »Eliteschule«, sondern als ein Zeichen von Toleranz, Vielfalt und Demokratisierung im Bildungswesen angesehen.

2.5 Die Konzilserklärung »Gravissimum educationis« (1965) kündigt eine neue kirchliche Einstellung zur katholischen Schule an, und mit den römischen Programmschriften zur »Katholischen Schule« (1977) oder zur »Religiösen Dimension der Erziehung in der Katholischen Schule« (1988) wird das Recht des Menschen auf Erziehung bekräftigt und ein Konzept umrissen, das Orientierungsfunktion in der Weltkirche haben soll: Mit dem *»progetto educativo«* besitzt die katholische Schule eine regulative Leitidee, die zu immer neuen Auseinandersetzungen mit den wechselnden politisch-gesellschaftlichen Bedingungen anhält, damit sie »vor Ort« ihre unverwechselbare Gestalt findet. Dieses Signalwort aus der nachkonziliaren Diskussion hat in Deutschland nur mäßig gezündet. Bislang hat nur eine – wenn auch aktive – Minderheit von Schulen den Prozesscharakter des »progetto educativo« entdeckt und kreativ genutzt. Denn in der kirchenöffentlichen Diskussion konzentrieren sich die Bemühungen nur zu oft auf die prinzipielle (zumeist theologische) Begründung, die schulrechtliche Verteidigung und finanzielle Absicherung. Somit wird ein wichtiger Teil der Kräfte von der Realisierung des »progetto educativo« abgezogen. Sie wären aber notwendig, um die Lern- und Leistungskultur der katholischen Schulen, Ansätze für anstaltseigene Lehrpläne (vgl. z.B. den Marchtaler Plan) oder Vorhaben zur Profilbildung (vgl. z.B. das Compassion-Projekt) zu stärken. Denn das »progetto educativo« folgt der Leitidee von der »Entwicklung eines inhaltlich gefüllten Bildungs- und Erziehungsprogramms (...), das, ausgehend von den allgemeinen Vorstellungen christlicher Erziehung, für die einzelne Schule und einen bestimmten Zeitraum konkrete Aufgaben und Projekte definiert, sie didaktisch und methodisch strukturiert, die Schritte der Realisierung plant, die Beteiligung der verschiedenen Personengruppen regelt und schließlich eine Ergebnissicherung und Evaluation umfasst« (Ilgner 1989, 76). Somit wird der geläufige Begriff vom »Proprium der katholischen Schule« abgelöst: Der spezifische Charakter zeigt sich nicht vorrangig in Gottesdiensten oder in der Schulseelsorge, sondern bezieht sich auf alle Dimensionen der Schularbeit. Er stützt sich auf ein ganzheitliches, personales Erziehungsverständnis, auf die Synthese von Glaube, Kultur und Leben und auf die Schule als einer Erziehungsgemeinschaft. Darüber hinaus ist das »progetto educativo« offen für verschiedene pä- dagogische Ausprägungen unter Wahrung gemeinsamer Grundideen und unter Berücksichtigung kultureller, gesellschaftlicher und bildungspolitischer Bedingungen. Es verabschiedet eine statische »Musterform«: In der standortspezifischen Gestaltung der Einzelschule gewinnt die katholische Schule ihre besondere Qualität!

2.6 Das »progetto educativo« hat in den letzten Jahrzehnten in Deutschland das Stadium des »gedanklichen Konstrukts« überschritten und deutliche Spuren im Denken und Handeln der katholischen Schule hinterlassen, zumal vielen Lehrern bewusst wurde, dass es sie in der aktuellen bildungspolitischen Debatte um *Schulprogramm, Schulprofil und Schulqualität* stärkt. Das belegen z.B. die Projekte »Pädagogischer Konsens in Gymnasien« (vgl. Aurin 1994), »Europaprofil von Gymnasien in freier Trägerschaft« (vgl. Vorsmann/Wittenbruch 1997) oder »Projekt Schule« (Generalvikariat Hildesheim 1996).

Diese Studien machen konkrete Angaben, wie unter gewandelten gesellschaftlichen Bedingungen Lehrer einen »Überzeugungsrahmen« für ihre Arbeit erstellen können, sie nehmen die Probleme der Lehrer zum Anlass für eine reflexive Auseinandersetzung mit der Praxis an der katholischen Schule und mit erziehungswissenschaftlichen Theorien. Sie unterbreiten Vorschläge in der Spur des »progetto educativo« für die Bewältigung neuer Herausforderungen (z.B. Binden von jungen Lehrern an den Auftrag der katholischen Schule, Profilierung durch eigene Lehrpläne), um auch zukünftig durch die katholische Schule christliche Erziehungsvorstellungen in die Gesellschaft einzubringen. Die genannten Projekte sind durch drei gemeinsame Grundzüge bestimmt:

Es ist (1) die Achtung vor der Person, durch eine christliche Anthropologie vertieft, die den Umgang zwischen Lehrern, Eltern und Schülern, die Gestaltung des Schullebens und darin eingeschlossen den Unterricht an der katholischen Schule bestimmt.

Es ist (2) die Pflege einer besonderen Schulkultur, sodass junge Menschen durch konkret erfahrene Formen des Lebens und Glaubens, durch Ermutigung, Solidarität und gemeinsames Arbeiten im bindenden Anspruch sachlicher und mitmenschlicher Inhalte günstige Voraussetzungen für ihre eigene Bildung finden.

Und es ist (3) das Bewusstsein der Lehrer, dass sie in diesem Bildungsprozess die »signifikanteren Anderen« sind, von denen Schüler mit Recht vielfältige Formen der Lernhilfe auch im religiösen Bereich erwarten dürfen und erhalten.

(*Wilhelm Wittenbruch*)

Literatur

Zu evangelischen Schulen:
Berg, Hans-Christoph u.a. (Hg.), Unterrichtserneuerung mit Wagenschein und Comenius. Versuche Evangelischer Schulen 1985–1989. Münster 1990.
Bohne, Jürgen (Hg.), Evangelische Schulen im Neuaufbruch. Schulgründungen in Bayern, Sachsen und Thüringen 1989–1994. Göttingen 1998.
Scheilke, Christoph Th./Schreiner, Martin (Hg.), Handbuch Evangelische Schulen. Gütersloh 1999.
Schreiner, Martin, Im Spielraum der Freiheit. Evangelische Schulen als Lernorte christlicher Weltverantwortung. Göttingen 1996.

Zu katholischen Schulen:
Aurin, Kurt, Gemeinsam Schule machen. Schüler, Lehrer, Eltern – ist Konsens möglich? Stuttgart 1994.
Dikow, Joachim, Die Kirche und die Katholische Schule. In: Ilgner, Rainer (Hg.), Handbuch Katholische Schule. Bd. 2, Heft 3. Köln 1992.
Generalvikariat des Bistums Hildesheim, Projekt Schule. Hildesheim 1996.
Ilgner, Rainer, Was macht eine Schule »katholisch«? In: Schilmöller, Reinhard u.a. (Hg.), Erziehung als Auftrag. Beiträge zur Konzeption katholischer Schulen in freier Trägerschaft (Festschrift Aloysius Regenbrecht). Münster 1989, 41–49.
Vorsmann, Norbert/Wittenbruch, Wilhelm, Schulen auf Europa-Kurs. Berichte – Schulporträts – Untersuchungen zum Europa-Profil von Gymnasien in freier Trägerschaft. Bad Heilbrunn 1997.
Wittenbruch, Wilhelm/Werres, Walter, Innenansichten von Grundschulen. Berichte – Portraits – Untersuchungen zu katholischen Grundschulen. Weinheim [2]1992.
Wittenbruch, Wilhelm/Kurth, Ulrike, Katholische Schulen. Nachfrage steigend – Bildungswert fallend? Donauwörth 1999.

MARTIN SCHREINER / WILHELM WITTENBRUCH

IV.3.3 Schulseelsorge

→ I.4 Die Bildungsverantwortung der Kirche in Staat und Gesellschaft
→ IV.3.1 Schule – Schulentwicklung – Schulkultur
→ IV.4.3 Kirchliche Jugendarbeit

1 Schulseelsorge und ihre Wurzeln

Schulseelsorge ist eine neue Form kirchlicher Präsenz in der Schule. Sie beinhaltet Lebensbegleitung von Schülerinnen, Schülern und Lehrerkollegium und Angebote von erlebbaren Formen christlicher Religiosität. Schulseelsorge hat sich aus Religionspädagogik, Jugendarbeit und aus der Seelsorge entwickelt:

(1) In der *Religionspädagogik* setzte sich in den letzten 30 Jahren die sog. Schüler- oder Erfahrungsorientierung durch. (Religiöse) Alltagserfahrungen von Schülern werden im schulischen Lernprozess reflektiert. Gleichzeitig nimmt die Nähe von Ju-

gendlichen zur Kirche stetig ab. Die Schüler müssen darum einerseits im Religionsunterricht verstärkt lernen, Religion als Dimension der Wirklichkeit wahrzunehmen, andererseits werden im Religionsunterricht und über den unterrichtlichen Rahmen hinaus Angebote gemacht, in denen Schüler christliche Religion erleben und erfahren können. Dies geschieht z.B. in Reflexionstagungen, Tagen der religiösen Orientierung, Pausenandachten, Meditationsangeboten, Lebensberatung, Freizeiten usw. Auch aus dem Schulleben (Kasualien, Abiturfeier) werden Anfragen zur Gestaltung an Religionslehrerinnen und -lehrer herangetragen. Wenn diese außerunterrichtlichen Aktivitäten das normale Maß überschreiten, sprechen wir von Schulseelsorge. Diese Entwicklung läuft parallel zum Bestreben in der Schulentwicklung, den Erziehungauftrag von Schule in Kooperation mit außerschulischen Partnern (d.h. hier Öffnung von Schule hin zu kirchlichen Einrichtungen) zu verstärken.

(2) Die *Jugendarbeit* war in den 1970er-Jahren von einem Selbstverständnis als Gegenüber von Schule geprägt. Die Schule stand für Fremdbestimmung und Rolleneinfalt der Schüler. Jugendarbeit als eigenes Sozialisationsfeld stand dagegen für Freiwilligkeit, ehrenamtliches Engagement, Selbstbestimmung, Rollenvielfalt und ganzheitliches Lernen. Weil die Schule sich aber durch ihr Freizeit- und AG-Angebot zeitlich immer mehr in die Mittagsstunden ausdehnt und die Jugendarbeit verstärkt durch Hauptberufliche getragen wird, gerät das alte (verbandliche) Selbstbild der Jugendarbeit in den Hintergrund. Sie will auch da präsent sein, wo Jugendliche ihre meiste Zeit verbringen: in der Schule oder in Schulnähe. Es werden Schülercafés gegründet; die Kirche übernimmt die Trägerschaft für Schulsozialarbeit, Hauptamtliche engagieren sich mit den Lehrerinnen und Lehrern in der Durchführung von Reflexions- und Orientierungstagungen usw. Es entsteht »schulnahe Jugendarbeit« (vgl. Dam/Zick-Kuchinke 1996). Auch die Schulseelsorge kann als eine Form schulnaher Jugendarbeit bezeichnet werden. Die Schulseelsorger sind oft Schulpfarrerinnen und Schulpfarrer, die mit einem kirchlichen Zusatzauftrag in der Schule arbeiten. Nicht wenige haben einen Hintergrund in der Jugendarbeit und wollen über den Religionsunterricht hinaus die Bedürfnisse der Schülerinnen und Schüler nach Orientierung und Sinn befriedigen.

(3) Im Bereich der *Seelsorge* fordern Ausdifferenzierungsprozesse in der westeuropäischen Gesellschaft neue Formen der kirchlichen Präsenz. Neben Militär-, Gefängnis-, Krankenhaus- und Altersheimseelsorge entstehen u.a. Telefonseelsorge, Gehörlosenseelsorge, Notfallseelsorge. Die Kirche steht vor der Herausforderung, auch seelsorgerisch im Alltag von Kindern und Jugendlichen präsent zu sein. Kinder und Jugendliche wissen, dass sie in unserer Gesellschaft immer mehr auf sich selbst zurückgeworfen sind und dass sie selbst für das Gelingen und Scheitern ihrer Biografie verantwortlich sind bzw. gemacht werden. Schulseelsorge kann als eine neue Form kategorialer Seelsorge an jungen Menschen in Schulen verstanden werden. Dies ist ein bisweilen für die Seelsorge kaum betretenes Feld. »Insbesondere die Zentrierung der Seelsorge auf Konflikte birgt (...) Gefahren und Einseitigkeiten: etwa die Gefahr der Ausblendung schulsystemischer oder externer Zusammenhänge von krisenhaften Erfahrungen« (Heimbrock 1996, 466). Die traditionellen Seelsorgekonzepte müssen für die Schulseelsorge ergänzt werden durch Ansätze aus der sog. »Alltagsseelsorge« (Henning Luther) und der »systemischen Seelsorge«. Schulseelsorge ist keine »Therapie«, sondern Beratung und Lebensbegleitung. Es ist das »Eine-Meile-Mitgehen« in den Such- und Fluchtbewegungen der jungen Menschen in den Schulen (vgl. Mt 5,41).

2 Schulpastoral

In der katholischen Kirche wurden in den 1970er-Jahren durch die Verbände Besinnungstage, religiöse Schulwochen usw. angeboten. Genannt wurde dies »Schülerforum«, »Schülerseelsorge« usw. (vgl. Schneider 1976; Demmelhuber 1999). Die Schülerarbeit der Jugendverbände war zuständig für den »Glaubensvollzug«, während der Religionsunterricht die Glaubenslehre zu leisten hatte. Der Beschluss der Würzburger Synode zum Religionsunterricht (1974) wollte den Gegensatz zwischen »Schulreligion« und »gelebter Religion im Alltag des Schullebens« aufheben. Schulseelsorge wurde nun als notwendige Ergänzung zum Religionsunterricht gesehen. An jeder Schule sollte ein Priester, Diakon oder Laie Angebote machen und zu überörtlichen Angeboten der Jugendverbände vermitteln. Die Orden sollten helfen Schulseelsorge aufzubauen. Dies mündete in den ersten Grundlagentext zu Schulpastoral (1989), herausgegeben durch die Vereinigung Deutscher Ordensobern (VDO). Dieser Text wählt den Begriff »Pastoral«, der dem Kirchenverständnis des Zweiten Vatikanischen Konzils entspringt und dem es um eine »ganzheitliche Ausrichtung des kirchlichen Sendungs- und Heilsauftrages als eine dauerhafte und umfassende Begleitung des Kirchenvolkes« geht. Auch die Deutschen Bischöfe (1996) sprechen von Schulpastoral als »Dienst, den Christen aus ihrer Glaubensüberzeugung heraus für das Schulleben leisten mit der Absicht, so zur Humanisierung der Schule beizutragen«. Die Bischöfe sehen Schulpastoral als »eine wesentliche Funktion der Unterrichtsarbeit selbst« (vgl. Demmelhuber 1999, 67 ff). G. Lames weist darauf hin, dass in der Schulseelsorge Schule und Kirche als zwei Systeme aufeinander treffen und fordert Klarheit über die Erwartungen: Mystagogie oder Diakonie (vgl. Lames 2000, 212 u. 315).

Inhaltlich unterscheiden sich Schulseelsorge und Schulpastoral kaum. In den Schulen wird zwischen der evangelischen und katholischen Schulseelsorge eng kooperiert und es ist zu erwarten, dass sich eher die Bezeichnung Schulseelsorge durchsetzen wird. Schulseelsorge wird vor allem in den katholischen Bistümern Rottenburg-Stuttgart, Aachen, Essen und Würzburg und in der Evangelischen Kirche von Hessen und Nassau, in der Hannoverschen Landeskirche und in der Evangelischen Kirche von Westfalen entwickelt.

3 Die Arbeitsformen der Schulseelsorge

Das Handlungsfeld der Schulseelsorge umfasst, trotz unterschiedlicher individueller Ausprägungen, folgende vier Arbeitsformen:

(1) *Begleitungs- und Beratungsgespräche:* Zentral stehen für die Schulseelsorge die Individuen in der Schule, die Schülerinnen und Schüler, Lehrerinnen und Lehrer, Mitarbeitende in der Verwaltung und Eltern. Für die Lebensbegleitung dieser Menschen haben die Schulseelsorger gute Möglichkeiten, weil sie als Lehrerin oder Schulpfarrer fest im System der Schule verankert sind. Die Begleitungs- und Beratungsarbeit der Schulseelsorge hat eine eigene Form. Sie kennt kaum »Sprechstunden«, die meisten Kontakte und Gespräche finden direkt nach dem Unterricht, im Flur, auf dem Pausenhof, vor dem Lehrerzimmer oder am Telefon statt: sog. »Tür-und-Angel-Gespräche«. Die Anlässe für Gespräche sind so unterschiedlich wie die Schüler selbst sind, eine schlechte Note, eine Fehlstunde, eine »Freundin«, die ein Problem hat (das sind sie

dann oft aber selbst). Bei besserem Zuhören verbirgt sich hinter den Anfragen oft eine größere Problematik. Dies kann dann in weiteren, verabredeten Gesprächen oder in eine längere Begleitung münden. Dafür ist ein Schulseelsorgeraum – möglichst mit eigenem Telefonanschluss – notwendig.

(2) *Bildungs- und Freizeitveranstaltungen:* Einen zweiten Wirkungskreis bilden die Gruppen. Schulseelsorge will über den Unterricht hinaus mit Schülern in Kontakt treten und bietet darum Tage der Orientierung, Reflexionstagungen, Wochenendfreizeiten, Sommerfreizeiten und Studienfahrten (Taizé, Kirchentag, usw.) an. Zu den Gruppenangeboten gehören auch AGs am Nachmittag: Meditationsangebote, Bibliodrama-AG, ein Philosophiekreis, ein Gitarrenkurs u.Ä.

(3) *Gestaltung von Schule als Lebensraum:* Hier geht es um kleine Schritte auf dem Weg zu einer offeneren und humaneren Schule, etwa Kontakte mit Kollegium und Schulleitung, Unterstützung der SV-Arbeit usw. Die Schulseelsorge vernetzt sich hier mit anderen Aktivitäten in der Schule. Zur Gestaltung der Schule als Lebensraum gehören Andachten und Schulgottesdienste: Momente, in denen gemeinsam innegehalten, Freude und Leid vor Gott ausgesprochen wird. Gerade dort, wo Menschen fast sprachlos geworden sind, kann die Schulseelsorge sie mit Worten, Liedern und Symbolen unterstützen.

(4) *Vernetzung mit dem Umfeld:* Die Möglichkeiten und die Probleme in der Schule hängen zu einem nicht unerheblichen Teil mit ihrem Umfeld zusammen und sollen in Kooperation mit dem Umfeld gelöst werden. Die Schulseelsorge kooperiert darum mit kirchlichen und nicht-kirchlichen Einrichtungen außerhalb der Schule: Einrichtungen der Jugendhilfe, Diakonie, Caritas (Hausaufgabenhilfe, psychologische Beratung), Kinderschutzbund, Polizei, kirchlicher Jugendarbeit (Stadtjugendpfarramt, Dekanat, Schülerarbeit usw.).

Literatur

Dam, Harmjan/Zick-Kuchinke, Heike (Hg.), Evangelische schulnahe Jugendarbeit. Weil das Leben sich nicht im 45-Minutentakt verhandeln lässt. Neukirchen-Vluyn 1996.
Deitert, Joachim (Hg.), Schulpastoral. Befähigung zum Dienst von Christinnen und Christen in der Schule. Fernstudienmaterialien der Kirchlichen Arbeitsstelle für Fernstudien Würzburg. 10 Bde. 1997-2000.
Demmelhuber, Helmut, Sozialarbeit und Seelsorge in der Schule. Neue Wege der Kirche. Oberried bei Freiburg/Br. [3]1999.
Heimbrock, Hans-Günther, Evangelische Schulseelsorge auf dem Weg zu »gelebter Religion«. In: Gräb, Wilhelm (Hg.), Religionsunterricht jenseits der Kirche? Neukirchen-Vluyn 1996, 45-68.
Lames, Gundo, Schulseelsorge als soziales System. Ein Beitrag zu ihrer praktisch-theologischen Grundlegung. Stuttgart u.a. 2000.
Schneider, Jan Heiner, Schule – Kirche – Seelsorge. Schulbezogene Arbeit der Kirchen im Übergang. Düsseldorf 1976.

HARMJAN DAM

IV.3.4 Religionsunterricht in staatlichen Schulen

→ I.2 Pädagogische Grundbegriffe – religionspädagogische Grundmuster
→ I.4 Die Bildungsverantwortung der Kirche in Staat und Gesellschaft
→ I.5 Geschichte und Religionspädagogik
→ I.8 Ziele religionspädagogischen Handelns
→ IV.3.1 Schule – Schulentwicklung – Schulkultur
→ IV.3.13 Religionslehrerinnen und Religionslehrer
→ V.1.2 Religionsdidaktische Konzeptionen

1 Geschichte

Die Geschichte des Religionsunterrichts als eines in der Schule verorteten Unterrichts(faches) »spiegelt gesellschaftliche Funktionen von Schule und Unterricht, die Wechselbeziehung von Kirche und Staat, die fachwissenschaftliche Entwicklung von Theologie und Pädagogik, sowie deren Umsetzung in die Didaktik« (Feifel 1985, 199).

Als Teil des Lehrplans der Schule begegnet Religionsunterricht zuerst in den Latein- und Elementarschulen des 16. Jh.: Er hat eine katechetische Funktion und ist wie die Schule insgesamt eng mit der Einübung in das kirchliche Leben verbunden. Im Kontext von Reformation und Gegenreformation/katholischer Reform erfährt der Religionsunterricht eine konfessionelle Profilierung. Durch den Buchdruck verbreitete Katechismen (M. Luther 1529; P. Canisius 1555, 1556, 1559; Heidelberger Katechismus 1563) normieren die im Religionsunterricht angestrebte Grundlegung eines Glaubenswissens und dienen der konfessionellen Identitätsbildung.

Im Verlauf des 17./18. Jh. tritt neben den systematischen Unterricht in der Glaubenslehre ein an Anschauung interessierter Unterricht in der Biblischen Geschichte (C. Fleury 1683; J. Hübner 1714; J.I. v. Felbiger/B. Strauch 1767/1777). Theologische und pädagogische Reformbewegungen (Pietismus; Philanthropen) beeinflussen und verändern die didaktische Struktur. Gefordert werden ein kindgemäßer Unterricht in altersstufenbezogener Differenzierung und mit lebenspraktischer Ausrichtung sowie Lehr- und Lernformen, die das Selbstdenken der Schüler anregen (sokratische Methode). Im Kontext der (christlichen) Aufklärung werden vernünftige Einsicht und eine religiös fundierte Sittlichkeit Zielperspektiven des schulischen Religionsunterrichts. Dabei zielt der Religionsunterricht sowohl auf Verstandes- als auch auf Herzensbildung. Der Rekurs auf eine anthropologisch verankerte Religiosität relativiert konfessionelle Abgrenzungen.

Das insbesondere in der Aufklärung geweckte Interesse des Staates an einer Erziehung der Heranwachsenden zu »tüchtigen Bürgern« verstärkt die Bemühungen um die Durchsetzung einer allgemeinen Schulpflicht und einer staatlichen Schulaufsicht, die allerdings vielfach weiterhin von Geistlichen in staatlichem Auftrag ausgeübt wird (»geistliche Schulaufsicht«). Staatliche Schulordnungen regeln auch die Organisation des Religionsunterrichts (Gothaischer Schulmethodus 1642; Preußisches General-Land-Schul-Reglement 1763/1765; Österreichische Allgemeine Schulordnung 1774). Der Religionsunterricht an der staatlichen Schule wird in diesem Zusammenhang zu einer von Staat und Kirche(n) gemeinsam verantworteten »res mixta«.

Theologische Neuorientierungen, pädagogische Neuansätze und bildungspolitische Entscheidungen beeinflussen auch im 19. Jh. Ziele und Gestalt des schulischen Religionsunterrichts. Im Bereich des katholischen Religionsunterrichts wird um die Jahrhundertmitte der biblisch-heilsgeschichtliche Ansatz (J.B. Hirscher) abgelöst durch den Ansatz der neuscholastischen Katechese (J. Deharbe: Katholischer Katechismus 1847). Dem autoritativen Charakter des Katechismustextes entspricht die textanalytische Methode seiner unterrichtlichen Vermittlung. Auch im Bereich des evangelischen Religionsunterrichts lassen sich in der 2. Hälfte des 19. Jh. Spannungen beobachten zwischen Ansätzen einer sittlich-religiösen Charakterbildung durch einen erziehenden und gesinnungsbildenden Religionsunterricht, die dem liberalen Kulturprotestantismus nahe stehen (Herbartianer: T. Ziller), und Ansätzen einer neu aufblühenden kirchlich-konfessionellen Katechetik (C.A.G. v. Zezschwitz).

Im Kontext bildungspolitischer Auseinandersetzungen steht die vor allem von F.A.W. Diesterweg (1790–1866) erhobene Forderung nach einer auf das »Allgemein-Menschliche« zielenden Bildung und einer »allgemein-religiösen Bildung«. Das »Konfessionell-Dogmatische« gewinnt in diesem Zusammenhang die negative Konnotation des Trennenden und des Historisch-Zufälligen.

Die territorialen Veränderungen zu Beginn des 19. Jh. und die mit der Industrialisierung einsetzende Binnenwanderung führen zu konfessionell gemischten Siedlungsstrukturen. Vor diesem Hintergrund findet mit Blick auf die staatliche und gesellschaftliche Integrationsaufgabe der Gedanke einer gemeinsamen Schule für Kinder verschiedenen Bekenntnisses vielfach Anklang und Zustimmung. Der Religionsunterricht wird auch in solchen Simultanschulen bekenntnisgebunden erteilt.

Mit der Wende zum 20. Jh. entwickelt sich erneut eine religionspädagogische Reformbewegung. Impulse der Reformpädagogik führen im Bereich der evangelischen Religionspädagogik zum didaktischen Ansatz eines Erfahrung vermittelnden Religionsunterrichts auf (erlebnis-)psychologischer Grundlage (R. Kabisch: Wie lehren wir Religion?, 1910). Im Bereich der katholischen Religionspädagogik kommt es zu einer breiten Methodendiskussion und einer modifizierten Rezeption der Herbartschen Formalstufen (Münchener Methodenbewegung). Die textanalytische wird durch die textentwickelnde Methode (mit Ausgang von einer konkreten Anschauung) abgelöst. In den 1920er-Jahren kommen Impulse der Arbeitsschulbewegung (»freie geistige Schularbeit«, »religiös-sittliche Taterziehung«), der Wert- und der Erlebnispädagogik auch im Religionsunterricht verstärkt zum Tragen.

Entschließungen der Lehrerschaft, die eine Abschaffung des Religionsunterrichts zugunsten eines allgemeinen Sittenunterrichts bzw. einer allgemeinen Religionsgeschichte fordern (Bremer Denkschrift 1905) oder für seine konsequente reformpädagogische Umgestaltung plädieren (Zwickauer Manifest 1909), signalisieren eine Legitimationskrise des bekenntnisgebundenen Religionsunterrichts. Die Bestimmungen der Weimarer Reichsverfassung (1919) gelangen zu der bis heute gültigen, ausgleichenden Verhältnisbestimmung (vgl. Art. 7,2 u. 3 i. V. m. Art. 3 u. 4 GG [1949]). Religionsunterricht ist außer in den bekenntnisfreien (weltlichen) Schulen »ordentliches Lehrfach«. Er untersteht zum einen der staatlichen Schulaufsicht, er wird zum anderen »in Übereinstimmung mit den Grundsätzen der betreffenden Religionsgemeinschaft« (als evangelischer, katholischer, jüdischer Religionsunterricht) erteilt. Der Staat anerkennt in dieser Regelung den Bildungswert von Religion und verzichtet zugleich in einer durch seine Pflicht zur weltanschaulichen Neutralität begründeten Selbstbeschränkung darauf, Fragen der Sinnstiftung und der Religion selbst beantworten zu wollen. Die

Grundsätze der Freiwilligkeit der Teilnahme der Schülerinnen und Schüler am Religionsunterricht und der Freiwilligkeit seiner Erteilung durch die Lehrerinnen und Lehrer sichern das Grundrecht der Religionsfreiheit sowohl als positive Entfaltungsfreiheit als auch als negative Abwehrfreiheit.

Neuaufbrüche im Raum der evangelischen und der katholischen Theologie (Dialektische Theologie; Verkündigungstheologie) führen seit dem Ende der 1920er-Jahre zu Konzepten einer kirchlich verorteten, am Modell der Verkündigung orientierten katechetischen Unterweisung. Die Herrschaft des Nationalsozialismus führt einerseits zu Versuchen einer politischen Funktionalisierung und zur teilweisen Aufhebung des schulischen Religionsunterrichts, andererseits zum Ausbau gemeindebezogener Formen einer kirchlichen Unterweisung (kirchliche Kinderlehre; Kinderseelsorgestunden). Dabei kommen im Bereich der katholischen Kirche verstärkt Impulse der biblischen und liturgischen Erneuerungsbewegung zum Tragen (»heilsgeschichtliche Konzentration« der Inhalte der Katechese). Die Konzepte der »evangelischen Unterweisung« und der »kerygmatischen Katechese« werden maßgeblich für den Neuaufbau des schulischen Religionsunterrichts nach 1945. Die »evangelische Unterweisung« versteht sich in diesem Zusammenhang als »Kirche in der Schule« (M. Rang) und zugleich als ein »freier Dienst an einer freien Schule« (Wort zur Schulfrage der Synode der EKD 1958). Auch für die »kerygmatische Katechese« ist kirchliches Leben Voraussetzung, Kontext und Ziel des als Schulkatechese konzipierten Religionsunterrichts (Katholischer Katechismus der Bistümer Deutschlands 1955; Rahmenplan für die Glaubensunterweisung 1967).

Bildungs- und schulpolitische Auseinandersetzungen führen in den 1950er und 1960er-Jahren nicht nur zu einer weitgehenden Ablösung der öffentlichen Bekenntnisschulen durch (christliche) Gemeinschaftsschulen, sie fragen auch neu nach der Legitimation des Religionsunterrichts an einer »Schule für alle«. Der im Raum der evangelischen Religionspädagogik entwickelte Ansatz des »hermeneutischen Religionsunterrichts« begründet den Religionsunterricht schultheoretisch aus der schulischen Aufgabe der verstehenden und existenzerhellenden Erschließung der geschichtlichen Überlieferung (im Religionsunterricht: der biblisch-christlichen Überlieferung). Das in der Folgezeit ausdifferenzierte Grundmuster einer in der Konvergenz pädagogischer und theologischer Optionen gewonnenen Begründung des (evangelischen und katholischen) Religionsunterrichts bleibt bis heute maßgebend (K.E. Nipkow; Beschluss »Der Religionsunterricht in der Schule« der Gemeinsamen Synode der Bistümer in der Bundesrepublik Deutschland, 1974). Die mit der Rezeption der Curriculumtheorie am Anfang der 1970er-Jahre gewonnenen curricularen Bestimmungsgrößen (Kind, Gesellschaft, Wissenschaft) finden in der Folgezeit auch in der Lehrplanentwicklung für den (evangelischen und katholischen) Religionsunterricht Berücksichtigung.

Die im Verlauf der Neuorientierung des Religionsunterrichts seit der 2. Hälfte der 1960er-Jahre entwickelten Konzepte folgen in der Regel einer erfahrungsorientierten Hermeneutik und Didaktik der Erschließung der christlichen Glaubensüberlieferung. Es kann in gewisser Hinsicht von einer gemeinsamen Geschichte der evangelischen und katholischen Religionspädagogik gesprochen werden. Problemorientierung, Erfahrungsbezug, Korrelation, Symboldidaktik, Elementarisierung – diese problemanzeigenden Grundbegriffe der neueren Diskussion können nicht nur einer Konfession zugeordnet werden.

Neue Herausforderungen lassen seit Beginn der 1990er-Jahre wieder nach den Zielen und der Gestalt eines »Religionsunterrichts der Zukunft« (Ehmann 1998) fragen:

die zunehmende Pluralisierung und Individualisierung der religiösen Überzeugungen; die aus den Migrationen erwachsende Notwendigkeit einer interkulturellen Erziehung; die Diskussion über die Gestalt schulischer religiöser Bildung in den ostdeutschen Bundesländern; die in der neueren bildungspolitischen Diskussion thematisierten Ansätze der Schulreform bzw. Schulentwicklung.

2 Begründungen und Ziele

2.1 »Was kann ich wissen? Was soll ich tun? Was darf ich hoffen? Was ist der Mensch?« (I. Kant) – Wenn Schule über die spezielle Fach- und Berufsbildung hinaus eine »allgemeine Bildung« ermöglichen soll, die den Weltbezug des Menschen unverkürzt wahrnimmt, darf keine dieser anthropologischen Grundfragen ausgeblendet werden. Ethische, philosophische und religiöse Bildung sind daher unverzichtbare Aufgabenfelder schulischer Bildung: zum einen als fachübergreifende Unterrichtsprinzipien, zum anderen als Unterrichtsfächer, die ein kontinuierliches, systematisches und vertieftes Lernen ermöglichen.

2.2 Schulischer Religionsunterricht bedarf einer schultheoretischen Begründung, die aufweist, »wie er teilhat an der Aufgabenstellung der öffentlichen Schule, wie er deren Ziele mitbegründet und fördert, konkretisiert, ergänzt und gegebenenfalls kritisiert« (Der Religionsunterricht in der Schule 2.1). Religionsunterricht ist sinnvoll und notwendig, weil Schule

- mit den geistigen Überlieferungen vertraut machen soll, die unsere gegenwärtige kulturelle Situation geprägt haben,
- junge Menschen bei ihrer Suche nach Lebensorientierung fördernd begleiten und unterstützen soll,
- jungen Menschen helfen soll, zu gesellschaftlichen Erwartungen ein freies, kritisch reflektiertes und selbstbestimmtes Verhältnis zu gewinnen und
- dazu beitragen soll, Voraussetzungen zu schaffen für die Wahrnehmung grundgesetzlich gewährter Freiheiten, einschließlich der Freiheit der religiösen Anschauungen und der Freiheit des religiösen Bekenntnisses (Art. 3 u. 4 GG; vgl. Der Religionsunterricht in der Schule 2.2 u. 2.3.4).

Der Religionsunterricht trägt so nicht nur zur individuellen Bildung der Schüler bei, er hat auch teil an den gesellschaftsbezogenen Aufgaben der Schule. Er fördert Identität und Verständigungsfähigkeit und vermittelt darin zugleich Schlüsselqualifikationen für das Zusammenleben in einer kulturell und religiös pluralen Gesellschaft (vgl. Identität und Verständigung 2.2).

2.3 Die mit der Ausbildung moderner Gesellschaften einhergehenden Pluralisierungs- und Individualisierungsprozesse verändern die Sozialgestalt der gelebten Religion. Es kommt zu einer Binnendifferenzierung: institutionell verfasste Religion, kulturell vermittelte religiöse Sinn- und Lebensmuster und die persönliche lebensgeschichtlich vermittelte Religion treten auseinander. Evangelischer und katholischer Religionsunterricht erschließen »christliche Religion« in diesem ihnen zugleich vorgegebenen wie aufgegebenen Spannungsverhältnis. Der Religionsunterricht gewinnt in diesem Zusammenhang eine klärende Funktion, indem er den Schülern hilft, ihre religiösen Vorstellungen zu ordnen und zu einem verantwortlichen Denken und zu einem begründeten Urteilen im Hinblick auf Religion und Glaube zu gelangen. Religionsunterricht an der

»Schule für alle« ist ein Ort öffentlicher Reflexion. Er bewahrt Formen individualisierter Religion vor der Gefahr einer isolierten Selbstbezogenheit und macht sie kommunikabel. Er fragt nach der Vernunftgemäßheit von Religion und Glaube und ermöglicht so eine auch argumentative Auseinandersetzung mit dem Wahrheitsanspruch christlicher Religion. Er trägt, indem er das tut, dazu bei, dass Religion nicht zum bloßen Geschmacksurteil, zum Dezisionismus, zur Ideologie oder zum Fundamentalismus verkommt. Es besteht in diesem Zusammenhang durchaus auch ein gesamtgesellschaftliches Interesse an einem »bildenden Religionsunterricht«.

2.4 Menschen fragen nach Deutung dessen, was sie erleben und erleiden. Der Religionsunterricht zeigt, wie in religiösen Sinn- und Lebensentwürfen elementare Lebensfragen in einer sinnstiftenden und verheißungsvollen Weise aufgenommen und radikalisiert werden. Evangelischer und katholischer Religionsunterricht geben Rechenschaft von der Hoffnung des christlichen Glaubens unter den Bedingungen und in Auseinandersetzung mit dem weltanschaulichen und lebensweltlichen Pluralismus, der sich widerspiegelt in den pluralen Gestalten »subjektiver« Religiosität der Schüler. Er öffnet und vermittelt Standpunkte einer zunehmend individualisierten Religion zu den gemeinsam verbindenden elementaren menschlichen Sinnfragen: der Frage nach der Zukunft und nach der Herkunft meines persönlichen und unseres gemeinsamen Lebens in einer Situation vielfältiger Lebensbedrohung; der Frage nach dem, worauf wir uns verlassen dürfen und verlassen sollen; der Frage nach dem, was gut und was böse ist, nach Schuld und Scheitern, nach Vergebung und Versöhnung; der Frage nach Gerechtigkeit und nach Frieden; der Frage nach möglichen Erfahrungen eines gelingenden und heilen Lebens und nach den Wegen, die zu einem solchen Leben führen können – und in all dem mit der Frage nach Gott, der sich nach dem Zeugnis des christlichen Glaubens in Jesus Christus als Heil der Menschen gezeigt und erwiesen hat.

Pädagogische und theologische Begründung, schulisches und kirchliches Interesse am Religionsunterricht konvergieren in einem »bildungsdiakonischen« Ansatz: »Unabhängig davon, ob die Menschen zu ihr gehören oder nicht, muss sie [die Kirche] ihnen mit dem dienen, was sie ist und was ihrem Auftrag entspricht. Religionsunterricht in der Schule ist eine der Formen, in denen sie diesen Dienst an jungen Menschen vollziehen kann. Er ist insofern unter diakonischem Aspekt zu sehen« (Der Religionsunterricht in der Schule 2.6.1).

2.5 »Das Wesen einer Religion kennen zu lernen, mit ihr vertraut zu werden heißt, mit einem Menschen, für den die Religion etwas Vertrautes ist, so bekannt zu werden, dass man sich mit ihm auseinander setzen kann« (G. Zeitz). Insofern kommt der Konfessionalität der Lehrperson (religions-)pädagogisch eine Schlüsselrolle zu. Der bekenntnisgebundene Religionsunterricht bietet die Chance, eine persönliche religiöse Überzeugung zu entwickeln und zu profilieren in der Begegnung und Auseinandersetzung mit einer personvermittelt authentischen, in konkreten Lebensformen und in sozialer Verbindlichkeit gelebten Religion. Insofern der Religionsunterricht darüber hinaus den Schülern dazu verhilft, ein selbstbestimmtes Verhältnis zu den glaubensgeschichtlichen Voraussetzungen der eigenen Lebensgeschichte zu gewinnen, kann er auch darin zur konfessionellen Identitätsfindung der Schüler beitragen. Die Erklärung »Die bildende Kraft des Religionsunterrichts« zur Konfessionalität des katholischen Religionsunterrichts vertritt in diesem Zusammenhang das Konzept eines »konfessionellen Religionsunterrichts in ökumenischer Offenheit« mit dem Ziel einer gesprächsfähigen konfessionellen Identität. Die Evangelische Kirche in Deutschland und die Deutsche Bischofskonferenz vereinbarten 1998 gemeinsame Grundsätze »Zur Kooperation von Evangelischem und Katholischem Religionsunterricht«.

2.6 Im Unterschied zu einem religionskundlichen Unterricht bezieht der konfessionelle Religionsunterricht gegenüber seinen Inhalten nicht eine Haltung weltanschaulicher Neutralität, die sich eines Urteils enthält. Er zielt vielmehr auf Verstehen und mögliches Einverständnis. Er nimmt seinen Bildungsauftrag wahr, indem er in dialogisch strukturierten Lernprozessen die Lernenden einlädt, sich in einer standortbezogenen Begegnung und Auseinandersetzung eine begründete eigene Überzeugung zu bilden. Plurale Voraussetzungen aufseiten der Lernenden erfordern plurale und differenzierende hermeneutische und didaktische Ansätze religiösen Lehrens und Lernens (vgl. Nipkow 1998):

- Einer Hermeneutik des schon gegebenen Einverständnisses im Glauben entspricht eine Didaktik des gemeinsamen Einstimmens, Einübens und des Mitvollzugs.
- Einer Hermeneutik des noch nicht vorhandenen und erst zu gewinnenden Einverständnisses entspricht eine Didaktik der offenen Suche und der kritischen Auseinandersetzung.
- Einer Hermeneutik differenter religiöser Einverständnisse entspricht eine Didaktik des ökumenischen bzw. des interreligiösen Lernens.

2.7 Eine pluralistische Gesellschaft lebt aus der Vielfalt begründeter Überzeugungen. Sie erfordert einen profilierten Pluralismus und eine kenntnisreiche Toleranz. Von Dialog und Verständigung kann daher sinnvoll nur dort gesprochen werden, wo auch die Differenzen unterschiedlicher Identitäten gelebt und gelernt werden können. Andererseits: Soll der Dialog im Pluralismus gefördert werden, so ist ein isoliertes Nebeneinander der mit der religiösen und ethischen Bildung beauftragten Unterrichtsfächer unzureichend. Aktive Toleranz wird nur erworben, wenn sie auch im Leben der Schule erfahren, geübt und so gelernt werden kann. Daher sollten die Fächer des Religionsunterrichts und des Ethikunterrichts als eine Fächergruppe verstanden werden, deren Fächer einerseits als unterschiedlich profilierte Unterrichtsfächer eigenständig unterrichtet werden, die andererseits aber zugleich in Phasen gemeinsamen fächerverbindenden Lernens kooperieren. Integrierendes und differenzierendes Lernen bilden auch in diesem Zusammenhang keine Gegensätze. Sie bereichern, stärken und fördern einander wechselseitig (vgl. Identität und Verständigung 5.3).

2.8 Herausforderungen für eine zukunftsbezogene Weiterentwicklung des Konzepts des schulischen Religionsunterrichts erwachsen nicht zuletzt aus schulpädagogischen Reformansätzen (fächerverbindendes Lernen; handlungs- und projektorientierte Lernformen; neue Formen der zeitlichen Rhythmisierung). Religionsunterricht, der sich als ein in das schulische Miteinanderlernen und Zusammenleben integriertes Unterrichtsfach versteht, wird darauf achten müssen, dass auch er ein »Lernen in Zusammenhängen« fördert und mitgestaltet,

- indem er sich bewusst einbringt in fachübergreifende Lernbereiche und Aufgabenfelder,
- indem er mitwirkt bei der Gestaltung des Schullebens und beim Aufbau einer humanen Schulkultur,
- indem er aufmerksam macht auf außerunterrichtliche Angebote der Schulseelsorge und der schülerorientierten verbandlichen oder gemeindlichen Kinder- und Jugendarbeit und

- indem er im Kontext einer sich zu ihrer Umwelt öffnenden Schule Brücken schlägt zu außerschulischen Lern- und Erfahrungsräumen, auch zu den Lern- und Erfahrungsräumen gelebten christlichen Glaubens (Einladungen, Exkursionen, Formen eines entdeckend-erkundenden Lernens).

Zukunft hat Religionsunterricht also als ein identitätsbewusstes Unterrichtsfach, das auch in diesen Zusammenhängen schulisch »beheimatet« ist.

Literatur

Comenius Institut (Hg.), Christenlehre und Religionsunterricht. Interpretationen zu ihrer Entwicklung 1945–1990. Weinheim 1998.
Ehmann, Reinhard u.a. (Hg.), Religionsunterricht der Zukunft. Aspekte eines notwendigen Wandels. Freiburg 1998.
Feifel, Erich, Religionsunterricht. In: HRPG 1 (1985) 188–208.
Helmreich, Ernst Christian, Religionsunterricht in Deutschland. Von den Klosterschulen bis heute. Hamburg/Düsseldorf 1966.
Nipkow, Karl Ernst, Bildung in einer pluralen Welt. Bd. 2: Religionspädagogik im Pluralismus. Gütersloh 1998.
Scheilke, Christoph Th. (Hg.), Religionsunterricht in schwieriger Zeit. Ein Lesebuch zu aktuellen Kontroversen. Münster 1997.
Scheilke, Christoph Th./Schweitzer, Friedrich (Hg.), Religion, Ethik, Schule. Bildungspolitische Perspektiven in der pluralen Gesellschaft. Münster 1999.

Kirchliche Texte:
Synodenbeschluss »Der Religionsunterricht in der Schule« (1974). In: Sekretariat der Deutschen Bischofskonferenz (Hg.), Texte zu Katechese und Religionsunterricht. Bonn 1998, 145–179.
Identität und Verständigung. Standort und Perspektiven in der Pluralität. Eine Denkschrift der Ev. Kirche in Deutschland. Gütersloh 1994.
Die bildende Kraft des Religionsunterrichts. Zur Konfessionalität des katholischen Religionsunterrichts (Die deutschen Bischöfe 56). Bonn 1996.

WERNER SIMON

IV.3.5 Grundschulreligionsunterricht

→ I.2 Pädagogische Grundbegriffe – religionspädagogische Grundmuster
→ II.4.5 Religion in der Kindheit
→ IV.3.4 Religionsunterricht in staatlichen Schulen
→ V.13 Korrelation von Glaube und Leben
→ V.1.4 Elementarisierung

1 Schulische Rahmenbedingungen

Der Religionsunterricht wird als ordentliches Lehrfach in den Grundschulen der meisten Bundesländer mit zwei Wochenstunden erteilt. In Hamburg beginnt der evangelische Religionsunterricht erst mit dem dritten Schuljahr, ein katholischer Religionsunterricht existiert dort nur an den katholischen Privatschulen. Eine dritte Pflichtstunde in Klasse 3 und 4 in Nordrhein-Westfalen wurde von den Kirchen als Seelsorgestunde/Schulpastoral (katholisch) bzw. seit 1998 als Kontaktstunde (evangelisch) umgewidmet und als Angebot im Schulleben zur Begegnung mit der örtlichen Kirchengemeinde entwickelt. In Sachsen ist der Religionsunterricht im ersten Schuljahr der Grundschule einstündig. In Bremen ist der Religionsunterricht seit 1947 als »bekenntnismäßig nicht gebundener Unterricht in Biblischer Geschichte auf allgemein christlicher Grundlage« eingerichtet. In Berlin wird Religion in der Schule als Unterrichtsfach seit 1948 in Verantwortung der Religions- und Weltanschauungsgemeinschaften angeboten, nicht als »ordentliches Lehrfach« gemäß Art. 7,3 GG.

In Bayern, Rheinland-Pfalz und in den neuen Bundesländern können die Kinder, die nicht am evangelischen oder katholischen Religionsunterricht teilnehmen, das Fach Ethik wählen. In wenigen Bundesländern und dort vor allem in Großstädten wird auch ein jüdischer und griechisch-orthodoxer Religionsunterricht angeboten sowie eine islamische Unterweisung als Teil des türkisch-muttersprachlichen Unterrichts. Ein islamischer Religionsunterricht in deutscher Sprache im Sinne des Grundgesetzes ist zurzeit in der Diskussion.

Die Teilnahme ist je nach Bundesland, Region und Geschichte der Religionsgemeinschaften unterschiedlich: Beispielsweise nehmen in Hessen 95% aller evangelischen Grundschüler am Religionsunterricht teil, in Sachsen-Anhalt 7%. Der Religionsunterricht wird in der Regel von Lehrkräften mit einer staatlichen Ausbildung oder von kirchlichen Mitarbeitern erteilt.

Da der Religionsunterricht nach Artikel 7,3 GG »in Übereinstimmung mit den Grundsätzen der Religionsgemeinschaften« zu gestalten ist, bestehen zwischen Staat und Kirchen vielfältige Verbindungen, in denen die Übereinstimmung verhandelt und erreicht wird. So wird von den meisten Landeskirchen und allen Bistümern für die Religionslehrkräfte eine kirchliche Lehrerlaubnis ausgesprochen (missio bzw. vocatio). Nach evangelischem Verständnis ist die Bekenntnisgebundenheit des Religionsunterrichts grundsätzlich durch das zugehörige Bekenntnis der Lehrkräfte und durch die konfessionsspezifische Entfaltung der Unterrichtsinhalte gesichert; der evangelische Religionsunterricht ist auch offen für die Kinder, die nicht diesem Bekenntnis angehören (EKD 1994). Nach katholischem Verständnis sind die drei Bestimmungsfaktoren der Konfessionalität – Lehrer, Lehre, Schüler – weiterhin gültig bei gleichzeitiger ökumenischer Öffnung auch für konfessionell nicht gebundene Schülerinnen (Die deutschen Bischöfe 1996).

2 Interessen der Schüler am Religionsunterricht – Empirische Ergebnisse

Obgleich Religionslehrer heutige Grundschulkinder als psychisch belasteter, konzentrationsschwächer und den Umgang mit ihnen als insgesamt schwieriger wahrnehmen (vgl. Englert/Güth 1999) und der Unterricht kaum mehr eine religiöse Erziehung durch das Elternhaus voraussetzen kann, haben Lehrkräfte dennoch pädagogische Formen des Religionsunterrichts entwickelt, mit denen sie Kinder religiös ansprechen können. Der Religionsunterricht in der Grundschule findet eine große Akzeptanz bei den Schülern. Nicht nur ältere Schüler beurteilen ihn im Rückblick als überwiegend positiv und förderlich. Auch die Grundschüler selbst »stufen ihn als beglückend und als wichtig für ihr Leben ein; auch attestieren sie ihm hohe Lerneffekte« (Bucher 2000, 52). Das gilt zumindest für diejenigen, die am katholischen Religionsunterricht teilnehmen; vergleichbare repräsentative Studien zum evangelischen Religionsunterricht liegen nicht vor. Es gibt Hinweise darauf, dass die hohe Akzeptanz mit den aktivierenden und vielfältig beteiligenden Lern- und Arbeitsformen des Unterrichts zu tun hat, mit dem »ganz konkreten Binnengeschehen« (Bucher 2000, 54) des Religionsunterrichts.

3 Didaktik des Religionsunterrichts in der Grundschule

Aufgabenstellung, Zielsetzung und Funktion des Religionsunterrichts in der Grundschule werden in den jeweils geltenden Rahmenrichtlinien und Lehrplänen beschrieben und in Religionsbüchern für die Hand der Schüler konkretisiert. Diese Vorgaben für den Unterricht unterscheiden sich hinsichtlich des Themenspektrums nur wenig voneinander, lediglich das Ausmaß der Verbindlichkeit ist zwischen den Bundesländern unterschiedlich. Es geht jeweils um die Auseinandersetzung mit elementaren religiösen Erfahrungen und um eine Einführung der Kinder in biblisch-theologisches Grundwissen, beides in wechselseitig deutender Verschränkung. Die entsprechenden Programme der (katholischen) Korrelationsdidaktik bzw. der (evangelischen) Elementarisierung haben allerdings anscheinend die alltägliche Praxis nicht in dem Umfang erreicht, den der Diskurs in religionspädagogischer Literatur vermuten lässt (vgl. Englert/Güth 1999). Die unterrichtspraktischen Konzeptionen der Lehrkräfte sind in einem Spannungsfeld von biblisch-theologischer Lehre, sprachlich-ästhetischer Verstehens- und Deutungskompetenz, räumlich-sinnlicher Erfahrung und symbolisch-zeichenhaftem Vorstellungsvermögen zu verorten, wobei das jeweilige biografisch geprägte Verständnis von Religion eine wichtige Rolle spielt. Das Bemühen, religiösen Bedürfnissen der Kinder nachzuspüren und Lernangebote daran zu orientieren, zeichnet mehrheitlich die religionspädagogischen Konzeptionen aus, die Kinder als Subjekte ihres Lernens ernst zu nehmen versuchen. Dem kindlichen Interesse an wahrer Erkenntnis und dem Bedürfnis nach sinnhafter Ordnung sowie ritueller Gestaltung kommt ein Religionsunterricht nach, der philosophisches Fragen, weltanschauliche Orientierung auf der Grundlage des christlichen Glaubens und ästhetisches Erleben ermöglicht. Ein religiöser Erklärungs-, Erfahrungs- und Unterscheidungsbedarf wird durch kultur- und christentumsgeschichtliche, spirituelle und kritisch-vergleichende Dimensionen des Religionsunterrichts aufgenommen (vgl. Englert 1993). »Schlüsselthemen« des Religionsunterrichts in der Grundschule sind an die Lebenserfahrungen der Kinder gebunden: Fragen der eigenen Identität, des Zusammenlebens mit anderen, Erfahrungen von Angst und Hoffnung, Umgang mit Leid, Trauer und Krankheit, Rätsel von Zeit und Wirklichkeit, Fragen nach Gerechtigkeit und Glück. Es gilt, diese Erfahrungen wahrzunehmen, auszudrücken, zu würdigen und in Auseinandersetzung mit biblischen Deutungsangeboten, mit Geschichten der Ermutigung und des gelingenden Lebens zu bedenken. Das geschieht vor allem in gestalterischen, darstellenden und spielerischen Formen des Unterrichts, nicht nur in erzählenden, erklärenden oder belehrenden (vgl. Schweitzer/Faust-Siehl 1994; Oberthür 2000).

4 Religion im Schulleben

Religiöses Fragen und Lernen findet nicht nur im Unterricht statt, sondern auch in den pädagogischen Situationen des offenen Tagesanfangs, des Morgenkreises, des Wochenabschlusses, bei Festen und Feiern im Jahreskreis, bei besonderen Veranstaltungen des Gedenkens oder der Begegnung mit Fremdem und Fremden. Es stellt hohe Anforderungen an die Lehrkräfte, in der jeweiligen Situation zu entscheiden, in welcher Weise den existenziell bedeutsamen Fragen der Kinder angemessen nachgegangen werden kann: spontan oder systematisch, kurz- oder mittelfristig, direkt oder indirekt, formell oder informell. Die Gestaltung von Festen und Feiern, von Andachten und Gottesdiensten ist eine besondere Gelegenheit, komplexe Erfahrungen mit Religion im Ritual zu ermöglichen. Die Auseinandersetzung der Kinder mit Religion wird ebenso nachhaltig durch Begegnungen mit Personen, mit Zeugen des christlichen Glaubens und Menschen nicht-christlicher religiöser Herkunft gefördert. Auch die Erkundung von Orten der gelebten Religion wie Kirchenräumen, Moscheen, Synagogen, diakonischen Einrichtungen oder Friedhöfen ist für das religiöse Lernen bedeutsam (vgl. EKD 2001).

5 Entwicklungsperspektiven

Das Zusammenleben von Kindern unterschiedlicher religiöser Herkunft in einer Klasse und einer Schule fordert religionspädagogische Weiterentwicklungen heraus. Der Umgang mit religiöser Toleranz und Respekt vor anderen weltanschaulichen Überzeugungen kann vermutlich nur durch direkte Begegnung und dialogische Auseinandersetzung auch schon im Grundschulalter angebahnt werden.

Die konfessionelle Trennung der Kinder wird häufig als Widerspruch zur grundschulpädagogischen Aufgabe der Integration und Differenzierung erlebt. Begründete Projekte und Modellversuche der konfessionellen Kooperation vor allem im Anfangsunterricht des ersten Schuljahres versuchen neue Wege ökumenischer Verständigung bei Wahrung des Ziels religiöser »Beheimatung« oder konfessioneller »Identität« zu gehen. Im Unterricht werden Gelegenheiten aufgesucht, das Differente zwischen evangelischen und katholischen Überzeugungen zu klären und zugleich das Gemeinsame zu stärken. Wohin diese Wege führen, ist vor allem durch praktische Erprobungen herauszufinden.

Auch das interreligiöse Lernen braucht Orte und Zeiten in der Schule. Ob das in einem »Religionsunterricht für alle« Kinder einer Schulklasse (wie in Hamburg) gelingt, in einem zusätzlichen »Begegnungsunterricht« (wie in den Niederlanden) oder in anderen Formen, wäre auch in Modellprojekten praktisch und empirisch zu klären (vgl. Asbrand 1999).

Die in vielen neueren Schulgesetzen erweiterte pädagogische Gestaltungsautonomie der Einzelschule bedeutet, dass Aufgabenrahmen und Schwerpunktsetzung für Religion im Schulprogramm der einzelnen Schule von den beteiligten Lehrkräften und Eltern bestimmt werden kann. Was das im Einzelnen für die konkrete praktische Ausgestaltung religiösen Lernens in der jeweiligen Grundschule bedeutet, welche Unterstützung durch die Religionsgemeinschaften erforderlich wird und welche neuen Konflikte dadurch entstehen, ist zukünftig auszuloten.

Literatur

Asbrand, Barbara, Zusammen Leben und Lernen im Religionsunterricht. Eine empirische Studie zur grundschulpädagogischen Konzeption eines interreligiösen Religionsunterrichts im Klassenverband der Grundschule. Frankfurt/M. 1999.

Bucher, Anton, Religionsunterricht zwischen Lernfach und Lebenshilfe. Eine empirische Untersuchung zum katholischen Religionsunterricht in der Bundesrepublik Deutschland. Stuttgart u.a. 2000.

Englert, Rudolf, Religiöse Bedürfnisse der Kinder. Ausgangspunkt für den Religionsunterricht an der Grundschule. In: KatBl 118 (1993) 844-851.

Englert, Rudolf/Güth, Ralph (Hg.), »Kinder zum Nachdenken bringen«. Eine empirische Untersuchung zu Situation und Profil katholischen Religionsunterrichts an Grundschulen. Stuttgart u.a. 1999.

Evangelische Kirche in Deutschland (Hg.), Religion in der Grundschule. Eine Stellungnahme des Rates der EKD. Hannover 2001.

Oberthür, Rainer, Die Seele ist eine Sonne. Was Kinder über Gott und die Welt wissen. München 2000.

Schweitzer, Friedrich/Faust-Siehl, Gabriele (Hg.), Religion in der Grundschule. Religiöse und moralische Erziehung. Frankfurt/M. ^{4}2000.

DIETLIND FISCHER

IV.3.6
Religionsunterricht in der Sekundarstufe I

→ I.2 Pädagogische Grundbegriffe – religionspädagogische Grundmuster
→ II.4.4 Entwicklung und Identität
→ II.4.6 Jugendliche und Religion
→ IV.3.4 Religionsunterricht in staatlichen Schulen
→ IV.3.10 Konfessionell-kooperativer Religionsunterricht
→ V.1.2 Religionsdidaktische Konzeptionen

1 Schulische Rahmenbedingungen

Die Schülerinnen und Schüler sind bei Eintritt in die Sekundarstufe I in der 5. Klasse in der Regel zehn, beim Verlassen dieser Schulstufe in der 9. bzw. 10. Klasse 16 Jahre alt. In einigen Bundesländern besuchen sie in den Schuljahrgängen 5 und 6 eine Orientierungsstufe, die den Klassenverband der Grundschule beibehält und somit gleichzeitig dem sozialen Lernen wie einer höheren Prognosesicherheit bei der Entscheidung über die spätere Schullaufbahn ab Klasse 7 dienen soll. In den anderen Bundesländern fällt die Entscheidung über den Besuch einer der Schulen des dreigliedrigen Schulsystems (Hauptschule, Realschule, Gymnasium, alternativ die Gesamtschule) oder einer diesen Schulen angegliederten Förderstufe zum Ende der Grundschulzeit.

Eine bereits länger anhaltende Tendenz im Bildungssystem besteht in starken Verschiebungen der Schülerströme. Eingangs der 1990er-Jahre besuchten erstmals gleich viele Schüler das Gymnasium wie die Hauptschule. Der Trend zu weiterführenden Abschlüssen führt besonders in Großstädten zu starker Frequentierung von Realschule, Gymnasium und Gesamtschule. Damit verändern die Schulformen der Sekundarstufe I ihr Gesicht erheblich. Besonders problematisch ist diese Entwicklung für die Hauptschule, die in manchen Bundesländern vom Aussterben bedroht ist, weswegen die Schulentwicklung vor allem in den neuen Bundesländern auf eine Zweigliedrigkeit zuläuft.

Über die Unterrichtsversorgung und die Teilnahme der Schülerinnen und Schüler am Religionsunterricht, der in den Stundentafeln überwiegend zweistündig ausgewiesen ist, lassen sich bundesweit keine gesicherten Aussagen treffen. In den neuen Bundesländern (Sachsen-Anhalt ca. 3%, Thüringen ca. 20%, Sachsen ca. 8% im Schuljahr 1995/96) liegen die Zahlen weitaus niedriger als in den alten. Im Bundesland Hessen lag die Unterrichtsversorgung für die konfessionell gebundenen Schüler im Schuljahr 1999/2000 bei 81,4% im evangelischen und 83,9% im katholischen Bereich. 5,8% der evangelischen und 6,3% der katholischen Schüler machten von ihrem Abmelderecht Gebrauch. Die Entwicklung zu einem vergleichsweise höheren Unterrichtsausfall im Bereich der Hauptschule (Fischer/Kaufmann 1995, 588) scheint ungebremst.

2 Jugend und Religion

Im Alter von 14 Jahren erreichen die Schülerinnen und Schüler die Religionsmündigkeit und können fortan selber über die Teilnahme am Religionsunterricht entscheiden. In der Shell-Studie »Jugend 2000« beurteilten den Satz »Ich bin nicht religiös« in Bezug auf ihre eigene Lebensführung 25% aller befragten Jugendlichen mit »trifft sehr zu«, 27% mit »trifft zu«, 31% mit »trifft weniger zu« und 17% mit »trifft überhaupt nicht zu«. Verglichen mit früheren Studien aus der Mitte der 1980er-Jahre ist festzustellen, dass Gottesdienstbesuch, Beten und der Glaube an ein Weiterleben nach dem Tod als Indikatoren für eine religiöse Lebensführung bei den Jugendlichen in den alten Bundesländern weiter zurückgegangen sind. Auch in den neuen Bundesländern sind Gottesdienstbesuch und Beten noch stärker Praktiken kleiner Minderheiten unter den Jugendlichen geworden. Recht hohen Wert genießen die kirchlichen Feste wie Weihnachten und Ostern. Private Glaubensüberzeugungen und Religiosität (wie der Glaube an höhere Mächte, an eine ausgleichende Gerechtigkeit, übernatürlich-unerklärliche Kräfte, ein individuelles Gottesverständnis) sind bei deutschen Jugendlichen weitaus verbreiteter als eine traditionelle christliche Glaubenspraxis. Für die muslimischen Jugendlichen in Deutschland sind dagegen Zugehörigkeit zu ihrer Glaubensgemeinschaft, religiös geprägte Lebensführung und Zukunftsorientierung eng miteinander verknüpft (vgl. Deutsche Shell 2000, Bd. 1, 157ff).

Während des Besuchs der Sekundarstufe I haben die Schülerinnen und Schüler bedeutsame Entwicklungsaufgaben zu bewältigen (Probleme der Selbstfindung, Identitätsbildung, Ablösung von den Eltern). Diese Veränderungen machen sich auch im Religionsunterricht bemerkbar. In einer breit angelegten Schülerbefragung zum katholischen Religionsunterricht in Deutschland geben 15% der Schülerinnen und Schüler an, sie würden den Religionsunterricht »nicht gern« besuchen, ein Drittel ist indifferent, knapp die Hälfte mag den Unterricht in diesem Fach, das in einer Rangliste der Fächerbeliebtheit dennoch nur im hinteren Drittel landet. Mit dem Religionsunterricht in der Sekundarstufe I werden Begriffe wie »friedlich, gerecht und locker« assoziiert. Die Schule insgesamt finden die Jugendlichen strenger und weniger friedlich, allerdings auch wichtiger und hilfreicher als das Fach (vgl. Bucher 2000, 55ff). Seine Wirkung erzielt der Religionsunterricht offenbar eher im Wissensbereich und erst sekundär in der Begleitung der Lebensgestaltung. Die geringe Abmeldebereitschaft ist wahrscheinlich auch auf die gute Arbeit der Lehrerinnen und Lehrer zurückzuführen, denen seitens der Schülerschaft trotz vieler Schwierigkeiten und oft gestörtem Unterricht »hohes Engagement und häufig gute Laune« attestiert wird. Als für sie wichtigste *Themen* ihres Religionsunterrichts gaben die Schülerinnen und Schüler an: Liebe, Partnerschaft (72%) – Drogen (70%) – Gott (68%) – Probleme in Schule und Familie (65%) – Jesus Christus (58%) – Tod, Leben danach (58%). Dabei kann der Religionsunterricht immer weniger auf religiöse Vollzüge im Elternhaus bauen. Zwar bescheinigen ihm die religiös sozialisierten Schülerinnen und Schüler höhere Effizienz, und sie sind dem Fach insgesamt gewogener. Aber es gelingt ihm »in einem beachtlichen Maß, auch bei religiös kaum oder nicht Erzogenen auf Akzeptanz zu stoßen« (Bucher 2000, 96).

Im Zentrum der von den Jugendlichen im Religionsunterricht gewünschten lebensbegleitenden Suche nach Glaube und Sinn steht offenbar – neben den lebensweltlich orientierten Themen – die Frage nach Gott. Auch wenn ihr Gottesverständnis häufig in der Schwebe und stark subjektiv bleibt, in der Form von Fragen und Suchen und nicht mit Begriffen der christlichen Tradition formuliert wird, bleibt die Erwartung der Jugendlichen an Gott als Helfer und Garant des Guten. Wenn die Theodizeefrage »Warum lässt Gott das Leiden zu?«, »Warum hilft Gott mir nicht?« nicht befriedigend beantwortet werden kann, wird aus der zentralen Erwartung an Gott die zentrale Enttäuschung des Gottesglaubens im Jugendalter. Hier ergeben sich weitreichende Aufgaben für den Religionsunterricht in der Sekundarstufe I.

3 Aufgaben des Religionsunterrichts im Jugendalter und Richtlinien

Eine religionspädagogisch kommensurable Aufgabenbestimmung für den Religionsunterricht in der Sekundarstufe I liefert Friedrich Schweitzer. Er sieht als entscheidende Möglichkeit für den Religionsunterricht in diesem Alter die »Doppelaufgabe der biografischen Begleitung (Subjektsein und -werden) sowie der Bildung in der Pluralität« und führt differenzierend aus: »Notwendige Voraussetzung dafür ist ein verstärkter Lebens- und Erfahrungsbezug von Religionsunterricht, wobei auch der weitere Zusammenhang der Schule als Lebens- und Erfahrungsraum aufzunehmen ist. Der Lebens- und Erfahrungsbezug von Unterricht kann, in Erweiterung der bislang unternommenen Versuche von Problemorientierung und Korrelation, vor allem durch Praktisches Lernen und Elementarisierung verstärkt werden. Bildung in der Pluralität verweist auf die Notwendigkeit, Religionsunterricht in der Pluralität neu zu gestalten und zu begründen. Dazu gehören neue Lernaufgaben und -formen, die als interkulturelles Lernen, ökumenisches Lernen und interreligiöses Lernen zu bezeichnen sind. Insgesamt führt die Religionspädagogik des Jugendalters im Blick auf den Religionsunterricht zu der Forderung einer Vernetzung von Religionsunterricht im Horizont der Öffnung von Schule« (Schweitzer 1996, 178).

In den *Rahmenrichtlinien* und *Lehrplänen* verschiedener Bundesländer ist diese Profilierung in Ansätzen wieder zu entdecken. So ist beispielsweise in dem 1997 erschienenen Lehrplan für den Evangelischen Religionsunterricht an der Orientierungsstufe in Rheinland-Pfalz ein interreligiös-interkultureller Bereich aufgenommen worden, in dem Themen wie »Feste bei uns und anderen – Islam«, »Meine Konfession – deine Konfession« und »Erfahrungen mit Fremd-sein« behandelt werden. Vernetzungsmöglichkeiten mit außerschulischen Lernorten werden etwa in den niedersächsischen Rahmenrichtlinien für den Religionsunterricht an der Hauptschule von 1994 vor allem in der Zusammenarbeit mit den Kirchengemeinden ausgemacht. Der Richtliniengeneration der 1990er-Jahre ist gemeinsam, dass starker Wert auf die unterrichtsmethodische Ebene gelegt wird und so kreatives und praktisches Lernen sowie zunehmend selbstständigeres Lernen gefördert werden sollen. Dabei fällt auf, dass – möglicherweise in Folge der Schulentwicklung – Unterschiede zwischen dem Haupt- und dem Realschulreligionsunterricht kaum mehr gemacht werden. Insgesamt deutet die Richtlinienentwicklung an, dass der Religionsunterricht in der Sekundarstufe I vor verschiedenen Herausforderungen steht, die sowohl sein inhaltliches als auch sein organisatorisches Profil berühren. Nicht zuletzt herausgefordert durch das Brandenburger Modell eines Unterrichts in Lebensgestaltung – Ethik – Religionskunde (LER) in den Klassen 7-10 wird zunehmend nach Kooperationsmöglichkeiten der Fächergruppe Ethikunterricht, Evangelischer Religionsunterricht und Katholischer Religionsunterricht gefragt. Dies geschieht zum einen vor dem Hintergrund einer Schulentwicklung, die zunehmend nach den Beiträgen der Fächerkompetenzen für Projektunterricht sowie fächerübergreifendes bzw. fächerverbindendes Lernen sucht. Zum anderen trifft der Unterricht, wie oben beschrieben, immer häufiger auf Jugendliche mit nie vorhanden gewesenem Einverständnis und religiöser Indifferenz, für die ein Religionsunterricht zu entwickeln ist, der sich auf die Kontingenzfragen des Lebens konzentriert (vgl. Nipkow 1998, 215–263).

Literatur

Bucher, Anton, Religionsunterricht zwischen Lernfach und Lebenshilfe. Stuttgart u.a. 2000.
Deutsche Shell (Hg.), Jugend 2000. 2 Bde. Opladen 2000.
Fischer, Dietlind/Kaufmann, Hans Bernhard, Unterricht: Evangelische Religion. In: Lenzen, Dieter (Hg.), Enzyklopädie Erziehungswissenschaft, Bd. 8: Erziehung im Jugendalter – Sekundarstufe I. Stuttgart 1995, 588–591.
Nipkow, Karl Ernst, Bildung in einer pluralen Welt. Bd. 2: Religionspädagogik im Pluralismus. Gütersloh 1998.
Schweitzer, Friedrich, Die Suche nach dem eigenen Glauben. Einführung in die Religionspädagogik des Jugendalters. Gütersloh 1996.
Wegenast, Klaus, Religionsdidaktik Sekundarstufe I. Stuttgart 1993.

MATTHIAS HAHN

IV.3.7 Religionsunterricht in der Sekundarstufe II (Gymnasium)

→ I.2 Pädagogische Grundbegriffe – religionspädagogische Grundmuster
→ II.4.6 Jugendliche und Religion
→ IV.3.4 Religionsunterricht in staatlichen Schulen
→ IV.3.8 Religionsunterricht in der Sekundarstufe II (Berufsschule)
→ V.1.7 Richtlinien und Lehrpläne
→ V.1.8 Lernerfolgskontrolle und Leistungsmessung

1 Die Jugendlichen und ihr Abitur

Mit dem Eintritt in die dreijährige gymnasiale Oberstufe sind die Schülerinnen und Schüler in der Regel 16 oder 17 Jahre alt. Während der Einführungsphase müssen sie Fächerkombinationen wählen, die den Belegpflichten entsprechen und zugleich zu den eigenen Interessen passen. Meist sind die Jugendlichen bei ihren Entscheidungen nicht frei, sondern abhängig vom Wahlverhalten ihrer Mitschüler, vom eingeschränkten Lehrangebot ihrer Schule und von der Kalkulation auf eine möglichst hohe Leistungspunktezahl.

Religionsunterricht und das Ersatz- oder Alternativfach gehören in den Pflichtbereich des Fächerkanons der Sekundarstufe II. So waren Grund- und Leistungskurse in Religion durch Beschluss der Kultusministerkonferenz vom 28.2.1997 bundesweit vorgesehen. Neue Vereinbarungen haben dies allerdings relativiert und die Entscheidung über den Stundenumfang, damit auch über die Prüfungsrelevanz dieses Faches an die einzelnen Bundesländer delegiert. Dadurch wurde die Wahlfreiheit der Schülerinnen und Schüler im religiösen und weltanschaulichen Bereich regional beschnitten.

Wo alle Unterrichts- und Prüfungsangebote für evangelische und katholische Religion theoretisch vorhanden sind, ist die tatsächliche Präsenz der Jugendlichen unterschiedlich. Seit mehr als zwei Jahrzehnten wählen in Baden-Württemberg mehr als die Hälfte aller Abiturienten den Religionsunterricht im schriftlichen oder mündlichen Abitur, in Niedersachsen seit 10-12 Jahren ca. 15%; in Hessen dagegen nahmen im Schuljahr 1999/2000 von insgesamt 26.907 evangelischen Schülern nur 117 an einem Leistungskurs, 11.771 an einem Grundkurs des evangelischen Religionsunterrichts teil. Die Abmeldungsbereitschaft ist beim katholischen Religionsunterricht in der gymnasialen Oberstufe »zwar deutlich höher als in der Sek I, aber bei gut 60% der SchülerInnen nicht gegeben« (Bucher 2000, 106). In den neuen Bundesländern sitzen in den Religionskursen der Sekundarstufe II durchschnittlich nur zwei oder drei kirchlich gebundene Schüler. Die anderen bezeichnen sich als atheistisch, agnostisch, religiös interessiert oder gehören anderen Religionsgemeinschaften an. Nach Auskunft der Shell-Jugendstudie 2000 (vgl. 178f) redeten 46% der Jugendlichen nicht gern öffentlich über eigene religiöse Ansichten.

Andererseits setzen sich immer mehr Schüler durch ihre Wahl eines Religionskurses in der gymnasialen Oberstufe erstmals ausdrücklich mit religiösen, theologischen oder kirch(engeschicht)lichen Fragen auseinander. Mit diesen recht neuen Phänomenen wird sich die Religionspädagogik auseinander setzen müssen.

2 Die offiziellen Zielbeschreibungen

Die gymnasiale Oberstufe führt zur Allgemeinen Hochschulreife, welche zum Studium an einer Hochschule berechtigt, aber auch den Weg in eine berufliche Ausbildung ermöglicht. Es sollen »Kenntnisse, Methoden, Lernstrategien und Einstellungen« erworben werden, »die zur Persönlichkeitsentwicklung und -stärkung, zur Gestaltung des eigenen Lebens in sozialer Verantwortung sowie zur Mitwirkung in der demokratischen Gesellschaft befähigen«. Der Religionsunterricht soll dabei »die Grundlage und Lehre der jeweiligen Religionsgemeinschaft« darstellen, »Einsichten in Sinn- und Wertefragen des Lebens vermitteln, die Auseinandersetzung mit Ideologien, Weltanschauungen und Religionen ermöglichen und zu verantwortlichem Handeln in der Gesellschaft motivieren« (KMK-Beschluss vom 28.2.1997, 4ff). Wie dies zwischen Wissenschaftspropädeutik und Schülerorientierung im Einzelnen zu gewährleisten ist, entfalten die Lehrpläne der Länder. Besonders interessant sind in diesem Zusammenhang die Lernzielbeschreibungen der neuen Bundesländer, weil der Religionsunterricht sich dort als »neues Fach« immer noch legitimieren muss. So heißt es im Vorwort zum Rahmenplan der gymnasialen Oberstufe in Mecklenburg-Vorpommern (1999), der Unterricht in Evangelischer Religion leiste »in einer Zeit, die als orientierungslos empfunden wird und die deshalb zu Fundamentalismen und Irrationalismen« neige, einen wichtigen Beitrag »zu einem rationalen Umgang mit der Wirklichkeit«; er wirke »aufklärend« und vermittle »Kenntnisse zu einer autonomen Werte- und Sinnreflexion«.

3 Inhalte und Themen

Da der Unterricht im 11. bzw. 10. Schuljahr bei der Wahl der Oberstufenkurse helfen soll, geben die katholischen und evangelischen Richtlinien mancher Bundesländer für die »Einführungsphase« ein vielfältiges Themenangebot in kurzen Arbeitsphasen vor, andere wollen durch die Beschränkung auf wenige repräsentative Themen wie »Die Gottesfrage« und »Religion(en)« die Entscheidung erleichtern. In jedem Fall soll die Einführungsphase zur Angleichung der Lernvoraussetzungen dienen.

Die länderspezifischen Lehrpläne für die darauf folgende »Qualifikationsphase« geben meist Themenfelder bzw. inhaltliche Dimensionen vor, die sich im Sinne einer wissenschaftspropädeutischen Religionsdidaktik an den traditionellen Inhalten des Theologiestudiums orientieren. Manche Bundesländer fordern darüber hinaus eine thematische Querschnittigkeit, die mindestens zwei solcher Themenfelder, z.B. Christologie und Kirchengeschichte, berührt, dazu eine inhaltliche Spezialisierung, welche die Interessen der Schüler anspricht, z.B. »Das Leiden an Gott und den Menschen«. Einige Bundesländer schreiben fächerübergreifenden bzw. fächerverbindenden Unterricht vor; das erfordert Themen mit interdisziplinären Perspektiven, z.B. »Gibt es gerechten Krieg?« (für Religion, Geschichte und Fremdsprachen) oder »Was hält menschliche Gemeinschaften zusammen?« (für Religion, Geschichte, Sozialkunde, Philosophie).

Ohne die Konfessionalität des Religionsunterrichts grundsätzlich infrage zu stellen, richten manche Schulen aus organisatorischen Gründen konfessionell gastbereite Kurse ein. Manche Bundesländer haben bereits aufeinander abgestimmte katholische und evangelische Lehrpläne, die aktuelle Kooperationen erleichtern.

In einigen Bundesländern ist die unterrichtliche Behandlung »anderer Religionen« als Thema für die gymnasiale Oberstufe vorgesehen, andere Bundesländer (z.B. Nordrhein-Westfalen) erklären die Auseinandersetzung mit »konkurrierenden Deutungen« zu einer der didaktischen Grundlinien des christlichen Religionsunterrichts in der Sekundarstufe II und setzen religionskundliches Wissen als Lernstoff der Sekundarstufe I voraus.

4 Klausuren und Abiturprüfungen

Durchschnittlich werden zwei Klausuren pro Halbjahr geschrieben, deren Aufgaben drei Anforderungen stellen müssen: Reproduktion von Wissensstoff oder fachkundige Beschreibung vorgegebener Materialien, Verknüpfung mit einer neuen Fragestellung und eigenständig entscheidendes oder problemlösendes Denken; selten werden kreative Gestaltungsaufgaben gestellt. Bei der Benotung bekommen die Leistungen im zweitgenannten Anforderungsbereich (leichter Transfer) das größte Gewicht. Für die Organisation von mündlichen und schriftlichen Abiturprüfungen in Religion gibt es länder- und konfessionsspezifisch formulierte, aber in den Grundlagen bundesweit einheitliche Bestimmungen.

Durch den Beschluss der Kultusministerkonferenz vom 5. März 1999 haben die Länder größere Spielräume in der Gestaltung der gymnasialen Oberstufe. Dadurch bekommen die »Einheitlichen Prüfungsanforderungen für die Abiturprüfung« eine besondere Bedeutung; sie schreiben den letztlich zu erreichenden gemeinsamen Standard fest.

5 Besondere Lernleistungen

Seit 1995 haben Schülerinnen und Schüler die Möglichkeit, sich besondere Forschungsarbeiten, die außerhalb der regulären Halbjahreskurse entstanden sind, für die Abiturnote anrechnen zu lassen. Diese Leistungen können im Rahmen von öffentlich geförderten Wettbewerben, in fachübergreifenden Jahreskursen, Projekten oder Praktika erbracht werden, müssen einer schulischen Prüfungskommission schriftlich vorgelegt und mündlich vertreten werden. Auch die Kirchen schreiben fachübergreifende Wettbewerbe aus, damit Schüler sich auch für eine Studienarbeit mit theologischer, religiöser oder kirchlicher Perspektive entscheiden können.

6 Lehrkräfte und Unterrichtsversorgung

In der gymnasialen Oberstufe dürfen staatliche und kirchliche Lehrkräfte mit abgeschlossenem Hochschulstudium Religionsunterricht erteilen. Da solches Personal vor allem in den neuen Bundesländern fehlt, ist die Unterrichtsversorgung dort besonders schlecht. Auch dies schränkt die Wahlfreiheit der Schülerinnen und Schüler weitgehend ein. Nach Auskunft der Recherchen Anton Buchers (vgl. Bucher 2000, 101) schätzen zumindest die katholischen Schülerinnen und Schüler ihre Religionslehrkräfte als besonders freundlich und engagiert ein.

7 Lernmittel

Erste Religionsbücher und Unterrichtsmaterialien, die den Anspruch der Wissenschaftspropädeutik mit der tatsächlichen Kirchen- und Kulturferne der Schüler verknüpfen, ökumenische wie interreligiöse Perspektiven öffnen und Hinweise geben auf Projekte oder besonderen Lesestoff, liegen vor. Die Entwicklung von thematisch querschnittigen Curricula hat begonnen.

Derzeit wendet sich das religionspädagogische Interesse der Lektüre von biblischen, neueren theologischen oder allgemein bildenden Ganzschriften zu. Während die Schüler meist neugierig auf solche Angebote eingehen, fühlen sich viele Religionslehrerinnen und -lehrer ratlos, weil sie nicht wissen, wie sie die Lektüre-Erfahrungen der Jugendlichen in den Unterricht integrieren sollen. Manche Lehrkräfte sind ungeübt im Umgang mit sprachlich kunstvoll gestalteter oder fachfremder Literatur.

8 Ausblick

Der Religionsunterricht in der gymnasialen Oberstufe ist eingebunden in die zukünftige Entwicklung der Schule. Solange sich Schule und Unterricht als Institution und Veranstaltung des Staates sehen, sind sie bestenfalls Gastgeber des konfessionellen Religionsunterrichts. Trotz der grundgesetzlichen Verankerung bleiben die Rechte und Pflichten der Religionsgemeinschaften in der Praxis undeutlich. Sollte die Schule sich allerdings als eine Angelegenheit der zivilen und kulturellen Gesellschaft zu verstehen beginnen, könnte der Religionsunterricht in der gymnasialen Oberstufe eines der wichtigen Foren zur Begegnung und Reflexion der Zivilisationen und Kulturen werden.

Literatur

Bucher, Anton, Religionsunterricht zwischen Lernfach und Lebenshilfe. Eine empirische Untersuchung zum katholischen Religionsunterricht in der Bundesrepublik Deutschland. Stuttgart u.a. 2000.
Reinert, Andreas, Die Umgestaltung der gymnasialen Oberstufe und ihre Konsequenzen für den Religionsunterricht. In: entwurf 2 (1999) 53–56.
Schweitzer, Friedrich, Die Zukunft des Religionsunterrichts. In: Loccumer Pelikan 4 (2000) 209–211.

FRAUKE BÜCHNER

IV.3.8 Religionsunterricht in der Sekundarstufe II (Berufsschule)

→ I.2 Pädagogische Grundbegriffe – religionspädagogische Grundmuster
→ II.4.6 Jugendliche und Religion
→ IV.3.4 Religionsunterricht in staatlichen Schulen
→ IV.3.7 Religionsunterricht in der Sekundarstufe II (Gymnasium)
→ V.1.7 Richtlinien und Lehrpläne

1 Entwicklung des beruflichen Schulwesens

Mit der Industrialisierung trat das Problem der verwahrlosenden Proletarierjugend auf. Die »Religiösen Sonntagsschulen« wollten zur Lebensertüchtigung aus christlicher Ethik führen und leisteten dabei eine Art Berufsvorbereitung in Form von Schreiben und Rechnen und handwerklichen Grundfähigkeiten. Ab 1739 etwa sind solche Schulen in ganz Deutschland verbreitet.

Etwa um 1790 entwickelten sich, vorwiegend im Handel treibenden Zweig der Wirtschaft, wo speziell geschulte Mitarbeiter benötigt wurden, die »Gewerblichen Sonntagsschulen«. Der Aufklärung und merkantilistischen Zielsetzungen verpflichtet, verstanden sie sich als auch ideologischer Widerpart der Religiösen Sonntagsschulen. In Weiterführung der Volksschule hatten sie sich bis etwa 1850 zur »Gewerblichen Fortbildungsschule« entwickelt, die auf das Erlernen eines Berufes unter industriellen Bedingungen ausgerichtet war. Ähnlich mutierte bis etwa 1874 die religiöse Sonntagsschule unter dem Einfluss von Neuhumanismus – der »Industriosität« entgegen wirkend (Dammer 1997, 62) – zur »Allgemeinen Fortbildungsschule«.

Die Pragmatik konkreter Berufsvorbereitung und das gemeinsame Anliegen der Staatsbürgerbildung brachte beide Schultypen um die Jahrhundertwende unter dem Namen »Beruflich gegliederte Fortbildungsschule« zusammen. Der Staat nahm sich ihrer an. Die Vermittlung beruflicher Fertigkeiten wurde Sache der Betriebe, die theoretische Vertiefung und die staatsbürgerliche Bildung oblag der Berufsschule. Das duale System war geschaffen.

Seit 1920 wird der Name »Fortbildungsschule« durch »Berufsschule« ersetzt. Die Reformpädagogik sieht den Beruf als »Mittel zur persönlichen Selbstvollendung« (E. Spranger zit. n. Neuser 1975, 35). Die ästhetische, soziale und religiöse Erziehung der Volksschule sollte in der Berufsschule vertiefend fortgeführt und zur Grundlage eines erfüllten Lebens im Beruf werden. Diese idealistischen Bildungsvorstellungen kontrastierten mit den Erfahrungen im beruflichen Alltag, d.h. mit dem Primat Gewinn bringender Nützlichkeit und dem Diktat wirtschaftlicher Schwankungen. Die Auswirkungen reformpädagogischer Überlegungen blieben wenig wirksam.

Der bildungstheoretische Neubeginn nach 1945 lässt sicht unter das Stichwort »Bildung im Medium des Berufes« (A. Grutschka) fassen. Die idealistisch gefärbte Abstufung von allgemeiner und beruflicher (Aus-)Bildung war zu überwinden. Berufliches Tun wird gesehen als vielschichtiger Handlungszusammenhang, den zu durchschauen und verantwortungsvoll zu beeinflussen einen Prozess umfassender Bildung in Gang setzt, in dem ständig persönlichkeitsrelevante und berufspraktische Elemente ineinander übergehen.

In den Empfehlungen des Deutschen Bildungsrates (1965–1975) für ein Bildungswesen, das den kulturellen, wirtschaftlichen und sozialen Erfordernissen des aktuellen und künftigen Lebens in unserer Gesellschaft entsprechen sollte, spielte die Förderung der Berufsschule eine zentrale Rolle.

Die Anpassung an die rapide sich verändernde Arbeitswelt bewirkt eine Ausdifferenzierung des berufsbildenden Schulwesens, in dem alle Schulanschlüsse und -abschlüsse möglich sind. Vollzeitschulen gewinnen nach Ausrichtung und Umfang ständig an Gewicht. Die Digitalisierung aller Produktionsbereiche revolutioniert die Arbeitswelt. Ständig werden mehr theoretisches Wissen, Verantwortungsbereitschaft und Anpassungsfähigkeit an oft gänzlich neue Aufgabenbereiche erforderlich.

Die Kulturministerkonferenz hat sich mehrfach mit »Weiterentwicklung und Modernisierung der Berufsbildung« befasst. Sie sieht die Berufsschule im Dienst an umfassender Handlungskompetenz, in der junge Menschen befähigt und motiviert werden, aus Fachwissen und Methodenkenntnis selbstständig berufliche Aufgaben zu meistern (*Fachkompetenz*), aus kommunikativer Handlungsbereitschaft mit anderen berufliche und gesellschaftliche Verantwortung zu teilen (*Sozialkompetenz*) und für den persönlichen Bereich ihr Leben aus »durchdachten Wertvorstellungen und aus selbstbestimmter Bindung an Werte« zu gestalten (KMK Handreichung 2000).

2 Entwicklung des Religionsunterrichts im berufsbildenden Schulwesen

Entlang dieser Entwicklung lässt sich der Werdegang des Religionsunterrichts in der Berufsschule nachzeichnen. Er verläuft katholischerseits von der Unterweisung in christlicher Glaubens- und Sittenlehre hin zum Dienst an der selbstständigen »Sinnfindung mit Transzendenzbezug«. Den jungen Menschen soll in pluraler Gesellschaft die Option für christliche Werte offen gehalten werden. Anfangs kam der Religionsunterricht über apologetische Auseinandersetzung und moralische Einschärfung kaum hinaus. In der Auseinandersetzung mit den Zielen der allgemeinen Fortbildungsschule gewann die pädagogische Begründung des Religionsunterrichts an Gewicht, nämlich »Schritt für Schritt auf die nun beginnende Freiheit, aber damit zugleich auch gegebene volle Selbstverantwortlichkeit« vorzubereiten, (J. Göttler, zit. n. Neuser 1975, 49).

Der nationalsozialistischen Ideologie gelang es nicht, den anfangs geförderten Religionsunterricht an der Berufsschule für ihre Ziele zu instrumentalisieren, weshalb am 23.8.1939 seine Unterrichtszeit »für die eigentlichen Aufgaben der Berufsschule« (vgl. Neuser 1975, 61–67) verfügt wurde. »Vom obligatorischen Religionsunterricht an der Berufsschule kann man legitim erst seit dem In-Kraft-Treten des Grundgesetzes (1949) sprechen« (Neuser 1975, 67). Die verfassungsrechtliche Bestimmung wurde in den einzelnen Bundesländern unterschiedlich realisiert.

Die Pflicht zu diesem Religionsunterricht traf die Kirche teilweise unvorbereitet. Praktiker griffen zur Selbsthilfe, machten konzeptionelle Anleihen bei der allgemeinen Pädagogik, stellten Themenlisten zusammen, verschickten Arbeitshilfen. Unter christologisch-kerygmatischer Leitvorstellung – Beruf galt als Berufung – standen die »Richtlinien für den katholischen Religionsunterricht« der Fuldaer Bischofskonferenz (1952). Etwa ab 1958 wurde ein stärkerer Berufsbezug versucht. Nicht »der Christ« sondern der christlich handelnde Bäcker, Verkäufer, Mechaniker wurden Bildungsziel (H. Schlachter). Das führte konsequenterweise zum »indirekten Religionsunterricht« (B. Dreher). Bildungsinhalt für den Jugendlichen kann nur sein, »was für ihn durch seine gegenwärtige Umwelt und seine künftige Lebensaufgabe bedeutsam ist« (Gräßle 1987, 149).

Aus diesem Reflexionsstand erwuchs eine induktiv aufbereitete Materialiensammlung, geordnet nach Themen, auf die sich erfahrungsgemäß die Schülerinnen und Schüler einließen. Als zweibändiges Religionsbuch »Impulse zur Verantwortung« (1974), ab 1981 »Impulse zur Orientierung« (hg. von E. Gräßle u.a.) fand es flächendeckende Verbreitung und beeinflusste die weitere Lehrplan-Entwicklung. 1967 hatte die Arbeit an einem Rahmenlehrplan für alle Bundesländer begonnen. Zum Grundprinzip der wechselseitigen Erschließung von Lebenswirklichkeit und Glaubensüberlieferung wurden ad experimentum die Lehrplanentwürfe IIa (1969) und IIb (1970) veröffentlicht. Ersterer ordnete die Lerninhalte nach Persönlichkeitsmerkmalen wie »reifen – hoffen – gestalten«, letzterer in griffigen thematischen Einheiten.

Das folgende Jahrzehnt bis zur Veröffentlichung des »Grundlagenplan(s) für den katholischen Religionsunterricht an Berufschulen« (1980) brachte ein z.T. dramatisches Ringen um Einheitlichkeit in Offenheit für die Vielfalt der konkreten Bedingungen, unter denen Religionsunterricht zu erteilen ist. Die jeweils aktuellen Anliegen der allgemeinen Bildungsdiskussion wurden auf ihre religionspädagogische Relevanz geprüft und integriert.

Evangelischerseits orientierte sich der Neubeginn in der Berufsschule nach 1945 zunächst an der »Evangelischen Unterweisung«. Die »Begegnung mit dem Anspruch und Zuspruch des Wortes Gottes (Evangelium) und als Ruf zur Entscheidung« wurde in einer säkularen Schule immer schwerer vermittelbar (vgl. Mayer 1997, 125). Die Frage, ob die Situation der Jugendlichen wirklich ernst genommen werde, trat deutlicher ins Bewusstsein. Die Schüler selbst und ihr Leben wurden zu zentralen Inhalten des Religionsunterrichts, die im Sinne einer Existenzerhellung aufzuarbeiten waren. Hinzu kamen im Zuge emanzipatorischer Pädagogik Fragen der Religions- und Gesellschaftskritik.

Das Bemühen, unterschiedliche religionspädagogische Konzeptionen in regional gültigen Lehrplänen zusammenzuführen, zeigt sich im Werdegang des überregionalen »grünen« Erprobungslehrplans, der im »gelben« Einheitslehrplan 1961 seine Endfassung fand. Leitgedanke war: Schüler brauchen Lebenshilfe. Diesem Dienst ist der Religionsunterricht an berufsbildenden Schulen verpflichtet. Er darf nicht zur Lebenskunde verkürzt werden, sondern muss durch ein »Hören der Christusbotschaft« sein spezifisches Profil wahren (vgl. Widmann/Scheilke 1997, 340). Die durch Curriculumtheorie und Handlungsorientierung bestimmte Didaktik lässt konkrete Lebenssituationen immer stärker zum Ausgangspunkt werden. Die totale thematische Offenheit führt schließlich dazu, dass der »Orientierungsrahmen für den evangelischen Religionsunterricht an der Berufsschule« (1991) auf EKD-Ebene keine inhaltlichen Angaben mehr ausweist.

Anders die Akzentsetzung im katholischen Religionsunterricht an Berufschulen. Ging es im Grundlagenplan von 1980 hauptsächlich darum, in der Vielfalt der Themenfelder Überblick und korrelative Zuordnung von heutigem Leben und lebendiger Glaubensüberlieferung zu gewinnen, so wird für den neuen Grundlagenplan angesichts wachsender Projektorientierung, Lernort-Kooperation und Modulierung der Ausbildungs-Inhalte eine dezidiert theologische Profilierung zum Gebot der Stunde, damit der Religionsunterricht seine Identität nicht verliert einerseits im Bemühen um interkonfessionelle und interreligiöse Kooperation, andererseits gegenüber dem Fach Ethik und besonders im Mittun in der aufsaugenden Pragmatik projektorientierter Bildungsgänge, in denen über das Maß der spezifischen Beiträge der einzelnen Fächer von Fall zu Fall entschieden wird.

3 Ausblick

Der Bildungsauftrag der Berufsschule wird als »umfassende Handlungskompetenz« beschrieben. Neben der berufsorientierten Fachkompetenz gehört die Persönlichkeitsbildung, die die Berufspragmatik überschreitet, zu ihrem pädagogischen Aufgabenfeld. Die Sozialkompetenz, vor allem aber die Personalkompetenz, zu der die »Entwicklung durchdachter Wertvorstellungen und die selbstbestimmte Bindung an Werte« gehören (KMK-Handreichung 2000), hält ein Aufgabenfeld offen, das kein Fach so gut bearbeiten kann wie ein inhaltlich profilierter, auf das Berufsleben abgestimmter, herausfordernder Religionsunterricht, der sich als Dienst der Kirche an den jungen Menschen in der Vorbereitung auf das Berufsleben versteht.

Praktische Berufsbildung in einer veränderten Berufswelt erfordert eine neue Aufmerksamkeit für die Persönlichkeitsbildung. Auch in Führungskreisen der Wirtschaft wird anerkannt: »Es ist für junge Menschen wichtig, auch in der Berufsschule erfahren zu können, dass jemand da ist, der ein offenes Ohr für sie hat und sie in ihrer Suche nach Antworten auf Lebens- und Glaubensfragen ein Stück weit begleitet« (Münchener Erklärung, in: Handbuch Religionsunterricht an berufsbildenden Schulen 1997, 246).

Literatur

Comenius Institut/Gesellschaft für Religionspädagogik/Deutscher Katecheten-Verein (Hg.), Handbuch Religionsunterricht an berufsbildenden Schulen. Gütersloh 1997.

Dammer, Karl-Heinz, Bildung im Medium des Berufs. In: Handbuch Religionsunterricht an berufsbildenden Schulen. Gütersloh 1997, 62–69.

Die Deutschen Bischöfe, Kommission für Schule und Erziehung. Zum Religionsunterricht an beruflichen Schulen. Bonn 1991.

Gräßle Erwin/Rainer Mayer (Hg.), Berufspädagogik und Religionspädagogik im Dialog. Beiträge zu aktuellen Fragen der beruflichen Bildung. Düsseldorf/Stuttgart 1987.

Mayer, Rainer/Siebel, Karl-Theo, Berufsbezogene Ansätze in der Religionspädagogik. Zur Geschichte des Religionsunterrichts an berufsbildenden Schulen aus evangelischer Sicht. In: Handbuch Religionsunterricht an berufsbildenden Schulen. Gütersloh 1997, 123–129.
Neuser, Heinz, Religiöse Erziehung in berufsbildenden Schulen. Aspekte zur didaktischen und theologischen Begründung und Rechtfertigung. Münster 1975.
Sekretariat der KMK, Handreichung für die Erarbeitung von Rahmenlehrplänen der Kultusministerkonferenz für den berufsbezogenen Unterricht in der Berufsschule. Bonn 2000.
Widmann, Sören/Scheilke, Christoph Th., Evangelische Lehrpläne für den Religionsunterricht an berufsbildenden Schulen. In: Handbuch Religionsunterricht an berufsbildenden Schulen. Gütersloh 1997, 338–348.

GERD BIRK

IV.3.9 Sonderschulreligionsunterricht

→ I.2 Pädagogische Grundbegriffe – religionspädagogische Grundmuster
→ II.3.6 Armut – Marginalisierung – Entfremdung
→ II.4.4 Entwicklung und Identität
→ III.2.3 Ethisches und soziales Lernen
→ V.1.2 Religionsdidaktische Konzeptionen
→ V.1.4 Elementarisierung

Sonderschulreligionsunterricht meint den ordentlichen, in Art. 7,3 GG verankerten, in staatlichen und kirchlichen Schulen und Einrichtungen stattfindenden, von den Kirchen verantworteten und gestalteten Religionsunterricht bei Kindern und Jugendlichen mit Behinderungen. Er wird gegenwärtig als konfessioneller Religionsunterricht erteilt, oft auch – infolge der Zusammensetzung der Lerngruppen – als interkonfessionell-kooperativer oder »interreligiöser« Unterricht. Häufig bildet er eine integrierte Dimension des regulären Unterrichts, oder er kommt in meditativen Impulsen und Feiern zum Ausdruck.

1 Grundlegungen

Der Sonderschulreligionsunterricht begründet sich, wie auch der Religionsunterricht sonst, einerseits pädagogisch mit dem Bildungsauftrag der Schule für alle, andererseits theologisch von der Kirche her, ihrem Verkündigungsauftrag und ihrem diakonischen Selbstverständnis. Beide christlichen Konfessionen weisen eine lange Tradition in ihrer Sorge um Kinder mit Behinderungen auf und zählen Sonderschulreligionsunterricht zu ihren Aufgaben.

Die theologische Wurzel der Begründungen für die Bildungsbemühungen mit behinderten Kindern liegt in der Gottebenbildlichkeit, auf die hin alle Menschen geschaffen sind. Sie impliziert das Bejahtwerden jeder Person und konstituiert ihre unveräußerbare Würde und Freiheit jenseits aller Unterschiede (vgl. Müller-Friese 1996, 150–160).

Katholischerseits hat die Kommission »Bildung und Erziehung« der Deutschen Bischofskonferenz im Jahre 1992 das Grundlagenpapier »Zum Religionsunterricht an Sonderschulen« veröffentlicht. Dazu kommen zwei »Grundlagenpläne« für den »Religionsunterricht an Schulen für Lernbehinderte/Förderschulen« (1991) und für den »Religionsunterricht an Schulen für Geistigbehinderte« (1999). Beide sind einer schülerorientierten Didaktik verpflichtet.

Vom gesellschaftlichen Umfeld legt sich eine vermehrte Beachtung und Wertschätzung von Menschen mit Behinderungen nahe. Denn noch immer bestehen Ausgrenzungen und Vorurteile, die sich zu verheerenden Gewalttätigkeiten steigern (können), und immer noch geistert das Gespenst »lebensunwertes Leben« herum. – Gegenüber solchen Tendenzen bildet der Sonderschulreligionsunterricht ein gewisses Gegengewicht.

2 Spezifische Konturen

Der Sonderschulreligionsunterricht ist wie der Religionsunterricht überhaupt am Kind bzw. am Jugendlichen orientiert. Damit ist keine Abwertung der Inhalte intendiert, wohl aber eine Elementarisierung komplexer Themen. Die Kinder stehen in der Mitte (vgl. Mk 9,36); sie sind Subjekte des religiösen Lernens. Mit Recht spricht Hans-Jürgen Röhrig (1999) von einem »Perspektivwechsel zu einer subjektorientierten Religionsdidaktik«.

Diese Ausrichtung erfordert zum einen die Berücksichtigung der spezifischen Behinderungsformen, zum andern eine grundsätzliche Auseinandersetzung mit der Bedeutung und dem Gebrauch des Begriffs »Behinderung«. Feststellbar ist dabei ein Wandel von einer Defizienzkonnotation (Behinderung als Mangel, als Makel) zu einer wertneutralen Umschreibung als Beeinträchtigung. Weil mit dem Gebrauch des Begriffs »behindert« das Unterscheidende mehr Gewicht bekommt als das mit anderen Gemeinsame, wird stets von Kindern bzw. Jugendlichen »mit Behinderung« gesprochen. Die Redeweise »behindert« bewirkt leicht eine gesellschaftliche Marginalisierung, weshalb mehr der Förderaspekt oder die Unterstützungsmöglichkeiten im Unterricht in den Vordergrund gerückt werden. So hat die Bezeichnung »Schule zur individuellen Lernförderung« die frühere Bezeichnung »Schule für Lernbehinderte« abgelöst. Statt einer Festlegung tritt das dynamische Potenzial in den Vordergrund und trägt zur Vermeidung gesellschaftlicher Stigmatisierungsprozesse bei. Damit werden die ideologischen Vereinfachungen »Gesundheit = Glück« und »Behinderung = Unglück« verlassen. Menschen dürfen weder einseitig an der Leistung noch an ihrer Rationalität gemessen werden. Kinder mit Behinderungen sind keine »Ballastexistenzen«, sondern ermöglichen durch ihre Andersheit vielfältige Sinnerfahrungen.

Der Sonderschulreligionsunterricht muss die mit den jeweiligen Behinderungen gegebenen spezifischen Situationen und Entwicklungsmöglichkeiten ernst nehmen und die Lernprozesse entsprechend gestalten. Die nach physischen Behinderungen eingeteilten neun Fachgebiete der Sonderpädagogik können dabei hilfreich sein, nämlich die Aufteilung in (1) blinde und (2) sehbehinderte Kinder, in (3) gehörlose und (4) hörbehinderte Kinder, (5) in lernbehinderte, (6) verhaltensauffällige oder erziehungsschwierige Kinder, (7) in sprachbehinderte, (8) körperbehinderte und (9) in geistig behinderte bzw. praktisch bildbare Kinder. Doch müssen für den Sonderschulreligionsunterricht ebenso die psychischen und sozialbedingten spezifischen Situationen einbezogen werden. Auch Kinder mit mehrfachen Behinderungen sind zu berücksichtigen. Insgesamt lebt der Sonderschulreligionsunterricht von der Dichte menschlicher Beziehungen, sowohl zwischen den Schülerinnen und Schülern als auch zu den Lehrpersonen. Eine bestehende Lerngruppe kann auch deshalb für den Sonderschulreligionsunterricht sinnvoller sein als die rigide Beachtung des Konfessionalitätsprinzips.

3 Aufgaben und Ziele

Die leidvolle Praxis, Kinder und Jugendliche mit Behinderungen von Eucharistie und Firmung bzw. von der Konfirmation fern zu halten, belegt einen einseitig kognitiven Glaubensbegriff. Intuitive, affektive, soziale und kreative Dimensionen religiösen Lernens werden dabei unterbewertet, was gerade diesen Kindern nicht gerecht wird und die religionsdidaktischen Postulate nach ganzheitlichem, erfahrungsorientiertem und erlebnisverwurzeltem religiösen Lernen vernachlässigt.

Sonderschulreligionsunterricht hat die primäre Aufgabe und das Ziel, jungen Menschen einen Lebens- und Erfahrungsraum zu bieten. Er weiß um die innere Unruhe aller Menschen (vgl. Augustinus, Bekenntnisse 1) und um die große Sehnsucht nach unbedingtem Angenommensein. Deshalb zielt er insgesamt und durch alle Lernvorgänge und über alle partiellen Zuwendungen hindurch auf die Grunderfahrung, vorbehaltlos erwünscht, akzeptiert und geliebt zu sein.

Diese Grunderfahrung ermöglicht das Erreichen weiterer Ziele wie die Subjektwerdung, die Identitätsbildung und die »Selbstverwirklichung in sozialer Integration« (Die deutschen Bischöfe 1992, 20). Im Kontext eines Sonderschulreligionsunterrichts, verstanden als Lebenshilfe, sollen im Anschluss an Otto Speck folgende *personorientierten Ziele und Aufgaben* genannt werden (vgl. Speck 1975, 426):

- Ichfindung, Ichstützung und Optimierung in der Bewältigung individueller Lebenserschwernisse;
- Anregung und Förderung elementarer Fähigkeiten und Gestaltung offener Lebensmöglichkeiten;
- Erschließung der erfahrbaren Welt und sinngebende Weltdeutung;
- Gewinnung von Lebenszuversicht und Vertrauen in die Zukunft.

Für den *sozialen Bereich* seien folgende Ziele und Aufgaben genannt:

- soziale Integration durch offene Kommunikation, Partnerschaft und Solidarität;
- Erleben sozialer Geborgenheit in der Lerngruppe;
- Erlernen sozialer Rollen und Übernahme von Verantwortung;
- aktive Lebensgestaltung am sozial-kulturellen Leben.

Im Kontext eines »integrativen« Konzeptes, in dem Kinder mit und ohne Behinderungen gemeinsam lernen, zielt der Sonderschulreligionsunterricht auf »Akzeptanz der Unterschiede zwischen Individuen und zugleich auf die Überwindung der an der Unterschiedlichkeit gesellschaftlich festgemachten Behinderungen« (Müller-Friese 1996, 137).

4 Didaktische Schwerpunkte

In Bezug auf das Lernarrangement wird Sonderschulreligionsunterricht die spezifischen Situationen in den je verschiedenen Lerngruppen sensibel wahrnehmen und die Didaktik, wie sie in anderen Fächern der jeweiligen Sonderschule realisiert wird, beobachten. Sie kennt keinen Methodenmonismus und hält kein methodisches Prinzip für allgemein gültig. Vielmehr verbinden sich Situation, Schüler, Ziel, Inhalt und Lernweg zu einer Einheit. Gewiss wird das Erbe der Reformpädagogik Priorität einnehmen mit dem Prinzip ganzheitlichen Lernens mit Kopf, Herz und Hand, dem Arbeitsschulgedanken mit dem Prinzip der Selbsttätigkeit, ja überhaupt ein handlungsorientiertes religiöses Lernen, das die Planung und Evaluation ebenso gewichtet. Bei der Erarbeitung komplexer Themen ist das Prinzip der Elementarisierung in doppeltem Sinne anzuwenden: zum einen durch Vereinfachung des Komplexen auf das Elementare und zum anderen durch Erarbeitung von Strukturen, die für die Kinder lebensrelevant sind (vgl. Ebner 1984). Der Sonderschulreligionsunterricht muss oft mit der Beeinträchtigung eines Sinnes rechnen, weshalb er versuchen wird, mit den anderen Sinnen zu lernen und die Lernumgebung möglichst anregend zu gestalten. Ferner ist eine Rhythmisierung des Unterrichts zu planen, wo sich Klassenunterricht, Gruppenarbeiten und individualisiertes Lernen stimmig abwechseln und die emotionalen wie sozialen Bedürfnisse der Schülerinnen und Schüler beachtet werden. Freiarbeit und Projektunterricht empfehlen sich ebenso wie die kontinuierliche Beschäftigung mit Symbolen oder die kreative Verarbeitung biblischer Texte.

Für den Sonderschulreligionsunterricht in christlicher Perspektive ist die alters- und entwicklungsgemäße Erschließung eines Zugangs zu Jesus Christus zentral. Dabei sind die Bilder »Freund«, »Vater«, »Hirte«, »Heiland«, »Retter«, »Erlöser« und »Befreier« mit Bedacht zu wählen und auch einschlägige biblische Stellen dazu.

Die Gottesfrage darf nicht ausgeklammert, sondern soll in verschiedenen Zusammenhängen thematisiert werden, etwa bei den Themen Schöpfung, Sinnfrage, innerhalb einer theologischen Anthropologie, den Sakramenten und Themen wie Liebe und Freundschaft. Sowohl die Gottesfrage wie auch Jesus Christus sind zunehmend in interreligiöser Perspektive anzugehen. Gemeinsamkeiten und Unterschiede in den Religionen sind wahrzunehmen und die Auseinandersetzung mit dem eigenen Glauben ist zu fördern. Ein integrierter Medieneinsatz mit Verarbeitung des Erlebten kann nachhaltige Vertiefung bewirken.

Literatur

Beuers, Christoph, Die frühe religiöse Sozialisation von Kindern mit geistiger Behinderung. Essen 1996.

Die deutschen Bischöfe (Hg.), Zum Religionsunterricht in Sonderschulen, verf. von der Kommission für Erziehung und Schule Nr. 11. Bonn 1992.

Ebner, Roland, Elementarisierung im Religionsunterricht für Lernbehinderte. Würzburg 1984.

Häberlin, Urs, Heilpädagogik als wertgeleitete Wissenschaft. Ein propädeutisches Einführungsbuch in Grundfragen einer Pädagogik für Benachteiligte und Ausgegrenzte. Bern u.a. 1996.

Leimgruber, Stephan, Schulischer Religionsunterricht mit behinderten Kindern. In: RpB 39 (1997) 141–149.

Müller-Friese, Anita, Miteinander der Verschiedenen. Theologische Überlegungen zu einem integrativen Bildungsverständnis (Forum zur Pädagogik der Religion 13). Weinheim 1996.

Müller-Friese, Anita, Religionsunterricht in integrierten Klassen. In: Adam, Gottfried/Pithan, Annabelle, Integration. Münster 1993, 105–125.

Röhrig, Hans-Jürgen, Religionsunterricht mit geistigbehinderten Schülern – aber wie? Perspektivenwechsel zu einer subjektorientierten Religionsdidaktik. Neukirchen-Vluyn 1999.
Speck, Otto, Religionspädagogische Erfordernisse aus der Sicht der Behindertenpädagogik. In: HRP 3 (1975) 420–434.
Thoma, Reinhard, Religiöse Erziehung in den Anstalten für Geistesschwache. Bonn/Frankfurt 1998.

STEPHAN LEIMGRUBER

IV.3.10 Konfessionell-kooperativer Religionsunterricht

→ I.2 Pädagogische Grundbegriffe – religionspädagogische Grundmuster
→ I.3 Religiöse Bildung zwischen Subjekten und Strukturen
→ I.8 Ziele religionspädagogischen Handelns
→ II.4.4 Entwicklung und Identität
→ III.3.4 Ökumenisches Lernen/Lernen im Horizont der Einen Welt
→ IV.3.4 Religionsunterricht in staatlichen Schulen

1 »Ökumenischer Religionsunterricht« oder »konfessionelle Kooperation«?

Der relativ junge Begriff »konfessionell-kooperativer Religionsunterricht« birgt für zahlreiche Religionslehrerinnen und -lehrer auf den ersten Blick nichts Neues, wird doch Religionsunterricht insbesondere an Berufsschulen, Sonderschulen sowie in manchen Grundschulen längst »gemeinsam« erteilt. Häufig gibt dabei eine Lehrkraft *der einen* Konfession Religionsunterricht für Schülerinnen und Schüler *aller* christlichen Konfessionen. Dabei geht es meist um eine Praxis, die sich in der »Grauzone« jenseits staatlicher und kirchlicher Regelungen bewegt und die aus schulorganisatorischen Gründen (z.B. Lehrerversorgung oder ungleiche konfessionelle Verteilung der Schüler, nicht konfessionell gebundene Schüler) eingeführt wurde. Seit gut einem Jahrzehnt ist verstärkt die Bemühung zu beobachten, diese Form des Religionsunterrichts aus dem rechtlich unsicheren Bereich herauszuholen. Auch theologische bzw. religionspädagogische Überlegungen lassen darüber hinaus den konfessionell-kooperativen Religionsunterricht nicht nur sinnvoll, sondern notwendig erscheinen.

Anfang der 1990er-Jahre taucht der Begriff der »konfessionellen Kooperation bzw. Zusammenarbeit im Religionsunterricht« in Vereinbarungen von evangelischen und katholischen Schulreferenten auf, ebenso in religionspädagogischen Zeitschriften mit konkreten Unterrichtsvorschlägen (vgl. Schlüter 2000, 135). Kirchenamtlich rezipiert und geschärft wird er in je unterschiedlicher Akzentuierung in der EKD-Denkschrift von 1994 »Identität und Verständigung« sowie in dem Wort der deutschen Bischöfe von 1996 »Die bildende Kraft des Religionsunterrichts« (die hierzu entscheidenden Passagen sind abgedruckt in: Frieling/Scheilke 1999, 94–119). Beide Papiere halten am konfessionell gebundenen Religionsunterricht fest, der allerdings »ökumenisch auszurichten« bzw. »in ökumenischem Geist« zu erteilen ist. Bei aller Verschiedenheit insbesondere beim Bildungsbegriff und beim Kirchenverständnis *empfehlen* beide Verlautbarungen die konfessionelle Kooperation im Religionsunterricht. Die 1998 von der EKD gemeinsam mit der Deutschen Bischofskonferenz veröffentlichte kurze Stellungnahme »Zur Kooperation von Evangelischem und Katholischem Religionsunterricht« (abgedruckt in Frieling/Scheilke 1999, 124–127) führt konkrete Formen der Kooperation auf der Ebene der schulischen Praxis (z.B. Zusammenarbeit bei der Themenwahl, zeitweiliges gemeinsames Unterrichten von evangelischer und katholischer Lehrkraft, gemeinsame Unterrichtsprojekte), der Schulverwaltung sowie der Lehreraus- und -fortbildung auf.

Sowohl die kirchliche und religionspädagogische Diskussion als auch die tatsächliche Praxis des konfessionell-kooperativen Religionsunterrichts hat zu einer Vertiefung der Diskussion um den »ökumenischen Religionsunterricht« geführt, wobei dieser Begriff zumindest missverständlich ist. Während sich der Terminus »ökumenisches Lernen« weitgehend durchsetzt, kann »ökumenischer Religionsunterricht« als christlicher Einheitsunterricht gedeutet werden, der die konfessionellen Profile einebnet, Themen wie z.B. »Maria« oder »Heilige« übergeht, Unterschiede vernachlässigt und nur gemeinsame, z.B. biblische und soziale Themen kennt. Gegen ein solches Verständnis sprechen theologische wie pädagogische Überlegungen.

2 Wechselseitige Anerkennung in Wahrhaftigkeit

In der weltweiten ökumenischen Bewegung wurden unterschiedliche theologische Modelle erarbeitet, wie die Einheit der Kirchen neu formiert werden könnte. In jüngster Zeit zeichnet sich ab, dass Konsenstheorien und universalistische Einheitsbestrebungen illusionär bleiben. Nicht Verschmelzung und Vereinheitlichung sind realistische ökumenische Zielvorstellungen, sondern vielmehr Gemeinschaftsmodelle, die die Verschiedenheit der einzelnen konfessionellen Wege anerkennen. Formeln wie »Einheit in Verschiedenheit«, »Einheit in Vielfalt« oder »differenzierter Konsens« spiegeln das Ringen um ein Ökumeneverständnis, das Gegensätze zwischen den Konfessionen (die bereits im NT grundgelegt sind) auszuhalten, gleichzeitig aber die Einheit im Glauben an Jesus Christus zu fassen vermag: »Damit wird ein Anstoß gegeben, die Vielfalt nicht mehr von der Einheit her zu denken, sondern – genau umgekehrt – die Einheit von der Vielfalt her« (Schlüter 2000, 76). Von diesen Überlegungen ausgehend fordert Karl Ernst Nipkow »eine ökumenische Hermeneutik der wechselseitigen Anerkennung in *Wahrhaftigkeit*« (Nipkow 1998, 306), die die Unterschiede zwischen den Konfessionen positiv würdigt und gleichzeitig die Gemeinsamkeiten stärkt.

3 Schüler und Konfession – Lichtjahre entfernt?

Im Blick auf die Schülerinnen und Schüler stellt sich zunächst die Frage, ob die kaum vorhandene kirchliche Sozialisation der jungen Generation nicht Anlass sein sollte, den konfessionellen Religionsunterricht grundsätzlich infrage zu stellen. Werden Kinder und Jugendliche durch ihn nicht mit Themen konfrontiert, die für sie völlig irrelevant sind, und Probleme an sie heran getragen, die sie gar nicht haben? Insbesondere für die Grundschule stellen Lehrkräfte die Frage, ob es sinnvoll sei, die Kinder in nach Konfessionen getrennten Gruppen künstlich aufzuteilen, wo doch »Integration« das Hauptziel aller Grundschulpädagogik darstelle. Auf der anderen Seite sind in Sozial- und Erziehungswissenschaften die Grenzen der »Integration« längst deutlich: Integration von Kindern aus den verschiedensten Herkunftsländern und mit unterschiedlichen religiösen, sozialen und kulturellen Voraussetzungen darf nicht in Gleichmacherei und Einheitspädagogik münden. Auch hier sind Modelle der Differenzierung und eine Hermeneutik der Anerkennung des Anderen und Fremden maßgebend. Außerdem kann im Blick auf unterschiedliche Konfessionen von der Schule nichts verlangt werden, was für die kirchliche Realität nicht gilt: Es gibt die Kirchen nur in unterschiedlicher Gestalt. Diese Unterschiede werden auch von Schülerinnen und Schülern wahrgenommen.

Neuere Forschungen zur konfessionellen Kooperation im Religionsunterricht der Grundschule haben gezeigt, dass Kinder bereits von der ersten Klasse an, verstärkt ab der dritten Klasse, in der Lage sind, Vorstellungen von Konfession und konfessionellen Gegebenheiten anfanghaft zu entwickeln (vgl. Schweitzer/Biesinger 2002). Erlebnisse und Beobachtungen (häufig: Taufe eines Geschwisterkindes, Hochzeit, Beerdigung, Betreten eines Kirchengebäudes etc.) werden von den Kindern bewertet, sortiert, in bestehende Konzepte integriert (z.B. Gleichsetzung von Konfession und Nationalität) oder zu neuen Vorstellungen gruppiert. Konfessionell-kooperativer Unterricht kann dabei auf besondere Weise zur Klärung beitragen.

Immer wieder wird religionspädagogisch diskutiert, ob Schüler zuerst in einer Konfession verwurzelt werden und ihre »eigene« konfessionelle Identität finden müssten, um dann in der Lage zu sein, in Austausch mit der *anderen* Konfession zu treten, oder ob der Vorgang nicht genau anders herum konzipiert werden müsse. Inzwischen spricht viel für eine Kombination beider Sichtweisen: »Identitätsfindung als Beheimatung und Identitätsfindung als Begegnung« (Schweitzer 1997, 279).

4 Gemeinsamkeiten und Unterschiede erschließen

Von konfessionell-kooperativem Unterricht kann immer dann gesprochen werden, wenn zwei Lehrkräfte unterschiedlicher Konfession zusammenarbeiten (was nicht immer heißt: zusammen unterrichten) oder wenn die Schülergruppe gemischt-konfessionell zusammengesetzt ist. Dabei ist die Wahl der Kooperationsformen zentral, denn katholische und evangelische Lehrkräfte können auf unterschiedliche Weise kooperieren. So ist z.B. Lehrertausch möglich, wobei einmal die evangelische, einmal die katholische Lehrkraft die konfessionell gemischte oder homogene Religionsgruppe unterrichtet. Auch das gemeinsame Unterrichten der gemischten Lerngruppe (Team Teaching) ist denkbar, wenn dabei die Schülerzahl nicht zu hoch wird. Ebenso sind Planung und Durchführung gemeinsamer Unterrichtsprojekte, Austausch von Kleingruppen zwischen den Religionsklassen, Absprachen bei Vorbereitung und Stoffverteilungsplan Möglichkeiten der Kooperation.

Besonders sinnvoll erscheint ein Wechsel von konfessionell differenzierten und gemeinsamen Phasen. Gelingt es, Schülerinnen und Schüler ins Gespräch über konfessionelle Sachverhalte zu bringen, können in hohem Maße Gemeinsamkeiten und Unterschiede zwischen den Konfessionen erschlossen werden.

Im Blick auf die Elementarisierbarkeit können Zugänge von Seiten der Schüler in den oben erwähnten Erlebnissen und Beobachtungen der Kinder liegen, ebenso in der Konfessionszugehörigkeit ihrer Eltern und Großeltern, die sie veranlassen, weiterzufragen. Unterrichtsversuche und Lehrplananalysen haben gezeigt, dass auch eine Elementarisierung der Inhalte möglich ist (vgl. Scheidler 1999, Böhm 2001).

5 Ausblick

Inzwischen sind in Deutschland einige hundert konfessionell-kooperative Unterrichtsprojekte vorläufig genehmigt und im Gang, insbesondere in Niedersachen und Baden-Württemberg. Kirchenpolitische Entscheidungen über deren Fortführung oder gar flächendeckende Einführung stehen an. Dazu sind weitere Forschungen nötig, aber vor allem die Einsicht, dass konfessionell-kooperativer Religionsunterricht für alle Beteiligten ein Gewinn ist.

Literatur

Böhm, Uwe, Ökumenische Didaktik. Ökumenisches Lernen und konfessionelle Kooperation im Religionsunterricht deutschsprachiger Staaten. Göttingen 2001.

Frieling, Reinhard/Scheilke, Christoph Th. (Hg.), Religionsunterricht und Konfessionen. Göttingen 1999.

Nipkow, Karl Ernst, Bildung in einer pluralen Welt, Bd. 2: Religionspädagogik im Pluralismus. Gütersloh 1998, 302–358.

Scheidler, Monika, Didaktik ökumenischen Lernens – am Beispiel des Religionsunterrichts in der Sekundarstufe (Tübinger Perspektiven zur Pastoraltheologie und Religionspädagogik 1). Münster 1999.

Schlüter, Richard, Konfessioneller Religionsunterricht heute? Hintergründe – Kontroversen – Perspektiven. Darmstadt 2000.

Schweitzer, Friedrich/Biesinger, Albert (in Zusammenarbeit mit Reinhold Boschki, Claudia Schlenker u.a.), Gemeinsamkeiten stärken – Unterschieden gerecht werden. Konfessionelle Kooperation im Religionsunterricht der Grundschule. Freiburg/Gütersloh 2002.

Schweitzer, Friedrich, Identitätsbildung durch Beheimatung oder Begegnung? In: EvErz 49 (1997) 266–279.

REINHOLD BOSCHKI / CLAUDIA SCHLENKER

IV.3.11
Alternative Organisationsformen (LER, Multi-faith Approach)

→ I.4 Die Bildungsverantwortung der Kirche in Staat und Gesellschaft
→ I.7 Religionspädagogik im internationalen Vergleich
→ II.3.1 Gesellschaft und Religion
→ II.3.3 Interkulturalität
→ III.4.1 Pluralität und Pluralismus

Als alternative Organisationsformen zum Religionsunterricht sollen zwei Modelle angeführt werden, die sich auf die veränderten Lernbedingungen einstellen: Das Fach Lebensgestaltung – Ethik – Religionskunde (LER) in Brandenburg für eine weitgehende säkularisierte Situation und der Multi-faith Approach der Religious Education für eine multikulturelle Gesellschaft in England.

1 Lebensgestaltung – Ethik – Religionskunde (LER)

Die Einrichtung des Schulfaches LER 1996 im Land Brandenburg ist das Ergebnis eines Bildungsprozesses, der seinen Ausgang in den Veränderungen der DDR seit 1989 genommen hat. An den Runden Tischen der Volksbildung bestand weitgehend Konsens darin, dass die bisherigen Defizite in der ethischen und religiösen Schul-Bildung aufgehoben werden müssen. Vor allem die »Volksinitiative Bildung« in Berlin hat für ein neues Schulfach »Lebensgestaltung/Ethik« plädiert, das den Lernenden Orientierung und Lebenshilfe unter Berücksichtigung ethischer und religiöser Fragestellungen ermöglicht. Eine entsprechende Empfehlung an alle neuen Bundesländer wurde nur vom Land Brandenburg aufgegriffen. Es hat sich nach einem wissenschaftlich begleiteten Modellversuch (1992–1995; vgl. Leschinsky 1996) und einem einjährigen Schulversuch (1995/1996) für die Einführung von LER als ordentlichem Pflichtfach entschieden und nicht für einen Religionsunterricht. Vorschriften (1996) sehen eine Abmeldung von LER auf Antrag vor, »wenn ein wichtiger Grund dies rechtfertigt«, wofür bekenntnisgebundener Religionsunterricht gewählt werden kann, wenn er von den Religionsgemeinschaften – auch in den Schulen – angeboten wird. Ist das nicht möglich, soll Unterricht im Lernbereich Gesellschaftslehre erteilt werden, sodass damit die Abwahl jeglicher religionskundlicher Inhalte möglich ist.

Verfassungsrechtlicher Hintergrund ist Art. 141 GG, wonach Satz 1 des Art. 7,3 GG keine Anwendung findet in einem Land, in dem am 1.1.1949 eine andere Regelung für den Religionsunterricht als die eines ordentlichen Lehrfaches an bekenntnisfreien Schulen bestand (»Bremer Klausel«, die auch für West-Berlin galt). Die Brandenburger Regierung hielt es u.a. deshalb nicht für angemessen, Religionsunterricht als ordentliches Fach – auch nicht als (Wahl-)Pflichtalternative zu Lebensgestaltung oder Ethik – an den Schulen nach Art. 7,3 GG einzurichten, weil nur ca. 30% der Bevölkerung den Religionsgemeinschaften angehörten. Unabhängig davon ist die juristische Frage umstritten, ob Art. 141 GG zu Recht dafür in Anspruch genommen werden kann, generell auf Religionsunterricht zu verzichten, wenn es ihn 1949 nicht gegeben hat.

Die Aufgabe des Faches LER wird aus dem Bildungs- und Erziehungsauftrag der Schule hergeleitet: Es soll »Schülerinnen und Schüler in besonderem Maße darin unterstützen, ihr Leben selbstbestimmt und verantwortlich zu gestalten und ihnen helfen, sich in einer demokratischen und pluralistischen Gesellschaft mit ihren vielfältigen Wertvorstellungen und Sinnangeboten zunehmend eigenständig und urteilsfähig zu orientieren. Das Fach dient der Vermittlung von Grundlagen für eine wertorientierte Lebensgestaltung, von Wissen über Traditionen philosophischer Ethik und Grundsätzen ethischer Urteilsbildung sowie über Religionen und Weltanschauungen« (BbgSchulG § 11,2). Es soll bekenntnisfrei, weltanschaulich und religiös neutral, jedoch nicht wertneutral unterrichtet werden. Die Wertorientierung beruft sich auf einen Wertekonsens der Verfassungen und der Grund- und Menschenrechte. Der Lebensgestaltung dienende Ziele sind Selbstverantwortlichkeit und Identitätsbildung, Fähigkeiten des Zusammenlebens und der Beziehung zu anderen, ethische Urteilsbildung für Konfliktlösungen, Verständnis und Toleranz und Reflexionsfähigkeit.

Didaktischer Leitgedanke ist der integrative Ansatz des Faches, der die drei Dimensionen Lebensgestaltung, Ethik und Religion miteinander verschränkt: Die Lebenswelt der Lernenden, moralische Urteilsfähigkeit und religionskundliches Wissen sollen möglichst in allen Lernfeldern vorkommen, auch wenn sich nicht bei allen Themen eine gleiche Gewichtung nahe legt. Die Entscheidung liegt wesentlich bei den Lehrkräften. Die religionskundlichen Anteile sind variabel einzubringen, auch wenn der Themenkomplex »Christentum« aus dem Lernfeld »Deutungen von Welt und Existenz« verbindlich gemacht wird. Methodisch ist die Öffnung für sachkundige Personen und außerschulische Lernorte möglich, jedoch nicht zwingend, wenn Dialog, konstruktiver Diskurs, Authentizität und ganzheitliches Erleben im Unterricht gewährleistet sind.

An das Brandenburger Modell stellen sich Fragen in mehrfacher Hinsicht: Kann sich das lebensgestaltende Profil des Fachs gegenüber einem Ethikunterricht (mit ähnlichen Curricula) behaupten, der die Alternative des Religionsunterrichts belässt und nicht aufhebt? Genügen die religionskundlichen Anteile in ihrer Reduktion dem positiven Grundrecht der Religionsfreiheit und kann der erlebnis- und handlungsbezogene Anspruch des Faches eingelöst werden, ohne mit der negativen Religionsfreiheit zu konkurrieren, die gerade die Konfessionslosen beanspruchen? Kann LER den Nachweis erbringen, dass Wertorientierung weltanschaulich neutral möglich ist? Ist der säkularisierten Situation so weit zu entsprechen, dass die bisher kulturprägenden religiösen Traditionen im öffentlichen Bildungsprogramm der Schulen vernachlässigt werden können? Sollte in der pluralen Gesellschaft statt einer Vereinheitlichung der Vielfalt nicht gerade die differenzierende Vielfalt profiliert werden?

Wie auch Entscheidungen und Entwicklungen verlaufen: Durch LER sind Staat und Religionsgemeinschaften herausgefordert, den öffentlichen Bildungsauftrag der Religionen neu zu bedenken.

(*Raimund Hoenen*)

2 Multi-faith Approach

Immer wieder wurde in der religionspädagogischen Konzeptionendebatte auch ein Blick über die Grenzen gewagt; so hat gerade *Religious Education* in England besondere Aufmerksamkeit erfahren. Dies mag u.a. daran liegen, dass die Verfasstheit dieses Faches eine ganz andere ist als in Deutschland: Ursprünglich als *Religious Instruction* konzipiert, in dem christliche Schülerinnen und Schüler aller Konfessionen (denominations) im Glauben unterwiesen werden, hat sich Religious Education heute de facto zu einem Fach entwickelt, in dem alle Religionen auf Schüler- wie auf Lehrerseite vertreten sind.

Der veränderten Schulwirklichkeit wurde auch im konzeptionellen Denken über Religious Education Rechnung getragen, indem sich ein Wechsel vollzog vom *Confessional Approach* oder *Dogmatic Approach* hin zu einem *Multi-faith Approach*. Der deutschsprachigen Diskussion stets einige Jahre voraus, kam diese Entwicklung u.a. zustande durch die Rezeption soziologischer (z.B. H. Loukes: Teenage Religion) und psychologischer Erkenntnisse (z.B. R. Goldman: Readiness for Religion) sowie veränderte gesellschaftliche Gegebenheiten (Immigration farbiger *British Citizens* aus dem Commonwealth). Die Linie lässt sich verfolgen über eher wissenschaftsorientierte hin zu stark schülerorientierten Ansätzen.

Die entscheidende Wende hin zum *Multi-faith Approach* vollzog sich jedoch aufgrund einer Publikation des Schools Council: *»Religious Education in Secondary Schools«* (1971). Sie war Ergebnis eines Projektes an der Universität von Lancaster unter der Leitung des Religionswissenschaftlers Ninian Smart. In seinem phänomenologischen Ansatz wird Religion als Erscheinung betrachtet, die sich in vielerlei Weisen manifestiert (»Welt«-Religionen, aber auch z.T. quasi-religiöse Weltanschauungen). Das Verstehen der Religion des Andersgläubigen unter der Prämisse einer weitestmöglich positiven Beurteilung könne nur gelingen, wenn Religious Education über die bloße Informationsvermittlung und Schilderung der Phänomene (*Explicit Religion*) hinauskomme und zu den religiösen Erfahrungen (*Implicit Religion*) gelange: »Religion can not be understood simply from outside. It is like stained-glass windows in the cathedrals. You see them from outside, and they are nothing, grey and colourless. You see them from inside, and they are wonderful, full of life and colour. Unless they are understood as seen from the inside religious dogmas and rituals seem grey and sapless, if not absurd« (Religious Education in Secondary Schools 1971). Die Aufgabe der Lehrkräfte sei es nun, jene beeindruckende »Innensicht« der Religionen zu vermitteln. Diesen hohen Ansprüchen des Faches steht bis heute bei den meisten Lehrkräften jedoch nur eine verhältnismäßig geringe Qualifizierung gegenüber. Das geistige wie gefühlsmäßige Erfassen des äußeren wie des inneren Wesens von Religion unterscheidet den phänomenologischen Ansatz von einer rein objektiven Religionskunde.

Dass sich der *Multi-faith Approach* sehr schnell durchsetzen konnte und bald auch in Lehrplänen (*Agreed Syllabuses*) Niederschlag fand, war nicht zuletzt der Offenheit und Dialogbereitschaft der Kirchen sowie den Bemühungen der *»SHAP Working Party on World Religions in Education«* zuzuschreiben, obwohl eine theologische Fundierung z.B. in einer pluralistischen Religionstheologie noch nicht stattgefunden hatte und erst langsam greift.

Hinter die Grundeinsichten und Maßgaben des *Multi-faith Approach* kann heute in England keine Konzeption mehr zurück. In seinem Bemühen, äußere Verfasstheit (multi-kulturelle Situation) und innere handlungsleitende Prinzipien (z.B. *welcoming acceptance*, »Erziehung für alle«, Bereicherungsmöglichkeiten) stimmig aufeinander zu beziehen, hat dieser Ansatz auch anregend (z.B. Weltreligionendidaktik) und beispielgebend (z.B. »Religionsunterricht für alle« in Hamburg) für die deutschsprachige Diskussion gewirkt.

Dem Hauptanliegen des *Multi-faith Approach*, anderen Glaubensweisen mit Verständnis und Sympathie zu begegnen (also keine Glaubensvermittlung), steht das offene Problem einer Identitätsverunsicherung bzw. -stiftung gegenüber, insbesondere wenn eine spezifisch religiöse Sozialisation bei immer weniger Kindern und Jugendlichen vorausgesetzt werden kann. Mittel und Wege der Begegnung mit Weltreligionen im Unterricht werden jedoch weiterhin auch für einen wie in Deutschland verfassten Religionsunterricht interessant sein.

(*Werner Haußmann*)

Literatur

Fauth, Dieter, Religion als Bildungsgut. 2 Bde. Würzburg 1999, 2000.
Haußmann, Werner, Dialog mit pädagogischen Konsequenzen. Ein Vergleich der Entwicklungen in England und der Bundesrepublik Deutschland. Hamburg 1993.
Hull, John M., Studies in Religion and Education. London 1984.
Leschinsky, Achim u.a., Vorleben oder nachdenken? Frankfurt/M. 1996.
Meyer, Karlo, Zeugnisse fremder Religionen im Unterricht. »Weltreligionen« im deutschen und englischen Religionsunterricht. Neukirchen-Vluyn 1999.
Nipkow, Karl Ernst, Bildung in einer pluralen Welt. Bd. 2: Religionspädagogik im Pluralismus. Gütersloh 1998, 448–479.

RAIMUND HOENEN / WERNER HAUSSMANN

IV.3.12 Philosophie-/Ethikunterricht und Religionsunterricht

→ I.7 Religionspädagogik im internationalen Vergleich
→ II.3.1 Gesellschaft und Religion
→ III.2.3 Ethisches und soziales Lernen
→ IV.3.1 Schule – Schulentwicklung – Schulkultur
→ IV.3.11 Alternative Organisationsformen (LER, Multi-faith Approach)

1 Ethikunterricht in Europa

Seit dem 16. Jh. wurde eine identitätsbildende Sinnorientierung in der schulischen Erziehung Europas durch Religion und Ethik gewährleistet, für die schon Martin Luther eine staatliche Verantwortung gefordert hatte. Während das Fach Religion bis auf wenige Ausnahmen, wie z.B. Frankreich, seit der Reformation Bestandteil des obligatorischen Fächerkanons fast aller europäischen Curricula ist, durchlebte das Fach Ethik eine wechselvolle Geschichte mit einer anderen Begründung (vgl. Brüning 1999).

Der Religionsunterricht hat seinen festen Bezugspunkt in den Gottesvorstellungen, Weltanschauungen, Menschenbildern und Moralauffassungen der einzelnen Religionen oder Konfessionen. Demgegenüber gehören zu den *Gegenständen* und *Grundlagen* des Fachs Ethik, das sich ähnlich wie das Fach Religion mit Sinn-, Norm-, Wert- und Deutungsfragen menschlichen Zusammenlebens beschäftigt, sowohl sozialwissenschaftliche und psychologische als auch philosophische Traditionen. Der Gegenstandsbereich des Fachs kann also im Unterschied zum Religionsunterricht nicht definitiv eingegrenzt und auf bestimmte religiöse oder andere Ontologien zurückgeführt werden. Ethikunterricht lässt sich jedoch in Anlehnung an den deutschen Bildungsphilosophen Paul Barth als ein Fach charakterisieren, das seine Inhalte »aus den Realitäten des Lebens und der Welt herleitet« (Barth 1929, 11), d.h. die normative Dimension unterschiedlicher Handlungsbereiche fokussiert.

Diesem lebensweltlich ausgerichteten und an unterschiedlichen Bezugswissenschaften orientierten Anspruch folgt die *Gestaltung des Fachs* auch in der gegenwärtigen europäischen Schullandschaft. In den romanischen Staaten Frankreich, Italien und Spanien ist ethische Bildung Bestandteil des Fachs Staatsbürgerliche Bildung (éducation civique, educazione civica, educación civica), das in eine sozialwissenschaftliche Fächergruppe gemeinsam mit Geographie und Geschichte integriert wurde. Den Schwerpunkt der Staatsbürgerlichen Bildung bildet die Erziehung zu politischer Moralität. Heranwachsende sollen sich in erster Linie mit Grundwerten wie Gerechtigkeit, Autonomie und Demokratie sowie Rechten und Pflichten von Staatsbürgern, aber auch mit traditionellen Problemkreisen der Philosophischen Ethik wie Freiheit, Freundschaft oder Glück beschäftigen. Diesem Modell folgen auch die Tschechische Republik sowie in modifizierter Form Großbritannien und in der Bundesrepublik Deutschland als spezielle Variante Nordrhein-Westfalen. Im nordrhein-westfälischen Kerncurriculum des Modellversuchs »Praktische Philosophie« für die Klassen 9/10 widmen sich drei von sieben Themenbereichen dem Zusammenhang von Staat, Wirtschaft und Recht bzw. Natur und Technik sowie Medien und Gesellschaft; eine Kooperation mit den Fächern Geographie und Geschichte wird empfohlen.

In Großbritannien existiert Ethikunterricht nicht als selbstständiges Fach im unteren Sekundarbereich, sondern in Form von fächerübergreifendem Unterricht als »education for citizenship«. Curriculare Orientierungshilfen geben u.a. Anregungen für die Entwicklung von Reflexionsfähigkeiten und moralischer Kompetenz. Damit knüpft die »education for citizenship« an die Traditionen von John Locke (Gedanken über Erziehung) an, der ethische Bildung von Kindern und Jugendlichen durch differenzierte Erfahrungen in unterschiedlichen Lebenssituationen auf der Grundlage von »habits of thinking« realisieren wollte.

In der Russischen Föderation und der Slowakischen Republik haben die Fächer Ethische Grammatik (eticeskaja grammatika) und Ethische Erziehung (etická výchova) den Status eines selbstständigen Unterrichtsfachs bzw. eines Wahlpflichtfachs als Alternative zum Religionsunterricht. Beide Staaten wiesen als ehemals sozialistische Staaten der ethischen Bildung bisher die Aufgabe zu, die junge Generation als Trägerin der sozialistischen Gesellschaft im Geiste der Prinzipien sozialistischer Moral zu erziehen, d.h. gegenüber der jungen Generation wurde die Forderung erhoben, persönliche Bedürfnisse und Interessen einer staatlich verordneten kollektiven Normativität unterzuordnen, deren wesentliches Charakteristikum die Homogenität sozialistischer Wertvorstellungen war. Demgegenüber stellen die aktuellen Ethik-Lehrpläne die Orientierung an pluralen Wertvorstellungen und die Entwicklung ethischer Urteilsfähigkeit in den Vordergrund (vgl. Brüning 1999, 155–180).

(*Barbara Brüning*)

2 Ethikunterricht in der Bundesrepublik Deutschland

2.1 Rahmenbedingungen

In der Bundesrepublik Deutschland gibt es Ethikunterricht – als Sammelbezeichung für staatlich verantworteten Unterricht, der alternativ zum Religionsunterricht angeboten wird – erst seit den 1970er-Jahren. Als die Zahl der Abmeldungen vom evangelischen oder katholischen Religionsunterricht stieg, ebenso die Zahl der Religionslosen sowie die Zahl Angehöriger anderer Religionsgemeinschaften, wurde beginnend in den südwestlichen Bundesländern ein Ethikunterricht als »Ersatzunterricht« eingerichtet. Als Folge soziologischer Verschiebungen und fortschreitender Säkularisierung zeigte sich, dass der Staat seinerseits darauf angewiesen ist, dass an den Schulen ein ethischer Minimalkonsens vermittelt wird, ohne die Religionsfreiheit infrage zu stellen. Die Notwendigkeit einer Alternative zum Religionsunterricht ergab sich erst recht nach der politischen Wende 1989 für die östlichen Bundesländer, in denen die Tradition des schulischen Religionsunterrichts gänzlich abgerissen war. In ihnen wird das Wahlpflichtmodell bevorzugt (beispielhaft Sachsen-Anhalt); weitere Modelle (besonders das einer »Fächergruppe«) werden diskutiert, weil sie die Kooperation zwischen Ethikunterricht und Religionsunterricht fördern könnten.

Juristischer Status des Ethikunterrichts und Teilnahmeverpflichtung sind in den Ländern unterschiedlich und teilweise noch nicht abschließend geregelt (vgl. den Bericht der Kultusministerkonferenz vom 10.7.1998); ebenso ist die Bezeichnung aufgrund historischer und regionaler Bedingungen unterschiedlich: »Ethik(unterricht)« in Baden-Württemberg, Hessen, Rheinland-Pfalz, Sachsen, Sachsen-Anhalt, »(Praktische) Philosophie« in Bremen, Schleswig-Holstein, Mecklenburg-Vorpommern, Nordrhein-Westfalen, »Werte und Normen« in Niedersachsen, »Lebensgestaltung – Ethik – Religionskunde« (LER) in Brandenburg u.a. In einer historisch gewachsenen, komplexen Situation dürfte es kein für alle Regionen gleich gut geeignetes Modell und kein Modell ohne Restproblematik geben.

Im Kontext einer Überbetonung naturwissenschaftlich-technischer Bildung und positivistischer Grundeinstellungen ist eine fachlich fundierte Aus-, Fort- und Weiterbildung fast überall erst im Aufbau. In der Regel ist Philosophie die leitende Bezugswissenschaft, in unterschiedlichem Maße ergänzt durch interdisziplinäre, insbesondere religionskundliche Elemente.

2.2 Konzeptionen des Ethikunterrichts

Idealtypisch lassen sich vier Konzeptionen unterscheiden, die sich in den jeweiligen Richtlinien der Länder in unterschiedlichen Mischungen wiederfinden:

(1) *Erziehungskonzepte*, die dem Ethikunterricht die Aufgabe zusprechen, zu moralischem Verhalten zu erziehen, Tugenden einzuüben und Werte zu vermitteln. In ihrem Hintergrund steht meist ein Moralkodex, der zur Norm erklärt und mit dem »dogmatisch« umgegangen wird, oder aber die Annahme einer »Wertegemeinschaft«.

(2) *Lebenshilfekonzepte*, die von den konkreten Erfahrungen, Fragen und Schwierigkeiten der Schüler ausgehen und Hilfestellung geben wollen zur pragmatischen Problemlösung, aber auch zur Identitätsfindung und zur sozialen Integration. Die Lehrenden verstehen sich als Berater ohne normative Vorgaben.

(3) *Erkundungskonzepte*, die sich in unterschiedlicher Mischung an historisch-empirischen Bezugswissenschaften orientieren. Der Unterricht soll vorrangig Wissen aus diesen Bereichen erarbeiten, reflektieren und evtl. in Handlungsmöglichkeiten umsetzen.

(4) *Philosophiekonzepte*, für die die zentrale Tätigkeit die gedankliche Auseinandersetzung mit ethischen, anthropologischen und metaphysischen Grundproblemen, die Erarbeitung von Antworten und Lösungsvorschlägen und deren kritische Prüfung ist. Hauptbezugswissenschaft ist die Philosophie als Reflexionswissenschaft, die einen Argumentationsvorrat sowie Gedankenmuster aus Vergangenheit und Gegenwart bereitstellen kann; sie entspricht seit ihren Anfängen dem genuinen Interesse des Menschen an Selbst- und Weltverständigung, ohne ihn weltanschaulich festzulegen.

Die Begriffe »Wertevermittlung« und »Werteerziehung« sind philosophisch problematisch, da sie einen schwer begründbaren Objektivismus (evtl. auch Monismus) der Werte sowie die Lehrbarkeit von Werthaltungen (vgl. Gatzemeier 1981) unterstellen. Sie vernachlässigen ferner die angestrebte Mündigkeit der Schülerinnen und Schüler; bildungspolitisch haben sie sich allerdings eingebürgert.

2.3 Das Verhältnis von Ethikunterricht und Religionsunterricht

Ethikunterricht dient der Bildung begründeter ethischer und weltanschaulicher Urteile, der Orientierung in Wert- und Sinnfragen, der Persönlichkeitsbildung des Individuums sowie der Dialogkultur und der Toleranz in einer zivilen Gesellschaft. Da Philosophie die unvoreingenommene gedankliche und diskursive Auseinandersetzung mit den Grundlagen des menschlichen Denkens, Handelns und Seins intendiert, ist sie nicht als System oder Lehre und erst recht nicht als Weltanschauung (also auch nicht als Atheismus oder Agnostizismus) zu verstehen, sondern als kritische Reflexion auf der Basis der Vernunft. Der Ethikunterricht als Angebot der öffentlichen Schule kann daher das einerseits notwendige weltanschaulich-neutrale Forum für eine Pluralität von Überzeugungen bieten. Andererseits steht er angesichts dieses Pluralismus unausweichlich in der Spannung des »doktrinalen Tiefenkonflikts« (Höffe 1994, 32): Er kann nicht völlig wertneutral sein, denn er hat gewisse Mindestanforderungen an Gerechtigkeit und Menschenwürde, an Autonomie, Solidarität und Toleranz zu stellen, die in den abendländischen Traditionen der Aufklärung, der jüdisch-christlichen Religionen, des Humanismus und der Arbeiterbewegung stehen, in der Allgemeinen Erklärung der Menschenrechte und im Grundgesetz niedergelegt sind und durch die Reflexion vernünftig begründet werden können (vgl. Raupach-Strey 1998).

Die aus der Binnenperspektive der Religionsgemeinschaft möglicherweise als absolut gültig angesehenen Auffassungen über Welt, Mensch, Transzendenz (Gott) sowie ethische Orientierungsmaßstäbe müssen von philosophischer Reflexion als Möglichkeit offen gelassen werden; als Gegenstand philosophischer Betrachtung wie der dialogischen Verständigung sind sie aber durchweg Bestandteil der Rahmenpläne des Ethikunterrichts. Weder Ethik und Religion noch Ethikunterricht und Religionsunterricht können einander »ersetzen«, vielmehr haben beide Seiten über viele Gemeinsamkeiten hinaus ihr jeweiliges Proprium.

(*Gisela Raupach-Strey*)

Literatur

Barth, Paul, Jugendführung. Grundzüge eines systematischen Moralunterrichts. Leipzig 1929.
Brüning, Barbara, Ethikunterricht in Europa. Leipzig 1999.
Gatzemeier, Matthias, Sollen (Philosophie-)Lehrer Werthaltungen vermitteln? In: Zeitschrift für Didaktik der Philosophie 3 (1981) 123–132.
Höffe, Otfried, Ethikunterricht in einer pluralistischen Demokratie. In: Treml, Alfred K. (Hg.), Ethik macht Schule! Frankfurt/M. 1994, 30–35.
Raupach-Strey, Gisela, Ethik-Unterricht auf philosophischer Basis. In: Deutsche Zeitschrift für Philosophie 46 (1998) 651–668.
Sekretariat der Ständigen Konferenz der Kultusminister der Länder in der Bundesrepublik Deutschland (Hg.), Zur Situation des Ethikunterrichts in der Bundesrepublik Deutschland. Bonn 1998.

BARBARA BRÜNING / GISELA RAUPACH-STREY

IV.3.13 Religionslehrerinnen und Religionslehrer

→ I.2 Pädagogische Grundbegriffe – religionspädagogische Grundmuster
→ I.4 Die Bildungsverantwortung der Kirche in Staat und Gesellschaft
→ I.8 Ziele religionspädagogischen Handelns
→ II.4.1 Lebensgeschichte(n) – Glaubensgeschichte(n)
→ IV.3.1 Schule – Schulentwicklung – Schulkultur
→ IV.3.4 Religionsunterricht in staatlichen Schulen
→ IV.4.5 Theologiestudium/Hochschulgemeinde
→ IV.4.6 Religionspädagogische Fortbildung/Fernstudium

1 Unterschiedliche theoretische Fundierungen der empirischen Frage nach Religionslehrern

Die Frage nach Religionslehrerinnen und -lehrern – nach ihrem Status und ihren professionellen Aufgaben, ihren Handlungskonzepten und ihrem Selbstverständnis – steht im unmittelbaren Zusammenhang mit der Frage nach Grund und Aufgaben des Religionsunterrichts. Für Peter Biehl gehören (im Kontext des bislang ambitioniertesten bildungstheoretischen Klärungsversuchs dessen, was Religionslehrer seien) die Religionslehrer sogar »in den Mittelpunkt« einer Theorie der Religionspädagogik überhaupt (vgl. Biehl 1985, 165). Diese prominente Positionierung lässt sich beispielhaft an der historischen Paradigmenfolge religionspädagogischer *Konzepte* ablesen: So werden im Konzept der religiösen Unterweisung (evangelisch) die Religionslehrer als ›Zeugen‹ des Glaubens in kirchlicher Bindung für einen Verkündigungsauftrag in der Schule in Anspruch genommen. Die geforderte Zeugenschaft berührt sich mit der allgemein-pädagogisch erwarteten Vorbildfunktion des Lehrers. Bildungs- und Erziehungsaufgaben sind dabei (auch analytisch) nicht zu unterscheiden. Demgegenüber richten sich im Konzept des hermeneutischen Religionsunterrichts v.a. theologisch-fachliche Sacherwartungen an den Religionslehrer – mit entsprechenden Distinktionsgewinnen. Im Konzept des problemorientierten Religionsunterrichts schließlich laufen Erwartungen an fachliche und soziale Kompetenzen mit politisch-emanzipatorischen Ansprüchen zusammen. Insgesamt legt sich der Eindruck nahe, die »Geschichte des Lehrerbildes in der Religionspädagogik sei eine Geschichte sich ablösender Überforderungen und überhöhter Erwartungen« (Hahn 2000, 77f).

Deswegen wurden hierzu von *rollensoziologisch*-theoretischen Zugängen realistischere, d.h. sozial- und kommunikationstheoretisch fundierte, empirisch anschlussfähige Klärungen der Frage dessen erwartet, was einen Religionslehrer ausmache (vgl. Hahn 2000, 79f; Biehl 1985, 167f). Dabei wurden durch Übernahme einer von Ralf Dahrendorf in den 1950er-Jahren ausgearbeiteten, theoretisch nicht widerspruchsfreien Nomenklatur die Religionslehrer im Schnittpunkt von Bezugsfeldern situiert (z.B. Religionslehrer – Schüler, Religionslehrer – Kirche, Religionslehrer – Glaube), und davon ausgegangen, ihr Handeln ließe sich begreifen als sich stets in einem Spannungsraum von tendenziell gegensätzlich-widersprüchlichen Erwartungen vollziehend, d.h. *rollenkonfliktuös.* Der Gesichtspunkt dagegen, im Rahmen von – theoretisch konstitutiven – Rollenambiguitäten individuelle *Gestaltungsspielräume* öffnen zu können, ja zu müssen, ist zwar der neueren Rollentheorie (vgl. Geller 1994) geläufig, gerät aber in der religionspädagogischen Rezeption häufig in den Hintergrund. Bei deren eher plakativem, an Spannung interessiertem Verständnis der Ausgestaltung und Funktion von »Rolle« sind die personal-unverrechenbaren religionspädagogischen Handlungsmuster gerade nicht theoretisch gehaltvoll zu erklären. So ist z.B. die für religiöse Bildungsprozesse unabdingbare reflexive Distanz (u.a. auch die Art und Weise, wie Religionslehrer sich als Lehrpersonen von sich selbst unterscheiden können) als systemische Bedingung solcher Prozesse zu begreifen, also genau nicht als Ausdruck einer unvermeidlich rollenkonfliktuösen Spannungslage. Was als Spannungsverhältnis diagnostiziert wird, erweist sich zwar als Resultat eines ungeklärten Verhältnisses von »Sein« und »Sollen«, aber ihm eignet keineswegs eine rollentheoretisch ableitbare Zwangsläufigkeit.

Demgegenüber ist ein Ansatz vorzuziehen, der mit der Frage, warum und wozu es überhaupt Religionslehrer gibt, den Blick religionssoziologisch-*systemfunktional* (und nicht normativ) auf die Ausdifferenzierung des Religionssystems richtet und damit auf die besonderen Bedingungen religiöser (Lern-)Praxis an öffentlichen Schulen. Der Religionsunterricht kann dann vor dem Hintergrund der *»Entkoppelung«* von *kirchlich-institutionalisierter* und *gesellschaftlicher Religion* (vgl. Feige u.a. 2000, 17) beschrieben bzw. in seinen Existenzbedingungen verstanden werden. Religionslehrer sind insofern – in den neuen Bundesländern allerdings auf signifikant andere, d.h. kaum volkskirchlich abgefederte Weise – als Symptom der Entkoppelung verstehbar. Zugleich kann man in ihnen die Funktion erkennen (und normativ daraus auch eine Erwartung formulieren), empirisch-faktisch die gesellschaftlichen Folgen der Entkoppelung in der Weise bearbeitbar zu halten, dass die Religion des Religionsunterrichts zwar nicht zur »Kirche in der Schule« wird (Feige u.a. 2000, 460f), aber auch keine »Religion ohne Kirche« ist. Frei von vorgängigen Konfliktannahmen ist so mit mehr Aussicht auf religionspädagogischen Erkenntnisgewinn zu fragen, wie die Besonderheit ihres Berufsprofils in der Selbstwahrnehmung der Religionslehrer aussieht bzw. aussehen sollte. Natürlich haben die meisten Religionslehrer je bestimmte Einstellungen und Ziele. Aber die Frage nach ihrem »Selbstprofil« wird in einer systemfunktionalen Analyse zugleich konstitutiv in den Kontext dessen gestellt, was als »Umwelt« dieser Selbstdefinition sowohl den Religionslehrern selbst wie ihren Beobachtern (den »Beobachtern der ›Sich-Selbst-Beobachtenden‹«) reflexiv in den Blick gerät. Dieser nicht-normativ-empirische Ansatz hat zugleich den Vorzug, theologischen wie religionspädagogischen Erkenntnis- und Konzeptualisierungsinteressen nicht im Wege zu stehen. Mit ihm wird danach gefragt, welche gesellschaftliche Situation für die gegenwärtige organisierte Religionspraxis generell festzustellen ist und welche Funktion darin im Besonderen die Religionslehrer im Religionsunterricht übernehmen. Auf einem solchen religionssoziologisch-systemfunktionalen Paradigma beruht die neueste empirische Forschung über Religionslehrer (vgl. Feige u.a. 2000 unter 2.2).

2 Empirische Untersuchungen

2.1 Untersuchungen der 1980er- und 1990er-Jahre

Die seinerzeit gehäuft erschienenen empirischen (demografisch nicht-repräsentativen) Analysen, vornehmlich im evangelischen Bereich (zu Synopsen und Rezensionen vgl. Biehl 1985, Feige 1990, Hahn 2000, Feige u.a. 2000), entsprachen mehr oder weniger explizit dem unter Punkt 1 skizzierten rollenkonfliktuösen Paradigma. Auf der Basis eines ekklesiozentrischen Konzepts der Hermeneutik des schulischen Religionsunterrichts formulierten sie entweder das Theorem der Grundsätzlichkeit einer Spannung zwischen zwei einander entgegenstehenden institutionellen Souveränitätsbereichen (vgl. Grethlein 1984; implizit auch in B. Schachs Analyse [1980] im katholischen Bereich); oder das Theorem der Spannung zwischen dem »zu allem querstehenden Evangelium« und seiner »babylonischen Gefangenschaft« in der Welt der Schule (vgl. Kürten 1987); oder das der »sozialen Natürlichkeit« einer Verankertheit aller Religionslehrer in der parochial verfassten Kirche gegenüber der abartigen Andersheit der Wirklichkeit (vgl. Langer 1989), oder das der Versuche einer Gängelung protestantisch-freiheitlich gestimmter Religionslehrer durch kirchliche/staatliche Institutionen (vgl. Hindriksen 1986). Damit reifizierten sie lediglich den axiomatisch eingesetzten, rollenkonfliktuös bestimmten Zugang zur Wahrnehmung der Empirie und konnten so der Antwort auf die Frage nach den stabilisierenden Bedingungen der Möglichkeit des Religionsunterrichts und für die Religionslehrer nicht näher kommen. Stattdessen blieb es überwiegend bei eher pejorativen Defizitsanzeigen. Die drei empirischen (katholischen) Arbeiten der 1990er-Jahre sind entweder implizit systemfunktional angelegt (vgl. Bucher 1996, Bucher 2000) oder vermeiden theoretisch eine Positionierung (vgl. Englert 1999).

2.2 Gegenwart

Die bisher sowohl umfänglichste als auch methodendifferenzierteste Untersuchung – demografisch repräsentativ für evangelische Religionslehrer in Niedersachsen (vgl. Feige u.a. 2000) – verfolgt (auch im verwendeten Religionsbegriff) strikt die *subjekt-reflexive Perspektive* des *Selbstkonzepts* in (a) *quantitativ-repräsentativen* (n > 2000) und (b) *qualitativ-biografischen* Analysen (n = 17) mit folgender Frage im Zentrum: Mit welcher »Religion« haben wir bei den Religionslehrern angesichts der Entkoppelung der »Religion binnenkirchlicher Observanz« von der weiterhin gesellschaftsweit wirkenden christlichen Semantik und kulturellen Praxis zu rechnen? Welche Systemfunktion im Prozess der Tradierung des religiösen Gedächtnisses einer Kultur kann der Religionslehrerschaft zugesprochen werden? Für die Generalisierung der Ergebnisse ist sicherlich zum einen der Unterschied zwischen alten und neuen Bundesländern zu beachten; zum Zweiten möglicherweise der Unterschied in der Handhabung von vocatio bzw. missio in den einzelnen Bundesländern bzw. Kirchen; drittens das bekannte Nord-Süd-Gefälle in der Unterscheidung zwischen »Lehrplänen« (und ihrem eher stofflich-materialen Bildungskonzept) und »Rahmenrichtlinien« sowie der im Süden stärker verbreitete Einsatz auch von kirchlichen Katechetinnen und Pfarrern, die evtl. stärker zum Image des Religionsunterrichts als »Kirche in der Schule« beitragen könnten. Mögliche konfessionelle und regionale (Nord-Süd-)Differenzen werden in einer Wiederholungsstudie der katholischen und evangelischen Religionslehrer in Baden- Württemberg erfasst (Ergebnisse voraussichtlich 2004; Leitung: A. Feige, W. Tzscheetzsch).

Zu (a): Eines der vier wesentlichen Kennzeichen der Religionslehrer ist (1) ihre signifikant ausgeprägte *Reaktions-Homogenität* bezüglich der meisten Fragestellungen im Bereich der Merkmale Alter, Geschlecht, kirchengemeindliche Anbindung und dergleichen, die sich, abgeschwächt, selbst noch im Vergleich der Schulformen findet, obgleich diese in der Regel sehr unterschiedliche Bedingungen stellen. Die große Mehrheit der Religionslehrer dürfte ihre berufssozialisatorischen Impulse nach dem kulturellen Modernisierungsschub seit Ende der 1960er-Jahre erfahren haben und lernt als *soziale Gruppe »gemeinsam«:* Kein anderes Schulfach kennt Fortbildungsmöglichkeiten von vergleichbarer Dichte, Intensität und Teilnahmebereitschaft. (2) Das zweite signifikante Kennzeichen im Selbstbild der Religionslehrer liegt im »einladenden« Verhältnis des Religionsunterrichts zur Schülerschaft und *seiner Orientierung zu allererst auf die Schülerinnen und Schüler* hin: Es spiegelt sich in den thematisch-konzeptionellen wie auch unterrichtsgestalterischen Präferenzen, die – verstanden in Abgrenzung zur bloß verbalen Replikation kirchlicher Lehrgestalten – durch Begriffe wie Emanzipation, Individualisierung, Autonomisierung, Sensibilisierung der Schüler geprägt sind. Insbesondere durch die faktorenanalytisch entdeckten komplexen Begründungszusammenhänge in den – die Bereiche Ziele, Methoden, Fortbildungsinteressen, Kirchenverhältnis und persönlich akzeptierte Glaubenselemente umfassenden und synchron analysierten – Antworten der Religionslehrer kann diese *Schüler-Orientierung* in sozialwissenschaftlich seltener Deutlichkeit belegt werden. Zugleich findet der Verdacht, hiermit werde der Erfahrungshorizont der Schüler lediglich verdoppelt und bestätigt, keinen Rückhalt an den Daten; sie unterstreichen vielmehr nachdrücklich die Bedeutung, die im Urteil der Religionslehrer der Suche nach und der *Orientierung an »Spiritualität«* zukommt. (3) Als dritte Signatur hat zu gelten, dass in den jüngeren Alterskohorten eine geringere Zurückhaltung (als noch bei den über 55-Jährigen) das *Verhältnis der Religionslehrer zur Kirche* kennzeichnet und insgesamt von einem *offenen Kooperationsinteresse* zu sprechen ist: Man ist bereit, die Kirche als »Resonanzraum« (Bizer 1991, 125) religiöser Erfahrungen in problemsymbiotischer Kooperation bei gleichzeitig je verbleibender institutioneller Souveränität zu nutzen. Art. 7,3 GG wird – möglicherweise auch wegen der in Niedersachsen nicht geübten Praxis der vocatio – nicht als kirchliches Kontrollinstrument, sondern als Schutzinstrument für den Erhalt des Religionsunterrichts gegenüber staatlichen Zugriffen begriffen. (4) Viertens kennzeichnet die Religionslehrer, dass von fast allen die *ökumenische Kooperation* begrüßt wird und interkonfessioneller Unterricht in Niedersachsen zu großen Teilen bereits Praxis ist.

Zu (b): Wie die strukturhermeneutisch (U. Oevermann) und erzählanalytisch (F. Schütze) untersuchten berufsbiografisch-narrativen Interviews zeigen, bearbeiten die (evangelischen) Religionslehrer die für die Initiierung gerade von religiösen Lernprozessen notwendige Distanz zwischen ihrer »gelebten« und »gelehrten« Religion nicht im rollenhaft-konfliktuösen Modus, sondern in einer Weise, in der – auf der Basis von vier unterscheidbaren unterrichts-habituellen Grundkonzepten »Lehre«, »Ethos«, »Raum« und »Sprache« (Habitus verstanden als je persönlicher Verarbeitungsmodus von individuellen Erfahrungen im sozial prägenden Kontext) – die Vermittlungsprozesse offensichtlich umso erfolgreicher sind, je bewusster sie die *Notwendigkeit* dieser *Distanz reflektieren* und diese ihrerseits didaktisch aktivieren. Dabei ist ein protestantisches Profil ihrer religiösen Gegründetheit und eine Verankerung in kirchlichen Sozialisationsprozessen deutlich erkennbar.

3 Bedingungen des professionellen Handelns

Religionslehrer sind als – in der Regel – Staatsbeamte unter der Geltung von Art. 7,3 GG zugleich auf die »Übereinstimmung mit den Grundsätzen« einer jeweiligen Religionsgemeinschaft verpflichtet. Diese Tatsache wird von ihnen im Allgemeinen nicht als (möglicher) Loyalitätskonflikt empfunden, sofern die Kirchen mittels ihrer Mitwirkungsrechte die konfessionelle Bindung des Religionsunterrichts nicht gegen die Bedingungen der Möglichkeiten schulischer Bildungs- und Lernprozesse ausspielen. Angesichts kultureller Modernität und der damit verbundenen Unterscheidung von Sozialisation, Erziehung und Bildung bildet den Kern dieser Bedingungen die systematische Ermöglichung reflexiver Distanz gegenüber dem Lerngegenstand – bei Lernenden wie auch bei Lehrenden. Im didaktisch fruchtbaren, aber nicht als Rollenkonflikt konzeptualisierbaren Spannungsverhältnis zwischen *»gelehrter und gelebter Religion«* (Feige u.a. 2000, 455) bleibt gleichwohl der Bezug auf eine bestimmte religiöse Weltdeutung und Lebensführung durch die Religionslehrer als Personen deutlich. Damit wird die für religiöses Lernen unabdingbare religiöse Perspektivität transparent, für die bewusst die – dem Staat nicht verfügbare – *(Glaubens-)Perspektive einer Religionsgemeinschaft* in Anspruch genommen wird, mit der sich die Religionslehrer behaften lassen müssen. Die missio und vocatio erscheinen dann als Zuspruch des hierfür erforderlichen Schutzraums, und die Legitimität, Akzeptanz und Funktion des Religionsunterrichts wird dadurch nicht restringiert. Konstitutiv für die Handlungsmöglichkeiten der Religionslehrer wird die religionssoziologisch übliche und auch theologisch konstitutive Unterscheidung zwischen Glaube und Religion (in anderer Semantik: zwischen Offenbarung und Offenbarungsausdruck). Religionslehrer sollen und können in gleichsam gebrochener Authentizität in einem deiktischen, d.h. zeigenden Sinne nicht sich selbst, sondern Religion zeigen – und die Welt zeigen, wie sie sich aus der Sicht des Glaubens darstellt, ohne zu meinen, als »Glaubenszeugen« Glauben »lehren« zu sollen und zu können.

Literatur

Biehl, Peter, Beruf: Religionslehrer. In: JRP 2 (1985), Neukirchen-Vluyn 1986, 161–194.
Bizer, Christoph, Die Heilige Schrift der Kirche und der Religionsunterricht in der öffentlichen Schule. In: JRP 8 (1991), Neukirchen-Vluyn 1992, 115–138.
Bucher, Anton, Religionsunterricht: besser als sein Ruf? Empirische Einblicke in ein umstrittenes Fach. Innsbruck 1996.
Bucher, Anton, Religionsunterricht zwischen Lernfach und Lebenshilfe. Eine empirische Untersuchung zum katholischen Religionsunterricht in der Bundesrepublik Deutschland. Stuttgart u.a. 2000.
Englert, Rudolf/Güth, Ralf (Hg.), Kinder zum Nachdenken bringen. Stuttgart u.a. 1999.
Feige, Andreas, Die schwer verarbeitbare Offenheit evangelischen Christentums. In: JRP 7 (1990), Neukirchen-Vluyn 1991, 297–306.
Feige, Andreas u.a., »Religion« bei ReligionslehrerInnen. Religionspädagogische Zielvorstellungen und religiöses Selbstverständnis in empirisch-soziologischen Zugängen. Münster 2000.
Geller, Helmut, Position, Rolle, Status. Zur Aktualisierung soziologischer Analyseinstrumente. Opladen 1994.
Grethlein, Christian, Religionsunterricht an Gymnasien – eine Chance für volkskirchliche Pfarrer. Eine empirische Untersuchung der Einstellung hauptamtlicher Religionslehrer an bayerischen Gymnasien zu ihrem Unterrichtsfach. Frankfurt/M. 1984.
Hahn, Matthias, Religionslehrerinnen und Religionslehrer (Da)sein – Person und Beruf. In: Noormann, Harry u.a. (Hg.), Ökumenisches Arbeitsbuch Religionspädagogik. Stuttgart 2000, 75–112.
Hindriksen, Arendt, Religionspädagogische Konzeptionen und ihr Verhältnis zum Rollenbild des Religionslehrers. Eine empirische Untersuchung. Oldenburg 1986.
Kürten, Karin, Der evangelische Religionslehrer im Spannungsfeld von Schule und Religion. Neukirchen-Vluyn 1987.
Langer, Klaus, Warum noch Religionsunterricht? Religiosität und Perspektiven von Religionspädagogen heute. Gütersloh 1989.

BERNHARD DRESSLER / ANDREAS FEIGE

IV.4 Lernort Gesellschaft

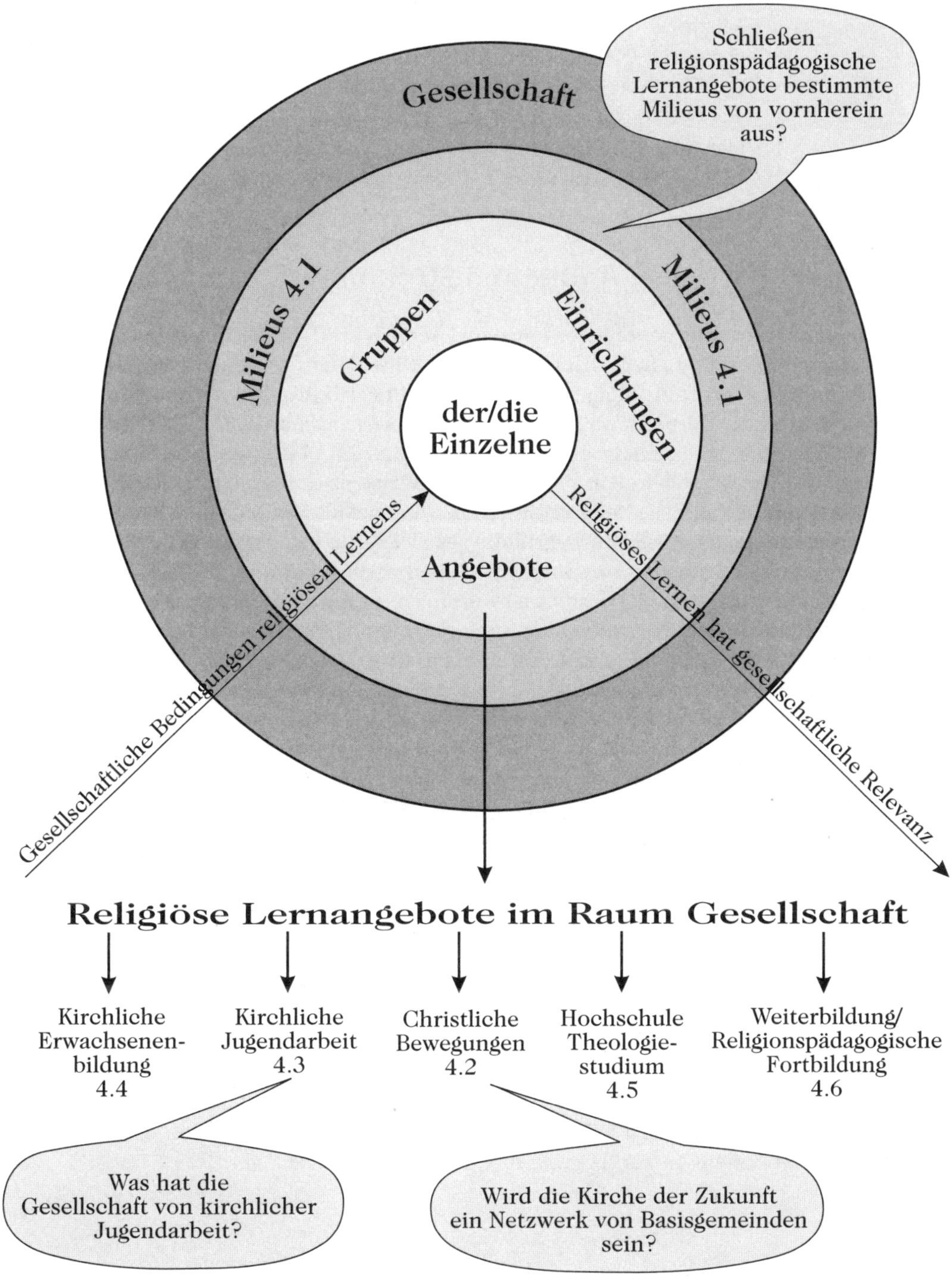

IV.4.1 Gesellschaftliche und ›religiöse‹ Milieus / Lernumwelten

→ I.3 Religiöse Bildung zwischen Subjekten und Strukturen
→ II.3.1 Gesellschaft und Religion
→ II.3.9 Kirche als Lebensraum und Institution
→ II.4.2 Religiöse Sozialisation
→ III.4.1 Pluralität und Pluralismus
→ IV.4.2 Basisgemeindliche Gruppen/Religiöse Bewegungen/Initiativen/Netzwerke

1 Milieus zwischen Kultur und Struktur

Nicht zufällig kommt heute in den Sozialwissenschaften für die Frage der begrifflichen Fassung von sozialen (Lern-)Umwelten dem Milieubegriff eine gewisse Schlüsselstellung zu. Im verstärkten Rückgriff auf den Milieubegriff drückt sich zum einen der Bedeutungsgewinn kultureller Faktoren in sozialwissenschaftlichen Erklärungszusammenhängen aus. Milieus habe es mit sozial verankerten Deutungen und Orientierungen zu tun, die das Alltagshandeln in spezifischer Weise prägen und ihm Orientierung und Legitimation verleihen. Gleichzeitig bleiben beim Milieubegriff aber gegenüber dem Rückgriff auf den (Sub-)Kulturbegriff die gesellschaftliche Verortung und Relevanz sozialstruktureller Faktoren erhalten. Im Milieubegriff kommt zum Ausdruck, dass die Ausprägung von Deutungen und Orientierungen im Zusammenhang mit typischen Lebenslagen und Handlungsproblemen im Sozialraum der Gesellschaft stehen. Daran hält der Milieubegriff zusammen mit den Kategorien sozialer Schicht und sozialer Klasse fest, vermag aber besser als diese darauf zu reagieren, dass heute der Zusammenhang zwischen strukturellen und kulturellen Faktoren komplexere Züge angenommen hat. Auch in der vertikalen Dimension des Verhältnisses von Individuum und Gesellschaft kommt dem Milieubegriff eine spezifische Vermittlungsleistung zu. Einerseits reflektiert er die Verschiebung des Modus der gesellschaftlichen Integration von Schichten und Klassen in die Richtung des Individuums und seiner spezifischen Integrations- und Orientierungsleistungen. Andererseits überschreitet er die Beschränkung auf die Ebene individueller Lebensstile und geht von der Existenz und Relevanz von abgrenzbaren Lebensstilgruppen aus. Wie nicht anders zu erwarten, hat der Milieubegriff unterschiedliche Ausformung erfahren. Der Analyse des Wandels weltanschaulich-religiöser Milieus im Übergang von der industriegesellschaftlichen zur entfalteten Moderne dient das auf Rainer M. Lepsius zurückgehende Modell sozial-moralischer Milieus (vgl. Lepsius 1973). Für die Rekonstruktion von Milieuveränderungen im Zusammenhang des gesellschaftlichen Strukturwandels hat sich das Sinus-Modell bewährt, das Impulse von Pierre Bourdieu verarbeitet (vgl. Vester u.a. 1993). Eine breite Rezeption haben die Milieuanalysen von Gerhard Schulze erfahren, die auf Milieubildungen entlang alltagsästhetischer Schemata zurückgreifen (vgl. Schulze 2000).

2 Sozial-moralische Milieus der industriegesellschaftlichen Moderne und das katholische Milieu

Bis in die Gegenwart hinein reicht der Einfluss weltanschaulich-konfessioneller Milieubildungen, die im 19. Jh. wurzelten, ihren Höhepunkt bereits an der Wende vom 19. zum 20. Jh. besaßen und in der Bundesrepublik des Nachkriegsdeutschland eine Renaissance erlebten (vgl. Gabriel 2000). Die Milieubildungen dienten der gruppenspezifischen Verarbeitung des gesellschaftlichen Umbruchs zur Moderne mit seinen sozial entwurzelnden und kirchlich-religiöse Traditionen frontal infrage stellenden Folgen. Die Milieubildung unter den Katholiken gelang am besten in den gemischtkonfessionellen Ländern Europas mit einer protestantischen Mehrheit und einer relativ großen katholischen Minderheit wie in den Niederlanden, der Schweiz und Deutschland (vgl. Gabriel/Kaufmann 1980). Das gemeinsame Schicksal, zu den Verlierern des Modernisierungsprozesses zu gehören und einem staatlichen Außendruck ausgesetzt zu sein, teilte das katholische Milieu in Deutschland mit dem der sozialistischen Arbeiterschaft. Beide Milieubildungen erreichten eine hohe Dichte und Prägung der gesamten Lebensführung, während die protestantischen Milieus – das konservative wie das liberale – in ihrer Wirksamkeit beschränkt blieben. Die sozial-moralische Milieubildung lässt drei unterscheidbare Strukturkomponenten erkennen (vgl. Kühr 1985): (1) Sie zeichnet sich zum einen durch Elemente einer geteilten, den Alltag durchdringenden und die Differenz zu den anderen Gruppen akzentuierenden Welt- und Lebensanschauung aus. (2) Die zweite Strukturkomponente stellt ein Kranz von Organisationen dar, die dem Lebenslauf und den unterschiedlichen Lebenssphären angelagert sind und die Erfüllung aller wesentlichen Lebensbedürfnisse in den eigenen Reihen erlauben. (3) Für die sozial-moralische Milieubildung konstitutiv sind drittens dem Alltag und dem Lebenslauf Struktur verleihende Rituale, in denen eine eigene Symbolwelt anschaulich und handlungswirksam zur Darstellung kommt.

Bis in den beginnenden Umbruch der Industriegesellschaft Ende der 1960er-Jahre hinein behalten die genannten Strukturkomponenten der Milieubildung unter den deutschen Katholiken eine erkennbare Wirksamkeit. Eine kirchlich vermittelte und formierte Welt- und Lebensanschauung besitzt eine relativ weite Verbreitung und konfessionell akzentuierte Organisationen und Rituale verleihen der Eigenwelt der Katholiken Stabilität nach Innen und wirksame Grenzen nach Außen. Für die kirchlich-religiöse Sozialisation bildet das katholische Milieu eine insgesamt günstige Lernumwelt. Die kirchlich-religiöse Sozialisation geschieht im Wesentlichen durch das Hineinwachsen in den katholischen Milieuzusammenhang. Die typischen Bruchstellen moderner, nicht nur religiöser Sozialisationsprozesse sowohl zwischen der primären Sozialisation in der Familie und der sekundären Sozialisation im Rahmen der übrigen Institutionen als auch zwischen den konfligierenden Einflüssen der unterschiedlichen Lebenssphären sind minimiert. Die sozialisatorische Wirksamkeit wie die plötzliche Erosion des katholischen Milieuzusammenhangs seit dem Umbruch der 1960er-Jahren spiegeln sich heute in der erkennbaren Zäsur wider, die hinsichtlich des Grads ihrer Kirchlichkeit die über 50-Jährigen von den jüngeren Jahrgängen trennt. Der die Erosion der sozial-moralischen Milieus vorantreibende Umbruch zur zweiten Moderne steht im Zusammenhang mit einer schnellen Anhebung des Bildungsniveaus und der Entfaltung einer Konsum- und Mediengesellschaft, die unter den um Integration und Bildungsaufstieg bemühten Katholiken besonders starke Wirkung zeigen. Die bestenfalls beschleunigende Wirkung der konziliaren Öffnung zur Welt als Antwort auf den Prozess der Milieuerosion wird schon daran deutlich, dass es innerhalb des sozial-moralischen Milieus der sozialistischen Arbeiterschaft zu zeitlich wie sozial analogen Prozessen der Milieuauflösung kommt (vgl. Mooser 1983).

3 Strukturwandel der Sozialmilieus in der entfalteten Moderne

Die den gesellschaftlichen Umbruch zur entfalteten Moderne verarbeitende sozialwissenschaftliche Ungleichheitsforschung, wie die um eine Verbesserung ihrer Zielgruppengenauigkeit bemühte Marktforschung haben überraschenderweise in den letzten Jahren dieselbe Richtung eingeschlagen, um Sozialmilieus in Deutschland mit einem quantitative und qualitative Methoden verbindenden Instrumentarium zu erschließen (vgl. Vester u.a. 1993, 15ff). Der von der sozialwissenschaftlichen Ungleichheitsforschung aufgegriffene Ansatz des kommerziellen Sinus-Instituts sieht Milieus geprägt durch Ähnlichkeiten der objektiven sozialen Lage einerseits wie der Lebensstile und Lebensziele andererseits. Milieus sind hier als Lebensstilgruppen mit ähnlichen Soziallagen konzipiert. Anregungen Pierre Bourdieus folgend ordnet das Sinus-Modell 9 bzw. 10 verschiedene Milieus nach zwei Dimensionen im Sozialraum der Gesellschaft an. In der vertikalen Dimension sind es typische Habitusformationen je nach Lagerung im Klassen- bzw. Schichtgefüge. So kennzeichnet den Habitus der Oberklasse, auf Distinktion bedacht zu sein, während für den Mittelklassen-Habitus das Streben nach Höherem charakteristisch ist. Im Zentrum der Habitusformation der Arbeiterschaft steht der Zwang, sich mit den Notwendigkeiten des Lebens auseinander setzen zu müssen. In der horizontalen Dimension unterscheiden sich die Milieus nach dem Ausmaß, in dem die Lebensstile und Lebensziele sich als modernisiert, teilmodernisiert oder eher traditional geprägt zeigen. Das gesellschaftliche Oben teilen sich in Westdeutschland je nach Modernisierungsgrad ein kleiner gewordenes »alternatives Milieu« (2%), ein »technokratisch-liberales Milieu« (9%) und ein »konservativ gehobenes Milieu« (8%). Die Mitte der Gesellschaft bilden ein wachsendes »hedonistisches Milieu« (13%), das »aufstiegsorientierte Milieu« (24%) und das schrumpfende »Kleinbürgerliche Milieu« (22%). Im Bereich der Arbeiterschaft lassen sich ein »neues Arbeitnehmermilieu« (5%), ein eher wachsendes »traditionsloses Arbeitermilieu« (12%) und ein kleiner werdendes »traditionelles Arbeitermilieu« (5%) unterscheiden (vgl. Vester u.a. 1993, 22ff). Die Anwendung des Sinus-Modells auf die Gesellschaft Ostdeutschlands lässt erkennen, dass das DDR-Regime insgesamt modernisierungshemmende Wirkungen auf die lebensweltlichen Sozialmilieus besaß (vgl. Vester u.a. 1993, 62). Milieus mit eher traditionaler Prägung sind deutlich stärker besetzt.

In West wie Ost spielt das weltanschaulich-konfessionelle Element für die Milieubildung lebensweltlicher Sozialmilieus im Sinne des Sinus-Modells keine erkennbare Rolle. Im Westen weisen die zahlenmäßig wachsenden modernisierten Milieus in allen drei hierarchischen Habitusformationen die größte Distanz zu kirchlich geprägten Lebenszielen und -stilen auf, während das »kleinbürgerliche Milieu«, aus dem im Westen der größte Anteil der Gottesdienstbesucher stammt, im Osten die materialistische Mitte der Gesellschaft bildet.

4 Milieus der Erlebnisgesellschaft

Große Beachtung haben in den letzten Jahren die kultursoziologischen Milieuanalysen von Gerhard Schulze gefunden (vgl. Schulze 2000, zuerst 1992). Schulze sieht Milieus einmal durch situative Faktoren geprägt, in deren Zentrum für ihn die Altersdifferenz und das unterschiedliche Bildungsniveau stehen. Für den kultursoziologischen Ansatz Schulzes entscheidend sind aber subjektive Geschmacksgrenzen, die eine quasi automatische Zuordnung und Distanzierung bzw. Nähe und Ferne in der Alltagskommunikation bewirken. Alltagsästhetische Schemata verbinden für ihn Zeichen mit milieutypischen Bedeutungsgehalten für Distinktion, Genuss und Lebensphilosophie. Die Differenz alltagsästhetischer Schemata lässt sich besonders drastisch am alltäglichen Musikgeschmack demonstrieren. Das Publikum der Klassik-Programme folgt einem Hochkulturschema und reagiert allergisch, wenn es zufällig auf einen Sender der Volksmusik – von Schulze dem Trivialschema zugeordnet – stößt. Nicht anders ergeht es den Hörern der Klassik- und Volksmusikprogramme, wenn sie sich einem der Sender des Rock und Pop ausgesetzt sehen. Schulze spricht hier vom Spannungsschema. Für die späten 1980er-Jahre hat Schulze auf dieser Grundlage in der Altersgruppe jenseits der 40 – nach Bildungsgraden unterschieden – ein Niveau-, Integrations- und Harmoniemilieu identifiziert. Unter den Jüngeren unterscheidet er ein Selbstverwirklichungsmilieu mit höherer Bildung von einem Unterhaltungsmilieu mit niedrigerer Bildung. Schulzes auf den Nürnberger Raum bezogene Studie wurde im Herbst 1995 für Chemnitz mit überraschend ähnlichen Ergebnissen wiederholt. Die Alltagsästhetik des *Niveaumilieus* ist vom Spannungs- wie vom Trivialschema gleich weit entfernt. Es handelt sich um das Publikum der Hochkulturszene. Man trifft sich bei Konzerten, im Theater, beim Oper- und Museumsbesuch. Gemeinsam distanziert man sich von Diskotheken wie von Volksfestszenen. Die Alltagsästhetik des *Harmoniemilieus* hält Distanz zum Hochkulturschema wie zum Spannungsschema. Gemütlichkeit unter Freunden und im familiären Kreis bringt die höchste Erfüllung. Das Streben nach Geborgenheit, Einfachheit und Ordnung bestimmt die Lebensphilosophie. Das *Integrationsmilieu* zeichnet sich dadurch aus, dass es das Hochkultur- und Trivialschema miteinander kombiniert. Man meidet die Extreme der beiden anderen ästhetischen Schemata und mischt im eigenen Stil die moderaten Ausdruckformen von Hochkultur und Trivialität mit unterschiedlichen Schwerpunkten. Das Milieu eint die geteilte Distanz zum Spannungsschema. Das *Selbstverwirklichungsmilieu* der Jüngeren zeigt dem alltagsästhetischen Stiltypus nach eine Nähe sowohl zum Spannungsschema als auch zum Hochkulturschema und weiß beide unter Umständen miteinander zu verbinden. Abgrenzung schafft die deutliche Distanz zum Trivialschema. Das *Unterhaltungsmilieu* wiederum lässt eine Nähe zum Spannungsschema und Distanzen insbesondere zum Hochkulturschema, aber auch zum Trivialschema erkennen. Es kommt in spezifischer Weise in Szenen von Volksfesten, Fußball, Flipper, Motorrad und sportlichen Autos zum Ausdruck. Es geht vorrangig um »Action« und schnelle Bedürfnisbefriedigung. Michael Ebertz hat darauf hingewiesen, dass insbesondere durch die Überalterung der Gottesdienstgemeinden eine ästhetische Milieuverengung der Kirchengemeinden insgesamt zu verzeichnen sei (vgl. Ebertz 1997, 132).

5 Milieus entwicklungsbezogenen Engagements christlicher Dritte-Welt-Gruppen

Zu ähnlichen Ergebnissen kommt eine mit der qualitativen Methode des Gruppendiskussionsverfahrens arbeitende Studie, die drei unterschiedliche Milieus identifiziert, in denen heute das Engagement von Christen für die Dritte Welt einen spezifischen Sinn gewinnt: (1) ein *gemeindliches Binnenmilieu*, (2) ein *Grenzmilieu* und (3) ein *Bewegungsmilieu* (vgl. Nuscheler u.a 1995).

(1) Nach den Ergebnissen der Studie erhält im Milieu der Gemeindenahen Dritte-Welt-Arbeit Sinn und Plausibilität in erster Linie als sozial-caritatives Hilfehandeln. Die Formel von der »Hilfe zur Selbsthilfe« gibt einen breiten Konsens innerhalb des Binnenmilieus wieder. Die Orientierungsfigur des Helfens folgt im Milieu der Gemeindenahen dem Muster der Patenschaft und nicht der Partnerschaft. Das Binnenmilieu spiegelt deutlich den Erfahrungsraum der Älteren wider und zeigt sich geprägt von konventionellen Lebensformen, wie sie für das traditionelle katholische Milieu typisch waren.

(2) Die Studie arbeitet heraus, dass sich von den auf Harmonie und Integration ausgerichteten Dritte-Welt-Gruppen im gemeindlichen Binnenmilieu Gruppen absetzen, die sich mit einem »kritischen« Anspruch für die Dritte Welt engagieren, gleichzeitig aber auf die Gemeinden bezogen bleiben. In Differenz zum Milieu der Gemeindenahen bekommt in diesem Milieu Dritte-Welt-Arbeit erst als partnerschaftlich strukturierte Hilfebeziehung Sinn und schließt einen kritischen Blick auf die eigene Gesellschaft mit ein. Im Grenzmilieu zielt die Dritte-Welt-Arbeit immer auch auf Bewusstseinsänderung und Aufklärung innerhalb der Gemeinden wie im eigenen Land.

(3) Vom gemeindlichen Binnen- wie vom Grenzmilieu unterscheidet sich drittens ein christlich geprägtes Bewegungsmilieu. Hier handelt es sich um ein Feld christlich inspirierter Gruppenbildungen, in dem man sich an Handlungsformen und Sinnmustern orientiert, die den neuen sozialen Bewegungen zugerechnet werden. Im Unterschied zum Grenzmilieu ist innerhalb des Bewegungsmilieus nicht mehr eine kirchliche, sondern die politische Öffentlichkeit der primäre Adressat des auf grundlegende gesellschaftliche Veränderungen drängenden Handelns. Das gemeindliche Binnenmilieu, das Grenzmilieu an den Rändern der Gemeinden und die kleiner gewordene Zahl der christlich inspirierten Gruppen des Bewegungsmilieus stellen heute – in diese Richtung lassen sich die Ergebnisse der Studie verallgemeinern – typische Lernumwelten eines sozial aktiven christlichen Glaubens dar.

Literatur

Ebertz, Michael N., Kirche im Gegenwind. Zum Umbruch der religiösen Landschaft. Freiburg u.a. 1997.

Gabriel, Karl, Christentum zwischen Tradition und Postmoderne. Freiburg u.a. ^{7}2000.

Gabriel, Karl/Kaufmann, Franz-Xaver (Hg.), Zur Soziologie des Katholizismus. Mainz 1980.

Kühr, Herbert, Katholische und evangelische Milieus: Vermittlungsinstanzen und Wirkungsmuster. In: Oberndörfer, Dieter u.a. (Hg.), Wirtschaftlicher Wandel, religiöser Wandel und Wertwandel. Folgen für das politische Handeln in der Bundesrepublik Deutschland. Berlin 1985, 245–261.

Lepsius, Rainer M., Parteiensystem und Sozialstruktur. Zum Problem der Demokratisierung der deutschen Gesellschaft. In: Ritter, Gerhard A. (Hg.), Die deutschen Parteien vor 1918. Köln 1973, 56–80.

Mooser, Josef, Auflösung der proletarischen Milieus. Klassenbindung und Individualisierung in der Arbeiterschaft vom Kaiserreich bis in die Bundesrepublik Deutschland. In: Soziale Welt 34 (1983) 270–306.

Nuscheler, Franz u.a., Christliche Dritte-Welt-Gruppen. Praxis und Selbstverständnis. Mainz 1995.
Schulze, Gerhard, Die Erlebnisgesellschaft. Kultursoziologie der Gegenwart. Frankfurt a.M./New York [8]2000.
Vester, Michael u.a., Soziale Milieus im gesellschaftlichen Strukturwandel. Zwischen Integration und Ausgrenzung. Köln 1993.

KARL GABRIEL

IV.4.2 Basisgemeindliche Gruppen / Religiöse Bewegungen / Initiativen / Netzwerke

→ I.3 Religiöse Bildung zwischen Subjekten und Strukturen
→ II.2.13 Gemeinschaft – Glaubensgemeinschaft/Kirche
→ II.3.1 Gesellschaft und Religion
→ III.2.3 Ethisches und soziales Lernen
→ III.2.4 Befreiungstheologisch orientiertes Lernen und politische Bildung
→ IV.4.1 Gesellschaftliche und ›religiöse‹ Milieus/Lernumwelten

1 Kleine Gemeinschaften – unverzichtbare Sozialgestalt von Kirche

Wegen der Bedeutung kirchlicher Gemeinschaft für christliche Glaubenspraxis ist es eine zentrale religionspädagogische Aufgabe, eine *verständige Wahrnehmung von Kirche* und eine elementare Handlungskompetenz in kirchlichen Praxisfeldern zu vermitteln. Hilfreich ist dafür die (typisierende) Unterscheidung *verschiedener Sozialgestalten* von Kirche: (1) Kirche als Gruppe bewusst entschiedener Christinnen und Christen, z.B. missionarische Gemeinden in der Gründungsphase, Ordensgemeinschaften, Basisgemeinden, (2) Kirche als auf Dauer institutionalisierte Gemeinschaft vor Ort, z.B. territoriale Pfarrgemeinden, (3) Kirche als regionaler Verbund von Gemeinden, z.B. die Teilkirche eines Bistums, (4) die universale Kirche. Für gewinnende Glaubenserfahrungen und für ausdrucksstarke, biografisch bedeutsame Lebensformen spielen Gemeinschaften, in denen persönliche Beziehungen aufgebaut werden, eine entscheidende Rolle, besonders wenn wichtige Bezugspersonen des täglichen Lebens (Familienangehörige) oder charismatische Persönlichkeiten beteiligt sind. In solchen Gemeinschaften, vor allem in ordensähnlichen Gemeinschaften, kann zugleich authentisches Christentum in der Nachfolge Jesu signifikant deutlich werden.

2 Kleine christliche Gemeinschaften in Geschichte und Gegenwart

Historisch begegnen solche Gemeinschaften etwa in den *frühchristlichen »Hauskirchen«*, in *Ordensgemeinschaften*, auch in nicht-katholischen Kirchen, etwa in evangelischen und in inzwischen ökumenischen Kommunitäten, z.B. in Taizé. Sie waren und sind Zentren des Glaubenszeugnisses, spiritueller Erfahrung, christlicher Mission, Caritas und Bildung und haben eine außerordentliche Bedeutung für Inkulturationen des Christentums. Eine der bedeutendsten neueren Sozialgestalten sind die *Basisgemeinden*, die an der »Basis« des elementaren sozialen Lebens grundlegende Einheiten (»Basis«) kirchlichen Lebens bilden. Nach dem Versagen traditioneller Seelsorgsformen (unüberschaubare Großraumpfarreien, Priestermangel) schließen sich in diesen Gemeinschaften seit den 60er-Jahren des 20. Jh. vor allem in Elendsvierteln der Großstädte und in ländlichen Armutsregionen *Lateinamerikas* engagierte Christen zu *comunidades ecclesiales de base* zusammen, inspiriert von der Theologie der Befreiung und zugleich diese tragend. Sie bezeugen und praktizieren ihren Glauben und ihre Hoffnung in Situationen sozialer Entrechtung, ökonomischer Ausbeutung und extremer politischer Unterdrückung bis hin zum Martyrium. Nach dem Aufbruch des Zweiten Vatikanischen Konzils werden diese Basisgemeinden auf den Bischofsversammlungen von Medellín (1968) und Puebla (1979) als Antriebskräfte der Evangelisierung, der Befreiung und Entwicklung ausdrücklich bejaht. Ähnlich bilden sich in *Afrika*, vor allem in Südafrika *small christian communities*, hier im Kontext der Missachtung der Kultur und der Würde schwarzafrikanischer Menschen. In kleinen Gemeinschaften finden auch in den verschiedenen Regionen *Asiens* Christen Rückhalt für ihr Zeugnis inmitten der dortigen religiösen Traditionen und in Situationen äußerster Armut. – Im anders gearteten gesellschaftlichen und kulturellen Kontext *Europas* spielen Basisgemeinden im engeren Sinn eher in romanischen Ländern eine Rolle. Doch finden sich auch in Mitteleuropa einzelne Personalgemeinden, insbesondere verbindliche Gruppen, die sich für bestimmte Aufgaben zusammenfinden (Jugendgruppen, Familienkreise, Frauengruppen, ökumenische Aktionskreise, z.B. für den konziliaren Prozess, Eine Welt-Gruppen, Pax-Christi-Gruppen, sozial-caritativ engagierte Gemeinschaften). Basisgemeindliche Initiativen entstehen v.a. in Pfarrgemeinden und führen zu basisgemeindlich orientierten Pfarreien.

3 Vielfältige Formen – gemeinsame Merkmale

Weil basisgemeindliche Gruppen in besonderer Weise von den unmittelbar beteiligten Mitgliedern leben und sich auf konkrete geographische und gesellschaftliche Kontexte beziehen, sind sie sehr unterschiedlich strukturiert (soziale Zusammensetzung, Zahl der Mitglieder: etwa 30 bis 120, Organisationsformen und »Ämter«). Sie entwickeln sich unterschiedlich (Entstehung, Fluktuation der Mitglieder, Dauer) und setzen verschiedenartige Schwerpunkte des Engagements.

In allem Formenreichtum sind gemeinsame Merkmale zu erkennen: (1) *selbstverantwortliches Handeln* in einer überschaubaren Gruppe, Selbstorganisation und differenzierte Teilnahme aller Mitglieder am Leben der Gemeinschaft und am gemeinsamen Engagement, (2) *kontextbezogene Bibelgespräche*, »Bibel teilen« (Bezug zu persönlicher Erfahrung, zur sozio-kulturellen Situation, zu sozialen Konflikten und zu Herausforderungen in der unmittelbaren Umgebung), (3) *Gebet und Gottesdienst* (oft ohne Priester), (4) Planung und Reflexion gemeinsamer *diakonischer bzw. gesellschaftlicher Aktionen*; (5) *Vernetzung* mit anderen Basisgemeinden sowie mit der Orts- und Weltkirche. – Kirchenrechtlich wird diese Vielfalt von Sozialformen noch nicht rezipiert, jedoch wird sie von vielen Bischöfen ausdrücklich begrüßt und gefördert (vgl. z.B. das Rottenburger Modell).

Verschiedene Initiativen bilden *überregionale Netzwerke*, die für notwendige Reformen kirchlicher Einrichtungen eintreten, diskriminierende innerkirchliche Regeln öffentlich kritisieren und auf gesellschaftliche Herausforderungen aufmerksam machen (z.B. Initiative »Kirche von unten«, »Wir sind Kirche«-Bewegung).

4 Geistliche Gemeinschaften und Bewegungen

Zu den Gemeinschaften, in denen Christen aufgrund persönlicher Entscheidung verbindlich zusammenleben, gehören (neben Gruppen kirchlicher Verbände) die sog. geistlichen Gemeinschaften. Charakteristisch für sie ist das Streben nach persönlicher Erneuerung des Glaubens, nach einer spezifisch akzentuierten Spiritualität und Lebensgestaltung. In ihrer theologischen Orientierung, in ihrer konkreten spirituellen Ausrichtung und in ihrer Organisationsform sind diese Gruppen sehr unterschiedlich. Neben Gruppen, die einer konservativen Einstellung und traditionellen Frömmigkeitsformen verpflichtet sind, gibt es ein weites Spektrum von Gruppen der »Charismatischen Erneuerung« und Gemeinschaften, die aus der Spiritualität der großen Orden leben, z.B. die Gemeinschaft Christlichen Lebens (GCL). Im Bereich der evangelischen Kirche waren und sind freie Gemeinschaftsinitiativen in vielen Formen wirksam. Die charismatische Erneuerungsbewegung in den evangelischen Landeskirchen wird durch den Arbeitskreis »Geistliche Gemeinde-Erneuerung« repräsentiert.

In modernen Industriegesellschaften, die fundamental von einer technischen und ökonomischen Rationalität bestimmt werden und in denen unter Konkurrenzdruck und Konsumdenken Sinnsuche und spirituelle Sehnsucht oft unerfüllt bleiben, finden Menschen in geistlichen Bewegungen spirituelle Orientierung und Heimat. Im Austausch mit anderen kirchlichen Gruppen und in Verbindung mit der Orts- und Gesamtkirche können sie Tendenzen überwinden, sich auf die Intimität von Kreisen Gleichgesinnter zu beschränken, soziale Kontexte auszublenden, anders ausgerichtete Christen und andere Sozialgestalten der Kirche gering zu schätzen.

5 Praktisch-theologische Würdigung

In Basisgemeinden und in ihnen verwandten Gemeinschaften, in Caritasgruppen und in Kreisen geistlicher Bewegungen wird Kirche konkret, wenn in ihnen grundlegende Formen kirchlicher Praxis verwirklicht werden: das an der biblischen Botschaft und der kirchlichen Überlieferung orientierte Glaubenszeugnis (*martyria*), eine von daher inspirierte gemeinsame Lebensform, verbunden mit der Kirche insgesamt (*koinonia*), Gebet und Gottesdienst (*liturgia*), das diakonische Engagement für und mit Menschen in besonderen Notsituationen (*diakonia*). Das wachsende Bewusstsein dieser Gemeinschaften, Kirche zu sein, ist nach der Communio-Ekklesiologie des Zweiten Vatikanischen Konzils gut begründet. Der vielfältige Aufbruch dieser Gemeinschaften kann als

Geschenk der »begeisternden« Gegenwart des lebendigen Christus verstanden werden. Ihre pastorale Notwendigkeit wird zunehmend anerkannt, zumal wo kirchliche Traditionen »verdunsten« und Christen als Minorität leben. Idealisierende Vorstellungen, überfordernde Normierungen und Erwartungen bzw. daraus folgende Abwertungen sind als solche kritisch aufzudecken. Dabei sind diese Gruppen nicht gegen territoriale und überregionale kirchliche Strukturen oder gegen teilweise noch bestehende bzw. neu gestaltete volkskirchliche Traditionen auszuspielen. Letztere behalten spezifische Funktionen als Haftpunkte öffentlicher Präsenz, kultureller Identitätsmomente und spezifischer diakonischer Angebote.

6 Religionspädagogische Bedeutung

Basisgemeinden und andere bewusst gewählte kleine Glaubensgemeinschaften haben vor allem für Heranwachsende auf dem Weg ihrer Identitätsfindung und bei ihrer Suche nach Orientierung eine besondere Bedeutung. – Kinder (mit ihren Eltern) und vor allem Jugendliche sollten basisgemeindliche Initiativen in und neben Ortsgemeinden ihrer Region kennen lernen (Regionaldidaktik) – im Zusammenhang der Gemeindekatechese (Tauf-, Erstkommunion- und Firmvorbereitung), aber auch im Religionsunterricht (Projekttage, Exkursionen, Besuch eines Klosters oder einer Ordensgemeinschaft, Sozialpraktika im Sinn des Projekts »Compassion«). In Kleingruppen in Katechese, Religionsunterricht, Jugendarbeit und Erwachsenenbildung können die Beteiligten dabei selbst Kirche-Sein leben und erleben. Exemplarisch sollten Heranwachsende aber auch von kirchlichen Basisgemeinden in anderen Kulturen (und von hiesigen Partnergruppen) erfahren, umso ein umfassenderes Verständnis der Weltkirche zu gewinnen (Information z.B. in *Schule und Mission*, Fachzeitschrift zum Thema »Lernen in der Einen Welt«, Aachen; *Forum Weltkirche*, Freiburg). Auf diese Weise kann ein authentisches Bild christlicher Existenz und kirchlicher Gemeinschaft vermittelt werden. Eine durchaus relevante (!) Minderheit wird hier Inspirationen zur Mitarbeit entdecken. – Nicht zuletzt sind basisgemeindliche Gruppen für Menschen, die in der Glaubensvermittlung und -begleitung sowie in verschiedenen Formen christlicher Diakonie und Caritas für soziale Gerechtigkeit und für Frieden engagiert sind, Orte der Erfahrung und Vergewisserung des Glaubens, der geistlichen Erneuerung und der Ermutigung zu missionarischer Ausstrahlung.

Literatur

Ernsperger, Bruno, Aufbruch braucht Gestaltung. Innsbruck/Mainz 1999.
Fischer, Michael, Zukunftsoffene Gemeindeentwicklung. Das Rottenburger Modell auf dem pastoraltheologischen Prüfstand. Mainz 1999.
Tigges, Marianne/Gasper, Hans/Halkenhäuser, Johannes, Geistliche Gemeinschaften und Bewegungen. In: [3]LThK 4 (1995) 386–390.
Sievernich, Michael, Basisgemeinde. In: [3]LThK 2 (1994) 72–75.
Weber, Franz, Gewagte Inkulturation. Basisgemeinden in Brasilien: Eine pastoralgeschichtliche Zwischenbilanz. Mainz 1996.

MICHAEL RASKE

IV.4.3 Kirchliche Jugendarbeit

→ I.1 Religion, Glaube und Aufwachsen heute
→ II.4.5 Religion in der Kindheit
→ II.4.6 Jugendliche und Religion
→ III.4.2 Individualisierte Religiosität
→ IV.3.3 Schulseelsorge
→ V.1.6 Geschlechtsspezifische religiöse Sozialisation

Kirchliche Jugendarbeit bezeichnet Arbeitsweisen und Aktionen, bei denen Kinder und Jugendliche in temporären oder längerfristig angelegten Angeboten in Trägerschaft von Kirchengemeinden, kirchlichen Jugendverbänden und freien Initiativen »von unten« in Selbstverantwortung oder unter Begleitung von ehrenamtlich tätigen Jugendlichen und Erwachsenen oder von hauptberuflichen Mitarbeiterinnen und Mitarbeitern »Leben zu erfahren, zu verstehen und zu gestalten lernen« (Synodenbeschluss Ziele und Aufgaben kirchlicher Jugendarbeit 1975, 289). Neben Familie, Beruf und Schule ist kirchliche Jugendarbeit ein Lernort, der durch folgende Bedingungen konturiert wird: Ansiedlung im Freizeitbereich, Freiwilligkeit der Teilnahme, Verbindung von Aktion und Reflexion, eine möglichst symmetrische Kommunikation aller Beteiligten und Partizipation an zu treffenden Entscheidungen. Die Vorstellungen über die Ziele und die Aufgaben kirchlicher Jugendarbeit werden in ihrer Geschichte in Abhängigkeit von gesellschaftlichen Veränderungsprozessen (Modernisierung) und kirchlichen Wandlungsvorgängen als Reaktionen auf diese Veränderungen je neu bestimmt. Maßgeblich beeinflusst werden sie vom jeweiligen zeitbedingten Jugendbild. Dass dabei oft Spannungen und Konflikte zwischen erwachsenen Vorstellungen über Sinn und Zweck kirchlicher Jugendarbeit und jugendlichen Sinnentwürfen entstehen, kann als Ausdruck des nicht reflektierten Generationenkonflikts verstanden werden, in dem Erwachsene ihre Orientierungen als maßgeblich und unhintergehbar betrachten und damit machtvoll und interessengeleitet jugendliche Selbstäußerungen entwerten – ein Problem, das heute eher noch im konkreten Beziehungsraum einer Gemeinde wirksam wird als auf der Ebene theoretisch fundierter Programmatik und der kirchlichen Leitideen. Gleichwohl wird kirchliche Jugendarbeit mitunter mit kirchlichen Erwartungen konfrontiert, die kirchlichen Grundsatzdokumenten zur Jugendarbeit widersprechen und einer einseitigen sozial-integrativen Konzeption entsprechen. Kirchliche Jugendarbeit ist so Seismograf für veränderte jugendliche Lebenswelten und für kirchliche Erwartungshaltungen.

1 Geschichte

Abgesehen von der Gründung der marianischen Kongregationen im 16. Jh. liegen die Wurzeln kirchlicher Jugendarbeit im Engagement von einzelnen Persönlichkeiten (J.H. Wichern; A. Kolping), die die gesellschaftliche Situation von Jugendlichen im 19. Jh. zum Anlass nehmen, Lehrlings- und Gesellenvereine zu gründen, um – motiviert vom Fürsorgegedanken – diesen Jugendlichen eine »Heimat« anzubieten. Unter dem Einfluss der Jugendbewegung im ersten Drittel des 20. Jh. verändert sich auch das Selbstverständnis der Jugendarbeit: Jugendliche werden zur Mitverantwortung aufgefordert und sollen Leitungsaufgaben übernehmen. Im katholischen Bereich wird die enge Zusammenarbeit zwischen Priestern und jugendlichen »Führerinnen und Führern« betont. Mit der Machtergreifung der Nationalsozialisten wird die kirchliche Jugendarbeit in der bisherigen Form zerschlagen (1933 erzwungene Eingliederung des Evangelischen Jugendwerks Deutschlands in die HJ, 1939 Auflösung des katholischen Jungmännerverbandes). Jugendarbeit wird auf den kirchlichen Binnenraum und auf Jugendseelsorge beschränkt (1936 Gründung katholischer bischöflicher Jugendämter). Allerdings können die staatlichen Maßnahmen den Willen zu weiterer Aktivität in der Illegalität nicht brechen. Nach dem Zusammenbruch der nationalsozialistischen Diktatur wird die Jugendarbeit – zunächst von Erwachsenen (z.B. Ludwig Wolker) – neu belebt: 1946 Gründung der Evangelischen Jugend Deutschlands (seit 1949 Arbeitsgemeinschaft der Evangelischen Jugend Deutschlands AEJ mit Sitz in Hannover), 1947 Gründung des Bundes der Deutschen Katholischen Jugend (BDKJ) mit Sitz in Düsseldorf. Derzeit gehören der AEJ 35 Mitgliedsgruppierungen an, im BDKJ sind 16 Mitgliedsverbände und 26 Diözesanverbände vertreten. Zwar wird die Konfessionalität der Verbände noch weitgehend aufrechterhalten, aber im Blick auf die Mitgliedschaft kann eine teilweise Entkonfessionalisierung beobachtet werden. In ökumenischer Perspektive haben sich Themen und Zusammenarbeit entwickelt, die von evangelischer und katholischer Jugendarbeit gemeinsam aufgegriffen werden: z.B. Frieden, Gerechtigkeit, Bewahrung der Schöpfung.

2 Theorieentwicklung

Nach dem Zweiten Weltkrieg kommt die Entwicklung einer Theorie der kirchlichen Jugendarbeit nur zögernd in Gang. Zunächst wird an die Zeit vor 1933 anzuknüpfen versucht: Die soziale Integration als »Beheimatung« in Gesellschaft und Kirche steht im Mittelpunkt, religiöse Bildungsarbeit nimmt einen ersten Rang ein. Mitte der 50er-Jahre des 20. Jh. wird die Frage nach einer handlungsorientierenden Theorie gestellt; entsprechende Fortbildungseinrichtungen werden gefordert. Entscheidende Impulse geben die 1964 publizierten vier erziehungswissenschaftlichen Entwürfe zu einer Theorie der Jugendarbeit, die der Jugendarbeit eine eigene Qualität der Kommunikation in der Perspektive der Aufklärung zusprechen (vgl. Müller u.a. 1964). Ebenso stimulieren die aus dem nordamerikanischen Kontext nach Deutschland importierten Reflexionen zur Gruppenpädagogik und Gruppendynamik, die das Verständnis von Führung und Leitung präzisieren und einen Schub in die Erneuerung der Ausbildungsformen bringen. Diese »von außen« kommenden Theorieelemente werden schnell rezipiert. Deshalb kommt es in den Kirchen zu Auseinandersetzungen über die Konzeptionen der Jugendarbeit. In der evangelischen »Polarisierungsdebatte« (1971–1975) geht der Streit um eine missionarisch geprägte oder emanzipatorisch orientierte Grundrichtung der Jugendarbeit. Auf katholischer Seite betont der Beschluss der Würzburger Synode zu Zielen und Aufgaben kirchlicher Jugendarbeit (1975) die diakonische Ausrichtung kirchlicher Jugendarbeit, die als Dienst an der Jugend der Kirche und an der Jugend der Gesellschaft verstanden wird. Jugendliche gewinnen als selbstverantwortliche Träger dieses Dienstes eine eigene Dignität. Die Bedeutung des »personalen Angebots« wird ebenso unterstrichen wie die Arbeitsform der »reflektierten Gruppe«, die die der Gruppe eigenen Beziehungsstrukturen als Lernmöglichkeiten versteht. Im Gefolge der Synode entstehen eine Reihe praktisch-theologischer Entwürfe zur kirchlichen Jugendarbeit, die sich unter Berufung auf den Evangelisierungsbegriff der Aufgabe einer theologischen Begründung der Jugendarbeit annehmen (vgl. Höring 2000, 134–187). Allerdings ist bis heute der theologische Impuls nicht aufgegriffen, dass die Kirche in der Zuwendung zu Kindern und Jugendlichen das Evangelium im Licht dieser Lebenswelten und der in ihnen virulenten Fragen neu verstehen lernen könnte (Klaus Hemmerle). In der evangelischen Diskussion spielen Begründungsfragen ebenso eine Rolle wie die Diskussion über den Beitrag kirchlicher Jugendarbeit zur Identitätsbildung junger Menschen (vgl. Hanusch/Lämmermann 1987). Die sich stets wandelnde Jugendsituation bedingt, dass für die kirchliche Jugendarbeit Praxistheorien mittlerer Reichweite nötig und hinreichend sind.

Die Frage nach der Theorieentwicklung darf den Blick auf den institutionellen Kontext nicht verstellen: Welche Optionen treffen die Kirchen im Blick auf ihre Jugendarbeit? Welche Interessen spielen eine Rolle? Wofür werden Finanzen eingesetzt? Eine vorrangige Option für die Jugend, wie sie von der katholischen Kirche in Lateinamerika vorgenommen wurde, zeigt hier Möglichkeiten auf, die im deutschsprachigen Raum noch wenig realisiert sind.

3 Herausforderungen

Kirchliche Jugendarbeit muss sich auf die Lebenswelten von Kindern und Jugendlichen einlassen und ist deshalb ständigem Wandel unterworfen. So steht sie vor der Herausforderung, dass der jugendliche Freizeitbereich zu einem die Finanzen der Kinder und Jugendlichen in Anspruch nehmenden Erlebnismarkt geworden ist, der mit konkurrierenden Angeboten den Raum für kirchliche Aktivitäten deutlich begrenzt. Auch in der kirchlichen Jugendarbeit ist der Event-Charakter von Veranstaltungen von den Adressaten gefragt: Weltjugendtage rund um den Globus, Kirchen- und Katholikentage geben davon Zeugnis. Es wäre jedoch verfehlt, ausschließlich auf Events zu setzen. Eine nur am Erlebnis orientierte Jugendarbeit würde an den Konkurrenzangeboten scheitern.

Die skizzierte Multioptionalität gilt auch für den Bereich der Lebenseinstellungen und Haltungen und der Werte. Diese werden als situationsleitende und situationsabhängige Orientierungsmuster selbst gewählt. So werden im Bereich von Religion und Glaube Jugendliche zu selbstverantwortlichen Akteuren, die ihren eigenen Sinn- und Glaubenshorizont konstruieren. Angesichts dieser Multioptionalität werden die Anforderungen an die Kompetenz der Selbstleitung für Jugendliche immer größer. Kirchliche Jugendarbeit bietet Kindern und Jugendlichen einen Raum, in dem Orientierungen durch Handeln und durch Reflexion vertieft, verglichen und neu erworben werden können. In der Kommunikation über in der Sozialisation erworbene Orientierung kann die Vielfältigkeit »biografisierter« Orientierungsmuster deutlich werden und gleichzeitig die Notwendigkeit einer Verständigung über die die Pluralität ermöglichende Basis hervortreten. Die Orientierungsleistung kirchlicher Jugendarbeit kann darin gesehen werden, dass sie angesichts der Pluralität möglicher Entscheidungen (1) die Regression auf ein klares »Entweder – Oder« im Sinne eines politischen oder religiösen Fundamentalismus, der sich in fanatischen Komplexitätsreduktionen zeigt (und den es auch im Bereich der kirchlichen Jugendarbeit in einzelnen überörtlichen Gruppierungen gibt), verhindert und (2) gleichzeitig nicht die post-moderne Gleich-Gültigkeit propagiert, sondern dazu herausfordert, im Horizont der Reich-Gottes-Botschaft einen eigenen Standort beziehen zu lernen.

Die Herausforderung, dass die Kirchen als Sinnagenturen einen erheblichen Bedeutungsverlust erfahren haben, gleichzeitig aber die persönliche Glaubwürdigkeitsanforderung an ihre Vertreterinnen und Vertreter steigt, verweist auf das personale Angebot, das auch im Blick auf das Lernen, einen eigenen Standort einzunehmen, neu in den Blick rückt. Nicht umsonst wird in der erziehungswissenschaftlichen Diskussion über die »Wiedergewinnung des Pädagogischen in der Jugendarbeit« nachgedacht. Die personale Beziehung in pädagogischer Absicht erschließt sich in einer Kommunikation, die nicht übervorteilt und die Kinder und Jugendliche ernst nimmt und sie teilhaben lässt an eigenen Lebensentwürfen und Glaubenshaltungen und so Verbindlichkeit einüben hilft (Konzept der Milieuorientierung).

Ein Merkmal kirchlicher Jugendarbeit ist das (in Projekten temporäre oder das auf Dauer angelegte) Zusammentreffen von Kindern und Jugendlichen in Gruppen. Im sozialen Lernraum »Gruppe« können Verhaltensweisen eingeübt werden, die nicht nur im Binnenraum der Kirche wünschenswert sind: Der Umgang mit unterschiedlichen Interessen und die Ermöglichung eines den Personen und Situationen angemessenen Interessenausgleichs kann ebenso erlernt werden wie das Aushalten von Konflikten und die gemeinsame Suche nach Konfliktlösungen. Soziales Lernen in Gruppen bedarf der Reflexion, um Erfahrenes in den eigenen Sinnhorizont so einordnen zu können, dass daraus längerfristige Handlungsorientierungen entstehen können.

Personale Kommunikation und soziales Lernen in Gruppen gründen in der kirchlichen Jugendarbeit in der Reich-Gottes-Botschaft als ihrem spezifischen Motivations- und Sinnhorizont: Kirchliche Jugendarbeit ist personale Beziehungsarbeit, weil die Reich-Gottes-Botschaft ihrerseits eine Beziehungsbotschaft ist. In ihr geht es um Haltungen, die ohne die Arbeit in und an Beziehungen hohl werden: etwa Gewährung von Freiheit, Gerechtigkeit, Frieden, Liebe. Als Dienst an den jungen Menschen motiviert sie dazu, »das Leben am Weg Jesu zu orientieren« (Synodenbeschluss »Ziele und Aufgaben kirchlicher Jugendarbeit« 1975, 294).

Angesichts der genannten Herausforderungen würden manche Träger kirchlicher Jugendarbeit durchaus einen Modernisierungsschub in ihrer Profilbildung vertragen: Das System staatlicher finanzieller Zuwendungen für spezielle Maßnahmen kirchlicher Jugendarbeit führt einzelne Träger in die Versuchung, sich in erster Linie staatlich geförderter Maßnahmen anzunehmen und sich von einer Selbstprüfung zu dispensieren, welche Maßnahmen dem eigenen Leitbild tatsächlich entsprechen würden.

4 Pluriforme Arbeitsweisen

Die Differenzierung der Lebenswelten von Kindern und Jugendlichen erfordert unterschiedliche und vielfältige Arbeitsformen in der kirchlichen Jugendarbeit. Neben die klassischen Aufgaben der Bildung, der Freizeitgestaltung und der Interessenvertretung von Kindern und Jugendlichen im jugend- und gesellschaftspolitischen Bereich (durch die Jugendverbände) haben sich unterschiedliche Zugänge zu jugendlichen Bedürfnissen und Interessen entwickelt: Jugendtouristische Angebote stehen neben cliquenorientierter Jugendarbeit, Jugendkulturarbeit neben der geschlechtsspezifischen Jungen- bzw. Mädchenarbeit, erlebnis- und lebenswelt-/alltagsbezogene Jugendarbeit ergänzen sich. Während die kirchlichen Jugendverbände in der Regel einen Adressatenkreis erreichen, der mit den Anforderungen der Biografisierung des eigenen Lebenslaufs zurechtkommt, wenden sich dazu gegründete Initiativen jenen Jugendlichen zu, die unter die »Modernisierungsverlierer« zu rechnen sind. Hier verlaufen die Grenzen fließend zur Jugendsozialarbeit (z.B. in Maßnahmen zur Berufsintegration von »schwer vermittelbaren« Jugendlichen). Während in der Jugendverbandsarbeit Mitgliedschaft eine wichtige Kategorie darstellt, entwickelt offene Jugendarbeit, die sich beispielsweise an die Jugendlichen eines Stadtteils ohne Zugangsvoraussetzungen wendet, andere Formen der Zugehörigkeit.

Nachdem die Schule immer mehr Zeit von Kindern und Jugendlichen in Anspruch nimmt (Trend zur Ganztagsschule), werden Kooperationen zwischen Schule und Jugendarbeit sinnvoll, die in gemeinsamen Projekten wechselseitig voneinander lernen können. Neben die herkömmliche evangelische und katholische Schülerarbeit tritt immer stärker die Schulpastoral als eine Form diakonischer Präsenz der Kirche in der staatlichen Schule. Auch sie ist auf Methoden der Jugendarbeit angewiesen.

Die Notwendigkeit der Vernetzung der pluriformen Träger und Arbeitsweisen zeigt sich also immer deutlicher. Die Pluriformität ist ein Beweis für die Lebendigkeit kirchlicher Jugendarbeit, die zwar nicht alle Jugendlichen erreichen kann, aber dennoch für diejenigen, die sich in ihr beteiligen, einen Beitrag dazu leistet, die Gestaltung des Lebenslaufs selbstbewusst in die eigene Verantwortung zu übernehmen.

Literatur

Affolderbach, Martin/Steinkamp, Hermann (Hg.), Kirchliche Jugendarbeit in Grundbegriffen. Stichworte zu einer ökumenischen Bilanz. Düsseldorf/München 1985.

Böhnisch, Lothar, Die Wiedergewinnung des Pädagogischen in der Jugendarbeit. In: Breinbauer, Ines/Brinek, Gertrude (Hg.), Jugendtheorie und Jugendarbeit. Wien 1998, 65–70.

Hanusch, Rolf/Lämmermann, Godwin (Hg.), Jugend in der Kirche zur Sprache bringen. Anstöße zu Theorie und Praxis kirchlicher Jugendarbeit (Festschrift Christof Bäumler). München 1987.

Höring, Patrick C., Jugendlichen begegnen. Jugendpastorales Handeln in einer Kirche als Gemeinschaft. Stuttgart u.a. 2000.

Müller, C. Wolfgang u.a., Was ist Jugendarbeit? Vier Versuche zu einer Theorie. München 1964.

Gemeinsame Synode der Bistümer in der Bundesrepublik Deutschland, Beschlüsse der Vollversammlung. Freiburg u.a., 1976, 277–311 (Synodenbeschluss »Ziele und Aufgaben kirchlicher Jugendarbeit«; 1975).

Tzscheetzsch, Werner, Kirchliche Jugendarbeit im Wandel. In: Ziebertz, Hans-Georg/Simon, Werner (Hg.), Bilanz der Religionspädagogik. Düsseldorf 1995, 448–466.

WERNER TZSCHEETZSCH

IV.4.4 Erwachsenenbildung

→ I.4 Die Bildungsverantwortung der Kirche in Staat und Gesellschaft
→ II.3.1 Gesellschaft und Religion
→ II.3.9 Kirche als Lebensraum und Institution
→ II.4.7 Gestalten erwachsener Religiosität
→ II.4.8 Religiosität im Alter
→ III.3.3 Theologische Bildung/Katechismusunterricht
→ IV.2.4 Erwachsenenkatechese/Katechumenat
→ IV.2.9 Gemeindebildungsarbeit
→ IV.4.6 Religionspädagogische Fortbildung/Fernstudien

Es geht um Erwachsenenbildung hier speziell als einem Raum religiösen Lernens, genauer: organisierten religiösen Lernens. Infragekommende Lernorte sind vor allem die erwachsenenbildnerischen Institutionen der Kirchen, aber auch die Volksbildungswerke oder private Einrichtungen, die Kirchengemeinden und freie Initiativgruppen.

1 Institutionen und Angebote

In der religiösen Erwachsenenbildung findet sich eine geschichtlich bedingte Vielfalt verschiedener Angebotsformen mit je eigener Tradition. Allein die kirchliche (d.h. die katholische und die evangelische) Erwachsenenbildung ist mit einer Vielzahl von Institutionalformen präsent: Bildungswerken, Akademien, Familienbildungsstätten, Heimvolkshochschulen usw. Dieser institutionellen Vielfalt entspricht auch eine konzeptionelle und methodische Pluralität. Angeboten werden abschlussorientierte theologische Fernkurse genauso wie offene religiöse Gesprächskreise, Ein-Abend-Veranstaltungen zu aktuellen theologischen Themen, aber auch langfristig angelegte Seminare usw. Insofern ist es bei der Erwachsenenbildung schwieriger als bei anderen Räumen religiösen Lernens, von einem konsensuellen Aufgabenverständnis oder einem charakteristischen didaktischen Grundmuster zu sprechen. Einige Besonderheiten lassen sich immerhin nennen: die mehrere Generationen umfassende Zielgruppe, die Selbstwahl der Lerngelegenheiten durch die Teilnehmerinnen und Teilnehmer, die relativ hohe Unverbindlichkeit vieler Veranstaltungsformen, die Pluriformität des Angebots.

Mit ihrem erwachsenenbildnerischen Engagement nehmen die Kirchen sowohl einen kirchlichen als auch einen öffentlichen Bildungsauftrag wahr. Zum einen geht es darum, mündiges Christsein zu fördern und die Kirche in eine »Lerngemeinschaft im Glauben« (E. Feifel) verwandeln zu helfen (Erwachsenenbildung als *forum internum*), zum anderem geht es um eine Form »kultureller Diakonie« (Erwachsenenbildung als *forum externum*): Kirchliche Erwachsenenbildung soll über den Kreis gemeindlich verbundener Menschen hinaus in die Gesellschaft hineinwirken: eine »Brücke zwischen Kirche und Welt« schlagen, einen Beitrag zum »Polylog gesellschaftlicher Gruppen« (Ch. Meier) leisten, ein Forum »öffentlicher Theologie« (W. Huber) anbieten.

2 Ziele und Aufgaben

2.1 Beitrag zur gegenwartsbezogenen Auslegung christlichen Glaubens

Erwachsene stehen in vielfältigen Bezugssystemen und Kommunikationszusammenhängen und erleben mit besonderer Härte, wie schwierig es ist, unter dem Regiment von Sachzwängen die Inspirationen christlichen Glaubens zur Geltung zu bringen. Sie sind gezwungen, die Religiosität ihrer Kindheit und Jugend unter dem Eindruck biografischer Krisen und Brüche zu transformieren und ihre Gesamt-Sicht auf Leben und Welt mit ihrer persönlichen und beruflichen Entwicklung immer wieder neu zu synchronisieren. Auf diesem Hintergrund interessiert sie in der Regel nicht so sehr »das Ganze« als vielmehr das in ihrer Situation konkret Hilfreiche christlichen Glaubens. Unter den gegenwärtigen gesellschaftlichen Lebensbedingungen erhält dieses Interesse spezifische Akzentsetzungen:

(1) In einer individualisierten Gesellschaft müssen Erwachsene ihrem Leben weitgehend ohne den Halt bewährter Muster Gestalt geben. Kann sich der christliche Glaube bei der dabei immer wieder neu erforderlichen Reorganisation des Lebens als nützlich erweisen? Hilft er dem Menschen, seiner Berufung gewahr zu werden, Maßstäbe persönlicher Bewährung auszubilden, Krisen zu bestehen und unter sich wandelnden Umständen ein Gefühl biografischer Konsistenz und personaler Identität zu behalten? Dies sind in der religiösen Erwachsenenbildung heute aufzugreifende Fragen biografiebezogenen Lernens.

(2) In einer pluralistischen Gesellschaft müssen Erwachsene lernen, die Geltung ihrer Überzeugungen in Auseinandersetzung mit konkurrierenden Wahrheitsansprüchen zu behaupten. Auch wenn in religiöser Hinsicht heute eher eine Atmosphäre religionsfreundlicher Anspruchslosigkeit herrscht, haben die alten religionskritischen Verdachtsmomente gegenüber dem Glauben an einen personalen, in einem wahren Menschen Fleisch gewordenen Gott doch von ihrer Virulenz nichts verloren, im Gegenteil: Sie beherrschen das Alltagsbewusstsein der Zeitgenossen. Demgegenüber befinden sich bewusste Christinnen und Christen in der Situation einer kognitiven Minderheit und können als solche nur bestehen, wenn sie in der Lage sind, sich mit ihrem Glauben kritisch auseinander zu setzen und ihn gegenüber dem »Normalbewusstsein« eigenständig zu begründen. Religiöse Erwachsenenbildung muss daher auch ein Ort sein, an dem Christinnen und Christen lernen können, ihren Glauben zu artikulieren, auf seine Relevanz und seine Wahrheit hin zu befragen und im Polylog zeitgenössischer Suchbewegungen zu begründen.

2.2 Beitrag zur Tradierungsfähigkeit kirchlicher Gemeinden

Lange Zeit konnten sich die Kirchen bei ihrem Bemühen um eine Tradierung christlichen Glaubens auf die Sozialisationsleistungen von Milieu, Familie und Religionsunterricht weitgehend verlassen. Infolge der Erosion dieser für eine quasi »naturwüchsige« Weitergabe des Glaubens sorgenden Infrastruktur müssen die Kirchen nun Formen einer Initiation christlichen Glaubens entwickeln, deren Wirksamkeit sich auch ohne die Zuarbeit von Familien und Schulen entfalten kann. In diesem Zusammenhang sind die überkommenen Formen der Glaubensvermittlung umfassend zu reorganisieren. Die Zukunftsfähigkeit des Christentums hängt maßgeblich davon ab, ob es den Kirchen gelingt, Erwachsene zum Glauben einzuladen; das heißt z.B. Formen öffentlicher Präsenz zu zeigen, die auch für jene »neuen Erwachsenen« von Interesse sind, die sich »nur einmal umschauen« wollen und ein Angebot, das umstandslos auf gemeindliche Einbindung und lebenslange Begleitung hinausläuft, eher als abschreckend empfinden. Mit Glaube und Kirche ernsthaft auseinander setzen werden sich interessierte Erwachsene freilich wohl nur dann, wenn sie Christinnen und Christen begegnen, die überzeugende Formen erwachsenen Glaubens repräsentieren und wenn sie die christliche Gemeinde als einen Ort erfahren, an dem Menschen wirklich erwachsen miteinander umgehen. Hier zeigt sich: Erwachsenenbildung und Gemeinde-Bildung, *eruditio ecclesiae* und *aedificatio ecclesiae*, sind wechselseitig aufeinander angewiesen: Ohne erwachsenen Glauben gibt es keine zukunftsfähige Kirche und ohne einladende Gemeinden zu wenig Erwachsene, die Lust auf religiöse Bildung hätten. In jedem Fall wird es in Deutschland zukünftig viel mehr Menschen als heute geben, die erst als Erwachsene den Weg in die Gemeinschaft der Christen finden. Ohne irgendeine Form religiöser Erwachsenenbildung wird dieser Weg nicht gangbar sein. Hier stellt sich eine Aufgabe, die über Information und Reflexion hinausreicht und eine kreative Verbindung von Formen bildnerischen und katechetischen, liturgischen und diakonischen Handelns erfordert.

2.3 Beitrag zum Umgang mit religiöser Pluralität

Erwachsene formen ihre Religiosität heute nur noch in Ausnahmefällen in exklusivem Bezug auf eine einzige religiöse Tradition aus. Auch wenn es für die meisten Menschen nach wie vor eine lebensgeschichtlich bedingte besondere Nähe zu einer bestimmten Religion bzw. Konfession gibt, kommen sie doch in vielfältigen Kontakt auch mit anderen Orientierungsmustern. Gerade in einem Land mit deutlich multikulturellen Zügen wie Deutschland prägt sich Religiosität heute von Kindheit an im Zeichen religiöser Pluralität aus. Religiöse Erwachsenenbildung muss daher auch ein Forum für die Begegnung und Auseinandersetzung mit nicht-christlichen Religionen sein. Eine besondere Rolle spielen dabei der Islam und das Judentum, mehr und mehr aber auch fernöstliche Religionen und ihre spirituellen Praktiken. Auch die verschiedenen Ausprägungen »neuer Religiosität« und die unterschiedlichen Erscheinungsformen »unsichtbarer« (Th. Luckmann) bzw. »säkularer« (A. Schilson) Religion sollten Beachtung finden. In solchen Formen interreligiösen Lernens geht es um informatives Kennenlernen und persönliche Begegnung, um die Entdeckung von Gemeinsamkeiten und um den Abbau von Vorurteilen, aber auch um geschärfte Selbstwahrnehmung und kritische Auseinandersetzung. Es gilt, religiöse Pluralität aushalten und seinen eigenen Lebensglauben in einem Kontext religiöser Vielstimmigkeit entwickeln zu lernen. Dies schließt ein positives Verhältnis zur perspektivischen Vielfalt auch innerhalb des Christentums ein. Auch innerhalb der Kirchen gibt es eine Pluralität von Glaubensinterpretationen, Frömmigkeitsstilen und Formen kirchlichen Engagements. In der Erwachsenenbildung werden solche religiösen Differenzen, mehr noch als im liturgischen oder im diakonischen Bereich, sichtbar, hier lassen sie sich aber auch bearbeiten. Religiöse Erwachsenenbildung muss daher immer wieder neu nach Möglichkeiten Ausschau halten, wie Christinnen und Christen sich an ihren Glaubenserfahrungen und an ihren theologischen Entdeckungen wechselseitig so teilhaben lassen können, dass perspektivische Vielfalt auch als gemeinsamer Reichtum erfahren werden kann.

2.4 Beitrag zur gesellschaftlichen Orientierung

Religiöse Traditionen und Überzeugungen waren und sind eine wichtige Inspirationsquelle für die Bearbeitung gesellschaftlicher Problemlagen. Kirchliche Erwachsenenbildung hat in der Vergangenheit, gerade auch im Sinne einer Bildung aus dem Glauben, wichtige Beiträge zum »kommunikativen Suchprozess« (Ch. Meier) und zur geistigen Neuorientierung der Gesellschaft geleistet. In religiösen Traditionen und Überzeugungen kommt eine Dimension menschlichen Daseins zur Sprache, die in einer durch bereichsspezifische Rationalitäten und Routinen organisierten Gesellschaft weitgehend abhanden zu kommen droht. Da es heute so gut wie keine konsensfähige Vision gesellschaftlicher und humaner Entwicklung mehr gibt, von der her profitorientiertes Wirtschaften seinen tatsächlich nur begrenzten Stellenwert zugewiesen bekäme, können sich durch ein kapitalistisches Denken infizierte Denk- und Verhaltensmuster ungebremst bis in die letzten lebensweltlichen Verästelungen hinein ausbreiten und die pausenlose Rotation um Leistung, Geld und Erlebniskonsum als »ultimate end« menschlichen Lebens erscheinen lassen. Über gegebene Funktionszusammenhänge hinausgreifende Fragen drohen in diesem Kontext auf die Dauer »sinnlos« zu werden: die Frage nach Gott als unergründlichem Grund menschlicher Existenz; die Frage nach dem Menschen und dem Sinn seiner Freiheit; die Frage nach der Gesellschaft und ihrer Vision von Gerechtigkeit. Eine religiöse Erwachsenenbildung, die dazu beiträgt, dass das Verständnis für diese Fragen nicht verloren geht, nimmt damit eine auch gesellschaftlich wichtige Funktion wahr. Das Niveau religiöser Reflexivität ist immer auch ein Indiz für den Zustand einer Gesellschaft, religiöser Wandel immer auch ein Zeichen für gesellschaftlichen Wandel. Von daher ist die Auseinandersetzung mit religiösen Entwicklungen gesellschaftlich genauso belangvoll wie die Auseinandersetzung mit gesellschaftlichen Entwicklungen religiös unverzichtbar ist. Dies gilt auch für die in der religiösen Erwachsenenbildung geleistete Auseinandersetzung z.B. mit dem religiösen Fundamentalismus, mit der Privatisierung von Religion, mit zivilreligiösen Phänomenen, mit säkularer Religiosität usw.

3 Bildnerische und didaktische Ansatzpunkte

3.1 Bildungstheoretisches Anliegen

Bereits seit geraumer Zeit hat es die sog. allgemeine Erwachsenenbildung, zu der auch die religiöse Erwachsenenbildung zählt, schwer, sich gegenüber der beruflichen Weiterbildung ausreichendes Gewicht zu verschaffen. Die wirtschaftliche Entwicklung macht den Arbeitnehmer immer mehr zum Unternehmer in eigener Sache und zwingt ihn dazu, seinen Wert auf dem Arbeitsmarkt durch die Aufstockung seiner fachlichen Qualifikationen mindestens zu erhalten. Im Sinne des Prinzips »primum vivere, deinde philosophari« tritt daher die religiöse Erwachsenenbildung im Dringlichkeitsempfinden gerade anspruchsvoller Berufsgruppen deutlich zurück und es kommt in vielen Veranstaltungen zu einer Konzentration auf nicht oder nicht mehr im Arbeitsprozess befindliche Teilnehmergruppen, oft bereits höheren Lebensalters. Im Blick auf diese Entwicklung ist an die von der bildungstheoretischen Tradition her geforderte Balance zwischen selbst- und sachbezüglichem Lernen bzw. zwischen identitäts- und qualifikationsorientierter Bildung zu erinnern. Gerade im Kontext einer individualisierten Gesellschaft, in welcher der Einzelne wie nie zuvor auf seine eigene Lebensplanungskompetenz und Orientierungsfähigkeit zurückverwiesen ist, bedarf es eines Diskurszusammenhanges für über den Tag und auch über die eigene Karriere hinausreichende Lebensfragen. Die angesprochene Balance würde dabei allerdings verfehlt, wenn die religiöse Erwachsenenbildung nun auch menschliche Religiosität noch als »personale Ressource« auszugeben und sich selbst als systemfunktionales Unternehmen anzudienen versuchte. Die Aufgabe besteht eher darin, die Totalisierungstendenzen ökonomischer Rationalität kritisch in den Blick zu nehmen und ihre Konsequenzen zu bedenken: für die Subjekt-Würde des Einzelnen, für die Ausbildung personaler Identität, für die Desolidarisierung der Gesellschaft und für die Ausgrenzung von Modernisierungsverlierern überall auf der Welt.

3.2 Didaktische Problemstellung

Während schulisches Lernen typischerweise auf den Erwerb eines »Vorratswissens« zielt, d.h. auf Kenntnisse und Kompetenzen, deren lebensweltlicher Gebrauchswert in der Lernsituation selbst meist nur antizipiert werden kann, kann die Erwachsenenbildung vielfach von selbst erlebten lebensweltlichen Problemlagen ausgehen. Die Lerninteressen Erwachsener haben meist mit der Erfahrung der nur begrenzten Tauglichkeit eigener Problemlösungsstrategien bzw. mit der Erkenntnis eigener Kompetenzdefizite zu tun. Das heißt man erhofft sich in der Regel eine spezifische Verbesserung der eigenen Orientierungs- und Handlungsfähigkeit. Diese Voraussetzungen müssen erwachsenenbildnerische Prozesse prägen: Sie müssen situations- und teilnehmerorientiert, lebensweltbezogen und zielgruppenspezifisch angelegt sein und auf die Erfahrungen und Deutungsmuster der Teilnehmer reflektieren. Auch die andragogische Arbeitsweise muss den besonderen Bedingungen dieses Lernfeldes entsprechen: Sie muss produktive Formen intergenerativen Lernens eröffnen; sie muss Formen respektvollen Umgangs zwischen Menschen mit manchmal sehr ausgeprägten positionellen Differenzen ermöglichen; sie muss die Kompetenz der erwachsenen Teilnehmer zum Zuge kommen lassen und reversible Lehr-Lern-Strukturen anbieten; sie muss trotz der Unverbindlichkeit vieler Angebotsformen für eine gewisse Nachhaltigkeit erwachsenenbildnerischer Prozesse sorgen; sie muss auch den Voraussetzungen von Menschen aus bildungsbenachteiligten und aus gemeindefernen Milieus Rechnung tragen. Dies zeigt noch einmal die besonderen Chancen, aber auch die besonderen Probleme der Erwachsenenbildung als einem Raum religiösen Lernens.

3.3 Religiöse Erwachsenenbildung wohin?

Die religiösen Deutungsmuster Erwachsener sind vielfältig bedingt: durch die Biografie, die soziale Einbindung, die Geschlechtszugehörigkeit, durch positionelle Prägungen; sie tragen die Spuren bestimmter lebensweltlicher Verhaftungen und sind in ihrer spezifischen Perspektivik von daher zunächst einmal relativ resistent gegenüber bildnerischen Transformationsimpulsen. Gerade das (religiöse) Lernen Erwachsener lässt sich von daher nicht nach dem Modell einer Informationsübertragung, sondern eher nach dem Modell einer perspektivischen Verschränkung – alter und neuer, eigener und fremder Deutungsmuster – begreifen. Die Frage ist, inwieweit sich der Richtungssinn dieses Verschränkungsbemühens heute inhaltlich noch näher bestimmen lässt, wenn das Ziel nicht mehr einfach die Komplettierung religiöser Deutungsmuster am Maßstab der kirchlichen Glaubensbotschaft sein kann – und wenn davon auszugehen ist, dass auch die Identität von Christinnen und Christen heute nicht anders als biografisch geerdet, plural und in gewisser Weise sogar heterodox sein kann.

Literatur

Blasberg-Kuhnke, Martina, Erwachsene glauben. Voraussetzungen und Bedingungen des Glaubens und Glaubenlernens Erwachsener im Horizont globaler Krisen. Mainz 1991.
Bornhauser, Thomas, Gott für Erwachsene. Ein Konzept kirchlicher Erwachsenenbildung im Zeichen postmoderner Vielfalt. Stuttgart u.a. 2001.
Englert, Rudolf, Religiöse Erwachsenenbildung. Situation, Probleme, Handlungsorientierung. Stuttgart u.a. 1992.
Leimgruber, Stephan, Christsein-Lernen in postmoderner Zeit. Einführung in die Erwachsenenbildung. Luzern 1997 (Beiheft 9/10 zu kageb erwachsenenbildung).
Lück, Wolfgang/Schweitzer, Friedrich, Religiöse Bildung Erwachsener. Grundlagen und Impulse für die Praxis. Stuttgart u.a. 1999.
Orth, Gottfried, Erwachsenenbildung zwischen Parteilichkeit und Verständigung. Zur Theorie theologischer Erwachsenenbildung. Göttingen 1990.

RUDOLF ENGLERT

IV.4.5 Theologiestudium / Hochschulgemeinde

→ I.4 Die Bildungsverantwortung der Kirche in Staat und Gesellschaft
→ II.4.7 Gestalten erwachsener Religiosität
→ III.3.3 Theologische Bildung/Katechismusunterricht
→ IV.4.4 Erwachsenenbildung
→ IV.4.6 Religionspädagogische Fortbildung/Fernstudien

Mit dem Theologiestudium und der Hochschulgemeinde werden unterschiedliche Themenbereiche und Aufgaben angesprochen, die sich jedoch durch den gemeinsamen (Lern-)Ort Hochschule miteinander verbinden lassen. Handelt es sich bei einem Theologiestudium um einen (durch Rahmen-, Prüfungs- und Studienordnungen) vorstrukturierten Qualifikationsprozess, bildet das Programm der Hochschulgemeinden ein fakultatives Angebot an Beratung, Bildungs-, Freizeit- und gemeindlichen Veranstaltungen für die gesamte Hochschule und somit alle Hochschulmitglieder. Die Betrachtung des Theologiestudiums und der Hochschulgemeinde ist nicht nur aus verschiedenen Perspektiven (z.B. historisch oder empirisch), sondern auch aus unterschiedlichen Disziplinen heraus möglich, ja sogar notwendig. Zu nennen sind hier z.B. pastoraltheologische (gemeindliche Struktur der Hochschulgemeinde), systematische und nicht zuletzt religionspädagogische Zugangsweisen. In Bezug speziell auf das *Theologie*studium stellen sich auch Fragen nach der Einheit der Theologie und dem Zueinander der einzelnen Disziplinen. So genügt es nicht, wenn jedes Fach für sich die Frage nach der Verbindung von Forschung und Lehre, die dem Lernort eigentümlich ist, klärt; im Sinne einer Hochschuldidaktik der Theologie gilt es vielmehr, das Zueinander von (1) Wissenschaftsorientierung, (2) Berufsorientierung und (3) Persönlichkeitsbildung fächerübergreifend zu bedenken. Henning Luther (1980) weist darauf hin, dass die Beachtung dieser drei Grundorientierungen – in einem zeitlichen Miteinander und nicht in einem Nacheinander – das Herzstück einer Hochschuldidaktik bildet.

Welche Rolle kann die Religionspädagogik spielen, wenn sie die Hochschule als Lernort eigenen Charakters wahrnimmt? Neben der Erinnerung der anderen theologischen Disziplinen an die oben gestellte Frage nach der Einheit der Theologie betreffen diese Aufgaben vor allem Fragen des Theologie*studiums*. Orientiert an der oben beschriebenen Trias stellen sich der Religionspädagogik somit wichtige Aufgaben in der Beschreibung und Analyse des Lernortes Hochschule, in einer Analyse der Berufsfelder und der in ihnen notwendigen Kompetenzen und der Lernstrukturen und -stile innerhalb des Studiums. Nimmt die Religionspädagogik diese Aufgaben wahr, kann sie zum Motor einer ständigen Reform des Theologiestudiums werden.

1 Der Lernort Hochschule

Zur Analyse eines Ortes bieten sich zwei zentrale Kategorien an: Strukturen und Akteure. Eine jüngst von einer Kommission des Katholisch-Theologischen Fakultätentages initiierte Umfrage zur wissenschaftlichen Ausbildung von Religionslehrerinnen und -lehrern hat deutlich gemacht, wie unterschiedlich die Strukturen und Bedingungen an den einzelnen Ausbildungsstandorten sind, angefangen von der Ausstattung, den angebotenen Studienmöglichkeiten (zu den unterschiedlichen Studiengängen und -möglichkeiten beider Konfessionen in der Bundesrepublik vgl. Gutmann/Mette 2000, 205-211), den Prüfungs- und Studienordnungen bis hin zum (regionalen) Umfeld und der Einbindung in die gesamte Hochschule und Hochschullandschaft (Kooperationen etc.). Eine vergleichbare Bedingungsanalyse ließe sich auch für die Hochschulgemeinden erstellen (vgl. in ersten Ansätzen Hartmann 2000, 267–274). Betrachtet man zumindest drei der wichtigsten Aufgaben der Hochschule: (1) Forschung, (2) Qualifikation des wissenschaftlichen Nachwuchses und (3) Lehre bzw. wissenschaftliche Ausbildung für Berufsfelder (z.B. Religionslehrer), so wird deutlich, dass eine problematische Situation vor allem dann eintritt, wenn sich diese drei Bereiche zu weit voneinander entfernen – wenn z.B. die spezialisierte und in Teilbereiche ausdifferenzierte Theologie für eine berufliche Praxis vorbereiten soll, die kaum mehr Entsprechungen zu Fragen der einzelnen wissenschaftlichen Disziplinen aufweist. Erschwerend kommt hinzu, dass die Verbindung Schule – Hochschule in verschiedener Hinsicht problematisch geworden ist (Voraussetzung eines allgemeinen religiösen und kulturellen Wissens, Sprachkenntnisse) und nicht nur Wissensmängel aufseiten der Studierenden beklagt werden, sondern vor allem auch ein immer häufiger anzutreffendes Fehlen einer kirchlichen Sozialisation.

So haben sich aufseiten der Studierenden Veränderungen ergeben, die bisher noch nicht systematisch untersucht und die vor allem bisher nahezu ausschließlich negativ wahrgenommen wurden. Positive Aspekte dieser Veränderung kommen meist nicht in den Blick. In jedem Fall stellen sich Fragen: Kann und soll das Studium religiöse Sozialisation nachholen? Bekommt das Theologiestudium von daher selbst katechetische Aufgaben? Ist dies eine Aufgabe der Hochschulgemeinden in Verbindung mit den Theologien? Die Disziplinen der Theologie, die in der heutigen Situation an der Universität (in der Beschreibung von Gutmann/Mette, 2000, 7: eine Situation »etsi deus non daretur«) aufgefordert sind, ihre Wissenschaftlichkeit unter Beweis zu stellen, können diese Aufgabe kaum wahrnehmen. Ihr zentrales Anliegen und Charakteristikum muss die Wissenschaftlichkeit sein.

Für die Hochschulgemeinden ergeben sich ähnlich große Probleme: Da immer mehr Studierende neben dem Studium einer anderen Tätigkeit nachgehen (Studium als Nebenjob), immer häufiger nicht mehr am Studienort leben und somit in ihren alten Strukturen verhaftet bleiben (wollen) und der Studienbeginn nicht mehr als (radikaler) Bruch bzw. Aufbruch in eine neue Lebensphase wahrgenommen wird, wird in der allgemeinen Studierendenforschung die Frage gestellt, ob es überhaupt noch so etwas wie eine Sozialisation an der Hochschule gibt. Insbesondere auch für die Hochschulgemeinden ist so eine neue Situation entstanden, die sich deutlich von der z.B. der 1970er-Jahre mit ihrer Aufbruchsstimmung unterscheidet. Diese Spannung zwischen veränderten religiösen Lernbiografien und Sozialisationsbedingungen, veränderten Studienbedingungen und der wissenschaftlichen Ausbildung sollte in Zukunft stärkere religionspädagogische Aufmerksamkeit erfahren.

2 Zwischen Wissenschaft und Berufsfeld

Eine Grundfrage des Theologiestudiums ist, wie Curricula für die einzelnen Studiengänge entwickelt werden, insbesondere für die Studiengänge (z.B. die Lehrämter), die über eine geringere Stundenzahl verfügen als der Diplomstudiengang. Ist der Diplomstudiengang der Orientierungsrahmen, der dann abgespeckt wird auf theologische Kurzstudiengänge (z.B. Ergänzungsfach in der Primarstufe), um ein Mindestmaß an Wissenschaftlichkeit zu sichern? Ein Denken in diese Richtung führt nicht nur dazu, andere Studiengänge nur in ihrem defizitären Charakter wahrzunehmen, sondern behindert auch die Orientierung an jenen Berufsfeldern, für die sich die größte Anzahl der Theologiestudierenden heute qualifizieren möchte: die Lehrämter. Als exemplarisches Zeugnis eines anderen Zugangs ist die EKD-Stellungnahme »Im Dialog über Glauben und Leben« (1997) anzusehen, die die Plausibilität einer differenzierten Berufsfeldorientierung ihrer Ausrichtung an der drei Jahre (1994) zuvor erschienenen Denkschrift zum Religionsunterricht (»Identität und Verständigung«) verdankt. Unter dem Leitbegriff der »Handlungsfähigkeit im Beruf« bzw. der »Religionspädagogischen Kompetenz« wird hier eine Struktur des Studiums entworfen, die sich vom Pfarramtsstudium unterscheidet, ohne die Wissenschaftsorientierung aufzugeben.

3 Studienstrukturen und Studienstile

Curricula geben Studienpläne und Studienstrukturen vor. Sie dienen somit einer äußeren Strukturierung des Studiums in der Absicht, durch bestimmte Pflicht-, Wahlpflicht- und Wahlveranstaltungen die Möglichkeit für die Erlangung der angestrebten Kompetenzen zu schaffen. Eine Diskussion über bestehende Curricula kann zumindest durch zweierlei Faktoren ausgelöst werden: Paradigmenwechsel in der Theologie führen dazu, das Zueinander der Disziplinen neu zu bedenken und entsprechende Studienpläne zu entwerfen (vgl. Rahner 1969 und als ausführliche Dokumentation der Curriculumentwicklung und Quelle auch für heutige Überlegungen Feifel 1973–1980). Auch hochschulpolitische Faktoren können dazu führen, dass Curricula neu strukturiert werden. Dabei spielen Überlegungen zu konsekutiven Studiengängen und zur Internationalisierung von Studienabschlüssen gegenwärtig eine besonders wichtige Rolle. Von diesen äußeren Strukturierungsformen sind die zu unterscheiden, die Studierende selbst wählen, um ihr Studium zu gestalten. Die jeweils eigene Studienbiografie innerhalb des vorgegebenen Rahmens erscheint dabei von besonderem religionspädagogischen Interesse, da hier Lernprozesse vermutet werden können, die über reine Wissensaneignung und Methodenkompetenz hinausgehen. Gleichzeitig könnte analysiert werden, ob die vorgegebenen Curricula tatsächlich den angestrebten Erfolg erreichen oder ob bestimmte Strukturen des Studiums nicht eher Lernprozesse verhindern. Schließlich ist abschließend auf Überlegungen hinzuweisen, die aus theologischen Implikationen heraus einen Studienstil beschreiben. So fordern Gutmann und Mette dazu auf, die Studierenden im Studium als Subjekte wahrzunehmen, die bereits mit ihrer je eigenen Theologie das Studium beginnen, und entwickeln einen Studienstil, der als »Theologiestudium als Praxis« bezeichnet wird (2000, 30ff und 147ff). Dieser ermöglicht es, das Studium als gemeinsamen Lernort aller Akteure (auch der Lehrenden) zu begreifen und somit dem Lernen zwischen den Generationen im Studium einen Raum zuzuweisen. So wird eine Möglichkeit eröffnet, durch alle am Studium Beteiligten (Lehrende und Studierende) die Verbindung von Theologie und Biografie zu bedenken und Möglichkeiten eines forschenden Lernens zu eröffnen.

Literatur

Feifel, Erich, Studium Katholische Theologie. Berichte – Analysen – Vorschläge. Bd. 1–6. Zürich u.a. 1973–1980.
Gleich, Johann Michael/Junkmann, Willi, Kirche und Hochschule. Zur Lage der Hochschulpastoral in den 90er Jahren. München 1996.
Gutmann, Hans-Martin/Mette, Norbert, Orientierung Theologie. Was sie kann, was sie will. Reinbek 2000.
Hartmann, Richard, Welche Zukunft hat die Hochschulgemeinde? Freiburg u.a. 2000.
Luther, Henning, Hochschuldidaktik der Theologie. Historische und systematische Vorklärung. Hamburg 1980.
Kirchenamt der EKD (Hg.), Im Dialog über Glauben und Leben. Zur Reform des Lehramtsstudiums Evangelische Theologie/Religionspädagogik. Gütersloh 1997.
Rahner, Karl, Zur Reform des Theologiestudiums (Quaestiones disputatae 41). Freiburg u.a. 1969.

RALPH GÜTH

IV.4.6 Religionspädagogische Fortbildung / Fernstudien

→ I.4 Kirchliche Bildungsverantwortung in Gesellschaft und Staat
→ III.3.3 Theologische Bildung/Katechismusunterricht
→ IV.2.10 Kirchliche Mitarbeiterinnen und Mitarbeiter
→ IV.3.13 Religionslehrerinnen und Religionslehrer
→ IV.4.4 Erwachsenenbildung
→ IV.4.5 Theologiestudium/Hochschulgemeinde

Die Notwendigkeit der Fortbildung für Lehrerinnen und Lehrer, für Katechetinnen und Katecheten, religionspädagogische Fachkräfte und Pfarrerinnen und Pfarrer im Schuldienst während ihrer Berufstätigkeit wird von niemandem bezweifelt. Der Religionsunterricht in Kindergarten und Schule, dessen Aufgabe die religiöse Bildung von Kindern und Jugendlichen umspannt, ist anspruchsvoll und erfordert Kompetenzen, die nicht nur einmalig während der Ausbildung oder während der Berufseingangsphase erworben werden können, sondern die berufsbegleitend erhalten, erweitert, verändert und erneuert werden müssen. Fortbildung unterstützt solche Prozesse der Erhaltung und Weiterentwicklung religionspädagogischer Kompetenzen. Die bildungstheoretische Reflexion und die empirische Erkundung der Praxis und Funktion religionspädagogischer Fortbildung entsprechen jedoch nicht der Vielfalt ihrer praktischen Realisationen, ähnlich wie man von einem bildungstheoretischen und empirischen Defizit der Lehrerfort- und -weiterbildung insgesamt sprechen kann.

1 Geschichte

Die Fülle von unterschiedlichen institutionellen Trägern, Veranstaltungs- und Organisationsformen der religionspädagogischen Fortbildung lässt leicht in Vergessenheit geraten, dass Fortbildung ursprünglich von den Lehrkräften und Pfarrern selbst organisiert worden war. Die Aufgabe von unabhängigen, gewerkschaftlichen, katholischen und evangelischen Lehrerverbänden bestand nicht nur in der Vertretung standespolitischer und wissenschaftlicher Interessen, sondern auch in der Organisation der Fortbildung ihrer Mitglieder. Staatliche Lehrerfortbildung gibt es erst seit den 1920er-Jahren beispielsweise in Hamburg und Bremen, und nach Krieg und Nationalsozialismus durch institutionelle Neugründungen – z.B. des Hessischen Instituts für Lehrerfortbildung – in den 1950er-Jahren.

2 Aufgaben und Funktionen

Die von Erich Weniger (1951) genannten drei wichtigsten Aufgaben der Lehrerfortbildung »Regeneration, Kompensation und ständige Anpassung an neue Situationen« gelten – in abgewandelter Terminologie und unterschiedlicher Akzentuierung – bis in die Gegenwart hinein. Dem Qualifikationserhalt und der Weiterentwicklung von Qualifikationen muss sich Lehrerfortbildung widmen, aber auch der Klärung des Selbstverständnisses als Lehrer, der Förderung einer an der Berufsbiografie orientierten beruflichen Identität (Fischer 1990) sowie der Befähigung zu schulischen und unterrichtlichen Innovationen (Schönig, Knab 1996). Die Fort- und Weiterbildungsangebote kirchlicher Einrichtungen richten sich häufig nicht nur an religionspädagogische Fachkräfte, sondern auch an Lehrkräfte anderer Fächer, Kollegien von staatlichen Schulen sowie an Lehrende in evangelischen oder katholischen Schulen. Für diese gemischten Zielgruppen ist die Bezeichnung »kirchliche Lehrerfortbildung« üblich geworden. Ihre erweiterte Aufgabe ist die Unterstützung von Reflexion und Selbstdeutung, von Zusammenarbeit und interdisziplinärer Kommunikation, die Befähigung zum Dialog und zu einer Hermeneutik der Verständigung. Damit richtet sich Fortbildung nicht nur auf die Weiterentwicklung der unterrichtlichen Kompetenzen, sondern bezieht personbezogene und institutionell-schulbezogene mit ein (Fischer 2000).

Die gebräuchliche Unterscheidung zwischen Fort- und Weiterbildung ist nicht trennscharf; längerfristige berufsbegleitende Kursangebote, die mit einem Zertifikat abschließen oder mit Unterrichtsberechtigungen, werden als Weiterbildung bezeichnet, während Fortbildung meistens nicht zu Statusveränderungen in der Berufsrolle führt. Fernstudienkurse für evangelische und katholische Religionslehrer wurden vom Deutschen Institut für Fernstudien an der Universität Tübingen in den 1970er-Jahren entwickelt und vielfach genutzt, insbesondere zur Weiterbildung von Lehrkräften für das Fach Religion. Seit 1997 gibt es einen Fernstudienkurs »Fort- und Weiterbildung Schulpastoral« der Kirchlichen Arbeitsstelle für Fernstudien bei der Domschule Würzburg e.V. mit dem Ziel der »Befähigung zum Dienst von Christinnen und Christen in der Schule«. Vermutlich wird die Verbreitung der neuen elektronischen Medien auch die Entwicklung neuer Formen interaktiver religionspädagogischer Fortbildung ermöglichen.

3 Interessen an Fortbildung

Lehrkräfte sind als staatliche oder kirchliche Beamte zur Fortbildung verpflichtet; ihnen wird dafür Unterrichtsbefreiung von fünf bis zu zehn Tagen jährlich gewährt. Die Teilnahme und Auswahl der Themen ist jedoch freiwillig. Es gibt vermehrt Bestrebungen, Fortbildung nur noch in der unterrichtsfreien Zeit anzubieten. Welche Interessen Lehrkräfte selbst an Fortbildung haben, wird in der Regel von den Anbietern informell erkundet. Es gibt nur wenige empirische Studien zu Fortbildungsinteressen allgemein (vgl. die Übersicht in Wolf u.a. 1999) und zu religionspädagogischen Interessen (vgl. Szagun 1993; Jacobi 1996; Projektgruppe 2000). Darin wird tendenziell übereinstimmend deutlich, dass Lehrkräfte von Grund-, Haupt- und Sonderschulen wesentlich häufiger an Fortbildungsangeboten teilnehmen als Lehrkräfte von Gymnasien. Eintägige Ganztagsveranstaltungen werden präferiert; speziell Lehrerinnen bevorzugen Ganztagsveranstaltungen oder Sequenzen an mehreren Nachmittagen. Als wichtigstes Teilnahmemotiv wird die Verbesserung der eigenen Unterrichtspraxis angesehen.

4 Institutionen und Organisationsformen

Kirchliche Institutionen wie landeskirchliche oder bistumseigene Religionspädagogische Institute, Katechetische Ämter oder Schulabteilungen bei den Bistümern, Arbeitsstellen, Mediotheken und Schulreferate auf der Ebene von Kirchenkreisen sowie kirchlich unterstützte Verbände, Vereinigungen von Religionslehrkräften, Schulwerke und Schulstiftungen sind die wichtigsten Träger religionspädagogischer Fortbildung. Geregelt durch Staats-Kirchenverträge wird ein großer Teil religionspädagogischer Lehrerfortbildung staatlich mitfinanziert. Die Themen richten sich nach dem aktuellen Bedarf der jeweiligen Zielgruppen; ausgearbeitete Fortbildungscurricula oder eine Sequenz von Fortbildungs-Modulen gibt es nicht. Fortbildungsveranstaltungen thematisieren vor allem Grundlagen theologischer Arbeit, Einführung in neue Rahmenlehrpläne, Lernformen des offenen Unterrichts, Umgang mit Medien und Materialien sowie grundlegende didaktische Orientierungen wie z.B. Korrelations- und Symboldidaktik. Die zunehmende pädagogische Gestaltungsfreiheit der einzelnen Schule bringt es mit sich, dass Aufgaben und Bedingungen von Religion im Schulprogramm einer Schule verstärkt in den Aufmerksamkeitshorizont von Fortbildung rücken.

5 Didaktische Konzeptionen

In der religionspädagogischen Lehrerfortbildung werden vielfältige didaktische Konzepte und Formen praktiziert (vgl. Seeliger 1996). Dabei ist inzwischen ein Selbstverständnis als Dienstleister für Lehrkräfte maßgeblich. Als didaktische Prinzipien werden häufig genannt: Ganzheitlichkeit, verstanden als eine Balance von Fach- und Personorientierung, Teilnehmerorientierung, Lebensweltorientierung, Problemorientierung. Die unterrichtspraktischen Erfahrungen der Lehrkräfte sollen zur Sprache gebracht, reflektiert und in Auseinandersetzung mit wissenschaftlichen Erkenntnissen weiterentwickelt werden. Die Erweiterung des unterrichtsmethodischen Repertoires ist ebenso wichtig wie die Vermittlung von Ergebnissen theologischer und pädagogischer Forschung. Längerfristige Fortbildungsangebote werden den punktuellen Veranstaltungen vorgezogen, weil sie nachhaltiger wirksam sind. Oft eröffnen religionspädagogische Einrichtungen auch einen Zugang zu Medien und Materialien für den Unterricht und beraten deren unterrichtliche Verwendung. Sie tragen zur kontinuierlichen Kommunikation und Vernetzung von Religionslehrkräften bei und stellen damit auch eine besondere Sozialform von Kirche dar.

6 Forschung und Entwicklung

Der Mangel an gesicherter Erkenntnis über die Wirksamkeit von religionspädagogischer Fortbildung wird häufig beklagt. Es gibt nur vereinzelte Initiativen zur empirischen Erkundung von Wirksamkeiten. In verschiedenen Modellversuchen zur evangelisch-katholischen Kooperation oder zur Zusammenarbeit in einer Fächergruppe spielt die Fortbildung eine wichtige Rolle. Versuche mit der Beteiligung von Lehrkräften an der Erforschung und Weiterentwicklung ihrer religionsunterrichtlichen Praxis sind fruchtbare Ansätze forschenden Lernens an der Schnittstelle von theoretischer Klärung und praktischer Veränderung. Eine praxisentwickelnde Fortbildung ist nicht nur bei der Einführung neuer Rahmenlehrpläne ertragreich, sondern auch bei der Realisierung komplexer neue Lernformen wie Freiarbeit und Projektarbeit.

Künftig werden Verfahren der Reflexion, der Evaluation und Qualitätssicherung religionspädagogischer Fortbildung zunehmend bedeutsam werden (vgl. Wolf u.a. 1999).

Literatur

Fischer, Dietlind, Lehrerfortbildung. Entwicklung, Positionen und Aufgaben aus evangelischer Sicht. Münster 1990.

Fischer, Dietlind (Hg.), Im Dienst von LehrerInnen und Schule. Aufgaben, Konzepte, Perspektiven kirchlicher Lehrerfortbildung. Münster 2000.

Jacobi, Josef, Umfrage zur religionspädagogischen Lehrerfortbildung mit allen Religionslehrerinnen und -lehrern im Bistum Münster. In: Kirche und Schule 22 (1996) 1–16.

Projektgruppe »Religionsunterricht zwischen Wunsch und Wirklichkeit«, Eine Studie zur Situation der Evangelischen Religionslehrerinnen und -lehrer in Kurhessen-Waldeck. Sonderheft der Zeitschrift forum religion. Stuttgart 2000.

Schönig, Wolfgang/Knab, Doris, Lehrerfortbildung und Schulentwicklung. In: Betz, Wolf-Peter u.a. (Hg.), Lehrerfortbildung. Entwicklung von Schule und Beruf. 40 Jahre HILF 1951–1991. Bochum 1996, 167–179.

Seeliger, Magdalena, Qualifizierung oder Bildung? Religionslehrerfortbildung im Spannungsfeld von Erwartungen, Bildungsverständnis und andragogischen Konzepten. Trier 1996.

Szagun, Anna-Katharina, Religionslehrerfortbildung in der Ev. Kirche. Überlegungen zu möglichen Neuorientierungen in Zusammenhang mit einer Religionslehrerbefragung in Niedersachsen. In: Religio 7 (1993) 84–100.

Weniger, Erich, Die bleibenden Aufgaben der Lehrerfortbildung (1951). In: Heck, Gerhard/Schurig, Manfred (Hg.), Lehrerfort- und Lehrerweiterbildung. Theoretische Grundlagen und praktische Verwirklichung in Deutschland nach 1945. Darmstadt 1982, 50-63.

Wolf, Willi/Göbel-Lehnert, Ute/Chroust, Peter, Fortbildung der Lehrerinnen und Lehrer. Eine Bilanz ihrer Formen und Wirkungen anhand empirischer Untersuchungen. In: Die Deutsche Schule 91 (1999) 451–467.

DIETLIND FISCHER

V. Wege religiösen Lernens

Die eigentliche Kunst religionspädagogischen Handelns zeigt sich in der Gestaltung konkreter Lernprozesse. Dabei stellen sich Fragen auf unterschiedlichen Ebenen. Bei der *didaktischen Fragestellung* (vgl. V.1) steht das Problem im Zentrum, wie Subjekt und Sache in einen produktiven Bezug zueinander zu bringen sind, sodass von »Korrelation« (vgl. V.1.3), »Elementarisierung« (vgl. V.1.4) oder »Aneignung« gesprochen werden kann. Es geht hier um die Grundfrage, auf der Basis welcher Konzeption sich dieses Vermittlungsgeschehen am besten initiieren und unterstützen lässt.

Bei der *methodischen Fragestellung* hingegen (vgl. V.2) geht es eher darum, wie sich die einzelnen Spielzüge und Aktionsformen eines Lernprozesses sowohl subjektorientiert als auch sachangemessen gestalten, kreativ variieren und in eine dynamische Gesamtdramaturgie einfügen lassen. Besondere Beachtung hat in diesem Zusammenhang den unterrichtlichen Medien zu gelten, insbesondere denen, die selbst bereits eine bestimmte didaktische Struktur beinhalten (vgl. V.3).

V.1 Grundfragen der Religionsdidaktik

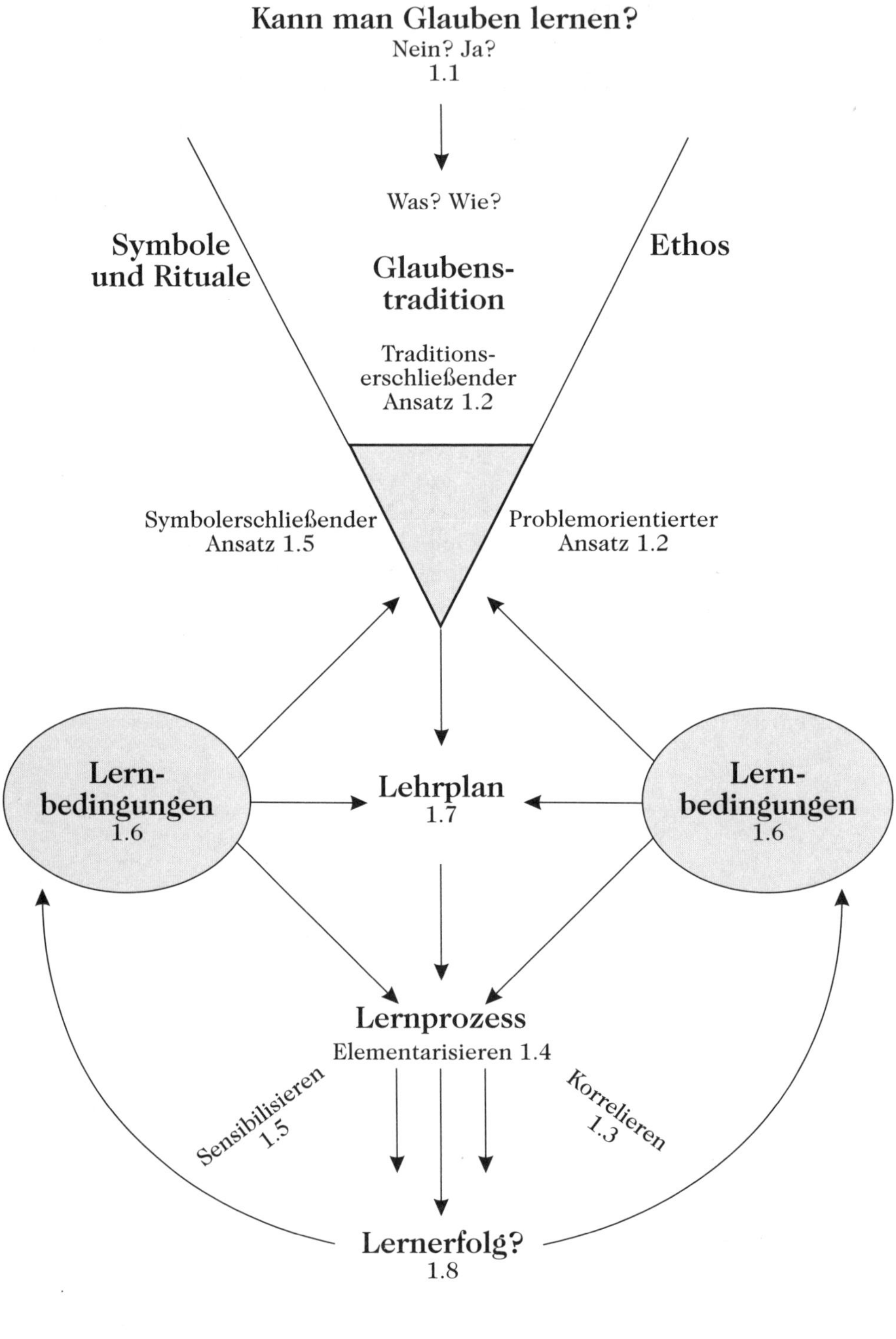

V.1.1
Lehr- und Lernbarkeit des Glaubens

→ I.2 Pädagogische Grundbegriffe – religionspädagogische Grundmuster
→ I.8 Ziele religionspädagogischen Handelns
→ IV.2.1 Katechese in der Gemeinde
→ IV.2.9 Gemeindebildungsarbeit
→ IV.3.4 Religionsunterricht in staatlichen Schulen
→ V.1.2 Religionsdidaktische Konzeptionen
→ V.1.3 Korrelation von Glaube und Leben
→ V.1.4 Elementarisierung
→ V.1.5 Symboldidaktik

Die Frage nach der Lehr- und Lernbarkeit des Glaubens ist ein Grundlagenproblem religionspädagogischer Arbeit mit weitreichenden Konsequenzen. In der Bestimmung des Verhältnisses und der Art von Glauben, Lehren und Lernen lassen sich *drei Typen* unterscheiden, die sich bei vielen Mischformen an historischen und gegenwärtigen Konzepten religiösen Lehrens und Lernens aufzeigen lassen: der *Lehr- und Lernbarkeitstyp,* der *Unverfügbarkeitstyp* und der *Vermittlungstyp.*

1 Der Lehr- und Lernbarkeitstyp

Dieser Typ geht davon aus, dass Glaube grundsätzlich lehr- und lernbar ist, wobei er in der Regel nicht von Glauben oder dezidiert christlichem Glauben, sondern bevorzugt von Religion lehren bzw. lernen spricht. Das verweist auf die Beheimatung dieses Typs in eher liberal-aufklärerischem Kontext, was sich geradezu klassisch an dem religionspädagogischen Hauptwerk Christian Gotthilf Salzmanns »Ueber die wirksamsten Mittel Kindern Religion beyzubringen« (1780) belegen lässt. Mit seiner Definition von Religion als »gottähnlicher Gesinnung« gelingt es ihm, seine neologische Theologie mit den Erkenntnissen der Pädagogik zu vermitteln und für die Lehr- und Lernbarkeit von Religion zu plädieren. Richard Kabischs berühmtes Werk »Wie lehren wir Religion?« (1910) setzt diese Linie im Rahmen liberaler Religionspädagogik fort, wobei in seinem Plädoyer für die Lehrbarkeit von Religion die psychologische Argumentation überwiegt. Nach der religionspädagogischen Wende Ende der 1960er-Jahre erfahren die Lehr- und Lernbarkeitskonzepte im Zuge der »Rehabilitierung« des Religionsbegriffs neuen Auftrieb. Ob es sich dabei um den »Unterricht in Religion« nach Hubertus Halbfas oder Siegfried Vierzig, den gesellschafts- und religionskritischen Religionsunterricht Gert Ottos bzw. später seinen »allgemeinen Religionsunterricht« (1992) handelt, immer ist die Auseinandersetzung mit Glauben und Religion dezidiert ausgerichtet an einem allgemeinen Lernbegriff, von dem das Glauben-Lernen bestimmt wird. Lerntheorien dominieren und scheinen in Entsprechung und Nivellierung das Spezifikum christlichen Glauben-Lernens und -Lehrens zu »domestizieren«. Die *Strukturen dieses Lehr- und Lernbarkeitstyps* liegen damit auf der Hand:

- Die Frage nach der Lehr- und Lernbarkeit des Glaubens wird grundsätzlich bejaht.
- Auf eine genuin theologische Definition des Glaubens wird zugunsten der Orientierung an einem allgemeinen Glaubens- bzw. Religionsverständnis verzichtet.
- Glauben-Lernen qua Religion-Lernen wird maßgeblich bestimmt und abgeleitet von einem pädagogisch, psychologisch oder sozialwissenschaftlich definierten Lernverständnis.
- Die Wege des Glauben-Lehrens und -Lernens unterscheiden sich in methodischer Hinsicht nicht vom Lehren und Lernen im Allgemeinen und im Besonderen anderer Fächer und Inhalte.

2 Der Unverfügbarkeitstyp

Dieser Typ, der besonders ausgeprägt in der protestantischen Tradition begegnet, hat seinen zentralen Bezugspunkt in der Unverfügbarkeit des Glaubens, der als Heilshandeln Gottes und Werk des Heiligen Geistes weder lehrbar noch lernbar und damit weder didaktisch noch methodisch verfügbar ist. Häufig in entschiedener Absetzung von der liberal-aufklärerischen Richtung betont dieser Typ das Moment der Trennung zwischen Glauben und Lernen. Er begegnet bevorzugt in kirchlich-orthodoxen Kreisen, deren – wenigstens auf evangelischer Seite – untrügliches Markenzeichen man in der Rede von »Katechetik« statt Religionspädagogik sehen kann. Als typisches Beispiel aus dem 19. Jh. können hierfür Karl Buchruckers »Grundlinien der kirchlichen Katechetik« (1889) stehen, aus dem 20. Jh. vor allem die Verkündigungskonzeptionen, die ihren typischen Ausdruck im gleichsam zum methodischen ›Glaubenssatz‹ der Evangelischen Unterweisung gewordenen Votum Theodor Heckels (1928, 29) gefunden haben: »Die Bitte um den Heiligen Geist, der durch das Wort zum Glauben ruft, ist schlechthin wichtiger als alle Methodik.«

In jüngster Zeit hat dieser Typ in der Untersuchung von Ingrid Schoberth »Glauben-lernen« (1998) neoorthodoxe Gestalt gewonnen. In Anschluss an Christoph Bizer wird hier die »Grundlegung einer katechetischen Theologie« geboten, die alle *Merkmale des Unverfügbarkeitstyps* aufweist:

- Glauben als »unverfügbares Werk des Heiligen Geistes« (31) kann »nicht gelernt werden« (3) und kann deshalb auch »nicht unmittelbares Ziel des Religionsunterrichts sein« (12). »Glauben-lernen selbst (ist) als ein pneumatologisches Geschehen zu erfassen« und als »spezifischer Ausdruck des Glaubens« wahrzunehmen (36f).
- Das dem Glauben implizite und spezifische Lernen kann »nicht ein allgemeines Verständnis von Lernen voraussetzen« (4); es steht »gegenläufig« gegen alle religionspädagogischen Ansätze, die ihren Lernbegriff »aus der allgemeinen Pädagogik« übernehmen.
- Der eigentümlichen Weise des Glauben-Lehrens und -Lernens kann nur eine theologische Bestimmung gerecht werden, die darum weiß, dass »Glauben-lernen (...) unverzichtbar zum Leben einer Kirche gehört und deshalb von dem definiert wird, ›was Kirche konstituiert‹« (4).
- Glauben-Lernen eignet in didaktischer und methodischer Hinsicht eigene Formen und Wege des Lernens. Es versteht sich als von der »Passivität«, der »Angewiesenheit auf Gottes Handeln« (68) bestimmte »Lebensform, die in der Unverfügbarkeit der Intuition« ihren Ausdruck findet (312) und sich als spezifische »Mitteilungspraxis« äußert.

3 Der Vermittlungstyp

Dieser Typ, der das Verhältnis von Glauben und Lernen in vermittelnder Differenzierung und Unterscheidung zu bestimmen sucht, ist vorzugsweise im weiten Feld vermittlungstheologischer Entwürfe angesiedelt. Religionspädagogisch hat er besonders reife Ausprägungen in der konzeptionell integrativen Phase erfahren, die sich nach der religionspädagogischen Wende 1966/68 vollzog. Unter den verschiedensten Firmierungen und Verhältnisbestimmungen war »Vermittlung bei Unterscheidung« angesagt. Unter dem Stichwort »Korrelation« geht es z.B. Georg Baudler um die Lernprozesse, die eine Vermittlung zwischen Religion und christlichem Glauben leisten. Um »Konvergenz« in pädagogischer wie theologischer Sachgemäßheit ist es Karl Ernst Nipkow zu tun: »Kann man Glauben lernen? Ja und nein.« »Das innere Leben des Glaubens«, sein theologisch unverfügbares »Ergriffensein« von der Christus-Wahrheit: nein; von »der äußeren Seite, der Sprache und den Vorstellungsinhalten des Glaubens«, von der »Hinführung zum Glauben« her: ja. Dabei können innere und äußere Seite »nur unterschieden«, »aber nicht getrennt werden, sonst zerreißen wir den Menschen wie den Glauben« (Nipkow 1990, 264ff). Besonders profiliert vertritt das »Sowohl als auch« Hans- Jürgen Fraas, wenn er sagt: »Zunächst gilt: Der Ruf Gottes ist unverfügbar.« Glaube »gründet nach seinem Selbstverständnis im Wirken des Geistes« und »gehört dem Heilshandeln Gottes an. Gleichzeitig gilt gemäß dem Grundschema der Inkarnation«, dass »Gott selbst (...) ›in, mit und unter‹ den anthropologischen Bedingungen handelt«; sein Handeln »geht in ein spezifisches menschliches Verhalten ein, in diesem Fall eben das Verhalten des Lernens« (Fraas 2000, 26). Glauben-Lernen unterscheidet sich hier nicht vom allgemeinen Lernen; es vollzieht sich gewissermaßen als empirische Gestaltwerdung des Glaubens und lässt sich »dialektisch« bestimmen: »Christlichen Glauben gibt es nicht ohne Lernprozesse, aber Lernprozesse bewirken für sich allein noch keinen christlichen Glauben« (Adam 1992, 141). Zusammenfassend lässt sich dieser Vermittlungstyp folgendermaßen charakterisieren:

- Die Frage nach der Lehr- und Lernbarkeit des Glaubens wird mit einem »Ja und nein«, »Sowohl als auch«, »So und gleichzeitig so« beantwortet; dabei ist man in korrelativer, konvergenter, entsprechender oder dialektischer Verhältnisbestimmung um unterscheidende Vermittlung bemüht.
- Man versucht dem Problem sowohl pädagogisch wie theologisch gerecht zu werden und reflektiert die Lehr- und Lernaufgaben unter religionsdidaktischem Doppelaspekt und -anspruch.
- Glauben und Lernen werden weder radikal getrennt, noch spannungslos machbarer Verfügbarkeit ausgeliefert, sondern auf unterschiedliche Weise zueinander in Beziehung gesetzt, wozu sowohl die Pädagogik wie die Theologie ihren »mitbestimmenden Beitrag« zu leisten haben.
- Methodisch partizipiert dieser Vermittlungstyp an der reichen Fülle, die die pädagogische und psychologische Lernforschung an Möglichkeiten für religiöses Lehren und Lernen anbietet. Das muss nicht Nivellierung der Eigenart des Glauben-Lernens bedeuten, sondern schafft Räume und Wege, »in, mit und unter« denen sich Glaube ereignen und Gott begegnen kann.

4 Ergänzende Differenzierungen

Wo man theologisch den Unverfügbarkeitsvorbehalt christlichen Glaubens wahrt, sich gleichzeitig pädagogisch offen zeigt für alle Erkenntnisse didaktischer und methodischer Lernforschung und dabei fachdidaktisch je die Eigenheiten der Inhalte, die Voraussetzungen der Adressaten und die spezifischen Lernräume und -formen beachtet, ist das Feld abgesteckt, in dem sich Glaubenlehren und -lernen vollzieht. Realistischerweise ist hier noch zu differenzieren zwischen einem Glauben-Lernen in Folge erfahrenen Glaubens, als Begleitung gelebten Glaubens oder Hinführung zum Glauben, bzw. nach dem Grad und der Art vorhandenen oder nicht vorhandenen Einverständnisses gegenüber dem Glauben. Dessen unbenommen bleibt die *Grundfrage* zu beantworten, *was am christlichen Glauben lehr- und lernbar ist*. Versteht man den Glauben (»im Vollsinne seiner christlichen Bedeutung als fides quae und fides qua; theologisch und anthropologisch«) als »zuversichtliches Vertrauen in die Liebe Gottes, das als bewegendes und bergendes Widerfahrnis stets mit existenzieller Betroffenheit und liebender Handlungsabsicht verbunden ist«, so gilt dieser Beschreibung gegenüber unmissverständlich, dass ein solcher Glaube »weder lernbar, noch machbar, noch verfügbar« ist; er »ist nicht das Menschenmögliche, sondern allein das Gottmögliche« (Lachmann 1990, 759). Das ist, da kann man Gerhard Sauter zustimmen, »sozusagen das pädagogische Handicap evangelischer Theologie« (Sauter 1986, 146) – und wohl auch katholischer. Wo das klar ist, gilt ebenso unumstritten die alt bekannte und bewährte Antwort: Die Inhalte des Glaubens (die »fides quae«) kann man lernen, auswendig lernen, lernen lassen. Man kann sich über sie informieren, sie zur Kenntnis nehmen, sich kritisch mit ihnen auseinander setzen und sie sich bis zu einem gewissen Grade auch aneignen. Dabei erstreckt sich die Lehr- und Lernbarkeit des Glaubens zunächst auf seine *kognitive Dimension*. In dieser Hinsicht sind die Glaubensinhalte der Planbarkeit und Verfügbarkeit zugänglich und in didaktischer Verantwortung zur Vermittlung aufgegeben.

Freilich wird sich kaum jemand, der von der Lebensrelevanz der christlichen Inhalte überzeugt ist, mit solcher kognitiven Beschränkung bescheiden wollen. Er wird vielmehr in der Regel über die Vermittlung von Wissen und Kenntnissen hinaus darum bemüht sein, seinen Teil zur Anerkennung und Wertschätzung, zu tieferer Einsicht und existenziellem Verstehen der Glaubensinhalte beizutragen und ihnen so zu verhaltens- und lebensbestimmender Wirkung zu verhelfen. Auf diese Weise würde die verkopfte Einseitigkeit aufgebrochen und das religiöse Lehren und Lernen zielmäßig im Haltungsbereich angesiedelt, wobei *Haltung* mit Rolf Oerter als komplexe Verhaltensdisposition zu verstehen wäre, die sich aus *kognitiver* (Wertkonzept-Bezug), *affektiver* (Ichbeteiligung) und *Verhaltens-Komponente* zusammensetzt (vgl. Oerter 1974, 227–307). Dieser so definierte Bereich der Haltungen ist es, auf den erzieherisches Bemühen abzielt. Dabei muss man sich darüber im Klaren sein, dass sich die Ziele im Haltungsbereich im Unterschied zu den operationalisierbaren Lernzielen im kognitiven Bereich direkter unterrichtlicher Erreichbarkeit weitgehend entziehen. Über die formalanthropologische Entsprechung von Glauben und Haltung hinaus kann deshalb hier auch noch von einer Konvergenz zwischen pädagogischer und theologischer Unverfügbarkeit gesprochen werden.

Um in diesem Sinne am Aufbau christlicher Haltung(en) mitzuwirken, sind elementarisierte Glaubensinhalte, verifizierter Lebens- und Erfahrungsbezug sowie glaubwürdige Christenmenschen und Lehrkräfte verlangt, die nicht nur über ein reiches Methodenrepertoire verfügen, sondern auch in ihrem Auftreten, ihrem Leitungsstil und ihrem kommunikativen Verhalten den christlichen Glauben überzeugend und repressionsfrei zu präsentieren wissen. Dazu gehört sicher auch das Wissen um den genuinen Ort christlichen Glauben-Lernens in den Kirchengemeinden mit ihren spezifischen Lebensformen und Lernmöglichkeiten. Langfristig lässt sich so »Religion als Lebensbedingung des Glaubens« (Ebeling 1979, 138f), als »Vermittlungsbasis« christlichen Glaubens (Baudler 1979, 50) lernen und kann der Boden bereitet werden, auf dem der oben beschriebene Glaube im Vollsinne seiner Bedeutung und Wirkung sich ereignen kann. Das verlangt inhaltlich »wesentliche« Kongruenz zwischen christlicher Haltung und christlichem Glauben und verweist noch einmal auf die konvergenten Entsprechungen zwischen Glauben und Haltung, was Verwechselbarkeit und Nichtidentifizierbarkeit bedingen kann; denn christlicher Glaube ereignet und erfährt sich stets in, mit und unter menschlicher Erfahrung und Haltung.

Literatur

Adam, Gottfried, Glaube und Bildung. Beiträge zur Religionspädagogik I (Studien zur Theologie 6). Würzburg 1992.
Baudler, Georg, Religiöse Erziehung heute. Paderborn 1979.
Bitter, Gottfried, Ansätze zu einer Didaktik des Glauben-Lernens. In: Simon, Werner/Ziebertz, Hans-Georg, Bilanz der Religionspädagogik. Düsseldorf 1995, 276–290.
Ebeling, Gerhard, Dogmatik des christlichen Glaubens. Bd. 1. Tübingen 1979.
Englert, Rudolf, glauben lernen. In: HRPG 1 (1986) 344–347.
Fraas, Hans-Jürgen, Bildung und Menschenbild in theologischer Perspektive. Göttingen 2000.
Heckel, Theodor, Zur Methodik des evangelischen Religionsunterrichtes. München 1928.
Lachmann, Rainer, Kann man »Glauben« lernen? In: KatBl 115 (1990) 758–763.
Nipkow, Karl Ernst, Bildung als Lebensbegleitung und Erneuerung. Gütersloh 1990.
Oerter, Rolf, Moderne Entwicklungspsychologie. Donauwörth [14]1974.
Sauter, Gerhard, Zur theologischen Revision religionspädagogischer Theorien. In: EvTh 46 (1986) 127–148.
Schoberth, Ingrid, Glauben-lernen. Grundlegung einer katechetischen Theologie. Stuttgart 1998.
Werbick, Jürgen, Glaubenlernen aus Erfahrung. Grundbegriffe einer Didaktik des Glaubens. München 1989.

RAINER LACHMANN

V.1.2
Religionsdidaktische Konzeptionen

→ I.2 Pädagogische Grundbegriffe – religionspädagogische Grundmuster
→ I.5 Geschichte der Religionspädagogik
→ III.3.3 Theologische Bildung/Katechismusunterricht
→ IV.3.4 Religionsunterricht in staatlichen Schulen
→ V.1.1 Lehr- und Lernbarkeit des Glaubens
→ V.1.3 Korrelation von Glaube und Leben
→ V.1.4 Elementarisierung
→ V.1.5 Symboldidaktik
→ V.1.7 Richtlinien und Lehrpläne

1 Begriffsverständnis

Religions-»Didaktik« betrifft Lehren und Lernen in Formen religiösen Unterrichts und die Folgen für den Lehrplan. Unter »Konzeption« verstehen wir die geschichtlich und soziokulturell bedingte, öffentlich wirksame Gestalt religiösen Lernens, in der alle relevanten fachdidaktischen Gesichtspunkte zur Geltung kommen. Konzeptionen haben die Aufgabe, ein religionspädagogisches Programm mit der vorgegebenen Erziehungswirklichkeit zu vermitteln.

Von den Konzeptionen sind »Dimensionen« der Religions-Didaktik zu unterscheiden. Sie entsprechen darin didaktischen Prinzipien, dass sie die Konzeptionen insgesamt betreffen. Solche Dimensionen sind beispielsweise die Sozialisationsbegleitung (D. Stoodt), die diakonische (H.-G. Heimbrock, U. Hemel), politische (F. Rickers) und ideologiekritische Dimension.

Darstellung und Beurteilung von Konzeptionen setzen wissenschaftstheoretische Entscheidungen vor allem in Theologie und Pädagogik voraus. Es lassen sich zwei Grundtypen mit sich ausdifferenzierenden Strukturen unterscheiden, der kerygmatische und der hermeneutische.

2 Der kerygmatische Grundtypus

2.1 Der materialkerygmatische Ansatz (1936–1967)

In der katholischen Katechetik grenzte sich Josef Andreas Jungmann mit »Die Frohbotschaft und unsere Glaubensverkündigung« (1936) von der neuscholastischen Katechetik, die nur belehrend wirkte, ebenso ab wie von der katholischen reformpädagogischen Bewegung, bei der neben der Methodik die Bildung des »religiös-sittlichen Charakters« im Vordergrund stand. Die Methodenfrage wird durch die Hinwendung zu den zentralen Inhalten, die logische Sprachform der Neuscholastik durch die lebendige Sprache der Bibel abgelöst. Für Jungmann ist die Unterscheidung zwischen Kerygma und Dogma von grundlegender didaktischer Bedeutung. Das Dogma kann am Ende des Weges der Verkündigung stehen, nicht am Anfang. Die lebendige Mitte stellt Christus dar. Die biblische Heilsgeschichte, nicht das logische System der Theologie soll die Katechese bestimmen, ebenso das rechte Leben aus der Erfahrung des Glaubens. Die Anstöße Jungmanns wurden zunächst nur zögernd aufgenommen, am wirksamsten von F.X. Arnold; sie erwiesen sich aber als Ferment einer Reformbewegung, deren Auswirkungen bis in das Jahr 1967 reichen.

2.2 Religionsunterricht als Verkündigung (1929–1960)

In der evangelischen Religionspädagogik wurde der Wandel vom liberalen zum kerygmatischen Paradigma durch Gerhard Bohne (1929) angestoßen. 1947 hat Helmuth Kittel die unterschiedlichen Entwürfe des kerygmatischen Ansatzes (G. Bohne, O. Hammelsbeck, M. Rang) zu einer wirksamen Programmschrift zusammengefasst: »Vom Religionsunterricht zur Evangelischen Unterweisung«. Die breitere Grundlegung war zuvor durch Martin Rangs »Handbuch für den biblischen Unterricht« erfolgt (1936/1939). Rang versteht wie Jungmann den Religionsunterricht als »Kirche in der Schule«, er ist Verkündigung. Ihr Inhalt ist das Wort Gottes, das jedoch nicht mit dem Bibeltext zu verwechseln ist. Dieser soll durchscheinend werden für den »Strahl des Gotteswortes«, der das Kind trifft. Rang beschreibt die Aufgabe, biblische Texte als Christuszeugnis auszulegen, als »immanentes Verstehen«. »Verkündigen« als didaktische Kategorie vollzieht sich nicht als Predigt, sondern im Rahmen der Besprechung, in der verstehenden Durchdringung der biblischen Geschichte; sie soll zur »Begegnung« mit der dem Glauben gestellten Entscheidung führen. Um Lebensnähe zu erreichen, muss die Verkündigung den Umweg über *Grenzsituationen* gehen. Die Erzählweise der Evangelien mit den *typischen* Gestalten kommt diesem Vorhaben entgegen, ebenso die Wahrnehmung der »inneren Formgestalt« der einzelnen Geschichte. Der Ansatz von Rang hat das Verdienst, den Situationsansatz in die Religionspädagogik eingeführt zu haben. An die Erkenntnis, dass der biblische Text durch seine sprachliche Form selbst den Leitfaden zu seiner Erschließung liefert, konnte später Ingo Baldermann anknüpfen.

3 Der hermeneutische Grundtypus

3.1 Der Hermeneutische Unterricht und die traditionserschließende Struktur (ab 1958)

Mit Martin Stallmann (Christentum und Schule, 1958) rückte das Verstehen als nicht hintergehbare Aufgabe der Religionspädagogik in das Zentrum des Interesses. Dabei wirkten geisteswissenschaftliche Pädagogik und hermeneutische Theologie zusammen. Die hermeneutische Reflexion richtete sich nicht nur auf die »verstehende Durchdringung« (M. Rang) biblischer Texte, sondern auf das Verstehen von Lebenssituationen mithilfe der Auslegung dieser Texte. Stallmann ließ sich kritisch auf das damalige Verständnis von Schule als Ort der Weitergabe von Tradition ein. Tradition sei kein »Material zur Selbstverwirklichung«, sie vermittele auch keine allgemeinen Werte, sondern stelle den Menschen radikal vor die Frage nach sich selbst, unter der Macht des Gesetzes; der Religionsunterricht soll dies aufdecken, während die Predigt die Aufgabe der Verkündigung des Evangeliums hat.

Unter der These: Die Auslegung des biblischen Textes ist die »didaktische Grundform« des Religionsunterrichts (Otto 1968, 79) entwickelte Gert Otto den »interpretierenden« Religionsunterricht weiter. Hans Stock setzte sich besonders für eine Elementarisierung historisch-kritischer Verfahren und ihrer Ergebnisse ein (wie auch K. Wegenast, W. Langer, A. Höfer, G. Stachel). Er war an der neuen Frage nach dem historischen Jesus interessiert und wollte die Unterscheidung zwischen Jesus-Historie und Kerygma didaktisch fruchtbar machen. Der Unterricht begann in der Regel mit der wissenschaftsgeleiteten Arbeit am biblischen Text (z.B. synoptischer Vergleich); dann wurde meist im Unterrichtsgespräch nach seiner Bedeutung für die Gegenwart gefragt und dabei der Text auf die Grundsituation des Menschen (z.B. die Gefährdung durch Angst) bezogen. Durch ein Bild oder einen literarischen Text (als »Anschlussstoff«) versuchte man, Anschauung wiederzuerlangen. Ist aber erst einmal durch analytische (historisch-kritische, sozialgeschichtliche, tiefenpsychologische) Verfahren Distanz hergestellt, ist der Text in die Vergangenheit »abgeschoben«, lässt sich Nähe in einem zweiten Schritt kaum wiedergewinnen. Eine praxisrelevante Veränderung der traditionserschließenden Struktur trat erst ein, als man aus didaktischen Gründen kreativen Verfahren einen Vorrang vor analytischen Verfahren einräumte.

3.2 Der thematisch-problemorientierte Unterricht und die problemorientierte didaktische Struktur (ab 1968)

Die Entwicklung dieser Konzeption geht auf mehrere Faktoren zurück: verschärfte Wahrnehmung der Probleme der (Welt-)Gesellschaft und der gesellschaftlichen Verantwortung der Theologie; Weiterentwicklung der existenzialen Hermeneutik zu einer »politischen Hermeneutik des Evangeliums« (J. Moltmann, J.B. Metz); Wahrnehmung der Situation des Religionsunterrichts in der »Kritischen Schule« (H. Stock). Die hermeneutische Aufgabe verlagerte sich von Texten auf gesellschaftliche *Probleme* und *Themen* sowie auf lebensgeschichtliche Situationen, die die Jugendlichen unterschiedlich ansprachen. Karl Ernst Nipkow verschränkte den an anspruchsvollen Interpretationen biblischer Texte orientierten ersten Grundtypus mit einem zweiten: »Unterricht über das Christsein und Menschsein in der Gegenwart« (Nipkow 1971, 252). Die biblischen Aussagen sollen stärker sowohl im Kontext der Lebensthematik der Zeitgenossen als auch konkurrierender weltanschaulicher Positionen wahrgenommen werden (»Kontextmodell«). Die didaktisch-methodische (nicht die theologische) Mittelpunktstellung der Bibel hatte schon H.B. Kaufmann 1966 bestritten (vgl. Kaufmann 1973, 23). Die Eröffnung der Diskussion bei Nipkow 1968 zeigt, dass die traditionserschließende und die problemorientierte Struktur sich notwendig ergänzende Komplementärstrukturen sind. Dementsprechend wurden gegenwartsbezogene Themen und biblische Lehrgänge aufeinander bezogen. Eine direkt auf die Bibel sich gründende theologische Urteilsbildung war freilich schwierig, wenn sich zu Themen wie Weltarmut, Arbeitslosigkeit, Mitbestimmung, Manipulation, Ökologie keine belegbaren Analogien zu biblischen Texten finden ließen. Daher mussten systematisch-theologische (vielfach sozialethische) Kriterien entwickelt werden, um die theologische Urteilsbildung und damit das Profil des Religionsunterrichts zu ermöglichen (vgl. etwa Biehl in Kaufmann 1973), das dann folgende Elemente enthält: Analyse der Situation und Bestimmung des anstehenden Problems, Beschaffung von Informationen (»Medien«), Reflexion auf die strittigen Sach- und Normentscheidungen, Urteilsbildung anhand theologischer bzw. sozialethischer Kriterien und gegebenenfalls biblischer Perspektiven, Diskussion unterschiedlicher Lösungsmöglichkeiten, Neudefinition des Problems, Konsequenzen für christliche Einstellungen und Verhaltensweisen, ansatzweise Erprobung eigener Handlungsmöglichkeiten.

In der katholischen Religionspädagogik hat man sich an der Diskussion lebhaft beteiligt, sie führte zur Korrelationsdidaktik (G. Lange, A. Exeler, G. Miller, G. Baudler, W.G. Esser u.a.).

3.3 Korrelation von Glaube und Leben: die korrelative didaktische Struktur (ab 1972)

Die Korrelationsdidaktik sollte die falsche Alternative zwischen Bibel- und Problemorientierung überwinden. Sie hatte das Ziel, Glaube und Leben wie theologisch geboten aufeinander zu beziehen. Menschliches Leben vollzieht sich auch anthropologisch gesehen intersubjektiv. Theologisch griff die Korrelationsdidaktik auf die Methode der Korrelation, das Zentrum der Theologie Paul Tillichs zurück; sie wurde von Eduard Schillebeeckx vertieft und weiterentwickelt.

Seit ihren Anfängen zu Beginn der 1970er-Jahre, verstärkt seit 1993, wurden kritische Einwände vorgetragen. Einer der wichtigsten bezieht sich darauf, dass theologische Korrelationen zugleich didaktische legitimieren sollten (vgl. Reilly in: Hilger/Reilly 1993, 21). Korrelation als didaktisches Auswahlkriterium und als didaktisches Vermittlungsprinzip erfahre keine eigenständige religionspädagogische Begründung. Durch ein allein aus der Systematischen Theologie abgeleitetes Prinzip lasse sich aber weder der Bezug zur Lebenswelt der Heranwachsenden noch zur Praxis gelebten Glaubens erreichen (vgl. Englert in: Hilger/Reilly 1993, 106). In der Korrelationsdidaktik könne es nicht darum gehen, lediglich bereits theoretisch vorgezeichnete Entsprechungen aufzudecken. Vielmehr müssen Lernende selbsttätig in komplexe Zusammenhänge eindringen, um experimentierend das Korrelieren zu lernen. Es hat seine Voraussetzung im Fragen-Lernen (E. Feifel). Umstritten ist auch, ob Kritik von der Lebenserfahrung her an der Glaubensüberlieferung möglich ist. Zurzeit wird gefordert, die Korrelationsdidaktik durch eine stärkere Berücksichtigung der Lebenssituation der Lernenden (vgl. 3.4 und 3.5) mit einer »behutsamen Kommunikationskultur« (B. Porzelt) bzw. durch einen »dialogisch-kreativen Ansatz« (R. Boschki; zusammenfassend Zwergel 2000) weiterzuentwickeln.

3.4 Die Symboldidaktik und ihre Struktur (ab 1980)

Symboldidaktik ist eine seit 1980 praktizierte Unterrichtsform. Ihr »Kontroversmaterial« wie ihre unterrichtspraktische Produktivität ist kaum erschöpft (H. Noormann). U. Hemel hat vorgeschlagen, von einem generellen Symbolbegriff (»symbolon = materia symboli + significatio«) auszugehen, der weiter ausdifferenziert werden kann. E. Feifel unterscheidet *drei Grundtypen* von Symboldidaktik: (1) Der Ansatz von H. Halbfas zielt auf die Entwicklung eines »inneren Symbolsinns« als einem genuin religiösen Sinn, ihm geht es um die persönlich orientierende und integrierende Kraft der Symboldidaktik; (2) bei dem »Gegenentwurf« steht die Wirkung der Symbole in der gegenwärtigen Situation, die Weiterentwicklung des Symbolmaterials unserer Gesellschaft im Vordergrund (J. Heumann, N. Weidinger); (3) einen dritten Weg eröffnet der Ansatz von P. Biehl (zuletzt 1999) und G. Baudler (1984), die nach einem gemeinsamen hermeneutischen Schlüssel zur Erschließung biblisch-christlicher und lebensweltlicher Symbole fragen. Die Grundintentionen der genannten Typen entscheiden darüber, welche der didaktischen Funktionen der Symbole das Profil der Symboldidaktik bestimmen: die orientierende und integrierende, die konfliktbearbeitende sowie expressive Wirkungsweise oder die didaktische Brückenfunktion. Sie entscheiden ebenfalls über die Gewichtung der didaktischen

Prinzipien: Wahrnehmungsfähigkeit, Selbsttätigkeit, Handlungsorientierung, Narrativität, Re-Symbolisierung, Unterbrechung des Alltags.

Das anthropologische Fundament der Symboldidaktik liegt wie bei der Korrelationsdidaktik in der Intersubjektivität des Menschen, seiner Fähigkeit, sich auszutauschen, dazustellen und auszudrücken. Auf diesem Fundament bauen Menschen eine kulturell und religiös bestimmte Symbolwelt auf. Symbole entstehen durch eine vertiefende poetische Wahrnehmung der (realen) Welt, erhalten einen primären Sinn und zugleich einen Mehrwert an Sinn, den sie nur in Interaktionen wieder entfalten können.

Da konventionelle religiöse Symbole erst durch symbolischen Umgang für die Betroffenen zu Symbolen *werden*, ist die Symboldidaktik zugleich *Symbolisierungsdidaktik*; sie fördert die kommunikative Kompetenz und Wahrnehmungsfähigkeit. Symboldidaktik stellt ein ästhetisches Projekt dar (A. Bucher); das Korrelieren und das Symbolisieren sind menschliche (und dann auch religiöse) Grundakte. Die Frage ist daher nicht, ob es Korrelations- und Symboldidaktik geben soll, sondern wie diese jeweils ausgestaltet werden müssen. Die Diskussion der letzten Jahre spricht für die Entwicklung einer kritischen kommunikativen Symboldidaktik (vgl. Biehl 1999). Das Symbolisieren-Lernen in Interaktionen ist die Voraussetzung für die Wahrnehmung und Aneignung religiöser Inhalte mit symbolischer Struktur. Diese Struktur (»Bauform«) enthält folgende Elemente:

(1) Ein überraschender ganzheitlicher (handlungsbezogener) Zugang ermöglicht, dass die Lernenden *lebensweltliche* und/oder religiöse Phänomene staunend wahrnehmen, hierbei auch auf ein religiöses Symbol in seiner irritierenden Andersheit stoßen und ihre (Vor-)Erfahrungen mit ihm darstellen.

(2) Durch die fokussierende Wirkung des Symbols werden die lebensweltlichen Erfahrungen und Wahrnehmungen auf menschliche *Grunderfahrungen* hin konzentriert. Diese werden sogleich wieder auf lebensweltliche Vollzüge zurückbezogen, sodass ihr geschichtlich und gesellschaftlich bedingter *Wandel* wahrnehmbar wird.

(3) Durch einen selbsttätigen Umgang mit dem Symbol kann der Zugang zu tiefer liegenden bzw. umfassenderen (*religiösen*) Dimensionen menschlicher Wahrnehmung und Erfahrung eröffnet werden. Der fragmentarische und zerbrechliche Charakter menschlichen Lebens und sein Transzendenzbezug kommen zum Ausdruck.

(4) Durch einen kreativen Umgang und entsprechende Medien kann das in seinem anthropologischen und religiösen Sinn erschlossene Symbol für die Lernenden seinen spezifischen *theologischen Sinn* gewinnen. Das von den Lernenden selbst Gestaltete und Erarbeitete wird in *historisch-kritischer* Auslegung mit der biblisch-christlichen Tradition in Beziehung gesetzt, um ihre elementare Urteilsfähigkeit zu fördern.

(5) Die im Lernprozess gewonnenen Erfahrungen und Einsichten werden in einer Gestaltungsaufgabe oder in einem Handlungsvollzug »aufgehoben« (Transfer).

3.5 Der didaktische Elementarisierungsansatz und seine mehrperspektivische Struktur (ab 1982, verstärkt ab 1995)

Elementarisierung wird in dem von Karl Ernst Nipkow (seit 1979) und Friedrich Schweitzer entwickelten Tübinger Modell nicht als fundamentaltheologische Kategorie (H. Stock, J. Werbick), sondern konsequent als religionsdidaktische Kategorie verstanden (R. Englert). Der Ansatz ist durch eine entschiedene Hinwendung zu den Verstehensbedingungen der Heranwachsenden und die tief gehende Erschließung der theologischen Sachverhalte (Wahrheitsfrage) gekennzeichnet. Er setzt ein Bildungsverständnis voraus, das einerseits stark am Subjekt orientiert ist, das zur selbsttätigen Auseinandersetzung mit religiösen und gesellschaftlichen Ansprüchen befähigt werden soll. Elementarisierung (als Kern der Unterrichtsvorbereitung) beschreibt andererseits stets eine *Doppelbewegung* zwischen Person und Sache. Hierbei werden für die Unterrichtsvorbereitung *fünf Suchlinien* berücksichtigt (daher mehrperspektivische Struktur): auf der Seite der Inhalte (1) »elementare Strukturen« (und frühere »elementare Erfahrungen« als ihr Hintergrund) sowie (2) »elementare Wahrheiten«, auf der Seite der Lernenden (3) »elementare Zugänge« und (4) »elementare Erfahrungen« heute (vgl. Schweitzer/Nipkow 1997, 202f) sowie die Frage nach (5) »elementaren Formen des Lernens« (Schweitzer 2000, 250f). Die Verbindung zwischen Elementarisierung und Lebensgeschichte akzentuiert besonders die entwicklungspsychologische, lebensgeschichtlich-biografische Struktur. Die Ergebnisse der Untersuchung von 1995 sind durch Unterrichtsforschung belegt - also ein Ansatz, der die 1962 erhobene Forderung nach einer »realistischen Wendung« (H. Roth) in der Pädagogik bzw. nach einer »empirischen Wendung« (K. Wegenast) in der Religionspädagogik einlöst.

3.6 Erfahrungshermeneutik und der Primat der Wahrnehmung (ab 1997)

Für alle in 3.1–3.5 genannten Konzeptionen ist der *erfahrungshermeneutische* Rahmen maßgeblich; das gilt auch für die »Biblische Didaktik« Ingo Baldermanns (1996). »Erfahrungen« entstehen durch sprachlich vermittelte Deutung von Wahrnehmungen, Erlebnissen, Widerfahrnissen. Erfahrung ist ambivalent: Sie meint einmal den Prozess des Erfahrens selbst, sodann sein *Ergebnis*, die »Erfahrenheit«. Diese kann sich zu einem verlässlichen Lebenswissen verfestigen. Damit religiöse Lernprozesse wieder einen ursprünglichen Prozess des Erfahrens darstellen und der ganze Phänomenreichtum heute gelebter Religion entdeckt werden kann, plädieren evangelische und katholische Religionspädagogen (H.-G. Heimbrock, W.-E. Failing, P. Biehl, G. Hilger) dafür, der Wahrnehmung einen Vorrang einzuräumen (vgl. zusammenfassend: Johannsen 1999, 244–246). Sich bilden heißt: wahrnehmen, deuten und gestalten lernen. Wahrnehmungs-, Deutungs- und Gestaltungskompetenz sind erforderlich, um verantwortlich handeln zu können. Wahrnehmung lässt uns Neues erfahren; andererseits stehen wir in einer Folge von Wahrnehmungen, folgen vorgegebenen Spuren. Handelt es sich um ein Sich-Bilden in religiöser Perspektive, sind die Spuren im Mythos, in Riten und Symbolen sowie im Ethos zu finden.

4 Ausblick

Das Zusammenspiel zwischen traditionserschließender, symboldidaktischer und problemorientierter Struktur ist der *integrative Kern* eines offenen Ensembles didaktischer Strukturen. Das Zusammenspiel wird den Herausforderungen der Praxis wie den spezifischen Merkmalen der Religion gerecht. Religionen sind nämlich durch die Kombination von drei Ausdrucksformen gekennzeichnet: durch die grundlegenden Überlieferungen (Mythos), durch Riten und Symbole sowie durch das Ethos. Das Zusammenspiel der drei didaktischen Strukturen, die diesen Ausdrucksformen zugeordnet werden können, ist auch für die ökumenische und interreligiöse Didaktik maßgeblich (U. Becker). Der schnelle gesellschaftliche Wandel, der zu neuen Suchbewegungen anstiftet, macht es erforderlich, von einem »offenen Ensemble« zu sprechen. Die Didaktik muss sich durch neue Entwürfe schnell auf diese Suchbewegungen einstellen können.

Literatur

Baudler, Georg, Korrelationsdidaktik: Leben durch Glauben erschließen. Paderborn u.a. 1984.
Biehl, Peter, Festsymbole. Kreative Wahrnehmung als Ort der Symboldidaktik. Neukirchen-Vluyn 1999.
Halbfas, Hubertus, Das dritte Auge. Religionsdidaktische Anstöße. Düsseldorf 1982.
Hilger, Georg/Reilly, George (Hg.), Religionsunterricht im Abseits? Das Spannungsfeld Jugend – Schule – Religion. München 1993.
Kaufmann, Hans Bernhard (Hg.), Streit um den problemorientierten Unterricht. Frankfurt/M. 1973.
Lämmermann, Godwin, Grundriss der Religionsdidaktik. Stuttgart u.a. ^{2}1998.
Nipkow, Karl Ernst, Christlicher Glaubensunterricht in der Säkularität. Die zwei didaktischen Grundtypen des evangelischen Religionsunterrichts (1968). In: Nipkow, Karl Ernst, Schule und Religionsunterricht im Wandel. Heidelberg/Düsseldorf 1971, 236–263.
Otto, Gert, Schule – Religionsunterricht – Kirche. Göttingen ^{4}1968 (^{1}1961).
Schweitzer, Friedrich/Nipkow, Karl Ernst u.a., Religionsunterricht und Entwicklungspsychologie. Elementarisierung in der Praxis. Gütersloh ^{2}1997.
Schweitzer, Friedrich, Elementarisierung als religionspädagogische Aufgabe: Erfahrungen und Perspektiven. In: ZPT 52 (2000) 240-252.
Stock, Hans, Studien zur Auslegung der synoptischen Evangelien im Unterricht. Gütersloh 1959.
Lit.-Berichte: Friedrich Johannsen (JRP 15/1999, 241–267), Herbert A. Zwergel (JRP 16/2000, 223–245).

PETER BIEHL

V.1.3
Korrelation von Glaube und Leben

→ I.2 Pädagogische Grundbegriffe – religionspädagogische Grundmuster
→ II.4.1 Lebensgeschichte(n) – Glaubensgeschichte(n)
→ IV.3.4 Religionsunterricht in staatlichen Schulen
→ V.1.1 Lehr- und Lernbarkeit des Glaubens
→ V.1.2 Religionsdidaktische Konzeptionen
→ V.1.4 Elementarisierung

1 Zur Geschichte

1968 (Studentenunruhen, aufbrechende Emanzipationsbewegung) protestierten die Schülerinnen und Schüler, wie man sagte, »mit ihren Füßen« gegen Religionsunterricht (der sich als »Kirche in der Schule« verstand und die Schüler als künftige gläubige Christen ansprach), indem sie sich von diesem Unterricht abmeldeten. Die Säkularisierung der Gesellschaft hatte damals schon einen Punkt erreicht, wo sich viele Menschen vereinnahmt fühlten und mit Abwehr reagierten, wenn sie als kirchentreue oder auch nur an Kirche und Glaube interessierte Christen angesprochen wurden. In einer zweifachen Reaktion versuchte man die Abmeldewelle, die den Religionsunterricht als ordentliches Unterrichtsfach bedrohte, abzufangen: Zum einen, indem man sich auf die Ebene der bloßen und neutralen Information zurückzog. Die Schüler sollten zum besseren Verständnis ihrer Welt und Kultur über Religion, Kirche und Bibel informiert und aufgeklärt werden, ohne dass dabei von ihnen eine gläubige Haltung und Gesinnung erwartet wurde. Zum anderen griff man die so genannte »Curriculum-Revision« auf, die damals die schulpädagogische Diskussion prägte. Diese Pädagogik stellte die aus den Lebensanforderungen sich ergebenden Lernziele in den Mittelpunkt und wies demgegenüber den Inhalten, mit deren Hilfe diese Lernziele erreicht werden sollten, eine untergeordnete Bedeutung zu. Der Religionsunterricht verstand sich als Unterricht, der die Schülerinnen befähigen sollte, *jene* Lebenssituationen zu bewältigen, in denen sich individuell oder gesellschaftlich die Sinnfrage aufdrängte. Dabei traten die theologischen und biblischen Gehalte stark in den Hintergrund und der Religionsunterricht bekam den Charakter eines Lebenskunde- und Sozialkunde-Unterrichts.

In dieser Situation erschien ein Begriff von Religion und Religiosität als hilfreich, wie ihn auf evangelischer Seite Paul Tillich und auf katholischer Seite Karl Rahner erarbeitet hatten. Beide Theologen hatten auf je ihre Weise herausgestellt, dass nach christlichem Verständnis Religion und Glaube auch dort vorliegen können, wo der Mensch im profanen alltäglichen Leben steht und in keiner Weise über diesen Charakter seiner Erfahrungen reflektiert, wenn nur die Situation und die Erfahrung eine bestimmte Tiefendimension seines Lebens und seiner Welt ansprechen. Für Tillich ist Glaube »der Zustand des Ergriffenseins von dem, was unbedingt angeht« und Rahner sagt, »dass die ursprüngliche Erfahrung Gottes auch in seiner Selbstmitteilung so allgemein, so unthematisch, so ›unreligiös‹ sein kann, dass sie überall vorkommt – namenlos, aber wirklich – wo wir überhaupt unser Dasein treiben« (Rahner 1976, 138). Diese Bestimmung von Religion und Glaube ermöglichte es, in der pädagogischen Arbeit an entsprechenden Lebenserfahrungen eine der Kirche aufgegebene religiöse Erziehungsarbeit zu sehen, auch wenn dabei theologische und biblische Inhalte nicht als Lernziele vorgegeben waren, sondern nur indirekt behandelt und nur an besonders geeigneten Stellen als explizite biblisch-christliche Überlieferung artikuliert wurden.

2 Der Erfahrungsraum

Günter Lange versuchte in einem viel beachteten Artikel das Verhältnis von Religion und Glaube als Gegenstände des Religionsunterrichts näher zu bestimmen (vgl. Lange 1974). Lange übernimmt den weiten, generalisierten Religionsbegriff, unterscheidet davon aber den Glauben als die Deutung der noch anonymen religiösen Erfahrung, die in dieser Deutung gleichzeitig auch korrigiert bzw. profiliert wird. Da die Religionslehrer in der Schule, anders als etwa der Krankenhausseelsorger am Bett eines Schwerkranken oder der Gemeindeleiter bei einem Taufgespräch, nicht unmittelbar auf Menschen trifft, die schon in einer Lebenssituation stehen, in der sie schicksalshaft angesprochen sind, sondern häufig in einer oberflächlich-profanen, von Lange »empirisch« genannten Daseinshaltung leben, ist neben Glaube und Religion auch noch diese dritte, von zählbaren Größen bestimmte Daseinsdimension zu unterscheiden. Der Religionsunterricht hat dann die Aufgabe, den Schüler in der »empirischen« Daseinsdimension abzuholen, ihn durch geeignete Impulse in die allgemein-religiöse, existenzielle Daseinsdimension hineinzuführen und diese, wo es möglich ist, dann mithilfe biblisch-christlicher Tradition zu deuten. Um den Zusammenhang der drei Dimensionen deutlich zu machen, kürzt Lange sie mit den Buchstaben x, y, z ab, sodass die Bedeutung der religiösen Daseinsdimension (y) für das Verständnis des christlichen Glaubens hervortritt. Denn der Mensch kann nicht, diese Dimension überspringend, direkt von seiner empirisch-vordergründigen Daseinsdimension (x) sinnvoll in die Welt des biblischen und christlichen Glaubens (z) eingeführt werden. Angesichts von neueren Versuchen, Religionsunterricht und religiöse Erziehung ohne die Vermittlung eigener religiös-existenzieller Erfahrungen als Einführung in eine Art biblischer »Science-Fiction-Welt« zu konzipieren (vgl. Ruster 2000, 200), muss dies in besonderer Weise betont werden. Eine solche Konzeption würde, wenn der Schüler sich überhaupt auf sie einlässt, zur Ausbildung eines »Religionsstunden-Ich« führen, in das die Schüler für eine Stunde lang spielerisch hineinschlüpfen, immer wissend, dass es hier gar nicht um die Welt geht, in der sie leben. Der Glaube würde dann zu einem lebensfremden und weltfernen ideologischen Setzkastenspiel degenerieren (vgl. Baudler 2000).

Die Gemeinsame Synode der Bistümer in der Bundesrepublik Deutschland konzipierte in ihrem Beschluss zum schulischen Religionsunterricht von 1974 diesen Unterricht nach einem ›Konvergenz-Modell‹: Dort wo pädagogisch-anthropologische und kirchlich-theologische Zielsetzungen und Begründungen sich überschneiden, hat dieser Unterricht seinen »Ort«. Der Beschluss spricht noch nicht ausdrücklich von »Korrelation«, weist aber mit dem Begriff der »Konvergenz« auf die spezifische Aufgabe des Religionsunterrichts hin, »Situationen und Erfahrungen, die zur Sinndeutung herausfordern«, und biblisch-christlichen Glauben miteinander zu korrelieren.

3 Offener Dialog

Während der Synodenbeschluss die genauere Art dieser Korrelation noch offen ließ, arbeiteten sich 1979 auf einer Tagung des Deutschen Katecheten-Vereins in Brixen die Religionspädagogen unter Anleitung Edward Schillebeeckx' zu der Überzeugung durch, dass die Deutung der religiös-existenziellen Lebenserfahrungen durch die biblische Heils- und Offenbarungsgeschichte nicht schon als fertige »Antwort« auf die Sinnfragen, wie sie in existenziellen Lebenserfahrungen auftauchen, missverstanden werden darf. Glaube als die biblisch-christliche Deutung religiös-existenzieller Erfahrungen muss vielmehr noch einmal in einen freien und kritischen Dialog mit demjenigen Menschen eintreten, der die entsprechenden religiös-existenziellen Erfahrungen macht oder (unterrichtlich) vergegenwärtigt hat, um zu prüfen, ob diese Deutung für ihn eine wirkliche Befreiung und Aufrichtung beinhaltet. Es muss in diesem Dialog auch möglich sein, die Glaubensdeutung zu kritisieren und abzulehnen (vgl. Schillebeeckx 1980).

Dies zu betonen ist ebenfalls wichtig, weil in neueren Angriffen auf die Korrelationsdidaktik diese als ein Frage-Antwort-Schema missverstanden und so als »Topf-Deckel-Methode« desavouiert wird. Außerdem gibt es ein katechetisches Missverständnis der Korrelationsdidaktik, das die von der Synode beschlossene Unterscheidung von schulischem Religionsunterricht und gemeindlicher Katechese didaktisch nicht mitreflektiert. Nach diesem Missverständnis bedeutet Korrelation »Einübung in die Suche nach einem eigenen Stil christlichen Glaubens«, was aber eigentlich eine genuine Aufgabe der von der Synode konzipierten *Gemeindekatechese* darstellt. Es ist klar, dass Religionslehrer, die Korrelation in dieser Weise missverstehen, angesichts der radikalen Säkularisierung unserer Gesellschaft und der religiösen Indifferenz heutiger Kinder und Jugendlicher zu dem Urteil kommen müssen, Korrelationsdidaktik sei für die Praxis des Religionsunterrichts nicht mehr tauglich; dabei wusste schon die Synode um die fortschreitende Säkularisierung unserer Welt und hat eben deshalb die organisatorische Trennung von Religionsunterricht und Katechese beschlossen.

Korrelation ist auch in noch so säkularisierten Gesprächssituationen grundsätzlich immer möglich, weil erstens der Dialog zwischen Leben und Glaube wechselseitig kritisch ist, also auch die Glaubensüberlieferung von Lebenserfahrungen her kritisiert werden kann, und weil zweitens die allgemeinreligiösen Lebenserfahrungen schon in einer *biblisch-christlichen Hermeneutik*, d.h. mit einem christlichen Vorverständnis des Lebens und des Menschseins, erarbeitet worden sind. Das christliche Profil dieses Unterrichts ist nicht allein davon abhängig, ob die biblische Heils- und Offenbarungsgeschichte ausdrücklich zur Profilierung der allgemeinreligiösen Daseinserfahrung herangezogen wird. Ein von seiner Konzeption her biblisch-christlicher Lebenskunde- und Ethikunterricht ist grundverschieden von einem Unterricht, der lediglich die Philosophie und die Staatsverfassung als Grundlage hat. Eine christliche Lebenskunde kann sich z.B. sehr gut am Erfahrungsgehalt der Sakramente orientieren und von ihnen her den Unterricht gestalten, ohne – im Religionsunterricht – die Sakramente als solche zu thematisieren (vgl. dazu Baudler 1984, 199–316).

4 Zwei Wege

Bei besonders drängenden Fragestellungen wird es bei einem so konzipierten christlichen Lebenskunde- und Ethikunterricht immer wieder möglich, ja sogar von den Schülern her gefordert sein, die *hermeneutische Basis* dieses Unterrichts ausdrücklich ans Licht zu heben und zu thematisieren. Eine solche Thematisierung hat dabei den Charakter einer »Kurzformel«, in der das, was christlicher Glaube ist, auf eine bestimmte Daseinssituation hin verdichtet ausgesagt wird. Der Weg, der ausgehend von der Lebenssituation zum Dialog mit dem christlichen Glauben führt, besteht also in einer »situativ-existenziellen Konzentration des Glaubens« (dazu Baudler 1979, 148–209). Aber auch der umgekehrte Weg, der von der Glaubensüberlieferung ausgeht, ist in säkularisierten Gesprächssituationen möglich, wenn nur der Grundsatz eines wechselseitig kritischen Dialogs zwischen beiden Elementen ernst genommen und möglicherweise methodisch in Form provozierender Verfremdungen, »Übertextungen« bzw. »Transformationen« biblischer Perikopen ins Spiel gebracht wird. Methodisch wird auf diesem Weg der korrelative Dialog durch eine »analytisch-assoziative Übertragung« hergestellt (vgl. dazu Baudler 1979, 96–147): Der Überlieferungstext, der im Unterricht behandelt werden soll, muss sowohl in seiner textlichen Struktur als auch, da es ein historischer Text ist, nach seiner Entstehungs- und Überlieferungsgeschichte analysiert und, so aufbereitet, assoziativ zum heutigen Leben der Schüler in Beziehung gesetzt werden. Die Analyse ist dabei hauptsächlich Sache der Lehrkraft bei ihrer Unterrichtsvorbereitung, sollte aber in entsprechend elementarisierter Form auch in den Unterricht eingebracht werden. Bei den Assoziationen ist wichtig, dass diese nicht unstrukturiert im Raum stehen bleiben, sondern sich zu gemalten Bildern, Übertextungen, Briefen an den damaligen Verfasser des Textes u.Ä. verdichten, weil erst von einem so strukturierten Gebilde aus ein wechselseitig kritischer Dialog zwischen Glaube und Leben möglich wird. Wird dieser zweite Weg der Korrelationsdidaktik genügend ausgebaut, führt die Korrelationsdidaktik keineswegs zu einem so genannten »religiösen Analphabetismus«, weil ja alle wichtigen Überlieferungstexte (Vaterunser, Gleichnisse, Psalmen, Credo usw.) nach dieser Methode bearbeitet werden können.

5 Interreligiöser Dialog

Heute, da unser Planet »zusammengeschrumpft« ist und der Islam eine Art dritte Konfession in Europa bildet, muss die Korrelationsdidaktik zum interreligiösen Dialog ausgebaut werden. Vom Ansatz dieser Didaktik her bietet sich dies geradezu an, weil die allgemeinreligiösen Lebenssituationen und Lebenserfahrungen, die das Ferment dieses Unterrichts bilden (die y-Dimension) nicht nur einer biblisch-christlichen, sondern etwa auch einer islamischen oder buddhistischen Deutung zugänglich sind. Dabei ist eine buddhistische Deutung solcher Erfahrungen immer noch kein Buddhismus-Unterricht, weil ja die Erfahrungen selbst in einer biblisch-christlichen Hermeneutik erarbeitet wurden. Der Versuch, sie buddhistisch zu deuten, wirkt kritisch auf die Sicht dieser Erfahrungen zurück, sodass dabei notgedrungen, vom Schüler her selbst gefordert, die spezifisch christliche Sicht dieser Erfahrungen im Unterschied zur buddhistischen zur Sprache kommen muss, also christliche Überlieferung bezogen auf die jeweilige Lebenserfahrung zwanglos artikuliert werden kann. So ist der Ausbau der Korrelationsdidaktik zum interreligiösen Dialog in heutiger Zeit, wo infolge der radikalen Säkularisierung unserer Gesellschaft eine biblisch-christliche Deutung allgemeinreligiöser Lebenserfahrungen oftmals Langeweile hervorruft, ein »Geschenk der Stunde«, weil die fremdreligiöse Deutung neugierig macht auf die biblisch-christliche und deren Spezifikum.

Allgemeinreligiöse menschliche Erfahrungen im Lichte dieser heilsgeschichtlichen Selbstmitteilung Gottes zu interpretieren, bedeutet – im Religionsunterricht nur ansatzhaft – sie in jene Dynamik der menschlichen Schicksalserfahrung hineinzustellen, wie die Bibel sie in immer neuen Zeitumständen bezeugt. Diese Dynamik ist dadurch bestimmt, dass die Schicksalsmacht, als die Gott auf den Menschen zukommt, immer wieder wechselnd entsprechend den drei biblischen Gottesnamen ein sich wandelndes Antlitz zeigt: Sie ist *El-Schaddai*, wenn sie als Schicksalsschlag auf den Menschen trifft; sie ist *Jahwe*, »Ich-bin-da«, wenn sie sich rettend und tröstend der Not seines endlichen Daseins zuwendet und er in den Weisungen, die das Schicksal ihm gibt, einen Bund mit ihr schließen kann; und sie ist *Abba*, wenn sie als »vergebende Bergung« (Rahner 1976, 138) ihn bedingungslos auch noch im dunkelsten Abgrund annimmt und sein Leben mit dem Glanz des Geliebtseins überstrahlt. Solchen Erfahrungen nachzuspüren ist die genuine Aufgabe einer Korrelation von Glaube und Leben. Eine Theologie und Didaktik der Korrelation verlangt deshalb nach der Überwindung eines starren, metaphysisch geprägten Gottdenkens und die Rückkehr zum genuin biblischen, geschichtlich-dynamischen Gottesverständnis (vgl. dazu Baudler 1996).

Literatur

Baudler, Georg, Religiöse Erziehung heute. Paderborn u.a. 1979.
Baudler, Georg, Korrelationsdidaktik: Leben durch Glauben erschließen. Paderborn u.a. 1984.
Baudler, Georg, El – Jahwe – Abba. Wie die Bibel Gott versteht. Düsseldorf 1996.
Baudler, Georg, Einführung in eine biblische Science-Fiction-Welt? Zur gegenwärtigen Infragestellung des erfahrungsorientierten Religionsunterrichts. In: KatBl 125 (2000) 426–431.
Bitter, Gottfried, Was ist Korrelation? Versuch einer Bestimmung. In: KatBl 106 (1981) 343–345.

Englert, Rudolf, Die Korrelationsdidaktik am Ausgang ihrer Epoche. Plädoyer für einen ehrenhaften Abgang. In: Hilger, Georg/Reilly, George (Hg.), Religionsunterricht im Abseits? München 1993, 97-110.
Englert, Rudolf, Korrelation(sdidaktik). Bilanz und Perspektiven. In: RpB 38 (1996) 3–18.
Lange, Günter, Religion und Glaube. Erwägungen zum Gegenstand des Religionsunterrichts. In: KatBl 99 (1974) 733-750.
Rahner, Karl, Grundkurs des Glaubens. Freiburg u.a. 1976.
Ruster, Thomas, Der verwechselbare Gott. Theologie nach der Entflechtung von Christentum und Religion. Freiburg u.a. 2000.
Schillebeeckx, Edward, Offenbarung, Glaube und Erfahrung. In: KatBl 105 (1980) 84–95.

GEORG BAUDLER

V.1.4 Elementarisierung

→ I.2 Pädagogische Grundbegriffe – religionspädagogische Grundmuster
→ IV.3.4 Religionsunterricht in staatlichen Schulen
→ V.1.1 Lehr- und Lernbarkeit des Glaubens
→ V.1.2 Religionsdidaktische Konzeptionen
→ V.1.3 Korrelation von Glaube und Leben
→ V.1.7 Richtlinien und Lehrpläne

1 Elementarisierung als religionsdidaktischer Ansatz

Elementarisierung ist nicht *Elementartheologie*, obwohl sie auch deren Intention mit umschließt. Elementartheologie ist als Benennung von Grundelementen des christlichen Glaubens alt. Bekannt ist die Trias von »Glaube, Hoffnung, Liebe« bei Paulus (1 Kor 13,13). Elementare Formeln dienen verdichteter Verkündigung und Bekenntnisbildung (»Jesus (der) Christus«; »Komm, Herr Jesus«, Offb 22,30).

Pädagogische Zwecke verfolgen bereits die Katechismen als kurze, prägnante Zusammenfassungen der Glaubensinhalte. Schon für M. Luther (Kleiner Katechismus, 1529) sind die vier Motive bestimmend, die hinter dem im Folgenden darzustellenden Ansatz religionsdidaktischer Elementarisierung stehen: Er möchte, dass die wesentliche Summe der Heiligen Schrift benannt, das Gelernte in seiner Bedeutung erfahren wird (»in die Herzen getrieben«), schon Kinder es verstehen und als Wahrheit erkennen (Vorrede zur Deutschen Messe, 1526; Nipkow 1982, 187f).

Der *Tübinger Ansatz der Elementarisierung* (zuletzt bilanzierend Schweitzer 2000) geht auf K.E. Nipkow zurück. Er entstand seit Ende der 1970er-Jahre als Antwort auf die als einseitig elementartheologisch beurteilten Versuche des Comenius Instituts zu einer »Elementarisierung theologischer Inhalte und Methoden«, die für den Praxisgebrauch kein *didaktisch* begründetes Gefüge sichtbar werden ließen. Religionsdidaktisches Denken wurde bei der Suche nach so genannten »Reduktivformeln« oder

»Kurzformeln des Christentums« (bzw. Glaubens), »allgemeinen Strukturelementen von Theologie« und »zentralen Begriffen/Inhalten« ebenfalls noch nicht eingelöst (vgl. Biemer/Biesinger 1976).

Der Ansatz »religionsdidaktischer Elementarisierung«, der früh auch auf katholischer Seite Aufmerksamkeit erweckte (vgl. Biemer/Knab 1982, zuletzt u.a. Oberthür 1998, 27), ist demgegenüber von vornherein konstitutiv in einer Doppelbewegung zwischen den Kindern und Jugendlichen und den Inhalten ausgespannt. Nur in diesem bildungstheoretischen Grundsatz der »wechselseitigen Erschließung« von Person und Sache lehnt sich das Konzept an W. Klafki an, der für die Allgemeine Didaktik dem »Problem des Elementaren« nachgegangen war. Auf den Weg eines eigenständigen Entwurfs führten die genannten unbefriedigenden Versuche in der Religionspädagogik selbst, die Wendung zur Enwicklungspsychologie und ein konkreter Einfall.

Nach den Jahren einer stark gesellschaftsbezogen denkenden Religionspädagogik (»thematisch-problemorientierter« Religionsunterricht) begann Nipkow ineins mit dem Interesse an Elementarisierung auch auf die vernachlässigte Rolle der Entwicklungspsychologie neu aufmerksam zu machen (in Baldermann u.a. 1979). Hierbei ging auf, dass das lateinische *elementum* zwei Bedeutungen hat: (1) Grundstoff, Grundbestandteil, und (2) Anfangsgründe, Anfänge. Folglich ist Elementarisierung nie nur eine Sache der sachbezogenen Vereinfachung und Konzentration (*1. Dimension der »elementaren Strukturen«*). Weil wir es mit Heranwachsenden in ihrer Entwicklung und Lebensgeschichte zu tun haben, was für die Pädagogik typisch ist (siehe die Aufnahme der Lebenslaufforschung und der Theorie der »Glaubensentwicklung« von J.W. Fowler bald darauf), ist Elementarisierung auch eine Frage nach dem zeitlich Anfänglichen, worauf anderes aufbaut (*3. Dimension der »elementaren Zugänge«*). In der Rezeption wird diese lebensgeschichtlich-dynamische Temporalisierung, die Abbrüche und neue Anfänge einschließt, als besonders charakteristisches Moment des Ansatzes angesehen. Nicht zufällig erhielt die spätere empirisch-praktische Untersuchung der Voraussetzungen von Elementarisierung anhand von 24 Unterrichtsstunden über die Themen »Gerechtigkeit«, »Gleichnisse« und »Gottesfrage« in der entwicklungspsychologischen Perspektive ihren Schwerpunkt (vgl. Schweitzer u.a. 1995).

Von Klafkis »Didaktischer Analyse« unterscheidet den Ansatz ferner die dezidierte Frage nach den *»elementaren Wahrheiten«* (*4. Dimension der Wahrheitserfahrungen, -ansprüche*). Was mit ihr gemeint ist, wird deutlicher, wenn sie von der Frage nach den *»elementaren Erfahrungen«* (*2. Dimension*) unterschieden wird. Was jemand bei einem überlieferten Zeugnis der Vergangenheit elementar empfindet oder was ihn betroffen macht, mag ihm persönlich wichtig sein; aber gibt es auch den Wahrheitsanspruch des Zeugnisses selbst wieder? Was jedoch meint diese Rückfrage? Sie unterstellt nicht, dass es möglich ist, Wahrheit in ganz eindeutiger, gleichsam objektiver Tradition unabhängig von ihrer persönlichen Erfahrung festzumachen. Ebenso wenig kann man den Wahrheitsstreit zwischen verschiedenen konkurrierenden Religionen von einer dritten, scheinbar objektiven Warte aus entscheiden. Es gibt religionskundliche Konzepte des Religionsunterrichts, die wegen dieser Schwierigkeiten die sog. Wahrheitsfrage ausklammern; dies soll hier nicht geschehen. Man würde den Ernst von Glaubenserfahrungen und das Interesse der Schüler unterbieten. Zusammengefasst erscheint das Elementare vierfach:

(1) hinsichtlich der »elementaren Strukturen« als »das grundlegend Einfache«: Elementarisierung als Aufgabe wissenschaftlicher Vereinfachung im Sinne sach- und textgemäßer Konzentration;

(2) hinsichtlich der »elementaren Erfahrungen« als »das subjektiv Authentische«: Elementarisierung als Relevanzproblem im Sinne lebensbedeutsamer Erschließung;

(3) hinsichtlich der »elementaren Zugänge« als »das zeitlich Angemessene«: Elementarisierung als Sequenzproblem im Sinne gesellschaftlich- und lebensgeschichtlich bedingter Verstehensvoraussetzungen;

(4) hinsichtlich der »elementaren Wahrheiten« als »das gewissmachende Wahre«: Elementarisierung als Vergewisserungsproblem im Streit um gewissmachende Wahrheit.

Das mehrdimensionale Konzept versucht der erwähnten polaren Grundspannung von Person und Sache durch zwei eigentümliche Verschränkungen besonders gerecht zu werden. Um *»Erfahrung« und »Wahrheit« geht* es *an zwei Stellen*. Erfahrungen beziehen sich nicht nur auf die der Schüler, sondern auch auf jene, die jeweils den biblischen Texten, religiösen Ritualen, theologischen Lehraussagen, ästhetischen religiösen Ausdrucksformen, Handlungen, Lebensformen usw. zugrunde liegen. Umgekehrt wird die Frage nach der Wahrheitserfahrung nicht nur auf der Seite der religiösen Traditionen akut (mit der Gefahr eines »objektivistischen« Missverständnisses), sondern auch auf der Seite der Schüler (und Lehrer) als Subjekten (mit der komplementären Gefahr »subjektivistischer« Beliebigkeit). Somit ist der Ansatz insgesamt betont prozessorientiert, insofern er die Zeiten – zwischen Gegenwart, Vergangenheit und wieder Gegenwart oszillierend – *verschränkt* und hierbei der von *außen* angehende Wahrheitsanspruch *innen*, das Herz überführend, erfahren werden muss. Von den Lehrenden beschworene »Wahrheit«, die nicht persönlich ›zündet‹, wird nicht lebendig.

Das Elementarisierungskonzept ist durch F. Schweitzer um eine *fünfte Dimension* ergänzt worden, die der *»elementaren Formen des Lernens«*. Die dem Ansatz innewohnende Dynamik verlangt bewegliche didaktische Fantasie: »Körper und Ästhetik, Kreativität und Spiel, Handeln und Praxis – solche Begriffe deuten an, wie eine *elementare pädagogische Lernkultur aussehen* könnte« (ZPT 3/2000, 250f).

Die Entfaltung des Konzepts ist noch auf dem Weg. Sie nimmt dabei die vorliegenden kritischen Anfragen auf, sofern sie anregen und nicht auf Missverständnissen beruhen. Sie hat ebenso Ansätze mit teilweise ähnlicher Ausrichtung beachtet. I. Baldermanns eindrückliche Analysen »elementarer Sprachformen« in den Psalmen – wie die der »Klage« – überschneiden sich mit der Frage nach »elementaren Strukturen« und »Erfahrungen«. Andere Entwürfe folgen wie bei I. Schoberth eher wieder elementartheologischen Interessen, nämlich der »Grundlegung einer katechetischen Theologie«. Mit D. Zilleßen ist der Tübinger Ansatz voll darin einig, dass Elementarisierung »keine Vermittlungsstrategie dogmatischer Waren« ist, »genießbar« gemacht für die »Kleinen«; sie bemüht sich stattdessen um »Verdichtung und Konkretisierung«, und zwar jenseits einer »Verfügungsdidaktik« (vgl. ZPT 3/2000, 252f.261).

2 Elementarisierung in der Praxis

Wo und wie man bei der *Unterrichtsvorbereitung und -durchführung* anfängt, lässt sich darum nicht vorher absehen. Dies hängt von vielem ab, u.a. auch davon, ob im Lehrplan ein Text oder ein Thema vorgegeben ist. Im ersten Fall (Beispiel »Kain und Abel«) liegt eine Erschließung der »elementaren Struktur« des vorliegenden Textes nahe, um dann auf die gegenwärtige Lage zum Thema »(Bruder-)Krieg« einzugehen (besonders gelungen in Wendt/Boratynski 1994 u. Hinnecke 2000, im Sinne »elementarer Lernformen«). Im zweiten Fall (Beispiel »Gewalt«) ist eine eröffnende Sondierung der Schülererfahrungen mit Gewaltphänomenen, die sie selbst betreffen, angezeigt. Elementarisierung ist im Übrigen auf alle Themen des Lehrplans anwendbar (vgl. zur Unterrichtsplanung ausführlicher Schweitzer u.a. 1995, Kap. 5).

Elementarisierung kann am besten gelernt werden, wenn man mithilfe des mehrdimensionalen Fragegefüges eine schon erteilte und protokollierte oder auf Video aufgenommene Unterrichtsstunde *elementarisierend analysiert* (vgl. zu 1 Kön 18, »Elija und das Gottesurteil auf dem Karmel«, Nipkow 1984). Nicht selten elementarisieren bereits die Kinder selbst, indem sie ein komplexes theologisches Problem mit wenigen Worten in seiner Kernstruktur auf den Punkt bringen. In einer Unterrichtsstunde (Klasse 6) unterbricht ein Mädchen plötzlich das Malen von »Gottesbildern« mit der Frage: »Wie weit führt oder lenkt eigentlich Gott die Menschen? Wenn Gott die ... führt, dann kann's ja keinen Krieg geben. Deshalb frage ich mich: Macht der Mensch dann doch Sachen allein?« (zit. n. Schweitzer u.a. 1995, 12). Die Aussagen betreffen das charakteristische Dilemma der Theodizeefrage: Wenn Gott Allmacht und Liebe verkörpert, kann er nicht das Böse wollen (*»elementare Struktur«* als theo-logischer Selbstwiderspruch).

Bezeichnenderweise sind solche Denk- und Aussagestrukturen jedoch nicht abstrakter Natur, sondern in leidvollen Erfahrungen verwurzelt: »Es ist Krieg!« Für Kinder damals zurzeit des Bosnienkrieges eine bedrückende, täglich nahe gebrachte *»elementare Erfahrung«*. Zugleich ist dies eine uralte Erfahrung, die elementar in den Psalmen im verzweifelt-vertrauensvollen Schrei der Beter nach Gottes Gerechtigkeit laut wird: Wer verursacht das Böse? Sollen die triumphierenden »Gottlosen«, die spotten »Es ist kein Gott« (Ps 10,4), ungestraft bleiben? Gott kann ja doch nicht selbst das Böse wollen und tun, weil er der Inbegriff der gerechten Weltordnung ist. Wenn aber der »Mensch allein« solche »Sachen« machen sollte, wo ist dann Gott? Nach beiden Richtungen zeigt sich ein Abgrund, eine an sich unmögliche Möglichkeit: Entweder bewirkt Gott selbst die Kriege oder er sieht teilnahmslos zu.

Kinder sind kleine Theologen; sie stoßen auf ihre direkte Art zum bewegenden Mittelpunkt vor. Die Unterrichtssequenz zeigt in ihrem Fortgang ferner, dass die Kinder eigene, ihrer religiösen Entwicklung gemäße *»elementare Zugänge«* zur »Lösung« finden. Es entspinnt sich ein Diskurs unter den Schülerinnen, bei dem sie auf die Aufforderung des Lehrers hin, wie man das Problem zeichnen könnte, ein Marionettenspiel skizzieren, mit Menschen, die an Gott »hängen«, und anderen, die vom Teufel dirigiert werden und »genau das Gegenteil von dem [tun], was die Marionetten von Gott machen«. Ein Schüler ergänzt, dass der Teufel mit einer Schere »die von Gott trennt«; eine Schülerin fügt hinzu: »Oder dass die Fäden reißen und der Teufel dann die Marionette auffängt« (zit. n. Schweitzer u.a. 1995, 13).

Dieser dualistische Lösungsweg (Zarathustrische Religion, Gnosis) ist alt: Wenn Gut und Böse auf zwei Instanzen verteilt werden können, löst sich der im Falle eines monotheistischen Glaubens aufbrechende »Selbstwiderspruch« auf. Vom Teufel ist auch in der christlichen Tradition die Rede; aber ist diese »Deutung« die *»elementare Wahrheit«*? Einerseits ist sie weder nach dem Zeugnis des Alten noch des Neuen Testaments richtig; Gott hat keinen vergleichbar eigenmächtigen, pseudo-göttlichen Gegenspieler. Im Buch Ijob ist der Teufel nur eine fiktive literarische Figur. Anderseits können Kinder dieses Alters mit einer solchen Personifikation noch umgehen, und dualistisches Denken liegt ihnen nahe. Der Religionsunterricht wird es darum nicht zurückweisen, sondern die Realität des Bösen, die ein sehr wichtiges Thema ist, in Begleitung der Heranwachsenden zusammen mit ihnen schrittweise anders deuten. Es sei daran erinnert, dass Lernen letztlich ein unverfügbarer Prozess bleibt (ebenso wie Gottes

Wirken) und kein Lehren von Wahrem nützt, von dem die Schüler nicht innerlich als wahr überführt werden.

In der betreffenden Stunde wird diese Vertiefung versäumt; Elementarisierung rechnet aber mit der didaktischen Beweglichkeit, *elementarisierend fortfahren* zu können. Es wäre auf dieser Altersstufe in zwei theologisch und pädagogisch relevanten Richtungen möglich. Die erste gibt die Schülerin an, die als alternative Antwort den Menschen »allein« als mögliche Quelle des Bösen genannt hat. Das ist ein ganz anderes *»elementares Strukturmoment«*, nicht mehr der so oder so marionettenhaft abhängige, sondern andeutungsweise jetzt der *autonome Mensch*. Die anderen Schüler gehen dieser Spur nicht nach; sie entspricht auch eher einem »elementaren Zugang« von älteren Heranwachsenden. Meist finden sich unterschiedliche Deutungen nebeneinander. Die Bedeutung der Sicht der Schülerin liegt darin, dass sie die ethische Verantwortung gegenüber Kriegsursachen und Bekämpfung von Gewalt mit *eigenem elementarem Erfahrungs- und Wahrheitsgehalt* ins Blickfeld rückt.

Die zweite sachgemäße Spur müsste elementarisierend auf die »elementare Struktur« jenes Denkmodells eingehen, dass bei der Frage nach seinem »elementaren Erfahrungshintergrund« hinter zahllosen religiösen Zeugnissen der Tradition und gegenwärtigen Lebenswelt steht: Es ergeht den Menschen durch Gott so, wie sie es vor Gott verdient haben. Im Alten Testament argumentieren die Freunde Ijobs nach diesem Muster, im Neuen Testament die Jünger Jesu, wenn sie angesichts des Blindgeborenen fragen: »Meister, wer hat gesündigt, dieser oder seine Eltern, dass er blind geboren ist?« (Joh 9,2). An beiden Stellen wird dem Denkmuster widersprochen; das uralte *religiös-moralische Schema der Wechselseitigkeit* (Gott – Mensch) wird außer Kraft gesetzt, weil Gott anders handelt.

Aus entwicklungspsychologischer Sicht bildet dieses Muster der Wechselseitigkeit (Reziprozität) ein Stadium in der Entwicklung sowohl des moralischen (L. Kohlberg) wie des religiösen Urteils (F. Oser); damit wird deutlich: Dies wäre ein plausibler *»elementarer Zugang«* (auch noch für viele Erwachsene: »Was habe ich getan, dass mir dies zugestoßen ist?«). Aber ist es die theologisch vertretbare *»elementare Wahrheit«* im Sinne des christlichen Glaubens? Einerseits sicher nicht, weil Gott nicht nach diesem Schema handelt (s.a. Joh 9). Anderseits ist diese Rückführung des »Ergehens« auf das eigene »Tun« für viele eine »wahre« Überzeugung.

Es wird deutlich, wie die Elementarisierungsdimensionen ineinander greifen und der Unterricht erst im Zusammenhang aller Perspektiven seine Fülle gewinnt und religiös »bildet«, freilich nach einem offenen religionspädagogischen Grundmuster, das das Ringen um konkurrierende Antworten ehrlich angeht.

Literatur

Baldermann, Ingo/Nipkow, Karl Ernst/Stock, Hans, Bibel und Elementarisierung. Frankfurt/M. 1979.

Biemer, Günther/Biesinger, Albert, Theologie im Religionsunterricht. München 1976.

Biemer, Günther/Knab, Doris, Lehrplanarbeit im Prozess. Freiburg/Br. 1982.

Hinnecke, Anke, »... wenn Abel aufsteht – Krieg und Frieden« (Reihe »Faszination Religion«) Stuttgart 2000 (Informationen unter http://www.fg-wuerttemberg.de).

Nipkow, Karl Ernst, Grundfragen der Religionspädagogik, Bd. 3: Gemeinsam leben und glauben lernen. Gütersloh 1982.

Nipkow, Karl Ernst, Elia und die Gottesfrage im Unterricht. Elementarisierung als religionsdidaktische Aufgabe. In: EvErz 36 (1984) 131–147.

Oberthür, Rainer, Kinder fragen nach Leid und Tod. Lernen mit der Bibel im Religionsunterricht. München 1998.
Schweitzer, Friedrich/Nipkow, Karl Ernst/Faust-Siehl, Gabriele/Krupka, Bernd, Religionsunterricht und Entwicklungspsychologie. Elementarisierung in der Praxis. Gütersloh 1995.
Schweitzer, Friedrich (Hg.), Elementarisierung im Religionsunterricht. Erfahrungen, Perspektiven, Beispiele. Neunkirchen-Vluyn 2002.
Wendt, Irmela/Boratynski, Antoni, Der Krieg und sein Bruder. Düsseldorf [3]1994.
Themenhefte: KatBl 126 (2001) Heft 2; ZPT 52 (2000) Heft 3.

KARL ERNST NIPKOW

V.1.5
Symboldidaktik

→ II.1.2 Mythen und Märchen
→ III.2.1 Sprache/religiöse Sprache
→ III.2.2 Ästhetische Bildung
→ V.1.2 Religionsdidaktische Konzeptionen
→ V.2.4 Umgang mit Texten
→ V.2.5 Umgang mit Bildern

1 Religion und Symbole

Die Religionen der Welt sprechen eine symbolische und metaphorische Sprache. In ihren Geschichten und mythischen Bildern sind sie untereinander verwandt. Solange Menschen in einem mythischen Bewusstsein leben – Paul Ricœur nennt es »Erste Naivität« – korrespondieren sie mit der religiösen Symbolwelt, die ihrer Seele unmittelbar ist und bedürfen keiner reflexiven Interpretation. Wenn aber geschichtliches Denken und die Wege der Aufklärung das Bewusstsein bestimmen, genügt es nicht, die Sprache der Religionen naiv wahrzunehmen. Doch einer auf Empirie gerichteten Gesellschaft fehlen dazu die Verstehensvoraussetzungen. Die meisten Erwachsenen sind nicht in der Lage, ein Symbol als Symbol oder eine Mythe als Mythe zu verstehen; sie rechnen Mythen, Märchen oder Legenden gegen historische Wahrheit auf. Darum erscheinen ihnen diese Erzählformen so lange als fragwürdig und unseriös, als sie deren gattungseigene Intention nicht erfassen. Die »Zweite Naivität«, als Ziel religiöser Bildung verstanden, resultiert nicht aus kritischem Wissen, sondern aus einer sprachlichen Bildung, die jedem Alter und Reifegrad in je eigener Weise zukommt. Das Verhältnis zu archaischen Kulturen, zu den Zeugnissen alter und heutiger Religionen und auch das Verhältnis zu Bibel und christlicher Glaubensüberlieferung hängt an dieser Sprachbildung. Bleibt sie aus, fehlen die Zugänge. Bleibt sie ungenügend, häufen sich die Missverständnisse, und das schlimmste Missverständnis mag darin bestehen, dass eine religiöse Tradition sich selber fundamentalistisch missdeutet.

2 Symbole im christlichen Kontext

Im strengen Sinne gibt es – mit Ausnahme des historischen Kreuzes Jesu – keine christlichen Symbole, weil weder Bibel noch Christentum bei Null ansetzen, vielmehr im Erbe der voraufgegangenen als auch begleitenden Religionen und Kulturen stehen. Licht und Dunkel, Wüste und Weg, Höhle, Haus und Baum, Brot und Wasser, alle elementaren Symbole waren schon vor der Bibel da und verbinden, wenn sie heute in christlichen Kontexten begegnen, mit frühesten Zeiten. Darum führt die Beschäftigung mit elementaren Symbolen immer auch in die Religionsgeschichte zurück – wenngleich die bisherige Symboldidaktik diesen Weg kaum beschritten hat. Christliches Eigenprofil gewinnen Symbole aus ihrer Verbindung mit der Geschichte Israels und der Person Jesu. Das geschichtliche Konkretum der christlichen Botschaft würde jedoch ohne eine symbolische Vergegenwärtigung in der Vergangenheit zurückbleiben. Allein in symbolischen Bildern lässt sich Geschichte mit Gegenwart und Zukunft verbinden, also in überzeitliche Bedeutung heben, wie es jedem Kultgeschehen eigen ist. Dabei geht die inhaltliche Fracht der alten Symbole nicht verloren. Zwar kommt jener ausschlaggebende neue Wert hinzu, der nun im christlichen Verständnis das Symbol kennzeichnet; er überdeckt bisweilen tiefere Bedeutungsschichten, löscht sie aber nicht aus. Da also im Symbol das Christentum mit der Religionsgeschichte insgesamt verbunden ist, greift der immer wieder neue Versuch zu kurz, Bibel und christliche Symbolwelt ausschließlich aus der eigenen Tradition heraus zu bestimmen.

3 Bedeutung von Metapher und Symbol

Aus seinem eigenen psychischen Vermögen ist jeder Mensch des Symbols mächtig, zumindest in seinen Traumwelten und solange er seine kognitiven Fähigkeiten nicht gegen die Bereiche des psychisch Unbewussten abschottet. Ohne Symbole bleibt der Mensch an die empirische Realität gebunden. Nur mit Metapher und Symbol gelingt es, dem *brutum factum* zu entgehen, die Belanglosigkeit des lediglich Vorhandenen und Registrierten zu brechen, um Gestalt und Idee, Erscheinung und Verborgenes, Vordergründiges und Hintergründiges, Weltliches und Göttliches miteinander zu verbinden. Darum sind Metapher und Symbol die eigentlichen Sprachformen der Religionen.

4 Klischee

Das sprachliche Vermögen des heutigen Menschen erweist sich gegenüber symbolischen Gestaltungen als vielfältig eingeschränkt. Die Fülle der Assoziationsmöglichkeiten, die dem Symbol und der symbolischen Sprache eigen sind, irritiert jeden, der nur in Eins-zu-eins-Relationen denkt. Kommt die verschlissene Formelhaftigkeit religiöser Sprachtraditionen hinzu, die kaum befähigt, Metaphern und Symbole lebendig zu aktualisieren, so bleiben nur Klischees. Klischees lassen sich als Symbole verstehen, die aus dem Bewusstsein exkommuniziert sind, also für Denken, Sprechen und Handeln unerreichbar wurden. Darum kann jedes Symbol desymbolisiert werden und zum Klischee verkümmern. Die christliche Glaubensdarstellung ist weitgehend davon betroffen. Wer den solcherart erstarrten Formeln zu neuem Leben verhelfen will, muss zu individueller und kreativer Eigenständigkeit zurückfinden.

5 Semantische Struktur des Symbols

Die semantische Struktur des Symbols ist die des Doppel- oder Vielfach-Sinnes. Mehrdeutigen Sinn zu »lesen« und gleichzeitig den Sinn dieser Mehrdeutigkeit zu erfassen bleibt an Sprachvermögen gebunden. Tiere brauchen die Eindeutigkeit der Signale, sonst sind ihre Verhaltensmechanismen irritiert. Der Mensch steht demnach mit tierischem Verhalten am meisten in Übereinstimmung, wo er in eindeutigen Zeichensystemen kommuniziert. Symbole fordern demgegenüber eine offene Kommunikation heraus. Ihre Mehrdeutigkeit verlangt ein freies Bewegungsspiel, einen Akt der Kreativität. Es geht niemals darum, Symbole in »Bedeutungen« aufzulösen. Jede Reduktion auf *Bedeutung* macht die eigentlich symbolische Leistung rückgängig, weil sie mit abstrakter Begrifflichkeit zu erklären versucht, was sich nur symbolisch erschließt. Das Symbol »Herz« *bedeutet* nicht Liebe, und »Fett« im künstlerischen Werk von Joseph Beuys nicht Leben. Immer führen solche Erklärungen in eine falsche Eindeutigkeit. Der Umgang mit symbolischem Ausdruck verlangt die Freude am Vorläufigen, am nicht Endgültigen aller Einsichten und Erkenntnisse. Stets müssen Symbole neu befragt werden, und jedes Zeitalter kommt zu ihnen mit wechselnden Formen von Unwissenheit und Verständnis. Darum gelangt die Auslegung an kein Ende. Die je vorliegende Sprachgestalt ist immer wieder zu befragen. Symboldidaktik heißt nicht, eine »Ein-für-allemal-Botschaft« zu erarbeiten, sondern sich dem symbolischen Ausdruck unter den Verstehensbedingungen des eigenes Lebens zu nähern, um ihn erneut zum Reden zu bringen.

6 Metaphorische und symbolische Sprache

Die von der Symboldidaktik geforderte und gleichzeitig geförderte Sprachbildung meint eine elementare religiöse Sprachlehre, die zum Verständnis von Mythos und Mythen, Bibel und Glaubensformel, Ritual und Fest führt und letztlich den »Sinn für den Sinn« (Jeanne Hersch) zu wecken hat. Inhaltlich ist zwischen metaphorischer und symbolischer Sprache zu unterscheiden; die beiden Bereiche sind nicht generalisierend als »bildliche Rede« zu verwischen. Die Vielschichtigkeit und Komplexität der Wirklichkeit bedarf unterschiedlicher Sprachebenen und Gattungen, um sie in ihren jeweiligen Dimensionen und Aspekten ansichtig zu machen.

6.1 *Metaphorische Sprache:* Metaphernbildung als ein menschlicher Grundvorgang ermöglicht es, die unmittelbare Bindung an die Gegenständlichkeit der Welt zu übersteigen. Weil das Thema der Religionen nicht das empirisch Zuhandene ist, muss religiöse Sprache »übertragen«, also metaphorisch reden. Alle Religionen der Welt würden verstummen, gäbe es keine übertragende Rede. Gott ist ein sinnvolles Wort nur im Zusammenhang mit metaphorischer Sprache. Was immer von Gott gesagt wird, muss sich seiner Metaphorik bewusst bleiben und darin auch verstanden werden. Deswegen ist der Umgang mit Metaphern ein fundamentaler Ansatz religiöser Alphabetisierung. »Dem Wort muss eine neue Bedeutung gegeben werden, eine Sinnausweitung, die ihm erlaubt, Sinn zu *geben*, wo die wörtliche Auslegung den Sinn *nimmt*« (Paul Ricœur). Im Blick auf die theologische Hermeneutik gilt natürlich auch die allgemeine Einsicht, wie sie Karl Jaspers formuliert: »Worte sind in ihrem Sinne unendlich beweglich, ständig metaphorisch bezogen und neu beziehbar, nie selber ein letztes Fundament.«

6.2 *Symbolische Sprache:* Während die Metapher als analoge Sprache eine gedanklich-rationale Note hat, werden Symbole in ihrer Genese aus verschiedenen Kräften der Seele und des Geistes geformt; dabei wirken bewusste und unbewusste Vorgänge zusammen. Die rationalen Kräfte allein sind ihrer Natur nach unfähig, Symbole zu schaffen, da sie selbst auch nur Rationales erzeugen. Wenn wir dem griechischen Denken entsprechend von einer mythischen und logischen Dimension der Sprache ausgehen, gehört das Symbol größerenteils dem Mythos an: dem erzählenden Wort, der Poesie, den Künsten, dem Spiel und dem Traum. Hierin ist es zwar nie ohne logische Struktur, doch erschöpft es sich nicht im logisch Zugänglichen. Es kann nicht hinreichend definiert werden, und darum lassen sich Symbole auch nicht »erklären«, wollen vielmehr erzählt, bedacht, assoziativ umrundet, gespielt, meditiert und erlebt werden. Dies ist allerdings nur die eine Seite ihrer Vergegenwärtigung. Für die andere gilt Paul Ricœurs Mahnung: »Symbole geben zu denken!« Sie müssen auch befragt, analysiert, auf Herkunft und Wirkung hin kritisch untersucht werden können, damit sie als Symbole erkannt und verstanden und in ihren unbewussten, nicht selten auch manipulativen Wirkungen durchschaubar werden.

7 Symboldidaktik

Die mit dem Stichwort »Symboldidaktik« verbundene Literatur wird bis heute dem fundamentalen Anspruch einer religiösen Sprachlehre nicht gerecht. Es werden immer nur »Symbole« thematisch behandelt, doch kann sich Symboldidaktik nicht damit begnügen, einzelne, isoliert genommene Symbole darzustellen und zu interpretieren, vielmehr ist die Fähigkeit zu schulen, mit metaphorischen und symbolischen *Sprachformen* umgehen zu können. Dies ist ein fundamentales Programm der Lehrerbildung. Metaphorische Gattungen sind Gleichnis, Parabel, Allegorie; als symbolische Gattungen lassen sich Mythe, Märchen, Sage, Legende nennen. In der Bibel begegnen verwandte Formen eigener Prägung. Statt einem Text oder einer komplexen Tradition lediglich einzelne Symbole zu entnehmen und darüber isoliert zu handeln, zielt eine grundlegende Symboldidaktik auf das Verständnis des Symbols im Kontext der übergreifenden Ganzheit, etwa in Erzählung, Bild, Traum, Handlung. Es geht um das Erfassen der übergreifenden Sinneinheit. Erst wenn eine Erzählung mit ihren vielen Elementen und Aspekten aus dem Anspruch ihrer literarischen Gattung in ihrer heute nachvollziehbaren Wahrheit erkannt wird, kommt der symboldidaktische Anspruch zu seinem Ziel. Demgegenüber verfehlt das isoliert herausgeschälte Symbol die anstehende didaktische Aufgabe.

Literatur

Eliade, Mircea, Ewige Bilder und Sinnbilder. Paris 1952, Frankfurt 1986.
Lorenzer, Alfred, Kritik des psychoanalytischen Symbolbegriffs. Frankfurt/M. 1970.
Halbfas, Hubertus, Auf dem Wege zu einer Symboldidaktik. In: Halbfas, Hubertus, Das dritte Auge. Religionsdidaktische Anstöße. Düsseldorf [7]1997, 84–141.
Biehl, Peter, Auf dem Wege zu einer religionspädagogischen Theorie religiöser Sprache. In: JRP 1 (1984). Neukirchen-Vluyn 1985, 29–64.
Halbfas, Hubertus, Bibel und Mythos/Symbol. In: Langer, Wolfgang (Hg.), Handbuch der Bibelarbeit. München 1987, 68–80.

HUBERTUS HALBFAS

V.1.6 Geschlechtsspezifische religiöse Sozialisation

→ II.2.2 Gott – Gottesbilder
→ II.4.2 Religiöse Sozialisation
→ II.4.6 Jugendliche und Religion
→ III.2.5 Feministisch orientiertes Lernen

Haben Mädchen und Jungen verschiedene Zugänge zum Glauben? Entwickeln sie *unterschiedliche Glaubensvorstellungen* oder gilt hier die Devise von der *Gleichheit der Geschlechter*?

Bisher können diese Fragen nur punktuell beantwortet werden und eine ausgebaute Theorie geschlechtsspezifischer religiöser Sozialisation ist noch nicht in Sicht. Erst in den letzten Jahren hat sich die Forschung verstärkt der Frage nach der religiösen Sozialisation von Mädchen und Frauen zugewandt. Eine Männerforschung bzw. geschlechtervergleichende Studien zur religiösen Entwicklung stehen noch aus.

Aber unabhängig, ob je nach theoretischem Standpunkt eine Gleichheit oder eine Verschiedenheit der Geschlechter favorisiert wird, hat sich in der jüngeren Diskussion, angestoßen von der feministischen Forschung, die *Geschlechtlichkeit als wichtige Sozialisationsgröße* herauskristallisiert. Das trifft insbesondere die bisherigen Theorien religiöser Sozialisation, die sich an kognitionspsychologischen Stufenmodellen orientieren (J. Fowler, F. Oser). Die Erkenntnis, dass Frauen in der Regel die letzten beiden Stufen nicht erreichen, hat zu der Frage geführt, inwieweit diese Modelle wirklich die menschliche und nicht vielmehr die männliche Entwicklung repräsentieren. Eine gründliche *Revision der bisherigen Theorien* scheint deshalb unabdingbar. Es kann davon ausgegangen werden, dass der Faktor Geschlechtlichkeit in allen Lebensaltern eine Rolle spielt, wenn er auch unterschiedlich stark zum Tragen kommt. Dabei gehen auch weite Teile der feministischen Theoriebildung von einem Sozialisationskonzept aus, das geschlechtsspezifische Identitätsbildung als einen wechselseitigen Prozess von Prägung und aktiver Aneignung versteht (vgl. Faulstich-Wieland 1999). Das kann auch für die geschlechtsspezifische religiöse Sozialisation gelten, die in engem Zusammenhang mit der ganzen psychosozialen Entwicklung zu sehen ist (vgl. Schweitzer 1999, 196).

1 Gottesbilder von Mädchen und Jungen

Erste Anhaltspunkte zu einer inhaltlichen Differenzierung der Geschlechter bieten Forschungen zu Gottesbildern im Kindesalter zwischen etwa 5 und 12 Jahren. Bei den im Folgenden dargestellten Unterschieden ist zu berücksichtigen, dass dieses Alter eine bestimmte Phase der psychosexuellen Entwicklung ist. Nachdem die Kinder im Vorschulalter erkannt haben, dass sie einem Geschlecht – und das lebenslang – zugeordnet sind, stabilisieren sie in dieser Phase ihre Geschlechtsidentität, indem sie häufig die typischen Geschlechterunterschiede kultivieren und sich deutlich vom anderen Geschlecht abgrenzen.

Unterschiede in der Gottesvorstellung bei Mädchen und Jungen sind schon länger festgestellt worden (vgl. dazu den Überblick bei Schweitzer 1999). Allerdings sind die

Ergebnisse widersprüchlich, zumal fast alle empirischen Untersuchungen die Geschlechtsspezifik nur als einen untergeordneten Aspekt behandeln. Mehrfach ist aber festgestellt worden, dass für Mädchen die *Beziehung zu Gott*, das Gespräch mit Gott und die Vertrautheit mit und Geborgenheit bei Gott im Vordergrund stehen, wenn sie Gott malen oder über Gott sprechen. Jungen dagegen betonen häufiger die *Größe und Allmacht Gottes* und wenden sich entsprechend eher mit Bittgebeten an Gott. Diese Tendenzen der geschlechtsspezifischen Ausprägungen im Gottesbild werfen die Frage auf, inwieweit das Gottesbild durch Stereotypen von Männlichkeit und Weiblichkeit geprägt ist. Welches Geschlecht und nicht nur welche Eigenschaften Mädchen und Jungen ihrem Gott bzw. ihrer Göttin zuweisen, kommt damit auch in den Blick. Die sprachlichen Konventionen geben eine eindeutig männliche Prägung Gottes vor, weshalb auch gemalte Gottesbilder untersucht wurden. Hier deutet sich an, dass die Unterschiede den gesellschaftlichen Geschlechterstereotypen entsprechen, Mädchen also mit ihrem beziehungsorientierten Gottesbild eher zu einer Darstellung Gottes mit weiblichen Attributen neigen, Jungen dagegen Gott häufiger als Mann erkennbar malen. Inwieweit die Eltern oder die erwachsenen Bezugspersonen und ihr Umgang mit den Geschlechterrollen ein Vorbild für das Gottesbild der Tochter oder des Sohnes abgeben oder ob das Gottesbild eher ein erwünschtes Ideal von Vater oder Mutter darstellt, ist noch offen. Zur weiteren Klärung können hier Perspektiven aus der psychoanalytischen Forschung zur geschlechtsspezifischen Entwicklung beitragen (vgl. Schweitzer 1999). Die Beziehungsorientierung der Mädchen wird demnach mit der intensiveren Identifikation mit der gleichgeschlechtlichen Mutter in der frühkindlichen Entwicklung begründet (N. Chodorow).

Die Zuordnung eines bestimmten Geschlechts und bestimmter Eigenschaften zum eigenen Gottesbild ist nicht nur von den familiären Bedingungen, sondern anscheinend auch sehr deutlich von dem religiösen Lebenskontext abhängig. So stellt Stephanie Klein in ihrer Studie zu Gottesbildern von Mädchen fest, dass Mädchen aus einem nicht-christlich geprägten Umfeld die weiblichen Züge ihrer Gottesdarstellungen auch sprachlich mit dem grammatikalischen Femininum ausdrücken können, im Gegensatz zu ihren christlich sozialisierten Geschlechtsgenossinnen, die den männlichen Artikel verwenden, auch wenn ihre Gottesdarstellungen eindeutig weiblich identifizierbar sind (vgl. Klein 2000, 171). Die Mädchen befinden sich offenbar in einem *inneren Zwiespalt* in Bezug auf ihr Gottesbild, der auch in anderen Bereichen im patriarchal geprägten Kontext offenkundig wurde. Bestimmte Vorstellungen und Gefühle von Mädchen finden in den männlich geprägten Ausdrucksformen insbesondere der Sprache in verschiedenen Entwicklungsphasen kein Äquivalent. Vielmehr werden abweichende Äußerungen nicht bestärkt bzw. negativ sanktioniert. Im Bild der verlorenen Stimme verdichtet sich das Ergebnis des Umgangs vieler Mädchen mit dieser Spannung (L. Brown, C. Gilligan): Sie verschweigen letztlich ihre Vorstellungen oder passen sie den Normen an. In Bezug auf die Gottesbilder geschieht das im christlichen Bereich, weil kaum weibliche Bilder oder Metaphern zur Verfügung stehen (vgl. Klein 2000, 173).

2 Christliche Ideale und religiöse Praxis von Männern und Frauen

Auf anderen Ebenen finden sich die geschlechtsspezifischen Themen der Gottesbilder wieder, wobei bisher ausschließlich Forschungen zu Frauen vorliegen. Danach entwickeln Frauen ihre Glaubensvorstellungen wie ihre religiöse Praxis, indem sie im eigenen Beziehungsnetz verwoben sind und dieses gestalten (vgl. z.B. Sommer 1998). Vielfach heißt das, dass die Maßstäbe und Bedürfnisse der anderen über die eigenen gestellt werden. Diese Ausrichtung korrespondiert mit religiösen Idealen wie Demut, Fürsorglichkeit und Selbstlosigkeit. Mädchen und Frauen stellen deshalb häufig religiös sanktioniert ihre eigenen Bedürfnisse zurück und bauen dadurch kein starkes Selbstbewusstsein auf.

Aber diese Affinität zwischen christlichen Idealen und Maximen der Erziehung von Mädchen und Frauen könnte auch ein Grund für die größere Nähe von Frauen zu Religion wie Kirche sein, die in vielen Studien festgestellt wird. Diesen starken Widerspruch zwischen einer *Einengung* durch und einer *Beheimatung* in christlichen Glaubenstraditionen bei Frauen bestätigen auch die Befragungen von Männern und Frauen zur Bedeutung der Familienreligiosität in ihrer Entwicklung (vgl. Klein, 1999). Danach wurden die Mädchen weit häufiger als die Jungen in die Vorbereitung der religiösen Feste und die religiöse Praxis in der Familie durch die Mütter und Großmütter einbezogen. Aber ihnen wurden auch stärker Reglementierungen in Bezug auf die religiöse Praxis im Vergleich zu ihren Brüdern auferlegt (z.B. ordentliche Kleidung beim Kirchgang). Da die Studien zu erwachsenen Frauen und Männern die kindliche Sozialisation vergangener Jahrzehnte widerspiegeln, ist als Faktor die fortschreitende Enttraditionalisierung zu berücksichtigen. Geschlechtsspezifisch gewendet bedeutet das eine allmähliche stärkere Entfernung auch der Frauen insbesondere von der institutionalisierten Religion.

3 Perspektiven

Wenn der Faktor Geschlechtlichkeit konsequent in die Suche nach einem adäquaten Modell religiöser Entwicklung einbezogen wird, stellen sich zunächst Fragen zu den bisherigen Sozialisationsmodellen: Ist es von Bedeutung, dass die Entwicklung eines konturierteren Gottesbildes im selben Zeitraum liegt, in dem auch die Geschlechtsidentität sich festigt, nämlich im Vorschulalter? Oder wie verändern sich Gottesvorstellungen und Religiosität in der Pubertät, in der die körperliche Entwicklung und die Geschlechtsidentität zu einem wichtigen Lebensthema werden?

Die schon oben angedeutete grundsätzliche Problematik eines Stufenmodells in Bezug auf die religiöse Entwicklung von Männern und Frauen verstärkt noch einmal die Betonung der äußeren Bedingungen und des Kontextes durch die feministische Forschung. Die *körperliche und psychische Reifung* und Entwicklung der Einzelnen scheint angemessen nur *in einer Zusammenschau mit dem familiären und gesellschaftlichen Kontext* verstehbar. Für die Geschlechtsspezifik heißt das: Die gesellschaftlichen Stereotype existieren als Ideale, denen keine konkrete Person je ganz entspricht. Es wird in Bezug auf die religiösen Vorstellungen, die Handlungsmaßstäbe und die religiöse Praxis zu untersuchen sein, inwieweit diese Stereotypen Mädchen und Jungen *Handlungsspielräume verschließen* und inwieweit sie ihnen *Orientierungen* für die Bildung einer eigenen stabilen Geschlechtsidentität *bieten*.

Literatur

Becker, Sybille/Nord, Ilona, Religiöse Sozialisation von Mädchen und Frauen. Stuttgart u.a. 1995.
Faulstich-Wieland, Hannelore, Weibliche Sozialisation zwischen geschlechterstereotyper Einengung und geschlechterbezogener Identität. In: Scarbath, Horst u.a. (Hg.), Geschlechter. Zur Kritik und Neubestimmung geschlechtsbezogener Sozialisation und Bildung. Opladen 1999, 47–62.
Klein, Stephanie, Religiöse Tradierungsprozesse in Familien und Religiosität von Männern und Frauen. In: RpB 43 (1999) 25–40.
Klein, Stephanie, Gottesbilder von Mädchen. Bilder und Gespräche als Zugänge zur kindlichen religiösen Vorstellungswelt. Stuttgart u.a. 2000.
Schweitzer, Friedrich, Religiöse Entwicklung und Sozialisation von Mädchen und Frauen. In: Schweitzer, Friedrich, Lebensgeschichte und Religion. Religiöse Entwicklung und Erziehung im Kindes- und Jugendalter. Gütersloh [4]1999, 186–198.
Sommer, Regina, Lebensgeschichte und gelebte Religion von Frauen. Eine qualitativ-empirische Studie über den Zusammenhang von biografischer Struktur und religiöser Orientierung. Stuttgart u.a. 1998.

SYBILLE BECKER

V.1.7
Richtlinien und Lehrpläne

→ I.2 Pädagogische Grundbegriffe – religionspädagogische Grundmuster
→ IV.3.1 Schule – Schulentwicklung – Schulkultur
→ IV.3.4 Religionsunterricht in staatlichen Schulen
→ IV.4.6 Religionspädagogische Fortbildung/Fernstudien
→ V.1.2 Religionsdidaktische Konzeptionen
→ V.1.8 Lernerfolgskontrolle und Leistungsmessung

Richtlinien und Lehrpläne machen kund, was in der Schule gelernt werden soll. Richtlinien beschreiben den Erziehungs- und Bildungsauftrag einer Schulform/-stufe sowie Grundsätze zur Gestaltung des Unterrichts und Schullebens. Lehrpläne konkretisieren die Richtlinien in fachspezifischer Weise. Sie verbinden fachdidaktische Leitlinien mit der Unterrichtspraxis und erörtern den Zusammenhang von Zielen und Inhalten. Lehrpläne für den Religionsunterricht enthalten darüber hinaus Ausführungen über die besondere Rechtsstellung dieses Faches, außerunterrichtliche religiöse Angebote (Schulseelsorge), Konfessionalität und Ökumene. Als Gelenk zwischen bildungspolitischen Ansprüchen an die Schule und ihrer Praxis im Schnittbereich rechtlicher, politischer, gesellschaftlicher, (fach-)didaktischer und – im Falle des Religionsunterrichts – kirchlicher Fragen sind Richtlinien und Lehrpläne weithin Produkte *für die* Schule, weniger *der* Schule.

1 Erstellung

Träger der Richtlinien und Lehrpläne sind in Deutschland die *Bundesländer*. Das Kultusministerium beauftragt die Schulverwaltung, Richtlinien und Lehrpläne zu entwickeln, leitet Entwürfe an anhörungspflichtige Interessengruppen weiter (Verbände, Kirchen, Elternvertretungen etc.) und setzt sie als rechtsverbindliche Verwaltungsvorschriften in Kraft. In Richtlinien und Lehrplänen lässt sich erkennen, wie der »Kampf geistiger Mächte« (E. Weniger) rund um die Schule zum Ausgleich gebracht worden ist. Der Religionsunterricht unterliegt der staatlichen Schulaufsicht. Weil er »in Übereinstimmung mit den Grundsätzen der Religionsgemeinschaften« erteilt wird (Art. 7,3 GG), nehmen die Kirchen maßgeblichen Einfluss auf seine Unterrichtsinhalte. Je nach gesetzlichen und staatskirchenvertraglichen Bestimmungen arbeiten *Staat und Kirche* bei der Erstellung der Lehrpläne für den Religionsunterricht zusammen. Vor ihrer Inkraftsetzung ist Einvernehmen herzustellen.

2 Funktionen der Lehrpläne für den Religionsunterricht

Lehrpläne sollen Koordinierungs- und Orientierungshilfe leisten. Je nach Adressaten rücken dabei bestimmte Funktionen in den Vordergrund: steuern – normieren, erschließen – stimulieren, stabilisieren – entlasten. Für die Lehrerinnen und Lehrer bilden Lehrpläne die Ausgangsebene für die *Unterrichtsplanung*, die Abstimmung in der Fachkonferenz und die fächerverbindende Koordination. Die pädagogische Freiheit der Lehrenden kann beim Umgang mit dem Lehrplan in Spannung zu seiner *Steuerungsfunktion* geraten. Mit seiner *Erschließungsfunktion* versucht der Lehrplan, dem Anspruch der Lernenden auf den Erwerb von Fähigkeiten und Kenntnissen gerecht zu werden. Außerdem sucht er unter der Vorgabe vergleichbarer Lernanforderungen das allgemeine und gleiche Recht auf Bildung aller Heranwachsenden abzusichern. Darüber hinaus will der Lehrplan unterschiedliche Erwartungen seitens der Eltern und der Öffentlichkeit an den Religionsunterricht angleichen sowie die Religionslehrerinnen und Religionslehrer von Rechtfertigungsdruck *entlasten*. Auch wirken Lehrpläne normierend auf die Erstellung der Religionsbücher. Jüngere Lehrpläne verstehen sich schließlich als Impulsgeber für fachdidaktische Erneuerung und ein entsprechendes Handeln der Lehrer.

Unbewusst und ungeplant verlaufende soziale Prozesse prägen den Unterricht in stärkerem Maße als amtliche Richtlinien und Lehrpläne, deren Wirkung nur unzureichend erforscht ist. Die Gesamtheit unterschwelliger Einflüsse bildet einen *heimlichen Lehrplan* (hidden curriculum). Er stellt für Lernende wie Lehrende eine zweite Lern-/Lehrebene dar, der sie zu Wahrung ihrer Rollen nicht ausweichen können. Im Religionsunterricht kommt dem verborgenen Lehrplan wegen der Besonderheiten religiösen Lernens und seiner engen Verbindung mit dem sozialen und ethischen Lernen erhöhte Bedeutung zu.

3 Allgemeine Lehrplanentwicklung im 20. Jahrhundert

Bis heute folgen Lehrpläne zwei Haupttendenzen: *Kontinuität und Wandel*. Mit der Notwendigkeit, Lernen rational abzusichern, entsteht im 18. Jahrhundert ein ausgeprägtes Bedürfnis nach Lehrplanung. Das 19. Jh. ist durch starre Festlegung der Lehrstoffe und -methoden gekennzeichnet. Nach 1920 setzen sich Lehrpläne durch, die eine Mitbestimmung der Lehrkräfte vorsehen. Eine qualitative Neuorientierung vollzieht sich ab Ende der 1960er-Jahre in der BRD durch S.B. Robinsohns Schrift »Bildungsreform als Revision des Curriculums« (1967). Ausgehend von Forschungen zum gesamten Lehr-/Lerngefüge, d.h. zum *Curriculum* (lat. »Ablauf«), und in Auseinandersetzung mit der geisteswissenschaftlichen Didaktik erfolgt eine Umgestaltung der Lehrpläne zugunsten einer umfassenden Gesellschaftsreform nach den Kriterien: Legitimierung operationaler Lernziele, Implementierung korrespondierender Lernsequenzen, Erfolgskontrolle der Lernprozesse. Damit ist eine *fortlaufende Lehrplanrevision* im Blick, die darüber Auskunft geben soll, warum, was, wann, wie, wozu und von wem zu lernen ist. Der Euphorie des Anfangs mit ihrer überzogenen Betonung formalisierender Lernziele schließt sich in den 1980er-Jahren eine pragmatische Konsolidierung an. Wenn heutige Lehrpläne den Zusammenhang von Schülersituation, Zielen, Inhalten, Lernorganisation und Lernzielkontrolle offen legen, sind wesentliche Elemente der Curriculumtheorie in sie eingedrungen. Lehrpläne lassen sich dann als Teilelemente im umgreifenden Prozess curricularer Lernplanung verstehen. Für den Religionsunterricht ist ein »offenes Curriculum« notwendig, das sich durch theologische Pluralität, didaktische Variabilität und Situationsorientierung auszeichnet.

Anders ist die Entwicklung in der DDR verlaufen. Hier entsteht ab 1946 ein zentralistisches, staatsideologisches Lehrplanwerk für die sozialistische Schule mit verpflichtenden Anweisungen zur Unterrichtsführung. Nach der deutschen Einigung erfolgt eine Angleichung der Lehrpläne an jene der alten Länder der BRD. Im Zuge zunehmender Individualisierung und Pluralisierung zielt die Entwicklung der 1990er-Jahre auf inhaltliche Konzentration und das Profil der Einzelschule.

4 Entwicklung der Lehrpläne für den katholischen Religionsunterricht

Katholischerseits ist die Entwicklung der Lehrpläne für den Religionsunterricht im 20. Jh. durch *länderübergreifende*, von den Deutschen Bischöfen herausgegebene Pläne geprägt. Von staatlichen Lehrplanvorgaben grenzt sich der *Fuldaer Lehrplan für den katholischen Religionsunterricht an der Volksschule* (1925) durch detaillierte Stoffvorgaben ab. Er verfolgt das Ziel, Kinder »zur selbstständigen und freudigen Erfüllung ihrer übernatürlichen Lebensaufgabe zu erziehen, wie sie vom kirchlichen Lehramt aufgrund der göttlichen Offenbarung vorgeschrieben wird«. Der *Rahmenplan für die Glaubensunterweisung für das erste bis zehnte Schuljahr* (1967) betont den (material-)kerygmatischen Charakter des Religionsunterrichts als systematische Glaubensunterweisung und Einführung in das kirchliche Leben; er scheitert schnell an der unzureichenden Beachtung der Curriculum-Determinanten Schüler und Gesellschaft. Ihre zunehmende Entkirchlichung in den 1960er-Jahren durchbricht das Verständnis des Rahmenplans vom *Religionsunterricht als »Katechese in der Schule«*, wonach die Situation der Schülerinnen und Schüler lediglich ein methodisches Problem, nicht aber selbst Unterrichtsgegenstand ist.

Demgegenüber hält es die Gemeinsame Synode der Bistümer in der BRD (1971-75) »angesichts des Unterschieds von Lebenslage und Glaubenssituation der Lernenden für erforderlich, alternative Curricula bereitzustellen«. Diese Wende beginnt mit den *Zielfelderplänen für den katholischen Religionsunterricht der Schuljahre 5-10* (1973) und *Grundschule* (1977). Sie fallen – Ausdruck einer gestiegenen Legitimationsnotwendigkeit und gewandelten Bedeutung des Faches – durch ausführliche Beschreibungen der Aufgaben des Religionsunterrichts auf, wenden sich von einer an der Systematik der theologischen Fachwissenschaft orientierten »Abbilddidaktik« ab und nehmen Impulse der Curriculumtheorie auf. Ihr charakteristisches Merkmal besteht in der Korrelation von Glaube und Leben und »Zielfeldern« (Erfahrungsbereiche mit Qualifikationen, Richtzielen und Themenfeldern), die kontinuierliche Lernprozesse anstreben.

Der Grundlagenplan für den katholischen Religionsunterricht im 5. bis 10. Schuljahr – »Lernfelder des Glaubens« – Revidierter Zielfelderplan (1984) hat die Schwächen seines Vorgängers im Blick (v.a. Stofffülle, unscharfes theologisches Profil, unzureichende inhaltliche Stringenz) und profiliert sich – die große Offenheit des Zielfelderplans wieder einschränkend – durch eine Verstärkung der korrelativen Bezüge, des aufbauenden Lernens, des inhaltlichen Zusammenhangs der Themen und schultypspezifische Anregungen.

Seit Beginn der 1980er-Jahre ist ergänzend zur Ausdifferenzierung schulformbezogener Lehrpläne der Länder mit den *Grundlagenplänen* eine neue Gattung länderübergreifender Pläne in alleiniger kirchlicher Verantwortung entstanden. Als Rahmenvorgabe und Maßstab der Kirche für die Erstellung von Lehrplänen für den katholischen Religionsunterricht wenden sie sich in erster Linie an die Autoren von Lehrplänen, bilden einen Rahmen für die notwendigen Lehrplanunterschiede in den Ländern, liefern theologisch-kirchliche und schulpädagogische Begründungen des Religionsunterrichts und stellen sein Fachprofil heraus. Grundlagenpläne verfolgen gegenüber der didaktisch-strukturierenden Funktion der Lehrpläne der Länder eine stärker heuristisch-auslegende Absicht, indem sie aufzeigen, wie sich eine lebensbedeutsame Thematik in verschiedenen Bezügen darstellt. Für den evangelischen Religionsunterricht gibt es kein kirchenamtliches Pendant zu den Grundlagenplänen, wohl aber bundeseinheitliche Verständigungspläne der Gliedkirchen der EKD mit ähnlicher, allerdings nicht verbindlicher Funktion (z.B. *Orientierungsrahmen für den evangelischen Religionsunterricht an Berufsbildenden Schulen 1991*).

5 Entwicklung der Lehrpläne für den evangelischen Religionsunterricht

Auch die Lehrpläne für den evangelischen Religionsunterricht sind bis Ende der 1960er-Jahre weitgehend Stoffverteilungspläne. Der *Ausgeführte Lehrplan für den evangelischen Religionsunterricht,* z.B. in den Volksschulen des Landes Hessen (1965), erblickt das Wesen des evangelischen Religionsunterrichts in der *»evangelischen Unterweisung«*. Ihre Aufgabe »ist es, die Wirklichkeit Gottes, wie sie die Bibel in der frohen Botschaft vom Heil in Jesus Christus bezeugt, in jugendgemäßer Weise zu verkünden«. Aber es erfolgt kein Transfer dieser Intention auf die Themenbereiche. Lerninhalte werden im Wesentlichen aus Bibel, Gesangbuch, Katechismus und Kirchengeschichte erhoben, mit dem Kirchenjahr als Orientierungsrahmen.

Zu einem grundlegenden Generationenwechsel kommt es bei der Neubearbeitung von Lehrplänen für den evangelischen Religionsunterricht ebenfalls in den 1970er-Jahren mit der Rezeption der Curriculumtheorie, allerdings auch hier nicht im strengen Sinne. Im Unterschied zur Entwicklung der Lehrpläne für den katholischen Religionsunterricht profilieren sich allerdings die Länderpläne für den evangelischen Religionsunterricht zügiger.

Die die 1970er-Jahre bisweilen dominierende Scheinalternative, entweder problem- oder bibelorientiert unterrichten zu sollen, wird seit den 1980er-Jahren auf der evangelischen Lehrplanebene, analog zu den »katholischen Modellen« der Korrelations- und Symboldidaktik, mittels der wechselseitigen Verknüpfung von Problem- und Bibelorientierung aufgebrochen. Die erfahrungshermeneutische Vorstellung, Erfahrung *und* Glaube in die Mitte des Unterrichts zu stellen, »ist das selbstverständliche religionsdidaktische Grundaxiom auch für die Lehrplanfortschreibungen der 90er-Jahre« (K.E. Nipkow).

6 Offene Fragen künftiger Lehrplanentwicklung und -gestaltung

Prinzipielle Schwierigkeiten der *Lehrplanentwicklung* entstehen aus dem sich immer schneller verändernden Wissensbestand und der Unvorhersagbarkeit künftig erforderlicher Qualifikationen; grundsätzliche Probleme der *Lehrplangestaltung* resultieren aus der Spannung zwischen dem domestizierenden und prozessorientierten Lehrplantyp. Hinzu kommt das Desiderat einer kontinuierlichen Lehrplanfortschreibung. Die Rolle von Lehrplänen bei der Evaluation schulischen Lernens harrt ebenso einer Klärung wie die Frage, auf welche Weise die Übergänge von einer Schulform/-stufe zur nächsten durch Abstimmung der entsprechenden Lehrpläne unterstützt werden können. Damit die »Pünktlichkeit« der Inhalte getroffen werden kann, müssen in künftigen Lehrplänen sowohl entwicklungspsychologische als auch themenspezifische Verstehensvoraussetzungen ausgewiesen werden.

Literatur

Adam, Gottfried, Lehrpläne des Religionsunterrichts. In: Adam, Gottfried/Lachmann, Rainer (Hg.), Religionspädagogisches Kompendium, Göttingen [3]1990, 122–141.

Brune, Johannes/Winden, Hans-Willi, Lehrplan – Vorgabe und Orientierung für die Unterrichtsplanung (Religionspädagogisch-katechetischer Kurs Lehrbrief 7). Hg. v. Theologie im Fernkurs, Akademie Domschule. Würzburg 2000.

Horn, Hans Arno, Lehrpläne als Orientierungshilfe nutzen. In: Haarmann, Dieter (Hg.), Handbuch Elementare Schulpädagogik. Weinheim 1997, 109–130.

Nipkow, Karl Ernst, Perspektiven der Lehrplanreform für die Zukunft. In: EvErz 45 (1993) 532–545.

Themenheft »Lehrpläne – Fessel oder Hilfe?«: Pädagogik 48 (1996) Heft 5.

HANS-WILLI WINDEN

V.1.8 Lernerfolgskontrolle und Leistungsmessung

→ I.2 Pädagogische Grundbegriffe – religionspädagogische Grundmuster
→ II.2.10 Leistung – Gnade – Rechtfertigung
→ IV.3.1 Schule – Schulentwicklung – Schulkultur
→ V.1.7 Richtlinien und Lehrpläne
→ V.2.2 Differenzierung und Sozialformen

Es ist ein Grundbedürfnis des Menschen, etwas zu leisten. Leistung ist Selbst- und gesellschaftlicher Anspruch. Sie erfüllt elementare Lebensbedürfnisse. Vor allem in sog. Leistungsgesellschaften ist aber darauf hinzuweisen: Kein Mensch ist nur so viel wert, wie er leistet.

Aus schultheoretischer und pädagogischer Sicht ist Lernen in der Schule ohne Leistung und deren Messung undenkbar. Wer Leistungen misst, ist stets von bedingenden Umständen beeinflusst. Das Beurteilen und Benoten schriftlicher und mündlicher Leistungen ist von daher nur annäherungsweise objektiv. In der Regel verunmöglichen subjektive Einflussfaktoren auch die Erfüllung der Gütekriterien Reliabilität (Zuverlässigkeit) und Validität (Gültigkeit).

Für den Religionsunterricht gilt: Fördern vor und durch Fordern. Argumente pro Lernerfolgskontrolle – z.B. Förderung durch Bestätigung und Anerkennung – oder Argumente contra – z.B. Insuffizienzgefühle schwacher Schüler – sind weder herauf- noch herunterzuspielen (vgl. Nipkow 1979).

1 Rahmenbedingungen

1.1. Rechts-Grundlage

Das Bundesverwaltungsgericht urteilte am 6.7.1973: Das Wesentliche des Pflichtfachs Religionsunterricht ist Wissensvermittlung. Mitarbeit und Leistungen werden bewertet. Die verfassungsrechtliche Qualifizierung »als ordentliches Lehrfach schließt bundesrechtlich die Möglichkeit der versetzungserheblichen Benotung ein« (Urteil des BVerwG in: Müller/Pieroth 1974, 105-111, hier: 107). Die Religionsnote hat somit auch Selektions- und Allokationsfunktion. Das spricht nicht dagegen, dass auch anforderungs- und leistungsfreie Wege im Religionsunterricht (gemäß Art. 7,3 GG) ihren Platz haben können.

1.2 Religionslehrer-Spannungen

Bei Lernerfolgskontrolle im Religionsunterricht befindet sich die Lehrperson in einem Spannungsgeflecht von Gnade und Leistung, Pädagoge- und Lehrer-Sein. Diese Spannungen dürfen und können nicht einseitig aufgelöst werden. Sie sind in kritischer Treue zur gewählten religionspädagogischen Aufgabe und in liebender Gerechtigkeit gegenüber den Schülerinnen und Schülern und der theologischen Sache auszuhalten. Eine einseitige Aufkündigung der für alle Fächer geltenden rechtlichen Rahmenbedingungen destabilisiert den Religionsunterricht.

1.3 Schüler-Image

Religionsunterricht hat nicht mit Antipathie der Schüler, sondern mit deren Desinteresse zu kämpfen. Eine Lernerfolgskontrolle im Religionsunterricht löst in der Regel keine Furcht aus, denn aus Schülersicht ist der Religionsunterricht eher ein Fach ohne Anforderungen. Es werde dort viel diskutiert, und man brauche kaum etwas zu lernen; leichter als in anderen Fächern ließen sich gute Noten erzielen (vgl. Köcher 1989, 37).

2 Schriftliche Lernerfolgskontrolle

2.1 Vorbereiten

Die Etappe schriftliche Lernerfolgskontrolle – regional »Test«, »Probe«, »Arbeit« oder »Klausur« genannt – und eine mündliche Prüfung sind fachwissenschaftlich und -didaktisch ebenso gründlich vorzubereiten wie die vorausgegangenen Phasen des Lehr- und Lernprozesses. Bereits bei der Unterrichtsvorbereitung werden Aufgabenstellungen formuliert, die mit den Zielen der Unterrichtsphasen korrespondieren und später in den Test aufgenommen werden können.

2.2 Ziel

Eine Lernerfolgskontrolle verfolgt vorrangig das Ziel zu informieren: (1) die Schüler, wie erfolgreich sie den Lernweg zurücklegten; (2) die Erziehungsberechtigten, die Auskunft über den aktuellen Leistungsstand des Kindes in der Lerngruppe erhalten; (3) die Lehrperson, die die Ergebnisse der Lernerfolgskontrolle anstoßen, den zurückgelegten Weg genauer zu analysieren.

2.3 Inhalte

Nur vorab erworbenes Grund-Wissen, -Können und grundlegende Erkenntnisse einer Thematik, Fundamente, die auch für weiteres Lernen bedeutsam werden, sind prüfungsrelevant. Die Gewichtigkeit der zu prüfenden Inhalte ist u.a. an der Intensität und zeitlichen Länge ihrer Erarbeitung abzulesen. Spezialthemen sollten in einen Test keinen Eingang finden. Kamen im Religionsunterricht Werteinstellungen zur Sprache, so ist nur deren ›kognitiver Zipfel‹ abprüfbar.

2.4 Variantenreiche Methodenpalette

Bei schriftlichen Tests gliedert diese sich formal in (1) offene – z.B. Essay- oder Text-Aufgaben, (2) halb offene – z.B. Begrifferklärungen oder Kurzantwort-Aufgaben, (3) geschlossene Aufgaben – z.B. Multiple-Choice-Aufgaben mit der jeweils richtigen Antwort und mehreren falschen Alternativen. Die Methoden der Lernerfolgskontrolle sind proportionales Abbild der Arbeitsformen des vorausgegangenen Religionsunterrichts.

Eine Aufgabe enthält (1) ein Informationsfeld, in dem ein hinführender »Scharniersatz« den Lehr- und Lernprozess mit der folgenden Aufgabe verknüpft; (2) ein Fragefeld, in dem kommunikativ-kompetente Religionslehrer sprachlich altersgemäß und präzise um die Erledigung einer Aufgabe bitten (!); (3) ein Antwortfeld bei geschlossenen Aufgaben (vgl. Jendorff 1979, 77–160).

2.5 Wechselndes Anforderungsniveau mit ansteigender Punktzahl

Einen durchdacht angelegten Test kann man sich etwa so vorstellen: Im Test sind (1) Reproduktions-, (2) Reorganisations-, (3) Transfer-, (4) problemlösende Leistungen zu erbringen. Er beginnt mit leichten »Warming-up-Aufgaben«. Aufgaben höchsten Schwierigkeitsgrades stehen im Mittelteil, geringerer Anforderung am Ende des Tests. Auf den vier Niveaus werden unterschiedliche Punkte erreicht. So wird z.B. die Punktzahl für eine Reorganisationsleistung mit dem Faktor 2, die für eine problemlösende Leistung mit 4 multipliziert. Grundsätzlich bleibt den Schülern überlassen, in welcher Reihenfolge sie nach sorgfältiger Lektüre des gesamten Tests die Aufgaben lösen.

2.6 Umstände

Der Test sollte den Schülern keine höhere Konzentrationsdauer und kein schnelleres Arbeitstempo als im vorausgegangenen Religionsunterricht abfordern, auch wenn Aufgabenformen und Anforderungsniveau wechseln. Zugelassene Hilfsmittel sind anzugeben. Raum- und Zeitumstände dürfen den Schülern keinen unnötigen Stress verursachen. Die Lehrkraft hat bei der Arbeit ein ruhiges, wachendes Auge.

2.7 Lehrererwartungshorizont

Der Test ist zuerst Aufgabe des Lehrers. Er schreibt die Arbeit selbst, prüft deren formale Genauigkeit, Sprachniveau und theologische Präzision und legt fest, wie er bei der Korrektur mit Rechtschreib- und Zeichensetzungsfehlern verfährt. Die Musterlösung der Lehrperson dient als vorläufiges Instrument, wie die richtige Beantwortung der Aufgaben lauten kann, nicht muss.

2.8 Messen

In einem schüler-problemorientierten Religionsunterricht, der die Lebenserfahrungen konkreter Schüler und die Botschaft des Glaubens in ein Wechselgespräch bringt, können weder (1) der für Einzelunterricht geeignete intrasubjektive Maßstab, noch (2) der intersubjektive Maßstab, durch den Konkurrenzlernen steigt, soziales Lernen aber sinkt, als Maßstab verwendet werden. (3) Zentrale Lehr- und Lernplan-Ziele sind als Maßstab ebenfalls ungeeignet, da zu wenig lerngruppenspezifisch. (4) Wie nahe kommt ein Schüler mit seiner Aufgabenlösung an das Lehr- und Lernziel der Lerngruppe heran? Dieser vierte, lokale Maßstab, der situative Voraussetzungen berücksichtigen kann, entspricht einem adressatenbezogenen Religionsunterricht. Die differenzierte Nähe zum Ziel drückt sich in ansteigender Punktzahl innerhalb der Skala einer Aufgabe aus.

2.9 Beurteilen

Der Religionslehrer entscheidet, wie genau die Schülerantwort der richtigen Lösung entspricht. Danach richtet sich die zu vergebende Punktzahl. Differenz und Übereinstimmung mit dem vorab formulierten Lehrererwartungshorizont werden nicht absolut gesetzt. Er ist nicht gegen ungeahnte Lösungsmöglichkeiten eines Schülers resistent.

2.10 Benoten

Zwei diagnostische Wortgutachten (vgl. Sacher 1996, 157–163) im Schuljahr, die den sozialen Kontext und den konkreten Kommunikationsprozess berücksichtigen, wären religionspädagogisch sinnvoll. Sie stellen aber hohe Anforderungen an die immer knapper werdenden Zeitressourcen der Lehrer und an deren Wahrnehmungs- und differenzierende Darstellungsfähigkeit der Lernprozesse und des Sozialverhaltens, der Lernergebnisse und des Leistungsstandes des Schülers in der Lerngruppe sowie an die Fähigkeit des Pädagogen, fördernde Hinweise präzise zu formulieren. Standardisierte Formulierungen bilden sich heraus, die Außenstehende den sechs Notenstufen zuordnen.

Die halbjährliche Ziffernnote ergibt sich in der Regel aus mehreren mündlichen und schriftlichen Teilnoten. Warum werden im Religionsunterricht praktische Leistungen der Schüler nur selten in die Note mit einbezogen? Bei der Festsetzung der Note sollte der pädagogische Ermessensspielraum nicht außer Acht gelassen werden. Ein mündlicher Kommentar oder Gespräche mit den Lernenden und deren Eltern erhöhen den Informationswert der Religionsnote.

In einem Test ist eine den Schülern bekannte Gesamtpunktzahl zu erzielen. Diese wird entweder durch 6 Notenstufen dividiert oder die eine Hälfte (Sockelwissen) durch zwei für die Noten 5 und 6 und deren andere durch 4 geteilt. Der zugrunde liegende Notenspiegel ist offen zu legen und gegebenenfalls mit den Schülern zu diskutieren.

3 Mündliche Lernerfolgskontrolle

Analog gelten o.g. Punkte 2.1–2.10. Eine mündliche Lernerfolgskontrolle ist subjektbezogener als eine schriftliche. Die Schülerleistung stellt sich nicht schwarz auf weiß dar. Sie kann nicht mehrmals gelesen werden. Von Schüler zu Schüler wechselnde Umstände beeinflussen mündliche Prüfungen: z.B. unterschiedliche Schwierigkeitsgrade der Aufgaben, Fragetechnik des Lehrers. Die Schülerantworten werden durch Rede und Gegenrede, Gestik und Mimik schillernder. Zurück bleiben Eindrücke auf den vier Anforderungsniveaus (vgl. 2.5). Damit sie nicht verblassen, sind sie umgehend schriftlich, mit Datum versehen, zu fixieren. In der Regel misst, beurteilt und benotet der Lehrer unter Zeitdruck die Leistungen. Konzentration und Entscheidungsfähigkeit werden ihm abverlangt. Bei mündlichen Lernerfolgskontrollen schöpft der Lehrer verantwortungsbewusst seinen ihm zustehenden religionspädagogischen Spielraum aus.

4 Religionspädagogische Aufgaben nach Lernerfolgskontrollen

»Erfolg ist keiner der Namen Gottes« (Buber). In Lernerfolgskontrolle dokumentierte Kenntnisse, Einsichten oder Fähigkeiten aber können Hinwege zu einer intellektuellen Auseinandersetzung mit den Namen Gottes werden.

Eine Lernerfolgskontrolle ist die letzte, gewiss nicht die wichtigste Unterrichtsphase. Als Folgerungen sind daraus zu ziehen:

4.1 Beraten

Das pädagogische Bemühen der Religionslehrer um den Lernweg der Schüler endet nicht mit der zügigen Korrektur und Rückgabe der Arbeit oder mit der Bekanntgabe der mündlichen Note. Der Religionspädagoge bespricht die Prüfung. Nachbesserungen des Lehr- und Lernweges sind möglich. Vor allem Leistungsschwache werden beraten, zukünftig erfolgreichere Lernwege zu gehen, bessere Leistungen zu dokumentieren.

4.2 Meta-Unterricht

Religionslehrer sind um eine konstruktive Feedback-Kultur bemüht. So führt auch die Lernerfolgskontrolle um ihrer Durchsichtigkeit willen immer wieder zu offenen Gesprächen. Dabei ist der Religionspädagoge theologisch argumentierender Seelsorger. Er stellt sich der Realität, gestaltet sie menschenfördernd und weist auf das christliche Lebensfundament hin.

Literatur

Jendorff, Bernhard, Leistungsmessung im Religionsunterricht. Methoden und Beispiele. München 1979.
Jendorff, Bernhard, Religion unterrichten – aber wie? Vorschläge für die Praxis. München ^{3}1997.
Köcher, Renate, Religionsunterricht – zwei Perspektiven. In: Sekretariat der DBK (Hg.), Religionsunterricht. Aktuelle Situation und Entwicklungsperspektiven. Bonn 1989, 22–59.
Müller, Friedrich/Pieroth, Bodo, Religionsunterricht als ordentliches Lehrfach. Eine Fallstudie zu den Verfassungsfragen seiner Versetzungserheblichkeit. Berlin 1974.
Nipkow, Karl Ernst, Religionsunterricht in der Leistungsschule. Gutachten – Dokumente. Gütersloh 1979.
Sacher, Werner, Prüfen – Beurteilen – Benoten. Grundlagen, Hilfen und Denkanstöße für alle Schularten. Bad Heilbrunn ^{2}1996.
Scheilke, Christoph Th., Leistungsbeurteilung im RU der Grundschule. In: Schweitzer, Friedrich/Faust-Siehl, Gabriele (Hg.), Religion in der Grundschule. Religiöse und moralische Erziehung. Frankfurt/M. ^{2}1995, 167–177.

BERNHARD JENDORFF

V.2 Religionsmethodik

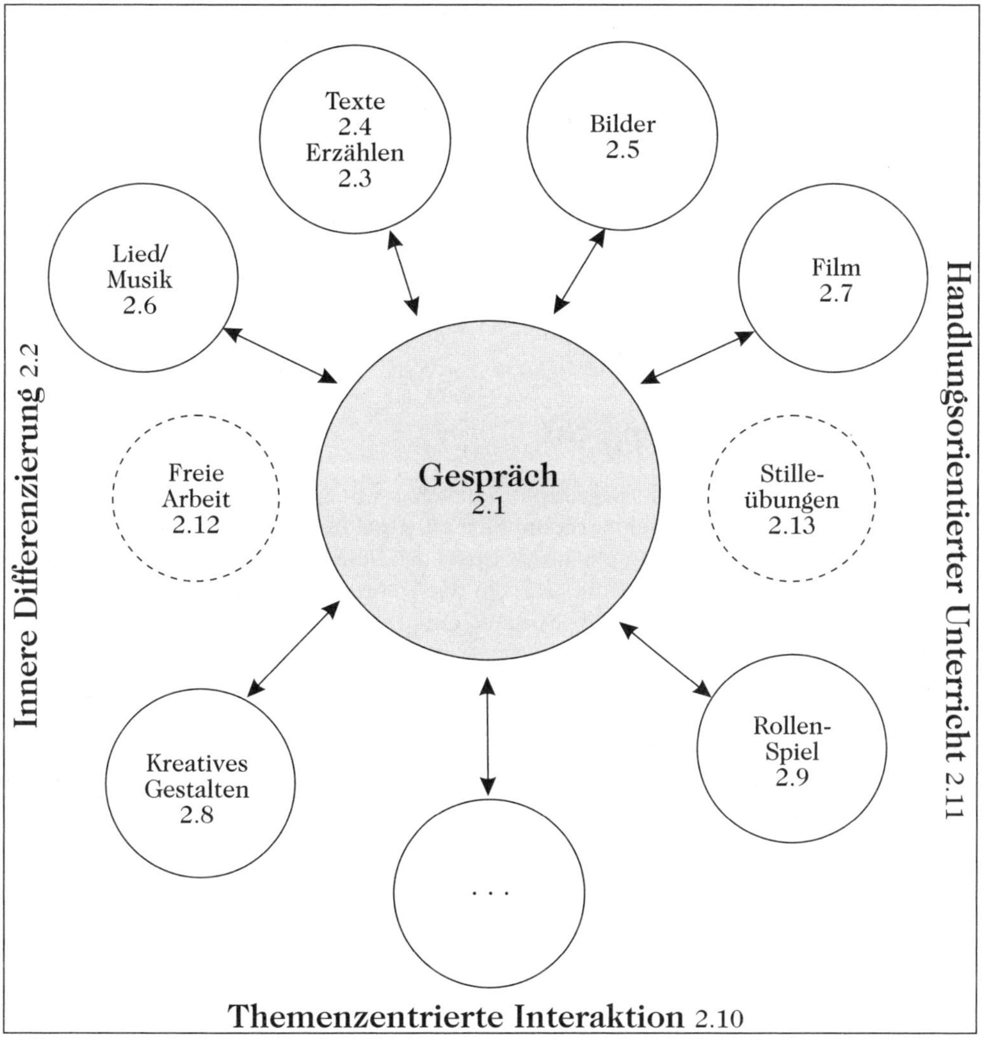

V.2.1 Gesprächsformen

→ I.2 Pädagogische Grundbegriffe – religionspädagogische Grundmuster
→ III.2.1 Sprache/religiöse Sprache
→ IV.3.13 Religionslehrerinnen und Religionslehrer
→ V.2.3 Erzählen
→ V.2.10 Themenzentrierte Interaktion

1 Definition

In der Sprachwissenschaft wird das Gespräch definiert als »eine begrenzte Folge von sprachlichen Äußerungen, die dialogisch ausgerichtet ist und eine thematische Orientierung aufweist« (Brinker/Sager 1992, 11). Mindestens zwei Gesprächspartner sind beteiligt. Mindestens ein Sprecherwechsel findet statt. Die Beteiligten stehen in unmittelbarem Kontakt. Im Hin-und-Her der Beiträge wird ein gemeinsamer Sinn aufgebaut, der im Gespräch vergegenständlicht wird.

2 Bedeutung des Gesprächs

Die Bedeutung des Gesprächs begründet sich aus der Bedeutung der Sprache. Nach der idealistischen Position in der Sprachphilosophie ist die Wirklichkeit nur sprachlich vermittelt zugänglich. Die Sprache konstituiert das Denken. Mit der jeweiligen Sprache wird unhintergehbar eine bestimmte Form der Deutung und Gliederung der Welt erworben. Für W. v. Humboldt ist die Sprache ein »Dualis« von Anrede und Erwiderung. In sozial-konstruktivistischer Perspektive werden Wissen und Erfahrungen im Austausch gleichberechtigter Interaktionspartner »ko-konstruiert«. Theologisch wird der Mensch von Gott bei seinem Namen gerufen und antwortet darauf. In der christlichen Tradition ist die Gottesbeziehung im Lehr- und Streitgespräch und im Dialog vermittelt. Dabei ist der ganze Lebensbereich des Menschen das Thema. Das Gespräch ermöglicht neue Einsichten, letztlich neue Existenz. Im Zuge der Institutionalisierung tritt das Gespräch innerkirchlich zugunsten von Lehrpredigt und Anweisung in den Hintergrund (vgl. Thilo 1984, 148f). Nach der Dialogischen Philosophie und Theologie wird der Mensch von Gott als dem »ewigen Du« angesprochen. Erst durch die Beziehung zu einem Du wird das Ich zum Ich. Ein Ich sein heißt sprechen, im Dialog mit einem Du stehen (M. Buber). Im herrschaftsfreien Diskurs, in den prinzipiell jeder eintreten könnte, werden Argumente mit dem Ziel der Entscheidung über ethische Normen ausgetauscht (K.-O. Apel, J. Habermas, Diskurstheorie und -ethik).

Die Sprache wird von jedem Kind neu gelernt. Daraus erwächst die pädagogische Aufgabe der Erziehung zur Sprache und in der Sprache, die einen Kernbereich der Pädagogik ausmacht und die Erziehung zur Gesprächsbereitschaft und Gesprächsfähigkeit einschließt (vgl. Bollnow 1966). Die Bedeutung des Gesprächs für das religiöse Lernen kann aufgrund dieser Zusammenhänge nicht hoch genug eingeschätzt werden.

3 Religionspädagogische Gesprächsformen

Da eine Typologie des Gesprächs weder in Philosophie oder Rhetorik noch in der Sprachwissenschaft vorliegt (vgl. Brinker/Sager 1992, 113), kann nur auf die Vielfalt der Gesprächsformen verwiesen werden. Religiöses Lernen findet in zahlreichen Lernräumen statt, z.B. im Gottesdienst und in der Seelsorge, in gemeindepädagogischen Zusammenhängen (Kindergarten, Kommunion- und Konfirmandenunterricht, Jugendarbeit, Erwachsenenbildung, Altenarbeit), im privaten und im öffentlichen Bereich. Der institutionelle Kontext formt die möglichen Gesprächsstrukturen und die Erwartungen der Beteiligten. Eine besondere Stellung nehmen das seelsorgerliche Gespräch, das als Weisung oder als Beratung angelegt sein kann (vgl. Thilo 1984, 149ff), und das – nicht auf den Religionsunterricht beschränkte – Unterrichtsgespräch ein.

4 Das Gespräch im Religionsunterricht

4.1 Allgemeines

Das Gespräch ist die häufigste Unterrichtsmethode im Religionsunterricht. Frontalunterricht und Klassengespräch kommen in jeder Unterrichtsstunde vor (vgl. Stachel u.a. 1976, 247). Religionsunterricht kann deshalb in Wortprotokollen dokumentiert werden. In der Essener Umfrage bestätigen Grundschullehrerinnen und Grundschullehrer, dass sie das Unterrichtsgespräch (und in Ergänzung dazu den Lehrervortrag) nicht nur mit Abstand am häufigsten einsetzen, sondern Gespräche mit schülerorientiertem Charakter auch für die weitaus wünschenswerteste Unterrichtsmethode halten (vgl. Englert/Güth 1999, 86ff). Das Unterrichtsgespräch gilt als schwierige Methode, die langer Übung bedarf.

4.2 Geschichtliche Aspekte

Das Unterrichtsgespräch hat eine lange Tradition (vgl. Holstein 1976). Als Vorläufer der Debatte können z.B. die Disputationen an den mittelalterlichen Universitäten angesehen werden. In Rede und Gegenrede wird eine Frage mit dem Ziel der Versöhnung der Gegensätze erörtert. Seit der frühen Neuzeit wird in Ergänzung zum Lehrvortrag das Katechisieren benutzt, um vorgegebene, auswendig gelernte Stoffe in Frage-Antwort-Wechselreden zu zergliedern und die Lernenden zu examinieren. Dadurch soll die Aufmerksamkeit der Schülerinnen und Schüler gefördert werden. Im 18. und 19. Jh. ist die Kunstkatechese die vorherrschende Unterrichtsform in den meisten Fächern. Die sokratische Mäeutik deckt zunächst die Unwissenheit des Schülers auf, um ihn dann mit einer Folge von Fragen zu neuen Einsichten zu führen. Sie weist bereits Ähnlichkeiten mit der fragend-entwickelnden Methode auf. Hierbei sollen die Schüler aktiviert werden, indem an ihren Vorkenntnissen angeknüpft wird. Das freie Gespräch der Reformpädagogik übergibt das Fragen in die Hand der Schülerinnen und Schüler (H. Gaudig) oder überlässt ihnen die Themenwahl (B. Otto), wobei sich der Lehrer gleichberechtigt einfügt. Je nach Epoche und vorherrschender religionspädagogischer Ausrichtung werden im Religionsunterricht unterschiedliche Gesprächsmethoden bevorzugt (vgl. Lachmann 1998, 115ff). Gesprächsmethoden können erstarren, methodische Monokulturen radikale Gegenbewegungen auslösen.

4.3 Formen des Unterrichtsgesprächs

Die aktuellen Beiträge zur Methodik des Religionsunterrichts nennen drei Grundformen (vgl. Lachmann 1998, 122ff): (1) Das *Lehrgespräch* ist durch die Lenkung des Lehrenden gekennzeichnet. Es behandelt vorgeplant, in sukzessivem Aufbau und ergebnisorientiert einen Sachverhalt. Der Lehrende knüpft mit seinen Fragen und Impulsen an den Gedankengängen der Schüler an und aktiviert sie zur Mitarbeit. Damit dies gelingt, ist auch bei dieser Form die Orientierung auf die Lernenden, die Kenntnis ihrer Voraussetzungen und Interessen und ihr Ernstnehmen als Partner notwendig. (2) Beim *Schülergespräch* besprechen die Schüler und Schülerinnen miteinander ein Thema aus ihrer Erfahrungswelt. Der Lehrende gibt zwar seine Lenkung nicht vollständig auf und bemüht sich auch hier um Ergebnissicherung, ist aber doch mehr ein Teilnehmer unter anderen. Er hält sich mit eigenen Beiträgen zurück und organisiert das Gespräch. Der Grundgedanke der Schüleraktivierung und -zusammenarbeit drückt sich in der vorgeschlagenen Sitzordnung aus. Die Klasse soll im Kreis sitzen oder zumindest Blickkontakt haben. Vor allem das Schülergespräch scheint die Anforderungen an eine »agapegemäße« Unterrichtskommunikation zu erfüllen. (3) Die *Diskussion* schließlich ist ein organisiertes Streitgespräch zur Klärung kontroverser Standpunkte, bei der ein Diskussionsleiter u.a. auf die Einhaltung der Regeln achtet.

Die drei Formen des Unterrichtsgesprächs sind Idealtypen. Mit diesen Unterscheidungen steht die Religionspädagogik in der Tradition präskriptiver Methodiken. Zwar wird durchaus gesehen, dass die Gesprächstypen im Unterricht ineinander übergehen können, aber es bleibt ungeklärt, ob die Typenbildung gerechtfertigt ist und auf welche empirische Basis sie sich bezieht. In neuesten methodischen Veröffentlichungen sind zwei Tendenzen zu beobachten: Mitunter tritt der Anspruch an einen gemeinsam entwickelten Sinn in den Hintergrund. Der Akzent liegt auf der Mitteilung individueller Erfahrungen, z.B. aus Meditation, Stilleübung, Tanz. Von der Aufwertung der Aneignungsprozess der Lernenden gehen jedoch auch Anstöße zu einer formal und inhaltlich anspruchsvollen Gesprächskultur im Religionsunterricht aus (I. Baldermann; R. Oberthür; Philosophieren mit Kindern).

4.4 Unterrichtsgesprächsanalysen

Die empirische Gesprächsforschung untersucht Gespräche in Alltagssituationen, z.B. im Rechtswesen, in der Medizin und Verwaltung. Auch zum Unterricht liegen seit ca. 1975 zahlreiche Studien vor. Gesprächsforschungen setzen Dokumente in Form von Texten oder Videoaufzeichnungen voraus. Untersucht werden einerseits die Gesprächsstrukturen (z.B. Schritt, Sequenz, Eröffnungs-, Kern- und Endphase als Einheiten mit den jeweiligen Binnenstrukturen), andererseits die Verfahren, mit denen die Partner den Gesprächsablauf gewährleisten (z.B. Sprecherwechsel). Der Einfluss der Institution Schule auf das Unterrichtsgespräch wirkt sich darin aus, dass der Lehrer in einer Großgruppe ein vorgeplantes Gespräch mit dem Zweck des Lernens leitet. Die Teilnehmer sind nicht gleichberechtigt und Bewertung und Sanktion spielen in jedes Gespräch hinein. Alltägliche Gesprächsmuster wie z.B. das Erzählen oder Problemlösen werden dadurch charakteristisch verändert. Häufig wird dies negativ bewertet. Festzuhalten ist jedoch, dass Unterrichtsgespräche aufgrund ihres institutionalisierten Charakters formal wie inhaltlich einzigartige Lern- und Entwicklungschancen für die Heranwachsenden darstellen. Unter dem Entwicklungsaspekt lässt sich der Erwerb von

Gesprächsstrategien bei den einzelnen Sprechern und in der Klassengruppe erfassen (vgl. Ritz-Fröhlich 1977). In die Klassengespräche einbezogene Partnergespräche stimulieren die Veränderung bisheriger Standpunkte, z.B. im moralischen Diskurs.

Erste Ansätze zu religionspädagogischen Gesprächsanalysen liegen weitgehend unbeachtet seit langem vor (vgl. Stachel u.a. 1976). Eine neu konzipierte religionspädagogische Gesprächsforschung erscheint unabdingbar, wenn die Bedingungen und Anforderungen im Unterricht realistisch eingeschätzt und die Möglichkeiten und Grenzen von Unterrichtsgesprächen im Religionsunterricht abgesteckt werden sollen. In einem zweiten Schritt sind daraus gesprächsdidaktische Anregungen zu gewinnen.

Literatur

Bollnow, Otto Friedrich, Sprache und Erziehung. Stuttgart u.a. 1966.
Englert, Rudolf/Güth, Ralph (Hg.), »Kinder zum Nachdenken bringen«. Eine empirische Untersuchung zu Situation und Profil katholischen Religionsunterrichts an Grundschulen. Stuttgart u.a. 1999.
Brinker, Klaus Sager/Sven F., Linguistische Gesprächsanalyse. Berlin [2]1992.
Holstein, Hermann, Das Unterrichtsgespräch. Kastellaun 1976.
Lachmann, Rainer, Gesprächsmethoden im Religionsunterricht. In: Adam, Gottfried/Lachmann, Rainer (Hg.), Methodisches Kompendium für den Religionsunterricht. Göttingen [3]1998, 113–136.
Ritz-Fröhlich, Gertrud, Das Gespräch im Unterricht. Anleitung, Phasen, Verlaufsformen. Bad Heilbrunn 1977.
Stachel, Günter u.a., Die Religionsstunde – beobachtet und analysiert. Eine Untersuchung zur Praxis des Religionsunterrichts. Zürich u.a. 1976.
Thilo, Hans-Joachim, Gespräch. In: TRE 13 (1984) 147–151.

GABRIELE FAUST-SIEHL

V.2.2 Differenzierung und Sozialformen

→ III.2.3 Ethisches und soziales Lernen
→ IV.3.1 Schule – Schulentwicklung – Schulkultur
→ V.1.8 Lernerfolgskontrolle und Leistungsmessung
→ V.2.11 Handlungsorientiertes Lernen und Projektarbeit
→ V.2.12 Freiarbeit

1 Äußere und innere Differenzierung

Unter äußerer Differenzierung versteht man die Zusammenfassung junger Menschen in möglichst homogene Leistungsgruppen (Schularten, Niveaugruppen, Leistungskurse usw.). Innere Differenzierung will dagegen ausgehend von der Schülerindividualität optimale Lernmöglichkeiten im Rahmen des Klassenverbandes schaffen. Das didaktische

Prinzip der inneren Differenzierung wendet sich gegen die Ausschließlichkeit eines lehrerzentrierten Unterrichts, der sich an alle Schülerinnen und Schüler mit gleichen Anforderungen richtet, die sie in gleicher Zeit und unter gleichen Bedingungen zu bewältigen haben (vgl. Klafki 1993, 175). Dies führt in der Regel zu Über- bzw. Unterforderungen, zu Lernverdruss und Disziplinproblemen.

Im Hinblick auf den Religionsunterricht wird die Notwendigkeit innerer Differenzierung vor dem Hintergrund heterogener Lernvoraussetzungen verständlich. Neben individuellen Lernunterschieden sind hier vor allem die unterschiedlichen religiösen Sozialisationsbedingungen und Einstellungen zu beachten. Verschärft wird die angedeutete Heterogenität durch die Tatsache, dass Religionsunterricht oftmals nicht nur klassenübergreifend, sondern auch in kombinierten Klassen mit verschiedenen Altersjahrgängen unterrichtet wird.

Innere Differenzierung will innerhalb eines Klassenverbandes alle Schüler optimal beim Erwerb von Kenntnissen und Fähigkeiten unterstützen, ihre individuelle Entwicklung anregen, ihre Selbstständigkeit fördern, zu bewusstem sozialen Lernen anleiten und ihre Kooperationsfähigkeit entwickeln, während der herkömmliche, undifferenzierte Klassenunterricht den einzelnen Schüler weitgehend isoliert (vgl. Klafki 1993, 181).

2 Innere Differenzierung im Religionsunterricht

Unschwer lassen sich die Zielsetzungen der inneren Differenzierung mit Grundanliegen des Religionsunterrichts verbinden, bei denen es u.a. theologisch darum geht, junge Menschen umfassend und je individuell zum Gebrauch von Gottes Gaben anzuregen (vgl. Nipkow 1990, 441). Religionsunterrichts sollte vor allem auch die Dialogfähigkeit fördern, die es Schülerinnen und Schülern erlaubt, zu religiösen Fragen aus unterschiedlichen Perspektiven Stellung zu nehmen und in einen interkulturellen und interreligiösen Diskurs einzutreten (vgl. Nipkow 1990, 447). Innerhalb der Didaktik wird von »Strukturformen« der inneren Differenzierung ausgegangen (vgl. Bönsch 1972, 9–15), die sich auf den Religionsunterricht übertragen lassen. Exemplarisch soll dies an einer Unterrichtseinheit »Franz von Assisi« verdeutlicht werden:

- *Differenzierung nach Arbeitsweisen:* Ausgehend jeweils von Lexikonartikeln, Biografien, Bildern und Legenden tragen die Schüler Informationen über Franz von Assisi zusammen, die anschließend im Klassenunterricht geordnet und strukturiert werden.
- *Differenzierung nach stofflichem Umfang*: Vor dem Hintergrund von Mt 10, 7–15 und Mt 19, 21 lesen Schüler in einer Gruppe zwei, in einer anderen drei Legenden über Franz von Assisi mit dem Ziel herauszufinden, wie er Nachfolge Jesu Christi versteht und lebt.
- *Differenzierung nach Schwierigkeit:* Einige Schüler erhalten die Aufgabe, aufgrund der Legende »Der Wolf von Gubbio« eine moderne Friedenspredigt zu entwerfen, während der Rest der Klasse am Beispiel dieser Legende herausarbeitet, was Franz von Assisi unter Frieden versteht und wie er danach handelt.
- *Differenzierung nach sozialer Motivation:* Schüler, die über manuelle Geschicklichkeit verfügen, basteln mit anderen, die weniger geschickt sind, ein Klostermodell. Dabei geben die Geschickteren den anderen Hilfestellung.
- *Differenzierung aus methodischen Gründen*: Eine Gruppe liest die Legende »Franz entsagt dem väterlichen Vermögen« und findet heraus, welche Bedeutung sie für den

weiteren Lebensweg des Povorello hat. Eine andere Gruppe liest diesen Text und schreibt ihn unter der gleichen Aufgabenstellung in ein Hörspiel um. Beide Vorgehensweisen werden miteinander verglichen und im Hinblick auf das Ergebnis überprüft.

- *Differenzierung nach Lern- und Arbeitstempo:* Wiederholend sollen die Schüler einzelne Lebensstationen des heiligen Franz inhaltlich nachzeichnen. Je nach Arbeitstempo erhalten sie drei, fünf oder sieben Vorgaben, die sie erläutern sollen.
- *Differenzierung aus sachlichen Gründen:* Die Schüler sollen in Gruppen zu der von Franz von Assisi gewählten Deutung der Nachfolge Jesu Christi Stellung nehmen. In Gruppen diskutieren Schüler, die ein distanziertes Verhältnis zum christlichen Glauben haben, mit Schülern, die die Lebensentscheidung des Franz nachvollziehen können.

Aus dem Beispiel geht hervor, dass innere Differenzierung *mehrperspektivisch* unterrichtlich fruchtbar gemacht werden kann. Angebote nach Interesse und Neigung bieten sich besonders bei solchen Schülern an, die zunächst Schwierigkeiten haben, Zugang zu religiösen Fragestellungen zu finden. Aspekte der Leistung stehen im Vordergrund, wenn es im Religionsunterricht darum geht, instrumentelles Wissen zu erwerben, über das alle Schülerinnen und Schüler einer Lerngruppe verfügen sollten. Weiterhin wird deutlich, dass Differenzierung nach Medien und Methoden sowie nach Lernzielen und Inhalten möglich ist.

3 Sozialformen bei innerer Differenzierung

Alle Maßnahmen der inneren Differenzierung erfordern Umgruppierungen im Klassenverband. In diesem Zusammenhang ist auf die *Sozialformen* des Unterrichts zu verweisen. Zu ihnen sind der Klassenunterricht, der Gruppenunterricht, die Partnerarbeit und die Einzelarbeit zu rechnen. Welche dieser Sozialformen gewählt wird, hängt vor allem von didaktischen Bedingungen und Zielsetzungen ab, aber auch von räumlichen und materiellen Gegebenheiten (vgl. Meyer-Willner 1979, 64).

- Der *Klassenunterricht* ist als unverzichtbare Grundlage und Voraussetzung der inneren Differenzierung zu sehen (vgl. Bönsch 1995, 141). Von ihm als Plattform können Maßnahmen der inneren Differenzierung vorgenommen werden. Dies geschieht zum Beispiel dann, wenn im Klassenunterricht thematische Strukturierungen einer Unterrichtseinheit erarbeitet werden, aus denen sich differenzierende Aufgabenstellungen ergeben. Weiterhin ist es seine Aufgabe, in Gruppen erarbeitete Ergebnisse zusammenzutragen und zu ordnen. Durch die Integration der Ergebnisse können neue »Plattformen« von grundlegenden Wissensbeständen gebildet werden, von denen aus weitere Differenzierungen vorgenommen werden können. Der Klassenunterricht bietet selbst bereits Möglichkeiten der inneren Differenzierung, wenn etwa die Schülerinnen und Schüler im Hinblick auf religiöse Fragestellungen zu subjektiven Stellungnahmen aufgefordert werden.
- Im Gegensatz zum herkömmlichen Frontalunterricht bietet der *Gruppenunterricht* die Idealform der inneren Differenzierung. Im Anschluss an die gemeinsame Arbeitsplanung, die Problem- und Fragestellungen entwickelt und Teilaufgaben festlegt, arbeiten die Schüler in Gruppen von drei bis sechs Mitgliedern an möglichen Lösungen. Die flexible Zusammensetzung der Gruppen erlaubt die Berücksichtigung der jeweiligen Individualität der Schüler unter verschiedenen Gesichtspunkten (soziale Gründe, Interesse, Belastbarkeit, Sympathie, Leistung usw.) Dieser Phase kommt in besonderem

Maße persönlichkeitsbildende Bedeutung zu, weil im Interesse der Aufgabenerfüllung Toleranz, Mitverantwortung und Partnerschaft geradezu erzwungen werden. Die abschließende Phase, bei der es um die Präsentation und kritische Würdigung der Ergebnisse geht, gibt den Schülern nicht zuletzt die Möglichkeit, solidarisch für das einzustehen, was sie in der Gruppe gemeinsam erarbeitet haben.

- Im Hinblick auf die inneren Differenzierung besteht der Wert der *Partnerarbeit* vor allem darin, dass junge Menschen lernen, miteinander zu kooperieren. Dies ist dann der Fall, wenn im Unterricht Aufgaben gestellt werden, die nicht zu einfach sind, sodass beide Partner gefordert sind, gemeinsam Lösungen zu suchen (vgl. Adam 1993, 51). Bei der Planung der Partnerarbeit im Interesse der inneren Differenzierung sollten sich die Unterrichtenden klar darüber sein, in welcher Weise sie einzelne Schüler durch diese Kooperationsform fördern wollen. Entsprechend flexibel ist die Einteilung der Schüler zu handhaben.
- Durch die *Einzelarbeit* ist es Schülern möglich, vorübergehend frei von emotionalen Einflüssen und sozialen Bindungen sich eigenverantwortlich und selbstständig Aufgaben zuzuwenden. Die einzelnen sollten nur mit solchen Aufgaben konfrontiert werden, die sie auch tatsächlich bewältigen können. Einzelarbeit erlaubt in hohem Maße Individualisierung des Unterrichts, die im Gegensatz zur Stillarbeit dann gewährleistet ist, wenn unterschiedliche Aufgaben gestellt werden. Selbstbildungsprogramme gestatten es einzelnen, über einen längeren Zeitraum hinweg an einem bestimmten Thema zu arbeiten. Im Religionsunterricht können dadurch Wissensdefizite aufgearbeitet oder weiterführende Aufgaben verfolgt werden.
- Eine gegenwärtig beliebte besondere Form der inneren Differenzierung ist die *Freiarbeit*. Sie ist dann didaktisch sinnvoll, wenn verlässliche Arbeitsbedingungen Vorgaben schaffen, die zu verbindlichen Lernergebnissen führen (vgl. Bönsch 1995, 144).

Als allgemeine Gesichtspunkte sind zu beachten:

- Sinnvolle innere Differenzierung setzt voraus, dass im Unterricht eine Fülle an Material vorhanden ist, das differenziertes Arbeiten zulässt (in höheren Klassen auch durch das Internet zu beschaffen).
- Zunächst empfiehlt sich ein Vorgehen in kleinen Schritten.
- Bezogen auf die Artikulation von Unterricht ist innere Differenzierung im Blick auf alle unterrichtlichen Lernphasen durchführbar.
- Innere Differenzierung beinhaltet die Gefahr der inhaltlichen Verzettelung. Deshalb ist das Verhältnis von »Fundamentum« und »Additum« genau zu bestimmen. Das Fundamentum sollte von allen Schülern sicher erreicht werden.
- Innere Differenzierung setzt die genaue Kenntnis der Schüler voraus, um für sie passende Differenzierungsangebote zu formulieren. Lernfortschritte sollten als Grundlage weiterer Differenzierung protokolliert werden.
- Um innere Differenzierung erfolgreich durchzuführen, muss den Unterrichtenden der konzeptionelle Unterschied von Vermittlungs- und Angebotsdidaktik (vgl. Bönsch 1995) bewusst sein und die damit verbundenen unterschiedlichen Lernverständnisse.
- Innere Differenzierung ist planungsintensiver als Frontalunterricht. Daher ist gemeinsame Unterrichtsplanung von Religionslehrerinnen und Religionslehrern zu empfehlen.

Literatur

Adam, Gottfried, Sozialformen im Unterricht. In: Adam, Gottfried/Lachmann, Rainer (Hg), Methodisches Kompendium für den Religionsunterricht. Göttingen 1993, 41–55.
Bönsch, Manfred, Differenzierung des Unterrichts. Methodische Aspekte. München 1972.
Bönsch, Manfred, Differenzierung in Schule und Unterricht. München 1995.
Klafki, Wolfgang, Neue Studien zur Bildungstheorie und Didaktik. Weinheim/Basel [3]1993, 173–208.
Meyer-Willner, Gerhard, Differenzierung und Individualisierung. Begründung und Darstellung des Differenzierungsproblems. Bad Heilbrunn 1979.
Nipkow, Karl Ernst, Bildung als Lebensbegleitung und Erneuerung. Kirchliche Bildungsverantwortung in Gemeinde, Schule und Gesellschaft. Gütersloh 1990.

HELMUT HANISCH

V.2.3 Erzählen

→ II.1.2 Mythen und Märchen
→ II.4.1 Lebensgeschichte(n) – Glaubensgeschichte(n)
→ II.4.4 Entwicklung und Identität
→ III.2.1 Sprache/religiöse Sprache
→ V.2.4 Umgang mit Texten

1 Was ist »Erzählen«?

Erzählen geschieht in vielfältiger Weise (mündlich, schriftlich, historisch, fiktional, im Alltag, als Kunst, in Klein- und Großformen, sprachlich, unsprachlich) und hat unterschiedliche Funktionen (Unterhalten, Informieren, Demonstrieren, Überliefern, Legitimieren, Verarbeiten, Verkünden). Allem Erzählen gemeinsam ist der Bezug zur Zeit und der schöpferische Charakter. Erzählen handelt von Begebenheiten, die im Verlauf der Zeit geschehen sind und verknüpft diese zu einer Geschichte, d.h. es schafft einen Zusammenhang zwischen einer Ausgangslage und einem Endzustand. Dazu braucht Erzählen Zeit, mehr Zeit als das Mitteilen von Fakten.

2 Die Bedeutung des Erzählens

Das Leben des Menschen ist ein »Gewebe erzählter Geschichten« (P. Ricœur). Erzählen schafft sinnvolle Zusammenhänge, die die Wirklichkeit bewohnbar machen. Die »Lebensgeschichte« des Menschen setzt sich aus vielen Einzelgeschichten zusammen, den Erfahrungen, die den Menschen prägen. Im Hören und Erzählen solcher Geschichten bildet sich die Identität des Menschen. Diese »narrative Identität« (vgl. Ricœur 1996), in der der Mensch auf den anderen Menschen angewiesen bleibt, ist nicht statisch zu verstehen, sondern dynamisch und experimental-vorläufig. Verletzungen der Identität lassen sich ihrerseits oft nur durch das Erzählen der Verletzungsgeschichte verarbeiten und überwinden. Auch Gruppen, Nationen und Kulturen haben ihre identitätsstiftenden Geschichten.

Erzählen ist eine grundlegende, nicht ersetzbare Form menschlicher Kommunikation. Individuelles und Einmaliges, Neues und Überraschendes kann nur durch Erzählen nachvollziehbar werden. Dazu gehört auch die Erfahrung des Leids. Die spezifische Wirkung und der spezifische Reiz des Erzählens liegt darin, dass es vergangene Ereignisse vergegenwärtigen und so miterfahrbar machen kann. Erzählen vermag Abstände zu überbrücken, ermöglicht »Horizontverschmelzungen« (H.G. Gadamer) zwischen Vergangenem und Gegenwärtigem, Vertrautem und Fremden. Erzählen fördert eine Kultur des Erinnerns, ohne die es kein Verständnis der Gegenwart und keine Orientierung für die Zukunft gibt. Die Grundform des Erzählens ist das mündliche Erzählen, bei dem Erzähler und Zuhörer aufeinander reagieren können. Das Erzählen bezieht den Zuhörer stärker in das Geschehen ein als der distanziertere Bericht, der lediglich den Sachverhalt zusammenfasst. Der Erzähler spricht anschaulicher, subjektiver, perspektivischer, komponierender, konstruierender. Deshalb gibt der Erzähler stets etwas von sich selbst preis. Gerade das schafft Nähe und Verbundenheit. Während die ständig zunehmende Menge an Informationen den Menschen oft lähmt, motivieren relevante Erzählungen zum Handeln. Erzählen stärkt das, wovon es selbst lebt: die Imagination bzw. Fantasie. Darin steht es dem Spiel nahe, dem Fest und dem Traum.

Aus den genannten Gründen genießt das Erzählen – nach einer Phase der Kritik – in der heutigen wissenschaftlichen Diskussion hohes Ansehen. Die Einwände sind allerdings ernst zu nehmen. Geschichten können das begrifflich-analytische Denken nicht ersetzen. Erzählen ist gefährdet durch Missverständnisse und Missbrauch. Es kann Wirklichkeit verfälschen, ungerechte Herrschaftsverhältnisse legitimieren, auf vielfache Weise manipulieren und verletzen. Deshalb ist es notwendig, die in Erzählungen enthaltenen Deutungen und Interessen zu befragen. Unbeschadet der spontanen Erzählfreude muss Erzählen heute auch selbstkritisch und ideologiekritisch sein: Den Erfahrungen der Opfer von Gewalt, Unterdrückung und ökologischer Zerstörung gebührt ein narrativer Vorrang. Der sich verändernde gesellschaftliche Bedingungsrahmen des Erzählens ist jeweils neu zu erforschen und zur Kenntnis zu nehmen.

3 Die narrative Struktur des jüdischen und christlichen Glaubens

Im Mittelpunkt des Alten Testaments steht ein Geschehen: die Geschichte Gottes mit dem Menschen und der Welt und in diesem Kontext die Erwählungsgeschichte Israels. Von diesem Geschehen lebt alles andere: die Ethik, das Recht, der Gottesdienst, die Hoffnung. Deshalb sind die grundlegenden Texte des Alten Testaments – im Unterschied etwa zum Koran – erzählende Texte. Im hebräischen Kanon bilden die Erzählwerke einen narrativen Gesamtzusammenhang von Gen 1 bis 2 Chr 36. Die nichterzählenden Texte sind in diesen Gesamtrahmen integriert bzw. sie setzen die erzählte Geschichte Gottes voraus. Dementsprechend sind die im Alten Testament enthaltenen Glaubensbekenntnisse narrativ geprägt (Dtn 6,20–25; 26,5–9; Jos 24,17f; vgl. Ps 78,2–7 u.a.). Es geht in ihnen nicht um religiöse Gedankensysteme oder ethische Weisungen, sondern um Gottes Handeln an Israel. Wer Gott ist, wird nicht erklärt, sondern erzählt.

Im Mittelpunkt der Botschaft Jesu steht ebenfalls ein Geschehen: das Nahekommen des Reiches Gottes. Nicht zufällig ist deshalb die grundlegende Verkündigungsweise Jesu – allerdings nicht seine einzige – das Erzählen von Geschichten. Diese Geschichten erzählen von Gottes nahe gekommenem Reich. In diesen Gleichnissen kommt die Theologie Jesu in besonderer Weise zum Ausdruck. Sein Erzählen hängt eng zusammen mit seinem Handeln. Vom diesem Handeln Jesu wird in den Evangelien viel erzählt: Berufungs- und Nachfolgegeschichten, Heilungs-, Begegnungs- und Konfliktgeschichten, vor allem Passions- und Auferstehungsgeschichten. Jesus war nicht nur selbst Erzähler, er begegnet uns in den Evangelien auch hauptsächlich als erzählte Person. Die Evangelien sind insgesamt Erzählwerke, die auch die Reden (die Lehre) Jesu in einen narrativen Zusammenhang stellen. Der christliche Glaube bezieht sich auf »die Geschichte Jesu Christi«, die eine Geschichte Gottes mit ihm ist. Das gilt vor allem auch für den Tod und die Auferstehung Jesu (vgl. die narrativ geprägten Glaubensbekenntnisse 1 Kor 15,3–7; Phil 2,6–9 u.a.). Die Apostelgeschichte erzählt, was die Geschichte Jesu Christi bei den Menschen bewirkt, die von ihr bewegt werden. Die Briefe des Neuen Testaments setzen die Geschichte Jesu Christi voraus und beziehen sich auf sie.

Aufgrund dieses Befunds haben die Glaubensbekenntnisse der Alten Kirche narrative Struktur (vgl. z.B. das apostolische Glaubensbekenntnis). Alle theologischen Aussagen über die Bedeutung Jesu Christi, auch die christliche Rede vom trinitarischen Gott, sind zusammenfassende Interpretationen einer Geschichte, die sich nur erzählend vergegenwärtigen lässt. Von dieser Vergegenwärtigung lebt der christliche Glaube und das Handeln aus dem Glauben. Die Kirche ist deshalb primär eine »Erinnerungs- und Erzählgemeinschaft« (J.B. Metz). Allerdings muss der Glaube auch denkerisch verantwortet werden. Im heutigen Kontext ist diese Aufgabe nicht zu bewältigen ohne eine wissenschaftlich dialogfähige Theologie. Doch alle Theologie lebt vom Erzählen und dient dem Erzählen. Es ist das Verdienst der »Narrativen Theologie«, die sich seit den 1970er-Jahren entwickelt hat, die theologische Bedeutung des Erzählens erkannt zu haben. Umstritten ist allerdings, ob Erzählungen selbst eine Form der »Theologie« sind.

4 Erzählen im Kontext der Religionspädagogik

In der Religionspädagogik treffen hinsichtlich des Erzählens pädagogisch-psychologische und theologische Gesichtspunkte zusammen: Kinder brauchen und verlangen nach Geschichten – der christliche Glaube lebt aus Geschichten. Von daher steht der hohe und unverzichtbare Rang des Erzählens für die Religionspädagogik außer Frage. Aus dem besagten Zusammentreffen ergeben sich für das Erzählen im Kontext der Religionspädagogik vor allem drei Orientierungspunkte: (1) die *Identitätsentwicklung* der Kinder und Jugendlichen, (2) das Verständnis der religionspädagogischen Praxis als *kommunikatives Handeln* und (3) die theologische Bedeutung der *narrativen Grundstruktur* des Glaubens:

(1) Für den kindlichen Spracherwerb und die Identitätsentwicklung der Kinder und Jugendlichen hat sowohl das Erzählen eigener Erlebnisse als auch das Hören von Lebenserfahrungen anderer grundlegende Bedeutung. Wer Kindern Geschichten erzählt, bereitet ihnen Vergnügen, ermöglicht spielerisches Lernen, fördert die Entwicklung ihrer Gefühlswelt und ihres prosozialen Verhaltens, aktiviert ihre Imagination und Krea-

tivität und regt sie an, selbst zu erzählen. Auch das Beten mit Kindern hat seinen Urgrund im Erzählen der Alltagserfahrungen vor Gott. Während das Erzählen, das Hören und das Lesen von Geschichten in den Kindern eigene Bilder und Vorstellungen hervorruft, tritt beim Aufnehmen fertiger Bildfolgen diese Wirkung nicht ein. Der ständige Konsum vorgefertigter Bildwelten erdrückt eher die eigene Fantasie.

(2) Wichtig für das Erzählen seitens der Erziehungspersonen ist, in welche Kommunikationsstruktur das Erzählen eingebettet ist. Ist es z.B. Bestandteil eines lehrerzentrierten Unterrichts, der den Schülern wenig Raum zu eigenem Erzählen lässt? Oder ist es Ausdruck eines Unterrichts, der die Selbstartikulation der Schüler nachhaltig fördert und bei dem die Erzählfähigkeit des Lehrers durch seine Zuhörfähigkeit ergänzt und begrenzt wird? Eine gute Erzählmethodik hebt Defizite in der Kommunikationsstruktur noch nicht auf.

(3) Erzählen im Kontext der Religionspädagogik geschieht in vielfältiger Weise: autobiografisches Erzählen der Kinder, Jugendlichen und Erwachsenen, Erzählungen zu Grunderfahrungen des heutigen persönlichen und gesellschaftlichen Lebens, »ökumenisches Erzählen« (vgl. Lee 1998), das die Lebenserfahrungen in anderen Kulturen vergegenwärtigt, Erzählungen aus der Geschichte der Kirche und zu den Festen der Christenheit. Von besonderer theologischer Bedeutung ist das Erzählen biblischer Geschichten. Ob man dabei der Fantasie mehr Raum gewährt oder enger am biblischen Text bleibt, hängt vom Bibelverständnis, dem persönlichen Erzählstil und dem didaktischen Ort der Erzählung ab. Wichtig ist, dass sich der Erzähler exegetisch informiert, die Intention der biblischen Geschichte und den Lebenshorizont der Hörer berücksichtigt. Letzteres kann – im Rahmen des exegetisch Vertretbaren – zu Schwerpunktverlagerungen gegenüber der biblischen Geschichte führen. Fantasievolles Erzählen (W. Neidhart) darf den Bibeltext nicht überdecken. »Texttreues Erzählen« (D. Steinwede) hingegen darf nicht dazu führen, sich als Erzählperson zu wenig zu zeigen und die unabnehmbare eigene theologische Verantwortung an den biblischen Autor zu delegieren. Die Art des Erzählens muss deutlich machen, warum der Erzähler diese Geschichte für erzählenswert hält. Die Hörerinnen und Hörer der Geschichte sollten Gelegenheit erhalten, Erzählung und Bibeltext zu vergleichen. Neben der Texterzählung kann die thematische Erzählung, die Umwelt-, Rahmen-, Verlaufs- und literarische Ursprungserzählung zum Verständnis der Bibel beitragen. – Erstrebenswert ist das freie Erzählen. Daneben hat aber auch das »erzählende Vorlesen« sein Recht.

Literatur

Baldermann, Ingo, Einführung in die biblische Didaktik. Darmstadt 1996.
Lee, Chun Sun, Ökumenisches Erzählen. Ein Konzept des Erzählens biblischer Geschichten als Form ökumenischen Lernens. Münster 1998.
Neidhart, Walter/Eggenberger, Hans (Hg.), Erzählbuch zur Bibel. 3 Bde. Zürich [6]1990, [2]1993, 1997.
Ricœur, Paul, Das Selbst als ein anderer. München 1996.
Wenzel, Knut, Zur Narrativität des Theologischen. Frankfurt 1997.

SIEGFRIED ZIMMER

V.2.4
Umgang mit Texten

→ II.1.3 Literatur und Dichtung
→ III.1.1Arbeit mit der Bibel/Bibeldidaktik
→ III.2.1 Sprache/religiöse Sprache
→ V.2.3 Erzählen
→ V.2.8 Kreatives Gestalten

1 Was sind Texte?

Das Wort »Text« (aus mittellat. *textus* = Gewebe) weist darauf hin, dass ein Text ein Wortgeflecht mit handwerklichem Charakter ist. In einer groben Einteilung lassen sich Sachtexte und literarische Texte unterscheiden (bzw. pragmatische und fiktionale Texte):

- *Sachtexte* beschreiben oder analysieren, sie ergreifen Partei, sie appellieren an Leserinnen und Leser. Ihr »Wahrheitsgehalt« lässt sich ermitteln, teilweise sogar überprüfen an der Beziehung zur unmittelbar erfahrenen Wirklichkeit.
- *Fiktionale Texte* dagegen sind vordergründig gesehen nicht wahr. Sie sind Kinder der Fantasie und der Spielfreude der Autoren. Ihr Wirklichkeitsbezug entsteht erst im Dialog zwischen der symbolischen Welt der Texte und den inneren Bildern und Erzählungen der Leserinnen und Leser.

Bis auf wenige Ausnahmen richten sich Texte an Adressaten; daher kann man sie als *Elemente eines kommunikativen Prozesses* betrachten: Ein Autor verständigt sich – mithilfe eines Textes – mit Lesern – über einen Inhalt – im Medium der Sprache. Dabei bringen alle Elemente dieser Reihe ihre Welten in den Verständigungsprozess ein (vgl. Schaubild S. 486): Autor und Leser sind jeweils beheimatet in ihrer geschichtlichen Situation, der Text verweist auf andere Texte; und nicht zuletzt hat der Text eine sprachliche Form, die aus den Möglichkeiten der jeweiligen Sprache und Literatur erwächst bzw. diese Möglichkeiten erweitert. Diese vorläufige Charakterisierung eines Textes macht auch das Beziehungsgeflecht deutlich, das Verstehen ermöglicht und begrenzt.

2 Was heißt »einen Text verstehen«?

2.1 Voraussetzung dafür, dass ein Sachtext verstanden wird, ist die Fähigkeit, die Informationen des Textes zu entschlüsseln. Fruchtbar aber wird dieses Verständnis erst, wenn es den Leserinnen und Lesern gelingt, den Inhalt des Textes zu ihrer Vorstellungswelt in Beziehung zu setzen. Dabei kann es sein, dass die neue Information, die der Sachtext enthält, das bisherige Wissen ergänzt oder bestätigt. Dann lässt sich die neue Einsicht problemlos in das bisherige Wissen eines Menschen integrieren. Es ist aber auch möglich, dass die neue Information bisherigen Auffassungen und Überzeugungen widerspricht. Dann wird der Leser zu einem doppelten Lernprozess genötigt:

- Das Neue wird angeeignet, sodass die bisherigen Vorstellungen erweitert oder korrigiert werden (*Assimilation*).

Textverstehen als Verständigungsprozess

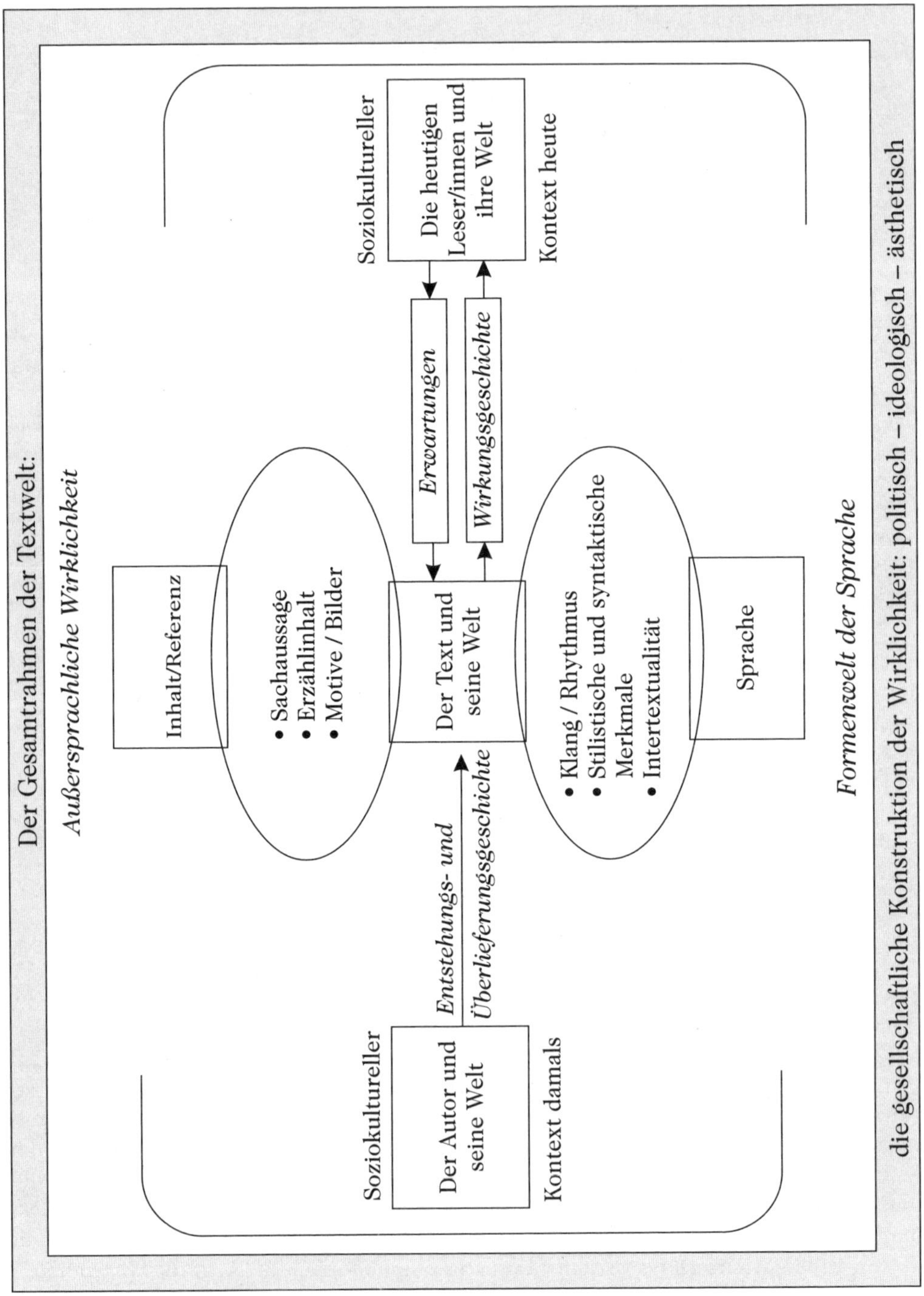

■ Gleichzeitig aber wird das Gefüge der bisherigen Vorstellungen so verändert, dass sich das neue Wissen ohne nennenswerte Brüche einpassen lässt (*Akkomodation*).

2.2 Auch bei literarischen Texten gilt es zunächst, die vordergründige Aussage (Erzählinhalt, Bilder, Motive) zu erfassen. Zugleich aber sollen die Leserinnen und Leser durchschauen, dass sie einer fiktionalen Welt begegnen. Deren Bedeutung erschließt sich erst, wenn sie diese symbolische Welt in Beziehung setzen zu ihrer eigenen Erfahrungsgeschichte, zu ihren eigenen Erzählungen und Bildern.

2.3 Das Verständnis eines (literarischen) Textes wächst in einer Bewegung, die hin und her läuft zwischen dem Text, seiner Analyse und außertextlichen Einsichten. Dabei können folgende Zugänge zum Text unterschieden werden:

(1) *Intuitives Erfassen einer Textbedeutung beim Lesen oder Hören*

(2) *Analyse des Textes* (Leitfrage: Wie ist der Text gemacht?)

(3) *Beziehungen zwischen Leser und Text* (Leitfragen: Welche Rolle weist der Text dem Leser zu? Welche Assoziationen ruft er wach? Welche Erfahrungen, Erlebnisse und inneren Bilder bilden den Resonanzraum des Textes? Warum ist dieser Text aus meiner Sicht wertvoll? Was begeistert mich an ihm? Wodurch provoziert er mich?)

(4) *Rekonstruktion der Entstehungssituation als Interpretationshilfe* (Leitfragen: Wie ist der Text entstanden? Was wissen wir über die Autoren und ihre Intentionen?)

(5) *Position des Textes in der Welt der Sprache* (Leitfragen: Wie verhält sich der Text zu anderen Texten, die themen- oder motivverwandt sind? Mit welchen sprachlichen Mitteln erweitert er die Wahrnehmung der Leserinnen und Leser? Wie verhalten sich Inhalt und Sprachgestus?)

(6) *Exemplarische Vergegenwärtigung der Wirkungsgeschichte des Textes in Gesellschaft und Kultur* (Leitfragen: Welche Rezeptionsgeschichte hat der Text? Was verrät die Wirkungsgeschichte über seinen Stellenwert und Deutungsmöglichkeiten?)

(7) *Klärung des Vorverständnisses* (Leitfragen: Mit welchen Erwartungen begegnen – vor diesem Hintergrund – heutige Leserinnen und Leser diesem Text? Und wie begünstigen oder blockieren diese Erwartungen die Textbegegnung?)

(8) *Verknüpfung des Textes mit heutigen Erfahrungen und zeitgenössischen Denkmodellen* (Leitfragen: Wie wirkt der Text heute? Was löst er bei Leserinnen und Lesern aus? – Welche Wahrnehmungen und Wertungen stellt er infrage? Wie lässt er sich interpretieren vor dem Horizont heute wirksamer Denkmodelle?)

Im Wechselspiel dieser Zugänge kommt ein vielgliedriges Gespräch zustande, das immer neue Facetten zum Textverständnis beiträgt. Die bisher genannten Dimensionen des Textverstehens werden überschritten, wenn die Metaebene in die Interpretation einbezogen wird. Dann kann etwa gefragt werden:

■ Wie konstruiert der Text Wirklichkeit? Wie konkurriert er dabei mit anderen Instanzen, die Wirklichkeit hervorbringen (etwa: gesellschaftliche Ordnungen, weltanschauliche Positionen, ästhetische Werke, Riten ...)?

■ Woraus speist sich das erkenntnisleitende Interesse der heutigen Leserinnen und Leser und wie wirkt es zurück auf den Umgang mit dem Text?

■ Was bedeutet die geschilderte Methode der Interpretation für das Selbstverständnis der Leser? – Genauer: Welches Selbstbild und welches Bild von Welt und Kultur entsteht, wenn Interpretation ein Grundmuster für die Aneignung von Wirklichkeit ist? Inwiefern ist dann der Umgang mit Texten ein exemplarischer Modus des In-der-Welt-Seins?

3 Texte im Religionsunterricht

Texte können Wahrnehmungsfähigkeit und Wirklichkeitsverständnis der Schülerinnen und Schüler erweitern. Insbesondere literarische Texte stiften Möglichkeiten zur Identifikation und Auseinandersetzung. Texte können auch das (Vor-)Verständnis vom christlichen Glauben vertiefen oder korrigieren. Sodann können Schülerinnen und Schüler in der Auseinandersetzung mit Texten und in der kreativen Aneignung ihre (sprachlichen) Ausdrucksmöglichkeiten schulen. Schließlich wachsen auch ihre methodischen bzw. hermeneutischen Fähigkeiten im Umgang mit spezifisch religiösen Texten. Schrittweise sollen sie lernen, Sprachformen des Glaubens zu verstehen.

3.1 Die Erschließung des Textes in der Unterrichtsvorbereitung

Mit den Schritten der Textauslegung (2.3) ist bereits ein breiter Weg markiert; er kann Lehrerinnen und Lehrern helfen, sich selbst einen Text zu erschließen, ehe sie methodische Schritte für den Unterricht planen. Wenn so ein vertieftes Textverständnis gewonnen wurde, beginnt die notwendige Reduktion auf das unterrichtlich Mögliche: Welche Funktion soll der Text im Rahmen der Unterrichtsreihe bzw. der Unterrichtsstunde erfüllen? Passt diese Funktion auch zu diesem Text? Dabei kann es sein, dass der Text selber der zentrale Inhalt des Lernprozesses ist und dass vom Text her ein didaktisches und methodisches Arrangement geplant wird. Häufig aber erfüllt der Text eine eher dienende Aufgabe. Er bewährt sich dann als Impulstext, als Informationsbaustein, als Text zur Problemerschließung; er dient zur Wiederholung und Ergebnissicherung oder wird als Meditationstext eingesetzt. Die Klärung dieser Frage entscheidet über Intensität und Methoden der Textarbeit. Ein zentraler Bibeltext etwa wird intensiv bearbeitet; Impuls- und Meditationstexte stehen für sich.

Schülerinnen und Schüler begegnen naturgemäß Texten anders als die Lehrperson. Deshalb ist zu klären, mit welcher Erwartungshaltung und mit welchem Interesse Schüler vermutlich den Text aufnehmen. Dabei wirkt sich auch die Verwendungssituation aus. Beispielsweise legt der Religionsunterricht von seiner inneren Form her existenzielle und ethische Fragestellungen nahe. Er begünstigt bei Schülerinnen und Schülern auch die Erwartung, dass ein Text sich auf religiöse Vorstellungen bezieht (Gott, Jesus Christus, Erlösung etc.). Darin liegt die Gefahr einer verengten Wahrnehmung. – Sodann ist mit Verständnisschwierigkeiten zu rechnen. Lesetempo und Aufnahmefähigkeit wollen bedacht sein. Und vor allem ist zu fragen: Welche für sie neuen Einsichten können die Schülerinnen und Schüler in der Auseinandersetzung mit dem Text gewinnen? Und welche Methoden können sie dabei erlernen, die ihnen auch künftig das Verstehen von Texten erleichtern?

3.2 Phasen der Textarbeit im Unterricht

Unterricht entzieht sich starren Planungsrastern. Die Resonanz der Schülerinnen und Schüler auf einen Text ist deshalb wichtiger als ein Schema der Planung. Dennoch lassen sich (zumindest analytisch) folgende Phasen der Textarbeit unterscheiden:

- die Vorbereitung auf den Text (Verknüpfung mit dem Thema, evtl. Erklärung unbekannter Wörter, Hinweise auf den Autor o.Ä.),
- die Textpräsentation (erzählen, vorlesen, Text aushändigen, über AV-Medien einspielen usw.),

- die Textanalyse (das Klären der formalen Strukturen; Begriffe, Motive, Stilmittel usw.),
- die Textauslegung (Deutungsmöglichkeiten des Textes erarbeiten und sichern),
- die Textdiskussion (Stellungnahme zum Text; Auseinandersetzung mit seinem Inhalt),
- die schöpferische Arbeit mit dem Text,
- die Textaneignung (wiederholen, memorieren, archivieren usw.),
- Methodenreflexion und Methodensicherung.

Es versteht sich, dass nicht alle acht Phasen in der Arbeit an einem bestimmten Text zum Zuge kommen. Die Phasen machen jedoch methodische Spielräume und didaktische Möglichkeiten bewusst: In der Begegnung mit Texten haben Schülerinnen und Schüler die Chance, ihr Ausdrucksvermögen, ihr Weltbild und ihr Selbstverständnis zu entwickeln.

Literatur

Röckel, Gerhard, Grundschritte der Texterschließung. In: Verweyen-Hackmann, Edith/Weber, Bernd (Hg.), Methodenkompetenz im Religionsunterricht. Kevelaer 1999, 71–89.
Niehl, Franz W./Thömmes, Arthur, 212 Methoden für den Religionsunterricht. München 1998.

FRANZ W. NIEHL

V.2.5
Umgang mit Bildern

→ II.1.5 Bildwerke
→ II.3.8 Neue Medien – Virtualität – Wirklichkeitsverständnis
→ III.2.2 Ästhetische Bildung
→ V.1.5 Symboldidaktik
→ V.2.8 Kreatives Gestalten
→ V.3.5 Audiovisuelle Medien

Religionsunterricht kommt ohne das gesprochene oder geschriebene Wort nicht aus. Denn zum einen ist eine schriftliche Offenbarungsurkunde unhintergehbarer Horizont. Außerdem benötigt das Verhandeln über existenziell betreffende Fragen das Gespräch.

Andererseits hat es schon immer Bestrebungen gegeben, eine unangemessene Wortlastigkeit zurückzuführen. Das Bild hat dabei eine wesentliche Rolle gespielt. Verschiedene Bildarten mit unterschiedlichen Funktionen haben Eingang in den Religionsunterricht gefunden:

Das *Bild zur Information* vermittelt Anschauung zu Personen oder Realien, klärt Sachverhalte, erweitert das Wissen; z.B. Dias zum Land Israel. *Bilder als Impuls* oder zur hinführenden Einstimmung zu einem Inhalt sollen vor allem affektiv ansprechen,

Zugänge ermöglichen, Betroffenheit oder gar Widerspruch erregen; z.B. das Bild von einem verhungernden Kind. Das *Meditationsbild* zeigt bei klarer Strukturierung wenig Bildzeichen; es soll zu Ruhe, Sammlung und Besinnung führen, z.B. das Meditationsbild des Nikolaus von der Flüe. Den größten Raum nehmen im Religionsunterricht die Bilder ein, die einer Deutung bedürfen und in der gemeinsamen Deutung z.B. biblische Texte tiefer verstehen lassen. Hierher gehört die Vielzahl der Kunstbilder. Eine spezielle Form dieser *»Deute-Bilder«* ist die Karikatur.

In den folgenden Ausführungen ist von den Werken der bildenden Kunst die Rede; bei anderen Bildarten sind sie entsprechend zu modifizieren.

1 Ein Plädoyer für das Bild

Schülerinnen und Schüler greifen eher zum Bild als zum Text. Bildgefasste Informationen scheinen anziehender. Und in der Tat: Die didaktischen Chancen des Bildes sind vielfältig:

- Bilder motivieren durch Anschaulichkeit und Abwechslung.
- Sie sind Hilfen für visuell ausgeprägte Lerntypen.
- Bilder können helfen, dem Leben – manchmal ungewohnten – Ausdruck zu geben und so Welt und Leben zu deuten. Dabei vermögen sie Unanschauliches anschaulich zu machen. In Bildern eröffnen sich tiefere Dimensionen der Wirklichkeit, indem den Betrachtern Neues, in dieser Weise bisher noch nicht Wahrgenommenes vor Augen gestellt wird. Selbstverständliches wird fragwürdig. Insofern vermögen Bilder auch ein Ort theologischer Entdeckungen zu werden, ein »locus theologicus«.
- Bilder können intensive Eindrücke hinterlassen, die sich mehr einprägen als Worte.
- Entsprechend hat Bildsprache eine eigene genuine Qualität; das Kunstwerk und seine Wirkung überschreiten die Darstellungsmöglichkeiten der Sprache ebenso wie die diskursive Denkform. Bildsprache ist ein eigenes Ausdrucksmedium, das Tiefen der Wirklichkeit oder auch eines biblischen Textes so zeigt, wie es Sprache nicht kann.
- Kunstwerke machen mit der Tradition christlicher Bildsprache (Ikonografie) vertraut.
- Sie laden ein zu einem schöpferischen Weg der Auslegung: Die Betrachter werden in die »Gedanken-Werkstatt« des Malers geführt, versetzen sich in seine Rolle, spüren nach, warum Wirklichkeit so dargestellt wird und schulen dadurch ihre Fähigkeit zur Empathie.

2 Grundsätzlich: Wort und Bild?

Trotz der vielen Vorteile ist das Bild nicht unumstritten gewesen. Das Christentum ist ursprünglich keine Bildreligion, sondern von Anfang an auf das Wort verwiesen. Grundsätzliche Vorbehalte gegenüber dem Bild als religiösem Kommunikationsmedium finden ihren stärksten Ausdruck im Bilderverbot des Dekalogs (z.B. Ex 20,4). Dieses ist untrennbar mit dem Fremdgötterverbot und mit dem Kampf der Propheten um den Ein-Gott-Glauben verbunden. Das frühe Christentum folgte dieser Tradition – bei der Darstellung Gottes, des Vaters, bis zum Ende des ersten Jahrtausends. Zentrale Intention ist die Ablehnung einer abbildhaften Fixierung und eines Verfügbarmachens Gottes durch das Bild. Vor allem aus katechetischen Notwendigkeiten heraus tauchen jedoch schon ab dem 2. Jh. erste symbolhafte Darstellungen und Bilder zum Leben Jesu auf. Um letztere entbrennt schon bald ein Bilderstreit mit Höhepunkten im 4. und 8. Jh. Das 2. Konzil von Nizäa (787) entscheidet diesen Streit für das Bild. Die wichtigsten Argumente für das Bild liefern die vorhergegangenen Diskussionen: (1) Das Bild ist aus pastoralen Gründen notwendig; als biblia pauperum macht es die des Lesens Unkundigen, die »Unge-bild-eten«, mit der Botschaft der Bibel bekannt. (2) Da der Mensch eine leib-seelische Einheit ist, kann er nur durch den Leib – durch Hören und Sehen – zur Erkenntnis des Geistigen gelangen. (3) Für Christus gilt das Bilderverbot des AT nicht mehr: Der im Fleisch gegenwärtig geworden ist, wird ansehbar, damit auch darstellbar. (Zur Geschichte des religiösen Bildes vgl. Rombold 1988, 9–54.)

3 Ziele in der Arbeit mit Bildern

Produktorientierte Ziele sind der konkreten Planung von Unterricht vorbehalten. Hier lassen sich nur prozessorientierte Qualifikationen aufzeigen, die während der und durch die Arbeit mit Bildern erreicht werden können.

Angesichts einer modernen Flut von Bildern und eines oberflächlich-vordergründigen Bild-Konsums geht es im Umgang mit diesem Medium vornehmlich um das Schulen konzentrierter Wahrnehmung. Dadurch lernen Schüler, sich mittels des Bildes neue (Er-)Kenntnisse und/oder neue Deutungsmöglichkeiten zu erarbeiten. Es ist das »Lernsehen«, eine »visual literacy«, die als übertragbare instrumentale Qualifikation einen hohen Bildungswert besitzt, beinhaltet sie doch die Fähigkeit, mit und von Bildern zu lernen. Damit kann ein aufklärerischer Aspekt verbunden werden, wenn beispielsweise die perspektivische Verkürzung von Fotos erkannt und das Bild nicht als reines Abbild von Wirklichkeit verstanden wird oder wenn in der Werbung die Funktionalisierung christlicher Symbolik durchschaut wird.

4 Welches Bild für welches Alter?

So wie Lesenlernen nicht auf einen Schlag geschieht, so kann auch die Welt der ästhetischen Zeichen nicht jedem Kind jeden Alters zugänglich gemacht werden. Stattdessen muss über die notwendigen Schritte dorthin Rechenschaft abgegeben werden (vgl. Parsons 1987) Dabei sind folgende Aspekte zu berücksichtigen:

- Es gibt keine Bilder nur für Erwachsene und nur für Schulkinder. Die Bebilderung vieler Kinderbibeln macht die Problematik verniedlichender, illustrierender religiöser Kunst offensichtlich.
- Kinder können bereits in der Grundschule viele Kunstbilder lesen/decodieren lernen. Aufgabe der Lehrkraft ist es, Aufmerksamkeit für das Bild und seine innere Struktur zu entwickeln.
- Hindernisse auf dem Weg des Decodierens können z.B. fehlendes Gespür und Wissen um geschichtliche Zusammenhänge und Abläufe sein.
- Wenn der Symbolsinn noch wenig gefördert worden ist, fällt Schülern das Lesen sehr abstrakter Bildzeichen auf der Stufe des konkret-operationalen Denkens schwer.
- Schüler, deren kognitive Fähigkeiten noch nicht weit entwickelt sind, haben oft Schwierigkeiten, bei sehr vielen Bildzeichen die wesentlichen zu erkennen.

Didaktisch ist deswegen nicht zu fragen, ob es »kindgemäße Kunst« gibt, sondern welche Zugangsmöglichkeiten, welche Hinführung und welche Hilfen zur Erschließung anzubieten sind.

5 Vorgehen bei der Bildbetrachtung

Im Folgenden werden – flexibel zu handhabende – Schritte benannt (vgl. Lange 1996, 247–261; Schmid 1997, 125–178), die beim Einsatz anderer Bildarten anzupassen sind.

5.1 Im Vorfeld der Bildbetrachtung

- Die Qualität des Bildes ist wichtig! Bilder geringer Qualität lohnen kaum den mit ihrer Betrachtung verbundenen Aufwand! Kennzeichen anspruchsvoller Kunst können die Offenheit und Mehrdeutigkeit eines Kunstwerkes sein; seine Bedeutung ist mit dem ersten Hinschauen nicht erschöpft; es verlockt zu weiterem Sehen (vgl. Lange 1996, 249).
- Vor dem Einsatz müssen sich Lehrer mit dem Bild eingehend beschäftigen und folgende Fragen beantworten: Ist das Bild reich genug an identifizierbaren, polyvalenten Bildzeichen? Ist es zu »arm«, eignet es sich nicht, es sei denn als meditatives Element. Sind ikonographische Zeichen und theologische »Aussagen« für diese Schüler zu verstehen? Gibt es Hilfen? Erweckt das Bild, sofern es sich auf ein biblisches Geschehen bezieht, den Eindruck des Historischen, obwohl der Text selbst nichts Historisches berichten will? Wird das Bild Emotionen wecken? Welche? Wann werden sie wie angesprochen?
- Sind technisch-organisatorische Voraussetzungen gegeben (Verdunkeln des Raumes, problemloses Aufhängen von Wandbildern o.Ä.)?

5.2 Die Bildbetrachtung

- Die Schüler kommen zur Ruhe.
- Die Bildbetrachtung wird angekündigt. Hier ist auch Platz für einen möglichen Beobachtungsauftrag oder für vorbeugende Hinweise, wenn die Vermutung besteht, die Schülerinnen könnten das Bild befremdlich finden (z.B. die kantigen Züge eines Holzschnittes).
- Die Schüler betrachten das Bild. Dazu brauchen sie Zeit! Betrachten will gelernt sein, vor allem in einer Zeit der »schnellen Bilder« in den Medien. Besser ist es, ein Bild mit Zeit und Aufmerksamkeit zu betrachten, als mehrere Bilder zu »konsumieren«.
- Das Bild wird beschrieben: Was ist zu sehen? Zuerst gehen die Betrachter im Bild spazieren; dann folgt eine systematische Beschreibung: Bildzeichen, Farben, Anordnung von Bildelementen u.Ä. In dieser Phase wird zu detailliertem Betrachten angeleitet. Leicht zu Übersehendes wird gezeigt. Vorschnelle Deutungen werden zurückgestellt.
- Das Bild wird gedeutet. Es reicht allerdings nicht, z.B. die zugehörige biblische Geschichte wiederzuerkennen und nachzuerzählen. Mit Bildern arbeiten heißt, für weitergehende Einsichten zu motivieren und Deutungen nachzuspüren. Zu beachten ist, dass es die eine richtige Deutung in der Regel nicht gibt. Bilder haben einen Bedeutungsspielraum, innerhalb dessen sich die Interpretation bewegen kann. Deutungen sind an Bildzeichen zurückzubinden. Oft ist es didaktisch sinnvoll, den Titel des Bildes nicht zu nennen, sondern gegen Ende erarbeiten zu lassen.

■ Nach der Deutung des Bildes werden die subjektiven Empfindungen und mögliche Identifikationen angesprochen. Was gefällt/missfällt mir? Mit welcher Person will ich mich identifizieren? Wo möchte ich im Bild gerne sein? Die subjektiven Empfindungen erst nach der Interpretation anzusprechen, scheint vielfach sinnvoller als davor, weil das Aussprechen subjektiver (Vor-)Urteile die Deutung erschweren kann.
■ Mit dem Bild wird kreativ weitergearbeitet! Der Eindruck, den das Bild hinterlassen hat, findet seinen Ausdruck. Das kreative Verarbeiten ist eine eigene Lernform. Vielfältige Methoden sind möglich, z.B.: Sprechblasen oder Spruchbänder ergänzen; Szenen in Klängen ausdrücken, im Standbild nachstellen oder ins Spiel umsetzen; die Perspektive einer Randfigur einnehmen; das Vorher und Nachher erzählen oder malen; Verfremden; Bildausschnitte weitermalen (vgl. Niehl/Thömmes 1998; Goecke-Seischab/ Harz 1994).

Literatur

Burrichter, Rita (Bearb.), Bilder im Religionsunterricht. Zeitschriften, Aufsätze, Bücher (Im Blickpunkt 17). Münster 2000 (Lit.!).
Goecke-Seischab, Margarete Luise/Harz, Frieder, Bilder zu neutestamentlichen Geschichten im Religionsunterricht. Einführung in die Bilddidaktik und Ikonographie christlicher Kunst mit acht ausführlich kommentierten Bildbeispielen für Sechs- bis Zwölfjährige. Lahr 1994.
Lange, Günter, Umgang mit Kunst. In: Adam, Gottfried/Lachmann, Rainer, Methodisches Kompendium für den Religionsunterricht. Göttingen ^{2}1996, 247–261.
Niehl, Franz W./Thömmes, Arthur, 212 Methoden für den Religionsunterricht. München 1998.
Parsons, M.J., How we understand art. A cognitive development account of aesthetic experience. Cambridge 1987.
Rombold, Günter, Der Streit um das Bild. Zum Verhältnis von moderner Kunst und Religion. Stuttgart 1988.
Schmid, Hans, Die Kunst des Unterrichtens. Ein praktischer Leitfaden für den Religionsunterricht. München 1997.

PETER ORTH

V.2.6
Umgang mit Lied und Musik

→ II.1.6 Musik
→ II.2.2 Ästhetische Bildung
→ V.2.8 Kreatives Gestalten
→ V.2.10 Themenzentrierte Interaktion

1 Religionspädagogische Zugänge

In der Religionspädagogik wird die große Bedeutung von Musik verstärkt wahrgenommen. Manfred Pirner (vgl. Pirner 1999, 14ff) macht auf die Spannung zwischen dem Eigenwert der Musik und ihrer religionspädagogischen Funktionalisierung aufmerksam. Er unterscheidet in der religionspädagogischen Theoriebildung einen ästhetisch-phänomenologischen und einen psychologisch-soziologischen Ansatz. Im ästhetisch-phänomenologischen Ansatz (z.B. F. Harz, H.-G. Heimbrock, K. König) wird von einer Analyse und häufig auch philosophisch-theologischen Deutung des Phänomens bzw. des »Wesens« der Musik ausgegangen, ohne zumeist konkrete Musikerfahrungen heutiger Kinder und Jugendlicher zu berücksichtigen. Der psychologisch-soziologische Ansatz (z.B. B. Hoffmann, T. Eggers) stellt Funktion und Stellenwert der Musik im Leben der Kinder und Jugendlichen in den Mittelpunkt der Überlegungen. Pirner sieht hier gelegentlich eine bedenkliche Tendenz, die Funktionalität der (Pop- und Rock-)Musik zu verabsolutieren und die durch Vermarktung und Vermassung bedingten Überfremdungen ihres Grundcharakters nicht kritisch genug in religionspädagogische Überlegungen miteinzubeziehen. Beide Ansätze machen auf die besondere Chance der Musik für die Religionspädagogik vor dem Hintergrund von Symboldidaktik und neuerlichen Spiritualisierungstendenzen der Musik in verschiedenen Bereichen aufmerksam. Jüngere religionspädagogische (vgl. Treml 1997) bzw. praktisch-theologische (vgl. Schwarze 1997; Fermor 1999) Arbeiten zeigen am Beispiel der Pop- und Rockmusik Gestaltungsformen und Aussagen des gegenwärtigen Umgangs mit Religiosität bzw. Fragen des Glaubens auf und deuten sie theologisch, wobei H. Treml zu Recht betont, dass auch in religiöser Bildung nicht nur der kognitive Weg zum Lernen gewählt werden soll.

2 Didaktische Anregungen

Praktische Anleitungen zum methodischen Einsatz von Lied und Musik entbinden Lehrerinnen wie Leiter nicht davon, sie im Gesamtzusammenhang ihres jeweiligen Unterrichts oder Gruppengeschehens zu prüfen. In Anlehnung an das Modell der Themenzentrierten Interaktion (TZI) R.C. Cohns dürfte es auch für den Umgang mit Lied und Musik wichtig sein, vier Kommunikationsebenen in gleichem Maße Raum zu geben bzw. sie in einer »dynamischen Balance« zu halten: (1) die *subjektive* Ebene (das Ich = die einzelne Person und ihre Anliegen), (2) die *intersubjektive* Ebene (das Wir = die Gruppe und ihre Interessen), (3) die *symbolisch-inhaltlichen* Ebene (das Es = die gemeinsame Aufgabe) und (4) den *Globe* (= Umfeld der Gruppe, d.h. die situative, soziale, politische und natürliche Gegenwartsumgebung). Diese vier Ebenen bestimmen und beeinflussen jedes Gruppengeschehen (sei es in Schule, Gemeinde oder Erwachsenbildung).

2.1 *Die subjektive Ebene – der je eigene Zugang zu Lied und Musik:* Ich gehöre als Lehrer bzw. Leiterin mit zum Bildungsgeschehen, deshalb ist mein Zugang zu Musik genauso wichtig wie der Zugang der Schüler oder Teilnehmerinnen. Meine und ihre Musiktradition(en) werden nicht immer übereinstimmen, können einander sogar diametral gegenüberstehen (das gilt für den Bereich der so genannten Klassik ebenso wie für Musikstile im Bereich der Pop- und Rockmusik). Besonders in der Pubertät wird Musik nicht nur um ihrer selbst willen gehört, sondern dient auch als Mittel, sich eine eigene Bezugswelt von Symbolen zu schaffen, vom Poster an der Wand bis zur Mitgliedschaft in Szenekulturen. Dies gilt es nicht zu »entlarven«, sondern sensibel im Bildungsgeschehen mitzubedenken. Auf der subjektiven Ebene geht es nicht um »ausgereifte Musik und Texte«, sondern darum, was diese symbolisch für die Einzelnen aussagen bzw. bedeuten.

2.2 *Die intersubjektive Ebene – unser gemeinsamer und unterschiedlicher Zugang zu Lied und Musik:* Unterschiedliche Musiktraditionen in der Lerngruppe können bereichernd sein, weil sie Einblicke in (noch) nicht vertraute Lebenswelten geben und so den eigenen Horizont erweitern. Dies setzt voraus, dass ein verbaler oder nonverbaler (malen, tanzen ...) Austausch auf der intersubjektiven Ebene möglich ist. Auch hier gehört meine Musiktradition als Lehrperson mit in den Austausch. Jugendliche wollen im Unterricht dann über ihre Musik nicht reden, wenn sie ein Zerreden, eine ästhetische oder moralische Bewertung durch andere Schüler oder den Lehrer befürchten. Auch eine kritiklose Anbiederung seitens des Lehrers an ihre (Musik-)Welten ist wenig erwünscht, wohl aber einfühlendes Verstehen. Bewertungen (»das ist musikalisch wenig ausgereift«, »ziemlich stupider Text«) verhindern jedenfalls den Austausch; persönliche Eindrücke (»auf mich wirkt diese Musik sehr aggressiv«, »ich verstehe nicht, was der Liedtext aussagen will«) regen dagegen Kommunikation an.

Die Interaktionen einer Klasse/Gruppe beeinflussen jede Form des kreativen Gestaltens, auch das Singen und Musizieren. Jugendliche und Erwachsene, die in einer Klasse/Gruppe (noch) kein Wir- bzw. Gemeinschaftsgefühl entwickelt haben, singen nicht selbstverständlich miteinander. In unaufgehobener Spannung dazu bleibt, dass gemeinsames Singen und Musizieren das kommunikative Verhalten fördert. Hier können Einfühlungsvermögen in mögliche Gründe für Widerstand (z.B. Protest gegen ein »falsches«, weil zu kindliches Lied oder die Angst, von anderen wegen der Singstimme ausgelacht zu werden) und die eigene Freude und Lust am Singen und Gestalten mehr motivieren als gut gemeinte Appelle, es wegen der ganzheitlichen Erfahrungsmöglichkeit doch mal auszuprobieren. Doch bleibt es vermutlich problematisch, einer Gruppe von Erwachsenen, die zum Teil nicht freiwillig zu einem Erstkommunionelternabend kommen, als kommunikationsstiftende Maßnahme ein fröhliches Lied zu verordnen.

Zu den interaktionalen Bedingungen einer Gruppe sind auch altersspezifische Gegebenheiten zu beachten. Haben Grundschulkinder in der Regel noch ein ungebrochenes Verhältnis zum gemeinsamen Singen, so nimmt die Begeisterung mit Beginn der Pubertät – auch aus Angst vor Bloßstellungen – deutlich ab.

Die Formen des Lied-Einübens sind vielgestaltig und abwechslungsreich zu wählen. So müssen Lieder nicht immer nur vorgespielt oder vor- und nachgesungen werden. Es bieten sich u.a. mehrstimmiges oder rhythmisches Gestalten, Instrumentenbegleitung, Tanz und szenische Darstellung an. Anregungen, zu einzelnen (religiösen) Themen auch eigene Liedtexte oder Kompositionen zu entwerfen, fördern nicht nur Kreativität, sondern ebenfalls die Interaktionen der Klasse/Gruppe. Entsprechend der Musiktradition der Kinder und Jugendlichen werden sie diese Lieder vielleicht rappen (Rap = skandierter Sprechgesang in der Jugendkultur des HipHop) oder mit dem Computer sampeln (zusammenmischen) und so auch Ausschnitte aus ihren Lebenswelten zeigen.

2.3 *Die symbolisch-inhaltliche Ebene – die »Sache«, um die es geht:* In der Regel begegnet in (Lern-)Gruppen die menschlich-religiöse Wirklichkeit nicht unmittelbar. Was Menschen »unbedingt angeht«, brachten und bringen sie in (biblischen) Erzählungen, Bildern und Gleichnissen, in Gesten und Riten und in der Kunst zum Ausdruck. Der vielgestaltige symbolische Ausdruck von Menschen »damals« wie heute ist der »Stoff«, den es zu erschließen und zu lernen gilt (vgl. Scharer 1994, 46f). Musik ist eine dieser vielfältigen (symbolischen) Ausdrucksgestalten, die es zum einen in ihrer anthropologisch-theologischen Bedeutsamkeit kritisch zu bedenken gilt und die zum anderen auch hilft, anthropologisch-theologische Zusammenhänge auf eine ganzheitliche

Weise im Ansatz zu erfassen. Die Beschäftigung z.B. mit kirchlichem Leben und Frömmigkeit kann auch anhand des traditionellen wie »neueren« religiösen Liedguts erfolgen. Biblische Erzählungen und somit Lebens- und Glaubensthemen sind in klassischen Musikwerken ebenso vertont wie im Bereich der Pop- und Rockmusik. Alltagstranszendierenden ekstatischen, religiösen und rituellen Erlebnissen kann sogar besonders am Beispiel der Musik nachgegangen werden. Auch Musiktheorie muss nicht »töten«, allerdings ist sie nur dort sinnvoll, wo sie – entsprechend dem Vorverständnis der Schüler oder Teilnehmer – hilft, die Musik zu erschließen, ihre Bedeutung für Lebens- und Glaubenswelt zu verstehen. Eine Zusammenarbeit zwischen Religions- und Musikpädagogen kann hier sehr fruchtbar sein.

2.4 *Der Globe – das Umfeld, die situative, soziale, politische und natürliche Gegenwartsumgebung:* Es ist keinesfalls unbedeutend, wo Musik gehört und erlebt wird. Die Unterrichtsstunde hat andere Bedingungen als der Gottesdienst, ein Konzert in einem Musiktheater andere Qualitäten als das unter freiem Himmel, der Sound in der Disco ist nicht mit dem des Cassettenrekorders im Pfarrheim zu vergleichen. Musik wird in der Freizeit mit Freundinnen und Freunden anders erlebt als im Unterricht, und wäre die Gestaltung dort noch so kreativ. Dies zu wissen schützt vor überzogenen Erwartungen, Musik als »Allheilmittel« für gelingenden Unterricht einzusetzen. Generationsübergreifendes Lernen geschieht auf dieser Kommunikationsebene, wenn gemeinsam unterschiedliche Orte aufgesucht werden, die für die Musikrezeption der Einzelnen von großer Bedeutung sind: das Orgelkonzert in der Kirche genauso wie unterschiedliche jugendliche Musikszenen – nach dem Motto: »Ich interessiere mich für dich und euch und finde es schön, wenn ich dir und euch auch etwas aus meiner Welt zeigen darf.«

Eine »vernetzte Aufmerksamkeit« (Scharer 1994, 48) zwischen den vier Kommunikationsebenen »Ich – Wir – Es – Globe« bei der Planung von Bildungsprozessen kann sowohl einseitig ästhetisch-phänomenologische als auch einseitig psychologisch-soziale Zugänge zu Lied und Musik verhindern. Musik im religionspädagogischen Bildungsgeschehen ist ein unerschöpflicher Fundus, Lebens- und Glaubenswelten verbal wie nonverbal erleb- und erfahrbar zu machen, und hat eine Qualität, die sprachlich nicht immer eingeholt werden kann. Das ist gut so.

Literatur

Böhm, Uw/Buschmann, Gerd, Popmusik – Religion – Unterricht. Modelle und Materialien zur Didaktik von Popularkultur. Münster 2000.
Fermor, Gotthard, Ekstasis. Das religiöse Erbe in der Popmusik als Herausforderung an die Kirche. Stuttgart u.a. 1999.
Kögler, Ilse, Die Sehnsucht nach mehr. Rockmusik, Jugend und Religion. Graz 1994.
Kögler, Ilse, Soundtrack des Lebens und Sehnsucht nach Erlösung. Popularmusik aus religionspädagogischer Sicht. In: Kabus, Wolfgang (Hg.), Popularmusik und Kirche – kein Widerspruch. Frankfurt 2001, 135–148.
Pirner, Manfred L., Musik und Religion in der Schule. Historisch-systematische Studien in religions- und musikpädagogischer Perspektive. Göttingen 1999.
Scharer, Matthias, Religionsunterricht planen – (wie) geht das? In: Scharer, Matthias (Hg.), Abschied vom Kinderglauben. Handbuch zu »Miteinander Unterwegs«. Salzburg 1994.
Schwarze, Bernd, Die Religion der Rock- und Popmusik. Analysen und Interpretationen. Stuttgart u.a. 1997.
Treml, Hubert, Spiritualität und Rockmusik. Ostfildern 1997.

ILSE KÖGLER

V.2.7 Umgang mit Filmen

→ II.1.5 Bildwerke
→ II.3.2 Sehnsucht und Sehnsüchte
→ II.3.8 Neue Medien – Virtualität – Wirklichkeitsverständnis
→ III.2.2 Ästhetische Bildung
→ V.3.5 Audiovisuelle Medien

Die »direkte Sinnlichkeit« macht das Medium Film attraktiv – für den Einsatz im Religionsunterricht und in verschiedenen Feldern der Pastoral. Filme können Aufmerksamkeit und Interesse wecken für einen Gegenstand, für ein Thema sowie Dissonanzen und damit psychische Energien mobilisieren. Filme vermitteln ihre Botschaft über Bilder(-folgen) und über den Ton, über Dialoge, Musik sowie Geräusche. Dabei können die auditiven Informationen die visuellen ergänzen, effektvoll unterstreichen oder anderweitig kommentieren. Gegenüber der einfachen Geschichte, »die im Film erzählt wird, ist ein Filmbild geradezu aufgeladen mit Bedeutung. An einem Filmbild – ob europäischer Kunstfilm oder Hollywood-Actionfilm – ist nichts zufällig. Jede Einstellung wird vorher minutiös geplant, und die Regisseure wissen ganz genau, wie sie die kleinen Dinge rechts und links von der erzählten Geschichte arrangieren müssen, um dem Filmbild Bedeutung zu geben« (Kamp/Rüsel 1999, 8).

1 Erforderliche Kompetenzen

Die engagierte Auseinandersetzung mit dem Erlebten und die professionelle Gestaltung des gemeinsamen Prozedere nach dem Film ist eine wichtige und dringliche Aufgabe. Kommunikationswissenschaftliche und lernpsychologische Einsichten bilden ein gleichermaßen unverzichtbares wie verlässliches Fundament für den gelingenden und Gewinn bringenden Umgang mit Filmen in diversen Bereichen der (Herzens-)Bildung. So unterschiedlich Zielgruppen und Lernziele auch sind, der professionelle Einsatz bewegter und bewegender Bilder erfordert:

- *kommunikative Kompetenz*, insbesondere den versierten Umgang mit unterschiedlichen Gesprächsformen, nicht zuletzt um die potenziellen Wirkungen von Filmen steuern zu können,
- *mediendidaktische Fähigkeiten* und *medienpädagogische Kenntnisse*, damit nach zielangemessener und zielgruppenbezogener Auswahl die Vorführung von Filmen und die Auseinandersetzung mit den laufenden Bildern an den richtigen Momenten von Lerneinheiten und -prozessen stattfindet,
- *Filmkenntnisse*, um die mediumspezifische Sprache zu verstehen (Bildgestaltung und -komposition, Montage, Erzählperspektiven, Genreregeln, Dramaturgie etc.),
- *ästhetische Bildung*, u.a. das Vermögen ikonischer Anschauung und symbolischer Wahrnehmung, um die thematisch zentrierten Tagträume zeitgenössischer Kultur adäquat deuten zu können, und
- *technisches Know-how* für die sachgemäße Präsentation der laufenden Bilder.

Kurzum: Anzustreben sind eine Reihe von Kompetenzen, die fundiert zu erwerben sind und gerade in ihrer Verknüpfung nicht durch ein wenig Lektüre oder anderweitig schnell und billig eingekauft werden können. Darüber hinaus macht der Einsatz von Filmen im Rahmen des Religionsunterrichts sowie im Kontext von Pastoral und Liturgie neben der obligatorischen, persönlichen theologischen Positionsbestimmung auch eine (Neu-)Besinnung erforderlich im Hinblick auf das Verhältnis von ästhetischer und religiöser, christlicher sowie kirchlicher Kultur.

2 Zum praktischen Einsatz von Filmen und Filmsequenzen

Der Einsatz von Filmen ermöglicht unterschiedliche Kommunikationsphasen und wird sich in der Regel in drei Schritten vollziehen: Planung, Durchführung (d.h. Einführung, Filmerleben und -auswertung) sowie Reflexion.

2.1 Vorbereitung und Planung

Zu entscheiden ist zunächst, welchem Lernmodell man folgt und welche Phase eines Lernprozesses mit Film(-ausschnitten) funktionsgerecht gestaltet werden soll. Da sich ein (Spiel-)Film vorwiegend präsentativer Symbolismen bedient, wird dieser eher am Anfang von längeren Bildungsphasen stehen, nicht aber als Illustration oder zur Bestätigung von Ergebnissen zum Einsatz kommen. Zu bedenken bleibt, welche (unausgesprochenen) Erwartungen und persönlichen Hoffnungen man mit dem Einsatz bestimmter (Kurz-)Filme und Filmsequenzen verbindet.

Es versteht sich von selbst, dass man mit dem Filmmaterial, das zur Vorführung kommt, bereits vertraut sein muss. Nicht zuletzt bedarf der Klärung, welche Rolle(n) man vor und nach der Filmvorführung einnehmen will (Gesprächsmoderator, Filmkritiker, theologischer Experte etc.).

Neben inhaltlichen und didaktischen Erwägungen darf die technische Vorbereitung nicht zu kurz kommen. Vollständige Raumverdunklung und reflexionsstarke Projektionsfläche, ansprechende Bildgröße und gute Tonwiedergabe sind in jedem Fall absolutes Muss, damit die Filmbilder ihre emotionale und ästhetische Wirkung voll entfalten können.

2.2 Durchführung

Einführende Worte vor Beginn des Films sollten diesen nicht vorwegnehmen. Hinweise zum (Original-)Titel, zu Produktionsland und -jahr sowie wenige Sätze zum Regisseur und dessen Œuvre, gegebenenfalls zur Entstehungsgeschichte des Films und eine Andeutung zum Thema reichen völlig aus. Keineswegs muss an dieser Stelle cineastisches Wissen demonstriert werden. Viel wichtiger dagegen ist es, den Teilnehmerinnen und Teilnehmern neben dem Anlass des Filmeinsatzes einen Ausblick zu geben auf das, was nach dem Film vorgesehen ist. (Je nach Veranstaltungstyp mag man vorab Rezeptionsaufgaben verteilen.)

Das Filmerleben ist grundlegend für die weiteren (Lern-)Prozesse. Die aktive, unmittelbare, zumeist nonverbale Interaktion mit dem Geschehen auf der Leinwand steht im Vordergrund. Verschiedene (un-)bewusste Prozesse setzen ein: Die Gesetze der Selektion greifen, Identifikation und Abwehr werden hervorgerufen, Gefühle stellen sich ebenso ein wie Assoziationen und Fantasien. Die morphologische Psychologie vertritt gar die These, dass der wirksame Kern des Films weder hörbar noch sichtbar sei. Er liege im unbewussten Seelenleben der Zuschauerinnen und Zuschauer.

Mitunter kann es sinnvoll sein, einen (Kurz-)Film zu unterbrechen und Erwartungen über den weiteren Filmverlauf verbal oder in spielerischer Weise in Erfahrung zu bringen. Führt man einen Film(-ausschnitt) ohne Ton vor, fördert dies das Verständnis der visuellen Gestaltungsmittel und verdeutlicht, wie nonverbale Kommunikation geschieht.

Bei einer gemeinsamen Filmsichtung haben verschiedene Rezipienten teil an demselben Geschehen auf der Leinwand. Zugleich entstehen in den Köpfen der Zuschauerinnen und Zuschauer zahlreiche (Meta-)Filme. Das macht die anschließende Auseinandersetzung mit Filmen, die »kommunikative Verflüssigung« von Bildern und Eindrücken in kleineren oder größeren Gruppen zu einem die Teilnehmer gegenseitig bereichernden Ereignis. Zu Beginn ist der Austausch über das subjektive, emotionale Filmerleben unerlässlich. Sodann mag man fokussieren entsprechend der Leitthematik, hinsichtlich der (Bildungs-)Ziele oder im Hinblick auf miteinander vereinbarte Fragestellungen. Je nach Veranstaltungstyp und Akzentsetzung sind rezipienten-, gruppen- oder themenorientierte Methoden zu bevorzugen. Schließlich bedarf jeglicher Umgang mit Filmbildern der ideologiekritischen Auseinandersetzung. Dafür ist es erforderlich, die eigene ideologische Bestimmtheit zu kennen.

Die »Exegese« der Seh(n)süchte ist in Religionsunterricht und Pastoral aus der Perspektive christlichen Glaubens zu vollziehen, der menschliche Wünsche und Maßstäbe mitunter durchkreuzt. Letztlich geht es bei der Auseinandersetzung mit Filmen in den genannten Kontexten um einen wechselseitig symbolisch-kritischen Dialog zwischen der Ästhetik des Kinos und der Ästhetik des Glaubens. Es reicht daher nicht aus, religiöse Spuren in Filmen zu entdecken oder Filme als Lieferanten existenzieller Fragen und lebensrelevanter Themen aufzufassen, angesichts derer die Theologie mit bereits fertigen Antworten und letztgültigen Thesen aufwartet. Der offene Dialog, der auf der Unterscheidung zwischen ›Weisheit der Welt‹ und ›Weisheit Gottes in Christus‹ fußt, wird dann fruchtbar und gegenseitig bereichernd sein, wenn im Ringen um Wahrheit und gelingendes Leben weder der Autonomieanspruch der Filmkunst übergangen noch deren Infragestellung und Ergänzung durch theologische Aussagen und Modelle von vornherein ausgeschlossen werden. Nicht genug: Will die (Praktische) Theologie mit den Schätzen und »säkularen Mystagogien« des großen Erzähl- und Erfahrungsraums Kino in Kontakt treten, tut sie gut daran »zuerst und vor allem ihr Verhältnis zu den eigenen Bildern und zur eigenen (mangelnden?) Bildhaftigkeit zu klären« (W. Fürst).

2.3 Reflexion

Wie jegliches Handeln in Religionsunterricht, Erwachsenenbildung und Pastoral bedarf auch der Einsatz und Umgang mit Filmen der Reflexion. Diese dient der Qualitätssicherung und -förderung weiterer Veranstaltungen, der Professionalisierung und der Kontrolle (z.B. der Lernerfolge). Analyseraster helfen, den geplanten Aufbau und konkreten Ablauf von Veranstaltungen insbesondere im Blick auf Inhalts-, Regel- und Beziehungsaspekte zu überprüfen. Supervision kann dazu beitragen, dass Konzepte und Rollen geklärt, Kommunikations- und Leitungsverhalten in Gruppen verbessert werden. Nicht zuletzt kann man auf diesem Wege Stärken, aber auch blinde Flecken entdecken, die eigene Medienkompetenz erweitern und zu kreativem Experimentieren befähigt werden.

3 Ausblick

Kultur und Filmwirtschaft unterhalten ein reges Zwiegespräch, in dem sich die Gesellschaft selbst erfährt, thematisiert und versteht. Das Kino, Schnittstelle zwischen dem Kulturwissen im Medium des Films und dem Lebenshorizont der einzelnen, ist ein Ort aktueller Kommunikation über gesellschaftlich und individuell relevante Themen. Es ist daher ratsam, häufiger ins Kino zu gehen, als dies de facto in Kreisen von Lehrern und pastoralen Mitarbeiterinnen geschieht. Neben Filmen als künstlerischem Ausdruck echter Zeitgenossenschaft mag man die sinngewährende und religionsproduktive Kraft zeitgenössischer populärer Filme entdecken. Zudem ist es wichtig, sich den unterschiedlichen Bilderwelten, Rezeptionsvorlieben und Sehweisen seiner Zielgruppen zu stellen, um in einer zunehmend visuell kommunizierenden Gesellschaft Zugänge zu den unterschiedlichen Milieus zu gewinnen und zu erhalten. Die Flut der Bilder, Töne und Texte aus den Medien erfordert eine neue Kultur des Sehens, Hörens und Lesens. Religionspädagogik und Pastoraltheologie können im Dialog mit dem Kino einen Beitrag dazu leisten – auch für eine qualifizierte christliche Medienkritik, die nicht an »der Basis« vorbeigeht.

Literatur

Blothner, Dirk, Erlebniswelt Kino. Über die unbewusste Wirkung des Films. Bergisch Gladbach 1999.
Kamp, Werner/Rüsel, Manfred, Vom Umgang mit Film. Berlin 1998.
Kirsner, Inge/Wermke, Michael (Hg.), Religion im Kino. Religionspädagogisches Arbeiten mit Filmen. Göttingen 2000.
Kroll, Thomas, Um Gottes willen über Filme reden! Ermutigung zum Einsatz bewegter Bilder in Religionsunterricht und theologischer Erwachsenenbildung, in Pastoral und Liturgie. In: Pastoralblatt 53 (2001) 75–86 (Fortsetzungsreihe).
Korte, Helmut, Einführung in die Systematische Filmanalyse. Berlin 2000.
Monaco, James, Film verstehen. Kunst, Technik, Sprache, Geschichte und Theorie des Films und der neuen Medien. Reinbek ^{2}2000.

THOMAS KROLL

V.2.8
Kreatives Gestalten

→ III.1.1 Arbeit mit der Bibel/Bibeldidaktik
→ III.2.1 Sprache/religiöse Sprache
→ III.2.2 Ästhetische Bildung
→ V.2.4 Umgang mit Texten
→ V.2.5 Umgang mit Bildern
→ V.2.6 Umgang mit Lied und Musik
→ V.2.12 Freiarbeit

1 Begriffliche Annäherungen

Nicht jedes Gestalten muss kreativ sein. Wichtige Formen religiösen Lehrens und Lernens haben an ganz anderen Stellen ihre Stärke: nacherzählen, nachspielen, nachvollziehen, nachgestalten, nachsprechen, nachtanzen, nachfolgen u.a. Wieder andere stellen notwendige Mischformen dar, bei denen der Anteil an Kreativität unterschiedlich hoch sein kann: weitererzählen, weiterspielen, weiterentwickeln, weiterschreiben/fortschreiben u.a. Wo immer kreatives Gestalten im Spiel ist, handelt es sich im Kern um ein Aha-Erlebnis, einen fruchtbaren Moment oder auch einen Entdeckungsprozess, der Gestalt gewinnt und insofern einen ganzheitlichen Vorgang bezeichnet, nicht nur eine innere Einsicht.

Lange meinte man, derartige Vorgänge und Leistungen seien an »Genies« gebunden und – im Horizont traditioneller Bildungstheorie – an bestimmte Schulformen. Mit dem 15./16. Jh. hat indes ganz allmählich eine Entwicklung eingesetzt, die im Laufe der Jahrhunderte zu mehr Bildung für alle geführt hat. Auf diesem Hintergrund, sowie in Weiterentwicklung entsprechender Anliegen der Reformpädagogik und der Kreativitätsforschung in den USA verstand der Göttinger Pädagoge Heinrich Roth Kreativität als »ein gewohnte Regeln und Lösungsschemata übersteigendes Verhalten« (Roth 1976, 145), das mehrdimensional angelegt und nicht käuflich ist und den ganzen Menschen betrifft, nicht nur einen Sektor.

Innerhalb dieses Verhaltens führt Roth eine Differenzierung ein, die gerade auch für die Frage nach kreativen Lernprozessen bei Jugendlichen und Kindern grundlegend ist. Er unterscheidet zwei verschiedene Ausprägungen: (1) die »Kreativität des Alltags« und (2) die »kreativen Spitzenleistungen der Kultur, die in die Menschheitsgeschichte eingehen« (Roth 1976, 145). Hinter dieser Unterscheidung steht das Interesse, Kreativität nicht auf die Ebene einzelner erwachsener Genies zu beschränken, sondern sie mitten in allen Lebensbereichen von Menschen zu entdecken, anzuerkennen und zu fördern. Mit anderen Worten: Kreativität soll nicht das Vorrecht einer Elite sein. Ebenso wie der Alltag soll sie täglich gegenwärtig und allen zugänglich sein.

Als »eine erste generelle Voraussetzung für Neuschöpfungen« nennt Roth im Anschluss an Juy Paul Guilfords Analyse der Intelligenzdimensionen das »divergente Denken« (Roth 1976, 147). Als gemeinsame Grundzüge, die für kreatives Verhalten und Gestalten charakteristisch sind, nennt er nach Louis Leon Thurstone: »a) Offenheit für neue Erfahrungen, angefangen bei Neugierde, Wissbegierde – auch für nicht reguläre Lernprozesse. b) Keine Angst vor Experimenten, mehr Mut zum Risiko, zum Spiel, zum

Sich-aufs-Spiel setzen, zur Abwechslung, zur Abweichung. c) Relative Feld- und Umweltunabhängigkeit, autoritätsfreie Selbstdarstellungs- und Selbstverwirklichungstendenzen, mehr Toleranz für Dissonanzen, Probleme, Konflikte, Komplexität.« Darüber hinaus weist Roth auf die Bedeutung von Selbstvertrauen, Sensibilität und Hoffnung hin (vgl. Roth 1976, 148–149). Speziell im Blick auf die Entwicklung der Alltagskreativität nennt er als günstige Voraussetzungen Spontaneität, Improvisation, Einfallsflüssigkeit, Flexibilität (Roth 1976, 150).

2 Bedingungen für das Entstehen kreativen Verhaltens

Besonders aufschlussreich für die Arbeit in den religionspädagogischen Handlungsfeldern sind acht Bedingungen für das Zustandekommen kreativen Verhaltens und Gestaltens, die Fritz Weidmann (vgl. 1974, 26–49) aufführt: (1) Offensein für neue Erfahrungen statt Selbstbeschränkung auf vorgegebene Informationen und auf das Nachvollziehen ausgefahrener Denk- und Handlungsbahnen unter dem Konformitätsdruck von Einzelnen oder Gruppen innerhalb der Schule; (2) Problematisieren von Sachverhalten, Situationen, Scheinlösungen statt Aufbau von Festlegungen des Denkens und Handelns (sets), die immer zur Lösung jedes Problems eingebracht werden; (3) Assoziieren von Einfällen, Bildern, Gedanken (Ideen) statt Drill und Mechanisierung von Denk- und Handlungsabläufen; (4) Sozialintegrativer bzw. kooperativer Erziehungsstil mit viel Gruppenarbeit im Unterricht statt autoritärer Führungsstil, aber auch statt Laissez-faire-Stil; (5) Atmosphäre der Toleranz, des Akzeptierens und des Vertrauens in der Klasse mit möglichst wenig Konformitätsdruck statt Hemmungsbarrieren und Repression; (6) Muße als unentbehrlicher Freiraum zum Freisein von Leistungsdruck und von der Beurteilung unter den Gesichtspunkten der Produktivität und Effektivität; (7) Motiviertsein, verstanden als Bereitschaft, Interesse, Freude oder Neigung, Neues zu erfahren, Unbekanntes zu entdecken und selbst etwas herzustellen; (8) Fähigkeit zum Transfer von Gelerntem in neue Situationen hinein.

3 Kreatives Gestalten mit biblischen Texten

Biblisch-theologisch ist es für kreative Lern- und Gestaltungsprozesse befreiend, der Kreativität der Bibel selber zu begegnen. Dazu können exemplarische Einblicke in die gestalterische Arbeit biblischer Erzähler dienen, die entdecken lassen, dass biblische Texte nicht eine Aneinanderreihung geschichtsloser Sätze sind, sondern jeweils einen konkreten »Sitz im Leben« haben. Auf diese Weise kommen Ursprungssituationen des christlichen Glaubens in den Blick, die wieder etwas von der Leidenschaft, Spontaneität und gestalterischen Kraft der frühen Zeugen ahnen lassen, welche sonst leicht unter den gedruckten Buchstaben verdeckt wird. In einem derartigen Prozess bleiben menschliche Kreativität und biblische Überlieferung nicht mehr krasse Gegensätze, die zu Aggressionen und Blockaden führen, sondern sie werden jeweils in ihrer Verschiedenheit und Gegensätzlichkeit zu Partnerinnen, die aufeinander angewiesen sind. Das wird besonders deutlich an den gegenseitigen Begrenzungen. Einerseits setzt die Alltagskreativität von Kindern und Jugendlichen der Erstarrung und Bewunderung biblischer Tradition Grenzen, indem sie diese analysiert, kritisch befragt, auf ihre Brauchbarkeit hin untersucht, mit gegenwärtigen Erfahrungen konfrontiert, nachgestaltet, umgestaltet und neu gestaltet. Andererseits setzt der Text der Bibel dem möglichen Wildwuchs kreativer Ideen Grenzen, indem er sie wieder an seinen Inhalt als Gegenüber und Widerlager weist. Auf diese Weise kann die spontane Kreativität der Jugendlichen mit der gewachsenen Kreativität der Bibel auf einen Weg des Dialogs kommen, der der gegenseitigen Erschließung von biblischer Überlieferung und eigenem Leben dient, Blockaden auf diesem Weg abbaut und kreative Zugänge zur Bibel ermöglicht.

4 Kreativität und Rezipient

In diesem Zusammenhang ist ein Blick auf die Rezeptions- und Wirkungsästhetik aufschlussreich, die sich etwa zeitgleich zur Kreativitätsforschung seit den 1950er-Jahren und verstärkt seit Ende der 1960er-Jahre enorm entwickelt hat. Sie schenkt dem lange zu gering geschätzten Rezipienten (Leserin und Leser) große Aufmerksamkeit und somit der Bestimmung eines Werks aus seiner Wirkung. Der Bann der traditionellen Werk- und Darstellungsästhetik ist hiermit gebrochen und Rezeption als fortschreitende Interpretation kann eine offene Reihe von Rezeptionsgestalten hervorbringen. Wolfgang Iser hat auf diesem Hintergrund den Akt des Lesens genauer untersucht und von hier aus eine ästhetische Lesetheorie entwickelt. Demnach ist die Zusammengehörigkeit von Text und Leser so zu verstehen, dass »Wirkung das vom Text bedingte, Rezeption das vom Adressaten bedingte Element der Konkretisation benennt (...). So bleiben die Implikation des Textes und die Explikation des Adressaten, der implizite und der historische Leser aufeinander angewiesen« (Jauß 1987, 999).

Der Rezeptionsästhetik geht es also vor allem um eine Theorie der Erfahrung und des erfahrenden Subjekts. Sie betrachtet literarische Werke als Ausgangspunkt kreativer Rezeption und zeichnet eine Entwicklungsgeschichte nach, in der das Lesen vom passiven Empfangen zum aktiven, produktiven Aufnehmen und Gestalten avancierte. So wird der früher nur kontemplative Leser als Mitschöpfer des offenen Werks erkannt und anerkannt. Mit dieser Entdeckung und ihrer wissenschaftlichen Ausarbeitung ist eine Konzeption entworfen, die erhebliche Plausibilität und Anziehungskraft für religionspädagogische und homiletische Arbeitsprozesse in Theorie und Praxis hat.

Zu den wichtigsten Anregern der Rezeptionsästhetik gehört Umberto Eco, der mit »Opera aperta« (Offenes Kunstwerk) »die erste Theorie der offenen, ständig fortschreitenden Sinnkonstruktion entwarf, nach der das Kunstwerk als offene Struktur die aktive Koproduktion des Rezipienten benötigt und eine geschichtliche Vielfalt von Konkretisationen zeitigt, ohne darum aufzuhören, ein Werk zu sein« (Jauß 1987, 1002).

Gegenüber einer Einengung der Gestaltungsmöglichkeiten auf Lesen und Schreiben ist allerdings in religionspädagogischen Lernprozessen die theologisch und didaktisch berechtigte Vielfalt von Gestaltungsformen zu betonen, die sich acht Feldern zuordnen lässt (vgl. Petzold 1989, 87–89): (1) Singen und Musikmachen; (2) Schreiben; (3) Formen und Werken; (4) Meditieren und Schweigen; (5) Bewegen und Tanzen; (6) Sprechen und Vortragen; (7) bildnerisches und grafisches Gestalten; (8) spielerisches Gestalten. Die Zuordnung soll keine künstliche Trennung fördern, sondern den Horizont weiten, Alternativen in den Blick rücken, Komplexität durchschaubar machen und unnötige Wiederholungen verhindern.

Literatur

Baldermann, Ingo, Auferstehung sehen lernen. Entdeckendes Lernen an biblischen Hoffnungstexten (Wege des Lernens 10). Neukirchen-Vluyn 1999.
Grom, Bernhard, Methoden für Religionsunterricht, Jugendarbeit und Erwachsenenbildung, Düsseldorf u.a. [10]1996.
Iser, Wolfgang, Der Akt des Lesens. Theorie ästhetischer Wirkung. München [4]1994.
Jauß, Hans Robert, Rezeption, Rezeptionsästhetik. In: HWP 8 (1987) 996–1004.
Petzold, Klaus, Theorie und Praxis der Kreativität. Kreative Zugänge zur Bibel in Hauptschulen. Frankfurt/M. 1989.
Petzold, Klaus, Werkstatt Religionspädagogik. Kreative Lernprozesse in Schule und Gemeinde. Bd. 1–4 Leipzig 1998–2001.
Roth, Heinrich, Kreativität lernen? In: Deutsche Schule 68 (1976) 142–159.
Weidmann, Fritz, Kreative Schüler. Beispiele kreativen Schülerverhaltens im Religionsunterricht aller Schulstufen. Zürich u.a. 1974.

KLAUS PETZOLD

V.2.9 Anspiel – Rollenspiel – Bibliodrama

→ II.4.1 Lebensgeschichte(n) – Glaubensgeschichte(n)
→ III.1.1 Arbeit mit der Bibel/Bibeldidaktik
→ V.2.4 Umgang mit Texten
→ V.2.10 Themenzentrierte Interaktion

1 Definition und religionspädagogische Einordnung

1.1 Anspiel

Anspiele sind kurze, in der Regel vorbesprochene oder eingeübte szenische Darstellungen weniger Spielerinnen und Spieler zu einem Thema oder einem biblischen Text mit dem Ziel, den Text bzw. die Thematik an eine Gruppe von Zuschauern zu vermitteln. Das Anspiel zielt auf ein anschließendes Gespräch, manchmal auch auf eine Gestaltung zum Text bzw. zum Thema. Durch Anspiele können Einzelaspekte einer Thematik oder biblischen Geschichte, das Profil der Handlungsträger bzw. der Kontext leichter wahrnehmbar gemacht werden. Insofern die vermittelte Thematik im Vordergrund steht, eignet sich das Anspiel besonders zur lebendigen Umsetzung eines stärker verkündigungsorientierten religiösen Lernprozesses. Anspiele sprechen Vorschulkinder ebenso an wie Senioren, vom Familiengottesdienst bis zum Managerseminar reicht ihr Einsatzbereich.

1.2 Rollenspiel

Rollenspiele sind dialogisch angelegte Szenarien, die den Spielerinnen und Spielern eine Identifikation mit einem Rollenangebot aus dem gesellschaftlich-zwischenmenschlichen oder einem biblischen Kontext ermöglichen. Die Rollenvorgaben können differenziert ausgearbeitet sein oder ganz offen bleiben, die Situation kann real oder fiktiv sein. Ernsthaft betriebenes Rollenspiel benötigt eine vertrauensvolle Atmosphäre zwischen den Spielern. Wer gerade nicht spielt, bleibt als teilnehmender Beobachter beteiligt. So verstandenes Rollenspiel eignet sich nicht zur Aufführung vor Publikum. Die Vorbereitungszeit für das Spiel sollte nicht zu lang sein, damit die originale Erfahrung des Rollenerlebens nicht zu sehr von Vorgaben eingeengt wird. Im Auswertungsgespräch geht es darum, wie sich die Spieler in ihren Rollen erlebt haben und welche Auswirkung dieses Rollenerleben auf ihr Alltagserleben haben könnte. Rollenspiele tragen durch die bestätigende oder konfrontierende Folie des Rollenerlebens zur Auseinandersetzung mit der eigenen Lebenssituation bei. Zumindest potenziell haben Rollenspiele die Intention, auch eine Veränderung von Handlungsmustern zu ermöglichen. In diesem Sinne verstandenes Rollenspiel hat eine besondere Affinität zu einem problemorientierten Religionsunterricht. Rollenspiele können in einfacher Form schon in der Grundschule, differenzierter in Jugendarbeit und Erwachsenenbildung zum Einsatz kommen. Der Übergang vom religionspädagogischen zu einem therapeutischen Rollenspiel bedarf sensibler Begleitung und besonderer Qualifikation aufseiten des Leiters.

1.3 Bibliodrama

Ein Bibliodrama ist ein mehrstündiges bis mehrtägiges, methodenplurales, durch einen Leiter oder eine Leiterin begleitetes Prozessgeschehen einer Gruppe von Menschen mit einem biblischen Text. Ziel eines Bibliodramas ist die ganzheitliche, wechselseitige Erschließung des Textes und der Lebenssituation bzw. Biografie der Teilnehmer. Das Prozessgeschehen verläuft dabei über die drei Begegnungsebenen Ich – Text, Ich – Gruppe, Gruppe – Text. Die inneren Strukturen des Textes (vgl. Martin 1995), Körper, Intellekt und ästhetisches Vermögen als Medien der Wahrnehmung, sowie der Gruppenprozess geben Rhythmus und Verlauf der bibliodramatischen Schritte vor. Dabei korrigiert die regelmäßige Rückfrage nach dem Text übermäßigen Subjektivismus aufseiten der Teilnehmer bzw. übertriebenes Steuerungsbedürfnis aufseiten der Leitung. Der Schwerpunkt des Bibliodramas variiert je nach Leitung zwischen einem eher textorientierten und einem eher therapeutischen Setting. Text und Personbezug stehen im Idealfall in Symmetrie zueinander. Konzeptionell steht das Bibliodrama einem religionspädagogischen Vermittlungsmodell nahe, das die positiven Anliegen sowohl des hermeneutischen als auch des verkündigungsorientierten und des problem- bzw. personorientierten Religionsunterrichts aufnimmt. Voraussetzung für die erfolgreiche Teilnahme an einem Bibliodrama in Vollform ist, dass den Teilnehmern ihre eigene Lebenssituation als Deutungs- und Gestaltungsaufgabe wirklich zum Thema geworden ist, dass sie darüber kommunizieren wollen und dass sie sich auf einen Gruppenprozess mit einem biblischen Text einlassen können. Das ist in der Regel erst nach der Pubertät, im schulischen Kontext ca. ab der 11. Jahrgangsstufe der Fall. Vorher können bereits Bibliodrama-Elemente oder einzelne Spielketten zum Einsatz kommen. In Erwachsenengruppen vollziehen sich neben der Auseinandersetzung mit der aktuellen Lebenssituation regelmäßig auch Neudeutungen der eigenen Lebensgeschichte.

2 Anthropologische, theologische und philosophische Grundlagen

Ob Anspiel, Rollenspiel oder Bibliodrama, wer eine dieser Methoden in seiner religionspädagogischen Arbeit einsetzt, wird immer wieder davon überrascht, wie sich Menschen jeden Alters auf das Spiel einlassen und wie sie teilweise verändert und berührt daraus hervorgehen. Wenn Schwellenängste abgebaut werden, gilt: Jeder kann spielen, konnte schon immer spielen! Jeder Mensch hat in seiner frühen Kindheit intensiv Rollen gespielt, war Löwe, Fuchs, Prinzessin oder Räuber. Und es ist dieses symbolisch-imaginative Entrücktsein im Spiel, das spätere freie Identifikationen mit verschiedenen Rollenmöglichkeiten vorbereitet. Andererseits ist menschliches role-taking nie ungefährlich. Rollenspiele aller Art können auch manipulieren, im Extremfall bleibt vom eigenen Selbst nur noch ein verbogener Institutionenkörper übrig (vgl. Theweleit 1978). Rollen »imponieren« uns Menschen, prägen uns im Nachgespieltwerden ihre Form der Weltwahrnehmung ein. Biblische Texte, biblische Rollen machen uns dabei ein gefächertes Identifikationsangebot, das von der Rebellion gegen Gott bis hin zum tiefen Vertrauen reicht. Biblische Geschichten spielen heißt: Sich selbst mit der eigenen Lebensgeschichte spielend neu verstehen vor dem Text. Hier konvergieren Rollenspieltheorie und Bibliodrama mit neueren Ansätzen der Rezeptionsästhetik (vgl. Körtner 1994). Der außerordentliche Bildhaushalt der biblischen Geschichten, ihre affektive Intensität provoziert geradezu eine nachspielende Vergegenwärtigung. Die mittelalterlichen Mysterienspiele, das reformatorische Schuldrama, das Jesuitendrama sind historische Vorläufer von religionspädagogisch verantwortetem Anspiel, Rollenspiel und Bibliodrama (vgl. Aldebert 2001). Diese spielerisch-szenischen Formen waren im Gefolge der Aufklärung weitgehend in Vergessenheit geraten. Mit der Rückbesinnung auf die Chancen religionspädagogischer Inszenierungen, mit ihrer Fortentwicklung zum spontanen und gleichzeitig reflektierten, ganzheitlichen Spiel werden die zu eng gefassten Grenzen eines überwiegend rationalen Wirklichkeitsbezugs wieder geweitet: Das Spiel öffnet Zugänge zum »Anderen der Vernunft« (vgl. Böhme/Böhme 1985), erlaubt teilweise in sich widersprüchliche Selbstplatzierungen und entspricht damit auch der faktisch plural ausdifferenzierten Situation der Adressaten. Der Gefahr der Beliebigkeit muss sowohl im Rollenspiel als auch im Bibliodrama durch intensives Feedback in der Gruppe und durch reflexiven Rückbezug des Spiels auf den Text begegnet werden.

3 Zwischen Planung und Prozess

Bergen Anspiel und Rollenspiel schon Unwägbarkeiten im Hinblick auf Verlauf und Ergebnis, so wird im Bibliodrama die Prozesshaftigkeit des Geschehens – unbenommen der Tatsache, dass es eine Leitung gibt – noch nachhaltiger zum Kriterium (vgl. Warns/Fallner 1994). Es gibt zwar eine Fülle an methodischen Möglichkeiten und Maßstäben für sachgerechtes Bibliodrama, aber keine klar vorgegebenen Lernziele mehr außer dem, dass es zu elementaren Begegnungen kommen soll. Mit der Rezeption des Begegnungsbegriffs knüpft die Bibliodramabewegung an eine philosophisch-pädagogische Diskussion aus der ersten Hälfte des 20. Jh. an, deren Schlüsselsatz Martin Buber geprägt hat: »Alles wirkliche Leben ist Begegnung« (Buber 1965, 15). Es war aber schon damals klar, dass man existenzielle Begegnungen nicht religionspädagogisch »produzieren« kann (vgl. Bollnow 1959).

Damit stellt sich die Frage nach dem didaktischen Stellenwert und geeigneten Handlungsfeldern für Anspiel, Rollenspiel und Bibliodrama. Dass der ganze Bereich der Erwachsenenbildung geeignete Bedingungen bietet, liegt auf der Hand. Aber was ist mit der Schule? Solange Anspiele und kleine Rollenspiele nur einzelne funktionale Elemente in einem ansonsten operationalisierbaren Unterrichtsgeschehen bleiben, werden sich keine Probleme mit den üblichen Standards von Unterrichtsplanung, Benotung und Ergebnissicherung ergeben. Sobald allerdings Spielprozesse wie im Bibliodrama einen zentraleren Stellenwert im Religionsunterricht gewinnen sollen, wird man fragen müssen, ob wir uns – innerhalb der gesetzlichen Rahmenbedingungen – nicht auch einen wirklich anderen Religionsunterricht vorstellen können? Längst ist das curriculare Modell eines durchplanbaren Unterrichtes ergänzungsbedürftig durch offenere Formen, die mit der Vielschichtigkeit der Weltwahrnehmung heutiger Menschen rechnen und prozessorientiert darauf eingehen. Projektbezogen kann so z.B. durchaus der größte Teil eines Schuljahrs in einer Oberklasse als bibliodramatischer Prozess verlaufen (vgl. Aldebert 2001). Es hat sich gezeigt, dass Gruppen nach längeren bibliodramatischen Prozessen auch für anschließenden regulären Unterricht motivierter arbeiten als Gruppen ohne diese Erfahrung. Natürlich fordert die Prozessbegleitung von der Leitung sowohl Konfliktfähigkeit und Personkompetenz im Hinblick auf die Gruppe, als auch Sachkompetenz im Hinblick auf eine ganzheitliche Erschließung der Texte. Deshalb ist dafür eine Bibliodrama-Ausbildung erforderlich, die berufsbegleitend erworben werden kann.

Literatur

Aldebert, Heiner, Spielend Gott kennen lernen. Bibliodrama in religionspädagogischer Perspektive. Hamburg 2001.

Buber, Martin, Ich und Du. In: Buber, Martin, Das dialogische Prinzip. Heidelberg 1965.

Böhme, Hartmut/Böhme, Gernot, Das Andere der Vernunft. Zur Entwicklung der Realitätsstrukturen am Beispiel Kants. Frankfurt 1985.

Bollnow, Otto Friedrich, Existenzphilosophie und Pädagogik. Versuch über unstetige Formen der Erziehung. Stuttgart 1959.

Körtner, Ulrich H.J., Der inspirierte Leser. Zentrale Aspekte biblischer Hermeneutik. Göttingen 1994.

Martin, Gerhard Marcel, Sachbuch Bibliodrama. Stuttgart 1995.

Theweleit, Klaus, Männerphantasien. Bd. 2: Männerkörper. Zur Psychoanalyse des weißen Terrors. Frankfurt/M. 1978.

Warns, Else Natalie/Fallner, Heinrich (Hg.), Bibliodrama als Prozeß. Leitung und Beratung. Bielefeld 1994.

HEINER ALDEBERT

V.2.10
Themenzentrierte Interaktion

III.2.3 Soziales und ethisches Lernen
V.2.1 Gesprächsformen
V.2.3 Sozialformen und Differenzierung
V.2.11 Handlungsorientiertes Lernen und Projektarbeit

1 Entstehung und Arbeitsprinzip

Die Themenzentrierte Interaktion (TZI) nach Ruth C. Cohn ist eine wertbestimmte Haltung, die vor allem in pädagogisch-therapeutischen Gruppenverfahren mit politisch-gesellschaftlicher Relevanz (vgl. Hagleitner 1996) ihren Ausdruck findet. Entstehung und Grundlagen von TZI sind eng mit der Lebensgeschichte Ruth C. Cohns verbunden. Als Psychoanalytikerin ausgebildet, arbeitete sie »30 Jahre lang (...) im geschichtlichen Prozess persönlicher und geistiger Interaktion an einem systematischen Versuch, (...) der pädagogisch-therapeutische Elemente in den Unterricht und in andere Kommunikationsgruppen einbeziehen könnte« (Cohn 1992, 7). Prägenden Einfluss auf Ruth C. Cohn hatte die Erfahrung nationalsozialistischer Gewalttätigkeit. Sie musste als Jüdin aus Berlin, wo sie Nationalökonomie studierte, zunächst nach Zürich und später in die USA emigrieren. Die entscheidende Züricher Erfahrung war ihre sechsjährige Lehranalyse, zu der sie später eine kritische Distanz einnahm. Mit der Übersiedlung nach Amerika (1941) war für Ruth C. Cohn die Begegnung mit den damaligen neuen Therapieformen möglich, die neben der Psychoanalyse, den Körpertherapien und dem holistischen Prinzip der biopsychologischen Einheit des Menschen als Teil eines universellen Ganzen entscheidenden Einfluss auf ihr Konzept hatten.

Die Geburtsstunde für TZI war ein von Ruth C. Cohn geleiteter Workshop 1955. Während sie sich darauf vorbereitete, spielte ein Traum eine bedeutende Rolle: Sie sah das Bild einer gleichseitigen Pyramide mit vier Eckpunkten, die sie als Grundlage jedes Gruppengeschehens deutete:

(1) das *Ich* (die einzelne Person); es ist sich seiner selbst bewusst und wendet sich den anderen und dem Thema in einer bestimmten Gruppensituation zu;

(2) das *Wir (*die Gruppe); es repräsentiert die Beziehung einzelner Personen zueinander und zum Thema in ihrer Interaktion;

(3) das *Es* (Aufgabe oder Thema); es benennt das zu bearbeitende Anliegen;

(4) der *Globe* (das Umfeld); er beeinflusst die Gruppe in ihren Beziehungen und in ihrer Arbeit im engeren und weiteren Sinn.

Mit der Gleichgewichtigkeit und »dynamischen Balance« von Ich, Wir, Es und Globe ist die Gruppenführung nach TZI charakterisiert. In einer nachträglichen Präzisierung der Arbeitsgrundlage wird das Thema – bildlich gesprochen – in die Mitte der Pyramide geschrieben. Aus dem richtig formulierten Thema heraus, das zum »Focus« des Gruppenprozesses wird, werden die Arbeitsformen, die Methoden und Medien entwickelt.

2 Anthropologisch-ethische Grundlagen

Wider jeden Versuch, TZI auf eine Technologie zur Leitung von Gruppenprozessen zu reduzieren, betont Ruth C. Cohn die untrennbare »Zusammengehörigkeit von humaner und geistiger Wertbezogenheit und ihrem spezifischen methodischen Ansatz« (Cohn 1979, 253). Am deutlichsten drückt sich die Wertbezogenheit von TZI in den »Axiomen« aus, die »unableitbare Voraussetzungen« sind und »Glaubenselemente« (Cohn 1974, 150) enthalten:

(1) Das erste Axiom bringt die Anthropologie Ruth C. Cohns zum Ausdruck; es gründet auf einer in doppelter Weise ganzheitlichen Sicht des Menschen: Sowohl der einzelne Mensch für sich als auch als Bestandteil der Umwelt bilden ein Ganzes. Diese Ganzheit bezieht sich auf Fühlen, Denken und Handeln. Ruth C. Cohn mahnt bei aller Anerkennung der Autonomie des Menschen dessen Verantwortung für die Welt und ihre Veränderung wie für ihre Geschichtlichkeit an. So lautet das *anthropologische Axiom*: »Der Mensch ist eine psychobiologische Einheit und ein Teil des Universums. Er ist darum gleicherweise autonom und interdependent. Die Autonomie des Einzelnen ist umso größer, je mehr er sich seiner Interdependenz mit allen und allem bewusst wird« (Farau/Cohn 1984, 357).

(2) Im *ethischen Axiom* trifft Ruth C. Cohn eine wertende Entscheidung für den Sinn und Wert menschlichen Lebens und Handelns: »Ehrfurcht gebührt allem Lebendigen und seinem Wachstum. Respekt vor dem Wachstum bedingt bewertende Entscheidung. Das Humane ist wertvoll, Inhumanes ist wertbedrohend« (Farau/Cohn 1984, 358). Das ethische Axiom ergänzend vertritt Ruth Cohn die Hypothese eines »angeborenen«, »organismischen Wertesinnes«, den zu entfalten eine Überlebensfrage der Menschheit sei (vgl. Farau/Cohn 1984, 467–484).

(3) Schließlich verbindet das *pragmatisch-politische Axiom* das Innen und Außen und die drei Axiome miteinander: »Freie Entscheidung geschieht innerhalb bedingender innerer und äußerer Grenzen, Erweiterung dieser Grenzen ist möglich. Unser Maß an Freiheit ist, wenn wir gesund, intelligent, materiell gesichert und geistig gereift sind, größer, als wenn wir krank, beschränkt oder arm sind und unter Gewalt und mangelnder Reife leiden. Bewusstsein unserer universellen Interdependenz ist die Grundlage humaner Verantwortung« (Cohn 1992, 120). Human verantwortlich handelt der Mensch also gerade dann, wenn er um die universale Bedingtheit der Freiheit weiß und seinen Freiheitsspielraum innerhalb des »Globe« nützt.

Neben den Axiomen kennt TZI auch *»Postulate«* und *»Hilfsregeln«*. Postulate sind die Nahtstellen zwischen den Axiomen und der Methodik von TZI. Ruth C. Cohn kennt zwei »existenzielle Daseinspostulate«: (1) das Chairperson-Postulat und das so genannte (2) Störungs-Priorität-Postulat. Das Chairperson-Postulat in der Formulierung »sei dein eigener Chairman/Chairwoman, sei die Chairperson deiner selbst« (Farau/Cohn 1984, 358) hat einen zweifachen Akzent: zum einen geht es um die Verantwortung mir selbst und meiner individuellen Welt gegenüber, also um die Selbstakzeptanz, andererseits um die Verantwortlichkeit der Umwelt gegenüber. Das Störungspostulat in der Formulierung »Störungen und Betroffenheiten haben Vorrang« (Farau/Cohn 1984, 360) wurde oft didaktisch missverstanden. Die ursprüngliche Formulierung »disturbances and passionate involvements take precedence« (Cohn/Farau 1984, 360) drückt besser als die deutsche Formulierung aus, was gemeint ist: Es geht um die Wahrnehmung der Realität mit den Störungen und Betroffenheiten, die nicht nach Erlaubnis fragen, sondern einfach da sind und zum Ausdruck kommen dürfen, da ansonsten der Mensch in Apathie verfällt.

3 Theologisch-kirchliche Rezeption

Es gibt vielfältige Versuche, Glaube und Theologie mithilfe von TZI in das Leben hinein zu vermitteln. In diesen Fällen besteht die »Sache« (*Es*) in Glaubensinhalten, theologischen Konzepten und Begriffen, die in lebendigen Lehr-/Lernprozessen Menschen auf der individuellen und auf der gruppenbezogenen Ebene unter Beachtung des jeweiligen Globes nahe gebracht werden. Unter dieser Perspektive reiht sich TZI in den Reigen offener, kommunikativer didaktischer Ansätze ein, welche Glaube und Theologie zu erschließen versuchen (vgl. z.B. Kroeger 1989).

Eine lebendige Glaubenserschließung und theologische Vermittlung mithilfe der TZI mag hilfreich sein. Sie übersieht aber, dass die wesentlichen Perspektiven der Theologie nicht nur die »Sache« betreffen, sondern das gesamte themenzentriert-interaktionelle System einschließlich der zugrunde liegenden Haltungen und Werte. Einen Schritt in die Richtung einer umfassenderen praktisch-theologischen Rezeption geht bereits Dieter Funke mit seinem Versuch, TZI als »Modell thematisch-symbolischer Orientierung« (Funke 1984) zu rekonstruieren. Seine Aufmerksamkeit gilt der Symbolfähigkeit von Menschen bzw. deren Symbolverlust im Alltag, der ohne Symbole zur Routine erstarrt. Die Symbolfähigkeit wird zur Überlebensfrage der Menschen, da Sinnkonstruktion mit Symbolkonstruktion unmittelbar verbunden ist. Die thematisch-symbolische Orientierung individueller und kollektiver Symbole und deren intersubjektive Vergewisserung, wie sie nach Funkes Ansatz in TZI Gruppen ermöglicht wird, rettet aus dem Symbolverlust. Dieser religionspsychologisch und religionssoziologisch bewusste Ansatz macht auf die Chancen von TZI aufmerksam, als Gesamtsystem die religiöse Dimension im und zwischen Menschen sowohl individuell als auch kollektiv zu erschließen.

Auf dem Hintergrund von Funkes Rezeption von TZI als Gesamtsystem führt die »Kommunikative Theologie« (vgl. Scharer 2001; http://praktheol.uibk.ac.at) den Ansatz in einer spezifisch christlich-theologischen Perspektive weiter. Dabei geht es nicht mehr nur um die Theologie oder die Glaubensinhalte/-symbole als Lerngegenstand (*Es*). In einem kommunikativ-theologischen Prozess gilt die Aufmerksamkeit in gleicher Weise dem jeweiligen (implizit) theologischen Charakter der subjektiven (*Ich*), der intersubjektiven (*Wir*) und Kontext-Ebene (*Globe*):

- Das *Ich* wird vor allem durch das Verhältnis von Theologie und Biografie im Blick auf eine Identität im Fragment, die gnadentheologisch zu bestimmen ist, gekennzeichnet.
- Das *Wir* bringt das bleibend Brüchige von Gruppen und Beziehungen, letztlich die »geschenkte« – auch durch TZI nicht herstellbare – Gemeinschaft der Gemeinde/Kirche ins Spiel.
- Der theologische Blick auf den *Globe* bringt die Auseinandersetzung mit der pluralisierten und individualisierten Religion innerhalb einer von Markt und Medien bestimmten, religiös aufgeladenen Gesellschaft (und auch Schule) ins Spiel.

Literatur

Cohn, Ruth C., Zur Grundlage des themenzentrierten interaktionellen Systems: Axiome, Postulate, Hilfsregeln. In: Gruppendynamik 3 (1974) 150–159.

Cohn, Ruth C., Über den ganzheitlichen Ansatz der Themenzentrierten Interaktion. In: Integrative Therapie 5 (1979) 252–258.

Cohn, Ruth C., Von der Psychoanalyse zur Themenzentrierten Interaktion. Von der Behandlung einzelner zu einer Pädagogik für alle. Stuttgart [11]1992.

Farau, Alfred/Cohn, Ruth C., Gelebte Geschichte der Psychotherapie. Zwei Perspektiven, Stuttgart 1984.
Funke, Dieter, Verkündigung zwischen Tradition und Interaktion. Praktisch-theologische Studien zur Themenzentrierten Interaktion (TZI) nach Ruth C. Cohn. Frankfurt/M. 1984.
Hagleitner, Silvia, Mit Lust an der Welt – in Sorge um sie: Feministisch-politische Bildungsarbeit nach Paulo Freire und Ruth C. Cohn. Mainz 1996.
Kroeger, Matthias, Themenzentrierte Seelsorge. Stuttgart [4]1989.
Scharer, Matthias, Theologie, Glaubenskommunikation und Themenzentrierte Interaktion. In: Ludwig, Karl Josef (Hg.), Im Ursprung ist Beziehung. Theologisches Lernen als themenzentrierte Interaktion. Mainz 1997, 121–127.
Scharer, Matthias, Die Rolle der TZI in einer »Kommunikativen Theologie«. Konzept und Modell. In: Themenzentrierte Interaktion 15 (2001) 33–41.

MATTHIAS SCHARER

V.2.11 Handlungsorientiertes Lernen und Projektarbeit

→ III.2.3 Ethisches und soziales Lernen
→ V.1.2 Religionsdidaktische Konzeptionen
→ V.2.2 Sozialformen und Differenzierung
→ V.2.9 Anspiel – Rollenspiel – Bibliodrama
→ V.2.10 Themenzentrierte Interaktion
→ V.2.12 Freiarbeit

1 Allgemeindidaktische Überlegungen

1.1 Definitionen

»Handlungsorientiertes Lernen« bezeichnet einen didaktischen Ansatz zur Gestaltung subjektorientierter Lehr-Lernprozesse, bei dem das produktorientierte und ganzheitliche Arbeiten der Lernenden an selbstgesetzten Aufgaben im Mittelpunkt steht. Projektarbeit ist eine anspruchsvolle Variante handlungsorientierten Lernens, bei der – zumeist zeitlich begrenzt – ein gesellschaftlich wichtiges Vorhaben produktorientiert und interdisziplinär aufgearbeitet wird. In beiden Ansätzen wird gefordert, ein ausgewogenes Verhältnis von Kopf- und Handarbeit herzustellen. Beide Ansätze betonen, dass sowohl die Handlungs*produkte* wie auch die während der Arbeit ablaufenden Lern- und Austausch*prozesse* wichtig sind. Die handlungstheoretische Begründung bleibt aber in den bisher vorgelegten didaktischen Modellen unbefriedigend (zur Kritik vgl. Wöll 1998). Eine knappe Darstellung der historischen Entwicklung bringt Frey (1998, 33–73). Wir empfehlen folgende begriffliche Bestimmungen:

- *Handlungsorientiertes Lernen* ist ein ganzheitliches und schüleraktives Lernen, in dem die zwischen dem Lehrenden und den Lernenden vereinbarten Handlungsprodukte die Gestaltung des Lernprozesses leiten, sodass Kopf- und Handarbeit in ein ausgewogenes Verhältnis zueinander gebracht werden können (vgl. Gudjons 1997; Jank/Meyer 1991, 354).

- *Projektarbeit* stellt den gemeinsam von Lehrenden und Lernenden unternommenen Versuch dar, Leben, Lernen und Arbeiten derart zu verknüpfen, dass ein gesellschaftlich wichtiges und den Interessen der Beteiligten entgegenkommendes Problem gemeinsam bearbeitet (= Prozess) und zu einem Ergebnis (= Produkt) geführt wird, das für die Beteiligten Gebrauchswert hat (vgl. Hänsel 1997; Meyer 1987, Bd. 2, 334–340).

1.2 Ziel-Inhalt-Methode-Relation

Handlungsorientiertes Lernen ist mehr als nur ein Methodenkonzept. Methodenentscheidungen haben immer auch Rückwirkungen auf Ziel- und Inhaltsentscheidungen und umgekehrt. Deshalb gehen in den Ansatz bildungstheoretische und theologisch-fachwissenschaftliche Prämissen ein, die eine einseitige Lehrerzentriertheit verbieten.

1.3 Merkmale

(1) Handlungsorientiertes Lernen zielt auf die *Selbstorganisation* der Lernprozesse. (2) Es ist *ganzheitlich*, also auf ein Lernen mit allen Sinnen angelegt. Die im Prozess erarbeiteten Lerninhalte sind an der zu lösenden Lernaufgabe und nicht an den Systematiken der beteiligten Fächer orientiert. (3) Es ist *produktorientiert*, wobei es nicht nur um anfassbare Ergebnisse manuellen Tuns, sondern auch um Inszenierungen, Experimente, Vorhaben, Aktionen usw. gehen kann. Die Produkte sollen »Gebrauchswert« für die Lernenden haben. (4) Es nimmt die *subjektiven Interessen* der Lernenden zum Ausgangspunkt, bleibt aber nicht bei ihnen stehen, sondern konfrontiert die Lernenden mit alternativen Sichtweisen und inhaltlichen Angeboten. (5) Es *beteiligt* die Lernenden an der Vorbereitung, Durchführung und Auswertung der Lernprozesse, um die Reflexion und Selbststeuerung des eigenen Lernprozesses anzuregen. (6) Gelernt wird dort, wo authentische Erfahrungen gesammelt werden können und wo die Aufgabenstellung besonders gut zu bewältigen ist. Deshalb finden handlungsorientiertes Lernen und Projektarbeit oft an außerschulischen bzw. außerkirchlichen Lernorten statt.

1.4 Lehr- und Lernziele

Handlungsorientiertes Lernen dient (1) der Verfolgung *komplexer und ganzheitlicher Lernziele*, wie sie für religionspädagogische Arbeit typisch sind. Es ist gut geeignet für die Förderung der Selbstständigkeit, des sozialen Lernens und der Teamfähigkeit. Es ist schlecht geeignet für die systematische Vermittlung lehrgangsfähigen Wissens.

Handlungsorientiertes Lernen ermöglicht (2) *zieldifferentes Arbeiten*, ist also gut für leistungsheterogene Lerngruppen geeignet, wie dies für religionspädagogische Arbeit typisch ist (z.B. im Konfirmandenunterricht, auf Freizeiten, im Kindergottesdienst). Handlungsorientiertes Lernen ist gut geeignet für *jahrgangs- und fächerübergreifendes* Lernen und für integrationspädagogische Arbeit mit Behinderten.

1.5 Planungsraster

(1) Bildung einer Planungsgruppe oder Projektinitiative; (2) Vereinbarung des anzustrebenden Handlungsprodukts mit den Lernenden; (3) Gestaltung eines handlungs-

orientierten Einstiegs in das Thema; (4) Aufstellen eines Arbeitsplans; (5.) Arbeit am vereinbarten Produkt; (6) Veröffentlichung und Kritik der Arbeitsergebnisse, z.B. auf einem Präsentationstag; (7) zwischendurch und am Schluss: Auswertungsrunden zur Reflexion des Lern- und Arbeitsfortschritts (vgl. Jank/Meyer 1991, 362–368).

2 Theologisch-didaktische Überlegungen

Je nach theologischem Vorverständnis werden das handlungsorientierte Lernen und die Projektarbeit in der religionspädagogischen Theorie und Praxis unterschiedlich umgesetzt. Dabei lassen sich drei »didaktische Typen« unterscheiden:

(1) *Typ 1:* Glaube ist an eine bestimmte Institution und ihre Lehre gebunden. Es gibt keinen akzeptierten Glauben außerhalb dieser Institution und nur eine geringe Variationsbreite innerhalb derselben. Lernen heißt, sich mit den dogmatischen, ethischen und praktischen Vorstellungen der Glaubensgemeinschaft vertraut zu machen. Kritisches Nachfragen ist nicht verboten, aber es ist auch nicht konstitutiv. Wenn der Lernende diese Vorstellungen verinnerlicht und sie zu seiner Überzeugung werden, kann er sich als gläubiges Mitglied dieser Gemeinschaft bezeichnen.

(2) *Typ 2:* Glaube ist zwar in der Geschichte offenbart und schriftlich festgehalten worden, hat aber von Anfang an unterschiedliche Formen gefunden. Lernen bedeutet herauszufinden, »was es heißt, als Christ in unserer Zeit zu leben« (vgl. Flemmig 1973). Kritische Nachfragen und eigene Positionierung der Lernenden sind für diesen Typ unverzichtbar. Dies legt die Arbeit mit einem handlungsorientierten Ansatz nahe. Allerdings sind die Themen und Ziele weitgehend vorgegeben.

(3) *Typ 3:* Es wird vorausgesetzt, dass der Mensch mit »Glauben« geboren wird. Dies ist ein virtueller Glaube ohne bestimmte Form; er entspricht E.H. Eriksons Vorstellung vom »Urvertrauen«. Durch eigene Erfahrung und Auseinandersetzung mit der Umwelt und der Tradition gewinnt der Glaube seine Gestalt. Gefühl und Vernunft sind verlässliche Kriterien auf diesem Weg. Religiöse Traditionen und Inhalte sind als »verdichtete Erfahrungen« anderer insbesondere dann von Bedeutung, wenn sie die autonome Subjekterfahrung mit religiösen Einsichten zu verknüpfen helfen. Dies ist insbesondere in der Person des historischen Jesus der Fall. Alle subjektorientierten methodischen Ansätze, also auch das handlungsorientierte Lernen und die Projektarbeit, haben Relevanz für diesen Typ.

Der didaktische Typ 1 kennt handlungsorientiertes Lernen und Projektarbeit nur als Methode, um einen lehrgangsförmigen und lehrerzentrierten Unterricht aufzulockern. Auch in Typ 2 wird noch vorausgesetzt, dass Kindern und Jugendlichen in religiöser Hinsicht etwas ganz Bestimmtes zu vermitteln sei. *Eigene* religiöse Erfahrungen werden für die didaktische Konstruktion nach Typ 2 nicht benötigt und deshalb auch nicht vorausgesetzt. Für handlungsorientiertes Lernen und Projektarbeit ist aber ganz wesentlich, dass die Heranwachsenden nicht als defizitäre Wesen betrachtet werden, sondern dass sie mit ihren Erfahrungen und Kompetenzen in die Gestaltung des Lernprozesses einbezogen werden. Typ 3, der dies voraussetzt, gewinnt in der aktuellen Diskussion an Bedeutung (vgl. die 8. Synode der EKD zum Thema »Aufwachsen in schwieriger Zeit – Kinder in Gemeinde und Gesellschaft«). Für diesen Typ ist das Ziel, die religiöse Selbstständigkeit zu fördern, konstitutiv.

3 Praxis

Die Theorie eines subjektorientierten religiösen Lernens ist der Praxis voraus. Eine dauerhafte Umstellung religionspädagogischer Arbeit braucht Zeit:

- Geeignete Methoden zur Reflexion des eigenen Lernfortschritts in handlungsorientierten Lernprozessen sind das Rollenspiel, Bibliodrama, szenische Interpretationsformen (Standbild-Bauen, Texttheater), Zukunftswerkstätten.
- Methoden zur Erstellung von Handlungsprodukten sind: Experimentieren, Erkunden, Spielen und Inszenieren, Recherchieren, Interviews, Befragungen, Videoproduktionen.
- Methoden zur Planung und Auswertung selbstbestimmter Lernarbeit sind Protokollieren, Lern- und Forschungstagebücher, Metaplan-Arbeit; diverse Formen des Schüler-Feedbacks. Zwei – in ihrer Wichtigkeit oft übersehene – Methoden sollen besonders hervorgehoben werden:

(1) *Gespräch:* Fragen der Kinder und Jugendlichen werden teilweise durchaus registriert. Es fehlt aber eine Methode, die diesen Fragen gerecht wird. Meist werden sie so verstanden, dass Erwachsene sie beantworten sollen. Man muss sie aber eher als Signal dafür sehen, dass ein Kind über die angesprochene Sache reden möchte. Hinter der Frage verbirgt sich oft eine eigene Einsicht oder Erkenntnis, eine Erfahrung oder ein Staunen, das mitgeteilt und kommuniziert werden soll. Die angemessene Reaktion ist das Gespräch unter Gleichen.

(2) *Biografiearbeit* ist eine als Einzelarbeit oder in Kleingruppen mögliche Form handlungsorientierten Lernens. Vorrangiges Ziel der Biografiearbeit darf nicht sein, durch genaue Erkundung der Anknüpfung eine punktgenaue Landung der christlichen Tradition zu ermöglichen. Der Sinn der Biografiearbeit kann nur sein, Biografizität bewusst zu machen und damit die Möglichkeit zu erkennen, sein Leben in Grenzen selbst bestimmen zu können. Dazu gehört auch das Bewusstwerden der religiösen Erfahrung und Kompetenz, die jeder Mensch schon immer besitzt.

Literatur

Dienst, Karl/Flemmig, Weert, Goßmann, Klaus/Neidhart, Walter, ku-praxis 1 für die Arbeit mit Konfirmanden. Lernen, was es heißt, als Christ in unserer Zeit zu leben. Gütersloh 1973.
Frey, Karl, Die Projektmethode. Weinheim/Basel [8]1998.
Gudjons, Herbert, Handlungsorientiert lehren und lernen. Bad Heilbrunn [5]1997.
Hänsel, Dagmar (Hg.), Handbuch Projektunterricht. Weinheim/Basel 1997.
Jank, Werner/Meyer, Hilbert, Didaktische Modelle. Frankfurt/M. 1991.
Konukiewitz, Wolfgang, Projekte im Handlungsorientierten Konfirmandenunterricht. In: Elsenbast, Volker/Hennig, Peter/Strack, Rainer (Hg.), Wahrnehmen – Verstehen – Gestalten: Konfirmandenarbeit für die Zukunft. Münster u.a. 1998, 107–112.
Meyer, Hilbert, Unterrichtsmethoden. 2 Bde. Frankfurt/M. 1987.
Meyer, Hilbert/Konukiewitz, Wolfgang, Handlungsorientierter Konfirmandenunterricht. Ein allgemeindidaktisches Plädoyer für religiöse Selbständigkeit. In: Elsenbast a.a.O. 1998, 31–46.
Scheilke, Christoph Th./Schweitzer, Friedrich (Hg.), Kinder brauchen Hoffnung. Religion im Alltag des Kindergartens. Gütersloh 1999.
Wöll, Gerhard, Handeln: Lernen durch Erfahrung. Baltmannsweiler 1998.

WOLFGANG KONUKIEWITZ / HILBERT MEYER

V.2.12
Freiarbeit

→ V.1.2 Religionsdidaktische Konzeptionen
→ V.1.5 Symboldidaktik
→ V.2.2 Sozialformen und Differenzierung
→ V.2.8 Kreatives Gestalten
→ V.2.11 Handlungsorientiertes Lernen und Projektarbeit

1 Was ist Freiarbeit?

Der Begriff Freiarbeit wird gegenwärtig zumeist recht unspezifisch verwendet, um Unterrichtsformen zu benennen, die sich von konventionellen Verfahren, vor allem vom so genannten Frontalunterricht, unterscheiden. Es empfiehlt sich jedoch, von einem genauer gefassten Freiarbeitsbegriff auszugehen. Ein Vorschlag: Freiarbeit ist eine Form des Lernens, die sich an den individuellen Bedürfnissen des einzelnen Lernenden ausrichtet und einen Prozess selbstständiger Arbeit ermöglicht.

Dem Begriff und der Sache nach hat dies Verständnis seine Wurzeln in der reformpädagogischen Bewegung: Maria Montessori, Peter Petersen, Hugo Gaudig und Célestine Freinet vertreten – in unterschiedlicher Akzentuierung – die Grundthese, dass Lernen als offener Prozess zu konzipieren sei, in dem Kinder und Jugendliche sich selbstbestimmt aneignen, was sie zu ihrer Entwicklung und Lebensorientierung brauchen.

2 Montessori-Pädagogik als Grundlage

Eine besonders ergiebige Grundlage für ein anspruchsvolles Freiarbeitskonzept ist im Denken und Werk Maria Montessoris zu finden. Basis aller erzieherischen und didaktischen Entscheidungen ist für sie die Anthropologie. Sie ist überzeugt, dass Kinder nicht erst von den Erwachsenen geformt und ausgebildet werden müssen, um sich zum vollen Menschsein zu entfalten. Vielmehr ist ihnen alles schon mitgegeben, was sie zum Aufbau ihrer Person brauchen; sie sind, sagt Montessori, »Schöpfer ihrer selbst«. Dieser Prozess gelingt, wenn das Kind sich frei entwickeln kann. Es findet in freier Wahl, was ihm an geistiger Nahrung dienlich ist; denn »Kinder kennen ihren Weg«. Montessori ist so stark beeindruckt von der Kraft freien Lernens bei Kindern, dass ihr alles daran liegt, dieser Kraft freien Lauf zu lassen.

3 Freie Arbeit als selbstbestimmtes Lernen

Die Freiheit der Heranwachsenden realisiert sich in der Freiheit der Wahl. Diese differenziert sich in fünf Aspekte:

- dass die Lernenden die Möglichkeit haben, unter verschiedenen inhaltlichen Angeboten zu wählen;
- dass sie innerhalb der Themen unterschiedliche Aspekte, Schwierigkeitsstufen, Zugangswege und Arbeitsweisen wählen können;

- dass sie entscheiden können, wie ausführlich sie sich mit dem Thema auseinander setzen wollen;
- dass sie wählen können, ob sie allein oder mit anderen gemeinsam arbeiten wollen;
- dass sie selbst bestimmen können, in welcher Weise sie die Ergebnisse ihrer Arbeit zusammenfassen bzw. darstellen.

Allerdings stößt die Realisierung dieser Grundsätze in der Regelschule bald an enge Grenzen. Überall da, wo der Lehrplan bestimmte Themen zur Bearbeitung vorgibt, ist die völlige Wahlfreiheit eingeschränkt, weil die Lernenden nicht beliebig unter verschiedenen Angeboten aussuchen können. Aber von den fünf Aspekten der Wahlfreiheit bleibt auch im strengen Rahmen schulischen Unterrichts noch viel: Viele bewährte und neu entwickelte Formen Freier Arbeit eröffnen begrenzte Wahlmöglichkeiten, z.B. Wochenplanarbeit oder andere Epochalisierungen.

Weitere Chancen zeigen sich, wenn man bedenkt, welche Typen von Freiarbeitsmaterial im Religionsunterricht bevorzugt werden: Im Gegensatz zu manchen anderen Fächern kommen im Religionsunterricht meist umfangreichere Materialien zum Einsatz. Denn viele Themen des Religionsunterrichts brauchen Zeit und Raum, damit die Schüler sich in ein Thema eindenken, sich mit einer Situation vertraut machen, Zusammenhänge erarbeiten können. Solche Materialien lassen sich daher nicht in einer oder wenigen Stunden bearbeiten, sondern erfordern einen größeren Zeitblock. Hier bietet sich die Chance, die freie Wahl der Arbeit in die Materialien selbst hineinzuverlegen; es geht um eine materialimmanente freie Wahl der Arbeit.

Welche Eigenschaften sollte ein Freiarbeitsmaterial aufweisen, damit es Wahlfreiheit ermöglicht? Sechs Merkmale scheinen hier besonders geeignet:

- Das Material soll eine gründliche Einführung und Arbeitsanleitung für die Schüler enthalten, damit sie die Arbeit einschätzen können;
- es soll möglichst anregend gestaltet und sorgfältig hergestellt sein, um den Benutzern zu signalisieren, dass sie und ihre Leistung wertgeschätzt werden;
- es soll eine klare Struktur aufweisen, damit die Schüler sich selbstständig orientieren und entscheiden können;
- es soll Möglichkeiten der immanenten Wahl bieten (Auswahl unter verschiedenen Inhaltsaspekten, Zugangsweisen, Lerndimensionen usw.);
- es soll Raum und Anreize für die individuelle Vertiefung der Schüler in einen Gedanken, eine Arbeit, eine kreative Gestaltung bieten;
- schließlich sollte das Material den Benutzern Gelegenheit zur selbstständigen Feststellung des Arbeitserfolgs bieten.

Freiheit der Wahl – das ist die eine Seite des Freiarbeits-Konzepts. Es kommt eine zweite Seite hinzu, die gerade von der Montessori-Pädagogik stark inspiriert ist: Freie Arbeit ist Erlernen von Methoden, Erkenntniswegen und Strukturen.

4 Freie Arbeit als Erlernen von Methoden, Erkenntniswegen und Strukturen

Die in der Freiarbeit erfahrbare und zu übende Freiheit realisiert sich nicht nur in Gestaltung der Lernprozesse, sondern auch in der Auswahl, Präsentation und Erschließung der Lerninhalte. Dieser Grundsatz greift ein wichtiges Prinzip der Montessori-Pädagogik auf: Lernen durch Ordnung von Wahrnehmungen, Erfahrungen und Gedanken.

Bei Montessori erfährt das Kind einen Zugewinn an Selbstbestimmung dadurch, dass es nicht vorrangig Inhalte, sondern Verstehensmethoden und Erkenntniswege erlernt. Diese ermöglichen ihm die selbstständige Erkenntnis und Bearbeitung von Gegenständen, die die gleichen Strukturmerkmale aufweisen. Maria Montessori spricht in diesem Zusammenhang davon, dass ein solches Lernen den Heranwachsenden einen »Schlüssel zur Welt« in die Hand gibt, mit dem sie unabhängig vom Erwachsenen sich ihre Welt erlebend, begreifend, denkend aufschließen.

5 Freiarbeit in der religiösen Erziehung

Wenn Lernen in Freiheit grundlegend das Erlernen von Methoden, Erkenntniswegen und Strukturen bedeutet, löst dies tief greifende Veränderungen auch in der religiösen Erziehung aus: Statt, wie bisher, eine Fülle von Inhalten zu vermitteln, kommt es jetzt darauf an, Strukturen zu erschließen. Montessoris Formel, Arbeitsmaterialien müssten »Schlüssel zur Welt« sein, ist im Blick auf die religiöse Erziehung abzuwandeln: Materialien zur freien Arbeit in der religiösen Erziehung sind so zu konstruieren und einzusetzen, dass sie *»Schlüssel zur Welt des Glaubens«* sind. Zwei solcher Schlüssel seien exemplarisch genannt:

5.1 Erschließung der religiösen Symbolsprache

Das Symbol ist die »Sprache des Glaubens«, sagt Paul Tillich. Hier bieten sich in der biblischen Überlieferung reiche Entdeckungs- und Übungsmöglichkeiten an, z.B. in den Psalmen oder den Gleichnissen. Aber auch die Symbolsprache der kirchlichen Kunst, der Architektur und der religiösen Feste bleibt ohne einen guten »Schlüssel« zur Welt der Symbole stumm und glanzlos.

5.2 Erfahrungsbezogenes Verstehen der biblischen Überlieferung

Ein besonders ergiebiger Ansatz ist die »ursprungsgeschichtliche Auslegung« biblischer Texte. Es geht darum, die Erfahrungen, die in einer historischen »Sprechsituation« wichtig waren und zu einer Auseinandersetzung drängten, zu rekonstruieren und die damals entstandenen Texte als Antworten auf diese Erfahrungen, Probleme und Konflikte hin zu verstehen. Dieses Verständnis biblischer Überlieferung als »Antwort-Texte« erfordert ein intensives Einleben in die Erfahrungswelt des Alten und Neuen Testaments – eine Aufgabe, die mit Freiarbeits-Materialien ausgezeichnet anzugehen ist. Solche »Schlüssel zur Welt des Glaubens« öffnen den Lernenden die Tür zum selbstständigen Umgang mit Religion und biblischer Überlieferung.

6 Resümee

Freiarbeit hat zwei Seiten:

(1) Freie Arbeit ist selbstbestimmtes Lernen; es kommt zustande, wenn die Lernenden ihre Arbeitsprozesse so weit wie irgend möglich in eigener Verantwortung organisieren. Diese Form des freien Lernens könnte man als *prozessbezogene Freiarbeit* bezeichnen.

(2) Freie Arbeit ist aber auch das Erlernen von Methoden, Erkenntniswegen und Strukturen, das den Lernenden die selbstständige Erschließung von Inhalten ermöglicht. Es kommt zustande, wenn die Lerninhalte so ausgewählt und aufbereitet werden, dass die Lernenden sich »Schlüssel zur Welt« aneignen können. Da diese Form des freien Lernens sich immer auf die Erschließung von Inhalten bezieht, könnte man sie als *gegenstandsbezogene Freiarbeit* bezeichnen.

Freies Lernen kann optimal gelingen, wenn prozessbezogene und gegenstandsbezogene Freiarbeit eng miteinander verzahnt sind.

Literatur

Berg, Horst Klaus, Freiarbeit im Religionsunterricht. Konzepte – Modelle – Praxis. München/ Stuttgart [2]1998.
Horn, Rudolf, Wo – Was – Wie teuer? Modelle und Materialien zur Freiarbeit im Religionsunterricht. In: ru 28 (1998) 32–37 (mit Übersichten über das Angebot von Freiarbeitsmaterial für den Religionsunterricht).
Lehmann, Christine, Freiarbeit – ein Lernweg für den Religionsunterricht? Eine Untersuchung von selbstständigem Lernen im Horizont kritisch-konstruktiver Didaktik. Münster 1997.

Freiarbeitsmaterial:
Materialien zur Freien Arbeit, die versuchen, die hier vorgestellten Grundzüge einzulösen, liegen in der Reihe »Freiarbeit Religion« vor:
Berg, Horst Klaus/Weber, Ulrike, So lebten die Menschen zur Zeit Jesu (ab 4. Schuljahr). München/Stuttgart 1996.
Berg, Horst Klaus/Weber, Ulrike, Mit Jesus beginnt etwas Neues (ab 5. Schuljahr). München/ Stuttgart 1995.
Berg, Horst Klaus/Weber, Ulrike, Ostern – in Bildern Spuren des Neuen Lebens entdecken (ab 5. Schuljahr). München/Stuttgart 1998.
Berg, Horst Klaus/Weber, Ulrike, Symbole erleben – Symbole verstehen (ab Klasse 4). München/Stuttgart 2000.

HORST KLAUS BERG

V.2.13
Stilleübungen

→ II.1.1 Zeichen – Riten – Symbolhandlungen
→ III.3.1 Spirituelle Bildung – Gebet – Meditation
→ V 2.6 Umgang mit Lied und Musik

Maria Montessori war zutiefst davon überzeugt, dass Kinder von Natur aus Zeiten der Stille lieben und brauchen. Doch hat ihre lärmende Umgebung heute vieles verschüttet. So muss diese naturgegebene Fähigkeit mit ihnen neu entdeckt, sorgsam gepflegt und durch häufiges Üben weiterentwickelt werden. Der Religionsunterricht hat, will er Kinder zu sich selber wie zu ihrem Lebensgrund führen, ein besonderes Verhältnis zur

Stille zu entwickeln: »Die Stille schenkt Erholung und Ruhe, sie heilt und tröstet. Sie stellt die Kräfte wieder her, behütet das Leben, fördert das Denken. (...) In der inneren Stille begegnet die Seele Gott. (...) Steht dies einmal fest, dann stellt sich die religiöse Erziehung – deren einziges Ziel es ist, die Begegnung der Seele mit Gott zu erleichtern – als ein Hinführen zur Stille dar« (Lubienska de Lenval 1961, 157).

Wer die Stille will, muss sie lehren und dafür sorgen, dass Kinder vielfältige Erfahrungen mit ihr machen. Wie kann das gehen? Nicht das bloße Schweigen führt zu ihr, sondern das rechte Sprechen, Arbeiten, Feiern. Darum ist vor den praktischen Übungen der didaktische Grundwasserspiegel zu bedenken, ohne den keine Stille in der Schule gelingt. Es gilt, jene verborgenen Schul-Türen zu öffnen, die zu einer »Didaktik der Stille« führen.

1 Fest und Feier

Wer weiß, dass »Schule« eigentlich »Muße« heißt und die antike »Schola« eine Ruhebank war, ein Ort des Nichtstuns, des Genießens sowie des geselligen Austauschs, der sieht in der unverzweckten Feierlichkeit, in einem »Müßiggang mit gutem Gewissen« (F. Nietzsche) den Nährboden einer schulischen Lernkultur. Fest und Feier greifen immer in die Speichen des Zeitrades und drosseln seine Geschwindigkeit, auch in der Schule. Festliche Muße lädt dazu ein, den Gang des Üblichen zu unterbrechen und eine neue Zeit- und Erfahrungsqualität zu erleben. Dazu kommt, dass zum Fest auch immer Freude, Ausgelassenheit, Spontaneität gehören. Das Fest ist die Rückseite der Stille. Nur wer aus sich heraus gehen darf, kann auch wieder ganz bei sich sein. Stille und Fest sind miteinander verschwistert als unmittelbare Orte der Begegnung mit sich und anderen.

Gerade der Religionsunterricht mit seiner Verwurzelung auch in der kirchlichen Festtradition hat sich das Feiern in der Schule zur besonderen Aufgabe zu machen. Jene menschlichen Grunderfahrungen, die das Kirchenjahr feiert, sind durch erlebte Festlichkeit zu vermitteln. Gemeint ist nicht die Vielzahl großer Feste, sondern eher die Feierlichkeit des Schulalltags, die sich in der sorgfältigen Gestaltung der unterrichtlichen Atmosphäre zeigt.

2 Brauch und Ritual

Brauch kommt von »brauchen«. Bräuche brauchen wir als tragende Fäden unseres Lebensnetzes. »Gewohnheiten sind erst Spinnfäden, dann Drähte«, weiß ein spanisches Sprichwort. Bräuche verknüpfen die vielgestaltigen Erfahrungsfäden zu einem Lebensteppich mit klarem Muster. Bräuche brauchen Erklärung, erklären sich aber mit der Zeit selbst. Bräuche lehren ohne Sprache das Wesentliche und bringen uns dem Schweigen näher. Im Ritual verbindet sich die Gewohnheit mit feierlicher Zeremonie. Sorgfältig und bewusst strukturieren wir mithilfe von Ritualen unseren Alltag. Gleichzeitig weisen Rituale über den Augenblick hinaus. Sie ordnen das Tun des Einzelnen in ein gemeinschaftsstiftendes Sinnerlebnis ein, an dem alle partizipieren.

Auch in der Schule bilden Bräuche unser pädagogisches Rückgrat. Die Klasse mit ihrem dichten Sozialgefüge ist besonders auf diese Vor-ordnungen angewiesen. Indem wir die grundlegenden Sozial- und Arbeitsprozesse ritualisieren, sorgen wir für das

»tägliche Brot« in der Klasse, aus dessen Kraft heraus wir uns der Arbeit wie der Stille zuwenden können. Begrüßung und Abschied, Gehen und Sitzen, Sprechen und Schweigen, Essen und Trinken – das Alltägliche wird zum Gegenstand eigener Übung. So entstehen psychische Ordnungsmuster, auf die wir im Unterricht bauen dürfen.

3 Der Raum

Lernen verbindet sich immer mit räumlicher Erfahrung. In Klassenräumen kann man viel, wenig oder gar nichts sehen, hören, riechen, tasten. »Der Mensch befindet sich nicht im Raum, wie ein Gegenstand sich in einer Schachtel befindet«, sagt Otto Friedrich Bollnow. Menschen leben und erleben durch Räume. Auch die Stille bereitet sich räumlich vor. Da sind die Lichtverhältnisse zu beachten. Unter gleißendem Neonlicht kann niemand Ruhe und Entspannung finden. Eine leichte Abdunklung verringert die Ablenkung und konzentriert auf sich selbst. Für Stilleübungen ist eigentlich ein Sitzkreis sinnvoll. Der Kreis schließt alle ein, gibt jedem den gleichen Blick und konzentriert auf eine Mitte. Sollte er nicht möglich sein, wird am gewohnten Platz geübt. Auf Stühlen lässt sich zunächst am besten üben, bevor ungewohnte Positionen auf dem Boden, in Bauch- oder Rückenlage probiert werden, denn mangelndes Vertrautsein kann schnell zum Chaos führen. Wohltuend und zentrierend ist immer eine schön gestaltete Mitte mit Blumen, einer Kerze, einem Gegenstand der Jahreszeit oder Unterrichtsthematik. Eine leise Musik kann gelegentlich die Stille unterstreichen.

4 Das Vorbild

Die »Schule des Schweigens«, die vom rechten Verhältnis unterrichtlicher Erfahrungsbereiche zueinander lebt und daher keine nur stille Schule ist, meint eigentlich die entwickeltste und reifste Form lernenden Miteinanders. In ihr kommt der Person des Lehrenden eine besondere Bedeutung zu. Denn seine eigene Fähigkeit zur Stille ist der tragende Grund jeder Stilleübung. Da gilt es den Blick zu schärfen für das eigene Verhalten vor der Klasse:

- *Unsere Stimme*: Ist Ruhe in ihr und freundlicher Klang? Sprechen wir klar, wählen Worte sparsam und meinen nicht, alles selber sagen zu müssen?
- *Unser Blick*: Sprechen unsere Augen zu den Kindern? Verstehen wir die Sprache ihres Blicks? Sehen wir nicht nur, was sie tun, sondern auch wie sie es tun?
- *Unsere Hände*: Sind sie nicht nur das Arbeiten, sondern ebenfalls das Nicht-Tun gewöhnt? Nehmen wir oft selbst alles in die Hand, statt die Hände der Kinder zu füllen? Wie be-handeln wir die störenden und schwierigen Schüler, die unsere eigentliche Herausforderung sind?
- *Unser Körper:* Können wir physisch an einem Ort weilen, Ruhepol sein inmitten der geschäftigen Klasse? Bewegen wir uns ohne Hast durch den Raum? Sind wir selbst ganz Ohr, wenn die Kinder sprechen, und verlangen es nicht nur umgekehrt?

Nach diesen vielen Mosaiksteinen, aus denen sich die Stille in der Schule zusammen setzt, sind wir bei der letzten verborgenen Tür angekommen, die uns zur »Schule des Schweigens« führt:

5 Die Erfahrung

Erfahrung kennt keine Stellvertretung. Jeder muss sie selber machen. Erfahrungen lassen sich jedoch anbahnen. Ein Unterricht, der zur Stille führen will, versucht stets, das unmittelbare Erlebnis dem Sprechen über die Dinge vorausgehen zu lassen. Selber sehen, fühlen, riechen, schmecken ist Lernen aus erster Hand und es ist Lernen ohne Worte. Eine »Didaktik der Stille« meint also: nicht zuerst über Dinge zu sprechen, sondern sie selbst zu den Schülern sprechen zu lassen, nicht so sehr begreiflich machen zu wollen, sondern eine Atmosphäre des Ergriffenseins zu schaffen.

Wer die inwendigen Türen zu einer Schule des Schweigens geöffnet hat, findet fruchtbaren Nährboden für die Übungen der Stille. Sie können den Schulalltag durchziehen wie ein Wurzelgeflecht, das seinen Leben spendenden Saft aus unsichtbaren Tiefen emporschickt. Unsere Stilleübungen möchten das Alltägliche zum Besonderen machen und dem Selbstverständlichen mehr Beachtung schenken. Nicht der Gegenstand der Übung ist außergewöhnlich, sondern die Art des Umgangs mit ihm. »Alles, was einfach und wiederholbar ist, hat religiöse Wirkung«, sagt Karlfried Graf Dürckheim.

Stilleübungen sind für Kinder spirituelle Lernwege, die nur durch wiederholtes Gehen sicheren Schritt geben. Den Mühen dieses Weges sollten wir uns mit Kindern stellen und darum auch nicht von »Spiel«, sondern von »Übung« sprechen. Wirkliche Stille lässt sich nicht gegen den Willen der Kinder durchsetzen. Wohl aber lassen sich Stilleübungen so vorbereiten, dass sich kaum ein Kind ihnen entziehen möchte. Wichtig ist eine gute Einübung der Grundhaltung. Daraus können unzählige Variationen entwickelt werden. Neben der atmosphärischen Ausrichtung ist die Vorbereitung des Leibes von großer Bedeutung. Geachtet werden sollte auf eine aufrechte Haltung, stabiles Sitzen auf den Sitzhöckern sowie viel Freiraum im Brust-Bauch-Bereich. Arme und Beine sollten eine Ruhelage finden, der Atemrhythmus miteinbezogen werden. Die verbale Anleitung hat in klaren und knappen Worten zu geschehen. Nach der Übung tauschen wir in verhaltener Sprache unsere Erfahrungen aus. Stilles Aufschreiben oder Malen am Platz verlängert die Stille und verhindert den Wettbewerb um die beste Erfahrung.

Die durch die Grundhaltung erreichte innere Sammlung und Aufmerksamkeit lässt sich für vielfältige Sinneswahrnehmungen nützen. Wir füllen die Hände der Kinder mit einer »großen Kleinigkeit«, einer Blume, einem Stück Stoff, einer Scheibe Brot – alltägliche Dinge, die so intensiv wahrgenommen werden, als wollten wir die Welt anhalten.

Stille kann bewegen, Bewegung vermag still zu machen. Zu Klängen einer Musik still gehen, einer erzählten Geschichte nach-gehen, beim Gehen etwas Schönes halten, blind gehen, das sind Stilleübungen, die mit dem Bewegungsbedürfnis der Schülerinnen und Schüler arbeiten.

Wer ein Gespür für Stilleübungen entwickelt hat, wird sie vielfältig unterrichtlich einsetzen. Auch ein Text, ein Gedicht, ein Bild kann, sofern es zum Überschreiten vordergründiger Wahrnehmung anleitet, den Kindern nach einer Stilleübung in die Hand gelegt werden, ohne dass wir selbst die Begegnung von Kind und Sache in komplizierter Didaktik arrangieren. Über die sinnenhafte Aufmerksamkeit erreichen wir auch geistige Konzentration, Achtsamkeit, Sensibilität.

Literatur

Bauer, Eva-Maria, Mehr Lust am Lernen. Wege zu einer menschenfreundlichen Schule. Spirituelle Impulse, praktische Übungen, Unterrichtsbeispiele. München 1997.
Esser, Wolfgang G./Kothen, Susanne, Die Seele befreien. Sprritualität für Kinder. Ein Praxisbuch. München 1998.
Faust-Siehl, Gabriele/Bauer, Eva-Maria/Baur, Werner/Wallaschek, Uta, Mit Kindern Stille entdecken. Bausteine zur Veränderung der Schule. Frankfurt am Main [5]1995.
Lubienska de Lenval, Helene, Die Stille im Schatten des Wortes. Mainz 1961.
Maschwitz, Gerda und Rüdiger, Stille-Übungen mit Kindern. München [3]1998.

EVA-MARIA BAUER

V.3 Unterrrichtsmedien

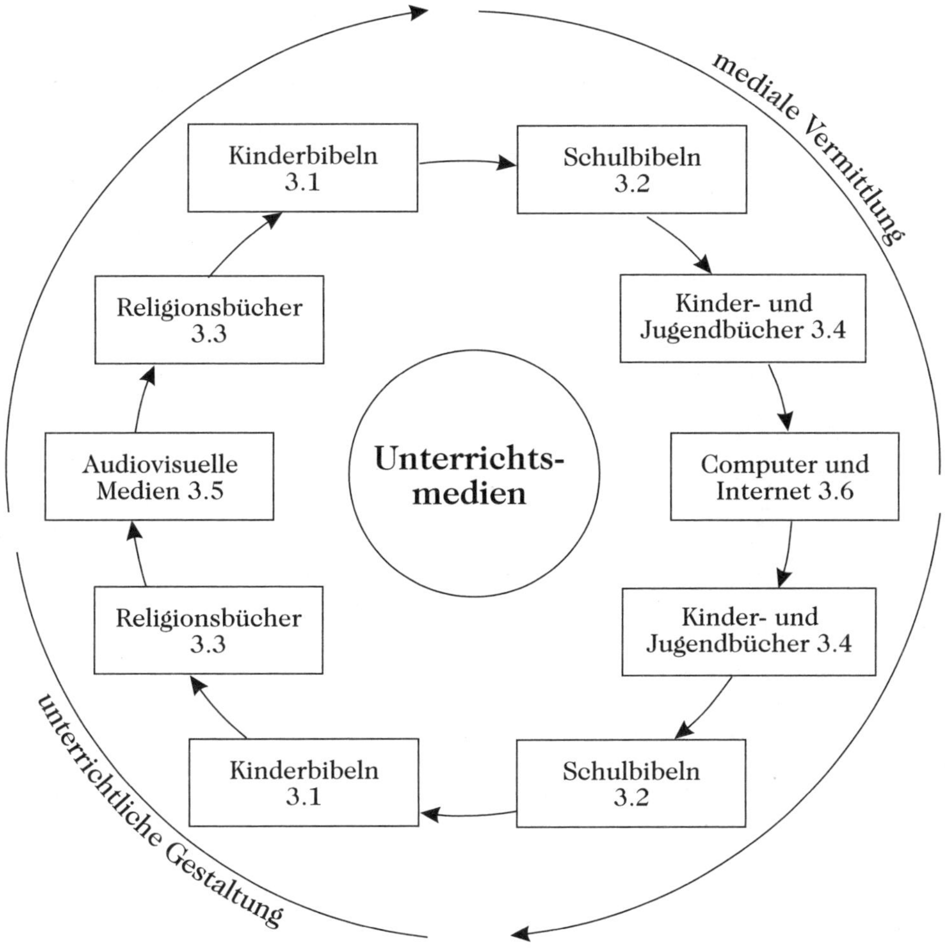

V.3.1 Kinderbibeln

→ III.1.1 Arbeit mit der Bibel/Bibeldidaktik
→ IV.1.1 Religiöse Erziehung in der Familie
→ V.3.2 Schulbibeln
→ V.3.3 Religionsbücher

1 Der Begriff Kinderbibel

Der Begriff »Kinderbibel« bezeichnet heterogene, nach Auskunft des Titelblattes adressatenbezogene Bibelbearbeitungen, die in Intention, Inhalt und Gestaltung weit voneinander abweichen. Katholischerseits wird zumeist zwischen Kinder- und Schulbibeln unterschieden, evangelischerseits erst neuerdings. Ein Grund mag sein, dass sich die Einführung der allgemeinen Schulpflicht im 18./19. Jh. vor allem auf die Entstehung katholischer Schulbibeln auswirkte. – Die Bildungsabsichten des Protestantismus führten schon seit dem 16. Jh. zu Kinder- und Schulbibeln. Luthers Passional (1529; Text: WA 10/2, 458–470) ist vermutlich die erste im Text knappe Bibel für Kinder und Laien mit Holzschnitten aus der Cranachwerkstatt; sie spannt den Bogen von der Schöpfung bis zur Auferstehung. Der Begriff Kinderbibel selbst wurde zuerst von dem Lutherschüler J. Mathesius für einen Katechismus für Bergleute gebraucht (1562), ein Indiz, dass evangelische Katechismen Kinderbibel-Vorläufer waren.

2 Verbreitung

In den vergangenen 200 Jahren kamen ca. 500 deutsche Kinder- und Schulbibeln auf den Markt; eine Bibliografie fehlt. Während in den 1950er-Jahren viele Kinderbibeln in den Niederlanden entstanden, stammen sie heute oft aus den USA. Sie werden in der Familie, in Schulen und Gemeinden (z.B. Kindergärten) benutzt. Die kaum zu überblickende Vielfalt hat theologische, didaktische, konfessionelle, künstlerische und ökonomische Gründe; auch Gefühl und Geschmack spielen im jeweiligen kirchlichen und sozialen Milieu eine Rolle.

3 Unterschiedliche Gattungen

Als Kinderbibel werden unterschiedliche Gattungen bezeichnet. Zwei Formen des Tradierens sind seit dem Frühjudentum üblich: die bibelnahe Textwiedergabe und die ausschmückende Textparaphrase (jüd. »Midrasch«). Beide sind der biblischen Binnensicht verpflichtet und werden im Christentum weitergeführt. Bibelnahe *»katechetische Kinderbibeln«*, teils mit Anhängen zur Repetition, zur Belehrung und Erbauung, sind die ›Longseller‹ und Schulbibeln von Hübner (1714, zuletzt 1901), Barth (1832, letzte dt. Aufl. 1945), Erb (1942, zuletzt ^{60}1993) u.a. Seit der Kritik der Aufklärung am Inspirationsdogma gibt es *freie Erzählungen*, z.B. die Longseller von v. Schmid (kath., 1801, zuletzt um 1890, auch als Schulbibel), Hebel (1824, kath. 1825 ed. Flad), de Vries

(1955, Neuauflage 1988) und Eykman/Bouman für biblisch Unerfahrene (1976). Der alte Streit zwischen beiden Formen ist unentschieden. Eine dritte Form mit Zwischentexten zum Vergleich zwischen säkularem Denken und glaubendem Erzählen findet sich als Versuch bei Quadflieg (1994). – »Die neue Kinderbibel« (Pioch 1989) will durch Rahmentexte zwischen Bibel und Kind vermitteln. – In *Bilderbibeln* dominieren Bilder, z.B. bei Luther (s.o.), Wendelin Rihel, Leien Bibel (1540), Schnorr v. Carolsfeld (1860, noch erhältlich), Kees de Kort (s.u.). Seit ca. 60 Jahren gibt es Bibelcomics; neu sind die pfiffigen Zeichnungen von Pfeffer mit bibelnahem Text (1992).

4 Kinderbibeln im Pluralismus

Jüdische Kinderbibeln in Deutsch sind rar. Als Midrasch zur Genesis erzählt der Novellist Schalom Asch »Kleine Geschichten aus der Bibel« (urspr. jiddisch, dt. Berlin 1914) mit Holzschnitten von Beham, Holbein u.a. Dem zionistischen Rabbiner Prinz, »Die Geschichten der Bibel« (Berlin 1934, Neuauflage1988) mit schwarz-weißen Bildchen in orientalischem Lokalkolorit geht es um Ehrfurcht vor dem Text. »Die Bibel für Kinder erzählt« von dem Lehrer und Schriftsteller Stutschinsky (Zürich 1964, Köln 1984 und 1993) umfasst Texte und Legendäres aus der Haggada von der Schöpfung bis zu Nehemia, mit Moralisierungen und kleinen schwarz-weißen Illustrationen.

Viele Kinderbibeln folgen dem Prinzip: »Man erzähle so biblisch als möglich, so kindlich als nötig« (Schmidt 1946, 59). Im *Protestantismus* gibt es seit der Erweckung Kinderbibeln pietistischer Herkunft (Zahn 1831, Barth s.o.), bibelnah mit viel Text. Wer z.B. mithilfe vorbildlicher Helden moralisiert, läuft Gefahr, zur Selbstgerechtigkeit zu erziehen oder Angst auszulösen anstelle sozialen Denkens und Akzeptanz des Kindes; die Rechtfertigungsbotschaft wird vernachlässigt (z.B. de Vries 1955, Neuauflage 1988). Für Kirchenferne entstanden nur wenige Kinderbibeln (z.B. Eykman/Bouman 1978). Kinderbibeln aus reformierter Tradition tun sich oft schwer, Geschichten zwischen Himmel und Erde zu illustrieren.

In letzter Zeit treten konfessionelle Merkmale zurück, z.B. im *katholischen Bereich* die früher aus der Vulgata stammenden Wendungen (zu Lk 2,14), die Betonung der Jungfrauengeburt, Jesus als fleißiges Einzelkind in der Hl. Familie, Maria als Mutter der Kirche im Gewand einer Nonne oder an eine Himmelskönigin erinnernd, die Jünger als Mönche, die Hervorhebung des Petrus als Hirt im Blick auf das spätere Papsttum. Auch die Zweinaturenlehre (Konzil von Chalcedon 451) gehört nicht in eine Jesusgeschichte. Im Interesse zunehmender Kooperation zwischen evangelischen und katholischen Verlagen geben sich die unten empfohlenen Titel kaum als ausdrücklich konfessionell profiliert zu erkennen. Die Bibel ist ja die ökumenische Basis aller Christen.

Diesem Prinzip folgen einige Kinderbibeln nicht:

- Die *Zeugen Jehovas* stellen »Mein Buch mit biblischen Geschichten« (1978) unter das Motto: Wer Jehovas Willen folgt, wird »ewig in Gottes neuem Paradies auf der Erde leben können«, doch wer Fremdgötter anbetet, wird von Jehovas Zorn vernichtet. Böse wie Judas wirken hässlich, Gute sympathisch. Bibelzitate zum Pazifismus fehlen.
- »Menschen in Gottes Hand« (10 Bde., ed. Maxwell, USA 1953–1957, Neuauflage in Vorbereitung) verbindet als Familienbibel der *Adventisten* ein fundamentalistisches Schriftverständnis mit einer bunten Kinderwelt und mit der Sabbatheiligung. Eine ähnliche Tendenz verfolgt Tobler-Maler: »Die Bibel, den Kindern erzählt« (3 Bde., Zürich 1967f) mit Vorbildern im Zentrum.

■ Als *Anthroposoph* schreibt Jakob Streit die Trilogie zum Alten Testament: »Und es ward Licht«, »Ziehet in das gelobte Land« und »Lasset uns den Tempel bauen« (1956–90); alttestamentliche und apokryphe Geschichten sind mit jüdischen Sagen (Bin Gorion 1916) verknüpft. Menschen stehen zwischen Gott und Luzifer; Schuld gilt als »Evolutionskraft zum Guten«. Sagen des Alten Testaments gelten als »Gemütsvorbereitung auf das Christentum«, als Durchgangsstadium zur absoluten Religion.

5 Religionspädagogische Kriterien zur Beurteilung von Kinderbibeln

Die hier genannten religionspädagogischen Kriterien zur Beurteilung von Kinderbibeln sind im Interesse einer eigenen Urteilsbildung als Fragen formuliert. Antwortvorschläge finden sich unter 6. Folgende Gesichtspunkte sind wichtig: Werden beide, die Bibel und der heutige Kontext, gleichermaßen ernst genommen? Findet die Vielfalt biblischer Gottesbilder mit ihrer Spannung zum Bilderverbot Aufnahme? Ist Jesus in Wort und Bild als Mensch erkennbar? Behält die hebräische Bibel ihre Eigenständigkeit oder ist das AT verchristlicht (Zink 1981; Jeromin/Pfeffer 1999)? Finden sich antijudaistische Tendenzen? Welche Frauen- und Kindergestalten kommen vor? Sind poetische und prophetische Texte berücksichtigt (Laubi/Fuchshuber 1992)? Werden Memoriertexte wörtlich wiedergegeben (z.B. Dekalog, Vaterunser)? Wie steht es mit Dogmatismen, Moralisierungen, Intoleranz, Gewalt (z.B. 1 Kön 18,10) und Friedenstexten? Sind Texte vermischt, z.B. als Evangelienharmonie? Wer wird idealisiert (z.B. David)? Stimmen Bild und Text überein und sind die Illustrationen auf dem Niveau guter Bilderbücher? Welche Stimmung wird vermittelt? Was sagen die Überschriften? Sind Fundstellen genannt? Wird Symboldenken durch Bild und Text angebahnt (z.B. Laubi/Fuchshuber 1992 und Köder 1995)? Wie ist »Kindgemäßheit« definiert? Welche Missverständnisse entstehen? Zu welchen Büchern greifen Kinder von selbst und warum?

6 Empfehlenswerte neuere Kinderbibeln

Die folgenden empfehlenswerten Kinderbibeln wahren die schwierige Balance zwischen Kindgemäßheit, Schriftgemäßheit und Illustration. (Bemerkungen zu den Illustrationen finden sich in Klammern.):

■ Erne, Thomas / Wensell, Ulises, Die große Ravensburger Kinderbibel. Ravensburg 1995 (farblich stimmungsvolle, lichtdurchflutete Aquarelle, oft mit Symbolgehalt, z.T. historisierend, ohne Grausames und Sexuelles, Jesus im weißen Gewand).

■ Eykman, Karel / Bouman, Bert, Die Bibel erzählt. Freiburg, Gütersloh 1978. Neuauflage 2 Bde. 1998 (s.o., Neugier weckende, realistische Zeichnungen mit Gegenwartsbezügen, Jesus in jeansblau, Böse sind nicht zu sehen).

■ Kinder-Bibel mit Bildern von Sieger Köder. Stuttgart 1995 (s.o., bibelnahe und außerdem meditative Texte zu farbenreichen, vieldeutigen Bildern, die z.T. an die Anfänge des Expressionismus erinnern, vereinfachte Formen, manchmal mit Brüchen, Betonung des Judentums).

■ Kort, Kees de, Meine Bilderbibel. Stuttgart 1990 (Zusammenfassung der für die Sonderschule seit 1966 erschienenen Bilderbücher mit expressiver Farbigkeit, Gestalten mit großen Augen, die an Noldes religiöse Bilder erinnern, Figuren nach dem Kindchenschema, Jesus im weißen Gewand, sparsam im Detail).

- Laubi, Werner / Fuchshuber, Annegert, Kinderbibel. Lahr 1992 (ökumenisches Autorenteam, Zulassung als Grundschulbibel. Unterschiedliche Bildtypen: Vignetten mit historischem Kolorit u.a. mit Bezug zum Judentum und zu Gestalten der Gegenwart, Symbolbilder mit oft unerwarteten Perspektiven).
- Löfgren, Ulf / Jeromin, Karin, Meine bunte Bilderbibel. Stuttgart 1997 (mit eher zu plakativen Bildern).
- Pokrandt, Anneliese / Herrmann, Reinhard, Elementarbibel. Lahr 1998 (Einzelhefte seit 1973ff. Zulassung als Grundschulbibel. Die ebenmäßigen kleinformatigen Bilder erinnern an die Romanik; sie sind in den bibelnahen Text eingepasst und wirken oft starr, wozu auch die nur grau-schwarz-rote Farbgebung beiträgt; ohne Gegenwartsbezüge).
- Offringa, Baukje / Tov, Lika, Auf dem Weg. Donauwörth 1994 (Freie Erzählung aus der Perspektive von Kindern mit ca. 140 Illustrationen in einer Mischtechnik von Druck, Collage und gemalten Anteilen, gelegentlich weniger sorgfältig als der Text).
- Quadflieg, Josef / Frind, Rita, Die Bibel für Kinder ausgewählt und erläutert. Düsseldorf 1999 (Zulassung als Grundschulbibel, zugehöriges Kommentarwerk für den Unterricht von Quadflieg in zwei Bänden: AT und NT; deutungsoffene, eindringliche Bilder, die sich auch für die Arbeit mit Jugendlichen eignen).
- Schindler, Regine / Zavřel, Štepán, Mit Gott unterwegs. Zürich 1996 (ökumenisches Autorenteam, Perspektivenvielfalt, frauen- und kinderfreundlich, künstlerisch durchdacht).
- Weth, Irmgard / Kort, Kees de, Neukirchener Kinderbibel. Neukirchen-Vluyn 1988 (Zulassung als Schulbibel).

Literatur

Braun, Josef, Kinderbibel, kath. In: LexRP 1 (2001) 1015–1018.
Reents, Christine, Kinderbibel. In: TRE 18 (1989) 176–182.
Reents, Christine, Kinder- und Schulbibeln, ev. In: LexRP 1 (2001) 1007–1014.
Schmidt, Gerhard, Katechetische Anleitung. München 1946.
Schmitt, Otto, Bibel-Illustration. In: Reallexikon zur Deutschen Kunstgeschichte 2 (1948) 478–518.
Tschirch, Reinmar, Kinderbibel. In: ^{4}RGG 4 (2001) 973
Tschirch, Reinmar, Kinderbibel. In: Kinder- und Jugendliteratur. Ein Lexikon. 9. Ergänzungslieferung (2000) 1–23.
Themenheft »Kinderbibeln«: KatBl 125 (2000) Heft 4.

CHRISTINE REENTS

V.3.2
Schulbibeln

→ III.1.1 Arbeit mit der Bibel/Bibeldidaktik
→ V.1.2 Religionsdidaktische Konzeptionen
→ V.1.7 Richtlinien und Lehrpläne
→ V.2.4 Umgang mit Texten
→ V.2.5 Umgang mit Bildern
→ V.3.3 Religionsbücher

Allgemein können Schulbibeln als die für den Unterricht genehmigten Bibelausgaben bezeichnet werden. Sie sind (wie alle Lernmittel) »Druckwerke für die Hand des Schülers, die dazu dienen, den Lehrplan eines Faches einer bestimmten Schulart und eines bestimmten Schultyps nach seinen Zielen und seinen Inhalten zu erfüllen« (so eine Verordnung des Ministeriums für Kultus und Sport in Baden-Württemberg vom 6.8.1985).

Die Religionsgemeinschaften prüfen die Lernmittel an ihrer Lehre und ihren Grundsätzen ebenso wie an den allgemeinen Zulassungsbestimmungen der Kultusverwaltung (den allgemeinen Erziehungszielen der Schule, den didaktischen Kriterien für die Aufbereitung des Stoffes, der Altersgemäßheit einschließlich der sprachlichen Form, der grafischen Gestaltung und der Orientierung an gesicherten Erkenntnissen der Fachwissenschaften). Diese Voraussetzungen für die Zulassung in der Schule grenzen den Buchtyp Schulbibel von biblischen Erzählbüchern oder Kinderbibeln ab, die anderen Anforderungen entsprechen müssen. In der Regel werden Schulbibeln im Auftrag einer Religionsgemeinschaft erarbeitet und durchlaufen das kirchliche Genehmigungsverfahren vor der Drucklegung. Wird für eine bereits veröffentlichte Bibel (z.B. eine Kinderbibel) die Zulassung als Schulbibel beantragt, dann muss sie sich nachträglich dem Genehmigungsverfahren unterziehen.

Die Herausgeber von Schulbibeln haben also einerseits kirchliche bzw. theologische und andererseits pädagogische bzw. religionspädagogische Kriterien an ihre Arbeit anzulegen. Die Geschichte der Entstehung und Bedeutung von Schulbibeln zeigt, dass sie lange Zeit als Lern-Mittel für sehr unterschiedliche Ziele des Religionsunterrichts eingesetzt wurden (etwa zur Bildung christlicher oder religiös-sittlicher Persönlichkeiten). Erst im Verlauf des 20. Jh. wurde die Bibel in ihrer einmaligen historischen Bedeutung und ihrem Anspruch erkannt und weitgehend von fremdbestimmten Zielen im Umgang mit ihr befreit. Das wirkte sich auf Auswahl und Form der Schulbibel unmittelbar aus. Bis in die Gegenwart hinein entstehen neue Schulbibelausgaben, die versuchen, folgende Fragen zu beantworten:

(1) Welche *Textauswahl* und welche Textgestalt ist für eine bestimmte Altersgruppe bedeutungsvoll und verstehbar?

(2) Welche *erklärenden und veranschaulichenden Informationen* müssen hinzutreten, um einen Verstehensweg zu eröffnen und zu begleiten?

(3) Welche *Bilder* können die Vorstellungen der Leserinnen und Leser unterstützen und einen Weg von der Anschaubarkeit zur Unanschaubarkeit eröffnen?

(4) Welche *buchgestalterischen Elemente* sind nötig, um die Bedeutung des Buches sichtbar zu machen und die Bereitschaft zu wecken, sich mit ihm zu beschäftigen?

Die genannten vier Aspekte weisen auf einen grundsätzlichen Wechsel im Blick auf die religionspädagogischen Kriterien bei der Erstellung von Schulbibeln hin: Ausgangsbasis für alle Überlegungen ist die Erfahrungswelt der Zielgruppe in ihren sozialen und individuellen Denkvoraussetzungen und Handlungsmöglichkeiten. Ohne sorgfältige Berücksichtigung dieser Voraussetzungen kann keine nachhaltige Begegnung mit der Tradition stattfinden.

1 Die Frage nach der Textauswahl und Textgestalt

Wegen der genannten Voraussetzungen für eine Begegnung mit der Tradition ist es sinnvoll, Schulbibeln für die Grundschule von solchen für weiterführende Schulen zu unterscheiden. Bei Schulbibeln für die Grundschule wird eine Auswahl erzählerischer und hymnischer Texte (Psalmen) bevorzugt, die in ihrer Anschaulichkeit und Symbolkraft den Erfahrungen von Kindern entgegenkommen. Bei Schulbibeln für Ältere werden meist größere Erzählzusammenhänge (Passion, Propheten, Briefe etc.) geboten. Die Lehrplanvorgaben stellen den äußeren Rahmen für die Auswahl dar, werden jedoch meist durch weitere Texte ergänzt. Es zeigen sich dabei auch regional und konfessionell verschiedene Traditionen neben biografisch bedingten Gewichtungen der Unterrichtenden selbst. Die Textgestalt der ausgewählten Stücke orientiert sich zunächst an den kirchenamtlichen Ausgaben für Liturgie und Gottesdienst (Lutherrevision 1984 und Einheitsübersetzung 1980, für die Schule auch zunehmend die ökumenisch erarbeitete Übersetzung »Die gute Nachricht« 1997). Dies ermöglicht einen Wiedererkennungseffekt in gottesdienstlichen Veranstaltungen und beim Memorieren. Wenn in Grundschulbibeln von dieser Textgestalt abgewichen wird, begründen die Herausgeber dies mit größerer Anschaulichkeit und Dramatik im Blick auf das kindliche Nacherleben.

Trotz dieser Vorgaben ist die Auswahl noch immer ein Problem: Sollen Textteile entfallen oder ganze biblische Bücher? Kann man sogar auf Satzteile verzichten? Ältere Schulbibeln wählen eher so aus, dass sie »alles, aber in verkleinerten Stücken« bieten, neuere Schulbibeln bieten eher »Einzelnes, aber in möglichst vollständiger Form«. Daneben scheint sich eine Tendenz abzuzeichnen, die auf Deutungen des biblischen Textes verzichtet. Gab es in den 1950er-Jahren heilsgeschichtlich ausgerichtete Schulbibeln, die den Bibeltext so harmonisierten, dass dem Leser deutlich der Ablauf der Heilsgeschichte vor Augen geführt wurde (vgl. Groß 1958, 533ff; vgl. auch den Überblick über die »Schulbibellandschaft« bei Miller 1975), so überlassen neuere Schulbibeln dem Leser und dem Unterricht den Prozess der Deutung und Aneignung des biblischen Textes (vgl. Dohmen-Funke 2000, 248f).

Die Entscheidungen über Textauswahl und -gestalt werden noch erschwert durch die Bedeutung der Schulbibel im Kontext anderer Buchtypen, vor allem des Arbeitsbuches für den Religionsunterricht, das biblische Zitate bzw. Kurzfassungen und Nacherzählungen biblischer Vorlagen enthält. Das Arbeitsbuch hat deshalb die Schulbibel als Leitmedium für den Religionsunterricht endgültig verdrängt, wenn auch wieder eine Zunahme des Interesses an ausgiebiger Beschäftigung mit biblischen Texten (so etwa I. Baldermann u.a.) festzustellen ist, wobei der Bibel als Buch, das den »authentischen Text« enthält, nicht mehr die gleiche didaktische Bedeutung zukommt wie zu früherer Zeit. Die Möglichkeit des Nachprüfens in der Schulbibel aber bleibt bedeutsam.

2 Die Frage nach erklärenden und veranschaulichenden Informationen

Diese Frage weist mit besonderer Deutlichkeit auf das Vorverständnis der Herausgeber hin sowohl hinsichtlich ihrer Einschätzung der biblischen Überlieferung als auch hinsichtlich ihrer Einschätzung kindlicher Interessen. Eine Grundschulbibel (als Beispiel: Geschichten aus der Bibel, 1991) kann sowohl sachdienliche Erklärungen im laufenden Text als zusammenfassende und mit Fragen versehene Stichworte im Anhang, außerdem neben farbigen Bildern auch Sachzeichnungen und einfache Karten enthalten. Es wäre wünschenswert, wenn solche Informationen nicht allein dem Verstehen äußerer Sachzusammenhänge dienten, sondern auch dem Sich-Einfühlen- und Fragen-Wollen der Schülerinnen und Schüler, ohne die Deutungsoffenheit aufzugeben. Während Informationen bei anderen Medien in hoher Qualität vorliegen (etwa in CD-ROMs, Filmen oder Plakaten), kann die Schulbibel als Buch zu einem wichtigen Träger für persönliche Fragen werden (wie das in Vollbibeln mit Erklärungen und Anmerkungen längst der Fall ist).

3 Die Frage nach angemessenen Bildern

Die Frage nach angemessenen Bildern hat sich stark gewandelt. Die Orientierung im Leben der Heranwachsenden wird stärker von Bildern bestimmt als von selbstständigen Handlungen. Deshalb spielen eigene Vorstellungsweisen nicht mehr die entscheidende Rolle. Der Religionsunterricht kann einen wichtigen Beitrag zur ästhetischen Gestaltung des Lebens, wie sie der heutigen Schule aufgegeben ist, leisten. Sowohl die Klärung von Sachzusammenhängen als die Versuche, etwas symbolisch darzustellen, was Bedeutung hat, obwohl man es nicht sehen kann, bestimmt ja in besonderer Weise die Begegnung mit der biblischen Tradition. Die Illustration wird damit nicht abgewertet gegenüber einer symbolisch-abstrakten Gestaltung des Bildes, sondern kann als eine erste Form der Vergewisserung angesehen werden: Erst das Anschaubare gibt den Blick frei für das, was unanschaubar ist. Künstlerisch gestaltete Angebote für den Religionsunterricht lösen sich immer stärker von Vorgaben oder Forderungen und stellen einen eigenen ästhetisch verantworteten Lebensbereich dar, dessen Fragen oder Bedeutungen mit dem Text in Verbindung gebracht werden können, aber grundsätzlich offen sind. »Es handelt sich um zwei verschiedene Welten in zwei verschiedenen Medien. (...) Die Wahrheit des Bildes ist nicht dasselbe wie die Wahrheit des Glaubens« (Zacharias 1993, 13). Es gibt auch keine »Bedeutungsgrammatik« mehr, die Bild und Text miteinander verbindet und gegenseitig erklärt. Spontaneität und Fantasie sind herausgefordert und bieten Schülern wie Lehrern einen Freiraum für die eigene Auseinandersetzung.

4 Die Frage nach der Gestalt des Buches

Die Frage nach der optischen Präsentation wird im Zeitalter der Medien immer wichtiger. Wenn eine Schulbibel in der engen Zweispaltigkeit daherkommt, ist das für junge Menschen ein Signal, dass es sich nicht lohnt, damit zu arbeiten. Das wäre schon anders, wenn die Möglichkeiten grafischer Vielfalt sichtbar wären (Einspaltigkeit, stychischer Druck bei Gedichten und Liedern, anregende, farbige Überschriften oder Symbole usw.). Hier liegt eine Chance für den Buchtyp Schulbibel, die noch nicht genug in den

Blick genommen ist. Während Kinderbibeln unter dem Druck des Marktes immer wieder neue Formate, Bilder und Papierqualitäten anbieten, ist das Schulbuch Bibel nur wenig verändert worden. Die Bedeutung wird eben an der »Verpackung« des Inhalts sichtbar und ist ein Hinweis auf seine Wichtigkeit. Dass damit noch nicht alles gesagt ist, macht die Bedeutung der Buchgestaltung nicht weniger wichtig. Es ist eine besondere Herausforderung zu entdecken, dass das Neue und Fremde in den Erfahrungen der Bibel »nicht in die Sprach- und Zeichenlandschaft unseres heutigen Lebens passt« (Marti 1986, 127) und deshalb als eine Hoffnung begriffen werden kann, die den eigenen Lebenskreis überschreitet und ihn neu sehen lehrt. Bei entsprechender Konzentration auch der finanziellen Ressourcen kann sich die Weiterentwicklung des Buchtyps Schulbibel für einen modernen Bibelunterricht deshalb durchaus lohnen.

Literatur

Adam, Gottfried/Lachmann, Rainer (Hg.), Kinder- und Schulbibeln. Probleme ihrer Erforschung. Göttingen 1999.
Dohmen-Funke, Christoph, Kinderbibeln früher und heute. Von den Veränderungen einer Buchgattung. In: KatBl 125 (2000) 248–251.
Groß, Heinrich, Die revidierte »Katholische Schulbibel« von Ecker. Der alttestamentliche Teil. In: KatBl 83 (1958) 533–538.
Marti, Kurt, O Gott. Stuttgart 1986.
Miller, Gabriele, Biblische Schulbücher – Schulbibeln – Auswahlbibeln. In: KatBl 100 (1975) 738–749.
Zacharias, Thomas, Radierungen zur Bibel. Stuttgart 1993.

CHRISTOPH DOHMEN-FUNKE / MARKUS HARTENSTEIN

V.3.3 Religionsbücher

→ III.1.1 Arbeit mit der Bibel/Bibeldidaktik
→ III.3.3 Theologische Bildung/Katechismusunterricht
→ IV.3.4 Religionsunterricht in staatlichen Schulen
→ V.1.2 Religionsdidaktische Konzeptionen
→ V.3.2 Schulbibeln

1 Die Religionsbücher der Vergangenheit

Herkömmlicherweise waren die einzigen Religionsbücher Bibel und Katechismus, d.h. Nacherzählungen biblischer Texte und ein Lehrbuch des Glaubenswissens. Für den evangelischen Religionsunterricht fand nach dem 2. Weltkrieg (vor allem) für die Volksschulen das »Biblische Lesebuch« (z.B. Erb, Schild des Glaubens), eine Auswahl biblischer Geschichten, Verwendung. Für das Gymnasium war ein kompendienartiges Lehrbuch im Gebrauch, das den traditionellen Kanon an Inhalten des Religionsunterrichts systematisch entfaltete, und schließlich kirchengeschichtliche Quellenbücher (z.B. K. Ringshausen u.a., Quellenbuch zur Kirchengeschichte) mit authentischen historischen oder zeitgeschichtlichen Dokumenten.

Katholischerseits gab es zunächst für Schüler zurechtgemachte Nacherzählungen biblischer Texte, oft mit moralisierenden Anwendungen, und ein Lehrbuch des Glaubenswissens (Katechismus). Dieses Problem des Nebeneinanders zweier so verschiedener Bücher (Bibel/Katechismus) war auf der evangelischen Seite dadurch reduziert, dass der Schwerpunkt des Katechismusunterrichts außerhalb der Schule, im Konfirmandenunterricht, erfolgte und bis heute dort erfolgt. Die Situation änderte sich auf katholischer Seite durch die Auswahlbibeln (revidierte Eckerbibel 1957, Reich-Gottes-Bibel 1960) und durch die Einführung des Lehrstückkatechismus (Katholischer Katechismus der Bistümer Deutschlands 1955) anstelle des Frage-Antwort-Katechismus. Für die Grundschule gab es die »Religionsbüchlein«, die Lehrhaftes, Biblisches, Kirchenjahr, ganz einfach: christlichen Alltag vermittelten. Für die höheren Klassen waren verschiedene Bücher im Gebrauch, alle an den theologischen Disziplinen orientiert (z.B. Dogmatik, Moral, Kirchengeschichte).

All diesen Büchern (ob evangelisch oder katholisch) war gemeinsam: Sie brachten Zusammenfassungen, Ergebnisse des Unterrichts und keine didaktisch-methodischen Hinweise. Die Lebenswelt der Schülerinnen und Schüler wurde nur wenig berücksichtigt. Es fand eine starke Konzentration auf die eigene Konfession, in die eingeführt werden sollte, statt.

2 Das neue Verständnis des Mediums Schulbuch

Die mit dem problemorientierten Religionsunterricht der 1960er-Jahre begonnene Wende brachte auch die Wende beim traditionellen Religionsbuch. Der wesentliche Unterschied liegt nicht in der vorzüglichen Ausstattung. Wesentlich ist vielmehr das in die Augen fallende veränderte Verständnis der Funktion von Schulbüchern und von Unterricht überhaupt. Nicht von Ergebnissen her, sondern auf Ergebnisse hin wird gedacht. Seither gibt es eine Vielfalt von prozessorientierten Büchern. Sie bringen eine Fülle von Medien. Sie eröffnen auch Angebote des ökumenischen, zunehmend auch des interreligiösen Lernens. Das zeigt sich im Versuch, authentische Einblicke in die verschiedenen christlichen Konfessionen und die Weltreligionen zu geben. Diese totale Veränderung der Religionsbücher macht auch ihre Beurteilung sowohl von Seiten der Eltern als auch von Seiten der verschiedenen Kollegen mit verschiedenen didaktischen Ansätzen schwierig. Oftmals muss ein Religionslehrer in einer Klasse Bücher übernehmen (Lernmittelfreiheit), die er selbst nicht ausgesucht hätte.

Didaktisch gesehen steht hinter dem beschriebenen Wandel der Religionsbücher die Wende zu einem kommunikativen Verständnis des Unterrichtsprozesses überhaupt. Das bedeutet ein Ernstnehmen des Schülers, seiner Ausgangs- und seiner Interessenlage. Dies kommt dem theologischen Kriterium der Bildung religiöser Selbstständigkeit entgegen. Der Schüler wird als entscheidungsfähiges, mündiges Subjekt gesehen, das sich im Unterricht artikulieren können muss, gerade auch in seinen kritischen Anfragen an Kirche und Christentum.

Die Religionsbücher bringen auch provozierende Texte und Bilder, die die Schüler zur eigenen Stellungnahme herausfordern sollen. Zuweilen verstehen Begutachter die Funktion eines solches Mediums falsch, wenn sie meinen, hier drücke sich die Auffassung der Autoren aus. Die neuen Bücher zeigen auf – hierin einem zweiten theologischen Aspekt folgend –, dass Glauben und Leben nicht getrennte Wirklichkeiten sind, dass vielmehr Gott sich in unserer Welt offenbart, dass also die Vermittlung christlicher Glaubensinhalte und Ausdrucksformen nicht weltlos erfolgen kann. Die Schüler werden durch die neuen Religionsbücher in eine spannungsvolle Beziehung zwischen ihrer Erfahrungswelt und der biblisch-christlichen Tradition gebracht.

Das bereits erwähnte veränderte didaktische Verständnis von Unterricht, nicht die Ergebnisse, sondern den Prozess des Unterrichts zum Thema zu machen, rückte ferner in Lehrplänen wie Religionsbüchern das Problem der Ziele neu in den Mittelpunkt des Interesses. Im Unterrichtswerk für die Sekundarstufe I »Zielfelder« (katholisch; entstanden in den 1970er-Jahren) kommt die neue Sicht bereits im Titel zum Ausdruck. Gemäß der Prozessorientierung wurden Zielsetzungen in Schulbüchern mit ihrem offenen Materialangebot nicht mehr formuliert, wohl aber in den unabdingbar notwendigen Lehrerkommentaren. Am Gebrauch oder Nichtgebrauch der letzteren entscheidet sich bis heute der Erfolg der neuen Zielsetzungen. Hindernis war (und ist) die größere Anforderung an die Vorbereitung für die Religionslehrer.

3 Verschiedene Typen von Religionsbüchern

Es gibt auch heute noch das lehrgangsartig aufgebaute Religionsbuch, das linear in logisch-systematischer Abfolge den Stoff anordnet. Dennoch ist der vorherrschende Typ heute das Arbeitsbuch. Unter den Arbeitsbüchern wird das thematisch gegliederte Arbeitsbuch vor allem in der Sekundarstufe I eingesetzt (z.B. »Zielfelder ru« oder »Kursbuch Religion«). Es ist entweder für einen Jahrgang oder zwei konzipiert und präsentiert eine Vielfalt von verschiedenen Medien. Neben biblische Texte sowie Texte aus der kirchlichen Überlieferung treten Ausschnitte aus der Literatur, Sachtexte und Schülertexte. Ferner enthält es Kunstbilder sowie Fotos, Grafiken und Karikaturen. Die rein illustrative Funktion von Bildern tritt hinter ihre heuristische Funktion zurück, d.h. die Bilder selbst werden zur Quelle der Erkenntnis. Zudem werden vielfältige methodische Wege vorgeschlagen.

Neuer und nicht alltäglicher Art sind die zunächst für die Grundschule, dann auch für die Sekundarstufe I erarbeiteten Religionsbücher von Hubertus Halbfas (Klasse 1–10; 1983ff). Sie bringen viele ungewohnte, interessante Texte aus Mythen und Märchen sowie anderen Religionen und zeigen so auf, was religiöse Sprache und die religiöse Grundfragestellung überhaupt bedeuten. Diese nicht üblichen Medien sind mit gewohnten Texten und Inhalten verknüpft. So werden nahtlos auch fremde Religionen zusammen mit dem Christentum zur Erarbeitung vorgestellt. Interessant sind vor allem auch die in den Kommentarbänden beigegebenen Texte. Das Werk von Halbfas steht bei vielen Religionslehrern im Schrank, um von Fall zu Fall zurate gezogen zu werden. Als in des Schule selbst eingeführtes Religionsbuch ist es weniger weit verbreitet, vor allem, weil die Bücher sehr anspruchsvoll sind.

Die didaktischen Veränderungen in ein Lehrbuch zu übersetzen, brachte für die Autoren von Religionsbüchern mehr Schwierigkeiten, als sich im Rückblick auch nur erahnen lässt. Als besonders eindrucksvolles Beispiel kann die Überarbeitung des Katholischen Katechismus der Bistümer Deutschlands von 1955 gelten. Die Vorgabe war, Aufbau und Ergebnisse des Katechismus beizubehalten. Die Autoren brachten – trotz dieser Vorgaben – alle ihre Intentionen und didaktischen Konsequenzen in einer Fülle von Arbeitsaufgaben unter. Bei den begleitenden und nachbereitenden Schülerhinweisen merkt jeder Pädagoge, dass natürlich nicht gemeint sein kann, alle Aufgaben zu erarbeiten. Was Jahrgangsbücher angeht, so war man in Österreich der Entwicklung in der Bundesrepublik voraus. Die Glaubensbücher von A. Höfer befanden sich bereits auf dem Markt, als der genannte Katholische Katechismus von einer Gruppe des Deutschen Katecheten-Vereins unter dem Titel »glauben – leben – handeln« (1969) überarbeitet wurde.

Bei dieser neuen Art von Religionsbüchern geben die schon genannten Lehrerhandbücher die nötigen Hilfestellungen zum Umgang mit ihnen. Das gilt besonders bei Religionsbüchern, die ganz ohne Fragen und Impulse erschienen sind (z.B. SpurenLesen). Daneben gibt es vor allem für die Sekundarstufe II Arbeitshefte (mit ergänzendem Text- und Bildmaterial und den entsprechenden Arbeitsaufträgen). Dazu kommen in beiden Konfessionen kirchengeschichtliche Arbeitsbücher mit Quellentexten und Bildern, die mithilfe von Arbeitsaufträgen erschlossen werden. Vor allem dadurch unterscheiden sie sich von früheren Büchern dieser Art. Schaut man sich die weiterführenden Aufgaben in den Schülerbüchern an, so zeigen sich vor allem zwei Gruppen. Es sind zum einen die von den Schülern auch ohne fremde Hilfe zu bewältigenden Aufgaben, wenn sie nur den vorausgehenden Sachtext gelesen haben (vgl. vor allem die von W. Trutwin herausgegebenen Bücher für die Sekundarstufe I). Bücher dieser Art sind leichter zu handhaben als die zweite Gruppe mit offenen, zur Diskussion reizenden Fragen und Aufgabenstellungen. Diese zweite Gruppe ist anregender, erfordert aber von Schülern und Lehrern ein hohes Maß an Auseinandersetzung und für den Lehrer ein Mehr an Vorbereitung.

Grundschulbücher waren schon immer Miniausgaben des Religionsbuchs für die 10- bis 14-Jährigen, wenn auch kurzschlüssiger und teilweise erbaulicher (vgl. das katholische »Glaubensbuch« für Klasse 3 und 4 von 1963). Das Problem der Vorbereitung auf die Sakramente entfällt auf dieser Alterstufe bei den evangelischen Schülerinnen und Schülern, da deren erster Gang zum Abendmahl im Allgemeinen erst im Zusammenhang der später stattfindenden Konfirmation erfolgt und die Vorbereitung im Konfirmandenunterricht stattfindet. Inzwischen gehen viele neue katholische Religionsbücher davon aus, dass die unmittelbare Einführung in den Sakramenten-Erstempfang in der Gemeinde erfolgt (Katechese), weshalb das Thema Sakramente kürzer abgehandelt wird als früher. Außerdem gibt es seit 1978 eine Bibel für die Grundschule. Trotz aller neuen Entwürfe und Planungen werden im Religionsunterricht auch weiterhin Quellen und Lesebücher verwendet. Katholischerseits wird seit 1979 für die Sekundarstufe I die offiziell eingeführte »Schulbibel« empfohlen (aber wenig verwendet). Man bevorzugt das NT und später die Vollbibel, ein Problem, das auf evangelischer Seite eine geringe Rolle spielt. Dort werden in der Primarstufe und der Sekundarstufe I Auswahlbibeln (z.B. Hartenstein, Geschichten aus der Bibel u. Neue Schulbibel) eingesetzt. Vielfach wird im 5. Schuljahr die Vollbibel eingeführt.

4 Religionsbuchanalysen

Religionsbuchanalysen gibt es erst sei den 1960er-Jahren (vgl. Meinecke 1969). Oft befassen sie sich nur mit bestimmten thematischen oder pädagogischen Fragestellungen, etwa wie das Judentum im Religionsunterricht behandelt wird und inwieweit Frauen angemessen im Religionsunterricht berücksichtigt werden. Eine Rezipientenanalyse, die die Schüler mit ihren Voraussetzungen in die Inhaltsanalyse mit einbezieht, fehlt fast völlig. Auch empirische Untersuchungen, die zeigen, wie überhaupt Religionsbücher in den Schulen eingesetzt werden, fehlen weitgehend. Aufgrund von Befragungen ist festzustellen, dass es eine große Bandbreite gibt zwischen Religionslehrern, die das Religionsbuch mit den Schülern durcharbeiten, und solchen, die auf ein Religionsbuch prinzipiell verzichten. Zunehmend setzen die Lehrer auch Religionsbücher der anderen Konfession in ihrem Unterricht ein, obwohl nur wenige Religionsbücher gleichzeitig für den evangelischen wie katholischen Religionsunterricht zugelassen sind. Schließlich wären umfassende historische Untersuchungen darüber hilfreich, wie sich die gedruckten Unterrichtsmittel in der christlichen Unterweisung entwickelt haben.

5 Umgang mit Religionsbüchern

Zwischen dem Religionsbuch, das mit dem Lehrplan abgestimmt, und dem Lehrer, der dem eigenen Verständnis von Religionsunterricht verpflichtet ist und die spezifische Situation der Klasse berücksichtigen muss, wird es immer eine Spannung geben. Eine weitere Schwierigkeit liegt in den Lehrplan-Vorschriften der einzelnen Bundesländer und den Religionsbuch-Produkten, die die einzelnen Verlage – darauf bezogen – entwerfen. Hier stehen oft die amtlichen Vorgaben den didaktisch-pädagogischen Einsichten im Weg. Grundsätzlich sind freilich die heutigen Religionsbücher so offen angelegt, dass sie für jedes religionspädagogische Profil des Lehrers bzw. für unterschiedliche Schülervoraussetzungen Materialien anbieten. Es wird darüber hinaus immer darum gehen, dass der Lehrer auswählt, das Angebot an Texten, Bildern und methodischen Vorschlägen ergänzt und somit eigene Akzente setzt. So gebraucht kann das Religionsbuch den Lehrer bei der Materialsuche entlasten und mit den vielfältigen didaktisch-methodischen Angeboten den Unterricht bereichern.

Literatur

Brockmann, Gerhard, Das Ende des traditionellen Religionsbuchs? Frankfurt/M. 1976.

Dieterich, Veit-Jakobus, Naturwissenschaftlich-technische Welt und Natur im Religionsunterricht. Eine Untersuchung von Materialien zum Religionsunterricht in der Weimarer Republik und in der Bundesrepublik Deutschland (1918–1985). 2 Bde. Frankfurt/M. 1990.

Failing, Wolf-Eckart, Zum Beispiel: Das Religionsbuch. In: EvErz 23 (1971) 114–126.

Halbfas, Hubertus, Lehrpläne und Religionsbücher. Notizen zu einer didaktischen Theorie. In: rhs 33 (1990) 228–244.

Meinecke, Ursula, Religionsunterricht im Spiegel seiner Lehrbücher. Der evangelische Religionsunterricht der Gegenwart untersucht am Religionsbuch der Volksschule 1945–1967. Hannover 1969.

Schultze, Herbert, Das Religionsbuch. In: HRP 2 (1974) 119–130.

GABRIELE MILLER / JÖRG THIERFELDER

V.3.4
Kinder- und Jugendbücher

→ II.1.3 Literatur und Dichtung
→ II.4.2 Religiöse Sozialisation
→ III.2.1 Sprache/religiöse Sprache
→ IV.1.1 Religiöse Erziehung in der Familie
→ V.2.3 Erzählen
→ V.2.4 Umgang mit Texten

1 Was ist religiöse Kinder- und Jugendliteratur?

Welches Buch wähle ich als Mutter/Vater, Religionslehrerin/Religionslehrer aus, wenn ich auf der Suche nach einem religiösen Kinder- oder Jugendbuch bin? Hier soll der Versuch unternommen werden, die Breite des Angebots an Kinder- und Jugendbüchern im Blick auf religiöse Lernprozesse zu entfalten – mit dem Verzicht auf eindeutige Etikettierung der Bücher.

1.1 Katechetisch-erbauliche Literatur

Bis ins 20. Jh. hinein stand beim Umgang mit Kindern und Jugendlichen vor allem das moralpädagogische und religionsdidaktische Interesse im Mittelpunkt. Eine entsprechende Kinder- und Jugendliteratur entfaltete christliche Themen und Motive etwa in Form von Heiligenlegenden, biblischen Abenteuererzählungen, Missionsromanen, Gebet- oder Gottesdienstbüchern; sie waren in der Regel nicht zur eigenen Lektüre, sondern zum Vorlesen bestimmt. Im Zuge einer zunehmenden Trennung von kirchlichem und kulturprägendem Milieu ging diese Phase erbaulicher Literatur in den 1960er-Jahren dem Ende zu.

1.2 Religiöse Literatur in thematischem Sinne

Dem 1977 erstmalig von der Deutschen Bischofskonferenz gestifteten *Katholischen Kinderbuchpreis* ist es zu verdanken, dass sich der Blick auf qualitativ anspruchsvolle Kinder- und Jugendbücher richtete. In der Ausschreibung zum Kinder- und Jugendbuchpreis im Jahre 1999 heißt es: »Ausgezeichnet werden deutschsprachige Bücher (...), die beispielhaft und altersgemäß religiöse Erfahrungen vermitteln, Glaubenswissen erschließen und christliche Lebenshaltung verdeutlichen. Die ausgezeichneten Werke sollen das Zusammenleben von Gemeinschaften, Religionen und Kulturen fördern. Dabei muss die transzendente und damit religiöse Dimension erkennbar sein« (Zentralstelle Medien der Deutschen Bischofskonferenz 1999, 36). Religiöse Kinder- und Jugendbücher lassen sich auf dieser Linie nach folgenden Kategorien einteilen:

(1) *Darstellung der christlichen Überlieferung:* Diese Veröffentlichungen zeichnen sich dadurch aus, dass christliche Autorinnen und Autoren durch Auswahl und Gestaltung christlicher Inhalte explizit Leben aus dem Glauben entfalten: durch narrative Gestaltung von biblischen Themen und Motiven, durch informierende Sacherzählun-

gen (Rahmengeschichten) zur Bibel, durch Darstellung des Lebens und Wirkens Heiliger – als Bilderbuch oder als erzählendes Buch. Entscheidend für die Beurteilung dieser Bücher ist die Forderung nach einer angemessenen erzählerischen Darstellung und Gestaltung der christlichen Tradition in Wort und Bild.

(2) *Bedeutung in der religiösen Sozialisation von Kindern und Jugendlichen:* Diese Veröffentlichungen machen Heranwachsende vertraut mit dem Stellenwert von Religion und ihrem »Sitz im Leben« in unserer Gesellschaft. Sie beinhalten Themen, die um den Jahresfestkreis mit seinen Riten und Bräuchen kreisen, sie entfalten religiöse Zeichen und Symbole, erörtern die Gottesfrage, erzählen vom Leben vorbildlicher Menschen, führen ein in die gelebte Glaubenspraxis von Gottesdienst und Gebet, bahnen ein Verständnis von Sakramenten an. Sie bieten Grundlagen an zum Verständnis unserer von christlicher Geschichte geprägten Kultur. Im Blick auf ein tolerantes Miteinander der verschiedenen Religionen wird neben der Einführung in die eigene religiöse Lebenswelt auch der Dialog zwischen den verschiedenen Religionen thematisiert.

(3) *Von Nicht-Christen geschriebene Bücher mit religiösen Themen und Motiven:* »Die Themen der Religionen sind dem Monopol der christlichen Kirchen entwachsen. Sie sind ausgewandert auf den freien Markt« (Niehl 2000, 15). In der Vielfalt des Angebots von Kinder- und Jugendliteratur finden sich vor allem in den letzten Jahren Bücher, deren Autorinnen und Autoren religiöse Themen und Motive aufgreifen und in säkularisiertem Kontext verarbeiten, z.B. Paradies, Engel, Weihnachten. Fragen etwa nach einem Weiterleben nach dem Tod, nach Schuld und Vergebung werden thematisiert ohne explizit beabsichtigten Rückbezug zu christlichen Traditionen. Die Qualität dieser Kinder- und Jugendbücher hängt wesentlich davon ab, welchen Stellenwert die religiösen Themen und Motive für den Handlungsablauf haben, ob sie lediglich Stoff für eine Geschichte bieten oder existenzielles Gewicht erhalten, um eine vertiefte Auseinandersetzung mit der Thematik unter christlichem Aspekt anzubahnen.

1.3 Religiöse Dimension als Sinn- und Wertfrage

Religiös ist ein Kinder- oder Jugendbuch dann, wenn die Frage nach dem Sinn des Daseins gestellt wird, Anfang und Ende von Leben und Welt in den Blick kommen, Ermutigung zum Leben geboten wird, Grundfragen nach Normen, Werten, Gewissen und Verantwortung thematisiert werden (vgl. Dinges 1979, 538). Diese Kinder- und Jugendliteratur öffnet Heranwachsenden den Blick auf die Mehrdimensionalität der Welt, lässt hinter die Dinge schauen, nach einem letzten Sinngrund fragen, weckt Neugier, Staunen, Fantasie, stellt Wertvorstellungen infrage. Das religiöse Buch trennt nicht zwingend zwischen Kinder-, Jugend- und Erwachsenenliteratur, sondern mutet Kindern und Jugendlichen auch einen ›Überschuss‹ an Bedeutung zu, sodass sie mit und an Texten wachsen können.

2 Funktionen der religiösen Kinder- und Jugendliteratur

2.1 Sicherung des Kanons von Überlieferung

Kinder- und Jugendbüchern kommt in einer Zeit, in der Traditionen brüchig werden, ein neu entdeckter Stellenwert zu: Sie bewahren den Schatz an Geschichten und Legenden, erinnern an Glaubenszeugen, entfalten biblische Stoffe. Kinder und Jugendliche werden eingeladen, grundlegendes Glaubenswissen als Voraussetzung für lebensrelevante Auseinandersetzung kennen und schätzen zu lernen.

2.2 Beitrag zur religiösen Sozialisation

Formen gelebten Glaubens kennen zu lernen, um in den inneren Sinn von Riten, Bräuchen, Symbolen hineinzuwachsen, gewinnt in einer Zeit schwindender religiöser Prägungen immer mehr an Bedeutung: Religion lernen von außen nach innen. Weil vielen Kindern und Jugendlichen Ausdrucksformen religiöser und kirchlicher Praxis fremd und fern sind, können diese Bücher Chancen eröffnen, wenn sie sprachlich und gestalterisch Heranwachsenden Leseanreize bieten. Sie sind ein Angebot, in fremde Zeiten, Orte, Personen, Handlungen einzutauchen, sie in ihrem Fremdsein zunächst kennen zu lernen, sich auf sie einzulassen, um zu eigenen Fragehaltungen zu gelangen.

2.3 Aktualisierung der Tradition

Wenn Kindern und Jugendlichen religiöse Themen und Motive im säkularisierten Kontext angeboten werden, so begegnet ihnen die Tradition in einem neuen Licht, werden weitere Prozesse der Auseinandersetzung initiiert: »Welche Form hat die Sehnsucht nach Erlösung heute? (...) Wie wird Gnade erfahren?« (Niehl 2000, 15) Aus der Distanz zu tradierten Darstellungen entwirft diese Literatur Gegenwelten, spitzt zu, stellt neu infrage.

2.4 Klärung von Erfahrungen angesichts von veränderten Sinn- und Wertfragen

Angesichts von veränderter Kindheit und Jugend sind Kinder- und Jugendbücher ein wichtiges Medium zur Identitätsfindung der jungen Leserinnen und Leser. Darüber hinaus erzählen sie vom Zusammenleben der Menschen, von der Kunst, dem Fremden zum Nächsten zu werden. Statt zu moralisieren lassen sie ihre Leserinnen und Leser über »Gott und die Welt« philosophieren. Sie bereiten den Boden für Symbolverständnis und religiöse Sprachfähigkeit.

2.5 Religiöse Lernprozesse mit Kinder- und Jugendliteratur an verschiedenen Lernorten

(1) *Familie:* Vor allem im Vorschulalter erfüllen Kinderbücher – im Besonderen Bilderbücher – wichtige Funktionen: Neben der Sensibilisierung für neue, unbekannte Welten erleichtern sie Eltern über das Vorlesen und gemeinsame Betrachten von Bildern in ein Gespräch mit dem Kind zu kommen. Eigene Unsicherheit, für Religiöses die richtigen Worte zu finden, kann mithilfe dieses Mediums überwunden werden. In einer Lebensphase, in der es einem Kind schwer fällt, eigene Gedanken und Vorstellungen so in Worte zu fassen, dass es spürt, verstanden zu werden, bietet das Buch einen Schatz an Worten und Bildern, den das Kind zum eigenen Wachsen »ausleihen« kann.

(2) *Religionsunterricht:* Als Alternative zu Kurzinformationen in Religionsbüchern und Geschichtensammlungen gewinnt das Kinder- und Jugendbuch im Religionsunterricht als Ganzschrift an Beachtung. Es schlägt eine Brücke vom schulischen zum privaten Lesen und leistet so einen Beitrag zu lebensweltlichem Lernen. Es schafft einen Ge-

gensatz zu oberflächlicher Konsumentenhaltung, indem es durch kritisch-reflektierende Rezeption existenzielle Fragen initiiert und Raum und Zeit für vielfältige Gesprächsanlässe schafft. Durch Authentizität der Darstellung, Ermöglichung von Identifikation, Projektion und Distanzierung hilft es Kindern und Jugendlichen, Argumentationsstrukturen zu entwickeln. In den letzten Jahren haben anspruchsvolle *Bilderbücher* den Kinderbuchmarkt bereichert. Als Beitrag zur ästhetischen Erziehung, zur Wahrnehmungsschulung haben sie inzwischen ihren festen Platz vor allem in der Grundschule. Durch die Wiederholung des Rezeptionsvorgangs tragen sie zur vielzitierten »Entdeckung der Langsamkeit« im Religionsunterricht bei. Diesem Anliegen weiß sich der vom Gemeinschaftswerk der Evangelischen Publizistik alle zwei Jahre verliehene *Illustrationspreis für Kinder- und Jugendbücher* besonders verpflichtet. In der Ausschreibung zum Preis 2000 heißt es u.a.: »Im Rahmen einer religiös-humanen Sozialisation sollen Bücher ausgezeichnet werden, deren Illustrationen (...) innere Bilder wachrufen und weiterentwickeln, der sichtbaren oder auch der unsichtbaren Wirklichkeit Gestalt verleihen und Gegenwärtiges, Vergangenes oder Fremdes im Bild lebendig werden lassen«.

Für den Einsatz von Kinder- und Jugendbüchern bieten sich sowohl textproduktive (Texte antizipieren, erweitern, kürzen, umschreiben) als auch handlungsorientierte Methoden (szenische, tänzerische, akustische, visuelle Gestaltung) an. Durch Erzähl- und Vorlesestunden, durch ritualisierte Präsentationsformen gewinnen Kinder- und Jugendbücher an Bedeutung über den Religionsunterricht hinaus: Lesekultur als Beitrag zur Schulkultur.

Literatur

Dinges, Ottilie, Die religiöse Dimension in heutigen Kinderbüchern: KatBl 104 (1979) 534–541.
Doderer, Konrad, Lexikon der Kinder- und Jugendliteratur. Basel 1975ff.
Fährmann, Willi/Steinkamp, Vera/Schlagheck, Michael (Hg.), Spurensuche. Religion in der Kinder- und Jugendliteratur. Mülheim 1989 (Bd. 1) bis 1997 (Bd. 10).
Gemeinschaftswerk der Evangelischen Publizistik, Ausschreibung zum GEP-Illustrationspreis für Kinder- und Jugendbücher. Frankfurt/M. 2000.
Niehl, Franz W., Kinder- und Jugendbuchpreis. In: unterwegs (Deutscher Katecheten-Verein) 1/2000, 15.
Pitsch, Rolf (Hg.), Warum der Elefant nicht mehr traurig ist. Anthologie mit Texten des Katholischen Kinderbuchpreises. Würzburg 1993.
Rabl, Josef, Religion im Kinderbuch. Analyse zeitgenössischer Kinderliteratur unter religionspädagogischem Aspekt. Hardebek 1982.
Zentralstelle Medien der Deutschen Bischofskonferenz (Hg.), Katholischer Kinder- und Jugendbuchpreis. Preisgekrönte und empfohlene Bücher 1997–1999 (Arbeitshilfen 147). Bonn 1999.

GABRIELE CRAMER

V.3.5
Audiovisuelle Medien

→ II.3.8 Neue Medien – Virtualität – Wirklichkeitsverständnis
→ III.2.2 Ästhetische Bildung
→ V.2.5 Umgang mit Bildern
→ V.2.6 Umgang mit Lied und Musik
→ V.2.7 Umgang mit Filmen
→ V.3.6 Computer und Internet im Religionsunterricht

1 Gesellschaftliche Herausforderung

Der gesellschaftliche Wandel hin zu einer Mediengesellschaft fordert in mehrfacher Hinsicht zur (religions-)pädagogischen Reflexion heraus:

(1) Im pädagogischen Diskurs wird die These von der »veränderten Kindheit« zuallererst mit dem Stichwort »Medienkindheit« erläutert: Medien stellen für heutige Kinder und Jugendliche die primäre »Schnittstelle zur Wirklichkeit« dar. Freilich wird die Beobachtung, dass die Wirklichkeit stärker über Sekundär- und weniger über Primärerfahrungen erschlossen wird, in Verbindung mit Neil Postmans Rede vom »Verschwinden der Kindheit« im (medien-)pädagogischen Diskurs häufig vorschnell als defizient bewertet.

(2) Erkenntnistheoretisch wird der gesellschaftliche Wandel mit der Tendenzangabe »von der begrifflichen zur ästhetischen Wahrnehmung« erfasst: Wirklichkeit wird nicht wie im Schrift- und Buchzeitalter verbal-schriftlich-analytisch, sondern viel stärker visuell-ikonisch- synthetisch wahrgenommen (vgl. Baacke/Röll 1995, 15). Beide alltagsverwobenen Verhaltens- und Wahrnehmungsmuster prägen Schülerinnen und Schüler und müssen bei der Reflexion über Einsatzmöglichkeiten und Zielhorizonte eines Lernens mit audiovisuellen Medien berücksichtigt werden.

2 AV-Medien – Kurzbeschreibung

Der Begriff »Audiovisuelle-Medien« ist zunächst selbsterläuternd: Er verweist auf die Art des medialen (hörbaren, sichtbaren) Impulses und auf die Ebene der sinnlichen Wahrnehmung, also auf die Eingangskanäle des Rezipienten (Auge, Ohr). Die weite Definition (visuelle und/oder auditive Hilfsmittel zur (Re-)Präsentation von Wirklichkeit) impliziert im visuellen Bereich beispielsweise auch Tafelanschrieb, Schulbuch und Plakat sowie im auditiven Bereich Lehrersprache und Gesang. Die engere Definition, die im Folgenden zugrunde gelegt wird, beschränkt sich auf technisch gestaltete und mit technischen Geräten reproduzierbare Inhaltsträger und legt den Schwerpunkt auf ikonische Repräsentationen (im Unterschied zu verbal-symbolischen).

Visuelle Medien sind demnach: Overhead-Folien oder Dias (z.B. Alltagsbilder, Kunstbilder, Karikaturen, Comics); auditive: CD oder Tonbandkassette (z.B. Musik,

Textbeiträge, Hörspiele); audiovisuelle: Tonbild oder Filme (Kurzfilme, Langfilme, Videoclips) und als komplexe Form der Bereich der »Neuen Medien« (PC, Internet).

3 Religionspädagogische Chancen und Herausforderungen

- AV-Medien ermöglichen die Auseinandersetzung mit nicht unmittelbar zugänglichen Wirklichkeitsausschnitten. Dies ist auch unterrichtsökonomisch bedeutsam, da nicht jedes Wirklichkeitsphänomen über originale Begegnungen (Unterrichtsgang, Exkursion, personale Begegnung) erschließbar ist.
- Über AV-Medien werden aktuelle Ereignisse und Wirklichkeitssausschnitte der (Jugend-)Kulturen repräsentierbar (Musik-CDs, Video-Mitschnitte, selbsterstellte Folien mit Beispielen aus der Tagespresse). Die entsprechenden urheberrechtlichen Fragen sind beim Einsatz zu bedenken. AV-Medienzentralen bieten als autorisierte Verleihstellen reichhaltiges Material an.
- Entgegen einem verbal-textlich fixierten Konzept religiöser Bildung mit der Präferenz für entsprechende Lerntypen erhalten beim Einsatz von AV-Medien auch Lerntypen eine Chance, die Wirklichkeit stärker über ästhetische Momente (z.B. musikalische Emotionalität, narrative filmische Ästhetik) erschließen.
- Das Experten- und Erfahrungswissen der Kinder und Jugendlichen sollte konstruktiv genutzt werden: Sie können ihre medialen Vorlieben und Produkte thematisieren und präsentieren. Medienpädagogische Forschungsergebnisse belegen, dass Jugendliche nicht etwa wahllos Medien konsumieren, sondern sich diejenigen medialen Personen und Figuren (z.B. aus Lieblingsserien) heraussuchen, die Antworten auf ihre Lebensthemen, Sehnsüchte und Begrenztheiten geben. Sie wählen also z.B. alltagsnahe Gestalten und beziehungsgefüllte Geschichten von Figuren aus Fernsehfilmen aus, die etwas für die anstehenden Entwicklungsaufgaben beisteuern können (vgl. Barthelmes, Sander 1997, 247f).
- Weil AV-Medien besonders für Jugendliche in ihrem Alltag einen hohen Stellenwert einnehmen und in Jugendszenen zentrale »Instrumente der sozialen Kommunikation« (Gemeinsame Erklärung 1997, 62) sind, ist ein Rückgriff auf alltäglich vertraute Medien im Sinne einer lebensweltbezogenen religiösen Bildungsarbeit bedeutsam. Der unterschiedliche Verwendungszusammenhang im Alltag (entspannter Musik- und Fernsehkonsum zur Unterhaltung) und in der Bildungsarbeit (didaktischer Kontext) stellt allerdings ein medienpädagogisches Problem dar (»Man spürt die Absicht und ist verstimmt«), welches nur durch eine wohl überlegte didaktische Aufbereitung bewältigt werden kann (vgl. die zahlreichen methodischen Hinweise bei Henning/Steib 1997).
- Die Grenze zwischen Mediendidaktik und Medienpädagogik ist fließend, weil bei einem didaktisch reflektierten Einsatz von Medien immer auch das Medium selbst in seiner Aussageabsicht und Qualität analysiert werden muss. Darüber hinaus eröffnet gerade der Einsatz lebensweltbezogener audiovisueller Medien Ebenen für medienpädagogische Prozesse, bei welchen auch alltägliche Verwendungszusammenhänge und die Medienkultur als solche (Kommerzialisierung und Voyeurisierung, Pop-Kultur, Trend-Formate wie Daily Soaps, Reality-TV, Quizsendungen, Comedy) reflektiert werden können.

4 Ausgewählte mediendidaktische Gestaltungsmöglichkeiten

Mediendidaktik muss als Seh- und Hörschule für die mehrdimensionale Erfassung von Wirklichkeit gestaltet sein. Sie nötigt zur reflektierenden Distanz gegenüber alltäglichen Seh- und Hörgewohnheiten, lädt ein zu Sehweisen der Tradition und eröffnet neue Blickwinkel.

- *Bildbetrachtung:* Nach wie vor eignen sich besonders statische visuelle Impulse (Plakate, Folien, Dias) dazu, im Sinne einer Kontrasterfahrung entgegen einer Kultur der Beschleunigung dem Prinzip der Verlangsamung (vgl. Hilger 1997) Rechnung zu tragen. In thematischer Hinsicht leisten gerade angesichts der rückläufigen religiösen Sozialisation traditionelle Bildprogramme einen Beitrag zu einer »Alphabetisierung des Glaubens«. Daneben erscheint im Interesse einer Unterbrechung und Reflexion alltäglicher Sehgewohnheiten und des Kontakts mit vielfältigen Kunstformen der Moderne auch der Einsatz moderner Kunstbilder sowie vielfältiger Zeugnisse der Alltagskunst (Werbeplakate, Graffiti, Karikaturen, Comics) religionspädagogisch sinnvoll, um in verlangsamten Prozessen des Sehens und Reflektierens »aus Bildern klug zu werden« (G. Lange). Berücksichtigt werden sollten auch entwicklungspsychologische Erkenntnisse bezüglich kindlicher Rezeptionsweisen von Bildwerken (vgl. Kalloch 1997).
- *Musik:* Musik spricht unmittelbar an und erscheint deshalb besonders unter affektiven Gesichtspunkten religionspädagogisch bedeutsam. In der Jugendkultur spielt die Präferenz für bestimmte, inzwischen stark ausdifferenzierte Stile und Interpreten eine große Rolle. Die Einstellung in kirchlichen Kreisen zur Pop- und Rockkultur war lange Zeit kritisch distanziert und bewahrpädagogisch geprägt; inzwischen überwiegen positivere Einschätzungen: Die gesellschaftliche Musikkultur ist in vielfältiger Weise (musikalisch, thematisch, personell und in ritualisierender Hinsicht) religionsproduktiv – wobei man mit dieser Formulierung auch eine Vereinnahmung der Jugendkultur unter einen sehr weiten Religionsbegriff vermeidet. Der Kompetenz- und Wissensvorsprung von Kindern und Jugendlichen bezüglich aktueller Musikszenen kann jedoch von Lehrkräften nicht eingeholt werden. Ergiebiger ist, das Expertenwissen der Schüler zu nutzen. Die Hinführung zum traditionellen Liedgut der Kirche scheint hingegen angesichts der fehlenden kirchlichen Sozialisation schwieriger zu werden. Eine Mittlerrolle stellt die so genannte »Sacro-Pop-Kultur« dar, welche für Kinder (z.B. Rolf Krenzer und Detlev Jöcker) und Jugendliche (z.B. Ludger Edelkötter) musikalisch und religionspädagogisch passendes Liedgut anbietet. Unverzichtbar ist der Einsatz musikalischer Impulse bei Wahrnehmungs-, Entspannungs- und meditativen Übungen.
- *Filmbetrachtung:* Fernsehen, Videoclips und Kinofilme sind Bestandteile der Alltagskultur und Spiegel des Zeitgeistes (vgl. Henning/Steib 1997, 35f). Ihre Wirkkraft liegt in der Verknüpfung erzählerischer, bildlicher und musikalischer Ausdrucksmittel begründet. Filme verdichten Erfahrungen und weisen häufig vielfältige religiöse Bezüge auf. Vor allem die narrativen Strukturen von Filmgeschichten und Videoclips eignen sich mediendidaktisch als Spiegelungsfolien für eigene Erfahrungen und Gefühle von Kindern und Jugendlichen und laden ein zur Kommunikation mit dem Film und in der Lerngruppe. Filmbetrachtung muss deshalb immer erfahrungsorientiert und dialogisch angelegt sein; deutend-analytische Zugänge sollten durch persönlich-existenzielle und kreativ-weiterführende ergänzt werden. In Zeiten der Globalisierung ermöglichen dokumentarische Filme facettenreiche Repräsentationen von Weltkirche und der Einen Welt.

5 Resümee

Die Einsetzbarkeit von AV-Medien muss im üblichen interdependenten didaktischen Diskurs entschieden werden; sie hängt von übergreifenden Ziel-, Inhalts- und Methodenentscheidungen ab. AV-Medien sind in der religiösen Bildungsarbeit deshalb unersetzlich, weil sie in ihrer Alltagsverwobenheit vielfältige Chancen zur Auseinandersetzung mit lebensnahen religiös bedeutsamen Fragestellungen ermöglichen und somit Schlüssel zur Welt der Glaubenskonstruktion sein können. Dies erfordert allerdings auch eine entsprechende didaktische Aufbereitung mit erfahrungsorientierten, diskursiven und ausgestaltenden Elementen.

Literatur

Baacke, Dieter/Röll, Franz Josef (Hg.), Weltbilder, Wahrnehmung, Wirklichkeit. Bildung als ästhetischer Lernprozeß. Opladen 1995.
Barthelmes, Jürgen/Sander, Ekkehard, Medien in Familie und Peer-group. Vom Nutzen der Medien für 13- und 14-jährige. München 1997.
Henning, Karsten/Steib, Rainer, Leitfaden Medienarbeit. Erfahrungsorientierte Medienpraxis für Religionsunterricht und Bildungsarbeit. München 1997.
Hilger, Georg, Religionsunterricht als Wahrnehmungsschule. In: Schmuttermayr, Georg u.a. (Hg.), Im Spannungsfeld von Tradition und Innovation. Regensburg 1997, 399–420.
Kalloch, Christina, Bilddidaktische Perspektiven für den Religionsunterricht der Grundschule. Eine Auseinandersetzung mit den Grundschulwerken von G. Lange und H. Halbfas. Hildesheim u.a. 1997.
Kirchenamt der Evangelischen Kirche in Deutschland/Sekretariat der Deutschen Bischofskonferenz (Hg.), Gemeinsame Erklärung der Deutschen Bischofskonferenz und des Rates der Evangelischen Kirche in Deutschland: Chancen und Risiken der Mediengesellschaft. Hannover/Bonn o.J. (1997).
Wörther, Matthias, Vom Reichtum der Medien. Theoretische Überlegungen – Praktische Folgerungen. Würzburg 1993.
Themenheft »Religion und Medien«: KatBl 126 (2001) Heft 3.

HANS MENDL

V.3.6
Computer und Internet im Religionsunterricht

→ II.3.8 Neue Medien – Virtualität – Wirklichkeitsverständnis
→ IV.3.1 Schule – Schulentwicklung – Schulkultur
→ V.2.5 Umgang mit Bildern
→ V.3.5 Audiovisuelle Medien

1 Computer und Internet

Die Frage nach »Computer im Religionsunterricht« zielt sowohl auf einen Einsatz als Unterrichtsmedium wie auf die Behandlung als Unterrichtsgegenstand. Beide Male ist die Thematik heute als »Computer und Internet im Religionsunterricht« zu konzeptionieren. Internet kann als technikbasierte individuelle und gesellschaftliche Möglichkeit zu Kommunikation, Information und Unterhaltung verstanden werden. Bereits für 1997 wurden weltweit über 60 Mio. Nutzer geschätzt (für Deutschland laut ARD/ZDF-Online-Studie 1999 rund 11,2 Mio. User, d.h. ca. 18% der Bevölkerung über 14 Jahre, für Österreich ca. 1,2 Mio. User). Damit ist das Internet »das derzeit wichtigste Symbol der telematischen Entwicklung des ausgehenden 20. Jh.« (Münker/Roesler 1997, 7).

2 Internet und Informationsgesellschaft als religionspädagogisch relevante Parameter

Die rasante Ausbreitung der Internet-Nutzung reflektiert den Übergang von der Industrie- über die Dienstleistungs- zur Wissens- bzw. Informationsgesellschaft. Der Einstieg in die sog. Nanotechnik (1 Nanometer = 0,000 000 001 m) wird den Trend weiter beschleunigen. Hieraus resultieren – je nach Standpunkt unterschiedlich bewertete – sozioökonomische Transformationen. Erkennbar sind Auswirkungen auf die Wirtschafts- und Arbeitswelt, das Freizeitverhalten, von der Internet-Partizipation abhängige soziale Umschichtungen, Transformationen des Rechtssystems, Veränderungen der Wahrnehmung und des Lernens, des Kommunikations- und des Sexualverhaltens. Die heutige religionspädagogische Frageperspektive ist nicht, ob eine Informationsgesellschaft wünschenswert ist, sondern wie diese konstruktiv und sozialverträglich entwickelt werden kann. Teilnehmerinnen und Teilnehmer am Religionsunterricht partizipieren an den Veränderungen als Betroffene, als Akteure wie als potenzielle zukünftige Entscheidungsträger.

3 Vernetzte Schule

Die Bedeutung des Internet für die Schule (»Schulen ans Netz« – auch die Grundschule!) wird heftig diskutiert. Wird durch das Internet einerseits die Stellung des traditionellen Bildungswesens relativiert, sieht sich die Schule andererseits mit z.T. massiven Forderungen nach einer stärkeren Vernetzung sowie diesbezüglicher Kompetenzerweiterung von Lehrkräften konfrontiert. Damit gerät der Handlungsort des Religionsunterrichts selbst in den Sog des Transformationsprozesses. Der Trend zur Schulprofilbildung kann den Internet-Zugang als Faktor der Standortsicherung im Wettbewerb um Schülerzahlen wie um gesellschaftliche und lokale Reputation funktionalisieren und die Frage nach einem Optimum schulischer Vernetzung als Instrument für Mittelakquisition und -verteilung erscheinen lassen. Es berührt jede Konzeption von Religionsunterricht, wenn die Schule zudem zu einem Austragungsort lern- und bildungstheoretischer Konflikte bezüglich des Verhältnisses von grundlegender Allgemeinbildung und Medien (nutzungs)kompetenz wird. Auch wenn sich gegenwärtig vor allem Jugendliche mit höherer Bildung für Internet interessieren, ist zu erwarten, dass die Teilnehmer des Religionsunterrichts in Zukunft insgesamt deutlicher durch außerschulische Usererfahrung geprägt sein werden (vgl. Decker 1998).

4 Religionsunterricht in der vernetzten Schule

Der Ausbau schulischer Vernetzung ist für den Religionsunterricht ambivalent. Einerseits gerät er unter pädagogischen und didaktischen Zwang der Techniknutzung. Andererseits erwachsen dem Religionsunterricht Spielräume, da eine innerschulische Gegenwelt personaler Interaktion und Kommunikation sowie Orte für medienpädagogisch fundierten Austausch über kognitive, handlungsorientierte und ethische Parameter der Internet-Nutzung erforderlich werden. Hinsichtlich Einsatz bzw. Behandlung von Computer und Internet im Religionsunterricht werden das Selbstbild- und Selbstverständnis von Religionslehrerinnen und -lehrern ebenso bedeutsam wie ihre eigene Usererfahrung, ihre medienpädagogische wie medienrechtliche Kompetenz sowie ihre Einstellung und Bewertung des Transformationsprozesses (inklusive seiner psychischen und sozialen Folgen). Es bleibt eine sensible Herausforderung der Religionslehrer, den Religionsunterricht zwischen einer Anpassung an den Internet-Trend und einer Fixierung auf Anti-Trend zu positionieren.

5 Religiöse Kompetenz in der Informationsgesellschaft

Die zunehmende Attraktivität von Netzwerken fordert die Theologie zu einer grundsätzlichen Reflexion der theologischen Deutung von Information wie zu einer Suche nach der anthropologischen Dimension des Cyberspace-Interesses heraus: »Virtuelle Realität ermöglicht die Transformation existenzieller Bedingungen aus der realen Welt in digitale Strukturen« (Esterbauer 1998, 118). Auch bedürfen Fragen nach den technischen Möglichkeiten und Gefahren der Internet-Gesellschaft wie die eines ethischen Umgangs mit Information einer Verortung in der theologisch-ethischen Reflexion. Wenn Vermittlung religiöser Kompetenz als ein grundlegendes Ziel des Religionsunterrichts angesehen werden kann, dann ist das Augenmerk z.B. darauf zu richten, in welchem Ausmaß Schüler in ihren glaubensrelevanten Vorstellungen, in ihrer religiösen Sensibilität, in ihrem religiösen Kommunikationsverhalten durch den Umgang mit Computer und Internet beeinflusst werden und wie ethisch verantwortliche Internet-Nutzung (z.B. Schutz der Personenwürde, Manipulation oder Unterdrückung von Information) unterstützt werden kann. Interesse für Internet-Gottesdienste und für liturgische und sakramentale Handlungen im Internet ist erkennbar. Einblicke in religiöse Artikulations- und Kommunikationsbedürfnisse von Jugendlichen können »moderierte religiöse Chatrooms« bieten.

6 Medienpädagogische Ziele für den Religionsunterricht

Es hängt vom zugrunde liegenden Konzept und den davon hergeleiteten Zielen ab, welche Bedeutung und Bewertung Computer/Internet im Religionsunterricht zuerkannt wird, doch kann »Computer im Religionsunterricht« keinesfalls auf Fragen von Hardware (Entwicklungsstand der Technik), Software (z.B. Computerbibel, Computerspiele bzw. interaktive Lernprogramme) oder technische Professionalität der Teilnehmer am Religionsunterricht reduziert werden. Ziele für den Religionsunterricht sind aus Interesse am gegenwärtigen und zukünftigen Wohl der Schüler zu gewinnen und auf ein ethisch verantwortetes privates wie berufsorientiertes Userverhalten (z.B. auch Rechtsfragen und Strafbarkeit) auszurichten. So kann der Religionsunterricht (1) Perspektiven einer sozialverträglichen Entwicklung der Informationsgesellschaft thematisieren, für die Auswirkungen der Abhängigkeit von Technik sensibilisieren und auf die durch mangelnde Partizipationsmöglichkeiten entstehenden sozio-ökonomischen Schräglagen aufmerksam machen, (2) einer Mythologisierung des Internet entgegenwirken (vgl. Münker/Roesler 1997; Eurich 1998) sowie (3) Internet-Angebote von Gewalt, Rassenideologie, Kindesmissbrauch und Pornografie problematisieren.

Spezielle religionspädagogische Aufmerksamkeit verdient die Computer-/Internet-Nutzung hinsichtlich (1) Isolation, Aggressivität und Gewaltbereitschaft von Jugendlichen; (2) Gesundheit und psychischer Abhängigkeit, z.B. stoffunabhängigem Suchtverhalten; (3) sozialer und bildungsspezifischer Voraussetzungen; (4) genereller wie beruflicher Zukunftschancen; (5) geschlechtsspezifischer Benachteiligung; (6) einer »digitalen Spaltung« der Weltbevölkerung (vgl. Jahresbericht 1999 des Worldwatch Institute/Washington).

7 Einsatz von Computer und Internet im Religionsunterricht

Der Einsatz von Computer/Internet erfordert von Lehrkräften Grundkompetenzen (vgl. Hildebrand 2000) und verändert unterrichtliche Lernprozesse (vgl. Issing/Klimsa 1997; Gutheil/Mügge 2000). Auch für den Religionsunterricht ist Computer-Einsatz und Internet-Zugang grundsätzlich sinnvoll und bietet neue didaktische Möglichkeiten (vgl. Vogel 1997; Mertin 2000; Kath. Schulkommissariat in Bayern 2000). Computerunterstützter Religionsunterricht kann den Umgang mit divergierenden Angeboten aus verschiedensten Informationspools auch für kirchliche und religiöse Themen einüben. Der didaktische Einsatz des Internet erfordert von den Religionslehrern allerdings auch eine Bewertungskompetenz, die sich nicht nur auf die technische, sondern auch auf die religionspädagogische bzw. theologische Dimension der marktgängigen Angebote (CD, online) bezieht, zumal für nicht wenige ein Missverhältnis von technischem Aufwand und theologisch-religionspädagogischem Ertrag zu verzeichnen ist. Die Nutzung des Internets im Religionsunterricht fordert die Kreativität und Eigeninitiative der Religionslehrer und bietet Gelegenheit, Erfahrungen von Jugendlichen zu nutzen. Direkte Arbeit mit dem Computer ist sinnvoll, (1) um kirchliche, theologische und wissenschaftliche Internet-Adressen (für den Religionsunterricht hilfreiche Verzeichnisse bei Hildebrand

2000, 300–302; Mertin 2000, 143–185) kennen zu lernen, (2) Informationsbeschaffung aus verschiedenen Quellen zu kirchlichen und theologischen Fragen einzuüben (z.B.: www.kirchen.de; www.vatican.va; www.partenia.org/index.htm), (3) neue Lern- und Interaktionsformen in den herkömmlichen Religionsunterricht zu integrieren, (4) Diskussionen über religiöse Themen in chatrooms anzuleiten, (5) Internet-gestützte Partnerschaften mit Schulen und Religionsunterricht-Klassen aufzubauen, (6) schul- oder auch länderübergreifend gemeinsam an Projekten (z.B. Digitales Religionsbuch: http://www.netburger.at/religionsbuch/) zu arbeiten, (7) durch netzbasierte (globale) Kontakte zu sozialen Einrichtungen (Amnesty International, UNESCO, Institutionen der Entwicklungshilfe) Verantwortung zu übernehmen.

Literatur

Decker, Markus, Kinder vor dem Computer. München 1998.
Eisele, Markus (Hg.), Internet-Guide Religion. Gütersloh 2001.
Esterbauer, Reinhold, Gott im Cyberspace? Zu religiösen Aspekten neuer Medien. In: Kolb, Anton u.a., Cyberethik. Verantwortung in der digital vernetzten Welt. Stuttgart 1998, 115–134.
Eurich, Claus, Mythos Multimedia. München 1998.
Gutheil, Georg/Mügge, Norbert, Lernort Neue Medien. Balthmannsweiler 2000.
Hildebrand, Jens, Internet. Ratgeber für Lehrer. Köln ^{6}2000.
Issing, Ludwig J./Klimsa, Paul (Hg.), Information und Lernen mit Multimedia. Weinheim ^{2}1997.
Kath. Schulkommissariat in Bayern (Hg.), Zum Einsatz des Internet im Religionsunterricht (= Materialien 2/2000). München 2000.
Mertin, Andreas, Internet im Religionsunterricht. Göttingen 2000.
Münker, Stefan/Roesler, Alexander (Hg.), Mythos Internet. Frankfurt/M. 1997.
Nethöfel, Wolfgang/Tiedemann, Paul, Internet für Theologen. Eine praxisorientierte Einführung. Darmstadt ^{2}2000.
Schuhbeck, Sebastian, Am Anfang war das Word. Religionsunterricht mit PC und Internet. Freiburg 2001.
Vogel, Walter, Religion digital. Computer im Religionsunterricht. Innsbruck 1997.
Vogel, Walter, Religionspädagogik kommunikativ-vernetzt. Möglichkeiten religionspädagogischen Arbeitens im Internet. Münster 2001.

HANS-FERDINAND ANGEL

Anhang

Abkürzungsverzeichnis

Die Abkürzung biblischer Bücher und die Schreibung biblischer Namen folgen den Loccumer Richtlinien. Es sind nicht alle im Handbuch verwendeten Werke aufgelistet, sondern nur jene, die aus Platzgründen und der Übersichtlichkeit halber im Text mit Abkürzung zitiert werden.

1. Zeitschriften

Conc(D)	Concilium. Internationale Zeitschrift für Theologie 1 (Einsiedeln/Mainz 1965) ff.
EvErz	Der Evangelische Erzieher 1 (Frankfurt/M. u.a. 1949) ff.
EvTh	Evangelische Theologie 1 (München 1934) ff.
IJPT	International Journal of Practical Theology 1 (Berlin 1997) ff.
KatBl	Katechetische Blätter 1 (München 1875) ff.
MThZ	Münchener theologische Zeitschrift 1 (München 1950) ff.
rhs	Religionsunterricht an höheren Schulen 1 (Düsseldorf 1958) ff.
ru	ru – ab 24 [1994]: Ökumenische Zeitschrift für den (bis 25 [1995]: die Praxis des) Religionsunterricht(es) 1 (München/Stuttgart 1971) ff.
ThPQ	Theologisch-praktische Quartalschrift 1 (Linz 1848) ff.
ThQ	Theologische Quartalschrift 1 (Tübingen u.a. 1819) ff.
ZPT	Zeitschrift für Pädagogik und Theologie 50 (Frankfurt/M. 1998) ff (vormals »Der evangelische Erzieher«).

2. Reihen, Quellenwerke, Handbücher

BSLK	Die Bekenntnisschriften der evangelisch-lutherischen Kirche. Hg. v. Deutschen Evangelischen Kirchenausschuss. Göttingen ^{11}1992, ^{12}1998.
DH	Heinrich Denzinger: Enchiridion symbolorum, definitionum et declarationum de rebus fidei et morum. Kompendium der Glaubensbekenntnisse und kirchlichen Lehrentscheidungen. Lateinisch-deutsch, übers. u. hg. v. Peter Hünermann. Freiburg ^{39}2001.
EKL	Evangelisches Kirchenlexikon. Hg. v. Heinz Brunotte/Otto Weber. 3 Bde. Göttingen ^{2}1961–62; hg. v. Erwin Fahlbusch u.a., 4 Bde. u. Register-Bd. Göttingen ^{3}1986–1997.
HRP	Handbuch der Religionspädagogik. Hg. v. Erich Feifel u.a., 3 Bde. Göttingen/Zürich ^{2}1977–1978.
HRPG	Handbuch religionspädagogischer Grundbegriffe. Hg. v. Gottfried Bitter/Gabriele Miller. 2 Bde. München 1986.

HWP	Historisches Wörterbuch der Philosophie. Hg. v. Joachim Ritter u.a., Bd. 1 ff. Basel 1971 ff.
JBTh	Jahrbuch für biblische Theologie 1 ff. Neukirchen-Vluyn 1986 ff.
JCSW	Jahrbuch (bis 7/8 [1966/67]: des Instituts) für christliche Sozialwissenschaften 1 (Münster 1960) ff.
JRP	Jahrbuch der Religionspädagogik 1 (1984) ff. Neukirchen-Vluyn 1985 ff.
LexRP	Lexikon der Religionspädagogik. Hg. v. Norbert Mette/Folkert Rickers. 2 Bde. Neukirchen-Vluyn 2001.
LRel	Lexikon der Religionen. Hg. v. Hans Waldenfels. Freiburg 1987.
LThK	Lexikon für Theologie und Kirche. Hg. v. Josef Höfer/Karl Rahner, 10 Bde. u. Reg.-Bd. Freiburg ^{2}1957–1967; hg. v. Walter Kasper u.a., 10 Bde. u. Nachtrags- u. Reg.-Bd. Freiburg ^{3}1993–2001.
MThA	Münsteraner theologische Abhandlungen. Altenberge 1989 ff.
NHThG	Neues Handbuch theologischer Grundbegriffe. Hg. v. Peter Eicher. 5 Bde. München 1991, ^{2}1992.
PThh	Praktische Theologie heute. Stuttgart 1991 ff.
QD	Quaestiones disputatae. Freiburg 1958 ff.
RGG	Die Religion in Geschichte und Gegenwart. 5 Bde. u. Reg.-Bd. ^{3}1956–65; Bd. 1 ff. ^{4}1998 ff.
TRE	Theologische Realenzyklopädie. Hg. v. Gerhard Krause/Gerhard Müller. Bd. 1 ff. Berlin/New York 1976 ff.
WA	Martin Luther: Werke. Kritische Gesamtausgabe, »Weimarer Ausgabe«. Weimar 1883 ff.
WdF	Wege der Forschung. Darmstadt 1956 ff.

Stichwortverzeichnis

Fett gesetzte Ziffern bezeichnen einen kompletten Artikel des Handbuchs, der sich ausdrücklich mit dem genannten Stichwort beschäftigt.

Verzeichnis der Autorinnen und Autoren

Adam, Gottfried, Dr., Dr. h.c., Professor für Religionspädagogik an der Evang.-Theol. Fakultät der Universität Wien.

Aldebert, Heiner, Dr., Dr. habil., Privatdozent für Praktische Theologie an der Universität Erlangen/Nürnberg und Gemeindepfarrer in Icking (Oberbayern).

Angel, Hans-Ferdinand, Dr., Professor für Katechetik und Religionspädagogik an der Universität Graz.

Baldermann, Ingo, Dr., Professor em. für Evangelische Theologie und ihre Didaktik an der Universität Gesamthochschule Siegen.

Baudler, Georg, Dr. phil., Professor em. für Katholische Theologie und ihre Didaktik an der Technischen Hochschule Aachen.

Bauer, Eva-Maria, Grundschullehrerin und Mitarbeiterin in der Lehrerfortbildung, Rottenburg.

Baumann, Ulrike, Dr., Pfarrerin, Dozentin am Pädagogisch-Theologischen Institut der Evangelischen Kirche im Rheinland, Bonn/Bad Godesberg.

Becker, Sybille, Dr. theol., Gymnasiallehrerin, Offenbach/Main.

Becker, Ulrich, Dr. theol., Professor em. für Evangelische Theologie und Religionspädagogik an der Universität Hannover.

Bendel, Herbert, Dipl. Theol., Wissenschaftlicher Assistent an der Abteilung für Religionspädagogik, Kerygmatik und Kirchliche Erwachsenenbildung an der Kath.-Theol. Fakultät der Universität Tübingen.

Berg, Horst Klaus, Dr., Professor em. für evangelische Theologie und Religionspädagogik an der Pädagogischen Hochschule Weingarten.

Betz, Otto, Dr., Professor em. für Allgemeine Erziehungswissenschaft und Religionspädagogik an der Universität Hamburg.

Biehl, Peter, Dr. phil. h.c., Professor em. für Religionspädagogik und Didaktik der Evangelischen Theologie an der Universität Göttingen.

Biesinger, Albert, Dr. theol. habil., Dipl. Päd., Professor für Religionspädagogik, Kerygmatik und Kirchliche Erwachsenenbildung an der Kath.-Theol. Fakultät der Universität Tübingen.

Birk, Gerd, Dr., Wissenschaftlicher Referent am Religionspädagogischen Zentrum in Bayern, München.

Bitter, Gottfried, Dr. theol., Professor em. für Religionspädagogik und Homiletik an der Kath.-Theol. Fakultät der Universität Bonn.

Bizer, Christoph, Dr. theol., Professor em. für Praktische Theologie an der Universität Göttingen.

Blasberg-Kuhnke, Martina, Dr. theol., Professorin für Praktische Theologie, Pastoraltheologie und Religionspädagogik an der Universität Osnabrück.

Blum, Dominik, Dipl. Theol., Bildungsreferent beim Forum Hochschule und Kirche e.V. in Bonn.

Boschki, Reinhold, Dr. theol., Dipl. Päd., Wissenschaftlicher Assistent, Kath.-Theol. Fakultät, Abteilung für Religionspädagogik, Kerygmatik und kirchliche Erwachsenenbildung an der Universität Tübingen.

Brüning, Barbara, Dr. phil. habil., Privatdozentin an der Universität Hamburg und Dozentin für Philosophie am Institut für Schule und Ausbildung in Mecklenburg-Vorpommern.

Bucher, Anton, Dr., Professor für Religionspädagogik am Institut für Religionspädagogik der Universität Salzburg.

Büchner, Frauke, Dr., Theologin und Religionspädagogin am Pädagogisch-Theologischen Institut der Kirchenprovinz Sachsen.

Cramer, Gabriele, Referentin für katholische Religionspädagogik an Grundschulen; Hauptabteilung Schule und Erziehung im Bischöfl. Generalvikariat Münster.

Dam, Harmjan, Dr., Dozent am Religionspädagogischen Studienzentrum der Evangelischen Kirche in Hessen und Nassau, Kronberg.

Degen, Roland, Dr. theol. h.c., Leiter der Berliner Arbeitsstelle des Comenius Instituts.

Dohmen-Funke, Christoph, Dozent für Religionspädagogik am Katechetischen Institut des Bistums Aachen.

Dressler, Bernhard, Dr., Rektor des Religionspädagogischen Instituts Loccum.

Elsenbast, Volker, Pfarrer und Dipl.-Psychologe, Wissenschaftlicher Mitarbeiter im Comenius Institut, Münster.

Englert, Rudolf, Dr. theol., Professor für Religionspädagogik an der Universität Essen.

Faust-Siehl, Gabriele, Dr. rer. soc., Professorin für Erziehungswissenschaft mit dem Schwerpunkt Pädagogik der Elementar- und Primarstufe an der Universität Frankfurt/Main.

Feige, Andreas, Dr., Professor am Institut für Sozialwissenschaften an der TU Braunschweig.

Fischer, Dietlind, Dipl. Päd., Wissenschaftliche Mitarbeiterin im Comenius Institut, Münster.

Foitzik, Karl, Dr. theol., Pfarrer und Dipl. Päd., Professor an der Evangelischen Fachhochschule in Nürnberg.

Frisch, Hermann-Josef, Pfarrer der Erzdiözese Köln, theologischer Schriftsteller.

Fuchs, Gotthard, Dr. theol. h.c., Ordinariatsrat für Kultur, Kirche und Wissenschaft im Bistum Limburg.

Fuchs, Ottmar, Dr. theol., Professor für Praktische Theologie an der Kath.-Theol. Fakultät der Universität Tübingen.

Fürst, Walter, Dr., Professor für Pastoraltheologie an der Kath.-Theol. Fakultät der Universität Bonn.

Gabriel, Karl, DDr., Professor für Christliche Sozialwissenschaften an der Kath.-Theol. Fakultät der Universität Münster.

Goßmann, Elsbe, Pfarrerin i.R., ehem. wissenschaftliche Mitarbeiterin im Comenius Institut, Münster.

Gräb, Wilhelm, Dr. theol., Professor für Praktische Theologie und Direktor des Instituts für Religionssoziologie und Gemeindeaufbau an der Theol. Fakultät der Universität Berlin.

Grethlein, Christian, Dr., Professor für Praktische Theologie an der Evang.-Theol. Fakultät der Universität Münster.

Güth, Ralph, Wissenschaftlicher Mitarbeiter im Dekanat des Fachbereichs Philosophie, Geschichte und Sozialwissenschaften an der Universität Essen.

Habringer-Hagleitner, Silvia, Dr. theol., Mag. Theol., Universitätsassistentin für Katechetik und Religionspädagogik an der Kath.-Theol. Privatuniversität Linz.

Hahn, Matthias, Religionspädagoge am Päd.-Theol. Institut der Kirchenprovinz Sachsen in Drübeck.

Halbfas, Hubertus, Dr. theol., Professor em. für Religionspädagogik an der ehemaligen Pädagogischen Hochschule Reutlingen.

Hanisch, Helmut, Dr., Professor für Religionspädagogik an der Theol. Fakultät der Universität Leipzig.

Hansen, Inge, Religionspädagogin, Referentin für Kirchenpädagogik am Päd.-Theol. Institut Hamburg.

Hartenstein, Markus, Lehrer und Dozent für Erwachsenenbildung am Pädagogisch-Theologischen Zentrum der Ev. Landeskirche in Württemberg.

Harz, Frieder, Dr. theol., Professor für Religionspädagogik an der Evangelischen Fachhochschule Nürnberg.

Haußmann, Werner, Dr., Akademischer Rat am Lehrstuhl für Religionspädagogik und Didaktik des evangelischen Religionsunterrichts der Erziehungswissenschaftlichen Fakultät der Universität Erlangen-Nürnberg.

Heil, Stefan, Dr., Wissenschaftlicher Mitarbeiter am Lehrstuhl für Religionspädagogik und Didaktik des Religionsunterrichts an der Universität Würzburg.

Heinz, Hanspeter, Dr., Professor für Pastoraltheologie an der Universität Augsburg.

Hemel, Ulrich, Dr. theol. habil., apl. Professor für Religionspädagogik und Katechetik an der Kath.-Theol. Fakultät der Universität Regensburg.

Hoenen, Raimund, Dr. theol., Professor für Evangelische Theologie und Didaktik des evangelischen Religionsunterrichts an der Theol. Fakultät der Universität Halle-Wittenberg.

Hunze, Guido, Wissenschaftlicher Mitarbeiter des Dekans an der Kath.-Theol. Fakultät der Universität Münster.

Jendorff, Bernhard, Dr. phil., Professor em. für katholische Religionspädagogik an der Universität Gießen.

Klein, Stephanie, Dr. theol., Dipl. Päd., Wissenschaftliche Assistentin am Seminar für Pastoraltheologie an der Universität Mainz.

Knoblauch, Hubert, Dr., Professor für Theorien moderner Gesellschaften im Fachgebiet Allgemeine Soziologie an der Technischen Universität Berlin.

Koerrenz, Ralf, Dr., Dr., Professor für Pädagogik an der Universität Jena.

Kögler, Ilse, Dr., Professorin für Katechetik, Religionspädagogik und Pädagogik der Kath.-Theol. Privatuniversität Linz.

König, Klaus, Akademischer Oberrat am Lehrstuhl für Religionspädagogik und Didaktik der Religionslehre der Katholischen Universität Eichstätt.

Kohler-Spiegel, Helga, Dr. theol., Professorin für Religionspädagogik an der Pädagogischen Akademie des Bundes, Feldkirch (Österreich).

Konukiewitz, Wolfgang, Dr., Pastor i.R., Lehrbeauftragter für Religionspädagogik im Fachbereich Sozialwesen der Hochschule Bremen.

Kroll, Thomas, Dipl. Theol., Supervisor (DGSv), Berlin.

Kuld, Lothar, Dr. theol. habil., Professor für Katholische Theologie/Religionspädagogik an der Pädagogischen Hochschule Karlsruhe.

Lachmann, Rainer, Dr. habil., Professor für Evangelische Religionspädagogik und -didaktik an der Universität Bamberg.

Lähnemann, Johannes, Dr. theol., Professor für Religionspädagogik und Didaktik des evangelischen Religionsunterrichts an der Universität Erlangen-Nürnberg.

Lämmermann, Godwin, Dr. theol., Professor für Evangelische Theologie mit Schwerpunkt Religionspädagogik und Didaktik des Religionsunterrichts an der Universität Augsburg.

Lange, Günter, Dr. theol., Professor em. für Religionspädagogik und Katechetik an der Ruhr-Universität Bochum.

Langenhorst, Georg, Dr. theol. habil., Professor für Didaktik des katholischen Religionsunterrichts an der Erziehungswissenschaftlichen Fakultät der Universität Erlangen-Nürnberg.

Leimgruber, Stephan, Dr. theol. habil, Professor für Religionspädagogik und Didaktik des Religionsunterrichts an der Kath.-Theol. Fakultät der Universität München.

Lentzen-Deis, Wolfgang, Dr. theol. habil., Lic. phil., Professor für Religionspädagogik und Katechetik an der Kath.-Theol. Fakultät der Universität Trier.

Lutz, Bernd, Dr. theol., Dozent für Gemeindekatechese am Priesterseminar Köln.

Mendl, Hans, Dr., Professor für Religionspädagogik und Didaktik des Religionsunterrichts an der Universität Passau.

Mette, Norbert, Dr. theol., Professor für Praktische Theologie an der Universität Dortmund.

Meyer, Hilbert, Dr., Professor für Erziehungswissenschaften an der Universität Oldenburg mit dem Schwerpunkt Schulpädagogik.

Meyer-Blanck, Michael, Dr. theol., Professor für Religionspädagogik an der Evang.-Theol. Fakultät der Universität Bonn.

Miller, Gabriele, Dr. theol. h.c., theologische Schriftstellerin und Religionspädagogin, war Studiendirektorin und Theologische Referentin im Bischöflichen Ordinariat Rottenburg.

Mokrosch, Reinhold, Dr. theol., Professor für Praktische Theologie/Religionspädagogik an der Universität Osnabrück.

Müller, Klaus, Dr. phil., Dr. theol. habil., Professor für Philosophische Grundfragen der Theologie an der Kath.-Theol. Fakultät der Universität Münster.

Niehl, Franz W., Direktor des Katechetischen Instituts des Bistums Trier.

Nipkow, Karl Ernst, Dr. phil., Dr. theol. h.c., Professor em. für Praktische Theologie und Pädagogik an der Universität Tübingen.

Nocke, Franz-Josef, Dr. theol., Professor em. für Systematische Theologie/Dogmatik an der Universität Essen.

Orth, Peter, Professor für Religionspädagogik an der Katholischen Fachhochschule Mainz.

Petzel, Paul, Dr., Gymnasiallehrer für Kunst und Religion, Andernach.

Petzold, Klaus, Dr. theol., Dr. phil. habil., Professor für Religionspädagogik an der Universität Jena.

Porzelt, Burkard, Dr. theol., Dipl. Päd., Wissenschaftlicher Assistent am Seminar für Religionspädagogik des Fachbereichs Katholische Theologie der Universität Mainz und nebenberuflicher Religionslehrer, Mainz.

Preul, Reiner, Dr., Professor für Praktische Theologie an der Universität Kiel.

Raske, Michael, Dr. theol., Professor em. für Praktische Theologie/Religionspädagogik im Fachbereich Katholische Theologie an der Universität Frankfurt/Main.

Raupach-Strey, Gisela, Dr., Dozentin für Philosophie/Ethik-Didaktik am Institut für Philosophie der Universität Halle-Wittenberg.

Reents, Christine, Dr., Professorin für Praktische Theologie/Religionspädagogik an der Kirchlichen Hochschule Wuppertal.

Reiher, Dieter, Oberkonsistorialrat i.R. und Direktor des Evangelischen Bildungszentrums Brandenburg i.R.

Ritter, Werner, Dr. theol., Dr. phil. habil., Professor für Evangelische Theologie und Religionspädagogik an der Universität Bayreuth.

Ruster, Thomas, Dr. theol., Professor für Systematische Theologie Universität Dortmund.

Sautter, Jens Martin, Vikar in Brüssel/Belgien, Doktorand im Fach Praktische Theologie.

Scharer, Matthias, Dr. theol., Professor für Katechetik und Religionspädagogik an der Kath.- Theol. Fakultät der Universität Innsbruck.

Scheidler, Monika, Dr. theol. habil., Professorin für Praktische Theologie/Religionspädagogik am Institut für Katholische Theologie der Technischen Universität Dresden.

Scheilke, Christoph Th., Dr. rer. soc., Professor an der Evang.-Theol. Fakultät der Universität Münster, Direktor des Comenius Instituts, Münster.

Schlenker, Claudia, Dipl. theol., Wissenschaftliche Angestellte an der Evang.-Theol. Fakultät, Lehrstuhl für Religionspädagogik der Universität Tübingen.

Schmitt, Karl Heinz, Professor für Erziehungswissenschaft und Gemeindekatechese an der Katholischen Fachhochschule NRW, Abteilung Paderborn.

Schreiner, Martin, Dr., Professor für Evangelische Religionspädagogik an der Universität Hildesheim.

Schreiner, Peter, Dipl. Päd., Wissenschaftlicher Mitarbeiter am Comenius Institut, Münster.

Schröer, Henning (†), Dr. theol., Professor em. für Praktische Theologie an der Evang.-Theol. Fakultät der Universität Bonn.

Schwab, Ulrich, Dr., Professor für Praktische Theologie an der Evang.-Theol. Fakultät der Universität München.

Schweitzer, Friedrich, Dr. rer. soc. theol. habil., Professor für Praktische Theologie/ Religionspädagogik an der Evang.-Theol. Fakultät Universität Tübingen.

Senft, Josef, Dr. theol., apl. Professor für Religionspädagogik und Sozialethik an der Universität Köln.

Simon, Werner, Dr. theol., Professor für Religionspädagogik, Katechetik und Fachdidaktik Religion am Fachbereich Katholische Theologie der Universität Mainz.

Tebartz-van Elst, Franz-Peter, Dr. theol. habil., Privatdozent an der Universität Münster, Lehrbeauftragter für Homiletik an der Kath.-Theol. Fakultät der Universität Münster.

Thierfelder, Jörg, Dr. theol., Professor für Evangelische Theologie/Religionspädagogik an der Pä- dagogischen Hochschule Heidelberg.

Tiefensee, Eberhard, Dr., Professor für Philosophie an der Theol. Fakultät Erfurt.

Tzscheetzsch, Werner, Dr. theol., Dipl. Päd., Professor für Pädagogik und Katechetik an der Theol. Fakultät der Universität Freiburg.

Walter, Ulrich, Pfarrer, theologischer Sekretär des Gesamtverbands für Kindergottesdienst in der EKD, Schwerte.

Wegenast, Klaus, Dr. theol., Professor em. für Praktische Theologie an der Universität Bern.

Werbick, Jürgen, Dr., Professor für Fundamentaltheologie an der Kath.-Theol. Fakultät der Universität Münster.

Winden, Hans-Willi, Dr., Direktor des Katechetischen Instituts des Bistums Aachen.

Wittenbruch, Wilhelm, Dr., Professor em. für Schulpädagogik und Allgemeine Didaktik an der Universität Münster.

Wittrahm, Andreas, Dr. theol., Dipl.-Psychologe, Leiter des Referates »Kirchliche Altenarbeit« im Bistum Aachen.

Ziebertz, Hans Georg, Dr. theol., Dr. rer. soc., Professor für Religionspädagogik und Didaktik des Religionsunterrichts an der Kath.-Theol. Fakultät der Universität Würzburg.

Zimmer, Siegfried, Dr., Professor für Ev. Theologie/Religionspädagogik an der Pädagogischen Hochschule Ludwigsburg.